西北大学名师大家学术文库

张西堂 著

张铭洽 整理

# 张西堂全集 中

西北大学出版社
·西安·

# 目　録

## 中册　第二編

### 春秋六論

前言 … 1177
《春秋》旨要論第一 … 1178
《春秋》正名論第二 … 1186
《春秋》慎微論第三 … 1194
《春秋》原心論第四 … 1202
《春秋》安仁論第五 … 1208
《春秋》經世論之六 … 1216

### 穀梁真僞考

自序 … 1230
上篇　《穀梁》不傳《春秋》證 … 1231
　第一　《穀梁》有無經之傳 … 1232
　第二　《穀梁》有不釋經之傳 … 1235
　第三　《穀梁》義例之相乖戾 … 1239
　第四　《穀梁》文詞之重累 … 1244
　第五　《穀梁》之晚於《公羊》 … 1253
　第六　《穀梁》之不合魯語 … 1257

第七　《穀梁》之違反孔子 …………………………………… 1260

第八　《穀梁》之雜取傳記 …………………………………… 1265

第九　《穀梁》亦古文學 ……………………………………… 1270

第十　《穀梁》晚出於漢 ……………………………………… 1272

下篇　《公》《穀》詳略異同證 ………………………………… 1275

第一　《穀梁》之詳於禮制 …………………………………… 1276

第二　《穀梁》之詳於瑣節 …………………………………… 1281

第三　《穀梁》之略於大義 …………………………………… 1287

第四　《穀梁》之略於本事 …………………………………… 1294

附錄一：《穀梁》爲古文學補證 ……………………………… 1301

附錄二：尸子考證 ……………………………………………… 1335

後　序 …………………………………………………………… 1340

# 荀子真僞考

## 略例 ……………………………………………………………… 1345

## 一、引言 ………………………………………………………… 1346

（一）《荀子》與劉向　楊倞 ………………………………… 1346

（二）《荀子》之真僞問題 …………………………………… 1349

（三）《荀子》與《戴記》《外傳》 …………………………… 1352

## 二、荀子各篇真僞考 …………………………………………… 1358

（一）《天論》《性惡》《解蔽》《正名》 …………………… 1358

（二）《富國》《正論》《禮論》 ……………………………… 1365

（三）《勸學》《修身》《不苟》 ……………………………… 1372

（四）《非十二子》《王制》《王霸》《樂論》 ……………… 1385

（五）《非相》《榮辱》《君道》《臣道》 …………………… 1396

（六）《仲尼》《致仕》《君子》 ……………………………… 1407

（七）《儒效》《議兵》《強國》 ……………………………… 1410

（八）《成相》以下各篇 ……………………………………… 1412

## 結語 ……………………………………………………………… 1414

## 唐人辨僞集語

序 ················································ 1417

### 一 《五經正義》

論《卦辭》《爻辭》誰作 ···························· 1424

《緯》文鄙僞，不可全信 ···························· 1424

《緯》文鄙近，僞起哀、平 ·························· 1424

《世本》爲儒者所亂，《家語》則王肅多私定，《大戴禮》《本紀》
　出於《世本》 ···································· 1425

今之《泰誓》非伏生所得 ···························· 1425

僞《書》二十四篇 ·································· 1426

虞史欲盛彰舜德，辭頗增甚 ·························· 1426

《世本》之言，未可據信 ···························· 1426

"蠻夷猾夏"詞頗增甚 ································ 1427

《穀梁傳》漢初始作，不見經文，妄言之耳 ············ 1427

《紀年》之書有妄説 ································ 1427

《周禮·大司徒》妄爲説耳 ·························· 1427

《禮記》是後世之言，不與經典合也 ·················· 1427

司馬遷言古《詩》三千餘篇，未可信 ·················· 1427

《大戴禮》遺逸之書，文多假託 ······················ 1428

《月令》不韋不得以十月爲正 ························ 1429

《家語》王肅所足 ·································· 1430

《月令》"秋，其帝少昊"唯託記之耳 ·················· 1430

世有《管子》書，或是後人所録 ······················ 1430

《傳》説"處秦爲劉氏"，其文不類 ···················· 1430

傳言於人，懼誤後學 ································ 1430

### 二 《隋書·經籍志》

《歸藏》不似聖人之旨 ······························ 1431

《古文孝經》疑非古本 ······························ 1431

《孝經》鄭玄《注》與玄所注餘書不同，《孔傳》非孔舊本 ······ 1431

《圖》《緯》《讖》文辭淺俗 ························ 1431

《列仙圖》雜以虛誕怪妄之説 …………………………………… 1432
《廣成子》疑近人作 ……………………………………………… 1432
《隨巢子》，巢似墨翟弟子 ……………………………………… 1432
《胡非子》，非似墨翟弟子 ……………………………………… 1432
《尸子》其九篇亡，魏黄初中續 ………………………………… 1432

### 三　顔師古

《中庸》本非《禮經》 …………………………………………… 1433
《孔子家語》非今所有《家語》 ………………………………… 1433
《讕言》"孔穿所造"，非也 …………………………………… 1433
鄭析非子産殺 ……………………………………………………… 1433
《西京雜記》者，其書淺俗 ……………………………………… 1433

### 四　劉知幾

《孝經》非玄所注；《老子·河上公注》其言鄙陋；《易》無
　子夏作傳者 …………………………………………………… 1434
《史通·疑古》篇 ………………………………………………… 1436
　　（堯時群小在位，安得謂之"克明俊德""比屋可封"） … 1437
　　（舜放堯於平陽，禪授爲疑） ……………………………… 1437
　　（陟方之死，其殆文命之志乎） …………………………… 1437
　　（益與伊尹見戮，仍可覆也） ……………………………… 1438
　　（湯之飾讓，僞跡甚多） …………………………………… 1438
　　（辛癸之罪，將非厚誣者乎） ……………………………… 1438
　　（"殺武庚"，考諸名教，生死無慚） …………………… 1438
　　（姬之事殷，當比司馬之臣魏） …………………………… 1439
　　（太伯如云"可謂至德"者，無乃謬爲其譽乎） ………… 1439
　　（周公于友於之義薄矣） …………………………………… 1439
《史通·惑經》篇 ………………………………………………… 1439
　　（奚爲齊、鄭及楚，國有弑君，遂皆書卒） …………… 1440
　　（齊乞野幕之戮，《春秋》捐其首謀，舍其親弑） ……… 1440
　　（狄實滅衛，因桓耻而不書；河陽召王，成文美而稱狩）…1440
　　（哀再與吳盟而皆不書，桓及戎盟則書之） ……………… 1441
　　（陽虎盜入於讙，經獨無聞） ……………………………… 1441

（何爲殷、野之殁皆以名書，而惡、視之殂直云）
　　　　"子卒" ................................................. 1441
　　（臣當爲殺，而稱及，與君弒同科） ........................... 1441
　　（苟涉嫌疑，動稱耻諱） ..................................... 1441
　　（一褒一貶，時有弛張；或沿或革，曾無定體） ................. 1441
　　（定六年書"鄭滅許"，而哀元年書"許男與楚
　　　圍蔡"） ................................................. 1441
　　（巨細不均，繁省失中） ..................................... 1442
　　（真僞莫分，是非相亂） ..................................... 1442
　　（"子夏之徒不能贊一辭。"其虚美一） ......................... 1442
　　（"善人勸焉，淫人懼焉。"其虚美二） ......................... 1442
　　（"孔子成《春秋》而亂臣賊子懼"，其虚美三） ................. 1443
　　（"知我者其惟《春秋》，罪我者其惟《春秋》"。其虚
　　　美四） ................................................... 1443
　　（"仲尼殁而微言絶。"其虚美五） ............................. 1443
　《史通·申左篇》 .............................................. 1443
　　（丘明之《傳》皆得周典） ................................... 1444
　　（丘明躬爲太史，每事皆詳。其長二） ......................... 1444
　　（以同聖之才，而膺授《經》之託，其長三 ..................... 1444
　　（穀梁、公羊者，生於異國，長自後來，其短一） ............... 1444
　　（二《傳》所載，語乃齟齬，文皆瑣碎。其短二 ................. 1444
　　（二《傳》記言載事，失彼菁華。其短三 ....................... 1445
　　（二《傳》雖以釋《經》爲主，缺漏不可殫論。其短四 ........... 1445
　　（《公羊》違夫子之教，失聖人之旨，其短五） ................. 1445
　《左傳》非而《晉》文實 ....................................... 1446
　《李陵集》有《與蘇武書》，殆後來所爲，假稱陵作 ............... 1447
　劉向誤以夏姬之生當夫戰國之世 ................................. 1447
　《洪範·五行》及《新序》《說苑》《列女》《列仙》諸傳
　　多構僞辭 ................................................... 1447

## 五　司馬貞

　《孝經》古文二十二章經文不真，傳文淺僞 ....................... 1448

注《老子》河上公，漢史實無其人 …………………………… 1448

子夏《易傳》多非真本 …………………………………………… 1449

### 六　啖助

《本草》皆後漢時郡國，而題以神農；《山海經》廣說殷時，
　　而云夏禹所記 ………………………………………………… 1450

《左氏傳》叙事雖多，釋意殊少，是非交錯，混然難證 ……… 1450

《公羊》《穀梁》初亦口授，後人據其大義，失其綱統 ……… 1450

先君遇弒，則嗣子廢即位之禮；《左氏》不達其意，
　　曲爲其説 ……………………………………………………… 1450

納幣不書，《左氏》不達此例 …………………………………… 1451

爲君逆夫人，皆以非禮書，《左氏》以卿逆爲合禮，殊誤矣 … 1451

《左氏》："凡諸侯嫁女，同姓媵之，異姓則否。"此禮難行 … 1451

凡公與他國卿盟則恥之，會則不恥。而《左氏》曲解之 ……… 1451

《左氏》："未陳而薄之曰敗某師"，如内戰用此例，并非也 … 1451

《傳》憑雜記之事，當憑經以爲正 ……………………………… 1452

《左氏傳》博采諸記，錯綜而爲之 ……………………………… 1452

《左氏》謂單伯是周大夫，何爲書至乎 ………………………… 1452

《公》《穀》多以日月爲例，皆穿鑿妄説也 …………………… 1452

《左氏傳》事跡倒錯者甚多 ……………………………………… 1453

### 七　趙匡

丘明者，蓋夫子以前賢人 ………………………………………… 1454

司馬遷所論不韋自相違背，其説丘明之謬，何疑焉 …………… 1454

《紀年》是後人追修，觀其所記，多詭異鄙淺 ………………… 1454

《左傳》《國語》非一人所爲；丘明以授曾申，申傳吳起，
　　其僞可知 ……………………………………………………… 1455

公、穀孔門後之門人，但不知師資幾世耳 ……………………… 1455

《左氏》所記縱不悉妄，妄必多矣 ……………………………… 1455

《左氏》亂記事，不達經意 ……………………………………… 1455

讖緯始於漢哀、平間，僞書也 …………………………………… 1456

《禮記》諸篇或是漢初諸儒私撰之 ……………………………… 1456

《明堂位》庸淺鄙妄 ……………………………………………… 1456

三望之名，三家之義，皆可疑也 …………………………………… 1456
外女歸，《穀梁》云："爲之中者歸之。"則他公何不見
　　有婚主之事 ……………………………………………………… 1456
《左氏》例云"夫人歸寧曰如某"，此説非也 ………………………… 1456
《左氏》云異姓則不合媵，何假先書衛乎…………………………… 1457
《左氏》云"凡諸侯同盟，故薨則赴以名"此例於理不安 ………… 1457
《周官》之僞…………………………………………………………… 1457
《左氏》之例非，《公羊》之例非，《穀梁》亦非 ……………………… 1457
《左氏》曰"弗地曰入"，侵伐圍滅亦是不有其地 …………………… 1458
《左氏》云："凡書取，言易也。"何關難易 …………………………… 1458
《左氏》云"凡師一宿爲舍，再宿爲信"，按經無信、舍之文…… 1458
《春秋》别無書執本國人者，故知《左氏》誤 ……………………… 1458

## 八　杜　佑

《管子》疑後人續之，而注頗淺陋，非玄齡………………………… 1459
《輕重》或編斷簡蠹，或傳寫訛謬…………………………………… 1459

## 九　權德輿

《風》有《王風》，何殊於《鄘》《衛》？頗疑倒置 …………………… 1460
周制六官，豈周公之信然 …………………………………………… 1460

## 十　韓愈

子夏不序《詩》有三 …………………………………………………… 1461
識古書之正僞 ………………………………………………………… 1461
孟軻之書，非軻自著 ………………………………………………… 1461

## 十一　柳宗元

《辨列子》 ……………………………………………………………… 1462
《辨文子》 ……………………………………………………………… 1462
《論語辨・一》 ………………………………………………………… 1462
《辨鬼谷子》 …………………………………………………………… 1463
《辨晏子春秋》 ………………………………………………………… 1463
《辨亢倉子》 …………………………………………………………… 1463
《辨鶡冠子》 …………………………………………………………… 1463

《與吕道州温論非國語書》……………………………………1463

　　　《與吕恭論墓中石書》………………………………………1464

十二　李　漢

　　　《書》《禮》剔其僞………………………………………………1465

十三　張　籍

　　　師之賢者，其徒紀其師之説以爲書，若《孟子》是已………1466

十四　劉　肅

　　　《藝文志》無河上公注，無子夏傳……………………………1467

　　　《孝經注》與康成所注《五經》，體并不同……………………1467

　　　襄陽處士王源撰《亢倉子》……………………………………1467

十五　李　肇

　　　僞爲《庚桑子》者，其辭鄙俚…………………………………1468

十六　皮日休

　　　《無項託》…………………………………………………………1469

十七　司空圖

　　　《疑經》……………………………………………………………1470

十八　韋承造

　　　《釋武豹門記》……………………………………………………1471

十九　道　世

　　　《辨道經真僞表》…………………………………………………1472

二〇　成伯璵

　　　《詩》大、小《序》子夏惟裁初句耳……………………………1473

二一　邱光庭

　　　《詩序》非毛作也…………………………………………………1474

二二　樂　史

　　　《儀禮》有可疑者五………………………………………………1475

整理者附記………………………………………………………………1476

# 目録學四論

一　論目録之起源…………………………………………………………1479

二　論目録之功用 …………………………………… 1483
　　三　論書目之體例 …………………………………… 1489
　　四　論（闕佚） ……………………………………… 1496

# 王船山學譜

**自序** ………………………………………………………… 1499
**例言** ………………………………………………………… 1501
一　傳篡 …………………………………………………… 1503
　　附：《船山年表》 …………………………………… 1507
二　學述 …………………………………………………… 1512
　（一）思想淵源 …………………………………………… 1512
　（二）時代背景 …………………………………………… 1514
　　　（1）道學時文之逆動 ………………………………… 1515
　　　（2）古字古音之研究 ………………………………… 1516
　　　（3）藏書刻書之漸盛 ………………………………… 1516
　　　（4）曆算諸學之輸入 ………………………………… 1516
　　　（5）明代亂亡之影響 ………………………………… 1516
　　　（6）經濟變革之影響 ………………………………… 1516
　（三）哲學思想 …………………………………………… 1517
　　（Ⅰ）宇宙論 ……………………………………………… 1517
　　　（1）宇宙之起源 ……………………………………… 1517
　　　（2）宇宙之本體 ……………………………………… 1519
　　　（3）天地之日新 ……………………………………… 1524
　　　（4）天人之關係 ……………………………………… 1528
　　　（5）體用與動靜 ……………………………………… 1530
　　（Ⅱ）心性論 ……………………………………………… 1533
　　　（1）性善之根據 ……………………………………… 1533
　　　（2）性命之日生 ……………………………………… 1535
　　　（3）才情之善惡 ……………………………………… 1537
　　　（4）不善之由來 ……………………………………… 1539
　　　（5）理欲之關係 ……………………………………… 1540

（Ⅲ）修爲論…………………………………………………1543
　　　（1）論盡心知性……………………………………1543
　　　（2）論存養省察……………………………………1545
　　　（3）論正心誠意……………………………………1546
　　　（4）論克己復禮……………………………………1549
　　（Ⅳ）知識論…………………………………………………1551
　　　（1）論格物致知……………………………………1551
　　　（2）論知行學思……………………………………1554
　（四）政治思想……………………………………………………1559
　　　（1）根本觀念………………………………………1559
　　　（2）民族主義………………………………………1563
　　　（3）重民思想………………………………………1565
　　　（4）政治制度………………………………………1567
　　　（5）經濟思想………………………………………1572
　（五）經學…………………………………………………………1574
　　　（1）注重名物訓詁…………………………………1575
　　　（2）兼採漢宋之長…………………………………1577
　　　（3）考據義理并重…………………………………1579
　（六）史學（附諸子之學）………………………………………1582
　（七）文學…………………………………………………………1586
三　著述考……………………………………………………………1591
四　師友記……………………………………………………………1607
　父兄…………………………………………………………………1607
　提學舉主……………………………………………………………1608
　鄉邦達官……………………………………………………………1608
　嶺外僚友……………………………………………………………1609
　從王諸友……………………………………………………………1610
　鄉邑先輩……………………………………………………………1611
　早歲會文之友………………………………………………………1612
　避寇爲主之友………………………………………………………1613
　去官偕隱之友………………………………………………………1613

還山同志之友 …………………………………… 1613
山中過存之友 …………………………………… 1614
山中通問之友 …………………………………… 1614
後進 ……………………………………………… 1614
先生門人 ………………………………………… 1615
親懿子弟 ………………………………………… 1616
方外之友 ………………………………………… 1617
外間知聞之友 …………………………………… 1617
《搔首問》中所述諸友 ………………………… 1618

# 顏習齋學譜

## 凡例 …………………………………………… 1621
## 一、傳纂 ……………………………………… 1623
  附　習齋年表 ……………………………… 1628
## 二、學述 ……………………………………… 1632
 （一）思想淵源 ………………………………… 1632
 （二）時代背景 ………………………………… 1636
 （三）哲學思想 ………………………………… 1639
   1. 宇宙論 …………………………………… 1640
   2. 心性論 …………………………………… 1643
   3. 修養論 …………………………………… 1649
   4. 知識論 …………………………………… 1655
 （四）教育思想 ………………………………… 1658
   1. 教育之目的 ……………………………… 1658
   2. 論歷代學教 ……………………………… 1660
   3. 學教之方法 ……………………………… 1663
   4. 學制與教條 ……………………………… 1686
 （五）政治思想 ………………………………… 1687
   1. 墾荒、均田、興水利 …………………… 1687
   2. 文武兵農之合一 ………………………… 1690

3. 舉人才與正大經 …………………………………………… 1693
　　　4. 興禮樂與安天下 …………………………………………… 1696
　（六）學術影響 ……………………………………………………… 1698
　　　1. 李恕谷之生平及其學術思想 ……………………………… 1698
　　　　（1）傳纂 ……………………………………………………… 1698
　　　　（2）恕谷之傳述顏學 ………………………………………… 1702
　　　　（3）恕谷之哲學思想 ………………………………………… 1707
　　　　（4）恕谷之教育思想 ………………………………………… 1715
　　　　（5）恕谷之政治思想 ………………………………………… 1725
　　　　（6）恕谷之經學史學 ………………………………………… 1730
　　　2. 王昆繩之生平及其學術思想 ……………………………… 1735
　　　　（1）傳纂 ……………………………………………………… 1735
　　　　（2）學述 ……………………………………………………… 1737
　　　3. 惲皋聞之生平及其學術思想 ……………………………… 1739
　　　　（1）傳纂 ……………………………………………………… 1739
　　　　（2）學述 ……………………………………………………… 1740
　　　4. 程緜莊之生平及其學術思想 ……………………………… 1742
　　　　（1）傳纂 ……………………………………………………… 1742
　　　　（2）學述 ……………………………………………………… 1744
　　　5. 戴東原、戴子高與顏學之關係 …………………………… 1750

三、著述考 ……………………………………………………………… 1752
　（一）習齋著述考 …………………………………………………… 1752
　（二）恕谷著述考 …………………………………………………… 1756

四、師友考 ……………………………………………………………… 1765
　（一）習齋師友考 …………………………………………………… 1765
　　　1. 見於《年譜》者 …………………………………………… 1765
　　　2. 見於其他著述者　私淑弟子 ……………………………… 1769
　（二）恕谷師友考 …………………………………………………… 1770
　　　1. 見於《年譜》者 …………………………………………… 1770
　　　2. 見於其他著述者 …………………………………………… 1776

## 尚書引論

- 自　序 ········· 1779
- 一　《尚書》之名義 ········· 1783
- 二　《尚書》之起源 ········· 1787
- 三　《尚書》之删述 ········· 1795
- 四　《尚書》之類别 ········· 1802
  - （一）伏生之今文《尚書》 ········· 1802
  - （二）西漢所得之《泰誓》 ········· 1809
  - （三）孔壁之《古文尚書》 ········· 1815
  - （四）河間獻王之古文 ········· 1823
  - （五）張霸之僞《百兩篇》 ········· 1824
  - （六）杜林之漆書古文 ········· 1825
  - （七）劉陶之《中文尚書》 ········· 1828
  - （八）梅賾所上僞孔傳本 ········· 1829
  - （九）姚方興所上《舜典》孔傳本 ········· 1831
  - （十）劉炫所上姚書《舜典》本 ········· 1832
- 五　尚書之篇第 ········· 1836
  - （一）伏生今文《尚書》之篇第 ········· 1836
  - （二）孔壁《古文尚書》之篇第 ········· 1860
  - （三）梅賾僞孔傳本之篇第 ········· 1870
- 六　《尚書》之考證 ········· 1872
  - （一）僞孔傳本之僞證 ········· 1872
  - （二）孔壁古文《尚書》之僞證 ········· 1895
  - （三）今文《尚書》之考證 ········· 1902
  - （四）關於《書序》的問題 ········· 1926
    - 附録：《尚書》逸文 ········· 1929
      - （一）有篇名及可審知其篇名者 ········· 1929
      - （二）引有《虞書》《夏書》《商書》《周書》者 ········· 1934
      - （三）引有《書》曰，《尚書》曰者 ········· 1937
      - （四）疑爲《尚書》逸文者 ········· 1938
      - 參考書目 ········· 1940

## 詩經六論

  自　　序 ……………………………………………… 1945
  一　《詩經》是中國古代的樂歌總集 ……………… 1947
  二　《詩經》的思想內容 …………………………… 1960
  三　《詩經》的藝術表現 …………………………… 1982
  四　《詩經》的編訂 ………………………………… 2000
  五　《詩經》的體制 ………………………………… 2014
  六　關於《毛詩序》的一些問題 …………………… 2027

## 詩經選注

  （《國風·周南》） ………………………………… 2047
  （《國風·召南》） ………………………………… 2055
  （《國風·邶風》） ………………………………… 2063
  （《國風·鄘風》） ………………………………… 2080
  （《國風·衛風》） ………………………………… 2089
  （《國風·王風》） ………………………………… 2096
  （《國風·鄭風》） ………………………………… 2104
  （《國風·齊風》） ………………………………… 2118
  （《國風·魏風》） ………………………………… 2126
  （《國風·唐風》） ………………………………… 2132
  （《國風·秦風》） ………………………………… 2138
  （《國風·陳風》） ………………………………… 2144
  （《國風·檜風》） ………………………………… 2151
  （《國風·曹風》） ………………………………… 2153
  （《國風·豳風》） ………………………………… 2155
  （《小雅》） ………………………………………… 2162
  （《大雅》） ………………………………………… 2184
  （《周頌》） ………………………………………… 2200

# 春秋六論

# 前 言

漢川　張西堂

壬戌（1922年）冬，余撰《春秋六論》，專以哲理闡述《春秋》大義。至辛未（1931年）夏，復別著《穀梁真僞考》，旋即印行；而此六論雖屬先成，仍未謀公之於世也。辛未（1931年）癸酉（1933年）間，余在武漢大學任教，所任課程適有《春秋研究》一門；諸生有以印是稿爲請者，國難方殷，余亦恐是稿或散佚，乃付印爲講義，以供諸生參考。今年冬間，蟄居北平，本刊（整理者按：北平《孔子月刊》）編輯汪君叔義，徵文於余，余不獲已，姑即以此講稿付之。舊時所作，未暇更張，幾我同好，幸無譏焉。

民國二十五（1936）年除夕張西堂識於北平寓居之覺今是齋

## 《春秋》旨要論第一

《春秋》上明天理，下正人心，制事之準則，治道之規範也。董君仲舒明孔子述作之旨曰："周道衰廢，孔子知言之不用，道之不行也，是非二百四十二年之中，以爲天下儀表。子曰：'我欲載之空言，不如見之行事之深切著明也。'"故《春秋》者，蓋假於史以明義，因其事而窮理；推見隱情，顯揚奧義，以明天理；詳著是非，分辨善惡，以正人心；論世事之臧否，舉國政之得失，以爲制事之準則，治道之規範；不以空言爲説，而徵成效相證，雖假於史文，然而非史文也。孔廣森叙《公羊通義》曰："理不窮其變則不深，事不當其勢則不切，高論堯舜之道，而無成敗之效，則不著不明；故近取諸《春秋》，因亂世之事，季俗之情，漸裁以正道，庶賢者易勉，不肖者易曉，亦致治太平之所由基也。"此《春秋》所以假於史文以明義理之意。學《春秋》者，宜原本孔子述作之旨，以探討經傳之意，明察微言，攬求大義，而後知《春秋》之要也。六藝之中，《易》足以明道，《詩》足以順情，《書》足以道事，《樂》足以養和，《禮》足以成行，垂教已備矣！孔子所以筆削《春秋》者，必有至意存焉，學孔子之道者，未可或忽也。

先儒有論《春秋》之旨者：太史公曰："《易》本隱以之顯，《春秋》推見以至隱，《易》與《春秋》，天人之道也。"朱子曰："《易》以形而上者，説出在那形而下者上；《春秋》以形而下者，説上那形而上者去。"邵子以爲《春秋》是"盡性之書"；胡氏以爲是"傳心之典"；莊子曰："《春秋》以道名分。"揚子曰："説理者莫辯乎《春秋》。"程子曰："觀聖人之書，而知《論語》之安仁，書於《春秋》者，無非此理，夫子之贊《易》，即其所以修《春秋》也。"又曰："《春秋》一句即一事，是非便見於此，乃窮理之要，學者只觀《春秋》，亦可以盡道矣。"此論《春秋》上明天理，下正人心者也。董君仲舒曰："《春秋》正是非，故長於治人。"《史記·太史公自序》云："故有國者不可以不知《春秋》，前有讒而弗見，後有賊而不知。爲人臣者不可以不知《春秋》，守經事而不知其宜，當變事而不知其權。"王通曰："《春秋》之於王道，是輕重之權衡，曲直之繩墨也。"子貢言其"切而爲國家資"。子夏言"有國家者不可以不知《春秋》"。胡安國曰："百王之法度，萬世之準繩，皆在此書。故君子以謂五經之有《春秋》，猶法律之有斷例也。學是經者，信窮理之要矣；不學是經，而處大事，決大疑，能不惑者，鮮矣！"此皆論《春秋》爲制事之準則，治道之規範者也。由是觀之，《春秋》之經，以説理明道爲指歸，以經事安民爲效用，諸儒所論，皆《春秋》之綱要也。

嘗試論之。《春秋》有四旨：一曰屬辭比事之教，二曰原心重志之説，三曰正誼明道之辨，四曰經事安民之旨。此四旨者，求諸旁經，必皆缺而不備，偏而不全。欲考其義，非習於《春秋》而不可得也。至若顯著幾微，通達權變，宅心仁恕，明察人倫，傳於《春秋》者，亦足以補他經之簡略，而明驗其效用。竊以爲不學《春秋》，必不知聖道之博大與其本真也。《易》本天地陰陽，變化之端，玄奥之理，不易得其旨要。《論語》傳自曾門，小康之道（據康有爲《論語注》），早年之語（廖平《今古學考》云：《論語》少壯、晚年之語俱有），亦難資爲信據。唯《春秋》以人事之顯，達天之道，推究隱微，闡發玄妙，準乎中庸，合乎一貫，學者弗可不詳考之也。程子謂：只觀《春秋》，亦可盡道，蓋非虛美，實得其真。《春秋》孔學之驗證，有《春秋》而孔子之學益明，有《春秋》而孔子之道益著也。先儒徒見《春秋》之一端，以爲論治理者多，説道義渺，是謂"不能察，寂若無"者也，若僅於檢討章句訓詁，典章制度者，更無論矣！

《春秋》之義，見於辭例。援辭可以知義，因事可以窮理，不待傳説也。《春秋》辭例，約有十端：

1. 有省略而不書者。略是以著非（如諸合禮不書，以見不合禮者是也），略常以明變（如諸常事不書，以見非常者是也），略外以詳内（如外取邑不書之類是也），略同以顯異（詞已明者去是之類，及特筆變文俱是也）。

2. 有重複其辭文者，或連書其事以見義（如桓三年連書六事，皆爲昏文姜事是也），或辭繁不殺以見正。（如僖二十二年冬十有一月己巳朔，宋公及楚人戰於泓，宋師敗績。傳曰："偏戰者日爾，此其言朔何？《春秋》辭繁而不殺者，正也。"）

3. 有變文言其事者，或詭其實（如晉文召君，而經曰："天王狩於河陽"是也。諸緯文同），或倒其文（如僖二年，虞師、晉師滅下陽，虞以小國序晉上）。

4. 有特書其所爲者（如桓二年，公會齊侯、陳侯、鄭伯於稷，以成宋亂。會不言所爲，此言成宋亂）。

5. 有没事以託義者（如趙盾本未弑君，而曰"趙盾弑其君"是也，此類甚多）。

6. 有舉重以見義（如君將，不言率師）。

7. 有異其文實者。（如僖十四年，諸侯城緣陵。《傳》曰："桓公城之，曷爲不言桓公城之？不與諸侯專封也。曷爲不與？實與而文不與。文曷爲不與？諸侯之義不得專封也。諸侯之義，不得專封，則其曰實與之何？上無天子，下無方伯，天下諸侯有相滅亡者，力能救之，則救之可也。"）

8. 有辨其等級者。（如莊十年，荊敗蔡師於莘。《傳》曰："荊者何？州名也。州不若國，國不若氏，氏不若人，人不若名，名不若字，字不若子。"七等之例是也）

加之以

9. 目凡之別。（僖五年，諸侯盟於首戴。《傳》曰："一事而再見者，前目而後凡也。"）

10. 日月之例（大抵日月為詳略，恒辨輕重之異）。

此十端者，雖其用辭各殊，非重於記事，則甚明驗。或詳或略，或予或奪，或褒美之，或貶抑之；《春秋》之義，固在明義也。（昭十三年，蔡侯廬歸於蔡，陳侯吳歸於陳。據《傳》注："陳、蔡實楚所滅，而經不言其實。"《公羊通義》曰："壹若陳、蔡自紹其國者，此即《春秋》貴明義，不貴明事之效也。"）

《春秋》所書，不備首尾，不具本真，或細事而必載，或大事而不書（凡城邑皆志，細事必書也。哀元年夫椒之戰不見於經，此大事不書也），皆足知其重於義理，輕於史文。後世諸儒或以《春秋》為史，過矣。就《春秋》述作之旨考之。子曰："我欲載之空言，不如見之於行事之深切著明也。"是孔子之作《春秋》非以傳史，蓋以明道也。故董君、史公、莊周、揚雄諸儒，或生往古，或精問學，皆謂《春秋》明理之書。由《春秋》之辭例觀之，詭實以成文，沒事以託義，而又首尾不備，大事不書。而謂《春秋》為史，是誠"斷爛朝報"之不若，則孔子修此《春秋》以傳言於後世，非聖智之所為也。學者溺於形跡，未能審思，以為同於史文，而不察其義理，此以史惑經，誣經為史之所由來也。家鉉翁曰："《春秋》非史也，謂《春秋》為史者，後儒淺見，不明乎《春秋》者也。"學者必達此旨，然後可以言《春秋》之義。

今世《春秋》有三傳，曰《公羊》，曰《穀梁》，曰《左傳》。三傳之所由分者，《漢書·藝文志》曰："《春秋》所貶損大人當世君臣，有威權勢力，其事實皆形於《傳》，是以隱其書而不宣，所以免時難也。及末世口說流行，故有《公羊》《穀梁》《鄒》《夾》之傳。四家之中，《公羊》《穀梁》立於學官，鄒氏無師，夾氏未有書。"此《公》《穀》所分之由來也（《藝文志》本劉歆《七略》，蓋不足據，茲姑假以為說耳）。《史記·十二諸侯年表序》曰："魯君子左丘明，懼弟子人人異端，各安其意，失其真，故因孔子史記，具論其語，成《左氏春秋》。"此後之所以有《左氏傳》也（據康有為《新學偽經考》，則《史記·十二諸侯年表序》亦未足信）。三傳之中，惟《公羊》為真傳，《穀梁》未可信，《左氏》則以偽亂真者也。然自三傳併行，學者依違莫定，多從《左氏》，故《春秋》大義，於以浸微，自孔子歿後，二千有餘年矣！欲撥雲霧而睹青天，不可不明辨《左》《穀》之非，以見《公羊》之是。

請取諸説，以略言之。

《左氏》本偽也。爲之説者，以丘明、孔子弟子，生當其世，得見魯史，故傳説可信，而史文可遵（此杜預説）。然《史記·仲尼弟子列傳》，不列丘明。故劉逢禄《左氏春秋考證》曰："丘明果與夫子同時，共觀魯史，史公何不列於弟子？論本事而作傳，何史公不名爲《傳》，而曰《春秋》？"又曰："丘明蓋生魯悼之後（悼薨於獲麟後五十餘年，而《左氏》稱其謚），徒見夫子之經，及史記、晉《乘》之類，而未聞口授微恉，當時口説多異，因具論其事實，不具者闕之。曰魯君子，則非弟子也；曰《左氏春秋》，與《鐸氏》《虞氏》《吕氏》並列，則非傳《春秋》也；故曰《左氏春秋》，舊名也，曰《春秋左氏傳》，則劉歆所改也。"此《左氏》不傳《春秋》之明證也。鄭樵《六經奧論》，且考見《左氏》爲六國時人所造作，凡有八證；其最著者：《左氏》舉趙襄子之謚，必作於襄子既卒之後，若以丘明與孔子同時，不應孔子殁後，七八十年，猶能著述此書也。竊謂《左氏》文辭靡麗浮蕩，不似鄒魯樸質之士所爲，其書序晉、楚最詳，故鄭樵以爲楚人，此就其書以考之，《左氏》去聖甚遠，亦非傳《春秋》者也。今之《左傳》，本劉歆纂改《國語》而成（今《國語》中，《周語》《晉語》《鄭語》，多《春秋》以前事，《左傳》無所用之，故仍其舊。《魯語》載敬姜語過半，於十二公之事，轉從闕略，即《左氏》之殘篇也。《吳語》《越語》，極爲詳貫，乃未經割裂入《左傳》者也。本無釋經之詞，而今有者，皆劉歆所加也。詳見《僞經考》），而説者以爲得諸孔壁。康有爲《新學僞經考》駁其説曰："按《史記·儒林傳》，《春秋》只有《公羊》《穀梁》二家，無《左氏》；河間獻王世家（《五宗世家》）無得《春秋》、立博士事；馬遷作史多采《左氏》，若丘明誠傳《春秋》，史遷安得不知？《儒林傳》述六藝之學，彰明較著，可爲鐵案。又《太史公自序》稱'講業齊、魯之都''天下遺文古事靡不畢集太史公'，若河間獻王有是事，何得不知！雖有蘇、張之舌，不能解之者也。"故由是觀之，《左氏》蓋記史之文，非傳經之傳，作於戰國之世，未聞口授之旨，後世加以竄改，遂生淆亂，以僞奪真，以非泯是，甚可痛也。

《左氏》説經，亦甚誣枉，專以成敗論事，昧於大義微言。以喪中圖婚爲合禮；（文公二年冬，公子遂如齊納幣。《左氏》曰："禮也。"萬斯大《春秋隨筆》論之曰："《左氏》以爲合禮，蓋以僖公之薨，在季年十一月，今納幣書冬，必十二月，喪既畢，可以圖婚也。獨不思婚禮有六，納幣之先，已有納采、問名、納吉，縱納幣在十二月，其未詳而納采、問名、未納采、問名而納吉，斷可知矣。安得謂非喪娶乎。"）以齊殺哀姜爲已甚（哀姜縱淫，致弒二君，齊桓公召殺之是也）；宋宣公舍子立弟，而謂"可謂知人矣"；（舍子以賈禍，非君正也。何以謂之"知人"？）鄭莊公專封許叔，而曰："於是乎有禮"（諸侯之義，不得專封，而曰有禮）；趙盾亡不越境，反不討賊，以爲弒君者也，而曰："惜也越境乃免"；季孫行父，助襄仲殺嫡立庶者也，而曰："季文子之忠於公室。"狂妄之論，害教傷義，難以詳言之矣。後世謂劉歆篡改經說，以佐新莽，故獎奸翼篡，爲人飾非，爲己文過，此《春秋》之學，以《左氏》之書，轉而未昌明也。

《左氏》考史，亦失精確。桓、文志在攘楚，必先破其黨與，剪其手足，《左氏》於齊桓之侵蔡，則曰爲蔡姬故；於晉文侵曹伐衛，而曰爲觀浴與塊故。是以趙匡曰："凡《左氏》謬釋經文，必廣加文辭，欲以證實其事。"《左氏》不爲信史，蓋甚明也。宣十年崔氏出奔衛，《左氏》以爲崔杼有寵於惠公，高、國畏其逼，因惠公死而逐之，書"崔氏"，非其罪也。家鉉翁《春秋詳說》論之曰："愚以歲月考之，是歲至崔杼弒君，蓋五六十年，使杼得年七十，此時方在弱冠，不應權勢已盛，爲人所畏。"此《左氏》說崔杼事，未必真也。定十四年衛世子出奔宋，《左氏》以爲蒯聵將殺其母南子，未遂而走。劉敞《春秋權衡》以爲：宋爲南子父母之邦，蒯聵殺南子，必不敢奔宋。是知《左氏》說蒯聵之事，亦非實也。且嘗思之，左氏爲六國時人，其書又竄亂而成，則傳聞之詞、附會之語，可以想見。舉臧僖伯、臧哀伯諫隱、桓之辭，與《秦誓》合而觀之，何《秦誓》之古簡，而《左氏》之浮夸，是其書必有溢言矣！莊生曰："凡溢之類妄。"《左氏》殆多妄説，治經者故不當依爲信據，考史者亦宜詳審其得失也。

《穀梁》一傳，頗多刻峭之論，穿鑿之說，甚反聖人之情；其書雖傳自聖門，而比於《公羊》爲晚，傳聞之誤，竄改之弊，猶未免也。近吳興崔適，著《春秋復始》，明《穀梁》爲古文學，謂劉歆僞造《左》《穀》二傳，藉以破壞《春秋》（崔氏又謂《儒林傳》謂《公》《穀》二家爭論於武、宣之世者，直如捕風捉影（《漢書·梅福傳》《後漢書·章帝紀》並以《穀梁》爲古文）。其言雖非定論，要亦足見《穀梁》之不可深信也。

竊謂《穀梁》疵病，厥有二端：1. 不傳譏世卿之旨（鍾文烝《穀梁補注》、劉逢禄《穀梁廢疾申何》，並有是説），是以時世之弊，不必矯也。2. 不達通權變之義（此類甚多），是以機要之宜，不可行也。蓋不可執以説經，而謂孔子之意若此也。專取《穀梁》以解經，必多違牾。雖然劉逢禄以爲"《穀梁》長於《公羊》者十之一，同於《公羊》者十之二三。"（《穀梁廢疾申何説》）康有爲以爲"徒摘《公》《穀》口傳大義，則無一不同。"（見《春秋筆削大義微言考發凡》）又謂"《公》《穀》終各有所長。"（同書僖廿四年）其說甚允，《穀梁傳》可以爲《公羊》之驗證者，固甚多也。若能取爲參校之資，不以所短，汩我所長，斯爲善讀《穀梁》者矣。

若《公羊》則異於二傳。說既裁辨，例亦詳明；仁人之言，勸善之心，溢於辭表，蓋真得孔子之傳授也。其中多非常異議可怪之論：祭仲廢君，以爲行權；叔術妻嫂，賢其讓國……（並詳見後）學者多以平常之義，疑此變故之大則，以橫加詬病，不爲好學深思，心知其意者矣！孟子曰："《春秋》，天子之事也。"故孔子曰："罪我者其惟《春秋》乎！"後世乃以孔子爲僭妄，無其位而託二百四十二年南面之權。是知庸俗之見，固多疑也。達於此旨，必無疑《公羊》非常異議可怪之論。本賢其可賢也。賈逵曰："《公羊》任於權變。"舉爲《公羊》之短。不知權者，時也，義也，合乎中庸者也；孔子之學，以權爲高，《公羊》任於權變，《公羊》之長也，不得短之。此後世之多誣辭也。若以《公羊》考事未精，舉爲疵病，則《春秋》經傳，皆主明義，得義已足，故不詳其事，乃據《左氏》之僞史，謂《公羊》爲失傳，甚不可也。由是驗之，三傳惟《公羊》爲優，何休解詁，依胡毋生條例，亦善；治《春秋》不可舍而他求也。然而後世右尚文辭，沈迷史事，此《左氏》所以盛行，經義所以晦塞也。

自三傳紛歧，是非莫定，《春秋》之學，尋其流傳之跡，論其風尚之殊，約有五變焉：

1. 兩漢之時，學者各守師説，爭立學官，黨同伐異，互相詆毀；是以有董、江之辯（漢武時，武帝使董君仲舒與瑕邱江公辯《公》《穀》，武帝卒尊《公羊》，用董君），石渠之爭（漢宣時，召五經名儒、太子太傅蕭望之等，大議殿中，評《公》《穀》同，望之等多從《穀梁》），賈逵《左氏長義》之作（東漢賈逵作《左氏長義》，謂《公》《穀》不如《左氏》者三十事），《墨守》《膏肓》《廢疾》之篇（何休作《公羊墨守》《左氏膏肓》《穀梁廢疾》等）。此一變也。

2. 魏晉之世，或以三傳併傳，莫知所從，而范甯注《穀梁》，始開擇善而從之風。或以墨守已深，宜定於一，故晉劉兆作《春秋調人》，欲和解之。此風未盛，然南北朝時，固《左氏》盛行，二傳浸微矣。此二變也。

3. 唐代啖助、趙匡、陸淳（有《春秋集傳辨疑》《春秋集傳纂例》），以傳注浩繁，是非淆亂，不本諸經，不盡可據，乃欲束傳高閣，獨抱遺經，《春秋》之學，是用晦塞。此風至於北宋之初，固猶如是（如孫復作《春秋尊王發微》，劉敞作《春秋傳》等，俱是）。此三變也。

4. 自是之後，迄於清初，説《春秋》者，大抵事據《左氏》，義參《公》《穀》，或搜集前儒之説，或自成一家之言。其最善者：宋胡安國（有《春秋傳》三十卷），高閌（有《春秋集注》四十卷），蕭楚（有《春秋經辨》十卷），張洽（有《春秋集注》十一卷），家鉉翁（有《春秋詳説》），元趙汸（有《春秋屬辭》十五卷）等諸家，亦有可觀。此四變也。

5. 迨所傳聞世，經師輩出，漢學復興，又競爲專家之業，三傳俱有發明，亦互相掊擊矣。此五變也。

《左氏》僞學，其案已明，故《公羊》之學，於以大行；自莊存與，孔廣森、劉逢禄、宋翔鳳、包慎言、凌曙、陳立，諸家起而張之，微辭隱義，舉白於世。莊、劉兼取《穀梁》，廣森溺信《左氏》，未可爲訓，然其說固可貴，其功亦不可没也。

綜此五變觀之：唐代啖、趙，實叠常軌；宋明之世，比於魏晉；有清之季，則同漢代矣。惟近今諸儒，勤於考古，專於所習，揚誠滅偽，明是去非，繼此以往，《公羊》或可獨行於世，《春秋》之義，可以昌明矣（近爲《公》《穀》之學者，若廖平、康有爲，皆傑出一世，大抵後出轉精也）。

然考先儒之說，以爲俱有所失：

1. 先儒說經，每喜考索事由，推校書法，然後求之於經。原其心意，無可厚非，然而未明斯學之道也。《春秋》有無其事而託義者，有文不與而實與者，若專求事由，必不達其旨意。且隱微之義，時中之宜，庸俗所見，不與聖哲同科；今不量度德力，欲因事以考義，雖有所得，一人之私說，未必大公至正也。故放者爲之，不以立異，必以論事，皆與考求微言大義相去甚遠。此先儒之一失也（如季札辭國，不受爲義，而胡安國謂"使争弑禍興，覆師喪國，徇匹夫之節，失時措之宜"。此三傳所不傳，雖持之有故，不爲《春秋》之旨，失聖人善讓原心之意矣。若此立論者也。如公敗邾師於偃，而高閌曰："公往要而敗之。何以知其要而敗之？曰無伐邾之事，而敗邾於邾地，故也。"凡此，皆當時不必有其事，而以意推見其事由，假令果如此，亦論事而已）。

2. 《春秋》之書，所正將來，非以誅已往也。故立法雖嚴，而它心甚恕，善善從長，惡惡從短，說《春秋》者，必先識聖人醇厚之意，然後褒貶得當；必先知采擇纖毫之善，然後免於刻峭。（黄澤曰："凡說經者，須先識聖人氣象，要識聖人渾然醇厚，凡一切峭刻瑣碎之說，皆除去之。"）竊嘗思之：春秋之世，失禮成俗，雖有過惡，或不自知。孔子欲求於庸衆之中，采取纖毫之善，以爲後世之法，則不能論其前後之惡，惟賢者責備加深耳！後世不察，遍考終身，詳察先後，欲加之罪，不患無辭，汨失《春秋》勸善之心矣。此先儒之失二也（高閌《春秋集註》曰："或問春秋孰賢？曰：東遷之後，土疆不守，職貢不奉，朝覲之禮盡廢，征伐之事專出，皆罪人也。"孫復《春秋尊王發微》曰："稱國以弑君者，國之人皆不赦也。"凡此皆欲申《春秋》之旨，而不得其平者也。韓愈云："《春秋》書王法，不誅其人身。"先儒不守此義，故陷於刻峭也）。

3. 自唐世啖、趙之後，學者多不信傳說，肆意掊擊，舊貫蕩滅，異義横生，《春秋》愈失之亂矣。若日月之例，名字之別，《春秋》屬辭比事之繩墨也。而吕大圭曰："必先破以日月爲例之說，與夫以名稱爵號爲褒貶之說，而後《春秋》之旨可得而論矣。"何不思之甚也！（吕氏說見所著《春秋五論》）《春秋》日月之例，自來疑者甚多。王充《論衡》謂："《公羊》《穀梁》日月之例，使平常之事，有怪異之說；徑直之文，有曲折之義，非孔子之心。"鍾文烝《穀梁補注》論之曰："夫惟俗儒見以爲怪誕曲折，斯其爲聖人之經也。蓋《春秋》盟會，俱有時日可考，而《春秋》或著之，或削之，此可見《春秋》有日月例也。"（此本惠士奇《春秋説》語）《春秋》無闕文，而西狩獲麟，《春秋》只著其時，不言其日，此孔子削去之也。（見劉紹攽《春秋筆削微旨》）蓋不從傳説，必有僞舛，而謂執以通經，非愚則誣矣。其三傳並采者，疵病亦相若。孔廣森曰："倘將參而從焉，衡而取焉，彼孰不自以爲擇善者？"（《公羊通義叙》）恐所取適一傳之大失，所去者反一傳之獨得。"蓋務於采取，必疏於發明；篤信不疑，則專研不易也。此先儒之失三也（不從傳説者，如趙汸《春秋屬辭》，謂《春秋》外取邑不書，雖取諸我不書，春秋之初則書之。陳傅良曰："春秋之初，猶以取邑爲重也。"此説蓋論事耳，以《春秋》爲記史之書也。若《公羊傳》以爲疾始取邑，則孔子重始愛民之義，俱可見矣。此傳義也，故《傳》説不可不從之者也）。

4. 先儒説經之病，其最甚者，則短於貫通，而未明治學之途術也。凡爲學之道，必條析之以極其精，又綜合之以觀其大，而後可以明其本原，搜其來由。《春秋》屬辭比事之學，蓋必三五而比之，博貫而通之，非彼義與彼義無關，此經與他經無涉也。《春秋》明義之學，其理必相貫通，學者亦必牽其玄旨，細其要義，知其根本，明其枝葉，然後免於就經論經，就傳論傳之弊。夫別嫌微，所以慎微也；重本始，亦所以慎隱微也；合而觀之，則可以知慎微之大。原心意，所以養善志也，亦所以正人心，通恕道也；析而察之，則可以知原心之細。《春秋》慎微，故必原心意以重本始；《春秋》原心，亦必別嫌微以揚誠僞，二義又相互通也。故黃澤有言曰："《春秋》本是一貫之學，夫子以一理裁萬事，洪纖高下，各有攸當，而學者竟未知其一貫也。"（趙汸《春秋師説》）其説是也。乃先儒之説經，或專考典章制度，或通論史跡辭例，皆知鈎取經傳，貫通爲説；然而通繹大義者，則不多見。若柳興恩之《穀梁大義述》，以述日月例，述三傳異文，述經師爲説，則又不稱其實。此先儒之失四也。

先儒説《春秋》者，不啻數十百家，然皆不能盡免此四失，加以傳説紛紜，此《春秋》之學所以難明也。惟董君仲舒著《春秋繁露》，最爲傑出。其言曰："是故論《春秋》者，合而通之，緣而求之，五（伍）其比，偶其類，覽其緒，屠（著）其贅。"蓋知爲學之方也。雖然，《繁露》一書，多隱而未發，略而未備之説，條理失次，析合未精，又其遺憾也。清季諸儒，或騖於訓詁注疏，或專於典章制度，或從事三傳之爭，或辨明今古之學，未能重於《春秋》義理，是以詳推《春秋》"慎微""正名""原心""安仁""明政"等諸旨，著爲六論。其所未備，則俟諸異日焉。

## 《春秋》正名論第二

　　春秋之世，王政不綱；禮教浸微，刑罰錯亂；是非不辨，分義不明；故臣弑其君者有之，子弑其父者有之，幾於成俗，莫知其非。然而奇詞異説，又雜然並興，淆惑情實，違害理義，凡民愚昧，失所遵循，此聖智所隱憂也。深察亂之所起，起於名之未正。故衛君待孔子爲政，孔子曰："必也正名乎。名不正則言不順，言不順則事不成"也。蓋名者所以辨情實，示分義，明是非，別嫌疑，大而明道治世，小而傳言達意，莫不恃賴以爲功；《春秋》正名之書，而孟子以爲孔子作《春秋》而亂臣賊子懼，比於一治，其效驗若此。嗚呼！不可不察。今案遺經，猶可上考孔子之意；其緣由何在，其途術何存，宜大白於世也。（以上明其緣由）

　　（一）《春秋》正名，所以辨情實也。名生於實，所以明實；有實則不可無名，有名亦不可無實，名實蓋離而爲兩，合而爲一者也。患在名離於實，實亂於名，故必辨訂名號，以察情實；雖不能無差，猶可得而説也。《春秋》正名，亦所以正實者。凡辨訂名實，其術有二：或先察實以正名，或因其名以核實。正名者必察實以正名，察實者亦必正名乃明其實，其途術雖異，其詣造則一，均相類也。故由是言之，《春秋》正名，亦所以辨情實，非僅正其名號而已也。董君曰："《春秋》辨物之理，以正其名，名物如其真，不失秋毫之末。"又曰："名生於真，非其真，弗以爲名。名者，聖人之所以真物也。"（深察名號）蓋深得《春秋》之旨。所謂辨物之理，所謂所以真物，皆辨情實之意也。若謂僅於考訂書字，則失之矣！（鄭康成注《論語》謂正名爲正書字，非是。《春秋》單言正名，後世言正名實，其義一也。故訓中惟釋名，"名者名也，名實使分明也"説最善）《春秋》僖十六年春王正月戊申朔，隕石於宋五；是月，六鷁退飛過宋都。傳曰："曷爲先言隕而後言石？隕石記聞，聞其磌然，視之則石，察之則五。""曷爲先言六而後言鷁？六鷁退飛，記見也。視之則六，察之則鷁，徐而察之則退飛。"《春秋》正名盡實，其義皆若此也。（《穀梁傳》曰："先隕而後石，何也？隕而後石也。於宋四境之內曰宋。後數，散辭也。耳治也。……六鷁退飛過宋都，先數，聚辭也。目治也。子曰：'……君子之於物，無所苟而已，石、鷁且猶盡其辭，而況於人乎？故五石六鶂之辭不設，則王道不亢矣！'"說亦可）故"初獻六羽"不言佾，婦人無武事，言佾則干舞在中也。（隱五年）譚子奔莒不言出，無所自出也，國已爲人所滅，不可言出奔也。（莊十年）多麋而先言多（莊十七年），蜮生而後言生。（宣十五年。蕭楚《春秋辨·疑·石鶂辨》曰："蜮，害物之蟲，不宜生，故直名其生曰蜮生也。麋者所有也，多則異常，抑或爲害，故以多目之曰多麋也。"）莊七年星霣如雨而後言雨。（《傳》曰："如雨者何？如雨者，非雨也。非雨則曷爲謂之雨？《不修春秋》曰：'雨星不及地尺而復。'君子修之曰：'星霣如雨。'"何君注曰："明其狀似雨爾，不當言雨星。"）文三年雨螽於宋而先言雨。（《傳》曰："雨螽者何，死而墜也。"何君注曰："言雨螽者，本飛從地上，而下至地，似雨尤醇。"）若此皆正名以盡實也。詳見先後，明察情實，或加損其文，或變易其詞，審於名字，循乎義理，不差毫釐，不稍假借，若實已辨，雖有嫌疑，亦可通假，此《春秋》正名之意，亦在於辨情實，可得而察者也，説在貴賤不嫌同號，美惡不嫌同名。

（二）《春秋》正名，所以示分義也。人有恒言，"顧名思義""因名見分"，此謂分義雖根生於實，而寓寄於名也。其理至顯。故由是言之，《春秋》正名，亦所以明分也。（《春秋》正名之書，而《莊子》曰："《春秋》以道名分。其詞雖殊，其義相同。"）分定則私不行，義明則亂不作，明定分義，以防暴亂，此《春秋》所由作也。魯定公從季孫假馬，孔子曰："君之於臣，有取無假"。而君臣之義立。（定十年何注引）孔子之言，足以徵信。其在《春秋》：僖二十六年，齊人伐我西鄙，公追齊師至，弗及。可言公追齊師，而不言公追齊人。（《公羊通義》說。據上言齊人）定九年得寶玉大弓，可言爲盜所竊，而不言爲盜所歸（上年書盜竊寶玉大弓，今年盜歸之，不直書）晉文不與致天子（僖二十八年），吳楚之君不書葬（宣十八年傳曰：吳楚之君不書葬，辟其號也），殊會王世子（僖五年），大夫不敵君（宣二十年），皆正名以明分也。春秋王姬歸於齊，與列國之女同辭，家鉉翁論之曰："堯之女舜也，書曰'釐降二女于嬀汭'，《詩序》言王姬適諸侯，而曰'下嫁於諸侯。'曰'降'曰'下'，猶有自上而下之義。至《春秋》垂法，則王姬歸於齊，與列國女嫁諸侯者無異辭。此聖人之特筆，不以天子女至貴，而亂居室之大倫，其筆慮後世遠矣！"由是觀之，一字之異，一名之別，而大義以明，亂萌以止，此正名明分之要也。

（三）《春秋》正名，所以別嫌疑也。高閌《春秋集注》曰："《春秋》之作，常施於可疑，而不施於所不可疑。董君曰："《春秋》常於其嫌得者，見其不得。"（楚莊王）此皆《春秋》之旨也。隱四年衛人立晉，傳曰："立者何？立者不宜立也。其稱人何？衆立之之辭也。然則孰立之？石碏立之。石碏立之，則其稱人何？衆之所欲立也。衆雖欲立之，其立之非也"。(《穀梁傳》曰：立者，不宜立也。其稱人以立之何？得衆也。得衆則是賢也。賢則其曰不宜立何也？《春秋》之義，諸侯與正而不與賢也)晉爲得衆，疑於宜立，故《春秋》特書其事(《春秋》例不書立)，以見其非，所以明疑也。楚靈王誅齊慶封，(昭四年秋七月楚子……伐吳，執齊慶封殺之。何注曰：稱侯而執者，伯討也。月者，善義兵)靈王非賢，而誅慶封，以亂治亂，疑於不得，而《春秋》善其義兵，以爲伯討。蓋以"慶封脅君亂國，本國不能誅，中夏不能討，楚以蠻夷，誅以行霸，雖云懷惡，聖人不逆詐，不億不信，猶以義與之也。"(録《公羊通義》說)《春秋》之明疑，蓋若是也。《春秋》用辭，亦辟於嫌。桓十二年及鄭師伐宋。丁未，戰於宋。傳曰：戰不言伐，此其言伐何？辟嫌也。惡乎嫌？嫌與鄭人戰也。"(不言伐則成"及鄭師戰於宋"，故必言伐)凡此之類，蓋謹於詞文，而察於事理，析纖微之嫌，明毫釐之分。故淆惑無由而生，禍亂無從而伏，《春秋》正名之旨，其意固甚深也。

(四)《春秋》正名，凡以明是非也。名者明也，名實使分明也。名之爲義，有明之道，(古"名""明"字通用)情實既明，是非自見，而《春秋》又"常因人所惑而立詞以大明之"(此董君語)故《春秋》一經，或直書其事，或變詞成文，雖以細事而發，必寓大義於中，皆所以詔示天下，曉諭來兹；《春秋》所書，皆所以表明天下之是非也。是非之明，繫於名實，故董君曰："名之審於是非也，猶繩之審於曲直也。詰其名實，觀其離合，則是非之情不可以相讕已。"(深察名號)其說是也。《春秋》之直書其事以見是非者：桓二年公會齊侯、鄭伯、陳侯以成宋亂。《傳》曰："内大惡諱(宋弑君而成之，大惡)此其目言之何？……隱賢而桓賤也。"詳言其事，以明其非。文元年楚世子商臣弑其君髡。何君注曰："言世子者，所以明有父之親；言其君者，所以明有君之尊。"直書其罪，無有加損，而情實並明矣。《春秋》之變詞成文以見是非者：莊四年公及齊人狩於郜。《傳》曰："公曷爲與微者狩？齊侯也。齊侯則其稱人何？諱與讎狩也。"變侯稱人，以明復讎之義。僖二年虞師、晉師滅夏陽。《傳》曰："虞，微國也，曷爲序乎大國之上？使虞首惡也。曷爲使虞首惡？虞受賂，假滅國者道，以取亡焉。"變詞成文，以示貪賂亡國之戒。此皆《春秋》正名以明是非之效。詞例甚繁，不遑枚舉。(以上明其意義)

《春秋》正名，凡以辨情實，示分義，別嫌疑，明是非，此皆所以爲治世之具也。後世有論之者，《尸子》曰："治天下之要在正名，正名去僞，事成若化，以實覆名，百事皆成。"《荀子》曰："故王者之制名，名定而實辨，道行而志通，則慎率民而一焉。如是，則其跡長矣。跡長功成，治之極也。"（正名）《呂氏春秋》曰："名正則治，名喪則亂。"（正名）董君曰："治天下之端，在審辨大。辨大之端，在深察名號。"（深察名號）由是言之，正名之效，治道之要。此《春秋》之所由作也！此《春秋》作而亂臣賊子懼也！且嘗思之，《易》曰："鼓天下之動者存乎辭"，《春秋》之正名，其亦鼓天下之動歟！借已往之事跡，示未來以蹊徑，勸善懲惡，明非見是，而得義理之安，中庸之道，使天下後世，讀是經者，知所奮發，知所向往，知所警惕，知所避免；所以鼓天下之動，勸天下以善，固莫此若也。《春秋》正名之義，亦大矣哉！（以上明正名之用意）

《春秋》正名，所以期於盡實而已。其用詞之各殊，若省略不書，詭易其詞，直書其事，特筆變文，託義舉重，異其文實，辨其等級，日月之例，目凡之別，皆正名之法術也。（見《旨要》篇第一）然而剖嫌析疑，不遺纖芥。（剖嫌析疑，已見上例。闕疑者，昭公十二年春，齊高偃率師納北燕伯於陽。《傳》曰：伯於陽者何？公子陽生也。子曰：我乃知之矣！在側者曰：子苟知之，何以不革？曰：如爾所不知何？）其文字之相應，美惡之同稱，則所獨也。隱七年《傳》曰："《春秋》貴賤不嫌，同號；美惡不嫌，同辭。"何君注曰："貴賤不嫌者，通同號稱也。"若齊亦稱侯，滕亦稱侯；微者亦稱人，貶亦稱人。皆有起文，（以他事明其故）貴賤不嫌同號是也。"若繼體君亦稱即位，繼弒君亦稱即位，皆有起文，美惡不嫌同辭是也。""此《春秋》之用詞，貴在明實，情實已明，不避其嫌，異乎情實未明，必絕其嫌也。故《春秋》正名，非正書字；辨實明分，爲尤要也。《春秋》多異順其詞，以示分義，而明善惡，故不以同號同辭爲嫌。然而文約法明，無害於實。莊存與《春秋正詞》，孔廣森《公羊通義》，論說此例，最爲詳審，莊氏曰："《春秋》事異則旨異。事異而辭同，則以事見之；事不見則以文起之。嫌者使異，不嫌使同。若子般弒亦稱卒，子野毀亦稱卒，則以閔公不言即位異之，宣公亦言即位，昭公亦言即位，則子卒不日異之。又若晉侯殺其世子申生，宋公殺其世子痤，則不書葬，以明晉侯之志乎殺以異之。"孔氏曰："《春秋》美惡不嫌同詞，許叔入於許，言入則惡已見，故字不嫌美。紀季以酅入於齊，稱字則美已見，故入不嫌惡。"又曰："蓋《春秋》正百物之名，理群事之然否，必其不嫌，乃得同號同辭。苟嫌矣，析疑辨微，纖芥不遺。是故紀履緰來曰逆女，（隱二年）莒慶來曰逆叔姬（莊廿七年）；救邢先言次而後言救（僖元年）；救晉先言救而後言次（襄廿三年）；牟婁、防茲言及（昭五年）；鄆、讙、龜陰不言及

（定十年）；王用諸侯之師曰從（桓五年）；諸侯之師相爲用曰以（定四年）；善曰還，不善曰復，（莊八年、宣八年）善曰歸，不善曰入（桓十五年）；皆使貴賤不相假，美惡不相錯，難可悉數者也。"由是觀之，《春秋》文詞之相應，亦可以概見矣。謹嚴精審，未嘗疏忽，遂開先秦諸子研討名實之風，嗚呼！不可不詳察之也。（以上明正名之法及美惡不嫌同辭）

《春秋》又有屬辭比事之教，《禮記·經解》述孔子之言曰："入其國，其教可知也。……其爲人也：……屬辭比事，《春秋》教也。"屬者屬合之謂（《說文》：屬，連也。《廣韵》：屬，聚也，會也。《周禮》州長月吉則屬其邦之民讀弗法。注曰：屬猶合聚也）比者比次之謂。"《春秋》之義，是是非非，皆於其屬合、比次、異同、詳略之間見之，是其本教也。"（鍾文烝《穀梁補注》語）屬詞比事之教，學《春秋》者，最宜深研之；是正名之要義，而正名不足以盡之也。屬辭比事，其義各殊，然而不可以相離，必先屬合其辭，以驗其同異，而後倫比其事，以察其緣由；其義始可得明。善於其道者，可以由同以求同，由異以求異，由異以求同，由同以求異，比同異而兼察，搜其緣由所存。董君曰："弗能察，寂若無能，察之，無物不在；是故爲《春秋》者，得一端而多連之，見一空而博貫之，則天下盡矣。"（精華）能屬詞而比事者，必聞一以知十，舉一而反三，守其本教而不亂也。後世學者，多所拘執，僅於屬合其辭，倫比其事，未能察同異之辨，及其緣由所存，是屬辭比事，乃尋常之事，鮮微妙之理，非所教也。本教未顯，此五經俱昌明，而《春秋》獨鬱而未發也。竊謂屬辭比事，可以由同以知同，由異以知異，由諸異以求其所同，由諸同以知其所異，務以搜其緣由，明其本真，而後可以詳察事物也。先世諸儒爲《春秋》者，有知推援侔比之道，以求緣由本真之詳，雖有身行之者，亦寡能説其故，是以屬辭比事之教，猶未著也。請揚其例，以説其義：

（例甲）

隱公六年　秋七月　九年秋七月

桓公元年　冬十月　（四年、七年並去秋冬）　九年夏四月秋七月　十三年秋七月　冬十月　十八年秋七月

莊公元年春王正月　四年秋七月　五年春王正月　十二年夏四月　十三年秋七月　十五年冬十月　十八年冬十月　十九年夏四月　二十年秋七月　二十一年春王正月　二十二年夏五月　三十年春王正月

僖公六年春王正月　十年秋七月　十二年秋七月　二十四年秋七月　三十年春王正月　三十一年秋七月　三十二年春王正月

文公八年夏四月

（例乙）

隱公十一年冬十一月壬辰公薨

桓公十八年夏四月丙子公薨於齊

莊公三十二年八月癸亥公薨於路寢

閔公二年秋八月辛丑公薨

僖公三十三年（十有二月）乙巳公薨於小寢

文公十八年春王二月丁丑公薨於臺下

宣公十八年冬十月壬戌公薨於路寢

成公十九年八月己丑公薨於路寢

襄公三十一年夏六月辛巳公薨於楚宮

昭公三十二年十二月己未公薨於乾侯

定公十五年夏五月壬申公薨於高寢

（一）《春秋》屬辭比事，由諸異以求同者，蓋二而俱於之一也。於諸異詞之中，求其相同之由，是其術也。孔子曰：書之重，詞之複，其中必有大美惡焉（《繁露》及僖四年何注引，俱無惡字。據張洽《春秋集注》、胡安國《春秋傳》增）。意在斯矣。於諸異同之詞，而寓美惡之意，使天下讀是經者，可以推其緣由，因明其本眞，果屬合其詞，比次其事，而求同也。《春秋》重乎城邑，其緣由何在，其旨趣何存，傳注未詳也。而《鹽鐵論》曰：“《春秋》動衆則書，重民也。”程子曰：“《春秋》凡用民必書，雖時且義亦書，見勞民爲重事也。”此屬合異詞，鈎取同誼，以明其本原，可徵者也。《春秋》錄乎伯姬（自成八年至十年，錄伯姬者凡六事），其書重詞複，特筆詳錄，亦有大美惡焉。而比次其事，伯姬守禮，逮火而死（襄三十年"宋災，宋伯姬卒"），知《春秋》之意，書以善之，此不待傳注亦可明也。故《春秋》屬詞比事之教，有求同之術存焉。從甲例以觀之。春正，夏四，秋七，冬十，皆四時之首月也。以無事而書，知《春秋》雖無事，四時之首月必書。此由諸詞之中，可以見其相同之端，其例一也。《傳》曰：“《春秋》雖無事，首時過則書。”是其證也。從乙例而觀之，莊、僖、文、宣、成、襄及定，俱無故薨，《春秋》書其地；隱、閔俱弑，薨而不地；是《春秋》公薨封內無故則地，弑則不地，由諸異詞之中，可以見其相同之端，其例二也。公薨於外則地，異於封內，傳注雖不言，可得而明也。然後世諸儒，略習其道，未明其由，不知《春秋》屬詞比事，有求同之教也。（所謂不待傳注而自明者，極言之耳。《春秋師說》曰：“《周易》《春秋》，是有繩墨之文，不比他經；若能探其旨，知其繩墨，識其規矩，則雖不下注脚，而經旨亦明。《春秋》大事表曰：‘而聯屬上下之詞觀之，其大義何待傳注始明也。"此二說者，足證屬詞比事之效，而未可爲訓。蓋求同猶可，其求最難，不待傳說，或失於亂，且多口授微言，以平常之法求"春秋大義"，必誤）

（二）《春秋》屬詞比事，由諸同以求異者，蓋一而俱於是二也。於諸同詞之中，求其各殊之端，是其術也。《春秋》之用詞，略常以明變，略同以著異，略是以著非，略輕以明重，於諸同詞之中，見其特異之端，示天下以求異之術，以推其本原與終極也。雖然，求異之術，多見於殊異之一事，最難考索；其術可貴，宜於詳察，不可或忽。記曰：《春秋》之失亂，亂於求異也。學《春秋》者，必謹察之。《春秋》記虞師、晉師滅夏陽（第三頁）。虞以小國序乎大國之上，異於其所同者，此必有其故也，比次其事，則知虞公貪寶假道，自取滅亡，故異其文，以罪虞也。《傳》曰："使虞首惡也"是其證矣。從甲例以觀之，桓公四年，不著秋冬，殊異之端，必有由焉。桓公殺隱，國中不能討，天王不加誅，四年之夏，反行聘焉（天王使宰渠伯糾來聘），獎姦成篡，故去二時。以見無道。七年之春，桓焚咸丘，以火攻人，作俑之始，故去二時，以見不仁。（兩者俱從何君注說。《春秋》去時之義，世多疑之，非也。昭十年去冬，《通義》曰：此公羊師說相承，必有所受。坊記曰：魯《春秋》去夫人之姓，曰吳。謂書夫人至自吳，不書姬氏，是不修《春秋》文，如是，君子修而削之矣。蓋事在是年冬十月，或十一月，不存其事，故亦不存其月。此可證也）莊二十七年夏以五月首時，何君注曰："譏莊公取仇國女（而莊公是年如齊納幣），不可事先祖，奉四時祭禘，猶五月不宜以首時。"此其故可推而求者也。從乙例可以觀之，凡公薨無故則地，反而求之，公薨有故不地矣。昭公之薨，無故爲地，其由則在晉也；桓公之薨，有故爲異，推其原由，則在齊也。緣諸侯卒封內不地之例，（據襄六年傳，諸侯卒其封內不地，卒於外則地）則可以知之矣。求異之術，最爲難能，以《春秋》特筆變文之繁，蓋未可以妄測意推，謹從傳注，斯無過失，若知《春秋》有求異之術，而能施於格物致知，則甚善矣。

（三）求同求異之術，主於推驗事例。事例之繁，可求其相同之則者，未必不可求其特異之端，苟能既求其同，復察其異，兼求同異，其術尤善。必不失於偏倚，且不至於有誤。《春秋》屬詞比事之教，既寓求同求異二術，亦必有兼求同異之法，存於其中，合求同求異觀之，無待例證矣（如上舉乙例是其證）。三法俱備，而推驗之術盡矣。此可緣所已知，以求其所未知，然而學《春秋》者，多有躬行其術，而未能言之者。

（四）《春秋》屬詞比事之教，有緣同以知同之術，此舉一以反三，聞一以知十之義也。董君曰："是故爲《春秋》者，得一端而多連之，見一空孔而博貫之，則天下盡矣。以魯國之若是也，亦知他國之皆若是也；以他國之皆若是，亦知天下之皆若是也。"董君習於《春秋》，其推演者，本乎經傳，是《春秋》隱寓以同知同之術，不待詳言矣！

（五）《春秋》屬詞比事之教，有由異以見同之術。《春秋》詞已明者去之，詞未明者著之，是其道所存也。楚莊王殺陳夏徵舒（宣十一年冬十月楚人殺夏徵舒。詳見《慎微》篇），《春秋》貶之爲人，諸侯之義，不得專討也。而楚靈王執齊慶封殺之（見前），《春秋》與其伯討，稱爲楚子，蓋不得專討之義已明，而齊慶封之罪未見，雖稱楚子，與以伯討，而由其異詞之中，不得專討之義，猶可見也。《春秋》惡滅同姓，衛侯滅邢，名以絕之（僖二十五年衛侯毀滅邢，詳見《安仁篇》）。是通例也。而晉人執虞公，同姓相滅，不絕晉侯。沈氏欽韓《左傳補注》曰："《春秋》之義，有見於彼而略於此者，於彼見一義，於此又見一義。滅同姓，惡之甚者也；於衛侯毀滅邢見之，則其例可類推，此言晉人執虞公（僖五年冬，晉人執虞公），則虞公之國亡身虜，有以自取，又別起一義，非以晉之爲可恕也。"綜此二者，屬詞比事之教，有由異以見同之術，例甚明也。（以上明《春秋》有求同求異諸術）

《春秋》屬詞比事之教，有求同，求異，同異兼求諸術，非虛加之也。不然，屬合其詞，比次其事，而不能知其共同之則，不能見其殊異之端，直非教也，何足貴乎？凡此諸術，皆隱寓於中；隱寓於中，而謂有是教，無是術，亦不可也。孔子之道，貴乎聞一知十，能近取譬。是孔子重推求之道，其傳於《春秋》者，有屬詞比事之教，蓋知求同，求異，同異兼求之理者也。此孔子明智之法也，此孔子正名之學也。明智之要，所以慎微，所以安仁。孔子曰："仁者安仁，智者利仁。"又曰："未知，焉得仁？"孰謂孔子不貴知哉。

## 《春秋》慎微論第三

《春秋》之義，自其細者觀之，則爲慎微；自其大者觀之，則爲安仁。慎微始也，安仁終也；不慎微則無由安仁，不安仁亦忽於慎微，二者相依而行，相待而成者也。《春秋》欲善其始以善其終，故必慎於隱微；董君曰："《春秋》至意有二端，……小大微著之分也。夫覽求微細於無端之處，誠知小之將爲大也，微之將爲著也。吉凶未形，聖人所獨立也"（《二端》）。蓋有見於《春秋》之意矣。竊嘗思之，《春秋》顯著幾微，凡重本始，正名實，原心意，安仁恕，大居正，通權變，理政事，鮮不寓有慎微之意。闡發幽隱，別察嫌惑，或申其意，或通其理，甚博切而著明。謂《春秋》爲慎微之書，無不可也。（呂大圭《春秋五論》亦以著幾微爲《春秋》要義）其故何在？其術何存？請循其本，以詳言之。

《春秋》推見以至隱者也，察於天地之間，事物之衆，皆由極微以至極著，極簡以至極繁；而生長消息，周流轉易，皆以積漸而成。百行之善，一亂之源，皆小大微著之分而已。忽於細小則亂萌；慎於隱微，則善成。《春秋》欲人遷善以絕亂，此《春秋》所以敬慎幾微也。且嘗察之，嬗變之生，至爲迅速；禍福之來，存乎幾微；以幾微之隱，居迅速之變；理義之坊，動定之則，又雜廁其間；故舉止錯置，決一策，斷一謀，必察明時勢，周詳道義，而以敬慎行之，然後免於危害。此孔子之道，以時爲大，以權爲高也。審時度權，存乎隱微，此亦《春秋》所以敬慎幾微也。《春秋》安於仁而大居正，仁者忠恕之心，凡克己復禮之道，經世安民之術，皆不能離群而外物也，則嬗變之生，積漸之來，不能免矣。故安仁之術，必當慎微（四勿即慎微也）。正者中庸之謂，蓋以無偏倚之道，而求經正之常，亦不可免於權變，且不可差以毫釐。故居正之法，亦在慎微（中庸即慎微也）。由是言之，百行之善，一亂之源，審時度權，安仁居正，皆始於慎微，此《春秋》之義，貴慎微也。《易》曰："知幾其神乎！"又曰："夫易者，聖人之所以極深而研幾也。唯深也，故能通天下之志；唯幾也，故能成天下之務。"《易》言研幾，《春秋》慎微，幾微一也，《易》與《春秋》所言，皆天下人之道也。（以上言其故）

《春秋》慎微之術，一曰重本始。夫本不正者末必倚，始不慎者終必敗，此二者爲善之端，去惡之初也。爲善而重本慎始，可以積累而至於大，疾惡而重本慎始，則敝害無由而生。故《易》曰："建其本而萬物理，失之毫釐，差以千里。"又曰："君子以作事謀始。"始而不謀，必至於訟；訟而不竟，必至於師也。《春秋》意存慎微，故重本慎始也。（案：陳立《公羊義疏》曰："蓋凡始皆微，聖人繫心於微，正以正始故也，其說非是。聖人正始，正以繫心於微耳。"）一曰防積漸。《中庸》曰："是故君子戒慎乎其所不睹，恐懼乎其所不聞。"其最傳斯義。所謂戒慎乎其所不睹者，非探之茫茫也；所謂恐懼乎其所不聞者，非索之冥冥也。謹幾漸，防嫌微而已。《春秋》常於可危者危之，而言之甚早，蓋欲人杜禍患之漸，先絕其萌，有以早變耳。苟不如此，倉卒禍發，不可救矣。故《春秋》慎微之術，亦存乎防積漸也。（以上言其術）

雖然，《春秋》重本始，防積漸，固慎微之術矣，然非習於仁智，不可得也。智者洞燭禍福，明辨利害；事至而知所措，物動而知其化；緣往察來，以同知異；逆測變故之生，而推見終極所至，故可明隱發微，因時制宜，以重本始，而杜積漸。《春秋》別嫌疑，明是非，所以明智也；故知慎微之術，起於明知。《說苑·建本》篇曰："魏武侯問'元年'於吳子，吳子對曰：'言國君必謹始也。'謹始奈何？曰：'正之。'正之奈何？曰：'明智，智不明何以見正？多聞而擇焉，所以明智也。'"是其證矣。仁者秉心至善，守道至堅；嗜欲智而怨望希，天極敏而真情摯；不以利害義，不以難悖德，又知幾甚速，力行甚勇；故能敬慎於微而不忽也。此所以謂不安仁則忽於慎微也。故由是觀之，慎微之術，最難能也。智以明之，仁以行之，且無往而可不敬慎幾微也。（以上明其本）以《春秋》之義證之，亦無往而非慎微：

（一）《春秋》重本始，所以寓慎微之意者何？重本慎始，亦慎始微也，隱四年莒人伐杞取牟婁。《傳》曰："牟婁者何？杞之邑也。外取邑不書，此何以書？疾始取邑也。"桓七年焚咸丘。《傳》曰："焚之者何？樵之也。樵之者何？以火攻也。何言乎以火攻？疾始以火攻也。"閔二年吉禘於莊公。《傳》曰："吉禘於莊公，何以書？譏。何譏爾？譏始不三年也。"重始之義，傳於《春秋》者，蓋若是也。僖二十五年宋殺其大夫。《傳》曰："何以不名？宋三世無大夫，三世內娶也。"何君注曰："疾其末故正其本。"此《春秋》重本之意也。

《春秋》防積漸，所以寓存慎微之意者何？禍以漸生，福以積至，積漸微矣，故慎之也。《春秋》於宋有馮之弒，（桓公二年）而危之於繆公之卒；（隱三年癸未葬宋繆公，《傳》曰："危不得葬也。"）於齊有無知之弒，（莊公八年）而危之於僖公之卒。（桓十五年夏四月己巳葬齊僖公，當時而曰，危不得葬也）皆先預爲之危，慎之至也。（説本《公羊義疏》）顧棟高曰："會嬴至聘，（桓三年公會齊侯於嬴，同年冬齊侯使其弟年來聘）一年中連書六事，皆爲昏文姜、盟防至用幣，（莊二十二年及齊高傒盟於防，二十四年秋夫人姜氏入，戊寅大夫宗婦覿用幣）三年中連書十三事，皆爲昏哀姜；志閨門之禍，謹履霜之漸。"《春秋》示人防積漸，有如此者也。莊二十三年公至自齊，《傳》曰："桓之盟不日，其會不致"（與齊桓盟則不日，會則不書至），信之也。此之桓國何以致？危之也。何危爾？公一陳佗也。（何注：公如齊淫，與陳佗相似如一也）莊公後無危，而《春秋》危之，蓋即戒慎乎所不睹，恐懼乎其所不聞，以有危道，故危之耳。《春秋》之意固甚察也。（文十年，楚子蔡侯次於屈貉。《通義》云："莊侍郎曰：'屈貉之役，左氏以爲陳侯、鄭伯在焉，而又有宋公後至，麇子逃歸。《春秋》一切不書，主書蔡侯者，甚惡蔡焉。蔡同姓之長，而世役於楚，自絶諸夏。商臣罪大惡極，犬彘將不食其餘，蓋竊位以來，諸侯尚未有與盟會者。蔡莊侯首道以搜上國，獨與同惡相濟，同氣相求，不再傳，而蔡亦有弑父之禍，遂使通。《春秋》唯商臣與般相望於數十年之間。若蔡侯者，所謂用夷變夏者也。廣森三復斯言，誠《春秋》之微旨。昔衛州吁弑君自立，使公孫文仲平陳與宋，及宋殤公、陳桓公之身，而馮弑、佗篡之難作，魯翬會而卒之，弑隱者翬也。子夏有言曰：《春秋》之記臣弑君、子弑父者以十數矣。皆非一日之積也，有漸而以至矣。……則知黨弑君之賊者，其國必有亂臣，……黨弑父之賊者，其家必有逆子。嗚呼！國有風，家有俗。久聞習見，風俗以成。白羽素絲，唯其所染；履霜乘火，寧可不慎！'"今按：莊侍郎語見《春秋正辭》。《通義》所云，實略本張洽《春秋集注》隱四年説。莊、孔立論雖善，惜猶本《左氏傳》，自亂家法。實則楚蔡本與國，其風俗當有相同者，魯、衛、宋弑君亦不必牽合陳桓言。要之，當防積漸也。）

（三）《春秋》正名實，所以寓慎微之意者：正名之義，存乎辨情實，示分義，明是非，別嫌疑；蓋恐纖芥之不明，故因名以正之，實有慎微之意存焉。文十四年齊公子商人弑其君舍，舍立未踰年，例不當稱君，《春秋》成之爲君，所以重商人之弑，亦以未踰年君，若不稱君以討賊，則逆亂之臣，皆以君未踰年，可肆其凶惡矣。故《春秋》正名明實，此有慎微之意存者也。成二年取汶陽田，汶陽田者，本齊反魯侵地，《春秋》不曰歸汶陽田，而正其名曰取者，高閌曰："凡取人之有，其惡已見；而取己之舊，不以其道者，其罪難知，聖人所書，亦正名曰取，以顯微也。"此《春秋》明分示義之有慎微之意者也。若"《春秋》之用辭，常於嫌得者見其不得"，或"因人所惑而立詞以大明之"，雖以別嫌疑，明是非，亦意存慎微，甚顯明也。孔子曰："必也正名乎！名不正，則言不順；言不順，則事不成。事不成，則禮樂不興；禮樂不興，則刑罰不中；刑罰不中，則民無所措手足。故君子名之必可言也，言之必可行也。君子於其言，無所苟而已矣。"由是言之，孔子正名，而推見名不正則民無所措手足，有慎微之意存焉。則《春秋》正名實，其所以寓慎微之意者，亦可察矣。

（四）《春秋》原心意，所以寓慎微之意者：凡百行事，莫不夙存乎心，然後形見於外，一念之差，而美惡立判；一意之生，臧否已見；故作於其心，必發於其事，欲正其事者，則宜原其心也。《春秋》重本始而慎幾微，是以原心意而論行事。心意微矣，故《春秋》原心意即所以慎隱微也。且《春秋》褒美貶損，或緣其心以著其惡，或稱其意而著其善，或責之深，或責之淺，（詳見《原心論》篇）此雖主於察別善惡，揚摧誠偽，其論之靡有定衡，其義之玄妙深邃，不有慎微之心，何以論說於此哉。文公二年公子遂如齊納幣，《傳》曰："納幣不書，此何以書？譏，何譏爾？譏喪娶也。娶在三年之外，則何譏乎喪娶？三年之內不圖婚。……三年之恩疾矣！"非虛加之也！以人心爲皆有之。以人心爲皆有之，則曷爲獨於娶焉譏？娶者，大吉也，非常吉也，其爲吉主於己，以爲有人心者，則宜於此焉變矣。蓋《春秋》之義，原心以教孝，譏於納幣之時，責以三年之內，所以明誠治偽，彰禮著義，有微意也。（《左氏》以爲合禮，萬斯大已辯之，詳見《旨要》第一）明察乎此，《春秋》之義，亦可知矣。

（五）《春秋》大居正，所以寓慎微之意者：大居正者，合於道義，無有偏倚者也。合於道義，故不失常軌；無有偏倚，故不生亂源。其義甚廣，不止慎微，然而居正則無危害，故《春秋》之大居正，亦有慎微之意也。春秋之世，行多失正，雖本仁讓之心，而似義理所安者，《春秋》亦弗之許。宋宣公舍子立弟，以啓亂源，《傳》道孔子之意曰："君子大居正。宋之禍，宣公爲之也。"（隱公三年《傳》曰："宣公謂繆公曰：'以吾愛與夷，則不若愛女；以爲社稷宗廟主，則與夷不若女。盍終爲君矣！'宣公死，繆公立。繆公逐其二子莊公馮與左師勃，曰：'爾爲吾子，生毋相見，死毋相哭。'與夷復曰：'先君之所爲不與臣國而納國乎君者，以君可以爲社稷宗廟主也。今君逐君之二子，而將致國乎與夷，此非先君之意也。且使子而可逐，則先君其逐臣矣。'繆公曰：'先君之不爾逐可知矣。吾立乎此，攝也。'終致國乎與夷。莊公馮弒與夷。故君子大居正。宋之禍，宣公爲之也。"）齊桓公存亡繼絕，至於三國，然而《春秋》之義，則以諸侯之義，不得專封，以明正道。（蕭楚《春秋辨疑》曰："齊桓存三亡國，封衛之功尤爲彰著。衛人欲厚報之，至形於篇咏，當時歸其仁，而遠人自是向慕，江人、黃人來會於貫澤是也。觀《木瓜》之什列於《國風》，則是聖人亦以爲善矣。於《春秋》獨没其事實何也？夫存亡繼絶、建邦開國，所謂作天下之福……福者，積微以爲用，以晦而彰，以柔而强，及其至也，威不足以言之……故《春秋》書執人之君、滅人之國者，著其無王，罪之也。至恩惠之事，諸侯擅之，雖未足以傾周，皆削而不書。"今案：此慎微之意也）由是言之，《春秋》大居正，不失纖毫而甚敬慎，其意亦昭然若揭也。

（六）《春秋》通權變，所以寓慎微之意者通權達變，所以應一事之宜，而反乎經正之常；且必觀於時勢，而參詳以道義，其應對之方雖殊，而終極所至必善，能如是者，乃可行也。然而時勢易變，義理雖明，非慎幾微，必有舛錯。目夷行權，舍君救國，而《春秋》賢之，其義明也。（僖二十一年，楚人執宋公以伐宋，宋公謂公子目夷曰："子歸守國矣！國，子之國也。"公子目夷曰："君雖不言國，國固臣之國也！"於是歸，設械而守國。楚人謂宋人曰："子不與我國，吾將殺子君矣！"宋人應之曰："吾賴社稷之神靈，吾國已有君矣！"楚人知雖殺宋公，猶不得宋國，於是釋宋公。宋公釋乎執，走之衛，公子目夷曰："國爲君守之，君曷爲不入？"然後逆襄公歸）逢醜父遭變，殺身代君，而《春秋》賤之，其道非也。（成二年季孫行父、臧孫許、叔孫僑如、公孫嬰齊帥師，會晉郤克、衛孫良夫曹公子手，及齊侯戰於鞌，齊師敗績。《傳》曰："師還齊侯。……逢醜父者，頃公之車右也。面目與頃公相似，衣服與頃公相似，代頃公當左。使頃公取飲，頃公操飲而至，曰：'革取清者。'頃公用是佚而不返反。逢醜父曰：'吾賴社稷之神靈，吾君已免矣。'郤克曰：'欺三軍者，其法奈何？'曰：'法斮。'於是斮逢醜父。董君曰：'醜父措其君於人所甚賤，以生其君，《春秋》以爲不知權而簡云。'"）士匄不遵君命，而不伐喪，《春秋》大之，其時當也。（襄十九年，晉士匄帥師侵齊，至穀，聞齊侯卒，乃還。《傳》曰："還者何？善辭也。何善爾？大其不伐喪也。此受命乎君而伐齊，則何大乎其不伐喪？大夫以君命出，進退在大夫也。"劉敞曰："穀者，齊地也。其曰'至穀，'而後稱其義也。"胡安國曰："喪必不可伐，非進退可疑而待請者。故'至穀聞齊侯卒乃還'，善之也。"）子反專擅君命，以救宋人，而《春秋》貶之，其勢乖也。（宣公十五年宋人及楚人平。《傳》曰："外平不書，此何以書？大其平乎己也。何大乎其平乎己？莊王圍宋，軍有七日之糧爾，盡此不勝，將去而歸爾。於是使司馬子反乘堙而窺宋城，宋華元亦乘堙而出見之。司馬子反曰：'子之國何如？'華元曰：'憊矣！'曰：'何如？'曰：'易子而食之，析骸而炊之。'司馬子反曰：'嘻！甚矣憊！雖然，吾聞之也，圍者，柑馬而秣之，使肥者應客，是何子之情也？'華元曰：'吾聞之，君子見人之厄則矜之，小人見人之厄則幸之。吾見子之君子也，是以告情於子也。'司馬子反曰：'諾。勉之矣！吾軍亦有七日之糧爾，盡此不勝，將去而歸爾。'揖而去之，反於莊王。莊王曰：'何如？'司馬子反曰：'憊矣！'曰：'何如？'曰：'易子而食之，析骸而炊之。'莊王曰：'嘻！甚矣憊！雖然，吾今取此，然後而歸爾。'司馬子反曰：'不可。臣已告之矣，軍有七日之糧爾。'莊王怒曰：'吾使子往視之，子曷爲告之？'司馬子反曰：'以區區之宋，猶有不欺人之臣，可以楚而無乎？是以告之也。'莊王曰：'諾。舍而止。雖然，吾猶取此然後歸爾。'司馬子反曰：'然則君請處於此，臣請歸爾。'莊王曰：'子去我而歸，吾孰與處於此？吾亦從子而歸爾。'引師而去之。故君子大其平乎己也。此皆大夫也，其稱人何？貶。曷爲貶？平者在下也。"注：言在下者。譏二子在君側不先以便宜反報）目夷、醜父皆志乎忠，士匄、子反俱志於仁，而其通權達變，又相合同；而《春秋》之義，或大賢之，或貶損之，蓋使天下後世，比而觀之，知義理之辨，存乎幾微也。此《春秋》通權變亦有愼微之意也。

（七）《春秋》安仁恕所以寓愼微之意者，仁恕之心存乎中，必有以形於外者。上而治國平天下，至於齊家修身，凡與人交接，以相人偶，皆不可忽於微細，以虧德行，故安仁必愼微也。魯隱公忽於幾微而遭弒，《春秋》危之。（隱元年《傳》曰："公何以不言即位？成公意也。何成乎公之意？公將平國而反之桓。……故凡隱之立，爲桓立也。"隱十一年秋七月壬午，公及齊侯、鄭伯入許。何君注曰："日者，危錄隱公也。爲弟守國，不尚推讓，數行不義，皇天降災，諸臣進謀，終不覺悟，又復構怨入許，危亡之釁，外內並生，故危錄之。"劉敞《春秋意林》曰："伐宋，敗宋，取郜，取防，滕侯、薛侯來朝，入許，隱公之所以弒也。德薄而多大功，慮淺而數得意也。備其四竟，禍反其內，可不哀與！孔子曰：人無遠慮，必有近憂。不在顓臾，而在蕭牆也。"）邾叔術勇於讓國而免禍，《春秋》善之。（昭三十一年冬，黑弓以濫來奔。《傳》曰："文何以無邾婁？通濫也。曷爲通濫？賢者子孫宜有地也。賢者孰謂？謂叔術也。何賢乎叔術？讓國也。其讓國奈何？當邾婁顏之時，邾婁女有爲魯夫人者，則未知其爲武公與？懿公與？孝公幼。顏淫九公子於宮中，因以納賊，則未知其魯公子與？邾婁公子與？臧氏之母，養公者也。君幼則宜有養者，大夫之妾，士之妻，則未知臧氏之母者曷爲者也。養公者必以其子入養。臧氏之母聞有賊，以其子易公，抱公以逃。賊至，湊公寢而弒之。臣有鮑廣父與梁買子者，聞有賊，趨而至。臧氏之母曰：'公不死也，在是，吾以吾子易公矣。'於是負孝公之周，訴天子。天子爲之誅顏而立叔術，反孝公於魯。顏夫人者，嫗盈女也，國色也，其言曰：'有能爲我殺殺顏者，吾爲其妻。'叔術爲之殺殺顏者，而以爲妻。有子焉，謂之盱。夏父者，其所爲有於顏者也。盱幼而皆愛之，食必坐二子於其側而食之，有珍怪之食，盱必先取足焉。夏父曰：'以來！人未足而盱有餘！'叔術覺焉，曰：'嘻！此誠爾國也夫！'起而致國於夏父。夏父受而中分之，叔術曰：'不可。'三分之，叔術曰：'不可。'四分之，叔術曰：'不可。'五分之，然後受之。"陳立《義疏》四十三引包慎言曰："單伯淫而絕，則叔術之妻嫂竊國，論其絕也必矣。《公羊》以其讓國之功，除其前之淫罪，蓋論人君與士大夫異科。君與國爲體，有功於國，其餘小過則略之。故齊桓之姊妹不嫁，晉文之納懷嬴，《春秋》皆不之責焉，以其拯生民之功大也。叔術妻嫂之罪宜絕，而其見幾能作，舉國授之夏父，免數世爭篡之禍。以隱、桓之事衡之，則術之當機立斷，而不受辱，其智爲不可及矣。故《春秋》即其絕於邾婁者，通其子孫於天下，功罪並見。言如叔術者乃可免於誅，其子孫乃可不以先人爲辱耳。聖人目睹時變，舉一叔術爲鑒，非惡叔術也以爲如此而不免於誅，則誅之不勝誅矣。"今案：《公羊》非常異議可怪之論，叔術之事，其最甚者。包氏所論甚允。且以古時情勢核之，男女分際未嚴，禮教之施未備，未足多怪也）比魯隱之事於叔術之事，不慎微而有殺身之禍，能知幾則免數世之爭，知安仁之由慎微也。有子曰："君子務本，本立而道生，孝弟也者，其爲仁之本歟？"本始微也，然則爲仁之道，繫乎細微，有證驗矣。

（八）《春秋》明政事所以寓慎微之意者，爲政治國，莫要於重本始，杜積漸，修法守正，明分喩義，此皆有慎微之意存焉。《春秋》疾始滅國，（隱二年無駭帥師入極，《傳》曰："無駭者何？展無駭也。何以不氏？貶。曷爲貶？疾始滅也。……《春秋》之始也。"）疾始取邑，（見前）以禁暴亂，而止爭奪。《春秋》尊周內魯，內夏外夷，（成十五年《傳》曰："《春秋》內其國而外諸夏，內諸夏而外夷狄。王者欲一乎天下，曷爲以外內之辭言之？言自近者始也。"）雖欲一統，必以漸治。此《春秋》明政事之重本始以慎微也。《春秋》之義，防微杜漸，劉逢祿曰："故公子遂遂卒弒子赤，季孫宿遂，卒逐昭公，見微知著，爲萬世戒也。"（《穀梁廢疾申何》）鞌之戰也，魯四卿並書。胡安國曰："成公初立，主幼國危……四卿並出，肆其憤欲。雖無人乎成公之側，有不恤也，然後政自季氏出矣！……四卿皆書者，豈特爲詳內錄哉，堅冰之戒亦明矣。"此《春秋》明政事之防積漸以慎微也。《春秋》楚莊王不與專討（宣十一年冬十月，楚人殺陳夏徵舒。《傳》曰："此楚子也，其稱人何?貶。曷爲貶?不與外討也。不與外討者,因其討乎外而不與也,雖內討亦不與也。曷爲不與?實與而文不與。文曷爲不與?諸侯之義,不得專討也。"),齊桓公不與專封(見前),此《春秋》之修法守正以慎微也。《春秋》晉文不與再致天子(僖二十八年五月,公朝於王所。《傳》曰:"曷爲不言公如京師?天子在是也。天子在是,則曷爲不言天子在是?不與致天子也。"僖二十八年冬,天王狩於河陽。"《傳》曰:"狩不書,此何以書?不與再致天子也。"),首戴殊會王世子(僖五年公及齊侯、宋公、陳侯、衛侯、鄭伯、許男、曹伯會王世於首戴。《傳》曰:"曷爲殊會王世子?世子貴也。"),此《春秋》之明分示義以慎微也。若莊公之追戎於濟西(莊十八年公追戎於濟西。《傳》曰:"此未有言伐者,其言追何?大其爲中國追也。此未有伐中國者,則其言爲中國追何?大其未至,而豫禦之也。"),大其未至而豫禦之,以明爲政之道,宜於先覺亂萌。晉殺其大夫陽處父(文六年晉殺其大夫陽處父,晉狐射姑出奔狄。《傳》曰:"晉殺其大夫陽處父,則狐射姑曷爲出奔?射姑殺也。射姑殺,則其稱國以殺何?君漏言也。"),見晉君漏言之大害,以示爲政之道,機事不密則害成,故謂《春秋》明政事有慎微之意存焉。見微知著,由簡知繁,此所以有國家者不可以不知《春秋》也。《春秋》之義,自其細者觀之,固爲慎微。

## 《春秋》原心論第四

董君仲舒曰："《春秋》之論事，莫重乎志。"（《玉林》）察《春秋》之經，所以如此者，其緣由甚繁，弗可以不深考之也。有爲略跡誅心之論者，皆上本於《春秋》，然或用之失當，或失其要義，欲匡其謬以正其説，舍《春秋》莫由也。《春秋》所以原心誅意者，蓋所以重本始，詳道義，通仁恕，著誠僞，勸善懲惡，論功定罪；必如此，則平章黑白，浹理人事，有準程矣。《大學》明正心誠意之道，其主旨略同於《春秋》，此原心重志之所以貴也。隱元年公及邾婁儀父盟於眛。《傳》曰："及，猶汲汲也；暨，猶暨暨也。及，我欲之；暨，不得已也。"何君注曰："舉及、暨者，明當隨意善惡而原之。欲之者，善重惡深；不得已者，善輕惡淺，所以原心定罪。"此《春秋》原心重志之大凡也。凡治孔子之學者，蓋不可不明其義，《春秋》傳之，亦最詳盡，閒有他經所未備者。先儒雖各見其一端，惜乎未得其全，故原心意之旨，其理猶未彰著，其道尤待詳明也。

凌曙《公羊答問》曰："何以言原心定罪？曰：桓寬曰：'《春秋》治獄，論心定罪；志善而違於法者免，志惡而合於法者誅。'《後漢書·霍諝傳》曰：'《春秋》之義，原情定過，赦事誅意。故許止雖弒君而不罪，趙盾以縱賊而見書，此仲尼所以垂王法，漢世所宜遵前修也。'"凡此所舉，其論《春秋》原心之義，且或失當，而以論人議罪，蓋不可也。孔子修《春秋》，以明是非，以正人心，所以垂原心之訓，示重志之意者，蓋使人正心誠意，非主於論獄定罪也。故孔子曰："不逆詐，不億不信。"知不以逆億測度爲規矩繩墨也。《春秋》原心重志，亦以明道，非以定罪。蓋示未來，非誅既往。其不主於斷獄議事，較然甚明；後世不察，以爲緣心重志，專主定罪論過，故多陷於刻峭，近於誣枉，而不知以著誠僞爲高，通仁恕爲大也。顛倒其義，有害《春秋》之旨矣。此説略跡誅心者，首宜詳考者也。（以上明先儒所見唯一端）原本心意，略於事跡，雖爲《春秋》要指，然而有時亦不略跡。《春秋》原心，必重成效；心志雖善，行事違法，《春秋》不之許也。若宋宣公有讓國之心，而開爭奪之禍，故《傳》道《經》意曰："宋之禍，宣公爲之也。"（見《慎微論》）公子比無弒君之志，而罹篡奪之名，故《傳》道《經》意曰："比之義宜乎效死不立。"(昭十三年楚公子比自晉歸於楚，弑其君虔於乾溪。《傳》曰："此弑其君，其言歸何？歸無惡於弑立也。歸無惡於弑立者何？靈王爲無道，作乾溪之臺，三年不成。楚公子棄疾脅比而立之，然後令於乾溪之役曰：'比已立矣。後歸者，不得復其田里。'衆罷而去之，靈王經年而死。"同年楚公子棄疾弑公子比。《傳》曰："比已立矣，其稱公子何？其意不當也。其意不當，則曷爲加弑焉爾？比之義宜乎效死不立。")齊桓公不與專封(見《慎微》篇)楚莊王不與專討(同上)，《春秋》之義，非不嘉宋宣、楚比之意，而善齊桓、楚莊之心，然而或失於正，或違於法，不能以心意之善，而忽其事跡之非。蓋徒具一念之善，不計其行之差，是禍之源而亂之階，非能盡美者，故原本心意，必及行事，志善而違於法者，其心可嘉，其事難恕，此《春秋》之意也。《春秋》重志，所以垂教，蓋欲人人存心於善，必求其行止之安，非止於心意已足，若志善而違於法者免，志惡而合於法者誅，是只求其心志之善，而可不盡其事跡之美，是以之論事，猶恐誣枉，豈可以垂教而詔示天下與？此宜詳察者一也。(以上不略跡，當察者一)

《春秋》立法謹嚴，宅心仁恕；善善從長，惡惡從短；是則原心重志，不專主定過誅意，亦甚著明也。鍾文烝《穀梁補注》曰："夫君子之惡惡也，有所謂誅意者矣；君子之善善也，未嘗苛求其心也。事善則善之，猶曰有功於子，可食而食之矣，夫何以其志爲哉？"是則志惡而合於法者，其心雖非，其行猶是，《春秋》明其心志之惡耳，未當加以斧鉞之誅也。楚靈誅慶封，而《春秋》以爲伯討(見《正名》篇)。孔廣森論之曰："慶封脅君亂國，本國不能誅，中夏不能討，楚以蠻夷誅以行霸，雖云懷惡，聖人'不逆詐，不億不信'，故猶以義與之也。"吳救蔡敗楚，《春秋》稱以子爵。(定四年蔡侯以吳子及楚人戰於伯莒，楚師敗績。《傳》曰："吳何以稱子？夷狄也而憂中國。")胡安國論之曰："闔廬、子胥、宰嚭皆懷謀楚之心，蔡人往請，會逢其適，非有救災恤鄰，從簡書，憂中國之實也。聖人道大德宏，樂與人爲善，故因其從蔡，特進而書爵。"故由是言之，合觀聖經之意，先儒之說，知原心重志者，不在逆億苛求，蓋勸善垂教耳。張敞曰："心之微妙，口不能言也；言之微妙，書不能文也。學者善體孔子之意，而詳玩《春秋》之文，則可撥雲霧而睹青天矣。"此宜詳察者二也。(以上不專主定過，當察者二)

《春秋》養遂善志，而重力行，不以一念之善爲可忽略，而於力行之怠必加貶損，此原心重志，其旨在於存心於善，而又勉力於行，亦甚深切著明也。夫有知過之心，則能無憚改；有見義之勇，則能底於行。故《春秋》心行並重以爲教也。宣十五年公孫歸父會楚子於宋。何君傳經意曰："善內爲救宋行，雖不能解，猶爲見人之厄則矜之，故養遂其善志。"此不以一念之微而忽之也。莊五年冬公次於郎。《傳》道《經》之意曰："其言次於郎何？刺欲救紀而後不能也。"此以其力行之怠而加貶損也。一念之微而不忽，力行有怠而貶之，《春秋》教天下以善，而勉天下於行，其意甚切也。明乎此，乃可以見原心重志之義。此宜詳察者三也。（以上養遂善志。當察者三）更以《春秋》證之：

（一）《春秋》原心重志，以通仁恕爲高也。仁恕一也，存乎以己之心，度人之心；以己之情，度人之情。忠恕違道不遠。子貢問孔子曰："有一言可以終身行之者乎？"子曰："其恕乎！己所不欲，勿施於人。"（仲弓問仁，子曰："己所不欲，勿施於人。"此仁恕一也之驗。）《大學》曰："所惡於上，毋以使下；所惡於下，毋以事上。"《中庸》曰："所求乎子以事父，所求乎弟以事兄。"《孟子》曰："老吾老以及人之老，幼吾幼以及人之幼。"此皆言仁恕也。皆本心意也。所欲者施於人，所惡者勿施之。非以己之情志度人，而原人之心意行事，不可得也。故《春秋》原心意，其旨在通仁恕。執此以覘彼，舉一以反三，以己心意所欲，原人心意所欲，以己心意所惡，原人心意所惡，推其精細之處，明其微妙之端，可以知人論事，亦可以通仁行恕矣。襄二十九年吳子使札來聘。《傳》曰："吳無君、無大夫，此何以有君、有大夫？賢季子也。何賢乎季子？讓國也。……賢季子，則吳何以有君、有大夫？以季子爲臣，則宜有君者也。"何君注曰："……緣臣子尊榮，莫不欲與君父共之。"故使夷狄有君，此《春秋》之恕也。孔廣森曰："叔武不欲其兄有殺弟名，《春秋》爲之諱殺。"（僖二十八年，晉人執衛侯歸之於京師。《傳》曰："衛侯之罪何？殺叔武也。何以不書？爲叔武諱也。《春秋》爲賢者諱，何賢乎叔武？讓國也。其讓國奈何？文公逐衛侯而立叔武。叔武辭立而他人立，則恐衛侯之不得反也。故於是己立，然後爲踐土之會，治反衛侯。衛侯得反，曰：'叔武篡我。'元咺爭之曰：'叔武無罪。'終殺叔武。"）喜時不欲負芻有篡名，《春秋》不言復歸。（成十五年晉侯執曹伯歸之於京師。注："爲篡喜時。"十六年曹伯歸自京師。《傳》曰："執而歸者名，曹伯何以不名？而不言復歸於曹何？易也。其易奈何？公子喜時在内也。公子喜時在内，則何以易？公子喜時者仁人也，内平其國而待之，外治諸京師而免之。其言自京師何？言甚易也。"）又曰："目夷之事（見前）《春秋》欲彰其賢而反諱之。此聖經之高義，賢傳之達言。蓋以鳴其孝者非令子，矜其忠者非令臣。原臣子之道，莫不欲尊榮君父，故讓德歸美，過則稱己。曹羈以義去（莊二十四年冬戎侵曹，曹羈出奔陳。《傳》曰："曹羈者何？曹大夫也。曹無大夫，此何以書？賢也。何賢乎曹羈？戎將侵曹，曹羈諫曰：'戎衆以無義，君請勿自敵也。'曹伯曰：'不可.'三諫不從,遂去之,故君子以爲得君臣之義也。"),公子目夷以仁守,二子易地皆然。目夷有成勞矣,羈雖不克濟君於難,而並有愛國之心,悃悃忱忱,要殊武安倖敗之意,終鮮慶鄭愎諫之懟。《春秋》緣羈與目夷之心,而君忍國辱,爲之不忍言焉。"故由是觀之,《春秋》原本心意,察別情僞,其用於通仁恕者,比之於論功過者,實尤重也。何君注與孔氏所論,皆得原心重志之微旨。

（二）《春秋》原心重志,以正本始爲要也。《春秋》上明天理,下正人心,人心既正,則天理流行。《春秋》論事,莫重於志,所以端正人心,扶持天理也。惟原心故可以正心,惟誅意故可使誠意。又心意爲行止之主宰,善惡之本源;以之勸善,正其本始則其末難倚;以之去惡,疾其本始則其害易盡;以之論功,原其本始,則片善以彰;以之明過,考其本始,則纖毫不失;此《春秋》原心重志之緣由也。作於其心者,必發於其事;故欲正其事,必原本其心。此原心意爲重本始,不待煩詞以明者。

（三）《春秋》原心重志,以著誠僞爲大也。凡孝弟之心,禮義之行,必出諸本心,發於至誠,若貌似恭謹,隱藏奸邪,徒具節文,實生詐僞,則禮儀之繁縟,綱常之義指,適足以助成其虛飾之心,蒙蔽其情實之真,非徒無益,而又害之矣。孔子曰:"視其所以,觀其所由,察其所安。"又曰:"禮云禮云,玉帛云乎哉?樂云樂云,鐘鼓云乎哉?"皆謂原心重志,以著誠僞之意也。《春秋》文二年公子遂如齊納幣,《傳》曰:"納幣不書,此何以書?譏。何譏爾?譏喪娶也。娶在三年之外,則何譏乎喪娶?三年之內不圖婚。……三年之恩疾矣,非虛加之也,以人心爲皆有之。以人心爲皆有之,則曷爲獨於娶焉譏?娶者,大吉也,非常吉也。其爲吉主於己,以爲有人心焉者,則宜於此焉變矣。"此《春秋》原心重志,明誠治僞,責其圖婚於三年之內,見其毫無哀悼之心,以禮義爲虛文也。董君曰:"志爲質,物爲文;文著於質,質不居文,文安施質?質文兩備,然後其禮成;文質偏行,不得有我爾之名,俱不能備而偏行之,寧有質而無文。"(《玉杯》)董君之說,蓋深得《春秋》之旨義也。

（四）《春秋》原心重志,以明道義爲本也。《春秋》原心以通仁恕,重志以著誠僞,則是通仁恕以見道,著誠僞以明義,蓋可知矣。推而論之,原人之心意,以正其心意,故使天下不計利害,不論成敗,以仁恕守之。論事之成效,以勵其行跡,故使天下急於禮義,明於教訓,以智勇成之。夫如是,則是非辨矣,善惡彰矣。可以至於人欲遏絕,天理流行。孔子之道,以仁義爲本,以忠恕爲高,是皆本諸至情,發乎良心,非故設科條,以爲號召,蓋深知夫欲行仁義之道,必出於心情之真,而又恐天下慕其美好,而加以矯揉造作,是以原心重志，以重其本而覘其誠也。此必然之理，蓋無可疑者。可不待證驗以明之。

（五）《春秋》原心重志，自其明教者言之，則勸善懲惡也；自其論事而言之，則論功定罪也。其義甚明。然而論功定罪者，亦實勸善懲惡也。彰誠意之片善，絕纖芥之細惡，緣善者之心以見其善，因惡者之心而甚其惡，此勸善懲惡之大旨也。故論定功過，科條從同，緣善者之心而責之深，因惡者之意而治之淺，亦所以爲諷勸當時，曉諭後世也。秦伯使遂來聘（文十二年秦伯使遂來聘。《傳》曰："遂者何？秦大夫也。秦無大夫，此何以書？賢繆公也。何賢乎繆公？以爲能變也。"注曰："秦繆公自傷前不能用百里子、蹇叔子之言，感而自變悔，遂霸西戎，故因其能聘中國，善而與之。"），許其悔過，此彰誠意之片善也。齊人取濟西田（宣元年六月，齊人取濟西田。《傳》曰："外取邑不書，此何以書？所以賂齊也。"注曰："未之齊坐者，由律行言許受賂也。"），責其受賂，此絕纖芥之細惡也。公子牙卒（莊三十二年秋七月癸巳，公子牙卒。《傳》曰："何以不稱弟？殺也。殺則曷爲不言刺？爲季子諱殺也。曷爲爲季子諱殺？季子之遏惡也，不以爲國獄，緣季子之心而爲之諱。季子之遏惡奈何？莊公病，將死，以病召季子。季子至而授之以國政，曰：'寡人即不起此病，吾將焉致乎魯國？'季子曰：'般也存，君何憂焉？'公曰：'庸得若是乎？牙謂我曰：魯一生一及，君已知之矣。慶父也存。'季子曰：'夫何敢？是將爲亂乎？夫何敢？'俄而，牙弒械成。季子和藥而飲之，曰：'公子從吾言而飲此，則必可以無爲天下戮笑，必有後乎魯國。不從吾言而不飲此，則必爲天下戮笑，必無後乎魯國。'於是從其言而飲之。飲之無儓氏，至乎王堤而死。公子牙，今將爾，辭曷爲與親弒者同？君親無將，將而誅焉。然則善之與？曰，然。殺世子、母弟，直稱君者，甚之也。季子殺母兄，何善爾？誅不得辟兄，君臣之義也。然則曷爲不直誅而酖之？行誅乎兄，隱而逃之，使託若以疾死然，親親之道也。"），爲之諱殺，此明緣善者之心以見其善也。鄭伯伐許（成四年三月鄭伯堅卒。夏葬鄭襄公。冬，鄭伯伐許。注曰："未踰年君稱伯者，時樂成君位，親自伐許，故如其意以著其惡。"），不言鄭子，此緣惡者之心以甚其惡也。許世子止弒其君買，而不沒其情志之善（昭十九年夏五月戊辰，許世子止弒其君買。冬，葬許悼公。《傳》曰："賊未討，何以書葬？不成於弒也。曷爲不成於弒？止進藥而藥殺也。止進藥而藥殺，則曷爲加弒焉爾？譏子道之不盡也。……是以君子加弒焉爾。曰'許世子止弒其君買'，是君子之聽止也；'葬許悼公'，是君子之赦止也。赦止者，免止之罪辭也。"），楚子虔誘殺蔡侯般，而明著其懷惡之心（昭十一年夏四月丁巳，楚子虔誘蔡侯般殺之於申。《傳》曰："楚子虔何以名？絕。曷爲絕之？爲其誘討也。此討賊也，雖誘之則曷爲絕之？"蔡侯般弑父而立者也，懷惡而討，不義，君子不予也），趙盾本非弑君，而《春秋》仍其弑君之文（宣二年秋九月乙丑，晉趙盾弑其君夷獔。六年《傳》曰："親弑君者，趙穿也。親弑君者趙穿，則曷加之趙盾？不討賊也。何以謂之不討賊？晉史書賊曰：'晉趙盾弑其君夷獔。'趙盾曰：'天乎！無辜！吾不弑君，誰謂吾弑君者乎？'史曰：'爾爲仁爲義，人弑爾君，而復國不討賊，此非弑君如何？'"）。潞子本爲戎狄，而《春秋》因可責而責之（宣公十五年六月癸卯，晉師滅赤狄潞氏，以潞子嬰兒歸。《傳》曰："潞何以稱子？潞子之爲善也躬，足以亡爾。雖然，君子不可不記也。離於夷狄，而未能合於中國。晉師伐之，中國不救，狄人不有，是以亡也。"注："錄以歸者，因可責而責之。"）。是緣善者之心而責之深也。蔡世子般弑其君固（襄三十年夏四月，蔡世子般弑其君固）不言其日；楚子誘戎曼子殺之，不言其名（昭十六年楚子誘戎曼子殺之。《傳》曰："楚子何以不名？夷狄相誘，君子不疾也。"注曰："顧以無知薄遭責之。"），是因惡者之意而治之淺也。（案，治之淺者，若不疾乃疾之也）凡此皆《春秋》原心重志之旨，其功效不可不察。

## 《春秋》安仁論第五

嘗試論之：《春秋》之義，自其細者觀之，則爲慎微；自其大者觀之，則爲安仁，《春秋》蓋以安仁爲本根者也。凡天理之幽深，人道之極致，百政之得失，萬事之是非，皆準乎仁。故程子論《春秋》曰："夫其至動至賾之不齊，而聖人何以一之哉？曰：仁而已矣。故萬物之聚散，經世之紀綱，聖人一道以成之曰仁。觀《論語》之書，而知聖心之安仁，書於《春秋》者，無非此理。"（據張洽《春秋集注》）董君論《春秋》曰："《春秋》之所治，人與我也。所以治人與我者，仁與義也。以仁安人，以義正我。"（仁義法）莊氏論《春秋》曰："聖人之心，不寧惟是，仁而已矣。仁爲讓本，以仁去利；讓爲禮本，以讓去爭；禮爲國本，以禮去兵。"（莊存與《春秋正詞》）此皆善於論《春秋》者也。聖人之學，一貫於仁，欲察於仁，必習《春秋》。《春秋》慎微，重本正始，安仁之首也。《春秋》正名，盡實明智，安仁之塗也。《春秋》原心，彰善懲惡，安仁之術也。《春秋》明政，經世安民，安仁之極也。故綜《春秋》大義，旨歸於仁，於斯可驗。然而學《春秋》者，鮮有論其終於安仁也。（以上論《春秋》之旨在安仁）

雖然，仁之爲義，至廣且深，亦未易言也。《禮記·中庸》曰："仁者人也。"鄭注："人也讀如人偶之人。"相人偶者，相親愛之謂（賈誼《新書·匈奴篇》曰："胡妻兒得近侍側，胡貴人更得進佐酒前，上時人偶之。"蓋人偶親愛之謂）。故仁者自牓者言之，愛之深也（仁深於愛，如言仁民愛物）。愛之既深，則無封域，起於一家，放乎四海，凡本於慈惠之心，合乎親愛之意者，皆仁也。仁乎父母謂之孝，仁乎兄長謂之弟，仁乎國家謂之忠，仁乎友朋謂之信。故慈惠恭謹，明敏中正，皆愛人之一術，仁心之一端，其名雖殊，其事相若，亦皆仁也。雖然，仁從二人，必見於外。故有仁心，必有仁行。父兄存焉，必有孝弟；老少見焉，必有安懷；心存孝弟，志加安懷，弗施之行，不可謂仁。若閉戶齊居，端坐靜觀，雖有慈善之心，而無親愛之行，則不可也。故凡爲仁者，有見於外，必有待於行，是以論爲仁之方，則尤尚力行之道。非如世人所謂即心即仁，所可已也。若自其精深者言之，仁者衆善之共名也。盡人己之性，參化育之功；與天地同體，與神明合德，其應也時，其貴在生，其心甚静,其感甚速,此其要也。力行衆善,所以盡人己之性,養遂羣生,所以參化育之功;動定之則,可與天地同體,言行之歸,可與神明合德。其應也時故變通道;其貴在生,故長養有法;道義存乎中,故其心甚静;神思通於外,故其感甚敏。此仁所以爲孝、弟、忠、信、禮、義、廉、節之共名也,此仁所以爲慈惠、恭謹、明敏、中正之本心也。綜而論之,仁者亦德義之心,愛親之理,既存諸中,必行諸外。可以意會神通,力行默驗,難以繁詞詳說者也。其在《春秋》,示道義之極致,明中庸之軌則,篤親安民,通恕善讓,不出於孝弟忠信禮義廉節,不外乎慈惠恭謹明敏中正,其所以隱示爲仁之方,力行之道,亦詳備也。故《春秋》之義,一言以蔽之,曰:仁而已矣!(以上論仁之義意)

　　董君仲舒曰:"仁人者,正其誼不謀其利,明其道,不計其功。"此《春秋》之大旨,安仁之要義,最不可忽者也。竊嘗察之,人道之大,雖存乎理義,人事之興,實發於情欲;理義雖不可廢,情欲亦未易絕也。然而闡揚理義,足以調節情欲,放縱情欲,必以傷害理義,《春秋》正誼明道,所以闡揚理義,亦以調節情欲也。其意深矣!《春秋》正誼明道,納功利於正軌,順情欲於至誼,而情欲可以和暢,禮儀不至喪亡。百行且以爲楷素,此即所以順自然之道,參化育之功,流行天理,彰明大義,而爲《春秋》安仁之要旨也。且薄於功利而民興讓;放縱情欲,則民喜爭;讓則相安,爭必啓亂。如獎飭功利,而放逸情欲,是暴亂之階,禍釁之媒也。非所以安仁明矣。《春秋》之義,篤於禮而薄於利,尊信賤詐,正誼明道,有微旨焉。宋襄守正而敗,《春秋》大之。(僖二十二年冬十有一月己巳朔,宋公及楚人戰於泓,宋師敗績。《傳》曰:"偏戰者曰爾,此其言朔何?《春秋》辭繁而不殺者,正也。何正爾?宋公與楚人期戰於泓之陽,楚人濟泓而來。有司復曰:'請迨其未畢濟而擊之。'宋公曰:'不可。吾聞之也,君子不厄人,吾雖喪國之餘,寡人不忍行也。'既濟,未畢陳,有司復曰:'請迨其未畢陳而擊之。'宋公曰:'不可,吾聞之也,君子不鼓不成列。'已陳,然後襄公鼓之,宋師大敗。故君子大其不鼓不成列,臨大事而不忘大禮,有君而無臣,以爲雖文王之戰,亦不過此也!")

　　楚人懷惡而討,《春秋》絕之(見《原心》篇)。晉師救江而《春秋》以爲諼。(諼,詐也。文三年晉陽處父率師伐楚救江。《傳》曰:"此伐楚也。其言救江何?爲諼也。其爲諼奈何?伐楚爲救江也。")楚子舍鄭而《春秋》與之禮(宣十二年楚子圍鄭。夏六月乙卯,晉荀林父帥師及楚子戰於邲,晉帥敗績。《傳》曰:"大夫不敵君,此其稱名氏以敵楚子何?不與晉而與楚子爲禮也。曷爲不與晉而與楚子爲禮也?莊王伐鄭,勝乎皇門,放乎路衢;鄭伯肉袒,左執茅旌,右執鸞刀,以逆莊王。曰:'寡人無良,邊垂之臣,以干天禍,是以使君王沛焉，辱到敝邑。君如矜此喪人，錫之不毛之地，使帥一二耄老而綏焉，請唯君王之命。'莊王曰：'君之不令臣交易（狡訖）爲言，是以使寡人得見君之玉面，而微至乎此。'莊王親自手旌，左右攓軍，退舍七里。將軍子重諫曰：'南郢之與鄭，相去數千里，諸大夫死者數人，廝役扈養死者數百人，今君勝鄭而不有，無乃失臣民之力乎？'莊王曰：'古者杆不穿，皮不蠹，則不出於四方，是以君子篤於禮而薄於利，要其人而不要其土。告從，不赦，不詳，吾以不詳道民，災及吾身，何日之有！'既則晉師之救鄭者至，曰：'請戰。'莊王許諾。將軍子重諫曰：'晉，大國也，王師淹病矣，君請勿許也。'莊王曰：'弱者吾威之，強者吾避之，是以使寡人無以立乎天下！'令之還師而逆晉寇。莊王鼓之，晉師大敗，晉衆之走者，舟中之指可掬矣。莊王曰：'嘻！吾兩君不相好，百姓何罪？令之還師而佚晉寇。"案：而微至於此，謂非至於此，舊説誤）。

善士匄之不伐喪（見《慎微》篇）；大郤缺之不克納（文十四年晉人納接菑於邾婁，弗克納。《傳》："納者何？入辭也。其言弗克納何？大其弗克納也。何大乎其弗克納？晉郤缺帥師，革車八百乘，以納接菑於邾婁，力沛若有餘，而納之。邾婁人言曰：'接菑，晉出也，貜且，齊出也。子以其指，則接菑也四，貜且也六。子以大國壓之，則未知齊、晉孰有之也？貴則皆貴矣，雖然貜且也長。'郤缺曰：'非吾力不能納也，義實不爾克也。'引師而去之。故君子大其弗克納也。"）。

察此六事，有四旨焉。皆示道義爲本，功利爲末也。不由其道而勝，不如由其道而敗（如宋襄）；不由其道而得，不如由其道而失（如郤缺）；其旨一也。不臨難而忘義（如楚莊），其旨二也。不徼功以害德，（如士匄）其旨三也。雖有善事，不可因之以爲利（如懷惡事）；雖有懿行，不可因之以失正（如救江事）；其旨四也。凡功之所存，利之所趨，權之所通，變之所適，壹是皆以道義爲本，此正誼明道傳於《春秋》爲最明也。且試思之，《春秋》正誼明道，舉凡國政之措施，軍旅之進退，皆先仁義而後功利；國家猶且如此，況於一人乎？師旅猶且如此，況於他事乎？此《春秋》明道義之大旨，節情欲之微意，使天下化於理義；蓋必如是而後可以順自然之道，參化育之功，流行天理，扶持人道也。其崇禮讓，去爭亂，尤其重道義者，此不可不察也。（以上論正誼明道爲《春秋》安仁之一義）

雖然，尚有待於詳辨者也，嘗試思之，正誼明道，亦非欲棄功利。蓋其道苟明，其誼苟正，雖言功利，不爲垢病；若其道未明，其誼未正，而待功利以去奸邪，亦《春秋》所尚也。故功利之興，合乎道義者，本《春秋》所許，非說道義即棄功利也。此二旨者，區以察矣。且利者，義之和也；功者，行之敏也，功利所存，或即道義，神而明之，存乎其人。然而自斯義不詳，遂有操翰奮說，以攻正誼明道之指者，此非是也。公追戎於濟西（莊十八年），《春秋》大魯莊豫禦之功。（《傳》曰："此未有言伐者，其言追何？……大其未至而豫禦之也。"）屈完來盟於師（僖四年），《春秋》序齊桓之績。（《傳》曰："序績也。"）宋襄之敗，亦非兵道也。（《左傳》子魚曰："未知戰。"）由是言之，功績非不可尚，經意可以察也。（以上辨正誼明道非不可計功利）

程子曰：《春秋》以何為準無如中庸。欲知中庸，無如權。何謂權？時也，義也。其言是也。《春秋》之義，以中庸為常，以權變相應，蓋道義之樞機，仁恕之準則也。《春秋》明道安仁，或見於事，或應乎物；若有反乎中庸，泥於權變，必失輕重之宜，乖措施之方，傷是非之公，亂情理之則；故通恕安仁，中庸不可離，權變不可去也。故孔子之道，以中為大，以權為高。雖然，所謂中庸，亦若權變，時而已矣，義而已矣。此二指者，《春秋》最深切著明之。夫讓國懿行也，而大乎居正。（見《慎微》篇）爭戰危事也，而善於行義。（見《原心》篇）尊賢本善也，而衛人立晉則貶之。（見《正名》篇）廢君本惡也，而祭仲行權則許之。（桓十一年九月，宋人執鄭祭仲。《傳》曰："祭仲者何？鄭相也。何以不名？賢也。何賢乎祭仲？以為知權也。其為知權奈何？古者鄭國處於留。先鄭伯有善於鄶公者，通乎夫人，以取其國而遷鄭焉，而野留。莊公死，已葬，祭仲將往省於留，塗出於宋，宋人執之，謂之曰：'為我出忽而立突。'祭仲不從其言，則君必死，國必亡；從其言，則君可以生易死，國可以存易亡。少遼〔遠〕緩之，則突可故出，而忽可故反。是不可得則病，然後有鄭國。古人之有權者，祭仲之權是也。權者何？權者反於經，然後有善者也。權之所設，舍死亡無所設，行權有道，自貶損以行權，不害人以行權。殺人以自生，亡人以自存，君子不為也。"《公羊義疏》引包氏慎言云："祭仲之事，《公羊》言之矣。曰："權之所設，舍死亡無所設。行權有道，自貶損以行權，殺人以自生，亡人以自存，君子不為也。"祭仲省留，為宋人所執，非有辱國之罪，仲不宜死。宋執仲而誘脅仲以廢立，仲宜效死。然宋大於鄭，忽又弱主，內無所倚，仲死而無解於鄭之亡，無救於忽之死，故寧蒙不韙之名，順宋而挈突以歸。突歸忽出，而忽猶可以生。突挈於仲，仲能立之，亦能廢之，則忽可以故反。忽之得歸而反正，仲之智為之也。子捽父髮當誅，父溺而子捽其髮，俄頃之變存亡繫焉，避誅而陷父於死，非子也。仲之出忽，子捽父髮之說也，君子無誅為。仲無足取，而其機變之深能使天日再明，足以為凡世處危急者法。後世遇祭仲之變者，能如祭仲之所為則生，不能如祭仲之所爲則死，聖人豈輕以許人哉。身之存亡不足繫，君國之存亡，而偷生以存逆者，祭仲之罪人也。蜀漢姜維有祭仲之志，事幾成而敗，君子悲焉。"《通義》云："權之所設，良以事有歧趨，道或兩窒，利害資於審處，輕重貴其稱量。是故身與義權，則義重；義與君權，則君重；君與國權，則國重。古之人，謀其君，不私其身，況私其名乎？……夫君子之行權，雖若反經，然要其後必有善存焉。若仲者，未能善後者也，《詩》曰：'采葑采菲，無以下體。'《春秋》之於祭仲，取其詭詞從宋，以生乎忽存鄭，爲近於知權耳。仲後逡巡畏難，不終其志，經於忽之弑，子亹、子儀之立，一切没而不書，所以醇順其文，成仲之權，使可爲後法。故假祭仲以見行權之道，猶齊襄公未必非利紀也，而假以立復讎之準，所謂《春秋》非記事之書，明義之書也。苟明其義，其事可略也。"按：孔、包説俱是）廢棄君命，疑於失也，而不必爲失。（此士匃事，見前）死於國難，疑於得也，而不必爲得。（逢醜父事，見前）揚父之惡，宜於誅也，而於鄫世子無譏（襄五年叔孫豹、鄫世子巫如晉。《傳》曰："外相如不書，此何以書？爲叔孫豹率而與之俱也。叔孫豹則曷爲率而與之俱？蓋舅出也。莒將滅之，故相與往殆乎晉也。莒將滅之，則曷爲相與往殆乎晉？取后乎莒也。其取后乎莒奈何？莒女有爲鄫夫人者，蓋欲立其出也。"何注：時莒女嫁爲鄫后夫人，夫人無男有女，還嫁之於莒，鄫子愛后夫人，欲立其外孫。……雖揚父之惡，救國之滅者可也）。弑兄之罪，不可赦也，而爲季子則諱之（見《原心》篇）。絶文姜不爲不孝（莊元年三月，夫人孫於齊。《傳》曰："孫者何？孫猶孫也。内諱奔，謂之孫。夫人固在齊矣，其言孫於齊何？念母也。正月以存君，念母以首事。夫人何不稱姜氏？貶。曷爲貶？與弑公也。其與弑公奈何？夫人譖公於齊侯："公曰：同非吾子，齊侯之子也。'齊侯怒，與之飲酒，於其出焉，使公子彭生送之，於其乘焉，脅幹而殺之。念母者，所善也，則曷爲於其念母焉貶？不與念母也。"何注："念母則忘父背本之道也。故絶文姜不爲不孝，距蒯聵不爲不順，脅靈社不爲不敬，蓋重本尊統，使尊行於卑，上行於下。"）；距蒯聵不爲不順，（哀三年春，齊國夏、衛石曼姑帥師圍戚。《傳》曰："齊國夏曷爲與衛石曼姑帥師圍戚？伯討也。此其爲伯討奈何？曼姑受命乎靈公而立輒，以曼姑之義，爲固可以距之也。輒者，曷爲者也？蒯聵之子也。然則曷爲不立蒯聵而立輒？蒯聵爲無道，靈公逐蒯聵而立輒。然則輒之義可立乎？曰可。其可奈何？不以父命辭王父命，以王父命辭父命，是父之行乎子也。不以家事辭王事，以王事辭家事，是上之行乎下也。"包慎言曰："衛輒之事，夫子不爲，而公羊不責其拒父，何也？曰：蒯聵自絶於父出奔，義無得國之理，夫子之不爲衛君者，謂其所以處骨肉之間者，未盡其道耳，非謂輒之不宜君衛也。使輒之事果爲逆天悖倫，聖人安肯受其公養者？……況靈公以夏卒，蒯聵以六月入戚。父在殯而間然稱兵，以圖復國，父死之謂何？又因以爲利。苟有人心者，則宜於此變矣。"胡安國論之曰："人莫不愛其親，而志於殺；莫不敬其父，而忘其喪；莫不慈其子，欲其子之富且貴也，而奪其位。蒯聵之於天理逆矣，何疑於廢黜？"今案：胡、包所論並是）由是觀之，經權之分，正變之誼，可以察矣。蕭楚曰："守道之經而不觀時之會通，未足與議道，執義之常而不度於事之機變，未足與言義。之二者，胥失也。君子於此，貴乎觀時會通；而不拘於道之經；度事機變，而不牽於義之常。故能因時乘理，裁宜通變，以濟當世。自非其深足以通天下之權，孰能與此者！此其説吾於《春秋》見之矣。"（《春秋辨疑》《春秋統辨》）蓋《春秋》之義，以爲平定之理不必悉是，變通之則有所必行，故以因時乘理，裁宜通變，爲可尚也。（以上論中庸即權，爲仁恕之準則）

嘗試驗之，義之合宜，必依時會，凡經正權變，皆一於時而已，時之爲義，蓋爲最大也。何以言之？義有固常，時多移易。然而固常之義難以泥定；移易之時，實其樞機。此所以必以時爲要也。天地之大，人事之繁，化遷無窮，嬗變靡止；而淹速之度，趣舍之殊，又未有定程；故處事接物，不可拘牽；或進或退，宜於詳審。然而事之各殊，人之相異，地之不同，理之所安，莫不與時糾纏，不可離析，故時爲大。且義者宜也。宜者，宜於其事，宜於其人，宜於其地，宜於其理之謂也。亦莫不與時糾纏，不可離析。此義之合宜，依於時會，經正權變，皆一於時而已。時乎正而正，時乎變而變，時乎行而行，時乎止而止；此孔子所以爲聖之時也，此孔子之所以大也。《春秋》安仁，其應在時，善讀《春秋》者可以玩索而有得焉。（凡前舉例，俱有時義）經傳雖未言，然而不可不察也。（以上言《春秋》安仁，以時爲大）安仁之道，正誼明道，時中而外，其可述復有四焉：

（一）安仁之道，以篤爲始者也。孔子曰："君子務本，本立而道生，孝弟也者，其爲仁之本與！"（《説苑》引作孔子語）春秋是非二百四十二年之中，所以示孝弟者，亦非一端也。隱元年鄭伯克段於鄢（《傳》曰："克之者何？殺之也。殺之，則曷爲謂之克？大鄭伯之惡也。曷爲大鄭伯之惡？母欲立之，己殺之，〔不〕如弗與而已矣！段者何，鄭伯之弟也）孔廣森發《春秋》之義曰："《春秋》承衰周之敝，文勝而離，人知貴貴，莫知親親。開端首見鄭段之禍將大，矯其失，非因人情所易親者而先示之親……故至所見之世，且錄責小國殺公子，以廣親親之義，非明專厚於同母也。"廣森之言韙矣。《春秋》安仁，立愛自親始，所以詔示來許，固甚白也。晉侯殺其世子申生，不書其葬。(僖五年晉侯殺其世子申生,《傳》曰:"殺世子、母弟。直稱君者,甚之也。九年,晉侯詭諸卒。"何君注曰:"不書葬者,殺世子也。"《白虎通·誅伐》篇曰:"父殺其子當誅何? 以爲天地之性,人爲貴,人皆天所生也,託父母氣而生耳。王者以養長而教之,故父不得專也。")楚世子弑其君髡,極惡其惡(見《正名》篇)。於子叔姬之罪,不盡其辭(文十四年冬齊人執單伯,齊人執子叔姬,《傳》曰:"單伯之罪何,道淫也。惡乎淫? 淫乎子叔姬。"十五年齊人來歸子叔姬,《傳》曰:"其言來何? 閔之也。此有罪,何閔爾? 父母之於子;雖有罪,猶若其不欲服罪然。"何君注曰:"孔子曰:'父爲子隱,子爲父隱,直在其中矣。'所以崇父子之親也。");於衛侯毀滅邢,名以絕之(僖二十五年衛侯毀滅邢。《傳》曰:"衛侯毀,何以名? 絕;曷爲絕之? 爲滅同姓也);天王之不能乎母(僖二十四年冬,天王出居於鄭。《傳》曰:"王者無外,此其言出何? 不能乎母也。"注:故絕之言出);秦伯之不言於弟(昭元年夏,秦伯之弟鍼出奔晉。《傳》曰:"秦無大夫,此何以書? 仕諸晉也。曷爲仕諸晉? 有千乘之國,而不能容其母弟,故君子謂之'出奔'也。"胡安國曰:"《春秋》以均愛望人父,以能友責人兄。父母有愛妾,猶沒身敬之不衰,況兄弟乎? 兄弟翕而後父母順矣。故不曰公子,而特稱秦伯之弟);《春秋》俱有微辭,蓋所以明人倫之道,(立仁愛之始)有必如此者也。嘗試論之,人之爲性,惟情爲一,情愛之理,有所同然。孝於親必忠於國,慈於子者,必愛其民,泛愛之道,推恩之理也。父子天性,猶爲致愛,兄弟骨肉,猶不相親,焉有仁民之心、愛物之意哉? 此孔子謂孝弟也者,其爲仁之本也。此《春秋》篤於親,所以使天下與於仁也。

　　仁恕之道,以安民爲大者也。仁者愛人之理,好生之德,心存乎善,行發乎身,普天之下,生民之屬,莫不愛之好之。故仁恕之道,莫大於安民好生也。子貢問於孔子曰:"如有博施於民而能濟衆,何如? 可謂仁乎?"孔子曰:"何事於仁,必也聖乎! 堯舜其猶病諸。夫仁者,己欲立而立人,己欲達而達人,能近取譬,可謂仁之方也已。"安民好生,博施濟衆,厥爲仁恕,此其證也。《春秋》大義,總於安仁,然而修禮明誼,撥亂反正,尊賢儆邪,重民惡戰(詳見下篇),皆所以安民成仁也。反而觀之,《春秋》之惡無道、殘酷之行,莫不加貶,亦其明證。魯桓公焚咸丘,《春秋》疾其不仁(見《慎微》篇);邾婁人用鄫子,《春秋》惡其無道(僖十九年邾婁人執鄫子,用之。《傳》曰:"惡乎用之? 用之社也。其用之奈何? 蓋叩其鼻以血社也。"何君曰:"惡無道也。"莊存與《春秋正辭》曰:"《春秋》有不忍書,用人所不忍也,而書之,則將有所大不忍乎? 所不忍者一人,所大不忍者,天下萬世之人。")。由是言之,仁者之心,亦可以察矣。(以上用其起止)

安仁之道，以恕而成者也，恕爲仁術，所以通仁，故若是也。嘗試論之，恕者推己及人，緣心探意，察情好以辨事理，本仁慈以相周旋，愛人而能順遂其心，行事而能明達於義，故行恕之道，即安仁之術。且己所不欲，不施於人，則不拂人之所好；推己之愛，以及於衆，則可感化其心情。溥天之下，人人而不拂逆人之欲好，人人而知感化人之心情，則殘賊無自而生，爭攘無因而起，各相安於無事，化猜忌於和輯矣。此行恕所以安仁也，此恕亦即仁也。此孔子以爲可以終身行之者其恕也。其在《春秋》，原心論意，是爲行恕之道，(詳《原心》篇)而《春秋》之責己，《春秋》之用詞，有詔示行恕之道者，亦甚明矣。《春秋》之義，主於責己，先自整飭而後及人，此恕道也。徐幹《中論·脩本篇》曰："《春秋》詳內而略外，急己而寬人；故於魯也，小惡必書，於衆國也，大惡始舉。此其驗也。"《春秋》之用詞，不掩人之功，不蔽人之善，亦恕道也。桓十三年公會紀侯、鄭伯，己巳，及齊侯、宋公、衛侯、燕人戰，齊師、宋師、衛師、燕師敗績。《傳》曰："曷爲後日？恃外也。其恃外奈何？得紀侯、鄭伯然後爲日也。"(注曰："得紀侯、鄭伯之助，然後乃能結戰日以勝，君子不掩人之功，不蔽人之善，故後日以明之)此其驗也，《春秋》立法貴嚴，而宅心甚恕，其意甚察，所以安仁也。(詳見《原心》篇)

　　(二)安仁之道，以讓爲高者也。讓者仁慈之心，禮儀之本，以讓恭爲懷，以巽順爲德，見可欲而不貪，雖其位而弗居，不鶩於利，不喜於爭，是愛人之甚，弭亂之本。故《春秋》安仁，以讓爲高。孔子曰："泰伯，其可謂至德也已矣。三以天下讓，民無得而稱焉。"又曰："能以禮讓爲國乎，何有？不能以禮讓爲國，如禮何？"察孔子之意，至德之大，治國之經，皆歸本於讓，孔廣森發《春秋》之微旨曰："《春秋》撥亂之教，以讓爲首。君興讓，則息兵；臣興讓，則息貪；庶人興讓，則息訟。"天下莫不治於讓而亂於爭，此《春秋》貴讓之指也。宣公讓國失正，《春秋》爲恕其罪(詳見《慎微》篇)；隱公讓國不成，《春秋》爲成其意(詳見《慎微》篇)；季札辭國，春秋使吳有君(詳見《慎微》篇)；喜時讓國，春秋免治其後(昭二十年夏，曹公孫會自鄸出奔宋，《傳》曰："奔未有言自者，此其言自何？畔也。畔則曷爲不言其畔？爲公子喜時之後諱也。《春秋》爲賢者諱，何賢乎公子喜時？讓國也。其讓國奈何？曹伯廬卒於師，則未知公子喜時從與？公子負芻從與？或爲主於國，或爲主於師。公子喜時見公子負芻之當主也，逡巡而退。賢公子喜時，則曷爲爲會諱？君子之善善也長，惡惡也短。惡惡止其身，善善及子孫，賢者子孫，故君子爲之諱也。")；《春秋》彰讓之賢，以明爭之過，謂之撥亂之教可也。謂之立仁之則，亦無不可也。學《春秋》者，宜詳察之。(上以明其塗行)

## 《春秋》經世論之六

　　《春秋》之義，自其細者視之，則爲慎微；自其大者視之，則爲安仁。安仁之道，非可以託之空言，蓋必見之行事者也。"子貢曰：'如有博施於民，而能濟衆，何如？可謂仁乎？'子曰：'何事於仁，必也聖乎！堯舜其猶病諸。夫仁者，己欲立而立人，己欲達而達人，能近取譬，可謂仁之方也已。"（《論語・雍也》）立己達人之方，内聖外王之道，莫不以恩被天下，仁及萬物爲極致，斯則欲安於仁，必更講求經世之道，亦可知矣，此《春秋》之所由作也。《孟子》曰："世衰道微，邪説暴行有作，臣弑其君者有之，子弑其父者有之，孔子懼，作《春秋》。《春秋》，天子之事也。是故孔子曰：'知我者其惟《春秋》乎，罪我者其惟《春秋》乎！'"《公羊傳》曰："君子曷爲爲《春秋》？撥亂世，反諸正，莫近諸《春秋》。其諸君子樂道堯舜之道與？"孟子以孔子成《春秋》，而亂臣賊子懼，比之一治。《春秋》之作，固爲博施濟衆，撥亂反正，此其所以"急切而爲國家資也"，此後世所以謂"《春秋》之於王道，是輕重之權衡，曲直之繩墨""百王之法度，萬世之繩準，皆在此書"。《史記・自叙》曰："夫《春秋》，上明三王之道，下辨人事之紀，別嫌疑，明是非，定猶豫，善善惡惡，賢賢賤不肖，存亡國，繼絶世，補敝起廢，王道之大者也。"《莊子》曰："《春秋》經世，先王之志。"《春秋》爲經世安民明政之書，固有明論矣。

　　雖然，《春秋》經世，先王之志，實原本於仁，依據於仁，而旨歸於仁也。《荀子》曰："人生而有欲，欲而不得，則不能無求，求而無度量分界，則不能不爭。爭則亂，亂則窮。先王惡其亂也，故制禮義以分之。""《春秋》者，禮義之大宗也"。孔子曰："能以禮讓爲國乎，何有？不能以禮讓爲國，如禮何？"又曰："人而不仁，如禮何？人而不仁，如樂何？"仁又爲禮讓之本也。莊存與曰："仁爲讓本，以仁去利；讓爲禮本，以讓去爭。"欲絶欲利之爭，必以仁讓爲治，蒿目憂世，以治天下，固原本於仁也。董君曰："《春秋》之所治，人與我也。所以治人與我者，仁與義也。以仁安人，以義正我。"程子曰："夫其至動至賾之不齊，而聖人何以一之哉，曰仁而已矣！故萬物之聚散，經世之紀綱，聖人一道以成之曰仁。觀聖人之書，而知聖心之安仁；書於

《春秋》者，無非此理。"則知所以經世安民，其道亦依據於仁矣。孔子曰："一日克己復禮，天下歸仁焉。"又曰"君子篤於親，則民興於仁。"孔廣森《公羊通義》曰："子曰：我欲託之空言，不如見之行事之深切著明也。蓋理不窮其辨則不深；事不當其勢則不切。高論堯舜之道，而無成敗之效，則不著不明。故近取諸《春秋》，因亂世之争季俗之情，漸裁以正道，庶賢者易勉，不肖者易曉，亦致太平之所由基也。"

《春秋》之義，先仁義則後功利，貴仁義而賤勇力。（《穀梁·昭八年傳》）居正篤義，首孝明倫，皆所以使賢者易勉，不肖者易曉，亦猶使民興仁，天下歸仁之義也。故《春秋》經世之志，欲天下一歸於仁，此又不可不察也。學者必明乎此，而後乃可以言《春秋》經世之要。

《春秋》經世，指在安仁，以脩己爲始也。《論語》子貢問孔子，子曰："脩己以敬。"曰："如斯而已乎？"曰："脩己以安人。"曰："如斯而已乎。"曰："脩己以安百姓，堯、舜其猶病諸。脩己以安百姓。"蓋即仁者己欲立而立人，己欲達而達人也。政者正也，爲政以德，在位之人，必先有脩齊之功，然後乃有治平之效，此一定不可移易之理也。非然者，小人道長，君子道消，天下惡乎平？《説苑·建本》篇："孔子曰：'君子務本，本立而道生'。夫本不正者未必倚，始不盛者終必衰。《詩》云：'原隰即平，泉流既清'。本立而道生，《春秋》之義。有正春者無亂秋，有正君者無危國。《易》曰：'建其本而萬物理，失之毫釐，差以千里'"，知《春秋》經世，以正本脩己爲要也。《春秋》有五始之義，三世之説，或以正本，或以省己。五始者一曰元，二曰春，三曰王，四曰正月，五曰公即位。《春秋公羊隱公元年傳》（注一）何君注曰："政莫大於正始，故《春秋》以元之氣，正天之端；以天之端，正王之政；以王之政，正諸侯之即位；以諸侯之即位，正境内之治……五者同日並見，相須成體，乃天人之大本，萬物之所繫，不可不察也。"《漢書·董仲舒傳》曰："臣謹按《春秋》之文，求王道之端，得之於正；正次王，王次春；春者天之所爲也，正者王之所爲也。"《王襃傳》曰："恭惟《春秋》，法五始之要，在乎審己正統而已。"包慎言《五始説》曰："統者何？本也，正本在乎省己，省己所聞於《春秋》，而反之於己則本正。"此五始省己以正本也。三世者一曰所傳世，二曰所聞世，三曰所見世（注二）。何君注曰："於所傳聞之世……内其國而外諸夏，先詳内而後治外，録大略小，内小惡書，外小惡不書。"《後漢書·陳蕃傳》曰："《春秋》於魯，小惡必書，宜先自整飭，後以及人。"徐幹《中論·修本篇》云："孔子之制《春秋》也，詳内而略外，急己而寬人。故於魯也，小惡必書，於衆國也，大惡始舉。"《孟子正義》曰："君義莫不義，君正莫不正，一正君而國定矣"。又曰於衆也。

《春秋》之義，善善惡惡，賢賢賤不肖，固以爲不賢者，不宜在高位；是以政莫大於正始，故必修己爲急也。

注一：《春秋》隱公元年"元年春王正月"。《公羊傳》曰："元年者何？君之始年也；春者何？歲之始也；王者孰謂？謂文王也；曷爲先言王而後言正月？王正月也；何言乎王正月？大一統也。公何以不言即位？成公意也；何成乎公之意？公將平國而反之桓；曷爲反之桓？桓幼而貴，隱長而卑，其爲尊卑也微，國人莫知；隱長又賢，諸大夫扳隱而立之，隱於是焉而辭立，則未知桓之將必得立也；且如桓立，則恐諸大夫之不能相幼君也。故凡隱之立爲桓立也。隱長又賢，何以不宜立？立適以長不以賢，立子以貴不以長。桓何以貴？母貴也。母貴則子何以貴？子以母貴，母以子貴。"何君注曰："即位者一國之始，政莫大於正始，故《春秋》以元之氣，正天之端；以天之端，正王之政；以王之政，正諸侯之即位；以諸侯之即位，正境內之治。諸侯不上奉王之政，則不得即位，故先言正月而後言即位；政不由王出，則不得爲政，故先言王而後言正月也；王者不承天以制號令則無法，故先言春而後言王；天不深正其元，則不能成其化，故先言元而後言春。五者同日並見，相須成體，乃天人之大本，萬物之所繫，不可不察也。"

注二：《春秋公羊·隱公元年傳》曰："公子益師卒。何以不日？遠也；所見異辭，所聞異辭，所傳聞異辭。"何君注曰："所見者，謂昭、定、哀，己與父時事也；所聞者，謂文、宣、成、襄，王父時事也；所傳聞者，謂隱、桓、莊、閔、僖，高祖、曾祖時事也。異辭者，見恩有厚薄，義有深淺，時恩衰義缺，將以理人倫、序人類，因制治亂之法；故於所見之世，恩已與父之臣尤深。大夫卒，有罪無罪皆日錄之，丙申季孫隱如卒是也。於所聞之世，王父之臣恩少殺，大夫卒，無罪者日錄，有罪者不日略之，叔孫得臣卒是也。於所傳聞之世，高祖曾祖之臣恩淺，大夫卒，有罪無罪皆不日略之也，公子益師無駭卒是也。於所傳聞之世，見治起於衰亂之中，用心尚粗糙，故内其國而外諸夏，先詳内而後治外，錄大略小，内小惡書，外小惡不書，大國有大夫，小國略稱人，内離會書，外離會不書是也。於所聞之世，見治升平，內諸夏而外夷狄，書外離會，小國有大夫，宣十一年秋晉侯會狄於攢函；襄二十三年邾婁劓我來奔：是也。至所見之世，著治大平，夷狄進至於爵，天下遠近小大若一，用心尤深而詳，故崇仁義，譏二名，晉魏曼多仲孫何忌是也。所以三世者，禮爲父母三年，爲祖父母期，爲曾祖父母齊衰三月，立愛自親始。故《春秋》據哀錄隱，上治祖禰，所以二百四十二年者，取法十二公，天數備足，著治法式，又因周道始壞絕，於惠、隱之際，主所以卒大夫者，明君富隱痛之也，君敬臣，則臣自重；君愛臣，則臣自盡。"

《春秋》經世，旨在安仁，以重民爲本也。天下者非一人之天下，天下人之天下也。人民者非止邦國之本，乃邦國之主也。殷周哲王，並知重民，《盤庚》之篇曰："古我先王，罔不惟民之承保"。又曰："重我民，無盡劉。"《康誥》曰："惟乃丕顯考文王，克明德慎罰，不敢侮鰥寡，庸庸，祗祗，威威，顯民。"至於《春秋》，重民之意，尤爲顯見。蕭楚《春秋辨疑》曰："孟子曰：'民爲重，君爲輕，是《春秋》之義也'。……故《春秋》所民，大致以民爲重。"民貴之説，非自孟子發之，實《春秋》之義也。《春秋》文公十八年莒弒其君庶其，《公羊傳》曰："稱國以弒者，衆弒君之辭。"注曰："一人弒君，國中人人盡喜，故舉國以明失衆，當坐絕也。"莒君失衆見弒，《春秋》稱國以弒，君失衆心，弒之者無罪。僖公十九年梁亡，《公羊傳》曰："此未有伐者，其言梁亡何？自亡也。其自亡奈何？魚爛而亡也。"《注》曰："梁君隆刑峻法，一家犯罪，四家坐之。一國之中無不被刑者；百姓一旦相率俱去，狀若魚爛。魚爛從内發故云爾。"梁君嚴刑自敗，《春秋》著其自亡，以明暴虐之君，百姓得以去之。此皆以人民爲一國之主，非以君爲一國之主也。僖公五年晉人執虞公，《公羊傳》曰："虞已滅矣！其言執之何？不與滅也。曷爲不與滅？滅者，亡國之善辭也；滅者，上下之同力也。"人民爲一國之主，而虞人未盡其責，故《春秋》不與滅。僖公二十一年楚人使宜申來獻捷，《公羊傳》曰："楚人果伏兵車，執宋公以伐宋。宋公謂公子目夷曰：'子歸守國矣！國，子之國也，吾不從子之言，以至乎此。'公子目夷復曰：'君雖不言國，國固臣之國也。'"降至西漢，谷永、鮑宣有云："天下乃天下之天下，非一人之天下也。""官爵非陛下之官爵，乃天下之官爵也。"猶知此義，惜乎日久而此義不彰，後儒乃不能揚言之。此亦由於《春秋》之義久湮晦而不彰故也。

《春秋》經世，旨在安仁，故必行仁政。梁君嚴刑峻法，《春秋》著其當絕（見前）；晉侯放其大夫，《春秋》以爲近正（注三）；宣公初税畝，《春秋》譏其履畝而税（注四）；哀公用田賦，《春秋》譏其量過什一（注五）；此所以見行仁政者，必省刑罰，薄稅斂也。又必重勞民力：隱公七年城中丘，《近思錄》曰："爲民立君，所以養之也，養民之道，在愛民力。民力足則生養遂，生養遂，則教化行而風俗美，故爲政以民力爲重也。《春秋》凡用民必書，其所興作，不時害義，固爲罪矣。雖時且義，亦書，見勞民爲重也。"莊二十八年冬，築微。大無麥、禾。《公羊傳》曰："冬既見無麥、禾矣，曷爲先言築微，而後言無麥、禾？譏以凶年造邑也。"《穀梁傳》亦曰："山林藪澤之利，所以與民共也，虞之非正也。"又曰："古之君人者，必時視民之所勤，民勤於力則功築罕，民勤於財則貢賦少，民勤於食則百事廢矣。冬築微，春新延廄，以其用民力爲已悉矣。"疾惡戰伐，《春秋》疾始滅國（注六），疾始取邑（注七），千數興兵相伐（注八），則稱人畧之；於稍免戰亂，則繫辭以喜之（注九），疾始以火攻（注十），痛迫殺之甚（注十一），惡棄師（注十二），重乞師（注十三），仁者愛人，故必施行仁政也。

注三：《春秋公羊·宣公元年傳》曰："晉放其大夫胥甲父於衛：放之者何？猶曰無去是云爾。然則何言爾？近正也。此其爲近正奈何？古者，大夫已去，三年待放。君放之，非也；大夫待放，正也。古者臣有大喪，則君三年不呼其門，已練，可以弁冕，服金革之事，君使之，非也；臣行之，禮也。閔子要絰而服事，既而曰：'若此乎！古之道不即人心'。退而致仕，孔子蓋善之也。"

注四：《春秋公羊·宣公十五年傳》曰："初稅畝。初者何？始也。稅畝者何？履畝而稅也；初稅畝何以書？譏。何譏爾？譏始履畝而稅也。何譏乎始履畝而稅？古者什一而藉。古者曷爲什一而藉？什一者，天下之中正也。多乎什一，大桀小桀；寡乎什一，大貉小貉。什一者，天下之中正也，什一行而頌聲作矣！"

注五：《春秋公羊·哀公十二年傳》曰："十有二年春，用田賦。何以書？譏。何譏爾？譏始用田賦也"。何君注曰："田，謂一井之田，賦者，斂取其財物也。言用田賦者，若今漢家斂民錢，以田爲率矣！不言井者，城郭里巷亦有井，嫌悉賦之。禮，稅民公田不過什一，軍賦十井不過一乘。哀公外慕強吳，空盡國儲，故復用田賦過什一。"

注六：《春秋公羊·隱公二年傳》曰："無駭帥師入極。無駭者何？展無駭也。何以不氏？貶。曷爲貶？疾始滅也。始滅昉於此乎？前此矣。前此則曷爲始乎此？託始焉爾。曷爲託始焉爾？《春秋》之始也。此滅也，其言入何！內大惡，諱也。"

注七：《春秋公羊·隱公四年傳》曰："四年，春，王二月，莒人伐杞，取牟婁。牟婁者何？杞之邑也；外取邑不書，此何以書？疾始取邑也。"

注八：《春秋公羊·文公十二年傳》曰："冬，十有二月，戊午，晉人、秦人戰於河曲。此偏戰也，何以不言師敗績？敵也。曷爲以水地？河曲疏矣，河千里而一曲也。"《穀梁傳》曰："不言及，秦晉之戰已亟，故略之也。"

注九：《春秋公羊·襄公十一年傳》曰："公會晉侯、宋公、衛侯、曹伯、齊世子光、莒子、邾婁子、滕子、薛伯、杞伯、小邾婁子伐鄭，會於蕭魚。此伐鄭也，其言會於蕭魚何？蓋鄭與會爾。"何君注曰："中國以鄭故，三年之中五起兵，至是乃服，其後無干戈之患二十餘年，故喜而詳錄其會，以得鄭爲重。"

注十：《春秋公羊·桓公七年傳》曰："七年，春，二月，己亥，焚咸丘。焚之者何？樵之也。樵之者何？以火攻也。何言乎以火攻？疾使以火攻也。咸丘者何？邾婁之邑也。曷爲不繫乎邾婁？國之也。曷爲國之？君存焉爾。"何君注曰："征伐之道，不過用兵；服則可以退，不服則可以進。火之盛炎，水之盛衝，雖欲服罪，不可復禁，故疾其暴而不仁也。"

注十一：《春秋公羊·莊公三十年傳》曰："齊人伐山戎。此齊侯也，其稱人何？貶。曷爲貶？子司馬子曰：'蓋以操之爲已慼矣。'此蓋戰也，何以不言戰？《春秋》敵者言戰，桓公之與戎狄，驅之爾。"何君注曰："操，迫也；已，甚也；慼，痛也；迫殺之甚痛。時桓公力，但可驅逐之而已，戎亦天地之所生，而乃迫殺之甚痛，故去戰貶見其事，惡不仁也。"

注十二：《春秋公羊·閔公二年傳》曰："十有二月，狄入衛。鄭棄其師。鄭棄其師者何？惡其將也，鄭伯惡高克，使之將，逐而不納，棄師之道也。"

注十三：《春秋公羊·僖公二十六年傳》曰："公子遂如楚乞師。乞者何？卑辭也。曷爲以外內同若辭？重師也。曷爲重師？師出不正反，戰不正勝也。"

《春秋》經世，指在安仁，故爲國以禮。《中庸》曰："仁者人也，親親爲大；義者宜也，尊賢爲大；親親之殺，尊賢之等，禮所生也。"《禮》："卿大夫任重職大，不當世，爲其秉政久，恩德廣大，小人居之，必尊君子威權。故尹氏世，立王子朝；齊崔氏世，弒其君光"：故《春秋》於尹氏卒（《隱公三年傳》），崔氏出奔衛（宣公十年），譏其世卿非禮，以明尊賢爲大。於天王使仍叔之子來聘，譏父老子代致，亦以譏其不合於禮。《春秋》惡惡疾始，善善樂終（《僖公十七年傳》），"善善也長，惡惡也短；惡惡止其身，善善及子孫"（《昭公二十年傳》），善善惡惡，故賢賢賤不肖；於鄭瞻自齊逃來（注十四），以著佞人之始來；於叔肸卒書公弟（注十五），以顯逸民之當舉，此皆所以見爲國以禮，道之以德，齊之以禮也。然衛人立晉，則著其不宜立（《隱公四年傳》），宋宣讓國則以爲大君正（《隱公三年傳》），又於其嫌得者在見其不得。監禮者本所以定親疏，決嫌疑，別同類，明是非也。莊存與《春秋正辭》曰："春秋以禮表天下之亂，凡所書者，皆所表也（正天子詞）。"《春秋》者，固禮義之大宗也。至其尊信（注十六），賤詐（注十七），篤禮薄利（注十八），書之重詞之切，爲國以禮，義固深切著明也。

注十四：《春秋公羊·莊公十七年傳》曰："秋，鄭瞻自齊逃來。何以書？書甚佞也。曰：佞人來矣！佞人來矣！"

注十五：《春秋公羊·宣公十七年傳》曰："冬，十有一月，壬午，公弟叔肸卒"。何君注曰："稱字者，賢之。宣公篡立，叔肸不仕其朝，不食其祿，終身於貧賤。故孔子曰：'篤信好學，守死善道，危邦不入，亂邦不居，天下有道則見，無道則隱。'此之謂也。禮，盛德之士不名，天子上大夫不名。《春秋》公子不爲大夫者不卒，卒而字者，起其宜爲天子上大夫也。孔子曰：興滅國，繼絕世，舉逸民，天下之民歸心焉。'"

注十六：《春秋公羊·僖公十年傳》曰："晉里克弒其君卓子，及其大夫荀息。及者何？累也。弒君多矣！舍此無累者乎？曰：有。孔父、仇牧皆累也，舍孔父、仇牧無累者乎？曰：有。有則此何以書？賢也。何賢乎荀息？荀息可謂不食其言矣！其不食其言奈何？奚齊、卓子者，驪姬之子也，荀息傅焉。驪姬者，國色也。獻公愛之甚，欲立其子，於是殺世子申生。申生者，里克傅之。獻公病，將死，謂荀息曰：'士何如則可謂之信矣。'荀息對曰：'使死者反生，生者不愧乎其言，則可謂信矣？'獻公死，奚齊立。里克謂荀息曰：'君殺正而立不正，廢長而立幼，如之何？願與子慮之。'荀息曰：'君嘗訊臣矣！'臣對曰：'使死者反生，生者不愧乎其言，則可謂信矣！'里克知其不可與謀，退，弒奚齊。荀息立卓子，里克弒卓子，荀息死之。荀息可謂不食其言矣！"

注十七：《春秋公羊·文公三年傳》曰："晉陽處父帥師伐楚救江。此伐楚也，其言救江何？爲諼也。其爲諼奈何？伐楚爲救江也。"

注十八：《春秋公羊·宣公十二年傳》曰："夏，六月，乙卯，晉荀林父帥師及楚子戰於邲，晉師敗績。大夫不敵君，此其稱名氏以敵楚子何？不與晉而與楚子爲禮也。曷爲不與晉而與楚子爲禮也？莊王伐鄭，勝乎皇門，放乎路衢。鄭伯肉袒，左執茅旌，右執鸞刀，以逆莊王，曰：'寡人無良邊垂之臣，以干天禍，是以使君王沛焉，辱到敝邑。君如矜此喪人，錫之不毛之地，使帥一二耋老而綏焉，請唯君王之命。'莊王曰：'君之不令臣交易爲言，是以使寡人得見君之玉面，而微至乎此。'莊王親自手旌，左右撝軍，退舍七里。將軍子重諫曰：'南郢之與鄭相去數千里，諸大夫死者數人，厮役扈養死者數百人，今君勝鄭而不有，無乃失民臣之力乎？'莊王曰：'古者杅不穿，皮不蠹，則不出於四方。是以君子篤於禮而薄於利，要其人而不要其土。告從，不赦，不詳。吾以不祥道民，災及吾身，何日之有！'既則晉師之救鄭者至，曰：'請戰。'莊王許諾。將軍子重諫曰：'晉，大國也，王師淹病矣！君請勿許也。'莊王曰：'弱者吾威之，强者吾辟之，是以使寡人無以立乎天下。'令之還師而逆晉寇，莊王鼓之，晉師大敗。晉衆之走者，舟中之指可掬矣。莊王曰：'嘻！吾兩君不相好，百姓何罪？'令之還師而佚晉寇。"

《春秋》經世，指在安仁，以一統爲法也。孔子曰："天下有道，則禮樂征伐自天子出；天下無道，則禮樂征伐自諸侯出……天下有道，則政不在大夫；天下有道，則庶人不議。"春秋之世，禮樂征伐自諸侯出，政在大夫，陪臣當國，此春秋所以爲亂世也。孔子修《春秋》，當一王之法，大一統，尊法制。此所以撥亂世反之正也。《春秋公羊隱元年春王正月傳》："何言乎王正月？大一統也。"何君注曰："統者始也，總繫之辭。"漢儒説之曰："統紀可一，而法度可明"（《董仲舒傳》）。"六合同風，九州共貫"（《王吉傳》）。"春秋之義，諸侯不得專地，所以壹統，尊法制焉。"大一統者："普天之下，莫非王土；率土之濱，莫非王臣。"故《春秋傳》又説之曰："《春秋》内其國而外夏，内諸夏而外夷狄，王者欲一乎天下，曷爲以外内之辭言之？言自近者始也"（《成公十五年傳》）。王者欲一乎天下，故曰"王者無外"（《隱公元年傳》），"王者無敵"（《成公元年傳》），"不與諸侯專地"（《桓公元年傳》），"不與諸侯專封"（《僖公元年傳》），"不與諸侯專討"（注十九），"卿不得憂諸侯"（注二十），"大夫之義，不得專廢置君"（注二十一），"不得專平"（注二十二），"不得專執"（注二十三），"不以家事辭王事"（注二十四）；此禮樂征伐，不得自諸侯出，政不得在大夫也。《春秋》内其國而外諸夏，内諸夏而外夷狄，故"不與夷狄之執中國"（《隱公七年傳》），"不與夷狄之獲中國"（《莊公十年傳》），"不與夷狄之主中國"（《哀公十三年傳》），"許夷狄者不一而足"（《文公九年傳》），而於齊桓之服楚，則書之重辭之復以大美之；僖公四年楚屈完來盟於師，盟於召陵。《公羊傳》曰："喜服楚也，何言乎喜服楚？楚有王者則後服，無王者則先叛，夷狄也，而亟病中國。南夷與北狄交，中國不絶若綫，桓公救中國而攘夷狄，卒怗荆，以此爲王者之事也。"齊桓公之功，在尊周攘夷，九合諸侯，一匡天下，王者之事也。故孔子稱齊桓、管仲之功曰："如其仁，如其仁。"此大一統之義，亦原本於仁也。

注十九：《春秋公羊·宣公十一年傳》曰："冬十月，楚人殺陳夏徵舒。此楚子也，其稱人何？貶。曷爲貶？不與外討也；不與外討者，因其討乎外而不與也；雖內討亦不與也。曷爲不與？實與而文不與；文曷爲不與？諸侯之義，不得專討也。諸侯之義不得專討，則其曰實與之何？上無天子，下無方伯，天下諸侯有爲無道者，臣弑君，子弑父，力能討之則討之，可也。"

注二十：《春秋公羊·襄公三十年傳》曰："晉人、齊人、宋人、衛人、鄭人、曹人、莒人、邾婁人、滕人、薛人、杞人、小邾婁人會於澶淵，宋災故。宋災故者何？諸侯會於澶淵，凡爲宋災故也。會未有言其所爲者，此言所爲何？錄伯姬也。諸侯相聚，而更宋之所喪，曰：'死者不可復生，爾財復矣！'此大事也，曷爲使微者？卿也。卿則其稱人何？貶。曷爲貶？卿不得憂諸侯也。"

注二十一：《春秋公羊·文公十四年傳》曰："晉人納接菑於邾婁，弗克納。納者何？入辭也。其言弗克納何？大其弗克納也。何大乎其弗克納？晉郤缺帥師，革車八百乘，以納接菑於邾婁，力沛若有餘而納之。邾婁人言曰：'接菑，晉出也；貜且，齊出也；子以其指，則接菑也四，貜且也六。子以大國壓之，則未知齊、晉孰有之也。貴則皆貴矣，雖然，貜且也長。'郤缺曰：'非吾力不能納也，義實不爾克也。'引師而去之。故君子大其弗克納也。此晉郤缺也，其稱人何？貶。曷爲貶？不與大夫專廢置君也。曷爲不與？實與而文不與。文曷爲不與？大夫之義，不得專廢置君也。"

注二十二：《春秋公羊·宣公十五年傳》曰："夏，五月，宋人及楚人平。外平不書，此何以書？大其平乎己也。何大乎其平乎己？莊王圍宋，軍有七日之糧爾，盡此不勝，將去而歸爾。於是使司馬子反乘堙而窺宋城。宋華元亦乘堙而出見之。司馬子反曰：'子之國何如？'華元曰：'憊矣。'曰：'何如？'曰：'易子而食之，析骸而炊之。'司馬子反曰：'嘻：甚矣憊！雖然，吾聞之也，圍者，柑馬而秣之，使肥者應客。是何子之情也？'華元曰：'吾聞之，君子見人之厄則矜之，小人見人之厄則幸之。吾見子之君子也，是以告情於子也。'司馬子反曰：'諾，勉之矣，吾軍亦有七日之糧爾，盡此不勝，將去而歸爾。'揖而去之，反於莊王。莊王曰：'何如？'司馬子反曰：'憊矣。'曰：'何如？'曰：'易子而食之，析骸而炊之。'莊王曰：'嘻！甚矣憊！雖然，吾今取此，然後而歸爾。'司馬子反曰：'不可。臣已告之矣，軍有七日之糧爾。'莊王怒曰：'吾使子往視之，子曷爲告之？'司馬子反曰：'以區區之宋，猶有不欺人之臣，可以楚而無乎！是以告之也。'楚王曰：'諾，舍而止。雖然，吾猶取此然後歸爾。'司馬子反曰：'然則君請處於此，臣請歸爾。'莊王曰：'子去我而歸，吾孰與處於此？吾亦從子而歸爾。'引師而去之。故君子大其平乎已也。此皆大夫也，其稱人何？貶。曷爲貶？平者在下也。"何君注曰："言在下者，譏二子在君側，不先以便宜反報歸美於君，而生事專平，故貶稱人。等不勿貶，不言遂者，在君側無隧道也。以主坐在君側遂爲罪也，知《經》不以文實貶也。凡爲文實貶者，皆以取專事爲罪。月者專平不易"。

注二十三：《春秋公羊·定公元年傳》曰："三月，晉人執宋仲幾於京師。仲幾之罪何？不蕢城也。其言於京師何？伯討也。伯討則其稱人何？貶。曷爲貶？不與大夫專執也。曷爲不與？實與而文不與。文曷爲不與？大夫之義，不得專執也。"

注二十四：《春秋公羊·哀公三年傳》曰："春，齊國夏、衛石曼姑帥師圍戚。齊國夏曷爲與衛石曼姑帥師圍戚？伯討也。此其爲伯討奈何？曼姑受命乎靈公而立輒，以曼姑之義，爲固可以距之也。輒者，曷爲者也？蒯聵之子也。然則曷爲不立蒯聵而立輒？蒯聵爲無道，靈公逐蒯聵而立輒。然則輒之義可以立乎？曰：可。其可奈何，不以父命辭王父命，以王父命辭父命，是父之行乎子也。不以家事辭王事，以王事辭家事，是上之行乎下也。"

春秋經世，指在安仁，以大同爲極也。大同之說，《禮運》言之，雖不見於《春秋》，而《春秋》亦有其義，齊桓存三亡國，《春秋》於救邢（僖公元年）、衛（僖公三年）、城杞（僖公十四年），三傳皆盛美齊桓之功，曰："諸侯之義，不得專封，則其曰實與之何？上無天子，下無方伯，天下諸侯有相滅亡者，力能救之，則救之可也。"僖公十七年夏，滅項，《春秋》於齊桓諱滅，《傳》更發其義曰："《春秋》爲賢者諱，此滅人之國，何賢爾？君子之惡惡也疾始，善善也樂終，桓公嘗有繼絕存亡之功，故君子爲之諱也。"存亡繼絕，所以使天下免於相侵凌、相兼並之禍，亦天下爲公之義也。楚滅陳、蔡，《春秋》昭公四年書"陳火"。《傳》曰："陳已滅矣，其言陳火何？存陳也。"

昭公十三年書"蔡侯廬歸於蔡，陳侯吳歸於陳"，《傳》曰："此皆滅國也，其言歸何？不與諸侯專封也。"注曰："使若有國者自歸也。"《春秋》存亡國繼絕世，此所以爲王道之大也。《春秋》內其國而外諸夏，內諸夏而外夷狄，而宣十二年書"夏六月乙卯，晉荀林父帥師及楚子戰於邲，晉師敗績"。《傳》曰："不與晉而與楚子爲禮也"（注二十五）。定公四年書"蔡侯以吳子及楚人戰於伯莒"，《傳》曰："吳何以稱子？夷狄也而憂中國"（注二十六）。嚴於禮義之防，而不嚴於夷夏之辨，此亦所以示天下爲公也。《春秋》三世之法，何君注云："至所見之世，著治太平，夷狄進至爲爵，天下遠近小大若一"。康有爲《春秋筆削大義微言考》云："《春秋》三世之法，與《禮運》小康大同之義同"。又曰："道之以政，齊之以刑，小康據亂也；道之以德，齊之以禮，大同太平也。莒人勝殘去殺，據亂也；王者必世而後仁，升平也；老安少懷，皆言大同也"。《春秋》書夷狄進至爲爵，其所以示"天下遠近小大若一"者甚明。凜凜乎大同之世，天下爲公。然則《春秋》雖不自言大同，其義亦可推知矣！

  注二十五：《春秋公羊·宣公十二年傳》（見注十八）。

  注二十六：《春秋公羊·定公四年傳》曰："冬，十有一月，庚午，蔡侯以吳子及楚人戰於伯莒，楚師敗績。吳何以稱子？夷狄也而憂中國，其憂中國奈何？伍子胥父誅乎楚、挾弓而去楚，以干闔廬，闔廬曰：'士之甚，勇之甚！'將爲之興師而復讎於楚。伍子胥復曰：'諸侯不爲匹夫興師，且臣聞之，事君猶事父也。虧君之義，復父之讎，臣不爲也。'於是止。蔡昭公朝於楚，有美裘焉，囊瓦求之，昭公不與。爲是拘昭公於南郢，數年然後歸之。於其歸焉，用事乎河，曰：'天下諸侯苟有能伐楚者，寡人請爲之前列。'楚人聞之，怒。爲是興師，使囊瓦將而伐蔡。蔡請救於吳，伍子胥復曰：'蔡非有罪也，楚人爲無道，君如有憂中國之心，則若時可矣！'於是興師而救蔡。曰：'事君猶事父也，此其爲可以復讎奈何？曰：'父不受誅，子復讎可也；父受誅，子復讎，推刃之道也。'復讎不除害，朋友相衛而不相迿，古之道也。"

（原載於《孔子月刊》民國二十六年第一期。北平，1937年1月）

穀梁真偽考

# 穀梁真偽攷

吳承仕題

張西堂著

# 穀梁真偽攷

秦錦熙題

# 自 序

《春秋》上明天理，下正人心；治事之準儀，揆道之楷範也。自三《傳》並行，莫辨其是非，而五經失學，亦莫甚於《春秋》，欲明《春秋》微言大義之學，此不可不察也。《左氏》之不傳《春秋》，自西漢已有是說；近如南海康氏，尤能灼見其源；瑞典珂羅倔倫，更據文字考之；蓋足爲定讞矣。《穀梁》亦爲古文，本雜取傳記以造，非得《春秋》之真傳，能憭之者，殆屬尠覯。邇者吳興崔氏，始謂《穀梁》一傳，劉歆之所偽造，藉以破壞《春秋》。依據史籍，判其本真。其證驗至確，然未多考傳文，以大明之。世人之論，猶謂《公》《穀》一家，且或篤信《穀梁》；其是非黑白，未能遽以定也。堂自卯年受經，喜於探索辭理；丙辰以還，鑽研諸子，思舉聖哲道術，撩理使有統序。孔子者，諸子之卓也；說理者，莫辯乎《春秋》。於是專治《春秋》，紬其微言大義。每謂《穀梁》迂，甚違孔子之指。壬戌之冬，撰《春秋六論》，於崔氏説，猶未深題之。自是厥後，睹《穀梁》"是月"之不讀"提月"，"畫我"之襲取《公羊》齊語，又有無經之傳與不釋經之傳，乃恍然悟其非真傳，本雜取傳記以造者。崔氏所論，固可徵信。不揣檮昧，因取治《穀梁》者——如江熙、范甯、孫覺、葉夢得、侯康、許桂林、鍾文烝、柳興恩、廖平、柯劭忞諸家之説，以攻《穀梁》；更博采於諸儒，參以己見，明非私論，亦以堅其壁壘。由其體例、文詞、義理，探其本源，考其年代，爲《穀梁不傳春秋證》一篇。更就《公》《穀》之所詳略，明其異同，見其指歸，爲《公穀詳略異同證》一篇。皆所以見《穀梁》之非真傳，欲以明孔子《春秋》之學者，因名之曰《穀梁真偽考》，共上下兩篇。世之君子，匡其不逮，所甚幸焉。

民國二十年八月一日　漢川張西堂自序

# 上　篇

## 《穀梁》不傳《春秋》證

　　《穀梁》有無經之傳，不釋經之傳。義例自相乖戾，文詞復病重累；且晚出於《公羊》，而不合於"魯語"。又多違反孔子之論；蓋本雜取傳記以造，非得《春秋》之真傳者也。自何邵公（休）著《穀梁廢疾》，及劉原父（敞）之《春秋權衡》，發其紕繆，已多確切；劉申受（逢禄）之《申何》，彌彰其惡；鄭康成、柳興恩輩辨之，未爲允也。輓近陳蘭甫（澧）廣其采撼《公羊》，崔觶甫（適）《春秋復始》又詆之爲古文，其不治之沉痾，益以大顯於世；雖欲飾之，不可飾矣。然《春秋》一經，本無達例，治《穀梁》者，或藉爲説詞，謂"《穀梁》魯學，篤守師法"，而"《公羊》齊學，著録稍晚"。（語見廖季平《穀梁古義疏》）此非另辟蹊徑，重加稽核，無以判辨黑白，論定是非也。蒙於《穀梁》，夙見其謬，歷年以來，每有所獲。竊謂：其無經之傳，不釋經之傳，不合傳經之體；其義例乖戾，與文詞重累，又失謹嚴之義；其晚出於《公羊》，而不合於"魯語"，及其違反孔子之論，尤屬癥結所在；足知其非真傳，本雜取傳記以造者。蓋實古文之學，而晚出於漢代，非止"不傳'建五始''通三統''張三世''異内外'諸大旨"（劉申受語）。此治《春秋》之學者，所不可不深察者也。何、鄭、劉、柳往復之辯難，未足以繼，因取治《穀梁》學者平論《穀梁》之説，以攻《穀梁》。旁采諸儒，參以己見，著爲斯篇。戈盾之興，不盡我作，抨彈所加，或爲公論。博雅君子，其無譏焉。

# 第一　《穀梁》有無經之傳

《經》冬十月。（成公元年）

《傳》季孫行父禿，晉郤克眇，衛孫良夫跛，曹公子手僂，同時而聘於齊。齊使禿者御禿者，使眇者御眇者，使跛者御跛者，使僂者御僂者，蕭同侄子處臺上而笑之，聞於客。客不悅而去，相與立胥間而語，移日不解。齊人有知之者，曰："齊之患，必自此始矣。"

證曰：經之"冬十月"，録"首時"（時之首月）之例。《春秋》例不遺時，無事亦書首時。（桓公元年《穀梁傳》曰："無事焉，何以書？不遺時也。《春秋》編年，四時具而後爲年。"）"冬十月"下無事，本不當有傳者也，而《穀梁》乃忽爲之發傳，此其無經之傳之確證。夫傳以釋經爲主，不能離經而爲傳，離經而爲傳，則與《左氏春秋》相同，非得《春秋》之真傳者也。《穀梁》有無經之傳，或當有傳而無傳（詳見下篇第三），或其傳並不釋經（詳見本篇第二），則不可執以通經，固明甚矣。治《穀梁》者，遠如范甯，近如柳興恩、鍾文烝、廖季平，皆病此傳之非，而欲辯之；曲爲之說，終不可以強通。

范甯《穀梁傳記解》曰："穀梁子作傳，皆釋經以言義，未有經無其文，而橫發傳者。甯疑經'冬十月'下云：'季孫行父如齊。'脫此六字。"范氏疑此無經之傳，而謂經有脫文，不知他經容有脫誤，《春秋》則無是事。劉紹攽《春秋筆削微旨》曰："夫所謂闕文者，果傳寫之誤乎？抑舊史之闕乎？以爲傳寫之誤，則一傳可闕，不容三傳俱闕也。以爲舊史之闕乎？則西狩獲麟，孔子所目睹，何難考驗其日月，而但書時不書月？……故當日因魯史之舊文，而孟子直謂之作，作者，自我創之之謂。學者不得其筆削之義，而輒委於魯史之舊文，何不取孟子之言，而細思之？"觀於劉氏此說，知《春秋》之無闕文，如以爲有脫誤，不容《左氏》《公羊》，亦俱脫也。范氏委之脫文，其誤蓋甚易知。故治《穀梁》者，多不取其說。

鍾文烝《春秋穀梁經傳補注》曰："此《傳》當與下'其日或日'相連，誤跳在此。蓋以《傳》合《經》者誤之耳。范以《傳》稱季孫聘於齊，《經》

無爲不書其事，但《經》書如齊，不當録日，二家《經》皆無之，自以何休說爲長。或當以季孫不悅而去，聘事不成，故使無如齊之文。其事亦不審在何年也。"案：鍾氏以"如例"書時不書月，駁范注經有脫文之說，而謂傳有誤跳，則亦屬曲解也。試如其說，合諸下傳觀之，文氣實不相聯。下經傳曰：《經》"六月癸酉，季孫行父、臧孫許、叔孫僑如、公孫嬰齊帥師會晉郤克，衛孫良夫、曹公子手及齊侯戰於鞍，齊師敗績"。《傳》"其日，或曰：'日其戰也'。或曰：'日其悉也'。曹無大夫，其曰公子何也？以吾之四大夫在焉，舉其貴者也。"（成公二年）取前之傳，置之"其日，或曰"之上，則中無敘"鞍戰"之事，接以"其日"，文勢中斷，不可以讀。置之"舉其貴者也"下，則先後次序尤不合，文義尤乖戾，氣勢尤阻隔，《穀梁》之敘事，不至如是也。鍾氏見此無經之傳，而以曲說解之，不知文氣不順，終不可以強通也。

王引之《經義述聞》曰："《左氏》《公羊》'冬十月'下，皆無'季孫行父如齊'之文，不應《穀梁》獨有……竊疑'季孫行父禿'以下，當在二年'戰於鞍'之末。蓋帥師與齊侯戰於鞍者，有季孫行父、晉郤克、衛孫良夫、曹公子首四人，傳於是追述齊患所起，因慢此四人之故，而及前此四人同時聘齊之事。……錯簡在'冬十月'下耳，《公羊》敘齊患之始，與此略同；而於經文'盟於袁婁'下，始追敘之，《穀梁》或亦相似也。"案：王氏此說，誤與鍾同。傳文本不相連，不可以強移也。其說柳興恩所不取，茲不具辨。

柳興恩《穀梁大義述》曰："蒙校本引襄二十有一年傳'庚子，孔子生'之例，亦經無其文而發傳者。固不得如范注之說，妄補'季孫行父如齊'六字，亦不得如王錯簡之說，移於二年鞍戰之末也。"案：柳氏援"庚子，孔子生"之例，謂亦經無其文而發傳者，據彼證此，謂《穀梁》有無經之傳，可也，其所援引之例，則非是也。"庚子，孔子生"者，雖似無經之傳，蓋《穀梁》經師所記，本非釋《春秋》之文，明爲特異之例，不當以無經之傳論。"季孫行父禿"以下，乃先經而爲傳，"庚子，孔子生"之傳，則與他經無涉，不得妄相比附，牽合爲說者也。柳氏之意，蓋以《公羊傳》中，亦有記"孔子生"之文，故特認爲無經之傳，則凡攻《穀梁》者，則可據《公羊》以爲詞，故不從范、王之說。考陸德明《公羊釋文》曰："'庚子孔子生'，傳上有'十月庚辰'，此亦十月也。一本作'十一月庚子'，又本無此句。"是《公羊》本無此句，《公羊》後師或增之，其文或作"十月"，或作"十一月"，亦未能一律，非《公羊》所舊有也。段玉裁《經韵樓集公穀記孔子生說》曰："徐彥解云：'《左氏》無此言，則《公羊》師從後記之。'……陸氏云：'庚子，孔子生，傳文也。'又一本無此句，可證唐初《公羊》尚有無此條者。"由是言之，《公羊》本無此條，至唐初且如此；《穀梁》舊有此條，且各本俱一律（《釋文》於《穀梁》無說），是知《穀梁》有無經之傳，《公羊》本無無經之傳；《公羊》傳之謹嚴，終不可攀援以爲説。柳氏之用心雖苦，終難以掩飾之也。此柯劭忞之《春秋穀梁傳注》，甯從鍾説，不從柳氏也。廖季平《穀梁古義疏》曰："考聘齊事，不在此年。傳先言此事，附經文時，因冬無事，故繫於其下，今仍之。《集解》以爲經脱'季孫行父如齊'六字，誤矣。"亦不盡從柳氏説也。《穀梁》有此無經之傳，其病正與《左氏》相若，蓋不得《春秋》之真傳，故不以釋經爲主，其不合傳經之體，甚昭然若揭也。此無經之傳，何邵公、劉原父俱未及見於是。劉申受之《穀梁廢疾申何》亦然。申受且曰："昔嘗以《穀梁》者，《公羊》氏之餘緒；長於《公羊》者十之一，同於《公羊》者十之二三，所謂拾遺補闕者也。"康南海《春秋筆削大義微言考》亦曰："試舍一萬六千四百四十六字之史文，徒摘《公》《穀》口傳之大義，則無一不同，特附史文時有異同耳。"《發凡》又曰："《公》《穀》終各有所長。"（僖二十年）皆猶以《公》《穀》爲一家，至崔觶甫之爲《春秋復始》，始以"《穀梁》亦古文學也"，"古文本劉歆雜取傳記而造"者（説詳本篇第九），此其所以有無經之傳也。

## 第二 《穀梁》有不釋經之傳

《經》冬，十有二月己丑，葬我君桓公。（桓公十八年）

《傳》知者慮，義者行，仁者守，有此三者備，然後可以會矣。

證曰："知者慮"以下五句，與葬桓公不相涉。傳以釋經爲主，今與經不相關，其不合傳經之體，失《春秋》謹嚴之義，即此已可知其略矣。治《穀梁》者，如柯劭忞，蓋亦病之。柯氏《注》曰："此五句宜在'公會齊侯於濼'下，傳寫之誤。隱元年已發傳，此復發者，明桓公無此三者，所以見殺。"其曰傳寫之誤，實病之也。"會濼"在正月下，不至誤跳在此。《穀梁》此傳，實不釋經，此柯《注》之說，亦以爲誤也。

《廢疾申何》曰："此古訓歟，不責坊淫之法，不云篡弒之戒，不申復讎之義，引喻失當，愛其輕身，甚哉！其蔽也。"申受雖斥其妄蔽，猶未見其不釋經。柳興恩辨之曰："劉氏所云三者，知、義、仁足以包之。"夫知、義、仁三者，所以論"出會"也，與坊淫復讎，實兩不相涉；經書"葬"而傳言"會"，亦風馬牛不相及。柳氏之辯，其不允多類此。

《經》五月，葬桓王。（莊公三年）

《傳》曰：近不失崩，不志崩，失天下也。獨陰不生，獨陽不生，獨天不生，三合然後生。故曰母之子也可，天之子也可。尊者，取尊稱焉；卑者，取卑稱焉。其曰王者，民之所歸往也。

證曰："曰：近不失崩"以下，與"葬桓王"亦無涉。傳之不釋經，此亦一端也。廖《疏》曰："此釋王不志崩之傳，傳無所繫，故附錄於此。"云無所繫而附錄此，則其不當於此發傳甚明，則此傳不主於釋經亦明。隱三年"天王崩"，傳不爲說，乃於"葬桓王"時，牽涉發傳，體例不嚴，滋人詬病。傳《春秋》謹嚴之義者，必不當疏略如此也。

《經》秋，大水，鼓，用牲於社、於門。（莊公二十五年）

《傳》高下有水災曰大水。既戒鼓而駭衆，用牲可以已矣。救日以鼓兵，救水以鼓衆。

證曰："高下有水災曰大水"，已見桓二年、莊七年傳。此甚易知者，乃重復發傳;"於門"之爲禮與否,不甚易知者也,傳既不目言之,注疏亦遂無說,傳不釋經,有如此者。《公羊傳》曰:"於門,非禮也。"鍾氏《補注》始援引之以説《穀梁》。《穀梁》此傳,非得《公羊》之説,不能明也。

《經》秋,築臺於秦。(莊公三十一年)

《傳》不正罷民三時,虞山林藪澤之利;且財盡則怨,力盡則憝,君子危之,故謹而志之也。或曰:倚諸桓也。桓外無諸侯之變,内無國事,越千里之險,北伐山戎,爲燕辟地。魯外無諸侯之變,内無國事,一年罷民三時,虞山林藪澤之利,惡内也。

證曰:虞者,典獸之官(范注)。築臺與虞,兩不相涉。鍾氏《補注》引高誘《吕氏春秋注》曰:"'積土四方而高曰臺,臺加木爲榭。'何休曰:'禮,天子有靈臺,以候天地;諸侯有時臺,以候四時。登高遠望,人情所樂,動而無益於民者,雖樂不爲也。'"臺以遠望爲樂,非以爲虞甚明。文十六年"毀泉臺",《穀梁》曰:"自古爲之,今毀之,不如勿處而已矣。"臺爲居處之所,《穀梁》亦明言之。今此傳乃以虞利釋之,雖曰釋經,猶不釋也。孫覺《春秋經解》曰:"《穀梁》曰:'虞山林藪澤之利',築臺亦以虞利,此傳誤矣。"孫氏善《穀梁》者,亦不以爲然也。廖《疏》曰:"築時更令山林藪澤各出財物,以供所費。"以虞爲"築臺財用取之於山澤,與民争利"。曲爲之解。是賦税之義,非虞義也,傳不當言虞。如此之類,名爲釋經,實不釋經。

《經》梁山崩。(成公五年)

《傳》不日,何也?高者,有崩道也。有崩道,則何以書也?曰:梁山崩,壅遏河三日不流,晉君召伯尊而問焉。伯尊來,遇輦者,輦者不辟,使車右下而鞭之,輦者曰:"所以鞭我者,其取道遠矣。"伯尊下車而問焉。曰:"子有聞乎?"對曰:"梁山崩,壅遏河三日不流。"伯尊曰:"君爲此召我也。爲之奈何?"輦者曰:"天有山,天崩之;天有河,天壅之。雖召伯尊,如之何?"伯尊由忠問焉。輦者曰:"君親素縞,帥群臣而哭之,既而祠焉,斯流矣。"伯尊至,君問之,曰:"梁山崩,壅遏河三日不流,爲之奈何?"伯尊曰:"君親素縞,帥群臣而哭之,既而祠焉,斯流矣。"孔子聞之曰:"伯尊其無績乎?攘善也。"

證曰:此《穀梁傳》傳不釋經之鐵證。劉原父《春秋權衡》曰:"尋《穀梁》此文,似云山有崩道,崩不當書,今晉侯問伯尊,故獨書也。是豈《春秋》意耶!"原父此説,信不誣矣。《穀梁傳》不主釋經,故其所答非所問,以爲所以書崩者,晉君召伯尊之故;其不謹嚴,亦已甚矣!蕭楚《春秋辨疑》

曰："六經惟《易》《春秋》出於聖人手，而《春秋》紀事不尚文，其辭尤簡嚴有法，一字先後不妄下。"（《石鷁辨》）《穀梁》荒略如此，雜取傳記以造，不得《春秋》之真傳者也。

《經》宋司馬華孫來盟。（文公十五年）

《傳》來盟者何？前定也。不言及者，以國與之也。

《經》春，衛侯使孫良夫來盟。（宣公七年）

《傳》來盟，前定也。不言及者，以國與之。不言其人，亦以國與之。

《經》冬，十有一月，晉侯使荀庚來聘。衛侯使孫良夫來聘。丙午，及荀庚盟。丁未，及孫良夫盟。（成公三年）

《傳》其日，公也。來聘，而求盟。不言及者，以國與之也。不言其人，亦以國與之也。

證曰：此所錄《穀梁》三傳，皆有不釋經之文。來盟自不言及，而文十五年傳曰："不言及者，以國與之也。"此二句不釋經。劉申受曰："來盟安得言及。"柳興恩曰："來盟從無言及者。此二句疑爲衍文，不敢強爲之説。"雖柳之能辯，亦無説詞矣。此其一也。宣七年經，既言來盟，自不言及；衛孫良夫，則其人也。而是傳曰："不言及者，以國與之。不言其人，亦以國與之。"凡此四句，亦不釋經。此其二也。成三年經既已言"及"，而是傳曰："不言及者，以國與之也。"荀庚、孫良夫，又即其人也。而是傳曰："不言其人，亦以國與之也。"此四句不當有。范《注》謂"不言及，謂凡書來盟者"，此非來盟，焉用釋之？傳不釋經，此其三也。反覆發傳，既失之亂，與經又極不相干，故三傳無一是者。其病之深，蓋至於此。

柯《注》《序》曰："有因此而通釋彼事之例：宣七年，衛侯使孫良夫來盟。傳曰：'不言及者，以國與之。不言其人，亦以國與之。'此舉成七年及荀庚盟及孫良夫盟之言'及'，閔二年齊高子，僖四年楚屈完之不言其人，而通釋之。不言其人者，不言使其人也，若衛侯使孫良夫，則言其人矣。"此説固勝於柳氏矣。然不言其人，而釋之曰不言使其人，有增字解經之嫌。如謂因此而通釋彼事，則前既通釋，成三年傳，無須復發矣。且范注謂成三年傳釋宣七年經來盟，此又以宣七年傳釋成三年言及，通釋之例，當如是耶？蓋非通釋經，實不釋經也。《穀梁》雜取傳記而造，爲之注者，固難説之。（與此相似者，如桓十年傳："不言其人，以吾敗也。"亦不釋經，其證尤確。詳見本篇第四）

《經》冬，黑肱以濫來奔。（昭公三十一年）

《傳》其不言邾黑肱何也？別乎邾也。其不言濫子何也？非天子所封也。來奔，內不言叛也。

證曰：《公羊》此經傳曰："文何以無邾？通濫也。"何君《注》曰："據讀言邾婁。""通濫爲國，故使無所繫。"孔廣森《〈公羊〉通義》曰："《春秋》口授，恐久而失實，故文雖無邾，師法自連邾讀之，因以起其義也。"《公羊》讀言"邾婁"，所以知爲邾也。謂經"通濫爲國"，所以別乎邾也。其於《春秋》書法，説之蓋極顯明。《穀梁傳》則不然，濫非天子所封者，而經不言邾黑肱，其所以別乎邾之故。《穀梁》固未嘗詳釋之，其何以知爲邾黑肱，更未嘗詳以言之。（"其不言邾黑肱"句，殊覺突如其來）《穀梁》此傳，未釋經之書法，亦即不釋經也。治《穀梁》者，乃不得不依《公羊》以爲説。鍾文烝曰："當依何休云'據讀言邾'。"廖《疏》曰："《公羊》所謂'口繫邾婁'，口言邾而文無邾。"鍾、廖皆欲守其家法而患不能也。柯《注》曰："何休《公羊》説據讀言邾，非傳義，傳義下自明瞭。"此較鍾、廖爲知家法，然傳義則實不明瞭。孫覺曰："若黑肱實受封於邾，則亦猶邾臣爾，安得不繫邾乎？"傳義不明，故孫氏致詰爾。鍾、廖亦非真不知當守家法也。要之，《穀梁》無口授之傳，本雜取傳記而造者，即此不釋經之書法，固亦可以推見矣。

## 第三　《穀梁》義例之相乖戾

《經》九月，紀履緰來逆女。（隱公二年）

《傳》以國氏者，爲其來交接於我，故君子進之也。

《經》秋，九月，荊敗蔡師於莘，以蔡侯獻武歸。（莊公十年）

《傳》荊者，楚也。何爲謂之荊？狄之也。

《經》秋，七月，荊入蔡。（莊公十四年）

《傳》荊者，楚也。其曰荊，何也？州舉之也。州不如國，國不如名，名不如字。

《經》邾子克卒。（莊公十六年）

《傳》其曰子，進之也。

《經》荊人來聘。（莊公二十三年）

《傳》善累，而後進之。其曰人，何也？舉道不待再。

證曰：《春秋》設七等之文，以備進退之義，《穀梁》雖只舉四等，莊公十四年復以"氏""人""子"三者爲進退，例自相違，說故兩歧。劉原父曰："《穀梁莊十年傳》云：'其曰荊者，狄之也。'今又云：'州舉之也。'若實狄之，則非州舉之；若實州舉之，則非狄之，而兩說並存，不知果狄之耶，抑州舉之耶。……尋究二說，似前說本出《穀梁》，後說則掇取《公羊》之例而續焉者。不然，無爲相異。"劉申受曰："脫氏、人、子三等，《春秋》設七等之文不具矣。"二劉所云，俱甚是也。《穀梁》之說兩歧，足知其無條理，不知《春秋》謹嚴之義，不得《春秋》之真傳也。

柳興恩曰："七等自在經文，《穀梁》略舉之以見例，所以爲簡而賅也。且專於此言進退，幾於舞文矣。"柳之遁詞，殊可憫笑。夫七等既在經文，傳釋經者，何以只備四等？若謂傳不必釋經，則《穀梁傳》果何爲者？其謂《穀梁》略舉見例，所以爲簡而賅，簡則有之，賅則未然。柳欲掩飾其非，乃曰幾於舞文。若經無七等之文，《穀梁》亦不言進退，謂之舞文，則猶可也。否則非劉之舞文，實柳之舞文也。《穀梁》義例之相違，蓋已鐵案如山矣！柳氏只知求勝，不惜並詬經傳，如此之辨，不如無辨。廖《疏》曰："《公羊》

云："人不如名，名不如字，字不如子。"此大夫貴賤稱號之例，如天子卿稱子、大夫稱字、元士稱名、微者稱人是也。《傳》文有脫誤，當據《公羊》補正。"其謂《傳》有脫誤，蓋《穀梁》本雜取傳記以造者，故其義例多相乖違，非真傳文之有脫誤也。

《經》單伯逆王姬。（莊公元年）

《傳》單伯者何？吾大夫之命乎天子者也。命大夫，故不名也。其不言如，何也？其義不可受於京師也。其義不可受於京師，何也？曰：躬君弒於齊，使之主婚姻，與齊為禮，其義固不可受也。

《經》王姬歸於齊。（莊公元年）

《傳》為之中者歸之也。

《經》秋，七月，齊王姬卒。（莊公二年）

《傳》為之主者卒之也。

證曰：桓九年"紀季姜歸於京師"，傳曰："為之中者，歸之也。"范《注》曰："中謂關與婚事。"魯不主婚季姜，故曰"為之中者"。今魯主王姬之婚，莊元年《傳》明言之，二年卒亦云"為之主者"；元年"歸於齊"，《傳》乃云"為之中者"，義例乖戾，一何甚矣！鍾氏《補注》引丁溶曰："中當為主。《疏》云：'彼王姬非魯主婚。'又二年傳：'為之主者，卒之也。'明此亦當為主。"《穀梁》之自相乖戾，不謂為誤字，固難以說之。此其明證也。

《經》夏，公如齊觀社。（莊公二十三年）

《傳》觀，無事之辭也，以是為尸女也。無事不出竟。

《經》公至自齊。（莊公二十三年）

《傳》公如，往，時；正也。致，月，故也。如、往，月；致，月，有懼焉爾。

證曰：尸女（主為女往）近淫，危懼甚矣！往事書時，致不書月，《穀梁》此二傳，例自相乖戾。孫覺曰："公觀社於齊而不書月，得曰正乎？致不書月，得曰無故乎？不通也。"莘老善《穀梁》，而亦以為不通，《穀梁》如何，其可知矣！楊《疏》曰："《（莊公）二十七年傳》曰：'桓會不致'，（案：謂魯與齊桓公相會，則不書至）此與下文觀社，皆書公至自齊者，《公羊傳》云：'桓會不致，此何以致，危之也。'徐邈亦云：'不以禮行，故致以見危。'"楊《疏》襲《公羊》為說，不必辨其是非。要之，《穀梁》不得別嫌之義，故其《傳》令人疑莫能解，孫因以抨之，則可斷言也。許桂林《穀梁釋例》乃不得不以為正。其言曰："此往時、致時皆正，故《穀梁》無傳，《公羊》謂陳佗外淫，與《左》《穀》異。此又以陳佗比莊公，好言淫亂，非事實也。"許氏之言，又與《疏》異，《穀梁傳》之自相乖戾，故説《穀梁》者亦相異也。許氏與《穀梁》尸女説違，非《經》《傳》意。

《經》齊人伐山戎。（莊公三十年）

《傳》齊人者，齊侯也。其曰人，何也？愛齊侯乎山戎也。其愛之，何也？桓内無因國，外無從諸侯，而越千里之險，北伐山戎，危之也。則非之乎？善之也。何善乎爾？燕，周之分子也。貢職不至，山戎爲之伐矣。

證曰：桓十一年傳云："其曰人，何也？貶之也。"莊二十八年傳云："其曰人，何也？微之也。"稱人爲貶詞，爲微詞。今實齊侯而稱齊人，明爲卑微之詞，而又云善之也。《穀梁》稱人之例，自相乖戾甚矣！且齊侯之伐山戎，亦本無善可言。張洽《春秋集注》曰："遠人不服，則修文德以來之。今中國之聲教未洽，近有荆楚爲中國患，尚未正罪，而勤兵於遠，爲燕辟地，其治之先後，兵之次第，皆失之矣。"《穀梁》以齊侯爲善，固未必是也。率爾立詞，故自乖戾。

《莊十七年傳》曰："人者，衆詞也。以人執，與之詞也。"劉申受曰："宋執祭仲，齊執濤涂，傳以爲貶爵稱人，今以爲與辭，其疾在不傳稱人、稱侯之別，故自亂其例。"柳興恩曰："《公羊》僖四年傳：'執者曷爲或稱侯、或稱人？稱侯而執者，伯討也；稱人而執者，非伯討也。'今案：《公羊》以陳袁、濤塗辟軍之道，齊桓執之，明明伯討，乃經不書齊侯而書人；《公羊》又謂齊桓不修其師，是襲《穀梁》貶爵稱人之例矣。然則《公羊》雖傳稱人、稱侯之例，亦未嘗不自亂其例矣。"柳氏云："亦未嘗不自亂其例"，足見《穀梁》義例之自相乖戾，不可以掩飾矣！《公羊》固未嘗自亂其例，稱人而執，明不得爲伯討。

《經》六月，齊侯來獻戎捷。（莊公三十一年）

《傳》不言使，内與同，不言使也。

證曰：此齊侯自來，故經不言使。《穀梁》謂非齊侯自來，而謂"内與同，不言使"。以自來爲使，既失經意，又自相違戾。孫覺曰："實齊侯自來，不得曰使也。安得内與同哉？《穀梁》曰：'内齊侯也'，按齊侯矜功而自伐，《春秋》方深罪之，安得内而進之哉？"孫氏從《穀梁》説者，固亦以此傳爲非也。劉申受曰："實齊侯自來，安得言使乎？書以志齊侯之驕我，我魯之自夸，因以張'王'文也。"柳興恩述曰："經書獻捷，即齊侯自來，亦豈親獻，固必有使矣。"案：柳氏此説，不足辨也。齊侯雖不親獻，固是齊侯自來，不能言使。猶之諸侯主兵，雖不親戰，亦舉諸侯爲重，不言使也。如柳氏説，則凡諸侯之主兵者，亦皆内與同，不言使耶？《經》明言齊侯來獻，而《傳》謂使人來獻，果使人來獻者，《經》無爲不書使文也。王闓運《穀梁申義》曰："今云來獻，明是使人；又不言使，明是内之。"來獻明是自來，明非使人來也。王氏此説，殊屬非是。《穀梁》義自違戾，固不可以諱也。

《經》冬，十月壬午，公子友帥師敗莒師於酈，獲莒挐。（僖公元年）

《傳》莒無大夫，其曰莒挐，何也？以吾獲之目之也。内不言獲，此其言獲，何也？惡公子友之紿。紿者奈何？公子友謂莒挐曰："吾二人不相説，士卒何罪？"屏左右而相搏，公子友處下。左右曰"孟勞"。孟勞者，魯之寶刀也。公子友以殺之。然則何以惡乎紿也？曰：棄師之道也。

證曰：《穀梁》此傳，既與經不相合，其義又自違戾，凡有數證。范《注》引江熙曰："經書敗莒師，而傳云二人相搏；則師不戰，何以得敗？理自不通也。夫王赫斯怒，貴在爰整；子所慎三，戰居其一。季友令德之人，豈當舍三軍之整，佻身獨斗，潛刃相害，以決勝負者哉！雖千載之事難明，然風味之所期，古猶今也。此又事之不然，傳或失之。"《穀梁》此傳之誤，江、范不惜言之。劉申受曰："《傳》例疑（詐）戰不'日'，此書壬午，知非惡紿。"柳興恩曰："疑戰者不約戰日。此書壬午，明約戰日矣。約戰日而不用士卒，二人相搏，故《經》書獲，《傳》惡紿。乃江熙不信相搏之説，故非《傳》，而范從之；楊《疏》已云，乃是范失，非《傳》失矣。"楊《疏》曰："《老子》云：'以正治國，以奇用兵。'季子知莒挐之可擒，棄文王之整旅，佻身獨斗，潛刃相争；據禮雖乖，於權未爽。縱使理違，猶須申《傳》，況《傳》文不失，江生何以爲非乎？又且季子無輕門之事，《經》不應書獲，《傳》不須云棄師之道。既《經》《傳》文符，而江熙妄難，范引其説，意亦同之。乃是范失，非《傳》失之。"案：楊《疏》之説，縱使理違，猶須申《傳》，意存偏袒。其謂據禮雖乖，於權未爽，則《傳》惡紿之言，無由生矣。《經》之書獲，以獲莒挐也，非以惡季子，乃書獲也。知《穀梁傳》意，實自有其病；江熙之言，未爲無理也。（破《疏》説）《經》之書獲，"大季子之獲也"。（此《公羊》義）《穀梁》不得其解，乃謂之惡紿耳。如果爲紿者，《經》必不書壬午，見其以詐相襲。且經未有書獲以惡紿者，柳氏之辨，非經意也。（以上辨其與《經》相違）

且據《穀梁》觀之，季子亦非紿者。季子之既敗而處下，左右乃告之以"孟勞"，是左右之欲救季子，非季子預潛刃以相害也。故如《傳》説，實無紿意。自相違牾，其證一。且如季子果爲紿者，以奇用兵，而獲莒挐，是全師之道也，非棄師之道也。《穀梁》曰："然則何以惡乎紿也？曰：棄師之道也。"亦自相矛盾，其證二。棄師者，棄己之師也；惡紿者，惡紿莒挐也。詳《穀梁》所以惡紿之故，不過爲棄己之師而已，亦非眞惡季子爲不德也，則非誠惡紿，於義亦未安。其證三。蓋《穀梁》不得《春秋》之眞傳，本其道聽塗聞之說，雜取傳記，造爲斯《傳》，故其多誤如此。孫覺曰："《穀梁》之說，江熙非之，當矣！"廖《疏》曰："《公羊》以此獲爲大季子，《傳》以爲惡紿，蓋《公羊》就本事言之，《傳》則專就相搏一節立說。《公羊》言其大體，本《傳》說其細節。"柯劭忞曰："因紿獲而傳聞之說，乃謂其佻身相搏耳。"此皆治《穀梁》者，孫許江熙，廖云細節，柯謂其爲傳聞之說，皆於《穀梁》有微詞也。（以上辨其自相違戾）

《經》秋，楚人圍陳，納頓子於頓。（僖公二十五年）

《傳》納者，內弗受也。圍，一事也；納，一事也。而遂言之，蓋納頓子者，陳也。

證曰：何君《穀梁廢疾》曰："休以爲即陳納之，當舉陳，何以不言陳？"鄭康成《起穀梁廢疾》曰："納頓子固宜爲楚也。《穀梁》見《經》云'楚人圍陳，納頓子於頓'，有似'晉陽處父伐楚救江'之文，故云蓋陳也"。劉申受曰："陳納之，即不舉陳，當加陳人執頓子等文以起之。救江亦晉非楚，引之欲以何明也？"柳興恩曰："楚之圍陳，使納頓子也。此等無關大義，曉曉置辯，徒詞費耳。"廖季平曰："舉陳則其文間斷，不見爲一事。伐陳以納頓子，納頓者陳；所以使陳納頓者，楚；與'伐楚救江'同文，不可復舉晉也。"（《起起穀梁廢疾》）案：楚之圍陳，使納頓子，納頓子者，固非陳也。猶之伐楚救江，救江者晉，固非楚也。今云納頓子者陳，所以使納頓子者楚。然則晉伐楚以解江之圍，亦可云救江者楚，所以使救江者晉耶？陳之不欲納頓子，猶楚之不欲救江，所以有伐圍之事也。今云納頓子者陳，亦未免乖戾矣。柳氏不能辯之，乃云無關大義。實詞窮也，非恐詞費也。（俞曲園《茶香室經說》曰："此《傳》本云：'蓋出頓子者陳也。'……因涉經文誤作'納頓子者陳也'，義不可通。"）

## 第四　《穀梁》文詞之重累

《經》夏，五月，莒人入向。(隱公二年)
《傳》入者，內弗受也。向，我邑也。
《經》無侅帥師入極。(隱公二年)
《傳》入者，內弗受也。極，國也。
〔疏〕入極，復言之者，向者，他入我；極者，我入他。恐內外不同，故兩發之。
《經》秋，衛師入郕。(隱公五年)
《傳》入者，內弗受也。郕，國也。
〔疏〕重發傳者，前起者邑，今是國，故重發之。
《經》庚寅，我入邴。(隱公八年)
《傳》入者，內弗受也。
〔疏〕重發傳者，嫌易田與兵入異，故重發以明之。
《經》秋，宋人、衛人入鄭。(隱公十年)
《傳》(無說)
《經》冬，十月壬午，齊人、鄭人入郕。(隱公十年)
《傳》入者，內弗受也。
〔疏〕(無說)
《經》秋，七月壬午，公及齊侯、鄭伯入許。(隱公十一年)
《傳》(無說)
《經》九月，入杞。(桓公二年)
《傳》我入之也。
《經》許叔入於許。(桓公十五年)
《傳》其曰入，何也？其歸之道，非所以歸也。
《經》秋，九月，鄭伯突入於櫟。(桓公十五年)
《傳》(無說)
《經》秋，紀季以酅入於齊。(莊公三年)

《傳》入者，內弗受也。

〔疏〕重發之者，此齊不可受，嫌違例，故重發之。

《經》夏，六月，衛侯朔入於衛。（莊公六年）

《傳》入者，內弗受也。

〔疏〕（無説）

《經》齊小白入於齊。（莊公九年）

《傳》大夫出奔反，以好曰歸，以惡曰入。

《經》乙巳，公子遂帥師入杞。（僖公二十七年）

《傳》（無説）

《經》三月丙午，晉侯入曹，執曹伯畀宋人。（僖公二十八年）

《傳》入者，內弗受也。

〔疏〕前已有傳，重發之者，以晉文初霸，嫌得入中國，故發傳以明之。

《經》秦人入滑。（僖公三十三年）

《傳》滑，國也。

《經》晉郤缺帥師伐蔡。戊申，入蔡。（文公十五年）

《傳》（無説）

《經》丁亥，楚子入陳。（宣公十一年）

《傳》入者，內弗受也。

〔疏〕（無説）

《經》楚人入鄆。（成公九年）

《傳》（無説）

《經》晉欒盈復入於晉，入於曲沃。（襄公二十三年）

《傳》（無説）

《經》六月壬子，鄭公孫舍之帥師入陳。（襄公二十五年）

《傳》（無説）

《經》鄭良霄出奔許，自許入於鄭。鄭人殺良霄。（襄公三十年）

《傳》（無説）

《經》秋，莒去疾自齊入於莒。（昭公元年）

《傳》（無説）

《經》宋華亥、向寧、華定自陳入於宋南里以叛。（昭公二十一年）

《傳》入者，內弗受也。

〔疏〕（無説）

《經》秋，劉子、單子以王猛入於王城。（昭公二十二年）

《傳》入者，内弗受也。

〔疏〕（無説）

《經》春，宋公之弟辰及仲佗、石彄、公子地自陳入於蕭以叛。（定公十一年）

《傳》入者，内弗受也。

〔疏〕（無説）

《經》秋，宋樂大心自曹入於蕭。（定公十一年）

《傳》（無説）

《經》晉趙鞅入於晉陽以叛。（定公十三年）

《傳》以者，不以者也。叛，直叛也。

《經》齊陽生入於齊。齊陳乞弑其君荼。（哀公六年）

《傳》入者，内弗受也。

〔疏〕（無説）

證曰：《春秋》之義，已明者去之，未明者著之，其辭至約。故經傳從可知者，多省其文。此《春秋》之所以謹嚴也。《穀梁》傳曰：“有所見則日。”（莊三十二年）又曰：“其不正前見矣。”（僖十七年）皆謂見於此者，其義可見於彼。“得一端而多連之，見一孔而博貫之。”（董仲舒《春秋繁露》語）不必重累其詞，而學者自知之也。沈欽韓《左傳補注》曰：“《春秋》之義，有見於彼而略於此者。於彼見一義，於此又見一義……則其例可以類推。”沈氏此言是也。其例可以類推，則不必重複發傳，文詞謹嚴，而義自明。《穀梁傳》未能如是，蓋不得《春秋》真傳，不知謹嚴之義，故重累其詞也。“入者，内弗受也”，其例本可類推，《穀梁》發傳者，幾十有二見。且或重發，或不重發；既病重累，亦失之亂。《疏》之説曰：“内外異，邑國異，故重發之。”則隱十年二國入鄭，不爲發傳；二國入郕，乃爲發傳，果又何耶？桓之十五年，許叔不以道入，鄭伯突以篡入，其義與前俱異，又何以不重發傳？馴至傳之重發，疏亦未由釋之，如莊六、宣十一、昭廿一、定十一、哀六年諸傳；由是言之，《穀梁》不得《春秋》謹嚴之義，據其重複發傳，亦可知矣。柯《注》曰：“至於同一事，有發《傳》不發《傳》之别，有前後發《傳》之别，又有處處發《傳》，不嫌重複者……參差互錯，皆精義之所在……‘《穀梁》之復傳，其文省而理密。’”嗚呼！其果文省而理密耶？徒見其散亂而無紀也。

《經》齊侯使其弟年來聘。（隱公七年）

《傳》諸侯之尊，弟兄不得以屬通。其弟云者，以其來接於我，舉其貴者也。

《經》冬，齊侯使其弟年來聘。（桓公三年）

《傳》（無說）

《經》夏五，鄭伯使其弟語來盟。（桓公十四年）

《傳》諸侯之尊，弟兄不得以屬通。其弟云者，以其來我，舉其貴者也。

〔疏〕重發例者，前弟年來聘，今御來盟，嫌不同，故重發之。

《經》陳侯之弟光出奔楚。（襄公二十年）

《傳》諸侯之尊，弟兄不得以屬通。其弟云者，親之也，親而奔之，惡也。

〔疏〕（無說）

《經》陳侯之弟光自楚歸於陳。（襄公二十三年）

《傳》（無說）

《經》衛侯之弟鱄出奔晉。（襄公二十七年）

《傳》專，喜之徒也。專之爲喜之徒何也？己雖急納其兄，與人之臣謀弑其君，是亦弑君者也。專其曰弟何也？專有是信者，君賂不入乎喜而殺喜，是君不直乎喜也，故出奔晉，織絇邯鄲，終身不言衛。專之去，合乎《春秋》。

《經》夏，秦伯之弟鍼出奔晉。（昭公元年）

《傳》諸侯之尊，弟兄不得以屬通，其弟云者，親之也。親而奔之，惡也。

〔疏〕重發傳者，陳侯之弟稱歸爲無罪，鍼後無歸文，則罪之輕重不可知……明與陳光同。

《經》陳侯之弟招殺陳世子偃師。（昭公八年）

《傳》諸侯之尊，弟兄不得以屬通，其弟云者，親之也。親而殺之，惡也。

〔疏〕此稱弟惡招，光稱弟惡陳侯者，光有歸文見經，明知光無罪，今招親殺世子，故知稱弟以惡招也。

《經》秋，盜殺衛侯之兄縶。（昭公二十年）

《傳》盜，賤也。其曰兄，母兄也。目衛侯，衛侯累也。然則何爲不爲君也？曰："有天疾者，不得入乎宗廟。"

《經》宋公之弟辰暨宋仲佗、石彄出奔陳。（定公十年）

《傳》（無說）

《經》宋公之弟辰及仲佗、石彄、公子地自陳入於蕭以叛。（定公十一年）

《傳》未失其弟也。

〔疏〕案：辰以前年出奔，離骨肉之義。今歲入邑，有叛國之罪，失弟之道，彰於經文。而曰未失何也？公不能制御强臣，以撫其弟，而使二卿脅以外奔……故重發例以明無罪。

《經》宋公之弟辰自蕭來奔。（定公十四年）

《傳》（無說）

證曰：此重發"不以屬通"之傳者五，亦多重累，失之蕪亂。來盟嫌與來聘不同而重發傳，則宋辰自蕭來奔亦當復發矣。同爲出奔，先重發傳，鱄不重發。且盜殺衛侯之兄，亦異於他事矣，而不重發傳。傳之發否，實無準繩（此破《疏》說）。適足以見其重累，不得謹嚴之真傳也。

《經》祭公來，遂逆王后於紀。（桓公八年）

《傳》遂，繼事之辭也。

《經》秋，公子結媵陳人之婦於鄄，遂及齊侯、宋公盟。（莊公十九年）

《傳》媵，淺事也，不志。此其志何也？辟要盟也。何以見其辟要盟也？媵，禮之輕者也；盟，國之重也；以輕事遂乎國重，無說。其曰陳人之婦，略之也。其不日，數渝，惡之也。

《經》遂伐楚，次於陘。（僖公四年）

《傳》遂，繼事也。次，止也。

《經》諸侯遂救許。（僖公六年）

《傳》善救許也。

《經》遂次於匡。（僖公十五年）

《傳》遂，繼事也。次，止也。

《經》諸侯遂圍許。（僖公二十八年）

《傳》遂，繼事也。

《經》曹伯襄復歸於曹，遂會諸侯圍許。（僖公二十八年）

《傳》遂，繼事也。

《經》公子遂如京師，遂如晉。（僖公三十年）

《傳》以尊遂乎卑，此言不敢叛京師也。

《經》遂城鄫。(文公七年)

《傳》遂，繼事也。

《經》楚子、鄭人侵陳，遂侵宋。(宣公元年)

《傳》遂，繼事也。

《經》至笙，遂奔齊。(宣公十八年)

《傳》遂，繼事也。

《經》遂城虎牢。(襄公二年)

《傳》若言中國焉，內鄭也。

《經》夏，五月，甲午，遂滅偪陽。(襄公十年)

《傳》遂，直遂也。其日遂何也？不以中國從夷狄也。("其日遂何"，依王引之説：當作"其日何")

《經》季孫宿帥師救邰，遂入鄆。(襄公十二年)

《傳》遂，繼事也。

《經》遂滅賴。(昭公四年)

《傳》遂，繼事也。

證曰：遂爲繼事，義郅明顯。而或重發傳，或不重發傳，例既無定，《疏》亦遂不能爲之說。詞之蕪亂，莫茲爲甚；詞之重累，亦莫茲爲甚。適足以見其不得《春秋》謹嚴之真傳也。

《經》冬，十有二月，丙午，齊侯、衛侯、鄭伯來戰於郎。(桓公十年)

《傳》來戰者，前定之戰也。內不言戰，言戰則敗也。不言其人，以吾敗也。不言及者，爲內諱也。

〔疏〕不言其人者，謂不稱公也。不言及者，謂不云及齊侯、衛侯、鄭伯也。傳與下十七年傳文同，但觀經立説，故二處有異耳。

《經》夏，五月丙午，及齊師戰於奚。(桓公十七年)

《傳》內諱敗，舉其可道者也。不言其人，以吾敗也。不言及之者，爲內諱也。

〔注〕言人，則微者敗於微者，其恥又甚，故言"師"。及當有人，公親帥之，恥大不可言。

〔疏〕傳云爲"內諱"，則是公可知。

《經》秋，八月，丁未，及邾人戰於升陘。(僖公二十二年)

《傳》內諱敗，舉其可道者也。不言其人，以吾敗也。不言及之者，爲內諱也。

〔疏〕不言其人，以吾敗也，謂不言邾之主名也。不言及者，爲内諱也，謂不言魯之主名也。與桓十七年解異者，觀經爲説，不可執文也。

證曰："内諱敗"等句，皆重複發傳，且或不釋經。其人者，彼之人也。桓公十年經已舉齊侯、衛侯、鄭伯，彼之人也，而曰："不言其人，以吾敗也。"其誤一（桓公十年《疏》非是）。僖二十二年經已言邾人，亦發"不言其人"之傳。其誤二。（《春秋》將卑師少稱人。邾，小國，自不出主名，《疏》説非是）來戰無從言及（經不能言及齊侯、衛侯、鄭伯來戰），桓公十年經自不書及，而是傳曰："不言及者，爲内諱也。"其誤三。隱公元年傳曰："及者何？内卑者也。"經既書及，自不言魯之主名（此破《疏》説），而僖公二十二年傳曰："不言及之者，爲内諱也。"其誤四。此皆不必發傳，而妄發傳，既嫌於重累，又或不釋經。至使《注》《疏》不得不棄傳以就經。其曰："觀經爲説，不可執文。"蓋《穀梁》之失亂，不能掩飾之也。

《經》冬，十有二月，夫人姜氏會齊侯於禚。（莊公二年）

《傳》婦人既嫁，不踰竟，踰竟，非正也。婦人不言會，言會非正也。饗甚矣。

《經》春，王二月，夫人姜氏饗齊侯於祝丘。（莊公四年）

《傳》饗，甚矣。饗齊侯，所以病齊侯也。

《經》夏，夫人姜氏如齊師。（莊公五年）

《傳》師而曰如，衆也。婦人既嫁不踰竟，踰竟，非禮也。

〔疏〕復發《傳》者，嫌師與國異也。

《經》春，夫人姜氏會齊侯於防。（莊公七年）

《傳》婦人不會，會非正也。

《經》冬，夫人姜氏會齊侯於穀。（莊公七年）

《傳》婦人不會，會非正也。

〔疏〕再發《傳》者，防是魯地，穀是齊邑。故重發之。

《經》夏，夫人姜氏如齊。（莊公十五年）

《傳》婦人既嫁，不踰竟，踰竟，非禮也。

〔疏〕重發之者，此非淫，恐異，故發《傳》同之。

《經》夫人姜氏如莒。（莊公十九年）

《傳》婦人既嫁不踰竟，踰竟，非正也。

〔疏〕重發《傳》者，嫌此適異國恐别，故發《傳》以同之。

《經》春，王二月，夫人姜氏如莒。（莊公二十年）

《傳》婦人既嫁不踰竟，踰竟，非正也。

〔疏〕重發《傳》者，比再如莒失禮之甚，故詳之。

證曰：婦人既嫁不踰竟，踰竟則非禮非正；不重發傳，亦可知也。雖微有異，亦可不必，而《穀梁》不憚煩其詞。莊七年會於穀，與會禚同爲齊地；《疏》之爲說，乃隱匿之，不可信也。會於防與饗祝丘同爲魯地，傳之重發，《疏》且不能爲之說矣。《穀梁》文詞之重累蕪亂，不可諱也。柯《注》曰："《春秋》之義，不可勝譏，但壹譏。若君臣、父子、夫婦之大閒，則必每事謹之。故數發傳，不嫌其重複也。"其於此數傳之重累，爲之迴護不遺餘力。而於四年傳注曰："已見前會禚傳，無庸復說，蓋衍文。"則亦病其重累。《穀梁》之失亂，灼然可知矣。許桂林曰："穀梁子受業子夏，孔門文學科也，深得古人爲文體要，以其所論，推其所不論，省文互見，條理自具。觀其與公羊爲同門，各自爲《傳》，而詳略亦復相備，則其本《傳》之不爲繁贅宜矣。"許氏此說，《穀梁》當之，殊有愧色。

《經》冬，十有二月，己丑，葬我君桓公。（桓公十八年）

《傳》葬我君，接上下也。君弑，賊不討，不書葬。此其言葬何也？不責踰國而討於是也。桓公葬而後舉諡，諡所以成德也，於卒事乎加之矣。

《經》夏，六月，辛酉，葬我君莊公。（閔公元年）

《傳》莊公葬而後舉諡，諡所以成德也，於卒事乎加之矣。

〔疏〕復發《傳》者，桓公被殺，莊公好終，僖公葬緩，嫌異禮，故各發《傳》以明之。

《經》夏，四月，丁巳，葬我君僖公。（文公元年）

《傳》薨稱公，舉上也。葬我君，接上下也。僖公葬而後舉諡，諡所以成德也，於卒事乎加之矣。

〔疏〕重發《傳》者，桓不以禮終，僖則好卒，二者既異，故《傳》詳之。

證曰：魯君葬諡之例，《穀梁》於桓已發之，則於莊公之葬，雖省文亦可知；僖亦好卒，尤可從略。疏謂僖公葬緩有異，則昭公喪自外至亦異，（定元年，夏，六月癸亥，公之喪至自乾侯）而不發傳，果又何耶。（破《疏》說）且於僖葬說疏"薨稱公"之義，亦不釋經。《穀梁》文詞之重累，失《春秋》謹嚴之義者，實非一也。

《經》八月癸亥，公薨於路寢。（莊公三十二年）

《傳》路寢，正寢也。寢疾居正寢，正也。男子不絕於婦人之手，以齊終也。

《經》冬，十月，壬戌，公薨於路寢。（宣公十八年）

《傳》路寢，正寢也。

〔疏〕重發《傳》者，莊據始，故發之。宣篡弒有嫌，成承所嫌之下，故各發《傳》。

《經》己丑，公薨於路寢。（成公十八年）

《傳》路寢，正寢也。男子不絶婦人之手，以齊終也。

〔疏〕（無説）

證曰：路寢之爲正寢，不必重發傳也。宣之篡弒，成之承嫌，與寢居有何相涉者？《疏》之爲説，甚曲解也。如果相涉，則宣公之葬，亦當復發傳，而不復發，可以知矣。柯《注》曰："重發傳者，宣篡立，臣子之義，猶予其正終。"其説與《疏》同。"男子不絶婦人之手，以齊終也"。於成重發傳，於宣不重發，疏之無説，不可以强説也。（柯《注》亦然）《穀梁》如果有條理者，則宣、成當俱發之，或俱不發。此足證其不得謹嚴之傳也。

## 第五　《穀梁》之晚於《公羊》

《經》春，正月，寔來。（桓公六年）

《傳》寔來者，是來也。何謂是來？謂州公也。其謂之是來何也？以其畫我，故簡言之也。諸侯不以過相朝也。

〔注〕畫是相過，去朝遠。

證曰：《穀梁》此傳"畫我"之詞，蓋本《公羊》"化我"之語。"化我"，齊語，故公羊用之，穀梁魯人（詳見本篇第十），則不當用之，此其晚於《公羊》，采摭《公羊》之明證。桓六年《公羊傳》曰："曷爲謂之寔來，慢之也。曷爲慢之，化我也。"何君《注》曰："行過無禮謂之化，齊人語也。"哀六年《公羊》傳亦曰："陳乞曰：'常（陳乞子）之母有魚菽之祭，願諸大夫之化我也。'"陳乞，齊人，"化我"齊語，見於《公羊》，甚明且切。《穀梁》爲魯語，魯語之中，無有用"畫我"之詞者，必《穀梁》之襲用《公羊》齊語，可無疑也。鍾文烝曰："畫、化聲近。何休曰：'行過無禮謂之化……'然則畫者，魯人語也。"案：《論語》《孟子》諸書，皆出自鄒魯，未有一用"畫我"之詞者，（《論語》"今汝畫"，不作"相過"解）則鍾之立說，固臆說也。《穀梁》采摭《公羊》，晚於《公羊》，此其確證。

《釋文·序錄》曰："穀梁赤乃後代傳聞。"陳蘭甫《東塾讀書記》闡明之甚詳。足與此論《穀梁》襲用《公羊》之説參證。具詳於後。

《經》癸未，葬宋穆公。（隱公三年）

《傳》曰葬，故也，危不得葬也。

證曰：許桂林曰："竊嘗讀《三傳》，而疑《公羊》《穀梁》二《傳》，爲一人所述，其書彼詳此略，異同互存，似屬有意。如《穀梁》'葬宋繆公'，《傳》'危不得葬也'。'翬帥師伐鄭'，《傳》'不稱公子，與乎弑公，故貶也。'其故皆詳於《公羊傳》。（案：詳見下篇）'莒人滅繒'，《穀梁》但云'立異姓以蒞祭禮'，而《公羊》'叔孫豹、鄫世子巫如晉'，《傳》詳言其故；（案：在襄五年）'曹殺其大夫'，《穀梁》但云'爲曹羈崇'，而《公羊》於'曹羈出奔陳'及'曹殺其大夫'兩《傳》詳之。（案：詳見下篇）其兩

《傳》義異者，則《穀梁》之義多正，《公羊》之義多偏，蓋以《穀梁》爲正傳，《公羊》爲外傳，如《左氏》之與《國語》耳。"案：許氏謂："其書彼詳此略，異同互存。"此實《穀梁》晚於《公羊》之明證也。《穀梁》及見《公羊》，故於《公羊》所詳，則反略之，或於《公羊》所略，則轉詳之；似已見《公羊》，而後爲傳者，許氏所舉數例，皆其證也。然《穀梁》不詳於大義，則非《春秋》之真傳，非《公羊》之襲《穀梁》也。如"癸未，葬宋繆公"，本傳慎微之大義。《春秋》所以書"癸未"日者，爲後有公子馮之弑也（在桓公二年）。《公羊》傳曰："故君子大居正，宋之禍，宣公爲之也。"（詳見下篇第三）此《春秋》經意也。陳卓人（立）《公羊義疏》曰："易戒'履霜堅冰至'，疾其末者，貴正其本。是以宋有馮之弑，而危之於穆公之卒；齊有無知之弑，（案：在莊公九年）而危之於僖之卒；（案：在桓公十五年）……人君尊本重統，卒葬君之終始，《春秋》於是示大經大法。"此《春秋》所以以爲危不得葬之義也。《穀梁》於其事既不備，於其義自不詳，徒見《公羊》已言其故，而以兩語說之，傳《春秋》之義者，必不當如是也。其他《公羊》所詳，而《穀梁》所簡略者，非關大義，則其本事。《穀梁》之所詳者，或屬禮制，或爲瑣節，不關微言大義。（詳見下篇）明《公羊》之爲正傳，故能得其旨要，《穀梁》晚出於《公羊》，不得其旨要耳。亦《穀梁》非《春秋》之真傳，本雜取傳記而造之明驗也。許氏之說，足爲《穀梁》晚出之證；至其所謂"《穀梁》之義多正，《公羊》之義多偏"，則譍言爾。

《經》夏公子慶父帥師伐於餘丘。（莊公二年）

《傳》國而曰伐，於餘丘，邾之邑也。其曰伐何也？公子貴矣，師重矣，而敵人之邑，公子病矣。病公子，所以譏乎公也。其一曰："君在而重之也。"

《經》二月，庚子，子叔姬卒。（文公十二年）

《傳》其曰子叔姬，貴也。公之母姊妹也。其一傳曰："許嫁以卒之也。"男子二十而冠，冠而列丈夫，三十而娶；女子十五而許嫁，二十而嫁。

證曰：陳蘭甫《東塾讀書記》曰："鄭君云：'《穀梁》近孔子，《公羊》正當六國之亡。'（《王制疏》引《釋廢疾》）《釋文·序錄》則云：'公羊高受之於子夏，穀梁赤乃後代傳聞。'澧案：宣十五年，《公羊傳》云：'多乎什一，大桀小桀；寡乎什一，大貉小貉。'此用孟子語。《公羊》當六國之亡，此其證也。僖二十二年《穀梁傳》云：'故曰禮人而不答，則反其敬；愛人而不親，則反其仁；治人而不治，則反其知。'此亦用孟子語，則不得先於《公羊》也。且《穀梁》不但不在《公羊》之先，實在《公羊》之後，《釋文·序錄》之言是也。'莊二年，公子慶父帥師伐於餘丘'。《公羊》云：'邾婁之邑也，曷爲不繫乎邾婁？國之也。曷爲國之？君存焉爾。'《穀梁》云：'公子貴矣，師重矣，而敵人之邑，公子病矣。其一曰君在而重之也。'劉原父《權衡》云：'此似晚見《公羊》之說而附益之。'（隱二年，無駭帥師入極。八年，無駭卒。《穀梁》皆兩說。劉氏亦以爲《穀梁》見《公羊》之書而竊附益之。）（堂案：劉氏於莊十四年亦云然，本篇第三已舉其說）澧案：更有可證者，'文十二年，子叔姬卒'，《公羊》云：'此未適人，何以卒？許嫁矣。'《穀梁》曰：'其曰子叔姬，貴也，公之母姊妹也。其一傳曰：許嫁以卒之也。'此所謂'其一傳'，明是《公羊》傳矣。"案：陳氏之說，非祖《公羊》者，而亦以《穀梁》爲晚出，蓋一傳他無所指，說又與《公羊》同，舍《公羊》莫屬也。《穀梁》傳文多與《公羊》同者。（詳下）此更直稱之"其一傳曰"，其晚於《公羊》，本雜取傳記而造者，固百喙所不能辭也。廖《疏》曰："《喪服》有《大傳》《間傳》《服問》《小記》《三年問》《喪服四制》，共六篇。魯學；《春秋》當與之同。即以舊傳言，亦惟一家一本而已。"又曰："《公羊傳》此文，不言傳曰。"其說矯誣實甚。《公羊》從無引傳曰之說，《公羊》得《春秋》之眞傳，不須引他傳也。即謂魯學《春秋》，當有數傳，《穀梁》所引，亦必《公羊》，謂之舊傳，則無據也。柯《注》曰："其一二字，疑誤衍。傳者，非經師所口授，著於簡策之文。"不認《穀梁》爲晚出，惟有以爲衍文也。劉師培《左盦集·春秋三傳先後考》曰："所引'一曰'之文，或繫傳《穀梁》者所增，或繫鄒、夾諸傳有是說與《公羊》同。非《穀梁》後於《公羊》也。"說並無據。

陳氏又曰："《公羊》《穀梁》二傳同者，隱公不書即位，《公羊》云'成公意'，《穀梁》云'成公志'；鄭伯克段於鄢，皆云'殺之'。如此者，不可枚舉矣。僖十七年'夏滅項'，《公羊》云：'孰滅之？齊滅之。曷爲不言齊滅之？《春秋》爲賢者諱。此滅人之國，何賢爾？君子之惡惡也疾始，善善也樂終。桓公嘗有繼絕存亡之功，故君子爲之諱也。'《穀梁》云：'孰滅之？桓公也。何以不言桓公也？爲賢者諱也。既滅人之國矣，何賢乎？君子惡惡疾其始，善善樂其終。桓公嘗有存亡繼絕之功，故君子爲之諱也。'此更句句相同，蓋《穀梁》以《公羊》之說爲是而錄取之也。《穀梁》在《公羊》之後，研究《公羊》之說，或取之，或不取，或駁之，或與己說兼存之，其傳較《公羊》爲平正者，以此也。""定三年，哀十年、十一年，《公羊》皆無傳；《穀梁》亦無傳。定五年、六年、七年、九年，《公羊》每年只有傳一條，《穀梁》

亦然。此尤可見《穀梁》之因於《公羊》也。"《穀梁》同於《公羊》者十之二三，皆其采撮《公羊》，晚於《公羊》之證。

《經》冬，蝝生。（宣公十五年）

《傳》蝝，非災也。其曰蝝，非稅畝之災也。

證曰：陳蘭甫曰："宣十五年'初稅畝'，'冬，蝝生'。《穀梁》云：'蝝，非災也。其曰蝝，非稅畝之災也。'此《穀梁》駁《公羊》之説也。《公羊》以爲，宣公稅畝，'應是而有天災'，《穀梁》以爲不然。故曰'非災也'，駁其以爲天災也。又云'其曰蝝，非稅畝之災也'，駁其以爲應稅畝而有是災也。其在《公羊》之後，更無疑矣。"案：陳氏此説，大略近是。《穀梁》晚出《公羊》之後，其説多務與《公羊》爲難，凡與《公羊》所不合者，大率皆欲淆亂《公羊》之説也。如論"魯隱""祭仲""尹氏卒""宋襄公"諸條皆是（詳見本篇第七）。陳氏所舉，固未備也。晁説之曰："《穀梁》晚出於漢，因得監省《左氏》《公羊》之違畔而正之。"（《景迂生集》）《春秋復始》曰："穀梁氏云云者，左氏無異説，則與之代興，以破壞《春秋》爾。"《穀梁》晚於《公羊》，駁《公羊》之説者，誠非一也。

## 第六　《穀梁》之不合魯語

《經》春，王正月。戊申，朔，隕石於宋五。是月，六鶂退飛，過宋都。（僖公十六年）

《傳》是月者，決不日而月也。

證曰：是月之"是"，當讀爲"堤"，魯人語也，不當如字讀。《穀梁》所謂魯人，乃不知之，則作傳者，非必魯人；或遠出於六國之後，不得《春秋》之真傳者，此最爲明驗也。《公羊傳》曰："是月者何？僅逮是月也。"何君曰："是，月邊也。魯人語也，在正月之幾盡，故曰劣及是月也。"孔廣森曰："'是'讀爲'堤'，堤之言邊也。凡經傳言'是月'，有當如字讀者，其義爲'此月也'；有當讀"提月"者，其義爲'盡此月'。《檀弓》曰：'祥而縞，是月禫。'言盡縞之月而爲禫祭也。識古'是月'之語，乃得其解。"盧文弨《鐘山札記》曰："《公羊經》，僖十有六年春，王正月，戊申，朔，隕石於宋，五。提月，六鶂退飛，過宋都。'《傳》云：'提月者何？僅逮是月也。'""在陸德明時所見本，固有以'提月'改作'是月'者，故《釋文》先言'是月，如字，或一音徒兮反'。陸氏不詳審傳文及邵公之注，明是爲提字作訓詁，若作是月，何勞如此費辭乎？《初學記》'晦日'條引此正作'提月'。陸佃注《鶡冠子・王鈇篇》'家里用提'云：'提，零日也。'亦引《公羊》爲證。"據此，《公羊傳》之作提月，而孔氏以《檀弓》證之，正合魯語，最足置信。（以《檀弓》爲魯語，見珂羅倔倫《左傳真僞考》）《穀梁》則無異本，又不得其正解，故其爲傳不合魯語，其證一。且如《穀梁》之說，"是月"不讀"提月"，則《春秋》之經文，宜爲"寔來"之"寔"，而訓"寔"爲"是"（此）；如桓六年"寔來"，不當只作"是"，其證二。又，如《穀梁傳》說，"決不日而月也"，則經當再書月，亦不宜云是月。桓十二年經曰："丙戌，公會鄭伯盟於武父。""丙戌，衛侯晉卒。"《穀梁傳》曰："再稱日，決日義也。"（《公羊》說亦略同。范《注》曰："明二事皆當日也。"俞曲園《群經平議》曰："決者，明也。"）決日義者，經再書日。則決不日而月，經亦當再書月，不宜先後不同，此則云"是月也"，足知經之作"是月"，非"決不日而月也"。其證三。據此三證，經文不作"寔"，於例又兩歧，"是"必當讀爲"隄"，不當如字讀之。《公羊》魯語之説，必有所傳授者，其字之本作提，至唐初且如此。穀梁，魯人，乃不知之。於其爲月邊之義，《傳》絶無一言及之。不合魯語，自相違戾。其不得《春秋》之真傳，本雜取傳記而造者，其驗之明確，無踰於此矣。

（附記）：瑞典珂羅倔倫著《左傳真僞考》，以"若如""斯則""斯此""乎於""與""及""於於"，證明《左傳》之文字，與所謂魯語不合。謂《左氏》中：

（一）"若"作"使"（假使）解者，《左氏》皆用"若"；魯語則用"如"。

（二）"若"作"如"（像）解者，《左氏》全用"如"；魯語則"如""若"並用。

（三）《左氏》之中，無代"則"之"斯"，無代"此"之"斯"，魯語則多用"斯"以代"則"，代"此"。

（四）魯語之中，有用"乎"爲"於"者，《左氏》之中，則極罕見。

（五）魯語之中，多以"與?"代"乎?"者，《左氏》之中，則不多見。

（六）魯語之中，多以"與"代"及"者，《左氏》之中，則"及""與"並用。

（七）《左氏》之中，"於""于"有分辨；魯語之中，則多用"於"。又謂：《莊子》《荀子》《呂氏春秋》《戰國策》《韓非子》諸書之文字：

(1) 無代"則"之"斯"。

(2) 無代"此"之"斯"。

(3) "若""如"俱用爲"如"（像）。

(4) 有用"乎"爲"於"者。

(5) 有用"與"爲"歟"者。

(6) 無"於""于"之別。

(7) 有用"邪"爲"乎"者，《左氏》文字，則略異於是。（詳見《左傳真僞考》及胡適之《提要與批評》）

案：以文字考古籍，其法固亦可用，猶須於其本書，考其他之本證。此余考訂《穀梁》，不專以文法爲驗也。珂羅倔倫謂魯語多用"與"以代"及"，《左氏》則多"及""與"並用。《左氏》"於""于"有辨，魯語多用"於"字。其説亦未合。《春秋》所用魯語，多用"及"以代"與"，而"於"則常用，未有用"於"（介字）者。蓋其時其地所用之文法也。至所舉其他之五證，似極可信。惟《公》《穀》之書，皆漢時著竹帛，專以文字考之，不能斷其僞也。《穀梁》之書：

（1）用"則"者百餘見（一七二），而無代"則"之"斯"。

（2）用"此"者九十餘（九十九），亦無代"此"之"斯"。

（3）全書之中，約一"與"字用爲"乎"者，（文四年："或者公與？"）餘皆以"乎"字爲疑詞。

（4）全書之中，代"於"之"乎"，亦不多見。然不罕見，異於《左氏》。

（5）全書之中，"若""如"俱用爲"如"。若作"使"解者，全傳約兩見。"如"作"使"解者，全傳約九見。

此異於《左氏》者也，然與《莊》《荀》諸書，則較爲相同。亦無"於""于"之別，而或用"也"爲"乎"。（案：《莊》《荀》書有"斯"字爲例外，《穀梁》亦有代"則"之"斯"二，代"此"之"斯"二，然比之"一七二""九十九"，固猶無也。）蓋《穀梁》所雜取傳記，多出周漢之交也。其非真傳，固可無疑。

# 第七 《穀梁》之違反孔子

《經》元年，春，王正月。（隱公元年）

《傳》雖無事，必舉正月，謹始也。公何以不言即位？成公志也。焉成之？言君之不取爲公也。君之不取爲公何也？將以讓桓也。讓桓正乎？曰不正。《春秋》成人之美，不成人之惡。隱不正而成之何也？將以惡桓也。其惡桓何也？隱將讓而桓弒之，則桓惡矣。桓弒而隱讓，則隱善矣。善則其不正焉何也？《春秋》貴義而不貴惠，信道而不信邪。孝子揚父之美，不揚父之惡。先君之欲與桓，非正也，邪也。雖然，既勝其邪心以與隱矣。已探先君之邪志而遂以與桓，則是成父之惡也。兄弟，天倫也，爲子受之父，爲諸侯受之君。已廢天倫而忘君父，以行小惠，曰小道也。若隱者，可謂輕千乘之國，蹈道則未也。

證曰：《春秋》一經，借事明義，即物窮理。一簡之中，隨宜襃貶；一行之善，不責備全。善事未成，則順成之；善志未遂，則養遂之。蓋《春秋》之至意，在勉人於爲善也。故其立法雖嚴，而責人尚寬。胡安國《春秋傳》曰："《春秋》立法謹嚴，而宅心忠恕。"其言是也。説《春秋》者，亦必如此。黃楚望（澤）曰："凡説《春秋》，須先識聖人氣象，要識聖人渾然醇厚，凡一切峭刻煩碎之説，皆除去之。毋惑傳注，而後聖人之旨自明，襃貶得其當矣。"（趙汸《春秋師説》）此得《春秋》之旨也。高閌曰："或問《春秋》孰賢？曰：'東遷以後，土彊（疆）不守，職貢不奉，朝覲之禮盡廢，征伐之事專出，皆罪人也'。"（《春秋集注》）則違《春秋》之意矣。故《傳》説有不合忠恕之義，違反孔子之精神者，必非《春秋》之真傳；《春秋》，孔子所筆削者也。

《春秋》之義，莫貴於讓。孔廣森曰："《春秋》撥亂之教，以讓爲首。君興讓，則息兵；臣興讓，則息貪；庶人興讓，則息訟。故天下莫不亂於爭而治於讓。"廖《疏》亦曰："《春秋》弒殺奔逐之禍，多起於爭；爭爲亂階。欲絕亂原，務須明讓。故《春秋》貴讓。"《穀梁傳》亦有言曰："人之所以爲人者，讓也。"一部《春秋》之義，未有重於此者。苟志於讓矣，無惡也。《春秋》始於魯隱，而遂成其讓志，所以教天下之讓，以止天下之爭也。《穀梁》乃曰："隱不正而成之，何也？將以惡桓也。"似非爲惡桓，則隱讓不足成者。又曰："若隱者，可謂輕千乘之國，蹈道則未也。"義似嚴矣，實近於刻。《春秋》之義，莫重於志，原情定過，赦事誅意，"志善而違於法者免，志惡而合於法者誅"（詳見凌曙《公羊問答》）。隱有讓心，實是善事，雖終讓不成，原情固無過也。《穀梁》深文周内，斷隱爲惡；開宗明義，而成人之惡，《穀梁》此傳，殆不然矣。且衛侯之弟專，本弑君之賊，而《穀梁》曰："專有是信者""專之去合乎《春秋》"（襄二十七年，詳見本篇第四）。弑君之賊，猶深許之；讓國之君，反深抑之。《穀梁》之所善惡，亦甚無準繩矣。廖《疏》於專曰："雖與弑，有信，猶取之。設教之義不求全，《春秋》之義唯節取。"而於隱公曰："又首鼠兩端，使佞臣窺伺，卒釀弑身之禍。仁而不斷，修小節而忘大道。"《穀梁》之義如此，則是嚴於讓國之君，不知節取；寬於弑君之賊，義唯節取。是《春秋》非崇禮讓，非討亂臣賊子者。《穀梁》傳意，蓋亦愼矣！此後世獨孤及董之所以復以吳季札之讓國爲非賢。隱果未蹈道，《春秋》何用成之？如將以惡桓，不必成隱乃可。《穀梁》傳說，實傷《春秋》垂教之意，違反孔子之意旨，非得《春秋》之真傳者也。胡安國以爲《穀梁》失之鑿，《穀梁》穿鑿之論，實所在多有也。

　　《經》夏，四月辛卯，君氏卒。（隱公三年）
　　《傳》尹氏者何也？天子之大夫也。外大夫不卒，此何以卒之也？於天子之崩爲魯主，故隱而卒之。
　　《經》齊崔氏出奔衛。（宣公十年）
　　《傳》氏者，舉族而出之之辭也。

　　證曰：經書氏者，譏世卿也。《公羊》隱三年傳曰："尹氏者何？天子之大夫也。其稱尹氏何？貶。曷爲貶？譏世卿。世卿，非禮也。"《公羊》宣十年傳曰："崔氏者何？齊大夫也。其稱崔氏何？貶。曷爲貶？譏世卿。世卿非禮也。"此孔子筆削《春秋》之義也。孔子之時，政在大夫，潛逼理極，故《春秋》譏世卿，《論語》言舉賢才，蓋孔子之意，欲以矯時弊也。《漢書·張敞傳》曰："臣聞公子季友有功於魯，大夫趙衰有功於晉，大夫田完有功於齊，皆疇其（官邑），延及子孫，終後田氏篡齊，趙氏分晉，季氏顓魯。故仲尼作《春秋》，迹盛衰，譏世卿最甚。"《後漢書·樂恢傳》曰："夫政在大夫，孔子所疾；世卿持權，《春秋》以戒。聖人懇惻，不虛言也。"錢大昕《潛研堂答問》曰："尹氏立王子朝在昭公之世，而書'尹氏卒'於隱之策；崔杼弑君在襄之世，而書'崔氏奔衛'於宣之策，此卿不得世之義也。"撥亂世，反諸正，孔子之教，蓋必如是。而《穀梁》於尹氏，既不傳譏世卿之義，於崔氏之奔衛，又以爲舉族而出之。故何君《廢疾》曰："即稱氏爲舉族而出，'尹氏卒'寧可復以爲舉族死乎？"《穀梁》出詞之不當，違反孔子之經意，亦甚甚矣。鄭君曰："舉族而出之之辭者，固譏世卿也。"猶欲爲《穀梁》飾。鍾氏《補注》曰："《穀梁》解'宋大夫'，言'司馬'爲'祖之位'，此正《春秋》不譏世卿之驗。"柯《注》曰："《五經異義》列《公羊》《穀梁》說：'卿大夫世，則權並於一姓，妨塞賢路，專政犯君。故經譏周尹氏、齊崔氏也。'"按：《穀梁傳》無譏世卿之文，《異義》與《公羊》並引者，尹氏《穀梁》無傳，不容略而不言。《漢書·藝文志》有《穀梁外》《穀梁章句》，其義當出《外傳》《章句》二書中。"據此，《穀梁》之無明文，(《外傳》《章句》，自不可信)且言司馬爲祖之位，是《穀梁》不譏世卿也。違反孔子之旨矣。其不得《春秋》之真傳，本雜取傳記以造者，舉此一端，亦足以見。

《經》突歸於鄭。(桓公十一年)

《傳》曰突，賤之也。曰歸，易辭也。祭仲易其事，權在祭仲也。死君難，臣道也。今立惡而黜正，惡祭仲也。

《經》秋，公子結媵陳人之婦於鄄，遂及齊侯、宋公盟。(莊公十九年)

《傳》媵，淺事也，不志。此其志何也？辟要盟也。何以見其辟要盟也？媵，禮之輕者也；盟，國之重也；以輕事遂乎國重，無說。其曰"陳人之婦"，略之也。其不日，數渝，惡之也。

《經》晉士匄帥師侵齊，至穀，聞齊侯卒，乃還。(襄公十九年)

《傳》還者，事未畢之辭也。受命而誅生，死，無所加其怒。不伐喪，善之也。善之，則何爲未畢也？"君不尸小事，臣不專大名""善則稱君，過則稱己"，則民作讓矣。士匄外專君命，故非之也。

證曰：孔子之學，貴乎中庸。以權爲高，以時爲大。孔子曰："中庸之爲德也，其至矣乎！"又曰："可與立，未可與權。唐棣之華，偏其反而。"《春秋》，孔子所筆削者，蓋必傳孔子中庸、權時之義者。程子曰："《春秋》以何爲準，無如中庸。欲知中庸，無如權……何物爲權？義也，時也。"一部《春秋》之義，實以權時爲準。鍾文烝曰："大氐聖人之學，始於志，中於立，終於權，故'四十而不惑，五十而知天命，六十而耳順'，皆由立而權之節次功候也。至於'七十而從心所欲，不踰矩'，則權道之備，而作《春秋》之年也。知禮者可與立，知《春秋》者可與權。權者立之極至也，《春秋》者禮之極至也。《記》曰：'禮，時爲大。'《孟子》曰：'孔子，聖之時者也。'時者，謂中而權也。"簫楚曰："守道之經，而不觀於時之會通者，未足與議也。執義之常，而不度於事之機變者，未足與言義。之二者，胥失也。君子於此貴於觀時會通，而不拘於道之經；度事機變，而不牽於義之常，故能因時乘理，裁宜通變，以濟當世，自非其深足以通天下之權，孰能與此者？此其說吾於《春秋》見之矣。"（《春秋辨疑》《春秋統辨》）孔子之學，《春秋》之義，於通權達變，其深切有如此者，雖鍾之治《穀梁》，亦不能没之也。然《穀梁》一傳，則諱言行權；全傳之中，無許人以權者，違反孔子之恉，不合《春秋》之義。鄭祭仲、公子結、晉士匃，《春秋》所許以行權者也。《公羊》於祭仲曰："何賢乎祭仲？以爲知權也。……古人之有權者，祭仲之權是也。權者何？權者，反於經然後有善者也。"於公子結曰："聘禮，大夫受命不受辭，出竟有可以安社稷、利國家者，則專之可也。"於晉士匃曰："大夫以君命出，進退在大夫也。"《穀梁》於三人之通權達變，因時乘理，無一以爲可者。全傳之中，説皆如是：鍾氏論經，謂極於權，《穀梁》之傳則實不然。得《春秋》之真傳者，必不當違反孔子，至如斯之甚也。

《經》冬，十有一月，己巳，朔，宋公及楚人戰於泓，宋師敗績。（僖公二十二年）

《傳》日事遇朔曰"朔"。《春秋》三十有四戰，未有以尊敗乎卑，以師敗乎人者也。以尊敗乎卑，以師敗乎人，則驕其敵。襄公以師敗乎人，而不驕其敵，何也？責之也。泓之戰，以爲復雩之耻也。雩之耻，宋襄公有以自取之。伐齊之喪，執滕子，圍曹，爲雩之會，不顧其力之不足，而致楚成王，成王怒而執之。故曰："禮人而不答，則反其敬；愛人而不親，則反其仁；治人而不治，則反其知。""過而不改，又之，是謂之過。"襄公之謂也。古者，被甲嬰冑，非以興國也，則以征無道也，豈曰以報其耻哉？宋公與楚人戰於泓水之上，司馬子反曰："楚衆我少，鼓險而擊之，勝無幸焉。"襄公曰："君子不推人危，不攻人厄。須其出。"既出，旌亂於上，陳亂於下，子反曰："楚衆我少，擊之，勝無幸焉。"襄公曰："不鼓不成列。"須其成列而後擊之，則衆敗而身傷焉，七月而死。倍則攻，敵則戰，少則守。人之所以爲人者，言也。人而不能言，何以爲人？言之所以爲言者，信也。言而不信，何以爲言？信之所以爲信者，道也。信而不道，何以爲道？道之貴者時，其行勢也。

證曰：宋襄之敗，《公羊》以爲"臨大事而不忘大禮。有君而無臣，以爲雖文王之戰，亦不過此也"。《穀梁》反責其信而不道，亦甚不合於孔子之恉。"釣而不綱，弋不射宿。"（《論語・述而》）其言曰："君子喻於義，小人喻於利。"（《里仁》）"自古皆有死，民無信不立。"（《顏淵》）皆純任仁者之心，不稍較其利害得失，故有殺身以成仁，而無求生以害也。《春秋》之義，亦一本於仁。程子論《春秋》曰："夫其至動至賾之不齊，而聖人何以一之哉？曰：仁而已矣。故萬物之聚散，經世之紀綱，聖人一道以成之曰'仁'。觀《論語》之書，而知聖心之安'仁'。書於《春秋》者，無非此理。"董君論《春秋》曰："《春秋》之所治，人與我也。所以治人與我者，仁與義也。以仁安人，以義正我。"（《春秋繁露·仁義法》）此皆得《春秋》之根本者也。仁人者，"正其誼不謀其利，明其道不計其功"（董君語）。朱子以爲"《春秋》本是正誼明道之書"（《朱子語類》八十三）。功利之見，《春秋》所卑。《穀梁》之於宋襄，則以成敗論之。此與《左氏》相同，失《春秋》之意矣。朱子曰："《左氏》之病，是以成敗論是非，而不本於義理之正。嘗謂《左氏》是個滑頭，孰事趨炎附勢之人。"又曰："《公羊》是個村樸秀才，《穀梁》又狡黠得些。"孔廣森曰："襄公之於楚，始爲乘車之會，期以禮服之不可得服，然后以兵治之。跡其'征齊'以義，'會霍'以信，'不厄險'以仁，雖功烈不及伯者之爲，其所向慕，則王者之用心焉，是以引而進之。楚之病中國久矣，……能言距楚者，《春秋》之所高也。苟將伸齊而抑宋，則是先功利而後仁義，豈文王之所以爲治！《繁露》曰：'《春秋》之義，貴信而賤詐，詐人而勝之，雖有功，君子弗爲也。''故善宋襄公不厄人，不由其道而勝，不如由其道而敗。《春秋》貴之，將以變習俗而成王化。'……孔子曰：'君子去仁，惡乎成名，造次必於是，顛沛必於是。'未有守正以敗而惡之也。"故《穀梁》之傳意，與孔子相違反。若其親傳《春秋》，則必不至於此。

崔觶甫曰："《穀梁》於'獻捷'之楚人，以爲楚子。（案：獻捷在僖二十一年）於戰泓之楚人，則曰：'以尊敗乎卑，以師敗乎人。'乃以'將卑師少稱人'之義當之。人字之義既相歧，且既云'以師敗乎人'，是謂宋師衆而楚人寡也。又曰'倍則攻，敵則戰，少則守'，是又謂楚人倍而宋師少也。衆寡之數復相反。是皆譽矛鬻盾，譽盾鬻矛而已。……既造故實以誣襄公，釋經之語，乃繫之穀梁氏，以破壞傳義而爲《左氏》驅除也。"又曰："兵家之言曰：'兵不厭詐'，儒家言曰：'不由其道而勝，不如由其道而敗。'故如孫臏爲齊圍魏救趙之計，兵家貴之，儒家賤焉。陳餘稱'儒家用兵，不尚詐謀'，其有得於《春秋》之義乎！"（《春秋復始》卷二十七）《穀梁》喜言兵術詐謀，非《春秋》之真傳也。

葉夢得《春秋傳》曰："以襄公有取敗之道則可。以襄公爲非戰之道則不可。《春秋》貴偏戰，不貴詐戰，則襄公之義，有不可貶也。"葉氏善《穀梁》者，亦不以爲是也。

## 第八　《穀梁》之雜取傳記

《經》莒人伐杞，取牟婁。（隱公四年）
《傳》傳曰："言伐言取，所惡也。"
《經》春，公觀魚於棠。（隱公五年）
《傳》傳曰："常事曰視，非常曰觀。"
《經》五月，葬桓王。（莊公三年）
《傳》傳曰："改葬也。"
《經》冬，十月，甲午，叔孫得臣敗狄於鹹。（文公十一年）
《傳》直敗一人之辭也。……傳曰："長狄也。弟兄三人。"
《經》春，王正月，杞伯來逆叔姬之喪以歸。（成公九年）
《傳》傳曰："夫無逆出妻之喪而爲之也。"
《經》曹伯廬卒於師。（成公十三年）
《傳》傳曰："閔之也。"
《經》春，王正月，雨木冰。（成公十六年）
《傳》雨而木冰也。……傳曰："根枝折。"
《經》天王殺其弟佞夫。（襄公三十年）
《傳》傳曰："諸侯且不首惡，況於天子乎？"
《經》晉荀吳帥師敗狄於大鹵。（昭公元年）
《傳》傳曰："中國曰'大原'，夷狄曰'大鹵'。號從中國，名從主人。"

證曰：《四庫全書總目·穀梁提要》曰："《漢書·藝文志》載《公羊》《穀梁》二家，《經》十一卷，《傳》亦各十一卷，則《經》《傳》初亦別編。范甯《集解》乃並經注之。疑即甯之所合。……至'公觀魚於棠'一條，'葬桓王'一條，'杞伯來逆叔姬之喪以歸'一條，'曹伯廬卒於師'一條，'天王殺其弟佞夫'一條，皆冠以'傳曰'字，惟'桓王'一條，與《左傳》合，餘皆不知所引何傳。疑甯以傳附經之時，每條皆冠以'傳曰'字，如鄭元、王弼之《易》，有'彖曰''象曰'之例。後傳寫者刪之，此五條其刪除未盡者也。"齊召南《春秋穀梁傳注疏考證》曰："傳中引'傳曰'者凡八見。……皆所謂傳聞之説也。"案：《穀梁》引"傳曰"者，實凡九見。其在傳文之間者凡二，並不盡冠其首。則非范甯以傳附經之時，每條皆冠以"傳曰"字，其後傳寫，删之有未盡者；蓋《穀梁》雜引傳記之説也。其引"傳曰"，多有所指，或本於《公羊》，或暗合《左氏》，或爲他之傳記，而今不可考者。此《穀梁》本雜取傳記以造者，提要未之悟也。

《穀梁》所引"傳曰"，其語同於《公羊》者三，其義合於《公羊》者三，與《左氏》合者一，今不可考者二。莊三年引"傳曰"："改葬也。"《公羊傳》曰："此未有言崩者，何以書葬？蓋改葬也。"略同《公羊》，其一。（《提要》以爲與《左氏》合，實傳引"或曰"與之合，見下）文十一年引"傳曰"："長狄也，弟兄三人。"《公羊傳》曰："狄者何？長狄也。兄弟三人。"直用其語，其二。昭元年引"傳曰"："中國曰'大原'，夷狄曰'大鹵'。號從中國，名從主人。"《公羊傳》曰："此大鹵也。曷爲謂之大原？地物從中國，邑人名從主人。"略變其詞，其三。古人引據他書，每有加損其文。此三者，其語略同《公羊》，必引《公羊》之説也。隱四年引"傳曰"："言伐言取，所惡也。"其義本於《公羊》，莊述祖曰："此《公羊》義，而稱'傳曰'。是其證矣。"（據《穀梁廢疾申何》引）其一。成九年引"傳曰"："夫無逆出妻之喪以歸而爲之也。"《公羊傳》曰："内辭也，脅而歸之也。"語雖不同，正反若一。義本出於《公羊》，其二。成十六年《穀梁》曰："雨而木冰也。……傳曰：'根枝折。'"《公羊傳》曰："雨而木冰也。"何注曰："木者少陽，幼君大臣之象；冰者凝陰，兵之類也。冰脅木者，君臣將執於兵之徵也。"何《注》多當時口説（《春秋筆削大義微言考·發凡》："《春秋》口説，傳在《公羊》家董仲舒、何休"）。陳卓人《公羊義疏》曰："《穀梁》引傳曰'根枝折'，正與'陰氣脅木'之義合。"《穀梁》所引，非無所本，其三。此三者，義皆合於《公羊》，其詞則變易殊甚耳，亦引《公羊》之説也。（莊二年引其一曰："君在而重之也。"本出《公羊》"君存焉爾"傳，知《穀梁》之引《公羊》，多變易其文字，無足怪者）襄三十年引"傳曰"："諸侯且不首惡，況於天子乎？"《左氏》曰："罪在王也。"《穀梁》之義，與之相合，蓋亦師其意而不師其詞者。隱五年引"傳曰"："常事曰視，非常曰觀。"此本他傳記文。莊二十四年亦用之，（"公如齊觀社"傳："常事曰視，非常曰觀。觀，無事之辭也。"）則不復著"傳曰"。成三年引"傳曰"："閔之也。"亦他傳記之文，襄十八年引用之（"曹伯負芻卒於師"下），亦不復著"傳曰"。其所引《傳》，今不可考，要必古之成文，雜引以爲説也。故就其所引"一傳"，及所引"傳曰""或曰",與其暗用古傳記之文(詳下),而又不得《春秋》之真傳,明《穀梁》之本雜取傳記以造者,非誣之也。

《經》紀子帛、莒子盟於密。(隱公二年)

《傳》或曰:"紀子伯、莒子而與之盟。"或曰:"年同,爵同,故紀子以伯先也。"

《經》冬,十有二月,無駭卒。(隱公八年)

《傳》或曰:"隱不爵大夫也"。或説曰:"故貶之也。"

《經》祭公來,遂逆王后於紀。(桓公八年)

《傳》或曰:"天下無外,王命之則成矣。"

《經》齊師遷紀、邢、鄑、郚。(莊公元年)

《傳》或曰:"遷紀於邢、鄑、郚。"

《經》五月,葬桓王。(莊公三年)

《傳》或曰:"卻尸以求諸侯。"

《經》秋,築臺於秦。(莊公三十一年)

《傳》或曰:"倚諸桓也。"

《經》十有二月,丁巳,夫人氏之喪至自齊。(僖公元年)

《傳》或曰:"爲齊桓諱殺同姓也。"

《經》夏,五月,王子虎卒。(文公三年)

《傳》或曰:"以其嘗執重以守也。"

《經》六月,癸酉,季孫行父、臧孫許、叔孫僑如、公孫嬰齊帥師會晉郤克、衛孫良夫、曹公子首,及齊侯戰於鞌。齊師敗績。(成公二年)

《傳》或曰:"日其戰也。"或曰:"日其悉也。"

《經》夏,五月,壬午,宋、衛、陳、鄭災。(昭公十八年)

《傳》或曰:"人有謂鄭子產曰:'某日有災。'"

《經》有鸜鵒來巢。(昭公二十五年)

《傳》或曰:"增之也。"

《經》冬,城中城。(定公六年)

《傳》或曰:"非外民也。"

《經》得寶玉、大弓。(定公九年)

《傳》或曰:"陽虎以解衆也。"

證曰:《穀梁》所引"或曰",全傳凡十三見,亦其雜取傳記,而託之於"或曰"也。此所引十三條中,同於《公羊》者四,同於《左氏》者四,今不可考者五。隱八年無侅卒，《公羊》傳曰："何以不氏，疾始滅也，故終其身不氏。"此引或曰："故貶之也。"同於《公羊》，而易其語，其一。（劉原父已有是説，詳見本篇第五）桓八年祭公來逆王后，《公羊》傳曰："女在其國稱女，此其稱王后何？王者無外，其辭成矣。"此引"或曰"："天子無外，王命之則成矣。"同於《公羊》，略易其語，其二。成二年鞌之戰魯四卿並出。何君《注》曰："不舉重者，惡内多虛國家，悉出用兵，重録内也。"此引"或曰""日其悉也。"與何注《公羊》之口説正同，其三。定九年得寶玉大弓，此引"或曰"："陽虎以解衆也。"其事傳在《公羊》，所謂"懼然後得免"是也。得之傳聞，故略有異，其四。《穀梁》同於《公羊》者十之二三，或直用其文，或暗襲其義，或以"傳曰"引之，或以"或曰"引之。所以使人不察其多襲取《公羊》也。

莊三年葬桓王，《左氏》曰："緩也。"此引"或曰"："郤尸以求諸侯"。義同《左氏》。（柳興恩亦曰："《左氏》云：緩也。則《穀梁》所謂'郤尸以求諸侯'者也。"）其一。僖元年夫人氏之喪至自齊，《左氏》曰："君子以齊人之殺哀姜也爲已甚矣！"此引"或曰"："爲齊桓諱殺同姓也。"其意相若（柯《注》同），其二。文三年王子虎卒。此引"或曰"："以其嘗執重以守也。"柯《注》曰："或説子虎，即《左氏》之王叔文公。"暗用《左氏》，其三。昭十七年《左氏》曰："鄭裨竈言於子產曰：'宋、衛、陳、鄭將同日火。'"此傳所引"或曰"之説，實略同於《左氏》，其四。若其不可考之五傳之中。定六年傳引"或曰"："非外民也。"成九年"城中城"傳，則直曰"非外民也"。不冠以"或曰"字。蓋《穀梁》之引用異説，有加以"傳曰""或曰"者，有直用以爲己説者。故或加或否，先後不一律，極似諱其爲雜取傳記者。然其不可考者固多，其可考者，亦甚多也。

《經》春，王正月，師次於郎，以俟陳人、蔡人。（莊公八年）

《傳》故曰善陳者不戰，此之謂也。善爲國者不師，善師者不陳，善陳者不戰，善戰者不死，善死者不亡。

證曰：《穀梁》本雜取傳記以造者，考厥取材，約有六類。一，其襲取《公羊》之文爲最多，劉氏所謂"十之二三"是也。二，其次則爲《禮經》《禮記》。惠棟《九經古義·穀梁》曰："傳中所載，與《儀禮》《禮記》諸經合者，不可悉舉。"其説是也。（《穀梁》非傳禮者，其與《禮經》《禮記》合，當是《穀梁》襲《禮經》、《禮記》。例詳下篇第一）三，又其次者，《左氏》、《國語》。（已略詳上，餘更詳下。《左氏》《國語》本先於《穀梁》）四，又其次者則爲《荀子》，《荀子·大略篇》："貨財曰賻，輿馬曰賵，衣服曰禭，玩好曰贈，貝玉曰含。"《穀梁》隱元年傳曰："乘馬曰賵，衣衾曰禭，貝玉曰含，錢財曰賻。"不及《荀子》之詳。又《大略篇》曰："誥誓不及五帝，盟詛不及三王，交質子不及五伯。"隱八年《穀梁》傳亦有此文，惟云二伯，不云五伯，是其例也。(《荀子》傳《公羊》之學者，蓋《穀梁》錄之《荀子》也。《勸學篇》云："《春秋》之微也。"《大略篇》云："《春秋》賢穆公，以爲能變也。"皆《公羊》義。詳見汪中《荀卿子通論》) 五，又其次者，爲《毛詩傳》。王應麟《困學紀聞》曰："《穀梁》言'大侵'之禮，與《毛詩·雲漢傳》略同；言'蒐狩'之禮，與《毛詩·車攻傳》相合。此古《禮》之存者。"(例詳下篇) 柳興恩亦曰："《毛傳》多用《穀梁》師説，他如'旱既太甚'章'歲凶，年穀不登'以下云云。"俱其證也。(此當是《穀梁》《毛傳》同出一源。《穀梁》不及《毛傳》所述之詳，或取之《毛傳》。詳見下篇。) 六，再其次者，如"齊人伐山戎"傳本《管子》(此顧亭林《日知錄》説)，"梁山崩"傳本《韓詩外傳》之類 (詳見下篇)，及古之成文不盡可考者。兹所舉傳"故曰"以下，並皆古之成文。《漢書·刑法志》稱："故曰：'善師者不陳，善陳者不戰，善戰者不敗，善敗者不亡。'"鈔本《北堂書鈔》引《逸周書·大武》曰："善政 (同征) 不攻，善攻不侵，善侵不伐，善伐不陳，善陳不戰，善戰不鬥，善鬥不敗。"《鹽鐵論》曰："善克者不戰，善戰者不師，善師者不陳。"文雖有異，足見古有是語。並《穀梁》雜取傳記成文之確證。漢代以《穀梁》爲古文，其傳授又不甚可考 (詳下)，且不得傳經之體，而失謹嚴之義，不合魯語，違反孔子，足證其不得《春秋》之真傳，本雜取傳記以造者。其所取材，既約六類，則其取《公羊》者十之二三，取《禮經》《禮記》者十之二三，取他之傳記者十之一二。加以其所以向壁虛造，以臆斷者，作爲斯傳，固不難也。

# 第九　《穀梁》亦古文學

《經》甲午，治兵。（莊公八年）
《傳》出曰治兵，習戰也；入曰振旅，習戰也。
《經》秋，大水，鼓，用牲於社、於門。（莊公二十五年）
《傳》既戒鼓而駭衆，用牲可以已矣。

　　證曰：《春秋復始·穀梁氏亦古文學》曰："《漢書·梅福傳》：'推跡古文，以《左氏》《穀梁》《世本》《禮記》相明。'《後漢書·章帝紀》：'令群儒受學《左氏》《穀梁》《古文尚書》《毛詩》。'此於《穀梁》，一則明言'古文'，一則與三古文並列，其爲古文明矣。……古文爲劉歆所造，則武、宣之世，安得有《穀梁》？劉歆、班固皆有《漢書》，後人雜之，遂成今之《漢書》（原注：説詳《史記探源》卷一《序證》'要略'節注），故其言多矛盾，以全書互證之，洞見癥結矣。《儒林傳》曰：'瑕丘江公授《穀梁》《春秋》及《詩》於魯申公，傳子至孫。武帝時，江公與董仲舒並，仲舒通《五經》，能持論，善屬文；江公吶於口，上使與仲舒議，不如仲舒；而丞相公孫弘本爲《公羊》學，比輯其議，卒用董生。於是上因尊《公羊》家，詔太子受《公羊春秋》。由是《公羊》大興。太子既通，復私問《穀梁》而善之。其後浸微，唯魯榮廣、皓星公二人受焉。廣與《公羊》大師眭孟等論，數困之，故好學者頗復受《穀梁》。沛蔡千秋、梁周慶、丁姓皆從廣受；千秋又事皓星公。宣帝聞衛太子好《穀梁》，以問丞相韋賢，長信少府夏侯勝，侍中史高，皆魯人也，言穀梁子本魯學，公羊氏乃齊學也，宜興《穀梁》。汝南尹更始本自事千秋，會千秋病死，徵江公孫爲博士；劉向以故諫大夫待詔，受《穀梁》，欲令助之，江博士復死，乃徵周慶、丁姓待詔保宮。甘露元年，召五經名儒太傅蕭望之大議殿中，平《公羊》《穀梁》同異，各以經處是非；時《公羊》博士嚴彭祖、侍郎申輓、伊推、宋顯，《穀梁》議郎尹更始、待詔劉向、周慶、丁姓並論，望之等十一人，各以經誼對，多從《穀梁》，由是《穀梁》大盛。'（原注：'以上皆引《儒林傳》。'案：有刪節）案：此傳宗旨，與《六藝略》同，亦劉歆所作也。歆造《左氏傳》以篡《春秋》之統，又造《穀梁傳》爲《左氏》驅除；故兼論《三傳》則申《左》，並論《公》《穀》則右《穀》。謂江之屈於董也以吶，而董又藉公孫丞相之助，以見《穀》之非不如《公》；其後榮廣論困眭孟，以見《公》之不如《穀》；謂《穀梁》魯學，則其親炙七十子之徒，自廣於《公羊》齊學矣。但如此大議，豈不視傅太后稱尊事重要相若？彼時媚説太后者爲董宏，而彈劾董宏者師丹、傅喜、孔光、王莽也，四人傳中皆言之。《後漢書》光武帝建武二年，韓歆欲立《左氏》博士，范升、陳元互相争辯，二人傳中皆言之，《儒林·李育傳》又引之。何以廷議《穀梁》，屈江公，申董生，仲舒、公孫傳中並不言；對宣帝問，韋賢、夏侯勝、蕭望之、劉向傳中亦不言也？江公之《穀梁》學，既爲公孫丞相所不用，武帝因尊《公羊》而詔衞太子受《公羊》，則衞太子復安所問《穀梁》？且公孫丞相薨於元狩二年，嘗逐仲舒膠西，則用董生又在其前。董生用則江公罷，太子果問《穀梁》，當在江公未罷以前；即使同在一年，是時太子甫八歲，未聞天縱如周晉，安能辨《公》《穀》之孰善？宣帝尊武帝爲世宗，謚衞太子曰戾，抑揚之意可知；獨於經學則違世宗而從戾園，亦情理所不合者也。謂賢、勝、望之皆右《穀梁》，更始、向且爲《穀梁》學家。乃考其言，賢子玄成，少修父業者也，玄成爲丞相，與諫大夫尹更始《陳罷郡國廟議》曰：'毀廟之主，臧乎太祖，五年而再殷祭。'蕭望之《雨雹對》曰：'季氏專權，卒逐昭公。'《伐匈奴對》曰：'大士匄之不伐喪。'劉向《上封事》曰：'周大夫祭伯出奔於魯，而《春秋》爲諱，不言"來奔"。是後尹氏世卿而專恣。'所引皆《公羊傳》文，而無引《穀梁》者。惟勝言於《公》《穀》皆無所引。若韋、尹、蕭、劉明引《公羊》尚不足爲《公羊》學之證，豈不引《穀梁》轉足爲《穀梁》學之證乎？然則《儒林傳》謂《公》《穀》二家争論於武、宣之世者，直如捕風繫影而已。至成帝綏和元年，立二王後，采梅福所上書，引《春秋》經曰：'宋殺其大夫。'《穀梁傳》曰：'其不稱名姓，以其在祖位，尊之也。'是爲引穀梁氏之始，去河平三年劉歆始校書時十八年矣。歆所僞造書已出故也。"案：《穀梁》之爲古文，崔氏以史籍證之，甚確據也。復有可證者，《穀梁傳》中，多襲用《左氏》《毛傳》之説（詳上），且有與《周禮》《爾雅》合者，並其明驗。莊八年經"治兵"，《穀梁》與《周禮》《左氏》《爾雅》同，《爾雅》"出曰治兵"，《疏》曰："《周禮》《左傳》《穀梁》與此皆同，惟《公羊》以治兵爲祠兵。"其證一。莊二十五年《穀梁傳》曰"既戒鼓而駭衆"，亦與《周禮》説合。《周禮·大僕職》曰"始崩戒鼓"，與此傳"戒鼓"同（説詳下篇第一），其證二。它與《周禮》相同，見於《五經異義》，及先儒已證明者，例據尚多，不遑枚舉，皆"《穀梁傳》爲古文學"之顯證。古文者，非西漢初年通行於世之學，兩《漢書》並以《穀梁》列於古文，其書雖間用《公羊》之説，亦必當以古文論之也。（劉師培《經學傳授考》，亦以《穀梁》屬古文學）《穀梁》晚出於漢（説詳第十），且用《左氏》"君子曰"之説，（見僖元年所引或曰，詳上）則當亦劉歆所僞造者。崔氏之説，非誣之也。其不得《春秋》之真傳，固於斯而益信矣。

## 第十　《穀梁》晚出於漢

《經》春，天王使南季來聘。（隱公九年）

《傳》南，氏姓也；季，字也；聘，問也。聘諸侯，非正也。

《經》春，王正月，師次於郎，以俟陳人、蔡人。（莊公八年）

《傳》善師者不陳，善陳者不戰，善戰者不死，善死者不亡。

《經》春，王正月，公敗齊師於長勺。（莊公十年）

《傳》不日，疑戰也。疑戰而日敗，勝內也。

〔注〕疑戰者，言不克日而戰，以詐相襲。

《經》冬，十有一月，己巳，朔，宋公及楚人戰於泓。宋師敗績。（僖公二十二年）

《傳》倍則攻，敵則戰，少則守。……道之貴者時，其行勢也。

《經》晉陽處父帥師伐楚，以救江。（文公三年）

《傳》此伐楚，其言救江，何也？江遠楚近，伐楚，所以救江也。

證曰：《穀梁》之亦爲古文，本雜取傳記而造，則《穀梁》之書，必晚出於漢，此亦可證者也。桓譚《新論》曰："《左氏》傳世后百餘年，魯人穀梁赤爲《春秋》，殘略多所遺失。"（《御覽·六百十》引）應劭《風俗通》曰："穀梁子名赤，子夏弟子。"糜信則以爲"秦孝公同時人"。阮孝緒《七錄》則以爲"名俶，字元始"。《漢書·藝文志》顏《注》云："名喜。"而《論衡·案書》篇又云"穀梁寘"。《四庫提要》曰："其傳，則士勛《疏》稱'穀梁子名俶，字元始，一名赤。受經於子夏，爲經作傳'，則當爲穀梁子所自作。徐彥《公羊傳疏》又稱：公羊高五世相授，至胡毋生乃著竹帛，題其親師，故曰《公羊傳》。《穀梁》亦是著竹帛者題其親師，故曰《穀梁傳》，則當爲傳其學者所作。……但誰著於竹帛，則不可考耳。"據桓譚諸儒所云，穀梁一人而有四名，初只謂之魯人，漸爲子夏弟子，漸而名號完具，此必傳聞揣測之詞。（如有所本，則六說中，必有一引據之者）其書誰著之於竹帛，亦無可考。則是爲《穀梁》者，其主名莫知，其傳授莫詳。蓋必本無其傳，且或本無其人。是其所以爲古文之學，雜取傳記以造者。其晚出於漢代，就其傳授可知者也。隱九年《穀梁》曰："南，氏姓也。"侯康《穀梁禮證》曰："氏以爲姓，三代以下盡然，春秋時似未聞也。南季當是以姓爲氏，非以氏爲姓。""聘諸侯，非正也。"秦氏蕙田云："《穀梁》說於禮無據。"以氏爲姓，在三代以下盡然，是《穀梁》之說，必出三代以下。《穀梁》多以"氏姓"連用；莊元年傳："不言氏姓，貶之也。"亦其證也。其說又多無據。證以其不知"是"之當讀爲"媞"（詳見第六）；及其體例、文詞、義理，三者之疏謬，其采摭諸書，至於六七類，其非《春秋》之真傳，固極可信；其晚出於漢代，就其傳說亦可知也。晁說之曰："《穀梁》晚出於漢。"（《景迂生集》卷十二《三傳說》）斯有其明驗矣。

僖二十二年《傳》曰："倍則攻，敵則戰，少則守。"劉申受難之曰："《春秋》惡戰之書，非言兵之書。""道之貴者時；其行，勢也。"楊士勛《疏》曰："老子，至道之人，猶曰：以正治國，以奇用兵。"劉申受難之曰："三代用師之意，孟子、荀卿傳之，《穀梁》以功利言道，蓋戰國之學也。"案：《穀梁》極喜言兵，近似兵家之學。莊八年《傳》曰："善陳者不戰，善戰者不死。"實與孔子"兵旅之事，未之學也。"（《論語·衛靈公》）大相乖戾。莊十年《傳》曰："疑戰而曰敗，勝內也。"文三年傳曰："江遠楚近，伐楚，所以救江也。"皆好功利之言，不惜以詐相襲。《公羊傳》曰："其言救江何？爲諼（詐）也。其爲諼奈何？伐楚爲救江也。"則異於是。此其尊尚詐謀，而失《春秋》之義，謂曰戰國之學，固非虛加之也。（日本本田成之撰《春秋穀梁傳考》亦謂："《穀梁》近於法家，其書成於秦漢。"）然謂其書成於漢代，固亦未嘗不可。或《穀梁》所雜取傳記，多出戰國之世，而其成書之時，則在西漢之末。此必可以無疑者也。

附記：《四庫全書總目·陸賈新語提要》曰："《穀梁傳》至漢武帝時始出，而《道基》篇末乃引《穀梁傳》曰，'時代牴牾，其殆後人依託，非賈原本歟？'"《提要》以《新語》引《穀梁》，而斷其爲後人依託。鍾氏《補注》曰："《道基》之末引《穀梁傳》曰：'仁者以治親，義者以利尊，萬世不亂，仁義之所治也。'今傳中無此四語，蓋在《漢志》所稱《穀梁外傳》《穀梁章句》中，而通謂之傳也。又第八篇《至德》之末論魯莊公事，而曰'故《春秋穀梁》'云云，今自'梁'字以下皆缺，不知何語。觀陸生兩引《穀梁》，則此傳信爲周代書，並《外傳》《章句》之屬，有非晚出者矣。"（案：《新語》引用《穀梁傳》說，實凡四見。鍾氏《補注》所舉之外，別有兩處。一，《辯惑》篇論魯定公之時與齊侯會於頰谷，孔子行相事。與定十年《穀梁》說略同。二，《至德》篇論"魯莊公一年之中，以三時興築作之役……乃遣臧孫辰請糴於齊。"與莊二十八年、三十一年《穀梁傳》相合。)嚴可均《鐵橋漫稿·新語叙》曰:"《穀梁傳》孝武時始立學官,非陸賈所預見。今此書《道基篇》引《穀梁傳》曰:'仁者以治親,義者以利尊。'乃是《穀梁》舊傳,故今傳無此文。因知瑕丘江公所受於魯申公者,其本復經改造,非穀梁赤之舊也。"鍾、嚴皆以《新語》非依託者。據今《新語》考之,賈從《公羊》義者,《輔政》《無爲》《至德》《懷慮》《明誡》諸篇,均述《公羊》誼(用劉師培《春秋三傳先後考》語)。云"書鱄絶骨肉之親,棄大夫之位"(《公羊》作"鱄",《穀梁》作"專"),尤破《穀梁》"專之去合乎《春秋》"之説,其不明引《公羊》,而轉徵引《穀梁》,其可疑一。且如崔觶甫説,韋賢、夏侯勝、蕭望之、劉向,皆習《穀梁》而晚於賈,所引皆《公羊》傳文,而不及《穀梁》一字;賈生於其前,反得徵引之,果又何耶?其可疑二。賈書《本行》篇曰:"按紀圖録,以知性命,表定六藝,以重儒術。""表定六藝",非賈所爲,此本董君事,賈不當云此。其書實似爲依託者。其可疑三。鍾氏之説,以傳爲《外傳》或《章句》,自覺未安。如果賈書非僞,而又徵引《穀梁》,則嚴氏云:"其本復經改造,非穀梁赤之舊。"説較可信。且與桓譚《新論》所云"殘略多所遺失"相合。或其書本非真傳,在漢初又極寖微,"殘略多所遺失""其本復經改造"者。則未知其果若是也?其諸劉歆之所僞造者也?

# 下 篇

## 《公》《穀》詳略異同證

　　《春秋》一經，借事明義，因事窮理，爲之傳者，必當詳説其義，兼明其事者也。《穀梁》詳於禮制，略於大義；詳於瑣節，略於本事；其非傳《春秋》微言大義之學者，曒然易知。許桂林曰："《公羊》《穀梁》二傳……其書彼詳此略，異同互存，似屬有意。"故就《公》《穀》詳略，參伍而比之，而且是非得失，亦足以察矣。鐘文烝曰："全傳十一卷，義最該密，而文或簡略，……是其好從簡略矣。然則内事如獲莒挐、敗咸、叔肸卒、叔倪卒，至自頰谷，外事如滅夏陽、盟召陵、盟葵丘、殺里克、滅黄、戰泓、敗殽、殺陽處父、弑夷皋、殺泄冶、戰鞌、盟爰婁、梁山崩、宋災、伯姬卒、殺慶封、宋衛陳鄭灾、弑賈、啍乾侯、戰伯舉、入楚、歸脤、會黄池，此二十七《傳》者，何以述事獨詳？蓋作書時意有所到，偶然詳之。或以當時習知其事，習聞其義，因備述於《傳》。如滅夏陽一條，則《戰國策·魏策》謂趙王論晉人伐虢之事，《春秋》罪虞之義，可相證也。"由是言之，《穀梁》之所詳者，不過二十餘傳，然如叔肸卒、叔倪卒、滅黄三傳，實非《穀梁》之長傳。滅夏陽、盟葵丘、戰泓、敗殽、殺陽處父、戰鞌、盟爰婁、宋災、伯姬卒、戰伯舉、入楚，此十傳長短，與《公羊》相同；鐘氏之説，未可從以判詳略也。今別取《穀梁》述禮之十傳，與其所簡略者十餘傳，及鐘氏所舉之十餘傳，共四十傳，列而校之，《穀梁》之所詳略，乃可以竝見矣。爰贅數語，以補上篇。

# 第一　《穀梁》之詳於禮制

《經》九月，齊侯送姜氏於讙。（桓公三年）

《穀梁傳》禮，送女，父不下堂，母不出祭門，諸母兄弟不出闕門。父戒之曰："謹慎從爾舅之言。"母戒之曰："謹慎從爾姑之言。"諸母般申之曰："謹慎從爾父母之言。"送女踰竟，非禮也。

《公羊傳》何以書？譏。何譏爾？諸侯越竟送女，非禮也。此入國矣，何以不稱夫人？自我言齊，父母之於子，雖爲鄰國夫人，猶曰吾姜氏。

證曰：《穀梁》此傳，與《儀禮》《士昏》《禮記》略同。彼曰："庶母及門內，施鞶，申以父母之命。命之曰：'敬恭聽，宗爾父母之言'。"此曰："諸母般申之曰。"脱一"施"字，則不類矣。其下夫人姜氏至自齊，《穀梁》曰："子貢曰：'冕而親迎，不已重乎'？"又襲用《禮記·哀公問》語。此所以《穀梁》詳於禮也。《公羊》此傳既較略矣，全傳亦無"父母送女戒命之詞"。

《經》秋，八月壬申，御廩災。乙亥，嘗。（桓公十四年）

《穀梁傳》御廩之災不志，此其志何也？以爲唯未易災之餘而嘗可也，志不敬也。天子親耕以共粢盛，王后親蠶以共祭服。國非無良農工女也，以爲人之所盡事其祖禰，不若以己所自親者也。何用見其未易災之餘而嘗也？曰：甸粟而内之三宫，三宫米而藏之御廩，夫嘗，必有兼甸之事焉。壬申御廩災，乙亥嘗，以爲未易災之餘而嘗也。

《公羊傳》御廩者何？粢盛委之所藏也。御廩災何以書？記災也。乙亥，嘗。常事不書，此何以書？譏。何譏爾？譏嘗也。曰：猶嘗乎？御廩災，不如勿嘗而已矣。

證曰：《穀梁》泛襲《祭禮》言之。《公羊》所不詳也。

《經》春，王三月，刻桓宫桷。（莊公二十四年）

《穀梁傳》禮，天子之桷，斲之礱之，加密石焉。諸侯之桷，斲之礱之。大夫斲之，士斲本。刻桷，非正也。夫人所以崇宗廟也，取非禮與非正而加之於宗廟，以飾夫人，非正也。刻桓宮桷，丹桓宮楹，斥言桓宮，以惡莊也。

〔《公羊傳》〕何以書？譏。何譏爾？刻桓宮桷，非禮也。

證曰："士斲本"以上，與《國語·晉語八》張老對趙文子略同。彼曰："天子之室，斲其椽而礱之，加密石焉。諸侯礱之，大夫斲之，士首之。備其物，義也。從其等，禮也。"《尚書大傳》卷二曰："其桷，天子斲其材而礱之，加密石焉。大夫達棱，士首本，庶人到加。"其詞亦加詳。蓋《穀梁》節取之以爲說也。《公羊》惟何休《注》乃有此說。傳《春秋》者，傳其微言大義，固不必詳於禮也。

《經》六月辛未，朔，日有食之，鼓，用牲於社。（莊公二十五年）

《穀梁傳》言日，言朔食，正朔也。鼓，禮也。用牲，非禮也。天子救日，置五麾，陳五兵、五鼓。諸侯置三麾，陳三鼓、三兵。大夫擊門。士擊柝。言充其陽也。

《公羊傳》日食則曷爲鼓，用牲於社？求乎陰之道也。以朱絲營社。或曰："脅之"。或曰："爲暗"。恐人犯之，故營之。

證曰：《禮記·曾子問》篇孔子曰："如諸侯皆在而日食，則從天子救日，各以其方色與其兵。"《周禮·鼓人》救日月。傳並與合。下"秋，大水"傳云："既戒鼓而駭衆。"（詳見上篇第二）"戒"即擊鼓之名，字亦作"駴"。《周官·大司馬》職"鼓皆駴"，鄭注曰："疾雷擊鼓曰駴。"是其義也。《周官·大僕》職曰："始崩戒鼓"，與此傳同。則《穀梁》用《周禮》說也。《公羊》於鼓爲禮之說不詳，亦未言"戒鼓而駭衆"。

《經》三月，作丘甲。（成公元年）

《穀梁傳》作，爲也。丘爲甲也。丘甲，國之事也；丘作甲，非正也。丘作甲之爲非正，何也？古者立國家，百官具，農工皆有職以事上。古者有四民：有士民，有商民，有農民，有工民。夫甲，非人人之所能爲也。丘作甲，非正也。

《公羊傳》何以書？譏。何譏爾？譏始丘使也。

證曰："四民"之說，本於《管子》（此惠棟說）。《公羊》所不詳也。

《經》大饑。（襄公二十四年）

《穀梁傳》五穀不升爲大饑。一穀不升謂之嗛，二穀不升謂之饑，三穀不升謂之饉，四穀不升謂之康，五穀不升謂之大侵。大侵之禮，君，食不兼味，臺榭不塗，弛侯，廷道不除，百官布而不制，鬼神禱而不禩。此大侵之禮也。

《公羊傳》（無説）

證曰：王應麟曰："《穀梁》言大侵之禮與《毛詩·雲漢傳》略同。"案：《大雅·雲漢傳》曰："歲凶，年穀不登，則趣馬不秣；師氏弛其兵，馳道不除；祭事不縣，膳夫徹膳；左右布而不脩，大夫不食粱，士飲酒不樂。"《正義》曰："此當先有成文，故傳引之。"《穀梁》以大侵釋大饑，或本之成文，或取之《毛傳》。《毛傳》於禮加詳，非取之《穀梁》也。《韓詩外傳》卷八，則幾全同於此。《外傳》"康"作"荒"，"布"作"補"，今古之別。或《穀梁》與《外傳》同出一源也。《公羊》於大饑則全傳無説，亦所不必詳也。

《經》秋，蒐於紅。（昭公八年）

《穀梁傳》正也，因蒐狩以習用武事，禮之大者也。艾蘭以爲防，置旃以爲轅門，以葛覆質以爲槷；流旁握，御擊者不得入。車軌塵，馬候蹄，掩禽旅；御者不失其馳，然後射者能中。過防弗逐，不從奔之道也。面傷不獻，不成禽不獻。禽雖多，天子取三十焉；其餘與士衆，以習射於射宫，射而中，田不得禽，則得禽；田得禽而射不中，則不得禽。是以知古之貴仁義而賤勇力也。

《公羊傳》蒐者何？簡車徒也。何以書？蓋以罕書也。

證曰：王應麟曰："《穀梁》……言蒐狩之禮與《毛詩·車攻傳》相合。"侯康曰："《書傳》《詩傳》，俱有其文。"案：《小雅·車攻傳》曰："田者，大芟草以爲防，或舍其中，褐纏旃以爲門，裘纏質以爲槷。閒容握，驅而入，聲則不得入。左者之左，右者之右，然後焚而射焉。"《毛傳》又曰："面傷不獻，踐毛不獻，不成禽不獻。禽雖多，擇取三十焉。其餘以與大夫、士，以習射於澤宫。田雖得禽，射不中不得取禽；田雖不得禽，射中則得取禽。古者以辭讓取，不以勇力取。"《正義》曰："此有成文。《書傳》《穀梁傳》與此略同。"《尚書大傳》卷四亦略説此。《穀梁》"無褐纏旃"等語，而其文字則較明晰，或本之成文，或取之《毛傳》，非《毛傳》取之《穀梁》也。《公羊》於蒐狩之禮亦無説，蓋傳所不必詳也。

《經》戊辰，公即位。（定公元年）

《穀梁傳》殯，然後即位也。定無正，見無以正也。踰年不言即位，是有故公也；言即位，是無故公也。即位，授受之道也。先君無正終，則後君無正始也；先君有正終，則後君有正始也。戊辰，公即位，謹之也。定之即位，不可不察也。公即位，何以日也？戊辰之日，然後即位也。癸亥，公之喪至自乾侯，何爲戊辰之日然後即位也？正君乎國，然後即位也。沈子曰："正棺乎兩楹之間，然後即位也。"內之大事曰，即位，君之大事也，其不日何也？以年決者，不以日決也。此則其日，何也？著之也。何著焉？踰年即位，屬也，於屬之中，又有義焉。未殯，雖有天子之命猶不敢，況臨諸臣乎？周人有喪，魯人有喪，周人弔，魯人不弔。周人曰："固吾臣也，使人可也。"魯人曰："吾君也，親之者也，使大夫則不可也。"故周人弔，魯人不弔，以其下成、康爲未久也。君，至尊也，去父之殯而往弔猶不敢，況未殯而臨諸臣乎？

《公羊傳》癸亥，公之喪至自乾侯，則曷爲以戊辰之日然後即位？正棺於兩楹之間，然後即位。子沈子曰："定君乎國，然後即位。"即位不日，此何以日？錄乎內也。

證曰：此論即位，詳於《公羊》。其説魯事，當有成文。今不可考耳。

《經》九月，大雩。（定公元年）

《穀梁傳》雩月，雩之正也。秋大雩，非正也。冬大雩，非正也。秋大雩，雩之爲非正何也？毛澤未盡，人力未竭，未可以雩也。雩月，雩之正也，月之爲雩之正何也？其時窮，人力盡，然後雩，雩之正也。何謂其時窮、人力盡？是月不雨，則無及矣；是年不艾，則無食矣。是謂其時窮、人力盡也。雩之必待其時窮、人力盡何也？雩者，爲旱求者也。求者請也，古之人重請。何重乎請？人之所以爲人者，讓也。請道去讓也，則是舍其所以爲人也，是以重之。

《公羊傳》（無傳）

證曰：此説應上公，傳聞之説也。當有成文。無關大義，故《公羊》不詳。

《經》鼷鼠食郊牛角，改卜牛。夏，四月辛巳，郊。（哀公元年）

《穀梁傳》此該郊之變而道之也。於變之中，又有言焉：鼷鼠食郊牛角，改卜牛，志不敬也。郊牛日展觓角而知傷，展道盡矣。郊，自正月至於三月，郊之時也。夏四月郊，不時也。五月郊，不時也。夏之始，可以承春；以秋之末，承春之始，蓋不可矣。九月用郊，用者，不宜用者也。郊三卜，禮也；四卜，非禮也；五卜，強也。卜免牲者，吉則免之，不吉則否。牛傷，不言傷之者，傷自牛作也，故其辭緩。全曰牲，傷曰牛，未牲曰牛，其牛一也，其所以爲牛者異。有變而不郊，故卜免牛也。已牛矣，其尚卜免之，何也？禮，與其亡也，寧有。嘗置之上帝矣，故卜而後免之，不敢專也。卜之不吉則如之何？不免，安置之，繫而待六月上甲始庀牲，然後左右之。子之所言者，牲之變也，而曰我一該郊之變而道之，何也？我以六月上甲始庀牲，十月上甲始繫牲。十一月、十二月牲雖有變，不道也，待正月，然後言牲之變，此乃所以該郊。郊，享道也，貴其時，大其禮。其養牲雖小，不備可也。子不志三月卜郊，何也？郊自正月至於三月，郊之時也。我以十二月下辛，卜正月上辛；如不從，則以正月下辛，卜二月上辛；如不從，則以二月下辛，卜三月上辛；如不從，則不郊矣。

《公羊傳》（無傳）

證曰：郊祭之禮，《公羊》於僖三十一年"夏，四月，四卜郊"說之，亦不及《穀梁》此傳之詳。《公羊》說"魯郊何以非禮"，此惟詳於"養牲"與"卜郊"，未能見其大也。

證曰：《春秋》明義，非以明禮，《穀梁》雖詳之，無關宏旨也。《廢疾》《申何》曰："鄭君以《穀梁》精於禮，禮本於婚，婚禮不稱主人，且無傳焉。若求其精，安能知之。"《穀梁》詳於禮，而不精於禮，則是本雜取傳記以造，非得《春秋》明義之真傳者也。此詳於禮之十傳，大抵俱本有成文，今不可考者，三四傳而已。

## 第二　《穀梁》之詳於瑣節

《經》冬十月，壬午，公子友帥師敗莒師於麗，獲莒挐。（僖公元年）

《穀梁傳》莒無大夫，其曰莒挐，何也？以吾獲之目之也。內不言獲，此其言獲，何也？惡公子之紿。紿者奈何？公子友謂莒挐曰："吾二人不相說，士卒何罪？"屏左右而相搏，公子友處下。左右曰"孟勞！"孟勞者，魯之寶刀也。公子友以殺之。然則何以惡乎紿也？曰：棄師之道也。

《公羊傳》莒挐者何？莒大夫也。莒無大夫，此何以書？大季子之獲也。何大乎季子之獲？季子治內難以正，禦外難以正。其禦外難以正奈何？公子慶父弒閔公，走而之莒。莒人逐之，將由乎齊，齊人不納，却反舍於汶水之上，使公子奚斯入請。季子曰："公子不可以入，入則殺矣！"奚斯不忍反命於慶父，自南涘，北面而哭。慶父聞之曰："嘻！此奚斯之聲也，諾已。"曰："吾不得入矣！"於是，抗輈經而死。莒人聞之曰："吾已得子之賊矣！"以求賂乎魯。魯人不與，為是興師而伐魯。季子待之以偏戰。

證曰：廖《疏》曰："《公羊》以此獲為大季子，傳以為惡紿。《公羊》就本事言之，傳則專就相搏一節立說。《公羊》言其大體，本傳說其細節，二者相合，其義乃足。"《穀梁》此傳，雖略於《公羊》，獨好詳其瑣事。不關大體，廖說足證。傳《春秋》微言大義之學者，不當如是也。

《經》晉殺其大夫里克。（僖公十年）

《穀梁傳》稱國以殺，罪累上也。里克弒二君與一大夫，其以累上之辭言之，何也？其殺之不以其罪也。其殺之不以其罪奈何？里克所為殺者，為重耳也。夷吾曰："是又將殺我乎？"故殺之，不以其罪也。其為重耳弒奈何？晉獻公伐虢，得麗姬。獻公私之，有二子，長曰奚齊，稚曰卓子。麗姬欲為亂，故謂君曰："吾夜者夢夫人趨而來，曰：'吾苦畏！'胡不使大夫將衛士而衛冢乎？"公曰："孰可使？"曰："臣莫尊於世子，則世子可。"故君謂世子曰："麗姬夢夫人趨而來，曰：'吾苦畏！'女其將衛士而往衛冢乎？"世子曰："敬諾！"築宮，宮成。麗姬又曰："吾夜者夢夫人趨而來，曰：'吾苦饑！'世子之宮已成，則何為不使祠也？"故獻公謂世子曰："其祠！"世子祠。已祠，致福於君。君田而不在。麗姬以鴆為酒，藥脯以毒。獻公田來，麗姬曰："世子已祠，故致福於君。"君將食。麗姬跪曰："食自外來者，不可不試也。"覆酒於地，而地賁；以脯與犬，犬死。麗姬下堂而啼呼，曰："天乎！天乎！國，子之國也，子何遲於為君？"君喟然嘆曰："吾與女未有過切，是何與（仇）我之深也？"使人謂世子曰："爾其圖之！"世子之傅里克謂世子曰："入自明！入自明則可以生，不入自明則不可以生。"世子曰："吾君已老矣，已昏矣！吾若此而入自明，則麗姬必死；麗姬死則吾君不安。所以使吾君不安者，吾不若自死。吾寧自殺以安吾君以重耳為寄矣！"刎脰而死。故里克所為弒者，為重耳也。夷吾曰："是又將殺我也。"

《公羊傳》里克弒二君，則曷為不以討賊之辭言之？惠公之大夫也。然則孰立惠公？里克也。里克殺奚齊、卓子，逆惠公而入。里克立惠公，則惠公曷為殺之？惠公曰："爾既殺夫二孺子矣，又將圖寡人。為爾君者，不亦病乎？"於是殺之。然則曷為不言惠公之入？晉之不言出入者，踴（豫）為文公諱也。

證曰：《穀梁》此傳詳於《公羊》，亦瑣事也。此蓋雜取《國語》《左氏》諸書而為之者，《國語·晉語二》說此亦詳也（文過繁，不具引）。《公羊》略於麗姬事，於荀息之死難乃獨詳之（僖十），能見其大也。

《經》冬，十月甲午，叔孫得臣敗狄於鹹。（文公十一年）

《穀梁傳》不言帥師而言敗，何也？直敗一人之辭也。一人辭也。一人而曰敗，何也？以眾焉言之也。傳曰："長狄也，弟兄三人。"佚宕中國，瓦石不能害。叔孫得臣，最善射者也；射其目，身橫九畝。斷其首而載之，眉見於軾。然則何為不言獲也？曰：古者不重創，不禽二毛，故不言獲，為內諱也。"其之齊者，王子成父殺之，則未知其之晉者也。"

《公羊傳》狄者何？長狄也。兄弟三人，一者之齊，一者之魯，一者之晉。其之齊者，王子成父殺之。其之魯者，叔孫得臣殺之。則未知其之晉者也。其言敗何？大之也。其日何？大之也。其地何？大之也。何以書？記異也。

證曰："身橫九畝""眉見於軾",亦瑣節也。《穀梁》詳之。何君《注》曰:"蓋長百尺;之三國,欲爲君。"此據《關中記》《考異郵》(據徐彦《疏》)。《公羊》獨略之者,以其無關大旨也。《穀梁》蓋得之傳而增飾者也。"則未知其之晉者也",明爲《公羊》句法。襲之《公羊》也。

《經》陳殺其大夫洩冶。(宣公九年)

《穀梁傳》稱國以殺其大夫,殺無罪也。洩冶之無罪如何?陳靈公通於夏徵舒之家,公孫寧、儀行父亦通其家,或衣其衣,或衷其襦,以相戲於朝。洩冶聞之,入諫曰:"使國人聞之,則猶可,使仁人聞之,則不可。"君愧於洩冶,不能用其言,而殺之。

《公羊傳》(無傳)

證曰:此亦瑣節,《公羊》無説。

《經》梁山崩。(成公五年)

《穀梁傳》不日,何也?高者有崩道也。有崩道,則何以書也?曰:梁山崩,壅遏河三日不流。晉君召伯尊而問焉。伯尊來,遇輦者,輦者不辟,使車右下而鞭之。輦者曰:"所以鞭我者,其取道遠矣。"伯尊下車而問焉,曰:"子有聞乎?"對曰:"梁山崩,壅遏河三日不流。"伯尊曰:"吾爲此召我也。爲之奈何?"輦者曰:"天有山,天崩之。天有河,天壅之。雖召伯尊,如之何?"伯尊由忠問焉。輦者曰:"君親素縞,帥群臣而哭之,既而祠焉,斯流矣。"伯尊至,君問之,曰:"梁山崩,壅遏河三日不流,爲之奈何?"伯尊曰:"君親素縞,帥群臣而哭之,既而祠焉,斯流矣。"孔子聞之,曰:"伯尊其無績乎!攘善也。"

《公羊傳》梁山者何?河上之山也。梁山崩何以書?記異也。何異爾?大也。何大爾?梁山崩,壅河三日不流。外異不書,此何以書?爲天下記異也。

證曰:《韓詩外傳》卷八亦有此文。《外傳》曰:"梁山崩,晉君召大夫伯宗,道逢輦者,以其輦服其道。伯宗使其右下,欲鞭之。輦者曰:'君趨道豈不遠矣!不知事而行,可乎?'伯宗喜,問其居。曰:'絳人也。'伯宗曰:'子亦有聞乎?'曰:'梁山崩,壅河顧三日不流,是以召子。'伯宗曰:'如之何?'曰:'天有山,天崩之;天有河,天壅之;伯宗將如之何?'伯宗私問之,曰:'君其率群臣,素服而哭之,既而祠焉,河斯流矣!'伯宗問其姓名,弗告。……"《外傳》"以其輦服其道"諸句,不及《穀梁》傳文之詳明,其曰"絳人也",當別有所本,非襲之《穀梁》。此或本有成文,或《穀梁》襲

《外傳》，非《外傳》之襲《穀梁》也。《穀梁》引用之而不釋經，貪於瑣事，忘其本矣！辨見前。

《經》秋，七月，楚子、蔡侯、陳侯、許男、頓子、胡子、沈子、淮夷伐吳，執齊慶封殺之。（昭公四年）

《穀梁傳》此入而殺，其不言入何也？慶封封乎吳鍾離。其不言伐鍾離何也？不與吳封也。慶封其以齊氏何也？爲齊討也。靈王使人以慶封令於軍中曰："有若齊慶封弒其君者乎？"慶封曰："子一息，我亦且一言。"曰："有若楚公子圍弒其兄之子而代之爲君者乎？"軍人粲然皆笑。慶封弒其君而不以弒君之罪罪之者，慶封不爲靈王服也。不與楚討也。《春秋》之義，用貴治賤，用賢治不肖，不以亂治亂也。孔子曰："懷惡而討，雖死不服，其斯之謂與？"

《公羊傳》此伐吳也，其言執齊慶封何？爲齊誅也。其爲齊誅奈何？慶封走之吳，吳封之於防。然則曷爲不言伐防？不與諸侯專封也。慶封之罪何？脅齊君而亂齊國也。

證曰：慶父脅齊君而亂齊國，本國不能誅，中夏不能討；楚以蠻夷誅以行霸；雖云懷惡，聖人不逆詐，不億不信，故猶以義與之也（孔廣森說）。《穀梁》貪記瑣事，誤引《公羊》之說，託之孔子，於義乖矣。

《經》夏，五月壬午，宋、衛、陳、鄭災。（昭公十八年）

《穀梁傳》其志，以同日也。其日，亦以同日也，或曰："人有謂鄭子產曰：'某日有災。'子產曰：'天者神，子惡知之？'是人也，同日爲四國災也。"

《公羊傳》何以書？記異也。何異爾？異其同日而俱災也。外異不書，此何以書？爲天下記異也。

證曰：《穀梁》此傳，襲之《左氏》（已詳上篇第八）。不言記異，而言瑣事，非也。

《經》夏，公會齊侯於頰谷，公至自頰谷。（定公十年）

《穀梁傳》離會不致，何爲致也？危之也。危之，則以地致何也？爲危之也。其危奈何？曰：頰谷之會，孔子相焉。兩君就壇，兩相相揖。齊人鼓噪而起，欲以執魯君。孔子歷階而上，不盡一等，而視歸乎齊侯，曰："兩君合好，夷狄之民何爲來爲？"爲命司馬止之。齊侯逡巡而謝曰："寡人之過也。"退而屬其二三大夫曰："夫人率其君，與之行古人之道，二三子獨率我而入夷狄之俗，何爲？"罷會。齊人使優施舞於魯君之幕下。孔子曰："笑君者，罪當死！"使司馬行法焉，首足異門而出。齊人來歸鄆、讙、龜、陰之田者，蓋爲此也。因是以見雖有文事，必在武備，孔子於頰谷之會見之矣。

《公羊傳》（無傳）

證曰：陸賈《新語》載此事曰："魯定公之時，與齊侯會於夾谷。孔子行相事，兩君升壇，兩相處下，兩相欲揖，君臣之禮，濟濟備焉。齊人鼓噪而起，欲執魯公。孔子歷階而上，不盡一等而立，謂齊侯曰：'兩君合好，以禮相率，以樂相化。臣聞嘉樂不野合，犧象之薦不下堂，夷狄之民何來爲？'命司馬請止之。定公曰：'諾。'齊侯逡巡而避席曰：'寡人之過。'退而自責大夫。罷會。齊人使優旃僥於魯公之幕下，傲戲，欲候魯君之隙，以執定公。孔子嘆曰：'君辱臣當死。'使司馬行法斬焉，首足異門而出。"《新語》嘉樂二句，襲用《左氏》傳文。餘皆襲用《穀梁》，無出《穀梁》右者。（文雖加詳，事不加詳，且多不合文法）此亦瑣節，其事已甚，非也。故《公羊》略之也。

《經》天王使石尚來歸脤。（定公十四年）

《穀梁傳》脤者，何也？俎實也，祭肉也。生曰脤，熟曰膰。其辭石尚，士也。何以知其士也？天子之大夫不名。石尚欲書《春秋》。諫曰："久矣！周之不行禮於魯也，請行脤。"貴復正也。

《公羊傳》石尚者何？天子之士也。脤者何？俎實也。腥曰脤，熟曰膰。

證曰：石尚欲書《春秋》，事之不必然者。劉原父曰："不知石尚欲書孔子之《春秋》乎？魯國之《春秋》乎？若孔子之《春秋》也，孔子是時未作《春秋》，石尚安得書？如魯國之《春秋》，王人至則書之矣，何足以爲榮耶？是殆不然。"王應麟曰："石尚欲書《春秋》，曾是以爲禮乎？"《穀梁》好言瑣事，不知其非是也。

《經》公會晉侯及吳子於黃池。（哀公十三年）

《穀梁傳》黃池之會，吳子進乎哉！遂子矣。吳，夷狄之國也，祝髮文身。欲因魯之禮，因晉之權，而請冠端而襲。其藉於成周，以尊天王，吳進矣。吳，東方之大國也，累累致小國以會諸侯，以合乎中國。吳能爲之，則不臣乎！吳進矣。王，尊稱也，辭尊稱而居卑稱，以會乎諸侯，以尊天王。吳王夫差曰："好冠來。"孔子曰："大矣哉？夫差未能言冠，而欲冠也。"

《公羊傳》吳何以稱子？吳主會也。吳主會則曷爲先言晉侯？不與夷狄之主中國也。其言及吳子何？會兩伯之辭也。不與夷狄之主中國，則曷爲以會兩伯之辭言之？重吳也。曷爲重吳？吳在是則天下諸侯莫敢不至也。

證曰：不與夷狄之主中國，《公羊》所傳之大義也。《穀梁》言"好冠來"，則於經意無關。《春秋復始》曰："《國語》：晉人不能與吴人爭先，故今改吴王稱吴公以易之。穀梁氏襲《國語》而失其本旨爾。區區一冠，何繫輕重，而貶王稱子以求之乎？"（十四）其説是也。

證曰：《穀梁》述事，惟此十傳略詳於《公羊》。餘如：滅夏陽等十傳，大抵略同《公羊》。他則並不詳矣。故就其詳略之跡言之，《穀梁》於禮制瑣節獨多，則其不重於《春秋》之大義，《春秋》之本事可知。爲經作傳者，必不當如是也。其所詳之瑣節，亦多本有成文，今不可考者，亦只二三傳。《穀梁》不得《春秋》真傳，本雜取傳記以造者，此可知矣。

# 第三　《穀梁》之略於大義

《經》癸未，葬宋繆公。（隱公三年）

《穀梁傳》曰葬，故也，危不得葬也。

《公羊傳》葬者曷爲或日，或不日？不及時而日，渴葬也；不及時而不日，慢葬也。過時而日，隱之也；過時而不日，謂之不能葬也。當時而不日，正也。當時而日，危不得葬也。此當時，何危爾？宣公謂繆公曰："以吾愛與夷，則不若愛女；以爲社稷宗廟主，則與夷不若女；盍終爲君矣！"宣公死，繆公立，繆公逐其二子莊公馮與左師勃，曰："爾爲吾子，生毋相見，死毋相哭。"與夷復曰："先君之所爲不與臣國而納國乎君者，以君可以爲社稷宗廟主也。今君逐君之二子而將致國乎與夷，此非先君之意也。且使子而可逐，則先君其逐臣矣。"繆公曰："先君之不爾逐可知矣！吾立乎此，攝也。"終致國乎與夷，莊公馮弒與夷。故君子大居正，宋之禍，宣公爲之也。

證曰：此傳慎微之義，其說已見上篇（第五）。戴子高《論語注》曰："人苟志於仁，君子不忍加惡。宋宣公兄弟相讓，雖不居正，而《春秋》成其善志，故於與夷之弒，移之宋督而不以馮。以此。"《穀梁》略其事，並略其義矣。

《經》九月，宋人執鄭祭仲。突歸於鄭。（桓公十一年）

《穀梁傳》宋人者，宋公也。其曰人，何也？貶之也。曰突，賤之也。曰歸，易辭也。祭仲易其事，權在祭仲也，死君難，臣道也。今立惡而黜正，惡祭仲也。

《公羊傳》祭仲者何？鄭相也。何以不名？賢也。何賢乎祭仲？以爲知權也。其爲知權奈何？古者鄭國處於留。先，鄭伯有善於鄶公者，通乎夫人以取其國，而遷鄭焉，而野留。莊公死，已葬，祭仲將往省于留；塗出於宋，宋人執之，謂之曰："爲我出忽而立突。"祭仲不從其言，則君必死，國必亡。從其言，則君可以生易死，國可以存易亡。少遼緩之，則突可故出，而忽可故反。是不可得則病，然後有鄭國。古人之有權者，祭仲之權是也。權者何？權者反於經，然後有善者也。權之所設，舍死亡無所設。行權有道，自貶損以行權，不害人以行權；殺人以自生，亡人以自存，君子不爲也。突何以名？挈乎祭仲也。其言歸何？順祭仲也。

證曰：《公羊》此傳，闡明行權，孔巽軒《公羊通義》、陳卓人《公羊義疏》，説之極詳，可以釋疑（兹不具引）。《穀梁》全傳，無許人以行權者，不傳此義也。辨見上篇。

《經》紀侯大去其國。（莊公四年）

《穀梁傳》大去者，不遺一人之辭也。言民之從者，四年而後畢也。紀侯賢而齊侯滅之，不言滅而曰大去其國者，不使小人加乎君子。

《公羊傳》大去者何？滅也。孰滅之？齊滅之。曷爲不言齊滅之？爲襄公諱也。《春秋》爲賢者諱，何賢乎襄公？復讎也。何讎爾？遠祖也。哀公亨乎周，紀侯譖之。以襄公之爲於此焉者，事祖禰之心盡矣。盡者何？襄公將復讎乎紀，卜之曰："師喪分焉。""寡人死之，不爲不吉也。"遠祖者幾世乎？九世矣。九世猶可以復讎乎？雖百世可也。家亦可乎？曰：不可。國何以可？國君一體也。先君之耻，猶今君之耻也；今君之耻，猶先君之耻也。國君何以爲一體？國君以國爲體，諸侯世故國君爲一體也。今紀無罪，此非怒與？曰：非也。古者有明天子，則紀侯必誅，必無紀者。紀侯之不誅，至今有紀者，猶無明天子也。古者諸侯必有會聚之事，相朝聘之道，號辭必稱先君以相接。然則齊、紀無説焉。不可以並立乎天下。故將去紀侯者，不得不去紀也。有明天子，則襄公得爲若行乎？曰：不得也。不得則襄公曷爲爲之？上無天子，下無方伯，緣恩疾者可也。

證曰：《公羊》假襄公以明復讎之義，《穀梁》略之，則其義不能詳矣。朱子序《戊午讞議》曰："有天下者，承萬世無疆之統，則亦有萬世無疆之讎。呼！何止百世哉！"《穀梁》不傳此，則是謂國可以無耻也，非《春秋》義，且與經違。崔觶甫曰："穀梁氏曰：'大去者，不遺一人之辭也。言民之從者，四年而後畢也。'皆言紀侯不死，民皆從之而去。不知紀已無國，君民去將何之。爲不通也。不然，伯姬何以不葬，而待齊侯葬之？叔姬何以不從紀侯，而歸於酅耶？"《穀梁》傳義，實難通也。

《經》秋，七月癸巳，公子牙卒。（莊公三十二年）

《穀梁傳》（無傳）

《公羊傳》何以不稱弟？殺也。殺則曷爲不言刺？爲季子諱殺也。曷爲爲季子諱殺？季子之遏惡也，不以爲國獄，緣季子之心而爲之諱。季子之遏惡奈何？莊公病，將死，以病召季子，季子至而授之以國政，曰："寡人即不起此病，吾將焉致乎魯國？"季子曰："般也存，君何憂焉？"公曰："庸得若是乎？牙謂我曰：'魯一生一及，君已知之矣。慶父也存。'"季子曰："夫何敢？是將爲亂乎？夫何敢？"俄而，牙弒械成。季子和藥而飲之，曰："公子從吾言而飲此，則必可以無爲天下戮笑，必有後乎魯國。不從吾言而不飲此，則必爲天下戮笑，必無後乎魯國。"於是從其言而飲之，飲之無儻氏，至乎王堤而死。公子牙今將爾。辭曷爲與親弒者同？君親無將，將而誅焉，然則善之與？曰："然。"殺世子、母弟直稱君者，甚之也。季子殺母兄，何善爾？誅不得辟兄，君臣之義也。然則曷爲不直誅而鴆之？行誅乎兄，隱而逃之，使託若以疾死然，親親之道也。

證曰："君親無將，將而誅焉。"此《春秋》大義也。《穀梁》不傳此義，並其事而沒之，此當有傳而不爲傳之例。《穀梁》云："大夫日卒，正也。"（隱元年傳）所以沒其事也。

《經》齊師、宋師、曹師次於聶北，救邢。（僖公元年）

《穀梁傳》救不言次，言次非救也。非救而曰救，何也？遂齊侯之意也。是齊侯與？齊侯也。何用見其是齊侯也？曹無師。曹師者，曹伯也。其不言曹伯，何也？以其不言齊侯，不可言曹伯也。其不言齊侯何也？以其不足乎揚，不言齊侯也。

《公羊傳》救不言次，此其言次何？不及事也。不及事者何？邢已亡矣。孰亡之？蓋狄滅之。曷爲不言狄滅之？爲桓公諱也。曷爲爲桓公諱？上無天子，下無方伯，天下諸侯有相滅亡者，桓公不能救，則桓公恥之。曷爲先言次，而後言救？君也。君，則其稱師何？不與諸侯專封也。曷爲不與？實與，而文不與。文曷爲不與？諸侯之義，不得專封也。諸侯之義，不得專封，則其曰實與之何？上無天子，下無方伯，天下諸侯有相滅亡者，力能救之則救之可也。

證曰：《穀梁》不爲文實之別，而謂齊侯不足乎揚，無勸善之心，非《春秋》教也。蕭楚曰："齊桓存三亡國，封衛之功，尤爲彰著。衛人欲厚報之，至形於篇咏，……觀《木瓜》之什，列於《國風》，則是聖人亦以爲善矣，於《春秋》獨沒其事，何也？夫存亡繼絕，建邦開國，所謂作天下之福，王人秉此，以懷人心，以永天命，不可失者也。君子不書於經，俾讀《春秋》者，如無其事焉，所以示王道之存也。……王天下者，大柄有二：曰威，曰福。二柄舉則天下治矣；一有失焉，不以淪亡，則以敗亂。……何謂福，恩惠是也。……恩惠之事，諸侯擅之，雖未足以傾周，皆削而不書，冀後之君子，觀其所書，而知天下之所以亂，索其所不書，而知王之所以存。莊子曰：'《春秋》經世，先王之志，聖人議而不辯。'此之謂也。"此《春秋》所以有文實之義，《穀梁》固不傳之。

《經》公子遂如齊納幣。（文公二年）

《穀梁傳》（無傳）

《公羊傳》納幣不書，此何以書？譏。何譏爾？譏喪娶也。娶在三年之外，則何譏乎喪娶？三年之內不圖婚。吉禘於莊公，譏。然則曷爲不於祭焉譏？三年之恩疾矣，非虛加之也。以人心爲皆有之。以人心爲皆有之，則曷爲獨於娶焉譏？娶者，大吉也，非常吉也，其爲吉者，主於己。以爲有人心焉者，則宜於此焉變矣。

證曰：譏喪娶之義，《穀梁》無明文，則不合孔子仁孝之意。孔子三年喪服之制，惟《公羊》傳之，《左氏》且以喪中圖婚爲合禮矣。

《經》夏，五月，宋人及楚人平。（宣公十五年）

《穀梁傳》平者成也，善其量力而反義也。人者，衆辭也。平稱衆，上下欲之也。外平不道，以吾人之存焉道之也。

《公羊傳》外平不書，此何以書？大其平乎己也。何大乎其平乎己？莊王圍宋，軍有七日之糧爾。盡此不勝，將去而歸爾。於是使司馬子反乘堙而窺宋城，宋華元亦乘堙而出見之。司馬子反曰："子之國何如？"華元曰："憊矣！"曰："何如？"曰："易子而食之，析骸而炊之。"司馬子反曰："嘻！甚矣憊！雖然，吾聞之也，圍者，柑馬而秣之，使肥者應客，是何子之情也？"華元曰："吾聞之，君子見人之厄則矜之，小人見人之厄則幸之。吾見子之君子也，是以告情於子也。"司馬子反曰："諾，勉之矣！吾君亦有七日之糧爾，盡此不勝，將去而歸爾。"揖而去之，反於莊王。莊王曰："何如？"司馬子反曰："憊矣！"曰："何如？"曰："易子而食之，析骸而炊之。"莊王曰："嘻！甚矣憊！雖然，吾今取此然後而歸爾。"司馬子反曰："不可，臣已告之矣，軍有七日之糧爾。"莊王怒曰："吾使子往視之，子曷爲告之？"司馬子反曰："以區區之宋，猶有不欺人之臣，可以楚而無乎？是以告之也。"莊王曰："諾。舍而止。雖然，吾猶取此然後歸爾。"司馬子反曰："然則君請處於此，臣請歸爾。"莊王曰："子去我而歸，吾孰與處於此，吾亦從子而歸爾。"引師而去之。故君子大其平乎己也。此皆大夫也，其稱人何？貶。曷爲貶？平者在下也。

證曰：此平稱人，猶有貶意。二子非出竟，故不許其權。《穀梁》於事義則並略。《春秋復始》曰："穀梁氏曰：'外平不道，以吾人之存焉道之也。'以此節上承'公孫歸父會楚子於宋'而言，然則公孫歸父不會楚子於宋，則此平不書於《春秋》，大其平乎己之精義没焉。不成人之美如此。"（卷廿八）

《經》夏，曹公孫會自鄸出奔宋。（昭公二十年）

《穀梁傳》自鄸者，專乎鄸也。曹無大夫，其曰公孫何也？言其以貴取之，而不以叛也。

《公羊傳》奔未有言自者，此其言自何？畔也。畔則曷爲不言其畔？爲公子喜時之後諱也。《春秋》爲賢者諱。何賢乎公子喜時？讓國也。其讓國奈何？曹伯廬卒於師，則未知公子喜時從與？公子負芻從與？或爲主於國，或爲主於師。公子喜時見公子負芻之當主也，逡巡而退。賢公子喜時，則曷爲爲會諱？君子之善善也長，惡惡也短；惡惡止其身，善善及子孫。賢者子孫，故君子爲之諱也。

證曰："善善也長，惡惡也短；惡惡止其身，善善及子孫。"《穀梁》不傳斯義，且並略而不詳其事。此所以《穀梁》略於義也。

《經》冬，黑肱以濫來奔。（昭公三十一年）

《穀梁傳》其不言邾黑肱，何也？别乎邾也。其不言濫子，何也？非天子所封也。來奔內，不言叛也。

《公羊傳》文何以無邾婁？通濫也。曷爲通濫？賢者子孫宜有地也。賢者孰謂？謂叔術也。何賢乎叔術？讓國也。其讓國奈何？當邾婁顏之時，邾婁女有爲魯夫人者，則未知其爲武公與？懿公與？孝公幼，顏淫九公子於宮中，因以納賊，則未知其爲魯公子與？邾婁公子與？臧氏之母，養公者也。——君幼則宜有養者，大夫之妾，士之妻，則未知臧氏之母者，曷爲者也？——養公者必以其子入養。臧氏之母聞有賊，以其子易公，抱公以逃，賊至，湊公寢而弒之。臣有鮑廣父與梁買子者，聞有賊，趨而至。臧氏之母曰："公不死也，在是，吾以吾子易公矣。"於是負孝公之周訴天子；天子爲之誅顏而立叔術，反孝公於魯。顏夫人者，嫗盈女也，國色也，其言曰："有能爲我殺殺顏者，吾爲其妻。"叔術爲之殺殺顏者，而以爲妻。有子焉，謂之盱。夏父者，其所爲有於顏者也，盱幼而皆愛之，食必坐二子於其側而食之，有珍怪之食，盱必先取足焉。夏父曰："以來，人未足，而盱有餘。"叔術覺焉，曰："嘻！此誠爾國也夫！"起而致國於夏父，夏父受而中分之，叔術曰："不可！"三分之，叔術曰："不可！"四分之，叔術曰："不可！"五分之，然後受之。公扈子者，邾婁之父兄也，習乎邾婁之故。其言曰："惡有言人之國賢若此者乎？"誅顏之時，天子死，叔術起而致國於夏父。當此之時，邾婁人常被兵於周，曰："何故死吾天子？"通濫，則文何以無邾婁？天下未有濫也。天下未有濫，則其言以濫來奔何？叔術者，賢大夫也，絕之則爲叔術，不欲絕，不絕則世大夫也。大夫之義不得世，故於是推而通之也。

證曰：包慎言曰："叔術之妻嫂竊國，論其絕也，必矣。《公羊》以其讓國之公，除其前之淫罪。蓋論人君與士大夫異科；君與國爲體，有功於國，其餘小過則略之。齊桓之姊妹不嫁，晉文之納懷嬴，《春秋》皆不之責，以其拯生民之功大也。叔術妻嫂之罪當絕，而其見機能作，舉國而授之夏父，免數世爭篡之禍；以隱、桓之事衡之，則術之當機立斷，而不受辱，其智爲不可及矣。"《穀梁》於其事既不詳，其當機立斷之義自不見，故於經之書法，亦不能明之也。辨已見前。崔觶甫曰："穀梁氏曰，其言不邾黑肱何也？别乎邾也。"注："邾無濫封黑肱，故别之若國。"《左氏》以爲三叛人之一。皆不及賢者子孫宜有地之義，比而叛《春秋》也。

《經》十有四年，春，西狩獲麟。（哀公十四年）

《穀梁傳》引取之也。狩地，不地，不狩也。非狩而曰狩，大獲麟，故大其適也。其不言來，不外麟於中國也。其不言有，不使麟不恒於中國也。

《公羊傳》何以書？記異也。何異爾？非中國之獸也。然則孰狩之？薪采者也。薪采者則微者也，曷爲以狩言之？大之也。曷爲大之？爲獲麟大之也。曷爲爲獲麟大之？麟者，仁獸也。有王者則至，無王者則不至。有以告者曰："有麐而角者。"孔子曰："孰爲來哉！孰爲來哉！"反袂拭面，涕沾袍。顔淵死，子曰："噫！天喪予！"子路死，子曰："噫！天祝予！"西狩獲麟，孔子曰："吾道窮矣！"《春秋》何以始乎？隱祖之所逮聞也。所見異辭，所聞異辭，所傳聞異辭。何以終乎哀十四年？曰：備矣！君子曷爲爲《春秋》？撥亂世，反諸正，莫近諸《春秋》，則未知其爲是與？其諸君子樂道堯舜之道與？末不亦樂乎！堯舜之知君子也。制《春秋》之義，以俟后聖，以君子之爲亦有樂乎此也。

證曰：《春秋》始於魯隱，終於哀十四年，爲之傳者，宜有説也。《穀梁》於隱元年，不釋元年春王正月五始之義，不善始矣。而於西狩獲麟，亦不説《春秋》何以終於獲麟之義，傳家體例，不當如是。《公羊》於《春秋》終始並有説，蓋實得《春秋》之真傳者也。《穀梁》略之，可以知矣。

證曰：以上十傳，《穀梁》於事義並略，甚失傳經之體例，且不合《春秋》借事明義之根本，亦足以見其不得《春秋》之真傳：鄭康成《六藝論》曰："《左氏》善於禮，《公羊》善於讖，《穀梁》善於經。"善於經者，果當略其本事，並略其大義耶？

## 第四　《穀梁》之略於本事

《經》宋公、陳侯、蔡人、衛人伐鄭。秋，翬帥師會宋公、陳侯、蔡人、衛人伐鄭。（隱公四年）

《穀梁傳》翬者何也？公子翬也。其不稱公子何也？貶之也。何爲貶之也？與於弑公，故貶之也。

《公羊傳》翬者何？公子翬也。何以不稱公子？貶。曷爲貶？與弑公也。其與弑公奈何？公子翬諂乎隱公，謂隱公曰："百姓安子，諸侯說子，盍終爲君矣？"隱曰："吾否。吾使修塗裘，吾將老焉。"公子翬恐若其言聞乎桓，於是謂桓曰："吾爲子口隱矣。隱曰：'吾不反也。'"桓曰："然則奈何？"曰："請作難，弑隱公。"於鐘巫之祭焉弑隱公也。

證曰：隱之弑所必詳，而《穀梁》反略之，非爲經作傳者，所當出此也。

《經》三月，夫人孫於齊。（莊公元年）

《穀梁傳》孫之爲言，猶孫也。諱奔也。接練時，録母之變，始人之也。不言氏姓，貶之也。人之於天也，以道受命；於人也，以言受命。不若於道者，天絶之也。不若於言者，人絶之也。臣子大受命。

《公羊傳》孫者何？孫，猶孫也。内諱奔，謂之孫。夫人固在齊矣，其言孫於齊何？念母也。正月以存君念母以首事。夫人何以不稱姜氏？貶。曷爲貶？與弑公也。其與弑公奈何？夫人譖公於齊侯，公曰："同非吾子，齊侯之子也。"齊侯怒，與之飲酒。於其出焉，使公子彭生送之。於其乘焉，搚幹而殺之。念母者，所善也，則曷爲於其念母焉貶？不與念母也。

證曰：此與隱之見殺，同所當詳者，而《穀梁》略之，無乃太簡乎？

《經》秋，八月甲午，宋萬弑其君捷，及其大夫仇牧。（莊公十二年）

《穀梁傳》宋萬，宋之卑者也，卑者以國氏。及其大夫仇牧，以尊及卑也。仇牧，閒也。

　　《公羊》傳及者何？累也。弑君多矣，舍此無累者乎？孔父、荀息皆累也。舍孔父、荀息無累者乎？曰："有。"有則此何以書？賢也。何賢乎仇牧？仇牧可謂不畏強禦矣。其不畏強禦奈何？萬嘗與莊公戰，獲乎莊公。莊公歸，散舍諸宮中，數月然後歸之。歸反，爲大夫於宋，與閔公博，婦人皆在側。萬曰："甚矣！魯侯之淑，魯侯之美也！天下諸侯，宜爲君者，唯魯侯爾！"閔公矜此婦人，妒其言，顧曰："此虜也！爾虜焉故，魯侯之美惡乎至？"萬怒，搏閔公，絕其脰。仇牧聞君弑，趨而至，遇之於門，手劍而叱之。萬臂摋仇牧，碎其首，齒著乎門闔。仇牧可謂不畏強禦矣。

　　證曰：《穀梁》云："仇牧，閒也。"其傳不詳言之，《公羊》已詳之也。

　　《經》冬，公會齊侯，盟於柯。（莊公十三年）

　　《穀梁傳》曹劌之盟也。信齊侯也。桓盟雖內與不日，信也。

　　《公羊傳》何以不日？易也。其易奈何？桓之盟不日，其會不致，信之也。其不日何以始乎此？莊公將會乎桓，曹子進曰："君之意何如？"莊公曰："寡人之生，則不若死矣！"曹子曰："然則君請當其君，臣請當其臣。"莊公曰："諾。"於是會乎桓，莊公升壇，曹子手劍而從之。管子進曰："君何求乎？"曹子曰："城壞壓竟，君不圖與？"管子曰："然則君將何求？"曹子曰："願請汶陽之田。"管子顧曰："君許諾。"桓公曰："諾。"曹子請盟。桓公下與之盟。已盟，曹子摽劍而去之。要盟可犯，而桓公不欺；曹子可仇，而桓公不怨。桓公之信著乎天下，自柯之盟始焉。

　　證曰：《穀梁》曰："曹劌之盟也。"而不詳言之。《公羊》已說之也。故從略耳。此皆晚於《公羊》，及見《公羊》之證。

　　《經》冬，戎侵曹，曹羈出奔陳。（莊公二十四年）曹殺其大夫。（莊公二十六年）

　　《穀梁傳》（無傳）（莊公二十四年）言大夫而不稱名姓，無命大夫也。無命大夫而曰大夫，賢也。爲曹羈崇也。（莊公二十六年）

　　《公羊傳》曹羈者何？曹大夫也。曹無大夫，此何以書？賢也。何賢乎曹羈？戎將侵曹，曹羈諫曰："戎衆以無義，君請勿自敵也。"曹伯曰："不可。"三諫不從，遂去之。故君子以爲得君臣之義也。（莊公二十四年）何以不名？衆也。曷爲衆殺之？不死於曹君者也。君死乎位曰滅，曷爲不言其滅？爲曹羈諱也。此蓋戰也，曷以不言

戰？爲曹羈諱也。(莊公二十六年)

證曰：此與説"曹劌之盟"相同，蓋以《公羊》已言之，不能變易其詞也。《春秋復始》曰："穀梁氏曰：'言大夫而不稱名姓，無命大夫也。無命大夫而曰大夫，賢也。爲曹羈崇也。'此謬說也。經書曹羈出奔陳矣，不言曹羈歸於曹，則曹君焉得而殺之。……要之，穀梁氏以不稱名姓爲賢，與《左氏》以不稱名爲非其罪。皆與不死於曹君者也之義相反。比而叛《春秋》者也。"

《經》楚屈完來盟於師，盟於召陵。(僖公四年)

《穀梁傳》楚無大夫，其曰屈完，何也？以其來會桓，成之爲大夫也。其不言使，權在屈完也。則是正乎？曰：非正也。以其來會諸侯，重之也。來者何？内桓師也。於師前定也；於召陵得志乎桓公也。得志者，不得志也。以桓公得志爲僅矣。屈完曰："大國之以兵向楚，何也？"桓公曰："昭王南征不反，菁茅之貢不至，故周室不祭。"屈完曰："菁茅之貢不至則諾；昭王南征不反，我將問諸江。"

《公羊傳》屈完者何？楚大夫也。何以不稱使？尊屈完也。曷爲尊屈完？以當桓公也。其言盟於師、盟於召陵何？師在召陵也。師在召陵，則曷爲再言盟？喜服楚也。何言乎喜服楚？楚有王者則後服，無王者則先叛。夷狄也，而亟病中國。南夷與北狄交，中國不絕若綫；桓公救中國，而攘夷狄，卒心占荆，以此爲王者之事也。其言來何？與桓爲主也。前此者有事矣，後此者有事矣，則曷爲獨於此焉？與桓公爲主，序績也。

證曰："昭王南征不反"諸句，似較《公羊》爲詳明矣，然而不詳尊王攘夷之事。不序齊桓爲主之績，非《春秋》義。

《經》秋，九月乙丑，晉趙盾殺其君夷皋。(宣公二年)春，晉趙盾、衛孫免侵陳。(宣公六年)

《穀梁傳》穿弒也，盾不弒，而曰盾弒，何也？以罪盾也。其以罪盾，何也？曰：靈公朝諸大夫而暴彈之，觀其辟丸也。趙盾入諫，不聽。出亡，至於郊。趙穿弒公，而後反趙盾。史狐書賊，曰："趙盾弒公。"盾曰："天乎！天乎！予無罪。孰爲盾而忍弒其君者乎？"史狐曰："子爲正卿，入諫不聽，出亡不遠，君弒，反不討賊，則志同，志同則書重，非子而誰？故書之曰"晉趙盾弒其君夷皋"者，過在下也。子曰："於盾也，見忠臣之至，於許世子止，見孝子之至。"(宣公二年)此帥師也，其不言帥師何也？不正其敗前事，故不與帥師也。(宣公六年)

《公羊》傳（無傳）（宣公二年）趙盾弒君，此其復見何？親弒君者，趙穿也。親弒君者趙穿，則曷爲加之趙盾？不討賊也。何以謂之不討賊？晉史書賊曰："晉趙盾弒其君夷獔。"趙盾曰："天乎！無辜！吾不弒君，誰謂吾弒君者乎？"史曰："爾爲仁爲義，人弒爾君，而復國不討賊，此非弒君而何？"趙盾之復國奈何？靈公爲無道，使諸大夫皆内朝，然後處乎臺上，引彈而彈之；己趨而辟丸，是樂而已矣。趙盾已朝而出，與諸大夫立於朝。有人荷畚，自閨而出者。趙盾曰："彼何也？夫畚曷爲出乎閨？"呼之，不至，曰："子大夫也，欲視之，則就而視之。"趙盾就而視之，則赫然死人也。趙盾曰："是何也？"曰："膳宰也。熊蹯不熟，公怒，以斗擊而殺之，支解，將使我棄之。"趙盾曰："嘻！"趨而入。靈公望見趙盾，訴而再拜。趙盾逡巡北面再拜稽首，趨而出。靈公心怍焉，欲殺之。於是使勇士某者往殺之。勇士入其大門，則無人門焉者；入其閨，則無人閨焉者；上其堂，則無人焉。俯而窺其户，方食魚飧。勇士曰："嘻！子誠仁人也。吾入子之大門，則無人焉；入子之閨，則無人焉；上子之堂，則無人焉；是子之易也。子爲晉國重卿，而食魚飧，是子之儉也。君將使我殺子，吾不忍殺子也。雖然，吾亦不可復見吾君矣！"遂刎頸而死。靈公聞之，怒，滋欲殺之甚；衆莫可使往者。於是伏甲於宮中，召趙盾而食之。趙盾之車右祁彌明者，國之力士也；仡然從乎趙盾而入，放乎堂下而立。趙盾已食，靈公謂盾曰："吾聞子之劍，蓋利劍也，子以示我，吾將觀焉。"趙盾起，將進劍，祁彌明自下呼之曰："盾食飽則出，何故拔劍於君所！"趙盾知之，躇階而走。靈公有周狗，謂之獒。呼獒而屬之，獒亦躇階而從之。祁彌明逆而踆之，絶其領。趙盾顧曰："君之獒，不若臣之獒也！"然而宮中甲鼓而起。有起於甲中者，抱趙盾而乘之。趙盾顧曰："吾何以得此於子？"曰："子某時所食活我於暴桑下者也。"趙盾曰："子名爲誰"？曰："吾君孰爲介？子之乘矣！何問吾名？"趙盾驅而出，衆無留之者。趙穿緣民衆不説，起弒靈公，然後迎趙盾而入，與之立於朝。而立成公黑臀。

證曰：事之詳略自明。

《經》夏，六月乙卯，晉荀林父帥師及楚子戰於邲，晉師敗績。（宣公十二年）

《穀梁傳》績，功也；功，事也。日，其事敗也。

《公羊傳》大夫不敵君，此其稱名氏以敵楚子何？不與晉而與楚子爲禮也。曷爲不與晉而與楚子爲禮也？莊王伐鄭，勝乎皇門，放乎路衢。鄭伯肉袒，左執茅旌，右執鸞刀，以逆莊王曰："寡人無良，邊垂之臣，以干天禍，是以使君王沛焉，辱到敝邑。君如矜此喪人，錫之不毛之地，使帥一二耋老而綏焉，請唯君王之命。"莊王曰："君之不令臣交易爲言，是以使寡人得見君之玉面，而微至乎此。"莊王親自手旌，左右撝軍，退舍七里。將軍子重諫曰："南郢之與鄭相去數千里，諸大夫死者數人，廝役扈養，死者數百人，今君勝鄭而不有，無乃失民臣之力乎？"莊王曰："古者杅不穿、皮不蠹，則不出於四方。是以君子篤於禮而薄於利，要其人而不要其土。告從，不赦，不詳。吾以不詳道民，災及吾身，何日之有？"既則晉師之救鄭者至，曰："請戰。"莊王許諾。將軍子重諫曰："晉，大國也，王師淹病矣，君請勿許也。"莊王曰："弱者吾威之，強者吾辟之，是以使寡人無以立乎天下！"令之還師而逆晉寇。莊王鼓之，晉師大敗。晉衆之走者，舟中之指可掬矣。莊王曰："嘻！吾兩君不相好，百姓何罪？"令之還師而佚晉寇。

證曰：事之詳略自明。

《經》夏，五月戊辰，許世子止弒其君買。冬葬許悼公。（昭公十九年）

《穀梁傳》日殺，正卒也。正卒，則止不弒也。不弒而曰弒，責止也。止曰："我與夫弒者，不立乎其位，以與其弟虺。哭泣，歠飲粥，嗌不容粒，未踰年而死。故君子即止自責而責之也。日卒時葬，不使止爲弒父也。曰：子既生，不免乎水火，母之罪也；羈貫成童，不就師傅，父之罪也；就師學問無方，心志不通，身之罪也；心志既通，而名譽不聞，友之罪也；名譽既聞，有司不舉，有司之罪也；有司舉之，王者不用，王者之過也。許世子不知嘗藥，累及許君也。

《公羊傳》賊未討，何以書葬？不成於弒也。曷爲不成於弒？止進藥而藥殺也。止進藥而藥殺，則曷爲加弒焉爾？譏子道之不盡也。其譏子道之不盡奈何？曰："樂正子春之視疾也，復加一飯則脫然愈，復損一飯則脫然愈，復加一衣則脫然愈，復損一衣則脫然愈。"止進藥而藥殺，是以君子加弒焉爾，曰："許世子止弒其君買，是君子之聽止也。葬許悼公，是君子之赦止也。赦止者，免止之罪辭也。"

證曰：《穀梁》不詳於事者，其傳甚多；此傳似較《公羊》稍詳。然《公羊》"讥子道之不尽"，是《春秋》经意（加弑），《穀梁》云："累及许君也"。非《春秋》经意（本赦止也）。

《经》齐侯唁公於野井。（昭公二十五年）

《穀梁传》吊失国曰唁，唁公不得入於鲁也。

《公羊传》唁公者何？昭公将弑季氏，告子家驹曰："季氏为无道，僭於公室久矣，吾欲弑之，何如？"子家驹曰："诸侯僭於天子，大夫僭於诸侯久矣。"昭公曰："吾何僭矣哉？"子家驹曰："设两观，乘大路，朱干玉戚以舞《大夏》，八佾以舞《大武》，此皆天子之礼也。且夫牛马，维娄委已者也而柔焉。季氏得民众久矣，君无多辱焉。"昭公不从其言，终弑而败焉，走之齐。齐侯唁公於野井，曰："奈何君去鲁国之社稷？"昭公曰："丧人不佞，失守鲁国之社稷，执事以羞。"再拜颡，庆子家驹曰："庆子免君於大难矣。"子家驹曰："臣不佞，陷君於大难，君不忍加之以铁锧，赐之以死。"再拜颡。高子执箪食，与四脡脯，国子执壶浆，曰："吾寡君闻君在外，馂饔未就，敢致糗於从者。"昭公曰："君不忘吾先君，延及丧人，锡之以大礼，再拜稽首，以衽受。"高子曰："有夫不祥，君无所辱大礼。"昭公盖祭而不尝。景公曰："寡人有不腆先君之服，未之敢服。有不腆先君之器，未之敢用，敢以请。"昭公曰："丧人不佞，失守鲁国之社稷，执事以羞，敢辱大礼，敢辞。"景公曰："寡人有不腆先君之服，未之敢服，有不腆先君之器，未之敢用，敢固以请。"昭公曰："以吾宗庙之在鲁也，有先君之服，未之能以服，有先君之器，未之能以出，敢固辞。"景公曰："寡人有不腆先君之服，未之敢服，有不腆先君之器，未之敢用，请以飨乎从者。"昭公曰："丧人其何称？"景公曰："孰君而无称。"昭公於是噭然而哭，诸大夫皆哭。既哭，以人为菑，以帷为席，以鞍为几，以遇礼相见。孔子曰："其礼与！其辞足观矣！"

证曰：文之详略自明。

证曰：锺文烝曰："季子之酖叔牙，叔彭生之死，归父之遣，与宋宣缪之让国，殇闵之被弑，孔父、仇牧之死难，华元之平楚，陈袁涛涂之误齐桓，晋荀息之死难，齐竖刁、易牙之争权，逢丑父之救君，陈乞之迎阳生，卫叔武之被杀，宁殖之命子，郑弦高之犒秦师，楚庄王之赦郑，灵王之经死；《左氏》《公羊》皆有明文，传绝无之。又《公羊》载曹子之劫齐桓，孔子之行乎季孙，曹羁之谏君，齐高子之城鲁，《传》亦绝无之。又《公羊》解经有卫石踖、鄭高克、楚子玉得臣、晉先軫、曹公子喜時等姓氏名字，《傳》皆不具。夫此數十事者，公羊高尚能得之於師，則穀梁子尤當知之，今皆隱約其詞，或沒而不說，是其好從簡略矣。"案：《穀梁》略於述經之本事者，固不止如鍾氏所舉之數十事，及茲所舉之十傳。自餘如公子友葬原仲（莊公二十七年），子般卒（莊公三十二年），執宋公以伐宋（僖公二十一年），衛侯之弟專奔晉（襄公二十七年），吳子使札來聘（襄公二十九年），楚公子比自晉歸於楚（昭公十三年），盜竊寶玉大弓（定公八年）等諸傳，皆遠不及《公羊》之詳。大抵其略於大義本事者，共不下五十餘傳。雖《春秋》重義不重事，然事過略則義不明。《穀梁》徒知詳於禮制瑣節，而獨忽於大事大義，果得《春秋》之真傳者，必不當疏略如此也。其非得之於師，固亦可以明矣。

附録一：

## 《穀梁》爲古文學補證

　　辛未之夏，余撰爲《穀梁不傳春秋》證，用吳興崔氏説，明《穀梁》亦古文。當時撰述之旨，端在推見《穀梁》一書，本非《春秋》之真傳，乃雜取傳記以造；於《穀梁》之爲古文，但略加以闡明，未遑詳舉其例。余書行世，論者雖多韙余説，以謂《穀梁》真僞至是可以定讞，然私意固欲更深切著明之也。近十年來，講授之餘，頗究心於經今古文學。暇時翻覽經傳史籍，於兩《漢書》中，偶獲數證。如：《梅福傳》引匡衡《奏議》用《禮記》"孔子曰：'丘，殷人也'"之説，與《穀梁傳》"宋殺其大夫。其不稱名姓，以其在祖之位，尊之"説合。而"上以其語不經"，如：《賈逵傳》謂："至光武皇帝，奮獨見之明，興立《左氏》《穀梁》，會二家先師不曉圖讖，故令中道而廢。"等事，皆頗足見《儒林傳》言《穀梁》於宣帝時已立學官之説，未爲可信。更於《五經異義》一書中獲見明文。如："故（古）《穀梁》傳云"，足見東漢經師實以《穀梁》爲古文學。乃復參之三家經文，考其同異，而《穀梁》文同於《左氏》者十之六七，《穀梁》經文，實頗多用古文，與《公羊》異趣。此皆足證《穀梁》實爲古文，《穀梁》《左氏》並非真傳。崔氏謂"歆造《左氏傳》以篡《春秋》之統，又造《穀梁傳》爲《左氏》驅除"。《穀梁》爲歆所僞，雖無明確之證，然《穀梁》之爲古文，宣帝時並未立學，稽之本經，參之史傳，驗之師説，佐證甚確，明文足據。則其本爲古文，固可以定讞矣。兹表列經文異同，然後詳爲之説。

### 《春秋》今古文異同表

| 《春秋》 | 《左傳》 | 《公羊》 | 《穀梁》 |
| --- | --- | --- | --- |
| （隱公元年）三月，公及邾儀父盟於蔑 | 公及邾儀父盟於蔑 | 公及邾婁儀父盟於眛 | 公及邾儀父盟於眛 |
| （二年）無駭帥師入極 | 司空無駭入極 | 無駭 | 無侅 |
| 九月，紀裂繻來逆女 | 九月，紀裂繻來逆女 | 紀履緰 | 紀履緰 |
| 紀子帛莒子盟於密 | 紀子帛莒子盟於密 | 紀子伯 | 紀子伯 |

續表

| 《春秋》 | 《左傳》 | 《公羊》 | 《穀梁》 |
| --- | --- | --- | --- |
| （三年）夏四月辛卯，君氏卒 | 夏，君氏卒 | 尹氏卒 | 尹氏卒 |
| 癸未，葬宋穆公 | 八月庚辰宋穆公卒 | 葬宋繆公 | 葬宋繆公 |
| （四年）衛州吁弒其君完 | 衛州吁弒桓公而立 | 衛州吁 | 衛祝吁 |
| 衛人殺州吁於濮 | 丑莅殺州吁於濮 | 殺州吁 | 殺祝吁 |
| （五年）春，公矢魚於棠 | 春，公將如棠觀魚 | 觀魚於棠 | 觀魚於棠 |
| 秋，衛師入郕 | 衛師入郕 | 衛師入盛 | 衛師入郕 |
| （六年）春，鄭人來渝平 | 鄭人來渝平 | 輸平 | 輸平 |
| （八年）三月，鄭伯使宛來歸祊 | 鄭伯使宛來歸祊 | 歸邴 | 歸邴 |
| 公及莒人盟於浮來 | 公及莒人盟於浮來 | 盟於包來 | 盟於包來 |
| 無駭卒 | 無駭卒 | 無駭 | 無侅 |
| （九年）挾卒 |  | 俠卒 | 俠卒 |
| 冬，公會齊侯於防 | 公會齊侯於防 | 於邴 | 於防 |
| （十年）宋人、蔡人、衛人伐戴 | 伐戴 | 伐載 | 伐載 |
| 齊人、鄭人入郕 | 入郕 | 入盛 | 入郕 |
| （十一年）夏，公會鄭伯於時來 | 會鄭伯於郲 | 夏五月，公會鄭伯於祁黎 | 夏五月，公會鄭伯於時來 |
| （桓公二年）秋七月，杞侯來朝 | 杞侯來朝 | 紀侯來朝 | 紀侯來朝 |
| （三年）六月，公會杞侯於郕 | 公會杞侯於歡，杞求成也 | 會紀侯於盛 | 會杞侯於郕 |
| （五年）天王使仍叔之子來聘 |  | 仍叔之子 | 任叔之子 |
| 螽 |  | 螽螺 | 螽 |
| （六年）夏四月，公會紀侯於成 | 夏，會於成 | 公會紀侯於成 | 公會紀侯於郕 |
| （十一年）公會宋公於夫鐘 |  | 於夫童 | 於夫鐘 |
| （十二年）公會杞侯、莒子盟於曲池 | 夏，盟於曲池 | 盟於毆蛇 | 盟於曲池 |
| 公會宋公於虛 | 又會於虛 | 於郯 | 於虛 |
| （十四年）鄭伯使其弟語來盟 | 鄭子人來尋盟 | 語來盟 | 御來盟 |
| 宋人以齊人、蔡人、衛人、陳人伐鄭 | 宋人以諸侯伐鄭 | 齊人、衛人、蔡人、陳人 | 齊人、蔡人、衛人、陳人 |

續表

| 《春秋》 | 《左傳》 | 《公羊》 | 《穀梁》 |
|---|---|---|---|
| （十七年）公會邾儀父，盟於趡 | 乃邾儀父盟於趡 | 公及邾婁儀父盟於趡 | 公及邾儀父盟於趡 |
| 夏五月丙午，及齊師戰於奚 | 夏，及齊師戰於奚 | 五月丙午，及齊師戰於奚 | 及齊師戰於郎 |
| （十八年）公與夫人姜氏遂如齊 | 公將有行，遂與姜氏如齊 | 公夫人姜氏 | 公與夫人姜氏 |
| （莊公元年）夏，單伯送王姬 | | 單伯逆王姬 | 單伯逆王姬 |
| （二年）夫人姜氏會齊侯於禚 | 冬，夫人姜氏會齊侯於禚 | 會齊侯於郜 | 會齊侯於禚 |
| （三年）冬，公次於滑 | 冬，公次於滑 | 公次於郎 | 公次於郎 |
| （四年）夫人姜氏享齊侯於祝丘 | | 饗齊侯 | 饗齊侯 |
| 冬，公及齊人狩於禚 | | 狩於郜 | 狩於郜 |
| （五年）秋，郳犁來來朝 | 郳犁來來朝 | 倪黎來來朝 | 郳黎來來朝 |
| （六年）春王正月，王人子突救衛 | 春，王人救衛 | 王三月，王人子突救衛 | 王三月，王人子突救衛 |
| 冬，齊人來歸衛俘 | 齊人來歸衛寶 | 齊人來歸衛寶 | 齊人來歸衛寶 |
| （七年）夏四月辛卯，夜，恆星不見。夜中，星隕如雨 | 夏，恆星不見 | 夜，恆星不見，夜中，星隕如雨 | 辛卯昔，恆星不見 |
| （八年）甲午，治兵 | 春，治兵於廟 | 甲午，祠兵 | 甲午，治兵 |
| 夏，師及齊師圍郕，郕降於齊師 | 圍郕。郕降於齊師 | 圍城，成降於齊師 | 圍郕。郕降於齊師 |
| （九年）公及齊大夫盟於既 | 盟於既 | 盟於暨 | 盟於暨 |
| 夏，公伐齊納子糾 | 公伐齊，納子糾 | 公伐齊納糾 | 公伐齊納糾 |
| （十年）以蔡侯獻舞歸 | 以蔡侯獻舞歸 | 以蔡侯獻舞歸 | 以蔡侯獻武歸 |
| （十二年）八月甲午，宋萬弒其君捷 | 宋萬弒閔公於蒙澤 | 弒其君接 | 弒其君捷 |
| （十三年）春，齊侯、宋人、陳人、蔡人、邾人會於北杏 | 春，會於北杏，以平宋亂 | 齊侯、宋人、陳人、蔡人、邾婁人會於北杏 | 齊人、宋人、陳人、蔡人、邾人會於北杏 |
| （十五年）秋，宋人、齊人、邾人伐郳 | 秋，諸侯為宋伐郳 | 宋人、齊人、邾婁人伐兒 | 宋人、齊人、邾人伐郳 |
| （十六年）冬十有二月，會齊侯、宋公、陳侯、衛侯、鄭伯、許男、滑伯、滕子同盟於幽 | 冬，同盟於幽，鄭成也 | 公會齊侯、宋公、陳侯、衛侯、鄭伯、許男、曹伯、滑伯、滕子同盟於幽 | 會齊侯、宋公、陳侯、衛侯、鄭伯、許男、曹伯、滑伯、滕子，同盟於幽 |

續表

| 《春秋》 | 《左傳》 | 《公羊》 | 《穀梁》 |
| --- | --- | --- | --- |
| （十七年）春，齊人執鄭詹 | 齊人執鄭詹 | 齊人執鄭瞻 | 齊人執鄭詹 |
| 夏，齊人殲於遂 | ……齊人殲焉 | 瀸於遂 | 殲於遂 |
| 秋，鄭詹自齊逃來 | | 鄭瞻自齊逃來 | 鄭詹自齊逃來 |
| （二十年）冬，齊人伐戎 | | 齊人伐戎 | 齊人伐戎 |
| （廿二年）春王正月，肆大眚 | | 肆大省 | 肆大眚 |
| 陳人殺其公子禦寇 | 陳人殺其大子禦寇 | 陳人殺其公子禦寇 | 陳人殺其公子禦寇 |
| （廿六年）春，公伐戎 | | 公伐戎 | 春，公伐戎 |
| （廿八年）公會齊人、宋人救鄭 | | 公會齊人、宋人、邾婁人救鄭 | 公會齊人、宋人救鄭 |
| 冬，築郿（麋） | 築郿 | 築微 | 築微 |
| （三十年）夏，次於成 | | 師次於成 | 師次於成 |
| （三十二年）春，城小穀 | 春，城小穀 | 春，城小谷 | 春，城小谷 |
| 冬十月己未，子般卒 | 冬十月己未，共仲使圉人犖賊子般於黨氏 | 冬十月乙未，子般卒 | 冬，十月乙未，子般卒 |
| （閔公元年）秋八月，公及齊侯盟於落姑 | 盟於落姑 | 盟於洛姑 | 盟於洛路 |
| 夏六月，邢遷於夷儀 | 夏，邢遷夷儀 | 邢遷於陳儀 | 邢遷於夷儀 |
| 八月，公會齊侯、宋公、鄭伯、曹伯、邾人於檉 | 盟於犖 | 於杆 | 於檉 |
| 九月，公敗邾師於偃 | 九月，公敗邾師於偃 | 公敗邾婁師於纓 | 公敗邾師於偃 |
| 冬十月壬午，公子友帥師敗莒於酈，獲莒拏 | 公子友敗諸酈，獲莒子之弟拏 | 公子友帥師敗莒師於犂，獲莒挐 | 公子友帥師敗莒師於麗，獲莒挐 |
| （二年）虞師、晉師滅下陽 | 晉里克、荀息帥師會虞師伐虢，滅下陽 | 虞師、晉師滅夏陽 | 虞師、晉師滅夏陽 |
| 秋九月，齊侯、宋公、江人、黃人盟於貫 | 秋，盟於貫 | 盟於貫澤 | 盟於貫 |
| （三年）冬，公子友如齊位盟 | 冬，公子友如齊位盟 | 如齊涖盟 | 如齊涖盟 |
| （四年）齊人執陳轅濤塗 | 執轅濤塗 | 執陳袁濤塗 | 執陳袁濤塗 |
| 葬許穆公 | 許穆公卒於師，葬之以侯 | 葬許繆公 | 葬許穆公 |
| 冬十有二月，公孫茲帥師會齊人、宋人、衛人、鄭人、許人、曹人侵陳 | 冬，叔孫戴伯帥師，會諸侯之師侵陳 | 公孫慈帥師 | 公孫茲帥師 |
| （五年）公及齊侯、宋公、陳侯、衛侯、鄭伯、許男、曹伯會王世子於首止 | 會於首止 | 會王世子於首戴 | 會王世子於首戴 |

續表

| 《春秋》 | 《左傳》 | 《公羊》 | 《穀梁》 |
| --- | --- | --- | --- |
| （五年）公及齊侯、宋公、陳侯、衛侯、鄭伯、許男、曹伯會王世子于首止 | 會于首止 | 會王世子于首戴 | 會王世子于首戴 |
| （七年）秋七月，公會齊侯、宋公、陳世子款、鄭世子華盟于寧母 | 秋，盟于寧母 | 盟于寧毋 | 盟于寧母 |
| 曹伯班卒 | | 曹伯般卒 | 曹伯班卒 |
| （八年）春王正月，公會王人、齊侯、宋公、衛侯、許男、曹伯、陳世子款盟于洮 | 春，盟于洮 | ……陳世子款、鄭世子華盟于洮 | ……陳世子款，盟于洮 |
| （九年）春王三月丁丑，宋公禦説卒 | 春，宋桓公卒 | 宋公禦説卒 | 宋公禦説卒 |
| 甲子，晉侯佹諸卒 | 九月，晉獻公卒 | 甲戌，晉侯詭諸卒 | 甲子，晉侯詭諸卒 |
| 冬，晉里奚克殺其君之子奚齊 | 冬十月，里克殺奚齊于次 | 晉里克弑其君之子奚齊 | 晉里克殺其君之子奚齊 |
| （十年）晉里克弑其君卓及其大夫荀息 | | 弑其君卓子及其大夫荀息 | 弑其君卓及其大夫荀息 |
| 冬，大雨雪 | | 冬，大雨雹 | 冬，大雨雪 |
| （十一年）春。晉殺其大夫平鄭 | 晉侯使以平鄭之亂來告 | 晉殺其大夫丕鄭父 | 晉殺其大夫丕鄭父 |
| （十二年）冬十有二月丁丑，陳侯杵臼卒 | | 陳侯處臼卒 | 陳侯杵臼卒 |
| （十四年）夏六月，季姬及鄫子遇于防，使鄫子來朝 | 鄫季姬來寧……以鄫子之不朝也……而使來朝 | 季姬及鄫子遇于防，使鄫子來朝 | 季姬及繒子遇于防，使繒子來朝 |
| （十五年）公孫敖帥師及諸侯之大夫救徐 | | 公孫敖率師 | 公孫敖帥師 |
| （十六年）春王正月戊申朔，隕石于宋五 | 春，隕石于宋五 | 霣石于宋五 | 隕石于宋五 |
| 是月，六鶂退飛過宋都 | 六鶂退飛過宋都 | 六鶂退飛過宋都 | 六鶂退飛過宋都 |
| （十八年）春王正月，宋公、曹伯、衛人、邾人伐齊 | 春，宋襄公以諸侯伐齊 | 宋公會曹伯、衛人、邾婁人伐齊 | 宋公、曹伯、衛人、邾人伐齊 |
| （十九年）夏六月，宋公、曹人、邾人盟于曹南 | | 宋人、曹人、邾婁人 | 宋公、曹人、邾人 |
| 鄫子會盟于邾 | | 鄫子會于邾婁 | 繒子會盟于邾 |
| 冬，會陳人、蔡人、楚人、鄭人盟于齊 | 冬，盟于齊 | 公會陳人、蔡人、楚人、鄭人 | 會陳人、蔡人、楚人、鄭人 |
| （廿一年）秋，宋公、楚子、陳侯、蔡侯、鄭伯、許男、曹伯會于盂 | 秋，諸侯會宋公于盂 | 會于霍 | 會于雩 |

續表

| 《春秋》 | 《左傳》 | 《公羊》 | 《穀梁》 |
|---|---|---|---|
| (廿二年) 春，公伐邾，取須句 | 春，伐邾，取須句 | 公伐邾婁，取須朐 | 公伐邾，取須句 |
| (廿三年) 春，齊侯伐宋，圍緡 | 春，齊侯伐宋，圍緡 | 齊侯伐宋，圍緡 | 齊侯伐宋，圍閔 |
| 夏五月庚寅，宋公茲父卒 | 夏五月，宋襄公卒 | 宋公慈父卒 | 宋公茲父卒 |
| (廿六年) 春王正月，己未，公會莒子、衛寧速盟於向 | 春，王正月，公會莒茲、衛寧莊子盟於向 | 公會莒子、衛寧漱盟於向 | 公會莒子、衛寧速，盟於向 |
| 齊人侵我西鄙，公追齊師，至酅，不及 |  | 公追齊師至巂，弗及 | 公追齊師，至巂，弗及 |
| 秋，楚人滅夔，以夔子歸 | 楚成得臣、斗宜申帥師滅夔，以夔子歸 | 楚人滅隗，以隗子歸 | 楚人滅夔，以夔子歸 |
| (廿八年) 冬，公會晉侯、齊侯、宋公、蔡侯、鄭伯、陳子、莒子、邾人、秦人於溫 | 冬，會於溫 | 公會晉侯、齊侯、宋公、蔡侯、鄭伯、陳子、莒子、邾婁子、秦人於溫 | 公會晉侯、宋公、蔡侯、鄭伯、陳子、莒子、邾子、秦人於溫 |
| 天王狩於河陽 | 天王狩於河陽 | 天王狩河陽 | 天王守於河陽 |
| (廿九年) 夏六月，會王人、晉人、宋人、齊人、陳人、蔡人、秦人盟於翟泉 | 夏，公會王子虎、晉狐偃、宋公孫固、齊國歸父、陳轅濤塗、秦小子憖，盟於翟泉 | 盟於狄泉 | 盟於翟泉 |
| (三十二年) 夏四月己丑，鄭伯捷卒 |  | 鄭伯接卒 | 鄭伯捷卒 |
| (三十三年) 夏四月辛巳，晉人及姜戎敗秦師於殽 | 夏四月辛巳，敗秦師於殽 | 晉人及姜戎敗秦於殽 | 晉人及姜戎敗秦師於殽 |
| 公伐邾，取訾婁 | 公伐邾，取訾婁 | 公伐邾婁，取叢 | 公伐邾，取訾樓 |
| 隕霜不殺草 |  | 實霜不殺草 | 隕霜不殺草 |
| (文公元年) 二月癸亥，日有食之 |  | 二月癸亥朔，日有食之 | 二月癸亥，日有食之 |
| 冬十月丁未，楚世子商臣弒其君頵 |  | 楚世子商臣弒其君髡 | 楚世子商臣弒其君髡 |
| (二年) 夏六月，公孫敖會宋公、陳侯、鄭伯、晉士縠盟於垂隴 | 六月，穆伯會諸侯及晉司空士縠盟於垂隴 | 盟於垂斂 | 盟於垂斂 |
| (三年) 晉陽處父帥師伐楚以救江 | 晉陽處父伐楚以救江 | 晉陽處父帥師伐楚救江 | 晉陽處父帥師伐楚救江 |
| (五年) 三月辛亥，葬我小君成風。王使召伯來會葬 | 召昭公來會葬 | 王使召伯來會葬 | 王使毛伯來會葬 |

續表

| 《春秋》 | 《左傳》 | 《公羊》 | 《穀梁》 |
|---|---|---|---|
| （六年）八月乙亥，晉侯歡卒 | 八月乙亥，晉襄公卒 | 晉侯歡卒 | 晉侯驩卒 |
| 晉狐射姑出奔狄 | 賈季奔狄 | 晉狐射姑出奔狄 | 晉狐夜姑出奔狄 |
| （七年）三月甲戌，取須句 | 三月甲戌，取須句 | 取須朐 | 取須句 |
| 夏四月，宋公王臣卒 | 夏四月，宋成公卒 | 宋公王臣卒 | 宋公壬臣卒 |
| 戊子，晉人及秦人戰於令狐。晉先蔑奔秦 | 己丑，先蔑奔秦 | 晉先眛以師奔秦 | 晉先蔑奔秦 |
| （八年）乙酉，公子遂會洛戎，盟於暴 | | 公子遂會伊雒戎，盟於暴 | 公子遂會雒戎，盟於暴 |
| 公孫敖如京師，不至而復。丙戌，奔莒 | | 公孫敖如京師，不至復。丙戌，奔莒 | 公孫敖如京師，不至而復。丙戌，奔莒 |
| （九年）冬，楚子使椒來聘 | 冬，楚子越椒來聘 | 楚子使椒來聘 | 楚子使萩來聘 |
| （十年）楚子、蔡侯次於厥貉 | 冬，遂及蔡侯次於厥貉 | 楚子、蔡侯次於屈貉 | 楚子、蔡侯次於厥貉 |
| （十一年）春，楚子伐麇 | 春，楚子伐麇 | 楚子伐圈 | 楚子伐麇 |
| （十二年）春，王正月，郕伯來奔 | 春，郕伯卒，郕人立君。大子以夫鐘與郕邽來奔 | 盛伯來奔 | 郕伯來奔 |
| 秦伯使術來聘 | 秦伯使西乞術來聘 | 秦伯使遂來聘 | 秦伯使術來聘 |
| 季孫行父帥師城諸及鄆 | 城諸及鄆 | 季孫行父帥師城諸及運 | 季孫行父帥師，城諸及鄆 |
| （十三年）邾子蘧蒢卒 | 五月，邾文公卒 | 邾婁子蘧篨卒 | 邾子蘧蒢卒 |
| 大室屋壞 | | 世室屋壞 | 大室屋壞 |
| 冬，公如晉。衛侯會公於沓 | 冬，公如晉，朝，且尋盟。衛侯會公於沓 | 冬，公如晉。衛侯會於沓 | 冬，公如晉。衛侯會公於沓 |
| （十四年）晉人納捷菑於邾，弗克納 | 晉趙盾以諸侯之師八百乘納捷菑於邾 | 晉人納接菑於邾婁，弗克納 | 晉人納捷菑於邾，弗克納 |
| （十六年）六月戊辰，公子遂及齊侯盟於郪丘 | 公使襄仲納賂於齊侯，故盟於郪丘 | 公子遂及齊侯盟於犀丘 | 公子遂及齊侯盟於師丘 |
| 冬十有一月，宋人弒其君杵臼 | 十一月甲寅，宋昭公將田孟諸，未至，夫人王姬使帥甸攻而殺之 | 宋人弒其君處臼 | 宋人弒其君杵臼 |
| （十七年）夏四月癸亥，葬我小君聲姜 | 夏四月癸亥，葬聲姜 | 葬我小君聖姜 | 葬我小君聲姜 |

續表

| 《春秋》 | 《左傳》 | 《公羊》 | 《穀梁》 |
| --- | --- | --- | --- |
| （宣公元年）宋公、陳侯、衛侯、曹伯會晉師於棐林，伐鄭 | 會於棐林，以伐鄭也 | 會晉師於斐林，伐鄭 | 會晉師於棐林，伐鄭 |
| 冬，晉趙穿帥師侵崇 | 冬，趙穿侵崇 | 晉趙穿帥師侵柳 | 晉趙穿帥師侵崇 |
| （二年）秋九月乙丑，晉趙盾弒其君夷皋 | 趙穿攻靈公於桃園。宣子未出山而復，大史書曰趙盾弒其君。 | 晉趙盾弒其君夷獔 | 晉趙盾弒其君夷皋 |
| （三年）楚子伐陸渾之戎 | 楚子伐陸渾之戎 | 楚子伐賁渾戎 | 楚之伐陸渾戎 |
| 葬鄭穆公 | | 葬鄭繆公 | 葬鄭穆公 |
| （五年）秋九月，齊高固來逆叔姬 | 齊高固來逆女 | 齊高固來逆子叔姬 | 齊高固來逆子叔姬 |
| （八年）戊子，夫人嬴氏薨 | | 夫人熊氏薨 | 夫人熊氏薨 |
| 楚人滅舒蓼 | 楚爲眾舒叛，故伐舒蓼，滅之 | 楚人滅舒蓼 | 楚人滅舒鄝 |
| 冬十月己丑，葬我小君敬嬴 | 冬，葬敬嬴 | 葬我小君頃熊 | 葬我小君頃熊 |
| （十年）公孫歸父帥師伐邾，取繹 | 師伐邾，取繹 | 公孫歸父帥師伐邾婁，取蘱 | 公孫歸父帥師伐邾，取繹 |
| （十一年）夏，楚子、陳侯、鄭伯盟於辰陵 | 夏，楚盟於辰陵，陳、鄭服也 | 盟於辰陵 | 盟於夷陵 |
| 丁亥，楚子入陳。納公孫寧、儀行父於陳 | 書曰：楚子入陳，納公孫寧、儀行父於陳 | 納公孫寧、儀行父於陳 | 納公孫寧、儀行父於陳 |
| （十三年）春，齊師伐莒 | 春，齊師伐莒 | 齊師伐衛 | 齊師伐莒 |
| 冬，晉殺其大夫先縠 | 晉人討邲之敗……歸罪於先縠而殺之 | 晉殺其大夫先縠 | 晉殺其大夫先縠 |
| （十五年）仲孫蔑會齊高固於無婁 | | 仲孫蔑會齊高固於牟婁 | 仲孫蔑會齊高固於無婁 |
| （十六年）夏，成周宣榭火 | 夏，成周宣榭火 | 夏，成周宣謝災 | 成周宣榭灾 |
| （十八年）秋七月，邾人伐鄫子於鄫 | 秋，邾人戕鄫子於鄫 | 邾婁人戕鄫子於鄫 | 邾人戕繒子於繒 |
| 甲戌，楚子旅卒 | 楚莊王卒 | 楚子旅卒 | 楚子呂卒 |
| 歸父還自晉，至笙。遂奔齊 | 及笙……遂奔齊 | 至檉，遂奔齊 | 至檉，遂奔齊 |
| （成公元年）秋，王師敗績於茅戎 | 秋，王人來告敗 | 王師敗績於貿戎 | 王師敗績於貿戎 |
| （二年）……曹公子首…… | | 曹公子手 | 曹公子手 |

續表

| 《春秋》 | 《左傳》 | 《公羊》 | 《穀梁》 |
|---|---|---|---|
| 秋七月，齊侯使國佐如師。己酉，及國佐盟於袁婁 | 秋七月，晉師及齊國佐盟於爰婁 | 盟於袁婁 | 盟於爰婁 |
| 庚寅，衛侯速卒 | | 衛侯漱卒 | 衛侯速卒 |
| （成公三年）辛亥，葬衛穆公 | | 葬衛繆公 | 葬衛穆公 |
| 晉郤克、衛孫良夫伐廧咎如 | 晉郤克、衛孫良夫伐廧咎如 | 伐將咎如 | 伐牆咎如 |
| （四年）三月壬申，鄭伯堅卒 | | 鄭伯䁎卒 | 鄭伯賢卒 |
| （五年）夏，叔孫僑如會晉荀首於穀 | 夏，晉荀首如齊逆女，故宣伯餫諸穀 | 叔孫僑如會晉荀秀於穀 | 叔孫僑如會晉荀首於穀 |
| （六年）晉欒書帥師救鄭 | 晉欒書救鄭 | 晉欒書率師侵鄭 | 晉欒書帥師救鄭 |
| （八年）秋七月，天子使召伯來賜公命 | 秋，召桓公來賜公命 | 天子使召伯來錫公命 | 天子使召伯來錫公命 |
| （十年）冬十月 | | 無"冬十月"三字 | 冬十月 |
| （十一年）晉侯使郤犫來聘，己丑，及郤犫盟 | 郤犫來聘，且涖盟 | 晉侯使郤州來聘。己丑，及郤州盟 | 晉侯使郤犫來聘。己丑，及郤犫盟 |
| （十二年）夏，公會晉侯、衛侯於瑣澤 | | 公會晉侯、衛侯於沙澤 | 公會晉侯、衛侯於瑣澤 |
| （十三年）曹伯盧卒於師 | 曹宣公卒於師 | 曹伯廬卒於師 | 曹伯廬卒於師 |
| （十五年）癸丑，公會晉侯、衛侯、鄭伯、曹伯、宋世子成、齊國佐、邾人同盟於戚 | | ……邾婁人同盟於戚 | ……邾人同盟於戚 |
| （十六年）九月，晉人執季孫行父，舍之於苕丘 | 九月，晉人執季文子於苕丘 | 晉人執季孫行父，舍之於招丘 | 晉人執季孫行父，舍之於苕丘 |
| （十七年）春，衛北宮括帥師侵鄭 | 衛北宮括救晉，侵鄭 | 衛北宮結率師侵鄭 | 衛北宮括帥師侵鄭 |
| 壬申，公孫嬰卒於貍脤 | 壬申，（聲伯）至於貍脤……之莫而卒 | 公孫嬰齊卒於貍軫 | 公孫嬰齊卒於貍脤 |
| （十八年）晉侯使士魴來乞師 | 晉士魴來乞師 | 晉侯使士彭來乞師 | 晉侯使士魴來乞師 |
| （襄公元年）夏，晉韓厥帥師伐鄭 | | 晉韓屈帥師伐鄭 | 晉韓厥帥師伐鄭 |
| 仲孫蔑會齊崔杼、曹人、邾人、杞人次於鄫 | 東諸侯之師次於鄫，以待晉師 | ……邾婁人、杞人次於合 | ……邾人、杞人次於鄫 |
| （四年）秋七月戊子，夫人姒氏薨 | 秋，定姒薨 | 夫人弋氏薨 | 夫人姒氏薨 |

續表

| 《春秋》 | 《左傳》 | 《公羊》 | 《穀梁》 |
| --- | --- | --- | --- |
| 八月辛亥，葬我小君定姒 | | 葬我小君定弋 | 葬我小君定姒 |
| （五年）仲孫蔑、衛孫林父會吳於善道 | 孟獻子、孫文子會吳於善道 | 會吳於善稻 | 會吳於善稻 |
| 公會晉侯、宋公、衛侯、鄭伯、曹伯、齊世子光救陳 | 冬，諸侯戍陳……十一月甲午，會於城棣以救之 | 公會晉侯、宋公、衛侯、鄭伯、曹伯、莒子、邾婁子、滕子、薛伯、齊世子光救陳 | 公會晉侯、宋公、衛侯、鄭伯、曹伯、莒子、邾子、滕子、薛伯、齊世子光，救陳 |
| （七年）鄭伯髡頑如會，未見諸侯，丙戌，卒於鄵 | 鄭僖公……及鄵，子駟使賊夜弒僖公 | 鄭伯髡原如會，未見諸侯，丙戌卒於操 | 鄭伯髡原如會，未見諸侯；丙戌，卒於操 |
| （八年）鄭人侵蔡，獲蔡公子燮 | 鄭子國、子耳侵蔡，獲蔡司馬公子燮 | 鄭人侵蔡，獲蔡公子燮 | 鄭人侵蔡，獲蔡公子濕 |
| （九年）春，宋災 | 春，宋災 | 春，宋火 | 九年春，宋災 |
| 秋八月癸未，葬我小君穆姜 | | 葬我小君繆姜 | 葬我小君穆姜 |
| （十年）夏五月甲午，遂滅偪陽 | 五月庚寅，荀偃、士匄帥卒攻偪陽，親受矢石。甲午，滅之 | 遂滅逼陽 | 遂滅傅陽 |
| 冬，盜殺鄭公子騑、公子發、公孫輒 | 尉止……帥賊以入，晨攻執政於西宮之朝，殺子駟、子國、子耳 | 盜殺鄭公子斐…… | 盜殺鄭公子斐…… |
| （十一年）秋七月己未，同盟於亳城北 | 秋七月，同盟於亳 | 同盟於京城北 | 同盟於京城北 |
| （十二年）春王二月，莒人伐我東鄙，圍台 | 春，莒人伐我東鄙，圍台 | 春王三月，莒人伐我東鄙，圍台 | 王三月，莒人伐我東鄙，圍郚 |
| 季孫宿帥師救臺，遂入鄆 | 季武子救臺，遂入鄆 | 季孫宿帥師救臺，遂入運 | 季孫宿帥師救郚，遂入鄆 |
| 夏，晉侯使士魴來聘 | 夏，晉士魴來聘 | 晉侯使士彭來聘 | 晉侯使士魴來聘 |
| （十三年）夏，取邿 | 夏，邿亂，分為三。師救邿，遂取之 | 夏，取詩 | 夏，取邿 |
| （十四年）春王正月，季孫宿、叔老會晉士匄、齊人、宋人、衛人、鄭公孫蠆、曹人、莒人、邾人、滕人、薛人、杞人、小邾人會吳於向 | 春，吳告敗於晉。會於向 | 季孫宿、叔老會晉士匄、齊人、宋人、衛人、鄭公孫蠆、曹人、莒人、邾婁人、滕人、薛人、杞人、小邾婁人會吳於向 | 季孫宿，叔老會晉士匄、齊人、宋人、衛人、鄭公孫蠆、曹人、莒人、邾人、滕人、薛人、杞人、小邾人，會吳於向 |
| 己未，衛侯出奔齊 | 四月己未，子展奔齊 | 衛侯衎出奔齊 | 衛侯出奔齊 |
| （十七年）春王二月庚午，邾子牼卒 | | 邾婁子瞷卒 | 邾子瞷卒 |

續表

| 《春秋》 | 《左傳》 | 《公羊》 | 《穀梁》 |
|---|---|---|---|
| 秋，齊侯伐我北鄙，圍桃 | 秋，齊侯伐我北鄙，圍桃 | 齊侯伐我北鄙，圍洮 | 齊侯伐我北鄙，圍桃 |
| 高厚帥師伐我北鄙，圍防 | 高厚圍臧紇於防 | 齊高厚帥師伐我北鄙，圍防 | 齊高厚帥師伐我北鄙，圍防 |
| （十八年）秋，齊師伐我北鄙 | 秋，齊侯伐我北鄙 | 齊師伐我北鄙 | 齊侯伐我北鄙 |
| （十九年）春王正月，諸侯盟於祝柯 | 春，諸侯還自沂上，盟於督揚 | 諸侯盟於祝阿 | 諸侯盟於祝柯 |
| 秋七月辛卯，齊侯環卒 | 夏五月壬辰晦，齊靈公卒 | 七月辛卯，齊侯瑗卒 | 七月辛卯，齊侯環卒 |
| 鄭殺其大夫公子嘉 | 甲辰，子展、子西率國人伐之，殺子孔而分其室 | 鄭殺其大夫公子喜 | 鄭殺其大夫公子嘉 |
| （廿年）春王正月辛亥，仲孫速會莒人盟於向 | 孟莊子會莒人，盟於向 | 仲孫遬會莒人，盟於向 | 仲孫速會莒人，盟於向 |
| 蔡殺其大夫公子燮 | 公子燮求從先君以利蔡，不能而死 | 蔡殺其大夫公子燮 | 蔡殺其大夫公子濕 |
| 陳侯之弟黃出奔楚 | （陳）公子黃出奔楚 | 陳侯之弟光出奔楚 | 陳侯之弟光出奔楚 |
| （廿一年）公會晉侯、齊侯、宋公、衛侯、鄭伯、曹伯、莒子、邾子於商任 | 會於商任，錮欒氏也 | 公會晉侯、齊侯、宋公、衛侯、鄭伯、曹伯、莒子、邾婁子於商任 | 公會晉侯、齊侯、宋公、衛侯、鄭伯、曹伯、莒子、邾子於商任 |
| （廿二年）冬，公會晉侯、齊侯、宋公、衛侯、鄭伯、曹伯、莒子、邾子、薛伯、杞伯、小邾子於沙隨 | 冬，會於沙隨 | 公會晉侯、齊侯、宋公、衛侯、鄭伯、曹伯、莒子、邾婁子、滕子、薛伯、杞伯、小邾婁子於沙隨 | 公會晉侯、齊侯、宋公、衛侯、鄭伯、曹伯、莒子、邾子、滕子、薛伯、杞伯、小邾子於沙隨 |
| （廿三年）夏，邾畀我來奔 |  | 邾婁鼻我來奔 | 邾畀我來奔 |
| 八月，叔孫豹帥師救晉，次於雍榆 | 叔孫豹帥師救晉，次於雍榆 | 叔孫豹帥師救晉，次於雍渝 | 叔孫豹帥師救晉，次於雍渝 |
| （廿五年）公會晉侯、宋公、衛侯、鄭伯、曹伯、莒子、邾子、滕子、薛伯、杞伯、小邾子於夷儀 | 晉侯濟自泮，會於夷儀 | 公會晉侯、宋公、衛侯、鄭伯、曹伯、莒子、邾婁子、滕子、薛伯、〈木巳〉伯、小邾婁子於陳儀 | 公會晉侯、宋公、衛侯、鄭伯、曹伯、莒子、邾子、滕子、薛伯、杞伯、小邾子於夷儀 |
| 冬，鄭公孫夏帥師伐陳 | 冬十月，子展相鄭伯如晉……子西復伐陳 | 冬，鄭公孫蠆帥師伐陳 | 鄭公孫夏帥師伐陳 |
| 十有二月，吳子遏伐楚 |  | 吳子謁伐楚 | 吳子謁伐楚 |

續表

| 《春秋》 | 《左傳》 | 《公羊》 | 《穀梁》 |
|---|---|---|---|
| （廿六年）秋，宋公弒其世子痤 | （宋）大子痤……乃縊而死 | 宋公殺其世子痤 | 宋公殺其世子座 |
| （廿七年）夏，叔孫豹會晉趙武、楚屈建、蔡公孫歸生、衛石惡、陳孔奐、鄭良霄、許人、曹人於宋 | | 叔孫豹會……陳孔瑗、鄭良霄、許人、曹人於宋 | 叔孫豹會……陳孔奐、鄭良霄、許人、曹人於宋 |
| 衛侯之弟鱄出奔晉 | | 衛侯之弟鱄出奔晉 | 衛侯之弟專出奔晉 |
| （廿九年）仲孫羯會晉荀盈、齊高止、宋華定、衛世叔儀、鄭公孫段、曹人、莒人、滕子、薛人、小邾人城杞 | | 仲孫羯會晉荀盈、齊高止、宋華定、衛世叔齊、鄭公孫段、曹人、莒人、邾婁人、滕人、薛人、小邾婁人城杞 | 仲孫羯會晉荀盈、齊高止、宋華定、衛世叔儀、鄭公孫段、曹人、莒人、邾人、滕人、薛人、小邾人城杞 |
| （三十年）王正月，楚子使薳罷來聘 | 楚子使薳罷來聘 | 楚子使薳頗來聘 | 楚子使薳罷來聘 |
| 五月甲午，宋災。宋伯姬卒 | 甲午，宋大災。宋伯姬卒 | 宋災，伯姬卒 | 宋災，伯姬卒 |
| 天王殺其弟佞夫 | 五月癸巳，尹言多、劉毅、單蔑、甘過、鞏成殺佞夫 | 天王殺其弟年夫 | 天王殺其弟佞夫 |
| 秋七月，叔弓如宋，葬宋共姬 | 秋七月，叔弓如宋，葬共姬 | 叔弓如宋，葬宋共姬 | 叔弓如宋，葬共姬 |
| （昭公元年）叔孫豹會晉趙武、楚公子圍、齊國弱、宋向戌、衛齊惡、陳公子招、蔡公孫歸生、鄭罕虎、許人、曹人於虢 | 正月乙未……遂會於虢 | 叔孫豹會晉趙武、楚公子圍、齊國酌、宋向戌、衛石惡、陳公子招、蔡公孫歸生、鄭軒虎、許人、曹人於漷 | 叔孫豹會晉趙武、楚公子圍、齊國弱、宋向戌、衛齊惡、陳公子招、蔡公孫歸生、鄭罕虎、許人、曹人於郭 |
| 三月，取鄆 | 季武子伐莒，取鄆 | 三月取運 | 三月，取鄆 |
| 晉荀吳帥師敗狄於大鹵 | 晉中行穆子敗無終及群狄於大原 | 晉荀吳帥師敗狄於大原 | 晉荀吳帥師敗狄於大原 |
| 莒展輿出奔吳 | 展輿奔吳 | 莒展出奔吳 | 莒展出奔吳 |
| 冬十有一月己酉，楚子麇卒 | 十一月己酉，公子圍至，入問王疾，縊而弒之 | 楚子卷卒 | 冬，十有一月己酉，楚子卷卒 |
| （三年）春王正月丁未，滕子原卒 | 丁未，滕子原卒 | 滕子泉卒 | 滕子原卒 |
| （四年）春王正月，大雨雹 | | 大雨雪 | 大雨雪 |

續表

| 《春秋》 | 《左傳》 | 《公羊》 | 《穀梁》 |
|---|---|---|---|
| 秋七月，楚子、蔡侯、陳侯、許男、頓子、胡子、沈子、淮夷伐吳，執齊慶封，殺之。遂滅賴 | 執齊慶封而盡滅其族 | 執齊慶封殺之……遂滅厲 | 執齊慶封殺之……遂滅厲 |
| （五年）戊辰，叔弓帥師敗莒師於蚡泉 | 戊辰，叔弓敗諸蚡泉 | 叔弓帥師敗莒師於濆泉 | 叔弓帥師敗莒師於賁泉 |
| （六年）楚薳罷帥師伐吳 | 楚子……使薳泄伐徐 | 楚薳頗帥師伐吳 | 楚薳罷帥師伐吳 |
| （七年）三月，公如楚。叔孫婼如齊蒞盟 | | 叔孫舍如齊蒞盟 | 叔孫婼如齊蒞盟 |
| （八年）冬十月壬午，楚師滅陳。執陳公子招，放之於越。殺陳孔奐 | | 楚師滅陳，執陳公子招，放之於越。殺陳孔瑗 | 楚師滅陳。執陳公子招，放之於越。殺陳孔奐 |
| （九年）夏四月，陳災 | 夏四月，陳災 | 四月，陳火 | 四月，陳火 |
| （十年）夏，齊欒施來奔 | | 晉欒施來奔 | 齊欒施來奔 |
| 秋七月，季孫意如、叔弓、仲孫貜帥師伐莒 | 秋七月，平子伐莒 | 季孫隱如、叔弓、仲孫貜帥師伐莒 | 季孫意如、叔弓、仲孫貜帥師伐莒 |
| 十有二月甲子，宋公成卒 | 十二月，宋平公卒 | 宋公戌卒 | 宋公成卒 |
| （十一年）春王二月，叔弓如宋。葬宋平公 | 二月，叔弓如宋，葬平公 | 正月，叔弓如宋。葬宋平公 | 二月，叔弓如宋。葬宋平公 |
| 仲孫貜會邾子，盟於祲祥 | 孟僖子會邾莊公，盟於祲祥 | 仲孫貜會邾婁子，盟於侵羊 | 仲孫貜會邾子，盟於祲祥 |
| 秋，季孫意如會晉韓起、齊國弱、宋華亥、衛北宮佗、鄭罕虎、曹人、杞人於厥愁 | | 季孫隱如會晉韓起、齊國酌、宋華亥、衛北宮佗、鄭軒虎、曹人、杞人於屈銀 | 季孫意如會晉韓起、齊國弱、宋華亥、衛北宮佗、鄭罕虎、曹人、杞人於厥愁 |
| 冬十有一月丁酉，楚師滅蔡，執蔡世子有以歸，用之。 | 冬十一月，楚子滅蔡，用隱大子於岡山 | 楚師滅蔡，執蔡世子有以歸用之 | 楚師滅蔡，執蔡世子友以歸，用之 |
| （十二年）楚殺其大夫成熊 | | 楚殺其大夫成然 | 楚殺其大夫成虎 |
| 冬十月，公子慭出奔齊 | | 公子整出奔齊 | 公子慭出奔齊 |
| （十三年）楚公子棄疾殺公子比 | | 楚公子棄疾弒公子比 | 楚公子棄疾殺公子比 |
| （十五年）春王正月，吳子夷末卒 | | 吳子夷昧卒 | 吳子夷末卒 |
| 夏，蔡朝吳出奔鄭 | 夏，蔡人逐朝吳。朝吳出奔鄭 | 蔡昭吳奔鄭 | 蔡朝吳出奔鄭 |

續表

| 《春秋》 | 《左傳》 | 《公羊》 | 《穀梁》 |
|---|---|---|---|
| （十六年）楚子誘戎蠻子殺之 | 楚子聞蠻氏之亂也，與蠻子之無質也，使然丹誘戎蠻子嘉殺之，遂取蠻氏 | 楚子誘戎曼子，殺之 | 楚子誘戎蠻子殺之 |
| （十七年）八月，晉荀吳帥師滅陸渾之戎 | 九月丁卯，晉荀吳帥師涉自棘津，使祭史先用牲於洛。陸渾人弗知，師從之。庚午，遂滅陸渾 | 晉荀吳帥師滅賁渾戎 | 晉荀吳帥師滅陸渾戎 |
| （廿年）夏，曹公孫會自鄸出奔宋 | 三月，大子建奔宋 | 曹公孫會自鄸出奔宋 | 曹公孫會自夢出奔宋 |
| 秋，盜殺衛侯之兄縶 | | 盜殺衛侯之兄輒 | 盜殺衛侯之兄輒 |
| 冬十月，宋華亥、向寧、華定出奔陳 | 戊辰，華、向奔陳 | 宋華亥、向寧、華定出奔陳 | 宋華亥、向寧、華定出奔陳 |
| （廿一年）宋華亥、向寧、華定自陳入於宋南里以叛 | | 宋華亥、向寧、華定自陳入於宋南里以畔 | 宋華亥、向寧、華定自陳入於宋南里以叛 |
| 八月乙亥，叔輒卒 | 八月，叔輒卒 | 叔痤卒 | 叔輒卒 |
| 冬，蔡侯朱出奔楚 | 蔡侯朱出奔楚 | 蔡侯朱出奔楚 | 蔡侯東出奔楚 |
| （廿二年）大蒐於昌間 | | 大蒐於昌奸 | 大蒐於昌間 |
| （廿三年）戊辰，吳敗頓、胡、沈、蔡、陳、許之師於雞父，胡子髡、沈子逞滅，獲陳夏齧 | | 吳敗頓、胡、沈、蔡、陳、許之師於雞父。胡子髡、沈子楹滅，獲陳夏齧 | 吳敗頓、胡、沈、蔡、陳、許之師於雞甫。胡子髡、沈子盈滅 |
| 冬，公如晉，至河，有疾，乃復 | 公爲叔孫故如晉，及河，有疾而復 | 公如晉，至河，公有疾乃復 | 公如晉，至河，公有疾，乃復 |
| （廿四年）婼至自晉 | 二月，婼至自晉 | 叔孫舍至自晉 | 婼至自晉 |
| 丁酉，杞伯鬱釐卒 | | 丁酉，杞伯鬱釐卒 | 杞伯鬱釐卒 |
| （廿五年）夏，叔詣會晉趙鞅、宋樂大心、衛北宮喜、鄭游吉、曹人、邾人、滕人、薛人、小邾人於黃父 | 夏，會於黃父 | 叔倪會晉趙鞅、宋樂世心、衛北宮喜、鄭游吉、曹人、邾婁人、滕人、薛人、小邾婁人於黃父 | 叔倪會晉趙鞅、宋樂大心、衛北宮喜、鄭游吉、曹人、邾人、滕人、薛人、小邾人於黃父 |
| 有鴝鵒來巢 | 今鴝鵒來巢，其將及乎 | 有鸜鵒來巢 | 有鴝鵒來巢 |
| 九月己亥，公孫於齊，次於陽州 | 己亥，公孫於齊，次於陽州 | 公孫於齊，次於楊州 | 公孫於齊……次於陽州 |
| （廿六年）尹氏、召伯、毛伯以王子朝奔楚 | 召伯盈逐王子朝，王子朝及召氏之族，毛伯得、尹氏固、南宮嚚奉周之典籍以奔楚 | 尹氏、召伯、毛伯以王子朝奔楚 | 尹氏、召伯、毛伯以王子朝奔楚 |

續表

| 《春秋》 | 《左傳》 | 《公羊》 | 《穀梁》 |
|---|---|---|---|
| （廿八年）夏四月丙戌，鄭伯寧卒 | | 四月丙戌，鄭伯寧卒 | 四月丙戌，鄭伯寧卒 |
| 秋七月癸巳，滕子寧卒 | | 秋七月癸巳，滕子寧卒 | 七月癸巳，滕子寧卒 |
| （三十年）冬十有二月，吳滅徐，徐子章羽奔楚 | 己卯，滅徐。徐子章禹斷其髮……遂奔楚 | 冬十有二月，吳滅徐，徐子章禹奔楚 | 十有二月，吳滅徐。徐子章羽奔楚 |
| （三十一年）季孫意如會晉荀躒於適歷 | | 季孫隱如會晉荀櫟於適歷 | 季孫意如會晉荀躒於適歷 |
| 冬，黑肱以濫來奔 | 冬，邾黑肱以濫來奔 | 黑弓以濫來奔 | 黑肱以濫來奔 |
| （三十二年）冬，仲孫何忌會晉韓不信、齊高張、宋仲幾、衛世叔申、鄭國參、曹人、莒人、薛人、杞人、小邾人，城成周 | 己丑，士彌牟營成周 | 仲孫何忌會晉韓不信、齊高張、宋仲幾、衛世叔申、鄭國參、曹人、莒人、邾婁人、薛人、杞人、小邾婁人，城成周 | 仲孫何忌會晉韓不信、齊高張、宋仲幾、衛大叔申、鄭國參、曹人、莒人、薛人、杞人、小邾人，城成周 |
| （定公三年）二月辛卯，邾子穿卒 | 春二月辛卯，邾子……遂卒 | 三月辛卯，邾婁子穿卒 | 三月辛卯，邾子穿卒 |
| 冬，仲孫何忌及邾子盟於拔 | 冬，盟於郯，修邾好也 | 仲孫何忌及邾婁子盟於枝 | 仲孫何忌及邾子盟於拔 |
| （四年）夏四月庚辰，蔡公孫姓帥師滅沈，以沈子嘉歸，殺之 | 夏，蔡滅沈 | 夏四月庚辰，蔡公孫歸姓帥師滅沈，以沈子嘉歸，殺之 | 夏四月庚辰，蔡公孫姓帥師滅沈，以沈子嘉歸，殺之 |
| 五月，公及諸侯盟於皋鼬 | | 五月，公及諸侯盟於浩油 | 五月，公及諸侯盟於皋鼬 |
| 杞伯成卒於會 | | 杞伯戊卒於會 | 杞伯成卒於會 |
| 晉士鞅、衛孔圉帥師伐鮮虞 | | 晉士鞅、衛孔圉帥師伐鮮虞 | 晉士鞅、衛孔圉帥師伐鮮虞 |
| 冬十有一月庚午，蔡侯以吳子及楚人戰於柏舉，楚師敗績 | 十一月庚午，二師陳於柏舉 | 蔡侯以吳子及楚人戰於伯莒，楚師敗績 | 蔡侯以吳子及楚人戰於伯舉，楚師敗績 |
| 庚辰，吳入郢 | 庚辰，吳入郢 | 庚辰，吳入楚 | 庚辰，吳入楚 |
| （五年）春王三月辛亥朔，日有食之 | | 正月辛亥朔，日有食之 | 正月辛亥朔，日有食之 |
| （六年）春王正月癸亥，鄭游速帥師滅許，以許男斯歸 | 春，鄭滅許，因楚敗也 | 鄭游遫帥師滅許 | 鄭游速帥師滅許 |
| （七年）齊侯、衛侯盟於沙 | | 齊侯、衛侯盟於沙澤 | 齊侯、衛侯盟於沙 |
| （八年）晉士鞅帥師侵鄭，遂侵衛 | 秋，晉士鞅會成桓公，侵鄭，圍蟲牢，報伊闕也。遂侵衛 | 晉趙鞅帥師侵鄭，遂侵衛 | 晉士鞅帥師侵鄭，遂侵衛 |

續表

| 《春秋》 | 《左傳》 | 《公羊》 | 《穀梁》 |
| --- | --- | --- | --- |
| (九年) 夏四月戊申，鄭伯蠆卒 | | 四月戊申，鄭伯蠆卒 | 四月戊申，鄭伯蠆卒 |
| (十年) 夏，公會齊侯於夾谷 | 夏，公會齊侯於祝其，實夾谷 | 公會齊侯於頰谷 | 公會齊侯於頰谷 |
| 齊人來歸鄆、讙、龜陰田 | 齊人來歸鄆、讙、龜陰之田 | 齊人來歸運、讙、龜陰田 | 齊人來歸鄆、讙、龜、陰之田 |
| 秋，叔孫州仇、仲孫何忌帥師圍郈 | 武叔懿子圍費 | 叔孫州仇、仲孫何忌帥師圍費 | 叔孫州仇、仲孫何忌帥師圍郈 |
| 宋樂大心出奔曹 | | 宋樂世心出奔曹 | 宋樂大心出奔曹 |
| 宋公子地出奔陳 | 公子地奔陳 | 宋公子池出奔陳 | 宋公子地出奔陳 |
| 冬，齊侯、衛侯、鄭游速會於安甫 | | 齊侯、衛侯、鄭游遫會於鞌 | 齊侯、衛侯、鄭游速會於安甫 |
| 宋公之弟辰暨仲佗、石彄出奔陳 | 冬，母弟辰暨仲佗、石彄出奔陳。 | 齊公之弟辰暨宋仲佗、石彄出奔陳 | 宋公之弟辰暨宋仲佗、石彄出奔陳 |
| (十二年) 冬十月癸亥，公會齊侯盟於黃 | | 公會齊侯盟於晉 | 公會齊侯，盟於齊 |
| (十三年) 春，齊侯、衛侯次於垂葭 | 春，齊侯、衛侯次於垂葭 | 齊侯、衛侯次於垂瑕 | 齊侯次於垂葭 |
| 冬，晉荀寅、士吉射入於朝歌以叛 | 丁未，荀寅、士吉射奔朝歌 | 晉荀寅及士吉射入於朝歌以叛 | 晉荀寅、士吉射入於朝歌以叛 |
| (十四年) 春，衛公叔戍來奔。衛趙陽出奔宋 | 春，衛侯逐公叔戍與其黨，故趙陽奔宋，戍來奔 | 衛公叔戍來奔。晉趙陽出奔宋 | 衛公叔戍來奔。晉趙陽出奔宋 |
| 二月辛巳，楚公子結、陳公孫佗人帥師滅頓，以頓子牂歸 | 頓子牂欲事晉，背楚而絕陳好。二月，楚滅頓 | 三月辛巳，楚公子結、陳公子佗人帥師滅頓，以頓子牂歸。 | 二月辛巳，楚公子結、陳公孫佗人帥師滅頓，以頓子牂歸 |
| 五月，於越敗吳於槜李 | 吳伐越。越子句踐御之，陳於槜李 | 於越敗吳於醉李 | 於越敗吳於槜李 |
| 公會齊侯、衛侯於牽 | 公會齊侯、衛侯於脾、上梁之間 | 公會齊侯、衛侯於堅 | 公會齊侯、衛侯於牽 |
| (十五年) 鄭罕達帥師伐宋 | 鄭罕達敗宋師於老丘 | 鄭軒達帥師伐宋 | 鄭罕達帥師伐宋 |
| 齊侯、衛侯次於渠蒢 | 齊侯、衛侯次於蘧挐 | 齊侯、衛侯次於籧篨 | 齊侯、衛侯次於渠蒢 |
| 秋七月壬申，姒氏卒 | 秋七月壬申，姒氏卒 | 七月壬申，姒氏卒 | 七月壬申，弋氏卒 |
| 丁巳，葬我君定公，雨不克葬。戊午日下昃，乃克葬 | 葬定公 | 丁巳，葬我君定公。雨不克葬，戊午日下昃，乃克葬 | 丁巳，葬我君定公，雨不克葬。……戊午，日下稷，乃克葬 |

續表

| 《春秋》 | 《左傳》 | 《公羊》 | 《穀梁》 |
|---|---|---|---|
| 辛巳，葬定姒 | 葬定姒 | 辛巳，葬定姒 | 辛巳，葬定弋 |
| （成公四年）鄭伯堅卒 | 鄭伯堅卒 | 鄭伯堅卒 | 鄭伯賢卒 |
| （哀公元年）鼷鼠食郊牛，改卜牛 |  | 鼷鼠食郊牛，改卜牛 | 鼷鼠食郊牛角，改卜牛 |
| （二年）秋八月甲戌，晉趙鞅帥師及鄭罕達帥師戰於鐵，鄭師敗績 | 大子復伐之，鄭師大敗，獲齊粟千車 | 晉趙鞅帥師及鄭軒達帥師戰於栗，鄭師敗績 | 晉趙鞅帥師及鄭罕達帥師戰於鐵，鄭師敗績 |
| （三年）季孫斯、叔孫州仇帥師城啓陽 |  | 季孫斯、叔孫州仇帥師城開陽 | 季孫斯、叔孫州仇帥師城啓陽 |
| （四年）春王二月庚戌，盜殺蔡侯申 | 春，蔡昭侯……公孫翩逐而射之 | 三月庚戌，盜殺蔡侯申 | 三月庚戌，盜弒蔡侯申 |
| 晉人執戎蠻子赤歸於楚 | 蠻子聽卜，遂執之，與其五大夫，以畀楚師于三戶 | 晉人執戎曼子赤歸於楚 | 晉人執戎蠻子赤歸於楚 |
| 六月辛丑，亳社災 |  | 六月辛丑，蒲社災 | 六月辛丑，亳社災 |
| （五年）春，城毗 |  | 春，城比 | 春，城毗 |
| 秋九月癸酉，齊侯杵臼卒 | 秋，齊景公卒 | 九月癸酉，齊侯處臼卒 | 九月癸酉，齊侯杵臼卒 |
| （六年）春，城邾瑕 |  | 春，城邾婁葭 | 春，城邾瑕 |
| 齊陳乞弒其君荼 |  | 齊陳乞弒其君舍 | 齊陳乞弒其君荼 |
| （八年）夏，齊人取讙及闡 | 夏五月，齊鮑牧帥師伐我，取讙及闡 | 齊人取讙及僤 | 齊人取讙及闡 |
| （十年）薛伯夷卒 |  | 薛伯寅卒 | 薛伯夷卒 |
| （十一年）夏，陳轅頗出奔鄭 | 夏，陳轅頗出奔鄭 | 陳袁頗出奔鄭 | 陳轅頗出奔鄭 |
| （十二年）秋，公會衛侯、宋皇瑗於鄖 | 秋，衛侯會吳於鄖 | 公會衛侯、宋皇瑗於運 | 公會衛侯、宋皇瑗於鄖 |
| （十三年）夏，許男成卒 |  | 夏，許男戌卒 | 夏，許男成卒 |
| 晉魏曼多帥師侵衛 |  | 晉魏多帥師侵衛 | 晉魏曼多帥師侵衛 |
| 盜殺陳夏區夫 |  | 盜殺陳夏彄夫 | 盜殺陳夏區夫 |

證曰：《穀梁》之爲古學，崔氏據"《梅福傳》'推跡古文'，以《左氏》《穀梁》《世本》《禮記》相明"；《後漢書·章帝紀》"令群儒受學《左氏》《穀梁》《古文尚書》《毛詩》"，以謂"此於《穀梁》，一則明言'古文'，一則與三古文並列，其爲古文明矣"。據"屈江公，申董生，《仲舒》《公孫傳》

中並不言""對宣帝問，《韋賢》《夏侯勝》《蕭望之》《劉向傳》中亦不言""韋、尹、蕭、劉明引《公羊》，尚不足爲《公羊》學之證，豈不引《穀梁》，轉足爲《穀梁》學之證乎？"以見"《儒林傳》謂《公》《穀》二家，爭論於武、宣之世者，直如捕風繫影而已"。以史籍考之，崔氏說固是，《儒林傳》說之未可據信，尚可以申論之也。

（一）《傳》謂"宣帝聞衛太子好《穀梁》，以問丞相韋賢，長信少府夏侯勝，侍中史高，皆魯人也，言穀梁子本魯學，公羊氏乃齊學也，宜興《穀梁》"。此說殆亦虛構。賢子玄成，少脩父業，明引《公羊》，不及《穀梁》。足見韋之不必右《穀梁》。勝雖於《公》《穀》皆無所引，然勝治《尚書》，本伏生《尚書》，既爲齊學；夏侯家學，並爲齊學。《夏侯勝傳》載勝"喜說災異"事，"昌邑王嗣立，數出，勝當乘輿前諫曰：'天久陰而不雨，臣下有謀上者'……勝對言在《洪範傳》，曰：'皇之不極，厥罰常陰，時則下人有伐上者'。"則勝所持，實與眭孟、京房、翼奉諸齊學者相若。則此《傳》謂勝詘齊學，而伸魯學，不惟勝所未言，於情實有所不合矣。

（二）《傳》謂"徵江公孫爲博士，劉向以故諫大夫待詔受《穀梁》，欲令助之。江博士復死，乃徵周慶、丁姓待詔保宫。甘露元年，召《五經》名儒，太子太傅蕭望之等大議殿中，平《公羊》《穀梁》同異，各以經處是非""《穀梁》議郎尹更始，待詔劉向、周慶、丁姓並論。""多從《穀梁》，由是《穀梁》大盛。"《傳》以謂《穀梁》立學，在甘露元年前，然稽之《宣帝紀》及《百官公卿表序》則並不然。《宣帝紀》謂"甘露三年，立梁丘《易》、大小夏侯《尚書》、《穀梁春秋》博士"。《百官公卿表序》則云"博士，宣帝黄龍元年稍增員十二人"。《穀梁》立學，《儒林傳》謂在甘露前，而《宣帝紀》《百官公卿表序》則並謂在甘露元年後。王國維《漢魏博士考》亦云："宣帝增置博士之年，《紀》《表》雖不同，然皆以爲在論石渠之後。然《儒林傳》言歐陽高孫地餘爲博士論石渠，又林尊事歐陽高爲博士論石渠，張山拊事小夏侯建爲博士論石渠，則論石渠時，似歐陽有二博士，小夏侯亦已有博士，與《紀》《傳》均不合。蓋所紀歷官時代有錯誤也。"則《儒林傳》謂"《公》《穀》二家爭論於武、宣之世""《穀梁》於宣帝時已立學"，亦未可遽信。固甚明矣。

（三）據《梅福傳》載成帝久亡繼嗣，福以爲宜建二統，封孔子之世，以爲殷後。復上書曰"臣聞存人所以自立也，雍人所以自塞也。善惡之報，各如其事。昔者秦滅二周，夷六國，隱士不顯，佚民不舉，絕三統，滅天道，是以身危子殺，厥孫不嗣，所謂雍人以自塞者也。故武王克殷，未下車，存五帝之後，封殷於宋，紹夏於杞，明著三統，示不獨有也。是以姬姓半天下，遷廟之主，流出於户，所謂存人以自立者也。今成湯不禩，殷人亡後，陛下繼嗣久微，殆爲此也。《春秋經》曰：'宋殺其大夫'，《穀梁傳》曰：'其不稱名姓，以其在祖位，尊之也。'此言孔子故殷後也，雖不正統，封其子孫以爲殷後，禮亦宜之。"《傳》謂"武帝時，始封周後姬嘉爲周子南君。至元帝時，尊周子南君爲周承休侯，位次諸侯王。使諸大夫博士，求殷後，分散爲十餘姓，郡國往往得其大家，推求子孫，絕不能紀。時匡衡議，以爲：'王者存二王後，所以尊其先王而通三統也。其犯誅絕之罪者絕，而更封他親爲始封君，上承其王者之始祖。《春秋》之義，諸侯不能守其社稷者絕，今宋國已不守其統而失國矣，則宜更立殷後爲始封君，而上承湯統，非當繼宋之絕侯也，宜明得殷後而已。今之故宋，推求其嫡，久遠不可得；雖得其嫡，嫡之先已絕，不當得立。《禮記》孔子曰："丘，殷人也。"先師所共傳，宜以孔子世爲湯後。'上以其語不經，遂見寢。至成帝時，梅福復言宜封孔子後以奉湯禩。"就此《傳》所引匡衡之奏議觀之，孔子之爲殷後，於《禮記》中有明文，於《穀梁傳》中亦有明據。使宣帝時《穀梁》已立學官，《穀梁》之學大盛；則匡衡與蕭望之本同師后蒼學《詩》，其爲奏議，在元帝時，豈有不知孔子之爲殷後，於《穀梁傳》中有明文？何至僅舉《禮記》爲說，而不更舉《穀梁》爲證？此由匡衡之奏，足知《儒林傳》說之不足信。且就"上以其語不經"一語觀之，不經者，不合於經也，使元帝時《穀梁》早已立學，其學且已更盛，元帝之時，方向經學，豈有不知孔子之爲殷後，《穀梁》傳中有明文？縱以《禮記》說爲不經，何至又以《穀梁》中所有者爲不經乎？此由元帝之言，亦足知《儒林傳》說之不足信也。如《儒林傳》說，在宣帝時，《穀梁》果已立學，而元帝則斥匡衡之奏爲不合經，則是非毀先帝所立。《穀梁》果已立學，不當如是也。《儒林傳》所謂"《公》《穀》二家爭論於武、宣之世者"，殆真"如捕風繫影"，崔氏所論，蓋洵不誣也。

雖然，此猶僅就《儒林傳》與《梅福傳》中所言者推論之，《穀梁》於宣帝時已否立學，已可見其要概。試更證之以宣帝增立博士之事，則《穀梁》在宣帝時並未立學，尤可灼見。案《漢書》言宣帝時增立博士事，凡五見：

（一）《宣帝紀》："甘露三年，立梁丘《易》、大小夏侯《尚書》、《穀梁春秋》博士。"

（二）《百官公卿表序》："博士，宣帝黃龍元年稍增員十二人。"

（三）《藝文志·總叙》：《易》，"訖於宣、元，有施、孟、梁丘、京氏，列於學官。"《書》，"訖孝宣也，有歐陽、大小夏侯氏，立於學官。"《詩》，"魯、齊、韓三家，皆立於學官。"《禮》，"訖孝、宣，后蒼最明，戴德、戴聖、慶普皆其弟子，三家皆立於學官。"《春秋》，"四家之中，《公羊》《穀梁》立於學官。"

（四）《劉歆傳》："往者博士，《書》有歐陽，《春秋》公羊，《易》則施、孟，然孝宣帝猶復廣立《穀梁春秋》、梁丘《易》、大小夏侯《尚書》。"

（五）《儒林傳·贊》："初，《書》惟有歐陽，《禮》后，《易》楊，《春秋》公羊而已。至孝宣世，復立大小夏侯《尚書》，大小戴《禮》，施、孟、梁丘《易》，《穀梁春秋》。"

宣帝時增立博士事，《漢書》紀、表、志、傳並言之，然紀、表、志、傳所言，亦互異，非詳察之，則其所增置者，實不易明其果爲何經。王國維《漢魏博士考》云："案宣帝增置博士事，紀、表、志、傳所紀互異，《紀》繫於甘露三年，《表》繫於黃龍元年，一不同也。《紀》與《劉歆傳》均言立梁丘《易》、大小夏侯《尚書》、《穀梁春秋》，而《儒林傳·贊》復數大小戴《禮》，《藝文志》復數慶氏《禮》，二不同也。又博士員數，《表》與《傳》亦不同，據《劉歆傳》，則合新舊僅得八人，如《儒林傳·贊》則合新舊得十二人。似與《表》合矣，然二《傳》皆不數《詩》博士。案：申公、韓嬰，均於孝文時爲博士，轅固於孝景時爲博士，則文、景之世，魯、齊、韓三家《詩》，已立博士。特孝宣時，於《詩》無所增置，故劉歆略之。《儒林傳·贊》綜計宣帝以前立博士之經，而獨遺《詩》魯、齊、韓三家，則疏漏甚矣。又宣帝於《禮》博士亦無增置，《儒林傳·贊》謂宣帝立大小戴《禮》，不知戴聖雖於宣帝時爲博士，實爲后氏《禮》博士，尚未自名其家，與大戴分立也。《藝文志》謂慶氏亦立官者，誤與此同。今參伍考之，則宣帝末所有博士，《易》則施、孟、梁丘，《書》則歐陽、大小夏侯，《詩》則齊、魯、韓，《禮》則后氏、《春秋》則公羊、穀梁，適得十二人。《儒林傳贊》遺《詩》三家，因劉歆之言而誤。《贊》又數大小戴《禮》，《藝文志》並數慶氏《禮》，則又因後漢所立而誤也。"今案，王氏此説，揭舉《漢書》志、傳訛誤，至爲顯白，似爲辨矣；然以宣帝末所增博士，《春秋》有《公羊》《穀梁》，而《禮》僅后氏，以謂"宣帝於《禮》博士亦無增置，《儒林傳·贊》謂宣帝立大小戴《禮》，不知戴聖雖於宣帝時爲博士，實爲后氏《禮》博士，尚未自名其家，與大戴分立。"則實爲臆度，而未能詳考。王氏之誤蓋在未能詳察：

（一）大、小戴在前漢已自名家，大戴在前漢且已有博士，《儒林傳》云："大戴授琅邪徐良斿卿，爲博士、州牧、郡守，家世傳業……由是大戴有徐氏，小戴有橋、楊氏之學。"徐良以大戴弟子爲《禮》家博士，自不可仍誣爲后氏

《禮》之博士，則大、小戴在前漢已分立，十二博士中有大、小戴《禮》，則無《穀梁春秋》博士，甚明。

（二）試更據後漢之十四博士言之，大、小戴在前漢實已分立，而《穀梁》在前漢實未立學，亦甚明確。《後漢書·儒林傳序》云："於是立五經博士，各以家法教授，《易》有施、孟、梁丘、京氏，《尚書》歐陽、大小夏侯，《詩》齊、魯、韓、毛（此毛字衍），《禮》大小戴，《春秋》嚴、顏。"《後漢書·列傳三十四注》引《漢官》云："光武中興，恢弘稽古，《易》有施、孟、梁丘賀、京房，《書》有歐陽和伯、夏侯勝、建，《詩》有申公、轅固、韓嬰，《春秋》有嚴彭祖、顏安樂，《禮》有戴德、戴聖，凡十四博士。"此十四博士，京氏《易》則據前漢《儒林傳》云："至元帝世，復立京氏《易》。"是其立學本在前漢。《春秋》顏氏，在後漢始有博士，前漢治顏氏者實未有爲博士之事。是十四博士中，後漢所增立者惟顏氏《春秋》耳。《漢官》明云："光武中興，恢弘稽古"，則十四博士，除所增立顏氏及元帝時之京氏《易》外，蓋一準古制，而無所增損。是宣帝時十二博士，有大、小戴而無《穀梁》，亦甚明矣。

（三）試更證之於《後漢書·章帝紀》，則曰："漢承暴秦，褒顯儒術，建立五經，爲置博士。……孝宣皇帝，以爲去聖久遠，學不厭博，故遂立大、小夏侯《尚書》，後又立京氏《易》。"據此所云，則宣帝時亦並無增立《穀梁》事甚明。章帝又"令群儒選高才生，受學《左氏》《穀梁春秋》《古文尚書》《毛詩》"，如宣帝時《穀梁》已立學，必能知之；知之宜無不言也。

（四）再試證之於《後漢書·賈逵傳》，逵上書云："至光武皇帝，奮獨見之明，興立《左氏》《穀梁》，會二家先師不曉圖讖，故令中道而廢。"如《穀梁》在前漢已立學官，則賈逵上書，不當云"奮獨見之明，興立《左氏》《穀梁》。"《穀梁》之學，前漢已盛，不當云《穀梁》先師，亦不曉圖讖。此傳所云，"光武皇帝，奮獨見之明"與《漢官》所云"光武中興，恢弘稽古"，斯二語又可以相互證明，稽古而立者無《穀梁》，而獨見所興者有《穀梁》，則《穀梁》在宣帝世並未立學，豈非明白已甚。後漢光武有興立《穀梁》之事，至章帝又有令群儒受學《穀梁》之事，十四博士之有大小戴而無《穀梁》，實準前漢之制，非宣帝時《禮》僅后氏，《春秋》則有《公羊》《穀梁》，亦甚明矣。王氏之説，實爲臆度。崔氏謂《儒林傳》謂："《公》《穀》二家爭論於武、宣之世者，直如捕風繫影而已。"蓋洵不誣也。

崔氏謂《穀梁》爲古文學，僅據《梅福傳》"推跡古文，以《左氏》《穀梁》《世本》《禮記》相明"，及《章帝紀》"令群儒受學《左氏》《穀梁》

《古文尚書》《毛詩》",以謂"此於《穀梁》,一則明言古文,一則與三古文並列,其爲古文甚明。"又謂"胡常所傳《尚書》《左氏》皆古文,則《穀梁》亦古文明矣"。王莽時所立學皆古文學,蕭秉以《穀梁》貴顯,《穀梁》爲古文又明。則證驗猶有不足。愚前以"治兵""戒鼓"等語,明其與《周禮》《左氏》相合,謂"《穀梁》實爲古文之說,固已大明"。以今觀之,實尚有可爲補證者也。其一,《穀梁》在漢儒實以爲古文,此可以許慎《五經異義》之明文證之。《異義》徵引"今""古"文諸經說,其上每冠以"今"或"古"二字,以辨其爲"今"說抑"古"說。"古""故"二字古通,《異義》於古文說,間亦以"故"代"古",冠於古說之上。如《異義》第五,〔田稅〕云:"今《春秋》《公羊》說……'十一行而頌聲作。'故《周禮》說,'國中園廛之賦……'云云","故《周禮》說"實爲"古《周禮》說"。陳壽祺《五經異義疏證》云:"故當爲古,字誤。"則未知其果爲字誤,抑許氏《異義》本如此也。又如《異義》第六〔天號〕云:"今《尚書》歐陽說'春曰昊天……'《爾雅》亦然。古《尚書》說……云云。""古《尚書》說"之"古",《周禮疏》引作"故"。陳氏《疏證》云:"《周禮疏》作'故',《毛詩正義》作'古',當從之。"此亦《異義》所冠之"古",有轉寫爲"故",或原本作"故"之一例也。《異義》徵引《穀梁》,實以《穀梁》爲古文說。如《禮記·曲禮》:"約信曰誓,涖牲曰盟",《正義》引《異義》云:"《異義》,禮約盟不?今《春秋公羊》說'古者不盟,結言而退。'故《穀梁傳》云:'誥誓不及五帝,盟詛不及三王,交質子不及二伯。'詛盟非禮。故《春秋左氏》云……"此條《異義》以"故"字冠之《穀梁傳》上,蓋《異義》明以《穀梁》爲古文說;特"古"訛爲"故",是以後世不覺察,而以《穀梁》爲今文說耳。現存諸書所引許氏《五經異義》,引《穀梁傳》說,亦並無以"今"字冠諸其上者。尤足見《異義》此條"故"字非有訛誤。許氏實以《穀梁》非今文說而實爲古文說,與《章帝紀》"令群儒受學《左氏》《穀梁》《古文尚書》《毛詩》",《梅福傳》"推跡古文,以《左氏》《穀梁》《世本》《禮記》相明",一則明言古文,一則與三古文並列,其意正同。而《異義》以"故"冠《穀梁傳》說上,明著其爲"古"說,較《梅福傳》之明言古文,其詞意尤爲顯白,《穀梁》之爲古學,有此明文足證,益可信崔氏說之爲不誣矣。《穀梁》一傳,前漢《儒林傳》言其傳授綦詳,而紀、志之中,並言其已立學官,故後儒多奉爲今文說,今既申論《儒林傳》說本不足信,又由諸家博士之數,見其本未立學,更於《異義》之中獲此明文爲證;《穀梁》之爲古文,蓋真可謂"鐵案如山搖不動"矣。

其二，《穀梁》之爲古文，漢師以爲古説，此又可以《春秋》三家經文異同證之，據上所立《春秋今古文異同表》觀之。《左氏》《穀梁》與《公羊》經文異者凡三百又六事，前儒以《公》《穀》同爲今文，《左氏》獨爲古文，故未能深察《穀》《左》文雖多異於《公羊》，而《穀》《左》經文，實多自從同。就上所立表觀之，《穀》《左》文異於《公羊》者三百有六事，而此三百有六事中，《穀梁》異文與《左氏》同者凡二百二十又三事，《穀梁》文異於《公羊》，而與《左氏》從同者實約十之六七，則《穀梁》經文，多與《左氏》經同，亦可立見。《穀》《左》文多相同，其書之出孰先孰後，雖未可以一言决，然《穀梁》與《左氏》同爲古文，同屬古學，又有明驗矣。試詳察之，則：

（一）《穀梁》文異於《公羊》者多用古文，或與《周禮》《世本》諸書從同。

（1）桓五年"螽"，《穀梁》作"蟅"，《説文·蟲部》云："蟅，蝗也。從蟲，兌（兖）聲"，兖，古文"終"字。《穀梁》以"蟅"爲"螽"，取兌（兖），從古文也。

（2）莊二十二年，"春，王正月，肆大省"，二《傳》作"眚"。《龍城札記》云，古"眚""省"通用，《周禮·大司徒》"眚禮"即"省禮"。《穀梁》作"眚"，與《周禮》"眚禮"之爲"省禮"意相若。則古文經多如此作。

（3）文十三年"世室屋壞"。"世室"二《傳》作"大室"，惠棟《公羊古義》云："《公羊》皆以'世'爲'太'，如衛'太叔儀'爲'世叔儀'，宋'樂太心'爲'樂世心'。又推而廣之，如鄭大夫子'大叔'，《論語》作'世叔'；天子之子稱太子，《春秋》傳曰'會世子於首止'，諸侯之子稱世子，而晉有太子申生，鄭有大子華，《春秋》經'齊世子光'，《公羊》云'太子光'，明古'世'與'太'同。"趙坦《春秋異文箋》云："《左氏》桓九年經'曹伯使其世子射姑來朝'，《正義》曰，諸經稱'世子'，如'衛世叔申'，經作'世'，傳皆爲'大'。然則古者'世'字與'大'字義通也。宣十八年經'晉侯衛世子臧伐齊'，《傳》'晉侯衛太子臧伐齊。'"《穀梁》以"大"爲"世"，不與《春秋》經同，而與《左氏傳》同，尚有"樂大心""大叔申"諸例，明與經文以"世子"爲"太子"之詞例違牾，而與《左氏》獨相符合，此尤與《左氏》同爲古文之明證。

（4）宣十八年經"楚子旅卒"，"旅"《左氏》亦作"膂"，《穀梁》作"呂"，《説文·呂部》云："呂，脊骨也，象形。昔太岳爲禹心呂之臣，故封吕侯,凡吕之屬皆從吕。'膂'篆文'吕',從肉從旅。"《穀梁》不用篆文之體,所以示其爲古文也。

(5) 成四年"鄭伯臤卒","臤"《左氏》作"堅",《穀梁》作"賢",《説文·臤部》云:"臤,堅也。從又,臣聲。凡臤之屬皆從臤。臤,讀若鏗鏘之鏗。古文以爲賢字。"《穀梁》以"臤"爲"賢",更《穀梁》用古文之顯證。

(6) 昭十一年"楚師滅蔡,執蔡世子有以歸,用之。"《穀梁》經文"有"作"友",趙坦《異文箋》云:"《穀梁》作'世子友'或古文。《史記·蔡世家·注》引《世本》作'太子友'。"此《穀梁》與《世本》同爲古文之一例。由上六例觀之,足知《穀梁》之爲古文,不獨多同《左氏》,實又頗有與《周禮》《世本》相合者。若"旅"之用古文作"吕","臤"之古文以爲"賢",尤可見《穀梁》實爲古學。他如:

(7) 僖四年"葬許繆公",《穀》《左》"繆"並作"穆",然據《孟子·公孫丑下》:"昔者魯繆公",《萬章上》:"以要秦繆公",《荀子·王制篇》:"分未定也,則有昭繆",又《荀子》云:"繆繆肫肫,其事不可循",是古書"穆"字多作"繆",顧炎武《唐韻正一屋》云:"繆莫六切,去聲,則音茂。《禮記·檀弓》'繆公召縣子而問焉'繆音木。《大傳》'序以昭繆'注'繆讀爲穆,聲之誤也。'《坊記》'陽侯猶殺繆侯而竊其夫人'繆音穆。《春秋》隱三年'葬宋穆公''《公羊》《穀梁》傳並作繆'。僖四年'葬許穆公',宣三年'葬鄭穆公',成三年'葬衛穆公',襄九年'葬我小君穆姜'同。(案,《穀梁》繆作穆)《史記·魯世家》'大公召公乃繆卜',徐廣曰:'古書穆字多作繆。'"《儒林傳》"繆生",《索隱》曰:"繆音亡救反……一音穆。"趙氏《異文箋》云:"《漢書·異姓諸侯王表》'秦起襄公,章文繆獻。'《古今人表》'秦繆公,許繆夫人,鄭繆公蘭,陳繆公,晉繆侯,燕繆侯,蔡繆公,衛繆公,曹繆公,楚繆王'凡'穆'字皆作'繆'。"而《穀》《左》"繆"同作"穆"。此名爲古文,而實不合於古之證一。

(8) 僖七年"曹伯般卒",《穀梁》"般"並作"班",而據《左氏》莊三十二年經"子般卒",僖二十八年傳"宋人使門尹般如晉師告急",宣四年"鬥般爲令尹",成十三年傳"鄭公子般",襄三十年經"蔡世子般",昭十一年"楚子虔誘蔡侯般殺之於申",二十六年傳"晉師使成公般戍周而還",哀二年傳"鄭子姚子般送之",《墨子·尚賢》中篇"般爵以貴之",《列子·説符篇》"公輸般服,而不肯以兵"。知"班"與"般"古字雖通,古人名實多用"般"。今《穀梁》作"班",此名爲古文而實不合於古之證二。

(9) 僖二十六年"公會莒子、衛寧邀盟於向",《穀》《左》"邀"並作"速",而據《晏子春秋·内篇·問下》"公曰:'政而遫亡,其行何也'";《内篇·雜上》"君之來遫";《外篇》"知不若車之遫";《荀子·議兵篇》"輕利僄遫";《管子·小稱篇》"造父有以感譽筴,故遫獸可及,遠道可致";《刑德篇》"易節失次,則賊氣遫至";《墨子·明鬼下》"若此之憯遫也"。《吕覽·貴卒篇》"得之同則遫爲上",《漢書·宣帝紀》"匈奴呼遫累單于帥衆來降",師古曰:"遫古速字",是"速""遫"字同,而古字作"遫"。《穀梁》"般"作"班","遫"作"速",此名爲古文而實不合於古之證三。

(10) 宣十六年"成周宣謝災",《穀》《左》"謝"並作"榭"。趙氏《異文箋》云:"榭古作'射'或假用'謝',後世始從木作榭。"《公羊》作"謝",蓋假借字;《左氏》及《穀梁》作"榭",皆後起字。以古文經而多用後起字,名爲古文實不合於古之證四。

(11) 襄十三年"取詩",《穀》《左》"詩"並作"邿"。趙氏《異文箋》云:"《公羊》作'詩',……《水經注·濟水篇》'元父縣有詩亭,《春秋》之詩國。'"《公羊》作"詩",實合於古。《左》《穀》作"邿",乃後起字。以古文經而多用後起字,此名爲古文而實不合於古之證五。

(12) 昭十年"宋公戌卒",《穀》《左》"戌"並作"成",趙氏《異文箋》云:"《公羊》作'戌',釋文音恤,宋平公鐘銘亦作'戌',則《公羊》爲得。《左》《穀》作'成',或字之訛。"《左》《穀》之文,與古鐘鼎銘文不合,此尤足見《穀》《左》名爲古文,而其實不合於真古文,其證六。

(13) 昭十一年"仲孫貜會邾婁子盟於侵羊",《穀》《左》"侵羊"並作"祲祥"。趙氏《異文箋》云:"《公羊》'祲'作'侵',假音字。'祥'作'羊'古省文。"惠氏《公羊古義》云:"古'祥'字皆作'詳',《易·履上九》'視履考祥',《釋文》云'本又作詳';《尚書·君奭》云'其終出於不詳',蔡邕《石經》云'其道出於不詳';《吕刑》'告爾祥刑',《後漢·劉愷傳》引作'詳刑';鄭氏《周禮注》亦云'度作詳刑,以詰四方';皆古'祥'字,故《左傳》'祲祥',服虔引《公羊》作'詳';今《公羊》作'侵羊'者,《春秋繁露》云'羊'之爲言猶'祥',鄭衆《百官六禮辭》亦云'羊者祥也'。疑古'祥''詳'字皆省作'羊'。"《墨子·明鬼下》篇"不能敬君以取羊",畢沅云:"秦漢金石多以'羊'爲'祥'。"《左氏》改羊爲祥,此《左氏》名爲古文,實與秦漢金石文多不合,《穀梁》異文多同《左氏》,而其訛誤亦多同,此名爲古文,而實不合於古,其證七。

(14) 昭三十一年"黑弓以濫來奔",《穀》《左》"弓"並作"肱"。趙氏

《異文箋》云:"《左傳》有周公黑臀'公子黑臀,此邾黑肱義亦相類。'""弓""肱"非由訛誤,《儀禮》"侯道五十弓"注云:"'弓',今文改'弓'爲'肱'"。此或《左》《穀》改"弓"爲"肱",以求合於古耳。《公羊》作"弓"實與古本相合,《左》《穀》作"肱",不必爲真古文其證八。

(15) 桓十二年"公會紀侯、莒子,盟於毆蛇","毆蛇"二《傳》並作"曲池",顧氏《唐韵正三燭》云,"'曲',平聲則音'區'",《春秋》桓十二年"公會杞侯莒子盟於曲池",《公羊傳》作"毆蛇",《汲冢書》作"毆蛇",是《公羊》與《汲冢書》合,《左》《穀》古文轉與古不合,其證九。

(16) 宣十五年"仲孫蔑會齊高固於牟婁",《穀》《左》"牟婁"並作"無婁"。《方言》一云:"憮、牟,愛也,韓、鄭曰憮,宋、魯之間曰牟。"朱駿聲《春秋三傳異文覈》云:"宣十五年會高固於無婁,《公羊》'無'作'牟',此雙聲通寫字。猶《儀禮》之'毋追','毋'讀'牟',莊子'伯昬無人':亦作'瞀人'也。按隱四年'莒人伐杞取牟婁',在今山東青州府諸城縣境。"《穀》《左》"牟婁"作"無婁",既不合於宋、魯方言;亦不合於《春秋》經之"牟婁"。《穀》《左》此文不合於古,從可知矣,其證十。由此十例觀之,皆足見《左氏》號稱古經,《穀梁》亦爲古學,而其實非真古本,冒曰古文,非真傳也。《左氏》之中尚有四例,如:

(17) 隱六年"鄭人來輸平",《左氏》"輸平"作"渝平",王念孫廣《雅疏證釋文詁》:"翰,更也。"云:"'輸'讀爲'渝';《左氏春秋》隱六年'鄭人來渝平',傳云'更成也',《公羊》《穀梁》傳並作'輸'。'輸''渝'古通用,《爾雅》'渝,變也',變亦更也。"然據王應麟《困學紀聞》云:"《詛楚文》'變輸盟','輸'即'渝'字,朱文公引以證《公》《穀》'鄭人來輸平'即《左氏》'渝平'。"是《公羊》作"輸平"有古銘文足證。《左氏》作"渝平",不必真古本也。

(18) 成二年"會晉郤克、衛孫良夫、曹公子手及齊侯戰於鞌。"《左氏》"公子手"作"首"。錢大昕《潛研堂金石文跋》尾云:"卯敦銘'拜手𩒺手'即稽首,《春秋》曹公子'首',二《傳》或作'手',聲同假借也。"《左氏》之"手"爲"首",不合於古銘文。《儀禮·大射儀》"相者皆左何瑟後首"注,古文"後首"爲"後手";《士喪禮》"魚左首"注:"古文首爲手。"《儀禮》古文"首"爲"手",亦與《左氏》不合也。

(19) 成八年"天子使召伯來錫公命",《左氏》"錫"作"賜",趙氏《異文箋》云:"賜、錫音相近,然古器物款識多作'錫',則《公》《穀》作'錫'亦得。"惠氏《公羊古義》云:"'莊九年傳云,錫者何賜也。'古文

'賜'作'錫'。"《左氏》之"錫"作"賜",不合於古器物,亦不合《春秋》經,其非古文,此尤其確證。

(20) 襄七年"鄭伯髡原如會,未見諸侯,丙戌卒於操",《左氏》"操"作"鄵",趙氏《異文箋》云:"《説文》無鄵字,古只借用'操'字,後世始去手從邑。《公》《穀》作'操',猶是古文。"《左氏》作鄵,乃後起字。趙氏亦不能不言《左氏》之非古文,此皆足見《左氏》非真古文,而《穀梁》之爲古文,不得《春秋》之真傳;亦可借以爲證也。

(二) 試更就《穀》《左》文字之多於《公羊》者論之。

則《穀》《左》之經,所見爲多者,亦不必果《公羊》之缺佚,而《穀》《左》果合於本真。《穀》《左》經文似爲增多於《公羊》者,於全經中有十六例。《穀》《左》同多於《公羊》者,如:

(1) 桓十八年"公會齊侯於濼,公夫人姜氏遂如齊。"《傳》曰:"公何以不言及夫人?夫人外也。夫人外者何?内辭也,其實夫人外公也。"《穀》《左》"公夫人"作"公與夫人"。趙氏《異文箋》云:"《公羊》脱'與'字,傳者據以爲解。"

(2) 僖三十三年"晉人及姜戎敗秦於殽";《傳》曰:"其謂之秦何?狄之也。"注:"據敗者稱師,未得師稱人。"《穀》《左》"秦"作"秦師"。趙氏《異文箋》云:"《公羊》或脱'師'字,傳從而爲之辭。"

(3) 文八年"公孫敖如京師,不至復,丙戌,奔莒。"《穀梁》"不至復"作"不至而復",趙氏《異文箋》云:"《公羊》或脱'而'字。"

(4) 文十三年"公如晉,衛侯會於沓。"《穀》《左》"會於沓"作"會公於沓"。趙氏《異文箋》云:"《公羊》脱'公'字。"

(5) 成十年《公羊》經無"冬十月"三字。《穀》《左》並有。趙氏《異文箋》云:"《公羊》脱'冬十月'三字。"孫志祖《讀書脞錄續編》云:"《公羊》成十年'公如晉',何休注云:'如晉者冬也,去冬者,惡成公。前既怨懟不免牲,今復如晉,過郊乃反,遂怨懟無事天之意。'案'公如晉'與'秋七月'連文,蓋公以秋七月如晉也。《左傳》'秋,公如晉'可證。《穀》《左》經文於此年末本有'冬十月'三字,《公羊》經文偶脱爾。"

(6) 襄十五年"蔡昭吳奔鄭",《穀》《左》"奔"作"出奔"。趙氏《異文箋》云:"《公羊》脱'出'字。"

(7) 哀十三年"晉魏多帥師侵衛",《傳》曰:"此晉魏曼多也,曷爲謂之晉魏多?譏二名,二名,非禮也。"注云:"據上七年言曼多。"趙氏《異文箋》云:"《公羊》經作魏多,當是訛脱'曼'字。"據此七例以觀,似《公羊》有脱誤。然細按之，則桓十八年"公夫人"之脱一"與"字，成十年經之無"冬十月"三字，僖三十三年"敗秦於殽"之脱一"師"字，哀十三年"晉魏多"之脱一"曼"字，《公羊》經師非不知其似有闕逸，而傳注乃從而爲之辭者，必實有"夫人外公""狄秦""惡成公""譏二名"，諸微言大義。《公羊》傳自先秦，漢初始著竹帛，其傳授既較早，而經師亦非一，如果文有訛脱，必可按尋文義，爲之增補。而不妄爲增補，是必有微言大義存乎其間也。如必謂《公羊》有脱誤，則桓十八年"公與夫人"，當如僖十一年"公及夫人姜氏會齊侯於陽谷"，書"及"而不書"與"。僖三十三年敗秦於殽，如有"師"字，則《穀梁》亦不當言"狄，秦也。秦之爲狄，自殽之戰始也。"《穀》《左》之經，似無脱誤，蓋由尋省上下文義以爲增補，其實不必《公羊》真有脱誤，而《穀》《左》之無脱誤，爲可信也。文八年"不至復"，《穀》《左》多一"而"字，趙箋云："《公羊》或脱'而'字"，亦未敢必言《穀》《左》之非誤衍，而《公羊》之必爲脱誤。文十三年"會於沓"，《穀》《左》多一"公"字；襄十五年"蔡朝吳奔鄭"，《穀》《左》多一"出"字。《公羊》傳注無說，蓋實本有脱文，然傳注既無說，則其訛脱也晚，未足以證《穀》《左》之經善於《公羊》。而據"公與夫人"之不言"及"，"敗秦於殽"之言"秦師"觀之，《穀》《左》經文之多於《公羊》者，亦頗可見其故爲增多，而不必真合於古也。《穀梁》經文之獨多於《公羊》者亦有四例。

(8) 桓十七年"五月丙午，及齊師戰於奚"，《穀梁》"五月"作"夏五月"。趙氏《箋》云："《左氏》《公羊》無'夏'字，《穀梁》有爲是。《春秋序正義》曰：'四時必具，乃得成年'，桓十七年五月無'夏'，昭十年十二月無'冬'，二者皆有月而無時，既得其月，時則可知。仲尼不應故闕其時，獨書其月，當是仲尼之後，寫者脱漏。"

(9) 僖三年"冬，公子友如齊蒞盟"；《穀梁》"公子友"作"公子季友"。趙氏《箋》云："《穀梁》作'公子季友'，似從書字之例，或衍一'季'字爾。"

(10) 定十年"齊人來歸鄆、讙、龜陰田"，《穀梁》"田"作"之田"，趙氏《箋》云："《穀梁》衍'之'字。"

(11) 哀元年"鼷鼠食郊牛，改卜牛。"《穀梁》"郊牛"作"郊牛角"。趙氏《箋》云："《穀梁》有'角'字，或衍文。"綜此四例觀之，桓十七年無"夏"者，《公羊傳》何注云："夏者陽也，月者陰也，去夏者，明夫人不繫於公也。"桓十七年五月無"夏"者，實與昭十年十二月無"冬"從同。或有大義微言。《穀梁》之有夏者，乃據文義以增，未必《穀梁》之以有爲是也。僖三年"公子友"作"季友",實爲衍文。莊二十五年公子友如陳,僖元年公子友帥師,僖七年公子友如齊,俱無"季"字,至僖十六年公子友卒,始書"季"以褒之,則此不當言"季友"也。定十年《穀梁》衍"之"字,哀元年《穀梁》有"角"字,或衍文。趙氏說並甚讏。《穀梁》文多於《公羊》者,未必《穀梁》是而《公羊》非。其多衍文,適足以見其故爲增多,而不必真合於古也。至《左氏》經文之多於《公羊》者約有五例:

(12) 文三年"晉陽處父帥師伐楚救江",《左氏》"救江"作"以救江",趙氏《箋》云:"《公》《穀》脫'以'字。"

(13) 文十三年"還自晉,鄭伯會公於棐。"《左氏》"還自晉"作"公還自晉",趙氏《箋》云:"《公》《穀》少'公'字,或闕文。"

(14) 宣三年"楚子伐賁渾戎。"《左氏》"戎"作"之戎",趙氏《箋》無說。

(15) 襄三十年"宋災,伯姬卒"。《左氏》作"宋伯姬卒"。趙氏《箋》云:"《左氏》亦云'宋伯姬',且下經'叔弓如宋葬宋共姬'有'宋'字,則此云'宋災,宋伯姬卒',所以繫伯姬於宋,著魯女之嫁於宋者也。有'宋'字爲是。"

(16) 昭元年"莒展出奔吳",《左氏》"莒展"作"莒展輿"。趙氏《箋》云:"《公》《穀》脫'輿'字。"

據此五例以觀,《左氏》文十三年"公還自晉",宣三年"伐陸渾之戎",多一"公"字,一"之"字,此尋省文義,即可以增補,未足以見《左氏》必是,而《公羊》必非。趙氏於"還自晉"謂《公》《穀》或闕文,而於"陸渾之戎",更不言其從違,亦未能質言其是非也。文三年"伐楚救江",《左氏》多一"以"字,亦可以意增補。《公羊傳》曰:"此伐楚也,其言救江何?爲諼也,其爲諼奈何?伐楚爲救江也。"經不言"以",而意自明。《左氏》多一"以"字,與古人文字簡省不合,其所增多亦足以見其不必爲真古也。至"宋災,伯姬卒",雖有"宋"字爲是,然《公羊傳》實云"宋災,伯姬卒焉。宋災,伯姬存焉。"而成九年經亦言"杞伯來逆叔姬",則有"宋"亦不必是也。"莒展出奔吳",何君《注》云:"皆不氏,當國也。"《左氏》言"莒展輿",乃據傳以增經,其所增多,自來可信其必爲真古也。

總此十六例觀之,《穀》《左》文多於《公羊》者,或增多語助,如"公與夫人""不至而復""陸渾之戎""龜陰之田""朝吳出奔""伐楚以救江"之類,此玩經文之意,即可以爲增補。或增多一名物,如"夏五月""冬十月""會公於沓""公還自晉""宋伯姬卒""食郊牛角""公子季友""敗秦師於穀"之類，此玩全經文例，亦可爲之增補。至於"魏曼多""莒展輿"，則據傳文可以增補經文。此十有六例，《穀》《左》文多於《公羊》者，大抵貌爲增多，不合於古本真。則就此貌爲增多之以觀，《穀》《左》之不爲真古經亦可以明知矣。

（三）試更就《穀》《左》文字之少於《公羊》者論之，則《穀》《左》之經所見爲少者，實比較《公羊》爲脫漏，而非《穀》《左》之果合於本真，此則足見《穀》《左》之經，不必爲真本。在全經中，《穀》《左》所脫漏之文詞共三十一例。《穀》《左》二經俱脫漏者，如：

（1）桓十五年"公會齊侯、宋公、衛侯、陳侯於侈伐鄭"，《穀》《左》同脫"齊侯"二字，趙氏《箋》云："《公羊》多'齊侯'二字，古本《左氏》經亦當有'齊侯'字。觀《説文》所引可證。"然《説文·衣部》云："袳，張也，從衣多聲；《春秋》傳曰：'公會齊侯於袳'。"《説文》所引爲"傳"，非謂《春秋》經也。

（2）莊十六年"公會齊侯、宋公、陳侯、衛侯、鄭伯、許男、曹伯、滑伯、滕子，同盟於幽。"《穀》《左》"會"上無"公"，《左氏》更無"曹伯"二字。趙氏《箋》云："《左氏》無'公'字，杜氏以爲使微者會；夫以齊桓之盛，而魯敢使微者與之會，於理未可信。當是脫文。《左氏》無'曹伯'二字亦脫漏。《古經解鈎沉》十六引《折衷》云，《左氏》《穀梁》無'公'字，闕文也。"

（3）莊二十八年"公會齊人、宋人、邾婁人救鄭"，《穀》《左》同脫"邾人"等字。趙氏《箋》云："《公羊》有'邾婁人'三字，或衍文。"此未足以見《公羊》之爲衍，而《穀》《左》之非脫也。

（4）僖二年"齊侯、宋公、江人、黃人盟於貫澤。"《穀》《左》並無"澤"字。趙氏《箋》云："《公羊》經本無'澤'字，故《公羊·疏》於僖九年傳'貫澤之會'下解云：'即上二年秋九月，齊侯、宋公、江人、黃人盟於貫是也。而此言於貫澤者，蓋地有二名。'《疏》説如此。陸德明所據本有'澤'字，故云二《傳》無'澤'字，然則在唐時，《公羊》已有二本不同，有'澤'者或衍文。"僖九年傳明言"貫澤之會"，杜預《釋例》亦引"或曰""齊有貫澤"，古本《公羊》當有"澤"字，陸氏據本有"澤"爲是。亦未足以見《公羊》之爲衍，而《穀》《左》之非脫也。

（5）僖八年"公會王人、齊侯、宋公、衛侯、許男、曹伯、陳世子款、鄭世子華盟於洮"，《穀》《左》並無"鄭世子華"。趙氏《箋》云："此經下即次'鄭伯乞盟'，則'鄭世子華'不會盟可知，《公羊》衍此四字。"

（6）僖十年"晉里克弒其君卓子及其大夫荀息。"《榖》《左》並無"子"字。趙氏《箋》云："《左氏》莊二十八年傳'晉伐驪戎，驪戎男女以驪姬。歸生奚齊。其娣生卓子。'則'卓子'本二名，《左》《榖》經作'卓'，或脫'子'字。"

（7）僖十八年"宋公會曹伯、衛人、邾婁人伐齊"，《榖》《左》並無"會"字。趙氏《箋》云："《公羊》衍'會'字。然此亦未足以見《公羊》之爲衍，而《榖》《左》之非脫也。"

（8）僖十九年"公會陳人、蔡人、楚人、鄭人盟於齊"，《榖》《左》並無"公"字。趙氏《箋》云："陳、蔡、楚、鄭俱稱'人'，則不當書'公會'，《公羊》衍'公'字。"案，此亦未足見《公羊》之必衍，而《榖》《左》之非脫也。

（9）文元年"二月癸亥，朔，日有食之"，《榖》《左》並無"朔"。趙氏《箋》云："《榖》《左》無'朔'字，或闕文。"

（10）文七年"晉人及秦人戰於令狐，晉先昧以師奔秦。"《榖》《左》無"以師"二字。趙氏《箋》云："《公羊》有'以師'二字，或衍文。"案：《公羊傳》明云："此偏戰也，何以不言師敗績？敵也。此晉先昧也，其稱人何？貶。曷爲貶？外也。其外奈何？以師外也。"《傳》明言"師敗績"，又言"以師外"，則《公羊》不爲衍，《榖》《左》蓋脫漏也。

（11）文八年"公子遂會伊雒戎，盟於暴"，《榖》《左》並無"伊"字。趙氏《箋》云："《左氏》傳云'遂會伊雒之戎。'是'伊雒'二字可並言，經文作'雒戎'，從省文。《公羊》作'伊雒戎'，當是不省'伊'字。"經文非從省文，此實《榖》《左》脫漏也。

（12）襄十四年"衛侯衎出奔齊"，《榖》《左》並無"衎"字。趙氏《箋》云："《禮記》曰：'諸侯失地名'，《左氏》傳云：'定姜曰，告亡而已，無告無罪。'則諸侯之策，當書衛侯名爲得。《榖》《左》或脫'衎'字。"朱氏《異文箋》亦云："《公羊》'侯'下有'衎'字，是也。"《左傳》脫誤，杜注非是。

（13）昭二十四年"叔孫舍至自晉"，《榖》《左》並無"叔孫"二字。趙氏《箋》云："《左氏》無'叔孫'二字，舍族尊盟主之義也，使若有罪得釋然。《公羊》有'叔孫'二字，或衍文。"案，《公羊·疏》云："今此'叔孫'不去氏者，蓋以無罪故也。"

（14）定四年"蔡公孫歸姓帥師滅沈，以沈子嘉歸，殺之。"《榖》《左》並無"歸"字。趙氏《箋》云："昭元年經'會於虢'，《左》《公》《榖》皆作'蔡公孫歸生'，此經《穀》《左》無'歸'字，或闕文。"

（15）定七年"齊侯、衛侯盟於沙澤"，《穀》《左》無"澤"字。趙氏《箋》云："《左》《穀》作'盟於沙'，當是省'澤'字。僖公二年盟於'貫'，《公羊》經作盟於'貫澤'，是《左》《穀》亦省'澤'字。《公羊》不省，或衍文。"此足見《公羊》非誤衍，乃《左》《穀》有脫漏耳。

（16）定十三年"晉荀寅及士吉射入於朝歌以叛"，《穀》《左》無"及"字。趙氏《箋》云："《公羊》衍'及'字。"案：趙氏説據《左氏》經以斷言《公羊》經，實則《公羊》未必衍，或《穀》《左》有脫漏也。

據上十六例觀之，如（1）齊侯（2）公會（4）貫澤（6）卓子（9）癸亥朔（11）伊雒戎（12）衛侯衍（14）歸姓（15）沙澤，九例則據經傳可知《穀》《左》必爲脫漏。趙氏《箋》無異説。如（3）邾婁人（7）宋公會（8）公會（16）及士吉射諸例，趙氏《箋》以《公羊》衍文，而實無塙據。如（10）以師（13）叔孫舍諸例，則趙氏《箋》據《左氏》傳謂《公羊》衍，然據《公羊傳·注》觀之，則《穀》《左》亦實爲脫漏。此十六例之中，唯（5）"鄭世子華"據經文觀之，似《公羊》爲衍文。然而《穀》《左》之脫誤亦正足見其多矣。

至《穀梁》之獨脫漏者，共有三例。

（17）僖二十八年"公會晉侯、齊侯、宋公、蔡侯、鄭伯、陳子、莒子、邾婁子、秦人於温"，《穀梁》無"齊侯"二字。趙氏《箋》云："《穀梁》無'齊侯'二字，或脫文。"

（18）襄三十年"叔弓如宋，葬宋共姬"，《穀梁》脫下"宋"字。趙氏《箋》亦云："《穀梁》脫宋字。"

（19）定十三年"齊侯、衛侯次於垂葭"，《穀梁》無"衛侯"二字，趙氏《箋》亦云："《穀梁》脫'衛侯'二字。"此三事者，皆明見《穀梁》之訛脫。

至《左氏》之闕漏，則有十二例。如：

（20）隱十一年"夏，五月，公會鄭伯於祁黎"，《左氏》經無"五月"二字，趙氏《箋》云："《左氏》脫'五月'二字。"

（21）莊十六年"同盟於幽"〔詳見例（2）〕，《左氏》經無"曹伯"二字。趙氏《箋》云："《左氏》無'曹伯'二字，亦脫漏。"

（22）莊三十年"師次於成"，《左氏》作"次於成。"趙氏《箋》云："《左氏》莊三年傳：'凡師一宿爲舍，再宿爲信，過信爲次。'則'次'爲師再宿以後之辭，此年經《左氏》無'師'字，或脫字。"

（23）僖十一年"晉殺其大夫丕鄭父"，《左氏》經無"父"。趙氏《箋》云："僖十年《左氏》傳云：'遂殺丕鄭、祁舉及七輿大夫'，傳無'父'字，則經無'父'字可知，故《公羊·疏》云，《左氏》經無'父'字。今本《左氏》經有'父'字或後人從《公》《穀》經。《公》《穀》有'父'字亦衍文。"趙氏謂"《公》《穀》有'父'字亦衍文"，其實《左氏》未必信，或《左氏》脫也。

（24）宣五年"齊高固來逆子叔姬"，《左氏》經無"子"字。趙氏《箋》云："《左氏》脫'子'字。"張洽《春秋集傳》云："據高固及子叔姬來，當從《公》《穀》有'子'字，在'叔姬'上。"今案《左氏傳》云："齊高固來逆女，自爲也。故書曰'逆叔姬'，卿自逆也。"此足見《左氏》經傳本無"子"字，本爲脫漏也。

（25）襄五年"楚公子貞帥師伐陳，公會晉侯、宋公、衛侯、鄭伯、曹伯、莒子、邾婁子、滕子、薛伯、齊世子光救陳。"《左氏》經無"莒子"以下八字。趙氏《箋》云："《左氏》脫'莒子、邾婁子、滕子、薛伯'八字。"朱氏《異文籑》亦云："襄五年救陳，《公》《穀》皆有莒、邾、滕、薛四國在齊前，按此《左氏春秋》經脫誤也。"

（26）襄十七年"齊高厚帥師伐我北鄙，圍防。"《左氏》經無"齊"字。趙氏《箋》云："此經接'齊侯伐我北鄙，圍桃'下，則高厚爲齊侯分遣之師，故不須復繫齊。《公》《穀》作'齊高厚'，或衍'齊'字。"今案，趙說曲爲《左氏》回護。殊未必然。《春秋》謹嚴，當有"齊"字。《左氏》之經實爲訛脫。

（27）襄二十二年"公會晉侯、齊侯、宋公、衛侯、鄭伯、曹伯、莒子、邾婁子、滕子、薛伯、杞伯、小邾婁子於沙隨。"《左氏》經無"滕子"二字。趙氏《箋》云："《左氏》經邾子下無'滕子'，或闕文。"

（28）襄二十九年"仲孫羯會晉荀盈、齊高止、宋華定、衛世叔齊、鄭公孫段、曹人、莒人、邾婁人、滕人、薛人、小邾婁人城杞。"《左氏》"莒人"下無"邾人"。趙氏箋云："《左氏》經'莒人'下脫'邾人'二字。"

（29）昭三十二年"仲孫何忌會晉韓不信、齊高張、宋仲幾、衛世叔申、鄭國參、曹人、莒人、邾婁人、薛人、杞人、小邾婁人城成周。"《左氏》"莒人"下無"邾人"二字。趙《箋》亦云："《左氏》'莒人'下脫'邾人'二字。"

（30）昭二十三年"冬，公如晉，至河，公有疾，乃復。"《左氏》無下"公"字。趙氏《箋》云："《公》《穀》衍下'公'字，何劭公遂曲爲之解，從《左氏》爲得。"今案，《公羊》傳曰："何言乎'公有疾，乃復？'殺恥也。"據傳文是《公羊》古經本有下"公"字，何注："舉公者，重疾也。"亦非曲爲之解，然則《公羊》非衍，實《左氏》脱漏也。

（31）定十年"宋公之弟辰暨宋仲佗、石彄出奔陳"，《左氏》無下"宋"字。《公羊傳》何《注》云："復出宋者，惡仲佗悉欲帥國人去，舉國言之，公子池、樂世心、石彄從之，皆是也。"趙氏《箋》云："《公》《穀》衍'宋'字，何劭公亦曲爲之説。"今案，經言"宋仲佗"，復出"宋"者，文意更明，自非衍文。何《注》所説，雖不盡是，然以謂《左氏》非脱誤，則亦曲爲説也。

就上列十二例觀之，如（19）（21）（22）（24）（25）（27）（28）（29）八例，趙氏明以爲脱，自餘（23）之"丕鄭父"，（26）之"齊高厚"，（30）之"公有疾"，（31）之"宋仲佗"，趙氏謂《公羊》衍，其實並《左氏》有脱漏，非《公羊》衍也。綜上三十一例觀之，趙氏以爲《穀》《左》脱漏者凡二十例，自餘十一例，趙氏乃牽引《左氏》爲説，然亦可見《穀》《左》脱漏之多矣。且其所闕遺者，如（1）公會齊侯（9）癸亥朔（12）衛侯衍（14）公孫歸姓（17）齊侯（25）莒子、邾子、滕子、薛伯（27）滕子（28）邾人諸事，類皆關涉重要，如果爲古本經，則不當如是也。

（四）試更就《穀》《左》經文與《公羊》經文之互倒者觀之，則全經中只有一例，桓十四年"宋人以齊人、衛人、蔡人、陳人伐鄭。"《穀梁》"衛人、蔡人"作"蔡人、衛人"。趙氏《箋》云："《左氏》定四年傳：'晉文公爲踐土之盟，衛成公不在；夷叔其母弟也，猶先在。'杜注：'踐土、召陵二會，經書蔡在衛上，霸主以國大小之序也。子魚所言，盟歃之次。'此經《左氏》《穀梁》'蔡'在'衛'上，似亦以大小爲次，《公羊》或傳寫之訛。"然此經之書"衛人、蔡人"，其時較早，其當以大小爲次，抑以盟歃爲次衡之，固未易定。《公羊》未必傳寫之誤。以《穀》《左》多誤諸例衡之，或此仍爲《左》《穀》經之訛誤也。

要之，《左氏》《穀梁》所脱漏者，類皆關涉重要，而其所增多者，不過"與""而""之""以"等字，間亦有不免訛誤者，其文字多不合於古，則其非真古本經，固已有明驗矣。《穀梁》之經，多同《左氏》，而且訛誤亦多相同，此《穀梁》之所以亦爲古文學也。

一九四一年十月寫於四川江津白沙，一九五七年三月校訂於西安西北大學附錄二：

# 尸子考證

這一篇本是在一九二五年三月上海《時事新報·學燈》上發表的，後來未經我的同意又轉載在《國故學討論集》上。因爲尸子與《穀梁》是有關係的，所以附錄於此。現在手邊沒有原稿，也没有《學燈》，只好就《國故學討論集》上的本文，將錯字改好，暫且錄出來。正式的修補，到將來再説。

一九三一，八，二十。作者附識

## （一）

《漢書·藝文志》有"《尸子》二十篇"，列在雜家。班固自注曰："名佼，魯人。秦相商君師之，鞅死，佼逃入蜀。"《史記·孟荀列傳》上説："楚有尸子。"劉向《別錄》説是在蜀。王應麟在《漢書藝文志考證》上説："今案尸子書，晉人也。名佼，秦相衛鞅客也。鞅謀事畫計，立法理民，未嘗不與佼規也。商君被刑，佼恐並誅，乃逃入蜀，造二十篇書，凡六萬餘言。"這是尸子的來歷，我們所知道的大約如此。

《尸子》全書，到宋時早已散亡了。現在通行的《尸子》，一是任兆麟輯的，一是章宗源輯的，一是孫星衍輯的，一是汪繼培輯的。這四種輯本之中，惟有汪本搜羅最多，所以人們都説："汪輯最好。"現在我們考訂《尸子》，只有根據汪本了。

記得梁任公先生在《哲學雜志》第四期上説《尸子》"輯本近真"。胡適之先生在《中國哲學史大綱》上説："《尸子》書二十卷，向來列在雜家，今原書已亡，但是有從各書里輯成的《尸子》兩種。據這些引語看來，尸佼是一個儒家的後輩，……即使這些不真是尸佼的，也可以代表當時的一派法理學者。"可見人們對於《尸子》，没有那個積極地反證《尸子》是極不可靠的，是有問題的。我讀現今汪輯《尸子》，就很不相信是無問題的，六七年來，對於這個疑問，很加注意，漸漸證據也多了。我以爲有三個問題是該討論的：

（一）人的問題；（二）文的問題；（三）時的問題。換言之，我以爲現在通行的《尸子》，至少是兩個人作出的，並且有兩個時代的嫌疑。請把我的意見説明，以便討論。

## （二）

現在通行的《尸子》是兩人的，這是很容易看出來的。

汪繼培的《尸子叙》上説："劉向序《荀子》，謂'尸子著書，非先王之法，不循孔氏之術。'劉勰又謂其'兼總雜術，術通而文鈍。'今原書散佚，未究大旨。諸家徵説，率皆採擷精華，剪落枝葉，單詞剩義，轉可寳愛。"

章懷太子注《後漢書·宦者呂强列傳》謂："《尸子》書二十篇，十九篇陳道德仁義之紀，一篇言九州險阻，水泉所起。"

據這兩段話看來，顯而易見的是有兩樣學説，兩樣的作者。如若尸子是秦相商君之師，畫議圖計，必相與偕。那樣，尸子既能與商君合作，又能與商君親密，尸子必定也是任法重刑，棄知非聖的主張者。鞅死逃蜀，便是個明證。劉向説尸子是"非先王之法，不循孔氏之術"，當然也是真實可靠的。

但是反過來説，《穀梁傳》在隱公五年有《尸子》的："初獻六羽，始厲樂矣"這一句；在桓公九年有："夫已多乎道。"也是《尸子》的。尸子既是《穀梁》經師，必定私淑孔子，服膺聖道；《穀梁傳》上的引語，當然可靠。章懷太子説："《尸子》書二十篇，十九篇陳仁義道德之紀"，應該也是真實可信的。（《元和姓纂》一書《穀梁》姓下引《尸子》曰："穀梁俶傳《春秋》十五卷。"此語當在《尸子》原書中，此亦一證據）

我們現在將劉向、章懷太子的話證明了。在《漢書·藝文志》上，只有一種《尸子》，在劉向和章懷太子的口中，却有兩樣的《尸子》。大概在以前總有兩種《尸子》，所以他們説法不同，不過我們現在因原書已亡，把《尸子》誤認爲一人的了。講《穀梁傳》的，有不承認《尸子》是一個人的。阮文達説："隱五年、桓六年（應是九年）並引《尸子》，説者謂即尸佼。佼爲秦相商鞅客，鞅被刑後，遂亡逃入蜀。而預爲徵引，必無是事；或傳中所言，非尸佼也。"（《穀梁傳注疏校勘記·序》）廖季平説："先師也。人表序以爲在孟子後，或以爲佼，非也。"（《穀梁古義疏·隱五注》）但阮、廖皆未尋出什麼根據來，其實拿文字時代來作證，商君的先師的尸子，與儒家的後輩的尸子，很容易見出是兩人的。

## （三）

現在通行的纂輯的《尸子》，大概是兩樣作者的文字，這是很能幫助證明

"尸子"這兩字代表兩人的。由文字上觀察思想，其不合之處，略有三種。請引輯本《尸子》的話語，來作證明。

> 凡治之道莫如因智，因智之道莫如因賢。(《治天下》)

> 治天下有四術：一曰忠愛，二曰無私，三曰用賢，四曰度量。(《君治》)

> 聖人正己而四方治矣。(《神明》)

> 仲尼曰："得之身者得之民，失之身者失之民；不出於戶而知天下，不下其堂而治四方，知反之於己者也。"以是觀之，治己則治人矣。(《處道》)

這個尸子，大概是儒家後輩，所以他要講究"忠愛""無私""正己""因賢"，這必不能與商君合作。韓非說："商君教秦孝公燔《詩》《書》而明法令。"(《和氏》)，又說："公孫鞅之治秦……賞厚而信，刑重而必……故其國富而兵強。"商君不重賢智，不講仁愛，哪能和這尸子志同道合呢？必不能做到"未嘗不與佼規"，而結果佼至"遂亡逃入蜀"。我們可以斷定這非劉向和班固所說的尸子，這不是"非先王之道"的。

但是如若認定他是儒家的後輩，當然這尸子就是《穀梁》經師，聖人之徒了。他偏又說：

> 墨子貴兼，孔子貴公，皇子貴衷，田子貴均，列子貴虛，料子貴別囿。其學之相非也，數世矣，而已皆弇於私也。(《廣澤》)

這一段話把孔夫子列在第二位，讓墨子坐第一把交椅，又說孔夫子是"而已皆弇於私也"。這很不像是陳仁義之紀的尸子，倒像與商君合作的一人。孫星衍校本《尸子敘》說："……而尸子以爲孔子貴公，與諸子並論，不亦失言乎？"這就是對於儒家的後輩的尸子懷疑了！《尸子》本列雜家，但我們不可以這尸子是雜家，就認爲儒家後輩的尸子，就可以非聖誣孔了！

孔子說："道之以政，齊之以刑，民免而無恥。"儒家本是注重人格的感化的，尸子也很主張感化主義的，所以說："聖人正己而四方治矣。"但書中有："是則有賞，非則有罰，人君之所獨斷也。"這便不合儒家的尸子的口味，我們不能無疑。我不敢說那些是商君之師的尸子的話語，也不敢說那些不是商君之師的尸子的話。

最重要的還是尸子時代之考證。

## (四)

據前二節的證明看來，現行《尸子》，在作者方面，在文字方面，都可見得是兩樣的人。其實這兩樣人是未必同時代的。班固以爲是尸佼，秦相商鞅師之，更未必可靠。這是本文最重要的地方，我今從三方面立論，來求讀者的注意和批評。

一、《尸子》說："墨子貴兼，孔子貴公，皇子貴衷，田子貴均，列子貴虛，料子貴別囿，其學之相非也，數世矣，而已皆奪於私也。"這一段話，有幾處很可疑的，足證尸子決不能是商君之師的尸佼。第一，"田子貴均"當然是指田駢。田駢又叫陳駢，《呂氏春秋·不二篇》說："陳駢貴齊。"田、陳古通，均、齊義同，這是一個旁證。《莊子·天下篇》說："彭蒙、田駢、慎到⋯⋯齊萬物以爲首。"這也是可以證明"田子貴均"的田子是田駢。田駢的時代，大概是公曆前三世紀的初年，田駢學說之成熟，大概是前三世紀的初半。然而尸佼是於公曆前三三八年，商君被刑後入蜀的，這和田駢的學說之成熟，相距至少有四五十年。（凡關於年代，請看胡適《中國哲學史大綱》三四〇至三六〇頁）尸佼是商君之師，如何能活得那樣長久，如何能知道"田子貴均"呢？最可疑的是：第二，"其學之相非也，數世矣"這一句。尸子能知道田駢的學說和別種的學說，相非至於數世麼？第三，"料子貴別囿"這話也可疑。"別囿"是宋鈃、尹文派的思想，在田駢之後，尸佼能知道這學派的產生嗎？能說他們相非數世嗎？合這三個疑點看來，現行《尸子》，未必是尸佼的罷！

二、現行《尸子》上有這一句："赤縣州者，實爲昆侖之墟。""赤縣神州"是騶衍的新創，騶衍約和平原君同時，《史記·平原君傳》且說騶衍在信陵破秦存趙之後，約在公曆前二五七年。尸佼前三三八年入蜀，他能知道這六七十年以後的學說嗎？他能知道"赤縣州"這個名詞嗎？尸佼如若是商君之師，我以爲他說不出這話來。

三、現在我們從《穀梁傳》來看罷！如若尸子是《穀梁》經師，他是否即是尸佼？他的時代又如何？穀梁這個人，傳說有四個名字，兩個時代，很可以考定的（看柳興恩《穀梁大義·述經師》篇）。《穀梁傳》大概更不是穀梁本人作出的（看《四庫全書總目提要》）。我們不可以拿《穀梁》的時代，推定《尸子》的時代。但是據紀昀的《四庫提要》，陳澧的《東塾讀書記》，皮錫瑞的《春秋通論》等書看來，《穀梁傳》是見過了《公羊傳》然後作出的。《公羊傳》是"公羊高五世相授，至胡毋生乃著竹帛"的（徐彥《公羊傳疏》），那末，《穀梁》的"著於竹帛"，當然在《公羊》後了。而《尸子》有"穀梁俶傳《春秋》十五卷"的話，這尸子似乎見過《穀梁》已著竹帛的，故能說"十五卷"這些話了。這是漢時的經師才能說的，當然不是尸佼了。我因此疑《穀梁傳》既引《尸子》，而成若干卷，《尸子》又不應說這穀梁俶傳《春秋》十五卷的話。然則不是《尸子》有後人僞造的部分在内，則《穀梁傳》必有後人竄亂的情形了。這總算我的第三個證據了。

（附説：關於《穀梁》方面，我本還有似乎極强的證據，足證明《尸子》不是尸佼那個時代的。因爲牽連的引證太多，我尚有一二懷疑的地方，只好暫時從略，候將來再發表罷。）

我因爲現代《尸子》上很多關於正名的話，恐怕劉向所説的尸子是戰國末年的人物，所以他能舉出當時各派的學説。根據"穀梁俶傳《春秋》十五卷"這一句話，我恐怕章懷太子所見的作《尸子》的是漢代的人物。但是劉向何以没有見到"陳仁義之紀"的"尸子"呢？尸子怎又能説"十五卷"的話呢？我恐怕真的尸佼的書已亡，唐宋所見的《尸子》是後人僞造的——至少有一部分是僞造的——不過我是尚無確證罷了。

## （五）

在我這結論上，我請聲明三件事：

一、我以爲現在通行的《尸子》，決不是尸佼的著述，但當日確有尸佼這個人。我承認《穀梁傳》上的尸子，在當日或確有其人，不過他決不是尸佼這人；現行的《尸子》上面，或者至少有他的許多學説思想在内。現在的《尸子》，或者至少又有後人的依託部分在内，我們不可隨便當作可以代表先秦時代的思想——這些是這篇《尸子考證》的結論，希望讀者予以盡量之批評。

二、尸子的問題，不僅是與諸子有關係，也與《春秋穀梁傳》有關係。以前的學者——講《穀梁》的——似乎對於尸子，都未講得透徹、確鑿。康有爲先生曾説過尸子是始皇時代的人，但也未説出充分之理由（參看《春秋筆削大義微言考》）。我希望從此有人注意這個問題。

三、凡是前人書籍已散亡，經後人搜集起來的東西，大概都不可深信，我們不可以爲輯本就是可靠的。我希望談古書真僞的人們，對於這個提議，也加以注意！

一九二五年二月三日，在太原。

# 後 序

現在這一本《穀梁真僞考》三校已經完了。我怎樣地要作這一部書，爲什麽采用這樣的組織法，以及我作完後的感想等等，似乎還有要說明的地方，現在利用這一篇《後序》略述一下。

## 一

在一九二二年的冬天，我作《春秋六論》的時候，我對於《穀梁》不合孔子思想的地方，已經是很懷疑的。我對於《穀梁》，已經是很少采用他的說法。到一九二五年的時候，我將《春秋六論》第一篇之前半改造爲《春秋大義是什麽》一文，在《時事新報》的《學燈》上發表。那一篇《前叙》上說："我研究《春秋》一經，絕對地嚴守《公羊》之說，我只承認《公羊》是《春秋》的真傳；我何故守《公羊》，棄《左》《穀》，俟將來再說明。"同時我在《學燈》上發表的《尸子考證》上面也說："《穀梁傳》必有竄亂的情形，……候將來再發表。"在我心中盤旋這《穀梁》是否真傳的問題實在有多少年了，但是我的意見始終不敢發表。

治經是要守家法的，研究《春秋》更不當於三傳擇善而從；孔廣森在《公羊通義》的《叙》上說："倘將參而從焉，衡而取焉，彼孰不自以擇善者？"這話是不錯的。研究《春秋》不將三傳的問題解決，終是一個缺陷。《左傳》經過許多學者的論辨，和近來珂羅倔倫的《左傳真僞考》用文法上統計的證明，《左氏》不傳《春秋》，總可以相信了。惟有《穀梁》還是懸案。劉申受的《穀梁廢疾申何》被柳興恩駁了，崔觶甫的"《穀梁》亦古文學"也很難令人信服，所以在《左傳真僞考》出世以後，我才想將來作一部小小的《穀梁春秋考證》，來討論這一個懸案。

現在這年頭研究經是要感困難的，差不多也沒有什麽人注意《春秋》經，何況是《穀梁傳》呢？我自己學問很淺薄，又有些其他的工作，我的理想並沒有想使他實現。去年秋後我着手作諸子通考式的《諸子通論》，想把諸子的名稱、宗派、淵源、緣起、流變、真僞等等作一種有系統的叙述。到今年初稿完成，而我的舊病復發。恰好我要替《學文》第三期作一篇文章，我才決定在養病期中來試驗地討論這個問題。後來越作越多，不得已才節錄上篇的五分之一去充《學文》的篇幅。我的重要的證據也未錄出，不得不將全文發表了。同時我知道劉申受的《左氏春秋考證》快要印單行本了，我才預備將這一點玩藝兒也"災及鉛民"，用一個摩登而明白些的名稱——《穀梁真偽考》——將他付印。趁趁熱鬧，撐撐面子，省得外國的學者很麻煩地替我們來作，顯見得我們似乎太不注意這個問題了。

這些是我要將這一點玩藝拿出來獻醜的緣故，實在是出乎我意料之外的。

## 二

我作這一部書，本來是要用《穀梁春秋考證》的名稱的，所以用得是《左氏春秋考證》的的組織法。但是我並不想完全學劉申受，更不願替他的《穀梁廢疾申何》作辯護士，他那不分類別的格式似乎很不適用。所以我要另想方法，將前人未說過的挑出來說，和已說過而確鑿的來重說。一方面想貢獻一點新的意見，一方面來作舊說的重新證明。引用《穀梁》學者之說來證明不是私見，引用其他學者之說來幫助明瞭，同時也算是搜集前人對於《穀梁》的評論。再探出他的本源，考出他的年代，我想這樣子已經夠了。

本來我對於《穀梁》還有三四十條要評論的地方，應當加入本書的。例如：閔公元年《穀梁傳》說："不以齊侯使高子也。"高子是齊國的大夫，為什麼齊侯不能使呢？所以劉申受說："豈君臣之義乎？"柳興恩駁道："《公羊》成二年亦云'君不使乎大夫'。""君不使乎大夫"與"君不使大夫"當然不同。《公羊》那句本當作"君不行使乎大夫"，見《校勘記》，是說君不遣使"到"（乎）大夫那里去。柳興恩將"乎"字忽略了，也不看《校勘記》，拿來迴護《穀梁》，實在沒有道理；《穀梁》那一句話，實在有違君臣之義。又如：呂大圭在《春秋五論》上說："是故桓公將攘楚，必先有事於蔡；晉文將攘楚，必先有事於曹、衛，此事實也。而《左氏》不達其故，於侵蔡則曰為蔡姬故，於侵曹伐衛則曰為觀浴與塊故。此其病在於推尋事由，……未盡可據也。"《穀梁》於侵曹伐衛也說："再稱晉侯，忌也"（僖二十八年）。"忌"是怨恨，和《左傳》的為觀浴與塊的報復的意思正是相合。足見《左》《穀》是一個鼻孔出氣的，不盡可據。這三四十條要說的地方本可編成一個中篇，但我想大可以不必。上篇作為主腦，下篇作為注腳，中篇暫付闕如。這樣子似乎也夠了。

本書每條先引經，注明某公某年，其次傳，其次注疏。所錄原文，以重要為標準，所以多少不拘。但是為上下文的關係，為的容易明了的關係，或者多寫幾句，或者緣出全文。本書中引用他書時，第一次提出作者及其書名，再引時只説出作者的名字，或書籍的名稱。容易檢察的不附注卷數篇名，不易檢察的才注明卷數篇名，爲的雙方省得許多麻煩。這是本書的略例。

從前的人對於《春秋》是極端崇拜的。呂大圭説："聖人之筆如化工隨物賦形，洪纖高下各得其所，生生之意常流行於其間；雖其所紀事實不出於魯史之舊，而其精神風采則異矣。"他這"生生之意常流行於其間"，是何等崇拜的口吻！但是現在也發生《春秋》不是孔子所筆削的問題了！我對於這個問題並未討論，因爲《穀梁》本身並沒有否認孔子筆削《春秋》，所以這個問題也根本上談不到。

還有，本書雖假定《穀梁》不得《春秋》之真傳，也許其中有真的部分。莊公三十年經"齊人降鄣。"崔鱓甫説："穀梁氏曰：'不言公，恥不能救鄣也。'此必《春秋》家相傳之舊傳也。"(《春秋復始》十六)《穀梁》又有同於《公羊》的地方，當然有許多《春秋》家相傳之舊説，講《春秋》的當然也無妨拿來參考。

本書考訂《穀梁》的真僞，同時有幾條（如上篇第六）也可幫助證明《左傳》的是非，因爲牽涉得太遠，我想這也是很容易知道的，所以我並沒有説明。這些，是我要請讀者注意和原諒的。

## 三

我自己的學問很淺薄，我對於這部書的出世，覺得很應當慎重些。在我初稿完成之後，我將內中最重要的證據，《穀梁傳》的"是月"不讀"提月"，請求吳檢齋先生的指教；吳先生也説："如果'是'字當'此'字講，《春秋》經上應當作'寔來'的'寔'。"吳先生認爲無妨將稿子付印。這樣子我才大膽子要拿出來公之於世。

關於文字上的問題，我請我的朋友劉盼遂先生當面將上篇看過一遍。他也很嚴格地勸我改訂了四五處，他對於小學是極有心得極有研究的，他對於我所説的《穀梁》"畫我"之襲用《公羊》"化我"，也是表同意的。

這書的全稿曾請黎劭西先生評閲，並求黎先生轉請錢玄同先生評閲。據黎先生説：錢先生對於這書"甚贊許"的。這些無非是給我多少勇氣。但是，因爲如此，我才決定出版，來向讀者請教。

上述的四位先生，對於本書很多贊助；在太原時，蒙張損闇先生（著有《周易古訓》《京房翼奉學筆記》《説文定聲》《伯淳法言》等書）指導我怎樣做學問。本書出版，更蒙左仲綸先生的許多指導；這都是我所當志謝的。

民二十（1931）年八月卅日

荀子真偽考

## 略　例

（一）《荀子》一書，文多與大、小《戴記》《韓詩外傳》相同，非兩兩對勘，無以定真僞。本篇於《荀子》與《戴記》《外傳》文相同者，並先對勘，然后考其真僞；但關於《荀子》真僞已明之各篇，爲省篇幅起見，則概從略叙述。

（二）《荀子》《戴記》《外傳》等書，流傳既久，版本甚繁。兹爲便利起見，俱用《四部叢刊》本，以爲對勘之資。《外傳》有民二十年丹徒吴氏、江都秦氏覆元槧本（簡稱"覆元槧本"），亦間取以參校。（兹爲節省篇幅，於對勘之原文，但録起訖，注明卷數頁數，以便檢閲）

（三）是編於《荀子》各篇，多逐段爲之説明，兹爲便利起見，即用王氏《集解》分段。其王氏分段有不甚合者，亦不爲之改訂；非爲苟簡，藉免混淆。

（四）《荀子》《戴記》《外傳》數書，流傳既久，對勘之時，其有明知爲因傳抄而誤，而非關於兩書之先後者，則不論列；且爲避免繁冗，亦不加以説明；緣此等處，固一見而可知之也。

（五）《荀子》一書，真僞互淆，是編定《勸學》等十四篇爲真《荀子》文，較之時賢所定，幾於增多一倍。其有不足信者，亦必從嚴假定，總期勿以僞而亂真。海内宏達，不吝賜考，所甚幸焉。

# 一、引言

## （一）《荀子》與劉向　楊倞

荀子的著述，據《漢書·藝文志·諸子略》所列的是《孫卿子》三十三篇，又《詩賦略》所列的有《孫卿賦》十篇。據劉向的《孫卿書錄》説："所校讎中《孫卿書》凡三百二十二篇，以相校除複重二百九十篇，定著三十二篇。"《漢志·諸子略》所列的是經過劉向校定的，"三十三篇"是當作"三十二篇"。（此王應麟《漢書藝文志考證》已言之）在《隋志》所列的，《子部·儒家》有《孫卿子》十二卷，云："楚蘭陵令荀況撰，梁有王孫子一卷，亡。"又《集部·別集》有楚蘭陵令荀況《集》一卷，云："殘缺，梁二卷。"到了唐代，楊倞爲《荀子注》，他以爲"《荀子》未有注解，亦復編簡爛脱，傳寫謬誤"。又以其"文字繁多，故分舊十二卷三十二篇爲二十卷，又改《孫卿新書》爲《荀卿子》，其篇第亦頗有移易，使以類相從"。我們現在流傳下來的《荀子》，即是一度經劉向的校定，再度經楊倞所改編的。這兩本的篇第不同，茲表列於下：

**新舊篇第列表對照**

| 劉向本 | 楊倞本 |
| --- | --- |
| 《勸學》篇第一 | 同 |
| 《修身》篇第二 | 同 |
| 《不苟》篇第三 | 同 |
| 《榮辱》篇第四 | 同 |
| 《非相》篇第五 | 同 |
| 《非十二子》篇第六 | 同 |
| 《仲尼》篇第七 | 同 |
| 《成相》篇第八 | 第二十五 |
| 《儒效》篇第九 | 第八 |

續表

| 劉向本 | 楊倞本 |
| --- | --- |
| 《王制》篇第十 | 第九 |
| 《富國》篇第十一 | 第十 |
| 《王霸》篇第十二 | 第十一 |
| 《君道》篇第十三 | 第十二 |
| 《臣道》篇第十四 | 第十三 |
| 《致仕》篇第十五 | 第十四 |
| 《議兵》篇第十六 | 第十五 |
| 《強國》篇第十七 | 第十六 |
| 《天論》篇第十八 | 第十七 |
| 《正論》篇第十九 | 第十八 |
| 《樂論》篇第二十 | 同 |
| 《解蔽》篇第二十一 | 同 |
| 《正名》篇第二十二 | 同 |
| 《禮論》篇第二十三 | 第十九 |
| 《宥坐》篇第二十四 | 第二十八 |
| 《子道》篇第二十五 | 第二十九 |
| 《性惡》篇第二十六 | 第二十三 |
| 《法行》篇第二十七 | 第三十 |
| 《哀公》篇第二十八 | 第三十一 |
| 《大略》篇第二十九 | 第二十七 |
| 《堯問》篇第三十 | 第三十二 |
| 《君子》篇第三十一 | 第二十四 |
| 《賦》篇第三十二 | 第二十六 |

這兩本的篇次雖不相同，其内容固無大差異。關於這一點，梁任公先生在《要籍解題及其讀法》上說：

> 楊倞所改編，是否愜當，另爲一問題。但劉向舊本，亦不過就中秘所藏三百餘篇之叢稿，訂僞芟複，從新編次，原非必荀卿之舊，故改編亦不必指爲蔑古也。

劉向校中秘時，既有重複二百九十餘篇可爲參考，則劉向於荀書篇第，不惟未必紊古，或以多從其舊。就現存之《荀子》書看來，如《天論》《正名》等篇之可信爲荀文者，其中亦不免有一兩段係錯入；如劉向果以己意多所更易，則這些摻入之各段，他未嘗不可另立篇目以容納之，或細加排比使稍整齊。所以說劉向是"芟複"則可以的，一定指爲"紊古"則殊不必。又如《性惡》篇，劉向舊次雜在《子道》《法行》之間；《成相》篇舊次在第八，都不甚合；劉氏如易荀卿之舊，亦當稍以類從。劉氏既不如此，則其校定《荀子》之時，蓋必保存原書幾分真面目。現在《荀子》之有真僞問題，或係《荀子》書原來編定之時，真《荀子》文本編在一處，而荀子弟子所記，或荀子弟子所作，亦本另編在一處。不過流傳既久，篇簡不免錯亂，而有真僞混淆之象。如劉向未必紊古，又未必多更易，篇章之錯亂，應由於如此，就現在看起來，也只當如此的。

劉向校定的《荀子》，有《成相》及《賦》兩篇，而《漢志》於《諸子略》中既列《孫卿子》三十三篇，而《賦家》又列《孫卿賦》十篇；《漢志》原本《七略》，則劉向定《七略》時，這兩種是否別行，這也是在我們看來要發生疑問的。關於這一點，胡元儀在他所作的《郇卿別傳》上說：

> 今《郇卿書》《賦篇》僅有《賦》六篇，讀者莫明其故，蓋即《郇卿書》中之《賦篇》《成相》篇也。……《成相》亦賦之流也。今案《賦篇》《禮》《知》《雲》《蠶》《箴》五賦之外有，《佹詩》一篇，凡六篇。《成相》篇自"請成相，世之殃"，至"不由者亂，何疑爲"，是第一篇。自"凡成相，辨法方"，至"宗其賢良，辨孽殃"，是第二篇。自"請成相，道聖王"，至"道古聖賢，基必張"，是第三篇。自"願陳辭"，至"託於成相以喻意"，是第四篇。自"請成相，言治方"，至"後世法之成律貫"，是第五篇。合之《賦》六篇，實十有一篇。今《漢志》云"孫卿賦十篇"者，亦脫"一"字，當作"十一篇"也。

他這種算法是認爲兩書雖然別行，但在《孫卿子》中可有《成相》及《賦》兩篇的。梁任公《要籍解題及其讀法》則謂：

> 劉向本篇第，是否即向之舊，似仍有問題。《漢書·藝文志·儒家》載《孫卿子》三十三篇，而《賦家》複載《孫卿賦》十篇，知劉向裒定《七略》時，兩書本各自別行。乃今本則《賦篇》即在三十二篇中，而其《賦》又僅五首，頗難索解。……案：本書《大略》篇首"大略君人者隆禮尊賢而王。……""大略"二字與下文不相

屬，明是標題。而《儒效》末一段云："人論，志不免於曲私。……""人論"二字不與下連；《王制》篇篇中一段云："序官，宰爵知賓客。……""序官"二字與下不連，體例正如《大略》篇。是"人論""序官"本爲兩篇名，略可推見。然則後此何故失此二目，而將四篇並爲兩篇耶？當緣有傳抄者以《孫卿子》與《孫卿賦》合爲一書，將《賦》十篇附於末。二度傳抄者，不解《成相》之義，見其文與"《非相》"相近，遂提前置諸第八篇。三度傳抄者覺增此二篇，與三十二篇之數不符，而當時各篇名，或皆如《大略》篇之僅著於篇首，並未提行另寫；鈔者失察，遂合四爲二，謂符原數。信如是也，則《仲尼》篇第七之下，宜次以《儒效》篇第八，《人論》篇第九，《王制》篇第十，《序官》篇第十一，其《富國》《王霸》至《堯問》《君子》諸篇以次從第十二遞推至三十二。而《成相》《賦》兩篇則別爲《孫卿賦》，而不以入《荀子》。庶幾還中壘校錄之舊觀矣。

梁氏這種說法，是要經三度傳抄然後"合四爲二"以"符原數"，這種假定是太危險的。而且劉向的《書錄》有目有錄，傳抄者又必須將其篇目也加以改訂，這恐怕是不合情理的。《漢志》頗多裁篇別出，如《弟子職》一篇列《孝經類》中，而《管子》中仍有此篇，《荀子》的《成相》《賦》兩篇恐怕也是這樣。我以爲這是不當求之太深的。

## （二）《荀子》之真僞問題

《荀子》一書，雖經劉、楊的編定，但是自來懷疑其書之真僞者，實不甚多。楊倞《荀子注》在《大略》篇篇目下說：

此篇（《大略》）蓋弟子雜錄荀卿之語。

在《宥坐》篇篇目下說：

此以下（《宥坐》及以下《子道》《法行》《哀公》《堯問》共五篇），皆荀卿及弟子所引記傳雜事，故總推之於末。

而在《堯問》篇末段又說：

自"爲說者"以下，荀卿弟子之辭。

他所懷疑爲非荀子所作者只有《大略》《宥坐》《子道》《法行》《哀公》《堯問》等篇，在《君子》篇篇目下他又說：

凡篇名多用初發之語名之，此篇皆論人君之事，即"君子"當爲"天子"，恐傳寫誤也。

這只以爲傳寫之誤，不以爲非荀子作的。在他以後，如宋濂的《諸子辨》，胡應麟的《四部正譌》，姚際恒的《古今僞書考》，雖多辨諸子之贋僞，然而對於《荀子》是没有提出新的意見，説《大略》以下六篇外還有别的僞篇竄入的。

清代爲《荀子》作校注的人，例如盧文弨在《非相》篇末一段説：

> 《非相》篇當止於此，下文所論較大，並與相人無與，疑是《榮辱篇》錯簡於此。

在《儒效》篇"造父者，天下之善御者也"這一段説：

> 案此段"在一大夫之位"云云，當爲衍文，《韓詩外傳》卷五無，此逕接下文，語勢方吻合。

在《致仕》篇第二段也説：

> 前《王制》篇已有此數語，或是脱簡於彼。

郝懿行在《致仕》篇"得衆動天"四句下説：

> 四句一韻，文如箴銘，而與上下頗不相蒙，疑或他篇之誤脱。

王先謙在《王制》篇"序官"一段下説：

> 案：《樂論》篇云"其在序官也，曰修憲命，審誅賞，禁淫聲，以時順修，使夷俗邪音不敢亂雅，太師之事也"，則《序官》是篇名。上文"王者之人""王者之制"等語，及各篇分段，首句類此者，疑皆篇名，應與下文離析，經傳寫雜亂，不可考矣。

他們這三人都只懷疑到篇章的傳寫雜亂，而對於《荀子》本身的真僞也没有發生什麽意見。不過王氏説到"序官"等是篇名，而以篇名湮没，有的在現在已不可考，這實在是很進一步的見解。

近來的人，對於《荀子》懷疑其真僞的，則比較多。梁任公先生在《要籍解題及其讀法》上則説：

> 今案讀全書，其中大部分固可推定爲卿自著，然如《儒效》篇、《議兵》篇、《強國》篇，皆稱"孫卿子"，似出門弟子記録。内中如《堯問》篇末一段，純屬批評荀子之語，其爲他人所述尤爲顯然。又《大略》以下六篇，楊倞已指爲荀卿弟子所記卿語及雜録傳記，然則非全書悉出卿手蓋甚明。

他對於大、小《戴記》文多與《荀子》相同，則以爲：

> 凡此皆當認爲《禮記》採《荀子》，不能謂《荀子》襲《禮記》。蓋《禮記》本漢儒所裒集之叢編雜採諸各家著述耳。然因此可推見兩《戴記》中其摭拾荀卿緒論而不著其名者或尚不少。而《荀

子》書中，亦難保無荀卿以外之著作摻入。蓋《荀子》書亦由漢儒各自傳寫，諸本共得三百餘篇，未必本本從同。劉向將諸本冶爲一爐，但刪其重複，其曾否懸何種標準以鑒別真僞，則向所未言也。楊倞將《大略》《宥坐》《子道》《法行》《哀公》《堯問》六篇降附於末，似有特識。……故此六篇宜認爲漢儒所雜錄，非《荀子》之舊。其餘二十六篇，有無竄亂或缺損，則尚待細勘也。

這兩段所說的，如對於《儒效》《議兵》《彊國》三篇提出新的證明，如謂"其餘二十六篇，有無竄亂或缺損，則尚待細勘"，確是很好而很穩妥的見解。在他以後，繼續討論此問題的則有楊筠如先生之《荀子研究》。他依據：

（一）體裁的差異，如《天論》《禮論》《富國》《性惡》等篇之爲論文體，《哀公》《仲尼》《堯問》《宥坐》等篇之爲語錄體，決定其有一部分是屬於僞作。又《致仕》篇"得衆動天"四句韵語，《樂論》篇"窮本極變"一段韵語，謂其非《荀子》原書，顯然可知。而且以爲《成相》一篇，舊次在第八，不當用韵文，明是《漢志》中間漢人的《成相》《雜辭》，與荀子毫不相干。

（二）思想的矛盾，如《天論》篇後段"故人之命在天"，《修身》篇"人有此三行，雖有大過，天其不遂乎"。與《荀子·天論》篇反對天命的精神大相反對。《樂論》篇"著誠去僞，禮之經也"與《性惡》篇"人之性惡，其善者僞也"。一爲詐僞之僞，一爲人爲之義，大相反對。

（三）篇章的雜亂，如《天論》篇"在天者莫明於日月，……人之命在天。……"這一段上既無所承，與下文也不相接，既不是論天，而且與前文的思想矛盾。《性惡》篇"塗之人可以爲禹"一段以後，忽然接以"有聖人之知者，有士君子之知者，……""有上勇者，有中勇者，有下勇者……"兩段，全然與《性惡》沒有關係。

（四）其他的旁證，如《大略》篇引《穀梁傳》"誥誓不及五帝，盟詛不及三王，交質子不及五伯"，又說"《春秋》賢繆公，以爲能變也"。"故《春秋》善胥命。"是取文十二年、桓三年《公羊傳》，這都可以作爲《荀子》書有許多晚出的材料的旁證。他由這四點更下結論說：

> 我們既知道《荀子》是混雜的東西，除了《成相》以下八篇，明知與《荀子》無關外，其餘各篇，都不免有魚目混珠的現象。用一般的觀察，大致以《正名》《解蔽》《富國》《天論》《性惡》《正論》《禮論》（起首一段）幾篇，真的成分較多。所以我主張：（一）與大、小《戴記》《韓詩外傳》相同的文字，暫時只得割愛。（二）與

前面所舉幾篇中主要思想相矛盾的地方，也最好不採。（三）凡是稱孫卿子的各條，爲愼重起見，也最好不要用爲荀子學說的資料。

他這裏所說，確有不少的新意見。而於可信爲荀子所作的《天論》《解蔽》《正名》《性惡》四篇以外，又以《富國》《正論》及《禮論》之起首一段爲可信，其意見也極平允。不過關於《荀子》與大、小《戴記》、《韓詩外傳》（以下省稱《戴記》《外傳》）相同的地方，仍未一一對勘，則其孰先孰後，問題仍未解決。我們現在所能信的只是《成相》以下八篇決非荀子所作，而《天論》《富國》等篇比較他篇爲眞；但是《天論》等篇亦有與《戴記》《外傳》文同者，又何以決定其必爲眞，所以《荀子》全書的眞僞，在未將荀書與《戴記》《外傳》對勘以前，是沒有方法作相當的解決的。

## （三）《荀子》與《戴記》《外傳》

依上文所述，我們現在如欲決定《荀子》書中各篇之眞僞，最好是將《荀子》與《戴記》《外傳》文字相同者，一一對勘，先作一番比較的研究，然後再決定其孰眞孰僞。荀書與《戴記》相同的，共有十七處；與《外傳》相同的，共有五十七處；現在且先將這些相同的各篇互舉其篇卷如下：

I 《荀子》與《戴記》相同各篇篇目表

《荀子·勸學》——《大戴·勸學》

《荀子·修身》——《大戴·曾子立事》

《荀子·禮論》——《小戴·三年問》

《荀子·禮論》——《小戴·經解》

《荀子·禮論》——《大戴·禮三本》

《荀子·樂論》——《小戴·樂記》

《荀子·樂論》——《小戴·鄉飲酒義》

《荀子·宥坐》——《大戴·勸學》

《荀子·大略》——《小戴·經解》

《荀子·大略》——《大戴·曾子立事》

《荀子·大略》——《大戴·虞戴德》

《荀子·大略》——《小戴·祭義》

《荀子·法行》——《大戴·曾子疾病》

《荀子·法行》——《小戴·聘義》

《荀子·哀公》——《大戴·哀公問五義》

**Ⅱ《荀子》與《外傳》相同各篇篇目表**

《荀子·勸學》——《外傳》六、九、四

《荀子·修身》——《外傳》一、二、五、四

《荀子·不苟》——《外傳》三、二、六、四、一

《荀子·非相》——《外傳》三、五

《荀子·非十二子》——《外傳》四、六

《荀子·儒效》——《外傳》七、五、三、五、四

《荀子·王制》——《外傳》五、三、三、三

《荀子·富國》——《外傳》六

《荀子·君道》——《外傳》四、五、五、六

《荀子·臣道》——《外傳》四、六

《荀子·致仕》——《外傳》五

《荀子·議兵》——《外傳》三、四

《荀子·強國》——《外傳》六

《荀子·天論》——《外傳》二、二、一

《荀子·大略》——《外傳》八、四、五

《荀子·宥坐》——《外傳》三、三、七

《荀子·子道》——《外傳》十、九、三

《荀子·法行》——《外傳》二、四

《荀子·哀公》——《外傳》四、四、二

《荀子·堯問》——《外傳》六、三、七、七

由上列的兩表看來，《荀子》與《戴記》《外傳》相同的共有七十餘處之多，這一問題如不解決，真不好解決《荀子》的真偽。過去的人，多以《戴記》與《外傳》都是抄《荀子》的，如汪中《荀卿子通論》說：

《韓詩》之存者，《外傳》而已，其引《荀卿子》以説《詩》者四十有四。由是言之，《韓詩》，荀卿子之別子也。

……

荀卿所學，本長於《禮》，《儒林傳》云：“東海蘭陵孟卿善為《禮》《春秋》，授后蒼、疏廣。”劉向《叙》云：“蘭陵多善為學，蓋以荀卿也。長老至今稱之。”曰：“蘭陵人喜字為‘卿’，蓋以法荀卿。”又二《戴禮》並傳自孟卿，《大戴禮·曾子立事》篇載《修身》《大略》二篇文，《小戴》《樂記》《三年問》《鄉飲酒義》篇載《禮論》《樂論》篇文。由是言之，曲臺之《禮》，荀卿之支與流餘也。

(《述學補遺》)

汪氏所説，固然是由於荀書比較《戴記》《外傳》要早的緣故，但是他所説的，在我們現在看來，還是不錯的。現在我們試更分述其理由於下：

（1）大、小《戴記》，本是漢儒所裒集的叢編，其所採取之原料，可以分析之如下：

（a）有禮家之《禮記》，如《漢志》所列之《記》百三十一篇。

（b）有樂家之《樂記》，如《樂記》一篇本爲漢儒所採輯。

（c）有屬於《論語》者，如《大戴》中有《孔子三朝記》七篇。

（d）有屬於《尚書》者，如《大戴》中之《文王官人》一篇。

（e）有九流中之儒家，如《大學》《中庸》等篇爲儒家言。

（f）有九流中之道家，如《武王踐阼》之本《太公陰謀》。

（g）有九流中之雜家，如《月令》一篇之採《吕氏春秋》。

（h）有明系漢人之作，如《王制》《公冠》等篇。

（i）有近於所謂《逸禮》，如《奔喪》《投壺》諸篇。

《戴記》的來源，分析起來，可以有此九類。本爲雜纂而成，則其採録《荀子》，不需要對勘，實没有什麽疑問的。而且我們從兩《戴記》成立的時間來看，舊説以爲《戴記》成於西漢，實則恐怕還要晚於西漢。關於這一點，近來錢玄同先生在《重論經今古文學問題》一文上説：

> 今之《大戴禮記》與《小戴禮記》這兩部書，據我的研究，決非戴德和戴聖這兩個人編成的；看它們的内容，雖不見得是删《古文記》而成，但的確採了好些《古文記》……這兩部書，一定是東漢人編成的，所以其中"今""古"雜糅，不易辨析……陸氏《經典釋文序録》……説："後漢馬融、盧植考諸家同異，附戴聖篇章，去其繁重及所叙略，而行於世，即今之《禮記》是也。鄭玄亦依盧、馬之本而注焉。"這明明説今之《禮記》爲盧植、馬融所編定，鄭注所注者即是盧、馬編定之本。然則無論戴聖曾否編有《禮記》，即使有之，而今鄭注之《禮記》四十九篇，則決非戴聖之本也。（《古史辨》第五册）

我們試看《小戴記》中之《明堂位》，姚際恒、方苞等俱以爲"新莽時人爲之"（《續禮記集説》卷五十九引），《大戴記》中之《盛德》記《明堂》之事，《朝事》與《周禮》相合，這都是晚出古文家之説，都可以證明兩《戴記》是輯於東漢時的。（吾友童書業先生《二戴記輯於東漢考》，發表在《浙江省立圖書館館刊》第四卷第二期上，復列五證，可以參看）二《戴記》既輯成於東漢，則在劉向校定《荀子》之時，不當有《戴記》混入《荀子》。而且我們由兩書的對勘，實有確切的證明（詳下），所以說"《禮記》採《荀子》，不能謂《荀子》襲《禮記》"，這話是不錯的。

（2）至於《外傳》，則在《漢志》已說："漢興，魯申公爲《詩》訓故，而齊轅固、燕韓生皆爲之《傳》，或取《春秋》，採雜説，咸非其本義。"《外傳》本取《春秋》，採雜説；其採録《荀子》，我們本不需要對勘，是沒什麼疑問的。《外傳》採《荀子》的地方，多不説明出自《荀子》，而有五處不惟不稱荀子，且直稱"傳曰"（詳下），好像"他所謂傳，當然就是指的《春秋》雜説之類，這可以證明不是《外傳》取的《荀子》，是將《春秋》雜説混入《荀子》書中了"。其實《外傳》之中，如"舜生於諸馮，遷於負夏"（卷三）採《孟子·離婁》下，"伯夷、叔齊，目不視惡色"（卷三）採《孟子·萬章》下，都不説明是《孟子》，而且有所刪節。其採他書，也多不著其名。《外傳》之採《荀子》而不説明是《荀子》是不足疑的。至於所稱"傳曰"，如云"傳曰：'夫《行露》之人許嫁矣，然而未往也。'"（卷一）明是釋《詩》之傳，並非指《春秋》雜説言，其有的冠以"傳曰"，有的不冠以"傳曰"，則或是傳寫者去之有未盡（參看《四庫全書總目提要》），或是古人著書體例之不嚴謹，如謂這些"傳曰"之文，是指的《春秋》雜説之類，而可以證明不是《外傳》取的《荀子》，是將《春秋》雜説混入《荀子》。既是混入，則：(a) 其文字當盡同，而何以對勘起來，文字既不盡相同，而反像《外傳》改編《荀子》的？既是改編《荀子》，則自不能説是混入。(b) 如係混入，則當不只混入一段，有兩段相連混入的可能。而何以所混入者，完全都只有一段，而無兩段相連的？就這種種現象看來，由《外傳》混入《荀子》之説，絕對不可信。我們還須知道：《外傳》有的意見與《荀子》並不從同，在臧琳《經義雜記》七上説：

> 《韓詩外傳》……考《漢志》本作六卷，則今書非韓氏原編，容有後人分並，且以他書厠入者。……其書有曰："子曰：'不知命，無以爲君子。'言天之所生，皆有仁義禮智順善之心。……"斯言也，即《孟子》性善之説也。秦、漢以來，如毛公、董生，皆可爲（案：當作謂）見道之醇儒矣，而性善之説，則俱未能言也。琳謂孟子之後，程、朱以前，知性善者，韓君一人而已，故特表而出之。（《韓子·知命説》）

臧氏這里所説是不錯的，在《外傳》卷五上説：

> 繭之性爲絲，弗得女工燔以沸湯，抽其統理，不成爲絲。卵之性爲雛，不得良雞覆伏孚育，積日累久，則不成爲雛。夫人性善，非得

明王聖主扶攜，內之以道，則不成爲君子。《詩》曰："天生烝民，其命匪諶，靡不有初，鮮克有終。"言惟明王聖主然後使之然也。

《外傳》確是主張性善的。在《外傳》中，無與《荀子·性惡》篇相同之處，自是以主張不同之故，所以不採。而於《荀子·非十二子》雖略有採取，而不非子思、孟軻，自然也是因爲主張性善的緣故。如此等處，如謂《荀子》由《外傳》混入，則混入之時又必有增加非子思、孟軻的一段，這決不是隨便混入的現象。而且《外傳》所非十子之中，有范睢、田文、莊周等人爲《荀子·非十二子》中所無者，如《荀子·非十二子》由《外傳》混入而後加以改編，則由漢人所改編的，其思想文字決不能與《性惡》等篇相合，故其僞造的情形，必很顯然。而現在《荀子》中真的各篇殊無此痕跡，則更不能說是混入了。

我們從《戴記》《外傳》之本身爲纂輯他書而成，由其著作時代之晚，由其文字之不盡與《荀子》相同，很顯明地不是《荀子》各篇有由《戴記》《外傳》混入。我以爲我們不應當隨便說"大概《荀子》本已殘缺，於是孟卿將他的《禮說》《春秋說》都假託《荀子》爲名，將他和《荀子》原書混爲一起，後來傳入秘府以後，劉向就將他馬馬虎虎地排比一下，便算是《荀子》本書"的。依我個人以《戴記》《外傳》與《荀子》互相對勘，以及由《天論》等篇推證的結果，我覺得《荀子》一書之真僞應該分爲六組來看：

第一組：《勸學》《修身》《不苟》《非十二子》《王制》《富國》《王霸》《天論》《正論》《禮論》《樂論》《解蔽》《正名》《性惡》共十四篇。這十四篇都可信爲真《荀子》文，不過有的間有一二段或是由他篇錯入的。

第二組：《榮辱》《非相》《君道》《臣道》共四篇。這四篇中，每篇俱有數段可信爲真荀子文，但在這四篇之中，却又有幾段很可疑爲非荀子所作，《榮辱》《非相》兩篇，尤爲顯然。

第三組：《仲尼》《致仕》《君子》共三篇。這三篇恐非荀子文，其思想或文字頓令人懷疑。

第四組：《儒效》《議兵》《強國》共三篇。這三篇亦非荀子文，應是荀卿弟子所撰述者。

第五組：《成相》《賦》共兩篇。這兩篇本與儒家之孫卿子無關。

第六組：《大略》以下六篇。這六篇認爲漢儒所採錄之詞。

在第一組中，自然《天論》《解蔽》《正名》《性惡》四篇爲最可靠，其餘十篇正可由此四篇推證其爲真荀子所作。在第二組中的四篇，大約每篇只有一半可信，故與第一組稍覺不同。第三組三篇，是我個人的假定。第四組三篇是從梁先生的意見。其餘的兩組，則舊來有說。這種看法，本不必要將《戴記》《外傳》與《荀子》對勘然後才可以推證出來，不過爲了懷疑《荀子》與《戴記》《外傳》之關係，這種對勘的工作，也應當做一做的。

在下文中，謹將個人對於《荀子》各篇真僞的意見，依上列六組，先將其與《戴記》《外傳》之關係，依次對勘，而後再下以判斷。爲方便起見，第一組十四篇，更分爲四項述之：

一、《天論》《性惡》《解蔽》《正名》。

二、《富國》《正論》《禮論》。

三、《勸學》《修身》《不苟》。

四、《非十二子》《王制》《王霸》《樂論》。

# 二、荀子各篇真僞考

## （一）《天論》《性惡》《解蔽》《正名》

Ⅰ《天論》等四篇，近人認爲全是荀卿的精華所在，這幾篇是比較最可靠的。但是《天論》與《外傳》相同的地方，即有三處：

**(1)《荀子·天論》：**

星隊、木鳴，國人皆恐。曰：是何也？曰：無何也。是天地之變，陰陽之化，物之罕至者也。怪之可也，而畏之非也。夫日月之有蝕，風雨之不時，怪星之黨見，是無世而不常有之。上明而政平，則是雖並世起，無傷也；上闇而政險，則是雖無一至者，無益也。夫星之隊，木之鳴，是天地之變，陰陽之化，物之罕至者也。怪之可也，而畏之非也。物之已至者，人祅則可畏也。楛耕傷稼，耘耨失薉，政險失民，田薉稼惡，糴貴民饑，道路有死人，夫是之謂人祅。政令不明，舉錯不時，本事不理，勉力不時……，夫是之謂人祅。禮義不修，內外無別，男女淫亂，則父子相疑，上下乖離，寇難並至，夫是之謂人祅。祅是生於亂。三者錯，無安國。其説甚爾，其菑甚慘。……《傳》曰："萬物之怪，書不説。"無用之辯，不急之察，棄而不治，若夫君臣之義、父之親、夫婦之別，則日切磋而不舍也。

**(2)《荀子·天論》：**

雩而雨，何也？曰：無何也，猶不雩而雨也。日月食而救之，天旱而雩，卜筮然後決大事，非以爲得求也，以文之也。故君子以爲文，而百姓以爲神。以爲文則吉，以爲神則凶也。

《外傳》卷二：

《傳》曰：雩而雨者，何也？曰：無何也，猶不雩而雨也。星墜木鳴，國人皆恐，何也？是天地之變，陰陽之化，物之罕至者也。怪之可也，畏之非也。夫日月之薄蝕，怪星之黨見，風雨之不時，是無世而不嘗有也。上明政平，是雖並至無傷也。上暗政險，是雖無一無益也。夫萬物之有災，人妖最可畏也。曰：何謂人妖？曰：枯耕傷稼，枯耘傷歲，政險失民；田薉稼惡，糴貴民饑，道有死人；寇賊並起，上下乖離，鄰人相暴，對門相盜，禮義不修；牛馬相生，六畜作妖；臣下殺上，父子相疑，是謂人妖，是生於亂。《傳》曰：天地之災，隱而廢也；萬物之怪，書不說也；無用之變，不急之災，棄而不治。若夫君臣之義，父子之親，男女之別，切瑳而不舍也。《詩》曰：如切如瑳，如琢如磨。

　　這是在《荀子》的兩段，《外傳》並爲一段，"雩而雨者"至"猶不雩而雨也"，在《荀子》本是説"君子以爲文，而百姓以爲神"的，《外傳》只抄《荀子》的三句，又移在"星墜木鳴，國人皆恐"一段之上，殊不知"雩而雨"不是災變，與"星墜木鳴，國人皆恐"是不同的。這明是《外傳》襲《荀子》，而忘其文義之不協。如説由《外傳》混入《荀子》，則何以秩序既顛倒，而且在《荀子》這一段的下文，又從何處而來？"君子以爲文，而百姓以爲神，以爲文則吉，以爲神則凶"，正是説不當迷信，與荀子精神正合，猶可見不是後人改編的。至於《外傳》由"星墜木鳴"起，將《荀子》的"雖並世起，無傷也"和"則是雖無一至者，無益也"，改作"是雖並置，無傷也"與"是雖無一，無益也"，文字比較整齊。而刪去《荀子》的"夫星之隊……而畏之非也"，使人不覺重複。"物之已至者，人祅則可畏也"改作"夫萬物之有災，人妖最可畏也"意義比較顯明。"楛耕傷稼，耘耨失薉"，改作"枯耕傷稼，枯耘傷歲"，既見整齊，亦覺顯明。下文《外傳》又刪去《荀子》的三個"夫是之謂人祅"以及"三者錯，無安國"等句，修改合並而歸結於"是謂人妖"，使氣勢較爲暢達，文字較爲簡潔。"萬物之怪，書不説也"之上又增"天地之災，隱而廢也"，相對成文。這都是《外傳》襲用《荀子》的明證。如説由《外傳》混入《荀子》，則不當文字有所更易，而所更易的反不整齊簡潔明白暢達，更不如《外傳》的。這里《荀子》與《外傳》相同的兩處，毫無可疑的不是《荀子》之襲《外傳》。

　　(3)《荀子·天論》：

　　　在天者莫明於日月，在地者莫明於水火，在物者莫明於珠玉，在人者莫明於禮義。故日月不高，則光暉不赫；水火不積，則暉潤不博；珠玉不睹乎外，則王公不以爲寶；禮義不加於國家，則功名不白。故人之命在天，國之命在禮。君人者，隆禮尊賢而王，重法愛民而霸，好利多詐而危，權謀傾覆幽險而盡亡矣。

《外傳》卷一：

《傳》曰：在天者莫明乎日月，在地者莫明於水火，在人者莫明乎禮義。故日月不高，則所照不遠；水火不積則光炎不博，禮義不加乎國家則功名不白。故人之命在天，國之命在禮。君人者降禮尊賢而王，重法愛民而霸，好利多詐而危，權謀傾覆而亡。《詩》曰："人而無禮，胡不遄死。"

這一段《外傳》删去《荀子》的"在物者莫明於珠玉"及"珠玉不睹於外，則王公不以爲寶"，只舉天地人是整齊些的。"光暉不赫"改爲"所照不遠"，"暉潤不博"改爲"光炎不博"，也覺淺顯明白。也是《外傳》襲用《荀子》。如由《外傳》混入《荀子》，則文字不當有更易；即有更易，亦不當反覺着不整齊顯明白的。所以這兩書相同的地方仍無疑地不是《荀子》之襲《外傳》。這一段《荀子》中有"人之命在天"一語，似與《荀子·天論》的精神相衝突，但荀子並非絕對不信命，在《正名篇》説：

　　性傷謂之病，節遇謂之命。（卷十六）

可見他並不否認有所謂"命"。在《性惡》篇他説："善言古者必有節於今，善言天者必有徵於人"。他並非對於天就絕對不談，不過以爲"從天而頌之，孰與制天命而用之"，這樣才合於"天有其時，地有其財，人有其治，夫是之謂能參"。"人之命在天"這一句話，在表面上看來，似與《天論》的精神相冲突，其實這並非是不可解釋的矛盾。這一段的下文還有"大天而思之，孰與物畜而制之"一段，必不是由他篇誤入。不過這一篇末兩段都好像與《天論》無關（末段的前一段實當分爲兩段），而末一段批評慎子、老子等，極合荀子的精神，可信爲荀子所作。這幾段之錯入，無極強之反證，不能斷其爲僞。至於這是《荀子》原書本就如此，還是劉向定著爲三十二篇時才如此，現在無由知其詳了。

《天論》這一篇，大家公認爲真荀子所作，我們除與《戴記》《外傳》對勘而外，在積極方面，更可以由時代背景來證明《天論》的"戡天主義"之必爲荀子時代的作品。《王制》篇説：

　　王者之等賦、政事，財萬物，所以養萬民也。田野什一，關市幾而不徵，山林澤梁以時禁發而不税，相地而衰政，理道之遠近而致貢，通流財物粟米，無有滯留，使相歸移也。四海之内若一家，故近者不隱其能，遠者不疾其勞，無幽閒隱僻之國莫不趨使而安樂之。夫是之謂人師，是王者之法也。（卷五）

又説：

　　北海則有走馬吠犬焉，然而中國得而畜使之；南海則有羽翮、齒革、曾青、丹幹焉，然而中國得而財之；東海則有紫、紶、魚、鹽、焉，然而中國得而衣食之；西海則有皮革、文旄焉，然而中國得而用之。故澤人足乎木，山人足乎魚，農夫不斲削、不陶冶而足械用，工賈不耕田而足菽粟。故虎豹爲猛矣，然君子剝而用之。故天之所覆，地之所載，莫不盡其美，致其用，上以飾賢良，下以養百姓而安樂之，夫是之謂大神。（同上）

據這兩段來看，如云"四海之內若一家"，"無幽閒隱僻之國莫不趨使而安樂之"，以及東西南北的出產，中國都可以利用，澤巨的人不至於缺乏燃料，山居的人不至於有"食無魚"之嗟，這都足以表示荀子所生的時代是一個疆域比較廣大，交通比較便利，物產比較豐富的時代。《王制》篇又說：

論百工，審時事，辨功苦，尚完利，便備用，使雕琢文採不敢專造於家，工師之事也。……修采清，易道路，謹盜賊，平室律，以時順修，使賓旅安而貲（貨）財通，治市之事也。（同上）

《王霸》篇說：

關市幾而不徵，質律禁止而不偏，如是則商賈莫不敦愨而無詐矣。百工將時斬伐，佻其期日，而利其巧任，如是則百工莫不忠信而不楛矣。……商賈敦愨無詐，則商旅安，貨財通而國求給矣。百工忠信而不楛，則器用巧便而財不匱矣。（卷七）

這兩段所說的，不惟足見工商的發達，而且主張因"貨財通而國求給""器用巧便而財不匱"，荀子所生的時代，正是物質文明比較進步，有了使用利器的手工業，可以使生產"利其巧任"，有了遠行的商旅的來往，可以使貨財相通，他不必要像墨子那樣"憂天下之不足"，這明明告訴他人力可以征服自然，一切事情不當聽天委命，而要發生：

天行有常，不爲堯存，不爲桀亡；應之以治則吉，應之以亂則凶。強本而節用，則天不能貧；養備而動時，則天不能病……（卷十一）

的主張。而以爲錯人而思天，則失萬物之情，而要主張參天役物了。他說：

天有其時，地有其財，人有其治，夫是之謂能參。舍其所以參，而願其所參，則惑矣！（同上）

聖人清其天君，正其天官，備其天養，順其天政，養其天情，以全其天功；如是，則知其所爲，知其所不爲矣；則天地官而萬物役矣。（同上）

這種參天役物的思想，正是由於人力可以征服自然的社會所造成，可以說是極明顯的。在孟子時雖感覺到"機變之巧",而未感到器用巧便可使生産加速;在韓非子,他説"當今爭於氣力",則又相信"力"之高於一切,似乎時代更有進步;荀子略後於孟子,而較早於韓非子,他的《天論》篇所有的思想之發生,由他自己所述看來,由孟子與韓非子看來,與其時代正相吻合。所以他要一反"由天謂之,道盡因矣"的道家思想,而成爲"戡天主義"。這一篇是確可無疑的爲荀子所作的。

## II 《性惡》

《性惡》這一篇與《戴記》《外傳》都没有相同的地方,自然没有襲用《戴記》或《外傳》的嫌疑。不過懷疑《性惡》篇的也未嘗無人。有人以爲《性惡》篇不是荀子所作,而且講《荀子》的往往講成荀子主張性善,講孟子的又往往講成與荀子性惡的意思相去不遠。例如清代戴震的《孟子字義疏證》本是發揮孟子之説,而程瑶田《論學小記》則説他不能"不與荀子《性惡》相表裡"。焦循《孟子正義》直認"孟子以人能改過爲善,决其爲性善,伏羲之前,人同禽獸,其貪淫争奪,思之可見"。則人原來並非性善,只是"乃若其情,則可以爲善也"。其實孟、荀性善、性惡之分,就他們對於天道觀念看來,他們决不會相同的。孟子説:

> 萬物皆備於我矣,反身而誠,樂莫大焉。(《盡心上》)

> 盡其心者,知其性也;知其性,則知天矣。(同上)

孟子以爲"萬物皆備於我","反身而誠"則樂,天道既是善的,人性當然是善,所謂"道大而善小,善大而性小"(用王夫之《周易外傳》語),只須擴充盡才,只須盡心知性,不是要改變本性才能善的。《荀子》的《天論》是主張人力可以征服自然,所以對於性也主張化性起僞,不能認爲原來就是善的。所以他在《性惡》篇説:

> 人之性惡,其善者僞也。……然則從人之性,順人之情,必出於争奪,合於犯分亂理而歸於暴。故必將有師法之化,禮義之道,然後出於辭讓,合於文理而歸於治。用此觀之,然則人之性惡明矣,其善者僞也。(卷十七)

他們所處的時代也略不同。孟子雖然也生在戰國之世,"争地以戰,殺人盈野;争城以戰,殺人盈城";但他還未感覺到有如長平之戰一坑降卒至四十餘萬之多。由《孟子》書中看來,似乎他也未感覺當日詭辯家種種的詭辯,没有像荀子那樣批評當日名、墨之"用名以亂實""用實以亂名"。孟子還可以説人性是善,到了荀子,他真要覺着戰禍之烈,慘酷已極,名墨之争,詭辯多端，再不可以說人性是善了。荀子"性惡"的主張，正可以說是因時代而產生，我們如懷疑其非荀子所作，或以爲荀子主張性善，這都是不對的。

在《性惡》篇，"塗之人可以爲禹"一段以後，有"有聖人之知者，有士君子之知者，有小人之知者，有役夫之知者"一段，及"有上勇者，有中勇者，有下勇者"一段，似乎不是本篇所應該有的。但這兩段，歷來並未分出，在前人是並不以爲與上下文不相銜接。其實我們也可以說這分出四等之知，三等之知，令人日躋於聖知上勇。而且在這兩段以下說：

> 繁弱、鉅黍，古之良弓也；然而不得排檠，則不能自正。桓公之葱，太公之闕，……古之良劍也；然而不加砥礪則不能利……驊騮、騹驥、纖離、綠耳，此皆古之良馬也；然而前必有銜轡之制，……然後一日而致千里也。夫人雖有性質美而心辯知，必將求賢師而事之，擇良友而友之。得賢師而事之，則所聞者堯、舜、禹、湯之道也；得良友而友之，則所見者忠信敬讓之行也。……（卷十七）

文氣並非不相銜接，這後一段既非竄入，則前兩段自不可以說是由他篇混入的。所以這一篇自首至尾都應當認爲是真荀子所作。

### Ⅲ 《解蔽》

《解蔽》與《戴記》《外傳》也沒有相同的地方，不需經過對勘，可無疑其爲荀子所作，而這一篇也沒有人懷疑其僞的。荀子在《性惡》篇說"禮義者是生於人之僞，非故生於人之性""凡所貴堯、禹君子者，能化性，能起僞"。"今人之性，固無禮義，故强學而求有之也；性不知禮義，故思慮而求知之也"。他是極注意"聖""知""禮""學"的。在《解蔽》篇他說：

> 夫何以知？曰：心知道然後可道，可道然後能守道以禁非道，……何以知道？曰：心。心何以知？曰：虛一而靜。（卷十五）

> 故學也者，固學止之也。惡乎止之？曰：止諸至足。曷謂至足？曰：聖也。聖也者，盡倫者也；王也者，盡制者也。……不好辭讓，不敬禮節，而好相推擠，此亂世姦人之說也。（同上）

《解蔽》這一篇正是欲解人之蔽，使注重於"聖""知""禮""學"；由荀子之性惡論看來，積極地也可以證明其爲荀子所作。

這一篇雖自來沒有人疑其竄僞，但在篇末云：

> 周而成，洩而敗，明君無之有也；宣而成，隱而敗，暗君無之有也……（同上）

這一段也頗不像本篇所當有的，不過即使這一段不是《解蔽》篇的，而與《正論篇》第一段意思相合，也無害於此篇之爲真《荀子》文。

## IV 《正名》

《正名》這一篇也是與《戴記》《外傳》沒有相同地方的。這一篇說 "所爲有名" 是因爲：

> 異形離心交喻，異物名實玄紐，貴賤不明，同異不別，如是則志必有不喻之患，而事必有困廢之禍，故知者爲之分別，制名以指實，上以明貴賤，下以辨同異，……此所爲有名也。（卷十六）

他攻擊 "用名以亂名" "用實以亂名" "用名以亂實"，說：

> 凡邪說辟言之離正道而擅作者，無不類於三惑者矣，故明君知其分而不與辨也。（同上）

重同異之分辨，正由重知與《解蔽》而來的。這一篇之用詞，如云：

> 生之所以然者謂之性。生（原作性，依王先謙校改）之和所生，精合感應，不事而自然謂之性。性之好、惡、喜、怒、哀、樂謂之情。情然而心爲之擇謂之慮。心慮而能爲之動謂之僞。慮積焉、能習焉而後成謂之僞。（同上）

與《性惡》篇相合。又說：

> 辨說也者，心之象道也。心也者，道之工宰也。道也者，治之經理也。（同上）

"心也者，道之工宰也"，與《解蔽》篇的 "心者形之君也，而神明之主也" 相合，所以這一篇確可無疑其爲荀文的。

這一篇末兩段與正名實無關係，計不似爲此篇之文，一段是：

> 凡語治而待去欲者，無以道欲而困於有欲者也。凡語治而待寡欲者，無以節欲而困於多欲者也。……故治亂在於心之所可，亡於情之所欲……（同上）

一段是：

> 凡人莫不從其所可而去其所不可，知道之莫之若也，而不從道者，無之有也。……如是而加天下焉，其爲天下多，其和樂少矣。（同上）

而結以：

> 無稽之言，不見之行，不聞之謀，君子慎之。（同上）

這兩段是論情欲，似與《正名》篇無干。但前一段云："故欲過之而動不及，心止之也" "欲不及而動過之，心使之也" "性者，天之就也，情者，性之質也"。與《解蔽》篇的"心者形之君也"及《性惡》篇的"性者天之就也"意見相合。後一段云："道者古今之正權也""故人無動而不可以不與權俱",與《解蔽》篇的"何謂衡?曰道"正相合。不過篇末三句,楊倞注說:

> 《說苑》作"無類之說,不戒之行,不贊之辭,君子慎之"。此三句不似此篇之意,恐誤在此耳。

楊注所說,甚有理由。這三句或是由傳抄者誤入。不過與《說苑》文並不同,(《說苑》恐係採取《外傳》卷五之文)也不好說由《說苑》混入的。(近劉念親《荀子正名篇詁釋》則不以此三句為誤入)

## (二) 《富國》《正論》《禮論》

### I 《富國》

《富國》《正論》《禮論》三篇在楊著《荀子研究》中即以為真荀子所作的。《富國》與《戴記》無相同之處,與《外傳》相同者一處:

**《荀子·富國》:**

> 持國之難易,事強暴之國難,使強暴之國事我易。事之以貨寶,則貨寶單而交不結;約信盟誓,則約定而畔無日;割國之錙銖以賂之,則割定而欲無厭。事之彌煩,其侵人愈甚,必至於資單國舉,然後已。雖左堯而右舜,未有能以此道得免焉者也。譬之是猶使處女嬰寶珠,佩寶玉,負戴黃金,而遇中山之盜,雖為之逢蒙視,詘要撓膕,君廬屋妾,由將不足以免也。故非有一,人之道也,直將巧繁拜請,而畏事之,則不足以持國安身,故明君不道也。必將修禮以齊朝,正法以齊官,平政以齊民,然後節奏齊於朝,百事齊於官,眾庶齊於下。如是,則近者競親,遠方致願,上下一心,三軍同力,名聲足以暴炙之,威強足以捶笞之,拱揖指麾,而強暴之國,莫不趨使。譬之是猶烏獲與焦僥搏也。故曰:"事強暴之國難,使強暴之國事我易。"此之謂也。(卷六)

**《外傳》卷六:**

> 事強暴之國難,使強暴之國事我易。事之以貨寶,則貨單而交不結;約契盟誓,則約定而反無日;割國之強乘以賂之,則割定而欲無厭;事之彌順,其侵之愈甚,必致寶單國舉而後已,雖左堯右舜,未有未有能以此道免者也。故非有聖人之道,持(覆元槧本作特)以巧敏拜請畏事之,則不足以持國安身矣,故明君不道也。必修禮以齊

朝，正法以齊官，平政以齊下，然後禮義節奏齊乎朝，法則度量正乎官，忠信愛利平乎下；行一不義，殺一無罪，而得天下，不爲也。故近者競親，而遠者願至，上下一心，三軍同力，名聲足以熏（覆元槧本作暴）炙之，威强足以一齊之，則拱揖指麾。而强暴之國，莫不趨使，如赤子歸慈母者。何也？仁形義立，教誠愛深故。《詩》曰："王猶允塞，徐方既來。"

這裏《外傳》刪去《荀子》的第一句"持國之難易"，這一句是近於標題的。"錙銖"好像太不重要了，又與上文"貨寶"近重複，《外傳》改爲"强乘"，都比較進步的。下文更刪去《荀子》"辟之"至"君廬屋妾"一段不重要的譬喻，免得"逢蒙視"與"君廬屋妾"令人看得不易了解，或者竟是《外傳》不了解"君"爲"若"之誤文，而將這幾句刪去。"節奏"二字太空泛了，故《外傳》於其上更增"禮儀"二字；"百事""衆庶"也覺空泛，所以改爲"法則度量""忠信愛利"。而於其下忽插入從《王霸》抄來的"行一不義，殺一無罪，而得天下，仁者不爲也"幾句，實在與上下文並無深切關係。下文因國之與國不好説"捶笞"，故改爲"一齊"二字，"烏獲與焦僥搏"不合乎趨使，故改爲"如赤子歸慈母者"，下文《外傳》"仁形義立，教誠愛深"，"愛"與上文毫無關係，只是《外傳》因"如赤子歸慈母"編來作結的。統觀這一段，《外傳》刪改了《荀子》，使其明白進步；而引《王霸》及自作結，則不合上下文；明是採用《荀子》而稍加更易的。如説混入《荀子》，則非《外傳》原文，如説混入以後稍加更易，則不應反不如《外傳》的有進步，而這改編的人，恰好將錄自《王霸》的以及"仁形義立，教誠愛深"不甚合的幾句刪去。這相同的地方，可無疑爲《外傳》襲《荀子》的。

從思想文字一方面看來，這一篇第一段説："離居不相待則窮，群居而無分則爭。窮者患也，爭者禍也。"第三段説："人之生不能無群，群而無分則爭，爭則亂，亂則窮。"這與《禮論》篇第一段的"人生而有欲，欲而不得，則不能無求，求而無度量分界，則不能不爭，爭則亂，亂則窮"正相合。而這一篇第四段説：

墨子之言，昭昭然爲天下憂不足。夫不足，非天下之公患也，特墨子之私憂過計也。……夫天地之生萬物也，固有餘，足以食人矣；麻葛繭絲，鳥獸之羽毛齒革也，固有餘，足以衣人矣。夫有餘不足，非天下之公患也，特墨子之私憂過計也。（卷六）

這裡以爲天生萬物，衣食有餘，只要"人善治之"，不必憂天下之不足，極與《天論》篇以人力征服自然的意見相合。在第二段説"足國之道"，要使

"田肥以易，則出實百倍，……餘若丘山，不時焚燒"。又説："使民必勝事，事必出利，利足以生民"。第五段説"垂事養民"，要使"事成功立，上下俱富"。第七段説"潢然使天下必有餘，而上不憂不足，如是則上下俱富"。其思想正一脉相承。所以這一篇由《禮論》《天論》的思想，更可以積極地證其爲荀子所作。

## Ⅱ 《正論》

《正論》篇没有與《戴記》或《外傳》相同的地方，是没有襲用兩書的嫌疑的。由思想文字一方面來看，這一段説："上周密則下疑玄矣，上幽險則下漸詐矣""故主道利明不利幽，利宣不利周"。其用"疑玄"二字與《解蔽》篇"凡人之有鬼也，必以其感忽之間，疑玄之時正之"相合。所謂"主道利宣不利周"，與《解蔽》篇末段："故君人者周，則讒言至矣""君人者宣，則直言至矣"語意相合。第二段説："非聖人莫之能盡，故非聖人莫之能王，聖人備道全美者也。"這與《解蔽》篇："聖也者，盡倫者也；王也者，盡制者也；兩盡者足以爲天下極矣"語意正合。第四段説："是王者之至也""末足與及王者之制也"。在《解蔽》篇也有"王也者，盡制者也""天下有二：非察是，是察非，謂合王制與不合王制也"，重王制相同。第五段説："聖王在上，圖德而定次，量能而授官，皆使民載其事而各得其宜。不能以義制利，不能以僞飾性，則兼以爲民"。重在"以僞飾性"，與《性惡》篇正合。第七段説："上無以法使，下無以度行"，《性惡》篇的"聖人積思慮習僞，故以生禮義而起法度"連舉"法度"，也正相合。第八段評子宋子説到"有益""無益"，與《解蔽》篇："爲之無益於成也，求之無益於得也，憂戚之無益於幾也，則廣焉而棄之矣"。注意功利主義，詞意都相近的。末一段評子宋子"情欲寡"，與《正名》篇："情欲寡……此惑於用實以亂名也。"大意相合。第三、第六兩段，亦無竄亂之跡所以這一篇全可信爲真《荀子》文的。楊倞在篇首注云：

此一篇皆論世俗之乖謬，荀卿以正論辨之。

在這一篇反駁：（1）"世俗之爲説者曰：主道利周"。（2）"世俗之爲説者曰：桀、紂有天下，湯、武篡而奪之"。（3）"世俗之爲説者曰：治者無肉刑有象刑"。（4）"世俗之爲説者曰：湯、武不能禁令"。（5）"世俗之爲説者曰：堯、舜擅讓"。（6）"世俗之爲説者曰：堯、舜不能教化"。（7）"世俗之爲説者曰：太古薄葬"。前七段都是駁"世俗之爲説者"。後兩段是駁子宋子。而且説"二三子之善於子宋子"。足見著述之時，尚有慕子宋子道者，更足見其必爲荀子所作。

## Ⅲ《禮論》

《禮論》篇與《外傳》沒有相同的地方，而與《戴記》則有三處相同，茲先對勘於下：

**(1)《荀子·禮論》：**

　　禮有三本：天地者，生之本也；先祖者，類之本也；君師者，治之本也。無天地，惡生？無先祖，惡出？無君師，惡治？三者偏亡，焉無安人。故禮，上事天，下事地，尊先祖，而隆君師，是禮之三本也。故王者天太祖，諸侯不敢壞，大夫士有常宗，所以別貴始；貴始得之本也。郊止乎天子，而社止於諸侯，道及士大夫，所以別尊者事尊；卑者事卑，宜大者巨，宜小者小也。故有天下者事七世，有一國者事五世，有五乘之地者事三世，有三乘之地者事二世，持手而食者不得立宗廟，所以別積厚；積厚者流澤廣，積薄者流澤狹也。大饗，尚玄尊，俎生魚，先大羹，貴食飲之本也。饗、尚玄尊而用酒醴，先黍稷而飯稻粱。祭、齊大羹而飽庶羞，貴本而親用也。貴本之謂文，親用之謂理，兩者合而成文，以歸大一，夫是之謂大隆。故尊之尚玄酒也，俎之尚生魚也，豆之先大羹也，一也。利爵之不醮也，成事之俎不嘗也，三臭之不食也，一也。大昏之未發齊也，太廟之未入尸也，始卒之未小斂也，一也。大路之素未集也，郊之麻絻也，喪服之先散麻也，一也。三年之喪，哭之不反也，清廟之歌，一唱而三嘆也，縣一鐘，尚拊膈，朱絃而通越也，一也。凡禮，始乎梲，成乎文，終乎悅校。故至備，情文俱盡；其次，情文代勝；其下復情以歸大一也。天地以合，日月以明，四時以序，星辰以行，江河以流，萬物以昌；好惡以節，喜怒以當；以爲下則順，以爲上則明，萬物變而不亂，貳之則喪也。禮豈不至矣哉！

　　……（卷十三）

**《大戴·禮三本》：**

　　禮有三本：天地者，性之本也；先祖者，類之本也；君師者，治之本也。無天地焉生，無先祖焉出，無君師焉治，三者偏亡，無安之人。故禮，上事天，下事地，宗事先祖而寵君師，是禮之三本也。王者天太祖，諸侯不敢懷，大夫士有常宗，所以別貴始，德之本也。郊止天子，社止諸侯，道及士大夫，所以別尊卑，尊者事尊，卑者事卑，宜鉅者鉅，宜小者小也。故有天下者事七世，有國者事五世，有五乘之地者事三世，有三乘之地者事二世，待年而食者不得立宗廟，所以別積厚者流澤光，積薄者流澤卑也。大饗尚玄尊，俎生魚，先大羹，貴飲食之本也。大饗尚玄尊而用酒，食先黍稷而飯稻粱，祭嚌大羹而飽乎庶羞，貴本而親用。貴本之謂文，親用之謂理，兩者合而成文，以歸太一，夫是謂大隆。故尊之尚玄酒也，俎之生魚也，豆之先大羹也，一也。利爵之不啐也，成事之俎不嘗也，三侑之不食也，一也。大昏之未發齊也，廟之未納尸也，始卒之未小斂也，一也。大路車之素幭也，郊之麻冕也，喪服之先散帶也，一也。三年之哭不反也，清廟之歌一倡而三嘆也，縣一磬而尚拊搏，朱弦而通越也，一也。凡禮始於脫，成於文，終於隆。故至備，情文俱盡；其次，情文佚興；其下，復情以歸太一。天地以合，四海以洽，日月以明，星辰以行，江河以流，萬物以倡，好惡以節，喜怒以當。以爲下則順，以爲上則明，萬變不亂，貳之則喪。（卷一）

這兩處相同的文字出入甚少，但可決其爲《戴記》採《荀子》者：以焉爲句首，這在後來是不常用的。《戴記》不了解《荀子》的"焉無安人"，所以改作"無安之人"。"縣一鐘尚拊之膈"，是不大好懂的，《大戴》改作"縣一磬而尚拊搏"，又"始乎梲，成乎文，終乎悅校"，也是不大好懂，《大戴》改作"始於脫，成於文，終於隆。"便易於了解了。這些地方，不像《荀子》的"諸侯不敢壞"，《大戴》"壞"作"懷"，"三臭之不食"，《大戴》"臭"作"侑"，因形近的關係，或者我們現在所見的《荀子》本是有誤，未必是《大戴》改的。所以從這幾點很可以看出來是《戴紀》襲《荀子》的。至於《荀子》"生之本也"，《大戴》"生"作"性"；"積厚者流澤廣"，《大戴》"廣"作"光"；"其次情文代勝"，《大戴》"代勝"作"佚興"，這在我們現在看來，《大戴》比較難懂，而這在從前看來，聲義方面，可以互用，其例非一，不能説是《荀子》襲《戴記》。在《荀子》這一段的下文尚多，尤不可謂爲由《戴記》混入《荀子》，據《荀子》下文並由他處混入看來，亦足爲《大戴》此篇採取《荀子》的明證。

**(2)《荀子·禮論》：**

故繩墨誠陳矣，則不可欺以曲直；衡誠縣矣，則不可欺以輕重；規矩誠設矣，則不可欺以方圓；君子審於禮，則不可欺以詐僞。故繩者，直之至；衡者，平之至；規矩者，方圓之至；禮者，人道之極也。然而不法禮，不足禮，謂之無方之民；法禮，足禮，謂之有方之士。（卷十三）

《小戴·經解》：

禮之於正國也，猶衡之於輕重也，繩之於曲直也，猶規矩之於方圓也。故衡誠縣，不可欺以輕重；繩墨誠陳，不可欺以曲直；規矩誠設，不可欺以方圓；君子審禮，不可誣以奸詐。是故隆禮、不由禮謂之有方之士；不隆禮，不由禮，謂之無方之民。（卷一五）

《小戴·經解》，據孫希旦《禮記集解》説："此篇凡爲三段：首論六經教人之得失，次言天子之德，終言禮之正國，其義各不相蒙，蓋記者雜採衆篇而録之也。"可見《經解》本自不成爲一篇，而是雜採衆篇而成。其與《荀子》相同者，正是《荀子》與《禮三本》相同的一段，《經解》則正是終段的開始，故將《荀子》的本文前後顛倒，使比較順適。而"隆禮由禮"，反極似《荀子》之文。如謂《荀子》襲《戴記》，則不當反改爲"法禮足禮"，不像用"隆禮"字樣之合於《荀子》的（説更詳下）。在《荀子》的下文説："聖人者，道之極也，故學者，固學爲聖人也""文理繁，情用省，是禮之隆也。文理省，情用繁，是禮之殺也"，與《解蔽》篇的"故學也者，固學止之也。惡乎止之？曰，止諸至足。曷謂至足？曰聖也"及《性惡》篇的"合於犯分亂理而歸於暴""合於文理而歸於治"，學爲聖人，注重文理，都極相合。然則就《荀子》的下文看來，尤可見這與《禮三本》《經解》相同的一段，既不是混入《荀子》，更不是混入以後又改編的。

**(3)《荀子·禮論》:**

三年之喪，何也？曰：稱情而立文，因以飾群，別親疏貴賤之節，而不可益損也。故曰：無適不易之術也。創巨者其日久，痛甚者其愈遲；三年之喪，稱情而立文，所以爲至痛極也。齊衰，苴杖，居廬，食粥，席薪，枕塊，所以爲至痛飾也。三年之喪，二十五月而畢，哀痛未盡，思慕未忘，然而禮以是斷之者，豈不以送死有已，復生有節也哉！凡生天地之間者，有血氣之屬必有知，有知之屬莫不愛其類。今夫大鳥獸則失亡其群匹，越月踰時，則必反鉛；過故鄉，則必徘徊焉，鳴號焉，躑躅焉，踟躕焉，然後能去之也。小者是燕爵猶有啁焦之頃焉，然後能去之。故有血氣之屬莫知於人；故人之於其親也，至死無窮。將由夫愚陋淫邪之人與？則彼朝死而夕忘之；然而縱之，則是曾鳥獸之不若也，彼安能相與群居而無亂乎！將由夫修飾之君子與？則三年之喪，二十五月而畢，若駟之過隙，然而遂之，則是無窮也。故先王聖人安爲之立中制節，一使足以成文理，則舍之矣。然則何以分之？曰：至親以期斷。是何也？曰：天地則已易矣，四時則已遍矣，其在宇中者莫不更始矣，故先王案以此象之也。然則三年何也？曰：加隆焉，案使倍之，故再期也。由九月以下，何也？曰：案使不及也。故三年以爲隆，緦小功以爲殺，期九月以爲間。上取象於天，下取象於地，中取則於人，人所以群居和一之理盡矣。故三年之喪，人道之至文者也，夫是之謂至隆；是百王之所同，古今之所一也。（卷十三）

《小戴·三年問》：

三年之喪何也？曰：稱情而立文，因以飾群，別親疏、貴賤之節，而弗可損益也。故曰："無易之道也。"創鉅者其日久，痛甚者其愈遲。三年者，稱情而立文，所以為至痛極也。斬衰、苴杖，居倚廬，食粥，寢苫枕塊，所以為至痛飾也。三年之喪，二十五月而畢，哀痛未盡，思慕未忘，然而服以是斷之者，豈不送死者有已，復生有節也哉！凡生天地之間者，有血氣之屬必有知，有知之屬莫不知愛其類。今是大鳥獸則失喪其群匹，越月踰時焉，則必反巡過其故鄉，翔回焉，鳴號焉，蹢躅焉，踟蹰焉，然後乃能去之。小者至於燕雀，猶有啁噍之頃焉，然後乃能去之。故有血氣之屬者莫知於人，故人於其親也，至死不窮。將由夫患邪淫之人與？則彼朝死而夕忘之，然而從之，則是曾鳥獸之不若也。夫焉能相與群居而不亂乎？將由夫修飾之君子與？則三年之喪，二十五月而畢，若駟之過隙，然而遂之，則是無窮也。故先王焉為之立中、制節，壹使足以成文理，則釋之矣。然則何以至期也？曰：至親以期斷。是何也？曰：天地則已易矣，四時則已變矣，其在天地之中者，莫不更始焉，以是象之也。然則何以三年也？曰：加隆焉爾也。焉使倍之，故再期也。由九月以下何也？曰：焉使弗及也。故三年以為隆，緦、小功以為殺，期、九月以為間。上取象於天，下取法於地，中取則於人，人之所以群居和壹之理盡矣。故三年之喪，人道之至文者也。夫是之謂至隆。是百王之所同，古今之所壹也，未有知其所由來者也。孔子曰："子生三年，然後免於父母之懷。"夫三年之喪，天下之達喪也。（卷一八）

這兩處相同的，《荀子》的"無適不易之術"，《小戴》改作"無易之道也"；"居廬"不甚明瞭，《小戴》改作"居倚廬"；"禮以是斷之者"，《小戴》改作"服以是斷之者"；"反鉛過故鄉"，"鉛"是《荀子》常用的，《小戴》改作"巡"；"然則何以分之"（楊注："分，半也"）實在不大明白，《小戴》改作"然則何以至期也"；都是《小戴》比《荀子》進步的明證。在《荀子》的下文本還有："君之喪所以取三年，何也？……"一段，說三年之義並未完。而《小戴》不採，反採取"孔子曰：……天下之達喪也"一段，明見《戴記》是東拉西扯的。若説是混入《荀子》，則何以由"孔子曰"至"天下之達喪也"幾句都未混入，而反增加"君之喪所以取三年"的一段，反不見有雜纂的痕跡呢？所以無疑地不是由《戴記》混入。

《禮論》起首的一段，説禮義起於亂，合於《性惡》的主張，第二段與《禮三本》《經解》有一部分相同，而説"學爲聖人"及用"文理"等詞與《解蔽》《性惡》合；第三段又攻擊墨家的薄葬，與《正論》第七段攻擊薄葬相合。第四段説："性者，本始材樸也；僞者，文理隆盛也，無性則僞之無所加；無僞則性不能自美。"與《性惡》篇合。第五段説："刻死而附生謂之墨"，也是衍篇首及攻擊墨家薄葬之意的。再次論三年喪、論殯、論祭，且説："其在君子以爲人道也，其在百姓以爲鬼事也"，也與《荀子》不信天鬼，主張人道的意見相合。末段雖有"如或饗之""如或嘗之""如或觸之"，好像用韵，其實並非整句，而下文則用的是"如或去之"，可見並非有意用韵。這當然不是文體有何不同。統觀全篇，在文字上，在意義上，都可以無疑爲真《荀子》文。

## （三）《勸學》《修身》《不苟》

### I《勸學》

上文證明《荀子·天論》等七篇是真《荀子》文，現在再從《勸學》篇說起。《勸學》篇與《戴記》有一段相同：

**(1)《荀子·勸學》：**

君子曰：學不可以已。青，取之於藍，而青於藍；冰，水爲之，而寒於水。木直中繩，輮以爲輪，其曲中規，雖有槁暴，不復挺者，輮使之然也。故木受繩則直，金就礪則利，君子博學而日參省乎己，則知明而行無過矣。故不登高山，不知天之高也；不臨深溪，不知地之厚也；不聞先王之遺言，不知學問之大也。干、越、夷、貉之子，生而同聲，長而異俗，教使之然也。詩曰："嗟爾君子，無恒安息。靖共爾位，好是正直。神之聽之，介爾景福。"神莫大於化道，福莫長於無禍。吾嘗終日而思矣，不如須臾之所學也。吾嘗跂而望矣，不如登高之博見也。登高而招，臂非加長也，而見者遠；順風而呼，聲非加疾也，而聞者彰。假輿馬者，非利足也，而致千里；假舟楫者，非能水也，而絶江河。君子生非異也，善假於物也。南方有鳥焉，名曰蒙鳩，以羽爲巢，而編之以髮，繫之葦苕，風至苕折，卵破子死。巢非不完也，所繫者然也。西方有木焉，名曰射干，莖長四寸，生於高山之上，而臨百仞之淵；木莖非能長也，所立者然也。蓬生麻中，不扶而直；白沙在涅，與之俱黑。蘭槐之根是爲芷，其漸之滫，君子不近，庶人不服。其質非不美也，所漸者然也。故君子居必擇鄉，游必就士，所以防邪僻而近中正也。物類之起，必有所始。榮辱之來，必象其德。肉腐出蟲，魚枯生蠹。怠慢忘身，禍災乃作。強自取柱，柔自取束。邪穢在身，怨之所構。施薪若一，火就燥也；平地若一，水就濕也。草木疇生，禽獸群焉，物各從其類也。是故質的張而弓矢至焉，林木茂而斧斤至焉，樹成蔭而眾鳥息焉，醯酸而蜹聚焉。故言有招禍也，行有招辱也，君子慎其所立乎！積土成山，風雨興焉；積水成淵，蛟龍生焉；積善成德，而神明自得，聖心備焉。故不積跬步，無以至千里；不積小流，無以成江海。騏驥一躍，不能十步；駑馬十駕，功在不舍。鍥而舍之，朽木不折；鍥而不舍，金石可鏤。蚓無爪牙之利，筋骨之強，上食埃土，下飲黃泉，用心一也。蟹六跪而二螯，非蛇蟺之穴，無可寄託者，用心躁也。是故無冥冥之志者無昭昭之明，無惛惛之事者無赫赫之功。行衢道者不至，事兩君者不容。目不能兩視而明，耳不能兩聽而聰。螣蛇無足而飛，梧鼠五技而窮。詩曰："尸鳩在桑，其子七兮。淑人君子，其儀一兮。其儀一兮，心如結兮。"故君子結於一也。昔者瓠巴鼓瑟而流魚出聽，伯牙鼓琴而六馬仰秣。故聲無小而不聞，行無隱而不形；在山而草木潤，淵生珠而崖不枯。為善不積邪，安有不聞者乎？（卷一）

《大戴禮記·勸學》：

君子曰：學不可以已矣。青取之於藍，而青於藍；水則為冰，而寒於水。木直而中繩，輮而為輪，其曲中規，枯暴不復挺者，輮使之然也。是故不升高山，不知天之高也；不臨深溪，不知地之厚也；不聞先王之遺道，不知學問之大也。於越、戎貉之子，生而同聲，長而異俗者，教使之然也。是故木從繩則直，金就礪則利，君子博學如日參己焉，故知明則行無過。《詩》云："嗟爾君子，無恒安息。靖恭爾位，好是正直。神之聽之，介爾景福。"神莫大於化道，福莫長於無咎。孔子曰："吾嘗終日思矣，不如須臾之所學；吾嘗跂而望之，不如升高而博見也。"升高而招，非臂之長也，而見者遠；順風而呼，非聲加疾也，而聞者著。假車馬者，非利足也，而致千里；假舟楫者，非能水也，而絕江海。君子之性非異也，而善假於物也。南方有鳥，名曰蒙鳩，以羽為巢，編之以髮，繫之葦苕，風至苕折，子死卵破，巢非不完也，所繫者然也。西方有木，名曰射干，莖長四寸，生於高山之上，而臨百仞之淵，木莖非能長也，所立者然也。蓬生麻中，不扶自直。蘭氏之根，懷氏之苞，漸之滫中，君子不近，庶人不服，質非不美也，所漸者然也。是故君子靖居恭學，修身致志，處必擇鄉，游必就士，所以防僻邪而道中正也。物類之從，必有所由。榮辱之來，各象其德。肉腐出蟲，魚枯生蠹。殆教亡身，禍災乃作。強自取折，柔自取束。邪穢在身，怨之所構。布薪若一，火就燥；平地若一，水就濕。草木疇生，禽獸群居，物各從其類也。是故正鵠張而弓矢至焉，林木茂而斧斤至焉，樹成蔭而鳥息焉，醯酸而蚋聚焉。故言有召禍，行有招辱，君子慎其所立焉。積土成山，風雨興焉；積水成川，蛟龍生焉；積善成德，神明自傳，聖心備矣。是故不積跬步，無以致千里；不積小流，無以成江海。騏驥一躒，不能千里；駑馬無極，功在不舍。鍥而舍之，朽木不折；鍥而不舍，金石可鏤。夫蚓無爪牙之利，筋脉之強，上食晞土，下飲黃泉者，用心一也；蟹二螯八足，非蛇蠪之穴，而無所寄託者，用心躁也。是故無憒憒之志者，無昭昭之明；無絲絲之事者，無赫赫之功。行跂塗者不至，事兩君者不容。目不能兩視而明，耳不能兩聽而聰。騰蛇無足而騰，鼫鼠五伎而窮。《詩》云：「鳴鳩在桑，其子七兮。淑人君子，其儀一兮。其儀一兮，心若結兮。」君子其結於一也。昔者，瓠巴鼓瑟而沈魚出聽，伯牙鼓琴而六馬仰秣。夫聲無細而不聞，行無隱而不行。玉居山而木潤，淵生珠而岸不枯。為善而不積乎，豈有不至哉！（卷七）

這一大段《荀子》與《大戴禮記》相同的地方，如《荀子》的"冰，水為之"，《大戴禮記》改作"水則為冰"；"雖有槁暴，不復挺者"，《大戴》直作"枯暴不復挺者"；"強自取柱"，改作"強自取折"；"質的張而弓矢至"，改作"正鵠張而弓矢至"；"駑馬十駕"改作"駑馬無極"；"蟹六跪而二螯"改作"蟹二螯而八足"；"無冥冥之志"改作"無憒憒之志"；"無惛惛之事"改作"無絲絲之事"，都比較順適明白。《荀子》的"物類之起必有所始"，《大戴》改作"物類之徒（一本作從），必有所由"，以與下文"物各從其類也"相合；《荀子》的"怠慢忘身，禍災乃作"，《大戴》改作"殆教亡身，禍災乃作"，以與"勸學"之意義相合，這些都是《大戴禮記》的要求更有進步。從這些地方看來，顯見《大戴禮記》是襲《荀子》。但《大戴禮記》也有比《荀子》難懂的，如《荀子》的"而日參省乎己"，《大戴》"而"作"知"（本當作"如"），但《大戴》別有一本字正作"而"；《荀子》的"蘭槐之根是為芷"，《大戴》改作"蘭氏之根，懷氏之苞"，依孔廣森《大戴禮記補注》說："氏，語詞。懷，讀為'櫰'。《爾雅》曰：'櫰，槐大葉而黑。'苞，本也。"則《大戴》是有意分別地說，使其意義比較顯明。不像《荀子》"蘭槐"連用，令人誤會為"蘭槐當是蘭茝的別名"（楊注）。《大戴》在表面上"氏"

爲語助，"懷""檴"通假，現在看來覺着難懂，其實是分別地説，將槐的本名表述出來，是較《荀子》有進步的。在現在看來，只有《大戴》改《荀子》"蒙鳩"作"蜻鳩"，改《荀子》"一躍"作"一蹠"，好像難懂些；但這是聲假的關係，而無關於句意之淺深。就以上所説看來，《大戴》比較《荀子》進步，順適淺顯，已足見其爲襲《荀子》，如就兩篇的下文看，則尤其明瞭。《大戴禮記》在下文一段説："天子藏珠玉"，一段説："見大川必觀"，各不相謀，愈説愈與學没有關係。《荀子》在下文一直言學，而且説"五經"不及《易》，足爲荀子所作之確證。則與《大戴禮記》相同的一大段，當然不是混入而經人改編，何況就文字看來，顯明地是《大戴禮記》襲《荀子》呢。《大戴禮記·勸學》之後幾段各不相謀，亦可見其本屬雜采他書以成，孰先孰後，很顯明的。

**附注**："冥冥""惛惛"，楊注謂"皆專默精誠之謂也"，望文生訓；王氏《集解》從之，非是。《荀子》上文謂"鍥而舍之，朽木不折；鍥而不舍，金石可鏤"。實謂學當黽勉。"冥冥""惛惛"，實即黽勉之意也。"冥""黽"雙聲，古字通用。《左傳》定公四年"還塞大隧、直轅、冥阨"，"冥阨"即"鄳阨"也。《戰國策》載："填黽塞之内，而投己乎黽塞之外。"漢置鄳縣，即《左傳》"冥阨"也。其證也。"惛""惽""敃""昏"，聲近古通。《爾雅·釋詁》載："昏，强也。"《尚書·盤庚》載："不昏作勞。"鄭注："昏，勉也。"並足證。《大戴》襲《荀子》，不知"冥冥""昏昏"之意，改作"憤憤""繇繇"，雖覺較易瞭解，然不合黽勉之意，實不及《荀子》也。

這一篇與《外傳》相同的地方，則有三處，現在依次對勘於下：

**(1)《荀子·勸學》**：

昔者瓠巴鼓瑟而流魚出聽，伯牙鼓琴而六馬仰秣，故聲無小而不聞，行無隱而不形；玉在山而草木潤，淵生珠而崖不枯。爲善不積邪，安有不聞者乎？（卷一）

《韓詩外傳》卷六：

孟子説齊宣王而不説。淳于髡侍。孟子曰："今日説公之君，公之君不説，意者其未知善之爲善乎？"淳于髡曰："夫子亦誠無善耳。昔者瓠巴鼓瑟而潛魚出聽，伯牙鼓琴而六馬仰秣。魚馬猶知善之爲善，而況君人者也？"孟子曰："夫雷電之起也，破竹折木，震驚天下，而不能使聾者卒有聞。日月之明，遍照天下，而不能使盲者卒有見。今公之君若此也。"淳于髡曰："不然。昔者揖封生高商，齊人好歌。杞梁之妻悲哭，而人稱詠。夫聲無細而不聞，行無隱而不形。夫子苟賢，居魯而魯國之削，何也？"孟子曰："不用賢，削何有也？

吞舟之魚不居潛澤，度量之士不居污世。夫蓺冬至必彫，吾亦時矣。《詩》曰：'不自我先，不自我後。'非遭彫世者歟？"（頁八）

這裏《韓詩外傳》與《荀子》相同的四句，似乎難以辨別誰抄誰的。但在《荀子》以"聲無小而不聞"，承上文"瓠巴鼓瑟而流魚出德，伯牙鼓琴而六馬仰秣"之言"聲"而引起下文"行無隱而不形"等句之連用比譬，而結以"安有不聞者乎"，文氣是一貫的。《韓詩外傳》以"瓠巴鼓瑟而潛魚出聽，伯牙鼓琴而六馬仰秣"，説"魚馬猶知善之爲善，而況人君乎"？這種譬喻還可以用。而以"聲無細而不聞，行無隱而不形"，説"夫子苟賢，居魯而魯國之削，何也？"以"聞""形"喻"削"，這種比擬就不甚合。只可以説"夫子苟賢，居魯而魯國必知之"；若説到魯國之削，牽涉得太遠了。《韓詩外傳》這一段意義上也不甚貫串，如説"度量之士，不居污世"，這是説最好隱居，與下文"夫蓺冬至必彫"，必然的情形不相合。明明是雜湊成文，用了《荀子》的幾句。

（2）《荀子·勸學》：

君子之學也，入乎耳，箸乎心，布乎四體，形乎動静，端而言，蠕而動，一可以爲法則。小人之學也，入乎耳，出乎口。口耳之間則四寸耳，曷足以美七尺之軀哉！古之學者爲己，今之學者爲人。君子之學也，以美其身；小人之學也，以爲禽犢。（卷一）

《韓詩外傳》卷九：

傳曰：君子之聞道，入之於耳，藏之於心，察之以仁，守之以信，行之以義，出之以遜，故人無不虛心而聽也。小人之聞道，入之於耳，出之於口，苟言而已，譬如飽食而嘔之，其不惟肌膚無益，而於志亦戾矣。

這一段是《韓詩外傳》演繹《荀子》而成，在《荀子》是以"爲己""爲人"爲君子小人之別，其界限極分明；而《韓詩外傳》以"人無不虛心而聽也，則藏之於心"，並非是"爲己"了。《荀子》"端而言""蠕而動"這兩句比較不好懂，《韓詩外傳》則省略去，文字比較顯明，尤足爲《韓詩外傳》抄襲《荀子》之證。

（3）《荀子·勸學》：

問楛者勿告也，告楛者勿問也，説楛者勿聽也，有争氣者勿與辯也。故必由其道至，然後接之，非其道則避之。故禮恭而後可與言道之方，辭順而後可與言道之理，色從而後可與言道之致。故未可與言而言謂之傲，可與言而不言謂之隱，不觀氣色而言謂之瞽。故君子不傲、不隱、不瞽，謹順其身。（卷一）

《韓詩外傳》卷四：

問楛者不告，告楛者勿問。有諍氣者勿與論。必由其道至，然後接之。非其道，則避之。故禮恭然後可與言道之方，辭順然後可與言道之理，色從然後可與言道之極。故未可與言而言謂之瞽，可與言而不與之言謂之隱。君子不瞽不隱，言謹（覆元槧本下有慎字）其序。《詩》曰："彼交匪紓，天予所予。"言必交吾志然後予。

這裏《韓詩外傳》所注重的是"言必交吾志然後予"，所以對於《荀子》的"說楛者勿聽也"刪去。"未可與言而言謂之傲"，是不合情理的，《韓詩外傳》將"傲"字改作"瞽"，就比較合理而易了解了。又刪去"不觀氣色而言謂之瞽"，使"未可與言而言"與"可與言而不與言"，兩兩相對，比較整齊，這都足以證明《韓詩外傳》之襲《荀子》。《韓詩外傳》是一段一段的，《荀子》尚有上下文，更不好說是由《韓詩外傳》混入。

我們如從文字思想一方面來推證《勸學》，更可以見其必爲真荀子文。我覺得可信爲荀子所作的共有八證。

（1）這一篇說："學惡乎始？惡乎終？曰：其數則始乎誦經，終乎讀禮；其義則始乎爲士，終乎爲聖人。真積力久則入，學至乎沒而後止也。"與《解蔽》篇所說："故學也者，固學止之也。惡乎止之？曰：止諸至足。曷謂至足？曰：聖也。"一重"止"字，一重"聖"字，兩處意見完全相合，其證一。

（2）這一篇極重"積"字，如云"真積力久則入"。如云"積土成山，風雨興焉；積水成淵，蛟龍生焉；積善成德，而神明自得，聖心備焉"。與《正名》篇的："慮積焉、能習焉，而後成謂之僞。"《性惡》篇的："化師法，積文學，道禮義者爲君子""聖人積思慮，習僞故，以生禮義而起法度"，注重"積"的意見相同，其證二。

（3）這一篇說："蚓無爪牙之利……用心一也。蟹六跪而二螯……用心躁也。……目不能兩視而明，耳不能兩聽而聰……故君子結於一也。"與《解蔽》篇的："何以知道？曰：心。心何以知？曰：虛壹而靜""自古及今，未嘗有兩而能精者也"。注重"一"，注重"靜"，兩處的意見也正相符合。其證三。

（4）這一篇說："將原先王，本仁義，則禮正其經緯蹊徑也。若挈裘領，詘五指而頓之，順者不可勝數也。不道禮憲，以《詩》《書》爲之，譬之猶以指測河也，以戈舂黍也，以錐餐壺也。"重禮過於《詩》《書》，與《性惡》篇的"今人之性惡，必將待師法然後正，得禮義然後治"，《禮論》篇的"先王惡其亂也，故制禮義以分之"，及"禮者，人道之極也"，特意的重視禮相合。其證四。

（5）這一篇説："君子生非異也，善假於物也"。列舉"所繫者然也""所立者然也""所漸者然也"，以明"君子居必擇鄉，游必就士，所以防邪僻而近中正也"。又説："學莫便乎近其人。學之經莫速乎好其人"，對於環境極其重視。這與《性惡》篇的："夫人雖有性質美而心辯知，必將求賢師而事之，擇良友而友之。得賢師而事之，則所聞者堯、舜、禹、湯之道也；得良友而友之，則所見者忠信敬讓之行也。身日進於仁義而不自知也者，靡使然也。"這正是"近其人""好其人"的辦法，旨意相合，其證五。

（6）《勸學》篇所用的文字，多與《解蔽》等篇相合，如云："安特將學雜識志"，與《解蔽》篇的"案直將治怪説，玩奇辭"，"安特將"與"案直將"的文法是一樣的。又如這一篇説："故誦數以貫之"，而在《正名》篇亦有："則雖守法之吏，誦數之儒，亦皆亂也。""誦數"是《荀子》常用的。《勸學》與《解蔽》等篇自當出於一手，其證六。

（7）最重要的是《勸學》篇説"五經"而不及《易》，足爲其文字成立較早的確證。《勸學》篇提到《五經》的有兩處：

（a）《禮》之敬文也，《樂》之中和也；《詩》《書》之博也，《春秋》之微也，在天地之間者畢矣。

（b）《禮》《樂》法而不説，《詩》《書》故而不切，《春秋》約而不速。

這裏絕不談到《易經》，而説的是"在天地之間者畢矣"，彷彿不知天壤間有所謂《易經》者，也可以作爲儒家的經典的。這尤其應當是荀卿時代的作品的明證。若《非相》末段與《大略》篇中竟説到《易》，荀子爲知《易》者，則不當説"在天地之間者畢矣"。所以據這一點看來，不需要《解蔽》《性惡》等篇的證明，也可以斷定此篇爲荀子時代之産物，絕非《大戴禮記》或《韓詩外傳》所混入。然則以爲《荀子》與《大戴禮記》《韓詩外傳》相同，最好不要信爲荀子所作，我們真要爲荀子大鳴其冤了。

（8）這一篇的思想，與《吕氏春秋·勸學》等篇比較起來，則後者實比較進步。例如《吕氏春秋·尊師》篇云："凡學非能益也，達天性。能全天之所生而勿敗之，是謂善學。"謂學爲發展本能。《誣徒》篇云："人之情，不能樂其所不安，不能得於其所不樂。爲之而樂矣，奚待賢者，雖不肖者猶若勸之。爲之而苦矣，奚待不肖者，雖賢者猶不能久。反諸人情，則得所以勸學矣。"謂學當注重興趣。又云："善教者則不然，視徒如己。反己以教，則得教之情也。"對於教學方法也極注重，比較《荀子》進步，也可見《荀子》之著述較早，其證八。這一篇是可無疑的爲荀卿所作的。

## Ⅱ《修身》

《修身》篇與《大戴禮記》的關係，在汪中以爲"《曾子立事》載《修身》篇文"，細檢此篇，只有一句與《曾子立事》大意相同的。兹録之於下：

《荀子·修身》：

> 此言君子之能以公義勝私欲也。（卷一）

《大戴禮記·曾子立事》：

> 君子攻其惡，求其過，強其所不能，去私欲，從事於義，可謂學矣。（卷四）

這兩處只可説大意相同，依我看來，如説誰抄誰的，都覺勉強。這樣子相同的地方，在古書中甚多，未必都是有意采用，這兩處相同的地方，也只有如此解釋。不過《荀子》這一篇從別方面確無可疑，而《大戴禮記》本裒集成書，則二者之先後，自可明瞭。

至於這一篇與《韓詩外傳》相同的地方，則共有四處：

**(1)**《荀子·修身》：

> 扁善之度，以治氣養生則後彭祖，以修身自名則配堯、禹。宜於時通，利以處窮，禮信是也。凡用血氣、志意、知慮，由禮則治通，不由禮則勃亂提僈；食飲、衣服、居處、動靜，由禮則和節，不由禮則觸陷生疾；容貌、態度、進退、趨行，由禮則雅，不由禮則夷固僻違，庸衆而野。故人無禮則不生，事無禮則不成，國家無禮則不寧。《詩》曰："禮儀卒度，笑語卒獲。"此之謂也。（卷一）

《韓詩外傳》卷一：

> 君子有辯善之度，以治氣養性，則身後彭祖。修身自強，則名配堯、禹，宜於時則達，厄於窮則處，信禮者也。凡用心之術，由禮則理達，不由禮則悖亂。飲食衣服，動靜居處，由禮則和節，不由禮則墊陷生疾。容貌態度，進退移步，由禮則雅，不由禮則夷固。國政無禮則不行，王事無禮則不成，國無禮則不寧，王無禮則死亡無日矣。《詩》曰："人而無禮，胡不遄死。"

《韓詩外傳》將"扁善"改作"辨善"；"宜於時通，利以處窮"改作"宜於時則達，厄於窮則處"；"凡用血氣志意知慮"改作"凡用心之術"；"由禮則治通，不由禮則勃亂提僈"改作"由禮則理達，不由禮則悖亂"，比較明白簡潔齊整，處處都見進步。《荀子》的"人無禮則不生，事無禮則不成"，與修身有關係；《韓詩外傳》改作"國政""王事"等等，則與修身稍遠，與上文也不甚合，顯見其爲雜凑。故很明白地不是由《韓詩外傳》混入《荀子》，而是《韓詩外傳》采用《荀子》。

**(2)《荀子·修身》：**

治氣養心之術：血氣剛強，則柔之以調和；知慮漸深，則一之以易良；勇膽猛戾，則輔之以道順；齊給便利，則節之以動止；狹隘褊小，則廓之以廣大；卑濕、重遲、貪利，則抗之以高志；庸衆駑散，則劫之以師友；怠慢僄棄，則炤之以禍災；愚款端愨，則合之以禮樂，通之以思索。凡治氣養心之術，莫徑由禮，莫要得師，莫神一好。夫是之謂治氣養心之術也。（卷一）

《韓詩外傳》卷二：

夫治氣養心之術，血氣剛強則務之以調和，智慮潛深則一之以易諒，勇毅強果則輔之以道術，齊給便捷則安之以靜退，卑攝貪利則抗之以高志，容衆駑散則劫之以師友，怠慢僄棄則慰之以禍災，願婉端愨則合之以禮樂。凡治氣養心之術，莫徑由禮，莫優得師，莫慎一好。好一則博，博則精，精則神，神則化。是以君子務結心乎一也。《詩》曰："淑人君子，其儀一兮。其儀一兮，心如結兮。"

這裏《韓詩外傳》將"勇膽猛戾，則輔之以道順"改作"勇毅強果則輔之以道術"；將"卑濕、重遲、貪利，則抗之以高志"，改作"卑攝貪利則抗之以高志"，刪去"重遲"兩字；將"愚款端愨，則合之以禮樂"改作"願婉端愨則合之以禮樂"，比較明了整齊。而如改《荀子》之"漸"爲"潛""給"爲"捷"，"漸"、"給"是《荀子》常用的。（《正論》篇："上幽險則下漸詐矣。"《性惡》篇："齊給便敏而無類。"例證甚多）足證本是真荀子文，而爲《韓詩外傳》所采用。至於《韓詩外傳》後所加的幾句，與其所引《詩》之"一"合，《荀子》無之，尤可見非《荀子》采《韓詩外傳》或由《韓詩外傳》混入。

**(3)《荀子·修身》：**

道雖邇，不行不至；事雖小，不爲不成。其爲人也多暇日者，其出入不遠矣。好法而行，士也；篤志而體，君子也；齊明而不竭，聖人也。（卷一）

《韓詩外傳》卷四：

道雖近，不行不至。事雖小，不爲不成。每自多者，出人不遠矣。夫巧弓在此手也，傅（覆元槧本作傳）角被筋，膠漆之和，即可以爲萬乘之寶也，及其彼手而賈不數銖。人同材鈞而貴賤相萬者，盡心致志也。《詩》曰："中心藏之，何日忘之？"

這裏《韓詩外傳》與《荀子》相同的幾句，《韓詩外傳》在下文所述的與前幾句並不甚合，應當也是雜湊成文，《荀子》在下文就"士""君子""聖人"來說，都與上文一致，可無疑爲真荀子文。

(4)《荀子·修身》：

> 禮者，所以正身也；師者，所以正禮也。無禮何以正身？無師，吾安知禮之爲是也？禮然而然，則是情安禮也；師云而云，則是知若師也。情安禮，知若師，則是聖人也。故非禮，是無法也；非師，是無師也。不是師法而好自用，譬之是猶以盲辨色，以聾辨聲也，舍亂妄無爲也。故學也者，禮法也。夫師，以身爲正儀而貴自安者也。《詩》云："不識不知，順帝之則。"此之謂也。（卷一）

《韓詩外傳》卷五：

> 禮者，則天地之體，因人之情而爲之節文者也。無禮，何以正身？無師，安知禮之是也？禮然而然，是情安於禮也。師云而云，是知若師也。情安禮，知若師，則是君子之道。言中倫，行中理，天下順矣。《詩》曰："不識不知，順帝之則。"

這裏《荀子》的頭兩句是"禮者，所以正身也；師者，所以正禮也"，所以下文承以"無禮""無師"云云。《韓詩外傳》頭幾句只說禮，下文忽接以"無禮""無師"云云，突如其來，文義不貫，而且下文說："則是君子之道。言中倫，行中理，天下順矣。"也不相承。顯見是雜采成文，用了《荀子》幾句，自己加上頭尾。若說是由《韓詩外傳》混入《荀子》，不應《荀子》反文從義順，而《韓詩外傳》則是雜湊的。這一篇與《韓詩外傳》四處相同，而皆顯然爲《韓詩外傳》襲《荀子》。

這一篇第一段說"隆師而親友"，第二段說"人無禮則不生，事無禮則不成"第四段說"莫徑由禮，莫要得師"，與《性惡》篇的"今人無師法則偏險而不正，無禮義則悖亂而不治"，主張相合。第三段說"是是非非謂之知，非是是非謂之愚"，與《解蔽》篇"天下有二：非察是，是察非"，意見相合。第六段說"體倨固而心執詐，術順墨而精雜污"。《解蔽》篇也是攻擊慎、墨的。第八段說"駑馬十駕則亦及之""然而君子不辯，止之也"，第十一段說"學也者禮法也"，與《勸學》篇"駑馬十駕，功在不舍""禮者，法之大分"等合。這都是從積極方面來看，足證此篇之爲真《荀子》文。在第十二段說："人有此三行，雖有大過，天其不遂乎？"看來好似信天命，與《天論》篇相衝突。但據楊注說："若不幸而有過，天亦祐之矣，此固不宜有大災也。"可見並非十分信天，故說"天其不遂乎？"這一篇實無可疑的，這一段與《天論》也無何衝突之點。

## Ⅲ 《不苟》

《不苟》篇與《韓詩外傳》相同的地方共有五處，兹分別對勘於下：

**(1)《荀子·不苟》：**

> 君子行不貴苟難，説不貴苟察，名不貴苟傳，唯其當之爲貴。故懷負石而赴河，是行之難爲者也，而申徒狄能之；然而君子不貴者，非禮義之中也。山淵平，天地比，齊、秦襲，入乎耳，出乎口，鉤有須，卵有毛，是説之難持者也，而惠施、鄧析能之；然而君子不貴者，非禮義之中也。盜跖吟口，名聲若日月，與舜、禹俱傳而不息；然而君子不貴者，非禮義之中也。故曰：君子行不貴苟難，説不貴苟察，名不貴苟傳，唯其當之爲貴。《詩》曰："物其有矣，唯其時矣。"此之謂也。（卷二）

《韓詩外傳》卷三：

> 君子行不貴苟難，説不貴苟察，名不貴苟傳，惟其當之爲貴。夫負石而赴河，行之難爲者也，而申徒狄能之。君子不貴者，非禮義之中也。山淵平，天地比，齊、秦襲，入乎耳，出乎口，鉤有須，卵有毛，此説之難持者也，而鄧析、惠施能之。君子不貴者，非禮義之中也。盜跖吟口，名聲若日月，與舜、禹俱傳而不息。君子不貴者，非禮義之中也。故君子行不貴苟難，説不貴苟察，名不貴苟傳，維其當之爲貴。《詩》曰："不競不絿，不剛不柔。"

這兩處文字很相同，《韓詩外傳》只加了一個"夫"字，删去一個"是"字，三個"然而"，這自然很難以分別誰抄誰的。但在《韓詩外傳》用"鄧析、惠施"，而《荀子》則作"惠施、鄧析"，《荀子》的《非十二子》《儒效》都以"惠施、鄧析"連用，則此段自合於《荀子》，則非由《韓詩外傳》混入《荀子》。

**(2)《荀子·不苟》：**

> 君子易知而難狎，易懼而難脅，畏患而不避義死，欲利而不爲所非，交親而不比，言辯而不辭。蕩蕩乎，其有以殊於世也。（卷二）

《韓詩外傳》卷二：

> 君子易和而難狎也，易懼而不可劫也，畏患而不避義死，好利而不爲所非，交親而不比，言辯而不亂，蕩蕩乎其易不可失也，磏乎其廉而不劌也，温乎其仁厚之光大也，超乎其有以殊於世也。《詩》曰："美如玉，美如玉，殊異乎公族。"

這裏《韓詩外傳》多了三句，所謂"磏乎其廉而不劌""温乎其仁厚之光大也",完全爲引《詩》"美如玉"而加的。《荀子·法行》:"夫玉者,君子比德焉。溫潤而澤,仁也……廉而不劌,行也。"説玉是有如此説法的。這可見是《韓詩外傳》采《荀子》而改編,不是由《韓詩外傳》混入《荀子》。《韓詩外傳》"易知"作"易和"、"欲利"作"好利",也比較好懂,亦其證明。

**(3)《荀子·不苟》:**

> 君子崇人之德,揚人之美,非諂諛也;正義直指,舉人之過,非毀疵也;言己之光美,擬於舜、禹,參於天地,非夸誕也;與時屈伸,柔從若蒲葦,非慴怯也;剛強猛毅,靡所不信,非驕暴也。以義變應,知當曲直故也。《詩》曰:"左之左之,君子宜之;右之右之,君子有之。"此言君子能以義屈信變應故也。(卷二)

《韓詩外傳》卷六:

> 君子崇人之德,揚人之美,非道諛也。正言直行,指人之過,非毀疵也。詘柔順從,剛強猛毅,與物周流,道德不外。《詩》曰:"柔亦不茹,剛亦不吐,不侮矜寡,不畏強禦。"

這兩處相同的,《韓詩外傳》比《荀子》少。《韓詩外傳》爲的下面引《詩》"柔亦不茹,剛亦不吐",所以將《荀子》這一段的後半改作"詘柔順從"四句,以爲剛柔相應。而如"正義直指"改作"正言直行",比較淺顯,也是刪改《荀子》之證。《荀子》中説"舜、禹",如本篇言"與舜、禹俱傳而不息",與前後相合,亦足見非由《韓詩外傳》混入《荀子》,而是《韓詩外傳》采用《荀子》。

**(4)《荀子·不苟》:**

> 君子,小人之反也。君子大心則敬天而道,小心則畏義而節;知則明通而類,愚則端愨而法;見由則恭而止,見閉則敬而齊;喜則和而理,憂則靜而理;通則文而明,窮則約而詳。小人則不然,大心則慢而暴,小心則淫而傾,知則攫盜而漸,愚則毒賊而亂;見由則兑而倨,見閉則怨而險;喜則輕而翾,憂則挫而懾;通則驕而偏,窮則棄而儑。傳曰:"君子兩進,小人兩廢。"此之謂也。

《韓詩外傳》卷四:

> 君子大心則敬天而道,小心則畏義而節,知則明達而類,愚則端愨而法,喜則和而治,憂則靜而違,達則寧而容,窮則納而詳。小人大心則慢而暴,小心則淫而傾,知則攫盜而徼(覆元槧本作漸),愚則毒賊而亂,喜則輕易而快,憂則挫而懾,達則驕而偏,窮則棄而累。其肢體之序與禽獸同節,言語之暴與蠻夷不殊,出則爲宗族患,

入則爲鄉里憂。《詩》曰："如蠻如髦，我則用憂。"

《韓詩外傳》這一段少"君子，小人之反也"及"小人則不然"兩句，因爲其目的只在説明小人與蠻夷不殊，不需要君子小人相比的。删去《荀子》的"見由……""見閉……"等句，使"知則……""愚則……"等句一律，文字比較整齊。"通則文而明"改作"達則寧而容"，確比《荀子》進步，以免與"知則明通而類"犯複；"窮則棄而累"確比《荀子》"窮則棄而儑"好懂；這些都是《韓詩外傳》晚於《荀子》的現象。

(5)《荀子·不苟》：

君子絜其辯而同焉者合矣，善其言而類焉者應矣。故馬鳴而馬應之，牛鳴而牛應之，非知也，其埶然也。故新浴者振其衣，新沐者彈其冠，人之情也。其誰能以己之潐潐，受人之掝掝者哉！（卷二）

《韓詩外傳》卷一：

傳曰：君子潔其身而同者合焉，善其音而類者應焉。馬鳴而馬應之，牛鳴而牛應之，非知也，其勢然也。故新沐者必彈冠，新浴者必振衣，莫能以己之皭皭，容人之混汙然。《詩》曰："我心匪鑒，不可以茹。"

這兩處相同的，《韓詩外傳》改"辯"作"身"，改"言"作"音"，是求與下文"鳴""應""沐""浴"相合的。"沐"在"浴"前，也合秩序。比較《荀子》實覺進步。而且改"潐潐"爲"皭皭"，改"掝掝"爲"混汙"，更覺顯明，很易見爲采《荀子》而稍加改編的。

這一篇與《韓詩外傳》五處相同，而處處都見得是《韓詩外傳》采《荀子》，不是《荀子》混入《韓詩外傳》。我們更從思想文字方面來看，亦足見此篇之爲真《荀子》文。例如第一段攻擊惠施、鄧析與《非十二子》相合，説"山淵平"與《正名》篇"山淵平……此惑於用實以亂名"舉證相合。第三段用"僻違"，第六段用"類""法"，與《修身》的"不由禮則夷固僻遠""辟違而不愨""依乎法而又深其類"，《非十二子》的"甚辟違而無類"，《解蔽》的"案以聖王之制爲法，法其法以求統類"，用詞相合。第十段説："天地始者，今日是也；百王之道，後王是也。"這與《王制》篇的"道不過三代，法不貳後王"，《性惡》篇的"善言古者必有節於今"，不盲目的從古相合。第十二段説"公生明，偏生闇"，與《正名》篇的"以公心辨""貴公正而賤鄙爭"，重公之意相合。末一段説"田仲、史鰌不如盜也"，與《非十二子》之攻擊陳仲、史鰌，兩人並提相合。其他與《正名》《性惡》《勸學》《修身》等篇相合的尚多。只這些證明，已足見此篇之爲真荀子文，沒有反證可以提出的。

## （四）《非十二子》《王制》《王霸》《樂論》

### Ⅰ《非十二子》

《非十二子》與《戴記》沒有相同的地方，與《外傳》相同的則有兩處。《外傳·非十二子》那一段與《荀子》部分相同，然而差異甚遠，茲分別對勘之如下：

**(1)《荀子·非十二子》：**

假今之世，飾邪説，文姦言，以梟亂天下，矞宇嵬瑣，使天下混然不知是非治亂之所存者有人矣。（中不與《外傳》同，文長略去）……若夫總方略，齊言行，壹統類，而羣天下之英傑而告之以大古，教之以至順，奥窔之間，簟席之上，斂然聖王之文章具焉，佛然平世之俗起焉；六説者不能入也，十二子者不能親也；無置錐之地，而王公不能與之爭名；在一大夫之位，則一君不能獨畜，一國不能獨容；成名況乎諸侯，莫不願以爲臣；是聖人之不得執者也，仲尼、子弓是也。一天下，財萬物；長養人民，兼利天下；通達之屬，莫不從服；六説者立息，十二子者遷化，則聖人之得執者，舜、禹是也。今夫仁人也，將何務哉？上則法舜、禹之制，下則法仲尼、子弓之義，以務息十二子之説，如是，則天下之害除，仁人之事畢，聖王之跡著矣。（卷三）

《外傳》卷四：

夫當世之愚，飾邪説，文奸言，以亂天下，欺惑衆愚，使混然不知是非治亂之所存者，則是范雎、魏牟、田文、莊周、慎到、田駢、墨翟、宋鈃、鄧析、惠施之徒也。此十子者，皆順非而澤，聞見雜博，然而不師上古，不法先王，按往舊造説，務自爲工（覆元槧本作"務而自功"），道無所遇，而人相從，故曰：十子者之工説，説皆不足合大道，美風俗，治綱紀，然其持之各有故，言之皆有理，足以欺惑衆愚，交亂樸鄙，則是十子之罪也。若夫總方略，一統類，齊言行；羣天下之英傑，告之以大道，教之以至順；陬要之間，袵席之上，簡然聖王之文具，沛然平世之俗趨（覆元槧本作起），工説者不能入也，十子者不能親也。無置錐之地，而王公不能與爭名，則是聖人之未得志者也，仲尼是也，舜、禹是也。仁人將何務哉？上法舜、禹之制，下則仲尼之義，以務息十子之説。如是者，仁人之事畢矣，天下之害除矣，聖人之跡著矣。《詩》曰："雨雪瀌瀌，見晛曰消"。

我們讀過《荀子》，再看《外傳》所說，它不惟將荀子所非子思、孟軻刪去；荀子所非的它囂，變成范雎；荀子所非的陳仲、史鰌，變成田文、莊周；《外傳》十子之中，與《荀子》不同的更有三人，所以不能多采《荀子》，只有用《荀子》的前後幾句了，"假今之世"，改作"夫當世之愚"，比較好懂了，但《外傳》的"當世"，是沒有所謂十子的。《荀子》的"喬宇嵬瑣"，不大好懂，所以刪去。只抄到"使混然不知是非治亂之所存者"。下文因十子的不同，所以都不採用，算是用了"不法先王""聞見雜博""按往舊造說""其持之各有故，其言之皆成理"等句；"順非而澤"，則從《宥坐》篇而來，《外傳》算是自編了一段以說"十子之罪也"。自"若夫總方略"起，才多與《荀子》文同，然如"奧窔"改作"隩要"，"斂然"改作"簡然"，"佛然"改作"沛然"，都是比較淺近，也顯見是後出的。下文更有許多刪改，而不用《荀子》"一天下"至"則聖人之得勢者"等句，使舜、禹也變成"則是聖人之未得志者也"，最無道理。難怪《漢志》要說《外傳》是"采《春秋》雜說，咸非其本義"了。《外傳》與《荀子》這樣的不同，以王應麟之深閎博贍而在《困學紀聞》猶云："荀卿《非十二子》，《韓詩外傳》引之，止云十子，而無子思、孟子。愚謂荀卿非子思、孟子，蓋其門人如韓非、李斯之流，託其師說以毀聖賢，當以《韓詩》爲正。"不知道《外傳》不同於《荀子》者，不止子思、孟軻二人。不知道《外傳》文與《荀子》之不盡同甚矣，兩書之不可不對勘也。

(2)《荀子·非十二子》：

兼服天下之心：高上尊貴，不以驕人；聰明聖知，不以窮人；齊給速通，不爭先人；剛毅勇敢，不以傷人；不知則問，不能則學，雖能必讓，然後爲德。遇君則修臣下之義，遇鄉則修長幼之義，遇長則修子弟之義，遇友則修禮節辭讓之義，遇賤而少者則修告導寬容之義。無不愛也，無不敬也，無與人爭也，恢然如天地之苞萬物。如是，則賢者貴之，不肖者親之；如是，而不服者，則可謂訞怪狡猾之人矣，雖則子弟之中，刑及之而宜。詩云："匪上帝不時，殷不用舊；雖無老成人，尚有典刑；曾是莫聽，大命以傾。"此之謂也。（卷三）
《外傳》卷六：

吾語子：夫服人之心，高上尊貴，不以驕人；聰明聖知，不以幽人；勇猛强武，不以侵人；齊給便捷，不以欺誣人。不能則學，不知則問；雖知必讓，然後爲知。遇君則修臣下之義，出鄉則修長幼之義，遇長老則修弟子之義，遇等夷則修朋友之義，遇少而賤者則修告道寬裕之義。故無不愛也，無不敬也，無與人爭也。曠然而天地苞萬物也。如是則老者安之，少者懷之，朋友信之。《詩》曰："惠於朋友，庶民小子，子孫繩繩，萬民靡不承"。

這裏《外傳》與《荀子》相同，《外傳》在後半段引用《論語》的"老者安之，少者懷之，朋友信之"，而不提出引《論語》，已足見其雜湊成文。"遇長老則修弟子之義""遇等夷則修朋友之義"，比《荀子》文字整齊。不過"等夷""幽人"，現在看來，比較難懂；"雖知必讓，然後為知"，也不如《荀子》好。但是"恢"改為"曠"，則較明瞭。而其引用《論語》，明是雜湊成文，則前半段自是用《荀子》，非《荀子》此段由《外傳》混入的。

《荀子》與《外傳》兩處相同，《荀子》都沒有襲《外傳》的嫌疑，已經證明了。從這一篇的思想與用詞看來，也可以找出其為真荀子文的明驗。這一篇推崇仲尼、子弓，一方面却又大罵子思、孟軻，唯有儒家的荀卿而又是主張性惡的才有這種思想；儒家而主張性善的，如《外傳》的作者，決不會鬧出這樣的玩藝的。所以這一篇第一段《非十二子》一定是荀子之文，最合荀子的主張與其時代。第二段說："故多言而類，聖人也；少言而法，君子也"。"類""法"並舉，與《修身》等篇合。這一篇最後一段攻擊"子張氏之賤儒""子夏氏之賤儒""子游氏之賤儒"，也與非子思、孟軻一樣，決非西漢初年的儒家所能說的。而用"偷儒憚事，無廉恥而嗜飲食"，與《修身》篇"勞苦之事，則偷儒轉脫""偷儒憚事，無廉恥而嗜乎飲食"，用詞相合。這都可以證明《非十二子》是真荀子文。其他各段也並無非荀子文的嫌疑。

近來有人懷疑《非十二子》之攻擊陳仲、史鰌用"忍情性"三字，忍與《性惡》之"其善者偽也"思想矛盾；又攻擊惠施、鄧析之"不法先王"，與荀子法後王的思想不合。這種懷疑頗有道理。但在《解蔽》篇說：

有子惡臥而焠掌，可謂能自忍矣，未及好也。

又說：

夫微者至人也，至人也，何強何忍何危？（同上）

這也是不贊成"忍"的，可見荀子雖主張"偽"，並非絕對地不說"忍"，這在荀子並非矛盾。見於《解蔽》篇的，當然是極可信。至於攻擊不法先王，則在《解蔽》篇說：

古為蔽，今為蔽。（同上）

荀子的意思在："喜言古者必有節於今"，並非絕對地不法先王。在《性惡》篇也說："凡所貴堯、禹君子者"，正可以為明證。有些看似乎矛盾，其實仔細地看，不唯不相矛盾，而其意旨實相合的。

## Ⅱ 《王制》

《王制》篇無與《戴記》相同之處，與《外傳》相同的地方，則共有四處，茲分別對勘於下：

**(1)《荀子·王制》：**

請問爲政？曰：賢能不待次而舉，罷不能不待須而廢，元惡不待教而誅，中庸不待政而化。分未定也，則有昭繆。雖王公士大夫之子孫也，不能屬於禮義，則歸之庶人。雖庶人之子孫也，積文學，正身行，能屬於禮義，則歸之卿相士大夫。故姦言、姦說、姦事、姦能，遁逃反側之民，職而教之，須而待之，勉之以慶賞，懲之以刑罰。安職則畜，不安職則棄。五疾，上收而養之，材而事之，官施而衣食之，兼覆無遺。才行反時者死無赦，夫是之謂天德，是王者之政也。（卷五）

《外傳》卷五：

王者之政，賢能不待次而舉，不肖不待須臾而廢；元惡不待教而誅，中庸不待政而化。分未定也，則有昭穆。雖公卿大夫之子孫也，行絕禮義，則歸之庶人，遂傾覆之民牧而試之；雖庶民之子孫也，積學而（覆元槧本作文）正身行，能禮儀，則歸之士大夫，敬（覆元槧本作傾）而待之。安則畜，不安則棄。反側之民，上收而事之官。而衣食之，王覆無遺，材行反時者，死之無赦，謂之天誅。是王者之政也。《詩》曰："人而無儀，不死何爲？"

這裏《外傳》與《王制》相同的，《外傳》將《荀子》的"罷不能不待須而廢"改作"不肖不待須臾而廢"，比較好懂。"王公士大夫之子孫"改作"公卿大夫之子孫"；"歸之卿相士大夫"改作"歸之士大夫"，這是因爲王公之子孫不能隨便歸之庶人，而庶人也不好隨便歸之卿相，《外傳》的時代，比較荀子時代稍爲安定，不能升降太懸殊的。有此數點，即可見出《外傳》之晚於《荀子》；其他《外傳》《荀子》相異之處，《外傳》多所刪改，都是晚於《荀子》的明證。

**(2)《荀子·王制》：**

成侯、嗣公聚斂計數之君也，未及取民也；子產，取民者也，未及爲政也；管仲，爲政者也，未及修禮也。故修禮者王，爲政者強，取民者安，聚斂者亡。故王者富民，霸者富士，僅存之國富大夫，亡國富筐篋，實府庫。筐篋已富，府庫已實，而百姓貧。夫是之謂上溢而下漏。入不可以守，出不可以戰，則傾覆滅亡，可立而待也。故我

聚之以亡，敵得之以強。聚斂者，召寇、肥敵、亡國、危身之道也，故明君不蹈也。（卷五）

《外傳》卷三：

> 成侯嗣公，聚斂計數之君也，未及取民也；子産取民也者，未及爲政也；管仲爲政也，未及修禮。故修禮者王，爲政者強，取民者安，聚斂者亡。故聚斂以招穀，積財以肥敵，危身亡國之道也，明君不蹈也。將修禮以齊朝，正法以齊官，平政以齊下；然後節奏齊乎朝，法則度量正乎官，忠信愛刑平乎下。如是，百姓愛之如父母，畏之如神明，是以德澤洋乎海内，福祉歸乎王公。《詩》曰："降福簡簡，威儀反反；既醉既飽，福禄來反"。

這裏《外傳》前半是用的《王制》篇，後半是用的《富國》篇（前已詳引），而自"如是，百姓愛之如父母"以下，又是另外編成，以與引《詩》相合，完全雜湊成的。自是《外傳》之襲《荀子》，不待詳證，即可明瞭。

**(3) 《荀子·王制》：**

> 王者之論：無德不貴，無能不官，無功不賞，無罪不罰。朝無幸位，民無幸生。尚賢使能，而等位不遺；折願禁悍，而刑罰不過。百姓曉然皆知夫爲善於家，而取賞於朝也；爲不善於幽，而蒙刑於顯也。夫是之謂定論，是王者之論也。

《外傳》卷三：

> 王者之論德也，而不尊無功，不官無德，不誅無罪。朝無幸位，民無幸生，故上賢使能而等級不踰，折暴禁悍而刑罰不過。百姓曉然皆知夫爲善於家，取賞於朝也，爲不善於幽而蒙刑於顯。夫是之謂定論，是王者之德。《詩》曰："明昭有周，式序在位"。

《荀子》這一段並非說王者之論德，而《外傳》改作論德，實屬勉強。而如"折願"《外傳》改作"折暴"，確比《荀子》淺顯，在這寥寥數行之中，《外傳》與《荀子》相同的如此切近，而亦可以辨明爲《外傳》襲《荀子》，非此段由《外傳》混入《荀子》。

**(4) 《荀子·王制》：**

> 王者之法：等賦、政事、財萬物，所以養萬民也。田野什一，關市幾而不徵，山林澤梁，以時禁發而不税。相地而衰政，理道之遠近而致貢，通流財物粟米，無有滯留，使相歸移也，四海之内若一家。故近者不隱其能，遠者不疾其勞，無幽間隱僻之國，莫不趨使而安樂之。夫是之謂人師，是王者之法也。（卷五）

《外傳》卷三：

王者之等賦正事，田野什一；關市譏而不徵；山林澤梁，以時入而不禁；相地而正壤，理道而致貢；萬物群來，無有流滯，以相通移，近者不隱其能，遠者不疾其勞。無幽間僻陋之國，莫不趨使而安樂之。夫是之謂王者之等賦正事。《詩》曰："敷政優優，百禄是遒"。

　　這裏《外傳》與《荀子》相同的地方，《外傳》删去不必要的"財萬物所以養萬民也"。將"以時禁發而不稅"改作"以時入而不禁"；又删去"理道之遠近而致貢"的"之遠近"三字，以與上句相對成文，是比《荀子》進步的。後面又將"夫是之謂人師，是王之法也"，改爲"夫是之謂王者之等賦正事"，以與首句相應。這全是《外傳》襲用《荀子》之確證。

　　《荀子·王制》與《外傳》四處相同，都是《外傳》襲《荀子》，而非《荀子》書中有《外傳》混入；從思想文字方面來看，亦足見此篇爲真荀子文。這一篇第一段説："積文學，正身行，能屬於禮義"。"文學""禮義"，在《性惡》等篇是常提到的。"姦言、姦説、姦事、姦能"，正是《非十二子》所攻擊的"三姦"之類。"兼覆無遺"，在《非十二子》有"兼利天下"，在《富國》篇也常説"兼利天下""兼足天下之道""兼而覆之，兼而愛之"，荀子雖反對墨子，却受了"墨子貴兼"的影響。第二段説"其有法者以法行，無法者以類舉"。在《修身》篇有"依乎法而又深其類"，在《非十二子》篇有"多言而類""少言而法"，重"法"重"類"，極合《荀子》的精神。第三段説："爭則必亂，亂則窮矣，先王惡其亂也，故制禮義以分之"。與《禮論篇》起首"爭則亂，亂則窮，先王惡其亂也，故制禮義以分之"，句法正同。第八段説"道不過三代，法不貳後王"，與《荀子》"善言古者必有節於今"相合，更是積極的證明。第十、第十一兩段説"無幽閒隱僻之國，莫不趨使而安樂之""澤人足乎木，山人足乎魚"，正合荀子的時代，前已爲之證明。第十二段説："以類行雜，以一行萬"。正與《不苟》篇"千人萬人之情，一人之情是也；……五寸之矩，盡天下之方"的意見相合。第十三段説："和則一，一則多力""人生不能無群，群而無分則爭"，與《富國》的"人之生不能無群，群而無分則爭"，《禮論》篇的"群居和一之理"，意見相合。第十四段"序官"，在《樂論》篇有"其在序官也"，王先謙且疑"序官"爲篇名，則這一段之爲真荀子文又有確證。其他各段主張平政愛民、隆禮敬士、尚賢使能，亦甚合荀子之旨。惟有最後一段，自"具具而王"以下，則盧文弨已云："篇末自'具具而王'至此，文義淺雜，當是殘脱之御"。統觀《王制》全篇，除此一段而外，實可無疑爲真荀子文的。

### Ⅲ 《王霸》

《王霸》篇與《戴記》《外傳》沒有大段相同的地方，我們從思想文辭方面來考察，這一篇也是真荀子文。在第一段說："非本政教也，非致隆高也，非綦文理也""唯其不由禮義而由權謀也"。在第二段說："國無禮則不正，禮之所以正國也。譬之猶衡之於輕重也，猶繩墨之於曲直也，猶規矩之於方圓也"。這是與《性惡》篇的重"禮義""文理"，《禮論》篇的"高者禮之隆也"等句相合。在第三段說："大有天下，小有一國，……爲之者，役夫之道，墨子之說也"。與《富國》篇攻擊墨子"大有天下，小有一國，……將少人徒，省官職，上功勞苦"相合，而結以"禮法之大分也"；與《勸學》篇"禮者法之大分"正合。第五段說："舜、禹還至，王業還起""功壹天下，名配舜、禹"。連用"舜、禹"，與《不苟》篇的"與舜、禹俱傳而不息""擬於舜、禹"、《非十二子》篇的"舜、禹是也""上則法舜、禹之制"，相合。第六段說："無國而不有治法，無國而不有亂法"，與《王制》篇的"故有良法而亂者有之矣"，相合。第七段又說："禮法之樞要""莫不以是爲隆正"。在《解蔽》篇也有"天下有不以是爲隆正"，"隆正"一詞，荀子所常用的。第八段說："治國者分已定，則主相臣下百吏各謹其所聞，不務聽其所不聞"。第九段說："主道治近不治遠，治明不治幽"，與《正論》篇首段"主道利明不利幽，利宣不利周"，相合。第十段說："興天下同利，除天下同害，天下歸之"，而《正論》篇也說"興天下之同利，除天下之同害，而天下歸之也"。足見文出一手。第十一段說："朝廷必將隆禮義而審貴賤"，固合荀子的精神，而說"商賈敦愨無詐，則商旅安貨通財而國求給矣，百工忠信而不楛，則器用巧便而財不匱"，荀子不像墨子那樣"憂天下之不足"，在這裏也露出這樣的口吻。這一篇中實無一段有破綻，令我們覺著不是真荀子文的。

### Ⅳ 《樂論》

《樂論》沒有與《外傳》相同的地方，而與《小戴》之《樂記》《鄉飲酒義》兩篇都有相同之處；《樂記》與此篇相同，共有三段，茲分別論之於下：

**(1)《荀子·樂論》**

> 夫樂者，樂也，人情之所必不免也。故人不能無樂，樂則必發於聲音，形於動靜；而人之道，聲音動靜，性術之變盡是矣。故人不能不樂，樂則不能無形，形而不爲道，則不能無亂。先王惡其亂也，故制《雅》《頌》之聲以道之，使其聲足以樂而不流，使其文足以辨而不諰，使其曲直、繁省、廉肉、節奏，足以感動人之善心；使夫邪污

之氣無由得接焉；是先王立樂之方也。而墨子非之，奈何！

故樂在宗廟之中，君臣上下同聽之，則莫不和敬；閨門之內，父子兄弟同聽之，則莫不和親；鄉里族長之中，長少同聽之，則莫不和順。故樂者，審一以定和者也，比物以飾節者也，節奏合以成文者也；足以率一道，足以治萬變，是先王立樂之術也。而墨子非之，奈何！

故聽其《雅》《頌》之聲，而志意得廣焉；執其干戚，習其俯仰屈伸，而容貌得莊焉；行其綴兆，要其節奏，而行列得正焉，進退得齊焉。故樂者，出所以征誅也，入所以揖讓也；征誅揖讓，其義一也。出所以征誅，則莫不聽從；入所以揖讓，則莫不從服。故樂者，天下之大齊也，中和之紀也，人情之所必不免也。是先王立樂之術也，而墨子非之，奈何！

且樂者，先王之所以飾喜也；軍旅鈇鉞者，先王之所以飾怒也。先王喜怒皆得其齊焉。是故喜而天下和之，怒而暴亂畏之。先王之道，禮樂正其盛者也，而墨子非之！故曰：墨子之於道也，猶瞽之於白黑也，猶聾之於清濁也，猶欲之楚而北求之也。（卷十四）

《小戴·樂記》：

夫樂者，樂也；人情之所不能免也。樂必發於聲音，形於動靜，人之道也。聲音動靜，性術之變，盡於此矣。故人不耐無樂，樂不耐無形，形而不爲道，不耐無亂。先王恥其亂，故制《雅》《頌》之聲以道之，使其聲足樂而不流，使其文足論而不息，使其曲直、繁瘠、廉肉、節奏足以感動人之善心而已矣。不使放心邪氣得接焉，是先王立樂之方也。是故樂在宗廟之中，君臣上下同聽之，則莫不和敬；在族長鄉里之中，長幼同聽之，則莫不和順；在閨門之內，父子兄弟同聽之，則莫不和親。故樂者，審一以定和，比物以飾節，節奏合以成文，所以合和父子君臣，附親萬民也。是先王立樂之方也。故聽其《雅》《頌》之聲，志意得廣焉；執其干戚，習其俯仰詘伸，容貌得莊焉；行其綴兆，要其節奏，行列得正焉；進退得齊焉。故樂者，天地之命，中和之紀，人情之所不能免也。夫樂者，先王之所以飾喜也；軍旅鈇鉞者，先王之所以飾怒也；故先王之喜怒，皆得其齊焉；喜則天下和之，怒則暴亂者畏之，先王之道，禮樂可謂盛矣。（卷一一）

這裏《荀子》與《樂記》相同的，在《樂記》屬第十段，而在《荀子》是篇首。《樂記》凡關於荀子攻擊墨子的，概行刪去。又刪去"故樂也者，出所以征誅也"等句，在《荀子》下文有："樂中平則民和而不流，樂肅莊則民齊而不亂，民和齊則兵勁城固，敵國不敢嬰也"。《樂記》編成的時代，正是儒家重文之候，不重武事，而且樂於武事關係稍淺，《樂記》不採《荀子》的下文，所以對於"出所以征誅也"這幾句也略去。從"非墨"與"重武"看來，正可見《荀子》是原文，《樂記》是改編的。時代不同這兩處的文字也因而不同。

(2)《荀子·樂論》：

凡姦聲感人而逆氣應之，逆氣成象而亂生焉；正聲感人而順氣應之，順氣成象而治生焉。唱和有應，善惡相象，故君子慎其所去就也。

君子以鐘鼓道志，以琴瑟樂心；動以干戚，飾以羽旄，從以磬管，故其清明象天，其廣大象地，其俯仰周旋有似於四時。故樂行而志清，禮修而行成，耳目聰明，血氣和平，移風易俗，天下皆寧，美善相樂。故曰：樂者，樂也。君子樂得其道，小人樂得其欲；以道制欲，則樂而不亂；以欲忘道，則惑而不樂。（卷十四）

《小戴·樂記》：

凡姦聲感人，而逆氣應之，逆氣成象，而淫樂興焉；正聲感人，而順氣應之，順氣成象而和樂興焉。倡和有應，迴邪曲直，各歸其分，而萬物之理，各以類相動也。是故君子反情以和其志，比類以成其行，姦聲亂色，不留聰明，淫樂慝禮，不接心術，惰慢邪辟之氣，不設於身體，使耳目鼻口心知百體，皆由順正以行其義。然後發以聲音，而文以琴瑟，動以干戚，飾以羽旄，從以簫管，奮至德之光，動四氣之和，以著萬物之理。是故清明象天，廣大象地，終始象四時，周還象風雨，五色成文而不亂，八風從律而不姦，百度得數而有常；小大相成，終始相生，倡和清濁，迭相為經。故樂行而倫清，耳目聰明。血氣和平，移風易俗，天下皆寧。故曰：樂者，樂也；君子樂得其道，小人樂得其欲。以道制欲，則樂而不亂；以欲忘道，則惑而不樂。（卷一一）

這裏《樂記》與《荀子》相同的，《樂記》所增加的甚多。《荀子》文少，可見非混入《荀子》。而如《荀子》的"亂生焉""治生焉"，《樂記》改作"淫樂興焉""和樂興焉"，更切於樂，也足見《樂記》文進步，而為晚於《荀子》之確證。

(3)《荀子·樂論》：

且樂也者，和之不可變者也；禮也者，理之不可易者也。樂合同，禮別異；禮樂之統，管乎人心矣。窮本極變，樂之情也；著誠去僞，禮之經也；墨子非之，幾遇刑也；明王已沒，莫之正也；愚者學之，危其身也；君子明樂，乃其德也；亂世惡善，不此聽也。於乎哀哉！不得成也。弟子勉學，無所營也。（卷一四）

《小戴·樂記》：

樂也者，情之不可變者也；禮也者，理之不可易者也。樂統同，禮辨異；禮樂之說，管乎人情矣。窮本知變，樂之情也；著誠去僞，禮之經也。禮樂偵天地之情，達神明之德，降興上下之神。而凝是精粗之體，領父子君臣之節。（卷一一）

這裏《樂記》與《荀子》相同的，就《樂記》改"合"爲"統"；改"統"爲"說"，在文義上似比《荀子》進步。而《樂記》只抄到"著誠去僞，禮之經也"，下文自"墨子非之"起即不抄了，也可見其本爲《荀子》文，固非《墨子》。而《樂記》編成的時代較晚，在儒家統一思想以後，不必要非墨子的，先後之跡顯然。不過這一段《荀子》的"著誠去僞，禮之經也"，以"僞"爲"詐僞"之"僞"，與《性惡》篇"其善者僞也"，以"僞"爲"人爲"之"僞"不合。而自"窮本極變，樂之情也"起，至"弟子勉學，無所營也"止，完全都是韵文，與前後不類，不像出於一人之手，這是很可疑的。但以"僞"爲"詐僞"之"僞"，在《荀子》中頗多有例，如：

(a)《不苟》篇："詐僞生塞，誠信生神"。（卷二）

(b)《禮論》篇："君子審於禮，則不可欺以詐僞"。（卷十三）

(c)《性惡》篇："今與不善人處，則所聞者欺誣詐僞也"。（卷一七）

這些地方都用"詐僞"字樣，則在《荀子》亦非絕對不用"僞"爲"詐僞"之"僞"，似乎這一點可以不用懷疑。至於這一段用韵固極可疑，而說"墨子非之，幾遇刑也；……亂世惡善，不此聽也"，極合荀子時代的口吻。而且在《荀子》中也頗有在散文之中忽插入幾句韵語的。例如：

(a)《勸學》篇："積土成山，風雨興焉；積水成淵，蛟龍生焉；積善成德，而神明自得，聖心備焉。……"（卷一）

(b)《解蔽》篇："恢恢廣廣，孰知其極？窣窣廣廣，孰知其德？涽涽紛紛，孰知其形？（依盧文弨說：'形'當作'則'）明參日月，大滿八極。"（卷十五）

則《樂論》篇雖有這段韵文，在《荀子》頗有其例，也未足多疑。《解蔽》篇的幾句，也正是上下都是散文而忽然插入幾句韵語，我們可不必因此懷疑的。

至於《荀子》與《小戴·鄉飲酒義》相同之處則是：

《荀子·樂論》：

吾觀於鄉，而知王道之易易也。主人親速賓及介，而眾賓皆從之；至於門外。主人拜賓及介，而眾賓皆入；貴賤之義別矣。三揖至於階，三讓以賓升。拜至，獻酬，辭讓之節繁，及介省矣。至於眾賓，升受、坐祭、立飲，不酢而降；隆殺之義辨矣。工入，升歌三終，主人獻之；笙入三終，主人獻之；間歌三終，合樂三終，工告樂備，遂出。二人揚觶，乃立司正，焉知其能和樂而不流也。賓酬主人，主人酬介，介酬眾賓，少長以齒，終於沃洗者，焉知其能弟長而無遺也。降，說屨升坐，修爵無數。飲酒之節，朝不廢朝，莫不廢夕。賓出，主人拜送，節文終遂，焉知其能安燕而不亂也。貴賤明，隆殺辨，和樂而不流，弟長而無遺，安燕而不亂，此五行者，足以正身安國矣。彼國安而天下安。故曰：吾觀於鄉，而知王道之易易也。（卷十四）

《小戴·鄉飲酒義》：

孔子曰：吾觀於鄉，而知王道之易易也。主人親速賓及介，而眾賓自從之；至於門外，主人拜賓及介，而眾賓自入，貴賤在義別矣。三揖至於階，三讓以賓升，拜至獻酬辭讓之節繁；及介省矣；至於眾賓，升受坐祭立飲，不酢而降，隆殺之義辨矣。工入，升歌三終，主人獻之；笙入三終，主人獻之；間歌三終，合樂三終，工告樂備，遂出；一人揚觶，乃立司正焉，知其能和樂而不流也。賓酬主人，主人酬介，介酬眾賓，少長以齒，終於沃洗者焉，知其能弟長而無遺也。降說屨，升坐，修爵無數；飲酒之節，朝不廢朝，莫不廢夕；賓出，主人拜送。節文終遂焉，知其能安燕而不亂也。貴賤明，隆殺辨，和樂而不流，弟長而無遺，安燕而不亂，此五行者，足以正身安國矣。彼國安而天下安，故曰：吾觀於鄉，而知王道之易易也。（卷二十）

這裏《戴記》與《荀子》相同的，只有數字之差，幾無法以辨其孰先孰後。但這是荀子文，似仍無可疑者。《戴記》本屬雜纂之書，而《鄉飲酒義》一篇尤可見。其末段自"鄉飲酒之義"以下，據孫希旦《禮記集解》云：

自此以下，與首一段大同小異，而別以"鄉飲酒之義"起其端。蓋傳禮之家，各為解說其義，本異人之作，別為一篇，記者見其與前篇所言，義雖大同，而間有為前之所未備者，不忍割棄，因錄而附於前篇之末也。

可見這一篇之尤雜湊成文。其采《荀子》，於此段之首加"孔子曰"三字，這本是《戴記》編纂之慣伎。如《勸學》篇："吾嘗終日而思矣，不如須臾之所學也"。《大戴·勸學》即加"孔子曰"三字以冠之。這裏所加，亦自不足信。《鄉飲酒義》與《荀子》不同者如"一人揚觶",《荀子》作"二人揚觶",其實一人揚觶是比較合於禮的。而以焉爲句首,《荀子》中頗有其例,也足見《戴記》是襲《荀子》的(《禮論》篇有"焉無安人"等句),則《戴記》此篇所引亦可見其晚於《荀子》。

從思想角度來看,這一篇攻擊墨子的非樂,立論極合荀子的精神。而"其在序官也"一段,王先謙以爲"序官"是篇名,其實如認"序官"爲《荀子》的一段的標題,《荀子》這樣的引用,也極合當時著述之體。《韓非子》《吕覽》都有説到文章的例子,也正可爲此篇爲荀子所作之確證。上文已將"窮本極變,樂之情也"幾句韵語,證明其無疑爲荀子所作,則這一篇的第一大段是無可疑的。"吾觀於鄉"一段,上文已明其非由《禮記》混入,這一段雖不完全論樂,而因"工人""升歌"等等連類以入,在《荀子》中,如《天論》等篇且如此,則此段自亦可無疑。末段"亂世之徵"有"其聲樂險"句,故亦入此篇。而有"其養生無度,其送死瘠墨",與《禮論》篇"送死不忠厚不敬文謂之瘠,刻死而附生謂之墨"相合,則亦可無疑爲真荀子文。

## (五)《非相》《榮辱》《君道》《臣道》

### I 《非相》

《非相》篇與《戴記》無有相同的文字,與《外傳》則有二處相同,兹對勘之於下:

**(1)《荀子·非相》**

夫妄人曰:"古今異情,其所以治亂者異道。"而衆人惑焉。彼衆人者,愚而無説,陋而無度者也。其所見焉,猶可欺也,而况於千世之傳也?妄人者,門庭之間,猶誣欺也,而况於千世之上乎?聖人何以不可欺?曰:聖人者,以己度者也。故以人度人,以情度情,以類度類,以説度功,以道觀盡,古今一也。類不悖,雖久同理,故鄉乎邪曲而不迷,觀乎雜物而不惑,以此度之。五帝之外無傳人,非無賢人也,久故也。五帝之中無傳政,非無善政也,久故也。禹、湯有傳政而不若周之察也,非無善政也,久故也。傳者久則論略,近則論詳,略則舉大,詳則舉小。愚者聞其略而不知其詳,聞其而不知其大也。是以文久而滅,節族久而絶。(卷三)

《外傳》卷三:

夫詐人者曰:古今異情,其所以治亂異道。而衆人皆愚而無知,陋而無度者也,於其所見,猶可欺也,况乎千歲之後乎?彼詐人者,门庭之间犹挟欺，而况乎千岁之上乎？然则圣人何以不可欺也？曰：圣人以己度人者也。以心度心，以情度情，以类度类，古今一也。类不悖，虽久同理，故性缘理而不迷也。夫五帝之前无传人，非无贤人，久故也。五帝之中无传政，非无善政，久故也。虞夏有传政，不如殷周之察也，非无善政，久故也。夫传者久则愈略，近则愈详；略则举大，详则举细。故愚者闻其大不知其细，闻其细不知其大，是以久而差。三王五帝，政之至也。《诗》曰："帝命不违，至於汤齐"。言古今一也。

这裏《外传》改"妄"爲"诈"，是没有批评的勇气的。删改《荀子》"而众人惑焉，彼众人者，愚而无说"，成爲"而众人皆愚而无知"，实在比较言简意赅。"以人度人"改爲"以心度心"，删去"以说度功，以道观尽"，以及改"故乡乎邪曲而不迷，观乎杂物而不惑"，爲"故性缘理而不迷"，都比较明了简洁。说"性缘理而不迷"，是性善的主张，与《外传》是一致，与《荀子》不同的。是以"久而差"，也比《荀子》之用"灭""绝"来得和平；都足见其晚於《荀子》。

**(2)《荀子·非相》**

谈说之术：矜庄以莅之，端诚以处之，坚强以持之，譬称以喻之，分别以明之，欣欢芬薌以送之，宝之，珍之，贵之，神之。如是则说常无不受；虽不说人，人莫不贵。夫是之谓爲能贵其所贵。传曰："唯君子爲能贵其所贵。"此之谓也。（卷三）

《外传》卷五：

孔子曰：夫谈说之术，齐庄以立之，端诚以处之，坚强以待之，辟称以喻之，分以明之，欢忻芬芳以送之，宝之，珍之，贵之，神之，如是则说恒无不行矣。夫是之谓能贵其所贵。若夫无类之说，不形之行，不赞之辞，君子慎之。《诗》曰："无易由言，无曰苟矣"。

这裏《外传》与《荀子》大抵相同，只删去"虽不说人，人莫不贵"，因爲这是与"谈说之术"无甚关係。又删去《荀子》的引《传》曰："唯君子爲能贵其所贵"，《荀子》以引《传》文作结，《外传》是要引《诗》作结，所以不得不有变更。这一段仍无由《外传》混入《荀子》之嫌疑。

《非相》与《外传》相同的两段，比较来看，虽无由《外传》混入之嫌疑；但《非相》这一篇是比较有问题的。第一段"非相"，不迷信形相，很合荀子的精神，而用"仲尼长，子弓短"，不著名的子弓，也在所论之列，与《非十二子》又合，所以这一段是可信爲荀子文的。从第二段起，卢文弨以爲是"《荣辱》篇错简於此"。依我看来，第二段说"人有三不祥"及"人有三必窮"，極重上下長幼之義。第三段説"人道莫不有辨，辨莫大於分，分莫大於禮"，以及"彼後王者，天下之君也，舍後王而道上古，譬之是猶舍己之君而事人之君也"。這與《荀子》重"分""禮""法後王"之意見相合。第四段説"類不悖，雖久同理"；以及"五帝之外無傳人""五帝之中無傳政"，與《荀子》重"類""法後王"的思想也相合。這幾段都可信爲真荀子文。從第五段起，則大有可疑。第五段説："故君子必辯，凡人莫不好言其所善，而君子爲甚"。又説："故君子之於言無厭"。重辯重言，已與《解蔽》篇的：

> 案强鉗而利口，厚顏而忍詬，無正而恣睢，妄辯而幾利，不好辭
> 讓，不敬禮節，而好相推擠，此亂世奸人之説也，則天下之治説者，方
> 多然矣。《傳》曰："析辭而爲察，言物而爲辯，君子賤之"。（卷十五）

賤言賤辯，不甚相同。荀子只是相對的重辯，不像"於言也無厭"的：此可疑者一。其次，"君子必辯，凡人莫不好言其所善，而君子爲甚"。與本篇第八段首幾句相重複，又"志好之，行安之，樂言之"，三句在本篇第八段中也有，也相重複，近於雜湊成義。此可疑者二。最重要的是：這一段終了引"《易》曰：'括囊，无咎无譽'，腐儒之謂也。"《易》在《勸學》篇是不曾提到的，而且述《五經》而結以"在天地之間者畢矣"，明明不認天地間有所謂《易》經也者，而這裏引用起來，也真有點奇怪了。此可疑者三。（《大略》篇非荀子文，前人已有定説，而屢引《易》，亦可爲此段晚出之旁證）據此，我很疑心這一段不是荀子本人所作。而第六段説"凡説之難"，第七段説"談説之術"，第八段又説"君子必辯"，主張"與時遷移，與世偃仰""欣驩芬薌以送之，寶之珍之"，與《正名》篇的"不動乎衆人之非譽，不治觀者之耳目，不賂貴者之權勢，不利傳辟者之辭，……是士君子之辯説也"大異其趣。又荀子是惡巧敏佞説如張儀、蘇秦一般人的（見《臣道》篇），也不像主張"與時遷移，與世偃仰"的。這一類重游説的話，當與第五段同出於一手，所以這一篇的後半是極可疑爲非荀子文的。

## II 《榮辱》

《榮辱》篇與《戴記》《外傳》都沒有相同的地方，但是這一篇也頗有很可疑的地方。《荀子》一書的篇名，或但用初發之語，如《不苟》等篇；或隱括全篇之義，如《勸學》等篇；而這一篇名《榮辱》，是由第六段首句"榮辱之大分"一句而來，我頗疑心這一篇前五段本非《荀子》之文，而自第六段以後才較可信。試看第一段説：

> 憍洩者，人之殃也；恭儉者，偋五兵也。雖有戈矛之刺，不如恭
> 儉之利也。故與人善言，暖於布帛；傷人之言，深於矛戟。故薄薄之

地，不得履之，非地不安也，危足無所履者也。凡在言也，巨涂則讓，小涂則殆，雖欲不謹，若云不使。（卷二）

這一段前説"恭儉之利"，中説"凡在言也"，末又重在一"謹"，寥寥數行，語意三截，雜湊成文，在真《荀子》各篇中是没有這樣子的。再看第五段説：

> 鯈䰇者，浮陽之魚也，胠於沙而思水，則無逮矣。挂於患而思謹，則無益矣。自知者不怨人，知命者不怨天；怨人者窮，怨天者無志。失之己，反之人，豈不亦迂哉！（同上）

前半説"挂於患而欲謹，則無益矣"，是説當預防禍患；後半説"失之己，反之人"，是説人有過當自責。前後各不相謀，也近於雜湊的。這一段與《法行》篇的一段相同，《法行》篇上説：

> 曾子曰：同游而不見愛者，吾必不仁也；交而不見敬者，吾必不長也；臨財而不見信者，吾必不信也。三者在身，曷怨人？怨人者窮，怨天者無識。失之己而反諸人，豈不亦迂哉？（卷二十）

《法行》這一段起首就説"吾必不仁也"，就很明顯地有自責之意，自首至尾，文意一貫。《法行》篇本是"荀卿及弟子所引記傳雜事"，尚且如此，豈有真荀子文而如此雜湊的？所以這一段實極可疑。第四段以"狗""眺""賈盗""小人""士君子"分説四等之勇，這種分類的方法在他篇也没有。第二、三兩段雖無顯明可疑的地方，然而前後幾段都可疑，我想這兩段也當是一同混入這一篇的。所以除了第一、第五兩段極可疑外，這三段也在可疑之列。

從第六段"榮辱之大分"起，合於本篇的標題；第七段有"飾邪説，文姦言"，及"官人百吏"等，爲《荀》書所常用之詞（參看王氏《集解》），而言"材性知能，君子小人一也"，合於性惡之旨。第八段説"堯、禹者，非生而具者也，夫起於變故，成乎修爲，待盡而後備者也"，也合於性惡之旨。第九段説"人之情，食欲有芻豢，衣欲有文綉"，重在"人情之同欲"，與《正名》篇末段之重欲合；而又説"先王案爲之制禮義以分之"，及"是夫群居和一之道也"。與《禮論》篇相合。這四段從文字、思想上來看，都是可無疑爲真《荀子》文。這一篇與《非相》篇相反，前半是極可疑，則或者由於《荀》書篇簡錯亂而至於此，或是劉向校定之時，以爲不像《宥坐》等篇的各段，冠有"孔子曰""曾子曰"等字樣，而認爲荀卿之文，竟自放在一起的。這在現在當然難以決定其究由於何種原因的。

## Ⅲ 《君道》

《君道》篇與《戴記》無相同的地方，與《外傳》文同者，則共有四處，茲對勘之於下：

**(1)《荀子·君道》**

請問為人君？曰：以禮分施，均遍而不偏。請問為人臣？曰：以禮待君，忠順而不懈。請問為人父？曰：寬惠而有禮。請問為人子？曰：敬愛而致恭。請問為人兄？曰：慈愛而見友。請問為人弟？曰：敬詘而不苟。請問為人夫？曰：致功而不流，致臨而有辨。請問為人妻？曰：夫有禮則柔從聽侍，夫無禮則恐懼而自竦也。此道也，偏立而亂，俱立而治，其足以稽矣。請問兼能之奈何？曰：審之禮也。古者先王審禮以方皇周浹於天下，動無不當也。故君子恭而不難，敬而不鞏，貧窮而不約，富貴而不驕，並遇變態而不窮，審之禮也。故君子之於禮，敬而安之；其於事也，徑而不失；其於人也，寡怨寬裕而無阿；其為身也，謹修飾而不危；其應變故也，齊給便捷而不惑；其於天地萬物也，不務說其所以然而致善用其材；其於百官之事、伎藝之人也，不與之爭能而致善用其功；其待上也，忠順而不懈；其使下也，均遍而不偏；其交游也，緣義而有類；其居鄉里也，容而不亂。是故窮則必有名，達則必有功，仁厚兼覆天下而不閔，明達用天地理萬變而不疑，血氣和平，志意廣大，行義塞於天地之間，仁知之極也。夫是之謂聖人審之禮也。（卷八）

《外傳》卷四：

君人者，以禮分施，均遍而不偏。臣以禮事君，忠順而不解。父寬惠而有禮，子敬愛而致恭。兄慈愛而見友，弟敬詘而不慢。夫照臨而有別，妻柔順而聽從。若夫行之而不中道，即恐懼而自竦，此全（覆元槧本作"婦"）道也。偏立則亂，具立則治。請問兼能之奈何？曰：審禮。昔者先王審禮以惠天下，故德及天地，動無不當，夫君子恭而不難，敬而不鞏，貧窮而不約，富貴而不驕，應變而不窮，審之禮也。故君子於禮也，敬而安之；其於事也，經而不失；其於人也，寬裕寡怨而弗阿。其於儀也，修飾而不危；其應變也，齊給便捷而不累；其於百官伎藝之人也，不與爭能，而致用其功；其於天地萬物也，不拂（覆元槧本作"說"）其所，而謹裁其盛；其待上也，忠順而不解；其使下也，均遍而不偏；其於交游也，緣類而有義；其於鄉曲也，容而不亂。是故窮則有名，通則有功。仁義兼覆天下而不窮，明通天地，理萬變而不疑。血氣平和，志意廣大，行義塞天地，仁知之極也。夫是謂先王審之禮也。若是，則老者安之，少者懷之，朋友信之，如赤子之歸慈母也。曰：仁刑義立，教誠愛深，禮樂交通故也。《詩》曰："禮儀卒度，笑語卒獲"。

這裏《外傳》與《荀子》相同的，《外傳》將"請問爲人君""請問爲人子"等句刪去，稍加改變，便覺簡潔。而如《荀子》之"待君"改作"事君"；"致文"改作"致恭"；"不苟"改作"不竭"；刪去"致功而不流"，將"致臨"改作"照臨"，都比較合理而易懂。以下省略刪改，大抵都較《荀子》進步。《荀子》的"其於天地萬物也，不務説其所以然"。不大合荀子重知的精神，《外傳》改作"不拂其所而謹裁其盛"，又移在下，比較《荀子》更覺合理。下文改《荀子》"夫是之謂聖人審之禮也"作"夫是謂先王審之禮也"，以與前面"古者先王審禮"相應，也比較《荀子》好。不過《外傳》終是采雜説的，下文又襲《論語》之文，更足見其爲采《荀子》，而非《荀子》之中有《外傳》文混入，這兩處相同，可無疑其孰先孰後。

**(2)《荀子·君道》**

君者，民之原也；原清則流清，原濁則流濁。故有社稷者而不能愛民，不能利民，而求民之親愛己，不可得也。民不親不愛，而求爲己用，爲己死，不可得也。民不爲己用，不爲己死，而求兵之勁，城之固，不可得也。兵不勁，城不固，而求敵之不至，不可得也。敵至而求無危削，不滅亡，不可得也。危削滅亡之情舉積此矣，而求安樂，是狂生者也。狂生者不胥時而樂。故人主欲强固安樂，則莫若反之民；欲附下一民，則莫若反之政；欲修政美國，則莫若求其人。彼或蓄積而得之者不世絶，彼其人者，生乎今之世而志乎古之道。以天下之王公莫好之也，然而於是獨好之；以天下之民莫欲之也，然而於是獨爲之。好之者貧，爲之者窮，然而於是獨猶將爲之也，不爲少頃輟焉。曉然獨明於先王之所以得之，所以失之；知國之安危臧否若別白黑。是其人者也，大用之則天下爲一，諸侯爲臣小用之則威行鄰敵；縱不能用，使無去其疆域，則國終身無故。故君人者愛民而安，好士而榮，兩者無一焉而亡。詩曰："介人維藩，大師爲垣。"此之謂也。（卷八）

《外傳》卷五：

君者，民之源也。源清則流清，源濁則流濁。故有社稷者，不能愛其民，而求民親己愛己，不可得也；民不親不愛，而求爲己用，爲己死，不可得也；民弗爲用，弗爲死，而求兵之勁，城之固，不可得也；兵不勁，城不固，而欲不危削滅亡，不可得也。夫危削滅亡之情，皆積於此，而求安樂是聞，不亦難乎？是枉生者也。悲夫！枉生者不須時而滅亡矣。故人主欲強固安樂，莫若反己，欲附下一民，則莫若及之政；欲修政美俗，則莫若求其人。彼其人者，生今之世，而志乎古之世，以天下之王公莫之好也，而是子獨好之。以民莫之為也，而是子獨為之也。抑為之者窮，而是子猶為之，而無是須臾怠焉差焉。獨明夫先王所以遇之者，所以失之者，知國之安危臧否，若別白黑；則是其人也。人主欲強固安樂，則莫若與其人為之。巨用之，則天下為一，諸侯為臣；小用之，則威行鄰國，莫之能禦。若殷之用伊尹，周之遇太公，可謂巨用之矣；齊之用管仲，楚之用孫叔敖，可為小用之矣。巨用之，者如彼，小用之者如此也。故曰："粹而王，駁而霸，無一而亡"。《詩》曰："四國無政，不用其良。"不用其良臣而不亡者，未之有也。

這裏《外傳》與（《荀子》相同的地方，《外傳》刪去"不能利民"一句，而將《荀子》的"而求敵之不至，不可得也；敵至而求無危削，不滅亡，不可得也"，改作"而欲不危削滅亡，不可得也"。都極見簡潔。下文將《荀子》"莫若反之民"，改作"莫若反己"，則比較合於源流的說法；刪去"彼或蓄積而得之者不世絕"一句，使易於了解。下文又多所更易，都比《荀子》進步，茲不必詳舉。只就《外傳》增加"若殷之用伊尹，周之遇太公"，及從《荀子·王霸》篇抄來的"故曰：粹而主，駁而霸，無一焉而亡"等句，即足見《外傳》之雜湊成文，明是襲用《荀子》，而非由《外傳》混入《荀子》。

(3)《荀子，君道》

道者何也？曰：君道也。君者何也？曰：能群也。能群也者何也？曰：善生養人者也，善班治人者也，善顯設人者也，善藩飾人者也。善生養人者人親之，善班治人者人安之，善顯設人者人樂之，善藩飾人者人榮之。四統者俱而天下歸之，夫是之謂能群。不能生養人者，人不親也；不能班治人者，人不安也；不能顯設人者，人不樂也；不能藩飾人者，人不榮也。四統者亡而天下去之，夫是之謂匹夫。故曰：道存則國存，道亡則國亡。省工賈，眾農夫，禁盜賊，除姦邪，是所以生養之也。天子三公，諸侯一相，大夫擅官，士保職，莫不法度而公，是所以班治之也。論德而定次，量能而授官，皆使人載其事而各得其所宜。上賢使之為三公，次賢使之為諸侯，下賢使之為士大夫，是所以顯設之也。修冠弁、衣裳、黼黻、文章、琱琢、刻鏤，皆有等差，是所以藩飾之也。故由天子至於庶人也，莫不騁其能，得其志，安樂其事，是所同也。衣暖而食充，居安而游樂，事時制明而用足，是又所同也。若夫重色而成文章，重味而成珍備，是所衍也。聖王財衍以明辨異，上以飾賢良而明貴賤，下以飾長幼而明親疏，上在王公之朝，下在百姓之家，天下曉然皆知其非以爲異也，將以明分達治而保萬世也。故天子諸侯無靡費之用，士大夫無流淫之行，百吏官人無怠慢之事，衆庶百姓無姦怪之俗，無盜賊之罪，其能以稱義遍矣。故曰：治則衍及百姓，亂則不足及王公。此之謂也。（卷八）

《外傳》卷五：

道者，何也？曰：君之所道也。君者，何也？曰：群也。爲天下萬物而除其害者，謂之君。王者，何也？曰：往也。天下往之謂之王。曰：善養生者，故人尊之；善辯治人者，故人安之；善顯設人者，故人親之；善粉飾人者，故人樂之；四統者具，天下往之；四統無一，而天下去之；往之謂之王，去之謂之亡。故曰：道存則國存，道亡則國亡。夫省工商，衆農人，謹盜賊，除奸邪，是所以生養之也。天子三公，諸侯一相，大夫擅官，士保職，莫不治理，是所以辯治之也。決德而定次，量能而授官，賢以爲三公，賢以爲諸侯，次則爲大夫，是所以顯設之也。修冠棄衣裳，黼黻文章，琱琢刻鏤，皆有等差，是所以粉飾之也。故自天子至於庶人，莫不稱其能，得其意，安樂其事，是所同也。若夫重色而成文，累味而備珍，則聖人所以分賢愚，明貴賤。故道得則澤流群生，而福歸王公。澤流群生則下安而和，福歸王公則上尊而榮。百姓皆懷安和之心，而樂戴其上，夫是之謂下治而上通。下治而上通，頌聲之所以興也。《詩》曰："降福簡簡，威儀反反，既醉既飽，福祿來反"。

這裏《外傳》與《荀子》相同的，《外傳》增加"爲天下萬物而除其害者謂之君。王者何也？曰：往也。天下往之謂之王"等句，這是與本段上下文無關係的。自"善養生者"以下，在《荀子》本爲兩小節；而《外傳》刪改爲一節，在文字上比較簡潔，而加上"往之謂之王"，成了解釋"王"，不是解釋君爲君道了。下文《外傳》更有刪節，但如刪去《荀子》"重色而成文章，重味而成珍備"下之"是所衍也"一句，直成"重色而成文，累味而備珍，則聖王所以分賢愚，明貴賤"。則雖簡潔，而不及原文好，這又是只顧刪節而不顧意義了。自"福歸三公"下，《外傳》又自改編，以與所引《詩》合，而不同於《荀子》。差異之處甚多，《荀子》中這一段決非由《外傳》混入的。

(4)《荀子·君道》

　　至道大形：隆禮至法，則國有常；尚賢使能，則民知方；纂論公察，則民不疑；賞克罰偷，則民不怠；兼聽齊明，則天下歸之；然後明分職，序事業，材技，官能，莫不治理，則公道達而私門塞矣，公義明而私事息矣。如是，則德厚者進，而佞說者止；貪利者退，而廉節者起。《書》曰："先時者，殺無赦；逮時者，殺無赦。"人習其事而固。人之百事，如耳、目、鼻、口之不可以相借官也。故，職分，而民不慢；次定，而序不亂；兼聽齊明，而百事不留。如是，則臣下、百吏至於庶人，莫不修己而後敢安正，誠能而後敢受職。百姓易俗，小人變心，姦怪之屬，莫不反愨。夫是之謂政教之極。故，天子不視而見，不聽而聰，不慮而知，不動而功，塊然獨坐，天下從之，如一體，如四肢之從心。夫是之謂大形。《詩》曰："溫溫恭人，維德之基。"此之謂也。（卷八）

《外傳》卷六：

　　賞勉罰偷，則民不怠；兼德齊明，則天下歸之。然後明其分職，考其事業，較其官能，莫不理法，則公道達而私門塞，公義立而私事息。如是，則持厚者進，而佞諂者止；貪戾者退，而廉潔者起。《周制》曰："先時者死無赦，不及時者死無赦"。人習事而因人之事，使如耳目鼻口之不可相錯也，故曰：職分而民不慢，次定而序不亂。兼聽齊明而百事不留，如是，則群下百吏，莫不修己然後敢安仕，成能然後敢受職。小人易心，百姓易俗，姦宄之屬，莫不反愨。夫是之爲政教之極，則不可加矣。《詩》曰："訏謨定命，遠猶辰告，敬慎威儀，惟民之則"。

　　這裏《外傳》與《荀子》相同的，《外傳》將《荀子》這一段的首尾刪去；其他如 "《書》曰" 之改作 "《周制》曰"，"姦怪" 之改作 "姦宄"，都見進步；顯見不是由《外傳》混入《荀子》，而其先後是極明顯的。

　　《君道》這一篇與《外傳》相同的地方，雖然顯爲《外傳》襲《荀子》，但這一篇也頗有可疑的。這一篇從第五段起說："君者，民之原也"。以爲 "愛民而安，好士而榮，兩者無一焉而亡"。第六段說："君者何也？曰：能群也。能群也者何也？曰：善生養人者也。" 第七段說："至道大形，隆禮至法，則國有常"。第八段說："爲人主者，……在慎取相"。第九段說："人主無便嬖左右足信者謂之闇，無卿相輔佐足任者謂之獨"。第十段說 "材人"，以爲 "知隆禮義之爲尊君也，知好士之爲美名也，知愛民之爲安國也，知有常法之爲一俗也，知尚賢使能之爲長功也，知務本禁末之爲多材也，知無與下爭小利之爲便於事也，知明制度權物稱用之爲不泥也，是卿相輔佐之材也"。這些地方，以愛民尚賢、隆禮重法爲說，與《荀子》在他篇所說頗相合。而在第一段說："有亂君，無亂國；有治人，無治法；……法者，治之端也；君子者，法之原也"。重人治於法治，以人爲法之原，這猶可說。在第二段又說："故械數者，治之流也，非治之原也。……不待合符節別契券而信，不待探籌投鈎而公，不待衡石稱縣而平，不待斗斛敦槩而嘖"。這樣不重視法，與《勸學》所說"禮者法之大分"，《王霸》所說"禮法之大分也"，《禮論》所說"君子審於禮則不可以欺以詐僞"，《性惡》所說"起禮義，制法度，以矯飾人之情性而正之"，終嫌有些不合。與本篇第十段："知有常法之爲一俗"，"知明制度權物稱用之爲不泥"也相衝突。《王霸》篇說"無國而不有法治，無國而不有亂法"也與此段之直云無治法不同。而第三段說君道有"請問爲人夫""請問爲人妻"之語，又說"請問兼能之，奈何？"這實有一點"欠亨"。又說："其於天地萬物也，不務說其所以然"，與《解蔽》篇所云"疏觀萬物，而知其情，參稽治亂，而通其度"，顯然衝突。前兩段所說，猶可加解釋，這一段就文義看來，實在可疑。第四段說："請問爲國，曰：聞修身，未嘗聞爲國也"。完全重德化，也甚可疑。這四段雖不與《非相》之後半有確實證據可以說其非荀文，但亦不敢必其爲眞《荀子》文。置之這一組中，比較認其全體爲眞《荀子》文，似覺稍當。

### Ⅳ《臣道》

《臣道》篇與《戴記》沒有相同的地方，與《外傳》文同者，共有二處，茲分別對勘之於下：

**(1)《荀子·臣道》**

> 有大忠者，有次忠者，有下忠者，有國賊者。以德復君而化之，大忠也；以德調君而補之，次忠也；以是諫非而怒之，下忠也；不恤君之榮辱，不恤國之臧否，偷合苟容以之持祿養交而已耳，國賊也。若周公之於成王也，可謂大忠矣；若管仲之於桓公，可謂次忠矣；若子胥之於夫差，可謂下忠矣；若曹觸龍之於紂者，可謂國賊矣。(卷九)

《外傳》卷四：

> 有大忠者，有次忠者，有下忠者，有國賊者。以道覆君而化之，是謂大忠也；以德調君而輔之，是謂次忠也；以諫非君而怒之，是謂下忠也。不恤乎公道之達義，偷合苟同，以持祿養者，是謂國賊也。

若周公之於成王，可謂大忠也；管仲之於桓公，可謂次忠也；子胥之於夫差，可謂下忠也；曹觸龍之於紂，可謂國賊也。皆人臣之所爲也。吉凶賢不肖之效也。《詩》曰："匪其止共，惟王之邛"。

這兩處相同的，《外傳》文比較多，足證其爲采取《荀子》而改編，非由《外傳》混入《荀子》。《荀子》"不恤君之榮辱，不恤國之臧否"，《外傳》改作"不恤乎公道之達義"，公道達義，人所共知，而不之恤，尤可謂爲國賊。意義比較進步。要之，此處《外傳》文字較多，決非《荀子》由《外傳》混入也。

**(2)《荀子·臣道》**

故仁者必敬人。敬人有道，賢者則貴而敬之，不肖者則畏而敬之；賢者則親而敬之，不肖者則疏而敬之。其敬一也，其情二也。若夫，忠信、端慤而不害傷，則無接而不然，是仁人之質也。忠信以爲質，端慤以爲統，禮義以爲文，倫類以爲理，喘而言，臑而動，而一可以爲法則。《詩》曰："不僭不賊，鮮不爲則。"此之謂也。（卷九）

《外傳》卷六：

仁者必敬其人。敬其人有道，遇賢者則愛親而敬之，遇不肖者則畏疏而敬之。其敬一也，其情二也。若夫忠信端慤而不害傷，則無接而不然。是仁之質也。仁以爲質，義以爲理，開口無不可以謂人法式者。《詩》曰："不僭不賊，鮮不爲則"。

這裏《外傳》與《荀子》相同的，《外傳》合並《荀子》"賢者則貴而敬之"四句成爲"遇賢者則愛親而敬之，遇不肖則畏疏而敬之"兩句，下文又並《荀子》"忠信以爲賢"四句爲"仁以爲賢，義以爲理"兩句，這時務求其簡。而於"喘而言，臑而動"，改爲"開口"使其淺近，尤足見其晚出，改編《荀子》而成。非《荀子》此段由《外傳》混入。

這一篇第一段說"人臣之論，有態臣者，有篡臣者，有功臣者，有聖臣者"。第二段說"從命而利君謂之順，從命而不利君謂之諂，逆命而利君謂之忠，逆命而不利君謂之篡"。第三段說"事聖君者，有聽從，無諫爭；事中君者，有諫爭，無諂諛；事暴君者，有補削，無撟拂"。第六段說"有大忠者，有次忠者，有下忠者，有國賊者"。都是說的臣道。在第一段中推重管仲、咎犯、孫叔敖，以爲是功臣，而不羞霸業，與《君道》末一段說"上可以王，下可以霸"；以及《王霸》篇的"義立而王，信立而霸"相合。在第二段中推重伊尹、箕子、比干、子胥，在第六段中推重周公、管仲、子胥，都與第一段之重忠而不反對霸業相合。第五段說："事人而不順者，不疾者也，疾而不順者，不敬者也；敬而不順者，不忠者也，忠而不順者，無功者也；有功而不順者，無德者也"。一味的重在順。第七段說"仁者必敬人，……人賢而不敬，則是禽獸也；人不肖而不敬，則是狎虎也"。第八段説"恭敬，禮也；調和，樂也；謹慎，利也；鬥怒，害也"。都與臣道無關。第九段説"通忠之順，權險之平，禍亂之從聲，三者，非明主莫之能知也"。而所謂"權險之平"是"奪然後義，殺然後仁，上下易位然後貞；功參天地，澤被生民；夫是之謂權險之平。湯、武是也。"殊不知湯、武之世是無明主的。這幾段都很可疑。在第七段中有："喘而言，'臑'而動，而一可以爲法則"三句，我很疑心這是荀卿弟子采用《勸學》的句子而成。因爲《勸學》篇説："入乎耳，著乎心，布乎四體，形乎動靜，端而言，臑而動，一可以爲法則"。"言""動"承上文"動靜"而來。這一篇的上文是："忠信以爲質，端愨以爲統，禮義以爲文，倫類以爲理。"與動靜關係較淺，而《勸學》篇於"喘""臑"用借字，此篇用本字，比較明顯些。在荀卿弟子所作《儒效》《彊國》頗有用《荀子》之文的，我們一看那些例子（詳見下），就可以明瞭。這幾段雖不與《非相》的後半，《榮辱》之前半，有確據可以斷其非荀子文，但依我看來，放在這一組中，似比認其全爲真荀子文，稍覺妥當。

## （六）《仲尼》《致仕》《君子》

### I 《仲尼》

這一篇與《戴記》《外傳》都沒有關係，然而這一篇在《荀子》中恐怕是最不可信的一篇。這一篇開端説：

仲尼之門人，五尺之豎子，言羞稱乎五伯。是何也？曰：然。彼誠可羞稱也。齊桓，五伯之盛者也。（卷三）

這是不贊成霸術的。在《荀子》文中，稱説霸術的，實不一而足。如《王制》篇云："王者富民，霸者富士"。又説"臣諸侯者王，友諸侯者霸""欲王而王，欲霸而霸"。在《君道》末段也説："上可以王，下可以霸"。更有《王霸》一篇，以爲：

故用國者，義立而王，信立而霸，權謀立而亡。（卷七）

荀子對於霸，雖不甚贊許，然而並不以五伯是誠可羞稱的。《王霸》這一篇，據其云"商賈敦愨無詐，則商旅安，貨通財，而國求給矣；百工忠信而不楛，則器用巧便而財不匱矣"，是一篇較可信的文字。對於五伯説：

……威動天下，五伯是也。非本政教也，非致隆高也，非綦文理也，非服人之心也；鄉方略，審勞佚，謹畜積，修戰備，齲然上下相信，而天下莫之敢當。故齊桓、晉文、楚莊、吳闔閭、越勾踐，是皆僻陋之國也，威動天下，彊殆中國，無它故焉，略信也。是所謂信立而霸也。（同上）

這是許五伯之信。我們試再看《仲尼》篇所說的則不然了。

仲尼之門人，五尺之豎子言羞稱乎五伯，是何也？曰：然。彼非本政教也，非致隆高也，非綦文理也，非服人之心也；鄉方略，審勞佚，畜積修鬥，而能顛倒其敵者也，詐心以勝矣。彼以讓飾爭，依乎仁而蹈利者也，小人之傑也，彼固曷足稱乎大君子之門哉？（卷三）

差不多一樣的筆調，一較而攻擊他是"詐心以勝矣"，不是"信立而霸"了。這樣的矛盾當如何解釋呢？更有趣味的是在這一段說得如是之高尚，"言羞稱乎五伯"，而在下一段開始就說："持寵處位終身不厭之術"，在第三段開始又說："求善處大重，理任大事，擅寵於萬乘之國，必無後患之術"。要求擅寵固位，患得患失，盡是卑劣的話頭。楊倞在這裏真不得不起疑心了。他說：

或曰：《荀子》非王道之書，其言駁雜，今此又言以術事君。曰：不然。夫荀卿生於衰世，意在濟時，故或論王道，或論霸道，或論強國，在時君所擇，同歸於治者也。若高言堯、舜，則道必不合，何以拯斯民於塗炭乎？故反經合義，曲成其道。若得行其志，治平之後，則亦堯、舜之道也。又荀卿門人多仕於大國，故戒以保身推賢之術，與《大雅》"既明且哲"，豈云異哉？（卷三）

他也感覺到這裏以術事君太不成話，然而他要爲之迴護，自然是不能令人滿意的。在清代盧文弨即說：

推賢讓能，人臣之正道，以此爲固寵之術，亦不善於持說矣。注曲爲之解，非是。

這裏所說的是要求擅寵，且恐失寵，完全是卑劣的話頭，與《王霸》篇所說："與積禮義之君子爲之則王，與端誠信全之士爲之則霸，與權謀傾覆之人爲之則亡"。《臣道》篇所說："巧敏佞說善取寵乎上，是態臣也"。都不相合。荀子是重禮義，惡佞態的，如何又有這種卑劣的心理？下一段又說："天下之行術"，末一段說："勢不在人上，而羞爲人下，是姦人之心也"。這好像是說不必擅寵了，然而結以"故君子時詘則詘，時伸則伸也"，終覺可疑。

這一篇共五段，第一段"言羞稱乎五伯"，說得太高了，與《王制》《王霸》《君道》不合。從第二段起，又說得太低了，與其重禮義，惡佞態之思想又不合。而且將第一段與後幾段湊在一起，在本篇更覺不倫不類。我主張這一篇最好是不要認爲真荀子文。這在楊注、盧校即有異感，不過他們不覺《荀子》中除《大略》等篇外，還有非荀子的作品，所以不以爲僞，我們"信信""疑疑"，對於這一篇是當毫無疑義地認爲非荀子文。

## Ⅱ《致仕》

《致仕》篇與《戴記》沒有相同的地方，與《外傳》則有一段文同，兹先並錄於下：

**(1)《荀子·致仕》**

  川淵深而魚鼈歸之，山林茂而禽獸歸之。刑政平而百姓歸之，禮義備而君子歸之。故禮及身而行修，義及國而政明，能以禮挾而貴名白，天下願，令行禁止，王者之事畢矣。《詩》曰："惠此中國，以綏四方"，此之謂也。（卷九）

《外傳》卷五：

  水淵深廣，則龍魚生之。山林茂盛，則禽獸歸之，禮義修明，則君子懷之。故禮及身而行修，禮及國而政明。能以禮扶身，則貴名自揚，天下順焉，令行禁止，而王者之事畢矣。《詩》曰："有覺德行，四國順之"，夫此之謂也。

這裏《外傳》與《荀子》相同的，如"貴名白"改作"貴名自揚"；"能以禮挾"改作"能以禮扶身"，都較明顯，這都是晚於荀子的現象，殊無《荀子》襲《外傳》之痕跡。

這一篇也是《荀子》中很可疑的一篇。第三段説："得衆、動天；美意、延年。誠信，如神；夸誕，逐魂。"郝懿行已説："按四句一韵，文如箴銘，而與上下頗不相蒙，疑或他篇之誤脱。"這四句我們實不知其來歷如何。第九段説："賞不欲僭，刑不欲濫。賞僭則利及小人，刑濫則害及君子。若不幸而過，寧僭勿濫。與其害善，不若利淫。"盧文弨已説："此數語全本《左傳》。"第八段説："師術有四，而博習不與焉；尊嚴而憚，可以爲師；耆艾而信，可以爲師；誦説而不陵不犯，可以爲師；知微而論，可以爲師。……"既非本篇之文，詞旨又極庸近。第六段説："程者物之準也；禮者節之準也"。第七段説："君者國之隆也，父者家之隆也"，也與本篇《致仕》無涉。這五段都不與本篇相干，而彼此無關係的。第一段説："衡聽、顯幽、重明、退姦、進良之術"，這是所謂"致仕"了。然而屢稱"君子不聽""君子不用"，而説"然後士其刑賞而還與之"，似乎致仕之權，即在"君子"之手。而君子又可以

"士其刑賞而還與之"。第二段前半説:"禮及身而行修,義及國而政明"。在後半段則説:"道之與法也者,國家之本作也;君子也者,道法之總要也"。又重"道法",而"道法"與前所云之禮義不相謀,"道法"連用在《荀子》中也是罕見的。結以"故有良法而亂者,有之矣,有君子而亂者,自古及今,未嘗聞也。《傳》曰:'治生乎君子,亂生乎小人',此之謂也"。又撇開"道"不説了。這幾句依盧文弨説:"前《王制》篇亦有此數語,或是脱簡於彼。"依我看來,這裏上文"道法"並重,而此數語則只言"法";《王制》這幾句正承上文"其有法以法行"等句,所重在法,或者在《王制》的爲原文,這裏爲用《王制》語。這一篇共九段,而五段不相干,是雜湊起來的。第一、第二兩段也可疑,我恐怕這一篇也如同《大略》等篇爲荀卿以後的人所雜錄而成的。就第三段、第八段、第九段看來,尤其顯然雜湊而成,我以爲最好是認此篇爲非荀子文。

### Ⅲ 《君子》

《君子》這一篇没有與《戴記》《外傳》相同的地方,但這一篇劉向的舊篇次爲第三十一,只居《賦篇》之前。楊倞在篇首注云:"凡篇名多用初發之語名之,此篇皆論人君之事,即'君子'當爲'天子',恐傳寫誤也。"近來楊筠如著《荀子研究》則説:"今《荀子·君子篇》全言天子之事,内容與篇題不類,疑爲《君道》篇的錯簡?楊倞疑'君子'當爲'天子',似也不確。我疑《君子》篇的本文,已經錯入《不苟》篇。"此篇内容既與篇題完全不合,原文錯入何篇,現在無法確知;現在全篇内容,並非全言天子之事,來源如何,自已難以確定。這一篇所述,詞旨頗庸近,其説聖人曰:"故仁者,仁此者也;義者,分此者也,節者,死生此者也,忠者,惇慎此者也,兼此而能之備矣。備而不矜,一自善也,謂之聖。"(卷一七)以"仁""義""節""忠""一自善也"爲言,與《解蔽》篇"聖也者,盡倫者也";《禮論》篇"聖人者,道之極也";亦不甚相合。爲慎重起見,最好不要認此篇爲真荀子文。

## (七)《儒效》《議兵》《強國》

《儒效》《議兵》《強國》三篇在梁任公先生《要籍解題及其讀法》一書上,即以爲是"似出門弟子記錄",這種説法是確實可信的。細查這三篇,如:

**(1)《儒效》**

《詩》言是其志也,《書》言是其事也,《禮》言是其行也,

《樂》言是其和也,《春秋》言是其微也。……天下之道畢是矣。(卷四)

這與《勸學》篇"《書》者政事之紀也,……《禮》之敬文也,《樂》之中和也,《詩》《書》之博也,《春秋》之微也,在天地之間者畢矣"。文相近,而對於經的説法則較進步。

**(2)《儒效》**

無置錐之地,而王公不能與之爭名;在一大夫之位,則一君不能獨畜,一國不能獨容,成名況乎諸侯,莫不願得以爲臣。(同上)

這與《非十二子》文同。盧文弨以爲《儒效》"此段'在一大夫之位'云云當爲衍文,《韓詩外傳》卷五無此,徑接下文,語勢方吻合"。《外傳》多有删節,是不足爲憑的,恐這句實係襲《非十二子》之文。

**(3)《儒效》**

言道德之求,不下於安存;言志意之求,不下於上;言道德之求,不二后王;道過三代謂之蕩,法二后王謂之不雅。(同上)

這裏"道過三代謂之蕩,法二后王謂之不雅",恐係用《王制》篇文。但説"言道德之求",是應接以"不過三代",而説"不二后王",不如《荀子·王制》原文之好。《王制》上文有"道不過三代,法不貳后王",方才接以"道過三代謂之蕩,法二后王謂之不雅",《儒效》上文並不言法,而説"法二后王謂之不雅",則是上無所承,可見不如《王制》本文的。

**(4)《强國》**

故人之命在天,國之命在禮。人君者,隆禮尊賢而王,重法愛民而霸,好利多詐而危,權謀傾覆幽險而亡。(卷十一)

這與《天論》篇文同。但《天論》篇上文有"在天者莫明於日月"等句,"故人之命在天",是承上文而來,《强國》篇這幾句的上文絶不談到天,明明不如《天論》之文。

**(5)《强國》**

故君人者,愛民而安,好士而榮,兩者無一焉而亡。(卷十一)

這幾句與《君道》篇第五段文同,但《君道》的上文確是説"愛民""好士",而《强國》這幾句的上文却不是説"愛民""好士",顯見這幾句也是不如《君道篇》的。

**(6)《强國》**

故曰:"粹而王,駁而霸,無一焉而亡"。(同上)

這幾句與《王霸》篇第一段語同,但《王霸》篇上文有"故與積禮義之君子爲之則王，與端誠信全之士爲之則霸，與權謀傾覆之人爲之則亡"。而《彊國》篇的上文是"其殆無儒耶"？絕未提到"王""霸""亡"三者，其不如《王霸》篇之文顯然。這些地方都頗足以助證這三篇之晚出，而實"似出門弟子所記錄"。

我們既知在《荀子》中有荀卿門人的作品，而在荀卿門人之中，如韓非、李斯之流是好講游説，希望祿位的；在《荀子》，難保無這一派人的議論羼入。如《非相》之後半，説"凡説之難"，重"談説之術"，及《仲尼》篇之"持寵處位終身不厭之術"，與《臣道》篇攻擊"巧敏佞説，善取寵乎上"的態臣蘇秦、張儀相反，恐是這一派人的言論。在荀卿門弟子之中，當亦有重王道人治與德化禮義的，這一派人的言論，也難保不羼入荀書之中。如《仲尼》篇之"言羞稱乎五伯"，及《君道》中的前幾段，重人治重德化，恐是這一派人的言論。這種"似出門弟子所錄"的各篇各段，因爲習熟於其師説，專就文字上看，是很難以判别出來，而就意義上看，則有時現出破綻。如《仲尼》篇與《王霸》篇一樣地用"非本政教也，非致隆高也，非綦文理也"等句，然而在《王霸》篇的上文連用"不欺其民""不欺其與"，以及"國一綦明，與國信之"等句。而在《仲尼》篇上文並没有攻擊齊桓之不信，而事實上齊桓也並非不重信，如《仲尼》篇所云"詐心以勝矣"。《臣道》篇的幾段在意義上頗可疑，而亦有襲用《勸學》篇的三句的嫌疑，正如《儒效》《彊國》《仲尼》等篇之襲用真荀子文，所以也疑爲非荀子文的。又，《儒效》《彊國》等篇之"似出門弟子記録"而各自成篇，則劉向校《荀》書之時，其重複之篇如是之多，未必全是雜亂無序，必本有以類相近的。如《仲尼》全篇，《非相》之後半，《榮辱》之前半，都極可疑，而全是以類相近的，我們亦可藉此以剖辨真僞。由《荀子》一書看來，是頗覺有如此現象。

這三篇與《戴記》全無相同的地方，但與《外傳》都有相同之文，但亦無《荀》書襲《外傳》之嫌疑，兹以此三篇既明知非荀子所自作，故於對勘之文從略。

## （八）《成相》以下各篇

在《荀子》中，《成相》與《賦》兩篇，本是辭賦之流，前人謂《漢志·詩賦略》所列的《孫卿賦》十篇，即是《成相》與《賦》，依《漢志》裁篇别出，這話是可信的。《成相》篇劉向舊次在《仲尼》之後，列爲第八。這或者因其"雜論君臣治亂之事，以自見其意"楊注所以列在前面。劉向舊次，如《非相》列第五，《仲尼》列第七，本不以其篇之好壞爲衡，劉向將《賦篇》放在末後，將《成相》放在第八，本無理由，不當因此發生什麽真僞的疑問。《賦篇》的計算，前爲《禮》《知》《雲》《蠶》《箴》五賦，其下《佹詩》一首，後附小歌，小歌與詩相連，實當認爲六篇。荀卿所作，既有賦詩，則《成相》一篇，爲賦的體裁，似亦無何疑問。這兩篇與荀子思想本無關係，我們至今亦無理由不認其爲荀卿所作。

《大略》一篇，楊倞以爲荀卿弟子雜錄荀卿之語。這一篇不惟引《易》，而且説："善爲《詩》者不説，善爲《易》者不占，善爲《禮》者不相"。以《易》與《詩》《書》並論，又有似《易傳》之語，實是較晚的現象。但如"誥誓不及五帝，盟詛不及三王，交質不及五伯"等語，雖與《穀梁傳》同，則恐係《穀梁傳》采用《荀子》，未可以作爲此篇晚於《穀梁》之證。至於説"《春秋》賢繆公，以爲能變也"，又説"故《春秋》善胥命"，好像是采用《公羊》文十二年、桓三年《傳》語。其實在《荀子》已説"《春秋》之徵也"，當時《春秋》已有傳授，亦未必即是采取《公羊傳》，未可以爲晚於《公羊傳》之證。而且《大略》以下六篇與《外傳》及《戴記》相同之處，並無《荀子》晚於《戴記》《外傳》之嫌疑，則此六篇的成立，至遲也當在漢初。不過《堯問》篇末一段説：

> 爲説者曰："孫卿不及孔子，……今之學者，得孫卿之遺言餘教……。"

直稱孫卿，實極可疑。此六篇之成立，又較《儒效》等篇爲晚，梁説以爲"宜認爲漢儒所雜錄"，實比較妥當。

這六篇既明知晚出，其與《戴記》《外傳》相同之處，殊無對勘之必要，兹亦從略。

## 結　語

在上文中，我考定《荀子·勸學》等十四篇爲真荀子文，這是没有什麽疑問的。《儒效》《議兵》《强國》三篇以及《成相》以下八篇，俱從舊説假定，亦無若何疑問。惟《榮辱》《非相》《君道》《臣道》四篇之有幾段疑爲非荀子文，《仲尼》《致仕》《君子》之疑爲非荀子文，這在過去雖有，也一樣地懷疑過，但亦未有積極主張之者。兹篇所述，本爲從嚴假定，目的在毋以僞亂真。《仲尼》篇之"羞稱五伯"，及言"持寵處位之術"，實不像荀子所説的。《致仕》《君子》，雜湊成篇，宜與《大略》以下六篇，等量齊觀。《榮辱》的第一段、第五段之近於雜湊，《非相》自第五段以下引《易》及重談説，俱實可疑。《君道》的第三段説《君道》有"請問爲人妻"等語，《臣道》的第九段以爲湯武之世還可有明主，都不甚近情理。《榮辱》《非相》《君道》《臣道》等四篇除這極可疑的幾段外，其他的各段，爲審慎起見，自未妨全認爲《荀子》之文。不過如從嚴假定，仍以稍持懷疑的態度，才不至於以僞亂真，容更詳之。

·辨僞叢刊之一·

# 唐人辨僞集語

# 序

疑古辨僞的風氣，通常以爲在兩宋是極盛的，至於漢、唐的時候，則多以爲辨僞的人畢竟是太少了，所辨的僞書也是很少的。但是宋代辨僞的風氣何以如此之盛，那絕不是一朝一夕之故，其所由來也必是以漸的。宋人的辨僞，固然有一些其他的原因，而所受唐人辨僞的影響，實在要算是一個很重要的原因；不然，則司馬光《論風俗劄子》所謂：

> 新進後生，口傳耳剽，讀《易》未識卦爻，已謂《十翼》非孔子之言；讀《禮》未知篇數，已謂《周官》爲戰國之書；讀《詩》未盡《周南》《召南》，已謂毛、鄭爲章句之學；讀《春秋》未知十二公，已謂《三傳》可束之高閣。

陸務觀所謂：

> 唐及國初，學者不敢議孔安國、鄭康成，況聖人乎！自慶曆後，諸儒發明經旨，非前人所及；然排《繫辭》，毁《周禮》，疑《孟子》，譏《書》之《胤征》《顧命》，黜《詩》之《序》，不難於議經，況傳、注乎！

在北宋的時候，辨僞之風忽然如是之盛，是很不容易解釋的。

原來唐人的辨僞，其風氣也是很可觀的。在國家頒布的《五經正義》之中，對於《史記》所載孔子删《詩》之說，認爲：

> 《書》《傳》所引之詩，見在者多，亡逸者少，則孔子所録，不容十分去九。馬遷之言未可信也。

對於《尚書·堯典》《尚書·舜典》則説：

> 虞史欲盛彰舜德，歸過前人，《春秋》史克以宣公比堯，辭頗增甚。

> 蠻夷猾夏，興兵犯邊，……唐堯之聖，協和萬邦，不應末年頓至於此。蓋少有其事，辭頗增甚。

對於《周禮》則説：

> 《周禮·大司徒》云："諸公之地，封疆方五百里，侯四百里，伯三百里，子二百里，男一百里。"蓋是周室既衰，諸侯相並，自以

國土寬大,皆違禮文,乃除去本經,妄爲說耳。

對於兩《戴記》則說:

《大戴禮》遺逸之書,文多假託,不立學官,世無傳者;其《盛德》篇云"明堂外水名曰辟雍",《政穆》篇稱"太學明堂之東序",皆後人所增,失於事實。

《禮記》是後世之言,不與經典合也。

《月令》"秋其帝少昊者",……唯託記之耳。

對於《易經》則不認《卦辭》《爻辭》並是文王所作,而以緯書爲僞,說是:

《卦辭》文王,《爻辭》周公,馬融、陸績等並同此說,今依而用之。

《孝經緯》稱,……但緯文鄙僞,不可全信。

對於《春秋》則以《左氏》有增竄,《穀梁》不可信,而說:

《傳》說處秦爲劉氏,未知何意言此。討尋上下,其文不類。

《穀梁傳》漢初始作,不見經文,妄言之耳。

這裏所依據的材料,無論爲真爲僞,他們所得來的結論,無論爲是爲非,這樣子大膽的議論,敢於疑聖疑經而不顧,這決不是陸務觀所說的"唐及國初,學者不敢議孔安國、鄭康成,況聖人乎"那樣情形的。

《五經正義》對於《竹書紀年》《國語》《世本》《史記》《管子》《家語》,也都懷疑。《隋書·經籍志》也是官修的,對於所謂《歸藏》《古文孝經》,以及《孝經》孔傳、鄭注,也都懷疑。他如《廣成子》《隨巢子》等書,或認爲未可據信,或以爲後人所錄,其範圍是很大的。國家頒行的官修書,疑古辨僞,態度如此,其影響於古書的真僞問題,其影響於後來辨僞的風氣,當然是比私人著述的力量要大的。

顏師古的《漢書注》,辨僞的也有幾條,對於《禮記》的《中庸》和《西京雜記》開始懷疑。但是他的影響還不甚大。劉知幾之《史通》,他的《疑古》《惑經》《申左》諸篇,直懷疑到堯、舜、禹、湯、文、武、周公、《論語》《春秋》,比之宋人的好講"危微精一",以爲堯、舜、禹、湯以來的道統,一則雖疑古而尊聖,一則直是疑經非聖,態度還要激烈些。劉氏對於三《傳》並言其非,而在《申左》篇說:

夫學者苟能徵此二說以考三《傳》,亦足以定是非,明真僞者矣。

三《傳》的真僞問題,到了他全行提出。他于《孝經鄭注》《老子河上公注》《子夏易傳》《李陵與蘇武書》，都認爲僞造的；而于劉向的《洪範·五行傳》及《新序》《説苑》，《列女》《列仙》諸傳，認爲多構僞辭；許多都是發前人之所未發。這樣子的辨僞，置之宋人之中，真是有過之而無不及的。

影響于宋代經學最大的當然是啖助、趙匡。他們要從繁瑣的《五經正義》中解放了出來，他們不惟不信《三傳》，懷疑其著作人物及其傳授，而且對於《周禮》《禮記》《史記》《竹書紀年》《本草》《山經》也都懷疑。他們不信傳注，而宋代治經的態度正是受其影響。王應麟《困學紀聞》説：

> 自漢儒至於慶歷間，談經者守訓故而鑿，《七經小傳》出而稍尚新奇矣。至《三經義》行，視漢儒之學若土梗。（《卷八·經説》）

劉敞之《七經小傳》《春秋權衡》等書正是用的啖、趙的方法，即此已足見宋代辨僞的風氣是淵源於唐代的。

韓愈是歌頌"《春秋》三《傳》束高閣，讀抱遺《經》究終始"的，他的《詩之序議》説子夏不序《詩》。他以識古書之真僞爲年之進。清代閻若璩的《尚書古文疏證·卷一》説：

> 嗚呼！事莫大於好古，學莫善於正僞，韓昌黎以識古書之正僞爲年之進，豈欺我哉？

他正是利用韓愈的話來喚醒那一般盲目的信從古書的人。韓愈大弟子李漢更要説：

> 《書》《禮》剔其僞。

對於《書》《禮》一並懷疑。吳摯甫在《寫定尚書後記》上説：

> 由晉、宋以來，士汩於晚出之僞篇，莫知子雲之所謂。獨韓退之氏稱《虞夏書》亦曰"渾渾"，於商於周，獨取其"詰屈聱牙"者。《詩》曰"惟其有之，是以似之"，信哉！其徒李漢叙論《六藝》，又曰："《書》《禮》剔其僞。"《書》之僞，蓋自此發，且必退之與其徒常所講説云爾。而漢誦述之不然，漢之智殆不及此！

吳氏這話雖不盡然，要之，懷疑僞古文也好，懷疑今文也好，疑《書》總是從唐人疑起的。在《五經正義》以後，唐人還是有説"《書》《禮》剔其僞"的。

啖、趙的弟子陸淳是柳宗元極其崇拜的，在他所作《陸文通先生墓表》和《答元饒州論〈春秋〉書》，都可以看出他崇拜陸淳的言論。《答元饒州論〈春秋〉書》上説：

> 京中於韓安平處，始得《微指》，和叔處始見《集注》，恒願掃於陸先生之門。及先生爲給事中，與宗元入尚書同日，居又與先生同

巷，始得執弟子禮。未及講討，會先生病，時聞要論，嘗以易教誨見寵。不幸先生疾彌甚，宗元又出邵州，乃大乖謬，不克卒業。復於亡友凌生處，盡得《宗指》《辨疑集注》等一通。伏而讀之……反復甚喜。若吾生前距此數十年，則不得是學矣。

柳宗元對於啖、趙、陸如此之崇拜，他的《辨列子》《辨文子》《論語辨》《非國語》等等當然是受他們的影響的。在他《與呂恭論墓中石書》說：

今視石之署其年曰永嘉，其書則今田野人所作也；雖支離其字，尤不能近古，爲其"永"字等頗效王氏變法，皆永嘉所未有。辭尤鄙近，若今所謂律詩者，晉時蓋未嘗爲此聲，大妄謬矣。又言植松鳥攫之怪，而掘其土得石，尤不經，難信。或者得無姦爲之乎？

對於發掘出來的東西也十分注意，固不僅限於書本上的辨僞了。

韓、柳的古文，到宋代極其風行，據宋朱弁《曲洧紀聞·四》說：

穆修伯長在本朝，爲初好學古文者。始得韓、柳善本，大喜，自序云："天既屬予以韓，而又餞我以柳，謂天不予饗，過矣。"欲二家文集行於世，乃自鏤板，鬻於相國寺。性伉直不容物，有士人來，酬價不相當，輒語之曰："但讀得成句，便以一部相贈。"或怪之，即正色曰："誠如此，修豈欺人者？"士人知其伯長也，皆引去。

韓、柳的文集經他這樣的提倡，而後來歐陽修對於韓、柳"苦志探賾""至忘寢食"（《宋史》本傳），無怪乎他也敢排《繫辭》，疑《周禮》。他所獎掖的後進，如王安石、蘇氏父子，也是極有辨僞的精神的。在經學上，文學上，宋儒都很受唐人的影響，蛛絲馬跡，處處可尋，更無怪乎辨僞的潮流，在兩宋要變本加厲了！所以司馬光一面不贊成"新進後生，口傳耳剽"的不信古，一面他自己還脫離不了這種風氣而要疑《孟》。不過陸務觀說唐及宋初不敢疑經，這簡直是不明白這兩代的學術潮流的。

我不惟覺得宋儒之辨僞是受唐人的影響的，而且疑心清儒之辨僞，有的也是受唐人的影響的。清代學者的辨僞，如閻若璩之辨《古文尚書》要借重韓愈的話，後來如方苞之辨《周官》，姚鼐之疑《莊子》，袁枚之疑《儀禮》、辨《金縢》，那些古文家的疑古辨僞，在好古空氣濃厚的時候，恐怕有的只是見韓、柳也曾如此，然後才敢在凡古必真的圈內，居然發出了一些辨僞的言論。當然，這有的是因爲本是疑案的關係；而且也許是是非之心，人皆有之，真之是，僞之非，總有人來理會它的。

是非之心是人人都有的，所以在一方面有人作僞，在一方面也就有人辨僞。所以就孔老夫子說，他不語"怪力亂神"，他主張"多聞闕疑"，他曷嘗對於那些假玩意兒就相信？到了孟子，他更要説："盡信《書》不如無《書》，吾於《武成》，取二三策而已。"辨偽事，辨偽書，這事是早有的。戰國、秦、漢間，作偽的固多，辨偽的也多（參看《史學年報》二卷二期顧頡剛：《戰國秦漢間的造偽與辨偽》）。到了東漢，如班固的《漢志》，王充的《論衡》，他們辨訂偽事，這裏且不詳細説它。這時懷疑《泰誓》的有馬融，懷疑《周禮》的有何休、臨碩，更有孟子張和包周等人（《周禮·春官·宗伯》"五命賜則"賈《疏》），懷疑緯書的有桓譚、樊英（《後漢書·方術列傳》、荀爽（《申鑒俗嫌》），辨偽的人愈來愈多。我們且看這一位經學大師鄭玄罷！他説：

> 天下之事，以前驗後，其不合者，何可悉信，是故悉信亦非，不信亦非。（《詩經·生民·疏》）

這可見他的懷疑的根本態度。《周頌·絲衣》，《毛序》有"高子曰靈星之尸也"這一句，他答張逸問説：

> 高子之言，非毛公，後人著之。（《詩經·絲衣·疏》）

以爲高子之言非《毛詩》所原有，可見他於《毛詩》的不悉信。在《詩經·鳧鷖·疏》説：

> 然則川澤曰沈，蓋亦沈而復埋。何者？《釋天》云："祭山曰庪懸"，不言理。張逸亦引以問，而鄭答曰："《爾雅》之文雜，非一家之注，不可盡據以難《周禮》。"

這是他對於《爾雅》之不信任。《左傳·哀十三年·正義》説：

> 鄭玄云："不可以《國語》亂周公所定法。"

這是他對於《國語》的不信任。這樣子的經學大師對於《毛詩》《爾雅》《國語》等書這樣子地懷疑辨偽，豈是後來講鄭學的所能及的？

後來傅玄也説："《國語》非丘明所作。"（《左傳·哀十三年·疏》）又説："《管子書》過半是後之好事者所加，《輕重篇》尤鄙俗"（王應麟《漢書藝文志考證》）。南齊的陸澄與王儉也掀動了關於《孝經鄭注》的真偽的一樁公案（《南齊書·陸澄傳》），這一案到現在還不好決定孰勝孰負。《經典釋文·序錄》上説：

> 齊明帝建武中，吳興姚方興采馬、王之注，造孔傳《舜典》一篇，云於大航頭買得，上之。梁武時爲博士議曰："孔《序》稱伏生誤合五篇，皆文相承接，所以致誤。《舜典》首有'曰若稽古'，伏生雖昏耄，何容合之？"遂不行用。

梁武帝對於這偽中之偽的《舜典》首二十八字可算是當場別白其真偽了。《文心雕龍·明詩篇》説：

至成帝品録，三百餘篇，朝章國采，亦云周備，而辭人遺翰，莫見五言，所以李陵、班婕妤見疑於後代也。……又古詩佳麗，或稱枚叔，其孤竹一篇則傅毅之詞。比類而推，兩漢之作乎？

《顏氏家訓·書證篇》說：

　　或問："《山海經》，夏禹及益所記，而有長沙、零陵、桂陽、諸暨，如此郡縣不少，以爲何也？"答曰："史之闕文，爲日久矣；加復秦人滅學，董卓焚書，典籍錯亂，非止於此。譬猶《本草》神農所述，而有豫章、朱崖、趙國、常山、奉高、真定、臨淄、馮翊等郡縣名，出諸藥物；《爾雅》周公所作，而云'張仲孝友'；仲尼修《春秋》，而《經》書孔丘卒；《世本》左丘明所書，而有燕王喜、漢高祖；《汲冢瑣語》乃載《秦望碑》；《倉頡篇》李斯所造，而云'漢兼天下，海內並廁，豨、黥、韓覆，畔討滅殘'；《列仙傳》劉向所造，而《贊》云七十四人出佛經；《列女傳》亦向所造，其子歆又作《頌》，終於趙悼後，而傳有更始韓夫人、明德馬后及梁夫人嫕：皆由後人所羼，非本文也。"

這些懷疑及於詩人之作，《本草》《山經》《爾雅》《世本》等書，範圍日廣一日，真是天下是非自在人心，既有人作僞，自有人辨僞，所以辨僞之風也日盛一日的。不過像顏之推以爲《本草》《山經》《爾雅》《世本》只是"後人所羼，非本文也"，這種態度還不嚴格。那樣，我們竟可以說沒有一部僞書，只是有的經過後人篡改，那也太不足以明是非而別真僞，實在還有些不及唐人的。劉毓崧在《尚書舊疏考正》上說：

　　唐人作疏，不敢輕議注家，豈敢疑經疑聖？……凡疑本經，疑他經，疑聖人者，皆六朝舊疏，非唐人筆也。

他這裏直說唐人不敢疑經疑聖，殊不知唐人之疑經疑聖實在比六朝人還有徹底的。在這一小冊子中將《五經正義》辨僞書語直認爲唐人的，劉氏之說只好算是一種推測而已。要之，辨僞的工作，從東漢到隋唐，做的人是一天比一天多了！

　　我們現在試來考察一下它的原因罷！

　　從漢末起，就有所謂藏書之家，而書籍的流行，慢慢地也商品化了。書籍既是多了，流行也容易了，績學之士涉獵既多，"天下之事，以前驗後，其不合者，何可悉信""凡說一事""二文不同""其言相反，不可強合"，這自然要發生孰是孰非的感想，而且也要發生孰真孰僞的感想；何況"《本草》皆後漢時郡國，而題以神農；《山海經》廣說殷時，而云夏禹所記"，哪能不懷疑它的真僞及其年代？此其原因之一。

在佛經目錄中，如道安的《綜理衆經目錄》，及僧祐的《出三藏記集》，都有所謂"疑經錄"以別真僞。唐智升《開元釋教錄序》也説：

　　夫目錄之興也，蓋所以別真僞，明是非……

目錄學的興起，與別真僞有關，足見當日更有以辨僞爲業的，則如《隋志》等書辨僞，自然無形中受其影響。此其原因之二。

三國六朝固然是"擯闕里之典經"的時代，三國六朝的人固然敢於疑經非聖而無顧忌，其實唐代只有更甚些的。唐代的僧、道並重，無形中奪去了儒家一尊的局面；唐代的藝術發達，無形中分去了專攻經學的局面。而且，"唐代更是一個解放的時代，這個時代的人生觀是一種放縱的，愛自由的，求自然的人生觀，那不近人情的佛教威權剛倒，而那不近人情的道學權威還没有起來"（用胡適之《白話文學史》語）。人們思想既較自由解放，自然比較敢於説話的。何况三國六朝的人，他們已然疑經非聖而無顧忌，他們已然注意別真僞，明是非；則是唐人的敢於疑古辨僞是比較更有理由的。此其原因之三。

唐人辨僞的風氣，受之於三國六朝而影響及於宋人，這其間的關係極顯明而重要，不了解唐人的辨僞，對於宋人的辨僞書是不能獲得深刻的認識的；尤其在經學史上，所謂兩宋"經學變古時代"這樣的大波瀾，所以引起來的，更與唐人辨僞有關。爲了明瞭宋人辨僞的來源，爲了明瞭學術思想變遷的關係，我們對於唐人辨僞似乎應當相當的加以注意的。

在民二十二年的夏天，我從南邊來到北平，一日偶與顧頡剛先生談到了此事，他提議來輯成一部《唐人辨僞集語》，編入《辨僞叢刊》。姑就平時閱讀所及，再略一翻一下《全唐文》，先搜集一些材料，以後再來增補。於是我在去年夏天，算是將它寫成；本來還要稍候一時再行付印，但是時不我與，只好將這材料不甚完備的小册子先行印出，以俟將來訂補了！

材料的選擇，引號的應用，都是從廣義的；辨僞的結論，有的錯了的，也不爲之辨訂；樂史諸家的加入，是模仿《全唐文》的；本書略例，大約如此，所爲者亦只是表示這時代的一種精神而已。

材料搜集的時候，承羅根澤先生告訴我韋承造的一條；本書排印的時候，承顧頡剛先生一次二次三次的校對；現在在這裏一並致謝。

　　　　　　　　　　　　　　　　　　　　　　　　張西堂
　　　　　　　　　　　　　　　　　　　　　　1935 年 12 月 15 日

# 一　《五經正義》

### 論《卦辭》《爻辭》誰作

其《周易·繫辭》，凡有二說：一，說所以《卦辭》《爻辭》並是文王所作。知者，案《繫辭》云："《易》之興也，其於中古乎？作《易》者，其有憂患乎？"又曰："《易》之興也，其當殷之末世，周之盛德邪？當文王與紂之事邪？"又《乾鑿度》云："垂皇策者犧，卦道演德者文，成命者孔。"《通卦驗》又云："蒼牙通靈，昌之成，孔演命，明道經。"準此諸文，伏羲制《卦》，文王《繫辭》，孔子作《十翼》，《易》歷三聖，只謂此也。故史遷云"文王囚而演《易》"，即是"作《易》者其有憂患乎"。鄭學之徒並依此說。二，以爲驗《爻辭》多是文王後事。案：《升卦·六四》"王用享於岐山"，武王克殷之後，始追號文王爲王，若是《爻辭》是文王所制，不應云"王用享於岐山"。又，《明夷·六五》"箕子之明夷"，武王觀兵之後，箕子始被囚奴，文王不宜豫言箕子之明夷。又，《既濟·九五》"東鄰殺牛，不如西鄰之禴祭"。說者皆云"西鄰謂文王，東鄰謂紂"。文王之時，紂尚南面，豈容自言己德受福勝殷；又欲抗君之國，遂言相鄰而已。又，《左傳》（昭公二年）韓宣子適魯見《易象》云："吾乃知周公之德"，周公被流言之謗，亦得爲憂患也。驗此諸說，以爲《卦辭》文王，《爻辭》周公，馬融、陸績等並同此說，今依而用之。所以只言三聖，不數周公者，以父統子業故也。（《周易正義卷一·論卦辭爻辭誰作》）

### 緯文鄙僞，不可全信

《孝經緯》稱："《易》建八卦，序六十四卦，轉成三百八十四爻。運機布度，其氣轉易，故稱經也。"但緯文鄙僞，不可全信。（同上卷一，《論誰加經字》）

### 緯文鄙近，僞起哀、平

《藝文志》曰："仲尼沒而微言絕，七十子喪而大義乖。"況遭秦焚書之後，群言競出，其緯文鄙近，不出聖人；前賢共疑，有所不取，通人考正，僞起哀、平。則孔君之時未有此緯，何可引以爲難乎？（《尚書正義·序》"古者伏羲氏之王天下也……由是文籍生焉"［疏］）

### 《世本》爲儒者所亂，《家語》則王肅多私定，《大戴禮》《本紀》，出於《世本》

今《世本·帝系》及《大戴禮·五帝德》並《家語·宰我問》、太史公《五帝本紀》，皆以黃帝爲五帝，此乃史籍明文，而孔君不從之者。孟軻曰："盡信《書》，則不如無《書》。吾於《武成》取二三策而已矣。"言《書》以漸染之濫也；孟軻已然，況後之説乎！又，《帝系》《本紀》《家語》《五帝德》皆云少昊即黃帝子青陽是也；顓頊，黃帝孫昌意子；帝嚳，高辛氏，爲黃帝曾孫玄囂孫，僑極子；堯爲帝嚳子；舜爲顓頊七世孫。此等之書，説五帝而以黃帝爲首者，原由《世本》經於暴秦，爲儒者所亂；《家語》則王肅多私定；《大戴禮》《本紀》，出於《世本》。以此而同；蓋以少昊而下皆出黃帝，故不得不先説黃帝，因此謬爲五帝耳。（同上《尚書正義·序》"少昊、顓頊、高辛、唐、虞之書，謂之《五典》，言帝道也"〔疏〕）

### 今之《泰誓》非伏生所得

《史記》及《儒林傳》皆云伏生獨得二十九篇以教齊魯，則今之《泰誓》非初伏生所得。案：《馬融傳》云："《泰誓》後得。"鄭玄《書論》亦云："民間得《泰誓》。"《別録》曰："武帝末，民有得《泰誓》書於壁內者，獻之，與博士使讀説之，數月，皆起傳以教人。"則《泰誓》非伏生所傳，而言二十九篇者，以司馬遷在武帝之世，見《泰誓》出而得行，入於伏生所傳內，故爲史總之，並云伏生所出，不復曲別分析；云民間所得，其實得時不與伏生所傳同也。但伏生雖無此一篇（宋本"一"作"三"），而《書傳》有八百諸侯俱至孟津，白魚入舟之事，與《泰誓》事同；不知爲伏生先爲此説？不知爲是《泰誓》出後，後人加增此語？案：王充《論衡》及後漢史獻帝建安十四年黃門侍郎房宏等説云："宣帝泰和（毛本'泰和'作'本始'）元年，河內女子有壞老子屋，得古文《泰誓》三篇。"《論衡》又云："以掘地所得者。"今《史》《漢》書皆云伏生傳二十九篇，則司馬遷時已得《泰誓》，以並歸於伏生，不得云宣帝時始出也。則云宣帝時女子所得，亦不可信。或者爾時重得之，故於後亦據而言之。《史記》云伏生得二十九篇，《武帝紀》載今文《泰誓》末篇由此。劉向之作《別録》，班固爲《儒林傳》不分明，因同於《史記》。而劉向云武帝末得之《泰誓》，理當是一，而古今文不同者，即馬融所云："吾見書傳多矣，凡諸所引，今之《泰誓》皆無此言。"而古文皆有，則古文爲真，亦復何疑。但於先有張霸之徒，僞造《泰誓》以藏壁中，故後得而惑世也。亦可今之《泰誓》，百篇之外，若《周書》之例，以於時實有觀兵之誓，但不録入《尚書》，故古文《泰誓》曰："皇天震怒，命我文考肅將天威，大勳未集。肆予小子發，以爾友邦冢君，觀政於商"是也。（同上《尚

書序》"百篇之義，世莫得聞"［疏］）

### 僞《書》二十四篇

案壁内所得，孔爲傳者，凡五十八篇，爲四十六卷。三十三篇與鄭注同，二十五篇增多鄭注也。其二十五篇者：《大禹謨》一，《五子之歌》二，《胤征》三，《仲虺之誥》四，《湯誥》五，《伊訓》六，《太甲》三篇九，《咸有一德》十，《説命》三篇十三，《泰誓》三篇十六，《武成》十七，《旅獒》十八，《微子之命》十九，《蔡仲之命》二十，《周官》二十一，《君陳》二十二，《畢命》二十三，《君牙》二十四，《囧命》二十五。但孔君所傳，值巫蠱不行，以終前漢。諸儒知孔本有五十八篇，不見孔《傳》，遂有張霸之徒於鄭《注》之外僞造《尚書》凡二十四篇，以足鄭《注》三十四篇，爲五十八篇。其數雖與孔同，其篇有異。孔則於伏生所傳二十九篇無古文《泰誓》，除《序》尚二十八篇，分出《舜典》《益稷》，《盤庚》二篇，《康王之誥》，爲三十三；增二十五篇爲五十八篇。鄭玄則於伏生二十九篇之内分出《盤庚》二篇，《康王之誥》，又《泰誓》三篇（案："三"當爲"二"），爲三十四篇；更增益僞《書》二十四篇爲五十八。所增益二十四篇者，則鄭注《書序》：《舜典》一，《汩作》二，《九共》九篇十一，《大禹謨》十二，《益稷》十三，《五子之歌》十四，《胤征》十五，《湯誥》十六，《咸有一德》十七，《典寶》十八，《伊訓》十九，《肆命》二十，《原命》二十一，《武成》二十二，《旅獒》二十三，《囧命》二十四。以二十四爲十六卷，以《九共》九篇共卷，除八篇故爲十六。故《藝文志》劉向《别録》云"五十八篇"，《藝文志》又云："孔安國者，孔子後也，悉得其《書》，以古文又多十六篇"。篇即卷也，即是僞《書》二十四篇也。（同上"大題"《虞書疏》）

### 虞史欲盛彰舜德，辭頗增甚

明君聖主，莫先於堯，求賢審官，王政所急，乃有放齊之不識是非，驩兜之朋黨惡物，共工之巧言令色，崇伯之敗善亂常，聖人之朝，不才總萃；雖曰難之，何其甚也？此等諸人，才實中品，亦雖行有不善，未爲大惡，故能仕於聖代，致位大官。以帝堯之末，洪水爲災，欲責非常之功，非復常人所及，自非聖舜登庸，大禹致力，則滔天之害未或可平；以舜、禹之成功見此徒之多罪，勲業既謝，愆釁自生，爲聖所誅，其咎益大。且虞史欲盛彰舜德，歸過前人；《春秋》史克以宣公比堯，辭頗增甚。知此等並非下愚，未有大惡，其爲不善，惟帝所知；將言求舜，以見帝之知人耳。（同上《堯典》"静言庸違"［疏］）

### 《世本》之言，未可據信

《世本》，堯是黄帝玄孫，舜是黄帝八代之孫，計堯女於舜之曾祖爲四從姊妹，以之爲妻，於義不可。《世本》之言，未可據信；或者古道質故也。

(同上《堯典》"女於時"[疏])

### "蠻夷猾夏"辭頗增甚

蠻夷猾夏，興兵犯邊，……唐堯之聖，協和萬邦，不應末年頓至於此。蓋少有其事，辭頗增甚。(同上《舜典》"蠻夷猾夏"[疏])

### 《穀梁傳》漢初始作，不見經文，妄言之耳

隱八年《穀梁傳》曰："誥誓不及五帝，盟詛不及三王，交質不及二伯。"二伯，謂齊桓公、晉文公也。不及者，言於時未有也。據此文，五帝之世有誓；《周禮》立司盟之官，三王之世有盟也；《左傳》云平王與鄭交質，二伯之前有質也。《穀梁傳》漢初始作，不見經文，妄言之耳。(同上，《大禹謨》"誓於師"[疏])

### 《紀年》之書有妄説

《紀年》云："殷仲壬即位，居亳，其卿士伊尹；仲壬崩，伊尹乃放太甲於桐而自立也。伊尹即位於太甲七年；太甲潛出自桐，殺伊尹，乃立其子伊陟、伊奮，命復其父之田宅而中分之。"案此經序伊尹奉太甲歸於亳，其文甚明。《左傳》又稱伊尹放太甲而相之。《孟子》云："有伊尹之志則可，無伊尹之志則篡。"伊尹不肯自立，太甲不殺伊尹也。必若伊尹放君自立，太甲起而殺之，則伊尹死有餘罪，義當污宮滅族，太甲何所感德，而復立其子，還其田宅乎？《紀年》之書，晉太康八年，汲郡民發魏安僖王冢得之，蓋當時流俗有此妄説，故其書因記之耳。(同上，《咸有一德》"伊尹既復政厥辟將告歸乃陳戒於德"[疏])

### 《周禮·大司徒》妄爲説耳

爵五等，地三品，武王於此既從殷法，未知周公制禮亦然以否？《孟子》曰："北宮錡問於孟子曰：'周之班爵祿如何？'孟子曰：'其詳不可得聞矣，嘗聞其略：天子之制，地方千里，公侯方百里，伯七十里，子男五十里。'"《漢書·地理志》亦云："周爵五等，其土三等也：公、侯百里，伯七十里，子、男五十里。"漢世儒者多以爲然。包咸注《論語》云："千乘之國，百里之國也。"謂大國惟百里耳。《周禮·大司徒》云："諸公之地，封疆方五百里，侯四百里，伯三百里，子二百里，男一百里。"蓋是周室既衰，諸侯相並，自以國土寬大，皆違禮文，乃除去本經，妄爲説耳。(同上，《武成》"分土惟三"[疏])

### 《禮記》是後世之言，不與經典合也

此言"建官惟百""夏、商官倍，"則唐、虞一百，夏、商二百。《禮記·明堂位》云："有虞氏官五十，夏、商氏官百"者，《禮記》是後世之言，不與經典合也。(同上，《周官》"建官惟百"[疏])

### 司馬遷言古《詩》三千餘篇，未可信

《史記·孔子世家》云："古者《詩》三千餘篇……去其重，取其可施於

禮義……三百五篇。"是《詩》三百者，孔子定之。如《史記》之言，則孔子之前詩篇多矣。案書傳所引之詩，見在者多，亡逸者少，則孔子所錄不容十分去九；司馬遷言古《詩》三千餘篇，未可信也。(《毛詩正義·詩譜序》"謂之變風變雅"[疏])

## 《大戴禮》遺逸之書，文多假託

案《大戴禮·盛德篇》云："明堂者，所以明諸侯尊卑。外水名曰辟雍。"《政穆篇》云："大學，明堂之東序也。"如此文則辟雍、明堂同處矣，故諸儒多用之。盧植《禮記注》云："明堂即太廟也。天子太廟，上可以望氣，故謂之靈臺；中可以序昭穆，故謂之太廟；圓之以水似璧，故謂之辟雍。古法皆同一處，近世殊異，分爲三耳。"蔡邕《月令論》云："取其宗廟之清貌，則曰清廟；取其正室之貌，則曰太廟；取其堂，則曰明堂；取其四門之學，則曰太學；取其周水圓如璧，則曰辟雍。"賈逵、服虔注《左傳》亦云："靈臺在太廟明堂之中。"此等諸儒皆以廟學、明堂、靈臺爲一。鄭必知異處者，袁準《正論》云："明堂、宗廟、大學，禮之大物也。事義不同，各有所爲。而世之論者，合以爲一體，取《詩》《書》放逸之文、經典相似之語而致之，不復考之人情，驗之道理，失之遠矣。夫宗廟之中，人所致敬，幽隱清静，鬼神所居，而使衆學處焉。饗射其中，人鬼慢黷，死生交錯，囚俘截耳，瘡痍流血，以干犯鬼神，非其理矣。且夫茅茨采椽，至質之物，建日月、乘玉輅，以處其中，象箸玉杯，而食於土簋，非其類也。如《禮記》先儒之言明堂之制：四面，東西八丈，南北六丈。禮，天子七廟，左昭右穆，又有祖宗，不在數中。以明堂之制言之，昭穆安在？若又區別，非一體也。夫宗廟，鬼神所居，祭天而於人鬼之室，非其處也。明堂法天之宫，非鬼神常處，故可以祭天，而以其祖配之，配其祖父於天位可也，事天而就人鬼，則非義也。自古帝王必立大小之學，以教天下。有虞氏謂之上庠、下庠；夏后氏謂之東序、西序；殷謂之右學、左學；周謂之東膠、虞庠，皆以養老乞言。《明堂位》曰：'瞽宗，殷學也，周置師保之官，居虎門之側，然則學宫非一處也。'《文王世子》：'春夏學干戈，秋冬學羽籥，皆於東序。'……又曰：'世子齒於學，國人觀之。宗廟之中，非百姓所觀也。'《王制》曰：'周人養國老於東膠，不曰"辟雍"。殷人養國老於右學，養庶老於左學。宗廟之事不應與小學爲左右也。辟雍之制，圓之以水。圓象天，取生長也；水潤下，取其惠澤也；水必有魚鼈，取其所以養也。是故明堂者，大朝諸侯講禮之處，宗廟享鬼神歲觀之宫，辟雍大射養孤之處。大學，衆學之居；靈臺，望氣之觀；清廟，訓儉之室，各有所爲，非一體也。古有王居明堂之禮，《月令》則其序也。天子居其中，學士處其内，君臣同處，死生參並，非其義也。大射之禮，天子張三，大侯九十步，其次七十步，其次五十步。辟雍處其中，今未知辟雍廣狹之數。但二九十八，加之辟雍，則徑三百步也。凡有公卿、大夫、諸侯之賓，百官侍從之衆，殆非宗廟中所能容也。禮，天子立五門，又非一門之間所能受也。明堂以祭鬼神，故亦謂之廟。明堂、太廟者，明堂之內太室，非宗廟之太廟也。於辟雍獻捷者，謂鬼神惡之也。或謂之學者，天下之所學也；總謂之宮，大同之名也。生人不謂之廟，此其所以別也。先儒曰：'春秋，人君將行，告祭宗廟，反獻於廟。'《王制》'釋奠於學，以訊馘告'，則太學亦廟也。其上句曰：'小學在公宮南之左，太廟在郊。'明太學非廟，非所以爲證也。周人養庶老於虞庠，虞庠在國之西郊，今《王制》亦小學近而大學遠。其言乖錯，非以爲正也。左氏云：'公既視朔，遂登觀臺，以其言遂，故謂之同處。'夫遂者，遂事之名，不必同處也。馬融云：'明堂在南郊，就陽位。而宗廟在國外，孝子之情也。古文稱明堂陰陽者，所以法天道、順時政，非宗廟之謂也。'融云：'告朔行政，謂之明堂。'夫告朔行政，上下同也，未聞諸侯有明堂之稱也；順時行政，有國者皆然，未聞諸侯有居明堂者也。齊宣王問孟子：'人皆謂我毀明堂，毀諸已乎？'孟子曰：'夫明堂者，王者之堂也，王欲行王政，則勿毀之矣。'夫宗廟之政，非獨王者也，若明堂即宗廟，不得曰夫明堂，王者之宗廟也。且說諸侯而教毀宗廟，爲人君而疑於可毀與否，雖復淺丈夫未之有也。孟子古之賢士，而子思弟子，去聖不遠，此其一證也。《尸子》曰：'昔武王崩，成王少，周公踐東宮，祧明堂，假爲天子。'明堂在左，故謂之東宮。王者而後有明堂，故曰祧明堂。假爲天子，此又其證也。"竊以準之此論，可以申明鄭意。《大戴禮》遺逸之書，文多假託，不立學官，世無傳者；其《盛德》篇云"明堂外水名曰辟雍"，《政穆》篇稱"太學，明堂之東序"，皆後人所增，失於事實。（同上，《大雅·靈臺序》"以及鳥獸昆蟲"[疏]）

### 《月令》不韋不得以十月爲正

鄭《目錄》云："名曰《月令》者，以其記十二月政之所行也，本《呂氏春秋》十二月紀之首章也。以禮家好事抄合之。後人因題之名曰《禮記》，言周公所作。其中官名時事，多不合周法。此於《別錄》屬《明堂陰陽記》。"此卷所出，解者不同，今且申鄭旨釋之。按：呂不韋集諸儒士，著爲十二月記，合十餘萬言，名曰《呂氏春秋》，篇首皆有《月令》，與此文同，是一證也。又周無太尉，唯秦官有太尉，而此《月令》云："乃命太尉"，此是官名不合周法，二證也。又，秦以十月建亥爲歲首，而《月令》云"爲來歲授朔日"，即是九月爲歲終，十月爲授朔，此是時不合周法，三證也。又，周有六冕，郊天迎氣則用大裘，乘玉輅，建太常日月之章，而《月令》服飾車旗並依時色，此是事不合周法，四證也。故鄭云："其中官名時事，多不合周法。"

然按秦始王十二年吕不韋死，二十六年並天下，然後以十月爲歲首。歲首用十月時，不韋已死十五年，而不韋不得以十月爲正。又云"《周書》先有《月令》"，何得云不韋所造？又，秦並天下立郡，何得云諸侯？又，秦以好兵殺害，毒被天下，何能布德施惠，春不興兵？既如此不同，鄭必謂不韋作者，以《吕氏春秋》十二月記正與此同，不過三五字別；且不韋集諸儒所作，爲一代大典，亦采擇善言之事，遵立舊章，但秦自不能依行，何怪不韋所作也？(《禮記正義》"月令第六"[疏])

### 《家語》王肅所足

按《家語》云："孝公有慈母良。"今鄭云未知何公者，鄭不見《家語》故也。或《家語》王肅所足，故鄭不見也。(同上，《曾子問》"喪慈母自魯昭公始也"[疏])

### 《月令》"秋，其帝少昊"唯託記之耳

云"少昊氏修黄帝之法，後王無所取焉"者，以《易緯》有黄帝及顓頊以下之樂，無少昊之樂；又，《易·繫辭》云"神農氏没，黄帝、堯、舜氏作"，皆不云少昊，故知無取焉。《月令》"秋，其帝少昊者，直以五行在金，唯託記之耳"。(同上，《祭法》"其餘不變也"[疏])

### 世有《管子》書，或是後人所録

世有《管子》書者，或是後人所録，其言甚詳。……《外傳·齊語》與《管子》大同，《管子》當是本耳。《管子》無治於高傒之言，鮑叔之美《管子》，其言非一，説者各記所聞，故不同耳。(《左傳正義·莊九年》"管夷吾治於高傒使相可也"[疏])

### 《傳》説"處秦爲劉氏"，其文不類

伍員屬其子齊，使爲王孫氏者，知己將死，豫令改族，其傳又爲而發之。士會之孥在秦不顯，於會之身復無所辟，傳説"處秦爲劉氏"，未知何意言此。討尋上下，其文不類，深疑此句或非本旨。蓋以爲漢室初興，捐棄古學，《左氏》不顯於世，先儒無以自申；劉氏從秦徙魏，其源本出劉累，插注此辭，將以媚於世。明帝時，賈逵上疏云："五經皆無證圖讖明劉氏爲堯後者，而《左氏》獨有明文。"竊謂前世藉此以求道通，故後引之以爲證耳。(《正傳正義·文十三年傳》"其處者爲劉氏"[疏])

### 傳言於人，懼誤後學

炫於處秦爲劉，謂非丘明之筆；冢韋、唐杜，不信元、愷之言，己之遠祖，數自譏評。或聞此義，必將見嗤。但傳言於人，懼誤後學，意之所見，不敢有隱，唯賢者裁之。(《正傳正義·襄二十四年傳》"在周爲唐杜氏"[疏])

## 二 《隋書·經籍志》

### 《歸藏》不似聖人之旨

《歸藏》漢初已亡，案晉中經簿有之，唯載卜筮，不似聖人之旨。以本卦尚存，故取貫於《周易》之首，以備殷《易》之缺。（《隋書·經籍志·經籍一·易類小序》）

### 《古文孝經》疑非古本

《古文孝經》一卷。孔安國傳，梁末亡逸；今疑非古本。（《隋書·經籍一·孝經類》）

### 《孝經》鄭玄《注》與玄所注餘書不同，《孔傳》非孔舊本

又有鄭玄《注》，相傳或云鄭玄，其立義與玄所注餘書不同，故疑之。梁代安國及鄭氏二家並立國學；而安國之本亡於梁亂，陳及周、齊唯傳鄭氏。至隋，秘書監王劭於京師訪得《孔傳》，送至河間劉炫，炫因序其得喪，述其議疏，講於人間，漸聞朝廷，後遂著令與鄭氏並立；儒者諠諠，皆云炫自作之，非孔舊本。（《隋書·經籍一·孝經類小序》）

### 《圖》《緯》《讖》文辭淺俗

說者又云，孔子既叙六經以明天人之道，知後世不能稽同其意，故別立緯及讖以遺來世。其書出於前漢，有《河圖》九篇、《洛書》六篇，云自黃帝至周文王所受本文。又別有三十篇，云自初起至於孔子，九聖之所增演，以廣其意。又有《七經緯》三十六篇，並云孔子所作，並前合爲八十一篇。而又有《尚書·中候》《洛罪級》《五行傳》《詩推災度》《汎曆樞》《含神霧》《孝經勾命訣》《援神契》《雜讖》等書，漢末有郗氏、袁氏說，漢末郎中郗萌集圖緯讖雜占爲五十篇，謂之《春秋災異》，宋均、鄭玄並爲讖律之注。然其文辭淺俗，顛倒舛謬，不類聖人之旨，相傳疑世人造爲之後，或者又加點竄，非其實録；起王莽好符命，光武以圖讖興，遂盛行於世。漢時又詔東平王蒼正《五經》章句，皆命從讖，俗儒趨時，益爲其學，篇卷第目轉加增廣。言《五經》者皆憑讖爲說，唯孔安國、毛公、王璜、賈逵之徒獨非之，相承以爲祆妄，亂中庸之典；故因漢魯恭王、河間獻王所得古文，參而考之，以成古學。當世之儒又非毁之，竟不得行。魏代王肅推引古學以古學以難其義，王弼、杜預從而

明之，自是古學稍立。至宋大明中，始禁圖讖；梁天監以後，又重其制；及高祖受禪，禁之踰切；煬帝即位，乃發使四出，搜天下書籍與讖緯相涉者皆焚之，爲吏所糾者至死。自是無復其學，秘府之內亦多散亡。(《隋書·經籍一·緯書類小序》)

### 《列仙圖》雜以虛誕怪妄之說

漢時阮倉作《列仙圖》，劉向典校經籍，始作《列仙》《列士》《列女》之傳，皆因其志尚，率爾而作，不在正史。……魏文帝又作《列異》，以序鬼物奇怪之事；嵇康作《高士傳》，以敘聖賢之風；因其事類，相繼而作者甚衆，名目轉廣，而又雜以虛誕怪妄之說，……載筆之士刪探其要焉。(《隋書·經籍二·雜傳類小序》)

### 《廣成子》疑近人作

《廣成子》十三卷，商洛公撰，張太衡注，疑近人作。(《隋書·經籍三·道家類》)

### 《隨巢子》，巢似墨翟弟子

《隨巢子》一卷，巢似墨翟弟子。

### 《胡非子》，非似墨翟弟子

《胡非子》一卷，非似墨翟弟子。(《隋書·經籍三·墨家類》)

### 《尸子》其九篇亡，魏黃初中續

《尸子》二十卷，目一卷，梁十九卷；秦相衛鞅上客尸佼撰。其九篇亡，魏黃初中續。(《隋書·經籍三·雜家》)

## 三　顏師古

**《中庸》本非《禮經》**

（《中庸説》二篇）今《禮記》有《中庸》一篇，亦本非《禮經》，蓋此之流。（《漢書·藝文志注·禮》）

**《孔子家語》非今所有《家語》**

（《孔子家語》二十七卷）非今所有《家語》。（《漢書·論語》）

**《讕言》"孔穿所造"，非也**

（《讕言》十篇）説者引《孔子家語》云"孔穿所造"，非也。（《漢書·儒家》）

**鄧析非子產殺**

（《鄧析》二篇）《列子》及《孫卿》並云："子產殺鄧析。"據《左傳·昭公二十年》子產卒，定公九年駟顓殺鄧析而用其竹刑，則非子產殺也。（《漢書·名家》）

**《西京雜記》者，其書淺俗**

今有《西京雜記》者，其書淺俗，出于里巷，亦不知爲何人所作。（《漢書·匡衡傳·注》）

## 四　劉知幾

**《孝經》非玄所注；《老子·河上公注》其言鄙陋；《易》無子夏作傳者**

（開元七年三月一日敕："《孝經》《尚書》有古文本孔、鄭注，其中旨趣，頗多蹐駁，精義妙理苦無所歸，作業用心復何所適。宜令諸儒並訪後進達解者，質定奏聞。"）其月六日，詔曰："《孝經》者，德教所先。自頃以來，獨宗鄭氏，孔氏遺旨，今則無聞。又子夏《易傳》，近無習者。輔嗣注《老子》，亦甚甄明，諸家所傳，互有得失。獨據一說，能無短長？其令儒官詳定所長，令明經者習讀。若將理等，亦可並行。其作《易》者，並帖子夏《易傳》，共爲一部，亦詳其可否奏聞。"時議以爲不可，遂停。其年四月七日，左庶子劉子玄上《孝經注議》曰：

謹按：今俗所行《孝經》，題曰"鄭氏注"，爰自近古，皆云鄭即康成；而魏晉之，朝無有此說。至晉穆帝永和十一年及孝武帝太元元年，再聚群臣，其（《孝經正義》作"共"）論經義。有荀昶者，撰集《孝經》諸說，始以鄭氏爲宗。自齊、梁以來多有異論。陸澄以爲非玄所注，請不藏於秘省，王儉不依其請，遂得見傳於時。魏、齊則立於學官，著在律令。蓋由膚（《孝經正義》作"虜"）俗無識，故致斯訛舛。然則《孝經》非玄所注，其驗十有二條。據鄭君《自序》云："遭黨錮之事逃難，注《禮》。黨錮事解，注《古文尚書》《毛詩》《論語》。爲袁譚所逼，未至元城，乃注《周易》。"都無注《孝經》之文。其驗一也。鄭君卒後，弟子追論師所著述及應對，時人謂之《鄭志》。其言鄭所注者，唯有《毛詩》《三禮》《尚書》《周易》，都不言《孝經》，其驗二也。又，《鄭志》目錄，記鄭之所注《五經》之外，有《中候書論》《書傳》《七政論》《乾象曆》《六藝論》《毛詩譜》《答臨碩難禮》《駁許慎異義》《釋廢疾》《發墨守》《箴膏肓》及《答甄子然》等書。寸紙片札，莫不悉載，若有《孝經》之注，豈容匿而不言？其驗三也。鄭之弟子，教分授門徒，祖述師言，更相問答，編錄其語，謂之《鄭志》（《孝經正義》"志"作"記"）。唯載《詩》《書》《禮》《易》《論語》，其言不及《孝經》，其驗四也。趙商作《鄭先生碑銘》，具稱諸所注箋、駁論，亦不言注《孝經》。晉《中經簿》,《周易》《尚書》《尚書中候》《尚書大傳》《毛詩》《周禮》《儀禮》《禮記》《論語》,凡九書,皆云'鄭氏注,名玄'。至於《孝經》,則稱"鄭氏解",無"名玄"二字,其驗五也。《春秋演孔圖注》云:"康成注三《禮》《詩》《易》《尚書》《論語》。其《春秋》《孝經》,則別有評論。"宋均《詩譜》(《孝經正義》"譜"下有"序"字,《文苑英華》"譜"作"緯")云:"先師北海鄭司農",則均是玄之傳業子弟也。師所注述,無容不知。而云《春秋》《孝經》,唯有評論,玄之所著(《文苑英華》"著"並作"注"),於此特明,其驗六也。又,宋均《孝經緯注》引鄭《六藝論》叙《孝經》云:"玄又爲之注,《司農論》'。如是,而均無聞焉,有義無辭,令予昏惑。"舉鄭之語而云無聞,其驗七也。宋均《春秋緯注》云:"玄爲《春秋》《孝經》略說"。則非注之謂。所言"玄又爲之注"者,汎辭耳,非事實。其序《春秋》,亦云"玄又爲之注也",寧可復責以實注《春秋》乎?其驗八也。後漢史書存於代者,有謝承、薛瑩、司馬彪、袁崧等,其爲鄭玄傳者,載其所注,皆無《孝經》,其驗九也。王肅《孝經傳》,首有司馬宣王之奏,玄奉詔令諸儒注述《孝經》。以肅說爲長。若先有鄭《注》,應言及,而不言鄭,其驗十也。王肅注《書》,發揚鄭矩,凡有小失,皆在聖證;若《孝經》此注亦出鄭氏,被肅攻擊最應煩多,而肅無言,其驗十一也。魏晉朝賢辨論時事,鄭氏諸注,無不撮引,未有一言引《孝經》之注,其驗十二也。凡此證驗,易爲討核,前世之學者,不覺其非,乘彼謬說競相推舉,諸解不立學官,此注獨行於代。觀夫言語鄙陋(《孝經正義》下有"義理乖謬"四字),固不可示彼後來,傳諸不朽。

如古文《孝經》孔傳,本出孔子壁中,語其("其"當爲"甚")詳正,無俟商榷,而曠代亡逸,不復流行。至隋開皇十四年,侍書學士王孝逸於京市陳人處買得一本,送與著作郎王劭,以示河間劉炫,仍令校定。而更此書更無兼本(《孝經正義》無上"更"字),難可依憑,炫輒以所見率意刊改,因著《古文孝經稽疑》一篇,以爲此書經文盡正,傳義甚美,而歷代未嘗置於學官,良可惜也。然則孔、鄭二家,雲泥致隔,今綸音發問,校其短長,愚謂行孔廢鄭,於義爲允。

又,今俗所行《老子》,是河上公注。其《序》云:"河上公者,漢文帝時人,結草庵於河曲,乃以爲號。所注《老子》授文帝,因衝空上天。"此乃不經之鄙言，流俗之虛語。按《漢書·藝文志》，注《老子》者二家，河上所釋無聞焉爾，豈非注者欲神其事，故假造其説耶？然其言鄙陋，其理乖訛……豈如王弼……義旨爲優，必黜河上公，升王輔嗣，在於學者，實得其宜。

又，按：《漢書·藝文志》，《易》有十三家，而無子夏作傳者。至梁阮氏《七錄》，始有《子夏易》六卷。或云咸韓嬰作。或云："丁寬作。然據《漢書·藝文志》，《韓易》有二篇，《丁易》有八篇，求其符合，則事殊鑿枘者矣。歲越千齡，時經百代，其所著述，沈翳不行，豈非後來假憑先哲，亦猶石崇謬稱阮籍，郭璞濫名周寶。必欲行用，深以爲疑。

……當以鄭氏《孝經》、河上公《老子》，二書訛舛，不足流行。孔、王兩家，實堪師授。每懷此意，其願莫從。伏見去月十日，勅令所司詳定四書得失，具狀奏聞。臣等尋草議，請行王、孔二書，牒禮部記……如狀爲允，請即頒行。(《唐會要卷七十七·論經義》)

## 《史通·疑古》篇

蓋古之史氏，區分有二焉：一曰記言，一曰記事。而古人所學，以言爲首，至若虞夏之典，商周之誥，仲虺、周任之言，史佚、臧文之説，凡有游談專對，獻策上書者，莫不引爲端緒，歸其準的。其於事也則不然。至若少昊之以鳥名官；陶唐之御龍拜職；夏氏之中衰也，其盜有后羿、寒浞；齊邦之始建也，其君有蒲姑、伯陵：斯並開國承家；異聞奇事，而後世學者罕傳其説，唯夫博物君子或粗知其一隅。此則記事之史不行而記言之書見重，斷可知矣！

及《左氏》之爲傳也，雖義本釋經而語雜他事，遂使兩漢儒者嫉之若讎，故二傳大行，擅名於世。又，孔門之著錄也，《論語》專述言辭，《家語》兼陳事業，而自古學徒相授，唯稱《論語》而已。由斯而談，並古人輕事重言之明效也。然則上起唐堯，下終秦穆，其《書》所錄，唯有百篇；而《書》之所載，以言爲主，至於廢興行事，萬不記一，語其缺略，可勝道哉！故令後人有言，唐虞以下帝王之事未易明也。

案《論語》曰："君子成人之美，不成人之惡。"又曰："成事不説，遂事不諫，既往不咎。"又曰："民可使由之，不可使知之。"夫聖人立教，其言若是，在於史籍，其義亦然。是以美者因其美而美之，雖有其惡，不加毀也；惡者因其惡而惡之，雖有其美，不加譽也。故《孟子》曰："堯、舜不勝其美，桀、紂不勝其惡。"魏文帝曰："舜、禹之事，吾知之矣。"漢景帝曰："言學者無言湯武受命，不爲愚。"斯並曩賢精鑒，已有先覺，而拘於禮法，限以師訓，雖口不能言，而心知其不可者蓋亦多矣。

又案魯史之有《春秋》也，外爲賢者，内爲本國，事靡洪纖，動皆隱諱。斯乃周公之格言；然何必《春秋》，在於六經亦皆如此。故觀夫子之刊《書》也，夏桀讓湯，武王斬紂，其事甚著，而芟夷不存。觀夫子之定《禮》也，隱、閔非命，惡、視不終，而奮筆昌言，云"魯無篡弑"。觀夫子之删《詩》也，凡諸國風皆有怨刺，在於魯國，獨無其章。觀夫子之《論語》也，君娶於吴，是謂同姓，而司敗發問，對以知禮。斯驗世人之飾智矜愚，愛憎由己者多矣。加以古文載事，其詞簡約，推者難詳，缺漏無補；遂令後來學者莫究其源，蒙然靡察，有如聾瞽。今故訐其疑事以著於篇，凡有十條，列之於後：

**（堯時群小在位，安得謂之"克明俊德""比屋可封"）**

蓋《虞書》之美放勛也，云"克明俊德"；而陸賈《新語》又曰："堯舜之臣，比屋可封"，蓋因《堯典》成文而廣造奇説。案《春秋傳》云高陽、高辛二氏各有才子八人，謂之元愷；此十六族也，世濟其美，不隕其名，以至於堯，堯不能舉。帝鴻氏、少昊氏、顓頊氏各有不才子，謂之渾沌、窮奇、檮杌；此三族也，世濟其凶，增其惡名，以至於堯，堯不能去。縉云氏亦有不才子，天下謂之饕餮，以比三族，俱稱四凶，而堯亦不能去。斯則當堯之世，小人君子比肩齊列，善惡無分，賢愚共貫；且《論語》有云："舜舉皋陶，不仁者遠"，是則當咎繇未舉，不仁甚多，彌驗堯時群小在位者矣。又安得謂之"克明俊德""比屋可封"者乎？其疑一也。

**（舜放堯於平陽，禪授爲疑）**

《堯典序》又云："將遜於位，讓於虞舜。"孔氏注曰："堯知子丹朱不肖，故有禪位之志。"按《汲冢瑣語》，云舜放堯於平陽，而《書》云某地有城，以囚堯爲號。識者憑斯臆説，頗以禪受爲疑。然則觀此二書，已足爲證者矣，而猶有所未睹也，何者？據《山海經》，謂放勛之子爲帝丹朱，而列君（《史通通釋》云，"君"疑"名"字之訛）於帝者，得非舜雖廢堯，仍立堯子，俄又奪其帝者乎？觀近有奸雄奮發，自號勤王，或廢父而立其子，或黜兄而奉其弟，始則示相推戴，終亦成其篡奪。求諸歷代，往往而有。必以古方今，千載一揆，斯則堯之授舜，其事難明，謂之讓國，徒虚語耳。其疑二也。

**（陟方之死，其殆文命之志乎）**

《虞書·舜典》又云："五十載陟方乃死。"注云："死蒼梧之野，因葬焉。"案："蒼梧者，於楚則川號汨羅，在漢則邑稱零桂，地總百越，山連五嶺，人風媟嫚，地氣歊瘴。雖使百金之子，猶憚經履其途；況以萬乘之君，而堪巡幸其國。且舜必以精華既竭，形神告勞，舍兹寶位，如釋重負，何得以垂殁之年，更踐不毛之地乎？"兼復二妃不從，怨曠生離，萬里無依，孤魂溘盡，讓王高蹈豈其若是者乎？歷觀自古人君廢逐，若夏桀放於南巢，趙嘉（《史通·

通釋》云，當作"遷"）遷於房陵，周王流彘，楚帝徙郴，語其艱棘，未有如斯之甚者也。斯則陟方之死，其殆文命之志乎？其疑三也。

**（益與伊尹見戮，仍可覆也）**

《汲冢書》云"舜放堯於平陽""益爲啓所誅"。又曰"太甲殺伊尹""文丁殺季歷"。凡此數事，語異正經，其書近出，世人多未之信也。按，舜之放堯，文之殺季，無事別說，足驗其情，已於此篇前後言之詳矣。夫唯益與伊尹受戮，於正書猶無其證，推而論之，如啓之誅益，仍可覆也，何者？舜廢堯而立丹朱，禹黜舜而立商均，益手握機權，勢同舜、禹，而欲因循故事，坐膺天祿，其事不成，自貽伊咎。觀夫近古篡奪，桓獨不全，馬仍反正……若啓之誅益，亦猶晉之殺桓乎？若舜、禹相代，事業皆成，唯益覆車，伏辜夏后，亦猶桓效曹馬，而獨致元興之禍者乎？其疑四也。

**（湯之飾讓，僞跡甚多）**

《湯誓序》云："湯伐桀，……戰於鳴條。"又云："湯放桀於南巢，唯有慚德。"而《周書·殷祝篇》稱桀讓湯王位……此則有異於《尚書》。如《周書》所說，豈非湯既勝桀，力制夏人，使桀推讓歸王於己。蓋欲比跡堯、舜，襲其高名者乎？又按《墨子》云："湯以天下讓務光，而使人說曰，湯欲加惡名於汝，務光遂投清冷之泉而死，湯乃即位無疑。"然則湯之飾讓，僞跡甚多，考墨家所言，雅與《周書》相會。夫（《通釋》云，當有"周"字）《尚書》之作，本出《尚書》，孔父截剪浮詞，裁成雅誥，去其鄙事，直云"慚德"，豈非欲滅湯之過，增桀之惡者乎？其疑五也。

**（辛癸之罪，將非厚誣者乎）**

夫《五經》立言，千載猶仰，而求其前後，理甚相乖，何者？稱周之盛也，則云三分有二，商紂爲獨夫。語殷之敗也。又云紂有臣億萬人其亡，流血漂杵。斯則是非無準，向背不同者焉。又按武王爲《泰誓》，數紂過失，亦猶近代之有呂相絶秦，陳琳爲袁檄，魏欲加之罪，能無辭乎？而後來諸子承其僞說，競列紂罪，有倍《五經》。故孔子曰："桀、紂之惡不至是，君子惡居下流"……班生亦云"安有據婦人臨朝"。劉向又曰："世人有弑父害君，桀、紂不至是，而天下（《通釋》云：當有"歸"字）惡者，必以桀、紂爲先。"此其自古言辛癸之罪，將非厚誣者乎？其疑六也。

**（"殺武庚"，考諸名教，生死無慚）**

《微子之命》篇云"殺武庚"，按，祿父即商紂之子也。屬社稷傾覆，家國淪亡，父首梟懸，母軀分裂，永言怨恥，生死莫二，向使其侯服事周，而全軀保其妻子也，仰天俯地，何以爲生？含齒戴髮，何以爲貌？既而合謀二叔，徇節三監，雖君親之怨不除，而臣子之誠可見。考諸名教，生死無慚於義者。

苟以其功業不成，便以頑人爲目，必如是，則有君若夏少康，臣若伍子胥，向若隕讎雪怨，衆敗身滅，亦當隷跡醜徒，編名逆黨者耶？其疑七也。

**（姬之事殷，當比司馬之臣魏）**

《論語》曰："大矣！周之德也，三分天下有其二，猶服事殷。"按，《尚書》云："西伯戡黎""殷始咎周"。夫姬氏，爵乃諸侯，而輒行征伐，結怨王室，殊無愧畏。此則《春秋》荊蠻之滅諸姬，《論語》季氏之伐顓臾也。又按，某書曰朱雀云云，文王受命稱王云云，夫天無二日，地惟一人，有殷猶存，而王號遽立。此即《春秋》楚及吳越僭號而陵天子也。然則戡黎滅崇，自同王者，服事之道，理不如斯。亦猶近者，魏司馬文王害權臣黜少帝，坐加九錫，行駕六馬，及其歿也，而荀勖猶謂之人臣以終。蓋姬之事殷，當比司馬之臣魏，必稱周德之大者，不亦虛爲其說乎？其疑八也。

**（太伯如云"可謂至德"者，無乃謬爲其譽乎）**

《論語》曰："太伯可謂至德也已，三以天下讓，民無得而稱焉。"按《吕氏春秋》（《通釋》云：當是《吳越春秋》）所載云云，太王鍾愛厥孫，將立其父。太伯年居長嫡，地實妨賢，向若强顏苟視，懷疑不去，大則類衛伋之誅，小則同楚建之逐，雖欲勿讓，君親其立諸？且太王之殂，太伯來赴，季歷承考遺命，推讓厥兄，太伯以形質已殘，有辭獲免。原夫毀兹玉體，從彼被髮者，本以外絶嫌疑，内釋猜忌。譬雄鷄自斷其尾，用獲免於人犧者焉。又按《春秋》，晉申生之將廢也，篤曰："爲吴太伯，猶有令名"，是太伯申生，事如一體，直以出處有異，故成敗不同。若夫子之論太伯也，必美其因病成妍，轉禍爲福，斯則當矣。如云"可謂至德"者，無乃謬爲其譽乎！其疑九也。

**（周公於友於之義薄矣）**

《尚書·金縢》篇云："管、蔡流言，公將不利於孺子。"《左傳》云："周公殺管叔而放蔡叔，夫豈不愛？王室故也。"按，《尚書·君奭》篇《序》云："召公爲保，周公爲師，相成王爲左右，召公不說。"斯則且行不臣之禮，挾震主之威，跡居疑似，坐招訕謗。雖奭以亞聖之德，負明允之才，目睹其事，猶懷憤懣，況彼二叔者，才處中人，地居下國，側聞異議，能不懷猜？原其推戈反噬，事由誤誑，而周公自以不誠，遽加顯戮。與夫漢代赦淮南，明帝寬阜陵，一何遠哉！斯則周公於友於之義薄矣，而《詩》之所述，用爲美談者，何哉？其疑十也。

### 《史通·惑經》篇

大抵自《春秋》以前，《尚書》之世，其作者述事如此。今取其正經雅言，理有難曉，諸子異說，義或可憑，參而會之，以相研核；如異於此，則無論焉。夫遠古之書與近古之史，非惟繁約不類，固亦向背皆殊。何者？近古之史也，言唯詳備，事罕甄擇，使夫學者睹一邦之政則善惡相參，觀一主之才而賢愚殆半。至於遠古則不然，夫其所錄也，略舉綱維，義存褒諱，尋其終始，隱没者多。嘗試言之，向使漢、魏、晉、宋之君生於上代，堯、舜、禹、湯之主出於中葉，俾史官易地而書，各叙時事，校其得失，固未可量。若乃輪扁稱其糟粕，孔氏述其傳疑。《孟子》曰："盡信《書》不如無《書》……《武成》之篇，吾取其二三簡。"推此而言，則遠古之書，其妄甚矣。豈比王、沈之不實，沈約之多詐，若斯而已矣。（《史通·外篇·疑古第三》）

　　昔孔宣父以大聖之德，應運而生，生人以來，未之有也。故使三千弟子，七十門人，鑽仰不及，請益無倦。然則尺有所短，寸有所長，其間切磋酬對，頗亦互聞得失。何者？睹仲由之不悦，則矢天厭以自明；答言偃之弦歌，則稱戲言以釋難。斯則聖人設教，其理含弘，或援誓以表心，或稱非以受屈，豈與夫庸儒末學，文過飾非，使夫問者緘辭杜口，懷疑不展，若斯而已哉！嗟夫！古今世殊，師授路隔，恨不得親膺灑掃，陪五尺之童，躬奉德音，撫四科之友，徒以研尋蠹簡，穿鑿遺文，菁華久謝，糟粕爲偶。遂至理有未達，無由質疑，是用握卷躊躇，揮毫悱憤。儻梁木斯壞，魂而有靈，敢效接輿之歌，輒同林放之問。但孔氏之立言行事，刪《詩》贊《易》，其義既廣，難以具論。今惟據其史文，評之於後。

　　**（奚爲齊、鄭及楚，國有弑君，遂皆書卒）**

　　案夫子所修之史，是曰《春秋》；竊詳《春秋》之義，其所未諭者十有二。何者？趙盾以無辭伐國，貶號爲人；杞伯以夷禮來朝，降爵稱子。虞班晉上，惡貪賄而先書；楚長晉盟，譏無信而後列。此則人倫臧否，在我筆端；直道而行，夫何所讓。奚爲齊、鄭及楚，國有弑君，各以疾赴，遂皆書卒？夫臣弑其君，子弑其父，凡在含識，皆知恥懼。苟欺而可免，則誰不謂然。且官爲正卿，反不討賊；地居冢嗣，藥不親嘗，遂皆被以惡名，播諸來葉。以彼三逆，方茲二弑，躬爲梟獍，則漏網遺名，跡涉瓜李，乃凝脂顯錄。嫉惡之情，豈其若是？其所未諭一也。

　　**（齊乞野幕之戮，《春秋》捐其首謀，舍其親弑）**

　　又案，齊乞野幕之戮，事起陽生；楚比乾溪之縊，禍由觀從；而《春秋》捐其首謀，舍其親弑，亦何異魯酒薄而邯鄲圍，城門火而池魚及。必如是，則邾之閽者私憾射姑，以其君卞急而好潔，可行欺以激怒，遂傾瓶水以決庭，俾廢壚而爛卒，斯亦罪之大者，奚不書弑乎？其所未諭二也。

　　**（狄實滅衛，因桓恥而不書；河陽召王，成文美而稱狩）**

　　蓋明鏡之照物也，妍媸必露，不以毛嬙之面或有疵瑕，而寢其鑒也。虛空之傳響也，清濁必聞，不以《縣駒》之歌時有誤曲，而輟其應也。夫史官執簡，宜類於斯。苟愛而知其醜，憎而知其善，善惡必書，斯爲實錄。觀夫子之修《春秋》也，多爲賢者諱。狄實滅衛，因桓恥而不書；河陽召王，成文美而稱狩。斯則情兼向背，志懷彼我。苟書法其如是也，豈不使爲人君者，靡憚憲章，雖玷白圭，無慚良史也乎？其所未諭三也。

（哀再與吳盟而皆不書，桓及戎盟則書之）

哀八年及十三年公再與吳盟而皆不書，桓二年公及戎盟則書之。戎實豺狼，非我族類。夫非所諱而仍諱，謂當恥而無恥，求之折衷，未見其宜。其所未諭四也。

（陽虎盜入於讙，經獨無聞）

諸國臣子，非卿不書；必以地來奔，雖賤亦志。斯豈非國之大事，不可限以常流者耶？如陽虎盜入於讙，擁陽關而外叛，傳具其事，經獨無聞，何哉？且弓玉云亡，猶獲顯記；城邑失守，反不沾書。略大存小，理乖懲勸。其所未諭五也。

（何爲般、野之殁皆以名書，而惡、視之殂直云"子卒"）

案諸侯世嫡嗣業，居喪既未成君，不避其諱，此《春秋》之例也。何爲般、野之殁皆以名書，而惡、視之殂直云"子卒"？其所未諭六也。

（臣當爲殺，而稱及，與君弑同科）

凡在人倫，不得其死者，邦君已上，皆謂之弑，卿士以上通謂之殺。此《春秋》之例也。案桓二年，書曰："宋督弑其君與夷及其大夫孔父。"僖十年，又曰："晉里克弑其君卓及其大夫荀息。"夫臣當爲殺，而稱及，與君弑同科。苟弑、殺不分，則君臣靡別者矣。其所未諭七也。

（苟涉嫌疑，動稱恥諱）

夫臣子所書，君父是黨。雖事乖正直，而理合名教。如魯之隱、桓戕弑，昭、哀放逐，姜氏淫奔，子般夭酷，斯則邦之孔醜，諱之可也。如公送晉葬，公與吳盟，爲齊所止，爲邾所敗，盟而不至，會而後期，並諱而不書，豈非煩碎之甚？且按汲冢《竹書》晉《春秋》及《紀年》之載事也，如重耳出奔，惠公見獲，書其本國，皆無所隱。唯魯《春秋》之記其國也則不然。何者？國家事無大小，苟涉嫌疑，動稱恥諱，厚誣來世，奚獨多乎？其所未諭八也。

（一褒一貶，時有弛張；或沿或革，曾無定體）

案昭十二年，齊納北燕伯於陽。"伯於陽"者何？公子陽生也。子曰："我乃知之矣。"在側者曰："子苟知之，何以不革？"曰："如爾所不知何？"夫如是，夫子之修《春秋》，皆遵彼乖僻，習其訛謬，凡所編次，不加刊改者矣。何爲其間則一褒一貶，時有弛張；或沿或革，曾無定體。其所未諭九也。

（定六年書"鄭滅許"，而哀元年書"許男與楚圍蔡"）

又，書事之法，其理宜明，使讀者求一家之廢興，則前後相會；討一人之出入，則始末可尋。如定六年書"鄭滅許，以許男斯歸"，而哀元年書"許男與楚圍蔡"；夫許既滅矣，君執家亡，能重列諸侯，舉兵圍國者，何哉？蓋其間成事，必當有説。經既不書，傳又缺載，缺略如此，尋繹難知。其所未諭十也。

（巨細不均，繁省失中）

案：晉自魯閔公已前，未通於上國；至僖二年滅下陽已降，漸見於《春秋》，蓋始命行人自達於魯也。而《瑣語春秋》載魯國閔公時事，言之甚詳。斯則聞事必書，無假相赴者也。蓋當時國史，它皆仿此。至如夫子所修也，則不然。凡書異國，皆取來告。苟有所告，雖小必書；如無其告，雖大亦闕。故宋飛六鷁，小事也，以有告而書之；晉滅三邦，大事也，以無告而闕之。用使巨細不均，繁省失中。比夫諸國史記，奚事獨爲疏闊？尋兹例之作也，蓋因《周禮》舊法，魯策成文。夫子既撰不刊之書，爲后王之則，豈可仍其過失，而不中規矩者乎？其所未諭十一也。

（真僞莫分，是非相亂）

蓋君子以博聞多識爲工，良史以實録直書爲貴。而《春秋》記它國之事，必憑來者之辭，而來者所言，多非其實。或兵敗而不以敗告，君弒而不以弒稱；或宜名而不以名，或應氏而不以氏；或春崩而以夏聞，或秋葬而以冬赴。皆承其所説而書，遂使真僞莫分，是非相亂。其所未諭十二也。

凡所未諭，其類尤多，静言思之，莫究所以。豈夫子之墻數仞，不得其門者歟？將"某也幸，苟有過，人必知之"者歟？如其與奪，請謝不敏。

又世人以夫子固天攸縱，將聖多能，便謂所著《春秋》，善無不備。而審形者少，隨聲者多，相與雷同，莫之指實。權而爲論，其虛美者有五焉：

（"子夏之徒不能贊一辭。"其虛美一）

案：古者國有史官，具列時事。觀汲冢出記，皆與魯史符同。至於周之東遷，其説稍備；隱、桓已上，難得而詳。此之煩省，皆與《春秋》不别。又獲君曰止，誅臣曰刺，殺其大夫曰殺，"執我行人""鄭棄其師""隕石於宋五"，諸如此句，多是古史全文。則知夫子之所修者，但因其成事，就加雕飾，仍舊而已，有何力哉！加以史策有闕文，時月有失次，皆存而不正，無所用心，斯又不可殫説矣。而太史公云："孔子……爲《春秋》，筆則筆，削則削，子夏之徒不能贊一辭。"其虛美一也。

（"善人勸焉，淫人懼焉。"其虛美二）

又案：宋襄執滕子而誣之以得罪，楚靈王殺郯敖而赴之以疾亡，《春秋》皆承告而書，曾無變革。是則無辜者反加以罪，有罪者得隱其辜，求諸勸戒，其義安在？而左丘明論《春秋》之義云："或求名而不得，或欲蓋而名彰……善人勸焉，淫人懼焉。"其虛美二也。

（"孔子成《春秋》而亂臣賊子懼"，其虛美三）

又案：《春秋》之所書本以褒貶爲主，故《國語》晉司馬侯對其君悼公曰："以其善行，以其惡戒，可謂德義矣。"公曰："孰能？"對曰："羊舌肸習於《春秋》。"至於董狐書法而不隱；南史執簡而累進；又甯殖出君，而卒之猶名在策書。故知當時史臣各懷直筆，斯則有犯必死，書法無舍者矣。自夫子之修《春秋》也，蓋他邦之篡賊其君者有三，本國之弑逐其君者有七，莫不缺而靡錄，使其有逃名者。而《孟子》云："孔子成《春秋》而亂臣賊子懼"，無乃烏有之談乎？其虛美三也。

（"知我者其惟《春秋》，罪我者其惟《春秋》"。其虛美四）

又案，《春秋》之文雖有成例，或事同書異，理殊畫一。故太史公曰："孔氏著《春秋》，隱、桓之間則章，至定、哀之際則微，爲其切當世之文而罔褒，忌諱之辭也。"斯則危行言遜，吐剛茹柔，推避以求全，依違以免禍。而《孟子》云："孔子曰：'知我者其惟《春秋》乎，罪我者其惟《春秋》乎！'"其虛美四也。

（"仲尼歿而微言絶。"其虛美五）

又案：趙穿殺君而稱宣子之弑，江乙亡布而稱令尹所盜，此則春秋之世，有識之士，莫不微婉其辭，隱晦其説。斯蓋當時之恒事，習俗所常行。而班固云，"仲尼歿而微言絶"。觀微言之作，豈獨宣父者耶？其虛美五矣。

考茲衆美，徵其本源，良由達者相承，儒教傳授，既欲神其事，故談過其實。語曰："衆善之，必察焉。"《孟子》曰："堯、舜不勝其美，桀、紂不勝其惡。"尋世之言《春秋》者，得非睹衆善而不察，同堯、舜之多美者乎？昔王充設論，有《問孔》之篇，雖《論語》群言多見指摘，而《春秋》雜義曾未發明。是用廣彼舊疑，增其新覺；將來學者，幸爲詳之。（《史通·外篇·惑經第四》）

《史通·申左》篇

古人之言《春秋》三《傳》者多矣！戰國之世，其事罕聞；當前漢專用《公羊》；宣皇已降，《穀梁》又立於學；至成帝世，劉歆始重《左氏》，而竟不列學官。大抵自古重兩《傳》而輕《左氏》者固非一家，美《左氏》而譏兩《傳》者亦非一族，互相攻擊，各用朋黨，嗤眙紛競，是非莫分。然則儒者之學，苟以專精爲主，止於治章句，通訓釋，斯其可矣；至於論大體，舉宏綱，則言罕兼統，理無要害，故使今古疑滯莫得面申者焉。必揚権而論之，言傳者固當以《左氏》爲首，但自古學《左氏》者，談之又不得其情；如賈逵撰《左氏長義》，稱"在秦者爲劉氏，乃漢室所宜推先，但取悦當時，殊無足采"。又案：桓譚《新論》曰："《左氏傳》於《經》，猶衣之表裡。"而《東觀漢記》陳元奏云："光武興立《左氏》，而桓譚、衛宏並共詆訾，故中道而廢。"班固《藝文志》云：丘明與孔子觀魯史記而作《春秋》，有所貶損，事形於傳，懼罹時難，故隱其書；末世口説流行，遂有《公羊》《穀梁》《鄒氏》諸傳。而於《固集》復有難《左氏》九條三評等科。夫以一家之言，一人之説，而參差相背，前後不同，斯又不足觀也。夫解難者以理爲本，如理有所闕，欲令有識心伏，不亦難乎？今聊次其所疑，列之於後。蓋《左氏》之義有三長，而二《傳》之義有五短：

**（丘明之《傳》皆得周典）**

案，《春秋》昭二年：韓宣子來聘，觀書於太史氏，見易象與《魯春秋》，曰："周禮盡在魯矣。吾乃今知周公之德，與周之所以王也。"然《春秋》之作，始自姬旦，成於仲尼。丘明之《傳》，所有筆削及發凡例，皆得周典，傳孔子教，故能成不刊之書，著將來之法。其長一也。

**（丘明躬爲太史，每事皆詳。其長二）**

又案，哀三年，魯司鐸火，南宮敬叔命周人出御書，子服、景伯命宰人出禮書，其時於魯文籍最備。丘明既躬爲太史，博總群書，至如《檮杌》《紀年》之流，《鄭書》《晉志》之類，凡此諸籍，莫不畢睹。其《傳》廣包他國，每事皆詳。其長二也。

**（以同聖之才，而膺授《經》之託，其長三）**

《論語》子曰："左丘明恥之，丘亦恥之。"夫以同聖之才，而膺授《經》之託，加以達者七十，弟子三千，遠自四方，同在一國，於是上詢夫子，下訪其徒，凡所采摭，實廣聞見。其長三也。

**（穀梁、公羊者，生於異國，長自後來，其短一）**

如穀梁、公羊者，生於異國，長自後來，語地則與魯產相違，論時則與宣尼不接。安得以傳聞之説，與親見者爭先者乎？譬猶近世，漢之太史，晉之著作，撰成國典，時號正書。既而《先賢》《耆舊》《語林》《世説》，競造異端，強書他事。夫以傳自委巷，而將册府抗衡；訪諸古老，而與同時（一爲"干、孫"）並列，斯則難矣。彼二《傳》之方《左氏》，亦奚異於此哉？其短一也。

**（二《傳》所載，語乃齟齬，文皆瑣碎。其短二）**

《左氏》述臧哀伯諫桓納鼎，周内史美其讜言；王子朝告於諸侯，閔馬父嘉其辨說。凡如此類，其數實多。斯蓋當時發言，形於翰墨；立名不朽，播於他邦。而丘明仍其本語，就加編次。亦猶近代《史記》載樂毅、李斯之文，《漢書》錄晁錯、賈生之筆。尋其實也，豈是子長藁削，孟堅雌黃所構者哉？觀二《傳》所載。有異於此。其錄人言也，語乃齟齬，文皆瑣碎。夫如是者何哉？蓋彼得史官之簡書，此傳流俗之口說，故使隆促各異，豐儉不同。其短二也。

**（二《傳》記言載事，失彼菁華。其短三）**

尋《左氏》載諸大夫詞令，行人應答，其文典而美，其語博而奧，述遠古則委曲如存，徵近代則循環可覆。必料其功用厚薄，指意深淺，諒非經營草創出自一時，琢磨潤色獨成一手。斯蓋當時國史已有成文，丘明但編而次之，配《經》稱《傳》而已也。如二《傳》者，記言載事，失彼菁華；尋源討本，取諸胸臆。夫自我作故，無所準繩，故理甚迂僻，言多鄙野，比諸《左氏》不可同年。其短三也。

**（二《傳》雖以釋《經》爲主，缺漏不可殫論。其短四）**

案：二《傳》雖以釋《經》爲主，其缺漏不可殫論。如《經》云："楚子麋卒。"而《左傳》云："公子圍所殺。"及公羊、穀梁作《傳》，重述《經》文，無所發明，依違而已。其短四也。

**（《公羊》違夫子之教，失聖人之旨，其短五）**

《漢書》載成方遂詐稱戾太子，至於闕下。雋不疑曰："昔衛蒯聵違命出奔，輒拒而不納，《春秋》是之。"遂命執以屬吏。霍光由是始重儒學。案雋生所引，乃《公羊》正文。如《論語》冉有曰："夫子爲衛君乎？"子貢曰："夫子不爲也。"何則？父子爭國，梟獍爲曹，禮法不容，名教同嫉。而《公羊》釋義，反以衛輒爲賢，是違夫子之教，失聖人之旨，獎進惡徒，疑誤後學。其短五也。

若以彼三長，校茲五短，勝負之理，斷然可知。必執二《傳》之文，唯取依《經》爲主。而於内則爲國隱惡，於外則承赴而書，求其本事，大半失實，已於《惑經》篇載之詳矣。

尋斯義之作也，蓋是周禮之故事，魯國之遺文，夫子因而修之，亦存舊制而已。至於實錄，付之丘明，用使善惡畢彰，真僞盡露。向使孔《經》獨用，《左傳》不作，則當代行事，安得而詳者哉？蓋語曰："仲尼修《春秋》，逆臣賊子懼。"又曰："《春秋》之義也，欲蓋而彰，求名而亡，善人勸焉，淫人懼焉。"尋《春秋》所書，實兼此義，而《左傳》所錄，無愧斯言。此則《傳》之與《經》，其猶一體，廢一不可，相須而成。如謂不然，則何者稱爲勸戒者哉？

儒者苟譏左氏作《傳》，多叙《經》外別事。如楚、鄭與齊三國之賊弑，隱、桓、昭、哀四君之篡逐。其外則承告於彼，其内則隱諱如此。若無左氏立《傳》，其事無由獲知。然設使世人習《春秋》而唯取兩《傳》也，則當其時二百四十年行事，茫然闕如，俾後來學者，兀成聾瞽者矣。

且當秦、漢之世，《左氏》未行，遂使五經、雜史、百家諸子，其言河漢，無所遵憑。故其記事也，當晉景行霸，公室方强，而云韓氏攻趙，有程嬰、杵臼之事；魯侯禦宋，得雋乘丘，而云莊公敗績，有馬驚流矢之禍；楚、晉相遇，唯在邲役，而云二國交戰，置師於兩棠；子罕相國，宋睦於晉，而云晉將伐宋，覘哭於陽門；魯師滅項，晉止僖公，而云項實桓滅。《春秋》爲賢者諱；襄年再盟，君臣和葉，而云諸侯失政，大夫皆執國權。其記時也，秦穆居《春秋》之始，而云其女爲荆昭夫人；韓、魏處戰國之時，而云其君陪楚莊王葬焉。《列子》書論尼父，而云生在鄭穆之年；扁鵲醫療虢公，而云時當趙簡子之日；欒書仕於周子，而云以晉文如獵，犯顔直言；荀息死於奚齊，而云觀晉靈作臺，累棊申誡。或以先爲後，或以後爲先，日月顛倒，上下翻覆，古來君子曾無所疑。及《左傳》既行，而其失自顯。語其弘益，不亦多乎？而世之學者，猶未之悟，所謂忘我大德，日用而不知者焉。

然自丘明之後，迄於魏滅。年將千禩，其書寢廢。至晉太康年中，汲冢獲書，全同《左氏》。故束皙云："若使此書出於漢世，劉歆不作五原太守矣。"於是摯虞、束皙引其義以相明，王接、荀顗取其文以相證，杜預申以注釋，干寶藉爲師範。由是世稱實録，不復言非，其書漸行，物無異議。故孔子曰："吾志在《春秋》，行在《孝經》。"於是授《春秋》於丘明，授《孝經》於曾子。《史記》云："孔子……西觀周室，論史記舊聞，興於魯而次《春秋》……七十子之徒口授其傳指，爲有所刺譏褒諱挹損之文辭不可以書見也。魯君子左氏明懼弟子人人異端，各安其意，失其真，故因孔子史記具論其語，成《左氏春秋》。"夫學者苟能徵此二說，以考三《傳》，亦足以定是非，明真僞者矣。何必觀汲冢而後信者乎？從此而言，則於三《傳》之優劣見矣。（《史通·外篇·申左第五》）

### 《左傳》非而《晉》文實

語曰："傳聞不如所見。"斯則史之所述，其謬已甚，況乃傳寫舊記而違其本録者乎？至如虞、夏、商、周之《書》，《春秋》所記之說，可謂備矣。而《竹書紀年》出於晉代，學者始知后啓殺益，太甲殺伊尹，文丁殺季歷，共伯名和；鄭桓公，屬（宣）王之子。則與經典所載，乖剌甚多。又《孟子》

曰：晉謂《春秋》爲《乘》。尋《汲冢瑣語》，即乘之流邪？其《晉春秋》篇云："平公疾，夢朱羆窺屏。"《左氏》亦載斯事，而云"夢黃熊入於寢門"。必有舍傳聞而取所見，則《左傳》非而《晉》文實矣。嗚呼！向若二書不出，學者爲古所惑，則代成聾瞽，無由覺悟也。（《史通·外篇·雜説上·汲冢紀年》）

**《李陵集》有《與蘇武書》，殆後來所爲，假稱陵作**

《李陵集》有《與蘇武書》，詞采壯麗，音句流靡。觀其文體，不類西漢人，殆後來所爲，假稱陵作也。遷史缺而不載，良有以焉。編於李集中，斯爲謬矣。（同上，《外篇·雜説下·別傳》）

**劉向誤以夏姬之生當夫戰國之世**

劉向《列女傳》云："夏姬再爲夫人，三爲王后。"夫爲夫人則難以驗也，爲王后則斷可知矣。案其時諸國稱王，唯楚而已。如巫臣諫莊將納姬氏，不言曾入楚宮，則其爲后當在周室。蓋周德雖衰，猶稱秉禮。豈可族稱姬氏而妻厥同姓乎？且魯娶於吳，謂之孟子。聚麀之誚，起自昭公。未聞其先已有斯事，禮之所載，何其闕如！又以女子一身，而作嬪三代，求諸人事，理必不然。尋夫春秋之後，國稱王者有七。蓋由向誤以夏姬之生，當夫戰國之世，稱三爲王后者，謂歷嬪七國諸王；校以年代，殊爲乖剌。至於他篇，兹例甚衆。故論楚也，則昭（平）王與秦穆同時；言齊也，則晏嬰居宋景之後。今粗舉一二，其流可知。

**《洪範五行》及《新序》《説苑》《列女》《列仙》諸傳，多構僞辭**

觀劉向對成帝稱武、宣行事，世傳失實。事具《風俗通》，其言可謂明鑒者矣。及自造《洪範五行》及《新序》《説苑》《列女》《神仙》諸傳，而皆廣陳虛事，多構僞辭。非其識不周而才不足，蓋以世人多可欺故也。嗚呼！後生可畏，何代無人，而輒輕忽若斯者哉？夫傳聞失真，書事失實，蓋事有不獲已，人所不能免也。至於故造異説，以惑後來，則過之尤甚者矣！案蘇秦答燕易王，稱有婦人將殺夫，令妾進其藥酒，妾佯僵而仆之。又甘茂謂蘇代云："貧人女與富人女會績，貧人女曰：'我無以買燭，而子之燭光幸有餘，子可分我餘光，無損子明而得一斯便焉。'"此戰國之時，游説之士，寓言設理以相比興。及向之著書也，乃用蘇氏之説，爲二婦人立傳，定其邦國，加其姓氏，以彼烏有，持爲指實，何其妄哉！又有甚於此者，至如伯奇化鳥，對吉甫以哀鳴；宿瘤隱形，干齊王而作后。此則不附於物理者矣。復有懷嬴失節，目爲貞女；劉安覆族，定以登仙。立言如是，豈顧丘明之有傳，孟堅之有史哉？（同上，《史通·外篇·雜説下·別傳》）

## 五　司馬貞

### 《孝經》古文二十二章經文不真，傳文淺僞

（國子博士司馬貞議曰：）今文《孝經》是漢河間王所得顔芝本，至劉向以此參校古文，省除煩惑，定爲此一十八章，其注相承云是鄭玄所作，而《鄭志》及目錄等不載，故往賢共疑焉。唯荀昶、范曄以爲鄭注，故昶集解《孝經》，具載此注，而其《序》云："以鄭爲主。"是先達博選，以此注爲優；且其注縱非鄭氏所作，而義旨敷暢，將爲得所，雖數處小有非穩，實亦非爽經傳。其古文二十二章，元出孔壁；先是安國作《傳》，緣遭巫蠱，世未之行，荀昶集注之時，尚有孔《傳》，中朝遂亡其本。近儒欲崇古學，妄作此傳，假稱孔氏，輒穿鑿改更，又僞作《閨門》一章；劉炫詭隨，妄稱其善。且《閨門》之義，近俗之語，非宣尼之正説。案其文云："閨門之内，具禮矣乎？嚴兄妻子，（《孝經正義》作'嚴親嚴兄，妻子臣妾'）繇百姓徒役也。"是比妻子於徒役，文句凡鄙，不合經典。又分《庶人章》從"故自天子"以下，別爲一章，仍加"子曰"二字。然故者連上之辭，既是章首，不合言故。古文既亡（《文苑英華》作"是古文既亡"），後人妄開此等數章，以應二十二章之數；非但經文不真，抑且傳習（《孝經疏》"習"作"文"）淺僞。又注"因（《文苑英華》作"用"）天之時，因地之利"，其略曰："脱衣就功，暴其肌體，朝暮從事，露髮跣足，少而習之，其心安焉。"此語雖傍出諸子，而引之爲注，何言之鄙俚乎？與鄭氏所云："分別五土，視其高下，高田宜黍稷，下田宜稻麥"，優劣懸殊，曾何等級！今議者欲取近儒詭説，殘經缺傳，而廢鄭《注》，理實未可。望請準令式《孝經》鄭《注》與孔《傳》依舊俱行。（《唐會要·卷七十七》）

### 注《老子》河上公，漢史實無其人

又，注《老子》河上蓋憑虛立號，漢史實無其人。然其注以養神爲宗，以"無爲"爲體；其詞近，其理宏；小足以修身潔誠，大可以寧人安國。且河上公雖曰注書，即文立教，皆没略遠體，指明近用。斯可謂知言矣。王輔嗣雅善元談，頗採道要；窮神明乎橐籥，守静默於玄牝；其理暢，其旨微；在於玄學，頗是所長。至若近人立教，修身弘道，則河上爲得。今望請王、河二注

令學者俱行。(《唐會要·卷七十七》)

**子夏《易傳》多非真本**

又按：劉向《七略》有子夏《易傳》，但此書不行已久，今所存者多失真本。又，荀勖《中經簿》云："《子夏傳》四卷，或云丁寬所作"，是先達疑非子夏矣。又，《隋書·經籍志》云："《子夏傳》殘缺，梁時六卷，今三卷"。是知其書錯繆多矣。(《唐會要·卷七十七》)

# 六　啖　助

**《本草》皆後漢時郡國，而題以神農；《山海經》廣說殷時，而云夏禹所記**

古之解說，悉是口傳，自漢以來，乃爲章句。如《本草》皆後漢時郡國，而題以神農；《山海經》廣說殷時，而云夏禹所記。自餘書籍，比比甚多。是知三《傳》之義本皆口傳，後之學者乃著竹帛，而以祖師之目題之。

**《左氏傳》叙事雖多，釋意殊少，是非交錯，混然難證**

予觀《左氏傳》，自周、晉、齊、宋、楚、鄭等國之事最詳。晉則每出一師，具列將佐；宋則每因興廢，備舉六卿。故知史策之文，每國各異。左氏得此數國之史，以授門人，義則口傳，未形竹帛。後代學者乃演而通之，總而合之，編次年月以爲傳記，又廣采當時文籍，故兼與子産、晏子及諸國卿佐家傳，並卜書、夢書及雜占書、縱橫家、小說、諷諫等雜在其中。故叙事雖多，釋意殊少，是非交錯，混然難證。其大略皆是《左氏》舊意，故比餘傳，其功最高，博采諸家，叙事尤備，能令百代之下，頗見本末，因以求意，經文可知。又況論大義，得其本源，解三數條大義（"天王狩於河陽"之類）亦以原情爲說，欲令後人推此以及餘事。而作傳之人不達此意，妄有附益，故多迂誕。又《左氏》本未釋者，抑爲之說，遂令邪正紛糅，學者迷宗也。（《春秋集傳纂例·三傳得失議第二》）

**《公羊》《穀梁》初亦口授，後人據其大義，失其綱統**

《公羊》《穀梁》初亦口授，後人據其大義，散配經文（傳中猶稱"穀梁子曰"，是其證也），故多乖謬，失其綱統。然其大指亦是子夏所傳，故二《傳》傳經密於《左氏》。《穀梁》意深，《公羊》辭辨，隨文解釋，往往鈎深。但以守文堅滯，混難不通，比附日月，曲生條例，義有不合，亦復強通，踳駁不倫，或至矛盾，不近聖人夷曠之禮也。（《春秋集傳纂例·三傳得失議第二》）

**先君遇弑，則嗣子廢即位之禮；《左氏》不達其意，曲爲其說**

凡先君遇弑，則嗣子廢即位之禮。《穀梁》云："繼弑君，不書即位，正也。"（莊、閔、僖三公是，《公羊》同此）此說是也。凡繼弑君，而行即位禮，非也。《穀梁》云："桓公繼弑君而行即位，則是與聞乎弑也。"《公羊》

云：" 宣公繼弑君而行即位，其意也。"《左氏》不達其意，曲爲其説，而云莊公不言即位，"文姜出故也"；閔公不言即位，"亂故也"；僖公不言即位，"公出故也；公出復入不書，諱故也。" 以得罪去國，猶曰"不忍"，父爲他國所弑，其情若何？不舉其大，而舉其細，非通論也。且三月文姜方孫，何妨正月即位乎？故知解莊公不言即位，妄也。國有危難，豈妨行禮？故知解閔公不言即位，妄也。若君出諱而不書，昭公何以書乎？假如實出，亦當非時即位，如定公也。故知解僖公不言即位，妄也。（同上，《公即位例第十》）

**納幣不書，《左氏》不達此例**

魯往他國納幣，皆常事，不書；凡書者，皆譏也。他國來，亦如之。《公羊》云："納幣不書"，此説是也。《左氏》不達此例，云襄仲如齊納幣爲合禮，誤亦甚矣！（同上，《婚姻例第十三·納幣》）

**爲君逆夫人，皆以非禮書，《左氏》以卿逆爲合禮，殊誤矣**

諸侯親迎皆常事，不書。《穀梁》云："親迎常事不志"，是也。公子翬、公子遂、叔孫僑如爲君逆夫人，皆以非禮書，翬、遂公子而行婚禮，尤不可也；《左氏》以卿逆爲合禮，殊誤矣！（同上，《内逆女》）

**《左氏》："凡諸侯嫁女，同姓媵之，異姓則否。" 此禮難行**

凡媵，常事，不書。公子結爲遂事起本也；三國來媵，非禮也，故書。《公羊》云："媵不書"，《穀梁》云："媵，淺事也，不志。" 此説皆是。《左氏》云："凡諸侯嫁女，同姓媵之，異姓則否。" 若然，則莒姓己，邾姓曹，此二國同姓至少，如嫁女，孰爲媵乎？恐此禮難行，今不取。（同上，《媵》）

**凡公與他國卿盟則恥之，會則不恥。而《左氏》曲解之**

凡公與他國卿盟，則恥之，會則不恥。故蜀之會書公子嬰齊，澶淵之會書鄭良霄。《左氏》言澶淵之會，趙武不書（《左氏》言"晉人，趙武也，尊公故書人也"）尊公也。若如此，良霄何不尊公乎？蓋時會者非趙武，别是未命之卿會耳；而《左氏》曲解之，理甚乖越。《穀梁》言蜀之會書嬰齊，伉也；《穀梁》之義云處父高傒以伉，故不言公，而嬰齊之伉，何以書公乎？理亦自相反也。（同上，《盟會例第十六·公會外大夫》）

**《左氏》："未陳而薄之曰敗某師"，如内戰用此例，並非也**

凡外戰，皆先書被伐之國，以及來伐者，僖十八年宋師伐齊，宋師及齊師戰，獨違常例。按《左氏》二國已和，齊又伐宋，此乃齊伐宋也，故可云宋及齊戰；若魯國與他國戰，則皆先書魯以及外：此内外之體也。凡外有不書勝敗者，《公羊》云："敵也"，言勝敗等也，此説是。《左氏》曰："未陳而薄之曰敗某師"，言師未成列，則非戰也。又曰："大崩曰敗績"，言功績敗散也。

此説爲外戰例，則可通，如内戰用此例，並非也。若是未陳則曰敗某師，據魯敗外師凡八，皆言敗某師，豈是盡未陳乎？唯兩處書敗績者，即別有義。（同上，《用兵例第十七·外戰及敗》）

### 《傳》憑雜記之事，當憑經以爲正

齊高厚、楚卻宛、莒意恢等，據《左氏傳》事跡，並是兩下相殺，而經以國討爲文者，蓋殺者承君之命，故經書國以累上；《傳》憑雜記之事，意在傳歸罪於殺者，故遺君命耳。且當憑經以爲正也。（同上，《殺例第二十六·外殺大夫公子》）

### 《左氏傳》博采諸記，錯綜而爲之

《左氏傳》所序，當時人或言本爵，或言公，吳楚則或言王，皆隨本國他國之史文也。楚國史則曰王。他國之史則曰子。其言人臣，或稱爵位，或言名氏，或言其官，亦或從其家傳，或從其國史，或從當時雜記，故不一也。一行之内，則有數名，故知博采諸記，錯綜而爲之也。（同上，《姓氏名字爵謚義例第三十一·爵謚》）

### 《左氏》謂單伯是周大夫，何爲書至乎

諸國大夫，王賜之畿内邑，爲號令歸國者，皆書族書字，同於王大夫，敬之也。鄭祭仲、魯單伯，陳女叔是也。《左氏》謂單伯是周大夫，若然，何得會鄧之時不列序，而言單伯會齊侯乎？又自齊來魯，何爲書至乎？女叔則《左氏》曰："嘉之，故不名。"結好者多矣，何獨嘉女叔乎？《公羊》云："書曰祭仲，賢也。"以廢君爲賢，害教之甚也。（同上，《姓氏名字爵謚義例第三十一·諸侯之卿大夫士》）

### 《公》《穀》多以日月爲例，皆穿鑿妄説也

《公》《穀》多以日月爲例，或以書日爲美，或以爲惡。夫美惡在於事跡，見其文，足以知其褒貶，日月之例復何爲哉？假如書曰春正月叛逆，與言甲子之日叛逆，又何差異乎？故知皆穿鑿妄説也。假如用之，則踳駁至甚，無一事得通，明非《春秋》之意審矣。《左氏》唯卿卒以日月爲例，亦自相乖戾。杜元凱曰："凡朝聘會遇、侵伐用兵、執殺士功之屬，例不書日；盟戰、敗入、滅、崩薨、卒葬、弑君、日食之屬，例多書日；自文公以前，書日者凡二百四十九，宣公以下，書日者四百三十二，年數略同而日數加倍，故知久遠遺落，不與近同。"予竊謂《公羊》所謂不日，遠也，所見異辭，所聞異辭，亦久遠多遺落也。凡例當書而不書者，皆舊史之文，明非褒貶所要也；例當書日而不書者，蓋爲遺闕；其例不當書而書者，皆有意也。義各見本傳。（同上，《日月爲例義第三十五》）

### 《左氏傳》事跡倒錯者甚多

"夏五"之下，必知脱月字；"郭公"之下，必知有字；四時不具者，亦必知是脱；其餘不可得而詳也。《左氏傳》事跡倒錯者甚多：文十二年《傳》言"杞伯請無絶婚"，當在成八年也。襄四年"夫人姒氏薨"，《傳》曰："不殯於廟，無櫬不虞"，宜在定十五年"姒氏卒"下。"吴侵陳"，《傳》云："延州季子帥師"，此傳當在前數十年。如此類甚多，不可備舉；皆由作傳之人采舊説既多，故不免有所交錯。《公羊》例不言會，當在公經下而誤在會下。《穀梁》"虞山林藪澤之利"，當在"築鹿囿"之下，而誤在"築微"下。此例亦甚多，皆由傳文本別爲卷，後人散配經文，不免至差舛也。並略舉例爾，其類甚多。（同上，《脱謬略第三十六》）

## 七 趙 匡

**丘明者，蓋夫子以前賢人**

啖氏依舊説以左氏爲丘明，受經於仲尼；今觀《左氏》解經，淺於《公》《穀》，誣謬實繁。若丘明才實過人，豈宜若此？推類而言，皆孔門後之門人，但《公》《穀》守經，《左氏》通史，故其體異耳。且夫子自比皆引往人，故曰："竊比我於老、彭"。又説伯夷等六人云："我則異於是。"並非同時人也。丘明者，蓋夫子以前賢人，如史佚、遲任之流，見稱於當時耳。焚書之後，莫得詳知。學者各信胸臆，見《傳》及《國語》俱題《左氏》，遂引丘明爲其人。此事既無明文，唯司馬遷云："丘明喪明，厥有《國語》。"劉歆以爲《春秋左氏傳》是丘明所爲。且遷好奇多謬，故其書多爲淮南所駁。劉歆則以私意所好，編之《七略》；班固因而不革，後世因以爲真。所謂傳虛襲誤，往而不返者也。

**司馬遷所論不韋自相違背，其説丘明之謬，何疑焉**

或曰：司馬遷、劉歆與左丘明年代相近，固當知之。今以遠駁近，可乎？答曰：夫求事實當推理例，豈可獨以遠近爲限？且遷作《呂不韋傳》云："不韋爲秦相，集門客千人，著其所聞，集爲八覽六論十二紀，號曰《呂氏春秋》，懸之秦市。"及其與任安書，乃云："文王幽而演《周易》；仲尼厄而修《春秋》；屈原放逐，乃賦《離騷》；左丘失明，厥有《國語》；孫子臏腳，兵法修列；不韋遷蜀，世傳《呂覽》"。則遷所論不韋書與《傳》自相違背若此之甚，其説丘明之謬，復何疑焉？劉歆云："左氏親見夫子。"杜預云："凡例皆周公之舊典《禮經》。"按其傳例云："弑君稱君，君無道也；稱臣，臣之罪也"。然則周公先設弑君之義乎？又云："大用師曰滅，弗地曰入"，又周公先設相滅之義乎？又云："諸侯同盟，薨則赴以名"，又是周公令稱先君之名以告鄰國乎？雖夷狄之人，不應至此也。

又云："平地尺爲大雪"，若以爲災沴乎？則尺雪豐年之徵也；若以爲常例須書乎？不應二百四十二年唯兩度大雪。凡此之類，不可類言，則劉、杜之言，淺近甚矣，左氏決非夫子同時，亦已明矣。

**《紀年》是後人追修，觀其所記，多詭異鄙淺**

或曰：若左氏非受經於仲尼，則其書與汲冢《紀年》符同，何也？答曰：

"彭城劉惠卿（名貺）著書云：《紀年》序諸侯列會，皆舉其謚，知是後人追修，非當世正史也。至如'齊人殲於遂''鄭棄其師'，皆夫子褒貶之意，而《竹書》之文亦然。其書鄭殺其君某，因釋曰：'是子亹'；楚囊瓦奔鄭，因曰：'是子常'；率多此類。別有《春秋》一卷，全錄《左氏傳》卜筮事，無一字之異。故知此書按《春秋》經傳而爲之也。"劉之此論當矣。且經書"紀子伯、莒子盟於密"，《左氏》經改爲"紀子帛"，《傳》釋云："魯故也"，以爲是紀大夫裂繻之字，緣爲魯結好，故褒而書字，同之内大夫，序在莒子上。此則魯國褒貶之意，而《竹書》自是晉史，亦依此文而書，何哉？此最明驗。其中有鄭莊公殺公子聖（《春秋》作段），魯桓公、紀侯、莒子盟於區蛇，如此數事，又與《公羊》同。其稱今王者，魏惠成王也。此則魏惠成王時，史官約諸家書，追修此紀，理甚明矣。觀其所記，多詭異鄙淺，殊無條例，不足憑據而定邪正也。

### 《左傳》《國語》非一人所爲；丘明以授曾申，申傳吳起，其僞可知

且《左傳》《國語》，文體不倫，序事又多乖剌，定非一人所爲也。蓋左氏廣集諸國之史，以釋《春秋》。《傳》成之後，蓋其家子弟及門人，見嘉謀事跡，多不入《傳》，或有雖入傳而復不同，故各隨國編之，而成此書，以廣異聞爾。自古豈止有一丘明姓左乎？何乃見題"左氏"，悉稱丘明？近代之儒，又妄爲記錄，云："丘明以授魯申，申傳吳起，起傳其子期，期傳楚人鐸椒，椒傳虞卿，卿傳荀況，況傳張蒼，蒼傳賈誼。"此乃近世之儒欲尊崇《左氏》，妄爲此記。向若傳授分明如此，《漢書》張蒼、賈誼及《儒林傳》何故不書？則其僞可知也。

### 公、穀孔門後之門人，但不知師資幾世耳

或曰：公、穀定何時人也？答曰：此二《傳》雖不記事跡，然其解經密於《左氏》，是知必孔門後之門人也，但不知師資幾世耳。傳記無明文，故三《傳》先後亦莫可知也。先儒或云："公羊名高，子夏弟子也。"或云："漢初人"。或曰："穀梁亦子夏弟子，名赤。"或曰："秦孝公同時人。"或曰："名俶，字符始。"皆爲強説也。儒史之流尚多及此，況語怪者哉！（以上均見《春秋集傳纂例·趙氏損益義第五》）

### 《左氏》所記縱不悉妄，妄必多矣

《左氏》所記，以一言一行，定其禍福，皆驗若符契。如此之類，繼踵比肩，縱不悉妄，妄必多矣。（同上，《啖趙取舍三傳義例第六》）

### 《左氏》亂記事，不達經意

《左氏》亂記事跡，不達經意，遂妄云："禮也。"今考其合經者留之，餘

悉不取。（同上，《啖趙取舍三傳義例第六》）

**讖緯始於漢哀、平間，僞書也**

鄭玄注《祭法》云："禘，謂配祭昊天上帝於圜丘也。"蓋見《祭法》所說，文在郊上，謂爲郊之最大者，故爲此說耳。《祭法》所論禘、郊、祖、宗者，謂六廟之外，永世不絶者有四種爾。非關配祭也。禘之所及最遠，故先言之爾，何關圜丘哉！若實圜丘，《五經》之中何得無一字説處？又云："祖之所自出，謂感生帝靈威仰也。"此何妖妄之甚？此又出自讖緯，始於漢哀、平間，僞書也。故桓譚、賈逵、蔡邕、王肅之徒疾之如讎，而鄭玄通之於《五經》，其爲誣盡甚矣！（同上，《郊廟雩社例第十二·辨禘義》）

**《禮記》諸篇或是漢初諸儒私撰之**

問者曰："若禘非時祭之名，則《禮記》諸篇所説，其故何也？"曰："《禮記》諸篇，或孔門後末流弟子所撰；或是漢初諸儒私撰之，以求購金。皆約《春秋》爲之。見《春秋》禘於莊公，遂以爲時祭之名；見《春秋》唯兩度書'禘'，一春一夏，所以或謂之春祭，或謂之夏祭；各自著書，不相符會，理可見也。"（同上，《郊廟雩社例第十二·辨禘義》）

**《明堂位》庸淺鄙妄**

問者曰：《明堂位》云："季夏六月，以禘禮祼周公於太廟。"又云："夏礿，秋嘗，冬烝。"此即以禘爲大祭，而時祭闕一時，義甚明著也。答曰：《禮篇》之中，夏礿，秋嘗，冬烝，庸淺鄙妄，此篇爲甚。故云："四代之官，魯兼用之。"又云："君臣未嘗相弒也；禮、樂、刑法未嘗變也。"其鄙若此，何足徵乎？（同上，《郊廟雩社例第十二·辨禘義》）

**三望之名，三家之義，皆可疑也**

三望之名，《公羊》云："泰山、河、海也"。而《左氏》《穀梁》無其名。説《左氏》者云："分野之星及封內山川。"説《穀梁》者云："泰山、淮、海。"據《禮篇》云："諸侯祭名山大川在其封內者"，而不言星辰；又，淮、海非魯之封內，《公羊》云："山川不在其封內者則不祭"，而云祼河、海，則三家之義皆可疑也。（同上，《郊廟雩社例第十二·望》）

**外女歸，《穀梁》云："爲之中者歸之。"則他公何不見有婚主之事**

凡外女歸皆以非常乃書。《穀梁》云："爲之中者即歸之。"若然，則他公何不見有婚主之事，而莊公獨兩處書乎？則知書歸者皆非常也，譏與讎爲婚主也。（同上，《婚姻例第十三·王女歸》）

**《左氏》例云"夫人歸寧曰如某"，此説非也**

諸侯之女既嫁，父母存則歸寧，不然則否；今則不爾，故書曰"如"；

《左氏》例云"夫人歸寧曰如某",此説非也。據經文所書者,皆以非禮故也。若以文姜如齊爲合禮,則天下無非禮事矣。又書"如莒",豈是歸寧乎?《穀梁》每經下皆云:"婦人既嫁不踰竟;踰竟,非禮也。"若然,則父母存,豈得絶其歸寧乎?又,未嫁之女,孀居之婦,豈得踰竟乎?故不足取。(同上,《婚姻例第十三·夫人如及會饗》)

### 《左氏》云異姓則不合媵,何假先書衛乎

《左氏》云異姓則不合媵,則成十年直云"齊人來媵",足知非禮,何假先書衛乎?所以先書二國者,明九女已足,而又來媵,所以爲失禮;非謂譏異姓來媵,其義亦甚明。(同上,《婚姻例第十三·媵》)

### 《左氏》云"凡諸侯同盟,故薨則赴以名"此例於理不安

《左氏》云"凡諸侯同盟,故薨則赴以名"。此例於理不安,豈有臣子正當創巨痛深之日,乃忍稱君之名?禮固不爾。且《禮篇》所録,亦云寡君不録而已;凡會同盟,會知其名,故於死時書之以紀易代。《左氏》但見舊説,知有同盟書名之事,不察其理,遂妄發例爾。據《春秋》諸侯卒不同盟者凡五十二人,九人不書名,餘並書名;《左氏》又云"從赴而書",若未同盟,實不合赴以名;豈有如此衆國,越禮而稱亡君父之名乎?《左氏》又云:"凡諸侯同盟,於是稱名,故薨則赴以名;告終稱嗣,以繼好息民。"據此意乃以亡君父之名,爲求好之意,何誣鄙之甚?況於例之不合乎。《春秋》中唯有九人,卒不書名,檢尋事跡,並無朝會聘告處所,以不知其名耳,是其明證也。餘則悉書名,檢尋皆有往來事跡,則知不必同盟。(同上,《崩薨卒葬例第十四·諸侯卒》)

### 《周官》之偽

盟者,刑牲而徵嚴於神明者也;王綱壞,則諸侯恣而仇黨行,故干戈以敵仇,盟誓以固黨,天下行之,遂爲常焉。若王政舉,則諸侯莫敢相害,盟何爲焉?賢君立,則信著而義達,盟可息焉。觀《春秋》之盟,有以見王政不行,而天下無賢侯也。或曰:《周官·司寇》有司盟,掌盟載之法;又,《禮記》云:"殷人作誓而人始畔,周人作會而人始疑。"如此,則何獨於衰世哉!答曰:《周官》之偽,予已論之矣(趙子著《五經辨惑》,説《周官》是後人附益也)。所稱其官三百六十,舉其人數耳,何得三百六十司哉?作偽者既廣立名目,遂有此官耳。且盟誓者,季世皆有之,不必在周。而聖人建邦創義,豈先立此官?《禮記》所言,亦據二代之衰時耳。(同上,《盟會例第十六》)

### 《左氏》之例非,《公羊》之例非,《穀梁》亦非

《左氏》曰:"有鐘鼓曰伐,無曰侵。"按,前後凡書侵者,齊侯侵蔡在僖

四年，晉侯侵楚在定四年之類，皆用大師而總數國；若無鐘鼓，何以行師乎？又狄師亦戰伐者，豈是能有鐘鼓乎？則知《左氏》之例非矣。《國語》亦有序鐘鼓爲伐之義，此則一門之書，自相扶會，不足疑也。《公羊》則云"粗者曰侵，精者曰伐。"此則以深者爲精，淺者爲粗。按，前後有侵師至破其國，伐師不深者殊多，則《公羊》之例又非矣。《穀梁》則云："苞人民，毆牛馬，曰侵；斬樹木、壞宮室，曰伐。"按，齊桓伐楚，不戰而服，無壞宮室、伐樹木之事，又豈有二百四十二年行師，悉皆如此暴亂乎？則知《穀梁》亦非也。（同上，《用兵例第十七》）

### 《左氏》曰"弗地曰入"，侵伐圍滅亦是不有其地

入者，《公羊》所謂"得而不居"是也。《左氏》曰"弗地曰入"，言入其國而不有其地。按，侵伐、圍滅等，亦是不有其地，何獨於入云爾乎？《穀梁》曰："入，內不受也。"按，侵伐圍滅，皆用兵之事，安有彼國願受之乎？獨隱五年"我入邴"，義與"歸入"之"入"同，言不當入也，與用兵之入不同。（同上，《用兵例第十七·外入》）

### 《左氏》云："凡書取，言易也。"何關難易

《左氏》云："凡書取，言易也。"《穀梁》亦曰："取，易辭也。"按，取者，收奪之名，何關難易？假令取之難而得之，欲如何書之乎？又云："凡克邑不用師徒，曰取。"今經文見云伐，何得云不用師徒乎？（同上，《用兵例第十七·外取邑》）

### 《左氏》云"凡師一宿爲舍，再宿爲信"，按經無信、舍之文

《左氏》云："凡師一宿爲舍，再宿爲信，過信爲次。"按經無信、舍之文，此例亦妄也。（同上，《用兵例第十七·次》）

### 《春秋》別無書執本國人者，故知《左氏》誤

內女見執，依內大夫例書之。《左氏》言是齊侯舍之母，《春秋》例別無書執本國人者，故知《左氏》誤。此乃魯女嫁齊，齊以非禮，不肯受而執之耳。《公》《穀》之義爲是也。（同上，《執放例第二十七·執內女》）

## 八　杜　佑

**《管子》疑後人續之，而注頗淺陋，非玄齡**

（《管子》八十六篇）唐房玄齡注。其書載管子將没，對桓公之語，疑後人續之；而注頗淺陋，恐非玄齡，或云："尹知章也。"（晁公武《讀書志》引杜佑《指略》）

**《輕重》或編斷簡蠹，或傳寫訛謬**

詳《輕重》之本旨，摧抑富商兼并之家，隘塞利門，則與奪貧富，悉由號令，然可易爲理也。此篇經秦焚書，潛蓄人間。自漢興，晁、賈、桑、耿諸子，猶有言其術者，其後絕少尋覽，無人注解，或編斷簡蠹，或傳訛寫謬，年代緜遠，詳正莫由。今且梗概粗知，固難得搜摘其文字。凡閱古人之書，蓋欲發明新意，隨時制事，其道無窮，而況機權之術，千變萬化，若一二模楷，則同刻舟膠柱耳。（《通典卷十二·食貨十二·輕重》）

## 九　權德輿

**《風》有《王風》，何殊於《鄘》《衛》？頗疑倒置**

問：二《南》之化，六義之宗，以類聲歌，以觀風俗。列國斯衆，何限於十四？陳詩固多，豈止於三百？《頌》編《魯頌》，奚異於《商》《周》？《風》有《王風》，何殊於《鄘》《衛》？頗疑倒置，未建指歸。至若以句命篇，義例非一，《瓜瓞》取"緜緜"之狀，《草蟲》序"喓喓"之聲，斯類則多，不能具舉，既傳師學，一爲起予。企聞博依之喻，當縱解頤之辨。（《全唐文四八三·明經策問》七）

**周制六官，豈周公之信然**

問：周制六官，以倡九牧，分事任之廣，計名物之多。下士吏胥，類頗繁於冗食，上農播殖，力或屈於財徵。簡則易從，寡能理衆。疑宋母之失實，豈周公之信然。（同上，《明經策問》八）

## 十　韓　愈

### 子夏不序《詩》有三

子夏不序《詩》，有三焉：知不及，一也；暴揚中冓之私，《春秋》所不道，二也；諸侯猶世，不敢以云，三也。（《詩之序議》。案：《詩之序議》，今不載於韓集中，朱彝尊《經義考》云："亡。"以上據楊慎《升庵經説》引録入）察夫《詩序》，其漢之學者，欲顯其傳，因籍之子夏，故其序大國詳，小國略，斯可見矣。（《詩之序議》。以上據《毛詩》李黄《集解》引録入）

### 識古書之正僞

……雖然，學之二十餘年矣！始者非三代兩漢之書不敢觀，非聖人之志不敢存，處若忘，行若遺，儼乎其若思，茫乎其若迷。當其取於心而注於手也，惟陳言之務去，戛戛乎其難哉！其觀於人也，不知非笑之爲非笑也。如是者亦有年，猶不改，然後識古書之正僞，與雖正而不至焉者，昭昭然白黑分矣，而務去之，乃徐有得也。當其取於心而注於手也，汩汩然來矣，其觀於人也，笑之則心以爲喜，譽之則心以爲憂，以其猶有人之説者存也。如是者亦有年，然後浩乎其沛然矣。（《答李翊書》）

### 孟軻之書，非軻自著

孟軻之書，非軻自著，軻既没，其徒萬章、公孫丑相與記軻所言焉耳。（《昌黎集卷十四·答張籍書》）

## 十一　柳宗元

**《辨列子》**

　　劉向古稱博極群書，然其録《列子》，獨曰鄭穆公時人。穆公在孔子前幾百歲，《列子》書言鄭國，皆云子産、鄧析，不知向何以言之如此？《史記》鄭繻公二十五年，楚悼王四年，圍鄭，鄭殺其相駟子陽。子陽正與列子同時。是歲，周安王四年，秦惠公、韓列侯、趙武侯二年，魏文侯二十七年，燕釐公五年，齊康公七年，宋悼公六年，魯穆公十年。不知向言魯穆公時遂誤爲鄭耶？不然，何乖錯至如是！其後張湛徒知怪《列子》書言穆公後事，亦不能推知其時。然其書亦多增竄，非其實。要之，莊周爲放依其辭，其稱夏棘、狙公、紀渻子、季咸等，皆出《列子》，不可盡紀。雖不概於孔子道，然其虛泊寥闊，居亂世，遠於利，禍不得逮於身，而其心不窮。《易》之"遯世無悶"者，其近是歟？余故取焉。其文辭類《莊子》而尤質厚，少爲作，好文者其可廢耶？其《楊朱》《力命》，疑其楊子書。其言魏牟、孔穿皆出列子後，不可信。然觀其辭，亦足通知古之多異術也，讀焉者慎取之而已矣！（《增廣注釋音辨唐柳先生集卷之四·辨列子》）

**《辨文子》**

　　《文子》書十二篇，其傳曰："老子弟子。"其辭時有若可取，其指意皆本《老子》；然考其書，蓋駁書也。其渾而類者少，竊取他書以合之者多。凡孟、管輩數家，皆見剽竊，崷然而出其類。其意緒文辭，義牙相抵而不合。不知人之增益之歟？或者衆爲聚斂以成其書歟？然觀其往往有可立者，又頗惜之。憫其爲之也勞，今刊去謬惡亂雜者，取其似是者，又頗爲發其意，藏於家。（同上，《辨文子》）

**《論語辨·一》**

　　或問曰："儒者稱《論語》孔子弟子所記，信乎？"曰："未然也。孔子弟子，曾參最少，少孔子四十六歲。曾子老而死。是書記曾子之死，則去孔子也遠矣！曾子之死，孔子弟子略無存者矣。吾意曾子弟子之爲之也。何哉？且是書載弟子必以字，獨曾子、有子不然。由是言之，弟子之號之也。然則有子何以稱子？曰：孔子之歿也，諸弟子以有子爲似夫子，立而師之。其後不能對諸子之問,乃叱避而退,則固嘗有師之號矣!今所記獨曾子最後死,余是以知之。蓋樂正子春、子思之徒與爲之爾。或曰:孔子弟子嘗雜記其言,然而卒成其書者,曾氏之徒也。"(同上,《論語辨·一》)

### 《辨鬼谷子》

元冀好讀古書,然甚賢《鬼谷子》,爲其《指要》幾千言。《鬼谷子》要爲無取,漢時劉向、班固錄書無《鬼谷子》。《鬼谷子》後出,而險戇峭薄,恐其妄言,亂世難信,學者宜其不道。而世之言縱橫者,時葆其書,尤者,晚乃益出《七術》,怪謬異甚,不可考校。其言益奇,而道益陿,使人狙狂失守,而易於陷墜。幸矣,人之葆之者少!今元子又文之以《指要》,嗚呼!其爲好術也過矣!(同上,《辨鬼谷子》)

### 《辨晏子春秋》

司馬遷讀《晏子春秋》,高之,而莫知其所以爲書。或曰晏子爲之,而人接焉;或曰晏子之後爲之,皆非也。吾疑其墨子之徒有齊人者爲之。墨好儉,晏子以儉名於世,故墨子之徒尊著其事,以增高爲己術者。且其旨多尚同、兼愛、非樂、節用、非厚葬久喪者,是皆出墨子。又非孔子,好言鬼事,非儒、明鬼,又出墨子。其言問棗及古冶子等,尤怪誕;又往往言墨子聞其道而稱之,此甚顯白者。自劉向、歆,班彪、固父子,皆錄之儒家中。甚矣,數子之不詳也!蓋非齊人不能具其事,非墨子之徒,則其不若是。後之錄諸子書者,宜列之墨家。非晏子爲墨也,爲是書者,墨之道也。(同上,《辨晏子春秋》)

### 《辨亢倉子》

太史公爲《莊周列傳》,稱其爲書,《畏累虛》《亢桑子》,皆空言無事實。今世有《亢桑子》書,其首篇出《莊子》,而益以庸言。蓋周所云者尚不能有事實,又況取其語而益之者,其爲空言尤也。劉向、班固錄書無《亢倉子》,而今之爲術者,乃始爲之傳注,以教於世,不亦惑乎!(同上,《辨亢倉子》)

### 《辨鶡冠子》

余讀賈誼《鵩賦》,嘉其詞,而學者以爲盡出《鶡冠子》。余往來京師,求《鶡冠子》,無所見。至長沙始得其書。讀之,盡鄙淺言也,惟誼所引用爲美,餘無可者。吾意好事者僞爲其書,反用《鵩賦》以文飾之,非誼有取之,決也。太史公《伯夷列傳》稱:"賈子曰:貪夫殉財,列士殉名,夸者死權。"不稱《鶡冠子》。遷號爲博極群書,假令當時有其書,遷豈不見耶?假令真有《鶡冠子》書,亦必不取《鵩賦》以充入之者,何以知其然耶?曰:不類。(同上,《辨鶡冠子》)

### 《與呂道州溫論非國語書》

……嘗讀《國語》,病其文勝而言尨,好詭以反倫,其道舛逆。而學者以其文也，咸嗜悦焉，伏膺呻吟者，至比六經，則溺其文必信其實，是聖人之道翳也。余勇不自制，以當後世之訕怒，輒乃黜其不臧，救世之謬。凡爲六十七篇，命之曰《非國語》。既就，累日怏怏然不喜，以道之難明而習俗之不可變也，如其知我者果誰歟？凡今之及道者，果可知也已。後之來者，則吾未之見，其可忽耶？故思欲盡其瑕纇，以別白中正。度成吾書者，非化光而誰？輒令往一通，惟少留視役慮，以卒相之也。往時致用作《孟子評》，有韋詞者告余曰："吾以致用書示路子，路子曰：'善則善矣，然昔之爲書者，豈若是撫前人耶？'"韋子賢斯言也。余曰："致用之志以明道也。非以摭《孟子》，蓋求諸中而表乎世焉爾。"今余爲是書，非《左氏》尤甚。若二子者，固世之好言者也，而猶出乎是，況不及是者滋衆，則余之望乎世也愈狹矣！卒如之何？苟不悖於聖道，而有以啓明者之慮，則用是罪余者，雖累百世滋不憾而惡焉！……（同上，卷三十一，《與呂道州溫論非國語書》）

### 《與呂恭論墓中石書》

宗元白：元生至，得弟書，甚善，諸所稱道具之。元生又持部中廬父墓者所得石書，模其文示余，云若將聞於上，余故恐而疑焉。僕蚤好觀古書，家所蓄晉、魏時尺牘甚具；又二十年來，遍觀長安貴人好事者所蓄，殆無遺焉。以是善知書，雖未嘗見名氏，亦望而識其時也。又文章之形狀，古今特異。弟之精敏通達，夫豈不究於此！今視石文，署其年曰"永嘉"，其書則今田野人所作也。雖支離其字，猶不能近古。爲其"永"字等頗效王氏變法，皆永嘉所未有。辭尤鄙近，若今所謂律詩者，晉時蓋未嘗爲此聲。大謬妄矣！又言植松鳥擢之怪，而掘其土得石，尤不經，難信。或者得無姦爲之乎？且古之言"'葬者'藏也"，"壞樹之"而君子以爲議。況廬而居者，其足尚之哉？聖人有制度，有法令，過則爲辟。故立大中者不尚異，教人者欲其誠，是故惡夫飾且僞也。過制而不除喪，宜廬於庭；而矯於墓者，大中之罪人也。況又出怪物，詭神道，以奸大法，而因以爲利乎？夫僞孝以奸利，誠仁者不忍摘過，恐傷於教也。然使僞可爲而利可冒，則教益壞。若然者，勿與知焉可也，伏而不出之可也。以大夫之政良，而吾子贊焉，固無闕遺矣。作東郭，改市鄽，去比竹茨草之室，而垼土、大木、陶甄、梓匠之工備，蘖火不得作；化墮窳之俗，絕偷浮之源，而條桑、浴種、深耕、易耨之力用，寬繇、嗇貨、均賦之政起，其道美矣！於斯也，慮善善之過而莫之省，誠懇之道少損，故敢私言之。夫以淮、濟之清，有玷焉若秋毫，固不爲病；然而萬一離婁子眇然睨之，不若無者之快也。想默已其事，無出所置書，幸甚。宗元白。（《全唐文》五七四《與呂恭論墓中石書書》）

## 十二 李 漢

**《書》《禮》剔其僞**

文者,貫道之器也,不深於斯道,有至焉者不也?《易》繇《爻》象,《春秋》書事,《詩》咏歌,《書》《禮》剔其僞,皆深矣乎!(《昌黎先生集序》)

## 十三　張　籍

**師之賢者，其徒紀其師之説以爲書，若《孟子》是已**

古之學君臣父子之道必資於師，師之賢者，其徒數千人，或數百人。是以没則紀其師之説以爲書，若《孟子》者是已。傳者猶以孟子自論集其書，不云没後其徒爲之也。(《全唐文六百八十四·上韓昌黎第二書》)

# 十四　劉　肅

### 《藝文志》無河上公注，無子夏傳

開元初，左庶子劉子玄奏議，請廢鄭子《孝經》，依孔注；《老子》請停河上公注，行王弼注；《易傳》非子夏所造，請停。引今古爲證，文多不盡載。其略曰："今所行《孝經》，題曰鄭氏。爰在近古，皆云是鄭玄，而魏、晉之朝無有此説。後魏、北齊之代，立於學宫。蓋虜俗無識，故致斯謬。今驗《孝經》非鄭玄所注。河上公者，漢文帝時人，庵於河上，因以爲號。以所注《老子》授文帝，因衝空上天。此乃不經之鄙言，習俗之虚語。案《藝文志》，注《老子》有三家，而無河上公注，雖使才别朱紫，粗分菽麥，亦皆嗤其過謬，況有識者乎？《藝文志》，《易》有十三家，而無子夏傳。"子玄争論，頗有條貫，會蘇、宋文吏，拘於流俗，不能發明古義，竟排斥之。深爲識者所嘆。（《大唐新語》卷九）

### 《孝經注》與康成所注《五經》，體並不同

梁載言《十道志》解南城山引《後漢書》云："鄭玄遭黄巾之難，客於徐州。"今者有《孝經序》，相承云鄭氏所作。其序曰："僕避難南城山，棲遲巖石之下，念昔先人，余暇述夫子之志而注《孝經》。"蓋康成胤孫所作也。陸德明亦云："案鄭志及《晉中經簿》並無，唯晉穆帝集講《孝經》，云以鄭注爲主。"今驗《孝經注》，與康成所注五經體並不同。則劉子玄所證，信有徵矣。（《大唐新語》卷九）

### 襄陽處士王源撰《亢倉子》

道家有庚桑子者，代無其書，開元末，襄陽處士王源撰《亢倉子》兩卷以補之。序云："《莊子》謂之庚桑子，《史記》作亢桑子，《列子》作亢倉子，其實一也。"源又取《莊子·庚桑楚》一篇爲本，更取諸子文義相類者，合而成之。亦行於代。（同上）

## 十五　李　肇

**僞爲《庚桑子》者，其辭鄙俚**

天寶中，天下屢言聖祖見，因以四子列學官；故有僞爲《庚桑子》者，其辭鄙俚，非古人書。(《國史補·卷上》)

## 十六　皮日休

**《無項託》**

符朗著《符子》，言項託詆訾夫子之意者，以吾道將不勝於黃老。嗚呼！孔子門唯〔回〕稱少，故仲尼曰："顏氏之子，其殆庶幾乎！"又曰："賢哉回也。"嘆其道與己促，固不足夫蔽之也。如託之年，與回少遠矣！託之智，與回又遠矣！豈仲尼不稱之於時邪？夫四科之外有七十子，七十子外有三千之徒，其人也有一善，仲尼未嘗不稱之，豈於項氏獨掩其賢哉？必不然也。嗚呼！項氏之有無，亦如乎莊周稱盜跖、漁父也，墨子之稱墨尿、娟嬋也，豈足然哉！豈足然哉！（《全唐文》七九九《無項託》）

## 十七　司空圖

### 《疑經》

經曰："天王使來求金"，又曰："求車。"豈天王之使私有求於魯耶？不然，傳聞之誤耳。若諸侯之使來求金，則謂求可矣；若致天子之命，徵於諸侯，其可謂之求耶？且率土之人與其貨殖，皆一人之所有；父之材守於其子，則用否莫不恭命：其可謂之求乎？《春秋》之旨，尊君卑臣，豈聖人爲魯不爲周耶？書云"天王狩於河陽"，尚爲晉侯諱召天子，豈可不爲周諱其過哉？縱天子制用失節，多取於諸侯，而欲垂誡，即書於周史可矣；若書於諸侯之史，是悔吝其貨而侮王命也，王祭亦不供矣，必非聖人之文也。必若王人責其稽命，曷不書曰"天王使某責貢金"？倘以取金爲不文，曷不曰"天王使某來徵貢金"？亦譏在中矣。以是愚疑仲尼書"天王使來求金"，是使私自求而懲之也。不然，求與責文或相近，傳寫之誤焉。不爾，何子夏之徒不能措一言哉？舍此而譏訶，皆小小者耳。（《全唐文》卷八〇九《疑經》）

## 十八　韋承造

### 《釋武豹門記》

往之事不知者，多以故老之傳而實之，舛生於訛，以至大謬。至若正氣爲邪氣所偪，本非正氣也，蓋疑生於莫析，以逮於言思耳。愚咸通甲午歲孟春月十有七日，奉天子詔來牧茲郡之人，以武豹門爲祛邪禦魅之作也；其門北向，左畫白虎，執以蒼頭之手；右畫大豕，拒以雄武之威；門之東壁有刻石焉，乃故大光禄李公暨前牧是邦，爲文以解之，義與夫郡人之説不貳也。又曰："圖於寢室，怳怳焉疑有所壓，愈不知其所由來者矣。適有多才能之士胡（姓）承裕（名）爲愚釋之曰：'是州也，其宅東西廣，正北傾，後無乾地，南北嶮巇，林木森聳，水自北來，山勢崗阜，即是八難地，而武豹門正當九苦風，時俗以武豹爲辟邪。'"按韓王元嘉始創之旨，乃以五行所克，勝其災而滅之禍：武屬木，以木臨亥位，故以豕承之；寅主東方，故畫東垣；豹主西方，故志西壁；禦禍之風，制空之位，一其義也。今愚所築池北望月臺，池南釣絲臺，亘及此門，中架虹梁，正與韓之設色三獸，暗合其理也。愚故命筆書之，庶將釋惑表異，爲後君子信與不信耳。時乾符二年四月六日，絳州刺史韋承造記。（《全唐文》卷八二七《釋武豹門記》）

## 十九　道　世

### 《辨道經真僞表》

竊聞白馬東游，三藏創茲而起；青牛西逝，二篇自此而興；或闡元元以化民，或明空空而救物，檢之圖牒，指掌可知。所以發唱顯宗，終乎此世，釋教翻譯，時代炳然；文史備彰，黎民不惑。至如道家元籍，斯則不然。唯《老子》二篇，李聃親闡；自餘經制，皆雜凡情。何者？前漢王褒造《洞元經》，後漢張陵造《靈寶經》及《章醮》等二十四卷，吳葛孝先造《上清經》，晉世王浮造《化胡經》，又鮑靖造《三皇經》，齊朝陳顯明造《六十四真步虛經》，梁陶弘景造《太清經》及《衆醮儀》十卷，周武張賓之、焦子順、馬翼、李運挑攬佛經一千餘卷，隋輔惠祥改《涅槃經》爲《長安經》。《笑道論》曰："道家安注諸子三百五十卷爲道經。"又按漢明帝時，褚善信等總將道經、諸子書等三十七部七百四十四卷。晉葛洪《神仙傳》云："老教所有度世消災之法凡九百三十卷，符書等七十卷。"宋太始七年，陸修靜答明帝云："道家經書並藥方、符圖等一千二百二十八卷，云一千九十卷已行於世，一百三十八卷猶在天宮。又檢《元都目錄》，妄取《藝文志》書名，矯注八百八十四卷爲道經。"今《元都經目》云，依中陸氏所上之目，乃有六千三百六十三卷；云二千四十卷，見有其本；四千三百二十三卷，竝未見。據此前數目有無不同，虛妄明矣。增加卷目，添足篇章，依傍佛經，改頭換尾，或言名山唱出，或云仙洞飛來；何乃黃領獨知，英賢不覩，書史無聞，典籍不記？請問道士，後世之經，爲是老子別陳，爲是天尊更説？縱其説也，應有時方，師資，説處，代年邦月，復是如何？如其有據，容可流行；若也妄言，理須焚蕳。伏願當今明朝云云。（《全唐文》卷九一二《辨道經真僞表》）

## 二〇　成伯璵

### 《詩》大、小《序》子夏惟裁初句耳

序者，緒也，如繭絲之有緒，申其述作之意也，亦與義同。學者以《詩》大、小《序》皆子夏所作，未能無惑。如《關雎》之《序》，首尾相結，冠束二《南》，故昭明太子亦云：《大序》是子夏全制，編入《文選》。其衆餘篇之《小序》，子夏惟裁初句耳，至"也"字而止。"《葛覃》，后妃之本也""《鴻雁》，美宣王也"，如此之類是也。其下皆是大毛公自以詩中之意而繫其辭也。後人見《序》下有《注》，又曰東海衛宏所作。事雖兩存，未爲允當。當是鄭玄於《毛公傳》下即得稱箋；於毛公《序》末略而爲《注》耳。毛公作《傳》之日，漢興已亡其六篇，但據亡篇之《小序》，惟有一句，毛既不得詩體，無由得措其辭也。又，高子是戰國時人，在子夏之後；當子夏之世，祭皆有尸，靈星之尸，子夏無爲取引。一句之下，多是毛公，非子夏，明矣。（《毛詩指説》）

## 二一　邱光庭

### 《詩序》非毛作也

先儒言《詩序》並《小序》子夏所作，或曰：毛萇所作。明曰：非毛萇所作也。何以知之？按《鄭風·出其東門序》云："民人思保其室家。"經曰："縞衣綦巾，聊樂我員。"《毛傳》曰："願其室家得相樂也。"據此傳意，與《序》不同，自是又一取義也。何者？以有女如云者，皆男女相棄，不能保其室家，即縞衣綦巾，是作詩者之妻也。既不能保其妻，乃思念之言，願更得聊且與我爲樂也。如此，則與《序》合。今毛以"縞衣綦巾"爲他人之女，願爲室家，得與相樂。此與《序》意相遠，故知《序》非毛作也。此類實繁，不可具舉。或曰：既非毛作，毛爲《傳》之時何不解其序也？答曰：以《序》文明白，無煩解也。（《兼明書》）

## 二二　樂　史

### 《儀禮》有可疑者五

《儀禮》有可疑者五：漢儒傳授《曲臺雜記》，後馬融、鄭衆始傳《周官》，而《儀禮》未嘗以教授，一疑也。《周禮》缺《冬官》，求之千金不可得；使有《儀禮》全書，諸儒寧不獻之朝乎？班固《七略》，劉歆九種，並不著《儀禮》；魏、晉、梁、陳之間，是書始行：二疑也。《聘禮篇》所記賓行饗餼之物，禾米芻薪之數，籩豆簠簋之實，鈃壺鼎甕之列，考之《周官》掌客之說不同，三疑也。其中一篇《喪服》，蓋講師設問難以相解釋之辭，非周公之書，四疑也。《周官》所載，自王以下至公侯伯子男皆有其禮，而《儀禮》所謂《公食大夫禮》及《燕禮》，皆公與卿大夫之事，不及於王；其他篇所言，曰主人曰賓而已，似侯國之書：使周公當太平之時，豈不設天子之禮，五疑也。(《經義考》卷百三十引)

## 整理者附記

　　先父《唐人辨僞集語》，樸社 1936 年曾出版，香港太平書局亦曾於 1963 年重版。本次校訂，係據樸社本校訂整理，並做了一點小調整。在原書中目録中，原列有小標題，而書内則無，雖因其標有頁碼，指向明確，不致影響閲讀和使用，然已與現行出版規則不符。本次整理即將各小標題附在書内相應各段之前，使之明確。另，原書引劉知幾《史通》部分章節，本爲一整體長文，加入小標題後，全文分割，故對小標題加括號以示。特予説明。

# 目錄學四論

## 一　論目録之起源

目録之學，其傳久矣。然目録專書，究起於何時？其緣由何在？直至今日，猶未有定論；此非不可以論定也，特治目録學者，未能詳察之耳。自來論目録之起源者，約有數説，如：

（1）《隋書·經籍志》"簿録類"小序云："古者史官，既司典籍，蓋有目録，以爲綱紀；體制湮滅，不可復知。孔子删《書》，別爲之序，各陳作者所由。韓、毛二《詩》，亦皆相類。漢時劉向《別録》、劉歆《七略》，剖析條流，各有其部，推尋事跡，疑則古之制也。"

（2）《四庫總目提要》小序云："鄭玄有《三禮目録》一卷，此名所由昉也。"

（3）盧文弨《鐘山札記》云："《太史公自序》即《史記》之目録也。班固之《叙傳》，即《漢書》之目録也……古書目録，往往置於末，如《淮南》之《要略》，《法言》之十三篇《序》皆然。吾以爲《易》之《序卦傳》，非即六十四卦之目録歟？《史》《漢》諸序，殆昉於此。"

案此之説，《隋志》以爲古者史官蓋有目録，經傳無徵，未可憑信；《四庫提要》以爲目録之實，雖起於向、歆，而目録之名，昉於鄭玄，不知《文選注》引《別録》有《列子》目録（王康琚《反招隱詩》注），《七略》言"尚書有青絲編目録"（任彦升《爲范始興作求立太宰碑表》注），《提要》之説，實爲失考也。

《隋志》謂《詩》《書》之序，疑即古之目録，盧氏以謂《易》之《序卦》即六十四卦之目録，説並未諦。《詩序》《書序》作於何人？起於何時？迄無定説。《易》之《序卦》《傳》亦晚出於漢，戴東原《周易補注·後語》云：

> 昔儒相傳《説卦》三篇，與今文《大誓》同後出，《説卦》分之爲《序卦》《雜卦》，故三篇詞指，不類孔子之言，或經師所記孔門餘論，或別有傳述，博士集而讀之，遂一歸孔子，謂之《十翼》矣。

其説是也。吴承志《横陽札記》謂《荀子·大略》篇，《易》之"咸見夫婦"，夫婦之道，不可不正也，君臣、父子之本也，《漢書·藝文志》云，孔子爲《序卦》，原出於此。《淮南子·謬稱訓》：故《易》曰："《剝》之不可以遂盡也，故受之以《復》。"亦《序卦》文。案，今《序卦傳》云："有天地然後有萬物，有萬物然後有男女，有男女然後有夫婦，有夫婦然後有父子，有父子然後有君臣，有君臣然後有上下，有上下然後禮義有所錯。"與《荀子》文不同。《序卦傳》云："剝者剝也，物不可以終盡"，亦與《淮南》所引不同。此蓋襲取《荀》《淮》，非《荀子》《淮南》引用《序卦》。文句甚明。然則目錄之起，源未可以《詩序》《書序》當之也。

　　竊謂戰國以前，既無私家著述，晚周諸子之作，亦無所謂序目，則目錄之興起，固不能早於秦以前，此可有明證也。今傳世諸子書，疑爲其自序者，有《莊子·天下篇》，然《天下篇》是否莊子自作，直至今日，亦無定論；即令爲周所作，其不條列篇第，如《序卦傳》，至爲顯明。其前有管、商諸家，其後如荀、韓二子，凡所述作，並無自序。逮及秦漢，《呂氏春秋》有《序意》，《春秋繁露》有《俞序》，皆僅撮其旨意，而不條其篇目，其非目錄，亦甚易見。稍後《淮南子》之《要略》篇，此爲自序而兼有篇目者，一書之有序目，宜莫早於《淮南》。故其後《太史公書·自序》《揚子法言·後序》《漢書·叙傳》，諸書自序並用其體。劉歆《七略》沿用其名，此《七略》之所由命名爲略故也，雖然《淮南·要略》爲一書之序略，究非目錄專書之比也，其列舉群書而爲之錄者，則當以楊僕之《兵錄》爲最早。《漢書·兵書略》云：

　　　　漢興，張良、韓信序次兵法，凡百八十二家，刪取要用，定著三十五家。諸呂用事而盜取之，孝武時，軍政楊僕攟摭遺逸，紀奏《兵錄》，猶未能備。

　　《漢志》明言楊僕有紀奏之《兵錄》，則此錄當爲兵書之目錄，其體例或爲專記書目，或與"劉向校書，每一書已，向輒條其篇目，撮其旨意，錄而奏之"相若，特其時未有目錄之名，而僕之兵錄，又早失傳，後人不知"錄"即目錄，遂不能謂目錄之書起於楊僕，乃遠溯於古之史官，或推本於《詩》《書》之《序》，而其實不然也。近之論者或謂"楊僕始奏兵錄，向、歆校書，將以進御，故用僕舊例，一書校竟，輒撰一錄，隨書奏上，謂之'書錄'。""劉向奏上群書，皆'條其篇目，撮其旨意'，謂之'書錄'，而《漢志》云：'孝武時，軍政楊僕攟摭遺逸，紀奏兵錄'，'兵錄'者，兵書之錄，第其體例當與劉向書錄同，而不能知僕'兵錄'爲目錄專書之初祖，則囿於《周易·十翼》有序卦傳，《漢志》以爲孔氏爲之，其文見引於《荀子》《淮南》，淵源極古。……目錄之作，莫古於斯"之見，而不知《易》序卦傳本屬晚出，採撮《荀子》《淮南》，非見引於《荀子》《淮南》，不類孔子之言。且篇中僅序六十四卦，而不録彖、繫、十翼之名，尚不足以當一書之目録也。一書之目録，實始於《淮南》；群書之目録，實始於楊僕，劉向之《書録》《别録》，沿用楊僕《兵録》之名，此"目録"之名所由緣起也。

雖然，目録專書，始於楊僕，然《兵録》之體例，是否一如劉向"條其篇目，撮其旨意"，篇目之後，又爲叙録，則不可知。蓋僕記奏《兵録》，事則有之，是否校讎，則無明説；今日推論劉向校書，用僕舊例，則殊難臆定。此則又有待於目録名義之商榷矣。《論語》載'顔淵問仁'，孔子曰：'克己復禮爲仁'；顔淵曰：'請問其目'。目者，詳也。（《正義》："目者如人目，有所識别也。"）注言："條目者非止一目，當有細數，若木枝條也。"《春秋經》："桓二年，公會齊侯、陳侯、鄭伯於稷以成宋亂。"《公羊傳》曰："内大惡諱，此其目言之何？"目者，明也，（何注："目，見也。"）目以表示詳明，其後乃云：凡目，《中庸》曰"知凡之目"（原作"知風之自"，此依俞樾説）。《春秋傳》曰："前目而後凡也。"（僖五年《公羊傳》，《春秋繁露》云："目者，遍辨其事也；凡者，獨舉其大事也。"）其專指篇目次序，則在有目録書以後，《漢書·劉向傳》云："校中秘書各有條目。"《藝文志》云："向輒條其篇目。"

"録"之爲言猶記也。《禮記·檀弓》："愛之斯録之矣。"俞樾《兒笘録》云："録者，録之或體也。"《説文·録部》："録，刻木録録也。刻木必用金，故或從金。"隱公十年《公羊傳》："《春秋》録内而略外。"蓋古人文字，著在方策，故謂之"録"，即從刻木之義而引申之也。章炳麟《小學答問》云："凡言記録者，藉爲'刻木録録'之録。古者書契本刻木爲之也。""録"之本義因爲記也。"《春秋》録内而略外"（隱十年《公羊傳》）。目録者，詳明之記録也，篇目之記録也，故曰目録之書，成於記録。荀勖謂之《中經新簿》，王儉謂之《七志》，阮孝緒謂之《七録》，許善心謂之《七林》，《隋志》更名之曰《簿録》。固不必拘泥於"目謂篇目""録則合篇目與叙言之"，録者記録而已矣。"六略"之録者，"六略"之記也；"集録"之左者，集記於左也；"序録"者，序記也；"録目"者，記目也。楊僕之《兵録》，蓋兵書之記録，或專記書名不記篇目，或合書名篇目與叙並記録之，其體例或不同於劉向。《漢志》言："劉向校書，每一書已，向輒條其篇目，撮其旨意，録而奏之。"其所録，"兼篇目及旨意"，其不必用僕舊例，固亦甚明。然向雖不用僕舊例，僕所記奏之《兵録》，固目録專書之初祖也。只但云"録"，不云"目録"，則知目録之書，最初但謂之"録"，"目録"之名，固非其朔也。

近之論者或謂："'目'爲'篇目'，'録'則合篇目及叙言之，《漢志》

言：'劉向校書，每一書已，向輒條其篇目，撮其旨意，録而奏之。''旨意'即叙中所言一書之大意，故必有目有叙，乃得謂之'録'。'録'既兼包叙目，則舉録可以該目，故向奏上之篇目旨意，載在本書者謂之'録'，編集別行者謂之'別録'也。其所以又有'目録'之名者，因向之著録起於奉詔校書，當時古書多篇卷單行，各本多寡不一，向乃合中外之書，除其重複，定著若干篇，遂著其篇目，以防散佚，且以見定本之與舊不同，篇目之後又作《叙》一篇，發明其意，隨書奏上。因編校之始，本以篇目爲主，故舉目言之，謂之'目録'也。"又謂："向但自名爲'録'，實兼包篇目、旨意二者言之，楊僕所奏之《兵録》，其體亦當如此。及各從所重言之，有'目録''叙録'之名。録、目録、叙録；目，條其篇目；叙，撮其旨意。此亦足見目録之書，最初但名爲'録'，浸假而有'目録'之名，楊僕謂之爲'録'，向亦自名爲'録'，則僕書爲目録初祖，又甚明矣。"

然以"諸書所載向、歆之奏，亦或謂之'叙録'（《晏子》《説苑》《山海經》），蓋二名皆舉編該全，相互以見意耳，實則'録'當兼包叙目，班固之言甚明；其後沿襲用，以'録'之名專屬於'目'，於是有篇目而無'叙'者亦謂之'目録'，又久之而記書名不載篇目者，並冒'目録'之名"。此則未瞭於目録之命名本由於記録，名目之記録，詳明之記録，從其初祖言之，不必有目有叙乃得謂之'録'也。"目録之爲篇目，而非書名"，此則由目録之起源亦可以推見目録之名誼，更不必以"別録"之體例，爲釋目録之準則。

## 二　論目錄之功用

《漢志》言："劉向校經、傳、諸子、詩賦，……每一書已，向輒條其篇目，撮其旨意，錄而奏之。"《隋志》亦謂："漢時劉向《別錄》、劉歆《七略》，剖析條流，各有其部，推尋事跡，疑則古之制也。"目錄之書，非僅"條其篇目"，而兼"撮其旨意""推尋事跡""剖析條流"，則目錄之功用，非僅綜合群籍，類居部次，取便稽考，其可藉以考鏡源流，辨章學術，指示術徑，至爲明顯。唐毋煚《古今書錄·序》云：

> 夫經籍者，開物成務，垂教作程，聖哲之能事，帝王之達典。而去聖已久，開鑿遂多，苟不剖判條源，甄明科部，則先賢遺事，有卒代而不聞，大國經書，遂終年而空泯。使學者孤舟泳海，弱羽憑天，銜石填溟，倚杖追日，莫聞名目，豈詳家代？不亦勞乎！不亦弊乎！將使書千帙於掌眸，披萬函於年禩，覽錄而知旨，觀目而悉詞，經墳之精術盡探，賢哲之睿思咸識，不見古人之面，而見古人之心，以傳後來，不其愈已！（見《舊唐書·經籍志》）

唐智昇《開元釋教錄·序》亦曰：

> 夫目錄之興也，蓋所以別真偽，明是非，記人代之古今，標卷部之多少，撮拾遺漏，刪夷駢贅，欲使正教綸理，金言有緒，提綱舉要，歷然可觀也。

此所云：（1）別真偽；（2）明是非；（3）撮拾遺漏，刪夷駢贅；（4）提綱舉要，歷然可觀；（5）剖判條源；（6）甄明科部；（7）覽錄而知旨，觀目而悉詞。於目錄之功用，言之益詳。近人多舉章學誠《校讎通義》之言："校讎之義，蓋自劉向父子部次條別，將以辨章學術，考鏡源流，非深明於道術精微群言得失之故者，不足與此。"所謂"辯章學術，考鏡源流"，爲章氏獨得之秘，不知目錄之功用，昔人固夙已言之，非章氏獨創也。茲更就毋煚、智昇諸家之說，析爲十項，歷述於次：

一曰指示門徑。

王鳴盛《十七史商榷》云："目錄之學，學中第一緊要事，必從此問途，方能得其門而入。然此事非苦學精究，質之良師，未易明也。"張之洞《輶軒語·語學·第二》：“讀書宜有門徑。泛濫無歸，終身無得；得門而入，事半功倍。或經，或史，或詞章，或經濟，或天算地輿。經治何經，史治何史，經濟是何條，因類以求，各有專注。至於經注，孰爲師授之古學，孰爲無本之俗學。史傳，孰爲有法，孰爲失體，孰爲詳密，孰爲疏舛。詞章，孰爲正宗，孰爲旁門，尤宜抉擇分析，方不致誤用聰明。此事宜有師承，然師豈易得？書即師也。今爲諸生指一良師，將《四庫全書總目提要》讀一過，即略知學術門徑矣。”張之洞《書目答問·略例》云：“讀書不知要領，勞而無功。知某書宜讀而不得精校、精注本，事倍功半。”又《書目答問》史部譜錄類書目之屬末注云：“此類各書，爲讀一切經史子集之塗徑。”皆謂目錄之功用在指示門徑也。

二曰考鏡學術之源流。

鄭樵《通志·校讎略·編次必謹類例論》云：“類例既分，學術自明，以其先後本末俱在。觀圖譜者可以知圖譜之所始，觀名數者可以知名數之相承。讖緯之學盛於東都，音韵之書傳於江左，傳注起於漢、魏，義疏成於隋、唐。睹其書，可以知其學之源流。”乙亥（民國二十四年）之春，余考三國六朝經學，據《隋志》載“梁有《尚書義疏》四卷，晉樂安王友伊説撰，亡”；“又《毛詩釋義》十卷，謝沈撰”；“《毛詩草木蟲魚疏》二卷，烏程令吳郡陸璣撰”。更據黃逢元《補晉書·經籍志》引《晉書·文六王傳》：“樂安平王鑒……武帝踐阼，封樂安王。帝爲鑒及燕王機高選師友。”云：“伊説當即師友中明經者。”而論定“義疏起於晉代，疏名起於陸璣”（余謂鄭箋實即疏體，詳《師大月刊》第十八期《三國六朝經學上的幾個問題》一文，1934年）。又，“《漢志》著録《吳楚汝南歌詩》十五篇”，而於《詩賦略·序》云：“自孝武立樂府而采歌謠，於是有代、趙之謳，秦、楚之風，皆感於哀樂，緣事而發，亦可以觀風俗，知薄厚云。”由“代、趙之謳，秦、楚之風”列於《樂府》，可以覘《詩三百篇》之風詩本皆爲樂歌（説詳顧頡剛《論〈詩經〉所録全爲樂歌》）。以上三事，皆足證目録之利用，可以考鏡學術之源流也。

三曰考覘學術之興替。

梁阮孝緒《七録序》云：“劉氏之世，史書甚寡，附見《春秋》，誠得其例……《七略》詩賦，不從六藝詩部，蓋由其書既多，所以别爲一略。”此足以睹詩賦於周季、秦漢而日寖盛。《通考》云：“按：班孟堅《藝文志》，《七略》無史類，以《世本》以下諸書附於《六藝略·春秋》之後。蓋《春秋》即古史，而《春秋》之後，惟秦、漢之事，編帙不多，故不必特立史部。”此足以睹乙部之學於時尚未興也。愚按，東漢之世，雜史之屬，如《古今注·

靈、獻二帝紀》《漢末英雄記》；雜傳之屬，如《三輔決錄》《陳留耆舊傳》《豫章烈士傳》之類，史學一類著述繁多，此晉荀勖《中經新簿》，所以不得不變《七略》之成規，而別爲四部之創建，至宋元嘉十五年，乃更有"儒""玄""史""文"凡四學並建之議（見《宋書·隱逸傳》）。此亦《隋志》以前經學、史集之分，隸於甲乙丙丁四部也。又六朝之時，喪服之學，甚爲發達，《隋志》所列注釋喪服經傳之書，凡三四十種，絕後空前，盛極一時。亦足爲利用目錄，可以睹一代學術興替之一證。

四曰考見學術之是非。

孫德謙《漢書·藝文志舉例·辨章得失見後》論例云："《四庫提要》載著書，皆爲論列得失，所以示人知所去取也。然而《漢志》觀之，史體則異乎是，何也？提要者，專家目錄之書也；《漢志》於一書不過略述大旨，或僅記姓名，其辯章得失，則於後論中見之。如〈諸子略〉云：'儒家者流……及放者爲之'云云，皆辯章得失之大較也。此所謂得失，即明是非也。予謂《毛詩》之學，世人多以爲是，然《漢志》於詩家小序已云，'孔子純取周詩，上采殷，下取魯，凡三百五篇，遭秦而全者，以其諷誦，不獨在竹帛故也。漢興，魯申公爲詩訓故，而齊轅固、燕韓生皆爲之傳，或取《春秋》，采雜説，咸非其本義。與不得已，魯最爲近之。三家皆列於學官。又有毛公之學，自謂子夏所傳，而河間獻王好之，未得立。'據《志》所言，則知《毛詩》之學其傳授不可信，《毛詩》較之《三家詩》多六笙詩，與三百五篇亦不合，後世固可以執此以明《詩》四家之是非矣。《志》於其他諸家，多承劉歆之說，其言或不足取，然而此已可利用以窺見古文諸經非是矣。若《提要》之《總序》《小序》，論列是非更詳，此所以張孝達《輶軒語》以爲讀一過即"略"，便知學問門徑也。"

五曰考見書之之要指。

孫氏《漢志舉例》一書下挈大旨例云："藏書家編纂目錄於其書之爲宋爲元，或批或校，皆著明之；甚者篇頁之行款，收藏之圖記，亦纖塵無遺，至一書之宗旨，則不之辨也；蓋彼以典籍爲玩好之具而已。讀書家加以考據，斯固善矣，如晁公武《讀書志》、陳直齋《書錄解題》，每一書下，各有論說，使承學之士，藉以曉此書之得失，然即其宗旨如此，則猶未爲定評者也。若史家則何如？史家者，凡一類之中，是非異同，別爲議論以發明之，其於一書之下，則但挈大旨可耳。《漢志》：'《易》《古五子》……自甲子至壬子，說《易》陰陽》。'《春秋》家《世本》云：'古史官記黃帝以來迄春秋時諸侯大夫。'儒家《周政》云：'周時法度政教。'《周法》云：'法天地，立百官。'

《讕言》云：'陳人君法度。'公孫固云：'齊閔王失國，問之，固因爲陳古今成敗也。'小說家《周考》云：'考周事也。'青史子云：'古史官記事也。'班氏於《六略》中未必一一注明，而此數書者，欲知旨意何在，即可以得其大略矣。"此所舉諸書，今已多亡佚，《漢志》挈其要指，使後世得以窺見其崖略，此固言目錄學之功用者，所必不可忽者也。

　　六曰考辨一書之性質。

　　王應麟《漢書藝文志考證》引晁氏曰："《爾雅》小學之類，附《孝經》，非是。"此以《爾雅》附《孝經》爲非是也。《爾雅》本訓故之書，《漢志》列於《孝經》之屬。考臧庸《拜經日記》云："《公羊·宣十二年》注：'禮，天子造舟，諸侯維舟，大夫方舟，士特舟。'"《疏》云："釋水文也。"按何邵公引《爾雅·釋水》而稱《禮》，魏張揖《上廣雅表》以廣《爾雅》，秦叔孫通撰置《札記》，此蓋漢初之事，《大戴禮記》中，當有《爾雅》數篇，爲叔孫氏所取入。故班孟堅《白虎通》引《爾雅》釋"親"文，稱爲"親屬記"（原注：《三綱六紀篇》《禮親屬記》曰："男子先生稱兄，後生稱弟；女子先生爲姊，後生爲妹。"《孟子·席館》："甥於貳室。"趙注云："《禮記》，妻父母曰外舅，稱我舅者，吾謂之甥。"）。應仲援《風俗通·聲音篇》引《釋樂》："大簫謂之產，其中謂之仲，小者謂之箹。"爲《禮·樂記》。則《禮記》中之有《爾雅》，信矣。或疑《漢志》禮家不及叔孫通，張氏之言恐未得實，蓋未考之班氏諸書也（《大戴禮》有"爾雅"條）。陳壽祺《左海經辨》亦云"《爾雅》爲通所采，當在大小戴《記》中"（《大小戴禮記考》）。此不惟足見《爾雅》本《禮記》之一篇，《爾雅》本爲古文，無今古文之異，以足以見《禮記》所包孕者甚多，有《樂記》，有《爾雅》，禮之所及，亦何其雜也（參看梁啓超《要籍解題及其讀法》，合集本，頁九六）。

　　七曰考辨一書之真僞。

　　班固《漢書·東方朔傳》云；"朔之文辭，此二篇最善（按此二篇者謂《客難》及《非有先生論》也）。其餘《封泰山》《責和氏璧》及《皇太子生禖》《屏風》《殿上柏柱》《平樂觀賦獵》，八言、七言上下，《從公孫弘借車》，凡劉向所錄朔書具是矣（師古曰：劉向《別錄》所載）。世所傳他事皆非也。"（師古曰：謂如《東方朔別傳》及俗用五行時日之書，皆非實事也）。又《後漢書·張衡傳》云："初，光武善讖，及顯宗、肅宗因祖述焉。自中興之後，儒者爭學圖緯，兼復附以訞言。衡以圖緯虛妄，非聖人之法，乃上疏曰：臣聞聖人明審律曆以定吉凶，重之以卜。劉向父子領校秘書，閱定九流，亦無讖錄。（按，讖錄謂讖緯圖錄也）成、哀之後，乃始聞之……則知圖讖成於哀、平之際也。"此皆以《別錄》《七略》爲考古書真偽之準的也。降及清初，如姚際恒《古今僞書考》，考子夏《易傳》云"《漢書·藝文志》無"；閻若璩《尚書古文疏證》，考梅賾《古文尚書》云；《藝文志》……《楚元王傳》……一則曰得多十六篇，再則曰《逸書》十六篇是《古文尚書》篇數，之見於西漢者，如此也。……東晉元帝時豫章内史梅賾忽上《古文尚書》，增多二十五篇，無論其文辭格制，迥然不類，而只此篇數之不合，僞可知也。皆其例。

八曰考見一書之篇卷。

如邵懿辰《禮經通論》據《三禮目録》以論《禮》十七篇"當從大戴之次，本無闕佚"曰："而其證之尤爲明確而可指者，適合大戴十七篇之次序，按大戴《士冠禮》一，《昏禮》二，《士相見禮》三，《士喪禮》四，《既夕》五，《士虞禮》六，《特牲饋禮》七，《少牢饋食禮》八，《有司徹禮》九，《鄉飲酒禮》十，《鄉射禮》十一，《燕禮》十二，《大射儀》十三，《聘禮》十四，《公食大夫禮》十五，《覲禮》十六，《喪服》十七。是一、二、三篇，見昏也；四、五、六、七、八、九篇，喪祭也；十、十一、十二、十三篇，射鄉也；十四、十五、十六篇，朝聘也；而《喪服》之通乎上下者附焉。……大戴之次合乎《禮運》。疑自高堂生、后蒼以來，而聖門相傳篇序固已如此也。"此以大戴之次合於昏義"夫禮始於冠，本於昏，重於喪祭，尊於朝聘，和於鄉射"反《禮運》"冠、昏、喪、祭、射鄉、朝聘"之説，而論《禮》十七篇之次第，且以見其未闕佚也。近人楊樹達有《韓詩內傳未亡説》一文，謂"《隋志》《韓詩外傳》十卷。此十卷乃《漢志》內傳、四傳、及外傳六卷之合"，因以説明《韓詩內傳》未亡。此則篇卷之分合以見其未亡也。此所以謂目録之學其功用在考鏡源流，辨章學術也。

九曰考求書籍之存佚。

盧文弨云："《太史公自叙》，而《史記》之目録也。"《史記》一書，傳迄元、成時，已有闕佚。今《史記·三王世家》後，附褚先生補曰："臣……好覽觀太史公之列傳。傳中稱三王世家文辭可觀，求其世家終不能得。"《龜策列傳》褚先生補曰："竊好太史公之傳。……臣往來長安中，求《龜策列傳》不能得。"此因《史記》一書之目録而訪求篇卷之闕佚者也。此在近來，亦有其事。如"殿本《舊五代史》，輯自《永樂大典》，並非薛氏原書，然不敢謂原書必亡也。昔聞有人於殿本刊行後，曾見金承安四年南京路轉運司刊本，有謝在杭、許芳城藏印，甚以當時修史諸臣未見其書爲惜。又明末，福建連江陳氏世善堂、清初浙江餘姚黃氏二老閣，均有其書。"近影印《百納本二十四史》，亦曾多方購求，冀得原書。於所選用宋元舊本，以年代遼遠，不免殘缺者，亦曾公告訪求宋元舊刊諸史闕卷（詳見商務印書館《百納本二十四史》預約樣本），此近日之因目錄書以訪求闕佚者也。昔余譜顔習齋學，頗喜惲皋聞說，後至羊城，讀中大圖書書目，見有惲氏《大學正業》一書，此未見諸家稱引者，此亦可謂因目錄以訪求疑書闕佚之書也。

十曰考究書籍之版本。

張之洞《輶軒語·語學》云："善本之義有三：一足本。二精本。三舊本。""知某書宜讀而不得精校、精注本，事倍功半。"則書籍之版本亦宜加以講求。葉德輝《書林清話·卷一·古今藏書家紀板本》云："古人私家藏書，必自撰目錄。今世所傳，宋晁公武《郡齋讀書志》、陳振孫《直齋書錄解題》，是也。……無所謂異本重本也。自鏤板興，於是兼言版本，其例創於宋尤袤《遂初堂書目》，目中所錄，一書多至數本，有成都石經本、秘閣本、舊監本、京本、江西本、吉州本、杭本、舊杭本、嚴州本、越州本、湖北本、川本、川大字本、川小字本、高麗本，此類書以正經正史爲多，大約皆州郡公使庫本也。"清季之藏書家亦多好言版本，如莫友芝《邵亭知見傳本書目》，丁丙《八千卷樓書目》，邵位西《四庫全書簡明目錄標注》，收藏賞鑒，雖非藏書家之上乘，其可藉以考求一書之善本，固非利用此類目錄不爲功。抑有進者，則書肆之插架，與行坊間之書目，並當視爲目錄而即加以利用，果能如是，則不愧爲好學深思之士矣。

## 三　論書目之體例

　　簿録之學，所以辨章學術，考鏡源流，自會稽章氏明斯義以來，學者間夙已視爲定論矣。近今治圖書館之學者，雖多謂簿式之目録不如卡式者之利便，雖多謂目録目之用在於有無之稽核，然而對於類例之區分，典籍之記述，亦未嘗不以辨章學術爲極則，考鏡源流爲要務。蓋目録之功用，其多至十餘端，而所謂"即類求書，因書究學"者，實爲要圖；其必當以辨章學術，考鏡源流，懸爲職志，在此邇來之論著，猶可窺見略也。近今之從事於圖書館之業者，多感分類與編目爲二大難事，時賢之論，亦多以此二者爲説，且多就卡式目録立論，而於辨章學術，考鏡源流，比較尤有關係之書目之體例，則多弗甚厝意，竊謂此亦當略爲一言也。

　　雖然，將欲明於所謂書目之體例，則於所謂書目之類別，不可不先爲之區分。胡應麟曰："書之有目，體制雖同，評騭流品，實分三類：吳、尤諸氏，但録一官之藏者也（按唐吳兢《西齋書目》、宋尤袤《遂初堂書目》，但非官藏，此語有誤）；隋唐諸史，通志一代之有者也；古今書目，群書會要，並收結集之遺者也。"（《經籍會通》）龔自珍之言曰："目録之學，始劉子政氏，嗣是而降，有三支：一曰朝廷官簿，荀勖《中經簿》，宋《崇文總目》《館閣書目》，明《國史經籍志》是也；一曰私家著録，晁公武《郡齋讀書志》、陳振孫《直齋書録解題》以下皆是也；一曰史家著録，則《漢書·藝文志》《隋書·經籍志》以下皆是也。三者其例不同，頗相資爲用。"（上海《李氏藏書志叙》）孫德謙之言曰："目録之學，有藏書家焉，有讀書家焉……今觀於班《志》，則知又有史家也。"（《漢書藝文志舉例》）張爾田《序》説略同龔自珍。此數説者，類别目録，約爲三支，或以官私與史爲例判，或以藏書讀書爲衡，然所謂史家者，不爲官則爲私，而所謂藏書之家，亦非盡不讀書也。此其分類，蓋據撰録之人，以爲準的，然未據依也。

　　《四庫總目·目録類》小序曰："其有解題……今所傳者，以《崇文總目》爲古，晁公武、趙希弁、陳振孫並準爲撰述之式，惟鄭樵作《通志藝文略》，始無所詮譯……自是以後，遂兩體並行。"（龔自珍説略同）葉德輝之言曰："凡目録家派别：或專記宋元舊本，如《欽定天禄琳琅》，錢遵王《讀書敏求記》，張金吾《愛日精廬藏書志》，黄蕘翁《士禮居題跋記》之類是也；或以四部分列，録爲一編，如葉文莊《菉竹堂書目》，黄俞邰《千頃堂書目》，倪迂存《江上雲林閣書目》之類是也；或自成著作，損益劉、班，如孫淵如《祠堂書目》，近張孝達制軍《書目答問》之類是也。"（趙晉齋《竹崦傳鈔書目序》）近之論者，則謂："目録之書，蓋有三類：一部類之後有小序，書名之下有解題者。一有小序而無解題者。一小序解題並無，祇著書名者。""屬於第一類，即有小序無解題之書目，見存者如晁、陳書目：《通考·經籍考》、《四庫提要》小類是也。""屬於第二類者，即有小序無解題之書目，見存者如漢、隋《志》之類是也。""屬於第三類者，即無小序解題之書目，見存者如《通志·藝文略》、遂初堂及各家藏書目皆是也。"此數説者，或以類例之損益，或以解題之有無，以區分書目之類別。今案："解題之有無，不過體例之殊，實不足以定目録之稱類。"且解題之有無，亦難截然判別。即如漢、隋二《志》，望之似無解題。孫詒讓《溫州經籍志叙例》曰："中壘校書，是有《別録》，釋名辨類，厥體綦詳。後世公私書録，率有題解。自汔宋之《崇文》，遝熙朝之《四庫》，目誦所及，殆數十家，大都繁簡攸殊，而軌轍不異。"籀顧之以"公私書録，率有解題""目送所及，殆數十家"；則所謂有解題者，固不拘限於晁、陳書目之類，即漢、隋二《志》，亦可謂之有解題。特其語甚簡略耳。《漢志》於一書下，或略述大旨，或僅記姓名；於《易》家古五子下云："自甲子至壬子，説《易》陰陽。"《春秋》家《世本》云："古史官記黄帝以來訖春秋時諸侯大夫。"儒家《周政》云："周時法度政教。"《周法》云："法天地，立百官。"《讕言》云："陳人君法度。"公孫固云："齊閔王失國，問之，固因爲陳古今成敗也。"《樂》家《雅琴師氏》云："傳言師曠後。"《論語·魯王駿説》云："王吉子。"儒家《漆彫子》云："仲尼弟子漆雕啓後。"《芊子》云："七十子之後。"此其所述，與所謂解題者，所以考一人之源流，述作者之宗旨，其實相若，誠所謂"繁簡攸殊，而軌轍不異"也，且如陳氏《書録解題》，於《吕氏家塾記》下云："侍講吕希哲原明撰。"《鄂國金佗粹編》下云："岳珂撰。"（並傳記類）《廣川書跋》下云："董逌撰。"（譜牒類）《經學理窟》下云："張載撰。"（行家類）陳氏所謂之解題，亦但録作者之姓氏，以視班氏略述大旨，目有弗能逮焉者，此孫氏所以謂後世"公私書録，率有解題"，"如漢、隋二《志》者，即謂之有解題，亦無不可也。"（近劉咸炘亦謂目録："諸類亦皆有解題。"）然則據解題之有無以判目録之類別，實未見其可也。（《新唐志》所謂無題解者，然如《尚書正義》等書，亦解釋甚詳）且嘗察之，如晁、陳書目，《通考·經籍考》《四庫提要》，諸書體例亦不盡同；晁書只有總序而無小序，陳書間有小序而無總序，《通考經籍考》小序不全有，《四庫》則總序與小序並有，亦未可以等視齊觀。是則執體制之殊異，以判辨目錄之類別，實尤有待於商略也。

周貞亮、李之鼎《書目舉要》析書目爲十一類，曰："部錄之屬，編目之屬，補志之屬，題跋之屬，考訂之屬，校補之屬，引書之屬，版刻之屬，未刻書之屬，藏書約之屬，釋道目之屬。"陳鐘凡則益以自著書之屬爲十二。邵瑞彭《書目長編》則析爲貯藏、史乘、徵存、評論四類。周、李之説，既不以藏棄與否爲別，亦不以總專之分爲判，部類與編目二者頗嫌相濫，考訂藏書約之屬亦非書目，雖其列類較詳，實未可爲準的。邵氏之書，既"未能博訪周咨，僅雜抄諸目，毫無定則，而又編次失當，收之過濫"（北平圖書館館刊評語）。強立名目，甚多訛謬，已夙見抨彈，茲可勿論已。

邇來論目錄之類別者，或析爲總目、專門目錄、雜目錄三類，或析爲史家書目、學術書目、引用書目、書目之書目、版刻書目、書目考訂、書目解題、毀闕書目八類，或析爲一書之目錄、群書的目錄、私人藏書家的目錄、公共圖書館的目錄、史書的目錄、方志的目錄、考訂家的目錄、彙刻本的目錄、爲特種編之目錄、鑒賞家的書目十類，或析爲總目、藏目、專目、選目四類。外此尚有以意分者，或無甚定準，或其實相淆亂，其説之較善者當以劉國鈞《圖書目錄略説》之於目錄之分類。其言曰："目錄亦有二類。就一人一地之所藏，撮錄其名目，以便於稽核有無者，若諸家藏書目，此一類也。泛錄書籍，不拘於是否爲一人一地之所藏，具範圍不一，或泛錄一切，或加以選擇，或僅錄某類，其體裁不一，或僅撮其名目，或考其歷史，究其版本，其目的在使人知大地間果有如是之一書，殆近於爲書作傳，此又一類也。"（《圖書館學季刊》二卷二期）竊謂目錄之類別，實當以藏棄與著錄爲準。藏棄之目，可以公藏私藏爲別，亦可再爲種類之分（如以編纂形態與排列順序分）。著錄之目，則當先爲總專之別，而再詳爲種類之分，而所謂專門之目，更可以著錄之殊異，特爲詳細分之，不使彼此雜廁，如以學術、文字、刊刻、裝訂、字體、圖解分者，而學術之部門極繁，文字亦有時地之異，刊刻有人代區域之分，裝訂有大小殘缺之別，字體圖解，其類非一，皆可詳細分之，而難以域限定。要之，藏棄之目，既限於所藏矣，其所謂之總目，實不能爲總目，其所謂之專目，亦未必真專目，著錄之目，既不屬於著錄矣，則事雖出於公，其成或在於私，且有公私之判，界畫甚難言者，故不如以藏否爲判，轉可其情實爲愈也。

目錄類別，實不外著錄與藏棄二者，則其體例，亦可言矣。藏棄之目，如爲公家之藏，如圖書館所藏，則謀便於稽核有無，出納迅速，自有分類編目諸法，其體例如何，時賢論之亦甚詳，茲可勿贅。如爲私家之藏，則其目錄之體例，實存乎編訂之人。昔《洪北江詩話》論藏書家有數等，曰："考訂家……校讎家……收藏家……賞鑒家……掠販家"；繆荃孫《古學彙刊序》則分藏書家爲兩派，曰："賞鑒家……收藏家"；葉德輝《書林清話》以謂私家藏書，或自撰目錄，或兼言版本；而於洪氏之説，則謂考訂校讎，是一是二，而可統名之著述家。綜合諸家之説，以論私藏之目，實唯記述、鑒賞、收藏三者。私家藏書，於古固有以辨章學術，考鏡源流爲志者；然私家之藏，網羅不必罄盡，奇秘不必並搜，欲其於一家之私藏，考鏡源流，辨章學術，其勢蓋必有所不能。故藏家之目，每多無解題，即其流品之高者，亦但能略記版本；故如錢遵王之《讀書敏求記》，所謂匭置篋中，視爲鴻寶者，而彭元瑞謂其"書中並無考證，間有舛誤。每拳拳於版本、鈔法，乃骨董家氣習。朱墨評閲者更陋，徒作狂語耳"（《知聖道齋讀書跋》）。故知藏家之目，雖其體例甚善，亦未見其果能辨章學術，考鏡源流；則其體例若何，固可置勿論也。

今茲所欲言者，則著録之目之體例也。今之説者，多謂"目録之體例制，大要有三：一曰篇目，所以考一書之源流。二曰叙録（即題解），所以考一人之源流。三曰小序，所以考一家源流。三者相爲出入，皆所以辨章學術者也。三者不備，則其功效不全"。余案其説，實有未盡。嘗試察之，漢、隋二《志》，實具六者：一曰序例，二曰總序，三曰小序，四曰名目（書名、篇目、卷數），五曰解題，六曰總結。而《四庫總目》，於六者外，復益以附注、案語，蓋其組織之成分，實已備具七者也。今開爲四分，分述於下：

（一）例序　序例之稱，雖始見於劉、班以後，然漢、隋二《志》實已有之。《漢書·藝文志》自"昔仲尼没而微言絶"至"今删其要以備篇籍"；《隋書·經籍志》自"夫經籍也者"至"故列之於此志云"，舊所謂二《志》之序者（姚明輝："《漢書·藝文志》注解謂之總序，或又謂之大序。"）。實則其全篇之序例也。《漢志》之序，明其攝取《七略》，以爲斯篇；《隋書·經籍志》之序，謂其"今考見存，分爲四部"；皆以序取材之由來，定全篇之體例，非僅述典籍之源流，學述之興替也。雖名爲序，實爲例。王儉《七志》："九篇體例，編乎首卷"，善心《七林》"各爲總叙，冠於篇首"，或爲劉歆輯略之類，而有班《志》叙例之體；若阮氏《七録》，其序文猶存，則雖亦名爲序，實所以定全書凡例者矣。《隋書·經籍志》以後，作者彌繁，大抵並有前序，以發凡而起其較著者，如《崇文總目》之有《序録》一卷，《館閣書目》之有《序例》一卷，《四庫總目提要》首列《凡例二十則》，近人書畫、書録、解題更著《序例》六十餘則，皆所以上規劉、班之遺意，而亦以略定全書之綱領；雖其名稱或有不同，或其繁簡相去甚遠，夷考其實，蓋無差異。如以後來爲《序例》，而漢、隋二《志》非序例，則非是矣。凡例之作，雖他書亦應有，而簿目之爲體，或著錄一國一代之述作，或專載一科一類之典籍，則全書之首，宜冠以《序例》，竊謂此尤著錄之目之所必當有者也。

（二）總序、小序 《四庫總目凡例》："四部之首，各冠以總序，撮述其源流正變，以挈綱領；四十三類之首，亦各冠以小序，詳述其分並改隸，以析條目。"總序、小序之分，《四庫》言之甚晰，實則亦上規漢、隋二《志》而然也。《漢志》於每類之後有"小序"，而於每略之後復有"總序"；《隋志》亦然，特《四庫》移之於前耳。（孫氏《漢書藝文志舉例》謂爲後論總論，未免失之過泥）章實齋《校讎通義》曰："《漢志》分藝文爲六略，每略又各別爲數種，每種始叙列爲諸家，猶如《太玄》之經，方州部家，大綱細目，互相維繫，法至善也。每略各有總叙，論辨流別，義至詳也。惟《詩賦》一略，區爲五種，而每種之後，更無叙論，不知劉、班之所遺耶？抑流傳之脫簡耶？"（《漢志·詩賦第十五》）金門詔《補三史藝文志序》曰："唐興，長孫無忌等奉敕撰《隋書》，綴輯藝文，更名《經籍》，所云遠覽馬《史》、班《書》，近觀王、阮《志》《錄》，約文緒義，凡五十五篇，各列小序於本條之下，……條理森然，義既精密，……依類參稽，展卷瞭如，邁《漢志》多矣。"章氏謂《漢志》總序論辨流別，其義至詳；金氏謂《隋志》小序依類參稽，展卷瞭如；總序、小序，皆所以辨章學術，考鏡流源者。而《四庫》以總撮述其源流正變，漢、隋二《志》之論辨流別亦在"總序"，是則"總序"之功用，實較"小序"爲尤要。蓋"小序"只是以述一家一類之源流，而"總序"可用以叙一部一門之源流，其範圍有廣狹之異，其功用自不相侔也。孫德謙《漢書藝文志舉例》曰："班《志》於一類後，既作後論以究學術之得失矣，其於一略中再用總論者，蓋後論只及一家，總論則包舉全體也。《六藝略》云：'五者，蓋五常之道，相須而備，而《易》爲之原。'《諸子略》云：'合其要歸，亦六經之支與流裔。'一則明《易》爲六藝之原，一則明諸子之學其要皆本於六經。是其一家之中有不能言者，故復作總論以發揮之。""總序"之要，甚於"小序"，睹孫氏此說，亦可以知之矣。"總序"之中，撮述源流，推陳利病，可以使學者"覽錄而知旨，觀目而悉詞"，如有"小序"而無"總序"，必至於徒見其細，不見其大，亦甚失所以論辨流別之本意矣。且"小序"之中，於一類著述，可以叙論其得失，推究其正變，指陳其綱領，而示從學以途徑，固不止於考一家一類之源流；而"總序"之中，當因其會通，且以明其嬗變之由來，風氣之移易，時勢之影響，將來之趨勢，亦不止於叙一部一門之流源；如於每類每部之首，各有極簡明之叙述，如近之所謂大綱者，既以示扼要諸端，亦以見門徑所存，使開卷不至茫然，而精神有所奮發，竊謂於古雖斯例，而今亦當創設之也。會稽章氏有云："校書之人……必取專門名家。"如以專門之學，作爲專門書目，而不詳厥源流，兼以指示塗徑，是謂考鏡辨章云者，不惟非著録家之事，且非專門家之事矣。苟明於此，則知著録之目，實當冠以叙説，而總序之用，有甚於小序，必其體例兼具二者，乃盡善也。

（三）名目、解題 名目之體，如書名之當詳爲並列，篇目卷數之當從實記載，凡此之類，可勿贅論。解題之體，大要不外四者：一曰撰人傳略。凡其姓氏、里居、生平事跡，固當略爲之傳，尤當詳其生卒，説其性情，述其遭遇，明其師承，其軼聞瑣事，亦或加采録；其本有傳者擇録之，其本無傳者補作之，其有疑似者表明之，其有訛誤者辨訂之。二曰本書綱要。則當首列著作之時地，刊行之年月，其顯明者固當可以録入，其難考者亦當詳爲推定。其次則述全書之篇章，而略挈其綱領，使未讀書而僅見目者，亦可知其要概。其次則略述撰人之其他著述，以見其與本書之關係，如有其書或出於依託，則尤當詳舉例證而依述之。三曰板刻異同，則當記刊刻之後先，而或詳列其異同，以見兩本之得失，而省讀者之精力。如葉德輝《郋園讀書志》謂《書目答問》："有初刻本、再刻本。再刻之後，又有剜改本。此本是也。再刻校初刻，正目删去二十餘種，增入百餘種；小注删去三數種，增入六十餘種。"但云别有校記，而不詳爲開列，使欲知其究竟者，必耗無謂之精力，則非所以便學者也（藏家之目，尤當詳列刊刻文字異同）。四曰考目得失，則或擇録他人之題跋，或自著論以略評述之，此則學非專門，自不易於爲力。要之，神而明之，固存乎其人矣。邇來編目法，猶多主於詳列（以編書志之法編目，所謂書志體之書目）。公藏之目，猶且如是，若著録之目者，實可假以時日，其當詳列，則可知也。

（四）總結、附注、案語 所謂總結者，《漢志》已有之，孫氏《舉例》亦已言之。總結之用，便於統計，此在今世，尤不可廢。附注、案語，亦非《四庫》之創，而《四庫》始多用之，蓋叙述既詳，自當有此也。其編制之法，則未可拘定。今欲更加詳明，則又當附以圖表（如版本源流表，異文校勘表，書影等類）、索引之類（此本當列附録；又爲一體，兹姑略附説於此），不可以辟難而就易也。

凡此七者，以視公私藏目之但列名目（編目法所謂之書名卷數）、解題（編目法所謂之著者版本稽核附注各項），其體例實懸殊。蓋此無分類法，故必有所謂叙例；而總序、小序、總結、按語之屬，或以攎述源流，或以提出綱領，或以便於統計，或以用於補叙，兩者之爲用不同，故其體例亦相異，非此故爲詳也。《四庫提要》兼具七者，故其類例雖不盡善，而其體例實較完備，故繆藝風《善本書室藏書志·序》曰："《四庫提要》實集古今之大成。"近人張森楷《貰園書庫目録輯略》亦曰："《四庫》書目，遂集其大成焉。目録之學，儼然名家，後有作者，弗可及已！"《四庫》雖集大成，然其全書體例，實亦遠襲劉、班，其所增者甚少，此又言目録之學者所不可或忽也。

以上所述，多就著録之目立言，且多就學術書目言，良以"在一切目録之中，大規模之總目録，甚少透澈，詳細，正確，能令人視爲滿意者。其所記載，多不足據，不可以謂通用之圖書指南"，且"學者之所需，多爲其所研究之學術之分類目録，學者之於目録，……多以爲檢查圖書之内容之指南"（以上略用 Feiguion《目録學概論》説）；是則學術書目爲切要也。且學術書目之著録，於推比次序，得有詳細之説明，每書内容，得有忠實之介紹，或著論學術源流，或專研一科一義，或論某科之沿革，或便之學，所以辨章學術，考鏡源流，固非誣也。近今吾國國家書目雖未聞有纂修，而學術書目則頗從事者，竊謂其範圍當勿求其廣（經則當專一經，子則當專一子），而其叙述當極求其詳，不惟宜具篇目、解題、小序三體，而實當備具《四庫》所有之七者，且附以圖表、索引之類，則庶幾乎可以令人覽録而知旨，觀目而悉詞矣。

原發表於北平圖書館《圖書季刊》二卷三期，1935年

# 四　論

（闕佚）

# 王船山學譜

# 自　序

　　明統絶祶，清以異族入主中國，當時學者，咸以神州淪亡之禍，由晚明學術空疏之故，亭林、梨洲、二曲持論皆如是也。其攻擊宋明理學尤力者，在南則有潘用微，在北則有顔習齋。用微直以宋明"理氣之説，始於老莊""非吾聖人之旨"（《求仁録》卷二），故倡求仁之説以矯之。習齋則以讀書静坐，"不啻砒霜、鴆羽"（《〈朱子語類〉評》），"誤人才，敗天下"（《年譜·卷下》），故倡習行之説以矯之。其實諸儒所論，皆立尠而破多，其能自創一説以代之者，則惟有王船山一人而已。

　　船山深惡陸、王之學竊佛、老虚無之旨，貽害於天下國家，乃倡實有生動之論，以破虚無寂静之旨。其言曰："盡天地只是個誠"，而其所謂誠者，則"實有"也。宇宙之起源，本爲實有；宇宙之本體，亦爲實有。物生於有，不生於無。而太虚本動，至誠無息，天地之德，生生不已。於是更發爲天地之化日新，物質不滅諸説。實有生動之論立，則虚無寂静之旨自破。此其立言已有過於黄、顧諸儒而無不及矣。

　　清儒治學，咸趨好古，此種風氣，漸染益甚。惟船山則以爲不當"泥古過高，而菲薄方今""古不可以有，而今可有之"。故其論封建、井田、學校諸制度，則以"郡縣之天下有利""井田之制，湮没無考"，書院制度，可使"教移於下"。其異於清儒之泥古，有如此者。其謂"人欲之大公，即天理之至正"，直下與戴東原所持者相合；其提倡民族主義，言論亦至激烈，皆有足多者。

　　亭林主張以經學代理學，梨洲亦稱與人"約爲讀書窮經"，然於經學上之著述，實遠弗逮船山之宏富。船山諸經稗疏、考異之作，講求名物訓詁校勘之學；其治經之塗術，直與戴、段諸家相若；其持論之允確，且有後儒所弗能及者。則其學術之精卓，亦可知矣。

　　然自船山之殁，迄今二百餘載，表微顯幽者雖亦有人，而其學實未大白於世。如所云："盡天地只是個誠，盡聖賢學問只是個思"，"太虚一實""器道相須""太虛本動","道自然也"諸旨，仍尠有注意及之者，故其思想體系亦未大明。則船山之學，尚有待於研稽也。

比年以來，執教北平，所任課程，適有"清代思想"一門；船山之學，又所夙好；因感於未有一書綜述其生平、學術、著述、師友者，乃撰爲斯編，以供學子之參閱。博雅君子，匡其不逮，所甚幸焉。

民國二十六年三月三日　張西堂謹序

# 例　言

（一）船山先生當明末清初之際，刻苦似二曲，貞晦過夏峰，多聞博學，志節皎然，方之梨洲、亭林，實有過之而無不及；論者謂爲周子以後，一人而已！顧自來未有一書綜述先生之生平、學術、著述、師友者。兹編之作，分爲傳纂、學述、著述考、師友記，以詳確之考訂，爲系統之叙述，借以介紹於世之欲知先生之學者。

（二）兹編《傳纂》採輯先生子敔所爲《薑齋公行述》（省稱《行述》），潘宗洛《船山先生傳》（省稱《潘傳》），《國史儒林傳稿》（並見曾刻本、排印本遺書卷首），《湖南通志·列傳》，《衡州府志·列傳》（亦見舊刻本遺書卷首），余廷燦《船山先生傳》（《存吾文稿卷四·碑傳集卷一三〇》、《耆獻類徵初編卷四〇三》，省稱《余傳》），唐鑒《國朝學案小識》（卷三，《耆獻類徵初編卷四〇三》，省稱《唐案》），鄧顯鶴《船山著述目録》（曾刻本、排印本遺書卷首《耆獻類徵初編卷四〇三》，省稱《鄧録》），《沅湘耆舊集小傳》（卷三三），劉毓崧《王船山年譜》（省稱《劉譜》），王之春《船山公年譜》（省稱《王譜》），及劉繼莊《廣陽雜記》（卷二，省稱《劉記》），錢林《文獻徵存録》（卷六，省稱《錢録》），徐鼒《小腆紀傳》（卷五三），李元度《國朝先正事略》（卷二七，省稱《李略》），《清史稿·儒林傳》（卷四八六，省稱《清傳》）各書所述先生之事跡，編纂而成。注明各句來歷，並加引句符號，以資徵信，並見原文。更附《年表》，以備參閲。竊謂用此種方法，以纂輯前人傳記，雖覺困難，似較忠實。

（三）兹編《學術》於先生之思想、淵源、背景、體系、特點，並加注意。如先生云："盡天地只是個誠"，而解釋"誠"爲"實有"，即本實有之義，述其宇宙論；如先生論脩爲之方法，其本在盡性，即從盡心知性，述其脩爲論。既有所本，庶稍獲真，以本經證本經之法，固可用之於述學也。

（四）兹編《著述考》於先生之著述，《年譜》未注明成於何時者，亦就其成書先後，略加以考訂推闡，庶於先生思想變遷之跡，及其治學經歷，更稍明瞭。版本方面，亦就所知見者，一一注明。末附關於研究先生生平學術之參考書，以便參稽。

（五）兹編《師友記》採取羅正鈞《船山師友記》，加以考訂，編纂而成。《羅記》所未獲見之《搔首問》，其中述及之師友，兹亦加以甄錄；於較有關係之方以智等，更就《通雅》諸書，證明其思想之有相合者。其不甚重要者，則僅列姓氏，以免於繁冗。

（六）船山先生著述宏富，兹編所述，提要鈎玄，雖不過十萬言，大體固已具見。罣漏之處，自亦不免；補苴之功，請俟異日。

# 一　傳纂

生於明萬曆四十七年，卒於清康熙三十一年（1619—1692）。

王船山先生，"諱夫之，字而農，別號薑齋"（《行述》），"一號賣薑翁"（《王譜》）。"中歲稱一壺道人，更名壺"（《行述》），"一號一瓠道人，或一瓠先生，或瓠道人，一號雙髻外史，或檮杌外史"（《王譜》）。"晚歲仍用舊名，居於湘西蒸左之石船山，自爲之記"（《行述》），"稱船山老人，或船山老農，或船山遺老，船山病叟，學者稱船山先生"（《王譜》）。"所評選有《漢魏六朝詩》一帙，《四唐詩》一帙，《古文》一帙，《緒論》一帙，皆駁時尚而辨僞體，名曰'夕堂永日'，人士之贈答者，又稱'夕堂先生'焉"（《行述》）。"其先世本揚州之高郵人，明永樂初，官衡州衛，遂爲衡州之衡陽人。世以軍功顯"（《潘傳》）。

"父徵君公諱朝聘，萬曆乙卯辛酉兩中副榜。字逸生，一字修侯"（《王譜》）。"性篤孝友，衡守李公肅嘉其行，爲表其父塋以旌之。少從伍學父先生游；學父諱定相，一字玉鉉，衡州人。與李若愚、魏説爲文字友。游講席，得二王、羅、李之要，博綜天文、地紀、人官、物曲、兵、農、水利之學，皆淹貫"（《劉記》）。"修侯先生既得其學，已而走安成、亭州以廣其識力，比歸而鄒東廓、泗山先生講學於南岳，遂受業焉。"（《劉記》）"以真知實踐爲學，謂武夷爲朱子會心之地，志游焉，以顔書室，學者稱武夷先生"（《王譜》）。"母譚孺人"（行述）。"兄弟三人，長兄介之，字石子，一字石崖，號耐園。""次兄參之，字立三，一字叔稽，號硜齋。"（《王譜》）"先生即武夷公之季子也。"（《潘傳》）

先生"生於萬曆四十七年己未九月初一日子時"（《行述》），"少負俊才"（《余傳》），"穎悟過人，讀書十行俱下，一字不遺。"（《潘傳》）"七歲而畢十三經。"（《王譜》）"年十四，督學王聞修先生志堅拔入學，其後寧波水向若先生佳胤、昆山王澄川先生永祚皆鑒識首拔。"（《行述》）"十六而學韵語，閲古今人所作詩不下十萬。"（《夕堂永日緒論·序》）。"自少喜從人間問四方事，至於江山險要，士馬食貨，典制沿革，皆極意研究。"（《行述》）

"年二十四,與兄介之同應崇禎壬午科湖廣鄉試,俱獲雋焉"(《潘傳》)。先生"以《春秋》魁","大主考爲太史吉水郭公之祥,副主考諫議大興孫公承澤,房師則安福歐陽方然先生介也。華亭章公曠,江門蔡公道憲是科俱爲分考。時國勢漸不可支,出場後,遂引爲知己,以志節相砥礪"(《行述》)。是年十一月,先生與兄介之"同赴公車北上"(《王譜》),"至南昌,道梗,歐陽先生諭以歸養。"(《行述》)

"越明年癸未,流賊張獻忠陷衡州;紳士降者,以僞官官之,不降者縛而投諸湘水。先生走匿南岳雙髻峰下,賊執質其父以招之。先生自刺肢體創甚"(《潘傳》),"傅以毒藥,舁至賊所,賊不能屈。"(《行述》)"亦免之,父子俱得脫,復走匿雙髻峰下,築室名續夢庵,聊蔽風雨。"(《潘傳》)"甲申五月,聞北都之變,數日不食,作《悲憤詩》一百韵,吟已輒哭,自乙酉丙戌至壬寅,同原韵凡四續焉。乙酉以還,走入永興,將入瑤洞,以徵君病不能往。明年丙戌",(《行述》)"明藩有稱隆武年號者,使其督師何騰蛟屯兵湖南,制相堵胤錫屯湖北,楚省兵燹塞野,加以大旱,赤地千里。而逆闖李自成既斃於九宫山,餘黨降者,號爲'忠貞營',蹂躪潛、漢,有炭業之勢;堵、何兩公措置無術,而又不相能,先生憂其將敗,亟走湘陰,上書於司馬章曠,指畫兵食,請調和南北,以防潰變。章司馬報曰:'本無異同,不必過慮。'先生默而退。卒之,賊勢猖獗,司馬以憂憤卒,堵、何兩公遘閔凶,而勢不可爲矣。"(《潘傳》)是年先生二十八歲,始有志於讀《易》,又受父命編《春秋家說》,成《蓮峰志》五卷。次年丁亥,清兵下衡州,避居湘鄉山中,借書遣日。冬十月,丁父艱。翌年春,居續夢庵,講求《易》理。(以上據《王譜》)蓋先生於喪亂之中,猶自勤於鑽研也。

是年(戊子)"二月,明桂王奔南寧;六月,入潯州;八月,至肇慶"。冬十月,先生與管嗣裘"舉義兵於衡山,戰敗兵潰,走行在"。"堵公胤錫薦公爲翰林院庶吉士,公告之吏部尚書晏公清,請終制,得旨覆允。"(《王譜》)次年,"去肇慶,由梧州平樂至於桂林"。(《王譜》)"前大學士瞿公式耜留守桂林,特章引薦。"(《行述》)"疏乞終喪,得旨云:'具見孝思,足徵恬品,着服闋另議。'已而嘆曰:'此非嚴光魏野時也。違母遠出,以君爲命,死生以爾。'制終,就行人司行人介子之職。"(《行述》)"是時粤中國命所繫,則瞿式耜與其少傅嚴起恒,而奸邪巨魁,則內閣王化澄,悍帥陳邦傅,內豎夏國祥也。桂藩駐肇慶,紀綱大壞。給諫金堡、丁時魁、劉湘客、袁彭年、蒙正發,志在振制,王化澄等害之,目爲五虎;交煽中宫,逮獄將置之死。先生約中舍管嗣裘,與俱告嚴起恒曰:'諸君棄墳墓,捐妻子,從王於刀劍之中，而黨人殺之，則志士解體，雖欲效趙氏之亡，明白慷慨，誰與共之者？'起恆感其言，爲力請於廷。化澄之黨參起恆，先生亦三上疏參化澄結奸誤國。化澄恚甚，必欲殺之，其黨競致力焉。"（《潘傳》）先生"憤激咯血，因求解職，時有忠貞營降帥高必正者慕義營救之，乃得給假。高必正者，原名一功，闖賊所謂'制將軍'者是也"（《行述》）。先生"以其人國讎也，不以私恩釋憤"（《行述》），"亦不往謝也。"（《潘傳》）"返桂林，復依瞿式耜。聞母病，間道歸衡，至則母已歿。其後瞿式耜殉節於桂林，嚴起恆受害於南寧，先生知勢愈不可爲，遂決計林泉矣。初，桂藩議封孫可望爲秦王，起恆力阻之，可望戕起恆，專執威柄。越數年，可望分李定國入粵，遂入衡招先生，先生不往。"（《潘傳》）"遂浪游於涖溪、彬州、耒陽、晋寧、漣邵之間，凡所至期月，人士慕從者衆，輒辭去。"（《潘傳》）"嘗匿常寧瑤洞，變姓名爲瑤人。"（《王譜》）順治十六年己亥，明桂王奔緬甸。十八年辛丑，清兵入緬甸，明桂王被執（《王譜》）。"壬寅，聞緬甸之變，明之藩封庶孼稱監國假位號者，於是乎殄盡。"（《潘傳》）至己酉先生五十一歲，乃"自岳陰遷船山，築土室，名'觀生居'，遂以地之僻而久藏焉"。（《行述》）

"先生以文章氣節重於時"（《湖南通志·列傳》）。"自潛修以來，啓瓮牖，秉孤燈，讀《十三經》《二十一史》，及朱、張遺書，玩索研究，雖饑寒交迫，生死當前而不變。迄暮年，體羸多病，腕不勝硯，指不勝筆，猶時置楮墨於卧榻之旁，力疾而纂注。顔於堂曰：'六經責我開生面，七尺從天乞活埋。'於《四書》及《易》《詩》《書》《春秋》，各有《稗疏》，悉考訂草木魚蟲，山川器服，以及制度同異，字句參差，爲前賢所疏略者。"（《行述》）"論《易》不取京房，以陳搏《先天諸圖》爲不足信。詮釋《尚書》，往往有新意。又以《毛詩傳》《鄭氏箋》名物訓詁不備，爲書辨正之。其《葉韵辨》一篇，足爲典文之美焉。"（《錢録》）"經學家後先生而起者無慮百十人，所言皆有根柢，然有矜爲創獲，不知爲先生所已言者；《四庫總目》於《春秋稗疏》中曾論及之，實未易一二數也。"（《李略》）"讀史讀注疏，於《書志》《年表》，考駁同異，人之所忽，必詳慎搜閱之，而更以聞見證之，以是參駁古今，共成若干卷。至於敷宣精義，羽翼微言，《四書》則有讀則有《讀大全說》《詳解》《授義》；《周易》則有《内傳》《外傳》《大象解》；《詩》則有《廣傳》；《尚書》則有《引義》；《春秋》則有《世論》《家説》；《左傳》則有《續博議》；《禮記》則謂'陳氏之書應科舉者也'，更爲《章句》，其中《大學》《中庸》，則仍朱子《章句》而衍之。"（《行述》）。"至於守正道以屏邪説，則參伍於濂、洛、關、閩，以辟象山、陽明之謬，斥錢、王、羅、李之妄，作《思問録》内、外篇，明人道以爲實學，欲盡廢古今虛眇之説而返之實。"（同上）。"又謂張子之學，切實高明，《正蒙》一書，人莫能讀，因詳釋其義，與《思問録内外篇》互相發明"（同上）。"又以文章莫妙於《南華》，詞賦莫高於屈、宋，故於《莊》《騷》尤流連往復，作《莊子解》《莊子通》《楚詞通釋》。又著《搔首問》《俟解》《噩夢》各種，及自定《詩集》，評選古今詩，《夕堂永日緒論》，注釋《老子》《吕覽》《淮南》各若干卷。"（《潘傳》）。"末年作《讀通鑒論》三十卷，《宋論》十五卷，以上下古今興亡得失之故，制作輕重之原。諸種卷帙繁重，一一皆楷書手録；貧無書籍紙筆，多假之故人門生，書成因以授之；其藏於家與子孫言者，無幾焉。"（《行述》）。"自明統絶禩，先生著書凡四十年而終。"（《潘傳》）"凡百餘種"（《王譜》），"三百餘卷"（《唐案》）。"其學無所不窺，於《六經》皆有發明，洞庭之南，天地元氣，聖賢學脉，僅此一綫耳。"（《劉記》）

康熙十八年戊午，吴三桂僭號於衡，其"僚有以《勸進表》相屬者，先生曰：'某本亡國遺臣，所欠一死耳。今汝亦安用此不祥之人哉？'遂逃入深山，作《祓禊賦》"（《余傳》）。賦曰："謂今日兮令辰，翔芳皋兮蘭津；羌有事兮江干，疇憑兹兮不歡；思芳春兮迢遥，誰與娱兮今朝？意不屬兮情不生，予躊躇兮倚空山而蕭清。闃山中兮無人，寒誰將兮望春？"（《行述》）"吴逆既平，湖南中丞鄭公端聞而嘉之，屬郡守某餽粟帛，請見，先生以病辭，受其粟，反其帛。"（《余傳》）

"年七十三，久病喘嗽，而吟誦不輟"（《行述》）。次年元旦次日卒，年七十四（《王譜》）。"自題遺像曰：'把鏡相看認不來，問人云此是薑齋。龜於朽後隨人卜，夢未圓時莫浪猜。誰筆仗？此形骸。閑愁輸汝兩眉開，鉛華未落君還在？我自從天乞活埋。'"（《行述》）"葬於大樂山高節里。自題其墓曰：'明遺臣王夫之之墓。'自銘曰：'抱劉越石之孤忠，而命無從致；希張橫渠之正學，而力不能企；幸全歸於兹邱，固銜恤以永世。'嗚呼！先生之志可悲也。"（《潘傳》）

"先生子二人：曰攽，曰敔。"（《潘傳》）"敔字虎止，能紹其家學者。"（《余傳》）"操履高潔，博學有文名。"（《李略》）

"當是時，海内儒碩，北有容城，西有鰲屋，東南則昆山、餘姚，而亭林先生爲之魁。先生刻苦似二曲，貞晦過夏峰，多聞博學，志節皎然，不愧黄、顧兩君子。顧諸君子肥遁自甘，聲望益炳，羔幣充庭，干旌在野，雖隱逸之薦，鴻博之徵，皆以死拒，而公卿交口，天子動容，其書易行。先生竄身瑶峒，絶跡人間，席棘飴荼，聲影不出林莽，門人故舊，又無一有氣力者爲之推挽。殁後十四年（注），遺書散佚，其子敔始爲之收輯推闡，上之督學宜興潘先生，因緣得上史館，立傳《儒林》，而其書仍湮滅不傳"（《鄧錄》）。遺書"道光庚子族孫世佺始刻行，咸豐四年毀於兵燹"（《李略》）。"同治二年曾國荃刻於江南，海内學者，始得見其全書焉。"（《清傳》）

（注）"十四年"，曾刻本《船山遺書》作"四十年"，訛。兹依《王譜》更正。《李略》《清傳》並訛作"四十年"，則因《鄧錄》而誤也。案《行述》明云："府君之逝，今十有四年矣，值聖朝之寬大，蒙太史之採風。"而《潘傳》實作於康熙四十有四年乙酉（曾刻本作"康熙己酉"實誤辨，見《王譜》）。皆足證"四十"之爲訛誤也。

先生殁後，《潘傳》《余傳》，皆謂先生"篤信好學"（《余傳》），"方明之亡，先生非不知事不可爲，然且窮老盡氣，奔竄於荒巖絶徼間""發謨論，攻險邪，終擯不用，隱而著書，其志有足悲者（《潘傳》）。《唐案》則曰："先生理究天人，事通今古，探道德性命之原，明得喪興亡之故，流連顛沛而不違其仁，險阻艱難而不失其正。窮居四十餘年，身足以礪金石；著書三百餘卷，言足以名山川；遁跡自甘，立心恒苦，寄懷彌遠，見性愈真。奸邪莫之能攖，渠逆莫之能憚，欹崎莫之能躓，空乏莫之能窮。先生之道，可以奮乎百世矣。"又曰："先生之著書也，大抵爲人心之衰，世道之遞，學術之不明也，汪洋浩瀚，烟雨迷離；以綿邈曠遠之詞，寫沉菀隱幽之志，激而不盡其所欲言，婉而不失其所宜語，蓋胸中之藴蓄深，而腕下之樞機密也。斯其爲有道君子乎！"《劉記》謂爲："洞庭之南，天地元氣，聖賢學脉，僅此一綫。"雖屬贊辭，皆非虚加之也。嗚呼！亦可以想見先生之爲人矣！

### 附　《船山年表》

先生事跡，已述於《傳纂》中，兹更就劉、王二譜，撮其要制爲《年表》，以補《傳纂》之所未詳明者，劉、王二譜所未及者，亦並以附入焉。

| 公元 | 明清紀元 | 船山先生事跡及其有關係之事跡 |
|---|---|---|
| 1619 | 萬曆四七年己未 | 先生一歲。九月初一日生於衡州。時父武夷先生年五十，母譚孺人年四三。同時大儒孫夏峰年三六，黄梨洲年十歲，陸桴亭、張楊園年九歲，錢澄之年八歲，顧亭林年七歲。 |
| 1620 | 萬曆四八年庚申 | 先生二歲。八月，明光宗即位，九月，明熹宗即位。 |
| 1621 | 天啓元年辛酉 | 先生三歲。父武夷先生中副榜。 |
| 1622 | 天啓二年壬戌 | 先生四歲。與次兄同入塾，從長兄受讀。 |
| 1625 | 天啓五年乙丑 | 先生七歲。從長兄受讀，畢《十三經》。 |
| 1628 | 崇禎元年戊辰 | 先生十歲。從父受經義至數萬首。是年李二曲已二歲。 |

續表

| 公元 | 明清紀元 | 船山先生事跡及其有關係之事跡 |
|---|---|---|
| 1632 | 崇禎五年壬申 | 先生十四歲。督學王聞修先生志堅拔入學。 |
| 1634 | 崇禎七年甲戌 | 先生十六歲。始從里中和四聲者問韻，學韻語，閱古今人所作詩不下十萬。 |
| 1639 | 崇禎十二年己卯 | 先生廿一歲。十月與郭鳳躚、管嗣裘、文之勇初集匡社。是年顏習齋已五歲。 |
| 1641 | 崇禎十四年辛巳 | 先生廿三歲。春構漱濤園，種竹雜植花卉。 |
| 1642 | 崇禎十五年壬午 | 先生廿四歲。與兄赴武昌省應鄉試，先生以《春秋》第一中式第五名。冬自武昌歸，父命與兄同赴公車北上。是時李自成已陷河南汝寧、開封，進陷湖北襄陽，分兵逼荆州。張獻忠由潛山、安慶進逼蘄水。 |
| 1643 | 崇禎十六年癸未 | 先生廿五歲。楚中亂，先生與兄自南昌歸。刻《漱濤園詩集》。三月張獻忠陷黃州，五月陷武昌，八月陷岳州、長沙，十月衡州潰陷。得武夷先生，索先生及長兄；先生劙面傷腕，舁示賊，因與武夷先生俱得脫。 |
| 1644 | 崇禎十七年清順治元年甲申 | 先生廿六歲。三月十七日李自成陷京師，四月清兵入關破走李自成，五月清兵定北京。先生始聞國變，悲憤不食者數日，作《悲憤詩》一百韻，吟已輒哭。福王由崧立於金陵，以明年爲宏光元年。營續夢庵於黑沙潭上雙髻峰中。 |
| 1645 | 明宏光元年 明隆武元年 清順治二年 乙酉 | 先生廿七歲。五月清兵下金陵，至蕪湖，明總兵田雄劫福王降，先生聞變，續《悲憤詩》一百韻。唐王聿鍵立於福州，改七月朔後爲隆武元年。先生侍父避兵於永興。 |
| 1646 | 明隆武二年 清順治三年丙戌 | 先生廿八歲。居續夢庵，始注《周易》。夏，上書僉都御史湖北巡撫章公曠於湘陰軍次，指畫兵食，請調和南北，督師防潰變，不省。八月清兵下汀州，明唐王被執，先生聞變，續《悲憤詩》一百韻。桂王立於肇慶，改明年爲永曆元年。先生受父命編《春秋家說》。成《蓮峰志》五卷。 |
| 1647 | 明永曆元年 清順治四年 丁亥 | 先生廿九歲。清兵克湘陰，四月，桂王至武岡州，先生與夏汝弼由湘鄉間道奔赴，淫雨彌月，困車架山，不果往。清兵克衡州，先生與夏汝弼避購索於上湘，借書遣日。十一月，武夷先生卒，年七十有八。 |
| 1648 | 明永曆二年 清順治五年 戊子 | 先生三十歲。春居蓮花峰，講求《易》理。二月桂王奔南寧，六月入潯州，八月至肇慶。冬十月，先生與管嗣裘舉兵衡山，戰敗軍潰。走行在。堵公胤錫薦先生爲翰林院庶吉士。先生告之吏部尚書晏清，請終制，得旨覆允。是年劉獻廷生。 |

續表

| 公元 | 明清紀元 | 船山先生事跡及其有關係之事跡 |
|---|---|---|
| 1649 | 明永曆三年 清順治六年 己丑 | 先生卅一歲。夏，先生自桂林歸南岳，理殘書，攜《買薇稿》至縣侍母，土人弄兵謀危先生，幾不免；劫家中所有去，《買薇稿》與焉。母諭令去衡，復赴肇慶。瞿公式耜爲先生請閣試，疏請終喪免閣試，得旨具見孝思，足徵恬品。 |
| 1650 | 明永曆四年 清順治七年 庚寅 | 先生卅二歲。先生至梧州就行人司行人介子之職。時給諫金堡、丁時魁、劉湘客、袁彭年、蒙正發志在振刷，王化澄等害之，目爲五虎，交煽中宮。先生約中舍管嗣裘與俱告嚴其恒曰："諸君棄墳墓，捐妻子，從王於刀劍之中，而黨人殺之，則志士解體，雖欲趙氏之亡，明白慷慨，誰與共之者"？起恒感其言，爲力請於廷，不聽。錦衣衛士掠金堡等舟，先生正色責之，乃止。四月，雷德復奏訐嚴起恒，起恒稱疾乞骸骨，先生與行人董雲驤疏諫，不聽。五月，先生再疏劾王化澄。會攸縣役一狂人作《梅花惡詩》一帙，冒先生名爲之序。王化澄因之將構大獄，擠先生死。先生憤激咯血，移疾求去，高必正爲請，乃得給假。返至桂林，依留守瞿公式耜。八月母譚孺人卒。清兵逼桂林，先生摯眷走永福，自十一月至於十二月，幽困永福水岩，臥而絕食者四日。 |
| 1651 | 明永曆五年 清順治八年辛卯 | 先生卅三歲。先生摯眷抵家，始奉母譚孺人諱。 |
| 1652 | 明永曆六年 清順治九年 壬辰 | 先生卅四歲。孫可望劫遷明桂王於安隆所，別將李定國由廣東入衡州，招先生，先生不往。徙居耶姜山側（爲南岳七十二峰之一，跨衡陽祁陽邵陽三縣）。 |
| 1654 | 明永曆八年 清順治十一年甲午 | 先生卅六歲。秋避兵零陵北洞釣竹源、雲台山等處。冬徙居常寧西南鄉小祇園側西莊源。變姓名爲瑤人，爲常人說《易》《春秋》。 |
| 1655 | 明永曆九年 清順治十二年 乙未 | 先生卅七歲。春客游興寧山中，寓於僧寺，有從游者，爲說《春秋》。始作《周易外傳》。八月，《老子衍》成。 |
| 1656 | 明永曆十年 清順治十三年丙申 | 先生卅八歲。居西莊源。三月《黃書》成。 |
| 1657 | 明永曆十一年 清順治十四年丁酉 | 先生卅九歲。至小雲山訪劉近魯。 |
| 1658 | 明永曆十二年 清順治十五年戊戌 | 先生四十歲。自去年夏自西莊源徙歸衡陽，居蓮花峰下續夢庵。九月，《家世節錄》成。 |
| 1659 | 永曆十三年 清順治十六年己亥 | 先生四一歲。二月，明桂王奔緬甸。 |

續表

| 公元 | 明清紀元 | 船山先生事跡及其有關係之事跡 |
|---|---|---|
| 1660 | 明永曆十四年<br>清順治十七年庚子 | 先生四二歲。徙居湘西金蘭鄉高節里，卜築於茱萸塘，造小室名曰"敗葉廬"。 |
| 1661 | 永曆十五年<br>清順治十八年辛丑 | 先生四三歲。清兵至緬甸，桂王被執。 |
| 1662 | 清康熙元年壬寅 | 先生四四歲。居敗葉廬，聞明桂王被執，續《悲憤詩》一百韵。 |
| 1665 | 清康熙四年乙巳 | 先生四七歲。居敗葉廬，重訂《讀書說》。 |
| 1666 | 清康熙五年丙午 | 先生四八歲。唐端笏來游先生門下。 |
| 1668 | 清康熙七年戊申 | 先生五十歲。居敗葉廬，秋七月成《春秋家說》，望日壬子爲之序。《春秋世論》成。 |
| 1669 | 清康熙八年己酉 | 先生五一歲。居敗葉廬，輯戊子以來所作古近體詩爲《五十自定稿》。冬構草庵開南窗，題曰"觀生居"。編《續春秋左氏傳博議》。 |
| 1670 | 清康熙九年庚戌 | 先生五二歲。居觀生居，夏秋仍居敗葉廬，歲以爲常。 |
| 1671 | 清康熙十年辛亥 | 先生五三歲。方以智屢勸先生逃禪，先生不應。 |
| 1672 | 清康熙十一年壬子 | 先生五四歲。方以智卒於泰和蕭氏，先生聞，哭之。定《老子衍》舊稿。 |
| 1673 | 清康熙十二年癸丑 | 先生五五歲。唐端笏攜《老子衍》重定稿，歸於家，不戒於火，遂無副本。 |
| 1674 | 清康熙十三年甲寅 | 先生五六歲。吳三桂檄至衡州，先生至湘鄉，冬始歸。因避滇氛，泛宅數載。 |
| 1675 | 清康熙十四年乙卯 | 先生五七歲。先生寓郡城北，二月至長沙、岳陽，三月歸至郡。章有謨來游先生門下，受所注《禮記》。八月赴江西萍鄉，九月歸還觀生居。於相去二里許下，仍里人舊址，築草堂曰湘西草堂。 |
| 1676 | 康熙十五年丙辰 | 先生五八歲。居湘西草堂，夏渡湘至斗嶺（衡州府城東二十里），九月留長沙，十月至湘鄉。始撰《周易大象解》一卷。 |
| 1677 | 康熙十六年丁巳 | 先生五九歲。秋七月，《禮記章句》四十九卷成。 |
| 1678 | 康熙十七年戊午 | 先生六十歲。三月，吳三桂僭號衡州，其黨以勸進表來屬，先生婉詞拒之，逃入深山，作《祓禊賦》。子敔出《老子衍》舊稿，復錄之。 |
| 1679 | 康熙十八年己未 | 先生六一歲。二月，與章有謨避兵植林山中，著《莊子通》。還湘西草堂，定經詮，秋散稿，輯間吟。 |
| 1680 | 康熙十九年庚申 | 先生六二歲。輯己酉、庚戌以來所作古近體詩爲《六十自定稿》。 |

續表

| 公元 | 明清紀元 | 船山先生事跡及其有關係之事跡 |
|---|---|---|
| 1681 | 康熙二十年辛酉 | 先生六三歲。爲先開上人訂《相宗絡索》，爲及門諸子說《莊子》。 |
| 1682 | 康熙二一年壬戌 | 先生六四歲。九月識《說文廣義》，十月識《噩夢》。 |
| 1683 | 康熙二二年癸亥 | 先生六五歲。正月序《經義》。 |
| 1684 | 康熙二三年甲子 | 先生六六歲。五月五日作《俟解題詞》。 |
| 1685 | 康熙二四年乙丑 | 先生六七歲。八月《楚辭通釋》成。病中勉爲諸子作《周易內傳》。 |
| 1686 | 康熙二五年丙寅 | 先生六八歲。兄介之卒。 |
| 1687 | 康熙二六年丁卯 | 先生六九歲。撰《讀通鑒論》。 |
| 1688 | 康熙二七年戊辰 | 先生七十歲。《南窗漫記》成。編《七十自定稿》並序。 |
| 1689 | 康熙二八年己巳 | 先生七一歲。《識小錄》成，自題小像。 |
| 1690 | 康熙二九年庚午 | 先生七二歲。居湘西草堂評選詩文。序《夕堂永日緒論》。 |
| 1691 | 康熙三十年辛未 | 先生七三歲。久病咳喘，吟誦不輟。 |
| 1692 | 康熙三一年壬申 | 先生七四歲。正月初二日午時卒。 |

## 二 學述

先生之學，對於四部，造詣俱深，闡述亦明。經學則有諸經《稗疏》等書，史籍則有《讀通鑒論》等書，諸子則有《老子衍》《莊子解》等書，文學則有《夕堂永日緒論》等書，深閎博瞻，較同時黃、顧諸儒，固有過之而無不及；而於哲學思想、政治思想，先生創見之卓犖，議論之精辟，尤非黃、顧諸儒所能望其項背。以清初論，先生實不愧爲當代一大思想家，非梨洲、亭林、夏峰、二曲之所能企及也。

兹於先生之學，一先述其思想淵源，二次論其時代背景，三再述先生之哲學思想，四爲先生之政治思想，五爲先生之經學，六爲先生之史學（附諸子之學），七爲先生之文學。三、四兩項，爲先生學術思想之最重要者，稍詳述焉。

### （一）思想淵源

先生之學，《行述》以爲"參伍於濂、洛、關、閩"，《余傳》則謂"其學深博無涯涘，而原本淵源，尤神契《正蒙》一書，於清虛一大之旨，陰陽法象之狀，往來原反之故，靡不有以顯微抉幽，晰其奧窔"。又曰："橫渠以《禮》爲堂，以《易》爲室，所稱四先生之學，柱立不挑者；而著《正蒙》一書，尤窮天地之奧，達性命之原，反經精義，存神達化，朱子亦謂其廣大精深，未易窺測。先生究察於天人之故，通乎晝夜幽明之原，即是書暢演精繹，與自著《思問錄》內外二篇皆本隱之顯，原始要終，朗然如揭日月。至其扶樹道教，剖析數千年學術源流、分合異同，《自序》中羅羅指掌，尤可想見先生素業。雖其逃名用晦，遁跡知稀，從游蓋寡，而視真西山、魏了翁以降，姚、許、歐、吳諸名儒，僅僅拾雒、閩之糟粕以稱理學，其立志存心，淺深本末，相距何如也。"《唐案》則曰："其爲學也，由關而洛而閩，力詆殊途，歸宿正軌。觀其於《大學》爲之衍曰：'……聖人復起，不易朱子之言矣。'其衍《中庸》曰：'……僭承朱子之正宗而爲之衍，以附章句之下，'……先生之學宗程、朱，於是可見矣。"《鄧錄》則曰："先生不然，生平論學，以漢儒爲門户，以宋五子爲堂奥，而原本淵源，尤在《正蒙》一書，以爲張子之學，上承孔孟之志，下救來兹之失，如皎日麗天，無幽不燭，聖人復起，未之能易。惟其門人未有逮庶者,而當時鉅公如富、文、司馬諸公,張子皆以素位隱居,末由相爲羽翼;其道之行,曾不得比於邵康節之數學,而世之信從者寡,道之誠然者不著。是以不百年而異説興,又不二百年而邪説熾。其推本陰陽法象之狀,往來原反之故,反復辨論,累千百言。所以歸咎上蔡、象山、姚江者甚峻,或疑其言太過,要其議論精卓,踐履篤實,粹然一軌於正,固無以易也。"今案:先生之學,原本淵源,固在張子。觀其自銘曰:"希張横渠之正學,而力不能企。"服膺之意,臨終猶見。《余傳》《鄧録》,所言爲允。先生之於程、朱,則時有所訾議。如云:

程子統心、性、天於一理,於以破異端妄以在人之幾爲心性,而以"未始有"爲天者,則正矣。若其精思而實得之,極深研幾而顯示之,則橫渠之説尤爲著明。蓋言心、言性、言天、言理,俱必在氣上説,若無氣處則俱無也(《讀四書大全説》卷十)。

張子推本神化,統動植於人,而謂萬物之一源,切指人性,而謂盡性者不以天能爲能,同歸殊途,兩盡其義,乃此篇(《誠明》)之要旨。其視程子以率性之道爲人物之偕焉者,得失自曉然易見(《張子正蒙注》卷三下)。

程子謂天命之性與氣質之性爲二,其所謂氣質之性,才也,非性也。張子以耳目口體之必資物而安者爲氣質之性,合於《孟子》,而别剛柔緩急之殊質者爲才,性之爲性,乃獨立而不爲所亂。(同上)

此從張子之説,而以程子爲非是也。如云:

朱子説"道體無爲",是統論道;張子言性,則似以在人者言之,……以實思之,道體亦何嘗不待人弘也。……張子之意,則以發聖言之大指。(《讀四書大全説》卷六)

朱子謂知性乃能盡心,而張子以盡心爲知性之功,其説小異。然性處於静,而未成法象,非盡其心以體認之,則偶有見聞,遂據爲性之實然,此天下之言性者所以鑿也。(《張子正蒙注》卷四上)

張子以博文之功,在能立之後,與朱子以格物爲始教之説有異。而《大學》之序,以知止爲始,修身爲本,朱子謂本始所先;則志道强禮爲學之始基,而非志未大,立未定,徒恃博文以幾明善,明矣。(同上,卷四下)

此從張子之説,而以朱子爲非是也。《唐案》所云"由關而洛而閩""先生之學宗程、朱",實非允當之論。間嘗考之,先生之學,得之於《易》《春秋》者實亦甚深,當明亡後,先生避兵深山,竄居瑶洞,猶時時講説《易》

《春秋》，足見先生於斯二經，鑽研之勤。《張子正蒙注序》云：

> 《周易》者，天道之顯也，性之藏也，聖功之牖也。陰陽動靜，幽明屈伸，誠有之而神行焉，禮樂之精微存焉，鬼神之化裁出焉，仁義之大用興焉，治亂、吉凶、生死之數準焉，故夫子曰：彌綸天下之道，以崇德而廣業者也。張子之學，無非《易》也。……張子言無非《易》，立天立地立人，反經研幾，精義存神，以綱維三才，貞生而安死，則往聖人之傳，非張子其孰與歸？

其推崇張子者，正以其學之無非《易》，而屢譏朱子以《易》爲占筮之書（詳見《張子正蒙注序》及《讀通鑒論》卷十五）。張、朱之判，亦可以《易》爲衡也。先生於《春秋》曰：

> 權衡之設，可以審大，可以審小；可以程重，可以程輕；物之貴賤，人之智愚，蔑不用也；以等一切，以度一物，蔑不準也。……王通曰：'《春秋》王道之權衡'，謂此焉耳。以程天下而準，以程一國而準，以程萬世而有通義，以程一時而有適用。……曲成萬物而不遺。嗚呼！此《春秋》之所以藏於密也。（《春秋家説》卷一下）

> 百川學海而至於海，苟學焉而皆已至也。……《春秋》，義海也，以義達之而各有至焉。（同上，卷二下）

其於《春秋》，推崇甚至，先生之政治思想，極言夷夏之防，義利之辨，時變之宜，權衡之設，頗有與《春秋》經世之思想相合者。則無惑乎先生之喜説《易》《春秋》也。他如《大學》《中庸》，先生則喜《大學》，而以"宋賢升《大學》於《中庸》之前，誠得意而忘其跡"（《禮記章句·卷三十三》頁一）。而於《孟子》一書，雖亦甚爲推崇，而云："《孟子》於王道，有前半截，無後半截。"（《讀四書大全説·卷八》頁二三）雖受影響，而有微詞。先生於《老》《莊》並有注釋，於佛説則有《相宗絡索》；著述之中，於佛、老之説，徵引駁難，屢見不一見，先生論天地日新，性命日生，實又受道、佛二家學説之影響也。至於力詆陽明、心齋、卓吾，而先生家學，又與鄒東廓、鄒泗山有關係，先生於明儒之學，亦當不無涉覽。固不止於以漢儒爲門户，宋五子爲堂奥，參伍洛、閩，推尊横渠也。此論先生思想之淵源所不可不知者。

## （二）時代背景

先生生當明末清初之際，感異族之侵逼，痛神州之淪亡，其思想之發生，自與時勢有關。當時古學復興，西學輸入，亦有相當之影響。夷考其詳，蓋有六端可述者：

**(1) 道學時文之逆動**

當時學者，痛憤明代之亡，多由學術空疏之故，如朱舜水云：

> 痛憤明室道學之禍，喪敗國家，委銅駝於荆棘，淪神器於犬羊。

（《朱舜水集》卷五《答某書》）

此以明室道學之禍，至於喪敗國家也。

顧亭林云：

> 劉石亂華，本於清談之流禍，人人知之；孰知今日之清談，有甚於前代者？昔之清談談老、莊，今之清談談孔、孟。……以明心見性之空言，代脩己治人之實學，股肱惰而萬事荒，爪牙亡而四國亂，神州蕩覆，宗社丘墟。（《日知錄》卷七《夫子之言性與天道》）

黃梨洲爲崇奉陽明之學者，亦云：

> 儒者之學中，經緯天地，而後世乃以語錄爲究竟，僅附答問一二條於伊、洛門下，便厠儒者之列，……一旦有大夫之憂，當報國之日，則蒙然張口，如坐雲霧，世道以是潦倒。（《南雷文定後集》卷三《贈編脩弁玉吴君墓志銘》）

先生亦云：

> 王氏之學，一傳而爲王畿，再傳而爲李贄，無忌憚之教立，而廉恥喪，盜賊興，皆惟怠於明倫察物，而求逸獲，故君父可以不恤，名義可以不顧，陸子静出而宋亡，其流禍一也。（《張子正蒙注》卷九下）

又曰：

> 正嘉之際，姚江王氏始出焉，則以其所得於佛老者，強攀是篇（《中庸》），以爲證據。……迨其徒二王、錢、羅之流，恬不知恥，而竊佛、老之土苴，以相附會，則害愈烈，而人心之壞，世道之否，莫不由之矣。（《禮記章句》卷三《記十一》）

陸、王之學，空疏誤國，故當時之學者，咸思有以易之。亭林之欲以經學代理學，梨洲之與人"約爲讀書窮經"（《南雷文案》卷一《李杲堂文鈔序》），先生之欲明正學以黜陸、王，習齋之勵習行以抨擊程、朱，皆此意也。黃、顧諸儒，又極言時文之流弊，梨洲云："科舉之學，力能亡經"（《南雷文約》卷一《朱康流先生墓志銘》）。亭林云："今以書坊所刻之義謂之時文，……敗壞天下之人材，……夫然後寇賊姦宄得而乘之，敵國外侮得而勝之。"（《亭林文集》卷一《生員論上》）習齋云："爲治去四穢，其清明矣乎：時文也，僧也，道也，娼也。"（《年譜》卷上）先生所爲《夕堂永日緒論》，皆駁時尚而辨僞體，亦深惡當日文學之日趨於衰頹之風。此與當日之時勢有關係者一也。

(2) 古字古音之研究

明代中葉以后，文字學研究之風，頗日甚於一日。楊慎著《古音叢目》《古音獵要》等書，據《四庫全書總目》所收入者已十餘種之多。趙宧光著《説文長箋》《六書長箋》等書，其平生所著字學之書凡七十餘種。其後陳第作《毛詩古音考》《屈宋古音考》，《四庫提要》稱其列舉本證、旁證，"鉤稽參驗，本末秩然" "言必有徵，典必探本"。實開清代古音學之先路。亭林《音學五書》實成於明崇禎年間。而方以智所著《通雅》，《四庫提要》亦以爲"窮源溯委，詞必有徵，在明代考證家中，可謂卓然獨立"。先生與方以智交至篤，而亦著有《説文廣義》《詩經葉韵辨》及諸經《考異》等書，注重文字聲韵之學。此與其時代之關係極顯明者二也。

(3) 藏書刻書之漸盛

明代藏書刻書之風極盛，爲清代考證學發達之一因。如天一閣范氏，澹生堂祁氏，世學樓鈕氏，絳雲樓錢氏，叢桂堂鄭氏，傳是樓徐氏，皆曾供梨洲之鈔錄搜討。先生雖僻處衡湘，竄身瑤蠻，然如劉近魯有高閣藏書六千卷，先生"歲一游之"（詳《師友記》），亦必受藏書之賜也。此其三。

(4) 曆算諸學之輸入

明萬曆後，利瑪竇、湯若望、南懷仁、龐迪我、龍華民、熊三拔、艾儒略、金尼閣諸人相繼來華，輸入曆算諸學，徐光啓、李之藻輩更以爲"其緒餘更有一種格物窮理之學，凡世間世外、萬事萬物之理，叩之無不河懸響答，絲分理解。復而思之，窮年累月，愈見其説之必然而不可易"（《泰西水法序》）。先生之友方以智亦崇信泰西天文之學，以爲"補開闢所未有"（見《通雅》卷首），先生亦長於曆算之學（見《尚書稗疏》），于西學之輸入，當亦受其影響。此其四。此就學術方面可得而言者也。

(5) 明代亂亡之影響

明代既亡，清以異族入主中國，當時諸儒，多舉義兵以謀恢復，志不得遂，自不能不發爲經世之論，固不止於歸咎明末學術之空疏也。梨洲之《明夷待訪録》，亭林之《日知録》，皆談經世致用之學。先生之著《黄書》，大闡民族主義，後復著爲《噩夢》，專論治術，由眷懷故國之情，而衍爲經世之論，固其宜也。此其五。

(6) 經濟變革之影響

明代之亡，由於流寇之興。而其原因，固由政治窳敗，亦實原於商業稍盛，農民困苦之故。先生於《噩夢》《讀通鑒論》，皆嘗論流民之所由起，而主張抑豪強，賤商賈，惡儉吝，且以人欲天理，非有絕對之分。其他政論與當世之經濟情形，亦多有密切之關係。此其六。此就政治方面可得而言者也。

先生之學術思想，所以發生之原由，非止一端，吾人既略知其思想淵源及其時代背景，合而觀之，庶幾可以明察其故矣。

## （三）哲學思想

### （Ⅰ）宇宙論

先生生當明末清初之際，深感王學末流之弊，竊佛、老之旨，游心於虛無，而引起亡國之禍，故提倡實有生動之説，以破虛無寂靜之謬論。其言曰："盡天地只是個誠"（《讀四書大全説》卷九頁一二），"通天人曰誠"（《思問錄·內篇》頁二）。而所謂"誠"者，依先生之解釋則爲："夫誠者，實有者也。"（《尚書引義》卷三頁一七）實有之觀念，在先生思想中，實占極重要之位置。因實有而主張生動，乃有天地日新，物質不滅諸説，以今觀之，猶不失爲極有價值之論。此實有生動之觀念，先生於論宇宙之起源已云然，是其思想之根據也。

#### （1）宇宙之起源

宇宙之起源，或以爲自無而有，虛而非實，妄而非真。先生之意見則以爲：本爲實有，非無而有，非妄而真，其言曰：

> 兩間之有，孰知其所自昉乎？無已，則將自人而言之。今我所以知兩間之有者，目之所遇，心之所覺，則固然廣大者先見之，其次則其固然可辨者也；其次則時與相遇，若異而實同者也；其次則盈縮有時，人可以與其事，而乃得以親用之者也。是故寥然虛清，確然凝立，無所不在，迎目而覺，游心而不能越，是天地也。（《周易外傳》卷七）

寥然虛清，確然凝立，無所不在，天地之間，本實有也。在《周易內傳》中亦謂：

> 兩間之見爲空虛者，人目力窮於微渺而覺其虛耳。其實則絪縕之和氣，充塞而無間。（同上，卷四七）

先生此説，自受張子"太虛無形，氣之本體"（《正蒙·太和》）之影響，以爲天地之間皆氣，故無所謂虛無也。先生則更以爲所謂太虛者，直不可以"虛"名之，其言曰：

> 夫其所謂太虛者，吾不知其何指也，兩間未有器耳，一實之理，

洋溢充滿，吾未見其虛也。故張子曰："由太虛有天之名。"天者理也，氣之都也，固非空而無實之謂也。（《禮記章句》卷四二）

太虛之中，無極而太極，充滿兩間，皆一實之府，特視不可見，聽不可聞爾。存神以窮之，則其富有而非無者自見。（《張子正蒙注》卷四上）

理也，氣也，雖視之而不可見，聽之而不可聞，然皆非空而無實也。故曰：

說聖人者，曰與太虛同體。夫所謂太虛者，有象乎？無象乎？其無象也，耳目心思之所窮，是非得失之所廢，明暗枉直之所不施，親疏厚薄之所不設；將毋爲聖人者，無形無色，無仁無義，無禮無學，流散漸滅，而別有以滌除玄覽乎？若夫其有象者，氣成而天，形成而地，火有其蒸，水有其濡，草木有其根莖，人物有其父子，所統者爲之君，所合者爲之類，有是故有非，有欲斯有理，仁有其澤，義有其制，禮有其經，學有其效；則固不可以太虛名之也。（《周易外傳》卷二）

太虛直不可以虛名之，故曰：

太虛，一實者也，故曰："誠者天之道也。"用者，皆其體也，故曰："誠之者人之道也。"（《思問錄·內篇》）

又曰：

道不虛生，則凡道皆實也。（《周易外傳》卷五）

凡道皆實，則天地之間，誠無所謂虛矣。先生之意，以爲"實可以載虛，虛不可以載實"（同上，卷三，頁三二）。故極主張實之功用，道體爲實，則固不可游心於虛無，如佛、老、陸、王之所云也。

宇宙之間，無所謂虛，則當然不可云"天地萬物生於有，有生於無"，如《老子》之所說。故先生謂：

道無爲，天地有爲；物生於有，不生於無。（《尚書引義》卷四）

此與老莊之意見正相反。又曰：

天下惡有所謂無者哉？於物或未有，於事非無；於事或未有，於理非無。尋求而不得，怠惰而不求，則曰無而已矣。甚矣言無之陋也。（《張子正蒙注》卷一上）

人之所見爲太虛者，氣也，非虛也；虛涵氣，氣充虛，無有所謂"無"者。（同上）

天地之間，無所謂"無"，且有者爲可信，而無者爲可疑，尤不當崇尚無而疑有。先生曰：

> 天下之用，皆其有者也。吾從用而知其體之有，豈待疑哉？用有以爲功效，體有以爲性情，體用胥有而相需以實，故盈天下而皆持循之道，故曰：誠者物之終始，不誠無物。何以效之？有者信也，無者疑也。昉我之生，泊我之亡，祖禰而上，子孫而下，觀變於天地，而見其生有？何一之可疑者哉？（《周易外傳》卷二）

生有皆可信而無一可疑，則虛無之説，更不足信矣。顧佛、老之説，或以"有之既妄，趣死爲樂；生之既妄，滅倫爲靜"。（同上，卷二）或更"以有爲妄，斗衡可折；以生爲妄，哀樂俱舍"（同上）。然佛、老皆知"妄之不可依""妄之不可常"（同上）。而有爲可依，生是至常，從可依與至常觀之，生有皆可以決其非妄也。先生曰：

> 夫可依者有也，至常者生也，皆無妄而不可謂之妄也。奚以明其然也？既已爲人矣，非蟻之仰行，則依地住；非蟫之穴壤，則依空住；非蜀山之雪蛆不求煖，則依火住；非火山之鼠不求潤，則依水住；以至依粟已饑，依漿已渴，其不然而已於饑渴者，則非人矣。……其不得以有爲不可依者，其亦明矣。……動而生者，一歲之生，一日之生，一念之生，放於無窮，範圍不過，非得有參差傀异，或作或輟之情形也，其不得以生爲不可常而謂之妄，抑又明矣。夫然，其常而可依者，皆其生而有，其生而有者，非妄而必真。（同上，卷二）

"其生而有者，非妄而必真。"有爲可依，生是至常，則虛無之説，誠不足信矣。宇宙之起源，本爲實有，非妄而真，此與佛、老虛無之旨，真可謂大異其趣，而陸、王竊佛、老虛無之旨以爲説者，亦可以不攻而自破矣。先生本極喜《易》，《易》言"《易》有太極，是生兩儀"。於全書中，並不言無。張子亦謂"知太虛即氣則無'無'，諸子淺妄，有'有無'之分"（《正蒙·太和》）。先生既感明末王學末流空虛之病，而欲救之以實有，故其宇宙觀，自與《易》與橫渠不謀而合也。

**(2) 宇宙之本體**

宇宙之起源，本爲實有而非虛無，先生此説，可謂近於唯物論一方面。其論宇宙本體曰：

> 理只是以象二儀之妙，氣方是二儀之實。……天人之蘊，一氣而已。從乎氣之善而謂之理，氣外更無虛托孤立之理也。（《讀四書大全説》卷十）

又曰：

天下惟器而已矣，道者器之道，器不可謂之道之器也。無其道則無其器，人類能言之，雖然，苟有其器矣，豈患無道哉？君子之所不知，而聖人知之；聖人之所不能，而匹夫匹婦能之；人或昧於其道者，其器不成，不成非無器也。無其器則無其道，人鮮能言之，而固其誠然者也。洪荒無揖讓之道，唐、虞無弔伐之道，漢、唐無今日之道，則今日無他年之道者多矣。未有弓矢而無射道，未有車馬而無御道，未有牢醴璧幣、鐘磬管弦而無禮樂之道；則未有子而無父道，未有弟而無兄道，道之可有而且無者多矣。故無其器則無其道，誠然之言也。而人特未之察耳。……形而上者，非無形之謂，既有形矣，有形而後有形而上；無形之上，亙古今，通萬變，窮天窮地，窮人窮物，皆所未有者也。……老氏瞀於此，而曰道在虛，虛亦器之虛也；釋氏瞀於此，而曰道在寂，寂亦器之寂也。淫詞輠炙，而不能離乎器，然且標離器之名以自神，將誰欺乎？器而後有形，形而後有上，無形無下，人所言也；無形無上，顯然易見之理，而邪說者淫曼以衍之而不知慚，則君子之所深鑒其愚而惡其妄也。……嗚呼！君子之道，盡夫器而已矣。（《周易外傳》卷五）

　　所謂"天人之蘊，一氣而已""無其器則無其道""洪荒無揖讓之道，唐、虞無弔伐之道""未有弓矢而無射道，未有車馬而無御道""有形而後有形而上，無形之上，亙古今，通萬變，窮天窮地，窮人窮物，皆所未有"；以爲道緣形器而立，亦近於唯物論一方面；以今觀之，實爲驚奇可喜之論，較之明末清初，持氣一元論者，實覺更爲進步。但此所謂天人一氣，天下惟器，實非先生常持之論，先生又有言曰：

　　道以陰陽爲體，陰陽以道爲體，交與爲體，終無有虛懸孤致之道。故曰"無極而太極"，則亦太極而無極矣。……器道相須而大成焉。（《周易外傳》卷三）

　　天者，所以主張綱維是氣者也。理以治氣，氣所受成斯謂之天。理與氣原不可分作兩截。（《讀四書大全說》卷九）

　　言氣即離理不得。……理於氣互相爲體，而氣外無理，理外亦不能成氣，善言理氣者，必不判然離折之。（同上，卷十）

　　所謂"器道相須而大成焉""理與氣原不可分作兩截"。先生之於宇宙本體，固仍持理、氣一元論之説也。先生於《尚書引義》有言曰：

　　物之不可絕也，以己有物；物之不容絕也，以物有己。己有物而絕物，則內戕於己；物有己而絕己，則外賊乎物；物我交受其戕賊，而害乃極於天下。况夫欲絶物者，固不能充其絶也。一眠一食而皆與物俱，一動一言而必依物起。……天之風霆雨露亦物也，地之山陵原隰亦物也，則其爲陰陽、爲剛柔者皆物也。物之飛潛動植亦物也，民之厚生利用亦物也，則其爲得失、爲善惡者皆物也。凡民之父子兄弟亦物也，往聖之嘉言懿行亦物也，則其爲仁義禮樂皆物也。……而又豈可屏絶而一無所容乎？……心無非物也，物無非心也。……備萬物於一己而已矣。（卷一）

舉凡天地陰陽，飛潛動植，得失善惡，仁義禮樂，俱莫非物，而不可屏絶而一無所容，先生之於物固極重視之。然而終曰："心無非物也，物無非心也。"心物一元論之色彩極明。明末清初之際，中國哲學思想尚無所謂純唯物論，故先生雖以宇宙起源於實有，而極重視乎物，所謂天下惟器論，固非先生對於宇宙本體最終之論調也。先生之學，多淵源於《易》與橫渠。《易》曰："《易》有太極，是生兩儀。"而以一陰一陽謂之道。橫渠亦謂："一物而兩體，其太極之謂。"（《易説》卷三）"萬物雖多，其實無一物無陰陽者。"（《正蒙·太和》）先生受《易》與橫渠之影響甚深，其於事物固亦當以爲一物而兩體，而持器道相須、理氣一元、心物一元之説也。在《周易外傳》中，先生有一段極重要之理論曰：

天下有截然分析而必相對待之物乎？求之於天地，無有此也；求之於萬物，無有此也；反而求之於心，抑未諗其必然也。……天尊於上，而天入地中，無深不察；地卑於下，而地升天際，無高不徹，其界不可得而剖也。進極於進，退者以進；退極於退，進者以退。存必於存，遠古之存，不留於今日；亡必於亡，今者所亡，不絶於將來。其局不可得而定也。天下有公是，而執是則非；天下有公非，而凡非可是。善不可謂惡，盜跖亦竊仁義；惡不可謂善，君子不廢食色。其別不可得而拘也。君臣有義，用愛則私，而忠臣愛溢於羹墻；父子有恩，用敬則疏，而孝子禮嚴於配帝，其道不可得而歧也。故麥秋於夏，螢旦其昏，一陰陽之無門也。金煬則液，水凍則堅，一剛柔之無畛也。齒髮不知其暗衰，爪甲不知其漸長，一老少之無時也。雲有時而不雨，虹有時而不晴，一往來之無法也。截然分析而必相對待者，天地無有也，萬物無有也，人心無有也。（卷七）

宇宙無截然分析而必相對待之事物，純粹唯物，純粹唯心，固先生之所不許，而謂"無截然分析而必相對待之物"，則先生非持二元論之説亦明。關於此點，證以先生之論無極太極、陰陽動靜益可以明。《周易内傳·論太極無極》曰：

> 太者，極其大而無尚之辭；極，至也；語道至此而盡也。其實陰陽之渾合者而已。不可名之為陰陽，則但贊其極至而無以加曰太極。太極者，無有不極也，無有一極也。惟無有一極，則無所不極，……張子謂之太和。中也，和也，誠也，則就人之德以言之，其實一也。（卷五下）

無所不極至，普遍之意也。無有一極至，則非有截然分析而必相對待之事物也。一物而兩體，兩體而一物，故曰："其實陰陽之渾合者而已"也。在《周易外傳》則曰：

> 易有太極，固有之也，同有之也。太極生兩儀，兩儀生四象，四象生八卦，固有之則生，同有之則俱生矣。故曰是生。是生者，立於此而生，非待推於彼而生之。則明魄同輪，而源流一水也。是故乾純陽而非無陰，乾有太極也；坤純陰而非無陽，坤有太極也。剝不陽孤，夬不陰虛，姤不陰弱，復不陽寡，無所變而無太極也。……皆有太極，故曰《易》有太極。（卷五）

"乾純陽而非無陰""坤純陰而非無陽"，為先生在《易》學上一最重要之發明。乾本純陽而謂有陰在內，坤本純陰而謂有陽在內，正可以見宇宙間非有截然分析而必相對待之物。其云"無所變而無太極"，亦正以無論何種事物皆可以如太極之為陰陽之渾合者觀之，皆非絕對而為相對，皆非孤立而有聯繫，此所以主張道器相須，心物合一也。先生對於太極，即以為道。《張子正蒙注》曰：

> 太極者，天地人物之通理，即所道也。（卷一下）

在《周易外傳》又曰：

> 道者，物所眾著而共由者也。物之所著，惟其有可見之實也，物之所由，惟其有可循之恒也。既盈兩間而無不可見，盈兩間而無不可循，故盈兩間皆道也。可見者其象也，可循者其形也。出乎象，入乎形；出乎形，入乎象。兩間皆形象，則兩間皆陰陽也。……陰陽之生，一太極之動靜也。動者靈以生明，以晰天下而不塞；靜者保而處重，以凝天下而不浮；則其為實，既可為道之體矣。（卷五）

兩間皆形象，兩間皆陰陽，而盈兩間皆道，此所以道與陰陽，交與為體。道之所以為道，亦一物而兩體，與"《易》有太極，是生兩儀"之旨正合。先生對於宇宙本體之看法為太極陰陽一元論，其所以主張理氣不可分作兩截，道器相須，心物合一者以此，而於他處論天人合一，體用合一，常變合一，理勢合一者，亦以此。凡讀先生之書者，不可或忽之也。（《正蒙·誠明篇》言：義命合一，仁智合一，動静合一，陰陽合一，性與天道合一。先生或亦受其影響）

先生之論道，雖以陰陽爲體，然以道爲實有，非以爲虚也。故在《周易外傳》中曰：

> 盈天地之間皆器矣。器有其表者，有其裏者，成表裏之各用，以合用而底於成，則天德之乾，地德之坤，非其緼焉者乎？是故調之而流動以不滯，充之而凝實以不餒，而後器不死而道不虚生。器不死，則凡器皆虚也；道不虚生，則凡道皆實也。（卷五）

此雖云"盈天地之間皆器"，而以凡器皆虚，凡道皆實，是以器有變動，而道則有恒則，道比較永久且有其客觀的存在也。道爲實有，故先生以"誠"與"道"異名而同實。其説曰：

> 誠與道，異名而同實者也。修道以存誠，而誠固天人之道也。奚以明其然邪？今夫道：古由之，今亦由之；己安之，人亦安之，歷古今而無異者，惟其實有之也。施之一室而宜，推之一國而準，推之天下而無不得，概遠邇逆順而無不容者，惟其實有然也。（《尚書引義》卷五）

道"歷古今而無異""概遠邇順逆而無不容"，此不惟實有而且公有也。誠亦實有而且公有。《尚書引義》曰：

> 夫誠者實有者也，前有所始、後有所終也。實有者，天下之公有也，有目所共見，有耳所共聞也。（卷三）

"道，自然者也"（《周易外傳》卷一），誠亦無所待而然，《尚書引義》曰：

> 誠也者實也，實有之固有之也，無有弗然，而非他有耀也。若夫水之固潤固下，火之固炎固上也，無所待而然，無不然者以相雜，盡其所可致，而莫之能御也。（卷四）

其實有相同，其自然相同，則誠與道真可謂異名而同實矣。實有固有，則天與性皆可云誠。故曰：

> 天誠也。（《尚書引義》卷三）

至誠無息，可以况天地生生不已之德也。又曰：

> 性，誠也。（《讀四書大全説》卷十）

性者，實有其當然者也。其云"無所待而然，無不然者以相雜"，則又可以謂之無不善。故曰：

> 誠者無不善也。（《尚書引義》卷三）

此所以云"天曰無極，人曰至善，通天人曰誠"，而以爲"盡天地只是個誠"也。道爲實有，誠與道異名而同實，觀於誠亦可以見道，實先生對於宇宙本體最重要之觀念也。

### (3) 天地之日新

先生以宇宙之起源爲實有，道體亦非虚無而爲實有。且"太虚者，本動者也"（《周易外傳》卷六）。可依者有，至常者生，則宇宙之由有而生，甚顯然而易見。先生贊"天地之大德曰生"曰：

> 天地之間，流行不息，皆其生焉者也，故曰"天地之大德曰生"。自虚而實，來也；自實而虚，往也。來可見，往不可見。來實爲今，往虚爲古。來者生也，然而數來而不節者，將一往而難來。一噓一吸，自然之勢也。（《周易外傳》卷六）

天地間之事物，本流行而不息。所謂死者，不過"生之大造"，亦非與生毫無關係，先生曰：

> 凡生而有者，有爲胚胎，有爲流蕩，有爲灌注，有爲衰減，有爲散滅，固因緣和合自然之妙合，萬物之所出入，仁義之所張弛也。胚胎者，陰陽充積，聚定其基也。流蕩者，静躁往來，陰在而陽感也。灌注者，有形有情，本所自生，同類牖納，陰陽之施予而不倦者也。其既則衰減矣。基量有窮，予之而不能多受也。又其既則散滅矣。衰減之窮，予而不茹，則推故而別致其新也。由致新而言之，則死亦生之大造矣。（同上，卷二）

散滅特衰減之窮，推故而別致其新，則所謂死生者，又可謂爲推陳出新。宇宙之間，固新陳代謝不已也。先生深受《易傳》與張子之影響，《易傳》曰："富有之謂大業，日新之謂盛德。"張子曰："日新者，久無窮也。"故先生更以富有與日新相聯，而謂"知其富有者惟其日新"，日新者富有，富有者日新也。先生於是主張天地有日新之化，在《思問録·外篇》曰：

> 天地之德不易，而天地之化日新。今日之風雷非昨日之風雷，是以知今日之日月非昨日之日月也。風同氣，雷同聲，月同魄，日同明，一也。抑以知今日之官骸非昨日之官骸，視聽同喻，觸覺同知耳，皆以其德之不易者類聚而化相符也。其屈而消，即鬼也；伸而息，則神也。神則生，鬼則死。消之也速而息不給於相繼，則夭而死。守其故物而不能日新，雖其未消，亦槁而死。不能待其消之已盡而已死，則未消者槁。故曰"日新之謂盛德"，豈特莊生藏舟之説爲然哉？

又曰：

> 張子曰："日月之形，萬古不變。"形者，言其規模儀象也，非謂質也。質日代而形如一，無恒器而有恒道也。江河之水，今猶古也，而非今水之即古水。燈燭之光，昨猶今也，而非昨火之即今火。水火近而易知，日月遠而不察耳。爪髮之日生而舊者消也，人所知也。肌肉之日生而舊者消也，人所未知也。人見形之不變而不知其質之已遷，則疑今兹之日月爲邃古之日月，今兹之肌肉爲初生之肌肉，惡足以語日新之化哉！

此所謂日新之化，即所謂宇宙之進化也。今日之風雷，非昨日之風雷；今日之日月，非昨日之日月，形雖不變，質則已遷，天地之化，誠日新也。先生此論，在今日觀之，亦極合近代科學家之所說也。關於此點，先生更有兩種意見，在今日猶覺其極有價值。其一爲論文明進化。先生曰：

> 魏徵之折封德彝曰："若謂古人淳樸，漸至澆訛，則至於今日，當悉化爲鬼魅矣。"偉哉其爲通論已。……且夫樂道古而爲過情之美稱者，以其上之仁，而美其下之順；以賢者匡正之德，而被不肖者以淳厚之名。使能揆之以理，察之以情，取僅見之傳聞，而設身易地以求其實，則堯、舜以前，夏、商之季，其民之淳澆、貞淫、剛柔、愚明之固然，亦無不有如躬閱者矣。……唐、虞以前，無得而詳考也，然衣裳未正，五品未清，昏姻未別，喪祭未修，狉狉獉獉，人之異於禽獸無幾也。故《孟子》曰："庶民去之，君子存之。"舜之明倫察物，存唐、虞之民所去也，同氣之中而有象，況天下乎？若夫三代之季，尤歷歷可徵焉。當紂之世，朝歌之沈酗，南國之淫奔，亦孔醜矣。數紂之罪曰"爲逋逃萃淵藪"皆臣叛其君、子叛其父之梟與豺也。至於春秋之世，弒君者三十三，弒父者三，卿大夫之父子相夷、兄弟相殺、姻黨相滅，無國無歲而無之，蒸報無忌，黷貨無厭，日盛於朝野，孔子成《春秋》而亂賊始懼，刪《詩》《書》，定禮、樂，而道術始明。然則治唐、虞、三代之民難，而治後世之民易，亦較然矣。……泥古過高，而菲薄方今以蔑生人之性，其說行而刑名威力之術進矣，君子奚取焉？（《讀通鑑論》卷二十）

從來皆稱頌古代之文明，而先生則以爲治三代之民難，治後世之民易。不"泥古過高，而菲薄方今"，此由其論天地之化日新，而灼見文明之進化也。先生在《詩廣傳》中亦有同樣之論，曰：

> 燧、農以前，我不敢知也，君無適主，婦無適匹，父子、兄弟、

朋友不必相信而親，意者其僅潁光之察乎？昏墊以前，我不敢知也，鮮食艱食相雜矣，九州之野有不粒不火者矣，毛血之氣燥、而性為之不平。軒轅之治，其猶未宣乎？（卷五）

古代之文明誠不足信也。蓋非有天地之化日新之觀念，不能有此卓見。

其二為論物質不滅，先生曰：

> 以天運物象言之，春夏為生，為來，為伸，秋冬為殺，為往，為屈，而秋冬生氣潛藏於地中，枝葉槁而根本固榮，則非秋冬之一消滅而更無餘也。車薪之火，一烈已盡，而為焰，為烟，為爐，木者仍歸木，水者仍歸水，土者仍歸土，特希微而人不見爾。一甑之炊，濕熱之氣，蓬蓬勃勃，必有所歸；若盒蓋嚴密，則鬱而不散。汞見火則飛，不知何往，而究歸於地。有形者且然，況其絪縕不可象者乎！未嘗有辛勤歲月之積，一旦悉化為烏有，明矣。故曰往來，曰屈伸，曰聚散，曰幽明，而不曰生滅。生滅者，釋氏之陋說也。倘如散盡無餘之說，則此太極渾淪之內，何處為其禽受消歸之府乎？又云造化日新而不用其故，則此太虛之內，亦何從得此無盡之儲，以終古趨於滅而不匱邪？（《張子正蒙注》卷一上）

此其所論，如謂"汞見火則飛，不知何往，而究歸於地"非"散盡無餘"，與近代科學家物質不滅之說，實極相吻合，亦極為明顯，非曲為附會也。先生在《周易內傳》中謂：

> 《易》言往來，不言生滅，……以此知人物之生，一原於二氣至足之化；其死也，反於絪縕之和，以待時而復，特變不測而不仍其故爾。生非創有，而死非消滅，陰陽自然之理也。（卷五上）

則此物質不滅之說，仍原於《易》而來。張子亦謂："太虛不能無氣，氣不能不聚而為萬物，萬物不能不散而為太虛。""方其聚也，安得不謂之客？方其散也，安得遽謂之無！"（《正蒙·太和》）皆不認死為消滅之說也。先生本是而益發揮之，而有物質不滅之主張，誠不可多得之論也（《正蒙注》論"氣坱然太虛"等亦頗與近代科學家言合，可以參看）。

至於"天地之化日新"之原則，先生亦嘗論之，（《周易外傳》卷六）曰：

> 既往之於且來，有同焉者，有異焉者。其異者，非但人物之生死然也。今日之日月，非用昨日之明也；今歲之寒暑，非用昔歲之氣也。明用昨日，則如鐙如鏡，而有息有昏；氣用昨歲，則如湯中之熱，溝澮之水，而漸衰漸泯。而非然也。是以知其富有者，惟其日新。……不用其故，方盡而生，莫之分劑而自不亂，非有同也。其同

者，來以天地之生，往以天地之化，生、化各乘其機而從其類，天地非能有心而分別之。……所以生者，虛明而善動，於彼於此，雖有類之可從，而無畛之可畫，而何從執其識命以相報乎？夫氣升如炊濕，一山之雲，不必其還雨一山；形降如炭塵，一薪之糞，不必還滋一木。有形質者且然，奚況其虛明而善動者哉？則任運自然，而互聽其化，非有異也。

天地之化日新，但有往來，而無生滅。既往之於且來，蓋具有數種原則焉。(a)"不用其故，方盡而生，莫之分劑而自不亂"。此比較爲有規律者。(b)"各乘其機而從其類""雖有類之可從，而無畛之可畫"。此比較無定準者。(c) 先生常曰："一噓一吸，自然之勢也。""因緣和合，自然之妙合。""生非創有，而死非消滅，陰陽自然之理也。"（詳前）又曰："幾天地之間，流峙動植，靈蠢華實，利用於萬物者，皆此氣機自然之感爲之"（《周易內傳》卷三下）。"道，自然者也"（《周易外傳》卷一）。天地之化日新，有自然之道存焉。故更以道爲自然也。(d) 先生曰："天地之大德曰生。天地生於道，物必肖其所生。是道無有不生之德，亦無有卒於陰之理矣。"（同上，卷四）。生生不息，天地之化日新，又永久無已也。綜此四義，先生所論，雖不及近代進化論者持說之詳明，然而不可不謂之難能可貴也。由於物質不滅，先生更主張無所謂盈虛，其說曰：

邃古無曠地，今日無餘物，其消謝生育相值，而償其登耗者適相均也。……無物不備，亦無物而或盈。夫惟大盈者得大虛。今日之不盈，豈慮將來之或虛哉？（《周易外傳》卷四）

由於天地日新，先生更主張無所謂終始。其說曰：

天地之終，不可得而測也。以理求之，天地始者今日也。天地終者今日也。其始也，人不見其始；其終也，人不見其終。其不見也，遂以謂邃古之前，有一物初生之始；將來之日，有萬物皆盡之終；亦愚矣哉！（同上）

天地之化日新，今日之風雷，非昨日之風雷；今日之日月，非昨日之日月，則固可以云天地始於今日而亦終於今日也。先生此論，固極宏通。

天地之化日新，在《易》與張子已略見其意，先生更發揮而光大之。嘗疑此說，先生實又受道、佛二家之影響，今考先生《讀四書大全說》卷六，曰：

竊疑先儒說死生處都有病在。以聖人之言而體驗之於身心形色之間，則有不然者。今且可說死只是一死，而必不可云生只是一次生。

生既非一次生，則始亦非一日始矣。莊子藏山、佛氏刹那之旨，皆云新故密移，則死亦非頓然而盡，其言要爲不誣；而所差者，詳於言死而略於言生。……斷不可以初生之一日爲始，正死之一日爲終。

新故密移，在道、佛兩家亦言之，不過《易》已有此説，故云"豈特莊生藏舟之説爲然"（詳前）。先生本此數説，闡述日新之義，誠足以發人猛省也。

**（4）天人之關係**

先生論宇宙之起源，以爲物生於有；論宇宙之本體以心物合一，此與先生之爲論天人實極有關係，先生蓋以人爲本者也。《周易外傳》曰：

> 天、地、人，三始者也。無有天而無地，無有天地而無人。……人之於天地，又其大成者也。……以我爲己而乃有人，以我爲人而乃有物，則亦以我爲人而乃有天地。（卷三）

宇宙之實有，本從人目之所遇、心之所覺而决定。以我爲人而有天地，人之於天地，又其大成者，此至平允之論也。人實爲天地之心，先生曰：

> 天地之生，以人爲始。故其弔靈而聚美，首物以克家，聰明睿哲，流動以入物之藏，而顯天地之妙用，人實任之。人者，天地之心也。故曰："復其見天地之心乎！"……自然者天地，主持者人。人者天地之心。不息之誠，生於一念之復，其所賴於賢人君子者大矣。（《周易外傳》卷二）

人能主持天地，顯天地之妙用，苟無人，則天地之位，陰陽之化，皆失其作用矣。"人者，天地之心"，在天地之中至重要者也。故又曰：

> 道行於乾坤之全，而其用必以人爲依。不依乎人者，人不得而用之，則耳目所窮，功效所廢，其道可知而不必知，聖人之所以依人而建極也。……以人爲依，則人極建而天地之位定也。（同上，卷一）

"道行於乾坤之全，而其用必以人爲依"，即以人爲本也。《外傳》又曰：

> "天人之合用"人合天地之用也。……聖人所憂患者，人而已矣。（卷五）

> 天地之大德者生也，珍其德之生者人也。胥爲生也，舉蚑行喙息、高騫深泳之生匯而統之於人，人者天地之所以治萬物也；舉川涵石韞、敷榮落實之生質而統之於人，人者天地之所以用萬物也。（卷六）

以人合天地之用，以人珍天地之生，天地之間，必當以人爲本也。故曰：

> 功者，人所有於天地之化，非徒任諸天也。（《尚書引義》卷四）

此皆以人爲本，不任諸天之意。然人不離天地而自存，天無日而不命於人也。《詩廣傳》曰：

> 命必有所受，有受於天者，有受於人者。知受於人者之莫非天也，可與觀化矣。知受於人者之均於天也，可與盡倫矣。人者天之緒也。天之緒顯垂於人，待人以行，故人之爲、天之化也。天命而不可亢，唯其尊焉耳。天命而不可違，唯其親焉耳。（卷一）

人爲天之緒，天命不可違，亦不可亢，則必求天人之合一矣。關於此點，先生以爲當合天人於一理，《尚書引義》曰：

> 蓋天顯於民，而民必依天以立命，合天人於一理。天者，理而已矣。（卷四）

《讀通鑒論》亦曰：

> 天不可知，知之以理……拂於理則違於天……以理律天，而不知在天者之即爲理；以天制人，而不知人之所同然者即爲天。（卷十九）

天者理也，不拂於理，則不違天矣。然天理又何從而知之耶？關於此點，先生則以爲循夫理者心。其説曰：

> 性命之理顯於事，理外無事也。天下之務因乎物，物有其理矣。循理而因應乎事物，則內聖外王之道盡。……理則事與物矣。……循夫理者，心也。故曰惟其所以用心者而已。（《尚書引義》卷一）

又曰：

> 人倫之序，天秩之矣。顧天者，生夫人之心者也，非寥廓安排，實一成之俶於前，可弗以心酌之，而但循其軌跡者也。人各以其心而凝天，天生夫人之心而顯其序，則緩急、先後、輕重、取舍之節，亦求其心之安者而理得矣。（《續春秋左氏傳博議》卷上）

"惟其所以用心"而"求其心之安者而理得矣"，此所以合天人於一理也。天人合一之道，蓋在是矣。關於天與理與心，先生殊不取程子"天一理也"之説（詳見《讀四書大全説》卷十），而所謂"循夫理者，心也"，實非如陸、王心即理之説。故又謂"理則事與物矣"。讀先生之書者，固不可混同之也。

先生以天地人爲三始，而立人之道則在仁與義，先生在《周易內傳》中曰：

> 在人曰性，在天地曰受命。……學《易》者於仁義體之，而天地之道存焉，則盡性而即以至於命。占者以仁義之存去審得失，而吉凶在中矣。（卷六下）

在《續春秋左氏傳博議》中亦曰：

> 陰陽之外無天，剛柔之外無地，仁義之外無人。（卷下）

仁義之外無人，先生之政治思想，實即植本於此（説更詳下），不可以爲非先生之所發明而遂忽之也。

### (5) 體用與動靜

先生於宇宙之本體，以爲道器相須，心物合一，而於天人之關係則謂："道行於乾坤之全，而其用必以人爲依""合天人於一理"。心物合一，天人合一，故於體用則亦以體用合一。《禮記章句》曰：

> 體用主輔合一以爲道，而内外本末歷然自分，聖學所以爲萬善之統宗而非異端之所可冒也。（卷三一）

《讀四書大全説》曰：

> 體用元不可分作兩截。（卷一）

《周易外傳》曰：

> 體用相函者也……體以致用，用以備體。……無車何乘？無器何貯？故曰體以致用，不貯非器，不乘非車，故曰用以備體。（卷五）

此皆論體用之合一也。《思問録·内篇》曰：

> 佛、老之初，皆立體而廢用。用既廢，則體亦無實。故其既也，體不立而一因乎用，莊生所謂"寓諸庸"，釋氏所謂"行起解滅"，是也。君子不廢用以立體，則致曲有誠。誠立而用自行。逮其用也，左右逢原而皆其真體。

此則主張"不廢用以立體""誠立而用自行"，於體重用，"道行於乾坤之全，而其用必以人爲依"之意見相合。故曰：

> 善言道者，由用以得體。（《周易外傳·卷二》頁四）

> 無用之體，則痿痹不仁之體而已。（《周易内傳》卷二）

由用以得體，用之重於體，亦甚明矣。先生謂誠立而用自行，在《禮記章句》更曰：

> 誠者，實理也。體以是立，用以是當，忠信之原而義理之所自出也。（卷十）

於體用並重誠，與先生以實有爲宇宙之起源，意相正合，此亦吾人所必當知者也。

先生於體重用，主張由用以見體，故於陰陽動靜，則偏重於陽動。先生在《周易外傳》中曰：

> 夫惟從無至有者，先靜後動而靜非其靜；從有益有，則無有先後而動要以先。（卷五）

> 太虛者，本動者也……往之或來，來之必往，可信其自然，以爲天地之大德。（同上，卷六）

此就太虛有無而論，太虛本動，動要以先也。就陰陽而論，則陰陽俱有動靜，亦足見動之重要。先生在《周易內傳》中曰：

> 動靜者，陰陽交感之幾也。動者陰陽之動，靜者陰陽之靜也。……非動之外無陽之實體，靜之外無陰之實體，因動靜而始有陰陽也。……尤非動之謂陽、靜之謂陰也。（卷五上）

> 剛之性喜動，柔之性喜靜，其情才因以然爾。而陽有動有靜，陰亦有靜有動。……故曰："乾其靜也專，其動也直；坤其靜也翕，其動也闢。"陰非徒靜，靜亦未即爲陰；陽非徒動，動亦未必爲陽，明矣。（同上，《發例》）

此論陰陽之動靜也。《思問錄·內篇》曰：

> 太極動而生陽，動之動也；靜而生陰，動之靜也。廢然無動而靜，陰惡從生哉！一動一靜，闔闢之謂也。由闔而闢，由闢而闔，皆動也。廢然之靜，則是息矣。"至誠無息"，況天地乎！"維天之命，於穆不已"，何靜之有！

"'至誠無息'，況天地乎！"天地之大德曰生，蓋無往而非動也。故曰：

> 夫天地，亦慎用其動而已矣。（《周易外傳》卷一）

> 聖人盡人道而合天德。合天德者，健以存生之理；盡人道者，動以順生之幾。（同上，卷二）

> 天下日動而君子日生，天下日生而君子日動。動者，道之樞，德之牖也。……故曰："天地之大德曰生。"離乎死之不動之謂也。（同上，卷六）

《詩廣傳》亦曰：

> 與其專言靜也，無寧言動。何也？動靜無端者也，故專言靜，未有能靜者也。……天下之不能動者，未有能靜者也。……天下之能靜者，未有不自動得者也。（卷一）

此皆主動之說也。不能動者不能靜，專言靜則不能靜，主靜之說，不攻而自破矣。《周易內傳》曰：

> 天地萬物之情，感於外則必動於內，故不感則已，一感則無有能靜者。（卷三上）

天地萬物之情，不能無感，"感而遂通天下之故"，此先生所以主張動之一因。先生在《思問錄》中極陳"誠於爲"之義。此亦由於重動之故也。

太虛本動者也，動可以順生之幾，而爲道德之樞牖，則宇宙之間，由生動之故，不能安於常而無變矣。故先生於常變二者亦極注意。其言曰：

有其性者有其情，有其用者有其變。(《周易外傳》卷一)

天下亦變矣。變而非能改其常，……故天下亦變矣，所以變者亦常矣。相生相息而皆其常，相延相代而無有非變。(同上，卷四)

君子常其所常，變其所變，則位安矣。常以制變，變以貞常，則功起矣。(同上，卷五)

天地之生，無可囿之變，有必合之符。(《尚書引義》卷四)

"相生相息而皆其常，相延相代而無有非變" "無可囿之變，有必合之符"，皆所以見常以制變，變以貞常，二者本非截然分析，天地之間，無時而不有常變也。然而何以能於常制變，於變貞常，此則吾人之所欲知也。先生曰：

時有常變，數有吉凶。因常而常，因變而變，宅憂患者每以因時爲道，曰"此《易》之與時盈虛而行權"者也。夫因常而常，氣盈而放逸；因變而變，情虛而詭隨；則常必召變，而變無復常。……故聖人於常治變，於變有常，夫乃與時偕行，以待憂患。而其大用，則莫若以禮。……夫聖人之於禮，未嘗不因變矣。數盈則憂患不生，乃盈則必溢而變在常之中。數虛則憂患斯起，乃虛可以受而常亦在變之中……亦因乎理之有定者焉爾。(《周易外傳》卷六)

曰"與時盈虛而行權"，曰"而其大用，則莫若以禮"，曰"亦因乎理之有定者焉爾"，"時""權""禮""理"，皆所以於變貞常之道，先生所以詔示吾人者，固極顯然易見也。

先生曰："亦因乎理之有定者焉爾"，理何以有定邪？先生嘗謂理者事與物矣。理與勢亦有相當之關係。《尚書引義》曰：

勢者事之所因，事者勢之所就，故離事無理，離理無勢。……故曰理外無勢也。(卷四)

此理勢合一之說也。先生於《讀四書大全說》中更論之曰：

言理勢者，猶言理之勢也，猶凡言理氣者，謂理之氣也。理本非一成可執之物，不可得而見；氣之條緒節文，乃理之可見者也。故其始之有理，即於氣上見理；迨已得理，則自然成勢，又只在勢之必然處見理。……孟子於此，看得"勢"字精微，"理"字廣大，合而名之曰"天"。……總將理勢作一合說。曲爲分析，失其旨矣。(卷九)

此謂在勢之必然處見理也。故曰：

> 順必然之勢者，理也；理之自然者，天也。（《宋論》卷七）

順勢以循理，斯可以得其理矣。雖然，順勢以循理，亦非易言也。先生於《尚書引義》中曰：

> 權以通古今之勢，經以會民物之情。（卷五）

在《禮記章句》中曰：

> 理勢之自然，各適其時而已。（卷十）

權也，時也，又所以審度理勢也。則權與時比較重要，而所謂理勢之自然，本非有一成之定軌也，先生之合理、勢於一，而謂理外無勢，與專就心以言理者，已非可以同日而語，更就權時以度理勢，洵爲知道者之言也。

先生嘗謂"古今之大害有三：老、莊也，浮屠也，申、韓也"（《讀通鑒論》卷十七）。又深惡夫陸、王之學，故懲於虛無寂靜之弊，而倡實有生動之說，宇宙之起源，實有也；宇宙之本體，一陰一陽之道，實有也。由有之生，而倡爲天地之化日新，文明進化，物質不滅諸說；由有之用，而主張以人爲本，天人合一，重用重動諸說。先生之宇宙觀，無處不見其力主實有生動也。先生謂理氣一元，心物一元，而主張天人合一，體用合一，常變合一，理勢合一，皆與其論宇宙本體，謂天下無有截然分析而必相對之物之說相應，其理論極有系統而不亂，且皆極深刻而動人，清代之思想家，雖如顏習齋輩，亦知重實重動，然而能從宇宙論說出根源者，則未之見，就此一端言之，已足知先生之說，遠出諸儒之右矣！

### (Ⅱ) 心性論

先生之心性論，以形色論天性，而謂性命日生，亦合於實有生動之說；至於性情一元，理欲一元，則猶其論事物之無截然分析而必相對待之說也。以惡由習而來，頗與顏習齋之意見相合，皆極有價值之論也。

### (1) 性善之根據

先生之論性，統心性天理於一氣，而不從程子之統心性天於一理，氣者，實有者也，此其所說，與宇宙論已相合者也。《讀四書大全說·卷十》曰：

> 言心言性，言天言理，俱必在氣上說，若無氣處則俱無也。張子云："繇氣化，有道之名。"……程子言"天，理也"……天者，固積氣者也。……而曰"天一理也"，則語猶有病。……氣之化而人生焉，人生而性成焉。……就氣化之成於人身，實有其當然者，則曰性。……張子云"合虛與氣，有性之名"，虛者理之所涵，氣者理之所凝也。（卷十）

"氣無不善"（同上），則"氣化之成於人身，實有其當然者"之性，固無不善也。此就氣而言，可以知人性之善也。《孟子》謂"形色，天性也"。由形色言之，亦無有不善。此在《周易外傳》《尚書引義》中已嘗言之：

　　夫天之生人，道以成形；而人之有生，形以藏性。（《尚書引義》卷一）

　　人之體惟性，人之用惟才。性無有不善，爲不善者非才，故曰，人無有不善。道則善矣，器則善矣。性者道之體，才者道之用，形者性之凝也，色者才之撰也。故曰，湯、武身之也，謂即身而道在也。道惡乎察？察於天地。性惡乎著？著於形色。有形斯以謂之身，形無有不善，身無有不善。（《尚書引義》卷四）

由形色以論性，而謂"形無有不善，身無有不善"，亦從實有者立論也。其謂："惟有人之形也，則有人之性也，雖牿亡之餘，猶是人也，人固無有不善而夙異乎草木禽獸者也。"（同上）。直以人形與草木禽獸相比而見其必善，則人誠無有不善矣。先生此說略與顏習齋所云："耳目、口鼻、手足、五臟、六腑、筋骨、血肉、毛髮俱秀且備者，人之氣也，雖蠢，猶異於物也；呼吸充周榮潤，運用乎五官百骸粹且靈者，人之氣也，雖蠢，猶異於物也；故曰'人爲萬物之靈'，故曰'人皆可以爲堯、舜'。"（《存性篇》卷一）其意見相符合。由形色即可決知人性之善也。故曰：

　　惟知性者，反之吾心，而確見其固有之實，則其所爲性者，果吾之性也。（《四書訓義》卷三十五）

　　實有之而實見之，實盡之而實安之，生與俱生而不相爲離，則所性者是已。（同上，卷三十七）

心性皆實有而不可離也。在《周易外傳》中先生更由《易》繼之者善，成之者性，以明性之本善，其言曰：

　　人物有性，天地非有性。陰陽之相繼也善，其未相繼也不可謂之善。故成之而後性存焉，繼之而後善著焉。……繼之者天人之際也，天則道而已矣。道大而善小，善大而性小。道生善，善生性。……善則天人相續之際，有其時矣。……性則斂於一物之中，有其量矣。……道者善之所從出也。惟其有善，是以成之爲性焉，善者性之所資也。方其爲善，而後道有善矣。方其爲性，而後善凝於性矣。……然則先言性而係之以善，則性有善而疑不僅有善。不如先言善而紀之以性，則善爲性，而信善外之無性也。觀於《繫傳》，而天人之次序乃審矣。甚哉，繼之爲功於天人乎！天以此顯其成能，人以此紹其生理者也。性則因乎成矣，成則因乎繼矣。不成未有性，不繼不能成。天人相紹之際，存乎天者莫妙於繼……則君子之所以爲功於性者，亦此而已矣。繼之則善矣，不繼則不善矣。天無所不繼，故善不窮。人有所不繼，則惡興焉。……則惟其念與念之不相繼也，事與事之不相繼也儞矣。……至於繼，而作聖之功蔑以加矣。（卷五）

此以道大而善小，善大而性小，以明善外之無性，而後善凝於性，則亦性善之明據也。其謂"念與念之不相繼也，事與事之不相繼也"，則在人繼善之功，故又當重正心誠意，克己復禮，所以詔示人以努力者，固甚深切。然而睹先生此論，則固無疑於性之善也。

**(2) 性命之日生**

先生依據其天地之化日新之論，又發明性命日生之說，與繼善成性之旨，亦正相符合。在《尚書引義》中，先生曰：

夫性者生理也，日生則日成也。則夫天命者，豈但初生之頃命之哉？但初生之頃命之，是持一物而予之於一日，俾牢持終身以不失，天且有心於勞勞給與；而人之受之，一受其成形，而無可損益矣。

夫天之生物，其化不息。初生之頃，非無所命也。何以知其有所命？無所命，則仁、義、禮、智無其根也。幼而少，少而壯，壯而老，亦非無所命也。何以知其有所命？不更有所命，則年逝而性亦日忘也。

形化者化醇也，氣化者化生也。二氣之運，五行之實，始以爲胎孕，後以爲長養，取精用物，一受於天產地產之精英，無以異也。形日以養，氣日以滋，理日以成；方生而受之，一日生而一日受之。受之者有所自授，豈非天哉？故天日命於人，而人日受命於天。故曰性者生也，日生而日成之也。（卷三）

此由"天日命於人，而人日受命於天"，以明性日生而日成也。不惟如此，由人之一方面言之，亦可以見其然。先生又曰：

生之初，人未有權也，不能自取而自用也。惟天所授，則皆其純粹以精者矣。天用其化以與人，則固謂之命矣。已生以後，人既有權也，能自取而自用也。自取自用，則因乎習之所貫，爲其情之所歆，於是而純疵莫擇矣。

乃其所取與所用者，非他取別用，而於二殊五實之外亦無所取用，一稟受於天地之施生，則又可不謂之命哉？天命之謂性，命日受則性日生矣。（同上）

由人之自取自用，亦爲日受命於天，則亦可以云命日受而性日生。性之善惡，尤當注重後天之修養也。故又云：

> 目日生視，耳日生聽，心日生思，形受以爲器，氣受以爲充，理受以爲德。取之多，用之宏而壯；取之純，用之粹而善；取之駁，用之雜而惡；不知其所自生而生。是以君子自強不息，日乾夕惕，而擇之、守之，以養性也。於是有生以後，日生之性益善而無有惡焉。
> 
> 若夫二氣之施不齊，五行之滯於器，不善用之則成乎疵者，人日與婾瞶苟合，據之以爲不釋之欲，則與之浸淫披靡，以與性相成，而性亦成乎不義矣。
> 
> ……惟命之不窮也而靡常，故性屢移而異。抑惟理之本正也而無固有之疵，故善來復而無難。未成可成，已成可革。性也者，豈一受成侀，不受損益也哉？故君子之養性，行所無事，而非聽其自然，斯以擇善必精，執中必固，無敢馳驅而戲渝已。（同上）

"未成可成，已成可革""而非聽其自然"，後天之修養，可以使有生以後，日生之性益善，則無論初生之頃爲何如矣。故又曰：

> 天日臨之，天日命之，人日受之。命之自天，受之爲性。終身之永，終食之頃，何非受命之時？皆命也，則皆性也。
> ……
> 周子曰："誠無爲。"無爲者誠也，誠者無不善也，故孟子以謂性善也。誠者無爲也，無爲而足以成，成於幾也。幾，善惡也，故孔子以謂可移也。
> 
> 有在人之幾，有在天之幾。成之者性，天之幾也。初生之造，生後之積，俱有之也。取精用物而性與成焉，人之幾也。初生所無，少壯日增也。苟明乎此，則父母未生以前，今日是已；太極未分以前，目前是已。縣一性於初生之頃，爲一成不易之侀，揣之曰："無善無不善"也，"有善有不善"也，"可以爲善可以爲不善"也，嗚呼！豈不妄與！（同上）

先生此論，以爲終身之永，終食之頃，莫非受命之時，只須注意於幾之善惡；性無不可移，苟趨於善，則自今日始，固可謂性善；一切關於性之爭論，無善無不善，有善有不善，及可以爲善可以爲不善，皆可以借此以解其糾紛矣。"父母未生以前，今日是已；太極未分以前，目前是已"，遷善改過，可無遲疑，真足以發人猛省也。此論爲先生所自創，先生於其他著述中嘗稱述之，證之以朱子之說而準（詳《著述考》），證之以道、佛之說而準（詳前），

誠不刊之論也。(《讀通鑒論》與文集中更有"造命"之説可以參閲)

**(3) 才情之善惡**

性之爲善，由氣化形色等言之，其依據甚顯明；而性命日生，非不可移易，吾人固易知其爲善也。其所以爲惡者，在才乎，抑在情乎？才情之善惡，亦吾人所及欲知者也。先生於《四書訓義》中論之曰：

> 夫人生而有性，感而在，不感而亦在者也。其感於物而同異得失之不齊，心爲之動，而喜怒哀樂之幾通焉，則謂之情。情之所向，因而爲之，而耳目心思效其能以成乎事者，則謂之才。三者相因而發，而及其用之，則各自爲體。(卷三十五)

《讀四書大全説》則曰：

> 在天爲陰陽者，在人爲仁義，皆二氣之實也。在天之氣以變合生，在人之氣於情才凡用，皆二氣之動也。
>
> ……動之有同異者，則情是已；動之於攻取者，則才是已。若夫無有同異、未嘗攻取之時，有氣之體焉，有氣之理焉（即性），則告子未嘗知也。
>
> 故曰"性猶杞柳也"，則但言才而已。又曰"性猶湍水也"，則但言情而已。又曰"生之謂性"，知覺者同異之情、運動者攻取之才而已矣。又曰"食色性也"，甘食悦色、亦情而已矣。
>
> ……
>
> 《孟子》曰："乃若其情，則可以爲善矣。"可以爲善，則可以爲不善也，"猶湍水"者此也；"若夫爲不善，非才之罪也。"爲不善非才之罪，則爲善非才之功矣，"猶杞柳"者此也。
>
> ……理以紀乎善者也，氣則有其善者也（氣是善體），情以應夫善者也，才則成乎善者也。
>
> ……
>
> 乃應夫善，則固無適應也；成乎善，則有待於成也。無適應，則不必於善（湍水之喻）；有待於成，則固然其成（杞柳之喻）；是故不可竟予情才以無有不善之名。(卷十)

才者杞柳之喻，本無功罪，情者湍水之喻，實有善惡。無功罪者，兹姑弗論。情之可以爲不善者，果何故耶？先生爲之説曰：

> 《孟子》曰："若夫爲不善，非才之罪也。"不善非才罪，罪將安歸耶？《集注》云"乃物欲陷溺而然"，而物之可欲者，亦天地之産也。不責之當人，而以咎天地自然之産，是猶舍盜罪而以罪主人之多

藏矣。毛嬙、西施，魚見之而深藏，鳥見之而高飛，如何陷溺魚鳥不得？牛甘細草，豕嗜糟糠；細草、糟糠如何陷溺人不得？然則才不任罪，性尤不任罪，物欲亦不任罪。其能使爲不善者，罪不在情而何在哉！

……蓋吾心之動幾，與物相取，物欲之足相引者，與吾之動幾交，而情以生。然則情者，不純在外，不純在内，或往或來，一來一往，吾之動幾與天地之動幾相合而成者也。

……唯其爲然，則非吾之固有，而謂之"鑠"，金不自鑠，火亦不自鑠，金火相構而鑠生焉。鑠之善，則善矣，助性以成及物之幾，而可以爲善者其功矣。鑠之不善，則不善矣，率才以趨溺物之爲，而可以爲不善者其罪矣。（同上）

才性物欲俱不任罪，罪惟在情。情本吾人之動幾與天地之動幾相合以成；幾善惡也，故可以爲善，可以爲不善，而居於功罪之間。若性則無不善，才又受命於情，故才性俱不任罪也。先生謂"釋《孟子》者又不察於性之與情有質無質、有恒無恒、有節無節之異，乃以言性善者言情善"，乃"盡破先儒之説，……不寵情以配性"。（同上。此亦先生獨特之見也。）

雖然，情居於功罪之間，鑠之善則亦善矣，故情亦不可概以惡論，此又所當知者也。先生曰：

不善雖情之罪，而爲善則非情不爲功。……情雖不生於性，而亦兩間自有之幾，發於不容已者。唯其然，則亦但將可以爲善獎之，而不須以可爲不善責之。故曰"乃所謂善也"，言其可以謂情善者此也。

功罪一歸之情，則見性後亦須在情上用功。《大學》"誠意"章言好惡，正是此理。既存養以盡性，亦必省察以治情，使之爲功而免於罪。

……若不會此，則情既可以爲不善，何不去情以塞其不善之原，而異端之説繇此生矣。乃不知人苟無情，則不能爲惡，亦且不能爲善。便只管堆塌去，如何盡得才，更如何盡得性？

……若論情之本體，則如杞柳，如湍水，居於爲功爲罪之間，而無固善固惡，以待人之修爲而決導之，而其本則在於盡性。是以非静而存養者，不能與於省察之事。《大學》之所以必正其心者乃可與言誠意也。（同上）

"不善雖情之罪，而爲善則非情不爲功"，只當存養以盡性，省察以治情，使之爲功而免於罪也。先生嘗謂"情便是人心，性便是道心"，而人心道心，雖"非即人心而即道心"，亦非判然其爲二也，蓋爲"互藏其宅，交發其用"（《尚書引義》卷一）。先生亦屢言："情者，性之端"（《詩廣傳》卷二），"情者，性之緒"（《禮記章句》卷十九），於情之與性，非以爲判然爲二也。故終曰：

> 夫情之可以爲善，惟其爲性發動之幾也，不善非才之罪，惟其爲性效靈之具也。則可因情、才以求性，而不可舍性以誣情、才。

（《四書訓義》卷三十五）

### (4) 不善之由來

先生論情，已以"不善之所自來，於情始有"（《讀四書大全說》卷八），而又歸其罪於習。《續左氏春秋傳博議》曰：

> 欲知舜與跖之間，善與利而已。利者，習之所熏也。……乃有所利而爲惡者，習之責也。……故君子終不責性而責習。（卷下）

此謂爲惡者罪在於習也。《讀四書大全說》中復論之曰：

> 後天之性，亦何得有不善？"習與性成"之謂也。先天之性天成之，後天之性習成之也。乃習之所以能成乎不善者，物也。夫物亦何不善之有哉？取物而後受其蔽，此程子之所以歸咎於氣稟也。雖然，氣稟亦何不善之有哉？然而不善之所從來，必有所自起，則在氣稟與物相授受之交也。氣稟能往，往非不善也；物能來，來非不善也。而一往一來之間，有其地焉，有其時焉。化之相與往來者，不能恆當其時與地，於是而有不當之物。物不當，而往來者發不及收，則不善生矣。

> ……此非吾形、吾色之咎也，亦非物形、物色之咎也，咎在吾之形色與物之形色往來相遇之幾也。

> 天地無不善之物，而物有不善之幾。物亦非有必不善之幾，吾之動幾有不善於物之幾。吾之動幾亦非有不善之幾，物之來幾與吾之往幾不相應以正，而不善之幾以成。

> 故惟聖人爲能知幾。知幾則審位，審位則內有以盡吾形、吾色之才，而外有以正物形、物色之命，因天地自然之化，無不可以得吾心順受之正。如是而後知天命之性無不善，吾形色之性無不善，即吾取夫物而相習以成後天之性者亦無不善矣。（卷八）

不善之所自來，在"氣稟與物相授受之交"，在"物之來幾與吾之往幾不相應以正"。此則環境亦並非不善，"咎在吾之形色與物之形色往來相遇之幾"

耳。先生論情曰："蓋吾心之動幾，與物相取，物欲之足相引者，與吾之動幾交，而情以生"，情亦"吾之動幾與天地之動幾相合而成"，情與習之關係甚巨，先生蓋仍責之當人也。故云"即吾取夫物而相習以成後天之性者亦無不善"。罪不在習，惟當責人。先生於情注重省察以治情，而於習則曰：

"坊"者，治人之道，"表"者，修己之道。修己治人之實，禮而已矣。性之所繇失者，習遷之也。坊習之流則反歸於善，而情欲之發皆合乎天理自然之則矣。（《禮記章句》卷三十）

注重以禮"坊"之，此先生之所以又重克己復禮也。習氣移人，其力甚大。先生在《春秋家説·卷二》嘗痛論"一鄉之所習，一國漸之；一國之所習，天下漸之"，而以為所當甚憂。在《俟解》中又曰：

末俗有習氣，無性氣。其見為必然而必為，見為不可而不為，以婞婞然自任者，何一而果其自好自惡者哉！皆習聞習見而據之，氣遂為之使者也。習之中於氣，如瘴之中人，中於所不及知，而其發也，血氣皆為之憑涌，故氣質之偏，可致曲也，嗜欲之動，可以推及人也，惟習氣移人為不可復施斤削。

又曰：

已失之習而欲求之性，雖見性且不能救其習，況不能見乎！《易》言"蒙以養正，聖功也"。養其習於童蒙，則作聖之基立於此。

（同上）

習氣移人，至於不可復斤削，此所以必當養其習於童蒙也。先生謂命日受，性日生，惟恐人之"自取自用，則因乎習之所貫，為其情之所歆，於是而純疵莫擇"。惟恐"二氣之施不齊，五行之滯於器，不善用之則成乎疵"，則所以坊習之流，固不止於童蒙，此所以必重夫克己復禮也。

### (5) 理欲之關係

先生以為為善則非情不為功，而於"物之可欲者，亦天地之產"，不任為不善之罪，故於情欲以為不當禁之遏之。《周易外傳·卷三》曰：

君子之用損也，用之於"懲忿"，而忿非暴發，不可得而懲也；用之於"窒欲"，而欲非已濫，不可得而窒也。……若夫性情之本正者，固不可得而遷，不可得而替也。

性主陽以用壯，大勇浩然，亢王侯而非忿；情賓陰而善感，好樂無荒，思輾轉而非欲。而盡用其懲，益摧其壯；竟加以窒，終絕其感。一自以為馬，一自以為牛，廢才而處於錞；一以為寒巖，一以為枯木，滅情而息其生。彼佛、老者，皆託損以鳴其修。而豈知所謂損者，因三人之行而酌損之，惟其才之可任而遇難辭也。豈並其清明之嗜欲，強固之氣質，概衰替之，以游惰爲否塞之歸也哉？

故尊性者必錄其才，達情者以養其性。故未變則泰而必亨，已變則損而有時。既登才情以輔性，抑凝性以存才情。損者，衰世之卦也。處其變矣，而後懲、窒之事起焉。若夫未變而億其或變，早自貶損以防其意外之遷流，是懲羹而吹齏，畏金鼓之聲而自投車下，不亦愚乎！

此不以懲忿窒欲爲是也。《詩廣傳·卷四》曰：

不肖者之縱其血氣以用物，非能縱也，過之而已矣。縱其目於一色、而天下之群色隱，況其未有色者乎？縱其耳於一聲、而天下之群聲閟，況其未有聲者乎？縱其心於一求、而天下之群求塞，況其不可以求者乎？

……無過之者，無所不達矣。……縱其所堪而晝夜之通、鬼神之撰、善惡之幾，吉凶之故、不慮而知，不勞而格，無過焉而已矣。一朝之忿，一念之欲，一意之往，弛而不反，莫知其鄉，皆唯其過之也。

此不以縱欲遏欲爲是也。先生於人心道心，謂互藏其宅，交發其用，非判然其爲二，故於理欲亦本其天下事物，無有截然分析而必相對之意見，以理欲爲一元。在《讀四書大全說·卷八》曰：

禮雖純爲天理之節文，而必寓於人欲以見（飲食，貨。男女，色）；雖居靜而爲感通之則，然因乎變合以章其用（飲食變之用，男女合之用）。唯然，故終不離人而別有天，終不離欲而別有理也。

離欲而別爲理，其唯釋氏爲然。蓋厭棄物則廢人之大倫矣。……五峰曰"天理人欲，同行異情"，韙哉！能合顏、孟之學而一原者，其斯言也。

即此好貨、好色之心，而天之以陰騭萬物，人之以載天地之大德者，皆其以是爲所藏之用；……於此聲色臭味，廓然見萬物之公欲，而即爲萬物之公理；

……使不於人欲之與天理同行者，即是以察夫天理，則雖若有理之可爲依據（老之重玄，釋之見性），而總於吾視聽言動之感通而有其貞者，不相交涉。

……

孟子承孔子之學，隨處見人欲，即隨處見天理。學者循此以求之，所謂"不遠之復"者，又豈遠哉？

此謂不離人而別有天，不離欲而別有理也。故曰："廓然見萬物之公欲，而即爲萬物之公理。"理欲一元之說也。此義在他處亦屢言之，如云：

> 天理充周，原不與人欲相爲對壘。（同上，卷六）

> 人欲之各得，即天理之大同。（同上，卷四）

> 以我自愛之心，而爲愛人之理，我與人同乎其情也，則亦同乎其道也。人欲之大公，即天理之至正矣。（《四書訓義》卷三）

> 夫仁者，天理之流行，推其私而私皆公，節其欲而欲皆理者也。（同上，卷一八）

> 若猶不協於人情，則必大違於天理。（同上，卷二一）

> 王道本乎人情，人情者，君子與小人同有之情也。……孟子既深達人情天理合一之原，而知王道之可即見端以推廣。……私欲之中，天理所寓。（同上，卷二六）

> 孟子所言之王政，天理也，無非人情也。人情之通天下而一理者，即天理也。非有絶己之意欲以徇天下，推理之清剛以制天下者也。（同上，卷二六）

> 天下之動。人欲之，彼即能之，實有其可欲者在也。此蓋性之所近，往往與天理而相合者也。（同上）

此所謂"天理充周，原不與人欲相對壘""人欲之各得，即天理之大同""私欲之中，天理所寓"。其理欲一元論之説甚明。而所謂"人欲之大公，即天理之至正""萬物之公欲，而即爲萬物之公理"，則似於欲於理，並重"大公""至正"。其云"雖若有理之可爲依據，而總於吾視聽言動之感通而有其貞者，不相交涉"，於欲亦重至正也。清代思想之特徵，除務實好古外，頗傾向於理欲一元論，此亦宋明理學逆動之一也。與先生同時之陳乾初亦主張"人欲恰好即天理"（見黃宗羲《南雷文約》卷二《陳乾初先生墓誌銘》），而先生更云："私欲之中，天理所寓""隨處見人欲，即隨處見天理"，理欲之界限，非判若鴻溝。其後戴東原乃發爲"理者存乎欲者也"之論，其實先生固已早言之也。先生不主張"推理之清剛以制天下"，亦與戴氏之反對"尊者以理責卑，長者以理責幼，貴者以理責賤，……死於法，猶有憐之者；死於理，其誰憐之！"意見相去不遠，先生固不僅重視人之公欲，而於不合人情之理，實不甚贊許，在先生以前，固未有能持如是之論也。先生以老、莊、浮屠、申、韓爲天下之大害，其所以惡申、韓者，蓋亦以其慘覈寡恩，與王道之本乎人情，相去懸殊。又先生云："實有其可欲者在也"，不漠視人欲，與其實有生動之主張，亦同條共貫，此亦讀先生之書者所當注意也。

總觀先生之心性論，以形色論天性，以氣化之實有其當然者論性，根本於實有；而謂繼善成性，注重念與事之相繼，而闡性命日生之説，則就生動言。其論才情習氣，使於修養方面，重在盡心知性，存養省察，正心誠意，克己復禮；以及理欲一元之論，皆與實有生動有關，綫索甚明。讀先生之書者，於其思想之體系，固不可忽之也。

### (Ⅲ) 修爲論

先生之心性論，以性爲善，而以情則居於爲功爲罪之間，其説曰："若論情之本體，則如杞柳，如湍水，居於爲功爲罪之間，而無固善固惡，以待人之修爲而決導之，而其本則在於盡性。是以非靜而存養者，不能與於省察之事。《大學》之所以必正其心者乃可與言誠意也。"（詳前）先生之修爲論，其大綱已略具於此。先生謂惡由習來，而坊習之深，則在於禮。則由先生之論盡心知性，存養省察，正心誠意，克己復禮，可以具見修爲論之要旨矣。

### (1) 論盡心知性

先生以性爲善，性日生而日成者也，非盡心窮理，以擴充之，以存養之，則不爲功。故先生於《張子正蒙注》論之曰：

> 大人不失其赤子之心，而非孤守其惻隱、羞惡、恭敬、自然之覺，必擴而充之以盡真致，一如天之陰陽有實，而必於闔闢動止神運以成化，則道宏而性之量盡矣。蓋盡心爲盡性之實功也。（卷三下）

又曰：

> 朱子謂知性乃能盡心，而張子以盡心爲知性之功，其説小異。然性處於靜而未成法象，非盡其心以體認之，則偶有見聞，遂據爲性之實然，此天下之言性者所以鑿也。（同上，卷四上）

此皆謂盡心則知性也。所謂盡心者，在擴而充之，以盡其致，非偶有見聞，則窮理爲要矣。張子曰："'自明誠'，由窮理而盡性也；'自誠明'，由盡性而窮理也。"先生釋之曰："存養以盡性，學思以窮理。"（同上，卷三下）故直以爲："窮理盡性，交相爲功"（同上）。又曰："天下之物相感而可通者，吾心皆有其理，唯意欲蔽之則小爾。由其法象，推其神化，達之於萬物一源之本，則所以知明處當者，條理無不見矣。天下之物皆用也，吾心之理其體也；盡心以循之，則體立而用自無窮。"（同上，卷四上）。又曰："心不盡則有外，一曲乍得之知，未嘗非天理變化之端，而所遺多矣。"（同上）。此亦皆以盡心爲窮理也。在《讀四書大全説》中先生論之曰：

朱子以"物格"言知性，語甚奇特。非實有得於中而洞然見性，不能作此語也。

……蓋格物者知性之功，而非即能知其性；物格者則於既格之後，性無不知也。

……故曰"盡心則知至之謂也"，言於吾心之知無所吝留而盡其才也。（卷十）

又曰：

孟子曰"盡其才"，曰"盡其心"。足以知天下之能為不善者，唯其不能為善而然，而非果有不善之才為心所有之咎，以成乎幾之即於惡也。

特心之為幾，變動甚速，而又不能處於靜以待擇，故欲盡心者無能審其定職以致功。是故奉性以著其當盡之職，則非思而不與性相應；窮理以復性於所知，則又非思而不與理相應；然後心之才一盡於思，而心之思自足以盡無窮之理，故曰："盡其心者，知其性也。"（同上）

此皆言知至窮理以盡其心也。先生謂"心之才一盡於思，而心之思自足以盡無窮之理"，先生於思之意，實有特殊之解釋。《讀四書大全說》中論《孟子》"心之官則思"曰：

天與人以仁義之心，只在心裏面。唯其有仁義之心，是以心有其思之能，不然，則但解知覺運動而已。此仁義為本而生乎思也。

……思因仁義之心而有，則必親其始而不與他為應，故思則已遠乎非道而即仁義之門矣。是天之與我以思，即與我以仁義也。此從乎成性而言也。

故"思"之一字，是繼善、成性、存存三者一條貫通梢底大用，括仁義而統性情，致知、格物、誠意、正心，都在者上面用工夫，與《洪範》之以"睿作聖"一語斬截該盡天道、聖功者同。孟子之功，不在禹下，此其一徵矣。（同上）

"'思'之一字，是繼善、成性、存存三者一條貫通梢底大用，括仁義而統性情，致知、格物、誠意、正心，都在者上面用工夫"。思之功用，其大如此。且由是觀之，心之才一盡於思，則盡心為盡性之實功者，必致知格物與正心誠意並重。先生又謂："《孟子》說此一'思'字，是千古未發之藏，與《周書》言'念'，《論語》言'識'，互相性體之大用。'念'與'識'則是聖之事，思則是智之事。"（同上）其論"念"與"識"曰：

大哉，念乎！天以爲強之精，地以爲厚之持；四海群生以爲大之歸，前古後今以爲久之會；大至無窮以爲載之函，細至無畛以爲破之入；《易》以爲縕，《禮》以爲誠，《詩》以爲志，《春秋》以爲權衡；故曰"克念作聖"，非易辭也。

　　……孟子曰：欲知舜與跖之分，無他，利與善之間也。聖之所克念者，善而已矣。

　　……《易》曰："繼之者善也。"天以繼而生不息，日月、水火、動植、飛潛，萬古而無殊象，惟其以來復爲心也。人以繼而道不匱，安危利害，吉凶善敗，閱萬變而無殊心，惟其以勿忘爲養也。

　　……欲知舜與跖之分，無他，利與善之間，繫乎念之忘與不忘而已矣。

　　孔子曰："默而識之。"識也者，克念之實也。識之量，無多受而溢出之患，故日益以所亡，以充善之用而無不足。識之力，無經久而或渝之憂，故相守而不失，以需善之成。存天地古今於我而恒不失物，存我於君民親友而恒不失我。耳以亶聰，目以貞明，知以知至而知終，行以可久而可大。一日之克，終身不舍；終身之念，終食無違。此豈非"終日乾乾夕惕若"之龍德乎？

　　……瞬有養，息有存。其用在繼，其體在恒，其幾在過去未來之三際。（《尚書引義》卷五）

念者善也，識者知也，亦致知格物與正心誠意並重。存養與省察並重也。然而曰："其用在繼，其體在恒"，則所謂繼善成性也。盡心爲盡性之實功，又在繼與恒，此思之所以繼善成性存存也。

### (2) 論存養省察

先生論"念"與"識"，謂瞬有養，息有存，以存養爲主之意見，已甚明顯。在《禮記章句》卷三十一中更論之曰：

　　能常戒懼，天則炯然，而後善者審，不善者着，加謹之功起焉。若未嘗戒懼，則一念之惡未有凶危之象，昏然莫察其是非，至於人之視己，如見其肺肝，而後悔而思掩，初無有所謂獨知，則亦無從致其慎也。蓋庸人後念明於前念，而君子初幾捷於後幾，遏人欲所以全天理，而惟存天理者乃可以遏人欲。是存養爲聖學之本，而省察其加功，固有主輔之分也。

存理遏欲，此所以必以存養爲主也。然先生之意，雖以"中爲體，和爲用，存養爲主，省察爲輔"，而實以"體用主輔，合一以爲道"（同上）。

故曰：

> 唯存養而後可以省察，唯致中而後可以致和，用者用其體也。唯省察而後存養不失，唯致和而後中無不致，體者用之體也。（同上）

存養省察，互爲先後，此又不可不察者也。《讀四書大全説》亦有一段論之者，曰：

> 存養、省察之先後，史伯璿之論，可謂能見其大者矣。其云"有則俱有"，誠有以察夫聖功之不息；其云"動靜無端"，則又以見夫理事之自然。而"立言之序，互有先後"，所以無不可者，則抑有説。《中庸》之言存養者，即《大學》之正心也。其言省察者，即《大學》之誠意也。《大學》云："欲正其心者，先誠其意"是學者明明德之功，以正心爲主，而誠意爲正心加慎之事。則必欲正其心，而後以誠意爲務；若心之未正，則更不足與言誠意。此存養之功，所以得居省察之先。蓋不正其心，則人所不知之處，己亦無以辨其孰爲善而孰爲惡；且昏瞀狂迷，並所謂獨者而無之矣。……此存養先而省察後，其序固不紊也。《大學》云："意誠而後心正"，要其學之所得，則當其靜存。事未兆而念未起，且有自見爲正，而非必正者矣。動而之於意焉，所以誠乎善者不欺其心之正也，則靜者可以動而不爽其靜，夫乃成其心之正矣。然非用意於獨之時，一責乎意，而於其存養之無間斷者爲遂疏焉。……蓋省察不恒，而隨事報功；存養無期，而與身終始。故心正必在意誠之後，而不言之信、不動之敬，較無惡之志而益密也。此省察先而存養後，其序亦不紊也。（卷三）

先生之意，蓋以"存養與省察交修，而存養爲主"（同上，卷六）。所以二者可以互爲先後。先生謂《中庸》之言存養者，即《大學》之正心，其言省察者，即《大學》之誠意。欲明存養省察之意，當更觀於正心誠意之説。

### (3) 論正心誠意

正心誠意，所以靜以存養，動以省察，於盡心知性，皆極爲切要，先生論之曰：

> 蓋曰"心統性情"者，自其所含之原而言之也。乃性之凝也。其形見則身也，其密藏則心也。是心雖統性，而其自爲體也。則性之所生，與五官百骸並生而爲之君主，常在人胸臆之中，而有爲者則據之以爲志。故欲知此所正之心，則《孟子》所謂志者近之矣。……恒存恒持，使好善惡惡之理，隱然立不可犯之壁壘，帥吾氣以待物之方來，則不睹不聞之中，而修齊治平之理，皆具足矣。此則

身意之交，心之本體也；此則修誠之際，正之實功也。故曰："心者身之所主"，主乎視聽言動者也，則唯志而已矣。（《讀四書大全說》卷一）

心爲身之主，志者心所存，"心之正者，志持之也。是以知其恒存乎中，善而非惡。"（同上）則持志爲正心之功矣。又曰：

> 敬以直之，正心之實功，持志勿忘之密用也。心常存，常存於正也。正者，仁義而已矣。常存者，不違仁而集義也。（《禮記章句》卷四十二）

仁義也，存心也，持志也，敬以直之也，皆正心之實功也。故曰：

> 正心之學不講久矣。朱子明言知誠意而不知正心之弊，以防學者之舍本而圖末，重外而輕內，以陷於異端，乃一再傳而其徒已明叛而不知，又奚況陸子靜、王伯安之徒，不及背聖教以入於邪哉？然正心之實功，何若？孔子曰："復禮"，《中庸》曰："致中"，孟子曰："存心"，程子曰："執持其志"，張子曰："瞬有存，息有養"，朱子曰："敬以直之"，學者亦求之此而已矣。（同上）

此正心之說也。先生之論意曰：

> 心之與意，動之與靜，相爲體用，而無分於主輔，故曰："動靜無端"。故欲正其心者必誠其意，而心苟不正，則其害亦必達於意，而無所施其誠。凡忿懥、恐懼、好樂、憂患，皆意也，不能正其心，意一發而即向於邪，以成乎身之不修。故愚謂意居身心之交。……心之與意，互相爲因，互相爲用，互相爲功，互相爲效，可云由誠而正而修，不可云自意而心而身也。心之爲功過於身者，必以意爲之傳送。（《讀四書大全說》卷一）

心苟不正，則其害亦必達於意，此必正其心乃可與言誠意之說也。意居身心之交，心之與意，相爲因用，而無分於主輔，此誠意之所以重要也。至於誠意之功，則先生曰：

> 誠意之功，則是將所知之理，遇著意發時撞將去，教他吃個滿懷；及將吾固正之心，吃緊通透到吾所將應底事物上，符合穿徹，教吾意便從者上面發將出來，似竹笋般始終是者個則樣，如此撲滿條達，一直誠將去，更不教他中間招致自欺，便謂之毋自欺也。……當未有意時，其將來之善幾惡幾，不可預爲擬制，而務於從容涵養，不可急迫迫地逼教好意出來，及其意已發而可知之後，不可強爲補飾，以涉於小人之掩著，故待己所及知，抑僅己所獨知之時而加之慎。實

則以誠灌注乎意，徹表徹裏，徹始徹終，強固精明，非但於獨知而防之也。……誠其意者，須是金粟充滿，而用之如流水，一無吝嗇，則更不使有支撐之意耳。此則慎獨爲誠意扣緊之功，而非誠意之全恃乎此，及人所共知之後，遂無所用其力也。（雖至人所共知，尚有有其意而未有其事之時。意中千條百諸，統名爲意）……故誠意者必不自欺而預禁自欺者亦誠意之法，互相爲成也。（《讀四書大全說》卷一）

所謂誠其意者，於已知之理，及固正之心，撲滿條達，更毋自欺也。"慎獨"亦爲誠意之功，"預禁自欺"亦其一法也。先生嘗謂：

意不盡緣心而起，則意固自爲體，而以感通爲因。故心自有心之用，意自有意之體。人所不及知而己所獨知者，意也。（同上）

此所以重慎獨與不自欺之故，意隱而心著也。至於"謂誠其意者，須是金粟充滿"，則先生曰：

誠其意者，意實則邪無所容也。意受誠於心知，意皆心知之素，而無孤行之意，故曰無意。慎獨者，君子加謹之功，善後以保其誠爾。（《思問錄》內篇）

意實則邪無所容，此所以必先正其心乃誠其意，使意得受誠於心知也。盡心知性，思以窮理，念以繼善，由是而存養焉，省察焉，以爲誠正之功，所以盡性治情者，固有條而不紊也。

正心誠意之先後，於先生論存養省察，可以見之，兹不復贅。惟吾人所當注意者，則先生之論誠也。先生曰：

"反身而誠"，與《大學》"誠意""誠"字，實有不同處，不與分別，則了不知"思誠"之實際。"誠其意"只在意上說，此外有正心，有修身。修身治外而誠意治內，正心治靜而誠意治動。在意發處說誠，只是"思誠"一節工夫。若"反身而誠"，則通動靜、合內外之全德也。靜而戒懼而不睹不聞，使此理之森森然在吾心者，誠也。動而慎於隱微，使此理隨發處一直充滿，無欠缺於意之初終者，誠也。外而以好以惡，以言以行，乃至加於家國天下，使此理洋溢周遍，無不足用於身者，誠也。三者一之弗至，則反身而不誠也。唯其然，故知此之言"誠"者，無對之詞也。……說到一個"誠"字，是極頂字，更無一字可以代釋，更無一語可以反形，盡天下之善而皆有之謂也，通吾身、心、意、知而無不一於善之謂也。（《讀四書大全說》卷九）

先生於此"反身而誠"之"誠"，以爲盡天下之善而皆有，通吾身、心、意、知而無不一於善，則"誠"非"誠意"之"誠"所能盡。讀先生之書者，固當明其界域，明於"誠意"之"誠"，而又瞭然於所謂盡天下之善之"誠"也。

### （4）論克己復禮

克己復禮，亦正心之功也。先生有言曰："聖人於常治變，於變有常，夫乃與時偕行，以待憂患。而其大用，則莫若以禮。"此禮之重要也。故曰：

> 禮原於天而爲生人之本，性之藏而命之主也，得之者生，失之者死，天下國家以之而正，唯聖人知天人之合於斯，而不可斯須去，所爲繼天而育物也。（《禮記章句》卷九）

"禮原於天而爲生人之本"；天人之合，惟在於禮，故不可斯須去也。其曰性之藏而命之主者，則人心之中固有禮，非禮自外作也。此義先生於《尚書引義》中說之甚詳，其言曰：

> 《易》之言曰："敬以直內，義以方外。"《誥》之言曰："以義制事，以禮制心。"故曰："先聖後聖，其揆一也。"……夫民受天地之中以生，耳、目、口、體，形著於實，受來以虛；視、聽、言、動，幾發於虛，往麗於實，其互相入者，有居中以宰之者也。以凝之者行之，斯以事無不宜，而心無有僭，卓然而有其直，卓然而爲其方，居乎此以治乎彼，故曰制也。……《告子》之言曰"義外"，而言禮之駁者亦曰"禮自外作"。夫內之既卓然有可凝之直方矣，則義、禮之俱非外也亦明矣。我無以辨外義禮者之非也，則以外非無禮義，而不制於我，則非我之義與禮也。蠡蟻之君臣，虎狼之父子，相鼠之皮體，燕雁之配偶，何有於我？義外之非，夫人而言之，孟子辨之已析也。禮外之云，《樂記》之枝詞也。……義之內也，以智而喻；禮之內也，以仁而顯。喪之哀，祭之敬，食之不飧兄臂，色之不摟處子，亦惟以求慊乎心也。必求如此而後慊於心，則心固有之，故曰"復禮"。……天理之流行，身以內，身以外，初無畛域，天下所有即吾心之得，吾心所藏即天下之誠，合智仁，通內外，豈有殊哉？（卷三）

天理流行，初無畛域，天下所有即吾心之得，吾心所藏即天下之誠。禮之內也，以仁而顯，故不可云禮自外作，而"復禮"之義明矣。《讀四書大全說》中先生更論克己與復禮曰：

> "克"字有力，夫人而知之矣，乃不知"復"字之亦有力也。……夫謂克己、復禮，工夫相爲互成而無待改轍，則可；即謂己不克則禮不復，故復禮者必資克己，亦猶之可也。若云克己便能復禮，克

己之外，無別復禮之功，則悖道甚矣。可云不克己則禮不可復，亦可云不復禮則己不可克。若漫不知復禮之功，只猛著一股氣力，求己克之，則何者爲己，何者爲非己，直是不得分明。……精而言之，禮之未復，即爲己私；實而求之，己之既克，未即爲禮。必將天所授我耳目心思之則，復將轉來，一些也不虧欠在，斯有一現成具足之天理，昭然不昧於吾心，以統衆理而應萬事。若其與此不合者，便是非禮，便可判斷作己，而無疑於克，故曰"非禮勿視"云云。……聖人扼要下四個"非禮"字，却不更言"己"，即此可知。（卷六）

復禮之功，在於將天所授我耳目心思之則，復將轉來，非區區於己所欲者而求戰勝也。復禮之功成，則自然可以克己矣。此消極的破專重克己之說也。由積極的一方面言之，則所謂克己復禮者，實秉禮以克己。先生曰：

> 子之言仁，曰："克己復禮爲仁"，初不徒言克己；抑曰"能行五者於天下"，初不徒言不行不仁。以體言之，則有所復也，而乃以克所克；克所克矣，而尤必復所復。以用言之，則其所不當行者不行，尤必其所當行者行之也。蓋必使吾心之仁，汎應曲當於天下而無所滯，天下事物之理，秩然咸有天則於靜存之中而無所缺，然後仁之全體大用，以賅存焉。故存養與省察交修，而存養爲主，行天理於人欲之內，而欲皆從理，然後仁德歸焉。故子之言克己曰："非禮勿視，非禮勿聽，非禮勿言，非禮勿動"，奉一禮以爲則。其爲禮也，既視、聽、言、動之所必由，而其勿視、勿聽、勿言、勿動者，一取則於禮以定其非。則克己以復禮，而實秉禮以克己也。不辨之己而辨之禮。

（同上）

克己復禮，雖在其所不當行者不行，尤必其所當行者行之也。故就積極的一方面言之，實在秉禮以克己也。先生論理欲之關係，曾謂"禮雖爲天理之節文，而必寓於人欲以見"。此云"行天理於人欲之內，而欲皆從理，然後仁德歸焉。"故於所謂己私，非漫不知復禮之功，即可云克。此與先生理欲一元之論頗有密切之關係，不可忽也。

克己復禮爲仁，禮實以仁爲本，故曰："義之內也，以智而喻；禮之內也，以仁而顯"。先生於《尚書引義》中更論之曰：

> 禮何放乎？放於義矣。義何放乎？放於仁矣。禮何放於義？從其等而宜之爲禮也。義何放於仁？準其心而安之爲義也。故禮依於仁以爲本，惟仁至矣。雖然，仁必以義爲心之則，而後仁果其仁也。仁義必以禮爲德之符，而後仁義果仁義也。故禮復而後仁可爲也。（卷三）

禮雖依於仁以爲本，而仁義必以禮爲德之符，而後仁義果其仁義，然則復禮之重要可知矣。《讀四書大全說》更曰：

> 故修身者，修其言、行、動之辟也。欲得不辟，須有一天成之矩爲之範圍，爲之防閑，則禮是已。故曰："非禮不動，所以修身也"。（卷一）

"禮以簡束其身，矯偏而使一於正"（同上），修身之功，必資於禮，在修爲中，克己復禮，實與盡心知性，正心誠意，同爲要義也。

## （Ⅳ）知識論

### （1）論格物致知

格物致知，亦先生所謂修爲論中之一法也，顧其義不止於修爲，茲別立"知識論"一項以述之。先生之論知，所謂知識者，實可分爲二。先生曰：

> 因理而體其所以然，知以天也；事物至而以所聞所見者證之，知以人也。通學識之知於德性之所喻，而體用一源，則其明自誠而明也。（《張子正蒙注》卷三下）

所謂知以天者，德性之知也；所謂知以人者，見聞之知也。故又曰：

> 天下有其事而見聞乃可及之，故有堯，有象，有瞽瞍，有舜，有文王、幽、厲，有三代之民，事跡已著之餘，傳聞而後知，遂挾以證性，知爲之梏矣。德性之知，循理而及其原，廓然於天地萬物大始之理，乃吾所得於天，而即所得以自喻者也。（同上，卷四上）

德性之知，可以"循理而及其原"，然先生之意，亦非尊德性之知，而以見聞之知爲小，實二者並重之；蓋無聞見之知，則又不足以啓發德性之知也。故又曰：

> 內者，心之神，外者，物之法象；法象非神不立，神非法象不顯。多聞而擇，多見而識，乃以啓發其心思而會歸於一，又非徒恃存神而置格物窮理之學也。（同上）

此格物致知之所以重要也。格物爲一事，致知爲一事，先生論之曰：

> 夫知之方有二，二者相濟也，而抑各有所從。博取之象數，遠證之古今，以求盡乎理，所謂格物也。虛以生其明，思以窮其隱，所謂致知也。非致知，則物無所裁而玩物以喪志；非格物，則知非所用而蕩智以入邪；二者相濟，則不容不各致焉。（《尚書引義》卷三）

所謂格物者，近於歸納之法也；所謂致知者，近於演繹之法也；前者偏於客觀一方面，後者偏於主觀一方面，二者必相爲濟，乃可以無害也。《讀四書大全説》中更論之曰：

朱子説"格物、致知只是一事，非今日格物，明日又致知"。此是就者兩條目發出大端道理，非竟混致知，格物爲一也。……吾心之知，有不從格物而得者，而非即格物即致知，審矣。且如知善知惡是知，而善惡有在物者，如大惡人不可與交，觀察他舉動詳細，則雖巧於藏奸，而無不洞見。如砒毒殺人，看《本草》，聽人言，便知其不可食，此固於物格之而知可至也。至如吾心一念之非幾，但有愧於屋漏，則即與跖爲徒；又如酒肉黍稻，本以養生，只自家食量有大小，過則傷人；此若於物格之，終不能知，而唯求諸己之自喻，則固分明不昧者也。是故孝者，不學而知，不慮而能，慈者不學養子而後嫁；意不因知而知不因物，固矣。唯夫事親之道，有在經爲宜，在變爲權者，其或私意自用，則且如申生、匡章之陷於不孝，乃藉格物以推致其理，使無纖毫之疑似，而後可用其誠。此則格致相因，而致知在格物者，但謂此也。（卷一）

格物致知，本爲二事，有吾心之知，不從格物而得者，此顯然其爲二也；有於物格之而後知乃可至者，此又足見其相因也。先生更進而論之曰：

天下之物無涯，吾之格之也有涯；吾之所知者有量，而及其致之也不復拘於量。顏子聞一知十，格一而致十也；子貢聞一知二，格一而致二也。必待格盡天下之物，而後盡知萬事之理，既必不可得之數。是以《補傳》云："至於用力之久，而一旦豁然貫通焉"。初不云積其所格，而吾之知已無不至也。知至者，"吾心之全體大用無不明"也。則致知者，亦以求盡夫吾心之全體大用，而豈但於物求之哉？《孟子》曰："梓匠輪輿，能與人規矩，不能使人巧。"規矩者物也，可格者也；巧者非物也，知也，不可格者也。巧固在規矩之中，故曰："致知在格物"；規矩之中無巧，則格物、致知亦自爲二，而不可偏廢矣。（同上）

致知在格物，巧在規矩中之喻也；格物致知亦自爲二，規矩之中無巧之喻也。故二者不可偏廢。然則其方法何若？先生曰：

大抵格物之功，心官與耳目均用，學問爲主，而思辨輔之，所思所辨者皆其所學問之事。致知之功則唯在心官，思辨爲主，而學問輔之，所學問者乃以決其思辨之疑。"致知在格物"，以耳目資心之用而使有所循也。非耳目全操心之權而心可廢也。（同上）

格物之功，以學問爲主而思辨輔之；致知之功，以思辨爲主而學問輔之；

致知在格物，要在以耳目資心之用也。先生於《思問録》復曰：

> 大匠能與人以規矩，不能使人巧。巧者，聖功也，博求之事以會通其得失，……而盡其條理，巧之道也。格物窮理，而不期旦暮之效者遇之。(《內篇》)

博求之事物，以會通其得失，而盡其條理，巧自在規矩之中，此格物窮理，不期旦暮之效，則亦自能巧也。又曰：

> 定靜安慮得，……合而言之，與學相終始；分而言之，格一物亦須有五者之效方格得。……"定"則於至善中曲折相因之致，委悉了當，……一眼覷定，則定理現，定體立矣，……就此下手做去時，心中更無恐懼疑惑，即此而心不妄動，是謂之靜。……唯然，則身之所處，物之來交，無不順而無不安。……一日具知，則慮而得可見於一日之間；終身不舍，則定靜安相養於終身之久要。……惟至於得，則篤行之事。(《讀四書大全說》卷一)

《大學》言："知止而後有定，定而後能靜，靜而後能安，安而後能慮，慮而後能得。"先生借此以言格物之法，亦可以備一説也。又，格物致知，亦爲脩身之事，先生云：

> 賢人之學，以格物致知爲始，而以修其身，格致皆以修也。蓋格物致知者，至善之極則，聖人以此爲德之至盛，而學者之始事，必自此始焉，所謂知止爲始也。下學上達，其致合一，無繩墨之可改，彀率之可變也。(《禮記章句》卷三一)

又云：

> 《大學》既云："欲正其心者，先誠其意。欲誠其意者，先致其知。致知在格物。"是修身之功以正心爲主，三者爲輔矣。又云："物格而後知至，知至而後意誠，意誠而後心正。"是身修之功，以物格爲始，心正爲成，此學者之所疑也。乃《大學》固云："在止於至善，"而《章句》云："知止爲始。"四者一之未盡，不可謂至善；學焉而偏有所主，不可謂知止。……然則學之固無其序乎？非無序也，四者各以漸而進，而非急其一而姑置其三也。(同上)

又曰：

> 賢聖之學，以正心誠意貞天下之得失；以格物致知審天下之是非。得失貞，而氣以貞而盛大；是非審，則知以審而博通。(《四書訓義》卷十七)

> 誠其意者，使意皆出於不妄，而心爲實心，知爲實知，意亦爲誠

實之意，而後爲善去惡之幾決矣。（同上，卷一）

　　古之欲誠其意者，必先於善惡可知之理力致其辨，而無一理之不明，引意以爲妄焉。夫致知則意知所誠心知所正，身知所修矣。（同上，卷一）

格物致知者，至善之極則，學者之始事，使意知所誠，心知所正，而後爲善去惡之幾決；格致與誠正皆當各以漸而進，此格物致知本屬於修爲之一法也。

### （2）論知行學思

格致之功，於知行二者，並有關係；又或以學問爲主，或以思辨爲主；則於先生之論知行學思者，不可不稍詳言之也。先生之學，體用合一，故於知行，不取先知後行之說，尤惡陸、王先知廢行而借於知行合一之說。此其意於《尚書引義》中甚詳言之，其說曰：

　　宋諸先儒欲折陸、楊"知行合一，知不先，行不後"之說，而曰："知先行後"，立一劃然之次序，以困學者於知見之中，且將蕩然以失據，則已異於聖人之道矣。《說命》曰："知之非艱，行之惟艱"，千聖復起，不易之言也。夫人，近取之而自喻其甘苦者也。子曰："仁者先難"。明艱者必先也。先其難，而易者從之易矣。先其易，而難者在後，力弱於中衰，情疑於未艾，氣驕於已得，矜覺悟以遺下學，其不倒行逆施於修途者鮮矣。知非先，行非後，行有餘力而求知，聖言決矣。而孰與易之乎？若夫陸子靜、楊慈湖、王伯安之爲言也，吾知之矣。彼非謂知之可後也，其所謂知者非知，而行者非行也。知者非知，然而猶有其知也，亦倘然若有所見也。行者非行，則確乎其非行，而以其所知爲行也。以知爲行，則以不行爲行，而人之倫、物之理，若或見之，不以身心嘗試焉。浮屠之言曰："知有是事便休。"彼直以惝然之知爲息肩之地，而顧詭其辭以疑天下，曰："吾行也，運水搬柴也，行住坐臥也，大用賅乎此矣。"是其銷行以歸知，終始於知，而杜足於履中蹈和之節文，本汲汲於先知以廢行也，而顧詘先知之說以塞君子之口而疑天下。其詭秘也如是，如之何爲其所罔，而曰"知先行後"，以墮其術中乎？（卷三）

陸、楊"知行合一"之說，直以知爲行，而以不行爲行，銷行以歸於知，則其所持知不先，行不後之說，實先知以廢行也。而曰知先行後以矯之，則適以墮其術中矣。其實則知非先，行非後，知之非難，行之惟艱，固當不離行以爲知，尤當行有餘力而求知也。先生更論之曰：

且夫知也者，固以行爲功者也；行也者，不以知爲功者也。行焉可以得知之效也，知焉未可以得行之效也。將爲格物窮理之學，抑必勉勉孜孜，而後擇之精，語之詳，是知必以行爲功也。行於君民親友、喜怒哀樂之間，得而信，失而疑，道乃益明，是行可有知之效也。其力行也，得不以爲歆，失不以爲恤，志壹動氣，惟無審慮却顧，而後德可據，是行不以知爲功也。冥心而思，觀物而辨，時未至，理未協，情未感，力未贍，俟之他日而行乃爲功，是知不得有行之效也。行可兼知，而知不可兼行。下學而上達，豈達焉而始學乎？君子之學，未嘗離行以爲知也必矣。離行以爲知，其卑者，則訓詁之末流，無異於詞章之玩物而加陋焉；其高者，瞑目據梧，消心而絕物，得者或得，而失者遂叛道以流於恍惚之中。異學之賊道也，正在於此。……皆先知後行，劃然離行以爲知者也。而爲之辭曰："知行合一"，吾滋懼矣。懼夫沈溺於行，墨者之徒，爲異學哂也；尤懼夫浮游於惝怳者之偕異學以迷也。"行之惟艱"，先難者尚知所先哉！
（同上）

知必以行爲功，知不得有行之效；知不可兼行，而行可兼知，先生於知行二者，析之甚精。而知先行後，以及先知廢行託於"知行合一"之説，皆不待辨而可以知其誤，先生重行之意，亦可以睹矣。此亦所以破陸、王浸淫於佛、老之説而游心於虛無也。先生在《讀四書大全説》中更有一段論知行者曰：

　　蓋云知行者，致知、力行之謂也。唯其爲致知、力行，故功可得而分。功可得而分，則可立先後之序；可立先後之序，而先後又互相爲成，則由知而知所行，由行而行則知之，亦可云並進而有功。乃聖人既立之後，其知也，非待於致也；豁然貫通之餘，全體明而大用行也；其行也，非待於力也，其所立者條理不爽，而循由之，則因乎事物之至也。故既立之後，"誠則明矣"。明誠合一，則其知焉者即行矣，行焉者咸知矣。顏子之"欲從末由"者在此，而豈可以"知行並進"言哉？（卷四）

先生之於知行，蓋亦重明誠合一，此則非陸、王"知行合一"之説所能企及也。良知之説，先生以爲良即仁義（《讀四書大全説》卷十），而從張子"抶性之藏，該之以誠明，爲良知之實，"而惡夫王學之"竊釋氏之沈，以無善無惡爲良知。"（《張子正蒙注》卷三下）皆剖析入微之論。此矯王學之弊者也。

先生之論學也，亦甚惡頓悟之說，謂"朱子於《大學補傳》亦云一旦豁然貫通焉，'一旦'二字，亦下得驟，想朱子於生平或有此一日，要未可以爲據"（《讀四書大全說》卷六）。故以爲學之要，在於一多並重，博約並致，其說曰：

子曰："女以予爲多學而識之者與？"又曰："予一以貫之"，凡兩言"以"。"以"者用也。謂聖功之所自成，而非以言乎聖功之已成也。然則夫子自志學以來，即從事於"一以貫之"，而非其用功在多，得悟在一也。……天地之道，所性之德，即凡可學可識者，皆一也。故朱子曰："天下之物，莫不有理"。理一而物備焉，豈一物一理，打破方通也哉？程子自讀史，一字不遺，見人讀史，則斥爲"玩物喪志"。"玩物喪志"者，以學識爲學識，而俟一貫於他日者也。若程子之讀史，則一以貫乎所學所識也。若不會向"一以貫之"上求入處，則學識徒爲玩物。古人之學，日新有得，必如以前半截學識，後半截一貫，用功在學識，而取效在一貫，是顏子早年不應有"亦足以發"之幾，而夫子在志學之年，且應不察本原，貿貿然求之，而未知所歸也。（《讀四書大全說》卷六）

凡可學可識者，皆可一以貫之，一與多本無先後之可言，非用功在多，得悟在一也。故一、多當並重。又曰：

故博文、約禮，並致爲功。方博而即方約，方文而即方禮；於文見禮，而以禮徵文。禮者，天理自然之則也。約而反身求之，以盡己之理，而推己之情，則天理自然之則著焉。故《大學》修身、正心、誠意、致知、格物，初不以前日爲之之謂先，後日爲之之謂後，而必明德爲本，知止爲始，非姑從事於末，而幾弋獲其本也。……《孟子》曰："博學而詳說之，將以反說約也。"其云"將以"者，言將此以說約也。非今之姑爲博且詳，以爲他日說約之資也。約者博之約，而博者約之博，故將以反說夫約，於是乎博學而詳說之。凡其爲博且詳者，皆爲約致其功也。若不以說約故博學而詳說之，則其博其詳，假道謬途而深勞反覆，果何爲哉？此優孟衣冠與說鈴、書廚之士，與聖賢同其學識，而無理以爲之則，無情以爲之準，所以祇成其俗儒，而以希頓悟之一旦，幾何而不爲裴休、楊億之歸哉？聖學隱，大義乖，亦可閔已。（同上）

先生之意，要以學問之道，貴在"日新有得"，故多學而必知一貫，貴在"理以爲之則""情以爲之準"，故博文而必知約禮，此亦誠明合一之道也。苟不重在日新有得，以情理爲準則，則雖博雖多，猶無益也。先生有言曰：

> 宋儒先以格物窮理爲身、心、意、知之所自正，亦此道焉耳。雖然，但言讀書，而猶有所患。所患者，以流俗之情臨簡編，而簡編之爲流俗用者不鮮也。……夫苟以流俗之心而讀書，則讀書亦嗜好而已。其銷日糜月廢事喪德也，無以愈如是者。……遠流俗，審是非，寧静以鎮耳目之浮明，則道貞於一。輶軒之語，里巷之謠，無不可益也。非是而涉獵六籍，且有導人以迷者，况史册有繁言，百家有瑣説乎？（《宋論》卷二）

人之讀書，所患以流俗之情臨簡編，則不徒爲玩物喪志，而且爲廢事喪德也。凡爲學者，皆不可不戒也。此所以謂"志道强禮爲學之始基，而非志未大，立未定，徒恃博文以幾明善"，此先生之所以推尊横渠而不從朱子也。

先生之論思辨也，以爲辨淺於思，辨只求其當然，思則求其所以然。《讀四書大全説》曰：

> 《集注》引程子之言，博學、審問、篤行屬學，慎思、明辨屬思。明辨者，思其當然；慎思者，思其所以然。當然者，唯求其明；其非當然者，辨之即無不明也。所以然者，却無憑據在，故加之以慎。不然，則至謂天地不仁，四大皆妄，亦不能證其非是，如黑白之列於前也。思中有二段工夫，缺一不成。至於學之必兼篤行，則以效先覺之爲，乃學之本義，自非曰"博學"、曰"學文"，必以踐履爲主，不徒講習討論而可云學也。（卷四）

"思中有二段工夫，缺一不成"，所貴乎思者，固在明其當然，又明其所以然也。思有心官，有耳目之官，先生於《讀四書大全説》中論之曰：

> "耳目之官不思"，疑與"心之官則思"相爲對照。而今云"耳目之官"四字，含有"則視聽"三字。"不思"二字與"不思則不得也"相對者，以官之爲言司也，有其司則必有事，抑必有其事而後有所司。今既云"不思"矣，則是無其事也。無其事而言司，則豈耳目以不思爲所司之職？是猶君以無爲爲職也，耳目當爲君矣。此釋氏以五識爲性境現量之説，反以賤第六、七識而貴前五識也。是以知言"耳目之官"，則固有其司者存，豈非以言目司視，而耳司聽乎？乃耳目則有其所司矣，非猶夫血肉爪髮之無所司矣。今但以其不能思者言之，則且與血肉爪髮等，而雖在小人，亦惡乎從之？足知言不思者，謂不思而亦得，故釋氏謂之現量；心之官不思則不得，故釋氏謂之非量。……故不待思而得者，耳目之利也；不思而不得者，心之義

也。"而蔽於物"者，耳目之害也，"思則得"者，心之道也。故耳目者利害之府；心者道義之門也。……先立乎其大者，則小者不能奪。……此大人所以備物而誠。……心思之用，暗然未能即章，而思則日章；先難而後獲，先得而後喪，大小貴賤之分，由此以別。……學者明於此，而吾當體之中，可考、可擇，爲主、爲輔之分以明，則不患聖功之無其門。而彼釋氏推耳爲圓通之最，獎前五爲性境之智者，亦不待攻而自露矣。（卷十）

思則得者，心之道也，故心可以爲道義之門，先立乎其大者，則小者不能奪，備物而誠，其道全由於思，故可以爲聖功之門也，先生嘗謂："《孟子》說此一思字，是千古未發之藏，與《周書》言'念'，《論語》言'識'，互明性體之大用"。又謂"思之一字，是繼善、成性、存存三者一條貫通梢底大用。括仁義而統性情，致知格物，誠意正心，都在者上面用功夫"。思括仁義而統性情，則又純乎義理者也。故謂：

> 只思義理便是思，便是心之官；思食思色等，直非心之官，則亦不可謂之思也。《孟子》曰："先立乎其大者"，元只在心上守定着用功，不許寄在小體上用。以耳目有不思而得之長技，一寄其思於彼，則未有不被其奪者。今試體驗之：使其爲思仁思義，則不因色起，不因聲起，不假於視，不假於聽，此心亭亭特特，顯出他全體大用來。若思食色等，則雖未嘗見未嘗聞，却目中若現其色，耳中若聞其聲，此雖不蔽於現前之物，而亦蔽於所欲得之物；不與現前之物交，而亦與天下之物交也。此却是耳目效用，心爲之役。心替其功能以效於耳目之聰明，則亦耳目之官誘心從彼，而尚得謂之思哉？……物引不動，經緯自全，方謂之思。故曰："萬物皆備於我"。不睹不聞中只有理，原無事也。無事而理固可思，此乃心官獨致之功。今人但不能於形而上用思，所以不知思之本位，而必假乎耳目以成思，則愚先言盡天下人不識得心，亦盡天下人不會得思也。"萬物皆備於我"，唯思，故誠通焉。……其或所思者正，而爲賢者之太過，如季文子之三思，與夫子所謂"思而不學則殆"者，疑爲思過。而其有所過思也則必有所不及思，或極思之深而不能致思之大，或致思之大而不能極思之深，則亦有所不思而不得爾。深者大以廣之，大者深以致之，而抑以學輔之（必竟思爲主）。以善其用，而後心之官乃盡也（學亦藉思）。……《孟子》之言思，爲古今未發之藏，而曰"思誠者人之道"，特以補明子思所言"誠之者"之實。思爲人道，即爲道心，乃

天之寶命而性之良能，人之所以異於禽獸者，唯斯而已。（同上）

觀先生此論，"只思義理便是思""不假於視，不假於聽""物引不動，經緯自全"，則所謂思者，純屬形而上，與普通所謂之思，固大異其旨也。先生析知爲見聞之知與德性之知，此其所以論思不以思食思色爲思，而以思爲"天之寶命，性之良能"也。明於先生"知以人""知以天"之說，於此思之意義，乃可以思過半矣。"深者大以廣之，大者深以致之"，此又先生詔吾人以思之方法者，其曰："萬物皆備於我，唯思，故誠通焉"，則思之最高境界也。先生固曰：

> 思誠者，擇善固執之功，以學、問、思、辨、篤行也。已百已千而弗措，要以肖天之行，盡人之才，流動充滿於萬殊，達於變化而不息，非但存真去僞、戒欺求慊之足以當之也。盡天地只是個誠，盡聖賢學問只是個思，即是"皇建其有極"，即是二殊五實合撰而爲一。（《讀四書大全說》卷九）

又曰：

> 格、致、誠、正、脩、齊、治、平八大段事，只當此"思誠"一"思"字；曰"命"、曰"性"、曰"道"、曰"教"，無不受統於此一"誠"字。（同上）

"盡天地只是個誠，盡聖賢學問只是個思"，思誠二字，在先生學說中，並爲要義，讀先生之書者，固不可將此最重要之二語輕輕放過也。

## （四）政治思想

先生生當明末清初之際，痛異族之進逼，而神州以淪亡，"哀其所敗，原其所劇"，自不得不悲怨縈心，於邑塡膺，欲"矯其所自失，以藩扞中區"（《黃書·後序》），對於政治，固不能已於言也。先生作《周易外傳》曰："位者，天地之所以治人也。……亦待聖人而終顯其功；嗚乎！彼驕語貧賤，何爲也哉？"（卷六）。其作《禮記章句》曰："《易》稱之曰：'聖人之大寶曰位。'當有道之世，而貧且賤焉，亦君子之恥矣。後世道之不明，嚴光、周黨、魏野、林逋之流，生值盛世，而視爵祿如草芥，人君顧尊奬之以示天下，不已悖歟？"（卷五）此亦亭林"保天下者，匹夫之賤，與有責焉"之意也。則尤不可談經世之務，而具有政治思想焉。先生之政治著述，雖只有《黃書》《噩夢》數種，其議論散見於其他著述者實多，茲綜述之如下：

### （1）根本觀念

先生之論天人之關係也，曰："天道人情，凝於仁，著於禮，本仁行禮，而施之無不順，皆其實然之德也。"（《禮記章句》卷九）又曰："禮之一本於天，而唯體天德者，爲能備大順之實，以治政安君而天人無不順也。三代之英，所以紹大道之公而繼天立極也。乃推求其本，則一言以蔽之曰仁，……仁與《中庸》之言誠一也。是禮之所自而運於天下，則順是也。"（同上）而"禮放於義""義放於仁"，故曰："立人之道，曰仁與義"，而以爲"仁義之外無人"也。此先生論天人之關係也。雖然，所謂仁者，非無好惡之謂，非無差等之謂，爲博愛之説者，不必其盡可取。先生論之曰：

仁非博愛之謂也。微言絶，大義隱，以博愛言仁，而儒亂於墨。墨氏之仁，婦姑之仁也，於是而宋鈃、惠施之徒，衍之而爲止攻善救之説，以狐媚愚氓而益其亂。説《春秋》者曰："凡書救者，未有不善之也。"安得此墨之詖辭而亟稱之哉！夫救之與攻，有異名，無異實。黨其所同，則伐其所異，得失因乎曲直，而不係乎主客也。……以兵救曲，罪坐救者；見救於惡，罪坐所救；無妄救斯無妄攻，君子之仁，所由異於墨、釋也。《春秋》書晉侯伐衛，楚人救衛，而衛黨楚，以病中國之罪定矣。衛罪定，而晉侯之伐，不亦宜乎？爰旌目拒盜食以隕命，石敬塘怙契丹以簒唐，觀其所與爲徒者，而貞士惡人之辨懸絶於天壤。故曰："唯仁者能好人，能惡人。"（《春秋家説》卷一下）

仁者非惟能好人，且當能惡人，如衛黨楚以病中國，石敬塘怙契丹以簒唐，此所謂國賊，不仁之尤者，不可以博愛之義，曲爲之説者也。暴君污吏，亦所當誅；好人惡人，皆在於仁，此一説也。又曰：

仁者，有生之類所必函也；生者，上天之仁所自榮也。故曰："本立而道生"。……韓愈氏曰："博愛之謂仁。"言博也，則亦逐流而失其源也，博則其愛也弛矣。……仁天下也有窮，而父子兄弟之仁，則不以窮而妨其愛也。唯不仁者，舍其約以務於博，即有愛焉，亦散漫以施，而自矜其惠之溥；如其窮矣，則視父子兄弟亦博愛中之一二人而已。置之可也，殺之又奚不可哉？……朱友珪、李從珂僭主中國，爲不仁之倡，而徐知誥、馬殷之子孫相效以自殄其族。夫此數不仁者，抑豈無愛以及人哉？愛之無擇而窮矣。……墨、釋之邪，韓愈氏之陋，實中於不肖者之心，以爲天理之賊，不可瘳也。（《讀通鑒論》卷二九）

仁當篤於父子，仁以自愛其類，凡同類者，不可相賊，而異類者，不可以驟云博愛也。今之説曰，必先言民族主義，而後言世界主義。先生之言愛有差等，亦可謂爲提倡民族主義也，此一說也。先生雖常謂"君天下者，仁天下也"（詳下），然非一博愛之謂仁也。

所謂義者，亦非立一成之軌，而與時無關係者也。先生嘗謂："時地异則義徙"（《禮記章句》卷二四），則義與時之關係之重大可知。《春秋世論》曰：

> 太上治時，其次先時，其次因時，最下亟違於時。亟違於時，亡之疾矣。治時者，時然而弗然，消息乎己以匡時者也。先時者，時將然而導之，先時之所宗者也。因時者，時然而不得不然，從乎時以自免，而亦免矣。亟違時者，時未爲得而我更失焉，或託之美名以自文，適自捐也。（卷五）

此不惟主張不違時，而當因時先時，且以治時爲最高，明其消息以匡夫時，比於乘時，尤扼要也。《宋論·卷一》曰：

> 是故因亦一道也，革亦一道也。其通也，時也；萬古不易者，時之貞也。其塞也，時也；古今殊異者，時之順也。考三王，俟百世，精義以中權，存乎道而已矣。

此以古今因革、通塞、貞順一歸乎時者也。於時代之觀念，可謂極重視矣。其云"精義以中樞"，則權之重要，所以治時也。其言曰：

> 聖人之會人物以經，通古今也以權，……其宰制天下也，惟此而已矣。……權以通古今之勢，經以會民物之情。（《尚書引義》卷五）

又曰：

> 制天下有權，權者，輕重適如其分之準也。非詭重爲輕、詭輕爲重，以欺世而行其私者也。重也，而予之以重，適如其數；輕也，而予之以輕，適如其數；持其平而不憂其忒，權之所審，物莫能越也。（《讀通鑒論》卷二十）

權以通古今之勢，而輕重適如其分，則不僅於明其時勢，又可以持平而不憂其忒，此所以宰制天下，惟以權也。先生之論權曰："權者，以銖兩而定無方之重輕，一以貫之象，隨時移易而皆得其平也。明此，則權即經之所自定"（《張子正蒙注》卷四下）。又曰："在經曰'宜'，在變曰'權'，權亦宜也"（《讀四書大全說》卷五）。權定於經，權亦宜也，非權變權術之謂，而實即仁即義也。先生有言曰：

> 孔子作《春秋》，何曾有仁義作影本？只權衡來便是仁義。（《讀四書大全說》卷九）

"只權衡來便是仁義"，此所以極重夫權也。先生以古今、因革、通塞、貞順一歸於時，此與其重天地之化日新之意見有關，可謂受影響於《易》；其重權衡，則受影響於《春秋》，《春秋》王道之權衡也。先生嘗謂：

> 天下之大防二：夷狄、華夏也，君子、小人也，……而其歸一也。一者何也？義利之分也。（《讀通鑑論》卷一四）

義利之辨，華夏之防，並《春秋》之要旨，所謂尊王攘夷，正其誼不謀其利是也。然先生並非絕對不言功利者，《春秋家說》卷一下曰：

> 說《春秋》者曰："正其誼不謀其利，明其道不計其功"，亦謂義正而害自遠，道明而功固不可敗也。執一結楚亡宋之匹夫，以伸其罪於宋，誼何有於不正，而與道相背馳乎？夫豈不利而害，無功而敗者之乃得爲道誼也？以此爲教，功利之士乃以訕道義之適足以亡，是與於不仁之甚，而詐力益昌矣。

《讀四書大全說》亦曰：

> 先儒執董生謀利計功之說，以概此章之旨，失之遠矣。董生之對江都者，自以折其跋扈不臣之心，而豈古今之通論哉？（卷八）

故功利非絕不可言也。特"義足以用則利足以和""言離義而不得有利也"（《尚書引義》卷二）。此義利之辨之要旨，不可不明也。

天道人情，凝於仁，著於禮，禮雖天理之節文，而必寓於人欲以見，故所謂行禮者，非不重情欲也。先生於《詩廣傳》論之曰：

> 聖人達情以生文，君子修文以函情。……故情爲至，文次之，法爲下。何言乎法爲下？文以自盡而尊天下，法以自高而卑天下。卑天下而欲天下之尊己，賢者愍，不肖者靡矣，故下也。何言乎情爲至？至者，非夫人之所易至也。聖人能即其情、肇天下之禮而不蕩，天下因聖人之情、成天下之章而不紊。情與文、無畛者也，非君子之故齦合之也。故君子嗣聖人以文而不優情之濫，使君子嗣聖人以情，則且憂情之詘矣。情以親天下者也，文以尊天下者也。（卷一）

此所以賤法而重情文也。"聖人能即其情肇天下之禮而不蕩，天下因聖人之情成天下之章而不紊"，重禮即所以情文也。又曰：

> 聖人之於天下，視如其家，家未有可以言言者也。化成家者，家如其身，身未有待於言言者也。……督子以孝，不如其安子；督弟以友，不如其裕弟；督婦以順，不如其綏婦。……君子所爲以天道養人也。（同上，卷一）

此又言督之之不如安之，亦重人情之說也。聖人之於天下，視如其家，則"君天下者仁天下也"之說。"天道人情，凝於仁，著於禮"，而"禮放於義，義放於仁"，則仁者，誠所謂"紹大道之公而繼天立極也"。證以"君天下者仁天下也"之言，則先生之政治思想，雖並重仁義時權情禮，而"仁天下也"四字尤爲其本根，則其基本概念，亦可以一言以蔽之曰"仁"矣。先生嘗謂"治道之極致，……其樞機則君心之敬肆也；其戒則怠荒刻覈，不及者倦，過者欲速也；其大用賢與教也；其施及於民，仁愛而錫以極也"（《讀通鑒論·卷末》）。敬肆怠荒之說，於先生論正心誠意足以見之；刻覈之說，於先生之反對申、韓足以見之；用賢興教，於先生論選舉、學校足以見之；其最重要者，仍在"仁愛而錫以極"，此固治道之目的，所以施及於民者也。

(2) 民族主義

先生於博愛爲仁，以爲當有差等，而於夷夏之分，則認天下之大防；就理論言，已當主張民族主義。先生年二六時，正當明代甲申之變，清以異族入主中國，則更不能不一發而爲極激烈之民族主義矣。故於丙戌受父命編《春秋家說》即曰：

> 中國於夷狄弗言戰。……殄之不爲不仁，欺之不爲不信，斥其土、奪其資不爲不義。苟與戰而必敗之也，殄之以全吾民之謂仁，欺以誠行其所必惡之謂信，斥其土則以文教移其俗，奪其資而以寬吾民之力之謂義。仁義以信，王伯之所以治天下，匡人道也。（卷三中）

此猶言仁言義也。其後十年，先生著爲《黃書》，更云：

> 民之初生，自紀其群，遠其害殄，擯其異類，統建維君。故仁以自愛其類，義以自制其倫，強幹自輔，所以凝黃中之絪縕也。今族類之不能自固，而何他仁義之云云也哉？（《後序》）

則不惜"功力以爲固，法禁以爲措"，以謀"藩扞中區"矣。於是發爲孤秦陋宋之論，其言曰：

> 無爲與者，傷之致也；交自疑者，殊俗之所乘也。……生民以來未有之禍，秦開之而宋成之也。是故秦私天下而力克舉，宋私天下而力自詘。禍速者絶其胄，禍長者喪其維，非獨自喪也，抑喪天地分建之極。嗚呼！豈不哀哉！（同上）

又曰：

> 中國財足自億也，兵足自強也，智足自名也。不以一人疑天下，不以天下私一人，休養屬精，士佻粟積，取威萬方，濯秦愚，刷宋恥，此以保延千祺，博衣、弁帶、仁育、義植之士民，足以固其族而無憂矣。（同上，頁一八）

此欲以全天下之義，以自固其族也。故曰：

> 可禪，可繼，可革，而不可使異類閒之。（同上，頁三）

此其語固益沉痛而益激烈矣。先生於《詩廣傳》中,更論禦夷狄之法曰"時戰則戰,時守則守"。其說曰:

　　論禦夷者曰:"周得中策,漢得下策",是周、漢各有一成之策也,我有以知其未知策也。"我戍未定,靡使歸聘",守也;"豈敢定居,一月三捷",戰也。夫禦夷者,誠不可挑之以戰,而葸於戰以言守,則守之心先脆矣。誠不可葸焉以守,而略於守以言戰,則戰之力先枵矣。抑以戰爲守,以守爲戰,而無固情也。故善禦夷者,知時而已矣。時戰則戰,時守則守。時戰,則欺之而不爲不信,殄之而不爲不仁,奪之而不爲不義。時守,則機若可乘,不乘,而不爲不智;力若可用,不用,而不爲不勇。《采薇》之詩,迭言戰守而無成命,斯可以爲禦夷之上策矣。(卷三)

"不可挑之以戰,而葸於戰以言守""不可葸焉以守,而略於守以言戰""以戰爲守,以守爲戰,而無固情。"此數語者,固深明所以禦夷之法也。雖然,先生之政治思想,植本於仁,民族之間,亦重在互不侵犯耳。故又曰:

　　語曰:"王者不治夷狄。"謂沙漠而北,河、洮而西,日南而南,遼海而東,天有殊氣,地有殊理,人有殊質,物有殊產,各生其所生,養其所養,君長其君長,部落其部落,彼無我侵,我無彼虞,各安其紀而不相瀆耳。若夫九州之內,負山阻壑之族,其中爲夏者,其外爲夷;其外爲夏者,其中又爲夷;互相襟帶,而隔之絕之,使胸腋肘臂相亢悖而不相知,非無可治,而非不治也。然且不治,則又奚貴乎君天下者哉?君天下者,仁天下也。(《宋論》卷六)

一方面,固不受異族之侵略;一方面,亦不歧視其他民族,則先生所主張之民族主義,固爲力謀自決,共求解放,從"仁天下"出發,其意義固極偉大者也。先生嘗謂文明進化,不可以泥古過高而菲薄當今,然而謂衰旺迭相易,文明混沌,非無變遷,其說曰:

　　天地之氣衰旺,彼此迭相易也。太昊以前,中國之人若麋聚鳥集。非必日照月臨之下而皆然也,必有一方焉如唐、虞、三代之中國也。……以其近且小者推之,吳、楚、閩、越,漢以前夷也,而今爲文教之藪;齊、晉、燕、趙,唐、隋以前之中夏也,而今之椎鈍駤戾者,十九而抱禽心矣。……推之荒遠,此混沌而彼文明,又何怪乎?(《思問錄》外篇)

衰旺彼此迭相易,此混沌而彼文明,頗又似於輪化之説。《易》言往來不言生滅,一往一來,固極近於輪化,先生深受《易》之影響,故有此說,此則論之未融者也。

**(3) 重民思想**

先生之政治思想，植本於仁，仁以自愛其類，則秉國政者，當以民爲重，此不待言也。《尚書引義·卷四》曰：

> 尊無與尚，道弗能踰，人不得違者，惟天而已。曰："天視自我民視，天聽自我民聽"，舉天而屬之民，其重民也至矣。雖然，言民而繫之天，其用民也尤慎矣。……徵天於民，用民以天，夫然後大公以協於均平，而持衡者慎也。

"舉天而屬之民，其重民也至矣"，此就天人之關繫而言也，徵天於民，而其所用者，尤不當以賢智之天爲準，而當以愚不肖之天爲準。故曰：

> 均乎人之天者，通賢智愚不肖而一。聖人重用夫愚不肖。……聖人固不自矜其賢智矣。（同上，卷一）

此亦重民之意也。又曰：

> 天下之大哀有二，而刑殺無辜不與焉。君子無以待小人，而死徙中於細民；大國無能拒四夷，而滅亡中於小國。……誠哀之也。（《春秋世論》卷五）

此亦重民之旨也。先生於《孟子》民貴君輕之説，雖不喜多言之，然而曰："可禪，可繼，可革，而不可使異類間之。"是所爭者惟在民族之安危，而不重視一姓之興亡，則無以異於民貴君輕之旨。其言曰：

> 最下，以臣與民之不順於君者爲大罪，而忘其民。（《尚書引義》卷二）

又曰：

> 仁莫切於篤其類，義莫大於扶其紀。篤其類者，必公天下而無疑；扶其紀者，必利天下而不吝。（同上，卷五）

不以臣民不順於君者爲大罪，而重在公天下利天下，其持論在表面上雖不如梨洲《原君》《原臣》等篇之激烈，而其實則相去不甚遠也。因重民輕君，而與民最有關係者之吏與法，先生則主張嚴吏寬法。其説曰：

> 嚴於督民而寬於計吏，則國必無與立。史稱元政不綱，唯其寬也。（《噩夢》）

此寬於計吏之病也。嚴之之道，則在慎選。其言曰：

> 革陋宋鬻販之私，則大公行矣。百年之内，乘千歲之弊，仍科目而減其額，核資格而難其選，則始基立矣。然後抑浮藻，登德行，立庠序，講正學，屬廉恥，易科目，升孝秀，俟之必世之後而天氣清，

人維固，禽心息。（《黃書》）

然對於吏之俸給則主張厚與之，以抑其貪。而以爲：

> 核吏不得不嚴，而士大夫自有廉耻奬掖之者，抑其本也。……今俸入不堪，吏莫能自養。其始也，虧替公費，耗没祭祺、學校、夫馬、鋪遞、民快之資以自入，而一責之民。其既也，則無所不爲，而成乎豺虎矣。（《噩夢》）

此與亭林所謂"今日貪取之風，所以膠固於人心而不去者，以俸給之薄，而無以贍其家也"（《日知録》卷十二）。其意大略相同。雖同爲有感而發，然所謂嚴資格，厲廉恥，在今日視之，其言亦不可廢也。

先生嘗謂"古今之大害有三：老、莊也，浮屠也，申、韓也。"又曰："必盡者，人也；不可恃者，法也。"（《尚書引義》卷一）是先生對於法治之説，不甚取也。然亦非謂法治爲絶對不善，嘗曰：

> 得百治人不如一治法。（《春秋世論》卷一）

> 任人任法，皆言治也。而言治者曰：任法不如任人。雖然，任人而廢法，則下以合離爲毁譽，上以好惡爲取舍，廢職業，徇虚名，逞私意，皆其弊也。……苟有法以授之，人不得以玩而政自舉矣。故曰：擇人而授以法，非立法以課人也。（《讀通鑒論》卷十）

是法治之重要，亦不諱言之也。惟於申、韓之慘覈，則主張從簡以寬而救之耳。其説曰：

> 言治者之大病，莫甚於以申、韓之慘覈，竄入於聖王居敬之道。而不知其病天下也。……夫儉勤與敬，治道之美者也；……儉之過也則吝，吝則動於利以不知厭足而必貪。勤之亟也必煩，煩則責於人以速如己志而必暴。……如是者，其心恣肆，而持一敬之名，以鞭笞天下之不敬，則疾入於申、韓，而爲天下賊也，甚矣。（《宋論》卷三）

又曰：

> 夫曰寬、曰不忍、曰哀矜，皆帝王用法之精意。然疑於縱弛藏奸而不可專用。以要言之，唯簡其至矣乎？八口之家，不簡則婦子喧爭；十姓之間不簡，則胥役旁午。……簡者，寬仁之本也。（《讀通鑒論》卷二二）

此以寬簡救申、韓之慘覈也。然其主意實在於寬，惟寬始可以免於寡恩，惟寬始可以爲養民之法。故曰：

> 寬以濟猛，猛以濟寬，……出於《左氏》，疑非夫子之言也。……嚴以治吏，寬以養民，無擇於時，而並行焉，庶得之矣。（同上，

卷八)

先生於死刑反對"梟之、磔之、輾之"(同上,卷九),而於肉刑亦主張不可以復古(同上,卷二);於懲貪則反對"廣逮繫以成鍛煉"(同上,卷二六),於治盜亦以爲"莫善於緩"(同上,卷六),凡此皆可以見其主張從寬之意,亦所以仁天下也。"嚴於治吏,寬以養民",亦正由其重民思想而來也。

**(4) 政治制度**

先生之著述中,所論政治制度非一,惟以爲興廢繁簡之間,當因乎時而不可執,此則爲其主旨所在。其言曰:

> 天下有定理而無定法。定理者,知人而已矣,安民而已矣,進賢遠奸而已矣;無定法者,一興一廢一繁一簡之間,因乎時而不可執也。(《讀通鑑論》卷六)

又曰:

> 法者,非一時非一人非一地者也。……先後異時也,文質相救而互以相成;一人之身,老少異狀,況天下乎?剛柔異人也,不及者不可強,有餘者不可裁;清任各有當,而欲執其中,則交困也。南北異地也,以北之役役南人,而南人之脆者死;以南之賦賦北土,而北土之瘠也盡;以南之文責北士,則學校日勞鞭扑;以北之武任南兵,則邊疆不救危亡。(《讀通鑑論》卷四)

政治制度之興替,有時間之關係存焉,有地域之關係存焉,有民性之關係存焉,故不可一概因襲古制,依樣畫出,以流毒天下,如王莽之於《周禮》也(《讀四書大全說》卷九)。先生於封建、鄉舉、里選、學校等制度,皆不主張復古,於郡縣、書院等制度則極頌之,先生固極具有時代觀念也。其說曰:

> 兩端爭勝,而徒爲益之論者,辨封建者是也。郡縣之制,垂二千年而弗能改矣,合古今上下而安之,勢之所趨,豈非理而能然哉?天之使人必有君也,莫之爲而爲之。故其始也,各推其德之長人、功之及人者而奉之,因而尤有所推以爲天子。人非不欲自貴,而必有奉以爲尊,人之公也。安於其位者習於其道,因而有世及之理。雖愚且暴,猶賢於草野之罔據者,如是者數千年而安之矣。強弱相噬而盡失其故,至於戰國,僅存者無幾,豈能役九州而聽命於此數諸侯王哉?於是分國而爲郡縣,擇人以尹之,郡縣之法,已在秦先。秦之所滅者七國耳,非盡滅三代之所封也。則分之爲郡,分之爲縣,俾才可長民者皆居民上以盡其才,而治民之紀,亦何爲而非天下之公乎?……郡

縣者，非天子之利也，國祚所以不長也；而爲天下計利害，不如封建之滋也多矣。嗚呼！秦以私天下之心，而罷侯置守，而天假其私以行其大公，存乎神者之不測，有如是夫！……國祚之不長，爲一姓言也，非公義也。秦所以獲罪於萬世者，私己而已矣！斥秦之私，而欲私其子孫以長存，又豈天下之大公哉？（《讀通鑒論》卷一）

此就勢理而言，以見郡縣之制，垂兩千年而弗能改。而就公私而論，郡縣之制，俾才可長民者皆居民上，以盡其才，正天假秦之私以行其大公，故封建不如郡縣也。先生更論郡縣之利曰：

郡縣之天下有利乎？曰："有，莫利乎州郡之不得擅興軍也。"郡縣之天下有善乎？曰："有，莫善於長吏之不敢專殺也。"諸侯之擅興以相侵伐，三代之衰也，密、阮、齊、晉，莫制之也；三代之盛，王者禁之，而後不能禁也。若其專殺人也，則禹、湯、文、武之未能禁也，而郡縣之天下得矣。

人而相殺矣，諸侯殺之，大夫殺之，庶人之强豪者殺之，是蛙黽之相吞而鯨鯢之相吸也。夫禹、湯、文、武豈慮之未周，法之不足以立乎？自邃古以來，各君其土，各役其民，若今化外土夷之長，名爲天子之守臣，而實自據爲部落，三代不能革，以待後王者也。至於戰國，流血成渠，亦剝極而復之一機乎？（同上，卷十五）

郡縣之不擅興兵，不得專殺，此與仁天下之旨相合者也。較之封建之各君其土，各役其民，萬其國者萬其心，固不可同日而語矣。且以時勢而論：

夫封建之不可復也，勢也。（同上，卷二）

則封建郡縣之優劣，更勿論矣。當先生之世，尚有主張復封建之制如顏習齋者，其爲泥古可知。若先生由公天下、仁天下之二點，以見封建之不如郡縣，匪惟顏習齋之泥古所不企及，自來持論者亦未有如是明徹也。其論井田曰：

大抵井田之制，不可考者甚多，《孟子》亦説個梗概耳。如《周禮》言不易之田百畝，一易之田二百畝，再易之田三百畝，則其廣狹不等，溝澮、塗徑，如何能合井字之形！故朱子云"恐終不得有定論"。……

想來黄帝作井田時，偶於其畿内無一易、再易之田，區畫使成井形。殷、周以後，雖其溝洫、塗徑用此爲式，若其授田之數，則八家或授二井，或授三井，不必一井之必八夫矣。至於七十、百畝，殷所以少而周所以多者，真不可曉，則或七十、百畝者，亦夫田賦税之法，而非果限諸民也。周既增殷三十畝，則經界必須盡改，其煩勞亦已太甚；而漸次推移，則有棄其故壤，而授田於百里之外者，得無有捐墳墓、異風土之悲乎？

考諸《考工記》，匠人治野之事，既常立一官以司之，而執其功者，取諸公旬三日之役。意者近或十年，久或數十年，有須改正者，則為之改作。故《孟子》言"暴君汙吏，必慢其經界"。慢者，不修理改正之謂也。其法，想亦與今法十年大造黃冊，推收過戶之制略同。但在井田，則須加一番土功爾。

大要作一死"井"字看不得。所謂一夫百畝者，蓋亦百畝一夫之謂。從田立戶，而非必因戶制田也。《周禮‧考工》及何休、鄭玄諸說，亦只記其大略，到細微處，又多齟齬。更不可於其間曲加算法，遷就使合。有所通，則必有所泥。古制已湮，闕疑焉可矣。

(《讀四書大全說》卷八)

井田之制，已難詳考，先生雖謂"得井田之意而通之，不必問三代之成法，而可以百世而無敝也。"(《噩夢》)於此稱制度，非不以為善，然而云"有所通，則必有所泥。古制已湮，闕疑焉可矣"。則實不泥古之精神也。且井田什一之賦，亦不可施於後世也。先生在《讀通鑑論》論之云：

什一之賦，三代之制也。《孟子》曰："重之則小桀，輕之則小貉。"言三代之制也。天子之畿千里；諸侯之大者，或曰百里，或曰五百里，其小者不能五十里。有疆場之守，有甲兵之役，有幣帛、饔飧、牢餼之禮，有宗廟、社稷牲幣之典，有百官、有司、府史、胥徒祿食之眾，其制不可勝舉。《聘義》所云："古之用財者不能均。"如此而已。故二十取一而不足。然而有上地、中地、下地之差，有一易、再易、萊田之等，則名什一，而折衷其率，亦二十而取一也。

自秦而降，罷侯置守矣。漢初封建，其提封之廣，蓋有倍蓰於古王畿者，而其官屬典禮又極簡略，率天下以守邊，而中邦無會盟侵伐之事。若郡有守，縣有令，非其伯叔甥舅之交，而饋問各以其私。社稷粗立，而禋典不繁。一郡之地，廣於公侯之國，而掾史郵徼，曾不以當一鄉一遂之長。合天下以贍九卿群司之內臣，而不逮《周禮》六官之半。是古取之一圻而用豐，今取之九州而用儉，其視三代之經費，百不得一也。什一而徵，將以厚藏而導人主之宣欲乎？不然，亦奚用此厚斂為也！

文帝十三年，除田租稅；景帝元年，復收半租，三十而稅一；施及光武之世，兵革既解，復損什一之稅，如景帝之制；誠有餘而可以裕民也。封建不可復行於後也，民力所不堪，而勢在必革也。（卷三）

又曰：

> 讀古人書，不揆其實，欲以制法，則殃民者亦攀援附託以起，非但耕戰刑名之邪説足以禍天下也。三代取民之法，皆有什一，當其時必有以處之者，民乃不困。
>
> ……
>
> 後世無識之士，欲撓亂成法，謂三代之制一一可行之今，適足賊民病國，爲天下僇。……三十取一，民猶不適有生，況什一乎？（卷二十三）

此則由什一之稅，苟行於後世，適足賊民病國，爲民力所不堪，從仁天下而言，井田之制，只可通其意，而必不可復之於後世也。先生此論，更具有無限悲天憫人之意也。其論學校與鄉舉里選也，亦以爲與封建有關，不可孤行於後世。《讀通鑑論》卷三論之曰：

> 郡縣之與封建殊，猶裘與葛之不相沿矣。古之鄉三年而賓興，貢士唯鄉大夫之所擇，封建之時會然也。成周之制，六卿之長，非諸侯入相，則周、召、畢、榮、毛、劉、尹、單也。所貢之士，位止於下大夫，則雖賓興，而側陋顯庸者亡有。且王畿千里，侯國抑愈狹矣。地邇勢親，鄉黨之得失是非，旦夕而與朝右相聞。以易知易見之人才，供庶事庶官之冗職，臧否顯而功罪微。賓興者，聊以示王者之無棄材耳，非舉社稷生民之安危生死而責之賓興之士也。
>
> 郡縣之天下，統中夏於一王。郡國之遠者，去京師數千里。郡守之治郡，三載而遷。地遠，則賄賂行而無憚。數遷，則雖賢者亦僅採流俗之論，識晉謁之士，而孤幽卓越者不能遽進於其前。且國無世卿，廷無定位。士苟聞名於天下，日陟日遷，而股肱心膂之任屬焉。希一薦以徼非望之福，矯僞之士，何憚不百欺百譎以迎郡守一日之知，其誠僞淆雜甚矣。
>
> ……
>
> 一鄉之稱，且有鄉原；四海之譽，先集僞士；故封建選舉之法，不可行於郡縣。（卷三）

此鄉舉里選之不可行於後世也。《宋論》卷三曰：

> 三代之隆，學統於上。……後世之天下，幅員萬里，文治益敷，士之秀者，不可以殫計，既非一太學之所能容。違子舍，涉關河，抑

立程限以制其來去，則士之能就學於成均者，蓋亦難矣。若夫州縣之學，司於守令，朝廷不能多得彬雅之儒與治郡邑，而課吏之典，又以賦役獄訟為黜陟之衡，雖有修業之堂，釋菜之禮，而跡襲誠亡，名存實去，士且以先聖之宮牆，為干祿之捷徑。課之也愈嚴，則遇之也益詭；升之也愈眾，則昌之也愈多。天人性命，總屬雕蟲，月露風雲，祇供游戲。有志之士，其不屑以此為學也，將何學而可哉？惡得不倚賴鴻儒，代天子而任勞來匡直之任哉？……

當四海一王之世，雖堯、舜復起，不能育山陬海澨之人才而使為君子，則假退處之先覺，以廣教思，固其所尸祝而求者也。……較彼掄才司訓之職官，以《詩》《書》懸利達之標，導人弋獲者，其於聖王淑世之大用，得失相差，不已遠乎？

然則以書院為可毀，不得與琳宮梵宇之莊嚴而並峙；以講學為必禁，不得與丹竈剎竿之幻術而偕行；非妬賢病國之小人，誰忍為此戕賊仁義峻法哉？（卷三）

此謂學校不及後代之書院也。故曰：

《易》曰："變通者時也。"三代之王者，其能逆知六國強秦以後之朝野，而豫建萬年之制哉？……

封建也，學校也，鄉舉里選也，三者相扶以行，孤行則躓矣。用今日之才，任今日之事，所損益，可知已。（《讀通鑑論》卷三）

封建學校、鄉舉里選，本有聯帶的關係，其時勢既易，則不當泥守成法，或孤行其一，而毫不加變革，蓋社會之組織既異，則其制度亦當隨之而異也。準此理由，先生謂寓兵於農，亦不可行於後世。《讀通鑑論》曰：

三代寓兵於農，封建之天下相承然也。周之初，封建亦替矣，然其存者猶千八百國也。外無匈奴、突厥、契丹之侵偪，兄弟甥舅之國，以貪憤相攻而各相防爾。然忿忮一逞，則各驅其負耒之願民以喋血於郊原。悲夫！三代之季，民之瘯以死者，非但今之比也。禹、湯、文、武之至仁，僅能約之以禮而禁其暴亂，而卒無如此鬥農民以死之者何也！上古相承之已久矣。……

……

不能反三代封建之制，幸而脫三代交爭之苦，農可安農，兵可安兵，天別之以材，人別之以習，宰制天下者，因時而利用，國本堅而民生遂，自有道矣。佔畢小儒，稱說寓兵於農而弗絕，其愚以禍天下，亦至此哉！農之不可兵也，屬農而祇以弱其國；兵之不可農也，弱兵而祇以蕪其土也。故衛所興屯兵之法，銷天下之兵而中國弱，以坐授洪圖於異域，所繇來久矣。且所謂屯田者，鹵莽滅裂，化肥壤為磽土，天下皆是也，可弗為永鑒乎！（卷十七）

寓兵於農，在三代已非善政，"民之憔悴，亦大可傷矣"，有明以衛所興屯之法，銷天下之兵於農，而中國以弱亡，則尤不可行也。先生此論：固因明亡而發，而以為不可襲封建之制，昧於古今之勢，與其論鄉舉里選同也。先生有見於"井田、封建、鄉舉里選、寓兵及於農、舍笞杖而行肉刑諸法，先儒有欲必行之者矣"。（《讀通鑒論》卷末）故多暢論之，皆以為不可行於後代。故今略舉以見先生論政治制度之意，其他名論尚多，不能一一詳述也。先生嘗謂：

《周禮》：鄉則比、閭、族、黨，遂則鄰、里、酇、鄙，各有長司其教令，未詳其使何人為之也。……但據缺略散見之文，強郡縣之天下，銖累以肖之，王莽之所以亂天下也。而蘇威效之，命五百家而置鄉正，百家而置里長，以治其辭訟，是散千萬虎狼於天下，以攫貧弱之民也。李德林爭之，而威挾《周禮》以鉗清議之口，民之膏血殫於威占畢之中矣。悲夫！（《讀通鑒論》卷十九）

又謂：

奉一古人殘缺之書，掠其跡以為言，而亂天下者，非徒勛也。莊周之言泰氏也，許行之言神農也，墨翟之言大禹也。乃至御女燒丹之言黃帝也，篡國之大惡而言舜、禹也，犯闕之巨盜而言湯、武也，皆有古之可為稱說也。古先聖王之仁育而義正者，精意存乎象外，微言善其變通，研諸慮，悅諸心，徵之民而無怨於民，質之鬼神而無恫於鬼神，思之慎而言之訒，惡容此呴筆濡墨求充其幅者哉？（《宋論》卷十）

對於"奉一古人殘缺之書""泥古過高而菲薄當今"，實深惡之；而以仁育義正，公天下，利萬民為政制之準繩，則仍不離其仁天下之旨也。

**(5) 經濟思想**

先生之經濟思想，則頗傾向於重農。且以重農之故，主張抑豪強而賤商賈，此先生所處之時勢使然也。《讀通鑒論》曰：

以治民之制言之，民之生也，莫重於粟；故勸相其民以務本而遂其生者，莫重於農。商賈者，王者之所必抑；游惰者，王者之所必禁也。然而抑之而且張，禁之而且偷，王者亦無如民何。而惟度民以收租，而不度其田……民乃益珍其土而競於農。其在強豪兼並之世尤便

也，田已去而租不除，誰敢以其先疇爲有力者之兼並乎？人各保其口分之業，人各勸於稼穡之事，強豪者又惡從而奪之？（卷十四）

此主張口收稅米以勸農，且以防制兼並也。又曰：

> 處三代以下，欲抑豪強富賈也難，而限田又不可猝行，則莫若分別自種與佃耕，而差等以爲賦役之制。人所自占爲自耕者，有力不得過三百畝，審其子姓丁夫之數，以爲自耕之實，過是者皆佃耕之科。輕自耕之賦，而佃耕者倍之，以互相損益，而協於什一之數。水旱則盡蠲自耕之稅，而佃耕者非極荒不得輒減。（同上，卷二）

此主張區別自耕與佃耕，以抑制豪強之兼併也。其於抑商賈更曰：

> 尤要者，則自困辱商賈始。商賈之驕侈以罔民而奪之也，……且其富也不勞，則其用也不恤，相競以奢，而殄天物以歸糜爛。……故生民者農，而戕民者賈。……非此之懲，國固未足以立也。（《讀通鑒論》卷三）

> 賈人者，暴君污吏所亟進而寵之者也。暴君非賈人無以供其聲色之玩，污吏非賈人無以供其不急之求，假之以顏色而聽其輝煌，復何忌哉！（同上，卷二）

此攻擊商賈之罔民而奪之，且與暴君污吏之狼狽爲奸，不遺餘力。"生民者農，而戕民者賈"，固非抑商賈不可也。且商賈與夷狄、華夏，君子、小人之防，亦有極密之關係，非賤商則無以使夷不亂華，其說曰：

> 夫"夷"之亂"華"久矣，狎而召之、利而安之者，嗜利之小人也，而商賈爲其最。夷狄資商賈而利，商賈恃夷狄而驕，而人道幾於永滅。無磁則鐵不動，無珀則芥不黏也。（《讀通鑒論》卷十四）

則所以賤商賈者，亦所以爲民族主義也。先生因義利之辨，又對反對儉樸，不使有用之貨財，積聚而不流通，此種見地，亦極有價值。其言曰：

> 《傳》曰："儉，德之共也；侈，惡之大也。"所謂德之共者，謂其斂耳目口體之淫縱，以範其心於正也，非謂吝於財而積之爲利也。所謂惡之大者，謂其蕩心志以外獎，導天下於淫曼也，非謂不留有餘以自貪也。儉於德曰儉，儉於財曰吝，儉吝二者跡同而實異，不可不察也。……
>
> ……
>
> 若夫賢者之儉，豈其然哉？視金玉若塵土，錦綺若草芥，耳目不淫，心志不惑，澹然與之相忘，而以金粟給小人之欲，君臣父子相競於義以賤利，其必不以爲誨奢之媒審矣。（《讀通鑒論》卷十九）

又曰：

> 天子而斤斤然以積聚貽子孫，則貧必在國；士大夫斤斤以積聚貽子孫，則敗必在家；庶人斤斤然以積聚貽子孫，則後世必饑寒以死。周有大賚，散之唯恐不速，故延及三十世，而亡之日，上無覆宗之慘，民亦無凍餒攘奪之傷。（同上，卷二）

> 侈者既輕於縱欲，吝者益競於厚藏；侈猶可言也，至於吝而極矣。（同上，卷二十九）

儉於財者，但可云吝，不如"以金粟給小人之欲"，則相競於義而賤利。其謂庶人積聚以貽子孫，則後世必饑寒以死，所以教天下勿爲富而不仁，其意固極深切著明也。賤商也，賤吝也，皆仁天下之旨也。（反樸之說與崇禮文亦有關係，說見《俟解》。）

其關國家經濟者，除論井田、限田等賦稅之制外，如論鹽稅，則謂"與其重徵於力農之民，何如取給於天地之產？"於政府之置鹽官以售鹽，極端贊許（《讀通鑒論》卷九）。於茶稅之施行，則以爲"古不可以有，而今可有之"（同上，卷二十八）。於人民之移殖，則謂"移人之餘，就地之曠"爲"勞費於一時，而利興於千載"（同上，卷十二）。於救荒之策，則謂"救荒無良策，不如修水利"（《噩夢》）。皆屬不可磨滅之論。其他雖有偶未融，則以所處時世之故，吾人固不可據今日之情勢以論之也。

余謂先生之政治思想，並重仁義、時權、情禮，而其基本概念，則可一言以蔽之曰：仁。先生在《讀通鑒論》又有言曰：

> 治之所資者，一心而已矣。以心馭政，則凡政皆可以宜民，莫匪治之資；而善取資者，變通以成乎可久。設身於古之時勢，爲己之所躬逢；研慮於古之謀爲，爲己之所身任。取古人宗社之安危，代爲之憂患，而己之去危以即安者在矣；取古昔民情之利病，代爲之斟酌，而今之興利以除害者在矣。得可資，失亦可資也；同可資，异亦可資也。故治之所資，惟在一心……（卷末）

曰"凡政皆可以宜民""變通以成乎可久""去危以即安""興利以除害"，則是治之所資，雖在一心，仍不離夫仁義、時權、情禮，而仍不外乎"仁天下也"之一言，"仁義之外無人"，此與先生論天人之關係固相合也。

## （五）經　學

先生經學之著述，於《易》有《稗疏》《考異》《外傳》《內傳》《大象解》，於《書》有《稗疏》《考異》《引義》，於《詩》有《稗疏》《考異》

《葉韵辨》《廣傳》，於《禮記》有《章句》，於《春秋》有《稗疏》《家說》《世論》《續春秋左氏傳博議》，於《四書》有《稗疏》《考異》《讀四書大全說》《訓義》《箋解》，於小學有《說文廣義》，凡經部之著述，已達二十餘種。明末學術空疏，釀成亡國之禍，當時巨儒如顧、黃輩或倡經學即理學之說，或與人約爲讀書窮經，然夷考其著述，其卷帙之浩繁，實多有未逮先生者，先生之於當時，蓋真爲讀書窮經之士也。《易外傳》《書引義》《詩廣傳》《讀四書大全說》諸書，多爲"敷宣精義，羽翼微言"，即經學以窮理；《稗疏》《考異》之作，則於清代中葉治經之學風，頗爲相近，考訂草木蟲魚、山川器服以及制度同異、字句參差，經學後先生而起者無慮百十人，所言皆有根柢，然有矜爲創獲，不知爲先生所已言者。其功力之湛深，可以概見。其瑣細處，弗能盡述，若其犖犖大端，足見先生治學之精神者，則有：

### (1) 注重名物訓詁

清代之經學以亭林爲開山祖師，亭林之說曰："讀九經自考文始，考文自知音始。"此謂治經當以文字、音韵爲本也。其後戴、段、二王之學，實承其風，戴東原曰："僕自十七歲時，有志聞道，謂非求之《六經》、孔孟不得，非從事於字義、制度、名物，無由以通其語言，宋儒譏訓詁之學，輕語言文字，是欲渡江河而棄舟楫，欲登高而無階梯也。"先生之諸經《稗疏》，正重名物訓詁之學，嘗謂："訓詁之學，不可忽也。"(《書經稗疏》卷四下) 又曰："作詩亦須識字。"(《夕堂永日緒》)"字尚不識，何況文理？"(同上，外編)先生蓋亦主張讀書自考文始，非從事於字義、制度、名物，無由以通諸經也。先生之諸經《稗疏》，多成於傳義、章句之前（詳《著述考》），而於名物訓詁，如《詩經稗疏》，《四庫全書總目提要》謂：

> 是書皆辨正名物訓詁，以補傳、箋諸說之遺。如《詩譜》謂得聖人之化者，謂之《周南》；得賢人之化者，謂之《召南》。此則據《史記》謂雒陽爲周召之語，以陝州爲中綫，而兩分之，則周南者，周公所治之南國也。證之地理，亦可以備一解。至於鳥則辨雎鳩之爲山禽而非水鳥；雀角之角爲味，詩意言雀實有角，鼠實有牙。於獸則辨"九十其犉"之語，當引《爾雅》"七尺曰犉"之文釋之，不當以黃牛黑脣釋之；騂剛之剛爲犅，則以牛脊言之。於草則辨蕢爲蓳葦之屬，而非蔞蒿；薇自爲可食之菜，而非不可食之蕨。於木則辨《詩》之言樸者，實今之柞。言柞者，實今之櫟；榛楛之榛，即《詩》之所謂栵，而非榛栗之榛。於蟲則辨斯螽、莎雞、蟋蟀之各類，而非隨時異名之物；果蠃負螟蛉以食其子，而非取以爲子。於魚則辨鱣之即

鲤，而《集傳》誤以爲黃魚；鮪之似鯉，而《集傳》誤以爲鱏魚。於器用則辨《集傳》訓重較爲"兩輢上出軾者"之未諳車制。及《毛傳》訓樧爲歷錄，歷錄爲紡車交縈之名，而《集傳》增一然字之差。於禮制則辨公堂稱觥爲飲酒於序，而非如《集傳》所云豳公之堂。"祼將"之訓爲灌，與奠一義，而歷詆《白虎通》灌地降神之謬。皆確有依據，不爲臆斷。（《四庫全書總目提要》卷十六·經部十六·詩類二）

其《書經稗疏》，《四庫全書總目提要》謂其"是編詮釋經文，亦多出新意"。《提要》亦謂：

如蔡《傳》引《爾雅》"水北曰汭"，實無其文，世皆知之。夫之則推其致誤之由，以爲記孔安國"涇屬渭汭"之《傳》。謂禋非《周禮》之禋，類非《周禮》之類，五服、五章亦不可以周制解虞制，與陳第論周之五玉不可解虞之五玉者，同一爲古人所未發。引瞿相之射證"侯以明之"，謂以與射不與射爲榮辱，非以射中不射中爲優劣。因引《周禮》日月辰次，正《泰誓》十三年爲辛卯。引《說文》《大戴禮記》證蠙珠非蚌珠，蔡《傳》不知古字假借。引《周禮·玉府》"供王食玉"證玉食，引《左傳》說奄與淮夷爲二，引《喪大記》證狄人，引《說文》"羑"字之訓以解"羑若"，駁蘇軾《傳》及蔡《傳》之失。則大抵辭有根據，不同游談。雖醇疵互見，而可取者較多焉。（《四庫全書總目提要》卷十二·經部十二·書類二）

此皆足見先生於名物訓詁之精也。其《春秋稗疏》，《提要》謂其"論《春秋》書法及儀象典制之類，僅十之一。而考證地理者居十之九"。而以爲：

然如莒人入向之向，謂當從杜預在龍亢，而駁《水經注》所引闞、駰之說，誤以邑名爲國名，足以申杜《注》之義。辨杞之東遷在春秋以前；辨穀州吁於漢非陳地；辨洮爲曹地非魯地，音推小反，不音他刀反；辨貫字非貰字之誤；辨厲即賴國，非隨縣之厲鄉；辨踐土非鄭地；辨翟泉周時不在王城之內；辨莒魯之間有二鄆；辨仲遂所卒之垂非齊地；辨次鄭之鄭非鄭國，亦非鄭地；辨春秋之祝其非漢之祝其。皆足以糾杜《注》之失。據《後漢·郡國志》謂郎在高平，據《括地志》謂胡在郾城，據《漢書·地理志》謂重邱在平原，據應劭《漢書注》謂陽在都陽，皆足以補杜《注》之闕。至於謂子糾爲齊襄公之子，謂魯襄公時頻月日食，由於誤視暈珥，亦足以備一解。在近代說經之家，尚頗有根柢。其書向未刊行，故子糾之說，近時梁錫璵據爲新義；肇不書族、定弑非諡之説，近時葉酉亦據爲新義，殆皆未見其書也。(《四庫全書總目提要》卷二十九·經部二十九·春秋類四)

此足見先生於地理之學甚精，《尚書稗疏》中亦多有言地理者。其實天文曆算之學，先生所涉亦深。《尚書稗疏》曰：

> 歲者，天之行也，三百六十五日四分日之一，爲一歲。計行三百六十六周天又一千二百分度之三百七十五（粗率如此）。月者，月之會也，一月二十九日一千五百三十九分日之八百一十七分，而月與日會（此用三統曆法，亦粗率也）。日者，日之周也。一日而恰一度，一歲而一周天（此用曆家倒算法）。星者，五緯星也。所以知非言經星者，經星之行即天行也，天行不可知（西曆云：有宗動天），以經星所行爲天度也。辰者，五星所伏見，小周復合之次也。(卷四上)

此節所云，雖非精義，然足見先生於西曆亦有涉獵，於曆算並擅長也。先生之於名物訓詁，即在乾嘉經師，亦多有弗及者；雖以今視之，不能謂爲無智者之一失，然其精神實可欽佩。先生於《説文》有《廣義》，其書非得意之作；若《詩經葉韵辨》則《四庫提要》已謂爲"持論明通，足解諸家之糾葛"。而各經《考異》，雖未賅備，然實後來"異文箋""異文釋"之先河也。

### (2) 兼採漢宋之長

清初諸傳，如顧、黃董，説經風氣，尚未專宗於漢。故江藩謂："黎洲乃蕺山之學，矯良知之弊，以實踐爲主；亭林乃文清之裔，辨陸、王之非，以朱子爲宗。"他如閻若璩、江慎修所謂專門經學之士，亦莫不漢、宋兼採。先生之治經，亦兼採漢、宋，時會使然也。先生謂"訓詁之學不可忽也"，此漢學之精神也。《詩經稗疏》卷三曰：

> 禡之異於類者，毛公以於内於野爲分，《爾雅》《説文》俱統言師祭，則禡所祭之神，即類之所祭告也。即未出而爲兆於國以祭曰類，已出次合爲表於所次以祭曰禡。故鄭康成謂與"田祭表貉"之"貉"同，郭璞亦曰"禡於所征之地"。蓋地異而祝號不殊也。《集傳》乃謂祭黄帝及蚩尤，不知何據。且禡主黄帝而並享蚩尤，亡論貞邪殊類，而生爲仇敵，死共兆位，亦何異拓拔氏之以爾朱榮侑其祖乎？漢儒之必不可毁者，此類是也。

此謂"漢儒之必不可毁也"。然説《易》則不信《公羊傳》董仲舒、京房、何休、蔡邕之説，謂"文王受命稱王者，乃爲《公羊》之學，董仲舒、何休、蔡邕之徒曲相附會之邪説"(《周易稗疏》卷一)。又謂"以八月爲遯卦值位者，以康節所傳陳摶之圓圖遯居正西也。或以八月爲值觀卦者，以魏伯陽《參同契》之卦氣觀居酉位也。二説皆出自緯書。京房學宗讖緯，始以卦配月，而黄冠假之爲丹術，爲君子儒所不屑道"（同上）。而主張讀《易》者以不用先天圖説爲正，以其雜用京房、魏伯陽、吕巖、陳摶之説也。則對於漢儒亦攻擊之。《四庫提要》於《周易稗疏》謂其：

> 大旨不信陳摶之學，亦不信京房之術，於先天諸圖、緯書、雜説，皆排之甚力，而亦不空談玄妙，附合老莊之旨，故言必徵實，義必切理，於近時説《易》之家，最有根據。（《四庫全書總目提要》卷六・經部六・易類六）

固如是也。先生屢斥讖緯之妄，而且因此以短鄭玄以"鄭氏妄分天帝以立之名"（《禮記章句》卷十），而以王肅之學爲醇。《讀通鑑論》卷十一曰：

> 晉始建國，立七世之廟，除五帝之座，罷圜丘方澤之禩，合之於郊，皆宗王肅而廢鄭玄也。於是而知王肅之學，醇正於鄭玄遠矣。後之經學傳鄭氏，肅之正義，没而不傳，則賈公彦、孔穎達之怙專師而晦道也。
> ……誣神諜天，黷禩惑民，玄之罪不容貸矣。託之於星術，而實傳之於讖緯，夫且誣爲孔氏之書；王肅氏起而辨之，晉武因而絀之，於是禁星氣讖緯之學，以嚴邪説之防，肅之功大矣哉！

其惡鄭玄，以爲罪不容貸，較之後來，六經宗服鄭者，其不妄立偶像，固有足稱述者。其實鄭學未必盡可遵從，必如王念孫、王引之、胡培翬、馬瑞辰之流，説經而有時訂鄭者，乃可爲法，然則先生之議鄭，不爲過也。先生曰：

> 聖人之道：有大義，有微言。故有宋諸先生推極於天，而實之以性，叢之心得，嚴以躬修，非故取其顯者而微之、卑者而高之也。……微有宋諸先生洗心藏密，即人事以推本於天，反求於性，以正大經、立大本，則聖人之言，無忌憚之小人，竊之以徼倖於富貴利達，豈非聖人之大憾哉？（《讀通鑑論》卷十九）

先生雖謂漢儒必不可毁，而實亦甚服膺有宋諸先生。其述《易》也，"章句依朱子《本義》"，而爲《禮記章句》，於《大學》《中庸》，俱從朱子《章句》而爲之衍。於《大學補傳衍》曰：

> 經云："事有終始，知所先後，則近道矣。"遞推其先，則曰在格物。物格而後知至，而意誠以及於天下平皆因焉，是事之始而爲先所當知者明矣。故以格物爲始教，而爲至善之全體，非朱子之言也，經之意也。……《補傳》之旨，與夫博文約禮之教，千古合符。精

者以盡天德之深，微而淺者亦不亟叛於道，聖人復起，不易朱子之言矣。(《禮記章句》卷四十二)

於《中庸》篇首曰：

《中庸》《大學》，自程子擇之《禮記》之中，以爲聖學傳心入德之要典，迄於今，學宮之教，取士之科，與言道者之所宗，雖有曲學邪說，莫能違也。……朱子《章句》之作，一出於心得，而深切著明，俾異端之徒，無可假借，爲至嚴矣。……故僭承朱子之正宗而爲之衍，以附《章句》之下，庶讀者知聖經之作，朱子之述，皆聖功深造體驗之實，……而駁儒淫邪之說，亦尚息乎？(同上，卷三十一)

於朱子之推崇，可謂備至。然以衡之張子，則朱不及張，故先生終謂"希張橫渠之正學而力弗能企"也。

**(3) 考據義理並重**

清儒之治經，其有思想者，固不專重於考據，於義理亦並重焉。段玉裁之序《戴東原集》曰："先生之治經，凡故訓、音聲、算數、天文、地理、制度、名物，人事之善惡是非，以及陰陽、氣化、道德、性命，莫不究乎其實。蓋由考覈以通乎性與天道。……淺者乃求先生於一名、一物、一字、一句之間，惑矣！"治經固當於義理、考據並重也。先生於諸經有《傳義》，所以發明義理也；於諸經有《稗疏》，所以從事考核也。其較重要者，更有數事焉，足以見先生立說之精允，義理、考據之並重也。

(a) 先生於《易》學有一大發明，則謂乾非純陽，坤非純陰，而卦各有六陰六陽。《周易稗疏》曰："卦各有六陰六陽，陰見則陽隱於中，陽見則陰隱於中，錯去其所見之陰則陽見，錯去其所見之陽則陰見，如乾之與坤，屯之與鼎，蒙之與革之類皆錯也。就所見之爻，上下交易，若織之提綜，迭相升降，如屯之與蒙，五十六卦皆綜也。舊未注明，不知此乃讀《易》之要，不可忽也。(卷三)

《周易內傳》發例曰：

乾坤並建，爲《周易》之綱宗，篇中及《外傳》廣論之，蓋所謂《易》有太極也。周子之圖準此而立。其第二圖，陰陽互相交函之象亦無已，而言其並著者如此爾。太極，大圓者也。圖但象其一面，而三陰三陽具焉，其所不能寫於圖中者，亦有三陰三陽，則六陰六陽具足矣。特圖但顯三畫卦之象，而《易》之乾坤並建，則以顯六畫卦之理乃能顯者；爻之六陰六陽而爲十二所終不能顯者。一卦之中，向者背者，六幽六明，而位亦十二位也。十二者象天十二次之位，爲大圓之體，太極一渾天之全體，見者半，隱者半，陰陽寓於其位，故轂轉而恒見其六，乾明則坤處於幽，坤明則乾處於幽，《周易》並列之，示不相離，實則一卦之向背，而乾坤皆在焉。非徒乾坤爲然也。明爲屯蒙，則幽爲鼎革，無不然也。《易》以綜爲用，所以象人事往復之報，而略其錯，故向背之理未彰。然乾坤坎離大過小過中孚已具其機，抑於家人睽蹇解之相次，示錯綜並行之妙。要之綱縕升降，互相消長盈虛於大圓之中，則乾坤盡之。故謂之縕，言其充滿無間，以爻之備陰陽者言也。又謂之門，言其出入遞用，以爻之十二位具於向背者言也。

先生此説，六幽六明，象天十二次之位，於太極大圖之體，增一説明。充滿無間，出入遞用，而乾坤爲《易》之縕，亦多一相當之解釋，所以發明《易》理，固極精審之論，而持以説明事物。更可以顯微探幽矣。

(b) 先生之性命日省論，實詳於《尚書引義》，此亦一大發明，而在《書經稗疏》中，謂《金縢》篇爲不足信，亦頗有可取者。所列有十三證，今舉其二如下：

《金縢》一篇，其可疑者不一。惟朱子亦云"有非人情者"，情所不協，必理所不出也。而今爲臚辨之如右。

方武王遘疾厲虐，世子幼，則君國之憂，周公所恫，亦二公所同也。二公曰"我其爲王穆卜"，亦臣子情義之各致，周公何用辭二公而自以功。此其可疑一也。

……蔡氏曰："周公之卜，二公未必不知，册祝之文，二公蓋不知也。"身代之語，亦偶然情至，不得已之極思耳。公不諱卜，則此區區之言，抑何足隱哉？且使二公早無疑於公，則雖素所未知，自可一見而信，何事問之諸史百執，而唯恐其爲譴。如其疑也，則前云未可戚先生，而背二公以私卜者，爲詐已窮，保非並賣，此諸史百執而故爲是書者乎？且懿親元老之肝膽不保，區區史執之一言，其安知非受賂而黨奸乎？疑大臣而察於有司，疑君子而問之小人，此庸主奸相之以敗亡其國者，而二公何爲其然？况爲流言者曰，"公將不利於孺子"，非謂不忠於武王也。則此册詞，可以信公之忠於武王，而不可以信公之忠於孺子。即以管、蔡之惡，亦且成於武王既崩之後，則前日身代之言，不足以爲後日解，胡爲乎金縢未啓之前，鬼車滿載；金縢一啓之後，陰噎咸消；將公生平至德元功，曾不如此兒女陳情之一册乎？此其可疑者十三也。（卷四上）

《金縢》一篇，疑問甚多，雖非僞古文，亦不可信也。王柏、袁枚等，亦並疑之，不及先生所説之多，治古史及《尚書》之學者，不可不察也。

(c) 先生《詩經稗疏》，考訂名物甚詳。亦有一事，爲吾人所當留意者，則說國風之年代是也。而説曰：

> 春秋申包胥乞師，秦哀公爲之賦《無衣》。劉向《新序》亦云然。……此詩哀公爲申胥作也。……舊説刪《詩》止於陳靈，乃黎侯失國，在魯宣之末年；晉之有公族公行，在成、厲二公以後，當成、襄之間。孔子刪《詩》，在魯哀公十二年以後，凡前此者皆得録焉。秦哀有救患之義，申胥立誓死之誠，故節取之，存而不刪。六經當殘缺之後，編次隨先儒之記憶，固不可以爲年代之先後，如《載馳》後於《定之方中》，《河廣》先於《木瓜》，《新臺》後於《旄邱》，《清人》先於《蘀兮》，詎以年代爲次序耶？則亦勿疑此詩之連《黃鳥》而先《渭陽》矣。守一先生之傳，而不參考之他經，所謂專己而保殘也。(卷一)

此論甚瑩，且有依據，於《無衣》之"言王者，因楚之僭號封其臣而王之也"之疑，可以焕然冰釋。先生於此經考據之精核，固不暇枚舉也（《釋曆録》爲紡車交縈之名，王先謙《詩三家義集疏》猶用其説）。

(d) 先生於三《禮》惟有《禮記章句》一書，於《儀禮》則以爲多出周公以後，非周初之舊文。其説曰：

> 《儀禮》雖始於周公，而後世因事增附，非周初之舊文者多矣。如慈母如母，同居繼父，繼母已嫁者皆服齊衰，伸私恩妨公義，蓋東遷列國之失禮，所謂有司書之以遺後世者也。流及夫子之世，遂著於《禮》篇，流俗不察，守爲故常，故子游疑而夫子正焉。(卷七)

於《月令》《明堂位》，亦以爲"小道害正"（見卷六），皆不爲無見。先生於名物制度，説多甚核，然在先生之世，三《禮》之學，固不如後出之轉精也。

(e) 先生於《春秋稗疏》中，亦有論田制、兵制者，考據與義理並重，藹然仁者之言，與世之侈淹博者迥然不同。其論《作邱甲》曰：

> 嘗以鄭氏《王制注》參考之，周公定天下九州方七千里，名山大澤去三之一，其爲名田者，約三千三百萬井，以一成出七十二步卒乘之，當有三千三百萬人爲兵。計唐之府兵，宋之禁軍、廂軍，昭代衛所之兵制，不足以當其百之五；即隋煬征高麗、開河之役，亦不逮其十一。雖三代之兵，不如後世死於戰爭之酷，而勞民罷敝於原野，

亦不忍言。是民何不幸而生於三代之世，罹如此之荼毒，曾先王而忍於虐民如是乎？足知李靖之言，不仁之甚，非古之果爾也。若包子良謂十井而出一乘，則八十家而七十二人爲兵，天下無非兵矣。豎儒之言，誣古以禍生民，有如此之僭者。按《詩》"公車千乘，公徒三萬"，則每乘止三十人；而《司馬法》十井爲通，徒二人；通十爲成，成百井，井三百家，革車一乘，徒二十人，則原無七十二井出七十二人之法，而井止三家，亦無八家之數。大約秦火以後，古制無稽，釋經者勿掇拾殘闕，強立繁重之法，爲殃民者之口實。儒者之立心，常如是而已。侈淹博而重爲不仁之説，天所不佑，非但如作俑者之無後也（卷下）。

"釋經者勿掇拾殘缺，爲殃民之口實"，則誠當於考據、義理並重也。先生此論，據《詩》"公車千乘，公徒三萬"，則每乘只二十人，所援引至足憑，比之專據《周禮》《司馬法》以言兵制者，可謂更善於考據，而且更合於義理。儒者之立心，能如是者，固不數覯也。

先生所處之時代，經學尚未復興；先生所處地點，又屬窮鄉僻壤，而治經之方法，頗有與當代諸儒相合者。而就其結果論，且頗有當世所弗能及者，則先生學術之賅博精深有以致之也。使得與顧、閻諸儒通聲氣，則先生於音韻學當不止於《葉韻辨》，而於《尚書》之僞篇，當不止於疑《金縢》。然即以先生之《易》《詩》《春秋》之學而論，有足多者矣。

## （六）史學（附諸子之學）

先生史學之論著共有五種。《永曆實錄》《大行錄》則專載事跡，《蓮峰志》則關於地理者，《讀通鑒論》《宋論》兩書雖屬史論，而於修史之法，既略言之，其中精微之論，又足以見先生之歷史哲學，則不當僅以史論視之。先生於《春秋》頗受其影響，《讀通鑒論》論史之作用曰：

> 所貴乎史者，述往以爲來者師也。爲史者，記載徒繁，而經世之大略不著，後人欲得其得失之樞機以效法之，無由也，則惡用史爲？（卷六）

此《春秋》經世之意也。《續春秋左氏傳博議》曰：

> 古之爲史者，莫不有獎善懲惡之情，隨小大而立之鑒，故足以動人心而垂之久。若左氏、史遷、班固之書，記禍敗之隙，纖細猥鄙之無遺，皆此意也。
>
> 宋殤之殺，華督援馮之簒也，而記之目送孔父之妻；魯閔之殺，

慶父報叔牙之戮也，而記之以公傅奪卜齮之田；同括之殺，趙盾弒君專國而衆疾之也，而記之以趙嬰之逐；陽州之孫，魯公弗忍季氏之積僭也，而記之以鬥雞之介；舍其大釁而取其小，舍其禍源而取其委，左氏之不審於取舍若是也，奚以垂之久，而君子猶尸祝以爲經翼哉？
……左氏之於經，翼而已矣！遷、固之於史，牘而已矣！（卷上）

此《春秋》褒貶之義也。此二義者，《讀通鑑論》卷末，先生有《叙論》四篇，論之甚詳，且足以見先生對於歷史之觀念，其三、四兩篇，更比較重要，兹並錄之，以見其略。《叙論》三曰：

論史者有二弊焉：放於道而非道之中，依於法而非法之審；襃其所不待襃，而君子不以爲榮；貶其所不勝貶，而奸邪顧以爲笑。此既淺中無當之失矣，乃其爲弊，尚無傷於教，無賊於民也。抑有纖曲猥瑣之說出焉，謀尚其詐，諫尚其諂，徼功而行險，干譽而違道，獎詭隨爲中庸，誇偷生爲明哲，以挑達摇人之精爽而使浮，以機巧裂人之名義而使枉，此其於世教與民生也，災愈於洪水，惡烈於猛獸矣。

蓋嘗論之：史之爲書，見諸行事之徵也。則必推之而可行，戰而克，守而固，行法而民以爲便，進諫而君聽以從，無取於似仁似義之浮談。祇以致悔吝而無成者也。則智有所尚，謀有所詳，人情有所必近，時勢有所必因，以成與得爲期，而敗與失爲戒，所固然矣。然因是而卑污之說進焉，以其纖曲之小慧，樂與跳蕩游移、陰匿鈎距之術而相取；以其躁動之客氣，迫與輕佻恣睢、武健馳突之能而相依；以其婦姑之小慈，易與狐媚猫馴、溴忍柔巽之情而相昵。聞其說者，震其奇詭，歆其纖利，驚其決裂，利其呴嘔；而人心以蠱，風俗以淫，彝倫以斁，廉耻以墮。若近世李贄、鍾惺之流，導天下於邪淫，以釀中夏衣冠之禍，豈非踰於洪水、烈於猛獸者乎？

溯其所繇，則司馬遷、班固喜爲恢奇震耀之言，實有以導之矣。讀項羽之破王離，則須眉皆奮而殺機動；覽田延年之責霍光，則膽魄皆張而戾氣生。與市儈里魁同慕涉黯、包拯之絞急，則和平之道喪；與詞人游客共嘆蘇軾、蘇轍之浮夸，則悖篤之心離。諫而尚諂，則俳優且賢於伊訓；謀而尚詐，則《甘誓》不齒於孫、吳。高允、霍黑子之言，祇以獎老奸之小信；李克用三垂岡之嘆，抑以侈盜賊之雄心。甚至推胡廣之貪庸以抑忠直，而慊鄙夫之志；伸馮道之逆竊，以進夷盜，而順無賴之欲。輕薄之夫，妄以爲慷慨悲歌之助；雕蟲之子，喜以爲放言飾說之資。若此之流，允爲殘賊。此編所述，不敢姑容。刻志兢兢，求安於心，求順於理，求適於用。顧惟不逮，用自慚恧；而志則已嚴，竊有以異於彼也。

此所云者，論史當避免"淺中無當之失"，固無論矣。而要在"智有所尚，謀有所詳，人情有所必近，時勢有所必因，以成與得爲期，而敗與失爲戒"；正人心風俗，重彝倫廉恥，而必於有益於世教民生；獎善懲惡與經世致用並重也。"求安於心，求順於理，求適於用"，不徒明理而不致用，不徒重用而不協理，修史固必如此乃不畸輕畸重也。《叙論四》曰：

治道之極致，上稽《尚書》，折以孔子之言，而蔑以尚矣。其樞，則君心之敬肆也；其戒，則怠荒刻覈，不及者倦，過者欲速也；其大用，用賢而興教也；其施及於民，仁愛而錫以極也。以治唐、虞，以治三代，以治秦、漢而下，迄至於今，無不可以此理推而行也。以理銓選，以均賦役，以詰戎兵，以飭刑罰，以定典式，無不待此以得其宜也。至於設爲規畫，措之科條，《尚書》不言，孔子不言，豈遺其實而弗求詳哉？以古之制，治古之天下，而未可概之今日者，君子不以立事；以今之宜，治今之天下，而非可必之後日者，君子不以垂法。故封建、井田、朝會、征伐、建官、頒祿之制，《尚書》不言，孔子不言。豈德不如舜、禹、孔子者，而敢以記誦所得者，斷萬世之大經乎？

《夏書》之有《禹貢》，實也，而繫之以禹，則夏后一代之法，固不行於商、周；《周書》之有《周官》，實也，而繫之以周，則成周一代之規，初不上因於商、夏。孔子曰："足食，足兵，民信之矣。"何以足，何以信，豈靳言哉？言所以足，而即啟不足之階；言所以信，而且致不信之咎也。

孟子之言異是，何也？戰國者，古今一大變革之會也。侯王分土，各自其政，而皆以放恣漁獵之情，聽耕戰刑名殃民之説，與《尚書》、孔子之言，背道而馳。勿暇論其存主之敬怠仁暴，而所行者，一令出而生民即趨入於死亡。三王之遺澤，存十一於千百，而可以稍蘇，則抑不能預謀漢、唐以後之天下，勢異局遷，而通變以使民不倦者奚若。蓋救焚拯溺，一時之所迫，於是有"徒善不足爲政"之説，而未成郡縣之天下，猶有可遵先王之理勢，所由與《尚書》孔子之言異也。要非以參萬世而咸可率繇也。

編中所論，推本得失之原，勉自竭以求合於聖治之本；而就事論法，因其時而酌其宜，即一代而各有弛張，均一事面互有伸詘，寧爲無定之言，不敢執一以賊道。有自相跙鼇者矣，無強天下必從其獨見者也。若井田、封建、鄉舉、里選、寓兵於農、舍笞杖而行肉刑諸法，先儒有欲必行之者矣。襲《周官》之名跡，而適以成乎狄道者，宇文氏也；據《禹貢》以導河，而適以益其潰決者，李仲昌也。盡破天下之成規，駭萬物而從其記誦之所得，浸使爲之，吾惡知其所終哉？

"無不可以此種推行"，此理有定之說也。"抑不能預謀漢、唐以後之天下，勢異局遷，而通變以使民不倦者奚若"，此勢無定之說也。先生有言曰："理者固有也，勢者非適然也。以勢爲必然，有不然者存焉。"（《春秋家說》卷一上）勢本無定者也。故曰："理勢之自然，各適其時而已。"此先生所以以時爲重，而謂"因其時而酌其宜，即一代而互有弛張，均一事而互有屈伸，寧爲無定之言，不敢執一以賊道"也。先生嘗謂：

> 天下之勢，循則極，極則反。（《春秋世論》卷四）

又云：

> 極重之勢，其末必輕，輕則反之也易，此勢之必然者也。順必然之勢者，理也；理之自然者，天也。（《宋論》卷七）

又云：

> 天下之勢，一離一合，一治一亂而已。……一合而一離，一治而一亂，於此可以知天道焉，於此可以知人治焉。（《讀通鑑論》卷十六）

先生於歷史之發展，固重時代之變化，而謂"循則極，極則反"，一治一亂，天人之道，則仍不離《易》"窮則變，變則通，通則久"之義，此所以雖有進化之觀念，而仍能不脫離循環之義，此亦先生所處之時代使然也。然而寧爲無定之言，不願執一以賊夫道，此所以終異於拘墟之小儒而成爲偉大之思想家也。

先生於諸子之著述，有《老子衍》《莊子解》《莊子通》《呂覽釋》《淮南子注》，其關於理學、佛學者及所自著者尚多。老莊之學，本非先生所喜，故於《老子》"天下之物生於有，有生於無"爲之衍曰：

> 若夫道，含萬物而入萬物，方往方來，方來方往，蜿蟺希微，固不窮已。乃當其排之而來則有，當其引之而去，則託於無以生有，而可名爲無。故於其"反"觀之，乃可得而覯也。（《老子衍》）

云"託於無以生有"，固不與"有生於無"之見相合也。而《序》謂："天下之言道者激俗而固反之則不公，偶見而樂持之則不經，鑿慧而數揚之則不祥，三者之失，老子兼之矣。"特以"較之釋氏之荒遠苛酷"爲賢，而爲之衍耳。先生之《莊子解》則於《外雜篇》之真僞論之頗詳。曰：

　　《外篇》非莊子之書，蓋爲莊子之學者，欲引伸之，而見之弗逮，求肖而不能也。以《內篇》參觀之，則灼然辨矣。《內篇》雖參差旁引，而意皆連屬；《外篇》則蹖駁而不續，《內篇》雖洋溢無方，而指歸則約；《外篇》則言窮意盡，徒爲繁説而神理不摯。《內篇》雖極意形容，而自説自掃，無所粘滯；《外篇》則固執粗説，能死而不能活。《內篇》雖輕堯舜，抑孔子，而格外相求，不黨邪以醜正；《外篇》恣戾詛誹，徒爲輕薄以快其喙鳴。《內篇》雖與《老子》相近，而別爲一宗，以脫卸其矯激權詐之失；《外篇》則但爲《老子》作訓詁，而不能探化理於玄微。故其可與《內篇》相發明者，十之二三，而淺薄虛囂之説，雜出而厭觀；蓋非出於一人之手，乃學《莊》者雜輯以成書。其間若《駢拇》《馬蹄》《胠篋》《天道》《繕性》《至樂》諸篇，尤爲悁劣。讀者遇莊子之意於象言之外，則知凡此之不足存矣。(卷八)

《雜篇》則於《讓王》以下四篇以爲贋作，而於其它各篇則以爲"言雖不純，而微至之語，較能發《內篇》未發之旨"。《天下篇》則以爲"非莊子莫能爲"，皆不爲無見。先生於《管子》《孔叢子》等書亦不甚信。(詳見《讀四書大全説》卷六，《四書稗疏》卷一) 於諸子之真僞，固極注意也。《莊子通》則以"凡莊生之説，皆可以因以通君子之道"。獨惜先生之《呂覽釋》《淮南子注》，今已失傳，則不知其內容何如也。

## (七) 文　學

先生之於文學，其注釋選評者，有《楚辭通釋》《夕堂永日》《八代詩文選評》《唐詩選評》《明詩選評》《李杜詩評》《劉復愚評》，其屬於創作者；辭賦則有：《仿符命》《連珠》《九昭》《九礪》《南岳賦》《練鵲賦》《弧鴻賦》《雪賦》《霜賦》《祓褉賦》《章靈賦》等篇；詩詞則有：《桃花詩》《落花詩》《遣興詩》《和梅花百咏詩》《瀟湘怨詞》《鼓枻詞集》諸作；戲劇則有《龍舟會雜劇》一種；詩文評則有：《詩譯》《夕堂永日緒論內外編》《南窗漫記》各書。於文學之批評與創作，蓋俱擅長，非其他思想家，專知義理，不知文學者所可比擬也。先生嘗謂：

　　陶冶性情，別有風旨，不可以典册、簡牘、訓詁之學與焉也。

(《詩譯》)

又謂：

含情而能達，會景而生心，體物而得神，則自有靈通之句，參化工之妙。(《夕堂永日緒論》內篇)

於文學之見解，極重才情，而曰：

　　情景雖有在心在物之分，而景生情，情生景，哀樂之觸，榮悴之迎，互藏其宅。天情物理，可哀而可樂，用之無窮，流而不滯。窮且滯者不知爾。"吳楚東南坼，乾坤日夜浮"，乍讀之若雄豪，然而適與"親朋無一字，老病有孤舟"，相爲融洽。當知"倬彼雲漢"，頌作人者，增其輝光；憂旱甚者，益其炎赫；無適而無不適也。(《詩譯》)

情景相生，哀樂之感，互藏其宅，無適而不適也。主張"情景名爲二，而實不可離"(《夕堂永日緒論》)。唯視直覺之如何耳！唯勢興會之如何耳！先生説人生之修養，反對釋氏樂獎現量，而於文學之方法，則極重所謂直覺與所謂現量。其説曰：

　　"僧敲月下門"，祇是妄想揣摩，如説他人夢，縱令形容酷似，何嘗關心？知然者，以其沈吟推敲二字，就他作想也。若即景會心，則或推或敲，必居其一，因景因情，自然靈妙，何勞擬議哉？"長河落日圓"，初無定景；"隔水問樵夫"，初非想得；則禪家所謂現量也。(《夕堂永日緒論》內編)

即景會心，情景不離，此所以重在直覺現量也。故曰：

　　禪家有三量，唯現量發光，爲依佛性。此量稍有不審，便入非量；況直從非量中施朱而赤，施粉而白，勺水洗之，無鹽之色，敗露無餘，明眼人豈爲所爲欺邪？(同上)

如用非量，則近於虛僞，非真摯之文學，失實有之義矣。因重現量，不用非量，故於文學極重意勢，反對格局。其説曰：

　　無論詩歌與長行文字，俱以意爲主，意猶帥也。無帥之兵，謂之烏合。李、杜所以稱大家者，無意之詩，十不得一二也。烟雲泉石，花鳥苔林，金鋪錦帳，寓意則靈。齊梁綺語，宋人摶合成句之出處；俊心向彼，摭索而不恤己情之所自發，此之謂小家數，總在圈繢中求活計也。(同上)

意猶帥也，寓意則靈。齊梁綺語，宋人摶合成句之出處，皆不恤己情之所自發，則情景不互藏其宅矣。

又曰：

　　把定一題一人一事一物，於其上求形模，求比似，求詞彩，求故實，如鈍斧子劈櫟柞，皮屑紛霏，何嘗動得一絲紋理？以意爲主，勢次之；勢者，意中之神理也。唯謝康樂爲能取勢，宛轉屈伸，以求盡其意，意已盡則止，殆無剩語。夭矯連蜷，烟雲繚繞；乃真龍。非畫龍也。（同上）

又曰：

論畫者曰："咫尺有萬里之勢"，一勢字宜着眼。若不論勢，則縮萬里於咫尺。直是《廣輿記》前一天下圖耳。五言絕句，以此爲落想時第一義。唯盛唐人能得其妙。如："君家住何處？妾住在橫塘。停船暫相問，或恐是同鄉。"墨氣所射，四表無窮，無字處皆其意也。（同上）

先生論文，重在才情興會，故不得不以意爲主，而勢次之也。於格局之說，反對之尤力。其說曰：

凡言法者，皆非法也。釋氏有言，法尚應捨，何況非法？藝文家知此，思過半矣。（同上）

故曰：

詩之有皎然、虞伯生，經義之有茅鹿門、湯賓尹、袁了凡，皆畫地成牢以陷人者，有死法也。死法之立，總緣識量狹小，如演雜劇，在方丈臺上，故有花樣步法，稍移一步則錯亂，若馳騁康莊，取途千里，而用此步法，雖至愚者不爲也。（同上，頁四）

先生之意，實以"文章之弊，壞於有法"（《讀通鑒論》卷十七），故屢言之也。因反對守一成之法，先生於門庭之立，亦甚惡之。其說曰：

詩文立門庭，使人學己，人一學即似者，自詡爲大家，爲才子，亦藝苑教師而已。……才立一門庭，則但有其局格，更無性情，更無興會，更無思致，自縛縛人，誰爲之解者？（《夕堂永日緒論》內篇）

先生之於文學，重性情，重興會，重思致，此實不可磨滅之論也。其於歷代文學，亦不"泥古過高，而非薄方今"。在《詩譯》中有言曰：

故漢魏以還之比興，可上通於《風》《雅》《檜》《曹》而上之條理，可近譯以三唐元韻之機兆；在人心流連泆宕，一出一入，均此情之哀樂，必求於言者也。故藝苑之士，不原本於《三百篇》之律度，則爲刻木之桃李；釋經之儒，不證合於漢魏唐宋之正變，抑爲株守之兔罝。

此以《風》《雅》《檜》《曹》可與漢魏唐宋比觀也。又曰：

建立門庭，自建安始。曹子建鋪排整飾，立階段以賺人升堂，用此致諸趨赴之客，容易成名，伸紙揮毫，雷同一律。子桓精思逸韻、以絕人攀躋，故人不樂從，反爲所掩。子建以是壓倒阿兄，奪其名譽，實則子桓天才駿發，豈子建所能壓倒邪？故嗣是而興者，如郭景純、阮嗣宗、謝客、陶公，乃至左太冲、張景陽，皆不屑染指建安之羹鼎，視子建蔑如矣。降而蕭梁宮體，降而王、楊、盧、駱，降而大歷十才子，降而溫、李、楊、劉，降而江西宗派，降而北地、信陽、琅琊、歷下，降而竟陵，所翕然從之者，皆一時和哄漢耳。宮體盛時，即有庾子山之歌行，健筆縱橫，不屑烟花簇湊。唐初比偶，即有陳子昂、張子壽扢揚大雅。繼以李、杜代興，杯酒論文，雅稱同調；而李不襲杜，杜不謀李，未嘗黨同伐異，畫疆墨守。沿及宋人，始爭疆壘；歐陽永叔亟反楊億、劉筠之靡麗，而矯枉已迫，還入於枉，遂世一代無詩，掇拾夸新，殆同鶺令。胡元淫艶，又以矯宋爲工，蠻觸之爭，要於興觀群怨，未有當也。伯溫、季迪，以和緩受之，不與元人競勝，而自問風雅之津。故洪武間詩教中興，洗四百年三變之陋。（同上）

抑曹子建而推尊子桓；抑宋、元之詩人，而推尊明代之詩人劉伯溫、高季迪，固非盲目從古者，所能企及也。先生之爲此論，實亦本於其文學重在才情之說，故有言曰：

立門庭者必餖飣，非餖飣不可以立門庭。蓋心靈人所自有，而不相貸，無從開方便法門，任陋人支借也。人譏西崑體爲獺祭魚，蘇子瞻、黃魯直亦獺耳；彼所祭者肥油江豚；此所祭者，吹沙跳浪之鱔鯊也；除却書本子更無詩。如劉彥昺詩："山圍曉氣蟠龍虎，臺枕東風憶鳳皇。"貝廷琚詩："我別語兒溪上宅，月當二十四回新。""如何萬國尚戎馬，只恐四鄰無故人。"用事不用事，總以曲寫心靈動人興觀群怨，却使陋人無從支借。唯其不可支借，故無有推建門庭者，而獨起四百年之衰。（同上）

此則抑蘇、黃而以明人詩有曲寫心靈者也。又曰：

近體梁、陳已有，至杜審言而始葉於度；歌行鮑、庾初制，至李太白而後極其致。蓋創作猶魚之初漾於洲渚，繼起者乃泳游自恣，情舒而鱗鬐始展也。七言絕句，初盛唐既饒有之，稍以鄭重，故失其風神；至劉夢得而後宏放出於天然。於以揚扢性情，馭娑景物，無不宛爾成章，誠小詩之聖證也。此體一以才情爲主，……不能作七言絕句，直是不當作詩。（同上）

此推崇劉禹錫之七絕也。七絕以才情爲主，不能作七絕者直是不當作詩，則文學之當重才情抑可知矣。先生於明代之詩人有貶詞者亦甚多，茲錄二則，以見其略：

　　建立門庭，已絕望風雅。然其中有本無才情，以此爲安身立命之本者，如高廷禮、何大復、王元美、鍾佰敬是也。有才情固自足用，而以立門庭故自桎梏者，李獻吉是也。其次則譚友夏亦有牙後慧，使不與鍾爲徒，幾可分文徵仲一席，當於其五七言絕句驗之。(同上)

　　自李贄以佞舌惑天下，袁中郎、焦弱侯不揣而推戴之，於是以信筆掃抹爲文字，而諳含吐精微、鍛煉高卓者爲咬薑呷醋，故萬曆壬辰以後，文之俗陋，亘古未有。(同上，外篇)

先生於明末之文學流弊，固甚惡之，故於李贄、鍾惺，每痛詆之也。

## 三　著述考

先生著述，凡百餘種。其著録有名者，凡經類二十四種，史類五種，子類十八種，集類四十一種，共八十八種。而如《家世節録》之類，並在文集之中計算；其他佚亡不可考者，諒亦甚多。《王船山年譜》據《王船山家譜》所稱前後著書百餘種之説，蓋爲實録。先生著述，始刊於先生子敔及門人姻友之有力者凡數種，其後增刻《周易大象解》《春秋世論》《四書稗疏》《四書考異》《老子衍》《莊子解》《楚辭通釋》《張子正蒙注》《思問録》，凡十種（以下省稱初刻本），外文集、詩集、詩餘、詩話，復有數卷，皆奇零不成部帙。清道光初，先生六世裔孫承佺始搜集遺書藏於家；道光庚子，先生七世孫世全，始刻於湘潭，以校讎之役屬之新化鄒漢勛。其後二年，次第刊成《周易内傳》《周易大象解》《周易稗疏》《周易考異》《周易外傳》《書經稗疏》《尚書引義》《詩經稗疏》《詩經考異》《詩廣傳》《禮記章句》《春秋稗疏》《春秋家説》《春秋世論》《續春秋左氏傳博議》《四書訓義》《四書稗疏》《四書考異》，凡十八種。首列《國史·儒林傳稿》《湖南通志·列傳》《衡州府志·列傳》、潘宗洛《船山先生傳》、唐鑒《王而農先生全集叙》，及審閲姓氏，編校姓氏。此所謂湘潭王氏守遺經書屋刊本《船山遺書》也（以下省稱"舊刻本"）。咸豐初，板毁於兵。曾國藩與弟國荃重刻前十七種於金陵，以《四書訓義》爲口授講章，始從緩刻，增刻《讀四書大全説》《説文廣義》等書，共五十八種（案《王譜》謂增刻《周易發例》《四書稗疏》，實誤）。光緒四年，衡郡士紳創建船山書院於南城外；十年，曾國荃以家藏遺書刻板歸之於書院；十三年夏，又於書院補刻《龍源夜話》《憶得》《薑齋文集補遺》《薑齋詩分體稿》《薑齋詩編年稿》，凡五種。此曾刻本《船山遺書》也（以下省稱"曾刻本"）。《易》《書》《詩》《春秋》《稗疏》，王氏守遺經書屋刊鄒氏校本，增删竄易，非復本真，或託言先生晚年改本以掩其跡。曾刻本據文淵閣本及舊抄本悉行改正。又於先生記憶偶誤之處，別著爲《校勘記》，此曾刻本之善也。自光緒十九年迄民國六年間，瀏陽劉人熙又於曾刻本外，獲先生遺稿，隨得隨刻於長沙；先生裔孫王之春於光緒間又刊行先生之《四書箋解》；先生遺書之行世，於是又增多數種。民國十九年上海太平洋書店，得湘省政府之資助，依據王氏守遺經書屋刊本、曾刻本、瀏陽劉氏補刻本，及長沙、湘潭、衡陽坊間各散刻本，並先生之手稿獲見者，參訂綜合，排印爲《船山遺書》（以下省稱"排印本"），比之曾刻本，實多出《四書訓義》《搔首問》《相宗絡索》《古詩評選》《唐詩評選》《明詩評選》數種，甚便於學者。兹合先生著述之已刻未刻者，爲考如下：

《周易稗疏》四卷，舊刻本　曾刻本　排印本　續經解本
　　案：《王譜》，先生年二十八歲，居續夢庵，始注《周易》。《周易內傳·發例·跋》云："隆武丙戌，始有志於讀《易》。"先生《周易稗疏》之作，當經始於是年。《周易外傳·卷六》云："經文'其出入以度外內'句，'使知懼'句，詳見《稗疏》。"是《稗疏》之作，先於《外傳》，故《稗疏》已言者，《外傳》不復言之也。《外傳》始作於先生年三十七歲時，則二十八歲始注《周易》者，實謂《稗疏》也。大抵諸經《稗疏》，其著作年代，俱早於《傳義》，固不止《周易》一種爲然也。說詳下。《王譜》作一卷。

《周易考異》一卷，舊刻本　曾刻本　排印本
　　案：《考異》之作，大約晚於《稗疏》，他經《考異》，俱晚於《稗疏》，足證。說詳下。

《周易外傳》七卷，舊刻本　曾刻本　排印本　石印《王船山經史論八種》本，訛誤甚多。
　　案：《王譜》，先生年三十七歲，始作《周易外傳》。《周易內傳·發例·跋》云："乙未於晉寧山寺，始爲《外傳》。"是此書經始於是時也。是書爲先生爲最重要之著作之一，凡先生之哲學思想具可於此窺其大略，其哲學思想蓋於著作此書時已相當成熟也。

《周易大象解》一卷　初刻本　舊刻本　曾刻本　排印本
　　案：《王譜》，先生年五十八歲，始撰《周易大象解》。《周易內傳·發例·跋》："丙辰始爲《大象傳》。"《周易大象解·序》謂："《大象》之與《彖》《爻》，自別爲一義，取《大象》以釋《彖》《爻》，必齟齬不合，而強欲合之，此《易》學之所由晦也。《易》以筮而學存焉，唯《大象》則純乎學《易》之理。"此所以專解《大象》也。

《周易内傳》六卷，發例一卷　舊刻本　曾刻本　排印本

案：《王譜》，先生年六十七歲，病中勉爲從游諸子作《周易内傳》。《周易内傳·發例·跋》云："歲在己丑，從游諸子，求爲解説，形枯氣索，暢論爲難，於是乃於病中勉爲作《傳》。"又云："此篇之説，間有與《外傳》不同者，《外傳》以推廣於象數之變通，極酬酢之大用。而此篇守《彖》《爻》立誠之辭，以體天人之理，固不容有毫釐之踰越。至於《大象傳》，則有引伸而無判合，正可以互通之。"《内傳》爲依經立傳之體，雖不如《外傳》極酬酢之大用，然先生之學，植本於《易》，此實爲其重要著作之一也。

《書經稗疏》四卷　舊刻本　曾刻本　排印本

案：《尚書引義·卷四·洪範一》："五福、六極審而九數從"句下，小注云："詳見《稗疏》"。"成章有合，相得有當"句下，小注云："詳《稗疏》"。《洪範三》"而叙其事"五句下，小注云："詳《稗疏》"。《稗疏》之作，蓋在《引義》之前。

《尚書考異》一卷　未見書
《鄧録》云："有目未見書。"

《尚書引義》六卷　舊刻本　曾刻本　排印本　《王船山經史論八種》本

案：《引義》之作，當在《周易外傳》之後。先生"命日受則性日生"之説，實詳於《引義》一書，作《外傳》時，猶未大明之也。《讀四書大全説·卷一》云："愚於《周易》《尚書》傳義中説生初有天命，向後日日皆有天命……今讀朱子'無時而不發現於日用之間'一語，幸先得我心之所然。"（頁一二）然《外傳》所云，實不及《引義》之詳。又，先生有志於注《易》在前，則《引義》之作，當在其後，亦一證也。

《詩經稗疏》，四卷　舊刻本　曾刻本　排印本　讀經解本

案：《鄧録》云五卷；《王譜》云一卷，非是。曾刻本，實爲四卷。鄧云：舊本二卷，《四庫》本四卷。曾刻本從《四庫》本也。以《易》《書》《四書稗疏》之作在《傳義》之前例之，則此亦當成於《廣傳》之前。

《詩經考異》，一卷　舊刻本　曾刻本　排印本

案：《考異》"緑竹猗猗"條下云："詳《稗疏》"，"竹閉緄縢"條下云：

"詳《稗疏》","振旅闐闐"條下云:"說詳《稗疏》"(頁一三),"其會如林"條下云:"說詳《稗疏》"(頁二〇),"魯邦所詹"條下云:"說詳《稗疏》"(頁二八),則已詳於《稗疏》者,《考異》不加詳也。是成書晚於《稗疏》之證。《四書考異》亦然。知《周易考異》亦當晚於《稗疏》也。

《葉韻辨》一卷　同上
案:是書舊刻本已刊,附於《考異》後,但目錄則未載。

《詩廣傳》五卷　同上　《王船山經史論八種》本
案:是書卷三云:"故曰:'性日定,心日生,命日受',非赤子之任也。"(《詩廣傳·小雅·二五》)卷四云:"古之善言性者,取之有生之後。……此之謂命日受、性日生也。"又云:"禽獸終其身以用其初命,人則有日新之命矣。"(頁二五)是書蓋作於《尚書引義》之後,援用《引義》之説甚明,可證也。

《禮記章句》四十九卷　舊刻本　曾刻本　排印本
案:《王譜》,先生年五十七歲,章有謨、唐端笏同游先生門下,受所注《禮記》。又先生年五十九歲,秋七月,《禮記章句》四十九卷成。是書之作,實在《説春秋》諸書之後。

《春秋家説》三卷　同上　《王船山經史論八種》本
案:《王譜》,先生年二十八歲,父命編《春秋家説》;又,先生年五十歲,秋七月,成《春秋家説》。《序》云:"迄今二十二載,夫之行年五十,悼手口之澤空存,念蠛蚊之生無幾,恐將失墜,敬加詮次。"是書經始甚早,特遲至五十歲時,始詮次而序之耳。

《春秋稗疏》二卷　舊刻本　曾刻本　排印本　續經解本
《春秋世論》,五卷　初刻本　舊刻本　曾刻本　排印本《王船山經史論八種》本
案:《王譜》,繫是書之作於先生年五十歲下云:"《春秋世論·序》:'著雒汨灘之歲相月望日壬子,湘西草堂王夫之序。'案,草堂成於乙卯,本年戊申,不應有湘西草堂之名。'著雒汨灘'四字,傳寫必有譌誤,然無從訂正,姑附於此。"是書究作於何年尚有疑問。然或係先生書成於是時,而《序》則

改作乙卯以後，因有湘西草堂之名。據《續左氏春秋傳博議》作於明年，則先生或在五十前後，正努力於《春秋》之業也。

《續春秋左氏傳博議》二卷　舊刻本　曾刻本　排印本《王船山經史論八種》本
案：《王譜》，先生年五十一歲，編《春秋左氏博議》。

《四書稗疏》一卷　初刻本　舊刻本　曾刻本　排印本　續經解本
案：《稗疏》之作，當早於《讀四書大全説》。《讀四書大全説·卷六》云："爲長府，改錢法也，詳《稗疏》。"（頁六）是其證。

《四書考異》一卷　初刻本　舊刻本　曾刻本　排印本
案：是書之成，晚於《稗疏》。（頁一）"誅曰"條下云："誅，力軌切，説詳《疏》中。"謂見於《稗疏》也。（頁一五）又案：是書又當晚於《詩經稗疏》，《詩經考異》"菉竹猗猗"條下云："菉，從草，本訓王芻也。詳《詩稗疏》"。"鳶飛戾天"條下云："鳶當作鳶，詳《詩考異》。"是其成書晚於《詩稗疏》《詩考異》甚明。

《讀四書大全説》十卷　曾刻本　排印本
案：《王譜》，先生年四十七歲，居敗葉廬，重訂《讀書説》。據先生《和梅花百咏詩序》有云"時方重訂《讀書説》"也。《劉譜》謂"蓋《讀書説》即《讀四書大全説》之省文，其始輯在何年，俟考"。《王譜》未加案語，殊覺審慎。今考是書卷一云："愚於《周易》《尚書傳義》中，説生初有天命，向後日日皆有天命。"卷六云："釋氏輪迴之説，原不如此。詳見愚所著《周易外傳》。"卷七云："《尚書》'舊云刻子'一段，分明説得有原委。愚於《尚書引義》中辨之詳矣。"（頁三二）卷八"性，道心也；情，人心也。惻隱、羞惡、辭讓、是非，道心也；喜、怒、哀、樂，人心也。"小注云："其義詳《尚書引義》。"（頁六九）是此書明作於《周易》《尚書傳義》後。而據《四書稗疏》，《考異》成於《詩稗疏考異》後，則先生致力於《詩》者，又似早於《四書》，此可推見者也。以思想轉變之跡言之，則《禮記章句》於《大學》《中庸》猶守朱子之説，而是書《説大學》之中於朱子之説頗有商量，他處亦多舍朱而從張，則又有晚於《禮記章句》之痕跡。《禮注》成於先生年五十七時，則是書是否於四十七時早已作成，又加重訂之功，固屬疑問也。

《四書訓義》，三十八卷　舊刻本　劉氏補刻本　排印本

案：是書據《鄧録》云："又名《授諸生講義》。"曾刻本以爲惟《四書訓義》爲先生口授講章，姑從緩刻。瀏陽劉氏補刻本《序》云："先生《四書稗疏》《讀四書大全說》，鈎沈砭謬，正'既灌'無灌地之禮，明'誄曰'非哀死之辭，'割''切''方''正'之分，損益'三統'之辨，諒陰無'信''默'之訓，'溝瀆'即句瀆之丘，凡此之類，不可枚數，近世通人，不謀而合。至於《訓義》，專以《集注》爲宗，《稗疏》《讀大全》諸說，半不羼入，蓋其慎也。若心所獨契，確然質百世而無疑者，則亦不與《集注》苟同。惟其深知前賢，是以不阿所好；功臣諍友，蓋兼之矣。"以《周易内傳》成於《外傳》之後，及守《象》《爻》立誠之辭，不容有毫釐之踰越推之，則此或作於《讀四書大全說》之后，故有不與《集注》苟同之處也。論情則猶以情爲善，於盡心知性亦未顯斥朱子之謬，所謂"《稗疏》《讀大全》諸說，半不羼入"，蓋實可備一說。《行述》謂"《四書》則有《讀大全說》《詳解》《授義》"，所謂《授義》者即是書。《羅記》猶沿用《四書授義》之名稱（卷五），可知也。

《四書集成批解》　（未刻）
案：《王譜》云："未刻，無卷數。"

《四書詳解》　佚
案：《王譜》云："佚，無卷數。"

《四書箋解》十一卷　王之春刻本
案：是書舊刻本、曾刻本、排印本並未收。光緒二十年，王之春刊於鄂藩官廨。首有王之春《叙》云："道之在古今，至四子之書備矣。漢宋遞降，箋疏代作，不無躓駮，然背而馳者亦鮮焉。自明以制義取士，士無不嘗誦其書。童而習之，至於皓首，不可謂非篤矣。厥中精詣固繁，而剽竊恢詭，用資羔雁者，亦所恒有。啓、禎以降，益矜縱騁。於性命之精，平治之要，或未深求其義類。既非所以代聖賢立言之恉，於設科取士之意亦且悖之。聖清大定，通儒傑興，經學昌明，而以時文爲小數，每弗屑道。吾宗船山公講求質學，兼綜漢宋，於《四書》嘗有《稗疏》《考異》《讀大全說》諸編，既皆所發明，然或覈同異，或辨性理，於初學爲文模範者，未之及焉。居嘗詬病俗塾時藝講章，

莫軌正誼，課督之暇，輒取全書隨意箋釋，務使閱者恍然有悟，快然自得於心，蓋意在示家塾法程，非云著述也。之春以爲時文既代聖賢立言，則所爲講明者，即皆聖賢之道，安所見是僅爲羔雁之技耶？吾知獲睹是編者，因文見道，必當有異，由是涵泳焉，以求乎道之精，其庶幾乎？故爲亟付手民，以廣其傳，願以質當世之通識者焉。光緒十有九年歲次癸巳嘉平月八月從孫之春謹叙。"案是書雖爲時文而作，於先生思想之變遷，亦有可以參證之點。《讀四書大全說·卷十》曰："朱子以'物格'言知性，語甚奇特。非實有得於中而洞然見性，不能作此語也。……蓋吾之性，本天之理也，而天下之物理亦同此理也。……吾心之神明，雖己所固有，而本變動不居。若不窮理以知性，則變動不居者不能極其神明之用也，固矣。心原是不恒底，有恒性而後有恒心。"（頁五四）此猶取朱子知性而後能盡心之說，故以爲窮理知性，而心之變動不居者不能極其神明之用。至《箋解》則云："注謂知性而後能盡心，有說盡心然後能知性以實之，此說爲長。若謂知性而後能盡心，不特於本文一串說下由盡心而知性，由知性而知天之理不順，且所謂性即理者，指其實而言之，非可以理字代性字。蓋理在事物在心皆謂之理，性即理，但指在心之理而言耳。若窮理則窮事物之理，故注又言格物。性豈可謂之物？又豈可在事物上能知性哉？徑從知性上做工夫，如何能知？知性者實於己身未發之中，已發之和上體會，如此惻隱羞惡等心，在本體上具足仁義禮智之天德，若不盡吾心以求知，則不著不察，竟不知何者是吾性矣。此心字是心之神明，所謂'心之官則思'，及《書》所云'睿作聖'者。盡心則靜而體之，動而察之，以學問證之，極其思之力，而後知吾性之所誠有。故曰此說爲長。若必要依注，亦只可云能察吾性實有之理，則自能盡其心以窮天下之理，必不可以知性爲格物也。"（卷十一）則反駁朱子以物格言知性，而不取知性而能盡心之說，與《張子正蒙注》之意見相合，此亦先生之思想，由其推崇朱子者轉而推崇張子之明證也。說更詳下。

《說文廣義》，三卷　曾刻本　排印本

案：《王譜》，先生六十四歲，識《說文廣義》。據是書《發例》言也，《發例》共五條，其首一條云："茲奉六書爲宗主，以廣《說文》之義，諸不見《說文》者不及之。許氏始制，始於一終於亥，今舊本部次無所從考，一以集韻爲序。始於東，終於甲，每部一從平上去入四聲次第爲序。"是書意在廣《說文》之義，故如《外傳》《廣傳》之體例也。

凡經類二十五種。（《王譜》著錄二十四種，今增《四書箋解》一種爲二

十五種)

《讀通鑒論》，三十卷，卷末一卷　同上　商務印書館排印本　《王船山經史論八種》本

《宋論》，十五卷　同上

案：《王譜》，先生六十九歲，始撰《讀通鑒論》。是書上起秦始皇，下終於五代；《宋論》則賡續而作也。是二書皆"以上下古今興亡得失之故，制作輕重之原"，與《春秋家說》《春秋世論》《續春秋左氏傳博議》《黄書》《噩夢》等合而觀之，可以具見先生政治思想，非徒論史也。《續通鑒論》更有卷末一卷，共叙論四篇，其一言"論之不及正統"，謂"無所承，無所統，正不正存乎其人而已矣"。其二言"編中於大美大惡，昭然耳目、前有定論者，皆略而不贅。推其所以然之由，辨其不盡然之實"。"所由與胡致堂諸子之有以異也"。其三、四兩篇更言全書所注重之點；是二書之基本觀點，亦可以略以見焉。已詳前，兹不贅。

《永曆實錄》二十六卷　曾刻本　排印本

案：是書第十六卷已佚，共存二十五卷。《王譜》云："卷十六佚，是也。"曾刻本目錄云："十六卷未見，語殊含混。是書卷一《大行皇帝紀》，終於永曆十六年，則其成書，自當在四十五歲以後。先生之不奉清正朔於此亦可見。"《王譜》注桂王年號於清年號之下，尚不失先生之意，惟止於永曆十五年，尚不盡合。（兹編《年表》姑從《王譜》，亦未加以更張，因從《王譜》即可見先生之意也。）

《蓮峰志》五卷　同上

案：《王譜》，先生二十八歲，成《蓮峰志》五卷。

《大行錄》　佚

案：《王譜》云："佚，無卷數。"

凡史類五種

《老子衍》一卷　初刻本　曾刻本　排印本

案：《王譜》，先生三十七歲八月《老子衍》成。據《老子衍·自序》云："閱十八年壬子，重定於觀生居。明年，友人唐端笏須竹携歸其家，會不戒於

火，遂無副本。更五年戊午，男敔出所藏舊本施乙注者，不忍棄之，復錄此編。壬子稿有後序，參魏伯陽、張平叔之説，亡之矣。"是先生於是書別有重定之本也。

《莊子解》，三十三卷　同上
案：是書先生子敔有增注。前有董思凝、王天泰兩序。

《莊子通》，一卷　曾刻本　排印本
案：《王譜》，先生六十一歲，著《莊子通》。先生《序》云："凡以通吾心也。""以予通之，尤合轍焉"。"凡莊生之説，皆可因以通君子之道，類如此。故不問莊生之能及此與否，而可以成其一説"。此所以命名爲《莊子通》也。是書目次，《徐無鬼》《寓言》《列御寇》，闕。無《讓王》以下四篇。是書之成，蓋晚於《莊子解》，《莊子解》三十三卷，雖以《讓王》以下四篇爲贋篇，不置説，而猶載原文，此則論已定矣，故目次更不列之也。

《吕覽釋》　佚
案：《王譜》云："佚，無卷數。"

《淮南子注》　未刻
案：《王譜》云："未刻，無卷數。"

《張子正蒙注》，九卷　曾刻本　排印本　初刻本
案：是書《序》言"張子言無非《易》"，"非張子其孰與歸"？足見先生之推崇張子及所以著爲此書之意。今考是書于程、朱頗致譏評，蓋著述時間，較《讀四書大全説》《禮記章句》爲晚，是二書猶有稱頌程、朱者，而《正蒙注》則絶無一言，此可以推見者一也。先生物質不滅之説，始暢言於是書，與《周易内傳》更爲接近，《内傳》著成時間亦晚，此可以推見者二也。是書言盡心知性與《四書箋解》較合，《箋解》較晚於《讀四書大全説》，此可以推見者三也。綜此三點，皆足見是書著述時間較晚。

《近思録釋》　佚
案：《王譜》云："佚，無卷數。"

《思問錄·內篇》一卷　初刻本　曾刻本　排印本　群學社《王船山集》本

《思問錄·外篇》一卷　同上

案：《行述》："《正蒙》一書，人莫能讀，因詳釋其義，與《思問錄》內外編互相發明。"《潘傳》云："與前（從《王譜》）《思問錄》內外編互相發明。"是書之作，當在《正蒙注》前。

《俟解》一卷　曾刻本　排印本　群學社《王船山集》本　泰東鉛印本

案：《題詞》："然竊恐解之者希也，故命之'俟解'……甲子重午，船山病筆。"甲子先生年六十六也。

《噩夢》一卷　曾刻本　排印本　群學社《王船山集》本

案：《序》云："嗚呼！吾老矣，惟此心在天壤間，誰為授此者？故曰'噩夢'。"據《序》是書成於壬戌，先生年六十四也。

《黃書》，一卷　同上

案：《王譜》，先生年三十八，《黃書》成。據是書《後序》而云然也。

《識小錄》一卷　曾刻本　排印本

案：據《小引》，是書成於己巳，先生年七十一。是書多言服制及官制考試瑣節，故云《識小錄》。

《搔首問》一卷　劉氏補刻本　排印本

案：劉人熙《序》云："《搔首問》者，即屈子之《天問》。明社既屋，中原陸沈，志士仁人，肝腦塗地，無補天傾；抱孤心而訴蒼旻，天帝亦疑于醉矣。無默贊神化，以俟數百年之遠復，則韋布之功，賢於台鼎。船山之搔首而問者，造物者不難一一條答，相視而笑，莫逆於心也，知此然後可以見船山之心學。船山之《搔首問》，吾師乎！吾師乎！"今案，是書所云，如謂："劉念臺先生《人譜》，用以破袁、黃《功過格》之妖……先生所集，猶有未愜處，人之為人，原不可限，善學先生者，止一人字足矣。"（頁三）及論《孝經》不與天性相關，呂留良之極詆陸、王等處，其性質與《俟解》等書頗相近，比之《識小錄》《愚鼓詞》實較重要。

《龍源夜話》一卷　曾刻本　排印本

案：是書僅存先生《請終喪免闈試疏》《陳言疏》及《自序》（不全），三篇。

《愚鼓詞》一卷　同上

案：是書全卷爲詞，後有《十二時歌和青原藥地大師》（方以智）。曾刻本列爲《夕堂戲墨》之八，實先生詩詞作品也。

《相宗絡索》三卷　排印本

案：是書釋"八識""九緣""四緣""三境""三量""三性"等，《劉譜》謂爲釋氏之"小學紺珠"，是也。

《三藏法師八識規矩論贊》　佚

案：《王譜》云："佚，無卷數。"

凡子類十八種。

《楚辭通釋》十四卷卷末一卷　初刻本　曾刻本　排印本

案：《王譜》，先生六十七歲，《楚辭通釋》十四卷成。卷末一卷，乃先生所爲之《九昭》。

《夕堂永日八代文選評》　未刻

案：《王譜》云："未刻，無卷數。"

《夕堂永日八代詩選評》六卷　劉氏補刻本　排印本

案：是書瀏陽劉氏補刻本及新印本改題爲《古詩評選》，前有《蕭序》述其先祖得先生古近體詩評選，爰別爲"《船山古詩評選》《唐詩評選》《明詩評選》三種"。今之編次，則未知是否一仍先生之舊也。

《夕堂永日四唐詩選評》，七卷　同上

案：瀏陽劉氏補刻本、排印本，改題《唐詩評選》，作四卷。

《夕堂永日明詩選評》，七卷　同上

案：瀏陽劉氏補刻本、排印本，改題《明詩評選》，作八卷。

《李詩評》　未刻

《杜詩評》　未刻

《劉復愚集評》　未刻

案：以上三種，《王譜》俱云："未刻，無卷數。"

《詞選》一卷　同上

案：《王譜》云："未刻。"

《薑齋文集》十卷　曾刻本　排印本　四部叢刊《薑齋詩文集》本

案：是書卷一有論三首：《知性論》《老莊申韓論》《君相可以造命論》。《知性論》與《君相可以造命論》並可以爲研究先生心性論之參考。卷十則先生之《家世節錄》。

《薑齋文集補遺》二卷　曾刻本　排印本

案：是書爲光緒間補刻本，其《尺牘十首》《倣符命》《武夷府君行狀》《譚太孺人行狀》，在《文集》已有目；《譚太孺人行狀》《文集》中並未闕，《補遺》所收，特字句有異同耳。

《漧濤園初刻》　佚

《買薇集》　佚

案：兩書皆先生之詩集。據《述病枕憶得》，"癸未春，有《漧濤園初刻》……亂後失其鏒本……戊子後次所作爲《買薇集》"。癸未先生年二十五歲，戊子先生年三十歲，二集所收，皆少作也。《王譜》於是二書俱云："佚，無卷數。"

《憶得》一卷　曾刻本　排印本

案：是書乃先生於六十八歲時，病中憶童年至丁亥（先生二十九歲）時詩，十不得一而錄之，故名曰《憶得》。前有序曰"述病枕憶得"。

《嶽餘集》，一卷　同上　四部叢刊《薑齋詩文集》本

案：是書爲先生癸未匿嶽，甲申重游南嶽之詩，有見於《憶得》者，則《憶得》爲初起之稿，《嶽餘集》爲定稿也（《參觀記》卷五）。

《悲憤詩》，一卷　佚

案：《王譜》云："佚。"

《桃花詩》一卷　同上

案：《王譜》，先生二十八歲，作《桃花絕句》數十首。今佚。

《落花詩》一卷　曾刻本　排印本　四部叢刊《薑齋詩文集》本

案：是書曾刻本又題《夕堂戲墨》卷一。全卷共《正落花詩》十首，作於庚子；《續落花詩》三十首；《廣落花詩》三十首；《咏落花詩》三十首；《落花譚體》十首；《補落花詩》九首。成於辛丑（先生四十三歲）。

《遣興詩》一卷　同上

案：是書曾刻本又題《夕堂戲墨》卷二。全卷共《遣興詩》三十首，《廣遣興詩》三十首，並成於癸卯（先生四十五歲）。

《和梅花百咏詩》一卷　同上

案：是書曾刻本又題《夕堂戲墨》卷三。全卷《和梅花詩》外，有追和王百穀《梅花絕句》十首，並成於乙巳（先生四十七歲）。《沅湘耆舊集小傳》謂，其曰《夕堂戲墨》者，即《柳岸》《梅花》兩集所刪存也；其曰《船山鼓棹》者，詩餘也。鄧氏所見《夕堂戲墨》如此。

《洞庭秋詩》一卷　同上

案：是書曾刻本又題《夕堂戲墨》卷四。全卷共詩三十首，成於己酉（先生五十一歲）。

《雁字詩》一卷　同上

案：是書曾刻本又題《夕堂戲墨》卷五。全卷《前雁字詩》十九首，《後雁字詩》十九首，成於庚戌（先生五十二歲）。末附《題蘆雁絕句》十八首，成於己酉。

《倣體詩》一卷　同上

案：曾刻本又題《夕堂戲墨》卷六。全卷倣明代諸家體共三十八首。

《薑齋詩編年稿》一卷　曾刻本　排印本

案：全卷編年起己酉，終丙辰（先生五十八歲）。

《五十自定稿》一卷　同上　四部叢刊《薑齋詩文集》本
《六十自定稿》一卷　同上
《七十自定稿》一卷　同上
《柳岸吟》一卷　同上
《薑齋詩分體稿》四卷　曾刻本　排印本
《薑齋詩賸稿》一卷　同上　四部叢刊《薑齋詩文集》本

案：以上並先生之詩集。《鄧錄》著錄《薑齋詩集》十卷，卷一《五十自定稿》，卷二《六十自定稿》，卷三《七十自定稿》，卷四《柳岸吟》，卷五《落花詩》，卷六《遣興詩》，卷七《和梅花百咏詩》，卷八《洞庭秋》，卷九《雁字詩》，卷十《仿體》。曾刻本《柳岸吟》作《薑齋詩集》卷四。《落花詩》以下以爲《夕堂戲墨》。

《瀟湘怨詞》一卷　曾刻本　排印本　四部叢刊《薑齋詩文集》本
《鼓棹初集》一卷　同上
《鼓棹二集》一卷　同上

案：以上並先生之詞集。《鄧錄》著錄爲《薑齋詩餘》三卷。曾刻本《瀟湘怨詞》又題《夕堂戲墨》卷七。

《龍舟會雜劇》二卷　曾刻本　排印本

案：以上一種爲先生所爲戲曲。

《詩譯》一卷　同上　談藝珠叢本　四部叢刊《薑齋詩文集》本
《夕堂永日緒論内編》一卷　同上
《夕堂永日緒論外編》一卷　同上
《南窗漫記》一卷　曾刻本　排印本　四部叢刊《薑齋詩文集》本
《南窗外記》一卷　未刻

案：以上五種並先生批評文藝之作。《詩譯》原附《詩經稗疏》後。《鄧錄》著錄《薑齋詩話》三卷，卷一《詩譯》，卷二《夕堂永日緒論内編》，卷三《南窗漫記》。曾刻本於《詩譯》又題《薑齋詩話》卷一，於《夕堂永日緒論》又題《薑齋詩話》卷二，於《南窗漫記》下云：《薑齋詩話》卷三，從

《鄧錄》也。《王譜》："《南窗外記》一卷，未刻。"

《船山經義》一卷　曾刻本　排印本
《船山制義》　佚
案：《鄧錄》著錄《薑齋外集》四卷，卷一《船山制義》，卷二《船山經義》，卷三《夕堂永日緒論外編》，卷四《龍舟會雜劇》。曾刻本不從《鄧錄》。《王譜》於《船山制義》云："佚，無卷數。"

凡集類四十一種

案：羅正鈞《船山師友記》所據《薑齋逸文》有《三湘從事紀序》（卷二），《惜余鬢賦自跋》（卷六），《明紀野獲序》（卷十），《史貫序》（同上），《曾太母申孺人壽序》（卷十二），《曾氏族譜序》（同上），《唐鳳儀傳》（卷十三），《遺響亭記》（同上），《唐峨臣墓志》（同上），《贈釋惟印詩序》（卷十五），《寶寧寺志叙》（同上），排印本遺書尚未收入。先生遺著之未印行者尚多有之，甚盼有慕先生之學者再出而結集之也。又先生遺書刊刻時，凡觸清廷之忌者，悉以□□代之，如能搜集稿本或舊抄本重印，當更善也。

## 附：研究船山先生生平學術遺著之參考書

劉毓崧：《船山叢書校勘記》　曾刻本　排印本　並收入
案：此記於先生原著徵引有訛誤處，亦並加以校訂。

劉毓崧：《王船山先生年譜》　光緒丙戌江南局本

王之春：《王船山公年譜》　原刊本
案：《劉譜》，成於清同治四年乙丑，《自序》稱其未備者有七，"其間詳略互見，罣漏訛舛，如己丑二月服闋，辛卯僑寓祁陽，丙申暫往興寧之類，未為完本"（用《王譜》凡例語）。之春為船山八世從孫，更據《全集》及《家譜》等書裒輯以補其闕。書成於光緒十八年壬辰。次年秋刊行。

羅正鈞：《船山師友記》　原刊本
案：是書於光緒三十三年丁未刻成。全書並首卷為十八卷，第十七為《述贊》，謂補輯儀征劉氏《王船山先生年譜》訖，又以暇日譔輯先生師友為十有七卷，積久得百五十七人。羅氏撰是書時，尚未獲見《搔首問》一書，所搜羅尚未賅備也。

　　林紓：《評選船山史論》　　商務印書館出版

　　李世珙：《船山先生行跡圖》　　原印本

　　王永祥：《船山學譜》　　排印本

　　嵇文甫：《船山哲學》　　開明書店出版

　　案：王著《學譜》，未有傳纂、著述考、師友考，其述先生之學，僅及哲學思想。兹更撰爲斯編。於《學述》中，綜述先生之思想淵源、思想背景、哲學思想、政治思想、經學、史學（附諸子之學）、文學；更爲《著述考》《師友記》，訂《王譜》之失，補《羅記》之缺。所冀先生之學今後能大白於世也。

　　《船山學報》　　湖南船山學社出版，民四創刊，已出十二期

　　徐炳昶：《王船山的道德進化論》，《哲學》第五期

　　案：徐著《王船山的道德進化論》甚有見地，於先生之説頗推闡盡致。其他述先生學術思想之論文散見於報章雜志者，以有《國學論文索引》諸書可查，兹不一一列舉。

## 四　師友記

先生違世守貞，屏絕聲氣，與當世碩儒，併尠所往還，然其師承授受，亦非絕無可考。湘潭羅正鈞《船山師友記》選集先生師友共百五十七人，凡遺書姓名可見者咸錄于篇，全書共十八卷（末卷爲述贊），所考實甚詳。惟其範圍不限於學術一方面，茲擇其與學術、政治比較有關係者，略述於篇；更就《羅記》所未及者，參考他書，略事補苴；庶於先生之學，更可藉以明了。《羅記》未允當者，亦爲之辨正焉。

### 父兄

《羅記》卷首述先生父兄：武夷先生，牧石先生，貞獻先生，礱齋先生，凡四人。武夷先生爲先生之父，名朝聘，字修侯。先生《武夷先生行狀》云："先君少從鄉大儒伍學父先生定相受業，中問道鄒泗山先生，承東廓之傳，以真知實踐爲學，當羅、李之徒，紛紜樹幟，獨斂光退處，不立崖岸，衣冠時制，言動和易，自提誠意爲省察密用。……所學於學父先生者，天人、理數、財賦、兵戎，罔不貫洽，而未嘗一語及之。曾聞與釋憨山德清辨率性之旨，清爲挫屈，夫之舉以請問，微哂不答，凡洗心退藏，不欲暴著類如此。"《春秋家説·自序》云："先徵君武夷府君早受《春秋》於西陽楊氏，已乃研心曠目，歷年有得……歲在丙戌，大運傾覆。府君於時春秋七十有七，悲天憫道，誓將謝世。乃呼夫之而命之，夫之受命怵惕發蒙，執經而進，叙問其所未知，府君更端博説，浚其己淺，疏其過深，折其同《三傳》之未廣，詰其異《三傳》之未安，始於元年統天之非，終於獲麟瑞應之誕……幾於備矣。"先生於家學自述之顯著者如此，淵源固有自也。牧石先生名廷聘，字蔚仲。先生之叔父也。《家世節錄》云："仲父牧石先生……古詩得建安風骨，近體逼何、李而上，深不喜竟陵體詩。"《述病枕憶得》云："崇禎甲戌，余年十六，始從里中知四聲者問韵……已而受教於叔父牧石先生，知比耦結構。"則先生詩學多得之於牧石先生也。石崖先生，名介之，字石子，先生長兄也。著有《周易本義質》《春秋四傳質》《詩傳合參》《春秋家説補》《詩經尊序》。《春秋四傳質·自序》云："余家世葩經，先君徒業，其於先師所傳，亦既別有手疏矣，而時取先賢傳注所未及者，進余兄弟而提命之。余兄弟是以有《家說》正續之述，而於《三傳》之考訂者，尚未及焉。"新化鄒漢勛《斅藝齋文存·與鄧湘皋學博書》云："《春秋家說》上有評語，玩其語趣，似是石崖。"則是先生昆弟，紬繹家學，更相砥礪，於此可見。礛齋先生，名參之，號礛齋，先生次兄。遇亂以疾早卒。案：《羅記》以《春秋家說》正續爲先生之《家說》《世論》，小誤。《春秋四傳質·自序》明云："余兄弟是以有《家說》正續之述"，所謂續者，蓋石崖自指其所著《春秋家說補》而言，《羅記》偶有未照耳（舊刻本遺書後附刻有《春秋四傳質》）。

### 提學舉主

《羅記》卷一述先生提學舉主：王僉事志堅，水侍御佳胤，王中丞永祚，高提學世泰，蔡比部鳳，歐陽黃門霖，郭給諫之祥，孫侍郎承澤，凡八人。案：王志堅，字弱生，崑山人。少爲詩文，法唐宋名家。其讀經先箋疏而後辨論，讀史先證據而後發明。其於内典，亦深辨性相之宗（《明史·文苑傳》）。先生治學方法，頗與之相同，或係受其影響。高世泰，字彙旃，無錫人。崇禎中督學湖廣，究心經史，崇尚理學，博徵名儒，讀書濂溪書院。以名節相砥礪，著有《三楚文獻錄》。世泰少侍從父左都御史攀龍講席，晚年以東林先緒爲己任。葺道南麗澤堂於梁谿，一時同志恪遵遺規。與祁州刁包相聞問，學者有南梁北祁之稱（《湖南通志·名宦傳》）。先生《自序》謂梁谿高彙旃先生世泰評夫之時藝云："忠肝義膽，情見於詞。"（《龍源夜話》）《蓮峰志·名游》云："近之游者，有吾師高彙旃先生世泰。"《南窗漫記》云："高彙旃先生選士於濂溪書院課習之，省試後，慰諸不第者以詩，一聯云：'鳥自嚶喬木，魚無羨武昌。'敦友誼，薄榮名，人師之語也。"《漫記》晚年之作，猶拳拳追念之。則先生與彙旃先生情感甚篤。《禮記章句》曰："若近者東林諸君子之力爭福邸，自出於不容已，而議者乃責其過激；不知奸邪之勢已昌，而乘輿高拱，不得一進其從容之論。救焚拯溺而安步怡聲以行之，非秦越其君父者不能爲爾也。"（卷三）先生於東林諸君子亦深贊許，固有由來也。歐陽霖，初名介，永曆中擢户科給事中，以内艱辭闕。

### 鄉邦達官

《羅記》卷二述先生鄉邦達官：蔡忠烈道憲，章文毅曠，鄭中丞古愛，李大令興瑋，堵太傅胤錫，晏尚書清（子需明），凡七人。案：蔡道憲，字元白，晉江人。崇禎十年進士，爲長沙推官。張獻忠陷長沙，被執大罵不降，賊磔之，死（《明史》列傳）。章曠，字於野，別號莪山，華亭人。崇禎丁丑進士，永曆元年官至武英殿大學士、兵部尚書，督恢復諸軍，諸軍争潰不可合，曠知事不可爲，慷慨悲憤不粒食死（《永曆實錄》）。《武夷先生行狀》云："華亭章公諱曠、江門蔡公諱道憲，是時俱爲分考。國勢漸不可支，出場後，引爲知己，互相砥礪。"蔡、章並先生壬午科分考也。堵胤錫，字仲緘，別號牧游，宜興人。宏光元年提督湖廣學政，改巡撫。永曆三年卒於潯州（《永曆實錄》）。《病枕憶得》有堵公以黄石齋先生《禮問》石刻垂贈，紀公補廬先墓事，有桐華之應，詩以紀之一首。則堵牧游與先生交誼固甚篤也。李興瑋，字天玉，湖廣巴陵人。隆武丙戌授臨武知縣，督士民守城，兵潰被執遇害（《永曆實錄》）。鄭古愛，字子遺，湖廣江夏人。晏清，字元洲，湖廣黄岡人（同上）。

## 嶺外僚友

《羅記》卷三述先生嶺外僚友：瞿忠宣式耜，嚴太傅起恒，金黄門堡，劉僉都湘客，蒙給諫正發，管舍人嗣裘，董行人雲驤，凡七人。案：瞿式耜，字在田，號稼軒，常熟人，萬曆丙辰進士。歷官吏部給事中。崇禎中罷歸里，築室虞山下曰東皋，蒔花藥讀書其中。宏光初稍起應天府丞，已擢僉都御史，巡撫廣西；隆武丙戌，與丁魁楚迎桂王立於肇慶。永曆元年，晉吏部尚書、文淵閣大學士。留守桂林，多所策應。永曆四年，清兵逼桂林，城陷，沐浴易衣坐署中，與總督侍郎張同敞呼酒痛飲，分韵唱和，悲吟徹旦，遂同遇害（《永曆實錄》）。嚴起恒，字秋冶，浙江山陰人。崇禎辛未進士，永曆中改吏、兵二部尚書，東閣大學士。與瞿式耜孤忠濟難，實爲永曆國命所係。永曆五年，孫可望遣其將吳將軍索王封，揮銅椎擊起恒腦，墮水死。金堡，字衛公，别字道隱，浙江仁和人。崇禎庚辰進士。魯王監國浙東，堡棄家依之。隆武中爲給事直諫，以參鄭芝龍爲思文帝所倚用。永曆中抗疏直言，吳貞毓率其黨數十人連疏攻堡及袁彭年、劉湘客、丁時魁、蒙正發把持國政。遂褫職下錦衣衛拷掠，刑獨酷。減死論戍。桂林陷，祝髮爲僧。劉湘客，字客生，别號端星，陝西富平人（以上據《永曆實錄》）。蒙正發，字聖功，崇陽人。隆武元年以諸生舉義兵，敗走長沙，投督師何騰蛟，授推官銜，參章曠軍事。永曆中曠題正發户科給事中總理軍事，後爲吳貞毓等疏攻下獄，歸楚二十餘年終。著有《三湘從事錄》（據《三湘從事錄》）。管嗣裘，字冶仲，衡陽人。少英爽有文名，諳壬遁象緯，中崇禎壬午鄉舉。張獻忠陷衡州，購索之，其兄嗣箕爲應捕代死，會免。永曆二年與先生同舉義兵於衡山，戰敗軍潰，走行在，授中書舍人。廣西陷，匿臨川山中，冬月負敗絮，採苦菜以食。與劉遠生、劉湘客、朱昌時行吟溪洞中，以死自誓。李定國復桂林，招之出，尤優禮之。説李定國迎蹕拒孫可望不果，甲午遇害於永定州（《永曆實錄》《薑齋詩分體稿》）。冶仲與先生居同里閈，過從最密，又同舉義兵，交誼尤篤也。董雲驤，字紫帽，嘉興人。

### 從王諸友

《羅記》卷四述先生從王諸友：方閣老以智，郭少馬都賢，張宫詹同敞，朱侍御嗣敏，李小司馬芳先，彭小司馬燄，姚秀才湘，唐相國諴，錢編修秉鐙，熊閣學開元，尹郎中民興，凡十一人。案：方以智，字密之，桐城人，姿抱暢達，蚤以文章譽，望動天下。南都陷，以智改姓名爲吴秀才，游南海。瞿式耜聞而迎館之。桂王即位於肇慶，擢左中允，充經筵講官，以智既無宦情，講官之命，爲式耜所强授，又不見庸，遂挂冠去，客桂、柳間。粤西稍定，就平樂之平西村築室以居。以智詩仿錢、劉，平遠有局度，至是放情山水，觸咏自適，與客語不及時事。永曆三年，超拜禮部尚書、東閣大學士。不拜，詔遣行人李渾敦趨入直，以智野服辭謝，不赴。平樂陷，馬蛟麟促以智降，乃舍妻子爲浮屠去（《永曆實錄》本傳）。先生《南窗漫記》云："方密之閣學逃禪潔己，授覺浪記，蒞主青原，屢招余將有所授，誦'人各有心'之詩以答之，意乃愈迫，書示吉水劉安禮詩，以寓從臾之至。余終不能從，而不忍忘其繾綣。"《寶慶府志·遷客方以智傳》云："以智寓居新寧，復移居武岡之洞口。其居武岡時，與衡陽王夫之善，既爲僧青原，以書招夫之甚勤，最後有'時乎不再來'之語。"《羅記》亦云："《五十自定稿》，己丑年有《圓通庵初雨睡起，聞朱兼五侍郎從平西謁桐城閣老歸病戲贈》一首，桐城閣老即密之，平西，即平樂之平西村。詩中有'秋井托陰，梧桐新墜'之語，蓋作於是年秋間，先生二次赴闕之時，而次年有劉端星《昭州初度》一詩，作於去官以後。昭州即平樂舊名，據此則密之寓平樂時，與先生常相聞問也。"《搔首問》云："讀《陳大樽集》云：'密翁年十九而知作木牛流馬。'欲就青原問之，不克，而密翁逝矣。"又云："密翁與其公子爲質測之學，誠學思兼致之實功。蓋格物者，即物以窮理，惟質測爲得之。"（頁八）並足見先生與方氏交誼之篤，及對於方氏之欽仰也。先生《永曆實錄》《方以智傳》雖未言方氏《通雅》一書，然《通雅》之作，實在方氏通籍以前。自庚辰通籍以後，待詔之暇，益加詳核，業有定本，爲當時名公鉅卿，序以行世（《通雅·姚氏發凡》）。《通雅·凡例》云："考究之門雖卑，然非比性命可自悟，常理可守經而已。必博學積久，待徵乃決。"又《卷首》云："古今以智相積，而我生其後，考古所以決今，然不可泥古也。古人有讓後人者，韋編殺青，何如雕板。龜山在今亦能長律，河源詳於闖闖，江源詳於《緬志》，南極下之星，唐時海中占之，至泰西入始爲合圖，補開闢所未有。"又云："學校、選舉、賦役、兵屯、河漕、鹽錢諸事，貴知要領。……治在君相，人在師教，學在實講，公明而已。不明時勢而執成式者，迂腐之弊，愚；一以翻案見奇者，偏鋒之弊，蕩。井田、封建，可印泥乎？"其議論多有與先生相合者。《四庫提要》云："明之中葉，以博洽著者稱楊慎，而陳耀文起而與爭，然慎好偽說以售欺，耀文好蔓引以求勝，次則焦竑亦喜考證，而習與李贄游，動輒牽綴佛書，傷於蕪雜。惟以智崛起崇禎中，考據精核，迥出其上。風氣既開，國初顧炎武、閻若璩、朱彝尊等沿波而起，始一掃懸揣之空談。雖其中千慮一失，或所不免，而窮源溯委，詞必有徵，在明代考證家中，可謂卓然獨立矣。"先生竄身瑤蠻，絕跡人間，而得博洽如方氏者以爲之友，則無惑乎其常相聞問也。郭都賢，字天門，益陽人。著有《補山堂集》《些庵雜著》等書（《增輯楚寶·本傳》）。張同敞，號別山，湖廣江陵人。與瞿式耜同殉難（《永曆實錄》）。錢秉鐙，字幼光，後改名澄之，字飲光，安徽桐城人。與雲間陳卧子夏彝仲，嘉善魏學渠交，又嘗問《易》於黃道周。宏光時興大獄，秉鐙名在捕中，變姓名逸去，南都亡，走閩中，道周薦授推官。閩亡入粵。永曆三年，臨軒親試，授庶吉士。南雄陷，倉卒逃躥，凡大詔悉令秉鐙視草。金堡下獄，營救之。尋乞假至桂林。桂林陷，祝髮爲僧，名西頑。久之，返里。著《田間易學》十二卷，初從京房入，故言數頗詳。後乃兼求義理，以朱子爲宗。又著《田間詩學》十二卷。謂《詩》與《尚書》《春秋》相表裏，必求之《三禮》以詳其制作，徵諸《三傳》以審其本末，稽之《五雅》以核其名物，博之《竹書紀年》《皇王大紀》以辨時代之異同與情事之疑信。即今輿記以古之圖經而參以平生所親歷。以《小序》首句爲主，採諸儒論說自《注疏》《集傳》外凡二十家，持論精核，於名物訓詁、山川地理言之尤詳。所著又有《藏山閣集》《田間集》《所知錄》，年八十有二而終（《小腆紀傳先正事略》）。《田間詩集》卷十九，《客隱集》癸丑（康熙十一年）有《吴茂孫謁選都門晤間有懷王而農》一首云："憶昔分携端水濱，同時去住困風塵。天南十載悲逋客，冀北三冬遇選人。吾道未妨踪跡異，交情終在亂離親。衡山曾問牆東隱，聞說終年舊葛巾。"《羅記》云："癸丑去庚寅從王已二十四年，猶追憶及之，其與先生之交誼可知。"據此則錢氏與先生亦深相知也。

## 鄉邑先輩

《羅記》卷五述先生鄉邑先輩：伍先生學父，譚處士允阜（弟允都、允琳），歐陽翁正暘，梁大令志仁，鄭尚書逢元，劉水部明遇，金觀察九陛，凡九人。案：此數人中惟伍學父先生較有關係，學父先生名定相，一字玉鉉，衡陽人。萬曆時貢士，十三歲即通諸經、性理、《通鑒》諸書，稍長，益縱覽群籍。褐衣敝屣，授徒以養母。動靜語默，必與橫渠、延平兩先生吻合。鄒泗山先生稱之曰：“居敬窮理，實踐虛求，伍子一人而已。”為學綜天文、地紀、人官、物曲、兵、農、水利之書，以淹貫為主，船山之學所由本也（《沅湘耆舊集》）。《羅記》云：“學父先生為武夷先生業師，考《逸文·武夷先生行狀》有云：‘歲丙寅大疫，學父先生染疾不起，先君子日夕不離床褥，執手以待暝。’丙寅為天啓六年，先生時年八歲，已入塾讀書。《漫記》云：幼曾見其詩，則必常晉謁先生傳受家學。鄧氏謂伍氏為船山之學所本，固自不誣，特著於篇，以見淵源之所自焉。”伍氏為船山家學所自，固不可與其他鄉邑先輩同日而語也。譚允皋、允都、允琳，均先生舅氏（《家世節錄》）。劉明遇，字浣松，四川人，所著於《雲勸齋集》《石蒼詩選》（《寶慶府志》）。

### 早歲會文之友

《羅記》卷六述先生早歲會文之友：夏孝廉汝弼（弟汝為），文明經之勇，歐陽文學惺，郭孝廉鳳躚，李孝廉跨鰲，何孝廉一琦，包孝廉世美，熊渭公霈，李雲田以默，王又沂源曾，（朱靜源、熊南吉），劉行人白煜，凡十四人。案：夏汝弼，字叔直，衡陽人。郭鳳躚，字季林，衡陽人，崇禎壬午鄉舉人。亂後隱居，有《涉園集》（《沅湘耆舊集》）。何一琦字偉孫，衡陽舉人。先生《家世節錄》云：“先君晚歲，端居屏人事。里社後進，間因夫之兄弟以文字求點定，時際欣適，亦為論次。如郭季林鳳躚、夏叔直汝弼、何偉孫一琦，皆所鑒別，俱為名孝廉。”夏、郭、何皆從游於武夷先生者也。《衡陽縣志》：汝弼以第五人舉於鄉，流寇陷衡州，汝弼居蓮花峰，夫之避亂，蓋依以獲免云。先生《述病枕憶得》云：“丁亥與亡友夏叔直避購索於上湘，借書遣日，益知異制同心，搖蕩聲情，而綮括於興觀群怨。”則先生與汝弼之交甚篤。文之勇，字小勇。衡陽人，明季恩貢生（《分體稿廣哀詩注》）。《病枕憶得》：己卯年有匡社初集呈郭季林、管冶仲、文小勇一首。《分體稿廣哀詩注》謂之勇於丁亥藍山遇寇死。《羅記》云：“《五十自定稿》甲午‘再哭郭季林’詩題云：‘追悼文小勇匡社舊游’，則當日立社似小勇主其事。”李跨鰲，字一超，衡陽人（《衡陽縣志》）。歐陽惺，字叔敬，衡陽諸生（《薑齋分體稿廣哀詩注》）。皆先生早歲同里友朋中之良者。熊霈，字渭公，黃岡人（《明史·忠義三》)。《述病枕憶得》云："昔在癸未春，有《漰濤園初刻》，亡友熊渭公爲之序，亂後失其鋟本。"《羅記》云："先生早歲外間會文之友，莫著於渭公。《廣哀詩》有云：'勿用學秦觀，眉山同汨没。生死四十秋，奉此爲津筏。'先生生平力排蘇氏之學，其淵源蓋有自矣。"此足見其交誼之篤也。李雲田字以默，湖廣漢陽人（《湖北詩人微略》）。王又沂源曾，黄岡人（《南窗漫記》）。則先生在武昌鄉試時所晤見也。包世美，字乃蔚，衡陽人，崇禎壬午舉人（《沅湘耆舊集》）。劉自煜，字杜三，攸縣人（同上）。

### 避寇爲主之友

《羅記》卷七述先生避寇爲主之友：朱王孫襢黎，李徵君繼體，洪文學業嘉，龍孝廉孔蒸，歐陽太僕鎮（子淑），蕭一夔常虁，阮參軍志道，曹明經國光，凡九人。案：洪業嘉，字伯修，湘鄉人，與同邑龍孔蒸、歐陽淑稱湘三詩人，著有《懶吟隨草》。龍孔蒸，字季霞，崇禎壬午舉人，著有《類吟自删存草》。歐陽淑，字予私，亦有才名。俱死於難（《沅湘耆舊集》）。先生《蓮峰志·卷三》稿本上有"上湘龍孔蒸季霞訂"之語，《嶽餘集》稿本有"同里夏汝弼、上湘歐陽淑訂"之語，足見交誼之篤，先生之於著述，亦極審慎也。李繼體爲先生後進，李樸大父，詳下。

### 去官偕隱之友

《羅記》卷八述先生去官偕隱之友：劉孝廉惟贊，鄒舍人統魯（左素公），羅文學從義，羅明經英，寧孝廉朝柱，王山人文儼，殷廣文銘，凡八人。案：劉惟贊，字子參，祁陽人，崇禎己卯舉人。永曆三年楚師敗，抗疏言國之存亡，惟在嚴起恒之一出。以隱居終（《沅湘耆舊集》）。鄒統魯，字大系，衡陽人。崇禎壬午舉人。永曆中授中書舍人，後隱居祁、邵山中（《衡陽縣志》）。羅從義，字養浩，邵陽人。明季爲縣學士，以世亂深自韜晦，購書數千卷，閉户默誦（《寶慶府志》）。據《寶慶府志·遷客傳》云，先生奉母居邵陽中鄉，主於羅從義家最久，教其子瑄成名宿。王文儼，常寧人（《耆舊集·王國甲詩注》）。先生隱常寧之西莊園，爲瑤人，食飲皆王文儼供贍之，則二人者又先生爲主之友也。

### 還山同志之友

《羅記》卷九述先生還山同志之友：王愷六，李孝廉國相，管文學嗣箕，唐處士克峻，劉孝廉向賢，劉文魯近魯（兄瑋），朱王孫翠濤，李文學報瓊，熊男公（熊畏齋），凡十一人。案：王愷六，衡陽人（《自定稿》）。李國相，字敬公，一字芋巖，崇禎壬午以衡籍舉於鄉。著有《逸齋費詞》二卷（《沅湘耆舊集》）。劉象賢，字若啓，崇禎壬午舉人（同上）。《武夷先生行狀》云："敬娶湘鄉舉人劉象賢女。"劉近魯，字庶先，衡陽人（同上）。《游小雲山記》云："予自甲辰始游，嗣後歲一登之，不倦。友人劉近魯居其下，有高閣藏書六千餘卷，導予游者。"《行狀》云："敔娶劉氏，文學近魯女。"則二人者，又先生之懿親也。李報瓊，字惟好，衡陽諸生。《行狀》云："夫之側室女一，適文學李報瓊子向明。"亦先生之姻親。唐克峻，字欽文；劉瑋，字昆映，並衡陽人。

### 山中過存之友

《羅記》卷十述先生山中過存之友，周孝廉士儀，李廣文燦，劉孝尼，黃將軍金臺，劉平思，張都督國祚，徐廣文芳，董副將啓行，季簡尤，何詣得，凡十人。案：周士儀，字令公，號藿園，酃縣人。閉户著書，作《史貫》十卷，《野獲編》若干卷（《沅湘耆舊集》）。先生有爲周氏所爲《明紀野獲序》《史貫序》。節存《湖南通志》《湖南文徵》。李燦，字叔晦，巴陵人（同上）。劉孝尼，名與爵里均無考，先生有《劉孝尼詩序》（《薑齋文集》）。徐芳，字蔚子，長沙人。有《種竹亭稿》，先生序之（《沅湘耆舊集》）。

### 山中通問之友

《羅記》卷十一述先生山中通問之友：陳孝廉覯，陳廣文五鼎，龍孝廉孔然，李孝廉占解，劉孝廉培泰，黃度長，蔣九英，劉敉功，歐陽喜翁龍，龍衣襲，李明經遇唐，程奕先光禋，程大匡，凡十三人。案：陳覯，字二止，不剃髮，隱深山中（《廣陽雜記》）。劉培泰，字篤生，湘潭人（《湘潭縣志》）。先生《愚鼓詞》《夢授鷓鴣天序》云："無師之師，其惟夢乎？無夢而夢，非師而誰任爲師？夢之明日，中湘篤生翁投余詩云：'三一從玆守，策名玉洞仙。'不期而與夢應，然則夢果余師也。"《羅記》云："先生時亦旁及養生家言，外間所與究論者，藥地大師外，則篤生翁。"吳驥，字既閑，景陵人。著有《浮園詩集》（《湖北詩人徵略》）。先生《七十自定稿·病起連雨》第四首自注云："病不得省墓，春初，因松江董斯行請志銘於竟陵吳既閑，期以秋至，不得。"先生請其表章先德，則非常人可知。

### 後進

《羅記》卷十二述先生後進：歐明經大生，李大令何煒，余兼尊，徐令素，羅桐侯，李進士樸大，王文學祚隆，劉處士獻廷，曾處士致文，曾陵如萬年，凡十人。案：李樸大，字爾雅，永興人。康熙戊辰進士。因母老不仕，以經學教授里中，資脩脯以養。有《松濤閣集》。晚卜築義莊，學者稱義莊先生。於衡陽二王爲年家子，嘗爲石崖先生志墓（《沅湘耆舊集·小傳》）。王祚隆，字卜子，一字一峰，常甯人。縣學生，常主講嶽麓書院。著有《嶽麓詩草》《半山草長沙吟》《楚江吟》諸集（同上）。王氏與王文儼同邑，或其同族也。劉獻廷，字繼莊，別號廣陽子，大興人。據王源所爲《墓表》云："處士穎悟絶人，博覽有大志，不仕，不爲詞章之學。年十九，親殁，挈家而南，隱於吳。……生平志在利濟天下後世，造就人才，而身家非所計。其挈家而南也，尚有貲數千金，以交游濟危難散去。……慨然欲遍歷九州，覽其山川形勢，訪遺佚，交其豪傑，博採軼事，以益廣其見聞，而質證其所學。……於禮樂、象緯、醫藥、書數、法律、農桑、火攻器制，傍通博考，浩浩無涯涘。……留京師四年，有奇遇而訖不見用，庚午復至吳，遂南游衡嶽，因而歸。"全祖望《鮚埼亭集·劉繼莊傳·跋》云："繼莊返吳不久而卒，其書星散。平生所講學之友，嚴事者曰梁溪顧畇滋、衡陽王而農。而所心服者曰彭躬庵。"《羅記》云："《廣陽雜記》紀游嶽事甚悉，中有云：'余久滯衡陽。'……《雜記》又詳載修侯先生及墊齋先生事，蓋當時晉謁山中飫聞之。先生僻處窮荒，外間知者甚尠。繼莊獨推重如此，蓋有以深知先生矣。"《雜記》云："王而農先生住查江，在衡州府西南約九十餘里""其學無所不窺，於《六經》皆有發明。"實深知先生者，在當時蓋必獲見先生，《羅記》所云，或不誣也。

### 先生門人

《羅記》卷十三述先生門人：管永叙，羅仲宣（瑄），章載謀（有謨），唐如心（克恕），唐古遺（端典），唐須竹（端笏），戴文學（日焕），蕭文學（子石），王灝，蒙之鴻，曾廣文（㠊），曾學博（萬芳），劉永治，劉存孺，凡十四人。案：管永叙爲管嗣裘子。先生《五十自定稿》辛丑年有《哀管生永叙》一首。辛丑先生年四十三歲，則先生在是年前即已授徒也。羅瑄爲羅從義子，據《寶慶府志·遷客·王夫之傳》，先生居邵陽中鄉，住羅從義家最久，教其子瑄成名宿。章有謨，字載謀，爲章曠次子，乙卯由粵西還華亭，道阻不得歸，遂與唐端笏同游先生門下，受所注《禮記》。五年歸，名其齋曰景船，著《禮記説約》三十卷，今佚。《景船齋雜記》二卷，今存（《景船齋雜記序》）。唐如心，字克恕，衡陽諸生，爲唐欽文從兄弟。從先生游十餘載，常自號一竿生，著有《竹閣編岳行草》《龍潭定舊》及《續小學》《廣輿記》《家範》諸書（《一竿生詩小傳》）。《行狀》云："敂子一範，聘文學唐克恕女。"亦先生懿親也。唐端典，字古遺；唐端笏，字須竹；並唐欽文子。《沅湘耆舊集·小傳》云，須竹一字躬園，衡陽人，明季諸生。性至孝，父母有疾，侍醫藥，終夜不解帶。親終，附身附棺，纖毫不苟。以此見重於王夫之。嘗得《白沙集》《定山集》《傳習錄》，讀之而嗜。迎夫之住駅閣巖，為剖析源流，知後來心學之謬。夫之示以《思問錄》《內外編》《周易內外傳》。其名屢見船山《集》中，蓋船山受業弟子中所倚為奔走後先者也。夫之沒，築室山中以終，所著有《慚說》《悔說》。先生逸詩《視躬園百韻跋》云："從王船山先生游二十餘載，著有《讀史要言》《十三經解》共二百餘卷，惜為兵火所焚，十失其九。"（跋為後人補述）則須竹真傳先生之學者。據先生《逸文》《唐峨臣墓志》，須竹以康熙五年丙午見先生，至先生壬申之歿，則從游於先生，凡二十六年也。戴日煥，字晋元，衡山諸生。通五經及諸子，尤邃於《易》，後游船山之門（《沅湘耆舊集》）。蕭子石，以字行，衡陽諸生。嘗游王夫之、鄒統魯、李國相之門，求性理宗旨，著有《戴記說》《杏園詩集》（《衡陽縣志》）。蒙之鴻，衡山歲貢，父正發，崇陽人。之鴻從先生游，所造頗深。著有《遣心集詩稿》（《湖南通志流寓》）。《莊子解》先生子敂《增注逍遙游》引有之鴻說一條，則於《莊子》造詣亦深也。王灝，衡陽附貢生（《衡陽縣志》）。《莊子解》先生子敂刻本卷首有門人王灝序。曾岊，字埀耶；曾萬芳，字蕃祉，邵陽人（《寶慶府志》）。劉永治，邵陽人（《武夷先生行狀》）。劉存孺，爵里無考（見《鼓棹集》）。先生晚年詩集中稱諸子者屢見，惜皆無由得其姓名也。

### 親懿子弟

《羅記》卷十四述先生親懿子弟：鄭忝生興祖，李治尹嚮明，劉輯夏法忠，熊體貞時幹，王幼重敏，王膴原敞，王曷功攽，王虎止敂，凡八人。鄭興祖，字忝生，襄陽人，為先生繼配鄭氏之弟。李嚮明，字治尹，衡陽人，為先生側室女婿。劉法忠，字輯夏，衡陽人，為先生長孫女婿。熊時幹字體貞，衡陽人，為先生次孫女婿。王敏，字幼重，牧石先生之孫。王敞，字膴原，為貞獻先生長子，十五補邑文學，為文清通醇正，得陶、謝風旨。王攽，字曷功，先生長子。著有《詩經釋略》。王敂，字虎止，先生次子。康熙己亥歲貢生，虎止稟承庭訓，學問淵博，操履高潔。與邵陽車無咎補旃，王元復能愚，攸縣陳之駓，桃文稱楚南四家。又有稱楚南三王者，謂虎止與能愚及漢陽王戬伯谷也。潘書原宗洛視學楚南時，延之入幕襄校試卷，與宜興儲大文六雅善。晚築湘西草堂，學者多從之游。著有《蕉畦字朔》《蕉畦存稿》《笈雲草》諸書，學者稱蕉畦先生。《年譜》劉氏毓崧云，《張子正蒙注》有虎止附注，《老子衍》有虎止《纂注》，《莊子解》有虎止《增注》，此外稿本亦虎止輯錄者居多，非獨謹守遺書，不墜先緒也。

### 方外之友

《羅記》卷十五述先生方外之友：釋茹蘖智霈，釋凝然性翰，釋悟一，釋慈枝，釋破門法智，釋如滿，釋先開，釋二如表，釋萬峰知韜，釋楚雲，釋惟印，凡十一人。案：性翰，南岳僧，見《蓮峰志》；悟一，南岳西明寺主僧，見《五十自定稿》；慈枝，續夢庵主僧，見《病枕憶得》；與先生相識皆甚早。法智有《破門詩集》，知韜有《詩文集》三十卷，則以僧而兼能詩文者。智霈、先開、二如、楚雲，皆與先生過從甚密，二如、楚雲且常與酬倡也。先開則爲其訂其《相宗絡索》者。如滿，南岳僧。惟印，長沙千壽寺僧，丙辰先生至長沙與之相晤者。

### 外間知聞之友

《羅記》卷十六述先生外間知聞之友：顧處士炎武，陸清獻隴其（施行唐），王鴻博岱，鄭中丞端（崔鳴鷟），張明府芳，凡六人。《羅記》據《耆舊集》鄧氏顯鶴云："亭林《詩集》有楚僧元瑛談湖南三十事《七絕》四首，第一首云：'共對禪燈說《楚辭》，《國殤》《山鬼》不勝悲；心傷衡嶽祠前道，如見唐臣痛哭時。'此四詩次三兩首爲陶密翁、楊長蒼作，《自注》甚明。第一首、第四首未注何人，今以詩意觀之，末首殆指些翁，第一首則船山先生無疑也。"此實不足據。隴其《三魚堂日記》乙丑年九月一條云："初四日施行唐言衡陽有王而農，名夫之，其高風文學，不減王價石。"（光承）王岱，字山長，一字了庵，湘潭人。其《了庵集》有云："吾楚存没詩家，除竟陵外，如王子雲、曹石霞、吳既閑、舒康伯、夏人叔、夏振叔、程青溪、胡石江、高處厚、趙簡如、張讀鶴，湖南如周伯孔、車孝思、王而農、馮根公、楊九嶷、過無過、龍季霞、龍孔然、徐蔚子、楊如斯、郭幼隗、易康侯、易無畫、周士儀、嚴平子、羅月江、羅紫羅，指不勝屈。"鄭端則先生拒作《勸進表》，後饋粟帛於先生者。張芳，常寧知縣。有與先生書謂"先生年未五十，著述大就"。此數人與先生之交誼實甚淺也。

《羅記》卷十七《述贊》，據先生《家世節錄》述武夷先生避流寇之難，舊交黃岡奚鼎鉉陷賊中，曲意相脫，而武夷先生終不與語；及《行述》高必正慕義營救先生，先生以其國讎也，不以私恩釋憤；不收奚、高二人，所見甚是。

### 《搔首問》中所述諸友

《羅記》撰成之時，尚未獲見先生之《搔首問》，是書云晤見王端敏公之鄉人權持世、王如庵（頁一二），及所見郡守中之楊應震（頁四），又有印雪浪與先生言其個人之經歷，皆似與先生有交誼者。其稱述餘杭朱治升、祁陽張參可（綸）、吉安劉安禮、周疇五、魏冰叔、林確庵諸人之義行，則似與先生相知聞者。惟皆與先生學術無重要之關係。

先生遺書刊行後，至咸、同間，私淑先生之學者有羅澤南、譚嗣同。嗣同所著《仁學》論無、論動、論欲、論儉，皆從先生之說；于先生論《易》，亦頗稱道之；造詣之深可見。茲附識之於此。

**整理者附記**：本書原文目錄中，于《師友記》下有各節標目，然正文中並未出現。此次整理，即在正文各節之前將其題目加入，並對目錄作了補充。

# 顏習齋學譜

# 凡　例

（一）習齋先生生於明末清初，目睹亡國之禍，時縈光復之懷，提倡實行有用之學，力詆宋明學術誤及政事，成爲虛寂無用之局。論者以爲"是二千年思想界之革命者"！近十餘年，提倡先生之學者，雖不乏人，顧仍未有一書綜述其生平、學術、著述、師友者。茲編分爲傳纂、學述、著述考、師友考，以適當之考訂，爲詳確之敘述，藉以介紹於世之欲知先生之學者。

（二）茲編傳纂，采輯先生弟子李塨、王源所爲《習齋先生年譜》（以下省稱《年譜》）、王源《顔習齋先生傳》（《居業堂文集·卷四》，以下省稱《王傳》）、尹會一《顔習齋先生墓表》（《健餘文集·卷八》）、《保定府志·列傳》《博野縣志·列傳》、李元度《國朝先正事略》（卷三〇，以下省稱《李略》）、戴望《顔氏學記》（卷一，以下省稱《戴記》）、劉光漢《顔李二先生傳》（《國粹學報·一卷十二號》，以下省稱《劉傳》），及《清史稿·儒林傳》（卷四八六，以下省稱《清傳》）、徐世昌《顔李師承記》（卷一，以下省稱《徐記》）、徐世昌《畿輔先哲傳》（卷十六，以下省稱《徐傳》）諸書所述先生事跡，編纂而成。注明各句來歷，並加引句符號。更附年表，以備參閱。

（三）茲編學述於先生之學術，先敘述其思想淵源，時代背景。次依先生《存性編圖跋》云："故是編後次之以存學存治。"及《恕谷年譜》"顔先生省心之功甚密"之説，述其哲學思想。次教育思想，於實學、實教、實習、實行、實體、實用，並詳述之。次以《存治編》《年譜》諸書述其政治思想。次學術影響，於李恕谷（塨）、王崑繩（源）、惲皋聞（鶴生）、程緜莊（廷祚）之生平及其學術思想，並爲適當之敘述。關於恕谷，論列較詳，並及其經學、史學。蓋必如此，始可以睹顔、李學術之本末全體也。次略敘戴東原、戴子高與顔學之關係，以見其影響所及。

（四）茲編著述考，因學述中已詳述恕谷之生平及其學術思想，故析爲習齋著述考、恕谷著述考，並注重其著述年代、版本源流。末附關於研究顔、李學之重要參考書，以便研索。

（五）兹編師友考，分爲習齋師友考、恕谷師友考，先依《年譜》，劃分時期，叙述重要之師友弟子及私淑，更就其他著述録出《年譜》中所未載之師友弟子，稍略其不重要者。所以矯《徐記》於顔、李師友不加剖析，於時代先後不加注意，又不注明出處，及傳述過濫之失也。

（六）兹編所述，盡力求詳，然而罅漏之處，自亦難免，補苴之功，請俟異日。

## 一 傳纂

（生於明崇禎八年乙亥三月十一日卯時，卒於清康熙四十三年九月二日酉時。1635—1704）

"顏習齋先生，名元，字渾然"（《王傳》），"直隸保定府博野縣北楊村人也"（《戴記》）。"父昶，爲蠡縣朱翁義子，遂姓朱"（《王傳》），故"先生在朱時"（《年譜》）"名朱邦良"（《王傳》），"字易直"（《戴記》）。"先生孕十四月而生，既生，有文在其手曰'生'，舌曰'中'，時明崇禎八年乙亥三月也"（《戴記》）。"啼聲甚高，七日能翻身，適園甃井，因乳名曰園兒"（《年譜》）。

"戊寅四歲，冬，畿内警，兵至蠡，先生父不安於朱，遂隨去吳東，時年二十有二，自此，音耗絶"（《年譜》）。"丙戌十二歲""母王氏改適"（同上）。"先生時思父涕泣"（《王傳》），"而事朱翁媼至孝，初不知父非朱氏子也。既，翁妾有子，稍疏先生，後更讒害謀殺之，先生孝愈篤。媼卒，泣血哀毁幾殆"（《戴記》）。"朱氏一老翁憐之，私謂曰：'若過哀，徒死耳。若祖母從來不孕，安有若父？若父異姓乞養者耳！'先生大驚"（《王傳》），"潛如嫁母所問之，信。及翁卒，乃歸顏氏"（《戴記》）。"先生易名元，'元''園'同聲，先生念初生名'園'，父知之也"（《年譜》辛亥三十七歲）。

"先生幼穎異，讀書二三過輒不忘"（《王傳》）。"壬午八歲，就外傅吳洞雲學。洞雲，名持明，能騎射劍戟，慨明季國事日靡，潛心百戰神機，參以己意，條類攻戰守事宜二袠。時不能用，以醫隱。又長術數，多奇中。蓋先生之學，自蒙養時即不同也"（《年譜》）。"戊子十四歲，看寇氏丹法，遂學運氣術。"己丑十五歲，娶妻不近，學仙也"（同上）。"既而知其妄，乃益折節爲學"（《戴記》）。"癸巳十九歲"（《年譜》），"朱翁以訟遁，先生被繫而文日進，塾師異之，嘆曰：'此子患難不能動，豈可量乎！'"（《王傳》）"未幾，入庠"（《年譜》）。"訟後家落""日費盡責之先生，先生身任之。耕田灌園，勞苦淬礪。初食蜀秫如蒺藜，後甘之，體益豐，見者不以爲貧也"（同上）。

"戊戌二十四歲，始開家塾，訓子弟。王之佐、彭好古、朱體三從游。名其齋曰思古，自號思古人。謂治不法三代，終苟道也。舉井田、封建、學校、鄉舉、里選、田賦、陣法，作《王道論》，後更名《存治編》。好古父通，號雪翁，以往來孫徵君、刁文孝間也，時作道學語。先生問之，乃出薛文清、王文成、蔡文莊《指要》及《陸王要語》，復言孫、刁行跡。先生深喜陸、王，手抄《要語》一册"（《年譜》）。"未幾，從事程、朱學，信之甚篤"（《戴記》）。

"先生自言生平所嚴事者六人：容城孫徵君奇逢、蠡李處士明性、清苑張隱君羅喆、祁州刁孝廉包、寧晉張孝廉來鳳、新城王隱君餘佑也。而朝夕共學者，爲蠡王養粹法乾。""先生年三十，即與法乾共立日記，凡言行善否、意念之欺慊，遂時自勘注之"（《戴記》）。"静坐，觀喜怒哀樂未發時氣象。覺和適，修齊治平都在這裏""定日功，若遇事，寧缺讀書，勿缺静坐與抄《家禮》。蓋静坐爲存養之要，《家禮》爲躬行之急也。"明年"十二月，往見（張）石卿。石卿言：'性皆善，而有偏全厚薄不同，故曰"相近"。義理即寓於氣質，不可從宋儒分爲二。'又言：'"天者理而已"，是；濂語"無極"，非是。'訪吕文輔。文輔言：'《四書朱註》有支離者。'先生時宗程、朱，皆不然之。"又明年"除夕，寫先儒主，稱周濂溪爲'先聖'""亦嘗稱朱子爲'聖人'""蓋先生性篤摰銳往，故早年見似而以爲真也"（以上並據《年譜》）。

"戊申三十四歲""朱媪病卒"（《年譜》）。"先生居喪，守《朱氏家禮》惟謹。《古禮》：'初喪，朝一溢米，夕一溢米，食之無算'，《家禮》删去'無算'句，先生遵之，過朝夕，不敢食，當朝夕，遇哀至，又不能食，病幾殆。又《喪服傳》曰：'既練，舍外寢，始食菜果，飯素食，哭無時'，《家禮》改爲'練後止朝夕哭，惟朔望未除服者會哭，凡哀至皆制不哭'，先生亦遵之。既，覺其過抑情，校以古喪禮，非是，因嘆先王制禮，盡人之性，後儒無德無位，不可作也。自是始悟堯、舜之道，在六府三事"（《戴記》）。"周公之六德、六行、六藝，孔子之四教，正學也；静坐讀書，乃程、朱、陸、王爲禪學、俗學所浸淫，非正務也""自此，毅然以明行周、孔之道爲己任，盡脫宋、明諸儒習襲，而從事於全體大用之學"（《年譜》）。

"己酉三十五歲，正月，著《存性編》，原孟子之言性善，排宋儒之言氣質不善。畫《性圖》九，言氣質清濁厚薄，萬有不同，總歸一善。至於惡，則後起之引蔽習染也。故孔子曰：'性相近，習相遠'""覺思不如學，而學必以習，更'思古齋'曰'習齋'。""十一月，著《存學編》，共四卷，大要謂，學者士之事也，學爲明德親民者也。《周官》取士以六德：知、仁、聖、義、忠、和；六行：孝、友、睦、婣、任、恤；六藝：禮、樂、射、御、書、數；孔門教人以禮、樂、兵、農，心意身世一致加功，是爲正學。不當徒講，講亦學。習道藝有疑，乃講之，不專講書。蓋讀書乃致知中一事，專爲之則浮學，靜坐則禪學也。定自力常功，日習數，存理去欲。日記時，心在則〇，不在則●，以黑白多少別在否分數。多一言則♂，過五則⊗。忿一分則♂，過五則⊗。中有×，邪妄也。"翌年，"二月，與孫徵君書論學"（《年譜》）。"曰：'宋儒言氣質，不及孟子言性善。將作聖之體，雜以習染而謂之有惡，失踐形盡性之旨矣。周公以三物教萬民而賓興之，孔門身通六藝者七十二人，一如唐、虞之盛，乃陰陽之秘寄於《易》，性與天道不可得而聞。近世言學者，心性外無餘理，靜敬外無餘功，與周、孔若不相似然。即有談經濟者，亦不過空文著述。元不自揣，撰有《存性》《存學》二編，欲得先生一誨正之，以挽士習而復孔門之舊。顧今天下，以朱、陸兩門互競，先生合而同之，意甚盛。然元竊以爲，朱、陸即獨行於天下，或合一同行於天下，而終此乾坤，亦只爲兩宋之世，終此儒運亦只爲空言著書之學，豈不可爲聖道生民長太息乎！先生將何以處此也？'"（《王傳》）"五月，著《會典大政記》，摘《大明會典》可法可革者標目於册"（《年譜》）。明年（辛亥）四月，"易靜坐以習恭"（《清傳》）。"日日習之，即《論語》'居處恭'也"。又明年三月，"與陸桴亭書論學。桴亭名世儀，字道威，太倉人，隱居不仕。其學重六藝，言性善即在氣質，氣質之外無性。著《思辨錄》。先生喜其有同心也。"（《年譜》）"曰：'漢、唐訓詁，魏、晉清談，虛浮日盛，而堯、舜、周、孔之學，所以實位天地育萬物者，不見於天下，以致佛、老猖熾，大道淪亡。宋儒之興善矣，乃修輯注解，猶訓詁也；高坐講論，猶清談也；甚至謂孝弟忠信不可教，氣質本有惡。與老氏以禮義爲忠信之薄，佛氏以耳目口鼻爲六賊者，相去幾何也？元爲此懼，著《存性編》，謂理氣皆天，氣質雖殊，無惡也。惡也者蔽也，習也。織微之惡，皆自玷其體；神聖之極，皆自踐其形也。著《存學編》，明堯、舜、周、孔三事，六府、六德、六行、六藝之道。道不在章句，學不在誦讀，期如孔門博文約禮，實學、實習、實用之天下。乃二千年來無人道，而元獨爲之，惴惴焉，恐涉偏私，毁謗前賢以自是。頃聞先生先得我心，喜而不寐，故奉書左右，祈一示宗旨，使聾瞽得所尊奉以爲依歸，斯道幸甚。'"（《王傳》）

"先生述《三存編》訖，人將得復性力學蒙治也，慊矣哉！而先生愀然慮，謂異端鴟張，方舉世而空之虛之，人類行盡，又何學！又何治！而又安所謂性！"（李恕谷：《存人編》序）壬戌四十八歲，"先生乃復爲諭俗文，號曰喚迷途"（《存人編》序）。"一喚尋常僧道，二喚參禪悟道僧道，三喚番僧，四喚惑於二氏之儒，五喚鄉愚各色邪教"（《年譜》）。"爲《存人編》。嗚呼！

先生之心迫矣"。(《存人編》序)

先生"生平不欺暗室，勇於改過，以聖人爲必可師，跬步之間，必遵古禮。"(《戴記》)"鄉里間語及先生，輒有顏聖人之目""貌古言莊，論議古今事，雖毫無假借，而心氣自平"(《尹表》)。"自幼學兵法，技擊馳射，陰陽象緯無不精，遇豪傑，無貴賤，莫不深交之"(《戴記》)。"帥門弟子力行孝弟，存忠信，日習禮，習樂，習射，習書數，究兵農水火，堂上琴竽，弓矢，籌管森列"(《王傳》)。"衆生揖讓進退其間，已而歌謳舞蹈，唐、宋儒室，久不見此三代威儀矣。"(《年譜》)"嘗曰：'必有事焉，學之要也。心有事則存，身有事則修，家之齊、國之治，皆有事也。無事則道與治俱廢。故正德、利用、厚生曰事，不見諸事，非德非用非生也。德、行、藝曰物，不徵諸物，非德、非行、非藝也。'先生之學，以事物爲歸，而生平未嘗以空言立教。"(《戴記》)。

"先生既歸宗，欲尋親。時方亂，且嗣未立，久之"(《王傳》)，至"甲子五十歲"(《年譜》)，"乃如關東，誓不得親不反。所至遍揭零丁道上，人有問者，則拜之求爲傳帖。既而果得其踪於瀋陽，沒矣，尋其墓，哭奠如初喪禮。見異母之妹，招魂奉主，躬自御車，哭導而行。既歸，遂棄諸生，卒三年喪。"(《戴記》)

"自是，用世之志愈殷，曰：'蒼生休戚，聖道晦明，責實在予'"(《王傳》)。"敢以天生之身，偷安自私乎！"(《戴記》)"遂南游中州，張醫卜肆於開封以閱人，所遇甚衆。倡實學，明辨婉引，人多歸之。"(《王傳》)"抵上蔡，訪張仲誠。仲誠曰：'修道即在性上修，故爲學必先操存，方爲有主。'先生曰：'是修性，非修道矣。周公以六藝教人，正就人倫日用爲教，故曰"修道謂教"。蓋三物之六德，其發現爲六行，而實事爲六藝；孔門"學而時習之"即此也，所謂格物也；格物而後可言操存誠正。先生教法，毋乃於《大學》先後之序有紊乎？'論取士，仲誠曰：'如無私，八股可也。'先生曰：'不然，不復鄉舉里選，無人才，無治道'。"(《年譜》)"商水李子青，大俠也，館先生。見先生携短刀，目曰：'君善是耶？'先生謝不敏。子青曰：'拳法，諸技本，君欲習此，先習拳。'時月下飲酣，子青解衣演諸家拳數路。先生笑曰：'如是，可與君一試。'乃折竹爲刀舞，相擊數合，中子青腕。子青大驚，擲竹拜伏地，曰：'吾謂君學者爾，技至此乎！'遂深相結，使其三子拜，從游。"(《王傳》)時先生年五十七歲也。是年九月，"先生渡河北歸"。

壬申五十八歲，"謂(李)塨曰：'子纂諸儒論學，名曰《未墜集》，蓋憂予《存性》《存學》，大翻宋、明之案，逆而難入，録其合道之言，欲使人信吾説之不謬於先儒，而教易行，意甚盛也。然予未南游時，尚有將就程、朱，附之聖門支派之意；自一南游，見人人禪子，家家虚文，直與孔門敵對，必破一分程、朱，始入一分孔、孟。乃定以爲孔、孟、程、朱，判然兩塗，不願作道統中鄉愿'"。（《年譜》）"望天下之急舍後世新局，力復前聖故道，則或不至終此乾坤，無復儒道也。"（《習齋記餘卷一·未墜集序》）"七月，録《四書正誤偶筆》，皆平日偶辨朱子《集注》之誤者，至是命門人録爲卷。"（《年譜》）

先生"身際鼎革，目擊虜禍，光復之念，時蓄於懷。"（《劉傳》）又"常語友人曰：'如天不廢予，將以七字富天下：墾荒、均田、興水利；以六字强天下：人皆兵、官皆將；以九字安天下：舉人才、正大經、興禮樂。'其自負如此。"（《清傳》）"乃隱居數十年，不見用於世且老。令長及大吏數表其門，或造廬而請，有勸之仕者，笑不答也。"（《王傳》）

"肥鄉有漳南書院，邑人郝文燦請先生往設教，三聘始往。爲立規制甚宏，有文事、武備、經史、藝能等科，從游者數十人，遠近翕然。會天大雨，經月不解，漳水溢，牆垣堂舍悉没，人跡殆絶。先生嘆曰：'天不欲行吾道也！'乃辭歸"（《戴記》）。"文燦與門人不能留，俱痛哭送之。於是，先生之教亦不能大行焉。"（《王傳》）

"先生自漳南歸後"（《戴記》），"又鑒南宋之弊，以樂道著書爲高，恥言兵農足國之實用，遂至於亡，因著《宋史評》。"（《保定府志·列傳》）"爲王安石、韓侂胄辯也。"（《年譜》）後又著《朱子語類評》（據《朱子語類評》），至甲申年卒，"年七十，康熙四十三年九月二日也。卒之日，謂門弟子曰：'天下事尚可爲，若等當積學待用。'言訖而逝。遠近聞訃來會葬者百餘人。門人私謚曰文孝先生。"（《戴記》）

"一子殤，遂無子，以族孫爲之後。"（《王傳》）

殁後，門人李塨爲祝曰："先生之力行爲今世第一人，而倡明聖學則秦後第一人。""乃少困以患難，中阨貧賤，内苦於家庭，外之聞者或疑或信，或謗且滋，而且奄忽以去。""先生之神，萬世不磨。"其後門人王源爲《傳》曰："孔孟不得志，天下變爲秦，王道熄而天下無復能平矣。非明行其道人無人哉！宋儒自謂能明能行，而道其所道，愈失其真。先生起而辨正之，躬行以實之，古今剥復之根不在是歟？百世以俟聖人而不惑，而堯、舜君民之業，終不獲親見於其身，亦可惜矣！"（《王傳》）"先生崛起而尋墜緒，全體大用焕然重明，天心世道所關非鮮。有志者詳諦之，可以興矣！"（《年譜·凡例》）

附： **習齋年表**

| 公元 | 明清紀元 | 習齋事跡及與習齋有關係之事跡 |
|---|---|---|
| 1635 | 明崇禎八年乙亥 | 三月十一日習齋先生生。同時大儒陸隴其已六歲，李二曲已九歲，毛奇齡已十三歲，陸世儀已廿五歲，刁包已三十三歲，孫奇逢已五十二歲。 |
| 1636 | 明崇禎九年丙子 | 先生二歲。是年閻若璩生。 |
| 1637 | 明崇禎十年丁丑 | 先生三歲。 |
| 1638 | 明崇禎十一年戊寅 | 先生四歲。冬，畿內警，兵至蠡，先生父不安於朱，遂隨去遼東。時年二十有二。朱翁有母喪，先生着喪服冠立椅上，勸飲饌如成人，弔客咸異之。 |
| 1639 | 崇禎十二年己卯 | 先生五歲。 |
| 1640 | 崇禎十三年庚辰 | 先生六歲。"值生日，家人設桌，雜陳諸器視所取，先生攜筆，如字者數十。"（鍾錂《習齋先生叙略》） |
| 1641 | 崇禎十四年辛巳 | 先生七歲 |
| 1642 | 崇禎十五年壬午 | 先生八歲。就外傅吳洞雲學。 |
| 1643 | 崇禎十六年癸未 | 先生九歲。 |
| 1644 | 崇禎十七年<br>清順治元年甲申 | 先生十歲。三月李自成進入北京，明亡。五月清兵占領北京。十月清世祖福臨即帝位。 |
| 1645 | 清順治二年乙酉 | 先生十一歲。始學時文。 |
| 1646 | 清順治三年丙戌 | 先生十二歲。母王氏改適。 |
| 1647 | 清順治四年丁亥 | 先生十三歲。從庠生賈金玉學。 |
| 1648 | 清順治五年戊子 | 先生十四歲。看寇氏《丹法》，遂學運氣術。 |
| 1649 | 清順治六年己丑 | 先生十五歲。娶妻，不近，學仙也。 |
| 1650 | 清順治七年庚寅 | 先生十六歲。知仙不可學，乃諧琴瑟。遂耽內，又有比匪之傷，習染輕薄。 |
| 1651 | 清順治八年辛卯 | 先生十七歲。冬，會友夜讀書，二三過輒不忘 |
| 1652 | 清順治九年壬辰 | 先生十八歲。 |
| 1653 | 清順治十年癸巳 | 先生十九歲。從賈端惠先生學，習染頓洗。朱翁以訟遁，先生被繫訊。作文倍佳，未幾，入庠。 |
| 1654 | 順治十一年甲午 | 先生二十歲。訟後家落，耕田灌園，勞苦淬礪。與鄉人朱參兩、彭恒齋、趙太若、散逸翁父子友。 |
| 1655 | 順治十二年乙未 | 先生廿一歲。 |
| 1656 | 順治十三年丙申 | 先生廿二歲。作《望東賦》，學醫。 |
| 1657 | 順治十四年丁酉 | 先生廿三歲。見《七家兵書》，悅之。遂學兵法，究戰守機宜，技擊亦學焉。 |

續表

| 公元 | 明清紀元 | 習齋事跡及與習齋有關係之事跡 |
|---|---|---|
| 1658 | 順治十五年戊戌 | 先生廿四歲。始開家塾。名其齋曰"思古"，自號"思古人"。作《王道論》，後更名《存治編》。深喜陸、王，手抄《要語》一冊。 |
| 1659 | 順治十六年己亥 | 先生廿五歲。作《大盒歌》《小盒歌》。是年李塨生 |
| 1660 | 順治十七年庚子 | 先生廿六歲。得《性理大全》觀之。雖躬稼胼胝，必乘間靜坐。 |
| 1661 | 順治十八年辛丑 | 先生廿七歲。祁州刁包以母壽求詩，先生因兩書問學，拜謁，歸立"道統龕"。 |
| 1662 | 清康熙元年壬寅 | 先生廿八歲。與郭敬公、汪魁楚等十五人結文社。 |
| 1663 | 清康熙二年癸卯 | 先生廿九歲。作《求源歌》。聞王法乾焚帖括讀經，乃先達信，往拜之。 |
| 1664 | 清康熙三年甲辰 | 先生三十歲。王法乾來答拜。三月，與王法乾爲日記。作《柳下坐記》。約王法乾訪孫奇逢。纂《灑掃應對進退儀注》，識《禮文手抄》。同王法乾訪王餘佑問學。 |
| 1665 | 清康熙四年乙巳 | 先生三十一歲。訪李塨父明性。作《婦人常訓》。訪張羅喆問學。集《曾子言行》。 |
| 1666 | 清康熙五年丙午 | 先生三十二歲。除夕，寫先儒主稱周濂溪爲先聖。亦嘗稱"素服朱子，推爲聖人"。（見《禮文手抄》卷四;） |
| 1667 | 清康熙六年丁未 | 先生三十三歲。辯性善理氣一致，宋儒之論，不及孟子。 |
| 1668 | 清康熙七年戊申 | 先生二十四歲。朱媼病卒。知父乃異姓乞養者。居喪一遵《家禮》，覺有違性情者，校以古禮非是，作《居喪別記》。 |
| 1669 | 清康熙八年己酉 | 先生三十五歲。著《存性編》。更"思古齋"曰"習齋"。學習數，自九九以及因乘歸除漸學《九章》。聞太倉陸桴亭自治教人以六藝爲主。爲王法乾書《農政要務》，學習《冠禮》。著《存學編》。定自力常功。 |
| 1670 | 清康熙九年庚戌 | 先生三十六歲。學習書、射及歌舞，演拳法。《與孫奇逢書》論學。劉煥章來訪。罷"道統龕"。著《會典大政記》。 |
| 1671 | 清康熙十年辛亥 | 先生三十七歲。學習《士相見禮》《祭禮》。從王法乾學琴，從張函白學《客窗夜話》《登瀛洲》諸曲。習恭，日日習之。習卜。補六藝、六府於開蒙《三字書》內。張公儀約會於祁州刁宅。易名元。 |
| 1672 | 康熙十一年壬子 | 先生三十八歲。與陸桴亭書論學。 |
| 1673 | 康熙十二年癸丑 | 先生三十九歲。作《大風吟》《祭泰山賦》詩。與王法乾習《祭禮》。投呈於縣轉申學院求歸宗。 |
| 1674 | 康熙十三年甲寅 | 先生四十歲。謀東出尋父，值三藩變，塞外騷動，遼左戒嚴，不可往。修《家譜》。 |
| 1675 | 康熙十四年乙卯 | 先生四十一歲。時及門日衆，乃申訂教條。率門人習射。 |
| 1676 | 康熙十五年丙辰 | 先生四十二歲。時先生與王法乾，人皆以聖人稱之。日功增抄天文、占法，讀《步天歌》。牧驢。 |

續表

| 公元 | 明清紀元 | 習齋事跡及與習齋有關係之事跡 |
|---|---|---|
| 1677 | 康熙十六年丁巳 | 先生四十三歲。蕭九苞問復井田。弔趙處士墓有詩。 |
| 1678 | 康熙十七年戊午 | 先生四十四歲。抄祁州《學碑》。親御載糞。 |
| 1679 | 康熙十八年己未 | 先生四十五歲。如蠡，與李塨交，共學琴、學舞、學禮，辟佛老甚力。李塨來問學。安州陳天錫來問學。左目上生瘡，後久不愈，左目遂眇。 |
| 1680 | 康熙十九年庚申 | 先生四十六歲。買石氏女爲側室，未納，讓媒氏，得原金，媒轉鬻之旗下，先生悔之。以李塨之言，乃盡出原金，贖女歸其父，不責償。 |
| 1681 | 康熙二十年辛酉 | 先生四十七歲。養同高祖侄爲子，名之曰爾楫。參訂司馬光《十科取士法》。李塨與張文升共學韜鈐，先生每入蠡城，商酌徹晝夜。著《明太祖釋迦佛贊解》。 |
| 1682 | 康熙二一年壬戌 | 先生四十八歲。作《穀日燕記》。著《喚迷途》，後又名《存人編》。 |
| 1683 | 康熙二二年癸亥 | 先生四十九歲。如易州望荆軻山，有詩。 |
| 1684 | 康熙二三年甲子 | 先生五十歲。四月八日只身起行如關東尋父。十七日入京，六月至瀋陽，七月張鼎彝作《毀錦州念佛堂議》，爲之作《檄》，作《說》，入《存人編》。 |
| 1685 | 康熙二四年乙丑 | 先生五十一歲。三月，瀋陽有銀工金姓者見先生報帖類尋其父者，使人延先生至家，詳問父名字年貌疤識皆合。先生奉主歸。 |
| 1686 | 康熙二五年丙寅 | 先生五十二歲。 |
| 1687 | 康熙二六年丁卯 | 先生五十三歲。嫁母王氏病，卒。許三禮致書於先生論學。李塨著《瘳忘編》《閱史郄視》，張文升著《存治翼編》，先生訂之。 |
| 1688 | 康熙二七年戊辰 | 先生五十四歲。 |
| 1689 | 康熙二八年己巳 | 先生五十五歲。訂一歲常儀常功。李塨執贄正師弟禮。習琴、習騎、刀式始及雙刀。陸隴其求先生所著書，邵嗣堯欲相見。訂李塨所編《訟過則例》。吹簫。 |
| 1690 | 康熙二九年庚午 | 先生五十六歲。養族孫保成爲孫。習射。 |
| 1691 | 康熙三十年辛未 | 先生五十七歲。名保成曰重光。三月，南游中州。五月至河南開封府，張醫卜肆以閱人。閏七月，抵上蔡訪張仲誠。八月至商水，拜李子青。九月，偕王次亭昆仲習冠、燕諸禮。是年程廷祚生。 |
| 1692 | 康熙三一年壬申 | 先生五十八歲。觀李塨所輯《諸儒論學》，曰："必破一分程朱，始入一分孔孟。"七月，錄《四書正誤偶筆》。 |
| 1693 | 康熙三二年癸酉 | 先生五十九歲。書李塨規先生"道大而器小，宜去褊，去矜，去躁，去隘"。於記首。與爾儼言致用。 |
| 1694 | 康熙三三年甲戌 | 先生六十歲。肥鄉郝文燦來問學，請先生主漳南書院設教。 |
| 1695 | 康熙三四年乙亥 | 先生六十一歲。爲孫重光行冠禮。 |

續表

| 公元 | 明清紀元 | 習齋事跡及與習齋有關係之事跡 |
|---|---|---|
| 1696 | 康熙三五年丙子 | 先生六十二歲。四月,郝文燦三聘請主教肥鄉漳南書院,乃往。五月,漳水泛。命諸生習恭、習數、習禮。又教弟子舞,舉石習力。八月以漳水愈漲,書齋皆没,乃旋,九月始返。爲三從叔子旱壯行冠禮。著《宋史評》,爲王安石、韓侂冑辯也。 |
| 1697 | 康熙三六年丁丑 | 先生六十三歲。定興劉茱、旌甫刊先生訂改王應麟《三字書》。 |
| 1698 | 康熙三七年戊寅 | 先生六十四歲。觀《朱子語類》。爲重光娶婦,行醮命、親迎、饋食、饗婦禮。 |
| 1699 | 康熙三八年己卯 | 先生六十五歲。王法乾卒。李塨自浙來,見先生,命吹篴笙,先生聽之。書"小心翼翼,昭事上帝"二語於日記首,日服膺之。觀毛大可《樂書》,王草堂《書解正誤》,李塨質所著《大學辨業》於先生,先生喜曰:"吾道賴子明矣。"後爲之作序。 |
| 1700 | 康熙三九年庚辰 | 先生六十六歲。 |
| 1701 | 康熙四十年辛巳 | 先生六十七歲。五月,曹乾齋刊《存學編》。李塨將入京,先生曰:"道寄於紙千卷,不如寄於人一二分。此游須以鼓舞學人爲第一義。" |
| 1702 | 康熙四一年壬午 | 先生六十八歲。 |
| 1703 | 康熙四二年癸未 | 先生六十九歲。清苑馮辰拱北書來問學。大興王源執贄從學於先生。李塨質所撰《小學·勺舞儀節》,畫舞位執干、戚、羽、籥以舞,先生觀譜監之。訂李塨所譜《小學》。 |
| 1704 | 康熙四三年甲申 | 先生七十歲。謂門人曰:"孟子'必有事焉'句是聖學真傳"。與門人言博、蠡修河法。李塨來言應鄢城知縣溫益修聘,因議南遷。先生曰:"吾夙志也。"八月寢疾。先生謂門人曰:"天下事尚可爲,汝等當積學待用"。九月二日酉時卒。 |

## 二 學述

先生之學，期如孔門博文約禮，實學、實習、實用之天下，以爲"道不在章句，學不在誦讀""書之所以益盛，而道之所以益衰"，故生平著述，亦不甚浩繁。《四存編》外，惟有《禮文手抄》、改定王應麟《三字書》《會典大政記》《四書正誤》《宋史評》《朱子語類評》諸作。其《言行錄》《辟異錄》《習齋記餘》諸書，則並門弟子鍾錂所輯錄（詳《著述考》）。然即其書現存者觀之，其思想之湛深、議論之精辟，所以矯中國二千年來崇尚虛文、咸趨無用之弊者，言之尤至痛切，此其所以於近代思想家中能獨樹一幟而介然成爲一家言也。

兹述先生之學，先略論其：（一）思想淵源；（二）時代背景；次於其學術思想更析爲：（三）哲學思想；（四）教育思想；（五）政治思想；以述先生"四存"之學。先生嘗謂："道寄於紙千卷，不如寄於人一二分"，其學術之發揚光大，尤賴其弟子李恕谷（塨）、王昆繩（源）諸人。兹述先生之學，更附論其（六）學術影響：（Ⅰ）李恕谷之生平及其學術思想；（Ⅱ）王昆繩之生平及其學術思想；（Ⅲ）惲皋聞之生平及其學術思想；而殿以（Ⅳ）恕谷弟子程緜莊之生平及其學術思想；（Ⅴ）戴東原、戴子高與顏學之關係：以見先生學術思想之流傳。庶於先生之學，其本末並可以見焉。

### （一）思想淵源

有清一代思想之特徵，論者多以爲有三：一曰"務實"，二曰"好古"，三曰"原情"（參看《文哲月刊》第一卷第六期拙作《清代思想的一個特徵》）。此三者固皆可謂爲對於宋明理學之逆動，然亦皆可謂爲對於宋明理學之繼續。先生之學，在以勵實行、濟實用爲宗，昌明"周孔正學"，欲一返之於古，其務實好古之風，似與宋明學術，亦頗有密切之關係。先生於《未墜集序》中自述其爲學之經歷曰：

> 廿一歲始閱《通鑒》，以爲博古今，曉興廢邪正即人矣；曾不知世有道學名也……同里彭翁九如以詩畫交當時士夫，時爲予道語錄中言，異而問之。因出《陸王要語》示予，遂悦之。以爲聖人之道在

是，學得如陸、王乃人矣；從而肆力焉。迨廿五六歲得見《性理大全》，遂深悅之，以爲聖人之道又在是，學得如周、程、張、朱乃人矣；從而肆力焉。……於《通書》稱周子真聖人，於《小學》稱朱子真聖人。農圃憂勞中，必日靜坐五六次……至康熙戊申……偶取閱《性理氣質之性總論》《爲學》等篇，始覺宋儒之言性，非孟子本旨；宋儒之爲學，非堯、舜、周、孔舊道……（《習齋記餘》卷一）

由此所述觀之，先生晚年雖謂"必破一分程朱，始入一分孔孟"，然其早年曾受程、朱、陸、王之影響，自極顯明。先生思想，近似陸、王爲多。其詆程、朱，亦較陸、王爲甚。故述先生之學者，多以爲源出明之姚江王氏。《四庫全書·總目提要》於先生《存性編》云："其學主於勵實行、濟實用，大抵源出姚江，而加以刻苦。"近之論者，亦頗有從《提要》之說者。今案：先生之學，與王學之關係，由其性格、志願、交游、思想四者言之，源出姚江，蓋似可信。

（1）性格　姚江王氏幼年之時，豪邁不羈，深爲其父所憂。先生少年之時，亦有"比匪之傷""習染輕薄"。此與陽明之豪邁不羈，已覺其頗相似。其後先生友朋之中所加以規勸者，如所謂"進銳"（《年譜》壬寅二十八歲）、"多言"（《年譜》甲辰三十歲）、"欠涵養"（同上，丙午三十二歲）及好"吐時務"（同上，丁未三十三歲），皆足見其與陽明之狂放性格相近，則似當喜陸、王之學。

（2）志願　陽明幼年之時，出游居庸三關，即慨然有經略四方之志。詢諸夷種落，悉聞備禦策；逐胡兒騎射，胡人不敢犯。兵家秘書，莫不精究。嘗問塾師，何爲第一等事？謂當"讀書學聖賢"（《陽明年譜》）。先生"勇於改過，以聖人爲必可師""見《斥奸書》，知魏閹之禍，忿然累日夜，恨不手刃之""見《七家兵書》，悅之，遂學兵法，究戰守機宜，嘗徹夜不寐技擊亦學焉"。志爲聖賢，留心事功，又所同也，則亦當較喜陸、王之學。

（3）交游　先生居於博、蠡，其地與孫奇逢所處之容城夏峯相距不遠。孫氏之學，本宗姚江，後乃折衷朱、王，而從游者甚衆。先生於孫氏亦自謂"爲生平所嚴事者"，而早年交游之中，亦頗多出於孫氏之門，如彭九如、王五修、王介祺（參看《師友考》）皆是也。則所聞者，孫氏之學，亦即姚江王學也。

（4）思想　陽明之學，與先生相似者，約有數端：一曰氣即是性；二曰知行合一；三曰重實學惡虛文；四曰重分工重專門。陽明《答顧東橋書》謂："夫問思辨行，皆所爲學，未有學而不行者也。"《傳習錄·下》亦有言曰：

"若離了事物爲學，却是著空。"與先生論學，重行與知，及必"以事物爲歸"，旨意頗爲相近。陽明有"拔本塞源論"，謂：

> 學校之中，惟以成德爲事，而才能之異，或有長於禮樂，長於政教，長於水土播植者，則就其成德，而因使益精其能於學校之中。迨夫舉德而任，則使之終身居其職而不易。……聖學既遠……世之學者，如入百戲之場……莫自知其家業之所歸。時君世主，亦皆昏迷顛倒於其説，而終身從事於無用之虛文。(《王文成公全書·傳習錄·答顧東橋書》)

此重分工專門，惡習染虛文，與先生《存性》《存學》之旨亦頗相合。故先生之詆陸、王，遠不如詆程、朱之甚。於《閱張氏王學質疑評》有：

> 評"六經皆我注脚"，曰：此是陸子最精語，亦最真語。(《習齋記餘》卷六)

於《駁朱子分年試經史子集議》更謂：

> 陽明有云："與愚夫愚婦同底便是同德，與愚夫愚婦異底便是異端。"今以朱子"半日靜坐、半日讀書"功課論之，是與愚夫愚婦同乎？異乎？(同上，卷九)

直用陽明之説以駁朱子，則先生之學蓋似源出姚江矣。雖然，此不可以不辨明矣。先生於朱、王二家，實並不滿。其《閱張氏王學質疑評》曰：

> 朱子看陸子之弊甚透，王子看朱子之弊亦甚透，武承看王子之弊又甚透……噫！果息王學而朱學獨行，不殺人耶！果息朱學而獨行王學，不殺人耶！(同上，卷六)

其《王學質疑跋》則曰：

> 元平生之篤服兩派先生也如此，受教沐澤於兩派先生也如此……朱學蓋已參雜於佛氏，不止陸、王也；陸王亦近支離，不止朱學也。……遂有《存性》《存學》之作，聊伸前二千年聖人之故道，而微易後二千年空言無用之新學，幸學者靜辨之。若云乾坤中朱、陸兩派相争，予又故開一派以與兩派相角也，是則罪之大者；則予豈敢！則予豈敢！(同上，卷六)

其不慊於朱、王兩派，實甚顯明。謂先生曾受兩派之影響則可，必謂其源出姚江，則一偏之論也。

且嘗察之，先生從事於陸、王之日甚淺，據《年譜》云二十四歲始得《陸王要語》，而《未墜集序》自述爲學經歷云二十五六即從事程、朱，則篤信陸、王者不過一年。又有言云：

戊申遭喪後，忽覺程、朱非孔子正派，始思二家書。以朱學大行，二家高閣。求之十餘年，得《象山全集》於陳太守家。（同上，卷六）

據此亦足知受陸王影響甚淺，久而始得象山之書也，此其一。其交游之中，如恕谷父李孝愨明性，以"主一"顔其室，實從事於程、朱學者。而朝夕共學之王法乾，則始終守程、朱之學。二人皆謂"程、朱固是一家學問"（並詳《師友考》），若刁文孝（包），亦治程、朱學者。彭九如、王介祺皆往來孫、刁之門者也。則由交游言之，亦足見與程、朱之學關係之密切，此其二。先生嘗謂："行家禮、學儀，皆始自法乾，其致知少遜我，而力行過之。"（詳《師友考》）其《存學編》舉刁文孝說謂"友人刁蒙吉翻《孟子》之言曰：'著之而不行焉，察矣而不習焉，終身知之而不由其道者，衆也。'其所慨深矣。"則其重習行者，未始非由程、朱學者之刁、王二人啓迪之也，此其三。先生於南游後，以爲"必破一分程、朱，始入一分孔、孟"，然而猶時謂其學本由程、朱入。如《年譜》載：

王法乾曰："吾二人原從程、朱入"。先生曰："從程、朱入之功，不可没也……"（癸酉五十九歲；《顔元集·顔習齋先生年譜》）

李植秀問曰："張仲誠學術錯，先生亦時稱之，何也？"曰："辨學不容假借，若其居官廉干，自是可取。吾嘗謂今日若遇程、朱，亦在父事之列……"（同上）

七月，之小店，途誦程子《四箴》，覺神清氣聳（乙亥六十一歲）。猶時時稱誦程、朱，然則雖謂"必罷去一分程、朱，始入一分孔、孟"；其詆陸王，不如詆程、朱之甚，而不得謂其即源出姚江與程、朱之學並無關係甚明也。《戴記》謂先生初由陸、王、程、朱而入，返求之《六經》孔孟。《六經》、孔、孟、程、朱、陸、王，皆與先生思想淵源有關也。

先生在刁文孝宅得聞陸桴亭自治教人以六藝爲主，其後乃著《存性》《存學》編，是《存性》《存學》之作，或亦受陸氏之影響，《與桴亭書》亦曾言其"先得我心"。其後恕谷自浙歸，見先生。《年譜·乙卯六十五歲》載：

塨謂先生曰："先生倡明聖學，功在萬世。但竊思向者，束身以斂心功多，養心以範身功少……"乃以無念有念、無事有事、總持一敬之功質。先生曰："然，吾無以進子，子乃於外出得之，可愧也。敢不共力！"乃書"小心翼翼，昭事上帝"二語於日記首，日服膺之。（同上）

此亦受陸氏之影響而然（詳《恕谷年譜》戊寅四十歲）。"小心翼翼，昭事上帝",此二語實《詩·大雅·大明》句,爲許酉山《三禮》所提出(詳《恕谷年譜》丙寅二十八歲),或又稍受許氏之影響(詳下),而先生亦以之爲教也。惟先生所創説,又多由時勢使之然,固不得謂其思想一概淵源於先儒與受時賢之啓迪也。

## (二) 時代背景

有清一代思想之發生與其時代背景之關係,近之論者,説雖甚繁(參看拙作《王船山學譜》卷二二頁二六);然舉其要者言之,實不外兩端:(1)由於清以異族入主中國之影響,故清初諸儒,因感神州淪亡之痛,而多講求經世致用,以謀民族之即復興。(2)由於晚明道學時文空疏之影響,故清初諸儒,痛憤宋明學術之誤國,而多注重務實復古,以謀學術之有實用。先生生於明末清初之際,雖清兵入關,年僅十齡,不得如亭林、梨洲、船山諸大師,躬與抗清之役,然而先生眷懷故國之情、復興民族之意,時時溢於言表,其感神州淪亡之痛,與當時諸儒,固無異也。《存學編》卷二《性理評》謂:

> 吾讀《甲申殉難録》,至"愧無半策匡時難,惟餘一死報君恩",未嘗不凄然泣下也。

《習齋記餘》卷六《讀刁文孝用六集四卷評語》謂:

> 吾郡有先生,常山有公儀,端皇帝得此二未宜臣,千秋奇節,明世亡而不亡矣!

讀《甲申殉難録》而至於凄然泣下,固刁、張之奇節而云"明雖亡而不亡",一悲一喜,非眷念故國情深,不能至此也。先生在《存學編》卷二又謂:

> ……以偏缺微弱,兄於契丹,臣於金、元之宋,前之居汴也,生三四堯、孔,六七禹、顏;後之南渡也,又生三四堯、孔,六七禹、顏;而乃前有數聖賢,上不見一扶危濟難之功,下不見一可相可將之材,兩手以二帝畀金,以汴京與豫矣!後有數十聖賢,上不見一扶危濟難之功,下不見一可相可將之材,兩手以少帝付海,以玉璽與元矣!多聖多賢之世,而乃如此乎?噫!

此痛疾宋儒學術之空疏,使國家亡於異族也。《四書正誤》卷六曰:

> 孟子定三項人罪案矣。予則曰:善戰者加上賞,連諸侯者次之,辟草萊、任土地者又次之。且以爲孟子與予易地則皆然。……近世之禍,則在遼、金、元、夏。儻有三等人,生民不猶受干城之福哉!吾蓋於北伐之役,而嘆費、孫諸公之功在萬世也。

此則明言近世之禍在於異族之侵逼，而主張"善戰者加上賞"，其欲復興民族之意，實極顯明。其著《宋史評》爲王安石、韓侂胄辯曰：

> 太宗北征，中流矢，二歲瘡發而卒，神宗言之，愴焉流涕；夏本宋臣，叛而稱帝，此皆臣子所不可與共戴天者也。宋歲輸遼、夏銀一百二十五萬五千兩，其他慶弔、聘問、賂遺近倖又倍是，宋何以爲國！買以金錢，求其容我爲君，宋何以爲名？又臣子所不可一日安者也。而宋欲舉兵，則兵不足；欲足兵，餉又不足，荆公爲此，其得已哉！……南宋之金，與北宋之遼，又不可同年而語也。乃累世知岳飛之忠，累世皆秦檜之智，獨韓平原毅然下詔伐金，可謂爲祖宗雪耻地下者矣；仗義復讐，雖敗猶榮者矣。乃宋人必欲誅之以畀金也，尚有人心哉！（《年譜》卷下）

爲王、韓二人辯者，亦以其仗義復讐，以與異族抗也。宋明之天下，皆亡於異族，先生之爲此論，固可以知其言外之意也。故揝擊宋明學術之空疏，而謂：

> 宋元來儒者却習成婦女態，甚可羞。無事袖手談心性，臨危一死報君王，即爲上品矣。"（《存學編》卷一）

而欲救之以實行有用之學，尚武貴動之教也。恕谷《與方靈皋書》亦謂：

> 自明之末也，朝廟無一可倚之臣，天下無復辦事之官，坐大司馬堂批點《左傳》，敵兵臨域賦詩進講。其習尚至於將相方面，覺建功奏績俱屬瑣屑，日夜喘息著書，曰此傳世業也，以致天下魚爛河決，生民塗毒。嗚呼！誰實爲此！無怪顏先生之垂涕泣而道也。（《恕谷後集》卷四）

恕谷記《李氏翁媼已事》又云：

> 明代承平二百年有奇，及其既也，中外交訌，旱蝗頻仍，莊蹻盜跖，彌地而起；日下晡則百十爲群，策怒揮芒，剽若村，掠若氏，一攖其怒，輒叱咤棄之溝壑。官吏其敢誰何，自崇禎末至順治六七年乃熄。民不安天日者十餘年。（同上，卷三）

然則明季之亂，雖無異族之侵入，亦足以使發爲經世致用之想。先生目擊時艱，感懷故國，自當如梨洲之著《待訪錄》、亭林之著《日知錄》、船山之著《黃書》《噩夢》，而有《四存編》之著述，講求明德親民實行有用之學。此其時代背景至明顯者一也。

恕谷《送黃宗夏南歸爲其尊翁六十壽序》謂：

> 宋明而下，天地氣移而南，張、程後有朱晦庵、陸象山、王陽

明，各樹門幟，著書立說，鼓動一世；於聖經外，益以無極、主靜、致良知等名；六七百年，相從而靡，不曰宗朱，則曰宗王，徒與日盛，泛濫於天下。……講之口，筆之書，玩弄心性，含咀章句，輕禮樂名物，使二氏之空幻，俗學之浮靡，竄入其中。人材日萎，氣運日消，雖撊然自附於古聖賢，而一如秦鼎之暗移而不覺。於戲！此天運聖道古今升降出入之大關也。(同上，卷一)

明末清初之際，學術空疏，政治窳敗，蓋可謂虛學盛極，則亦不得不轉而之實。恕谷之說曰：

天地之道，極則必返，實之極必趨於虛，虛之極必歸於實。……今之虛學，可謂盛矣！盛極將衰，則轉而返之實。(同上，卷一)

此其意實本之先生，先生亦有言曰：

文盛之極則必衰，文衰之返有二：一是文衰而返於實，則天下厭文之心，必轉而爲喜實之心，乾坤蒙其福矣。達而在上，則爲三代，即窮而在下，如周末文衰，孔子轉之以實，雖救之未獲全勝，猶稍延二百年吾儒之脉。(《存學編》卷四)

此皆足見虛文勝則必轉趨於務實也。當時諸儒，如亭林謂："昔之清談談老莊，今之清談談孔孟""以明心見性之空言，代修己治人之實學"；因而主張以經學代理學，謂"非好古而多聞，則爲空虛之學"(《文集》卷三)。梨洲則以"儒者之學，經緯天地，而後世乃以語錄爲究竟……世道以是潦倒泥腐"(《南雷文約後集》卷三)。乃"與人約爲讀書窮經"，謂"讀書不多，無以證斯理之變化。"(全祖望《鮚埼亭集·梨洲先生神道碑》文)。顧、黃二氏，蓋欲以經學史學矯當時學術之流弊而使之趨於實也。船山則以"王氏之學，一傳而爲王畿，再傳而爲李贄，無忌憚之教立，而廉恥喪，盜賊興……陸子靜出而宋亡，其流禍一也"(《正蒙注》卷九)。而創實有生動之說，謂"盡天地只是個誠，盡聖賢學問只是個思"(《讀四書大全說》卷九)，而所謂"誠者實有者也"(《尚書引義》卷三)。"太虛一實"(《思問錄·內篇》)，"太虛本動"(《周易外傳》卷六)，以矯崇尚虛無寂靜之弊。在明末清初之際，更有四明潘用微，著《求仁錄》《著道錄》等書，亦以當時學者多"卜度於書理、採擇於見聞爲學識，而絕不以天下生民爲念"(《求仁錄》卷九)，乃"篤信於孔孟，而深疑於程朱"，謂"宋賢之所謂理，即老莊之所謂道"(《呂用晦文集·答潘用微書》)，"朱子道，陸子禪"(《恕谷後集卷六·萬季野小傳》)，乃專以孔孟爲宗，而名其學曰"求仁"。其所說如："聖門功夫，只在人事竭力"(《求仁錄》卷六)；"聖人之學，本非閉門靜坐以爲功夫"(同上卷八)；"學、教、治只是一轍"（同上卷六）；"宇宙內事，皆我分內事"（同上卷九）；"必有事是聖學大主腦"（同上卷八）；"孔孟以後無真儒，而三代以下無善治"（同上，卷六）。其議論尤多與先生同。但置禮樂兵農不講，在力行上似爲不及。然所以矯當時虛文之弊而欲轉趨於務實則一也。故由亭林、梨洲、船山、用微觀之，當時學者，靡不趨向於實學，而所謂"實之極必歸於虛，虛之極必歸於實"，固不誣也。先生嘗謂：

宋、明兩代之不競，陳文達一言盡之，曰："本朝是文墨世界"。……慶曆學術之雜亂，啓、禎國事之日非，皆崇尚浮文之禍也。

（《習齋記餘》卷六）

其早年所著之《存治篇》亦謂：

迨於魏、晉，學政不修，唐、宋詩文是尚，其毒流至今日。國家之取士者，文字而已；賢宰師之勸課者，文字而已；父兄之提示，朋友之切磋，亦文字而已。不則曰："詩已爲餘事矣，求天下之治，又烏可得哉？"……浮文是戒，實行是崇，使天下群知所向，則人材輩出，而大法行，而天下平矣。……倘仍舊習，將樸鈍者終歸無用，精力困於紙筆；聰明者逞其才華，《詩》《書》反資寇糧，無惑乎！家讀堯、舜、孔、孟之書，而風俗愈壞；代有崇儒重道之名，而真才不出也。

"浮文是戒、實行是崇""倘仍舊習""終歸無用"。此其早年思想已注重於"實行""有用"也。蓋欲矯宋明"虛寂無用"之學，非講求能實行而極有用之學不爲功；欲復興民族，還我大好河山，尤非講求極有用而能實行之學不爲功；此由時代背景言，可知其學術之精神，實重在此也。先生之論學教，注重"明德""親民""尚武""貴動"，所謂實學、實教、實習、實行、實體、實用，以其綱要言之，亦不外於講求能實行而極有用之學也。當時諸巨儒，雖言實學實用，然以實行而論，則遠弗能及先生。然則先生之學，雖亦由時勢所造成，而實則傑出一世也。

## （三）哲學思想

先生之《四存編》，以《存治篇》著述爲最早，以《存學編》議論爲最精，然如不明先生政治思想、教育思想與其哲學思想之關係，則其所主張之"浮文是戒，實行是崇"，不仍舊習，使歸無用，而提倡明德親民，實學、實教、實習、實行、實體、實用之學，其理論上之依據，亦必不能十分明了，故述先生之學，必當先明其哲學思想，而後及教育思想、政治思想也。且先生

《存性編·圖跋》曰："故是編後，次之以《存學》《存治》云"（卷二）。亦以學、治爲"體性道""盡性道"者。此先生之旨意亦如是也。兹述先生之學，亦就《存性編》諸書，先述先生之哲學思想，再及其教育思想、政治思想。

## 1. 宇宙論

（1）宇宙之本體

先生之學，注重實行有用，必以事物爲歸，其於宇宙本原，蓋持理氣一元論，心物一元論。此種傾向，蓋自明代中葉以後，學者間多有之。先生之"辯性善理氣一致，宋儒之論不及孟子"，蓋已及見於此。先生《存性編》卷二有《妄見圖》七（參看《著述考》），以申明孟子之意，其總圖與論天道理氣並有關係，兹録於下：

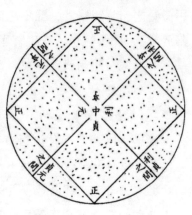

渾天地間二氣四德化生萬物之圖

先生爲之説曰：

> 大圈，天道統體也。上帝主宰其中，不可以圖也。左陽也，右陰也，合之則陰陽無間也。陰陽流行而爲四德，元、亨、利、貞也，（四德，先儒即分春、夏、秋、冬，《論語》所謂"四時行"也）横豎正畫，四德正氣正理之達也，四角斜畫，四德間氣間理之達也。交斜之畫，象交通也；滿面小點，象萬物之化生也。莫不交通，莫不化生也，無非是氣是理也。知理氣融爲一片，則知陰陽二氣，天道之良能也；元、亨、利、貞四德，陰陽二氣之良能也；化生萬物，元、亨、利、貞四德之良能也。知天道之二氣，二氣之四德，四德之生萬物莫非良能，則可以觀此圖矣。萬物之性，此理之賦也；萬物之氣質，此氣之凝也。……至於人，則尤爲萬物之粹，所謂"得天地之中以生"者也。二氣四德者，未凝結之人也；人者，已凝結之二氣四德也。（卷二）

觀於此説，先生謂"無非是氣是理也，知理氣融爲一片，則知陰陽二氣，天道之良能"。蓋明以理氣爲一元矣。故曰：

> 若謂氣惡，則理亦惡；若謂理善，則氣亦善。蓋氣即理之氣，理即氣之理。（同上，卷一）

"氣即理之氣，理即氣之理"，理氣爲一，理無不善，則氣亦無不善矣。

在《言行録》中亦有論理氣者，曰：

> 天兼理、氣、數，須知我與天地是一個理，是一個氣、數；又要知這理與氣、數是活潑，而呼吸往來、靈應感通者也。若看不到此，則"帝謂文王""乃眷西顧""予懷明德"等皆無着落，皆爲妄誕矣。曰：如何是理、氣、數？曰：爲寒熱風雨，生成萬物者氣也；其往來代謝、流行不已者，數也；而所以然者，理也。

此先生以理氣爲一，所以不賤視乎氣質之性，而云"氣質即二氣四德所結聚者，烏得謂之惡"也（《存性編》卷一）。先生嘗謂：

> 心也，性也，明德也，一也。（《言行録》卷上）

> 周公、孔子當逆知後世離事物以爲道，舍事物以爲學，故德行、藝統名之曰"三物"，明乎藝固事物之功，德行亦在事物上修德制行，懸空當不得他，名目混不得。（同上）

心性明德爲一，而德行亦在事物上，先生之於心物蓋亦主張心物一元論者也。故曰：

> 蓋身也，心也，一也，持也。（《言行録》卷上）

此其所以主張："身心道藝一致加功，……豈得曰'六藝非心性'也"（《存學編》卷一）。心物合一、身心合一，不惟德行當在事物上求之，亦可以見理於事，重實學、實習、實行矣。此《存學編》之理論可於其論宇宙之本體尋其根據也。

（2）天人之關係

先生《存性編·妄見圖·總說》謂："二氣四德者，未凝結之人也；人者，已凝結之二氣四德也。"人爲萬物之粹，所謂得天地之中以生者。先生又曰：

> 天地一我也，我一天地也；萬物一我也，我一萬物也。既分形而爲我，爲天地萬物之靈，則我爲有作用之天地萬物，非是天地萬物外別有一我也。（《言行録》卷下）

又曰：

> 我之本體，原萬物皆備，只因自己失了天理之則，便與父子兄弟皆植藩籬，況天下乎！今能一日復了天理之正，則己仍是萬物皆備本體，民皆吾胞，物皆吾與，普天之下，皆入吾愷惻涵育之中，那有一物不歸吾仁中者？（同上，卷下）

天地一我，我一天地；民皆吾胞，物皆吾與，人爲有作用之天地萬物，則人當求所以盡人道矣。故《存人編》有言：

> 蓋人之與天地並大者，盡人道也。盡人道者，方且參天地，贊化育，盡幽明上下而自我治之。（卷二）

而所謂道者，亦不可以遠人也。《存性篇》謂：

> "率性之謂道"也；故曰"道不遠人"也。……是"戕賊人以爲仁義"，"遠人以爲道者"矣。（卷二）

《四書正誤》謂：

> 禮樂制度謂之道矣。（卷三）

其論理曰：

> 理者，木中紋理也。其中原有條理，故諺云順條順理。（同上，卷六）

> ……前聖鮮有說理者，孟子忽發出，宋人遂一切廢棄而倡爲"明"理之學。不知孟子之所謂"理義悅心"有自己注脚，曰仁義忠信，樂善不倦。仁義又有許多注脚：未有仁遺親、義後君……今一切抹殺，而心頭玩弄，曰"孔、顏樂處"，曰"義理悅心"，使前後賢豪皆籠蓋於釋氏極樂世界中，不幾舍人而理會土乎哉？（同上，卷六）

先生之釋道釋理，就禮樂制度、文理條理、仁義忠信言之，亦以爲道不遠人也。此所以謂：

> 天之生人，有一身之人，有十人之人，有百人之人，有千人萬人之人；人之治事，有一世之事，有數世之事，有百世千古之事。以一身爲事者，命之曰匹夫。上此則十人、百人爲其事，以至於以天下、千古爲其事者，不畢其事不安也。故曰宇宙內事，皆吾分內事。（《言行錄》卷上）

宇宙內事，皆吾分內事，則人之關係於天道極大，所謂道者，必寄之人乃行，此所以先生必注重於治道，而以爲學、教、治當一致也。

(3) 體用與動靜

先生之論體用，頗有體用一致之意。在《存學編》卷二曰：

> 朱子云："程子死後，其高弟皆流於禪，"豈知程子在時已如此乎！蓋儒與禪異者，正在徹始徹終，體用一致。故童子即令學樂舞勺。夫勺之義大矣，豈童子所宜歌！聖人若曰，自灑掃應對以至參贊化育，固無高奇理，亦無卑瑣事。故上智如子貢，自幼爲之，不厭其淺；而聞道粗疏如陳亢，終身習之，亦不至畏難而廢學。

"固無高奇理，亦無卑瑣事"，由用可以見體，體用可以合一，此説之淺者也。《存人編》則謂：

> 堯、舜之精一執中，三事六府之體也，三事六府，精一執中之用也；周、孔之一以貫之，三物四教之體也，三物四教，一貫之用也；如樹之根本枝幹，通爲一體，未可以精粗分也。（卷二）

是則體用雖有可分，而如樹之根本枝幹，通爲一體，而未可以精粗分矣。體用合一，意至顯明。惟由體以見用，則不如由用以見體。故曰：

> 蓋無用之體，不惟無眞用，並非眞體也。（《存學編》卷二）

體必有用，無眞用者，必非眞體，然則徒有其體，而無眞用，亦不足貴矣。先生反對靜坐，提倡習動；亦以爲養身養心，皆非動不爲功，明理治事，皆由習行而得，由用可以見體。故先生更因之以主張實學、實教、實習、實行、實體、實用，非惟矯學術空疏之弊，當趨於實；即以體用而論，亦當重習行，重實用也。

## 2. 心性論

### (1) 性善之理論

先生之宇宙論，主張理氣一元論，理純一善，則氣質亦不得有惡，人性爲二氣四德所凝聚，由理氣言之，由天道言之，實無不善也。其《妄見圖·總圖説》曰：

> 萬物之性，此理之賦也；萬物之氣質，此氣之凝也；正者此理此氣也，間者亦此理此氣也，交雜者莫非此理此氣也，高明者此理此氣也，卑暗者亦此理此氣也，清厚者此理此氣也，濁薄者亦此理此氣也，長短、偏全、通塞莫非此理此氣也。至於人，則尤爲萬物之粹，所謂"得天地之中以生"者也。二氣四德者，未凝結之人也；人者，已凝結之二氣四德也。存之爲仁、義、禮、智，謂之性者，以在內之元、亨、利、貞名之也，發之爲惻隱、羞惡、辭讓、是非，謂之情者，以及物之元、亨、利、貞言之也；才者，性之爲情者也，是元、亨、利、貞之力也。謂情有惡，是謂已發之元、亨、利、貞，非未發之元、亨、利、貞；謂才有惡，是謂蓄者元、亨、利、貞，能作者非元、亨、利、貞也；謂氣質有惡，是元、亨、利、貞之理謂之天道，元、亨、利、貞之氣不謂之天道也。噫！天下有無理之氣乎？有無氣之理乎？有二氣四德外之理氣乎？惡其發者，是即惡其存之漸也；惡其力者，是即惡其本之漸也；惡其氣者，是即惡其理之漸也。何也？人之性，即天之道也。以性爲有惡，則必以天道爲有惡矣；以

情爲有惡，則必以元、亨、利、貞爲有惡矣；以才爲有惡，則必以天道流行乾乾不息者亦有惡矣；其勢不盡取三才而毀滅之不已也。（《存性編》卷二）

凡物之性，皆理之所賦予；凡物之氣，即氣之所凝聚，人爲萬物之粹，得天地之中，人之性即天之道，由理氣由天道以言之，人之性固無不善也。先生乃本此意以駁氣質性惡之說曰：

> 程子云："論性論氣，二之則不是。"又曰："有自幼而善，有自幼而惡，是氣稟有然也。"朱子曰："才有天命，便有氣質，不能相離。"而又曰："既是此理，如何惡？所謂惡者，氣也。"可惜二先生之高明，隱爲佛氏六賊之說浸亂，一口兩舌而不自覺！若謂氣惡，則理亦惡，若謂理善，則氣亦善。蓋氣即理之氣，理即氣之理，烏得謂理純一善而氣質偏有惡哉！（《存性編》卷一）

理氣之說，在朱子本已有"理又非別爲有物，即存乎是氣之中"，與其所謂"理與氣決是二物"之說自相矛盾；今既謂天命與氣質不相離，又以"所謂惡者，氣也"，真"一口兩舌而不自覺"，不知理即純善，則氣質不得有惡。則由理氣以言，可決知人性之善也。由形色以言之，亦足見其然。先生曰：

> 孟子一生苦心，見人即言性善，言性善必取才情故跡一一指示，而直指曰："形色，天性也，惟聖人然後可以踐形。"明乎人不能作聖，皆負此形也，人至聖人乃充滿此形也；此形非他，氣質之謂也。以作聖之具而謂其有惡，人必將賤惡吾氣質，程、朱敬身之訓，又誰肯信而行之乎？（同上）

形色即氣質之性，孟子之言性善，正由才情故跡與形色天性言之，則不可以氣質之性爲有惡矣。更由人爲萬物之靈言之，人性亦可決知其善也。先生曰：

> 明言氣質濁惡，污吾性，壞吾性。不知耳目、口鼻、手足、五臟、六腑、筋骨、血肉、毛髮俱秀且備者，人之質也，雖蠢，猶異於物也；呼吸充周榮潤，運用乎五官百骸粹且靈者，人之氣也，雖蠢，猶異於物也；呼吸充周榮潤，運用乎五官百骸粹且靈者，人之氣也，雖蠢，猶異於物也；故曰"人爲萬物之靈"，故曰"人皆可以爲堯、舜"。其靈而能爲者，即氣質也。非氣質無以爲性，非氣質無以見性也。今乃以本來之氣質而惡之，其勢不並本來之性而惡之不已也。以作聖之氣質而視爲污性、壞性、害性之物，明是禪家六賊之說，其勢不混儒、釋而一之不已也。（同上）

由人爲萬物之靈以言人性之善，此論之極明白易知者也。先生此說，雖如後來戴震《孟子字義疏證》之論性，其所舉證，實亦不過如此。戴氏云："性者，分於陰陽五行以爲血氣心知。"猶先生所謂人性爲二氣四德所結聚者也。戴氏謂："人之才質得於天，若是其全也。……惟據才質爲言，始確然可以斷人之性善。"猶先生之據《孟子》形色天性以言氣質之性爲善也。戴氏謂："孟子言'人無有不善'，以人之心知異於禽獸，能不惑乎所行之爲善"。猶先生之據人爲萬物之靈以言人性之善。先生此論，亦可謂卓越矣。先生於是借目以喻性，曰：

> 譬之目矣：眶、皰、睛，氣質也；其中光明能見物者，性也。將謂光明之理專視正色，眶、皰、睛乃視邪色乎？余謂光明之理固是天命，眶、皰、睛皆是天命，更不必分何者是天命之性；何者是氣質之性；只宜言天命人以目之性，光明能視即目之性善，其視之也；則情之善，其視之詳略遠近則才之強弱，皆不可以惡言。蓋詳且遠者固善，即略且近；亦第善不精耳，惡於何加！惟因有邪色引動，障蔽其明，然後有淫視而惡始名焉。然其爲之引動者，性之咎乎，氣質之咎乎？若歸咎於氣質，是必無此目而後可全目之性矣，非釋氏六賊之說而何！孔、孟性旨湮沒至此，是以妄爲七圖以明之。非好辯也，不得已也。（《存性編》卷一）

更借水以喻性曰：

> 程、朱因孟子嘗借水喻性，故亦借水喻者甚多；但主意不同，所以將孟子語皆費牽合來就己說。今即就水明之，則有目者可共見，有心者可共解矣。程子云："清濁雖不同，然不可以濁者不爲水。"此非正以善惡雖不同，然不可以惡者不爲性乎？非正以惡爲氣質之性乎？請問，濁是水之氣質否？吾恐澄澈淵湛者，水之氣質，其濁之者，乃雜入水性本無之土，正猶吾言性之有引蔽習染也。其濁之有遠近多少，正猶引蔽習染之有輕重淺深也。若謂濁是水之氣質，則濁水有氣質，清水無氣質矣，如之何其可也？（同上）

目之眶、皰、睛固爲氣質，然不可以其爲氣質而謂之有惡也。水之清濁其氣質正同，不可以濁水之雜有土者而謂之濁乃其本質也。其喻意皆極明白易知。先生乃更進一步主張：雖氣質之偏雜，亦不可以謂之惡，但在學以勝其氣、復其性，其持論尤足以動人。《存性論》卷一曰：

> 楚越椒始生而知其必滅若敖，晉揚食我始生而知其必滅羊舌，是後世言性惡者以爲明證者也，亦言氣質之惡者以爲定案者也。試問二

子方生，其心欲弒父與君乎？欲亂倫敗類乎？吾知其不然也。子文、向母不過察聲容之不平而知其氣稟之甚偏，他日易於爲惡耳。今即氣稟偏而即命之曰"惡"，是指刀而坐以殺人也，庸知刀之能利用殺賊乎！程子云："使其能學以勝其氣，復其性，可無此患。"可爲善論，而惜乎不知氣無惡也！（同上）

又曰：

蓋周子之言善惡，或亦如言偏全耳。然偏不可謂爲惡也；偏亦命於天者也，雜亦命於天者也，惡乃成於習耳。如官然：正印固君命也，副貳獨非君命乎？惟山寨僭僞非君命耳。如生物之本色然：五色兼全，且均匀而有條理者，固本色也；獨黃獨白非本色乎？即色有錯雜獨非本色乎？惟灰塵污泥薰漬點染非本色耳。今乃舉副貳雜職與僭僞同誅，以偏色錯彩與污染並厭，是惟正印爲君命，純美爲本色，惟堯、舜、孔、孟爲性善也，烏乎可？（同上）

氣稟偏雜，猶不可以謂之惡，直將氣質性惡之說，搗擊之使無立足餘地，而人性誠無不善，人皆可以爲堯、舜，人皆有作聖之具，亦昭然若揭矣。明末東林學派諸儒，頗有矯程、張氣質之性之說者，如錢啓新謂："但知生之謂性，而不知成之爲性，即同人道於犬牛……宋儒小異，或遂認才稟於氣，又另認有一個氣質之性，安知不驥必爲堯、舜之志。"孫淇澳謂："所謂氣質之性，不過就形生後說……今不知其爲習，強繫之性，又不敢明說性，而特創氣質之性之說，此吾所不知也。"其說皆不及先生，孫氏謂氣質之性爲習尤不合。即後來戴東原之論性，亦無以氣質之偏雜不可謂爲惡說，先生此論，尤爲卓絕也。

（2）情才之善惡

惡之由成，有歸咎於情才者，先生則據孟子性情才皆善以爲說。先生《妄見七圖》第一圖說曰："謂情有惡，是謂已發之元、亨、利、貞，非未發之元、亨、利、貞也。謂才有惡，是謂蓄者元、亨、利、貞，能作者非元、亨、利、貞也。"就情才之本原言之，情才固無所謂惡也。第一圖"以下三圖，即就總圖摘出論之"；第五圖爲《孟子性情才皆善之圖》；第六圖爲《孟子性情才皆善》《爲不善非才之罪圖》，則專論情才之善也。第六圖比較複雜，實足以包舉第五圖，茲迻錄於下，並附以說：

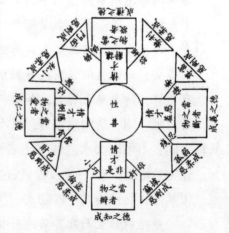

孟子性情才皆善爲不善非才之罪圖

其說曰：

> 中渾然一性善也。見當愛之物而情之惻隱能直及之，是性之仁；其能惻隱以及物者，才也。見當斷之物而羞惡能直及之，是性之義；其能羞惡以及物者，才也。見當敬之物而辭讓能直及之，是性之禮；其能辭讓以及物者，才也。見當辨之物而是非能直及之，是性之智；其能是非以及物者，才也。不惟聖賢與道爲一，雖常人率性，亦皆如此，更無惡之可言，故《孟子》曰"性善""乃若其情，可以爲善""若爲不善，非才之罪也"。及世味紛乘，貞邪不一，惟聖人稟有全德，大中至正，順應而不失其則。下此者，財色誘於外，引而之左，則蔽其當愛而不見，愛其所不當愛，而貪營之剛惡出焉；私小據於己，引而之右，則蔽其當愛而不見，愛其所不當愛，而鄙吝之柔惡出焉；以至羞惡被引而爲侮奪、殘忍，辭讓被引而爲僞飾、諂媚，是非被引而爲奸雄、小巧，種種之惡所從來也。然種種之惡，非其不學之能、不慮之知，必且進退齟齬，本體時見，不純爲貪營、鄙吝諸惡也，猶未與財色等相習而染也。……引愈頻而蔽愈遠，習漸久而染漸深……嗚呼！禍始引蔽，成於習染，……而豈其材之本然哉！（《存性編》卷二）

情者，惻隱、羞惡、辭讓、是非，不可以謂之惡；才者，惻隱、羞惡、辭讓、是非之及物者，亦不可以謂惡；種種之惡，非不慮而知，不學而能，尤不可謂情才之本有惡也。故曰：

> 仁、義、禮、智，性也；……以發之者知之也，則惻隱、羞惡、辭讓、是非也。發者，情也，能發而見於事者才也；則非情、才無以見性，非氣質無所爲情、才，即無所爲性。是情非他，即性之見也；才非他，即性之能也；氣質非他，即性、情、才、之氣質也；一理而異其名也。（同上）

情才與性，不過一理而異其名，性善故情才亦必善，後儒之以情才爲惡之所由來，蓋亦不免於誤矣。故先生則曰：種種之惡，禍始引蔽，成於習染，而非其材之本然。明於此，則可以知惡之由來在引蔽習染矣。

（3）論引蔽習染

先生論性，謂氣質之性爲善，"雜亦命於天者也，惡乃成於習耳"。其論情才，更以種種之惡，"禍始引蔽，成於習染"，故《存性編》於駁氣質性惡之後即曰：

> 朱子原亦識性，但爲佛氏所染，爲世人惡習所混。若無程、張氣質之論，當必求"性、情、才"及"引蔽習雜"七字之分界，而性情才之皆善，與後日惡之所從來判然矣。惟先儒既開此論，遂以惡歸

之氣質而求變化之，豈不思氣質即二氣四德所結聚者，烏得謂之惡！其惡者，引蔽習染也。(《存性編》卷一)

引蔽習染，爲後日惡之所從來，正如水之濁者，乃雜入水性所本無之土，不得謂性所本有也。則欲爲善去惡，但須杜絕引蔽，嚴防習染，不必責之性矣。故先生曰：

> 愚謂識得孔、孟言性原不異，方可與言性。……孔子曰："性相近也，習相遠也。"……將世人引蔽習染、好色好貨以至弑君弑父無窮之罪惡，皆於"習相遠"一句定案，故曰"非才之罪也""非天之降才爾殊也"，孔、孟之旨一也。昔太甲顛覆典刑，如程、朱作阿衡，必將曰"此氣質之惡"。而伊尹則曰"兹乃不義，習與性成"。大約孔、孟而前，責之習，使人去其所本無，程、朱以後，責之氣，使人憎其所本有，是以人多以氣質自諉，竟有"山河易改，本性難移"之諺矣，其誤世豈淺哉！(同上)

責之氣則人憎其本有，而無作聖之志；責之習則人以爲去其所本無，則雖愚必明，雖弱必强，而可以孳孳爲善矣。如程、朱之以爲：

> 惡既從氣稟來，則指漁色者氣稟之性也，黷貨者氣稟之性也，弑父弑君者氣稟之性也，將所謂引蔽、習染，反置之不問。是不但縱賊殺良，幾於釋盜寇而囚吾兄弟子姪矣，異哉！(同上)

其視先生之歸咎於引蔽習染，本末輕重，亦可不言而喻矣。先生於《存性編》更暢論之曰：

> 吾之論引蔽習染也，姑以仁之一端觀之，性之未發則仁，既發則惻隱順其自然而出。父母則愛之，次有兄弟，又次有夫妻、子孫則愛之，又次有宗族、戚黨、鄉里、朋友則愛之。其愛兄弟、夫妻、子孫，視父母有別矣，愛宗族、戚黨、鄉里，視兄弟、夫妻、子孫又有別矣，至於愛百姓又別，愛鳥獸、草木又別矣。此乃天地間自然有此倫類，自然有此仁，自然有此差等，不由人造作，不由人意見。推之義、禮、智，無不皆然。故曰"渾天地間一性善也"，故曰"無性外之物也"。但氣質偏駁者易流，見妻子可愛，反以愛父母者愛之，父母反不愛焉；見鳥獸、草木可愛，反以愛人者愛之，人反不愛焉；是謂貪營、鄙吝。以至貪所愛而弑父弑君，吝所愛而殺身喪國，皆非其愛之罪，誤愛之罪也。又不特不仁而已也；至於愛不獲宜而爲不義，愛無節文而爲無禮，愛昏其明而爲不智，皆一誤爲之也，固非仁之罪也，亦豈惻隱之罪戰？使篤愛於父母，則愛妻子非惡也；使篤愛於

人，則愛物非惡也。如火烹炮，水滋潤，刀殺賊，何咎！或火灼人，水溺人，刀殺人，非火、水、刀之罪也；亦非其熱、寒、利之罪也；手持他人物，足行不正塗，非手足之罪也，亦非持行之罪也；耳聽邪聲，目視邪色，非耳目之罪也，亦非視聽之罪也，皆誤也，皆誤用其情也。誤始惡，不誤不惡也；引蔽始誤，不引蔽不誤也；習染始終誤，不習染不終誤也。去其引蔽習染者，則猶是愛之情也，猶是愛之才也，猶是用愛之人之氣質也；而惻其所當惻，隱其所當隱，仁之性復矣。義、禮、智猶是也。故曰"率性之謂道"也；故曰"道不遠人"也。（同上）

由先生之說觀之，則人之性、情、才，本自然無不善，其所以成爲不仁、不義、不禮、不智者，皆一誤爲之耳。正如水火，不善用之則適以害人，然而水火本無罪也。人之爲不善，引蔽始誤，習染始誤，去其引蔽習染，則自能爲善矣。此所以"孔、孟而前責之習，使人去其所本無"，則自足以爲善；而"程、朱以後責之氣，使人憎其所本有"，實戕賊人以爲仁義，遠人以爲道也。

### 3. 修養論

(1) 論存養省察

先生之心性論，以氣質即二氣四德所結聚者，不得謂之惡，且形色天性也，舍氣質亦無以言性，才情亦皆善，其惡者乃引蔽習染耳。則修養之方法，不在責之氣，而在責之習，去其引蔽習染，自不至於爲惡矣。顧如何而去其引染，乃可以底於善乎？先生之意，則以爲當明明德，而明明德者，又貴乎存養省察。《存性編》曰：

惟如孔門求仁，孟子存心養性，則明吾性之善，而耳目口鼻皆奉令而盡職。故《大學》之道曰"明明德"，《尚書》贊堯，首曰"欽明"，舜曰"睿哲"，文曰"克明"，《中庸》曰"尊德性"，既尊且明，則無所不照。譬之居高肆望，指揮大衆，當惻隱者即惻隱，當羞惡者即羞惡，仁不足以恃者即以義濟之，義不足以恃者即以仁濟之。或用三德並濟一德，或行一德兼成四德，當視即視，當聽即聽，不當則否。使氣質皆如其天則之正，一切邪色淫聲自不得引蔽，又何習於惡、染於惡之足患乎！是吾性以尊明而得其中正也。（卷一）

此"明明德"之說也。"明明德"譬如居高肆望，指揮大衆，則自不得引蔽，又何習染之足患？"明明德"在乎存養省察，而存養省察之法則在於磨勵乎《詩》《書》之中，涵濡乎禮樂之場，先生曰：

然則氣質偏駁者，欲使私欲不能引染，如之何？惟在明明德而已。存養省察，磨勵乎《詩》《書》之中，涵濡乎禮樂之場，周、孔教人之成法固在也。自治以此，治人即以此。使天下相習於善，而預遠其引蔽習染，所謂"以人治人"也。若靜坐閉眼，但可供精神短淺者一時之葆攝；訓詁著述，亦止許承接秦火者一時之補苴。如謂此爲主敬，此爲致知，此爲有功民物，僕則不敢爲諸先正黨也。（《存性編》卷二）

磨勵《詩》《書》之中，涵濡禮樂之場，使天下相習爲善，而預遠其引蔽習染，即此可爲省察存養，即此可爲明明德，故即周孔之成法以教人，即愈於宋儒之讀書靜坐，主敬致知也。先生曰：

古者學從六藝入，其中涵濡性情，歷練經濟，不得躐等，力之所至，見斯至焉。故聰明如端木子，猶以孔子爲多學而識，直待垂老學深，方得聞性道，一聞夫子以顏子比之，爽然自失，蓋因此學好大鶩荒不得也。後世誦讀、訓詁、主靜、致良知之學，極易於身在家庭，目遍天下，想像之久，以虛爲實，遂侈然成一家言而不知其誤也。（同上，卷一）

"力之所至，見斯至焉"，則《詩》《書》、六藝之學，自足以言存養省察矣，自足以去其引蔽習染矣。比之讀書靜坐，主敬致知，且有虛實之不同也。故先生之言心性，既不取程、朱責之氣之說，而於修養方法，亦不似宋明諸儒"高談性命""舍古人六府六藝之學""欺人且以自欺""空談易於藏丑"（同上），此先生主張即以六府六藝之學，存養心性，非徒爲好古也，其實則當務於實也。故先生於《存性編》終論之曰：

人則明德明而引蔽自不乘，故曰："先立乎其大者，則其小者不能奪也。"……熟閱《孟子》而盡其意，細觀赤子而得其情，則孔、孟之性旨明，而心性非精，氣質非粗；不惟氣質非吾性之累害，而且舍氣質無以存養心性，則吾所謂三事、六府、六德、六行、六藝之學是也。是明明德之學也。……有志者倘實以是爲學爲教，斯孔門之博文約禮，孟子之存心養性，乃再見於今日，而吾儒有學術，天下有治平，異端淨掃，復睹三代乾坤矣！（卷二）

明明德爲先立乎其大，明明德之學即爲三事、六府、六德、六行、六藝之學，而即爲孔門之博文約禮，孟子之存心養性，先生之所以示人爲學爲教者，亦即所以存養省察，使天下相習於善，而遠於引蔽習染，誠所謂易簡而有功矣。由明末以迄戴東原諸儒之論性，駁氣質性惡者甚多，責之引蔽習染者亦有人，然皆不知即以三事、六府、六德、六行、六藝之學存養心性，則皆游思高遠，而不及先生之務於實也。先生於《存學編》諸書，更主張以三事、六府、六德、六行、六藝之學爲實學，而身實習之，身實行之。實習實行三事、六府、六德、六行、六藝之學，即可變化習染，修養身心，實修養之要義，顧先生於《存性編》未之詳言，《存學編》諸書始暢論之，今亦於述先生教育思想時再詳及之。

(2) 論遷善改過

先生之心性論，以惡之由來，在於引蔽習染，故以爲學之要，在於變化習染，時習力行三事六府六德六行六藝之學，則可常習於善，而不至習於惡。然人非聖人，不能無過，故遷善改過，亦修養之要義也。先生於發明周、孔正學之後，所記日記存理去欲，以黑白多少定欺慊分數，此即日謀所以遷善改過也。《年譜》：

> 内子言隱過不可記，先生曰："惡！是僞也。何如不爲記！且卿欲諱吾過，不如輔吾無過。夫凡過皆記，雖盈冊無妨，終有改日也；若不錄，即百過盡銷，更愧，以終無改機也。"（辛亥三十七歲）

先生友朋之中，有規先生之過者，先生無不拜納。門弟子之中，有規先生之過者，先生亦樂聽從，且命弟子彭好古五日投"規過錄"一紙（《言行錄》卷上），足見於變化習染，又極重改過遷善。故曰：

> 吾人遷善改過，無論大小，皆須以全副力量赴之，方是"主忠信、徙義"之學。（《言行錄》卷上）

> "改過遷善"，吾儒作聖賢第一義也；"規過勸善"，吾儒交朋友第一義也；"納諫從人"，吾儒做經濟第一義也，否則人役耳。烏能居成吾德，出交天下士乎！（同上，卷下）

> 吾學無他，只"遷善、改過"四字。日日改遷，便是工夫；終身改遷，便是效驗。（同上）

> "改過遷善"，吾人實地工夫也，誠逐日有過可改，有善可遷，即"日新"之學矣。（同上）

先生之時，李二曲爲學，正以"悔過自新"爲宗。先生於四十四歲會李天生於清苑論學，當得聞二曲之學；其寄關中李復元處士書，亦稱道二曲之爲人。先生與二曲所倡雖有若相同，然而先生重於習行，二曲則不出紙墨見解也。先生亦嘗言自新，《言行錄》卷下載先生釋"日新"之義曰：

> 《盤銘》云，"苟日新"，振起自滌矣；日豈一日乎？而

> 復云"日日新"。蓋"日新"雖上智不能保無間斷也。日日已無歇工矣，何必云"又日"？蓋功雖有常，不能保久而不因循惰怠也。其必學曾子之"日省"，可乎！（卷下）

此先生所以重日省之功也。先生更曰：

> 湯，聖人也，用日新功。吾輩常人，當時新，時時新，又時新。（同上）

欲振起自滌而不因循怠惰，固當時時以自新為念也。先生嘗謂"學者但不見今日有過可改，有善可遷，便是昏惰一日。"（《年譜》乙亥六十一歲）遷善改過，固必當言自新也。

(3) 論正心修身

先生以為學之要，在於變化習染，習行三事、六府、六德、六行、六藝之學，即可以習善而免於為惡，先生蓋以正心修身之功，不得離事物也。先生曰：

> "正心"不是懸空說正，須嘗使心安頓在仁、義、禮、智上，不使引蔽偏向財色、私欲上去，方是；"修身"不是懸空說修，須如夫子"齋明盛服，非禮不動"，方是。（《言行錄》卷上）

此言正心修身，皆不得懸空而離事物也。故曰：

> 古人正心、修身、齊家，專在治情上用工夫，治情又專在平好惡上用工夫，平好惡又專在待人接物上用工夫。故引莫知、莫知苗之諺，作榜樣與人看。吾輩可以知所用力矣。（《四書正誤》卷一）

正心修身，在待人處物上用功夫，此所以不能離三事六府之學，而別言存養心性也。《存學編》卷一：

> 王子曰："藝學到精熟後，自見上面。幼學豈能有所見？"余曰："幼學但使習之耳。必欲渠見，何為哉？"王子曰："不見上面，何與心性？"余曰："不然。即如夫子使闕黨童子將命，使之觀賓主接見之禮。有下於夫子客至，則見客求教尊長悚敬氣象；有班於夫子或尊於夫子客至，則見夫子溫、良、恭、儉、讓，侃侃、闇闇氣象。此是治童子耳目乎，治童子心性乎？故六藝之學，不待後日融會一片，乃自童齓即身心、道藝一致加功也。……豈得曰'六藝非心性'也？"

"身心、道藝一致加功"，此所以謂："德行亦在事物上修德制行，懸空當不得他，名目混不得"也。（詳上）此所以謂：

> 心也、身也，一也。汝欲孝斯孝至矣，汝欲弟斯弟至矣，是心乎，身乎？（《四書正誤》卷三）

身心、道藝一致加功，莫重於禮。故先生謂：

> 《大學》明德之道，無時不可學，無日不可時習。如時時敬其心，即孔子所謂"齊"，習禮於心也；時時提撕警覺，莫令昏蔽，即孔子所謂"明"，亦習禮於心也。每日正其衣冠，潔淨整齊，非法服不服，即孔子所謂"盛服"，習禮於身也；至"目容端"，習禮於視也；"口容止""聲容靜"，習禮於言也；至於"手容恭""立容德"，習禮於持行也。凡"九容""曲禮"，無非習禮於身也。禮真斯須不可去者！（《言行錄》卷下）

"提撕警覺，莫令昏蔽""齊明盛服，非禮不動"，正是正心修身之法，此禮之於正心修身，於六藝之中，尤爲切要也。先生論學，謂當依孔門博文約禮成法（詳下），禮於修養中亦不可斯須去者，所以謂道莫重於禮也。

（4）論習恭持敬

"提撕警覺，莫令昏蔽"，所以正心；"齊明盛服，非禮不動"，所以修身；故先生又主張習恭與持敬。"四月習恭。日日習之，即《論語》'居處恭'也"。（《年譜》辛亥三十七歲）此先生所發明以易宋儒之靜坐者也。《言行錄》有一段論習恭與靜坐之別曰：

> 杜益齋問："習恭即靜坐乎？"曰："非也。靜坐是身心俱不動之謂，空之別名也。習恭是吾儒整修九容工夫，愧不能如堯之允，舜之温，孔之安，故習之。習恭與靜坐，天淵之分也。"（卷下）

據《年譜》言，先生"行必習恭，步步規矩，如神臨之"（辛酉四十七歲），"時時習恭，心神清坦，四體精健"（辛未五十七歲）。又："主一請先生習恭，觀之，因並坐習恭。先生曰：'吾儒無一處不與異端反，即如我二人並坐習恭，儼然兩儒；倘並靜空，則儼然兩禪和子矣！'"（同上）"衰病不能理他功，惟常習恭；覺萎怠，習恭莊；覺放肆，習恭謹；覺暴戾，習恭温；覺矜張，習恭謙；覺多言，習恭默；覺矯揉，習恭安。"（己卯六十五歲）"一日習恭，忽閉目，自警曰：'此昏惰之乘也，不恭孰甚？'"（庚辰六十六歲）"坐場中，覺脊骨俯屈，振起習恭。"（甲申七十歲）習恭是"整修九容功夫"，行坐並可習恭，可使四體精健，自與閉目靜坐，有星淵之別也。《言行錄》更有一段關於習恭之記載曰：

> 凡冠不正、衣不舒、室不潔、物器不精肅，皆不恭也。有一於此，不得言習恭。由此推之，杏壇之上，劍、佩、琴、書，一物狼藉，孔子不得謂之恭矣。此吾儒之篤恭，所以異於釋氏之寂靜，而靜坐之學，所以入於禪而不自覺也。（卷上）

由此所述觀之，則習恭實爲練習一種整潔嚴肅之生活，正其衣冠，端其儀容，振作其精神，澄清其思慮，時時習之，自可使生活不至於萎頓。此雖在今日，猶可斟酌以行之。其與靜坐不同，甚顯然易見也。述先生之學者，或以習恭爲詬病，不知其實與靜坐不同也。

習恭爲居處恭、篤恭，"居處不恭即居處不仁"（《言行録》卷上）。此先生所以注重習恭也。恭敬一也，故又極注重持敬。先生曰：

> 孔門之敬，合內外打成一片，即整飭九容是也。故曰："修己以敬。"百事無不精詳，即堯、舜和三事，修六府，周、孔之六行、六藝是也。故《堯典》諸事皆"欽"，孔門曰"敬事"，曰"執事敬"。（同上，卷下）

敬爲合內外打成一片之功，修己以敬，執事敬，敬兼修己執事，則尤爲切要矣。先生嘗謂：

> 須以清心寡欲爲本。（同上，卷上）

> 寡欲以清心，寡染以清身，寡言以清口。（同上）

> 治病在清心，清心在知命。（同上）

> 制欲爲吾儒第一功夫。（同上）

清心寡欲，其功夫即在了持敬。故曰：

> 思人欲，污心之塵垢也；天理，洗心之清涼也；而持敬，則净拭之潤巾也。（同上，卷下）

持敬所以洗心也。《言行録》又有言曰：

> 古人靜中工夫，如"洗心退藏於密""夙夜基命宥密"，明見於經。吾人宜洗去習染之污穢，退藏精深，而不粗疏表暴，夙夜勤惕，立定天之予我，常令寬廣，莫令窄狹；常令精密，莫令粗疏，此明德第一層誠、正工夫。（卷下）

《年譜》亦載其説曰：

> 思古人靜中之功，如"洗心退藏於密"，乃洗去心之污染，退然自藏，極其嚴密，一無粗疏，即"不動而敬也"。

此所謂靜中之功，此所謂不動而敬，與宋人借禪宗空靜，而文人以"主一"，又贅之以"無適"者，不同也。此李恕谷自浙歸來，"以無念有念，無事有事，總持一敬之功質"，先生乃書"小心翼翼，昭事上帝"於日記首，日服膺之也。先生曰：

> "小心翼翼"，翼翼者，如翼之飛，進進不已也。

又：

习恭，见壁上书"小心翼翼，昭事上帝"。思"小心"难矣，"翼翼"更难；"事上帝"难矣，"昭事"则更难。盖"小心"祗事敬畏焉耳，"翼翼"则终日乾乾，同乎天矣。"事帝"明旦若临，仍一敬畏焉耳，"昭事"则为人君臣父子，一有不止乎仁、敬、孝、慈者，非上帝命我意矣；视鳏、寡、孤、独，一不得所，一或欺残，非上帝降鉴意矣。

"小心翼翼，昭事上帝"，则尤不止敬畏，必仁敬孝慈，皆有其德；鳏寡孤独，各得其所。此与宋儒所谓之居敬主静，诚不可同日而语矣。此与习恭皆先生修养论中之要义，不可以其似宋儒静坐居敬，而等量齐观也。先生尝谓：

内笃敬而外肃容，人之本体也，静时践其形也；六艺习而百事当，性之良能也，动时践其形也。

笃敬肃容，所谓静时践其形，不可动有事而静无事，身有事而心无事，此所以必笃恭笃敬也。《言行录》又载：

刚主问操存，先生曰："予未审孔、孟之操存，第予所得力处，只'悚提身心'四字。"问："静中工夫如何着力？"曰："'戒慎乎其所不睹，恐惧乎其所不闻'，正是着力处。"（卷上）

思仰不愧，俯不怍，此气真觉浩然。……其直养之要有二：一在平日兢兢慎独，一在临时猛醒决断。（卷下）

果斋问："静存动察，如何下手？"先生曰："静之存也，提醒操持；动之察也，明辨刚断。二者之得力，又有三字，曰'不自恕'。"（《颜元集·颜习斋先生言行录卷下·鼓琴第十一》）

先生之于修养，盖身心一齐提起，内外兼功并进，非动有事而静无事，身有事而心无事也。恕谷游浙，毛奇龄谓之曰："习斋好言经济，恐于存养有缺，存心养性之功不可废也。"恕谷曰："颜先生省心之功甚密。每日习恭数次，所谓'居处恭'也。置日记以省心，时下一圈，心慊则圈白，否则黑。与王法乾十日一会，规过责善甚严。塨亦与其末焉。但其存养欲内外并进，非惺惺恁地之说耳。"（《李塨年谱》）先生于修养之法，用功甚密。近述先生之学者，徒知先生掊击宋儒读书静坐之烈，不知先生固亦有其习恭持敬之法，此所以不得不略为阐述也。

### 4. 知识论

(1) 论知与习行

先生之宇宙论，主张"气即理之气，理即气之理"，持理气一元论之说，而實偏重於氣："氣質即二氣四德之所結聚者，烏得謂之惡！"故其心性論則主張"舍氣質無以存養心性"，亦偏重於氣質。先生之知識論，在《存性編》已言："力之所至，見斯至焉"，對於知識之來源，已主張知行合一，而偏重於行。《存性編》云：

> 予與友人法乾、王子，初爲程、朱之學，談性天似無齟齬。一旦從事於歸除法，已多艱誤，况禮樂之精繁乎！昔人云："畫鬼容易畫馬難。"正可喻此。（卷一）

此已謂不由經驗，不能有真知也。《存學編》云：

> 吾嘗談天道、性命，若無甚捍格，一着手算九九數輒差。王子講《冠禮》若甚易，一習初祝便差。以此知心中醒，口中説，紙上作，不從身上習過，皆無用也。（卷二）

不由行以求知，則似是而非，且不能實用。故知必以行，行而後能知。此先生對於知、行，由於經驗而言，必當知行合一，且當重行於知也。故曰：

> 朱子知、行竟判爲兩塗，知似過，行似不及，其實行不及，知亦不及。（卷三）

知、行不可判爲兩塗，"其實行不及，知亦不及"，先生對於知行合一，重行於知之意見極顯明。王陽明高唱知行合一，而曰"知之真切篤處即是行，行之明覺精察處即是知""知是行的主意，行是知的功夫；知是行之始，行是知之成"。以先生之説視之，陽明猶有主知之意，猶有知行判爲兩塗之意，先生謂"其實行不及，知亦不及"，則完全以知行合一，而偏重於行矣（此參用梁任公先生説）。先生曰：

> 凡理必求精熟之至，是謂'窮理'。（《存學編》卷二）

"凡理必求精熟之至，是謂窮理"，則所行者，又非習一次、行一次即可抵於精熟，又必時習力行，乃於理更明，而知亦真。故曰：

> 雖周公、孔子，亦只能使人行，不能使人有所見；功候未到，即使强有所見，亦無用也。（同上，卷二）

"功候未到，即使强有所見，亦無用也。"則可見窮理之在時習力行，此亦與陽明之僅言"知是行之始，行是知之成"，亦更進步也。《存學編》又曰：

> 見理已明而不能處事者多矣，有宋諸先生便謂還是見理不明，只教人明理。孔子則只教人習事，迨見理於事，則已徹上徹下矣。（卷二）

見理於事，猶爲知行合一之説，教人習事，則更當重於功候矣。此先生之言學教，極注重於實習力行，時習力行，則真能見理於事也。

(2) 論格物致知

知行合一，而行重於知，所謂格物致知者，當重新予以訓釋矣。朱子訓爲"窮至事物之理"，則明是致知在致知；陽明訓爲"正"，而曰"爲善去惡是格物"，亦於格字之訓不似。先生則曰：

> 按"格物"之"格"，王門訓"正"，朱門訓"至"，漢儒訓"來"，似皆未穩。竊聞未窺聖人之行者，宜證之聖人之言；未解聖人之言者，宜證諸聖人之行。但觀聖門如何用功，便定格物之訓矣。元謂當如史書"手格猛獸"之"格""手格殺之"之"格"，乃犯手捶打搓弄之義，即孔門六藝之教，是也。如欲知禮，憑人懸空思悟，口讀耳聽，不如跪拜起居，周旋進退，捧玉帛、陳籩豆，所謂致知乎禮者，斯確在乎是矣；如欲知樂，憑人懸空思悟，口讀耳聽，不如手舞足蹈，搏拊考擊，把吹竹，口歌詩，所謂致知乎樂者，斯確在乎是矣。推之萬理皆然，似稽文義、質聖學爲不謬。而漢儒、朱、陸三家失孔子學宗者，亦從可知矣。(《習齋記餘》卷六)

此先生之"格物"解，異於朱、王者也。《四書正誤》卷一又有言云：

> 李植秀問"格物致知"。予曰："'知'無體，以物爲體，猶之目無體，以形色爲體也。故人目雖明，非視黑視白，明無由用也。人心雖靈，非玩東玩西，靈無由施也。今之言'致知'者，不過讀書、講問、思辨已耳，不知致吾知者，皆不在此也。辟如欲知禮，任讀幾百遍禮書，講問幾十次，思辨幾十層，總不算知。直須跪拜周旋，捧玉爵，執幣帛，親下手一番，方知禮是如此，知禮者斯至矣。辟如欲知樂，任讀樂譜幾百遍，講問、思辨幾十層，總不能知。直須搏拊擊吹，口歌身舞，親下手一番，方知樂是如此，知樂者斯至矣。是謂'物格而後知至'。故吾斷以爲'物'即三物之物，'格'即手格猛獸之格、手格殺之之格。此二'格'字見古史及《漢書》。"秀問："不先明理，如何行？"予曰："試觀孔子，何不先教學文，而先孝弟、謹信、汎愛乎？又何不先教性、道、一貫而先三物乎？且如此冠，雖三代聖人，不知何朝之制也。雖從聞見知爲肅慎之冠，亦不知皮之如何煖也。必手取而加諸首，乃知是如此取煖。如此蔬蔌，雖上智、老圃，不知爲可食之物也。雖從形色料爲可食之物，亦不知味之如何辛也，必箸取而納之口，乃知如此味辛。故曰：'手格其物，而後知至。'"(卷一)

必親下手一番，方知其是如此，則行爲知之始，與陽明知爲行之始，其差別甚顯然。此先生之學，必以實習、實行乃能有實體、實用也。"物"即三物之"物"，與先生所倡周、孔正學恰合，李恕谷《大學辨業》亦正主張斯説也。

### （四）教育思想

先生之學術思想，由其時代背景言之，一爲謀民族之復興，故頗注重於經世致用；一爲反宋明學術之空疏，故注重實學、實行。由其哲學思想言之，則其宇宙論頗近於唯物論，以爲心物合一，體用合一；其心性論以爲舍氣質無以言性，而謂惡由於習染；其修養論則注重於變化其習染，不懸空以正心修身；其知識論則以知行合一，而行重於知。先生之教育思想，自與其時代背景及其哲學思想皆有極密切之關係。先生主張學、教、治當一致，注重於經世致用，反對宋明讀書窮理、居敬主靜之學，而提倡實學、實教、實習、實行、實體、實用。以今觀之，猶不失爲有價值之論，可以斟酌以行之。兹以其説之見《存學編》諸書者，分述於次：

### Ⅰ．教育之目的

（1）論學在明德

教育之目的，依先生之意見觀之，約可分爲二種：一曰道德的，一曰政治的。此其意先生於早年所著之《存治編》已約略言之，其説曰：

且學所以明倫耳。故古之小學教以灑掃應對進退之節，大學教以格致誠正之功，修齊治平之務，民舍是無以爲學，師舍是無以教，君相舍是無以治也。

學所以明倫，而其目的在謀天下之治平，此亦教育之目的，當注重於道德上政治上之效率也。先生嘗有言曰：

學者，學爲聖人也。（《言行錄》卷下）

又曰：

父母生成我此身，原與聖人之體同；天地賦與我此心，原與聖人之性同；若以小人自甘，便辜負天地之心，父母之心矣。（同上）

"人須知聖人是我做得。不能作聖、不敢作聖，皆無志也。"（同上）學者學爲聖人，則尤當注重於明明德矣。故《存學編》云：

《大學》首四句，吾奉爲古聖真傳。所學無二理，亦無二事，只此仁、義、禮、智之德，子、臣、弟、友之行，詩、書、禮、樂之文，以之修身，則爲明德；以之齊治，則爲親民。明矣而未親，親矣

而未止至善，吾不敢謂之道也。（卷一）

此謂大學之道，在於明親一理，必明明德而後言親民也。親而未明，明而未止於至善，皆非通也。故曰：

> 讀經、觀史，非學，惟治心乃是學。置田房，積金粟，非治家，惟教子乃是治家。（《言行錄》卷上）

惟治心乃是學，此亦以學教之目的實在於道德也。此其一。

(2) 論學在"親民"

雖然，學非止於獨善其身，聖人亦非只重於道德，而不謀兼善天下也。則學當注重政治上之效率甚明。先生曰：

> 蓋學術者，人才之本也；人才者，政事之本也；政事者，民命之本也。無學術則無人才，無人才則無政事，無政事則無治平，無民命。（《習齋記餘》卷一）

學術關係於人才、政事、治平、民命，則學教當以政治上之作用爲其目的矣。《存學編》開宗明義則謂：

> 聖人學、教、治，皆一致也。"民可使由之，不可使知之"，是孔子明言千聖百王持世成法，守之則易簡而有功，失之徒繁難而寡效。故罕言命，自處也；性道不可得聞，教人也；立法魯民歌怨，爲治也。他如《予欲無言》《無行不與》《莫我知》諸章，何莫非此意哉！當時及門皆望孔子以言，孔子惟率之以下學而上達，非吝也，學、教之成法固如是也。

> 道不可以言傳也，言傳者有先於言者也。……至宋而程、朱出，乃動談性命，……但見支離分裂，參雜於釋、老，徒令異端輕視吾道耳。若是者何也？以程、朱失堯、舜以來學、教之成法也。何不觀精一之旨，惟堯、禹得聞，天下所可見者，命九官、十二牧所爲而已。陰陽秘旨，文、周寄之於《易》；天下所可見者，王政、制禮、作樂而已。一貫之道，惟曾、賜得聞；及門與天下所可見者，《詩》《書》六藝而已，烏得以天道性命常舉諸口而人人語之哉！（卷一）

此謂學、教、治之一致，乃堯、舜以來之成法，固不當專重於學、教，而忽略其在政治上社會上之效率也。先生更有言曰：

> 孔子"祖述堯、舜"，孟子"言必稱堯、舜"，正見明、新兼至之學，原是學作君相。後世單宗孔子，不祖堯、舜，雖亦或言孔子即堯、舜，其實是明體不達用之隱病所伏也。所以二千年來，只學孔子講說《詩》《書》，將其新民之學全失，便是做明德處，亦不過假捏

禪法，不惟其成就不堪帝，不堪王，不堪將，不堪相，乃從其立志下功本處，便是於帝王將相之外，世間另做個儒者。噫！豈不可怪也哉。……噫！豈不可哀也哉。（《言行錄》卷下）

學"原是學作君相"，學當"明新兼致"，則其立志下功夫處，便當注重於學教在政治上社會上之效率，此亦極顯明者也。先生曰：

夫凡讀聖人書，便要爲轉世之人，不要爲世轉之人；如齠齡入學受書，即不得隨世浮沉矣。（同上，卷上）

學者讀書立志，便當以轉移世運爲目的也。故曰：

人必能斡旋乾坤，利濟蒼生，方是聖賢；不然，雖矯語性天，真見定靜，終是釋迦、莊周也。（《言行錄》卷下）

天下事皆吾儒分内事；儒者不費力，誰費力乎！試觀吾夫子生知安行之聖……一切涵養心性、經濟生民者，蓋無所不爲也。……故曰"儒者天地之元氣"，以其在上在下，皆能造就人材，以輔世澤民，參贊化育故也。（《存學編》卷二）

先生嘗謂"聖賢者，有作用之氣、數也"（《言行錄》卷上）。又曰："學者勿以轉移之權委之氣數"《李塨年譜》卷一）。故學教之目的，不惟在"明德親民"，且當以轉移世運爲鵠的也。學教之目的既明，則於歷代之學教，可以依此而辨其臧否；於教學之方法，亦可舉此而論其短長，擇其善者，去其不善者，可以知所從違矣。且"明德親民""學、教、治一致"，非可託之空言，而不見之行事，由斯以言，則當注重於實學、實教、實習、實行、實體、實用，由學教之目的，亦可以見其輕重。"學爲明德親民者也"，此語最要，不可或忽者也。

## Ⅱ. 論歷代學教

先生之意，謂聖人學、教、治一致，學爲明德親民者也。秦漢以後，則正失堯、舜、文、周、孔、孟以來學教之成法。《存學編》曰：

吾道有三盛：君臣於堯、舜，父子於文、周，師弟於孔、孟。堯、舜之治，即其學也，教也，其精一執中，一二人秘受而已。百官所奉行，天下所被澤者，如其命九官、十二牧所爲耳。禹之治水，非禹一身盡治天下之水，必天下士長於水學者分治之而禹總其成；伯夷之司禮，非伯夷一身盡治天下之禮，必天下士長於禮學者分司之而伯夷掌其成。推於九官、群牧咸若是，是以能平地成天也。文、周之治，亦即其學也，教也，其陰陽天人之旨，寄之於易而已。百官所奉行，天下所被澤者，如其治岐之政，制禮作樂耳。其進秀民而教之者，六德、六行、六藝，仍本唐、虞敷教典樂之法，未之有改，是以太和宇宙也。孔、孟之學教，即其治也。孔子一貫性道之微，傳之顏、曾、端木而已。作當身之學，與教及門士以待後人私淑者，庸言庸德、兵農禮樂耳，仍本諸唐、虞、成周之法，未之有改。故不惟期月、三年、五年、七年胸藏其具，而且小試於魯，三月大治，暫師於滕，四方歸之，單父、武城亦見分體，是以萬世永遵也。（卷一）

此堯、舜、文、周、孔、孟學、教、治之一致也。又曰：

> 程、朱當遠宗孔子，近師安定，以六德、六行、六藝及兵農、錢穀、水火、工虞之類教其門人，成就數十百通儒。朝廷大政，天下所不能辦，吾門人皆辦之；險重繁難，天下所不敢任，吾門人皆任之，吾道自尊顯，釋、老自消亡矣。（同上）

此謂孔門之學，以六藝爲教，可以辦事任事，有實學，有實用。漢、唐諸儒，傳經講誦；宋之周、程、朱、陸，專以講學爲事；至明而薛、王諸儒因之，皆於世道生民無所補益，且皆與孔孟之學爲不類也。先生於《上徵君孫鐘元先生書》又總括《存性》《存學》之意曰：

> 某靜中猛思，宋儒發明氣質之性，似不及孟子之言性善最真。變化氣質之惡，三代聖人全未道及。將天生一副作聖全體，參雜以習染，謂之有惡，未免不使人去其本無而使人憎其本有，蒙晦先聖盡性之旨而授世間無志人一口柄。又想周公、孔子教人以禮、樂、射、御、書、數，故曰"以三物教萬民而賓興之"；故曰"身通六藝者七十二人"。故性道不可聞，而某長治賦、某長禮樂、某長足民，一如唐、虞之廷某農、某刑、某禮、某樂之舊，未之有爽也。近世言學者，心性之外無餘理，靜敬之外無餘功。細考其氣象，疑與孔門若不相似然。即有談經濟者，亦不過說場話、著種書而已。

> 某不自揣，撰有《存性》《存學》二編，欲得先生一是之，以挽天下之士習而復孔門之舊。以先生之德望卜之，當易如反掌，則孟子不得專美於前矣。論今天下朱、陸兩派互相爭辯，先生高見，平和勸解之不暇，豈可又增一爭端也！但某殊切杞人之憂，以爲雖使朱學勝陸而獨行於天下，或陸學勝朱而獨行於天下，或和解成功，朱、陸合一，同行於天下；則終此乾坤亦只爲當時兩宋之世，終此儒運亦只如說話著書之道學而已，豈不堪爲聖道生民長嘆息乎！粗陳一二，望先生靜眼一辨，及時發明前二千年之故道，以易後二千年之新轍，則斯

道幸甚，斯民幸甚！（同上）

宋儒所倡之學，結果成爲説話著書之道學，"即有談經濟者，亦不過説場話、著種書而已"，則誠不可不發明前二千年之故道，以易後二千年之新轍，力倡"周、孔正學"，以破宋、明之俗學矣。此先生之所以有《存學》之學也。《年譜·戊午四十四歲》：

> 思海剛峰曰："今日之信程、朱，猶戰國之信楊、墨，吾謂楊、墨道行，無君無父；程、朱道行，無臣無子。試觀今日臣子，其有以學術致君父之安，救君父之危者，幾人乎！"

此謂程、朱之學，最無補於世道生民也。其後先生於《寄桐鄉錢生曉城》亦曰：

> 迨於秦火之後，漢儒掇拾遺文，遂誤爲訓詁之學。晉人又諉爲清談，漢、唐又流爲佛、老，至宋人而加甚矣。僕嘗有言，訓詁、清談、禪宗、鄉願，有一皆足以惑世誣民，而宋人兼之，烏得不晦聖道，誤蒼生至此也！（《習齋記餘》卷三）

此謂宋人之學，最爲"晦聖道，誤蒼生"。所謂程、朱之學，實與周、孔之道，相去懸殊。"程、朱之道不息，孔子之道不著"，（《習齋記餘》卷一）不可不力辯也。故：

> 安州陳天錫來問學，謂程、朱與孔、孟，隔世同堂，似不可議。曰："請畫二堂，子觀之：一堂上坐孔子，劍佩、觿、玦、雜玉，革帶、深衣。七十子侍，或習禮，或鼓琴、瑟，或羽籥舞文，干戚舞武；或問仁孝，或商兵、農、政事，服佩皆如之。壁間置弓、矢、鉞、戚、簫、磬、算器、馬策、各禮衣冠之屬。一堂上坐程子，峨冠博服，垂目坐如泥塑，如游、楊、朱、陸者侍，或返觀打坐，或執書吾伊，或對譚静敬，或搦筆著述。壁上置書籍、字卷，翰硯、梨棗。此二堂同否？"天錫默然笑。（《年譜》己未四十五歲）

又有言曰：

> 入其齋而干戚、羽籥在側，弓矢、玦拾在懸，琴瑟、笙磬在御，鼓考習肄，不問而知其孔子之徒也；入其齋而詩書盈几，著、解、講讀盈口，合目静坐者盈座，不問而知其漢、宋、佛、老交雜之學也。（《言行錄》卷上）

就講學之情形而言，程、朱與周、孔相去懸殊也。《年譜》丙子六十二歲曰：

> 程、朱與孔門，體用皆殊。居敬，孔子之禮也；静坐惺惺，程、

朱之禮也。兵、農、禮、樂爲東周，孔子之用也；經筵進講"正心、誠意"，程、朱之用也。

就其講學之體用而言，程、朱與周、孔亦相去懸殊也。程、朱之道，與孔、孟大異趣，此所以先生謂"必破一分程、朱，始入一分孔、孟"。雖然，静坐讀書，"此一失，程、朱、陸、王兩派所同也"。（《習齋記餘》卷六《論開書院講學》）非專惡於程、朱，而稍宥於陸、王。故先生於所爲《大學辨業·序》曰：

> 昔者孔子殁而諸予分傳，楊、墨、莊、列乘間而起，鼓其詖説；祖龍遂毁井田、封建，焚書坑儒，使吾儒經世之法，大學之制，淪胥以亡。兩漢起而治尚雜霸，儒者徒拾遺經爲訓傳，而聖學之體用殘缺莫振。浸淫於魏、晉、隋、唐，訓詁日繁，佛、老互扇，清談、詞章，譁然四起。禍積而至五季，百氏學術一歸兵燹，堯、舜、周、孔之道，更孰從而問之乎！
>
> 宋代當舉世憒憒，罔所適向之時，而周子突出，以其傳於禪僧壽涯、道士陳摶者雜入儒道，繪圖著書，創開一宗。程、朱、陸、王皆奉之。相率静坐頓悟，"驗喜、怒、哀、樂未發時氣象"，曰"以不觀觀之"，暗中二氏之姦詭，而"明明德"之實功涸矣；相率讀講注釋，合清談、訓詁爲一堂，而習行禮、樂、兵、農之功廢，所謂"親民"者無其具矣，又何"止至善"可言乎！以故於堯、舜"三事"之"事"，周、孔"三物"之"物"，偭矩而趨；而古大學教人之法，秦人强使之亡而不能盡者，潛姦暗易，而消亡遂不知所底矣。生民之禍，倍甚晉、唐。（《習齋記餘》卷一）

此所云於學、教之目的當注重於明德、親民，魏晉、隋、唐清談詞章之弊，程、朱、陸、王静坐讀書之害，堯、舜、周、孔三事、三物之教，於歷代學教之利病，並詳哉其言之，而以程、朱、陸、王並舉，謂其禍倍甚於晉、唐。學、教之方法當剔去静坐讀書之弊，提倡三事、六府、三物、六德、六行、六藝之學，亦可以明矣。

### Ⅲ. 學教之方法

先生論歷代之學教，謂孔門之學，以六藝爲教，可以使人辦事任事，有實學，有實用。宋明諸儒，講讀著述，静敬空談，則於世道生民，並無補益，且與周、孔之教不類。故先生於《存學編》諸書極言講讀、著述、静坐、居敬之非，而力倡實學、實教、實習、實行、實體、實用。南游中州以後，更以爲

"必破一分程、朱，始入一分孔、孟"，持説尤爲斬截。蓋不極言講讀著述之非，静坐居敬之害，無以使人更獲見實學、實教、實習、實行、實體、實用之益也。兹於先生論學教之方法，再析爲（1）論講讀著述之非；（2）論静坐居敬之非，以見先生於"破"一方面所持之理由；（3）論實學與實教；（4）論實習與實行；（5）論實體與實用，以見先生於"立"一方面所持之理由。

（1）論講讀著述之非

先生之知識論，以爲"力之所至，見斯至焉""行不及，知亦不及"；講讀著述，雖多亦不能明理也。《存學編·總論諸儒講學》曰：

> 僕妄謂性命之理不可講也。雖講，人亦不能聽也；雖聽，人亦不能醒也；雖醒，人亦不能行也。所可得而共講之，共醒之，共行之者，性命之作用，如《詩》《書》、六藝而已。即《詩》《書》、六藝，亦非徒列坐講聽，要惟一講即教習，習至難處來問，方再與講。講之功有限，習之功無已。孔子惟與其弟子今日習禮，明日習射。間有可與言性命者，亦因其自悟已深，方與言。蓋性命，非可言傳也。不特不講而已也。（卷一）

性命之理，非可言傳，"能理會者，渠自理會，不能者雖講亦無益"，故講論實不足以明理也。又曰：

> 近世聖道之亡，多因心内惺覺，口中講説，紙上議論，三者之間見道，而身世乃不見道。學堂輒稱"書院"，或曰"講堂"，皆倚（《論語》）"學之不講"一句，爲遂非之柄，殊不思置"學之"二字於何地。孔門是爲學而講，後人便以講爲學，千里矣！（《年譜》辛未五十七歲）

"心内惺覺，口中講説，紙上議論"，即足以見道，而身世不見道，亦非明德親民之學，不足以致用也。不惟不足以致用，而且有害於國家，試觀：

> 至宋而程、朱出，乃動談性命，相推發先儒所未發。以僕觀之……談天論性，聰明者如打諢猜拳，愚濁者如捉風聽夢……當日一出，徒以口舌致黨禍；流而後世，全以章句誤乾坤。……浮言之禍，甚於焚坑。（《存學編》卷一）

講論空談，其結果至於禍比焚坑，則不惟害於國家，且轉足以害道矣。讀書亦然，不足以明理，不足以致用。《存學編》云：

> 然但以讀經史、訂群書，爲窮理處事以求道之功，則相隔千里；以讀經史、訂群書，爲即窮理處事，曰道在是焉，則相隔萬里矣。……譬之學琴然：《詩》《書》猶琴譜也。爛熟琴譜，講解分明，可

謂學琴乎？故曰以講讀爲求道之功，相隔千里也。更有一妄人指琴譜曰，是即琴也，辨音律，協聲韵，理性情，通神明，此物此事也。譜果琴乎？故曰以書爲道，相隔萬里也。千里萬里，何言之遠也！亦譬之學琴然：歌得其調，撫嫻其指，弦求中音，徽求中節，聲求協律，是謂之學琴矣，未爲習琴也。手隨心，音隨手，清濁、疾徐有常規，鼓有常功，奏有常樂，是之謂習琴矣，未能琴也。弦器可手制也，音律可耳審也，詩歌惟其所欲也，心與手忘，手與弦忘，……於是乎命之曰能琴。今手不彈，心不會，但以講讀琴譜爲學琴，是渡河而望江也，故曰千里也。今日不睹，耳不聞，但以譜爲琴，是指薊北而談雲南也，故曰萬里也。（卷三）

此讀書不足以言窮理明道也。又曰：

譬之於醫，《黃帝素問》《金匱》《玉函》，所以明醫理也，而療疾救世，則必診脉、制藥、針灸、摩砭爲之力也。今有妄人者，止務覽醫書千百卷，熟讀詳說，以爲予國手矣，視診脉、制藥、針灸、摩砭以爲術家之粗，不足學也。書日博，識日精，一人倡之，舉世效之，岐、黃盈天下，而天下之人病相枕、死相接也，可謂明醫乎？愚以爲從事方脉、藥餌、針灸、摩砭，療疾救世者，所以爲醫也，讀書取以明此也。若讀盡醫書而鄙視方脉、藥餌、針灸、摩砭，妄人也，不惟非岐、黃，並非醫也，尚不如習一科、驗一方者之爲醫也。讀盡天下書而不習行六府、六藝，文人也，非儒也，尚不如行一節、精一藝者之爲儒也。（同上，卷一）

此言讀書並不足以致用也。《存學編》又云：

謝良佐記問甚博，明道謂之曰："賢却記得許多，可謂玩物喪志。"良佐身汗面赤。明道曰："此便是惻隱之心。"可見大程學教猶不靠定書本。僕掀閱至此，悚然起敬，以爲此正明道優於伊川、紫陽處，又未嘗不愛謝公之有志也。使朱子讀此亦爲之汗身赤面則善矣；乃曲爲之說，謂渠是誇多鬭靡，不是理會道理，又引程子看史事證之，總是不欲說壞記誦一道，恐於己讀盡天下書之志有妨也。不知道理不專在書本上理會；貪記許多以求理會道理，便會喪志，不得以程子看史一字不差相混也。（卷二）

"有聖賢之言，可以引路"，今乃不走路，只效聖賢言便當走路。每代引路之言增而愈多，卒之蕩蕩周道上鮮見其人也。（卷三）

《言行錄》亦載：

王法乾曰："古者卿相百官，儒之出者也；儒者，卿相百官之處者也；今乃是一種讀詩書、說道理、袖手無用之人，謂之儒，可嘆矣！"先生曰："然。此所以與釋、老伍，而稱三教也。"（卷上）

彭永年曰："人之認讀書爲學者，固非孔子之學；以讀書之學解書，並非孔子之書。"先生曰："確論。"（卷下）

《年譜·戊寅六十四歲》亦載先生之說曰：

思宋儒如得一路程本，觀一處又觀一處，自喜爲通天下路程人，人亦以曉路稱之；其實一步未行，一處未到，周行榛蕪矣。（《顏習齋先生年譜》）

此皆謂讀書之不足以明理致用，讀盡天下書，其實"尚不如行一節、精一藝者之爲儒"，不至於"袖手無用"也。著述之道，亦正如講讀之無用。《存學編》云：

孔子是學成內聖外王之德，教成一班治世之材，魯人不能用，……乃出而周游，周游是學教後不得已處；及將老而道不行，乃歸魯刪述以傳世，刪述又周游後不得已處。……宋儒又置學教及行道當時，而自幼壯即學刪述，教弟子亦不過是，……此書之所以益盛而道之所以益衰也。（卷三）

著述之事，本孔子道不行不得已而爲之，後世之著述，則誤認孔子意也。故曰：

漢、宋之儒，……但見孔子叙《書》、傳《禮》、刪《詩》、正《樂》、繫《易》、作《春秋》，不知是裁成習行經濟譜，望後人照樣去做，却誤認纂修文字是聖人，則我傳述批注是賢人，讀之熟、講之明而會作書文者，皆聖人之徒矣，遂合二千年成一虛花無用之局。（《四書正誤》卷三）

傳述注解，徒成爲無用之局也。故先生序恕谷所爲《未墜集》曰：

諸儒之論，在其身乎，在世乎，徒紙筆耳。則言悖於堯、舜、周、孔者，墜也，言之不悖於堯、舜、周、孔者，亦墜也。（《習齋記餘》卷一）

先生亦嘗自謂"元之著《存學》也，病後儒之著書也，尤而效之乎！且紙墨功多，恐習行之精力少也"（《年譜》辛未五十七歲）。而教李恕谷曰：

今即著述盡是，不過宋儒爲誤解之書生，我爲不誤解之書生耳，何與於儒者本業哉？（《年譜》辛巳六十七歲）

蓋先生以爲道之亡，即亡在講說著述與誤認文字，故天下群趨於講讀著述也。故曰：

> 吾謂道之亂，道之亡，病根全在一"說"字。……堯、舜、周、孔豈啞人哉，全不事乎說。至漢人以書說，晉人以口說，聖人之道，亂而亡矣。宋人書、口兼說，開壇虎座，動建書院，曰大明道法也；抑知實晦之盡乎？（《朱子語類評》）

> 儒道之亡，亡在誤認"文"字。試觀帝堯"煥乎文章"，固非大家帖括，仰豈《四子》《五經》乎！文王"經天、緯地"，周公"監二代"所制之"郁郁"，孔子所謂"在兹"，顏子所謂"博我"者，是何物事？後世全誤。（《言行錄》卷下）

故曰：

> 後世詩、文、字、畫，乾坤四蠹也！（《年譜》庚午五十六歲）

> 古人"以文會友"，後世以友會話：譚論聲話也，紙筆畫話也，敬静之空想，無聲未畫之話也。（《年譜》辛亥三十七歲）

凡講讀、著述、敬静，無不可以謂"話"。宋人則以書口兼說，尤足以晦聖道，"詩、文、字、畫"，並爲"乾坤四蠹"，非止於讀書著書，特讀書著書，其爲害尤甚耳。先生於《存學編》更呕言之，云：

> 吾友張石卿，博極群書，自謂秦、漢以降二千年書史，殆無遺覽。爲諸少年發書義，至力竭偃息床上，喘息久之，復起講，力竭復偃息，可謂勞之甚矣。不惟有傷於己，卒未見成起一才。比其時欲學六藝，何以堪也！祁陽刁蒙吉，致力於静坐讀書之學，晝誦夜思，著書百卷，遺精痰嗽無虛日，將卒之三月前，已出言無聲。元氏一士子，勤讀喪明。吾與法乾年二三十，又無諸公之博洽，亦病無虛日。……況今天下兀坐書齋人，無一不脆弱，爲武士、農夫所笑者，此豈男子態乎！（卷三）

此讀書、著書足以病人也。又曰：

> 子試觀今天下秀才曉事否？讀書人便愚，多讀更愚，但書生必自智，其愚却益深。（《四書正誤》卷二）

> 吾嘗謂"讀書欲辦天下事，如緣木求魚也"；聖人復起，不易吾言矣。（《朱子語類評》）

> 率古今之文字，食天下之神智，掃天下之人才，亂古聖之本學，愚哉妄哉！（《四書正誤》卷四）

此謂讀書、著書足以惑人、愚人也。故先生於《朱子語類評》又曰：

> 千餘年來，率天下入故紙堆中，耗盡身心氣力，作弱人、病人、

無用人者，皆晦庵爲之。

更比之於砒霜鴆羽，曰：

> 先生誤看讀書、著書爲五穀乎？元以爲不啻砒霜、鴆羽也，豈若稊稗尚了人饑哉？（同上）

先生於讀、著之害，誠不啻泣涕以道之也。故曰：

> 僕亦吞砒人也！耗竭心思氣力，深受其害，以致六十餘歲終不能入堯、舜、周、孔之道。但於塗次聞鄉塾群讀書聲，便嘆曰"可惜許多氣力"；但見人把筆作文字，便嘆曰"可惜許多心思"；但見場屋出入群人，便欷曰"可惜許多人才"。故二十年前但見聰明有志人，便勸之多讀；近年來但見才器，便戒勿多讀書。……噫！試觀千聖、百王，是讀書人否？雖三代後整頓乾坤者，是讀書人否？吾人急醒！（同上）

讀書著書，使人耗盡心力，使人弱，使人愚，先生身受其害，又證之於古，凡能辨天下事者，非必讀書之人，則又焉用講讀著述爲哉？故曰：

> 古今旋乾轉坤，開務成物，由皇帝王霸以至秦、漢、唐、宋、明，皆非書生也。讀書著書，能損人神智氣力，不能益人才德。其間或有一二書生濟時救難者，是其天資高，若不讀書，其事功亦偉，然爲書損耗，非受益也。（《言行錄》卷下《教及門第十四》）

又曰：

> 書之病天下久矣，使生民被讀書者之禍，讀書者自受其禍。而世之名爲大儒者，方且要"讀盡天下書"，方且要"每篇讀三萬遍，以爲天下倡"，歷代君相方且以爵禄誘天下於章句浮文之中，此局非得大聖賢、大豪傑，不能破矣。（《言行錄》卷上，《禁令第十》）

讀書、著書損人神智氣力，不能益人才德，此所以惡夫讀著也。雖然，書亦非可廢也。"學之字句皆益人，讀著萬卷倍爲累""千年大患，只爲忘了孔門'學而時習之'一句"耳。（《言行錄》卷下，《教及門第十四》）。先生之意，故以爲：

> 人之歲月精神有限，誦說中度一日，便習行中錯一日；紙墨上多一分，便身世上少一分。（《存學編》卷一《總論諸儒講學》）

蓋欲"使爲學爲教，用力於講讀者一二，加功於習行者八九"（同上），此所以亟言講讀著述之非也。

(2) 論靜坐主敬之弊

先生謂講讀著述，不足以明理致用，使人愚，使人弱，欲使人"用力於講讀者一二，加功於習行者八九"。靜坐主敬，亦不足以明理致用，使人愚、使人弱。欲使人加功於習行，亦非亟言靜坐主敬之弊，不足以發人猛省也。《言行錄》卷下曰：

  法乾曰："靜中養得明，自會臨事順應。"先生曰："書房習數，入市便差。則學而必習，習又必行，固也。今乃謂全不學習經世之事，但明得吾體，自然會經世，是人人皆'不勉而中'矣。且雖不勉之聖人，亦未有不學禮、樂而能之者。今試予生知聖人一管，斷不能吹。況我輩爲學術所誤，寫字、習數已不勝昏疲，何與於禮、樂乎？"（《世情第十七》）

靜中雖養得明，臨事則不足恃，猶之"書房習數，入市便差"，行不及則知亦不及也。故曰：

  思釋氏、宋儒，靜中之明，不足恃也，動則不明矣。（《年譜》庚辰六十六歲）

此謂主靜實不足以明理也。靜中之明，實不過如鏡花水月，非所謂真明，故宋儒、釋氏靜坐之學，實不足恃。先生在《存學編》曾論之曰：

  靜極生覺，是釋氏所謂至精至妙者，而其實洞照萬象處皆是鏡花水月，只可虛中玩弄光景，若以之照臨折戴則不得也。吾聞一管姓者，與吾友汪魁楚之伯同學仙於泰山中，止語三年。汪之離家十七年，其子往覓之，管能預知，以手畫字曰："汪師今日有子來。"既而果然。未幾，其兄呼還，則與鄉人同也。吾游北京，遇一僧敬軒，不識字，坐禪數月，能作詩，既而出關，則仍一無知人也。蓋鏡中花，水中月，去鏡水則花月無有也。即使其靜功緜延一生不息，其光景愈妙，虛幻愈深，正如人終日不離鏡水，玩弄其花月一生，徒自欺一生而已，何與於吾性廣大高明之體哉！（卷二）

《存人編》亦謂：

  洞照萬象，昔人形容其妙曰"鏡花水月"，宋、明儒者所謂悟道，亦大率類此。吾非謂佛學中無此意也，亦非謂學佛者不能致此也，正謂其洞照者無用之水鏡，其萬象皆無用之花月也。……今使竦起靜坐，不擾以事爲，不雜以旁念，敏者數十日，鈍者三五年，皆能洞照萬象，如鏡花水月。做此功至此，快然自喜，以爲得之矣……予戊申前，亦嘗從宋儒用靜坐功，頗嘗此味，故身歷而知其爲妄，不足據也。天地間豈有不流動之水，天地間豈有不着地、不見沙泥、不見風石之水！一動一着，仍是一物不照矣。……今玩鏡里花，水裏月，信足以娱人心目，若去镜水，则花月无有矣。即对镜水一生，徒自欺一生而已矣。若指水月以照临，取镜花以折佩，此必不可得之数也。故空静之理，愈谈愈惑；空静之功，愈妙愈妄。（卷一《第二唤》）

"空静之理，愈谈愈惑；空静之功，愈妙愈妄。"先生由其身历之境而知其不足恃也。故曰：

但凡从静坐读书中讨来识见议论，便如望梅画饼，靠之饥食渴饮不得。（《存学编》卷二）

危坐终日以验未发气象为求中之功，尤孔子以前千圣百王所未闻也。今宋家诸先生，讲读之余，继以静坐，更无别功，遂知天下之大本真在乎是。噫！果天下之大本耶，果天下之理无不自是出耶？何孔门师弟之多事耶！（同上）

静坐读书中讨来识见议论，但如望梅画饼，不足以知天下之大本，明天下之至理，则静坐实不足以明理致用也。故又曰：

为爱静空谈之学，久必至厌事，厌事必至废事，遇事即茫然，贤豪不免，况常人乎？予尝言误人才、败天下事者，宋人之学，不其信夫！（《年谱》甲戌六十岁）

爱静空谈，必至厌事废事，遇事即觉茫然，则静坐不啻使人愚矣。《年谱》庚辰六十六岁载：

许恭玉忧学人弱如妇人女子。先生曰："非去帖括制艺与读、著、主静之道，祸终此乾坤矣！

《朱子语类评》亦有言曰：

耗气劳心书房中，萎惰人精神，使筋骨皆疲软，天下无不弱之书生，无不病之书生，……千古儒道之祸，生民之祸，未有甚于此者也。

又曰：

但说静息将养，便日就惰弱。（《言行录》卷上《学人第五》）

静坐亦未有不使人弱者也。静坐读书之弊如此，故先生谓：

朱子"半日静坐"，是半日达摩也；"半日读书"，是半日汉儒也。试问十二个时辰，那一刻是尧、舜、周、孔乎？宗朱者可以思矣。（《朱子语类评》）

此先生所以亟欲昌明周、孔之正学也。宋儒主敬之弊，亦与孔子"居处恭，执事敬"不同，而与宋儒之主静则相若，故先生亦极言其不类。《存学编》云：

"窮理居敬"四字,以文觀之甚美,以實考之,則以讀書爲窮理功力,以恍惚道體爲窮理精妙,以講解著述爲窮理事業,儼然靜坐爲居敬容貌,主一無適爲居敬工夫,舒徐安重爲居敬作用。觀世人之醉生夢死,奔忙放蕩者,誠可謂大儒氣象矣;但觀之孔門,則以讀書爲致知中之一事,且書亦非徒占畢讀之也,曰"爲《周南》《召南》",曰"學《詩》""學《禮》",曰"學《易》""執禮",是讀之而即行之也。曰"博學於文",蓋《詩》《書》、六藝以及兵農、水火在天地間燦著者,皆文也,皆所當學之也。曰"約之以禮",蓋冠婚、喪祭、宗廟、會同以及升降周旋,衣服飲食,莫不有禮也,莫非約我者也。凡理必求精熟之至,是謂"窮理";凡事必求謹慎之周,是謂"居敬"。上蔡雖賢,恐其未得此綱領也。不然,豈有"居敬窮理"之人而流入於禪者哉!(卷二)

又曰:

敬字字面好看,却是隱壞於禪學處。古人教灑掃即灑掃主敬,教應對進退即應對進退主敬;教禮、樂、射、御、書、數即度數、音律、審固、磬控、點畫、乘除莫不主敬。故曰"執事敬",故曰"敬其事",故曰"行篤敬",皆身心一致加功,無往非敬也。若將古人成法皆舍置,專向靜坐、收攝、徐行、緩語處言主敬,乃是以吾儒虛字面做釋氏實功夫,去道遠矣。(同上,卷四)

宋儒之居敬,專向靜坐收攝徐行緩語處言主敬,以儼然靜坐爲居靜功夫,則與靜坐之不足以明理致用,使人愚,使人弱,相去無幾何矣。故宋儒之"居敬",實是"以吾儒虛字面做釋氏實功夫"也。故朱子謂"吾儒萬理皆實,釋氏萬理皆空",先生評之曰:

先生正少個"實"。"半日靜坐"之半日固空矣,"半日讀書"之半日亦空,也是空了歲月;"虛靈不昧",是空了此心;"主一無適",亦空了此心也。(《朱子語類評》)

又有言曰:

吾嘗言"宋儒'主敬'而廢'六藝',是假儒門,虛字面,做釋氏實功夫";不知釋氏亦講"敬以直內"也。觀此,及秦檜一生受用在"敬以直內",則"敬"之一字爲自欺欺世之把鼻,吾非厚誣〔誣〕宋人矣。(同上)

所謂"主一無適"之敬,不過自欺欺人之把鼻,此與孔子之"居處恭、執事敬"大異其趣,此先生所以盡力抨擊之也。

先生主張"見理於事",以爲"性命之理不可講也,雖講,人亦不能聽也",宋儒則以"讀書爲窮理功力,以恍惚道體爲窮理精妙,以講解著述爲窮理事業",故於宋儒之窮理亦一並抨擊之。朱子"言學者工夫,不是'主靜',便是'窮理'"。先生評之曰:

> "主靜""窮理",先生云"只有此二者",却不思二者全與吾道無干。(《朱子語類評》)

於朱子言"窮理,事事物物皆有個道理",評云:

> 嗟乎!吾頭又痛矣。若得孔門舊道法、舊程頭,此等俱屬打諢。

(同上)

空言窮理,實無異於打諢。此先生之所以力詆宋儒之非,以見爲學爲教,當加功於習行,乃能有實得也。

(3) 論實學與實教

講讀、著述、主靜、居敬之非,既已辨明,則更可以知實學之爲貴矣。先生所著《存治編》論學校與教民已舉:"《周禮·大司徒》:'以鄉三物教萬民而賓興之:一曰六德,知、仁、聖、義、忠、和。二曰六行,孝、友、睦、婣、任、恤。三曰六藝,禮、樂、射、御、書、數。'"其後著《存性編》更謂古人三事、六府、六德、六行、六藝之學爲明明德之學。六府三事者,《左傳》文公七年引《夏書》曰:"水、火、金、木、土、穀,謂之六府;正德、利用、厚生,謂之三事。"亦見《僞古文尚書·大禹謨》,爲"舜、禹交相儆戒之詞"。此先生所謂:"堯、舜三事六府,周公、孔子六德、六行、六藝之學,所以實位天地,實有萬物。"(《存學編》卷一)之實學也。三事六府,可以簡稱之曰三事。《駁朱子分年試經史子集議》曰:

> 昔唐、虞之治天下也,三事、六府而已,君臣朝野之修、齊、治、平,和三事,修六府而已。六府亦三事之目,其實三事而已。修身者,正身之德,利身之用,厚身之生;齊家者,正家之德,利家之用,厚家之生;推而錯之治、平,出其修、齊者,與國、天下共之而已。……曰六德,曰六行,曰六藝。其實六德,即所正之德也,六行即所以厚其生也,六藝即所以利其用也。周公之修其身,齊其家者,不外乎此,治其國,平其天下,至於化行俗美,比戶可封,泰和宇宙,皆不外乎此也。(《習齋記餘》卷九)

六府亦爲三事之目,其實三事而已。修齊治平,皆不外此三事三物者,此所以爲實學也。三事與三物,亦非有二致。先生之所謂學,專以三物言,或以三事言,亦無不可也。先生《寄桐鄉錢生曉城》云:

唐、虞之儒，和三事、修六府而已，成周之儒，以三物教萬民，實興之而已；六德即堯、舜所爲正德也，六行即堯、舜所爲厚生也，六藝即堯、舜所爲利用也。孔門之儒，以四教教三千而已；文即六藝，行即六行，忠、信二者即記者隱括其六德也。（同上，卷三）

則孔門之四教，與三事三物，亦同條同貫。所以實教者亦即所謂實學，實一致也。雖然，先生曰：

　　曰"博學於文"，蓋《詩》《書》六藝以及兵農、水火在天地間燦著者，皆文也。（《存學編》卷二）

又曰：

　　大約書是古人爲學爲治譜也。……渠滿眼只看得幾册文字是文，然則虞、夏以前，大聖賢皆鄙陋無學矣。解"博學"用"於文無不考"五字，蔽哉！夫"文"，不獨《詩》《書》、六藝，凡咸儀、辭說、兵、農、水、火、錢、穀、工、虞，可以藻彩吾身、黼黻乾坤者，皆文也。（《四書正誤》卷三）

則所謂學者，固不限於三事三物，凡《詩》《書》辭說，兵、農、工、虞，以及三事三物之外，在天地間燦著者，皆可以謂之文，皆可以博學之。先生之所謂學，其範圍固甚廣也。文爲實文，故以宋儒"滿眼只看得幾册文字是文"爲非是，故曰：

　　顏子明言"博我以文，約我以禮"，豈空中玩弄光景者比耶！後儒以文墨爲文，以虛理爲禮，將博學改爲博讀、博講、博著，不又天淵之分耶！（《年譜》辛未五十七歲）

先生所謂博學於文者，乃是經天緯地之實學，則雖曰博學於文，固無異博學於實也。至於實學之要點，依先生之意見，則約有三：

一曰不離事物。先生有言曰：

　　唐、虞之世，學治俱在六府、三事，外六府、三事而別有學術，便是異端。周、孔之時，學治只有個三物，外三物而別有學術，便是外道。（《言行錄》卷下，《世情第十七》）

學即在於事物，則當不離事物矣。故曰：

　　堯、舜之正德、利用、厚生謂之三事；不見之事，非德、非用、非生也。周公之六德、六行、六藝謂之三物；不徵諸物，非德、非行、非藝也。（《年譜》庚辰六十六歲）

此學必不當離事物也。先生《存性編》謂"舍氣質無以存養心性"，則由明德以言之，不可以離事物。《存學編》謂：

> 天下事皆吾儒分內事；儒者不費力，誰費力乎！（卷二，《性理評》）

則由親民以言之，不可以離事物也。且所謂事物者，非僅知之爲貴，尤在行之爲貴。則無論爲學爲治，尤不得離事物矣。故先生總括爲學之要：

> 孟子"必有事焉"句是聖賢宗旨。心有事則心存，身有事則身修，至於家之齊，國之治，天下之平，皆有事也，無事則道統、治統俱壞。（《言行錄》卷上《言卜第四》）

此先生臨終所告門人者也。必有事爲聖學真傳，此實爲學之第一義也。

二曰貴以漸進。《言行錄·杜生篇》載先生之說曰：

> 學聖者如"流水不盈一科不行""不成此章不達"。學兵成了片段方學農，學農成了片段方學禮、學樂。孟子所見極真切，不曾岔了孔子路徑。（《言行錄》卷下，《杜生第十五》）

此先生論爲學之法貴以漸進也。"先生教幼童數也，語之九數不令知有因法，九數熟而後進之因，因法熟方令知有乘，乘法熟方令知有歸除。教禮教樂亦然。"（同上，鍾錂案語）先生教學主以漸進，蓋有經驗之言。故戒李恕谷曰：

> 如方學兵，且勿及農；習冠禮未熟，不可更及昏禮。（《年譜》庚申四十六歲）

又曰：

> 人之不肯爲聖者，只因視禮之精鉅者曰，是聖人事，非我輩常人所敢望；禮之粗小者曰，但能此豈便是聖，聖人不在此；是聖人無從學也！吾願有志者，先其粗，慎其小，學得一端亦可。（《言行錄》卷下《杜生第十五》）

學以漸進，則可不忽於粗跡，而固可得專門也。故曰：

> 學之亡也，亡其粗也，願由粗以會其精。政之亡也，亡其跡也，願崇跡以行其義。（《年譜》甲申七十歲）

此亦先生臨終一年之語，由粗以會其精，由跡以崇其義，此皆貴以漸進之義也。

三曰貴在專精。先生謂"如方學兵，且勿及農；習冠禮未熟，不可更及昏禮"。此即有學在專精之意。又曰：

> 人於六藝，但能究心一二端，深之以討論，重之以體驗，使可見之施行，則如禹終身司空，棄終身教稼，皋終身專刑，契終身專教，而已皆成其聖矣。如仲之專治賦，冉之專足民，公西之專禮樂，而已

各成其賢矣。不必更讀一書，著一說，斯爲儒者之眞，而澤及蒼生矣。(《言行錄》卷下《學須第十三》)

《言行錄》又載：

> 問果齋自度才智何取？對云："欲無不知能。"先生曰："誤矣。孔門諸賢，禮、樂、兵、農各精其一，唐虞五臣，水、火、農、教各司其一；後世菲資，乃思兼長如是，必流於後儒思、著之學矣。蓋書本上見，心頭上思，可無所不及，而最易自欺、欺世。究之莫道一無能，其實一無知也。(卷下，《刁過之第十九》)

學必專精，乃能得其眞實。各精其一，各司其一，則又分工之義，分工而所學所行益得專門，實可並行而不悖也。故先生於《存學編》云：

> 其實上有上，下有下，上下精粗皆盡力求全，是謂聖學之極致矣。不及此者，寧爲一端一節之實，無爲全體大用之虛。如六藝不能兼，終身止精一藝可也；如一藝不能全，數人共學一藝，如習禮者某冠昏，某喪祭，某宗廟，某會同，亦可也。(卷一，《學辨二》)

一藝不能全，數人共學一藝亦可，則專而又專，先生之所謂學，固在謀眞實，此亦所以提倡實學，欲學之實得也。綜此三者，不離事物，貴以漸進，貴在專精，皆非時習力行不爲功，非時習力行亦無由得其實體實用，此習行二者，先生並重視之也。先生嘗謂"大文、地志、律曆、兵機數者，若洞究淵微，皆須日夜講習之力，數年歷驗之功，非比理會文字可坐而獲也"。(《存學編》卷三) 此亦重視習行之原因，茲於下論實習與實行再詳之。

學、教、治一致，學與教之關係最爲密切。學在事物，教亦在事物也。學當以漸進，教亦當以漸進也。學在專精，教亦貴有專精也。此其義先生於論實學亦已言之，如云，"三物四教，一貫之用也""學聖者如'流水不盈一科不行'"；及"棄終身教稼，皋終身專刑，契終身專教"，教與學所注重者實相同也。先生之於教學，更主張示之以正。《言行錄》卷上載：

> 李晦翁先生云：導幼子以正。示之以正，示之以忠，教行誼不教文章，所就自不猶人。(卷上，《吾輩第八》)

示之以正，以身作則，此所以實教也。又主張各因其材。《四書正誤》卷四曰：

> 孔子教人，各因其材，何處不可見？……只教人靜坐、讀書，不惟孔子之教不可見，而天下之材從此皆誤矣。(《論語下》)

又卷六曰：

> 人之質性各異，當就其質性之所近、心志之所願、才力之所能以

爲學，則易成。聖賢而無齟齬扞格終身不就之患。(《孟子下》)

各因其材、各因其性之所近以爲學，亦實教之一端也。

(4) 論實學與實行

實學之法，以習行爲最要。此先生所以謂"思不如學，學必以習"，而以"習"名其齋也。重習之意見，先生於《存性編》已言之（詳上）。《存學編》亦有言：

> 既知少時缺習善之功，長時又習於穢惡，則爲學之要在變化其習染，而乃云"變化氣質"，何也？(卷四，《性理評》)

爲學之要，實莫要於以習善之功，使得免於習於穢惡，積極的可以教人爲善，消極的可以戒人習惡，此法之最善者也。故先生曰：

> 學人不實用養性之功，皆因不理會夫子兩"習"字之義，"學而時習"之習，是教人習善也；"習相遠也"之習，是戒人習惡也。先王知人不習於性所本有之善，必習於性所本無之惡。故因人性之所必至，天道之所必然，而制爲禮、樂、射、御、書、數，使人習其性之所本有；而性之本所無者，不得而引之、蔽之，不引蔽則自不習染，而人得免於惡矣。(《言行錄》卷上《學人第五》)

又曰：

> 志乎正，不正不敢志焉，志之久，則所志無非正矣。習乎善，不善不敢習焉，習之久，則所習無非善矣。(同上，卷下《不爲第十八》)

習之爲道，積極的爲教人習善，消極的爲戒人習惡，實具有二重之意義。惟教人習善，而自含有戒人習惡之意；而常習乎善，則亦自能免於引蔽習染，故但云學不如習已可。然吾人不可只知其一義，而忘其有積極的消極的兩義也。至於時習之義，先生説之亦詳，其言曰：

> 孔子開章第一句，道盡學宗。思過，讀過，總不如學過。一學便住也終殆，不如習過。習三兩次，終不與我爲一，總不如時習方能有得。"習與性成"，方是"乾乾不息"。(《言行錄》卷下《學須第十三》)

時習在使習與性成，故必終日乾乾，不自息息。乃可以使所習者與我合而爲一也。"學一次有一次見解，習一次有一次情趣，愈久愈入，愈入愈熟""不實下習工夫，不能咀此滋味也"(同上，卷下，《杜生第十五》)。

先生對於實行，所以重視之者，雖由其知識論而來，然此實亦"周、孔教人成法"也。《存學編》曰：

雖周公、孔子，亦只能使人行，不能使人有所見；功候未到，即強使有所見，亦無用也。孟子曰："行之而不著焉，習矣而不察焉，終身由之而不知道者，衆也。"此固嘆知道之少，而吾正於此服周公、孔子流澤之遠也。布三重以教人，使天下世世守之，後世有賢如孟子者得由行習而著察，即愚不肖者亦相與行習於吾道之中，正《中庸》所謂"行而世爲天下法"。（卷二，《性理評》）

此言周、孔只教人以行也。又曰：

吾輩只向習行上做工夫，不可向言語、文字上着力。孔子之書名《論語》矣，試觀門人所記，却句句是行。"學而時習之""有朋自遠方來""人不知不慍""其爲人也孝弟""節用愛人"等；言乎？行乎？（《言行錄》卷下《王次亭第十二》）

《論語》所記，亦句句是行也。故曰：

讀書無他道，只須在"行"字着力。如讀"學而時習"便要勉力時習，讀"其爲人孝弟"便要勉力孝弟，如此而已。（卷上，《理欲第二》）

《言行錄》又載：

剛主謂李毅武曰："學不徒讀。如讀一部《論語》，不徒讀，只實行"學而時習之"一句，便是讀《論語》；讀一部《禮經》，不徒讀，只實行"毋不敬"一句，便是讀《禮經》。（卷上，《吾輩第八》）

夫子教伯魚爲《周南》《召南》，"爲"字不可以讀講混過。（同上，《法乾第六》）

此皆重實行之意也。習、行二者，由此所云觀之，其意義亦不同。行之含義，比較廣泛。又如實行"毋不敬"，實行"學而時習之"，有不必時習即當實行，有時習後乃實行者，其實不盡同也。先生於習行二者，則多連類言之，有時或言習行，則以二者性質相近，故亦可以不析言之也。習行之益，由理論上言之，固由於習善以免於引蔽習染，與"行不及則知亦不及"，其作用實猶不止於此。約而言之，則有數端：

一曰純熟義理。先生曰：

人之爲學，心中思想，口內談論，盡有百千義理，不如身上行一理之爲實也；人之共學，印證詩書，規勸功過，盡有無窮道德，不如大家共學一道之爲真也。（《言行錄》卷上《剛峰第七》）

此以習行一理始得真實也。真實之後，又須純熟，故曰：

以講解爲學而以行爲襯貼，終不免挂一漏二，即所行者亦不純熟。不如學而時習，用全副精神，身心道藝一滾加功，進銳不得，亦退速不得。即此爲學，即此爲行，即此爲教，舉而措之，即此爲治。（《存學編》卷三《性理評》）

七十子終身追隨孔子，日學習而終見不足，只爲一事不學，則一事不能；一理不習，則一理不熟。（《言行錄》卷上《言卜第四》）

時習力行，不至於"習功久曠便忘"，而更加純熟。此其一。

二曰治心養性。先生曰：

聖人教人六藝，正使之習熟天理。不然，雖諄諄說與無限道理，至喫緊處，依舊發出習慣俗雜念頭。（《存學編》卷二《性理評》）

心上思過，口上講過，書上見過，都不得力，臨事時依舊是所習者出。（同上，卷一，《學辨二》）

開聰明，長才見，固資讀書；若化質養性，必在行上得之。不然，雖讀書萬卷，所知似幾於賢聖，其性情氣量仍毫無異於鄉人也。（《言行錄》卷上《理欲第二》）

人心動物也，習於事則有所寄而不妄動，故吾儒時習力行，皆所以治心……閉戶寂處，烏得不身日閒而心日妄乎！（同上，《剛峰第七》）

時習力行，下惟不至"依舊發出習慣俗雜念頭"，且可以化質養性，爲治心不使之妄之要訣。此其二。

三曰強健身心。先生曰：

子產云，歷事久，取精多，則魂魄強。今於禮樂、兵農無不嫺，即終身莫之用而没，以體用兼全之氣還於天地，是謂盡人道而死。（《存學編》卷一《學辨一》）

孔門習行禮、樂、射、御之學，健人筋骨，和人血氣，調人情性，長人仁義。一時學行，受一時之福；一日習行，受一日之福；一人體之，錫福一人；一家體之，錫福一家；一國、天下皆然。小之卻一身之疾，大之措民物之安，爲其動生陽和，不積痰鬱氣，安內扦外也。（《言行錄》卷下《刁過之第十九》）

習行之益又可以強健身心，此與宋儒讀書靜坐之使人弱又不同也。此其三。兵、農、禮、樂、射、御之學，健人筋骨，調人性情，長人仁義，故先生於習行之中更提倡之，而歸結其要點於：

(甲) 約之以禮

《存學編》曰：

"博學於文，約之以禮"，乃孔門祖述堯、舜、憲章文、武之實功，明德親民百世不易之成法也……孔門之約禮，大而冠婚、喪祭、宗廟、會同，小而飲食、起居、衣服、男女，……纖微必謹。以此約身，即以此約心，出即以此約天下，故曰"齊之以禮"。此千聖體道之作用，百世入道之實功。（卷三，《性理評》）

《年譜》己酉三十五歲，先生曰：

有生後皆因習作主。聖人無他治法，惟就其性情所自至，制爲禮樂，使之習乎善，以不失其性，不惟惡念不參，俗情亦不入，此堯、舜、三王所以盡人之性，而參贊化育者也。

《言行錄》又載：

與門人習禮畢，謂之曰："試思周旋跪拜之際，可容急躁乎！可容暴慢乎！禮陶樂淑，聖人所以化人之急躁暴慢，而調理其性情也；致中、致和，以位天地、育萬物者，即在此。"（卷下，《學問第二十》）

吾輩若復孔門之學，習禮則周旋跪拜，習樂則文舞、武舞，習御則挽强、把轡，活血脉，壯筋骨，"利用"也，"正德"也，而實所以"厚生"矣。豈至舉天下事胥爲弱女，胥爲病夫哉！（卷上，《吾輩第八》）

"凡禮必射，奏樂必舞，使家有弓矢，人能干戈，成文治之美，而具武治之實。無事時雍容揖讓，化民悍劫之氣，一旦有事，坐作擊刺，素習戰勝之能。"盡美盡善，此所以必當約之以禮也。（説更詳下）

（乙）教人以動

習行禮樂，健人筋骨，先生又因宋、元以來儒者之好言靜，因而提倡習動。《言行錄·世情篇》曰：

常動則筋骨竦，氣脉舒；故曰"立於禮"，故曰"制舞而民不腫"。宋、元來儒者皆習靜，今日正可言習動。（卷下）

又有言曰：

三皇、五帝、三王、周、孔，皆教天下以動之聖人也，皆以動造成世道之聖人也。五霸之假，正假其動也，漢、唐襲其動之一二，以造其世也。晉、宋之苟安，佛之空，老之無，周、程、朱、邵之靜坐，徒事口筆，總之皆不動也。而人才盡矣，聖道亡矣，乾坤降矣。吾嘗言一身動則一身強，一家動則一家強，一國動則一國強，天下動則天下強，益自信其考前聖而不謬矣，後聖而不惑矣。（同上，卷下，

《學須第十三》）

> 養身莫善於習動，夙興夜寐，振起精神，尋事去作，行之有常，並不困疲，日益精壯；但説静息將養，便日就惰弱。故曰"君子莊敬日强，安肆日偷"。（同上，卷上，《學人第五》）

習行則日益精壯，此必當教之以動也。先生嘗謂"宋、元來儒者却習成婦女態，甚可羞。無事袖手談心性，臨危一死報君王"。《存學編》又云：

> 衣冠之士羞與武夫齒，秀才挾弓矢出，鄉人皆驚，甚至子弟騎射武裝，父兄便以不才目之。長此不返，四海潰弱，何有已時乎？（卷二，《性理評》）

其《泣血集·序》則謂：

> 塞天下庠序里塾中，白面書生微獨無經天緯地之略，禮、樂、兵、農之才，率柔脆脆如婦人女子，求一腹豪爽倜儻之氣亦無之。（《習齋記餘》卷一）

《年譜》丙子六十二歲載：

> 思孔子討陳恒，而料其民不予，會夾谷而却萊兵，反汶田，聖人之智勇也；……知、仁、勇，天下之達德也，自宋儒起，而天下有不達之德。

丁丑六十三歲又載：

> 偶觀宋孫覺、吳時二傳，嘆宋家每論人，先取不喜兵，能作文讀書，不可療之痼癖也。殃其一代君臣，毒流奕世，傷哉！

蓋先生深鑒於宋、明以來，民族日弱，故欲矯之以動，更注重於體育，此尤漢、唐以來所未曾有之論。先生之所以注重實習實行，教人以動，亦其重要之原因也。《四書正誤》又曰：

> 《魯論》諸賢，善觀聖人，事無巨細，無不備狀，真有功於我輩萬世後學也。此處記夫子"慎戰"，必夫子亦曾臨陣。又證之夫子自言"我戰則克"，是吾夫子不惟戰，且善戰，明矣。至孟子傳道，已似少差。流至漢、宋儒，峨冠博帶，袖手空談，習成婦人女子態，尚是孔門之儒乎？熟視後世書生，豈惟太息，真堪痛哭矣！（卷三，《述而》）

孔子亦嘗臨陣，自言"我戰則克"，則尤當獎勵善戰，而曰"善戰者服上賞"也。

### （丙）不自怠息

習行之道，約之以禮，教人以動，固知所從違矣，然必持之以勤，不得久曠。先生曰：

> 思習功久曠便忘，況不習乎！宋代諸先生雖天資高，可不習而熟，可久曠而不忘，能保其門下天資皆若之乎！甚矣，孔門"時習"成法不可廢也。（《言行錄》卷下《杜生第十五》）

不惟不當久曠，而且當不自息息。《年譜》庚戌三十六歲：

> 解《乾》卦九三爻辭、舊解"終日乾乾，夕惕若"，爲晝夜惕屬，未晰也。"終日乾乾"，乃終日加力習行子臣、弟友、禮樂、兵農，汲汲皇皇，一刻緊於一刻，至夕無可作事，則心中提撕警覺，不自息息。觀下釋曰"終日乾乾行事也"，可見。

一刻緊於一刻，至夕猶不息息，則不止不令間曠矣。故更爲之説曰：

> 身無事幹，尋事去幹；心無理思，尋理去思。習此身使勤，習此心使存，此便是暗修，此便是閒居爲善，此便是存心養性，此便是豫立。學者以此爲苦，何知此中之趣！（《言行錄》卷下《鼓琴第十一》）

"身無事幹，尋事去幹；心無理思，尋理去思。"此則積極的力加習行，一刻緊於一刻，真能不自息息矣。故曰：

> 日夜以此心照顧一身，所以養性也，九思、九容是也；日夜以此心貫通民物，所以事天也，三事、三物是也。精之無間，聖矣；勉之不忘，賢哉。（《言行錄》卷下《鼓琴第十一》）

此先生所以謂孟子"必有事焉"句爲聖學真傳。"心有事則心存，身有事則身修，至於家之齊，國之治，天下之平，皆有事也。"此所以必重習行也。

### （丁）見之實行

先生之倡習行，在理論上固超過陽明之知行合一，而其先生對於習行，其用力實甚深，凡能見諸施行者，無不能實習實行，此非空言實行所可比也。據《年譜》，先生於禮、樂、兵、農、射、御、水火諸學（《李塨年譜》卷一，又言先生講虞學），皆身實學之，身實習之（參看《年表》），且爲其孫重光（其三從叔子）早壯行冠禮，皆可謂之見諸實行。先生於射、御，所習皆精熟。《年譜》辛亥三十七歲謂：

> 先生與人騎行，馬逸，先生善御無失。其一墜，衆因共言明朝生員騎馬，必一二人控轡，近失其規。先生秘嘆，"不悔不慣乘，而悔不多控僕，士習爲何如哉"！

又乙卯四十一歲：

> 率門人習射村首，中的六，門人各二。因思……今從吾者更不吾若，吾道其終窮矣乎！

技擊之學，則先生南游時，爲李子青所拜服；農圃之事，則先生至四十餘，猶時躬耕力作（參看《年表》）。先生於兵農亦真能實行。在五十五歲時，自訂常儀常功，其所行常儀至繁複，其常功則爲：

> 習禮、樂、射、御、書、數，讀書，隨時書於日記，有他功隨時書。每日習恭，時思對越上帝，謹言語，肅威儀。每時心自慊則○，否則●，以黑白多少別欺慊分數，多一言♂，過五則⊗，忿一分♂，過五則⊗，中有×，邪妄也。如妄念起，不爲子嗣比內，皆是。每晨爲弟子試書講書，午判仿教字，此一歲常功也。有缺必書。（《年譜》己巳五十五歲）

其操心省身，遷善改過，日慎月厲，未有已時；重行於知者，在昔雖有之，能如先生之內外身心兼修者，則未之見也。據《年譜》所載，先生之於習行，又不擇時、不擇地、不擇人，尤足以爲習行之法，如：

　　庚子二十六歲　　"雖躬稼胼胝，必乘閒靜坐。"

　　甲辰三十歲　　"夜聞風雷，必起坐，食必祭。""往耕田，行甚敬。"

　　乙巳三十一歲　　"鎋田，即存心於擔步。""遂耘至半，靜坐息片時，耘終畦。"

　　戊申三十四歲　　"居喪，一遵朱子《家禮》。"

　　辛亥三十七歲　　"思習禮一人亦可，乃起習周旋之儀。凡習禮，以三爲節，轉行宅巷，必習折旋。"

　　戊午四十四歲　　"親御載糞。""書一聯曰：'老當更壯，貧且益堅。'"

　　辛酉四十七歲　　"行必習恭，步步規矩，如神臨之。"

　　庚午五十六歲　　"行中矩。""乃各處親掃，惟場，三息乃畢。""行容恭。""行中規矩。"

　　戊寅六十四歲　　"獨習士相見禮，如對大賓。""習祭禮，爲身近衰惰，乃主獻，升降跪拜以自振。"

　　癸未六十九歲　　"夜坐久，無惰容。"

　　甲申七十歲　　"思生存一日，當爲生民辦事一日，因自鈔《存人編》。"

先生蓋真可謂實力於學，實見於行，而真不自怠息者也。

(5) 論實體與實用

先生之論體用，頗有"體用一致"之意，而謂"無用之體，不惟無真用，並非真體也"(《存學編》卷二《性理評》)。故主張由用以見體。先生於《存人編》嘗謂:"周、孔之一以貫之,三物四教之體也;三物四教,一貫之用也。"(《喚迷塗·第四喚》)則由三物四教,止可以見一貫之體。《四書正誤》卷四有言曰:

> 顏、曾而下,端木子為諸賢中尤品也。且年已高,終以"多學而識"即聖人,況其餘六十九賢乎?又況二千九百餘徒衆乎?則皆以多學而識是學夫子,皆以多學而識為教,端可見矣。即夫子博文約禮成法也,必學到八九,夫子方與指點,端木子尚未豁然,故他日因其問一言終身行,乃告以"恕"字,實此一字也。彼六十九賢,二千九百餘人,終身習行於博學之中。六德、六行、六藝以至兵、農、水、火,亦何莫非貫,何莫非此一之所散見流行也哉!(《衛靈公》)

終身習行於博學之中,三事六府,三物四教,皆可以見精一執中,一以貫之之體也。由用以見體,則始有實用。先生在《存學編》又論之曰:

> 即如朱、陸兩先生,倘有一人守孔子下學之成法,而身習夫禮、樂、射、御、書、數以及兵農、錢穀、水火、工虞之屬而精之。凡弟子從游者,則令某也學禮,某也學樂,某也兵農,某也水火,某也兼數藝,某也尤精幾藝,則及門皆通儒,進退周旋無非性命也,聲音度數無非涵養也,政事文學同歸也,人己事物一致也,所謂下學而上達也,合內外之道也。(卷一,《明親》)

性命涵養,皆下學而上達,由用固可以見體,而又有其實用者在。故曰:

> 如此,不惟必有一人虛心以相下,而且君相必實得其用,天下必實被其澤,人才既興,王道次舉,異端可靖,太平可期。正《書》所謂"府修事和",為吾儒致中和之實地,位育之功,出處皆得致者也;是謂明親一理,大學之道也。(同上)

此先生所謂表裏精粗全體大用之學,體用兼致,可以實得其體,實得其用也。學問之道,在於實體實用,由用見體,故德性學問,胥當以實用判其得失是非,故曰:

> 陳同甫謂人才以用而見其能否,安坐而能者不足恃;兵食以用而見其盈虛,安坐而盈者不足恃。吾謂德性以用而見其醇駁,口筆之醇者不足恃;學問以用而見其得失,口筆之得者不足恃。(《年譜》丁巳四十三歲)

故曰:

> "正德,正利用厚生之德也;利用,利正德厚生之用也;厚生,

厚正德利用之生也。"（李恕谷《瘳忘編》頁一引）

正德者，正利用厚生之德，則用尤爲重要矣。故曰：

> 學須一件做成，便有用，便是聖賢一流。試觀虞廷五臣，只各專一事終身不改，便是聖；孔門諸賢，各專一事，不必多長，便是賢；漢室三傑，各專一事，未嘗兼攝，亦便是豪傑。（《言行錄·學須第十三》，《顏元集》）

學須專門實學、貴用也。《年譜》壬申五十八歲：

> 觀塨所輯《諸儒論學》。關中李中孚曰："吾儒之學，以經世爲宗。自傳久而謬，一變訓詁，再變詞藝，而儒名存實亡矣。"批曰："見確如此，乃膺撫臺尊禮，集多士景從，亦只講書說話而已；何不舉古人三事、三物之經世者，與人習行哉！後儒之口筆，見之非，無用；見之是，亦無用，此所以吾心益傷也！"

又：

> 法乾論"讀書萬卷，若無實得實用，終是無益"。先生曰："然。德行、經濟、涵養俱到，讀書一二卷亦足，雖不讀書亦足。"（《言行錄·法乾第六》）

學須實習實行，亦貴用也。無實得實用，終是無益，故先生主張"學必求益"。《言行錄》曰：

> 學必求益。凡舉步，覺無益就莫行；凡啓口，覺無益就莫言；凡起念，覺無益就莫思。（《理欲第二》）

學在實用，學在求益，以正德利用厚生言之，則又當積極地注重功利矣。《四書正誤》曰：

> 以義爲利，聖賢平正道理也。堯、舜"利用"，《尚書》明與"正德""厚生"並爲三事。利貞，利用安身，利用刑人，無不利。利者，義之和也。《易》之言"利"更多。孟子極駁"利"字，惡夫掊克聚斂者耳。其實，義中之利，君子所貴也。後儒乃云"正其誼，不謀其利"，過矣！宋人喜道之，以文其空疏無用之學。予嘗矯其偏，改云"正其誼以謀其利，明其道而計其功。"（卷一，《大學》）

《言行錄》卷下：

> 郝公函問："董子'正誼明道'二句，似即'謀道不謀食'之旨，先生不取，何也？"曰："世有耕種，而不謀收穫者乎？世有荷網持鈎，而不計得魚者乎？抑將恭而不望其不侮，寬而不計其得衆乎？這'不謀、不計'兩'不'字，便是老無、釋空之根；惟吾夫

子'先難後穫''先事後得''敬事後食'三'後'字無弊。蓋'正誼'便謀利，'明道'便計功，是欲速，是助長；全不謀利計功，是空寂，是腐儒。"（卷下，《教及門第十四》）

不謀功計利，是空寂，是腐儒，宋、元以來之學術政治，正受不謀功計利之病，此先生所以欲力矯其弊也。《朱子語類評》云：

都門一南客曹蠻者，與吾友王法乾談醫云"惟不效方是高手"，殆朱子之徒乎？朱子之道千年大行，使天下無一儒，無一才，無一苟定時，不願效也。宋家老頭巾群天下人才於靜坐、讀書中，以為千古獨得之秘；指辦幹政事為粗豪，為俗吏；指經濟生民為功利，為雜霸。究之，使五百年中平常人皆讀講《集注》，揣摩八股，走富貴利達之場；高曠人皆高談靜、敬；著書集文，貪從禋廟廷之典；莫謂唐、虞、三代之英，孔門賢眾之士，世無一人、並漢、唐傑才亦不可得。是世間之德乃真亂矣，萬有乃真空矣。

《顏習齋先生年譜》卷下云：

思宋人但見料理邊疆，便指為多事；見理財，便指為聚斂；見心計材武，便憎惡斥為小人，此風不變，乾坤無寧日也！

不謀功計利，使天下無寧日，無以正德，無以厚生；學術誤及政事，害及生民，此學、教、治必當一致，而"人必能斡旋乾坤，利濟蒼生，方是聖賢；不然，雖矯語性天，真見定靜，終是釋迦、莊周也。"（《顏習齋先生言行錄》卷下）

就政治上言之，學術固當注重實用，然世無不謀身家之賢聖，則個人之職業，亦學教所當注重者也。《顏習齋先生言行錄》卷下曰：

請問"謀道不謀食"。曰："宋儒正從此誤，後人遂不謀生，不知後儒之道全非孔門之道。孔門六藝，進可以獲祿，退可以食力，如委吏之會計，《簡兮》之伶官可見。故耕者猶有餒，學也必無饑，夫子申結不憂貧，以道信之也。若宋儒之學不謀食，能無饑乎！"（卷下，《教及門第十四》）

今世之儒，非兼農圃，則必風鑒、醫、卜；否則無以為生。蓋由漢、宋儒誤人於章句，復苦於帖括取士，而吾儒之道、之業、之術盡亡矣。若古之謀道者，自有禮、樂、射、御、書、數等業，可以了生。觀孔子委吏，《簡兮》碩人，王良掌乘可見。後儒既無其業，而有大言道德，鄙小道不為，真如僧、道之不務生理者矣。（同上，《學問第二十》）

"學莫先於治生，以不治生則無以養廉節，無以長學問"。（用《恕谷後集》卷五，《與來儀若書》語）此必當謀道而不忘謀食，非不務生理者也。禮、樂、兵、農、水、火、工、虞之學，既爲實學，可以實用、實習行之，又可以爲職業之訓練，謀生活之解決，此視宋儒專以讀書靜坐爲業，真不啻霄壤之殊矣。論學教而能注重於技能之養成、職業之訓練，此尤先生獨特之見，自來所未有者也。

### Ⅳ. 學制與教條

學教之方法，在剔去宋儒讀書靜坐之弊，而代之以實學、實教、實習、實行，以期於能得其實體、實用，固已明矣，先生又有論學制與教條者，此亦當知者也。《存治編》曰：

> 古之小學教以灑掃應對進退之節，大學教以格致誠正之功……俾家有塾，黨有庠，州有序，國有學。（《學校》）

此謂學校之制，當一仍古法也。《存學編》曰：

> 夫古人教法，某年舞《勺》，某年舞《象》，某年習幼儀，某年學禮，何嘗不是安排一定，孰先孰後，孰大孰小哉！"知所先後"，《大學》又明言之矣。（卷四，《性理評》）

《四書正誤》曰：

> 古聖人之爲教也，六歲便教之數與方名，七歲便教別，八歲便教讓，九歲教數、日，十歲學書計、幼儀，十有三歲學樂舞，學射御，二十學禮。又曰"博學"，兵、農、水、火、工、虞無不學矣，明載《内則》。（卷三，《述而》）

此則小學、大學爲學之次第，亦可以一仍古法也。恕谷《小學稽業》大略本此以爲説。先生六十二歲應郝公函之聘，主教肥鄉漳南書院，當時議書院規模，亦頗足以見先生對於學校之意見。先生有《漳南書院記》紀述其事曰：

> 時左齋建其一，餘未定。乃進郝子曰："謬託院事，敢不明行堯、孔之萬一，以爲吾子辱。顧儒道自秦火失傳，宋人參雜釋、老以爲德性，獵弋訓詁以爲問學，而儒幾滅矣。今元與吾子力砥狂瀾，寧粗而實，勿妄而虛。請建正庭四楹，曰'習講堂'。東第一齋西向，牓曰'文事'，課禮、樂、書、數、天文、地理等科。西第一齋東向，牓曰'武備'，課黄帝、太公以及孫、吴五子兵法，並攻守、營陣、陸水諸戰法，射御、技擊等科。東第二齋西向，曰'經史'，課《十三經》、歷代史、誥制、章奏、詩文等科。西第二齋東向，曰'藝能'，

課水學、火學、工學、象數等科。……門內直東曰'理學齋'，課靜坐、編著程、朱、陸、王之學；直西曰'帖括齋'，課八股舉業，皆北向。……帖括北向者，見爲吾道之敵對，非周、孔本學；暫收之以示吾道之廣。"（《習齋記餘》卷二）

"寧粗而實，勿妄而虛"，實學實教也。以文事、武備在前，文事究極天文、地理，武備課攻守戰法，博約兼修，文武兼習，而以藝能與經史並重，則又不忘技術之培養，可使學者得有用之實學，固盡善盡美也。先生四十一歲時及門日眾，乃申訂教條，每節令讀講教條，其大綱爲孝父母、敬尊長、主忠信、申別意、禁邪僻、勤赴學、慎威儀、肅衣冠、重詩書、習六藝、行學儀、序出入、尚和睦、貴責善、戒曠學。此則行於家塾者也。

### （五）政治思想

先生生當明代亂亡之時，政治窳敗，禍釁迭興，災旱頻仍，流寇踵起；繼之清以異族入主中國，幽燕之地受其蹂躪尤甚。據李恕谷謂："自崇禎末至順治六年，民不安天日者十餘年"，則人民困苦達於極點矣。先生眷懷故國，蒿目時艱，自不能不有濟世之意，此其《存治編》之著論在二十四歲時已完成也。是編李恕谷《序》云："先生自幼而壯，孤苦備嘗，只身幾無棲泊；而心血屛營，則無一刻不流注民物，每酒闌燈炧，抵掌天下事，輒浩歌泣下。"則先生胞與爲懷，尤可想見。此所以有天地一我，我一天地；民皆吾胞，物皆吾與之說（詳前），而主張學、教、治一致，必以習行經濟爲道也。

先生《四存編》，以《存治編》著作爲最早，《存治編》之篇幅亦以較少。其所論共有十端：一、王道；二、井田；三、治賦；四、八陣圖說；五、學校；六、封建；七、宮刑；八、濟時；九、重徵舉；十、靖異端。其重要者，實不外井田、封建、學校、鄉舉里選、田賦、陣法數事。據《顏習齋先生年譜》，先生謂張文升曰：

"如天不廢予，將以七字富天下：墾荒，均田，興水利；以六字強天下：人皆兵，官皆將；以九字安天下：舉人材，正大經，興禮樂。"（《顏元集》）

此"富、強、安"之三者，實無異先生對於《存治編》之提綱，其說發於《存治編》著成後三十年，先生意見之變更實甚尠也。茲就《存治編》《顏習齋先生年譜》《顏習齋先生言行錄》諸書，述先生之政治思想如下：

**1. 墾荒、均田、興水利**

爲政之道，必先富而後教；制民之產，尤爲當務之急。先生《存治編》

論王道者，僅寥寥三數行，即次之以論井田諸説，蓋此實爲根本要圖，必富而後能強，強而後乃能安也。先生論井田曰：

或問於思古人曰：井田之不宜於世也久矣，子之《存治》，尚何執乎？曰：噫，此千餘載民之所以不被王澤也！夫言不宜者，類謂亟奪富民田，或謂人衆而地寡耳。豈不思天地間田宜天地間人共享之，若順彼富民之心，即盡萬人之産而給一人，所不厭也。王道之順人情，固如是乎？况一人而數十百頃，或數十百人而不一頃，爲父母者，使一子富而諸子貧，可乎？（《存治編·井田》）

天地間田，宜天地間人共享之，不可以貧富不均，教養無由，此所以主張復井田之制也。然後世貧富不均已久，一旦施行井田之制，則必生亂，而未必可行。先生之意則以爲不然。在《存治編》更論之曰：

又或者謂畫田生亂。無論至公服人，情自輯也；即以勢論之，國朝之圈占，幾半京輔，誰與爲亂者？且古之民四，而農以一養其三；今之民十，而農以一養其九；未聞墜粟於天，食土於地，而民亦不饑死，豈盡人耕之而反不足乎！雖使人餘於田，即減頃而十，減十而畝，吾知其上糞倍精，用自饒也；况今荒廢至十之二三，墾而井之，移流離無告之民，給牛種而耕焉，田自更餘耳。（同上）

畫田生亂，可以以公服之，可以以勢止之，不必其爲亂也。加之墾荒之策，則田更可以有餘，不畏不足分配也。雖然，地可井則井，不可井則均，可以因時而措，觸類而通，固亦不必盡如古法也。故曰：

井無定而主乎地，可井則井，不可則均。至阡陌廬舍，古雖有之，今但可植分草以代阡陌，爲窩鋪以代廬舍，橫各井一路以便田車，中十井一房，以待田畯可也。有聖君者出，推此意而行之，搜先儒之格議，盡當代之人謀，加嚴乎經界之際，垂意於釐成之時，意斯日也，孟子所謂"百姓親睦"，咸於此徵焉。游頑有歸，而士愛心臧，不安本分者無之，爲盜賊者無之，爲乞丐者無之，以富凌貧者無之，學校未興，已養而兼教矣。休哉，蕩蕩乎！故吾謂教以濟養，養以行教，教者養也，養者教也，非是謂與？（同上）

井田均田，可使盜賊不興，游惰並無，教以行養，養以行教，此爲必行之政也。井田之法，先生於《存治編》有《井田經界圖説》《方百里圖説》，牽於封建公侯古皆方百里之制，茲可毋述。先生在他處亦有論之者，《年譜》丁巳四十三歲：

蕭九苞問曰："復井田，則奪富民産，恐難行。"先生曰："近得一策，可行也：如趙甲田十頃，分給二十家，甲止得五十畝，豈不怨咨。法使十九家仍爲甲佃，給公田之半於甲，以半供上終甲身；其子賢而仕，仍食之，否則一夫可也。"

其後李恕谷《擬太平策·序》更述其意曰：

非均田則貧富不均，不能人人有恒產；均田，第一仁政也。但今世奪富與貧，殊爲艱難。顏先生有佃戶分種之說，今思之甚妙。如一富家有田十頃，爲之留一頃，而令九家佃種九頃，耕牛子種，佃戶自備，無者領於官，秋收還。秋熟以四十畝糧交地主，而以十畝代地主納官；納官者，即古什一之徵也；地主用五十畝，則今日停分佃戶也；而佃戶自收五十畝。過三十年爲一世，地主之享地利，終其身亦可已矣，則地全歸佃戶。若三十年以前，地主、佃戶情願買賣者聽之。若地主子弟衆，情願力農者，三頃兩頃，可以聽其自種，但不得多雇傭以占地利。每一佃戶，必一家有三四人可以自力耕鋤，方算一家，無者或兩家三家共作一家，地不足者一家五十畝亦可。無地可分者，移之荒處。（李塨《擬太平策·評乙古文》卷二）

李恕谷《平書訂》亦有述先生之說以言收田之法者，曰：

顏先生曰，如趙甲田十頃，分給二十家，甲只得五十畝，豈不怨咨？法使十九家仍爲甲佃，給公田之半於甲，以半供上，終甲身。一策也。田多而犯罪者，量其罪，使入田若干以贖，二策也。凡無子而死者，不許養異姓子，以其田分族親之無田者，有餘官收之，三策也。收寺廟田，四策也。（《平書訂》卷七）

則先生於井田均田，實有逐漸推行之法，可以不擾民也。惟先生取請初圈田之法以喻井田均田之可行，則又以爲雖擾民於一時，而興利於千載，亦未始不可爲。《顏習齋先生言行錄》載：

彭永年言："行井田法，易擾民生亂，不如安常省事。"先生曰："古先王之井田浚溝，豈天造地設，不勞民力乎！又如大禹掘江、淮、河、漢，豈果神怪效靈，一呼而就乎？蓋古人務其費力而永安，後人幸其苟安而省力，而卒之民生不遂，外患疊乘，未有能苟安者也，故君子貴懷永圖。"（卷上，《剛峰第七》）

蓋以土地平均分配之法，實永久之圖也。又，

剛主問："出將奚先？"先生曰："使予得君，第一義在均田。田不均，則教養諸政俱無措施處，縱有施爲，橫渠所謂'終苟道'也。"剛主曰："衆議紛阻，民情驚怨，大難猝舉。"先生曰："所謂

'愚民不可與謀始'也。孔子猶不免麛裘之謗，況他人乎？吾於三代後最美神宗、安石，但其術自不好，行成亦無濟。今若行先王之道，須集百官，曉以朝廷斷決大義，事在必行，官之忠勤才幹者，盡心奉法，阻撓抗違者，定以亂法黜罪。今人文墨無識，偏能多言亂撓，不如此，一事不可行也。"（卷上，《三代第九》）

田不均，則教養諸政俱無措施處，此所以必先言均田而後可也。先生因田之荒廢者在當時居十之二三，故主張墾而井之，以移流離無告之民，如此則田有餘而分配之法更易。故又主張墾荒，蓋墾荒與均田，可以爲同時並舉之政也。先生嘗曰：

"天無曠澤，地無曠力，人無曠土，治生之道也。家無三曠則家富，國無三曠則國富。"（《顏習齋先生言行錄》卷下，《鼓琴第十一》）

家猶不可有三曠，況於國乎？故即使田有餘足以均，亦可以從事於繁殖也。據《顏習齋先生年譜》，先生於己酉三十五歲：

爲王法乾書《農政要務》：耕耘、收穫、辨土、釀糞以及區田、水利，皆有謨畫。

是先生於著《存治編》外，於農政水利頗研究之。《顏習齋先生年譜》又載有先生對於治水之説曰：

"吾事水學，不外'分、浚、疏'三字；聖王治天下，亦只此三字。"（甲申七十歲）

《顏習齋先生言行錄》又載其説曰：

治水之法，五要必備，而莫愚於防塞。蓋善治水者不與水爭地，因其流而導之，即因以歧爲二；且水利可興也。嘗觀於蠡河，以爲當自上流依古河道分疏。自蠡城西南王哥莊來，又歧爲二，使縈繞城之左右，至城陰而合，迤邐達楊哥莊，以通白洋澱入於海。一可爲險守，一可來下流魚、鹽、葦、藕之利。且東河勢殺，兩河沿濱灌園植蒲，水利大興，不可盡言也。（卷下，《不爲第十八》）

則足見先生不止於研究水學，且從實際考察也。水利之興，在可以灌園植蒲，來魚、鹽、葦、藕之利，則災旱不至於頻仍，水患不至於疊興，此興水利與墾荒、均田同爲富天下之要圖也。

## 2. 文武兵農之合一

宋明以來，外患迭興，一旦強敵壓境，幾乎無以禦之。故文弱實爲中國最大之病患，不力起而矯之，則禍無已時也。先生在《四書正誤》中曾謂："予則曰：善戰者加上賞，連諸侯者次之，辟草萊、任土地者又次之。且以爲……

近世之禍，則在遼、金、元、夏。儻有三等人，生民不猶受干城之福哉！"（卷六，《孟子下》）則明明痛心疾首於異族之壓迫中國也。李恕谷爲先生《存治序編》曰：

> 七制而後，古法漸湮，至於宋、明，徒文具耳，一切教養之政不及古帝王。而其最堪扼腕者，尤在於兵專而弱，士腐而靡，二者之弊不知其所底。以天下之大，士馬之衆，有一强寇猝發，輒魚爛瓦解，不可收拾。黃巢之起，洗物淘城；李自成、張獻忠如霜風殺草，無當其鋒者，官軍西出，賊已東趨川、陝、楚、豫，至於數百里人烟斷絕。三代田賦出甲，民皆習兵，雖承平日久，禍起倉卒，亦斷不至如此其慘也。

是則流寇之興，殺戮之慘，亦由人民無自衛之力也。故先生於《存治編》於論"井田"後，即次之論"治賦"。其説曰：

> 慨自兵農分而中國弱，雖唐有府兵，明有衛制，固欲一之。迨於其衰，頂名應雙，皆乞丐、滑棍，或一人而買數糧；支點食銀，人人皆兵；臨陣遇敵，萬人皆散。嗚呼！可謂無兵矣，豈止分之云乎！（《存治編·治賦》）

慨兵農分而中國弱，故先生以爲：

> 閒論王道，見古聖人之精意良法，萬善皆備。一學校也，教文即以教武；一井田也，治農即以治兵。（同上）

此則以爲文、武、兵、農之當合一也。先生乃更詳述"治賦之要有九"與"治賦之便有九"。其"治賦之要有九"曰：

> 一曰預養。饑驥而責千里則愚。上宜菲供膳，薄稅斂，汰冗費，以足民食。一曰預服。嬰兒而役賁、育則怒。井之賢者爲什，什之賢者爲長，長之賢者爲將，以平民情。一曰預教。簡師儒，申孝弟，崇忠義，以保民情。一曰預練。農隙之時，聚之於場。時，宰士一較射藝；月，千長一較；十日，百長一較；同井習之不時。一曰利兵。甲冑、弓刃精利者，官賞其半直，較藝賢者慶以器。一曰養馬。每井馬二，公養之，彷北塞喂法。操則習射，閒則便老行，或十百長有役乘之。一曰治衛。每十長，一牌刀率之於前，九人翼之於後。器戰之法具《紀效新書》。一曰備羨。八家之中，四騎四步。供役不過各二人。餘則爲羨卒，以備病、傷或居守。一曰體民心。親老無靠不卒；老弱不卒。出戍給耕，不税；傷還給耕，不税。死者官葬。九者，治賦之要也。（同上）

先生嘗謂"勤兵績武"之主，其成敗之機，"只在於歲，歲豐則足以給其雄威，而國運永；歲凶則適以暴民生，亂國運"。(《顏習齋先生言行錄》卷上) 故以"預養"列於九者之首，此在今日視之，預蓄給養之道，實猶當注意也。其三曰預教，簡師儒，申孝悌，崇忠義，則雖有武備，亦不忘文事也。其治賦之要有九曰：

> 一曰素練。隴畝皆陳法，民恒習之，不待教而知矣。一曰親卒。同鄉之人，童友日處，聲氣相喻，情義相結，可共生死。一曰忠上。邑宰、千百長，無事則教農、教禮、教藝，爲之父母；有事則執旗、執鼓、執劍，爲之將帥。其孰不親上死長！一曰無兵耗。有事則兵，無事則民，月糧不之費矣。一曰應卒難。突然有事，隨地即兵，無征救求援之待。一曰安業。無逃亡反散之虞。一曰齊勇。無老弱頂替之弊。一曰靖奸。無招募異域無憑之疑。一曰輯侯。無專擁重兵要上之患。九者，治賦之便也。(同上)

有事則兵、無事則民，邑宰、千百長有事則爲之將帥，此民皆兵、官皆將之說也。當國家有事之秋，固宜舉國上下皆可出而應敵，民皆兵、官皆將，固禦侮之要圖也。先生嘗謂：

> 治道不必文、武分途，亦不必舉人、進士，只鄉里選舉秀才。秀才長於文德者充鄉約、耆德之職，長於武略者充保長之職，其顯有功德者擢大鄉長，大鄉長之顯有功德者升邑令郡守，或備參輔，以至三公，皆通爲一體，或次遞，或超擢，而又立里史、邑史、郡史以謹戒之。死則有德者配社祠，有功者配道神禖，每五世有繼進者則祧之；大功德則進里禖者配享於邑，邑禖者配享於郡，郡禖者配享於國，以激勸之。雖流弊，猶足定百年之太平也。(《顏習齋先生言行錄》卷上，《剛峰第七》)

中國文弱之弊，非力矯其偏枉，不足使歸七正，故文武合一之道，不惟軍賦當如是，即治道亦當如是也。《顏習齋先生言行錄》又載先生之說曰：

> 軍者，天地之義氣，天子之強民，達德之勇，天下之至榮也。故古者童子荷戈以衛社稷，必葬以成人之禮，示榮也。明政充軍以罪，疆場豈復有敵愾之軍乎！(卷下，《不爲第十八》)

"軍者，天地之義氣……天下之至榮"，此種提倡尚武精神之說，亦漢、唐以來所未曾有之論。振作士氣，復興民族，胥於是賴之。此先生之所以教天下以動，而力詆宋、元來儒者，"無事袖手談心性，臨危一死報君王"也。

先生幼壯之時，"見七家兵書，悅之，遂學兵法，究戰守機宜，嘗徹夜不寐。"(《顏習齋先生年譜》丁酉二十三歲)李恕谷"與張文升共學韜鈐，先生每入蠡城，則商酌徹晝夜。"(《顏習齋先生年譜》辛酉四十七歲)王昆繩等來從游，亦與之講論兵法。(《顏習齋先生年譜》癸未六十九歲)先生所考究者甚深，蓋以治兵實爲政之大端，不可忽也。《顏習齋先生言行錄》載：

> 或問："兵術獲罪聖門乎？"先生曰："然然，否否。今使予治兵三年而後戰，則孫、吳之術可黜，節制之兵可有勝而無敗。若一旦命吾爲帥，遂促之戰，則詭道實中庸也。此陽明子所以破宸濠，擒大巂也。何也？率不擇之將，以不教之民，畀之虎狼之口，覆三軍，喪社稷，曰吾仁義之師，恥陷阱之術，此不惟聖門之腐儒，而天下之罪人矣！君子何取焉。"(卷下，《不爲第十八》)

攻戰之法，雖詭道亦中庸，不侈言仁義、不恥陷阱之術，以保全三軍，捍衛社稷，蓋爲民族國家，固不惜任何犧牲，以求維護之，此固論政者所必當注意者也。

### 3. 舉人才與正大經

先生《存治編》於論《井田》《兵賦》後，即次之《學校》《封建》《重徵舉》諸篇，所以論舉人才與正大經也。學校之制，先生主張"家有塾，黨有庠，州有序，國有學"。學校者，人才之本也。先生有言曰：

> 昔人言本原之地在朝廷，吾則以爲本原之地在學校。朝廷，政事之本也；學校，人才之本也，無人才則無政事矣。令天下之學校皆實才實德之士，則他日列之朝廷者皆經濟臣，雖有不願治之君相，誰與虛尊虛貴，作無事人、浮文人、般樂人者。(《習齋記餘》卷一，《送王允德教諭清苑序》)

學校爲人才之淵藪，先生以爲"浮文是戒，實行是崇，使天下群知所向，則人材輩出"。故在《存治編》舉"《周禮·大司徒》：以鄉三物教萬民而賓興之"，"鄉大夫：'三年則大比，考其德行、道藝，而興賢者、能者……鄉老及鄉大夫，群吏獻賢能之書於王'"及"《王制》：'命鄉論秀士，升之司徒，曰選士。司徒論選士之秀者而升之學，曰俊士。升於司徒者，不徵於鄉；升於學者，不徵於司徒，曰造士。……大樂正論造士之秀者，以告於王而升諸司馬，曰進士。司馬辨論官材，論進士之賢者，以告於王而定其論。'"(以上皆見《存治編·學校》)以爲當除制藝而重徵舉，先生曰：

> 近自唐、宋，試之以詩，弄之以文，上輒曰選士，曰較士，曰恩額，曰賜第；士則曰赴考，曰赴科，曰赴選。縣而府，府而京，學而鄉，鄉而會；其間問先，察貌，索結，登年，巡視，搜檢，解衣，跣

足，而名而應，挫辱不可殫言。嗚呼！奴之耶，盜之耶？無論庸庸輩不足有爲，即有一二傑士，迫於出仕，氣喪八九矣，宜道義自好者不屑就也。而更異其以文取士也。夫言自學問中來者，尚謂"有言不必有德"，況今之制藝，遞相襲竊，通不知梅棗，便自言酸甜。不特士以此欺人，取士者亦以自欺，彼卿相皆從此孔穿過，豈不見考試之喪氣節，浮文之無用乎，顧甘以此誣天下也！觀之宋、明，深可悲矣。（《存治編・重徵舉》）

制藝科舉，喪氣節，誣天下，宋、明亡國之禍，未嘗不由於此，亭林、梨洲諸儒持論者如是也。先生灼見其非，故欲代之鄉舉里選，故曰：

竊嘗謀所以代之，莫若古鄉舉里選之法。仿明舊制，鄉置三老人，勸農、平事、正風，六年一舉，縣方一人。如東則東方之三老，視德可敦俗、才堪莅政者，公議舉之，狀簽某某深知其才德，兼以事實之，縣令即以幣車迎爲六事佐賓吏人。供用三載，經縣令之親試，百姓之實徵，老人復躋堂言曰，某誠賢，則令薦之府，呈簽某令深知其才德，亦兼以事實之，則守以禮徵至。其有顯德懋功者，即薦之公朝，餘仍留爲佐賓三載，經府守之親試，州縣之實徵，諸縣令集府言曰，某誠賢，則府守薦之朝廷，呈簽某守深知其才德，亦兼以事實之，則命禮官弓旌、車馬徵至京。其有顯德懋功者，即因才德受職不次，餘仍留部辦事，親試之三載。凡經兩舉，用不及者，許自辭歸進學。老人、令、守，薦賢者受上賞，薦奸者受上罰，則公論所結，私託不行矣，九載所驗，賢否得真矣。即有一二勉強爲善，盜竊聲譽者，焉能九載不變哉！況九載之間，必重自檢飭，即品行未粹者，亦養而可用矣。爲政者復能久任，考最於九載、十二載或十七八載之後，國家不獲真才，天下不被實惠者，未之有也。（同上）

由是言之，則科舉、時藝與鄉舉里選之利病，誠相去懸殊矣。故先生於後又申論之曰：

選舉即不能無弊，而所取爲有用之才；科甲即使之無弊，而所得多無用之士。如漢舉孝廉，而得曹操，人皆以爲選舉之害。不知大奸如曹，而猶環顧漢鼎而未敢遷，正因來自選舉，猶有顧惜名節意。後世文人，全無顧惜矣。（《顏習齋先生言行錄》卷上，《法乾第六》）

又：

王契九問："取士鄉舉、里選，行之滋弊。"先生曰："猶勝時文。如一邑方舉一人，一方有不肖之耆、約，黨酒食賄賂之家，而登其子弟，將三方皆不肖乎？即皆不肖矣，他邑獨不得一良耆、良約乎？三四舉而得一賢，或三四邑而得一賢，所得不既多乎！當不至如時文，百千舉而不見一賢也。況選舉復，則士飭其行。試觀周代盛時，士習之美，不可及矣；雖極其流弊，以至戰國，亦第云'修其天爵，以要人爵'而已。今世求一修天爵而要人爵者，豈可得哉！"

（同上，《剛峰第七》）

鄉舉里選，可得有用之才，雖有流弊，亦較之以時文取士，百千輩而不得一賢爲愈也。故先生以爲欲舉人材，不如用選舉之法也。

先生在《存學編》云："至大經大法，如班爵、班祿、井田、學校，王道所必舉者"（卷三，《性理評》），又曰："三代聖人之大經大法所以位天地、育萬物，若井田、若封建、學校。"（《習齋記餘》卷一，《送張文升佐武彤含尹鹽城序》）則封建之制，正在先生所謂"正大經"之內也。當時學者，鑒於明代流寇之興，引起亡國之禍，以爲郡縣權輕，無以制禍亂於未萌，故梨洲則主張恢復藩鎮，以爲"封建之弊，强弱吞並，天子之政教有所不加；郡縣之弊，疆場之害苦無已時。欲去兩者之弊，使其並行不悖，則沿邊之方鎮乎。"（《明夷待訪錄·方鎮》）。亭林則主張寓封建之意於郡縣之中，其説曰："方今郡縣之敝已極，而無聖人出焉，尚一一仍其故事，此民生之所以日貧，中國之所以日弱而益趨於亂也。……然則尊令長之秩，而予之以生財治人之權，罷監司之任，設世官之獎，行辟屬之法，所謂寓封建之意於郡縣之中，而二千年以來之敝可以復振。"（《亭林文集·卷一·郡縣論一》）陸桴亭亦有封建傳賢不傳子之論。皆針對時弊而發也。先生則云：

> 先王遺典，封建無單舉之理，大經大法畢著咸張，則禮樂教化自能潛消反側，綱紀名分皆可預杜驕奢，而又經理周密。師古之意，不必襲古之跡。使十侯而一伯。侯五十里，一卿，二大夫，三士；卿，天子命之。伯百里，一卿，三大夫，六士；卿與上大夫亦天子命之。侯畜馬二十五，甲士與稱；伯畜馬五十，甲士亦稱，有命乃起田卒焉；邊侯、伯，士馬皆倍其畜，有事乃起田卒焉。侯庶不世爵祿，視其臣而以親爲差；侯臣不世邑采，取公田而以位計數；伯師不私出，列侯不私會。如此者，有事則一伯所掌二十萬之師，足以藩維，無事而所畜士馬不足並犯。封建亦何患之有？況三代建侯之善，必有博古君子能傳之者，用時又必有達務王佐能因而潤澤者。

（《存治編·封建》）

先生所云，"師古之意，不必襲古之跡"，又謂用時必"因而潤澤"之，其非盡如古制依樣畫出甚明。顧封建之不可復者，勢也。而先生則持之甚力。李恕谷於所爲《存治編·書後》曰："塨出游四方，辨證益久，謬謂鄉舉里選，行之或亦因時酌略，而大體莫易。井田則開創後，土曠人稀之地，招流區畫爲易，而人安口繁，各有定業時行之難。意可井者井，難則均田，又難則限田，與先生見亦頗不參差。惟封建以爲不必復古……戊寅，浙中得陸桴亭《封建傳賢不傳子論》，蓋即郡縣久任也，似有當。質之先生，先生曰：'可，而非王道也。'商榷者數年於茲，未及合一，先生倏已作古矣。於戲！此係位育萬物參贊天地之事，非可求異，亦非可強同也，因書於後，以待用者。"（《存治編·書後》）封建之制，以今觀之，固不可取。然細按先生之所説，實與亭林、桴亭所持相去不遠，論者不察同時諸儒之所論，且忽於先生"不必襲古之跡"之説，乃專責先生以"泥古"，則求之甚苛矣。

**4. 興禮樂與安天下**

先生論學，謂學、教、治一致，而於實習、實行，亦以習行禮樂爲最善。活血脉，壯筋骨；正德利用，而即所以厚生，此所以興禮樂爲安天下之法也。《顔習齋先生年譜》丙午三十二歲，先生即謂：

孔、孟之道，不以禮樂，不能化導萬世。

此即以禮樂爲治世之準繩也。其後謂曹敦化曰：

"天下無治亂，視禮爲治亂；家國無興衰，視禮爲興衰。"（《顔習齋先生年譜》丙子六十二歲）

治亂興衰，咸由於禮樂之興替，則所以安天下，必在禮樂明矣。先生嘗曰：

人持身以禮，則能得人之性，如吾莊肅，則人皆去狎戲而相敬，是與天下相遇以性也。此可悟"一日克復，天下歸仁"之義。（《顔習齋先生言行録》卷上，《言卜第四》）

在《與何茂才千里書》更暢論之曰：

天之生萬物與人也，一理賦之性，一氣凝之形。故吾養吾性之理，嘗備萬物之理以調劑之；吾養吾形之氣，亦嘗借萬物之氣以宣洩之。聖人明其然也，是以畫衣冠，飭簠簋，制宮室，第宗廟，辨車旗，別飲食，或假諸形象羽毛以制禮，範民性於升降、周旋、跪拜、次叙、肅讓；又熔金、琢石，竅竹、糾絲、刮匏、陶土、張革、擊木，文羽籥，武干戚，節聲律，撰詩歌，選伶俏，以作樂，調人氣於歌韵舞儀，暢其積鬱，舒其筋骨，和其血脉，化其乖暴，緩其急躁，而聖人致其中和以盡其性、踐其形者在此，致家國天下之中和，天地之中和，以爲位育，使生民、天地皆盡其性、踐其形者，亦在此矣。（《習齋記餘》卷四）

興禮樂足以使天下皆歸於仁，生民與天地皆盡其性、踐其形，此可以爲安天下之道者一也。先生又有说曰：

> 周公之制度，盡美盡善。蓋使人人能兵，天下必有易動之勢；人人禮樂，則中國必有易弱之憂。惟凡禮必射，奏樂必舞，使家有弓矢，人能干戈，成文治之美，而具武治之實。無事時雍容揖讓，化民悍劫之氣，一旦有事，坐作擊刺，素習戰勝之能。（《顏習齋先生言行錄》卷上，《學人第五》）

此興利樂乃可以底於盡美盡善也。故曰：

> 禮、樂，聖人之所貴，經世重典也；而舉世視如今之禮生、吹手，反以爲賤矣。兵學、才武，聖教之所先，經世大務也，而人皆視如不才寇盜，反皆以爲輕矣。惟袖手文墨，語錄、禪宗，爲至尊而至貴，是誰爲之也！（同上，卷下，《教及門第十四》）

禮樂爲經世之重典，故雖舉人材、正大經，猶不足以安天下，蓋禮樂不惟不可斯須去身，且國無禮則無與立矣。先生謂：

> 治平之道，莫先於禮。惟自牌頭教十家，保長教百家，鄉長數千家，舉行冠、婚、喪、祭、朔望、令節禮，天下可平也。（《顏習齋先生言行錄》卷下，《學須第十三》）

禮樂之道，可使人習乎善，禮不可以斯須去身，故欲化天下使一軌於正，非禮莫由也。先生弟子李恕谷有言曰：

> 孔子言"博學於文，約之以禮"，約之即約所博之文也，則聖學惟一禮矣，內外合，知行盡矣，乃曰"不然"何也？禮者，孟子所謂節文也，恭敬辭讓也。宗程、朱者以天理二字混之，宗陸、王者又直指良知曰禮者吾心之大規矩也，而禮入空虛矣。晉人之於禮也明廢之，宋、明之於禮也陰棄之，此世道人心之憂也，豈解經之失而已哉！（《中庸傳注問》）

先生弟子王昆繩亦曰：

> 蓋德行之實事皆在六藝，而六藝總歸一禮，故孔子謂非禮勿動，所以修身，教顏子以"克己復禮爲仁"，又曰"爲國以禮"。故學禮即格也、致也，約禮即誠正修也、齊治平也。《小學》《大學》，由淺入深，師以此教，弟以此學也，士以此造，才以此取也。士大夫之學出於此，君相之學亦出於此也。明明德、親民由於此，止至善即由於此也。（《居業堂文集》卷八《與方靈皋書》）

"六藝要歸一禮""則聖學惟一禮"，此禮之尤爲切要也。恕谷、昆繩所云，皆足以見先生之意，合先生師弟所述觀之，尤可以見禮之重要，讀先生之書者，蓋不可或忽之也。

先生在《存治編》中有"靖異端""復宮刑"諸說，以今觀之，皆不重要，茲可弗述。其《濟時》謂："爲今計，莫要於九典、五德矣。"所謂"九典"者，"除制藝，重徵舉，均田畝，重農事，徵本色，輕賦稅，時工役，靖異端，選師儒，是謂九典也。躬勤儉，遠聲色，禮相臣，慎選司，逐佞人：是謂五德也"。（《濟時》）實不外《井田》《治賦》《學校》諸篇所述，其五德則爲人君而發。茲姑從略。

### （六）學術影響

習齋先生倡明周、孔之教，主張實學、實習、實行、實用，最足以矯時弊，而有功於世道。當時聞風興起者，考之《顏習齋先生年譜》，雖不乏人，然受影響最深者，實以李恕谷（塨）爲最；能明行其道者，初亦惟有恕谷也。據《顏習齋先生年譜》，"塨質所著《大學辨業》於先生……先生喜曰：'吾道賴子明矣。'"（《顏習齋先生年譜》，己卯六十五歲，《顏元集》）又："塨將入京，先生曰：'道寄於紙千卷，不如寄於人一二分。北游，須以鼓舞學人爲第一義。'"（《顏習齋先生年譜》辛巳六十七歲）是習齋先生固以能明行其道者惟恕谷，若纂輯《顏習齋先生言行錄》之鍾金若（錂），實遠弗逮也。其後恕谷於京，傳述顏先生之學，又得王崑繩（源），據恕谷所爲《王子源傳》，謂"顏先生崛起，樹周、孔正學，躬行善誘，志意甚偉，而傳聞不出里閈。王子來學，漸播海內"。（《恕谷後集》卷六）崑繩受業於習齋先生時，年已五十有六，不可謂非信道之篤也。因恕谷、崑繩之傳布其說，而又得惲皋聞（鶴生），據恕谷門人劉調贊所爲《道傳祠記》謂："皋聞南居，日以顏、李之學告人。今天下無慮口中津津顏、李之學，王崑繩、惲皋聞二先生之倡明居多。"（《恕谷年譜》卷五），則皋聞之爲顏學傳人在當日已有定論也。其後程緜莊又因恕谷、皋聞而明行顏學，而戴東原乃亦受其影響，而成爲有清中葉一大思想家。則顏學之影響，不可謂不巨矣。茲述習齋先生之學，故附論恕谷、崑繩、皋聞、緜莊四人之學術思想，以見顏學之流傳焉。

## 1. 李恕谷之生平及其學術思想

### （1）傳纂

"李先生塨，字剛主"（《李略》），嘗自謂"求仁不能，期勉於恕，因以恕谷名其鄉，而爲號焉"（《恕谷後集》卷十三，《李子恕谷墓誌》）。"其先世本小興州人，明初有進忠者，徙保定府之蠡縣，遂爲蠡人"（《戴記》）。

"父明性，故明諸生""性篤孝"（《李略》）。"有學行，高隱不仕"（《戴記》），"時力爲聖賢，敦孝弟，主忠信，崇禮義廉恥，讀《論》《孟》《學》《庸》及《朱注》"（《李子恕谷墓志》）。"顏其齋曰'主一'""博野顏習齋來訪，見《日記》及所輯《性理》《通鑒》諸書，大嘆服歸"（《恕谷年譜》），"學者稱爲孝慤先生"（《戴記》）。"家素饒，經滄桑變，田被圈，又兄弟多，故絀於用，至難堪。乃與人言，絶口不道貧，視不義之富貴若將浼焉"（《恕谷年譜》）。"孝慤使先生奉其妾母居縣中，率其四弟讀書，而自與適居鄉。相距二十餘里，每朔望前日薄暮，必徒步至鄉，問父安否。夙興乃還。嘗曰：'孝慤公之事親，視無形、聽無聲，勉學之而未能也。'乃纂集古人事親之禮，以時省視，鮮膏醴稻，竭力以養，而自食粗糲，不使親知"（《戴記》）。"其友趙錫之重先生行而憫其貧，間數日輒使饋粟肉於孝慤，詭言先生所遺，孝慤不知也"（《戴記》）。

"先生幼承孝慤先生家學，以正直忠孝爲本。既冠，從習齋先生游，得周孔久湮之墜緒"（《恕谷年譜》），"因從學禮"（《戴記》），"效習齋立日記自考"（同上），"逐時記身心言行得失"（《李子恕谷墓志》），"時有所省，刻有所勵"（《恕谷年譜》）。"又學琴於張而素，學射、御於趙錫之、郭金城，問兵法於王餘佑，學書於彭通，學數於劉見田""於田賦、郊社、禘祫、宗廟諸禮，及諸史志所載經史諸務，與古帝王治績可爲法者，考校甚備，録其語曰《瘳忘編》以待用""年二十六，遭孝慤喪，擗踴哀慕如孺子，三日不食，寢苫枕塊，斂葬虞祭皆如禮"（《戴記》）。

乙丑二十七歲，以事至京，晤郭金湯、郭金城。越明年，得知"許西山學品，乃拜之求教。西山言：道原於天，終於天。'小心翼翼，昭事上帝'，功力也。'文王陟降，在帝左右'，歸結也。'天行健'，以生生也；'君子自强不息'，以行仁也"（《恕谷年譜》）。"庚午年三十二歲，中順天鄉試"（《李子恕谷墓志》）。至三十七歲，郭金湯"爲浙桐鄉令，聘先生往，一歲使者三至。既往，舉邑以聽，期年政教大行"（《戴記》）。"遂之蕭山，學樂於毛奇齡，盡得其舊所傳五聲、二變、四清、七始、九歌、十二律諸遺法，並受其經學。時與往復論《易》，辨《太極圖》、河洛之僞；論《尚書》辨攻古文爲僞之誤；論《詩》，言《小序》不可廢。奇齡常稱爲蓋世一人"（《清史列傳》）。先生亦嘗自謂其見奇齡而於經學益進也（《年譜》）。

"已至京師，左都御史吳公涵聘主其家，命其子弟從先生學六藝，且爲刊所著《大學辨業》。其時名公卿如徐少宰秉義，王相國掞，許侍郎三禮，皆過先生論學"（《戴記》）。"皆重先生行，數相從論學。"（《徐記》）"安溪李文貞公光地爲直隸巡撫，聞先生名欲延致之，命其門人庶常徐元夢道意，且欲持先生所著書往，曰：'李公虛左以待先生，先生寧不往見？'先生堅辭曰：'部民也，往見非義。'卒不往。時三藩平後，朝廷向文學，四方名士競集京師，無不樂交先生者"（《戴記》）。"晤王源崐繩，論學甚契""晤萬斯同季野、胡渭生朏明""拜孔主事尚任，論樂"（《恕谷年譜》）。"冉進士永光，竇翰林克勤招集同人，共爲講會，先生與焉。因歷及古今升降，民物安危，學術明晦之所以然，以及《太極》、河、洛圖書之辨，屯田水利、天官地理、兵農禮樂之措置。諸公悚聽，久之相顧謂曰：'乾坤賴此不毀也。'而鄞萬處士斯同，尤篤服先生，爲特序《大學辨業》，以爲學之指歸在是。他日與先生考論禮制，握先生手曰：'天下學者，唯君與下走耳，太原閻生未足多也。'萬亦夙有講會，每會皆達官主供張，翰林、部郎、處士數十人列坐而聽。一日會講於紹寧會館，先生亦往。衆請問郊社，萬君向衆揖先生曰：'此蠡李先生也，負聖學正傳，非予敢望。今且後郊社，請先言李先生學，以爲求道者路。'因將《辨業》之旨，歷歷敷陳曰：'此質之聖人而不惑者，諸君有志，無自外矣。'"（《戴記》）"於是代州馮雍璇、三原溫德裕、大興劉有餘、蘇州黄日瑚等俱來拜問學"（《恕谷年譜》）。"歸德周（嶧），王崐繩並介以執贄受業習齋門下"（《徐記》）。"季野卒後，德裕馮氏兄弟皆嘗立講會""後雍復會崐繩、宗夏與李蔭長、毛充有、吳子淳、梁質人、溫鄰翼、劉綽然、李中牟、許不棄、倪唐際、毛姬潢、朱字綠、張百始""推先生講學，先生隨問有答"。"崐繩延先生與金陵方苞靈皋論學。靈皋尊程、朱者也，聞先生言，嘆服"（《恕谷年譜》）。甲申四十六歲，"溫益修選酈城知縣，卑禮厚聘，延往論學議政，應之""伻來報習齋先生卒，辭歸"（同上）。

己丑先生年五十一歲，"門人楊勤爲陝西富平宰，聘主其事，先生曰：'富平亂國也，治法宜嚴。教之禁鬥争、止賭博、勤聽訟、减催科、抑强恤弱。'行之如桐鄉時，民俗遂變。乃語以旌孝弟、崇學校、選鄉保、練民兵、勸農興利，百廢俱舉。關内學者，聞風靡至，學《禮》、學《樂》、學《易》、學兵陣。居踰年，先生以省親辭行，士民餞送十餘里不絶，勤至唏噓爲泣下"（《徐記》）。

壬辰先生五十四歲，易州"祝兆鵬之岳丈張，以部郎放濟南府知府，使來饋贄，求理其幕事。詞甚懇切，許之。……十一月，到濟南，太守延入署，觀其署事，知非能有爲者，乃决辭而歸"。（《恕谷年譜》）

翌年癸巳"正月，以《周易傳註》久成，入京，尋剞劂刊之"。越明年甲午"邑令浦公新下車，即來拜，求教""其所延西席惲皋聞孝廉，武進人也，素聞先生學，因過請教。乃以《顔先生年譜》《四存編》示之，撫掌稱是。遂盡棄其學，而學先生六藝之學，立日記以省身心"。丁酉五十九歲，"金陵程启生书来，略云：'圣道失传，莫甚於朱、陆，以乱真之伪，似是之非，互起而哗。自习斋先生出，乃举先圣立教之成法以示人，幸得先生嗣其后，得二千载已丧之真传，乘六百年将更之气运。伏愿先生以道自尊……'"（以上均据《恕谷年谱》）启生即程綵莊也。颜、李之学，数十年来，流播至於南方，南方已颇有闻风兴起者也。

戊戌六十岁，"改选通州学正，旋以疾告归。始迁居博野，修葺习斋学舍，以收召学者。从游日众，远方邮书请正，络绎不绝，先生接引甚殷，未尝稍有矜色。尝曰：'学者当肃其九容，使身心修整，祛妄戒昏，则天君湛如，而更习为有用之学，圣道其不远矣。'安溪、太仓两相国，将以先生学行荐於朝，皇十四子抚远大将军用兵西陲，以币再来聘，先生皆力辞。后遂称病笃，隐居治农圃。年七十五，卒於家。雍正十一年正月朔日也。门人冯辰、刘调赞等上私谥曰文子先生。子习仁，先卒；次习中、习礼，皆能承其家学"（《戴记》）。

始，"桐城方侍郎苞与先生交甚厚，尝使子道章从学先生"（《戴记》），丁酉六十二岁，"时先生欲南迁，而灵皋为戴田有事入旗，将北居，因以其南方田宅赠先生，先生即以北方田宅易之"，乃於是年往江南相宅。翌年，使子习仁夫妇南行，而习仁病卒於途中，遂不果南。雍正元年，清廷谋聘学行兼优者教皇子，已而又谋聘人修《明史》，中堂徐蝶园、冢宰张敦复，皆拟徵先生，访於灵皋，灵皋遂为辞以老病。（以上均据《恕谷年谱》）"后先生殁，方不俟其子孙之请，为作墓志，於先生德业一无所详，而唯载先生与昆绳及方论学同异，且谓先生因方言改其师法。又与人书，称浙学之坏始黄梨洲氏，北学之坏则始於习斋。故先生门人威县刘用可深非之，谓其纯构虚辞，诬及死友。今观先生遗书，知用可之言为然也"（《戴记》）。

"先生承习斋教，以躬行为先"（《戴记》），"凡冠婚、丧祭、燕与、相见诸礼，准古酌今，随时习行。持家甚严，而孝慈友恭，胥尽其道。居室甚俭，而周急济难，倾囊不吝。且善体《易》道，作事刻刻变化而有典常。当问学时，躬诣习斋，商榷学术治道，每至夜分不息。""凡海内道学、才隽、通儒、技勇、艺术、文士，皆委曲纳交，以悉得其所长。至於表前圣既晦之旨，辨後儒似是之非，平心以剖，易气而析。尝言圣经言道已尽，出乎此，非异端则支离。故所著《大学辨业》《圣经学规》《小学稽业》《圣学成法》，皆以《六经》为证据。又为诸经传注及学六艺等录，虽诗古文辞，片牍只语，无非昌明圣道，可以实见之身世者。而经济之具，则在《阅史郄视》《平书订》《拟太平策》，及《郊社》《禘祫》《宗庙》《田赋》等《考辨》，悉依诸经典，参以时宜，洵纯王之政，致治之法也。"（《恕谷年谱》卷五）

"其解釋經義，多與宋儒相反，然其論《易》以觀象爲主，兼用互體，謂：'聖教罕言性天，乾坤四德必歸人事，屯蒙以下亦皆以人事立言。陳摶《龍圖》、劉牧《鉤隱》，以及探無極、推先天者，皆使《易》道入於無用。其説頗醇實，不涉支離恍惚之談。其於《大學》，所爭在以格物爲《周禮》三物，謂孔子時三物教法尚存，人人所習，不必再言，惟以明德親民標其目，以誠意指其入手而已。格物一傳，可不必補。'奇齡獨惡其説異己，作《逸講箋》以攻之"（《清史列傳》），然當時多韙先生説焉。

"先生每念及民物，輒憂憫泣下，故禮樂兵農、工虞水火、及天文地理諸學，皆日夜究心焉"（《恕谷年譜》）。"論治不外教養二端，當規其遠大，而有本末先後之不同，尤不可背時爲治。嘗以錢穀、刑名爲今時爲治所必資，錢穀不擾，用一緩二，亦可云養。刑名得當，使民森然知有所畏而勿陷於邪，亦可云教。至其遠大，如所謂質鬼神無疑，建天地不悖，以三重之道，原本天地雷神以制之，故即可以制之者位之。而其要在以動機相感，一陰一陽，皆以動而生物，故《易》曰：'繼之者善也。'後學乃習爲主靜，以物不用則腐推之，已且不治，何況天地鬼神"？"自謂於内聖外王之學，粗有端委，廓清後塵，遠宗古聖，蓋有所於己，非貌爲大言者此也"（《徐記》）。

"先生一生，志在行道，非石隱之流也。觀先生《祭顔先生文》曰：'使埭幸則得時而駕，舉正學於中天，挽斯世於虞夏；即不得志，亦必周流汲引，使人材蔚起，聖道不磨。'此先生之志也"（《恕谷年譜》卷五）。"先生既知道不能行，乃壹志闡明師説，思傳之其人，以待天下後世之用。""習齋崛起閭巷，學初不顯，先生爲傳其説於京師，與名公巨卿四方知名士，正言婉喻，轉相傳布，聲蜚風流。"（《徐記》）"執贄來學者，皆殷勤提誨，因材造就，咸欲躋之聖域。故聞風者爭自淬礪，千百里外，多遥拜而私淑焉"（《恕谷年譜》卷五）。

"從來稱道學者不諳經術，能干濟者不究身心，先生兼綜條貫，一源共委，於先聖明親至善之道，備體諸身，如有用者，舉而措之耳。乃竟賫志以没也"（同上），嗚乎！亦可哀已。

(2) 恕谷之傳述顔學

習齋先生之學，因恕谷而益發揚光大，此於恕谷之生平事跡，已可略見。嘗試察之，恕谷之所以志傳顔學，實有數事可得而述焉。據《恕谷年譜》己未二十一歲：

> 邢臺李毅武來訂交，時聞顔習齋先生爲聖人之學，因同訪於賈子一塾。……先生自此深以習齋學習六藝爲是，遂卻八比專爲學。

(《李恕谷先生年譜》卷一，四存學會校刊)

習齋先生長於恕谷二十四歲，是時年已四十有五，且於鄉間已有聖人之目，習齋先生所昌明之學實爲"周孔正學"，則恕谷自不得不棄其所學而學焉。翌年"聞習齋賣側事，往諫""先生服習齋改過之勇，躍然志氣若增益。效習齋立《日記》自考"，又："習齋曰：'學者勿以轉移之權委之氣數，一人行之爲學術，衆人從之爲風俗，民之瘼矣，尚忍瘼外？'先生泣下"，則其所以感動之者，至深且切。故於其次年：

評習齋《日記》，至"憂剛主有其才而無其學"，悚然曰："咫尺習齋，天成我也，不傳其學，是自棄棄天矣。"(《李恕谷先生年譜》卷一，辛酉二十三歲。四存學會校刊)

此習齋先生之學術，足以使恕谷之立志爲傳述也。恕谷與習齋先生之年輩相去既不甚遠，則二人所處之時勢相同，二人所有之感想亦自當相同。此於恕谷《與方靈皋書》《記李氏翁媼已事》《送黃宗夏南歸爲其尊翁六十壽序》及《存治編序》所述皆頗足以見之(詳上)。其《書明劉户郎墓表後》曰：

承南宋道學後，守章句，以時文八比應試。高者談性天，撰語錄，卑者疲精死神於舉業。不唯聖道之禮樂兵農不務，即當世刑名錢穀亦懵然罔識。而搦管呻吟，自矜有學。萊陽沈迅上封事曰："中國嚼筆吮毫之一日，即外夷秣馬礪兵之一日。"誦其語，惟之慚且慟也。(《恕谷後集》卷九)

其《與樞天論讀書》曰：

千餘年成一文墨誦讀之世，而人才日下，世教日衰，魚爛瓦解，莫可收拾，則可知學文之文，不專書冊，而讀解書冊，不足言學矣。(同上，卷一三)

此皆以中國時勢之日非，由於學術誤及政事，與習齋先生之意見相若，則其所昌明者，恕谷樂爲傳述之、發揚之，此不待煩言可知也。且嘗考之，恕谷自幼年即已志在經世致用，其《與溫載湄書》曰：

塨少頗負狂志，欲起而馳驅天下，建功立業，即萬一蹉跎，亦必講學明道、大聲疾呼，以覺斯人。(同上，卷五)

其所爲《原任户部郎中閻公易薘墓志銘》曰：

予少年屬角戴銋，立欲馳驅宇内。(同上，卷七)

皆可見其少年之時，頗有志於經世致用。故謂：

乃承顏先生提晦，謂天地民物不忍令其塵霾，先聖先賢不忍令其墮地。當日顏先生言此泣下，塨亦泣下。(同上，卷五)

此其志願實相同也。恕谷早年之著述，如《瘳忘編》《閱史郄視》，皆偏於言經世者，亦其顯證。故由顏學之本身，二人所處時勢之相同，二人所有志願之相同，恕谷之志傳顏學，其故可以推知也。

然恕谷與習齋先生之性格異，故其傾向亦異；其經歷異，其所見聞亦異；習齋先生之學，一傳至於恕谷，其面目實不得稍差異，則述恕谷之學者，不可或忽者也。據《恕谷年譜》癸丑十五歲：

> 娶王氏，遂與其兄法乾交，論學甚歡。法乾嘗謂顏先生曰："吾近狷，兄近狂，李妹夫乃近中行也。"（《恕谷年譜》癸丑，十五歲）（《李恕谷先生年譜》卷一，四存學會校刊）

此恕谷之性格近於中行也。丙辰十八歲又載：

> 先生時病，然未嘗廢讀。先生嘗言："吾少年讀書，強記四五過，始成誦，比時同學者多如此。而予迤後閱書幾萬卷者，好故也。"（《李恕谷先生年譜》卷一，四存學會校刊）

此恕谷之性格頗耽文墨也。由近於中行言之，則習齋先生與恕谷，其主張不能盡相同，具行事亦不能盡相同，如《恕谷年譜》載：

> 論取與，習齋主"非力不食"，先生主"通功易事"。（《李恕谷先生年譜》卷一，壬戌二十四歲，四存學會校刊）

> 習齋規先生："策多救時，宜進隆古。"先生規習齋："盡執古法，宜酌時宜。"（《李恕谷先生年譜》卷一，癸亥二十五歲，四存學會校刊）

> 習齋過先生，見諸友歡聚（整理者按：原文為"諸歡友聚"，據文意改），謂曰："吾當勉於狎足成歡，子當勉於莊足成禮。"（《李恕谷先生年譜》卷二，庚午三十二歲，四存學會校刊）

> 吳公來請，乃入京。習齋謂曰："勿染名利。"先生曰："非敢求名利也，將以有為也。先生不交時貴，塨不論貴賤，惟其人。先生高尚不出，塨惟道是問，可明則明，可行則行。先生不與鄉人事，塨於地方利弊，可陳於當道，悉陳之。先生一介不取，塨遵孟子'可食則食'，但求歸潔其身，與先生同耳。"習齋首肯。（《李恕谷先生年譜》卷三，庚辰四十二歲，四存學會校刊）

> 先生與（馮）辰言正學難合。辰曰："宜韜晦。"先生曰："然否隱見，各一則易；隱見並行，故難。如守習齋之道，而專韜晦，覆蔽漸滅矣，何以明行此道於天下萬世乎？故不得不通聲氣，廣交游也。有從者，此道傳，有排者，此道亦傳。此顏先生意也。"（《李恕谷先生年譜》卷四，丁亥四十九歲，四存學會校刊）

由此所述觀之，則恕谷比較易於入世，好酌時宜；更重功利，而廣交游；

故恕谷於政治上之主張，不似習齋先生之盡執古法，而於經世致用尤注意。恕谷不惟在外間經歷較多，關於論政之著述亦較多，此二人不盡同者一也。

由恕谷之頗耽文墨言之，則恕谷在考究上與習齋先生尤相差異，在學術上自不能盡同。據《恕谷年譜》：

吳公深喜先生文，開雕行世。（同上書，丁巳十九歲，卷一。）

習齋言先生病在不節飲食，又好記覽，多記損心。（同上書，庚申二十二歲，卷一）

習齋評先生《日譜》，教以記事減冗繁而錄大綱……看書減而讀所現學，習學減而勿貪多。（同上）

立一歲常儀功："……以考究致用之學爲業。"（同上書，辛酉二十三歲，卷一）

修《學規》，示從游："……一、通經史……《十三經》《廿一史》，須以漸考之。"（同上）

習齋言："有一分名，即一分禍。"又規先生繫心詩文之失……（同上書，壬戌二十四歲，卷一）

閱《廿一史》，錄經濟可行者於冊。（同上）（《李塨集》）

至習齋，投門人刺，以《瘳忘編》《恕谷集》爲贄。（同上書，己巳三十一歲，卷二）

數日，翻《十三經注疏》十一套，覺精神勞動，深悔閱書急躁之過。（同上）

子固書至，規刊書無關經濟。先生復書，言："吾友恐予蹈書生文士之習，誠爲雅意，然天下之無經濟，由學術差，辨學，正經濟天下萬世之事也。"（同上書，卷二，乙亥三十七歲，《四存學會校刊》）

謁習齋質學，習齋曰："此行歷練可佳也，惟勿染南方名士習耳。"（同上）

習齋囑以勿作無益詩文。（同上，卷二，丁丑三十九歲，四存學會校刊）

由此所述觀之，則恕谷幼年之時，不惟耽於誦讀，繫心詩文，對於《十三經》《廿一史》並加考究，且直以"辨學正經濟天下萬世之事"，此習齋先生所以屢加規勸，於其南行，更戒以勿染南方名士習氣，勿作無益詩文也。恕谷於二十三歲時，即"以考究致用之學爲業"，故其後謂其弟益溪（培）曰：

謂余好讀作、損精神，此顏先生之言，而子本之……但吾之翻閱，亦爲學也，與先生所見，微有不同。吾人行習六藝，必考古準今。禮殘樂闕，當考古而準以今者也。射御言有其仿佛，宜準今而稽之古者也。數本於古，而可參以近日西洋諸法者也。且禮之冠昏、喪祭，非學習不能熟其儀，非考訂不能得其儀之當，二者兼用者也。宗廟、郊社、禘祫、朝會，則但可考究，以待君相之求，不便自我定禮，以爲習行者也。……殷輅、周冕、舜樂，孔子且以考究爲事矣。今世率遵朱子《家禮》，然多杜撰無憑，行之顛躓，其考議之當急爲何如者？（同上書，卷三，癸未四十五歲，四存學會校刊）

則直以考訂之業爲當務之急，恕谷之傳顔學，頗欲以考古準今補顔學之缺失矣。恕谷與益溪言，又謂："逃名者石隱也，異端也，實至而名歸者聖賢也。"（同上）於習齋先生所規以"勿作無益詩文"者，始終不能改。則是猶有名心，其傳顔學，於所攻擊之讀講、著作、文墨之害，不能盡從之也。此實由恕谷之性格使然，在幼年時已見其端，迨其入京講學，至浙佐政，見四方名士之所爲，而其傾向益不能變。蓋其才氣有以使然，亦非入京至浙，乃轉變其傾向也。

恕谷以二十七歲時至京，次年獲見許西山《聖學直指》，乃拜之求教。西山言："道原于天，終于天。'小心翼翼，昭事上帝'，功力也；'文王陟降，在帝左右'，歸結也。"其後於乙亥三十七歲往浙，"途中時時有帝天之載"。戊寅四十歲在浙，更得陸道威《思辨錄》閱之，陸氏書謂"吾心之念慮，或有息時，吾心之敬，不容或息，能存之至於夢寐之際皆能自主，乃可"。恕谷以爲"道威此論，甚有體認。自覺從前功力，尚多疎略。從此無論有事無事，有念無念，皆持以敬"。恕谷又有《警心編序》亦云："惟戊寅年功頗密，聞公庭呼暴聲，心若割，主人來議催科刑名，必語以寬大，日三復'小心翼翼，昭事上帝'之句。"（《恕谷後集》卷一。此條《恕谷年譜》未收入）則於此時並奉西山之教，及道威之説矣。次年"《日譜》每月下，書'小心翼翼'以自課。自勘内功不密，惕然，乃以陸道威每日敬怠分數自考"。故於是年北歸之後，"往拜習齋先生，曰：'先生倡明聖學，功在萬世，但竊窺向者，束身以斂心功多，養心以範身功少，恐高年於心性更宜力也。'乃以無念有念，無事有事，皆持以敬之功質。先生曰：'然。'乃書'小心翼翼，昭事上帝'二語於《日記》首，日三復之"。此恕谷入京至浙以後，使習齋先生思想亦略發生變遷，更受西山與道威之影響；於修養方法上，更能身心一致加功；此則不得不謂非恕谷之功莫屬也。

恕谷初至桐鄉之時，問人得王復禮草堂，往拜之。"草堂曰：'然。'因言：'《太極圖》本道家説，今本《大學》《孝經》，係朱子改竄，晦聖經本旨。程、朱、陸、王皆染於禪。'其考辯甚博"。（《恕谷年譜》，乙亥三十七歲，卷二）由浙北歸，次年毛奇齡寄其《駁太極圖》《駁河圖洛書》二種至，明年恕谷再度至浙，"修《上顏先生書》，略謂：'宋儒學術之誤，實始周子……宋儒於訓詁之外，加一體認性天，遂直居傳道，而於聖道乃南轅而北轍矣。於是變舊章者有八……'"於《太極》《河圖》《洛書》、靜坐，教人以性爲先，小學學其事，大學明其理，致良知，立道學名，立書院，數者並力詆之（詳《恕谷年譜》丁丑三十九歲，卷二）。習齋先生《存性編》"《性圖》，入"太極""五行"諸說，則於後儒誤論，當時尚未有盡灑者"。恕谷以質習齋先生，並承其意而爲更改《性圖》（詳《著述考》）。則是恕谷游浙至京，所見聞者，於攻宋學，亦非無補益也。

惟恕谷學樂於毛奇齡，並得奇齡所著禮、樂、經、史諸書，其後所爲諸經傳注之學，深受奇齡之影響。其與浙江邵允斯書云："至於經、史、子、集，皆翻閱之，以爲實行之考證，非務占畢也。如是者幾至四十，以樂無傳，入浙拜河右先生問樂。……又得賜觀其駁正《易》《詩》《書》《春秋》《禮》諸經謬解，而經學頗進。"（《恕谷年譜》，庚辰四十二歲，卷三）恕谷之"以考究致用之學爲業"，至是乃益並重於經學。後又與萬季野、胡紬明、方靈皋諸儒相交游，所受當日提倡經學之風氣且益深，故恕谷於諸經亦多有傳注。所謂顏學，一傳至於恕谷，其面目實已稍異，而似走入漢學之途。此則似無補於顏學。然恕谷實重習行，尤注重於經濟，如謂恕谷真走入漢學之途，則又非也。其所爲傳注，固以昌明顏學爲職志，故務與宋儒相反而近於漢學耳。此又讀其書者所必當知者也。

(3) 恕谷之哲學思想

a. 宇宙論

恕谷以考究致用之學爲業，具於理氣心性，所說雖尟，然其宇宙論亦頗具有新解。恕谷於三十九歲時晤王草堂，"草堂曰：'顏先生言理氣爲一，理氣亦似微分。'曰：'無分也，孔子曰："一陰一陽之謂道"，以其流行謂之道，以其有條理謂之理，非氣外別有道理也'"。（《恕谷年譜》，丁丑三十九歲，卷二）

其後注《易》則曰：

> 理氣心性，後儒之習談也。《易》則不多言氣，惟曰"乾陽物，坤陰物"，又曰"百物不廢，懼以終始"。《論語》以仁、智、孝、弟、禮、樂爲道，偶一及心，一及性，而無言理者，惟曰"敬事""執事敬"。唐、虞於正德、利用、厚生曰"三事"，成周於六德、六行、六藝曰"三物"，與後儒虛實太有分矣。（卷一）

其《論語傳注問》則曰：

> 問："朱注：'仁者，心之德，愛之理'，其說如何？"曰："後儒改聖門不言性天之矩，日以理氣爲談柄，而究無了義。曰'理氣不可分而爲二'，又曰'先有是理，後有是氣'，則又是二矣。其曰'太極是理，陰陽是氣，太極生兩儀爲理生氣'，則老氏道生天地之說矣。……"

其晚年所著《天道偶測》直以：

> 天爲一可轉之物，而日有常度，則天爲有形有體之物矣。

此雖以理氣無分，與習齋先生之言相合；然以理氣心性，乃後儒之習談；理能生氣，同於老氏道生天地之說；直與潘用微"理氣之說始於老莊"，非孔經之所有，其意見亦頗相合。故直以"天爲有形有體之物"，不同後儒之玄談，較之習齋先生之說，更徵於實矣。理氣之說，既不足信，則所謂道者、理者，俱當以實事釋之。故其《復惲皋聞書》曰：

> 夫曰道之爲路借語耳，是以道爲正字，路爲借字也，不知道亦借字也。路從足，道從辵，皆言人所共由之義理，猶人所由之街衢也……《中庸》言"行道"，《論語》言"適道"，《尚書》言"遵道"，皆與《孟子》言"由道""由路"同。道即路也，遂亦可曰"小人之道""小人道消"。若以道爲定名，爲專物，則老莊言道，曰："道生天地"，曰："有物混成，先天地生。"其視道也，非虛位，而實異端之說矣。宋人曰："陰陽非道，所以陰陽者爲道。"則顯悖聖經，陷入異邪。道不訓路，其失非小。（《恕谷年譜》卷五，己亥六十一歲，四存學會校刊）

其所爲李正芳所著題辭曰：

> 孔子曰："執射，執御"，是以射、御爲學也。子游以弦歌爲學道，是以禮樂爲道也。孔門身通六藝者七十二人，而有德行，有不違仁，是德、仁皆在六藝內也。以倫常日用言，曰道；得倫常於身心，曰德；心純粹，曰仁；而所以盡倫常之實事者，則曰藝。（同上，庚子六十二歲，卷五）

故曰：

> 道者，人倫庶物而已矣。奚以明其然也？厥初生民，渾渾沌沌而已，有夫婦父子，有兄弟朋友，朋友之盡，有君臣。誅取禽獸，茹毛飲血，事軌次序爲禮，前呼後應，鼓舞相從爲樂；挽強中之爲射，乘馬隨徒爲御，歸而計件鍥於冊爲書、數。因之衣食滋，吉凶備，其倫爲人所共由，其物爲人所共習，猶達衢然。故曰："道，倫物實事也；道，虛名也。"異端乃曰"道生天地，"曰有"物混成先天地生"，是

道爲天地前一物矣。天地尚未有，是物安在哉？（《恕谷後集·原道》，卷一二）

恕谷在《周易傳注》中亦曰："《説卦》曰：'立天之道，曰陰與陽；立地之道，曰柔與剛；立人之道，曰仁與義。'是明以陰陽、仁義皆爲道矣，而曰不是道，將仁義亦非道乎？陰陽、剛柔、仁義，其實也，謂之道者，名也。"（卷五）就《易》而言，固可謂仁義爲道，其實則"孔子、子游明以弦歌爲學道"（《聖經學規纂》卷一），而"聖道惟禮可以盡之"，故"習齋謂禮即道"（同上）；故不如直以倫常日用爲道，曰："道者人倫庶物而已"也。此徵之"聖經學規"與習齋先生之説，皆印合者也。故習齋先生曰："德行亦在事物上"，恕谷則曰："德、仁皆在六藝内也。"（《論語傳注問》）其意見正同也。習齋先生謂："理者，木中紋理也。其中原有條理，故諺云順條順理。"又曰："前聖鮮有説理者。"恕谷亦曰：

以陰陽之氣之流行也謂之道，以其有條理謂之理。今乃分理道別爲一物，曰理道善而氣惡，不亦誕乎！（《周易傳注》四庫全書本，卷五）

理字則聖經甚少，《中庸》"文理"與《孟子》"條理"同，言道秩然有條，猶玉有脉理，地有分理也。《易》曰："窮理盡性以至於命"，理見於事，性具於心，命出於天，亦條理之義也。今乃以理代道，而置之兩儀人物以前，則鑄鐵成錯矣。（《論語傳注問》）

理字聖經罕見，惟《易》"窮理"、《中庸》"文理"、《孟子》"理也"三言，乃指道之條理，餘皆言道。自宋儒以理爲談柄，而道字反輕。傳至今日，智愚皆言理，而罕言道矣。竊謂即以理代道字，而氣外無理。《易》曰"一陰一陽之謂道"，謂陰陽之氣即道也。《中庸》："君臣、父子、夫婦、昆弟、朋友，天下之達道也。"即以通行五倫爲道也。《孟子》道性善曰："道一而已"，即以同禀之仁義禮智爲道也。未有陰陽之外，仁義之先，而別有一物爲道者。有之，是老、莊之説，非周、孔之道也。（《中庸傳注問》）

恕谷在《論學》中又謂："天下之物，因形以察理，則理可辨。""彼形不可憑而理可憑，夫理者物之脉理也，物形既置，理安傅哉？"（卷二）蓋恕谷之意，亦主"見理於事"，故曰："乃理與事分也，亦誤也。"（《聖經學規纂》卷一；）此習齋先生與恕谷之釋理爲"紋理""脉理""條理""分理"，皆不離事物以言理也。此恕谷所以答其三弟益溪之問曰：

朱子云："灑掃應對之事，其然也，形而下者也；灑掃應對之理，所以然也，形而上者也。"夫事有條理曰理，即存事中。今曰理在事上，是理別爲一物矣。天事曰天理，人事曰人理，物事曰物理。《詩》曰："有物有則"，離事物何所爲理乎？（《論語傳注問·子張十九》，卷二；）

此恕谷由"氣外無理"而更推及"事外無理"，不認理爲有一物焉先於天地而生，有其客觀的存在，較之習齋先生之說更爲詳明也。恕谷於《論語傳注·上》曰：

  成己，成物，以天地萬物爲一體者，君子儒也。

又曰："以天地萬物爲一體，何我？"（同上）此習齋先生"天地一我也，我一天地也；萬物一我也，我一萬物也"之說也。《恕谷後集》有《論宋人分體用之訛》一篇曰：

  伏羲以至孔、孟，言道已盡，後學宜世世守之，不可別立名目；一立輒誤，如宋人道分體用，其一也。以內爲體，外爲用；自治爲立體，及人爲致用；明明德立全體，親民致大用；然質之聖經，不如此離析也。心之官則思，思非用乎？自治而行仁布義，致孝盡弟，不見於用乎？臨民之道德莊蒞，非立體乎？故經有以形體爲體者，如《易》云"正位居體"，"陰陽有體"，《孟子》曰"四體"是也。有以作用爲體者，《中庸》曰體物體群臣，《易》曰乾坤合德以"體天地之撰"是也。公孫丑謂子夏、子游皆有聖人之一體，顏淵、閔子騫具體而微，體謂德行、政事、言語、文學也。體，即具用也；用，用其體也。乃後儒曰"有有體無用"，是謂人有手足而無持行也，則痿手廢足，不可言體矣。又曰"有有用無體"，是謂人能持行而無手足也，不知以何者持行乎！無此事矣。（卷十三）

此習齋先生"如樹之根本枝榦通爲一體"之說也。然而恕谷謂"質之聖經，不如此離析也"，則恕谷考古之功密矣。恕谷更有說曰：

  老子以無爲體，以有爲用；宋人分體用，蓋亦爲其所熒也。朱子《太極圖說》，以中與仁與感爲太極之用，正與義與寂爲太極之體，則朱子注《中庸》："中，體也；和，用也。"此又何以中仁配感而爲用，正義配寂而爲體耶？朱、陸雖皆染二氏之學，而陸子直走一誤，朱子則兩顧依違，不能自定其說，此二家之異也。（同上《又論》）

此恕谷以體用之說，亦原於老莊，非孔經所本有矣。此較之習齋先生不主張有體用之分，說尤明矣。即清初諸儒論體用之不可分者，如潘用微、李二曲、王船山諸大師所說，皆無以踰於此。恕谷固不止於顏學之功臣也。

b. 心性論

恕谷之心性論，亦不以氣質之性爲惡，亦即以形色言天性，《大學傳注

問》曰:

> 問:"孟子言:'仁,人心也。'仁,性也,即心也,今何分心,性爲二也?"曰:"善哉問也!經有分言者,存其心,養其性,則心以氣質言也,性以義理言也;有合言者,仁義之心,心之所同然曰理義,是義理即在氣質,無二物也。異端滅去義理,而專以靈明知覺爲心,己心非其心矣,又何與於性!"(《傳注問卷三·大學傳注問》)

此言義理即在氣質,亦駁氣質性惡之説也。其《與許西山先生書》曰:

> 後儒之學,所依據者,曰尊德性,曰道問學。德性,《中庸》自注之矣,曰智仁勇。《易》言君子四德,《周禮》六德,《皋陶》言九德,《洪範》三德。《孟子》以仁義禮知統之。《直指》曰:"形色天性也,惟聖人然後可以踐形。"踐形者,踐其肅乂哲謀,聖以全形色之天,形色全則性全矣。(《恕谷年譜》卷二,丙寅二十八歲,四存學會校刊)

此謂形色即天性也。又有言曰:"酒色財氣,性也。"(同上,《恕谷年譜》卷四,庚寅五十二歲,四存學會校刊)皆不離物以言性也。故於《論學》假朱、王之争論之曰:

> 甲宗朱,乙宗王,辯且争。甲曰:"道在事物上求,言求心非。"乙曰:"絕去事物,專求心性。"予聞之曰:"言思忠,貌思恭,忿思難,疑思問,以何思之?即心性也,未有去心而能求事物者也。去耳,聰性何在?去目,明性何在?孟子曰:'形色天性也',未有去事物而能全心性者也。夫萬物皆備於我矣,去萬物,尚可爲心性乎?然非心性,則備萬物者何在乎?"(《論學》卷一)

此不贊同陽明言"分心與事物爲二也"。(《大學辨業》卷三)

恕谷於《周易傳注》又謂:

> 一陰一陽迭運,一道也。其繼續不已造化流轉者,乃陰陽本然之善也,(改元稱善長)所謂"逝者如斯,不舍晝夜"也。因而命之人,或大或小,或清或濁,各凝成一善者,則所謂性也。《中庸》言天命謂性,孟子言性善,皆本此。(卷五)

則由《易》之維善成性,亦可以言性善,比之習齋先生之説,尤明白而有據。"《易》曰:'天地之大德曰生。'生生即仁也,即愛也,即不忍也,即性即情也。"(《論語傳注問》)恕谷亦不以才情爲惡。據《恕谷年譜》,恕谷於己卯四十一歲謂:"思向論禮,未能考古準今,今頗知依據。向不知樂,今知樂。向以道心無私欲,今知無私欲不足盡道心,必欽而明。此自戊寅至今所歷者。"(《年譜》卷三)無私欲不足盡道心,直以人欲有不可去者,與潘用微所謂"聖人本無去欲之說"(《求仁録》卷八),陳乾初所謂"人欲恰好處即天理"(黄宗羲《南雷文約》卷二《陳乾初先生墓誌銘》);及王船山主張人心道心爲"互藏其宅""交發其用"(《尚書引義》卷一)諸説,亦甚相合。恕谷《大學辨業》曰:

> 陽明又有"格去物欲"之説,近宗之者,直訓"物"爲"私欲",謂同《孟子》"物交物",《祭統》"不齊(一作'齋',《祭統》:'齋之爲言齊也')則於物無"防"、"物"字。夫去欲乃誠意條如惡惡臭之功,非格物事也。且所引證"物"字亦非。己之物,耳目是也;今指己之耳目而即謂之私欲,可乎?外之物,聲色是也;今指工歌美人,而即謂之私欲,可乎?其失在"引蔽"二字,謂耳目爲聲色所引蔽而邪僻也。不然,形色天性,豈私欲耶?猶人美人金玉而盜之,始謂之盜,始謂之贓,豈人與金玉並未染指,而即坐以盜名,定爲贓物邪?是昭烈之指有酒具者而誅其犯酒禁也。至於齋戒所禁之物,謂葱韭薤蒜等食及視疾入内等事以爲觸犯齋戒之物,故曰防其邪物。若果以此爲邪物、私欲,則君子不齋之時,宜於邪物、私欲無所防耶?不可通矣。(《大學辨業》卷三)

故曰:"先儒以人心爲私欲,皆誤。""人心維危",謂"易引於私欲耳,非即私欲也"(同上)。恕谷則竟不以私欲爲盡可去者矣。故其《論語傳注問》曰:

> 問"《集注》以私欲訓己,不用之何也?"曰:"己訓私欲,從無此解。且下文即曰:'爲仁由己',一訓私欲,一訓我身,頃刻異訓可乎!聖門專重學禮,曰'約之以禮',宋儒專重去私。學禮則明德親民俱有實事,故曰'天下歸仁';去私則所謂至明至健者,只在與私欲相争,故訓克曰勝曰殺。訓禮曰天理。而履中蹈和之實事,程子《四箴》皆不及焉,遂使二氏翦除六賊之説得以相雜。始以私欲爲賊而攻伐之,究且以己之氣質爲賊而攻伐之,是戕賊人以爲仁義也,其害可勝道哉!(《論語傳注問》卷二《顏淵十二》)

習齋先生《四書正誤》謂:"宋儒以氣質爲有惡,故視己爲私欲。"(卷四)於《朱子語類評》謂:"朱子惑於'六賊'之説,創出'克去己私'之解,聖賢經書所未聞。"恕谷此説,蓋本習齋先生之意而發揮之,然而更覺顯明,恕谷之於師説,因極能闡明之也。

c. 修養論

習齋先生於修養論有存養省察之説,然以爲磨礪乎《詩》《書》之中,涵濡乎《禮》《樂》之場,則此可爲省察存養。恕谷則亦存養省察,實爲一事。

《中庸傳注問》：

> 謂馮樞天曰："宋儒分存養、省察爲二事，不知存養、省察皆正心之功，非二事也。……蓋省察則心自存，存養則心能覺，似有分功而實一事也。宋儒皆爲周子所誤，周子爲壽涯、陳摶所誤。以主靜爲存養，遂分之爲靜存動察矣。"（《傳注問》卷四）

此存養省察合之説也。《大學辨業》曰：

> 《中庸》"戒懼"，即"正心"而微異。"正心"統動靜，《中庸》"其所不睹聞"，專指靜言，故曰"須臾致中"，則該動靜，謂不睹聞以至共睹聞，無時不存其心也。《中庸》"慎獨"，同此而意異。此"慎獨"謂"慎"則不敢欺，《中庸》"慎獨"，謂"慎"則不乖於節，"致知"也。自"微隱"至"見顯"，無在不敬其事也。（《大學辨業》卷四）

又曰：

> 謂心無靜時，只一"慎獨"盡之，非也。《中庸》"其所不睹聞"，非靜歟！分靜於動而以主靜爲功者，亦非也。何者？心之靜只是須臾，不可主之也；主此必入於二氏矣。（同上）

此則動靜交修之説也。然而又不可主靜，此恕谷所以主張有念無念、有事無事皆持以敬也。故曰：

> 《詩》云："昊天曰明，及爾出王；昊天曰旦，及爾游衍。"《孟子》曰："形色，天性也。"人全身皆是性體，人無時不與天接，故古人曰，"畏天之威，敬天之渝；小心翼翼，昭事上帝"。學者存養誠正之功，固刻刻如此也。（《論學》卷一）

> 恕谷之意，蓋主張"禮以治心""禮以治身"，禮"毋不敬"，故無論動靜，皆當持以敬，"則發皆中節，而天下之達道行矣"。（《中庸傳注》）

恕谷於修養上，其理論與功夫並加邃密，故習齋先生亦從之拈出"小心翼翼，昭事上帝"，爲持敬之功也。

d. 知識論

恕谷之知識論，在其主張理與事不可分，已曰："理見於事"。亦以知必由行而來，始爲真知。《恕谷年譜》庚申二十二歲載：

> 爲毅武言："讀書不解，不如反而力行，行一言，解一言。"（《李恕谷先生年譜》卷一）

此實習齋先生之教使然也。故其《論學》曰：

> 請問窮理是擱置六藝，專爲窮理之功乎？抑功即在於學習六藝，

年長則愈精愈熟，而理自明也。譬於成衣匠學針黹，由粗及精，遂通曉成衣訣要，未聞立一法曰學針黹之後，又閣置針黹，而專思其理若何也。（卷一）

此與習齋先生所云"孔門則只教人習事，迨見理於事，則已徹上徹下"之意正合。習齋先生論格物致知，以爲物即三物之物，格即手格猛獸之格。恕谷《大學辨業》亦曰：

格，《爾雅》曰："至也"。《虞書》："格於上下"是也。程子、朱子於"格物""格"字皆訓"至"。又《周書·君奭篇》"格於皇天""天壽平格"，《蔡注》訓"通"。又《孔叢子諫格虎賦》格義同"搏"，顏習齋謂格物之格如之，謂親手習其事也。又《爾雅》"格，格舉也。"郭璞注曰："舉持物也"。又《爾雅》"到"字"極"字皆同"格"，蓋到其域而通之、搏之、舉之，以至於極，皆"格"義也。物，物有本末之物也。即明德親民也，即意心身家國天下也。然而謂之物者，則以誠正修齊治平皆有其事，而學其事皆有其物，《周禮》禮樂等皆謂之物是也。格物者，謂大學中之物，如學禮、學樂類必舉其事，造其極也。朱子曰："謂實走到地頭，如南劍人往建寧，須到郡廳上，方是至；若只到建陽境上，即不謂之至也。"致知在格物者，從來聖賢之道，行先以知，而知在於學。……語云"一處不到一處黑"，最切"致知在格物"之義。（卷二）

《周禮》：大司徒以鄉三物教萬民而賓興之。……此"物"字正"格物"之"物"，古聖之學也。（同上）

恕谷以"格"可以訓"至"，此略與習齋先生之說不同者也。恕谷又曰：

不知不能行，不行不可謂真知。故《中庸》謂"道不行由於不明，道不明由於不行"。如適燕京者，不知路向北往，如何到燕京？至燕京行熟，則知其路方真。然究是二事，究是知在行先。如問燕京路是問，行燕京路是行。《中庸》"好學近知，力行近仁"，知之一，行之一，明分爲二事是也。必先問清路，然後可行，《中庸》《孟子》皆言"誠身、事親、信友、獲上、治民由於明善"是也。今日"說知已有行"，則《大學》但言格致足矣，何必又言誠正修齊治平！"說行已有知"，但言誠正修齊治平足矣，何必先言格致！（同上，卷三）

故曰：

《說命》曰："知之匪艱，行之爲艱"。世固有學而不行者，行自更重於學矣。然此乃學而不行之過，非學勝行、學先行之過也。故謂學猶故法，行乃躬行，分輕重可；謂學屬小務，行爲大圖，分輕重不

可也。(《聖經學規纂》卷一)

此與習齋先生"其實行不及，則知亦不及"之說略有不合。恕谷之意，實以考究致用，可以並行不悖，而稍重於知也。雖然，恕谷亦非不重行，其論"即物窮理"有云：

> 宋人以即物窮理解格物，固不切，然亦未嘗即物窮理也。吾黨今日，乃即物用力耳。即如一事來前，必聖賢之心，庸人之情，豪雄之略，宵小之詭，一一照徹，始有措置。宋人所言，講書而已，其實書理即世事，世事既不透徹，書理亦必多蒙混。(《恕谷年譜》丙戌四十八歲)

此謂"世事既不透徹，書理亦必多蒙混"，則仍見理於事之説。蓋好學與力行並重，尤可謂不偏不倚也。

(4) 恕谷之教育思想

a. 學教之目的

恕谷之教育思想、論學教之目的、歷代之學教、學教之方法等，大抵並與習齋先生相同，恕谷之《聖經學規纂》《大學辨業》《小學稽業》，不過考古代之成法較爲詳密而已，其意見固仍源本之習齋先生也。恕谷少"以考究致用之學爲業"，丙寅二十八歲，在京。

> 謂子固曰："學而時習，或以爲讀書，或以爲見性，皆誤也。"子固曰："然。人不知，君相亦何須讀書見性之人乎？"(《恕谷年譜》丙寅二十八歲)

學而時習，非爲讀書見性已也，必使明親之道，實見於今日，乃所以爲學也。其《聖經學規纂》曰：

> 孝弟忠信，四民所同也；兵農禮樂，士所獨也。何者？士固儲其學以待爲民上而任經世之責者，非若農工商徒自善而可已也。乃今名道學者，衹務讀書，高則立行，語以兵農禮樂，輒曰出位，豈知學爲上正士之位與？不學爲上之事，不惟失聖學，並有歉於士矣。(卷一)

此與習齋先生之説，"學者學爲君相""人必斡旋乾坤，利濟蒼生，方是聖賢"，認學教之目的，固在於經世致用也。故於《論語·子路、曾晳、冉有、公西華侍坐章傳注》曰：

> 此見聖門以用世爲學爲志也。……夫三子志在用世，正應"何以"之問，乃聖門之學也。故子曰："隱居以求其志"。孟子曰："居仁由義，大人之事備焉。"(《論語傳注》，卷下)

"聖門以用世爲學爲志"，則士真當"儲其學以待爲民上，而任經世之

責",故曰:

  今世之學,徒事記誦,與古迥異。古四術三物,仕即其學,學即其仕。今學,徒占畢非所用,用責于濟非所學,而世事壞矣。(《恕谷年譜》丁卯二十九歲)

故《大學辨業》於《大學》一篇曰:

  此篇明《大學》成己成物之道也。古者,學中教人之法正而且備,聖君賢相巨儒,皆由此出。然當時從政之斗筲者,豈盡不從學中來耶?則以未嘗實致力於大學之道也。自在明明德至慮而後能得,明其道也;自物有本末至國治而後天下平,言爲其道則有事,而學其事則有物,物者,大學教人之成法,如禮樂等是也。古人事此物以成己成物,先後有定序,而必由於學中學習其物,而後由知以行,成己成物之道,可一一全也。(卷二)

古之大學,所以造就"聖君賢相巨儒",故注重於明德親民也。則尤可見學教之目的,在於經世致用矣。故恕谷又引馮應京《經世實用編》之言曰:

  學無二事,一之乎成德而已;德非自私,歸之乎濟世而已。(同上,卷二)

此所以謂學而時習,非以爲讀書見性,必歸之於濟世乃可也。

b. 學教之方法

習齋先生論學,力辟讀講著述,靜坐居敬之非,恕谷餝聞習齋先生之教,其所見亦正相同,如云:

  "害政莫甚於繁文。"(《恕谷年譜》卷一,庚申二十二歲)

  "奇技艷貨導淫俗,詩文字畫盡實學。"(同上,卷二,丙子三十八歲)

  "舉業聰明,則世事不聰明;時文不庸腐,則世事庸腐。甚矣!時文之害世也。"(同上,卷二,庚午三十二歲)

  寄李中孚書,略言:"聖賢正學,在明德親民,學習禮樂。閉目靜坐,古學所無也。誦讀,乃致知中之一事,非專以此爲學也。"(同上,卷二,甲戌三十六歲)

  "以講性天爲學,與好隱逸耽清虛者,雖曰辟佛、老而易惑也,以去之不遠也。"(同上,卷一,辛酉二十三歲)

  "書生好逸惡勞,喜靜厭煩,失聖學,近異端,亂天下。"又言:"隱士好清虛,道學談心性,文人以窮二氏之書爲博,孤臣孽子怨憤歸空,皆與佛、老爲緣者也。"(同上,卷三,甲申四十六歲)

  "思幼者以動爲樂,老者以靜爲安:靜坐者,衰世之學也。"(同

上，卷四，乙酉四十七歲）

  一石生來見，自言有志於宋儒之學。又言今日惟恐異端亂道。先生曰："何為異端？"曰："專主靜而不敬。"先生曰："主靜立人極，周子之教也；靜坐，雪深尺餘，程子之學也；半日靜坐，半日讀書，朱子之功課也；然則，主靜正宋儒學也。"石曰："主靜須以敬。"先生曰："此當有辨。《六經》無言主靜者，吾儒主敬則自靜，二氏主靜却無敬也。"石又言"朱子為聖人"。先生曰："何以見之？"曰："集群聖之大成。"先生曰："劉靜修言'朱子集宋儒之大成'，今子又言'集群聖之大成'；漢、唐儒說，朱子已不能集矣，況群聖乎？夫孔子集大成者，得志則二典三謨，文謨武烈，皆親見於身，非僅以刪《詩》《書》為集大成也。以讀書著書為儒者，七百年來之大夢也。"（同上，卷五，己亥六十一歲）

  宋人主敬即主靜，故曰："主一無適"。若以小心翼翼為敬，則與主靜判若黑白矣。（同上，卷五，庚子六十二歲；同上，1835頁）

此恕谷論講讀著述、靜坐讀書之非，散見於《年譜》者也。其於宋明學術之弊，似於陸、王之頓悟，程、朱之主敬，尤深惡之。《論語傳注》曰：

  "聞"非偶然頓悟，乃躬行心得之謂也。（《論語傳注》卷上）

  後儒離修己、安人、安百姓，而但言主敬，又名曰"主靜"，效佛氏蒲團靜坐，為敬以直內，而陽儒陰釋，異端害道之禍烈矣。（《論語傳注》卷下）

頓悟主敬，皆可謂之異端害道也。先生又曰：

  近宗程、朱者詆陸、王頓悟為禪，不知古經無"悟"字，悟即禪，旨不在特頓也。程、朱好誦讀，重惺覺，故悟欲漸；陸、王輕誦讀，專惺覺，故悟欲頓，蓋視程、朱又甚耳。潘用微曰："悟者，從未有是景，而忽及之，禪家以此為法門。"愚謂《大學》言知在於格物，《論語》先覺，就應事接物言，與一旦豁然，大事頓悟，天淵有分也。（《論語傳注問》）

"古經無悟字，悟即禪"，則頓悟尤為禪宗之旨矣。又：

  問，"何以見離事言敬也？"曰："朱子謂程子言'主一無適'，謝氏言'常惺惺法'，尹氏言'其心收斂不容一物'，蓋敬心既立，由是以格致，由是以誠正修齊治平，是敬先事後，非離事言敬與？且其持敬之功，曰半日靜坐，何嘗著事與？四明潘用微曰：'必有事之謂敬，非心無一事之謂敬'。心無一事，不過虛明湛然，如佛氏所謂惺惺寂寂而已，豈聖人之所謂敬乎？"（卷上；戴望：《顏氏學記》卷

四,四存學會刊印《顏李叢書》)

宋儒講主敬,"主一無適,乃靜之訓,非敬之訓也。"(同上)恕谷深惡陸、王、程、朱之意,可以見矣。雖然,恕谷曰:

> 武承之駁陸、王,何其明耶,然酷護程、朱。夫教人以性為先,程、朱不猶之陸、王耶?乃一主一奴,何耶?(《恕谷年譜》己巳三十一歲)

其於程、朱、陸、王之害道,實無偏倚之見。故其《中庸傳注問》曰:

> 宋明以來,儒者各立門户,一聞異己之言,輒盛氣相加,以致結黨修怨,害於家,凶於國。其氣質之駁為何如者?豈讀書不細之過邪!陸稼書、任靈壽、邵子昆、任清苑,皆有清名,而稼書以子昆宗陸、王,遂不相合,刊張武承所著《王學質疑》相詬屬。及征喀爾旦,撫院將命稼書運餉塞外,稼書不知所措,使人問計子昆。子昆答書云:"些須小事,便爾張皇,若遇宸濠大變,將何以處之?速將《王學質疑》付之丙丁,則僕之荒計出矣。"然《質疑》一書多可采,觀其辟陸、王躐等性天之弊甚切,但其駁陸、王者,即駁程、朱者也,乃一主一奴,此尚歸之讀書不細邪?抑有所蔽,遂不自知邪?(卷二)

恕谷於《王學質疑》以為多可採取,稱其說之明切,然因其酷護程、朱,謂之"一主一奴",則恕谷於程、朱、陸、王之非,固亦等量齊觀,於其學教,固以為皆不足取也。

習齋先生謂實學在三事三物,謂古者學從六藝入。恕谷之意,實亦如此。《大學辨業》謂:

> 《周禮》:"大司徒以鄉三物教萬民而賓興之……"此"物"字正"格物"之"物",古聖之學也。(卷二)

又曰:

> 六藝,大學之實事也。(卷三)

以三物六藝為實學,稽之於古,有明徵也。恕谷又曾與方靈皋詳言之,曰:

> 君疑格物非《周禮》之三物乎?三物之六德,即仁、義、禮、知也;六行,即子、臣、弟、友也;六藝,即禮、樂、兵、農也。請問《大學》之物,尚有出此三物外者乎?吾人格物,尚有當在此三物外者乎?即雜以彼世文章講論,亦只發明此三者耳。格物非三物而何?(參看《恕谷後集》卷四,《與方靈皋書》)

此以《大學》之物,"不必作《周禮》三物觀",亦可以見學之當由三物六藝以入，甚有明據也，恕谷謂《大學》一書，曰：

> 誠意以至治平，下皆有覆明之文，而致知格物無者，以致知之功在於格物。而格物之事，在作書者之時，《大學》教法尚在，不必言也。惟恐學者浮游其物，而用之不實，故指其道曰："在明親、止善"。然而明親之道，舍學無由，故又曰："致知在格物"。(《大學辨業》卷二)

直指其道曰"在明親、止善"，正惟恐學者之"浮游其物，而用之不實"也。學教之目的，在明德親民，而後可以端正其趨向矣。又曰：

> 孔孟前《周官》《大學》成法具在，但恐徒習其文，而身心意知未克醇成己之仁，家國天下未克精成物之知，則《論語》所謂"可與共學，未可與適道"者矣。故直指其道曰："在明明德，在親民，在止於至善。"而至教學之實物，非以其有成法，不必詳言也。觀《修齊條》但言人情偏向之弊，而未言範圍之禮樂；《治平條》言理財用人，宜絜矩不宜辟，而不言田賦、勸省、選舉、計察之實政；可見若不解此，而於近者古法耗斁之時，徒讀《大學》一篇，以爲學教實事盡是，則又誤矣。譬之言成衣然，成衣之道，在成單衣，在成縕袍，在單衣、縕袍皆成之甚佳，以識其綱；又衣袍有領、有袖、有身、有襟，領欲圓，袖欲便利，身欲正，襟欲齊，以列其目，而尚非成衣之實事也。實事則用翦用針用綫之類也。師以是教，弟以是學也。朱子曰："《大學》是一個腔子，須要填實。"此言得之。(同上，卷二)

"《大學》是一個腔子，須要填實"，徒讀《大學》一篇，以爲學教實事盡是，則不可也。此所以必知格物之事，即在大學；而物非他，即三物六藝之學也。恕谷乃曰：

> 人受天地之中以生，必有仁義禮智之性，性見於行，則子臣弟友(夫婦在內)；行實以事，則禮樂兵農。蓋子臣弟友之不可解者爲仁，有裁制爲義，恭敬之心爲禮，辨是非爲智。至於子臣弟友，實有其品節文爲，是爲先王所制之禮。鼓歌其則爲樂，兵所以衛父兄君友者也，農所以養父兄君友者也。苟失其仁義禮智，不可以言子臣弟友矣，不可言禮樂兵農矣；不盡子臣弟友，喪其仁義禮智矣，亦喪其禮樂兵農矣。然使無禮樂兵農，安見所謂仁義禮智哉？亦安所謂子臣弟友之事哉？三者由內而外，一物也。《周禮》教民，一曰：六德，有聖、忠、和，猶是四德而分其名也；一曰：六行，內有睦、姻與恤，五倫所推及也；一曰：六藝，及於射御書數，又禮樂兵農之分件也。

三者總名曰：物，言心性非精，禮樂非粗，祇此物也。古聖或以一仁統之，或以中統之，或以一禮統之，或曰："修以敬"，或曰："行以恕"，皆此物也。《論語》之"文、行、忠、信"，文即禮樂兵農也，行則子臣弟友也，忠信則仁義禮智也。《中庸》"天命之性"，言仁義禮智也；率性之道，子臣弟友也；"修道之教"，禮樂兵農也。由博文而約禮，由格致而誠正修齊治平，是爲下學；由下學而盡性至命，是爲上達，而一貫在是矣。若外是而別有途徑，異端曲學，烏可訓哉？（《論學》卷二）

此由內而外，以言三物之爲一物，博文約禮在於是，格致誠正、修齊治平在於是，下學即可上達，修道之教即爲禮樂兵農，則其所謂學，誠可謂實學矣。此所以云：

先王三物之教，六藝六行，其實事只在六藝，質之聖訓，固彰彰也。（《聖經學規纂》卷一）

六藝爲聖賢學習實事。……子之四教，文與行、忠、信並列，《周禮》三物教民，六藝與六德、六行並列，即《大學》之格致與誠正修齊治平並列也。必如此，乃體用兼備，知行並全。帝王聖賢，無二道二學也。（同上，卷二）

此證之"聖經學規"亦可見其然也。恕谷論三物六藝之學教，更能徵之於古矣。三物六藝，可以一禮統之，故恕谷於"禮"亦曰：

聖門六藝之學，總歸一禮。（《論學》卷一）

"聖門學道成規固在也。"曰："何在？"曰："以禮。學禮則爲博文，行禮則爲約禮。以禮自治則爲明德，以禮及人則爲親民。"（同上，卷一）

《周禮》教士以六德、六行、六藝，而實統以禮。孔子言智廉勇藝之才德，而俱文以禮樂，求仁而視聽言動必以禮，孝親以禮，事君以禮，養德制行不出一禮也。約我以禮，齊民以禮，明德親民皆禮也。（《恕谷年譜》卷二，丁丑三十九歲）

聚五問從事聖學之方，先生曰："以禮。博文，學禮也；約禮，行禮也；齊明，內養以禮也；非禮不動，外持以禮也。"（同上，卷三，甲申四十六歲）

此就博文約禮言也。《聖經學規纂》曰：

聖道惟禮可以盡之。發育、峻極之功用，亦不越一禮，故曰"約之以禮""復禮爲仁"。《周禮》無所不舉，統名《周禮》。《大學》言明親，《中庸》言性教，小戴皆列於《禮記》，可見也。鹿忠節、顏習齋謂禮即道也。……是統天下之理皆禮也。《周禮》"三物"，禮居六藝之一，專指五禮儀文言也。《魯論》"約之以禮"，《中庸》"非禮不動"，則三物皆該其中矣。（卷一）

專重禮教，此亦習齋先生之意也。明德親民，率性修道，無不可謂之禮，徵之"聖經學規"，其驗亦甚明也。

習齋先生論學，極重習行實用，恕谷亦然。嘗曰："省察力行如循環，省察精則力行勤，力行勤則省察益精。"（《恕谷年譜》卷一，辛酉二十三歲）。又曰："讀書不解，不如返而力行，行一言，解一言。"（戴望：《顏氏學記》卷四，四存學會刊印《顏李叢書》，1923年）皆重行之意也。《聖經學規纂》又論之曰：

> 古學非讀書也。《周禮》師氏掌以三德三行教國子；保氏掌養國子以道，乃教之六藝；《內則》：習幼儀，學禮樂。朱子解學文，亦曰《詩》《書》六藝之文，《詩》以習歌詠，《書》以考政事，禮、樂、射、御、書、數，皆修己治人之實務，此古人之學也。至乎翻讀，乃學中十分功力之一二耳。《論語》載孔門傳述，未嘗及於翻讀，可知古人之學，不在此也。然則學者，即學事父、事兄、致君、交友之行，行者，即行事父、事兄、致君、交友之學。學者，學於學中；行者，行於臨事；本一物也。（卷一）

> 謂學有兼行言者可。夫子自謂下學，稱顏子好學，其義皆兼行，蓋行即行其所學，原非兩端。……然謂行即學而廢學習之功，則斷不可。夫子由志學而立，顏子博文而約禮，皆各有功力，確有次程。（同上，卷一）

習行當並重，不可謂知行合一而廢學習之功，不可專力於誦讀而忘乎實行也。恕谷於時習力行，亦真習之行之，至老不倦，亦非空言時習力行者所可同日而語也。據《恕谷年譜》載恕谷之習行甚詳，於習齋先生所倡之習恭，並效法之，恕谷固實為習行顏學者也。

恕谷之於實用，言之亦頗詳，其攻擊宋明學術之弊，提倡三物六藝之學者，亦正為一虛一實，一無用一有用，其功效顯然不同也。據《恕谷年譜》，恕谷曰：

> 文，《詩》《書》六藝也，誦《詩》，作樂能言；考《書》，知政練事；習禮樂射御書數以致用，非佔畢也。（卷一，庚申二十二歲）

> 豐村來拜，尚崇誦讀。先生曰："紙上之閱歷多，則世事之閱歷少；筆墨之精神多，則經濟之精神少。宋明之亡，此物此志也。"（同上，卷二，丁卯二十九歲）

瑞生問聖學、俗學之分，先生曰："聖學踐形以盡性。耳聰目明，踐耳目之形也；手恭足重，踐手足之形也；身修心睿，踐身心之形也。形踐而仁義禮智之性盡矣。今儒墮形以明性，耳目但用於誦讀，耳目之用去其六七；手但用於寫字，手之用去其七八；足惡動作，足之用去九；靜坐玩弄，而身不喜事，心遇事迁板，身心之用亦去九。形既不踐，性何由全？此一實一虛，一有用一無用，一爲正學一染異端，不可不辨也。"（同上，卷四，己丑五十一歲）

宋儒內外精粗，皆與聖道相反，養心必養爲無用之心，致虛守寂；修身必修爲無用之身，徐言緩步；爲學必爲無用之學，閉目誦讀；不去其痼盡，不能入道也。（同上，卷四，庚寅五十二歲）

學以致用，非徒佔畢；筆墨之精神多，則經濟之精神少；此所以當以減誦讀爲戒也。宋儒之學，養心修身，適以成爲無用之心身，故必當抨擊之也。若六藝之學則不然。恕谷嘗論之曰：

全德行必由六藝，原統六藝而言，……然即論四藝（射御書數），父兄爲賊所劫，而己不能關弓而射之；父兄欲乘車，命之御，對曰："不能"；命之記一家什器，曰："我不解書"；命之計生產業，曰："不知數"，能盡孝友服勞主事乎？非疾而不能執弓攬轡，而震駴舉毛錐如槍，持珠算而顛倒，以言聖智，可乎？是射御書數之人，原未必即能孝友聖智，而欲全孝友聖智，必不可廢射御書數也。近世顏習齋、陸道咸兩大儒皆重六藝……六藝者，日用必需之事，不可缺者也。（《論學》卷二）

又曰：

明德親民，德行六藝，何理不具？然理雖無所不通，而事則各有其分。如冉有足民，豈不籌畫農圃之務，而必不與老農老圃並耒而耕，而安得兼習胼胝之業與？且言此者，以學乃實事，非託空言。空言易全，實事難備，故治賦爲宰，聖門各不相兼，況學外紛瑣者乎？不然，心隱口度，萬理畢具，然試問所歷，亦復有幾，則亦徒歸無用而已矣。（同上，卷一）

六藝爲日用實事，且當事各有分，以求歸於有用，故此之宋儒之學，一虛一實，一無用一有用，天淵之分也。恕谷《上許酉山先生書》謂："必宜力復古轍，以忠信篤敬爲德，以《詩》《書》《禮》《樂》爲學，使位天地、育民物者，實有其事，則《大學》明親之道，實見今日。"（《恕谷年譜》卷二，丙寅二十八歲）。《復邵允斯書》謂："聖道至宋儒而歧，其內地功力，皆參雜釋、老，而所謂問學者，又只誦讀訓詁，迂闊無用，將周孔兵農禮樂之實學，一概蔑略。"（同上，卷三，庚辰四十二歲）。《與張子勵、韓同甫、魏膚功書》謂："誦讀則學者餘事，著書乃不能行道，不得已而明道之事，而周、孔正學，則《論語》所載問仁知問孝問政，由求等所習之禮樂兵農也。今蔑略不務，而但兀兀窮年，故紙充棟，復增以紙，舉世目道學為迂闊無用""而心性無實功，身世無實學。"（《恕谷後集》卷五）。《與宋可亭學使書》謂："後人則以講為學，多事空言，鮮敦實事。"（同上，卷四）。其所為《惲氏族譜序》謂："自宋有道學一派，列教曰'存誠明理'，而其流每不誠不明，何者？高坐而談性天，捉風捕影，纂章句語錄，而於禮兵、兵農、官職、地理、人事沿革諸實事，概棄擲為粗跡，惟窮理是文，離事言理，又無質據，且執理自是，遂好武斷。"（同上，卷二）。其《送楊公賓實貴州布政序》謂："抑道學之僅可自治而不能及人，僅可著書立言而不能勒功樹業耶？若是，則聖經之明德親民為虛語矣。"（同上，卷二）亦皆緣於一虛一實，一無用一有用而發也。恕谷嘗謂：

> 道學不能辦事，且惡人辦事。（《恕谷年譜》，卷四，庚寅五十二歲）
> 辨天下事，必耳聰、目明、心睿。（同上）

然而"天下皆壯人也，自有理學、書生二派，而皆成懦人"（《恕谷年譜》，壬戌二十四歲），則亦可見"六藝必宜復，不則天下必無強立之日。"（同上，卷三，辛巳四十三歲）故曰：

> 吾儒之學，在時有所事，物不用則盡，人不事事亦盡。《論語》言"請事"，《孟子》言"必有事"是也。（同上，卷五，乙未五十七歲）
> 學求有用，當人先求有用。目盡明之用，耳盡聰之用，心盡睿之用，以至言貌皆然。若視、聽、言、貌、思，塊然頹然，不端不靈，不大不遠，雖曰講經濟，無所用之。（同上，卷五，己亥六十一歲）

故曰："持身莫如敬，應事貴於敏，成材務學有用。"（同上，卷五，庚子六十二歲）此皆重實用之意也。恕谷又謂：

> "小務有用，乃可圖大。"（同上，卷五，丙子六十八歲）

又曰：

> 學術不可少偏。近聞習齋致用之學者，或用之於家產，或用之於排解，少不迂闊，而已流雜霸矣。故君子為學，必慎其流。（同上，卷四，乙丑五十一歲）

恕谷於經世致用之學，所見蓋又比習齋先生進一步矣。其所謂"學求有用，當人先求有用""小務有用，乃可圖大。"以今觀之，猶不刊之論也。

c. 小學與大學

恕谷於大學有辨業，謂直指其道，在明親至善，而其學教實事，在三物六藝；小學則與大學顯然不同。《大學辨業》曰：

《大戴禮·保傅篇》曰："古者，年八歲出就外舍，學小藝焉，履小節焉。束髮而就大學，學大藝焉，履大節焉。"《注》曰："束髮謂成童。"而賈誼《新書·容經篇》亦有"古者，年九歲，入小學，蹍小節，業小道；束髮就大學，蹍大節，業大道"之文。《尚書大傳》曰："公卿之世子，元士之適子，年十三入小學，見小節而踐小義；二十入大學，見大節而踐大義。"《白虎通》曰："八歲毀齒入學，十五入大學。"諸書入學之年，互有不同。或古人通用，或朝代各異。朱晦庵據《白虎通》為斷，亦可謂酌其中矣。至學之之事，則《大戴禮》與《新書》《大傳》之言為得其正。而班氏《食貨志》亦曰："八歲入小學，學六甲五方書計之事，始知室家長幼之節；十五入大學，學先聖禮樂，而知朝廷君臣之禮。"《周禮》："樂師教國子小舞。"鄭《注》曰："謂少時教之。"蓋總此道藝之事而程其年力，使之從小入大，從易入難耳。至朱晦庵乃自立一說，以灑掃應對進退之節，禮樂射御書數之文，入之小學；以窮理、正心、修己、治人八字，隱括《大學》格物等，入之大學。殊不思《內則》為學之次，成童始舞象，二十始學禮，而俱責之年幼，其能乎？且禮、樂、射、御、書、數，聖人所以成德持世也，而但歸之小學乎？至謂"小學者學其事，大學者學小學之事之所以然。"蔡虛齋遂曰："格致只是窮理，非追補其事誠正修。"又說"此事不入，是進於大學，只當如後儒靜坐觀理、讀書談道而已"。誠正修身說此事不入，然則禮樂將何用乎？聖人言"文以禮樂""非禮不動""所以修身"，皆誤語乎？夫格物致知，以誠正修齊治平，正在禮樂之道藝用功，非二事也。譬之治田，道藝，其耒耜鏄銚也；誠正修齊治平，其用耒耜鏄銚以耕耘收穫也。今謂治田者，年幼則專習耒耜鏄銚之事，年長則專講耕耘收穫之理，豈可也哉？（卷一）

小學之業，《內則》《保傅》諸篇所載甚明，不可謂"小學者學其事，大學者學小學之事之所以然"也。恕谷於大學有《辨業》矣，於小學又稽古成法，本之《內則》《保傅》《弟子職》《容經》諸篇，而為《小學稽業》。其卷一，小學四字韻語，乃"將小學物事撰為四字韻語，以便幼童讀而習之"。卷二即本《內則》諸篇以言食食，能言，六年教數與方名，七年別男女，八年入小學教讓，九年教數日，十年學幼儀。卷三學書，卷四學計，卷五十有三年學樂、誦詩、舞勺。《學書》中並錄《經世實用編》之《篆法歌》，及《書法百例歌》等文；學計中錄及《九章算法》，與陸道威《思辨錄》等書；卷五學樂所采尤博，有《六律正五音圖》《時用南曲七調譜》，籥篴色、笙色、琴色、正宮黃鐘調曲，明寧府所纂唐樂《篴譜》，文舞容、武舞容等，讀之亦可見恕谷對於小學學教之理想也。

(5) 恕谷之政治思想

恕谷於既冠以後，從習齋先生游，而以考究致用之業，即"纂治平事"（《恕谷年譜》卷一，庚申二十二歲）、"習韜鈐""考經濟"（同上，辛酉二十三歲），"有所得輒經濟書於《與斯集》""置一冊曰《瘝忘編》""摭經世大略書之"（同上，癸亥二十五歲），"書《廿一史》經濟可行者於曰《閱史郄視》"（同上，丙寅二十八歲）。恕谷早年對於經世致用已極爲注意，且有著述。其後又有"《宗廟》《田賦》諸《考》，用以論治"。而爲王昆繩訂《平書》，晚年又作《擬太平策》，自謂"一生總結是此書"（同上，己酉七十一歲）。恕谷有志於經世，而終不見用，故不得不一再寄之於著述也。今案恕谷之學，實承習齋先生主教，注意於禮、樂、兵、農。其早年所著之《閱史郄視》《瘝忘編》，皆講求所以富天下、強天下、安天下之法，《閱史郄視》孫積序亦謂其"獨措思於其要者切者，若兵農諸大政，尤三致意焉"。《平書訂》卷目雖以《分民》《分土》《建官》《取士》《制田》《武備》《財用》《河淮》《刑罰》《禮樂》爲次第，一依《平書》所定。然恕谷曰："民不分則龐，不分則奸匿，王道何由舉乎？故分民爲王道之始，然必田制均，學校正，民有養有教，則各得具所，自有倫脊，而事易就。是分民與諸政兼舉，又非以次序在前，而獨先行也。"則恕谷之意，仍注意於有養有教也。《擬太平策》乃準《周禮》六官而作者，而實注意於富強之策。今述恕谷之政治思想，仍先述其墾荒、均田之議，再及其兵農合一之策，而後及其取士分民諸論。

a 墾荒與均田

恕谷於《瘝忘編》及《擬太平策》中皆有極注意富強之意，如謂：

> 天下處處皆糧則天下富；天下人人習兵則天下強。（《擬太平策》卷四；《瘝忘編》）

欲天下之富，則非墾荒均田不爲功。恕谷在《閱史郄視》中嘗以"墾荒爲第一要政"（卷三），又謂："今天下常苦人多而田少者，必荒蕪者多也。"（卷四）《平書訂》有制田之策，墾荒與均田可以並行之。《平書訂》曰：

> 吾有收田之策六：……一曰清官地，如衛田學田之原在官者，清之使無隱。一曰辟曠土，凡地之在官而污萊者開之，不棄之無用。一曰收閒田，兵燹之餘，民户流亡而田無主者收之，有田者分田與之，不必沒其全業。一曰沒賊產，凡賊臣豪右，田連阡陌者沒之入官。四

策行，田可得什二三矣。其二策：一曰獻田，一曰買田。明告天下以制民恒產之意，謂民之不得其養者以無立錐之地，所以無立錐之地者，以豪强之兼並，今立之法，有田者必自耕，毋募人以代耕；自耕者爲農，……惟農爲有田耳。"（卷七）

"辟曠土"，墾荒之策也。"惟農爲有田"，今耕者有其田之説也。恕谷訂之曰：

> 收田於六者外，更有四策焉。（前已詳引）……而制田之道有七：民與田相當之方立行之，一也。其荒縣人少，即現在之人分給之，餘田招人來授。人多之處，犯罪者則遷發至其地，二也。民有八分願，而二分不願者，古人謂民可與樂成，難與慮始，雖嚴驅就，法不憚也，三也。明白諄諭，爲民立命，田多者即暫損一時，而萬世子孫永無饑寒，利孰大焉，四也。凡藩郡縣畯制田有方者立加爵賞，五也。如萬一有必不可行之地，則或一藩一郡一縣且如舊例，而限田以數，令多者可賣而不買，買田者如數而止，而一縣之内則必不可或均或不均以滋變端，六也。井田、疊田，或貢或助，或陸或水，隨地隨宜，無所不可，但不得過授田之數耳。每家五十畝，亦約略言之，行時以天下户口田畝，兩對酌計可也，七也。（同上）

昆繩之意，對於井田猶謂當師其意而不師其法，恕谷則以井田爲必宜行。昆繩謂一夫可以百畝，恕谷則謂每家五十畝。昆繩猶謂當不求之以速，恕谷則以爲久以待之，即不行之説也。恕谷於墾荒均田，固必欲行之，此其所以云"雖嚴驅就，法不憚也"。恕谷《擬太平策·卷二》曰：

> 田有水可蓄洩者，則溝洫井之（溝洫從圩圍之便，水田工費，一夫三十畝即可）。無水而人民新造地足分者則均之，一家八口田百畝。中人左右足各一蹺與兩肱舒直，等五尺也，爲一步，步百爲畝。如不得均則限之。一夫不得過五十畝，多者許賣不許買，宅亦有限。

恕谷之意，蓋亦以爲"田可井則井之，不可井則均之"，於習齋先生佃户分種之説（前已詳引），並以爲是；而於限田之説，且亦用之。制民之産，而均貧富，固爲政之要圖也。

恕谷於《閱史郄視》謂："東南水利，自錢鏐而後，南宋浚治甚悉，宜其以半壁而禦北方一二百年無脱巾之患也。然揚州古稱下下，地之肥瘠，豈不以其人哉？"（卷三）《平書》於制田亦極重水利，備舉徐貞明《潞水客談》，徐光啓《墾田用水議之説》而曰：

> 今於北方可爲水田者爲之，不可爲者，開溝洫以治旱田而已。總之，有川利於通，無川者利於蓄。通之在溝洫，蓄之在陂塘。故制田

宜先治水。(《平書訂》卷八)

恕谷亦曰：

即無水旱田而夏停潦者，亦宜以溝洫洩水。……不然，如今六七月間，淫雨積潦，行路不適，禾苗浡損，豈細故哉？但不必多耳。(同上)

北方水利，以今視之，猶不可不亟興，則昆繩、恕谷之所以經劃甚詳也。恕谷謂："旱地溝洫徒費也，但與鄰田栽樹，以清疆界，以毓材木。"(《擬太平策》卷二)。此其所以謂溝洫不必多，與昆繩意見稍不同也。

b　兵農之合一

恕谷於《瘳忘編》謂："後世失武舞之法，而武藝、技擊別爲一事，儒者披甲胄而色赤，持戈矛而漸汗，以致天下皆痿夫尪人幼婦嬌女，可勝嘆哉？"又云："沿而後世，唐、宋、明以文藝取士，士坐老於章句間，文且爲虛，武益不問，而士弱矣；承平之後，不行古田獵之法，以時練兵，而兵弱矣；兵民分而民不知兵，而民弱矣；宋忌將得士心，明中葉以下文尊武卑，而將弱矣；郡縣之權太輕，有事不得專決，而官弱矣。士弱、兵弱、民弱、將弱、官弱，而天下俱弱矣。"(《閱史郄視》卷二) 甚感中國之積弱。王昆繩《平書》曰：

夫井田寓兵於農，既已無人非兵，而又無時不習，豈後世右文左武者所可比。衛靈公問陳，而孔子不答者，非謂軍旅之事不當學，以衛靈所急者不在是耳。後世儒者遂以孔子爲口實，謂爲國者宜文不宜武，且兵民既分，而右文之世，武備懈弛，儒以兵爲諱，士以武爲恥，兵冗而弱、惰而驕，糜餉則有餘，禦侮則不足。一旦有事，則督之以腐儒之書生，將之以庸劣之武弁，以致盜賊橫行，生民屠毒，而宗社隨之，豈不悲哉？然亦不必如古制盡人而兵也。盡人而兵，必盡人而練，盡人而練則法繁；盡人而兵，不能盡人而勇，不盡人而勇則不精。(《平書訂》卷九)

恕谷訂之曰：

官與吏、仕與學、文與武之不可分，昆繩皆同愚見。獨兵農分爲二，稍有可議者。兵不出於農，而以召募，則爲兵者必多游手獷獷之倫，久則暴視閭里，恣睢誰何，爲農者絕不預兵，則必魯頓畏怯，卒有變即不可支。如明季士不知兵，民不習兵，有一寇至，千百駭走，呼之，踞而待戮，駢首俟刃，至終無一敢逃者，不可爲之大哀乎？況既已均田，則家皆有產，出兵爲易，何不效古王之田賦治軍，而乃曰盡人而兵也？……今擬制田能行，必宜寓兵於農。……但萬一不能均田，則只可如昆繩召募之法，而益以鄉兵亦可也。(同上)

寓兵於農，亦不必人人盡兵也。恕谷於《擬太平策》論之曰：

> 仿古寓兵於農，二十五家，約五口計之，得一百二十五人，除老弱婦女三之二，得强壯四十一人，選一官兵，二十應，六十退。二十五家人口田產配之，約與他二十五家等，器械二十五家按田公制。四官兵選一馬官兵，甲胄芻豆，百家按田公出。無事則業其家之農，有事上戍出征，皆領糧於官，定以數。農隙，里師教其射與武藝；不上戍者，有盜同鄉兵捕。千家出四十官兵……萬家出四百官兵。（卷四）

恕谷謂："天下處處皆糧則天下富，天下人人習兵則天下强"，故於寓兵於農之説，謂當必行。以今觀之，徵兵之制，實善於募兵之制，中國積弱，非徵兵制，實無以矯之也。顏、李富强之策，於今日尤當師其意也。

c 游惰之禁止

恕谷、昆繩皆不取封建之制，而以爲當郡縣重權久任（詳見《平書訂》卷二《分土》第二）。恕谷謂"治天下有四大端，曰：仕與學合，文與武合，官與吏合，兵與民合"（《平書訂》卷三）。於是更擬有"仕與學合"之策，訂學校之制度有里學、邑學、鄉學、縣學、府學、藩學、太學，自八歲入里學，間三年一升學，而實則至縣學已教以三物之學，府學、藩學、太學，但各試之三月而已。二十一歲後，則至"縣尹六衙""試其事而爲之附"，蓋專爲仕而學（詳見《擬太平策》卷三）。今亦可勿詳述。唯恕谷、昆繩皆注意於游惰之禁止，恕谷《擬太平策》曰：

> 天下有一無事之民，則一民廢；無一無事之民，則天下治。今士人靜坐，講無極性天空談，或玩愒觴咏，或博奕嬉戲；里井之民閒處曠游，群飲聚談。非勤學，非力農，非工商力作，皆游惰也。司徒督各藩，令各縣户衙督鄉官，凡保中有游惰者，保長教之；不變，稟於里師責之（自里師以上皆有杖）；不變，稟邑宰責之；不變，稟鄉正責之；不變，縣責之；又不變，士宜如明太祖築逍遙樓，令爲其玩而斷其食，哀毀求改誠者釋之；不變，閉而斃之。農工商……發其鄉里執更守門，三年悔改，誠者乃除之歸業，不者終其身。（卷二）

昆繩則謂：

> 若夫盜賊之律雖嚴，然未耳。盜賊皆民也。民各有歸，而鄉正以率其頑梗，鄉巡以伺其奸非，保甲嚴，而游手無所容；武備修，而草竊不得逞。且厚儲蓄以備凶荒，時補助以周困乏，雖赤地千里，頻年水旱，自可安堵不動。……窮民乞丐，又何自而來乎？（《平書訂》卷一）

恕谷、昆繩又皆以爲"賭博者盜之漸"，宜加之嚴刑。（同上，卷十三）

又謂當"禁娼妓,不變者幽閉之。"(《擬太平策》卷五)皆所以禁游惰也。

d. 財用與法制

昆繩《平書》有論及生財之道者,錢法、鹽法一,商稅一。恕谷則曰:

> 金刀之制,先王原爲救荒而設,以後遂踵行之,以其貴輕致遠,爲移易天下之具也。如不爲貴輕而致遠,衣食之計,焉所用之?乃後世徵糧盡折銀錢,則弊有不一而足者。(《平書訂》卷十)

> 賦用本色,而後教民勤於樹藝畜字,……至於錢與銀,特儲之以備流通之具耳,不專恃以爲用也。如是,不惟民業日饒,而民風日進於古矣。(同上)

此主張稅本色,而不用銀與錢也。又曰:

> 至治之世,民自不貧,亦不甚富。農不得田連阡陌,商何得有萬貫以至十萬貫以上者乎?……《語》云:"千金之子,坐不垂堂。"商而至千金爲本,亦極矣。過千金者,加稅一之三;過萬金者,沒其餘;販鬻淫巧及異方珍奇難得之物者,沒其貨。(同上,卷一一)

昆繩謂:"本宜重,末亦不可輕,假令天下有農而無商,尚可以爲國乎?"恕谷則謂當"貴布粟,賤淫技,重農民,抑商賈,以隆教養",直以商"過萬金者沒其餘"。昆繩雖謂"均也者,均上下、均貧富、均有無、均出入",然不及恕谷意見之斬截也。

《平書》刑罰議復肉刑數條,恕谷《擬太平策》實援用之(卷五)。且俱力詆明代充軍之法,此則本之習齋先生之説也。習齋先生論政,主復王道,昆繩、恕谷之意見實相若。恕谷在《論語傳注》中説之尤詳,其言曰:

> 漢後言治道有三:一、王道。堯、舜、周、孔之所傳是也。二、清净。蓋公、曹參所傳黄老之學是也。三、刑名。申、韓是也。清净勝於繁苛啓亂如王莽者,然弊必廢弛瓦解。刑名勝於寬縱養奸如徐偃王、梁武帝者,然弊必酷烈土崩,《論語》"民免無恥""毋乃太簡"二章洞陳其弊矣。王道則當清净亦清净,所謂臨下以簡,寧失不經也。當刑名亦刑名,所謂威克厥愛允濟也。但如漢武重儒術,而但知變服色,改正朔;孝元重儒術而但在經義文辭,至於道德居敬之君,極選舉、教養之王政,未之有聞。則雖曰儒術,未也。(卷上)

此所以主張以禮治,謂聖道可以禮盡之也。恕谷有《給鄭子書》謂:

> 惟念宋、明來虛學蔓延,重悝覺不課行習,謀章句不理經猷,道藝荒蔑,乾坤晦蝕,故爲顔先生修《年譜》,以見周、孔學行之故跡。樞天近又爲僕修《譜》,習齋《譜》多在躬行實踐,而拙譜則多經濟作用,合而觀之,粗見聖道。……由僕以尋習齋,由習齋以尋

周、孔。即萬一當世不得其人，後世有興者如之，明道在兹，行道亦在兹，用以康濟萬物、奠安天地。(《恕谷後集》卷十一)

恕谷於治道，亦頗深自負也。

(6) 恕谷之經學史學

恕谷在幼年時，以考究致用之學爲業，其論理氣心性，學教政治，多本習齋先生之説；其於經史之學，則有踰越顏學，此習齋先生之學，一傳至於恕谷，其面目似稍差異也。然恕谷《周易傳注》，以《易》爲人事而作，此猶顏學之旨也。其説曰：

夫聖人之作《易》，專爲人事而已矣。何以明其然也？《乾》《坤》索而爲雷風水火山澤，本天道也。伏羲因而重之，何不皆言天道？而《蒙》《需》《訟》《師》《謙》《履》等卦，即屬人事。文王《彖辭》，於《乾》繫以"元亨利貞"，猶天道人事兼言也，至《坤》"牝馬之貞""君子攸行"等辭，專言人事。周公《象辭》則"勿用""利見大人""朝乾夕惕"，無非人事者。以下六十二卦，言人事者勿論，如《復》《姤》《泰》《否》，明屬天道，而"利有攸往""勿用""取女""小人大人"，必歸人事。乃知教人下學，不言性、天，不惟孔門教法也，自伏羲、文王、周公以來皆然。(《周易傳注》序)

此不惟不失顏學之旨，且真可以發明經意，爲實行之依據也。恕谷謂：

予弱冠受學於顏習齋先生，不言《易》，惟以人事爲教。及壯游，見許酉山先生，頗言《易》卦象數，謁毛河右先生，剖辯《河》《洛》《太極》。及歸而玩《易》卦象、爻象，一一與習齋所傳人事相比，乃知習齋不言易，而教我《易》者至矣。(同上)

恕谷之《易》學，在一方面固可云發明顏學也。書中引用習齋先生之説，以明終日乾乾爲習行(卷一，頁二)；以理氣心性爲後儒習談，《易》則不多言(同上，頁七)。引用許酉山説，謂自宋儒以理訓天，則實天人之學絶(卷二，頁一九)。以分理道別爲一物曰理之非(卷五，頁五)，皆抨擊宋儒者。其曰：

聖人於人事欲其行而進，故爲之計者四卦：《履》《晉》《升》《漸》是也；欲其親附，爲之計者五卦：《比》《同人》《隨》《萃》《中孚》是也；事必濟險，爲之計者四卦：《屯》《蹇》《渙》《解》是也；事成宜保，爲之計者四卦：《泰》《大壯》《大有》《豐》是也；而其事始於夫婦，爲之計者六卦：《姤》《漸》《歸妹》《咸》《恒》《家人》是也；其餘多一事一卦矣。(卷一)

則此數卦者，更積極的就人事言之也（參看《周易傳注·凡例》第十一）。惟恕谷說《易》於"爻變互卦以及伏體、反體、似體、半體"，爲《易》所本無者，亦不惜詳言之，以爲"漫然論理""勢必將說卦諸象，以爲非聖人之言，如歐陽修輩矣"。（《恕谷後集》卷四）又援用毛奇齡、胡朏明之說，斤斤致辯於《先天》《河洛》《太極》諸說，則與當日學風，反宋而欲復之於漢，尤爲相近，此則恕谷所處之時勢，有以使之然也。

恕谷於《尚書》無傳注，然極不喜當時閻若璩、姚際恒辨《古文尚書》之僞。其《上毛河右書》曰：

> 今人辯《尚書》有僞之說，先生既有駁正，此事所關非小，即可行世。閻百詩書未見，姚立方所著略觀之，錢生書則詳觀之，均屬謬誤。今人駁《尚書》不已，因駁《繫辭》；駁《繫辭》不已，因駁《中庸》；不至揚矢周、孔不止。此聖道人心之大患，豈能坐視不言？（《恕谷年譜》，四十歲）

其後又上書曰：

> 自客歲拜別函丈，過淮上，晤閻潛邱，因論及《古文尚書》。塨曰："毛先生有新著云云。"潛邱大驚。索閱，示之。潛邱且閱且顧其子曰："此書乃專難我耶？"塨曰："求先生終定之。"潛邱強笑曰："我自言我是耳。"塨曰："不然。聖經在天壤，原非借之作門户者，況學殖如先生，惟是是從，何論人己？"已而再面，辨析他書甚夥，毫不及《尚書》事，想已屈服矣。（同上，四十二歲）

觀此兩書，足見恕谷衛道之苦心，且以爲潛邱屈服其說。恕谷《論語傳注》，曾有駁潛邱之說者（見上卷頁八，下卷頁二七亦引閻說），然《古文尚書》實可疑也。恕谷晚年又有《論古文尚書》一篇，謂"古文詞明顯如出一手，誠有如宋、明所疑"。但從惲皋聞之說，以爲"當是孔安國考論時所潤色，故彷彿一轍"（《恕谷後集》卷九），則亦稍易前說矣。

恕谷於《禮》亦無傳注，其《宗廟》《田賦》諸《考辨》，則用以論治，於經學之關係甚淺。惟恕谷於禮文記誦甚熟悉，故有以折服博學如萬季野者。《宗廟考辨》謂：

> 若季野又謂，東夾在東房東序之東，西夾在西房西序之西，又未必然。《公食大夫禮》曰："大夫立於東夾南，西面，北上，宰東夾北，西面，南上。"夫使夾室與房序並，則夾北在廟之後矣，宰胡爲至廟後而立乎？鄭康成注《儀禮》曰："房當夾室之北"，是兩夾在房以南也。（《宗廟考辨》）

恕谷博聞強識，無惑乎當時季野爲其所折服也。此恕谷之傳顏學，雖稍變其面目，轉足令人欽仰也。恕谷經學出於毛氏，而於毛説，並時商量可否。此在《宗廟考辨》之引用毛氏《廟制折衷》，及《郊社考辨》《禘祫考辨》《田賦考辨》之引用毛説而加以"塨案""塨謂"等處，固極易見，而在《論學》中，述及"河右毛先生《禮編》引據《孟子》《左傳》，謂三代之禮至春秋已亡，《三禮》皆戰國後人所作。"塨條請曰：

> 古者殺青繁難，非若後世楮翰，易成易積；又典策藏於朝廷，學士習行皆以身相授受，不重佔畢，故易代更制，則習之者少，而往籍易湮。孔子言夏、殷之禮不足徵是也。若《周禮》在春秋時則不然，子云："文武之政，布在方策。"又云："郁郁乎文哉！"子貢云："文武之道，未墜於地，在人；賢者識其大者，不賢者識其小者。"是春秋時《周禮》見在也。子云："吾學《周禮》，今用之。"若《周禮》已亡，而焉從學之，而何以用之？ 隨會講聚典禮，季文子使晉求遭喪之禮而行，以魯昭公之童心而知禮，子大叔、晏平仲皆言禮，昭公四年申之會，向戌獻公合諸侯之禮六，子産獻伯子男會公之禮六，蓋列國之於禮樂，或不學不行，或行而不正，昔人遂謂禮樂廢壞，而豈其策書亡耶？（《論學》，卷一）

此雖近人深信《周禮》《儀禮》行於春秋時者，其舉證亦不過如此也。恕谷直謂"今謬者且指爲僞矣，是必禮法蕩然，一無可考，變人類爲禽獸而後快也。"其切齒痛恨於攻《三禮》之僞者如此。毛氏答書謂爲"極有理之論，《周禮》至春秋'已亡'，改作'已微'，何如？"（同上），則無惑乎毛氏後來之亦攻恕谷格物之説，蓋二人之見，固不若是其相合同也。

恕谷諸經《傳注》最與顏學無大關係者，則《詩經傳注》與《春秋傳注》也。其《詩經傳注·題辭》曰：

> 予自弱冠，庭訓外，從顏習齋先生游，爲明德親民之學，其明德功課則《日記》《年譜》所載者是也。其親民條件則《瘳忘編》《閲史郄視》，今大半彙之《平書訂》者也。而無暇治經義。經義大率閲宋儒所注，今世通行者，即間及《十三經注疏》以及漢儒諸書，匆匆未深考也。迨年幾四十，始遇毛河右先生，以學樂餘力，受其經學；後復益之王草堂、閻百詩、萬季野，皆學窮二酉，助我不逮。然取其經義，猶以證吾道德經濟，如《大學辨業》《聖經學規》則用以明道；《宗廟》《田賦》諸《考》，用以論治；尚無遑爲《傳注》計也。至於五十始衰，自知德之將耄，功之不建矣。於是始爲《周易傳注》，續之《四書傳注》成。甲午年惲子皋聞遠來辱友，語以身心經

獻，皆灑然有合。力肩聖道，而學問又淹博，經史如以肉貫串，著《說詩》質予。予感之，佔畢沈吟，似有所得，乃爲《毛詩說質》以復之，皐聞曰："善哉！蓋即爲《傳注》。"嗟乎！立德無能，立功何日？而乃諄諄立言，悵如之何！

觀此《題辭》，可見恕谷對於經學之著述，本皆其晚年自覺"德之將耄，功之不建""思顔先生以天下萬世爲己任，卒而寄之我，我未見可寄者，不得不寄之書"，著書非其得已之事也。惟其《毛詩傳注》與顔學關係甚淺，睹此《題辭》所云，及《恕谷後集》卷十一所摘出數則，所謂"問世以見意"者，可以知之。即就全書而言，其可取者，亦只在尊序攻朱，於經義容有所發明，以見宋學之不可從而已。其於《序》之顯有不合者，則仍無以爲之說辭，如《墻有茨·序》謂"公子頑通乎君母，國人疾之，而不可道也。"此《序》本《左傳》說而實不足信也。恕谷亦云：

> 按《左傳》亦云，衞宣公烝於夷姜，生急子，及娶急子婦齊女，生壽及朔。夷姜縊。及宣公死，惠公朔立，齊人使昭伯烝於宣姜，不可，強之，生齊子戴公、文公、宋桓夫人、許穆夫人。然其事有可疑者，作《新臺》而要子婦，《詩序》《左傳》《史記》皆載之，詩詠之，遺臭萬年，無可解説矣。惟烝夷姜、烝宣姜二事，終屬影響。何者？《序》謂《雄雉》刺宣公淫亂，《匏葉》刺宣公與夫人並爲淫亂，而夫人未指爲誰。及康成作《箋》時，《左傳》已行，乃注曰："夫人謂夷姜。"則夷姜之烝，《詩》與《序》無明文也。……毛河右曰："……若昭伯上烝之傳，則齊人何人也？宣姜之父母乎？諸昆從大夫乎？而強昭伯烝之，天理澌滅，一至此乎？"惲皐聞曰："宣姜何人，與昭伯通何事？而生戴公，文公，許、宋二夫人乃皆賢如此邪？且衞人惡朔，必惡宣姜，宣姜淫生之子，而國人尚肯立之耶？……"二賢之論如此，然《左傳》已如彼，吾姑闕疑而已矣。（《詩經傳注》，卷二）

則恕谷於《序》及《左傳》之顯有不合者，亦無以彌縫之也。《新臺》《墻有茨》《毛詩序》之非，洪邁《容齋續筆》等書已疑之，恕谷未之見，不止毛奇齡、惲皐聞之說也。然恕谷寧從毛、惲之説，而不取《序》說，固知所從違矣。恕谷於是書中，所采及皐聞之説，較其他《傳注》爲多，如卷四《吉日》篇引：

> 惲皐聞曰："射御自天子以至於士，所同學也，田獵所以數車實，習戰陣，國之大政，天子所有事也。……自宋、明積弱，迂儒泥《尚書》禽荒淫田之戒，竟視射獵之事爲天子不可親爲者，而柔懦之氣，

不可振矣！"

卷七《烝民篇》引：

恽皋聞曰："《朱注》謂保王躬，補王闕，尤其所急，而城彼東方，則有所不安。此宋儒之見也，宋儒重内輕外，專以空言高論爲能事，而經略外藩，戮力中原，非其所能，反以爲不足爲。今合觀諸詩，……非不用於内，疏而外之，怏怏於中也。"

皋聞所論，頗能以顔學之精神發明《詩義》，恕谷於此經論及政事者，猶不及皋聞所說之多，但以攻朱申毛説耳。然恕谷此注之精，亦不數覯也。

恕谷《春秋傳注》經始於乙巳年六十七歲之冬十月，至翌年季秋即完成，其用力之深，似不及其他諸經。《自序》謂："幼讀《詩》《書》、三《禮》，雖儒解錯互，而雅言日用可以心證。惟《易》與《春秋》難之……乃至垂暮，而忽有所覯。"則恕谷於晚年始有志於是經也。今睹全書，於三《傳》原文，一概不錄，唯以意説之。如論《鄭伯克段於鄢》曰：

封建相沿久，五倫多故，而首禍在兄弟。……至於友邦相殺，愈難盡述，而五倫胥滅矣。皆由封建世位世爵而爭奪樊然。（《春秋傳注》卷一）

如論《魯桓弑隱而立》云：

封建世位，遂啓嫌爭，以致君國子民者，首領不保接踵也。况他邦乎？封建所以不得復於後世矣。（同上）

此皆以發抒其經世濟民之意見也（卷四）。惜所説甚少，無以窺其全，而如論莊二十四年"郭公"，從《毛氏傳》謂"公字乃亡字之誤"（卷一），則不免於改竄經文；如論宣十五年"初税畝"，但錄《穀梁傳》及惲皋聞説，而無以發明經旨（卷三）。蓋恕谷注經，實從毛奇齡之教，"注經必宜潔古，則理足而辭易明，斷不可如宋人禪語鄉談，一概污穢拉雜"。（《恕谷年譜》六十一歲）故於習齋先生之學，不能於諸經《傳注》中發揮之也。

恕谷《四書傳注》，今得見者，有《大學》《中庸》《論語》之《傳注》，則於顔氏學頗能依經以發明之，其《傳注問》一書，尤爲重要。此則讀恕谷之書，所不可或忽者也。前已略引其説，兹不贅。

恕谷《閱史郄視》謂："史有《紀》《傳》而無《表》《志》，則當時之天文、地理、兵、刑、禮、樂，缺焉泯焉，何以考其治亂乎？不可以言史矣。"（卷一，頁一一；《李塨集》，人民出版社，2014年8月，下册第1180頁）又曰："史記一代政事之治亂、人才之消長，爲後世鑒耳。《廿一史》之無關係而可削者甚多，至宋以後更爲繁雜。如《元史》志、表、列傳，瑣卑冗濫，何其漫無所裁耶？聖人刪《詩》《書》，而況後世之文與事哉？可刪者多矣。"（卷四）頗知史當莊重於政治文化，而不當僅注意於《帝紀》《世家》。其謂："自古成功之士，史但記其得耳，其失多不載。如吳玠、吳璘等敗齘，不見於《宋史》者，《金史》書之。兀術等敗齘，不見於《金史》者，《宋史》書之。使非互考，安得而知之哉？"（同上）

又謂：

《宋史》記載甚濫，文章甚冗，論斷亦無見解，非大刪修，不可成書也。（卷三）

宋自元祐而後，分黨攻激，此進彼退，迭改史大，則《宋史》固難以盡信矣。（同上書）

此皆不爲無見。其謂："元世祖嗜殺黷貨、謗聖輕儒、崇佛道、任奸回，穢政種種，史多諱而不書。蓋佞史也，王禕等漫無訂正，何以示信於後哉？"（卷四）則以《元史》當重修也。恕谷固有史識者矣。

恕谷《年譜》六十七歲，"河南主事李汝戀請筵論學，深以先生學爲是。尤服膺《後集》，言侯朝宗文涉摹擬，汪苕文潔而弱，方靈皋練或傷氣，皆不及先生文也"。此同時人之推重恕谷"古文"之學。李次青《先正事略》亦稱其博學工文辭，與慈溪姜西溟齊名。恕谷之擅長古文辭，稱許之者，實不乏人。但其爲文，初仿唐宋諸家。四十以後，與王昆繩晤，乃返求之於《六經》秦漢。見其所爲《評乙古文·序》。此則受昆繩之影響也。恕谷於《詩》，亦頗耽好。其所爲孫氏《詩鉢·序》曰：

顏習齋先生嘗言"詩文字畫"爲"乾坤四蠹"……乃今閱孫氏《詩鉢》而定其說。詩之爲道，內出於言，而外成於樂。言，心聲也；詩者言之有韵者也。去詩，是去言也。長言之，咏嘆之，而形爲舞蹈，節以金石絲竹是爲樂。去詩，是無樂也。（《恕谷後集》卷二）

則亦不盡從習齋先生之說，此亦顏學一傳至於恕谷而稍變其面目者也。蓋恕谷之性格使然，顏、李固不能盡同也。

## 2. 王昆繩之生平及其學術思想

(1) 傳纂

"王先生源，字昆繩，別字或庵，順天府大興人。"（《戴記》）"父世德，明季以世職官錦衣衛指揮僉事，國變避地高郵。"（《恕谷後集》卷六《王子源傳》）"痛野史載烈皇事多誣罔，著《崇禎遺錄》一卷。子二，長潔，字曰汲公。先生其次也。"(《戴記》)"年十餘,與其兄潔從清苑梁以樟受學,梁說宋學""不首肯,兄責之,曰:'真豪傑何必僞道學?源第矢三言,無負生平耳。'兄問之,曰:'忠孝以事君親,信誼以交朋友,廉恥以厲名節。'兄白之師,師笑置之。"(《徐記》)"獨嗜兵法"(《恕谷後集》卷六《王子源傳》),"所慕惟漢諸葛武侯,明王文成"。(《李略》)"又從寧都魏禧爲古文,著《兵論》三十二篇以示禧,禧大奇之。曰:'此諸葛君之流也'。""年四十餘,以貧困始游京師。"(《戴記》)"公卿皆降爵齒與之交,與鄞萬斯同訂《明史稿》",(《清傳》)"《明史稿·兵志》其所作也。"(《李略》)"於文章自謂左丘明、太史公、韓退之外,無肯北面者。"(方苞《王源傳》)"或病其不習時文,笑曰:'是尚需學而能乎?'因就有司求試,舉京兆第四人。"(《李略》)"或勸更應禮部試,謝曰:'吾寄焉,爲謀生計,使無詬厲已耳。'"(《戴記》)"當吳三桂叛,天下騷動,先生笑曰:'無事也。三桂鼓行而前,直抵中原,上策也。順流而下,以取金陵,跨江而守,中策也。徘徊荊襄,延日引月,此成禽耳。駑馬戀棧,安知遠圖,必無事矣。'已果如其言。"(同上)"三藩平後,競尚文學,昆山徐尚書乾學,開書局於吳之洞庭山,招致天下名士,於儕輩中,獨與劉處士獻廷善,日討論天地陰陽之變,伯王大略,兵法、文章、典制、古今興亡之故,方域要害、近代人才邪正,其意見皆相同云。"(《戴記》)

"未幾,遇李先生恕谷於京師,大悅之。曰:'自繼莊歿,豈意復見君乎?'恕谷微言聖學,先生聞之沛然。因持《大學辨業》去,是之。恕谷乃極言顏先生明親之道,先生曰:'吾知所歸矣。'遂介恕谷往博野,執贄顏先生門。時先生年五十有六矣。初,先生自命豪傑,每夜必置酒痛飲。論議今古,旁若無人。醉則歷罵貴顯時流,雜以諧謔。恕谷徐規之曰:'君誤矣,吾人當與古賢聖仁人衡長短,乃卑之較論時輩邪?'先生大悔,效習齋日記,立《省身錄》,以糾身心得失。習禮,終日正衣冠,對僕隸必肅恭。"(《戴記》)"晚年,學益進。"(《王子源傳》"然自負經世之略益堅,每曰:'吾所學乃今始可見之行事,非虛言也。'"(方苞《王源傳》)

"及聞顏先生學,乃著《平書》十卷"(《王子源傳》),"論平天下之道"(《徐記》)。"書成,復使恕谷商訂之,然未行世。"(《戴記》;"僅分別散見於恕谷所爲《平書訂》""然觀恕谷所訂,其約略亦大概可睹矣。"(《徐記》)

"始先生慨不任意,五十後,葬其親於京師西山,遂棄妻子爲汗漫之游。至名山廣壑輒淹留踰時,見人不自道姓名。晚歲復轉客江、淮間,淮安守姚君聘之往,乃於淮署著《讀易通言》五卷,明先後天河洛之出道家,與胡處士

謂之言若合符節。至康熙四十九年，遂卒於淮上，年六十三。"（《戴記》）

"先生又有文集二十卷，詩十卷，其文多記明末死事諸公，與正史相表裏。"（《戴記》）"《前壽一得錄》十二卷，論自周至元興亡成敗之故。其言兵之書曰《兵法要略》二十二卷""《輿地指掌圖》若干卷""《文章練要》若干卷。"（《徐記》）

(2) 學述

昆繩之學，最初本服膺姚江，以爲孟子之後一人，其所爲《與李中孚先生書》述之甚明；其《與朱字綠書》（並見《居業堂文集》卷七），更力辨其闢陽明之非，而自"熟讀李剛主《大學辨業》，而翻然悔，勃然興"，以陽明之"釋格物也，一以爲正事物，一以爲去物欲""皆於格物之義無當"。（同上，卷八《與方靈皋書》）而不敢以其學爲宗。昆繩之從顏學，實由恕谷之學使然。其《再與毛河右書》謂：

> 顏先生以六藝爲宗，其説非相河漢。六藝不出乎禮，聖人以禮修身，以禮齊家，以禮治國，以禮盡性至命，以禮經緯天地，小大内外，精細顯微，一以貫之。童而習者此也，神而化者亦此也。故可盡仁道之全，備聖人之道之大，以六藝而成六德六行，顏先生實有體認之言。（《居業堂文集》卷八）

其《太極説》以太極爲實有（同上，卷十一），其《立國論》謂不急者唯文，皆實有得於顏學。其《與壻梁仙來書》謂：

> 顏習齋先生……有《存學編》一書，説盡後儒之弊，直傳堯、舜、周、孔之真，開二千年不能開之口，下二千年不能下之筆，僕因恕谷執贄其門，立誓共以明行聖道爲任，……仙來得無意乎？（《居業堂文集》卷八）

其《與方靈皋書》謂：

> 受業於顏習齋先生之門，而慨然以斯道爲任矣。……吾兄得無意乎？……蓋同志無多，期與剛主博求之，天下人之好善，誰不如我？同聲相應，未必無人，況吾兄凤日同肝膽、共性命之友，而可不與之共哉？（《居業堂文集》卷八）

則昆繩於傳顏學，亦曾博求之人也。《徐記》因恕谷《王子源傳》謂"表彰習齋，恕谷之力居多。然昆繩以耆儒碩德，聲名藉甚；公卿貴人，皆握手願交，昆繩睥睨之，蔑如；一旦躬造繩樞瓮牖、潛修無聞之士，佝僂北面就弟子位，言稱師，動止唯謹；聞見所及，名流俊彦，蓋多傾心"。昆繩於表彰顏學，誠不可謂無功也。

恕谷《王子源傳》謂昆繩閲其"《易經傳注》，知《太極》《先天》諸圖皆道家異説，與聖經牴牾，乃於淮署著《學易通言》五卷"。又爲《平書》撮其要曰："乃著《平書》十卷，一曰分民，謂士農工商以分之，甲保鄉以合之，立鄉官曰正、曰畯、曰巡以治之，而奸民游食異端則變之除之也。二曰分土，謂郡縣久任重權如封建，縣統於府，府統於藩，其地域則因山川、隨幅員不相紊，不大懸也。三曰建官，謂内官設府，公、孤、端揆、御史、成均也；設部，農、禮、兵、刑等六部也；設院，通政、黄門也；設衛，金吾、羽林也；設司，曆象、醫卜之類也。外官則藩、府、縣，縣有堂，縣令、縣師也；有匋，六匋也；有監，亦醫卜之類也。府、藩皆如之，而異其名。其銓選則以一途爲升降，不以他途雜之。如縣令轉至相國而其官止；縣師轉至大司城而其官止；縣匋理農者轉至大司農而其官止；縣醫官轉至京師醫官而其官止之類也。別其賢否爲舉錯，不以年勞限之。天子考相國，相國考卿二以及州藩，下則各考其屬；外巡按、御史劾之，内御史府黄門院劾之；三年一考，九年三考，或陟或留或黜；而又有不時舉劾者，不論年勞也。四曰取士，八歲入鄉學，教之孝弟、幼儀，識字、習數、讀經書、習小樂舞。十五入縣學，教之六德、六行、六藝，閲史、陳策。二十後教成者進之郡學，教之三月，試之，又進之藩學；如之，進之成均；如之，遣歸縣，謂之太學生。分科以爲士，曰禮儀、曰樂律、曰天文、曰農政、曰兵法、曰刑罰、曰藝能、曰理財、曰兼科，分之各署，三年明習厥事，乃實授之職曰下士，予禄，官以此爲始。五曰制田，議均田、開水利也。六曰武備，兵制兵法也。七曰財用，論積粟、錢法、鹽法、商税也。八曰河淮，治水也。九曰刑罰，謂復墨以罪贓，復刖以罪盗，復宫以罪奸也。十曰禮樂，移風易俗也。而最要者尤在建官、取士二則，所謂爲萬世開太平者也。"（戴望：《顔氏學記》卷八）恕谷於《平書訂》卷首曰："王子源目睹亡明之覆轍，心追三代之善政，博學廣問，日稽夜營，著爲《平書》，授予訂之，與拙見載於《瘳忘編·學政》諸帙者，大端皆合。但予著散録，而《平書》分門遞次，綱舉目張，脉絡貫通，可謂成矣。……因盡毁己著，但附拙見於各卷後以考正之。"（《平書訂》卷一）由此所述觀之，昆繩之於顔學，雖由恕谷始得聞知，然見所爲《平書》，恕谷雖爲訂正，而恕谷之政治思想，亦未嘗不受其影響；恕谷之與昆繩，在思想上實交互有影響也。

恕谷謂：昆繩"豪傑多學，自謂知兵、長古文，氣蓋一世"。（《恕谷後集》卷一）恕谷古文之學，實亦深受其影響，此《恕谷後集》所以於癸未以前諸文概不收入也。（詳説見本編《著述考》）

## 3. 惲皋聞之生平及其學術思想

(1) 傳纂

"惲鶴生,字皋聞,武進人,明行人日昇族子也。"(《戴記》)"康熙四十七年舉人。"(《清傳》)"晤謝野臣於秦中,道及顏先生為學大旨,心善之。其後以蠡令浦君聘,過訪先生,則已歿矣。因交恕谷,得遍觀先生遺書,自稱私淑弟子,因盡棄其學而學焉。"(《戴記》)立日記以省身心,且招恕谷長子習仁入署教之讀書。嘗有寄恕谷書曰:"承惠顏先生《年譜》《四存編》及《辨業》《學規》,敬展讀畢,為之心開目朗,如霾霧豁而天日皎也。如膩得浴,如塵得刷,而身為之輕,意為之爽也。先生之教我深矣。苟有識知,能無感而佩乎?所痛沉沒時俗,途窮日暮,聞道已晚,用自傷也。家世以制義發科,生不知學為何事,涉筆為文,即得父兄稱賞,輒自矜喜。所遇明師良友,勉以讀古書、攻詩賦,已為超時出俗之學。此二十以前之一誤也。既為諸生,家益落,假時文章句為人師。年益長,志科名益急,務制義益精,掇拾諸儒性理語,止供時文用,而無暇體究也。此三十以前之再誤也。旋遭室人之變,貧困淒寂,夙妄自負,抑塞莫伸,遇方外人作奇哭語,似若可喜,遂甘心焉。而禪宗公案,棒喝拈提,頗有省會,愈增其妄。返觀《語》《孟》,都作妙義玄言,遂徵昔人學佛然後知儒之說,此三十以後之大誤也。而後此亦喜觀陽明、心齋、近溪諸《語錄》,竟以為真學如是耳,其誤益堅。而見世專尊程、朱,因取而觀之,見其言近於篤實,而亦自悔從前妄誕之非。尤服膺'主靜'二字,以為聖賢之旨,而深愧未能也。然生平讀書頗善疑,見宋、韓、范、司馬諸公,聲光震煜,居然大人而國勢厭厭,日就迫蹙,以成靖康之禍。竊謂西賊破寒心膽之謠,中國復相司馬之戒,直是當日諛詞,全無實驗。而見朱子每過稱張浚,則大非之,以為交其子而諛其父,遂亂天下是非之實,大違三代直道之旨,而《性理》載其以岳忠武為太橫,秦檜能錄用舊儒,後人憤然曰:'私意如此,豈聖賢之言乎?'夫儒者之盛莫如宋,國家事勢之屢餒,朝廷名義之汙辱,亦莫如宋,每疑而怪之。然以世俗所尊信,且自愧未臻諸儒學力之所造,又見其著述,服其宏博,愈不敢議。今讀《存性》《存學編》及《辨業》《學規》,而知孔、孟之真自有在也,而知宋世之不振皆學術無用之故也。先生之教我深矣。然而竊用自傷者,六藝之事,不特身手未涉,即耳目亦少歷焉。今年已半百,外強中乾,蹣跚澀縮,舉止無當,於此事遂已矣,不亦悲乎?且前擬躬叩講堂,觀禮容、聽樂歌以自澤,今顧影增慚,面目粗鄙,語言樸率，内無得於定静從容之力，外不嫺於周規折矩之儀，何以自進於大君子之前而請其學？益足痛也。駑駘病骨，伏櫪悲嘶，不識尚可施鞭策否？惟先生串而教之！"乃將恕谷"所著種種訂閲鈔存"（《恕谷年譜》甲午五十六歲）。翌年，皋聞入京會試，恕谷餞之，囑以千秋大業（同上乙未五十七歲）。以爲"顔習齋先生之道有傳"（《恕谷後集》卷一《送惲皋聞序》）；五月，皋聞以所學未堅，欲稍近於恕谷，復應保定軍廳之聘（同上《年譜》乙未五十七歲），得與恕谷常相晤。又一年，皋聞"解館南旋"，恕谷"聞之，悵然若失，爲作贈言"且"思皋聞不已"，謂："皋聞者，可與共明斯道者也，皋聞去，學益孤矣。"（同上，丙申五十八歲）次年，皋聞寄書至，恕谷揖而開讀，曰："南旋以《存學》示人，雖極倔强者亦首肯。"（同上，丁酉五十九歲）。蓋皋聞之南，南方亦頗有聞顔、李之學而興起者也。翌年戊戌，皋聞來京，恕谷特"入京看之，相見甚喜，互質日記，喜其乾乾惕厲"。又一年己亥，皋聞在故城，自故城寄書至，規恕谷"《大學》之'道'，不宜注作'路'。"又以恕谷"《傳注》太文"，恕谷有復書辨正，復"至故城，會皋聞，以前所復書細質。皋聞相合，甚喜"，並"互質日記"。皋聞長子宗恂，於丙申年從恕谷學，至是年次子敦夫亦具門生剌從恕谷學，恕谷"閲皋聞《春秋附筆》，皆有特見，修字達之，稱其'識見大進。'但其《詩説》尊毛駁鄭，難爲定論"。次年皋聞書來，辯詞甚厲。恕谷亦有答書辨正。（以上均據《恕谷年譜》）"皋聞後不再北來，而書問常通，恕谷卒，皋聞聞之，北向慟哭，爲作《恕谷先生傳》。"（《徐記》）皋聞於經，長《毛詩》（《戴記》），所著《詩説》，恕谷《詩經傳注》徵引之不下六七十則；恕谷他經《傳注》，亦頗引用皋聞之説（據恕谷諸經《傳注》）。"晚歸常州，爲一鄉祭酒，故家子弟多從之游。莊兵備柱尤重其篤行，勉其群從，必以皋聞爲法。其後常州問學之盛爲天下首，溯其端緒，蓋自皋聞云"（《戴記》）。所著《思誠堂説詩》十二卷，《春秋解》《屬辭比事説》六卷外，有《大學正業》一卷，《先民易用》二卷，《文集》五卷，卒年七十九。（《清傳》）

(2) 學述

皋聞之學，本初喜禪宗，其《與恕谷書》説之甚明；然其生平"讀書頗善疑"，故一聞習齋先生之學，即能棄其所學而學焉。觀恕谷《復皋聞書》，稱其"何其信而勇也？即此爲作聖之器"，又以皋聞"擬自十月朔訂日記考身心，且清夜平旦存心之功，已覺有驗"，不禁"爲之狂喜起拜，乃知天地先聖有靈，必不忍使斯道滅跡於人世也""不意數千里外，來此模範，相助爲理"。

(《恕谷後集》卷十一）此可見皐聞於顏學信奉之篤，而恕谷以爲顏學傳授有人也。恕谷於顏學之流傳，初頗屬望於黃宗夏，見其所爲《送黃宗夏南歸序》，然宗夏既南歸，未知其果能傳顏學也。既則屬望於王崑繩、馮樞天，然崑繩早逝，樞天才絀，亦未足以肩斯任也。皐聞之實學似崑繩，而其才則遠邁樞天，此恕谷所以一見皐聞，而欣然色喜也。故其《送惲皐聞序》曰：

> 初，顏習齋（先生）每於塨出游，輒諄屬曰：“得人。有人則聖道有傳。"……塨不肖，於先生四十五歲請業……於今年亦踰五十有六矣。崑繩、樞天外，尟與共者。自念衰憊，每懼顏先生之道一旦墮地，日月翳昏，民物慘憒，五夜輾轉，未嘗不泣下而沾衣也。今皐聞陡然至，……内而省察身心，外而研辨治道，以至訂經説史，皆一一有實見實學。精力似崑繩而鍊礲豪，睿敏則邁樞天過甚也。顏習齋先生之道有傳矣。雖然，豈人之所能爲哉？天也。皐聞行矣，無負天矣。（《恕谷後集》卷一）

皐聞於傳顏學，亦能無負恕谷之望，其寄恕谷書謂：“南旋以《存學》示人，雖極倔强者亦首肯。"《戴記》稱，程緜莊識惲鶴生，始聞顏、李之學（詳下）。其後皐聞《與恕谷書》：“自言聞道晚而躬行踐，境遇多艱，惟平旦憬憬自持，庶不負先生之教耳。又言南方聞顏、李之學而興起者，有是仲明、章見心、許聞綉、孫子房。"（《恕谷年譜》乙巳六十七歲）則皐聞南旋，不惟躬行甚力，且真傳布顏、李之教，有明據也。其於顏學流傳關係甚大，戴東原《孟子字義疏證》頗受顏學之影響，東原與程緜莊、是仲明並相識，或得之於此二人者，則亦可謂得之於皐聞也（説更詳下）。乃述顏、李之學者，未嘗特爲表彰皐聞，不知顏、李學之流傳於南方，皐聞與有大力焉，甚足異也。

恕谷謂皐聞"内而省察身心，外而辨研治道，以至訂經説史，皆一一有實見實學"，此皆非虛加之也。恕谷前《復皐聞書》，足見皐聞初從事於顏學，即於存心之功已覺有驗。《恕谷後集·卷五》又有《復惲皐聞〈心銘〉書》，謂：“承示《心銘》，足見近功縝密，故天君呈露。"以爲"此道原細，自來所交良師友，惟見習齋先生内地卓然，如王崑繩、宋豫庵皆未實得，因足下精進無疆，故妄言之。"是皐聞省察身心有實學，甚且功力在崑繩之上也。恕谷《平書訂》引皐聞説曰：

> 今西北有"樂户"，東南有"惰貫"，生而不齒於人，此亦不平之一端也。宜悉解其籍。然在其地久，良民終不肯與通，宜聽其自遷於遠方，執四民之業也。（卷一）

此種極平等之見解，皐聞獨能言之，崑繩、恕谷所未有也。

惲皋聞曰：分土當先於縣邑，制縣太大，則民情難悉、政事難舉。聖門藝如冉求，聖人許之止於宰千室之邑，其自許亦止方六七十如五六十，可見也。（卷二）

此種似於區可之制，皋聞獨能説之，昆繩、恕谷亦未有也。

　　收田之法莫善於先限田，一户不得過五十畝。其過五十畝者爲踰制，必分之於人，必賣之於官而後已。……即顏先生十九家爲甲佃之説，仍屬多事，且牽延時日，未妥也。（卷七）

此種極斬截之辨法，昆繩、恕谷所未有也。

　　南方水田，雖强有力，不能一手一足之烈治二十畝也，則一夫授十餘畝可耳。（卷八）

此種極少數之限制，昆繩、恕谷亦未有也。則一夫授十餘畝，"邊方要地，自宜多設重兵以鎮之。……如沿海沿江之水師，亦宜別設，非農之可以兼爲耳。"（卷九）

　　較本利以徵商，似太瑣屑，不如商歲納户帖，分上中下，各錢若干，而其所販貨物則一如鹽例，但於其所出之地定額一税，與之印票照驗，不問其所之可也。（卷十一）

其於武備商税，所言亦較昆繩、恕谷爲善。則是皋聞辨研治道，真有實見也。皋聞訂經説史之有實學實見，在恕谷諸經《傳注》屢徵引其説可見。皋聞説《毛詩》較恕谷尤不忘顏學（前已略引），亦足見其於顏學有實得也。皋聞《與恕谷書》，謂前録恕谷《中庸講語》講"中立不倚"語甚警切。自省全是依傍，犯六極"弱"字。而謂："近思倚亦佳，倚仗聖言，如盲得引；倚仗賢師友，如痿得扶，此來獲見先生，一言一行，可以恃之不疑，但恐倚之不切實耳。"似駁恕谷，而非駁恕谷。更進一解，既足見其才識，亦表示傾慕顏學之忱。此無惑乎恕谷之見皋聞，而許以顏先生之道有傳也。

## 4. 程緜莊之生平及其學術思想

(1) 傳纂

　　"程先生廷祚，字啓生，別字緜莊。"（《戴記》）"初名石開"（《徐記》），"名默，後更今名。"（《戴記》）"其先爲新安望族，遠祖元鳳，相宋度宗朝。傳十五世爲先生，祖某始遷江寧，寄籍上元，遂爲上元縣人。父京萼，字韋華，能詩工書，遁跡不仕。年近六十始取妻，生二子，先生其長也。"（《戴記》）"生有異質，讀書過目輒背誦。"（程晉芳《勉行堂文集》卷六

《緜莊先生墓志銘》）"好正襟危坐，論古今忠孝大節。韋華公家極貧，恒書屏幅易薪米，日閉戶課子，俾習灑掃應對之節。客來，進雞黍，侍立左右，如古弟子職。凡群經、諸子、《史》《漢》《騷》《選》之書無不讀。""年十五，有父執過訪，知其才，令作《古松賦》，日未移晷，得數千餘言。由是知名。先生弟嗣章，長史學，而先生游好在六經。韋華公卒，免喪，偕弟出應試，補諸生。"（《戴記》）"弱冠後，從外舅陶甄夫所，得見顏習齋先生《四存編》，及先生《大學辨業》。"（據《恕谷後集·復程啓生書·附程書》）。"旋識武進惲處士鶴生，始聞顏、李之學。上書恕谷先生，致願學之意。康熙庚子歲，恕谷南游金陵，先生屢過問學。讀顏氏《存學編》，題其後云：'古之害道出於儒之外，今之害道出於儒之中。習齋先生起於燕趙，當四海倡和翕然同風之日，乃能折衷至當，而有以斥其非，蓋五百年間一人而已。故嘗謂爲先生者，其勢難於孟子，而其功倍於孟子。讀其書，則其語言行事之實可得而知也。'"（《戴記》）"撰《聞道錄》，以矢願學之心。"《恕谷後集·復程啓生書·附程書》）"以博文約禮爲進德居業之功，以修己治人爲格物致知之要。禮、樂、兵、農、天文、輿地、食貨、河渠之事，莫不窮委探原，旁及六通四辟之書，得其所與吾儒異者而詳辯之。蓋先生之學以習齋爲主，而參以梨洲、亭林，故其讀書極博而皆歸於實用。"（《戴記》）先生嘗謂："'墨守宋學者非，墨守漢學者尤非。'孟子不云'君子深造之以道，欲其自得之'乎？"又曰："宋人毀孫復疏經多背先儒，夫不救先儒之非，何以爲孫復？"蓋真可謂"深於經者也，卓然獨往者也，且能至者也。"（袁枚《小倉山房文集》卷四《程緜莊先生墓志銘》）"雍正十三年舉博學鴻詞科，安徽巡撫王鋐以先生應詔。乾隆元年至京師，有要人慕其名，欲招致門下，屬密友達其意，曰：'主我，翰林可得也。'先生正色拒之，卒不往，遂以此報罷。時年四十有五。自此不應鄉舉，杜門却掃，以書史自娛。而尤注力於《易》，不善漢儒互卦、卦變、卦氣，及宋、元河洛圖書、太極諸說，唯取王輔嗣、程正叔、項安世及近時李文貞公《觀象》數書。"（《戴記》）"乃著《易通》六卷"，"後又成《大易擇言》三十卷。"（程晉芳《緜莊先生墓志銘》）"乾隆十六年，上特詔舉經明行修之士，先生以江蘇巡撫雅公薦入都，復報罷歸。"（《戴記》）"晚年又爲《象爻求是說》六卷，《易》學於是乎大備。始先生少時，見西河毛氏《古文尚書冤詞》，袒護梅氏書，乃爲《古文尚書冤冤詞》以攻之。"（程晉芳《緜莊先生墓志銘》）"既刪定其稿，爲《晚書訂疑》。又推拓其說，別成《尚書通議》三十卷；又著《青溪詩說》二十卷、《論語說》四卷、《禘說》二卷，主萬充宗氏之言；《春秋識小錄》三卷。"（《戴記》）"同時，方君望溪"

(《李略》)、"沈徵士彤、鍾員外晼皆推重先生經學，有疑恒相與質證。""又有文二十卷，詩二十卷。"(《戴記》)"先生狀貌溫粹，志清而行醇，動止必蹈規矩，與人居，不爲厓岸而自不可犯。以家近青溪，生平出處與劉巘兄弟相類，晚年乃自號'青溪居士'。"(程晉芳《鯀莊先生墓志銘》)"乾隆三十二年三月二十三日卒於家，年七十有七。無子，弟嗣章以次孫兆晉爲先生主後云。"(《戴記》)"先生歿後，其《易》學及《春秋識小錄》采進《四庫全書》，登諸著錄。他書多未板行，唯《論語說》《晚書訂疑》及《文集》猶有傳者。"(略據《戴記》)

(2) 學述

鯀莊於顏、李之著述，初得見之於其外舅陶甄夫所，繼又聞之於惲皋聞，其《上李恕谷書》，頗足見其對於顏李學篤信之深，書曰：

新安後學程石開頓首再拜，謹奉書恕谷先生門下：開少好辭賦，亦爲制舉文，其於學術之是非真僞，未有以辨也。弱冠後，從外舅陶甄夫所，得見顏習齋先生《四存編》及先生《大學辨業》，始知當世尚有力實學而續周孔之緒於燕趙間者。蓋聖學之失傳久矣，數百年來學者，不入於朱，則入於陸，互起而嘩。自習齋先生出，舉唐、虞、三代學教成規以正流失，廓清紹復之烈，未見有如之者也。先生嗣其後，自當若孟子之遵孔子，不然，則荒塞於戰國之橫議，而孔子之道未必尊師，至今爲烈也。夫物盛則衰，以先生師弟得二千載已喪之真傳，乘數百年將更之氣運，宜一呼而靡然從風，然而應者尚寡，非三代、周、孔之學必不可行於後世也。靜坐讀講，其習進可以干祿，而退易以自足，二先生所爲教，則孝弟忠信、禮樂兵農、躬行力學，不得漫然虛大者也，又安肯違其所甚樂，而從其所不便耶？雖然，勢極必返。願先生省可已之文辭，絕無益之交往，保愛精神，以道自尊，而專肆力於周官三物，旁求同志，益廣其傳，令天下不病於道之難行，而咸信夫古之易復，則先生之無負習齋，而大有功於當時後世者也。開也愚弱，未能即時北上擔簦執贄，擬先撰《聞道錄》，以矢願學之心，謹條錄請正。臨書不勝瞻依馳溯之極。(《恕谷後集》卷四)

恕谷復書，亦頗慶幸期許之，謂："塨自二十一歲從游顏習齋先生，……於習齋之學，益擴充之，……而犬馬之齒，今歲亦遂忽忽五十有九矣。每午夜旁皇惆悵，以遠近同學者，雖有其人，大率一長一解，求其明於心，行於身，宜暢於言語，揮發於事業，可全以付者寥寥。甲午冬，武進惲皋聞至，博淹敦廉耻，一聞習齋學，遂共學。篤行著書，裨予不逮。殆其人也。然退而思之，又挹悒不樂。皋聞少予不及十歲，其與陶甄夫、方靈皋之與予交，年之先後髣髴也。及予老耄而諸君亦就衰矣。非後進英奇使聖道相衍遞嬗以至無窮者。今乃忽得之。足下年少才高，議論輝光肆映，如偉炬燭天，此天特生之以使周孔之傳不至墜地者也！則習齋雖亡而不亡，謭陋雖衰而未衰也。慶幸私情，冀望無涯。"（同上）其後恕谷往金陵，有《贈張吁門序》，緜莊《跋》之，謂：

恕谷先生來金陵，請業問道者無虛日，而吁門與焉。夫先生之學，追聖軼賢。……先生以成就後學爲己任，尤樂得人之善而道之。……信乎大賢之用心也。（《恕谷年譜》卷五）

此亦足見緜莊之於恕谷，實心悦而誠服之。惟緜莊於恕谷卒前，曾兩游京師，一在雍正二年甲辰（見《青溪文集》續編《三儲恕齋傳》），一當次年乙巳應順天鄉試，踰一年至丁未始歸去。兩次至京，皆未至博、蠡間，親炙恕谷之教，但於丁未有書致恕谷而已。恕谷於後亦不常道及緜莊，其所懷念者惟惲皋聞，其所獎掖者惟劉調贊（俱見《恕谷年譜》）。或緜莊於此時，思想略有遷變，而遷變之故，則在與方靈皋相晤於京師也（此参用績溪胡適之先生説）。恕谷於靈皋，本冀其同心倡明正學（見《恕谷後集》卷四《與方靈皋書》，此書作於康熙四十七年戊子，時恕谷年五十），其後靈皋於康熙五十一年以戴名世《南山集》入獄被逮，踰年事解，恕谷如京視之，猶勸其從顔學（詳見《恕谷後集》卷三《甲午如京記事》）。此恕谷《與緜莊書》猶以靈皋與陶甄夫並稱也（恕谷復書作於丁酉）。至康熙五十七年戊戌，恕谷如京，靈皋使其子道章從游於恕谷，踰一年庚子，靈皋議與恕谷易宅，恕谷乃至金陵。次年七月，恕谷長子習仁南行中途病卒，靈皋所爲《李伯子哀辭》，有"易哀爲憂而終之以懼"之詞。靈皋論學既與恕谷不盡合，又以戴名世獄受清廷之威迫利誘，乃益不敢從顔、李之學，而且一變而爲顔、李之叛徒矣。《望溪文集》卷六有《與恕谷書》，謂習仁之卒，由於議及程、朱之故，且舉習齋、西河爲戒。其後恕谷卒，更不待請而擅作《墓志》，誣及昆繩、恕谷。蓋靈皋之詆毁顔、李，已無所不用其極矣。緜莊至京之前一年，恕谷入京，靈皋又言人有毁恕谷者。緜莊在京，蓋必得聞其言於方靈皋，因而對於恕谷之尊崇，顔、李學之信奉，或稍有遷變。今《青溪文集續編》中有《與宣城袁蕙纕書》謂：

承反復於某不以顔、李之書示人，其故有可得而言者。蓋學者束縛於功令，而習見之蔽錮於中也，非一日矣。某弱冠得讀二家之書，壯歲晤剛主先生於白門，往復議論。未幾游京師，而當代名儒即有疑其以共詆程、朱相唱和者。夫孔、孟既没，程、朱奮乎百世之下，以斯道爲己任，此誠聖賢之徒，而非可以妄加譏評者也。第其學出於遺經，參以己意，與杏壇親炙者有間，故於聖道不無離合。……顏、李崛興，乃能舉其是非得失之大者，以與六經證其異同，而冀幸學者之一悟，可不謂之先聖之功臣而宋賢之益友歟？……然而聞其詆程、朱之説，不可不爲大懼也。某之懼，非敢不自立而甘於徇俗也。《易》稱時義之大，故君子時然後言。……當舉世未能信從之日，而強聒不舍，必有加以非聖之謗而害道者，不可之大者也。……凡某人不敢輕於有言，皆爲道謀，而非計一身之利害也。（北京大學出版組影印本，1936年，卷七，頁九九）

由此所述觀之，則縣莊於來京之時，確聞"當代名儒"議及顏、李之詆毀程、朱，而稍變其對於傳述顏、李之見解。此"當代名儒"非他，或即指靈皋言，靈皋於此時正言有人詆毀恕谷者也。其謂"學者束縛於功令，而習見之蔽錮於中"，則亦可見顏學之流傳，頗受時勢之影響。故縣莊且恐人加以非聖之謗，而爲道謀，亦不敢輕於有言。縣莊亦實有不以顏、李之書示人之事實；然縣莊謂坐視其道之終晦亦不可，故其晚年著述，仍以顏、李之學爲依歸，而終不畏非議程、朱之譏，而謂"墨守宋學者非，墨守漢學者尤非"也（以上參用績溪胡氏説）。縣莊《論語説》，雖其撰述之時期似甚早（據恕谷《論語傳注》頁三四引有"程石開説"，是縣莊於《論語》早有説），而實寫定於乾隆二十年縣莊六十五歲之時（據《序》，是書創始於乾隆乙亥，改訂於丁丑及戊寅之春）。其書有引用習齋先生説者，而其引用恕谷之説，又皆稱恕谷先生，是縣莊不諱言其曾受顏、李之影響也。其《叙》謂：

"《論語》者，六經之統會，大道之權衡，所以正教學之是非，而制生人之物則於不過者也。自堯、舜至周、孔而守一道，在昔爲司徒之命，典樂之設，爲三物之所賓興。其在二十篇之中，以'文行忠信'爲四教，以'詩書執禮'爲雅言，以'孝弟謹信、泛愛親仁、餘力學文'爲弟子之職業，其道易知、其教易從，要在率天下以立人道而已矣。"（金陵叢書本《論語説》）

以三物四教爲言，從顏、李之旨也，率天下以立人道，亦顏、李"道不遠人"之説也。全書所述，如：

"古所謂業，《詩》《書》《禮》《樂》而已。兹四者，君子所由適於道之具也。"（《論語説》卷一）

"上古聖人分道之緒餘，以備物致用而利天下。若自堯、舜以後，則道有統、學有宗，儒者之業，惟在經緯天地、綱紀人物，其用則内

聖外王，其本則道德仁義，其事則詩書禮樂。"（同上）

"聖門之學，修己即以治人，無二道也。道不外於博文約禮之事。"（同上）

"性與天道，事物之大原，夫子於《大易》《中庸》言之，蓋亦詳矣。而設教之日，則有所不言者，以性與天道，即事物以爲體，驟而語之，必有遺其當務者矣。……漢、晉而下，若王、何之清談，世皆斥其祖述莊、老，爲天下患。乃周、邵諸公出，以《太極》《先天》唱高言於卦爻象象之上，學者雲集響應，圖象之說日紛，語錄之出日富，由是人人而皆妄測性講天道矣。"（同上）

"所以爲身心家國之用者，則莫大於六藝，文之與行，相需而成者也。"（卷二）

"雖聖人佛氏各有天地，而學者不以實行求之，則恐一折而入於彼矣。"（同上）

"夫古之聖賢，可以終身不遇明王，不可使我無王佐之具，此達天盡性之業，老安少懷之實事也。"（卷三，頁七）

"聖門教人博文之後，歸於約禮。然禮接事物，用恒在外，能使内外合一，則仁矣。'克己復禮'，言自外至内，舉一身而聽命於禮也。爲仁之道，莫要於此。……然則視聽言動者，即己也。"（同上，頁八）

"'天理'二字，始見於《樂記》，猶前聖之言天道也。若《大傳》之'言理'，皆主形見於事物者而言，故'天下之理''性命之理'，與'窮理'，與'理於義'，皆文理、條理之謂，無指道之蘊奥以爲理者。"（同上，頁九）

"夫道莫大於仁，聖人教人不直以仁而以恕者，恕則知人己一體，有時而知萬物一體，則仁矣。"（同上）

"性無所謂義理氣質之分也。有之，自宋儒之論性始。……是故聖人惟欲天下之人慎其所習。"（卷四，頁五）

此其所述，以古所謂業，在《詩》《書》《禮》《樂》。道不外於博文約禮之事，重實行、重實用；且以儒者之業，惟在明德親民，皆宗顔、李之説。其論天理人欲之分，氣質義理之性，以宋明之理學，此王、何之清談，皆與顔、李之説合，且足以見其不畏非議程、朱之譏也。緜莊又有《禮樂論》兩篇，尤純用顔、李之説。其上篇曰：

今夫禮樂之爲物也，不生於人而生於天。孩提而知歌咏，少長而知舞蹈，非有教之者也。五官百骸生，而用無不具，故曲折以赴禮，則一身之用行，鼓琴射御，則兩手之用行焉。今也禮樂之教既亡，人之與生而俱生者，則力過其萌而不使之遂矣。終日匡坐而誦讀，無升降上下之節，無屈伸俛仰之容，則一身廢矣。琴瑟之不知，射御之不習，則兩手廢矣。是天與人以形體，而莫不壞於有生之後，性命之理不順，人道之紀不修，誰實爲之？教之所致然也。是故莫弊於今之教法。（《文集》卷三）

此本習齋先生"習行禮樂射御之學，健人筋骨，和人血氣"，"一身動則一身強，一家動則一家強，一國動則一國強"之說也。此所以謂道不外博文約禮之事也。在《文集》中，繇莊又有《原人》《原心》《原氣》《原性》《原道》《原教》《原鬼神》七篇，頗足以見其哲學思想與顏、李之關係。其《原氣》篇曰：

自天地而下，一氣而已。吾見夫天地之始也，見夫天地之化日出而不窮也，見夫萬物之生死消長也，無非氣者。……太極亦氣也。《孟子》曰："形色，天性也。"夫以形色爲性，則氣之外無性也。又曰："浩然之氣"，不曰理而曰氣，則氣之外無理也。《易》曰："一陰一陽之謂道"，領道於陰陽，則氣之外無道也。（同上，卷七）

此猶顏、李理氣一元論之說也。其《原人篇》曰：

人生於天地之中，……本於天地之一交，……而天地之所知所能，遂舉其全而畀之於人。……而世界任人之辟之，民物任人之奠之，鬼神任人之所以酬酢之。……知始成物而前，則人在天地。知始成物而後，則天地在人。（同上）

此則更以人爲天地之心，"自然者天地，主持者人"（用王船山語）；天地之間，莫貴於人矣。故其《論心性》曰：

心者，知之所載也，氣之至清者也。……天地生人而與以人之心，此人之所以不如天地也。生於天地而能全有天地之知能，此天地之所以不如人也。人惟有此心知，故學天而至於天，學地而至於地。以及天地所不知不能者，而皆知之、皆能之，豈天故縱之以至此歟？

人乘天地之氣以生，天地雖有不善之氣，而生人之氣則無不善，性也者，其氣之至善者乎？……陽必求陰，陰必求陽，……絪縕交構於無間，此至善之氣也。人乘此至善之氣以生，而謂性有不善者，豈情也哉？

其論心性，亦承理氣一元論之說，而偏重於氣質。人能有天地之知能，而天地且有不如人，天地可以有不善之氣，而生人之氣則無不善，亦以天地之間，莫貴於人矣。其《原道篇》曰：

> 道者何也？道者，天命之不容已於天下者也。天地一交而生生不已；至善之原由此開，而物感之端亦由此啟。其端則有三：飲食也，男女之欲也，樂生而惡死也。是三者，名爲物感而亦發於至善之性。……至善者，天之命也。天無乎不愛而有至善，人無乎不愛而有至善之性。道也者，廣其愛而節其愛者也。無以節之，則飲食也，紾兄之臂亦可也；男女也，摟東家之處子亦可也；樂生惡死也，凡可以得生者無弗爲也。有以廣之，故一飲食也，必至民饑則由己饑；一男女也，必至於內無怨、外無曠；一樂生惡死也，必至於無一夫不獲其所。……故曰，天命之不容已於天下也。

"天地一交而生生不已"，此道之所以爲天命之不容於天下也。戴東原《原善》亦有言曰："道言化之不已也。"其説與此亦略同，蓋有襲諸此。緜莊謂飲食、男女、樂生惡死爲物感之端，而亦發於至善之性，則欲與理本非二元。戴東原謂"理者存乎欲者也"，説亦與此略同也。其謂道者節其愛而廣其愛者也，則是道莫大於仁之説也。其《原教篇》曰：

> 人爲天地而生，天地待人而立。彼釋、老者，亦人耳，而乃置天地民物於度外，以獨善其身，吾知聖人必大有不忍於此者矣。……天地以生生爲心，聖人以生生爲學。……彼二家者，極其能不過獨善其身而止，而以天地萬物爲物。謂之其學可也，不可以爲教也。

此《論語説》"古之聖賢，可以終身不遇明王，不可使我無王佐之具"之説也。夫道莫大於仁，仁以萬物一體，天地以生生爲心，聖人以生生爲學，此所以儒者之業，惟在經緯天地，綱紀人物也。

程緜莊《文集》中有《漢宋儒者異同論》一文，謂：

> 宋世諸子自謂得不傳之緒於遺經，雖其所見未必一一合於聖人，而皆能用心於內。其所謂主敬存誠，致知力行者，大端與孔孟之旨相近，視漢儒之學，苟以嘩世取寵，相去遠矣。（《文集》卷三）

又於其《上督學翠庭雷公論宋儒書》云：

> 夫能察天理人欲之分，嚴義利公私之界，專務於存誠主敬，致知力行，孜孜然以聖人爲必可學而至者，此宋儒之不可及者也。（《文集》卷十）

似緜莊亦頗尊宋儒，然此不過因時勢之所迫，不欲專以詆毀程、朱爲事耳。其與程晉芳《論學書》仍謂：

> 愚閒居更訂説經舊稿，因念聖經莫不切於人道，而體有不同……

惟《論語》一書以問答之體，質言學問政事，而爲立教之準則，……萬世以下，欲求實德實行者，於此乃有所持循而無隕越也。……近作《禮樂論》適緣有感於此。李恕谷《傳注》諸書，足下閱之以爲何如？其師弟亦非無所見者，正可與拙論相發明也。……宋儒之學，根本既與三代有異，而復好爲高論，與魏、晉習尚似異而實同。然在魏、晉，出於莊、老本不自諱；而宋人之於佛氏，則陷於不自知。此莊、老之害道者淺，佛氏之害道者深。而受其病者，亦如之。程明道以言性便不是性，羅仲素令人觀未發氣象，此兩先生豈真欲託足空門？乃漸染於其說而抱黎丘之惑也。俗儒但知掊擊陸、王，而不知陰釋之所由來，亦何足以定其論而服其心乎？……顏、李師弟立言過於峻激，致生驚駭，而非其人亦孰與救學術之敝耶？足下欲辨學術，惟求其歸於《論語》，而無即以宋人之《論語》爲《論語》，其可也。（《青溪文集續編》卷七）

縣莊以顏、李師弟"亦非無所見者""非其人亦孰與救學術之弊"，則仍非議程、朱，而盛稱顏、李也。其與袁枚嘗言"墨守宋學者非，墨守漢學者亦非"，蓋亦時稱道顏、李，是縣莊於傳布顏、李之學，其態度固無大異也。顧程晉芳於顏、李學，雖經縣莊與之講論，而其復書則猶以爲"程、朱不可輕議，顏、李自視太高，視程、朱太卑。"（《勉行堂文集》卷三《與家縣莊書》三）；其所作《正學論》，直據靈皋之言以爲說辭，猶不如袁枚之持平，以晉芳守宋儒太狹，詆顏、李太過也。靈皋既誣及顏、李，其後姚鼐讀縣莊之書，亦謂縣莊"非議程、朱，其詞遂流於蔽陷之過而不自知。"（據吳德旋《聞見錄》）且謂"欲與程、朱爭名，安得不爲天之所惡？故毛大可、李剛主、程縣莊、戴東原率皆身滅嗣絕。"（《惜抱軒文集》卷六《再復簡齋書》）此《戴記》所以謂："純以虛謬之談，思駕乎自得之學之上，可爲憤疾者也。"惟縣莊生當清代漢學風氣已熾之候，更多致力於經學，又於顏、李學之傳述，不甚彰明較著，故不易知其爲顏、李之傳人，其於顏學，較之恕谷，更稍易其面目矣。縣莊於顏、李省心之功、持敬之教，亦不甚力行，在思想上、習行上皆稍異於顏、李，此亦述顏學者所當加慧者也。

## 5. 戴東原、戴子高與顏學之關係

與縣莊同時受顏、李之影響者，又有戴東原（震），東原亦爲縣莊之友人，著有《原善》《孟子字義疏證》等書，攻駁宋明諸儒，以氣質之性非惡，釋理亦爲條理、脉理、文理，非別有一物存乎天地之間；謂理存乎欲者也，亦不以人欲爲惡。其說頗近於顏、李，蓋實受顏、李之影響者。戴氏獲聞顏、李之學，或由於絺莊，絺莊《青溪文集續編》曾兩引戴東原説，此可知者一（參看胡適之先生《顏李學派的程廷祚》一文，此用績溪胡氏説）。或由於是仲明，據惲皋聞《與恕谷書》，"南方聞顏、李之學而興起者有是仲明"，今《戴東原文集》卷九有《與是仲明書》，戴氏亦可由仲明而得聞顏、李之學，此可知者二。戴氏稍易顏、李思想之面目，而其説大行於時，攻戴氏者，雖不知戴氏與顏、李之關係，然輒因戴氏而議及顏、李，如方東樹《漢學商兑》云："又若李塨等以講學不同，乃至説經亦故與宋人相反，雖行誼可尚，而妒惑任情，亦所不解。"（《序例》）又云："至於顏元、李塨、李顒等，知尊性崇禮矣，亦不能道中庸，盡精微。"（卷上）方氏猶得讀顏、李書，則戴氏當可得知顏、李學，此可知者三。顏、李之學，亦可云因戴氏而益使人得以知之也。

　　東原之時，漢學之風已熾，從事顏學者已漸稀，至咸、同間，顏、李之學，益不振矣。戴子高（望）於同治八年撰《顏氏學記》，其自序謂："每舉顏、李姓氏，則人無知者。""於京師求顏、李書不可得；則使人如博野求之，卒不可得。"則顏、李卒後百餘年，而其傳之浸微至於如斯也。然因戴氏之撰《學記》，而知顏學者亦稍多。如譚獻《復堂日記》謂："習齋先生命世大儒，遺書散失，子高所輯亦多空論。竊意先生當日於六藝行習實跡必有次第規制。"（卷四）章炳麟《太炎文錄》謂："戴望治《春秋公羊》，……觀其綴述《顏氏學記》，又喜集晚明故事，言中倫，行中庸，柳下、少連之儕也。"（卷二）葉德輝《學記·跋》謂："聖賢之學，期於致用而已。習齋顏先生，生明季水火之世，灼然見堯、舜、周、孔之道。……雖其再傳末流，或仍不免為風氣所囿，而先生之教之初，則固不可一世矣。……以顏氏此書，救今日之時弊，以挽一世之風氣，……顏先生之幸，抑亦吾湘人之幸也。"則子高於傳播顏學之功甚大，固不可没也。舉此數家之言，亦略可以見矣。

## 三　著述考

### （一）習齋著述考

　　案：先生於辛未南游，晤張天章，天章曰："先生何不著禮儀水政書？"先生曰："元之著《存學》也，病後儒之著書也，尤而效之乎？且紙墨功多，恐習行之精力少也。"（戴望《顔氏學記》卷三）先生力戒著述，故其所著書實不過二十餘種，其刊行者實不過十二種。其書刊刻之最早者爲《删補三字書》，次則《存學編》，凡二種，皆於生前鏤版行世。次則《存性》《存治》《存人》三編三種，於卒後次一年刊於鄢城。次則恕谷所纂《習齋先生年譜》，刊於康熙四十六年丁亥。至嘉、道間，版俱毁於火。迨光緒五六年時，定州王氏輯刊《畿輔叢書》，重刊《四存編》及《年譜》，又增刻《習齋記録》《習齋先生言行録》《習齋先生辟異録》三種，共八種。於印行後，並合恕谷所著爲《顔李遺書》單行。至民國十二年，北京四存學會印行《顔李叢書》，更增刊《四書正誤》《禮文手抄》《朱子語類評》《習齋先生記餘遺著》四種。計共收先生遺著凡十二種。《删補三字書》則自定州王氏刊行《畿輔叢書》時已未收入，且未有爲之重刊者。兹合其已刊未刊者，爲考如下：

　　《習齋先生年譜》二卷舊刻本　　畿輔叢書本　　顔李叢書本　　商務叢書集成本　　博野四存中學鉛印本

　　案：是書爲恕谷所纂，昆繩加以校訂，據李恕谷所爲《凡例》云："《顔先生年譜》，甲辰（三十歲）三月以前，本之先生《追録稿》，及塽所傳聞，以後皆採先生《日記》。"是此書雖非習齋自著，然實録之《日記》及《追録稿》，不啻自著也。自來皆以《年譜》列於遺著之内，兹姑從之。昆繩有《顔習齋先生年譜序》，載在《居業堂文集》卷十二，《序》云："剛主以所輯先生《年譜》使源訂，源爲稍易體例，芟繁閒有所補益。"則《年譜》之成，昆繩實與有力焉。《恕谷年譜》"丁亥四十九歲，鄭若洲邀先生如京，刊《習齋年譜》。"是《譜》始刊於丁亥也。後有張淑璋、鄭知芳兩《跋》，知芳即若洲也。（參《徐記》卷三）

### 《四書正誤》六卷（第五卷缺）顔李叢書本

案：《年譜》壬申五十八歲，"七月録《四書正誤偶筆》。皆平日偶辨《朱子集注》之誤者，至是命門人録爲卷。"是此書又名《四書正誤偶筆》。《朱子語類評》云："朱子惑於'六賊'之説，創出'克去己私'之解，聖賢經書所未聞。寒齋《四書正誤偶筆》已具解矣。"又云："即《四書正誤》亦多偶筆也。"（《朱子語類評》）則是書亦名《四書正誤》有由來矣。又案：是書據《年譜》乃壬申年録出，其實壬申以後頗有增入。卷三有"曰：丙子七月十日卯，坐漳南書院南齋"云云（《述而》），卷四有"甲戌丑月廿五之夜"云云（同上書），甲戌已是壬申後二年也。全書六卷，卷一《大學》，卷二《中庸》，卷三《論語》上，卷四《論語下》，卷五《孟子上》，缺，卷六《孟子下》。

### 《顔習齋先生言行録》二卷　畿輔叢書本　顔李叢書本　叢書集成本
### 《顔習齋先生辟異録》二卷同上

案：《言行録》《辟異録》皆習齋門人鍾錂纂。《言行録》前有鍾錂所爲《習齋先生叙略》一篇，叙習齋生平事跡，與他書間有出入。如云："年四歲，東兵至，父遂隨入遼東。朱翁有母喪，先生着喪服冠立椅上，勸飲饌如成人，弔客咸異之。六歲值生日，家人設桌，雜陳諸器物，視所取，先生携筆如字者數十。"又，"先生嘗自言私淑孫徵君，又所父事者五人：曰張石卿，曰刁蒙吉，曰王介祺，曰李晦夫，曰張公儀。兄事者二人：曰王五修，曰吕文輔。友交者三人：曰郭敬公，曰王法乾，曰趙太若。皆有以修先生。"與《年譜》不盡同，與《言行録》賈易問交，習齋所答者亦不同。可以備一説也。書巾有"錂案"者九處，皆無若何發明。《凡例》云："是編挨日譜摘録，門類未分，然亦例爲章數，亦竊取《魯論》《學而》等章之義。"《辟異録·序》云："竊於先生辟異之語，得之聞見者，於《唤迷途》外，彙爲一帙。"則《辟異録》非盡取諸《日譜》者也。是書卷上：《辟異總論》《辟僧徒異》《辟崇邪異》；卷下：《辟妄襌異》《辟邪説異》，附《同人辟異語》二條。

### 《存學編》四卷　舊刻本　畿輔叢書本　顔李叢書本　叢書集成本　博野四存中學鉛印本

案：據《年譜》載，是書成於己酉三十五歲之十一月，在《存治》《存性》之後。今是書卷一《由道》《總論諸儒講學》《明親》後有《上孫徵君書》，據《年譜》，此書實修於庚戌（一六七〇年）三十六歲。又有《上太倉陸桴亭書》，此書實修於壬子三十八歲：兩書蓋以後附入者。其《學辯》二篇，云"己酉十一月二十六日，予抱病……謄《存學稿》""又越旬，王子來會"等語，則亦《存學》寫就之後附入者也。卷二、卷三、卷四皆爲《性理評》。是書據《年譜》：辛巳六十七歲，"五月，曹乾齋刊《存學編》"。《四存編》以此編行世最早。

### 《存性編》二卷　同上

案：《年譜》己酉三十五歲，"正月，著《存性編》。畫《性圖》九，……塨後並爲七圖。"是此編《性圖》實爲恕谷所刪訂。恕谷有《書後》云："先生《性圖》入太極五行諸說，則於後儒誤論，當時尚未有盡灑者。塨後質先生曰：'周子《太極圖》，真元品道家圖也。《易》有太極兩儀，指揲蓍言，非謂太極爲一物，而生天地萬物也。五行爲六府之五，乃流行於世以爲民物用者。故箕子論鯀罪四：汩陳其五行，非謂五行握自帝天而能生人生物者也。生剋乃鄒衍以後方家粃説，聖經無有。'先生曰：'然。吾將更之。'及先生卒後，披其編，則更者十七而未及卒業。於是承先生意，而湔洗之如右。"此恕谷入至京浙，得聞王草堂諸儒之説，乃知太極五行諸説之爲不經，故習齋亦從而易之也。此亦足見恕谷如浙至京，顏、李之反宋學，乃始澈底，恕谷之出游於四方，固大有造於顏學也。是書卷一：《駁氣質性惡》《明明德》《棉桃喻性》《借水喻性》《性理評》。卷二：《性圖》《朱子性圖》《妄見圖》（凡七）《圖跋》。附録《同人語》。

### 《存治編》一卷　同上

案：據《年譜》，戊戌二十四歲，"作《王道論》，後更名《存治編》。"此書之作，實早於《存性》《存學》。據《年譜》丁巳四十三歲，先生有趙甲田十九家佃戶分種之説，今未入《存治編》；則《存性》《存學》著成以後，是編並未加以修改。全書一卷，其目次爲：《王道》《井田》《井田經界圖説》《方百里圖説》《治賦》《八陣圖説》《學校》《封建》《宮刑》《濟時》《重徵舉》《靖異端》。

### 《存人編》四卷　同上

案：《年譜》壬戌四十八歲，"七月，著《喚迷途》，後又曰《存人編》。一喚尋常僧道，二喚參禪悟道僧道，三喚番僧，四喚惑於二氏之儒，五喚鄉愚各色邪教。"今卷一：第一喚、第二喚、第三喚。卷二：第四喚、第五喚。卷三爲《明太祖高皇帝釋迦佛贊解》，據《年譜》，爲辛酉四十七歲所作。卷四爲《束鹿張鼎彝毀念佛堂議》，則甲子五十歲所作，亦非成於壬戌年者。《四存編》在《四庫全書總目·子部·儒家類存目三》，並有提要。

### 《朱子語類評》一卷　顏李叢書本

案：是書云："以醫事游河間，見《朱子語類》，特携三卷歸。"又云："僕亦吞砒人也！耗竭心思氣力，深受其害，以致六十餘歲終不能入堯、舜、周、孔之道。"（《顏元集》）是此書始纂於六十餘歲之時。《年譜》戊寅六十四歲有"觀《朱子語類》"云云，則其評閱當始於是年或其前一年。據此書云，已有《宋相辨》《宋史評》之作，《宋史評》成於丙子六十二歲，故是書之經始當在丁丑、戊寅間也。

《禮文手抄》五卷　同上

案：是書前有《序》，末云："康熙三年，歲次甲辰，八月戊寅，後學顏元謹識。"蓋戊申三十四歲著《存性》《存學》前，手抄《朱子家禮》等書而成，但於後亦遵行之也。據《年譜》壬午六十八歲，"始祖禰同禩。初，先生遵程伊川說，春祭祖，秋祭禰。塨按：古禮皆祖、禰同日祭，程說非也。質之先生，先生考而然之，至是，改從古禮。"足證。卷一《通禮》，卷二《冠禮》，卷三《昏禮》，卷四《喪禮》，卷五《祭禮》。

《習齋記餘》十卷　畿輔叢書本　顏李叢書本　圖書集成本

案：是書爲鍾錂所彙輯。但據卷三《寄陳宗文書》云："家藏俚帙雖數百，亦不過往來書札，祭、祝、箴、銘，不得不爲者，殊無簪筆苦力雕刻若韓、歐之爲者。名之曰《記餘》，明非正業也。"。則《記餘》之名，實習齋所自訂也。《恕谷年譜》乙酉四十七歲有"選訂《習齋記餘》"之語（《恕谷年譜》卷四），則恕谷亦有選本，或鍾錂所彙輯者，實本之於恕谷也。

《習齋先生記餘遺著》一卷　顏李叢書本

案：此四存學會據抄本刊印，共收遺文凡十一篇。

以上已收入《顏李叢書》者共十二種。

《灑掃應對進退儀注》未見

《勺詩舞節》已佚

案：《年譜》甲辰三十歲"六月，與王法乾纂《灑掃應對進退儀注》，作《勺詩舞節》。按，《勺詩舞節》，塨從學時先生以儀節未備，亡其稿。"此二種寫作之時，與《禮文手抄》時間相近，蓋亦纂輯禮文，而加以按語耳。

《婦人常訓》未見

《曾子言行》未見

案：《顏習齋先生年譜》乙巳三十一歲，有"作《婦人常訓》三章"，"集《曾子言行》"（同上）之語。

《農政要務》未見

案：《習齋先生年譜》己酉三十五歲，"八月，爲王法乾書《農政要務》：耕耘、收穫、辨土、釀糞以及區田、水利，皆有謨畫。"（同上）

《會典大政記》未見

案：《習齋先生年譜》庚戌三十六歲，"五月，著《會典大政記》，摘《大明會典》可法可革者，標目於册。"（同上）又，己未四十五歲，"孔子修《春秋》曰：'我欲託之空言，不如見諸行事之深切著明也。'《會典大政記》，實竊取之。如有志者鮮何？"（同上）又，癸酉五十九歲"予皇明大政記，只録條件，不參一議，以待用之則行。"（同上）是書蓋僅摘録《明會典》而成，然足見先生眷懷故國之情也。

### 《删補三字書》原刊本

案：《年譜》辛亥三十七歲，"補六藝、六府於開蒙《三字書》內，端蒙識也。"（同上）《習齋記餘》卷一有《删補三字書序》，末云："康熙庚午博陵顏某謹題。"（同上）今《年譜》庚午五十六歲，未載作序之事。至丁丑六十三歲，"七月，定興劉棻（旆甫）刊先生訂改王應麟《三字書》。"（同上）故此書爲先生所著書刊行最早者。《畿輔叢書》《顏李叢書》並未收入。恕谷《評乙古文》內録有《顏習齋三字書》一篇，非其全文。

### 《宋相辨》未見
### 《宋史評》今書未見

案：《朱子語類評》謂："予有《宋相辨》《宋史評》，力爲乾坤翻此大案。"（《顏元集》）《年譜》丙子六十二歲，"十二月，著《宋史評》，爲王安石、韓侂冑辯也。"（同上）《年譜》於《宋史評》俱録其略，其全文今不詳。《宋相辨》蓋亦爲荆公等而發者。

以上未收入《顏李叢書》之已刊未刊者共九種。

案：《顏習齋先生言行録》及《年譜》所載，先生詩歌等文又有《望東賦》（《習齋先生述略》，《顏元集》）；《大盒歌》《小盒歌》（《年譜》己亥二十五歲，同上）；《求源歌》（癸卯二十九歲，同上）；《大風吟》《登泰山賦詩》（癸丑三十九歲，同上），《望荆軻山詩》（癸亥四十九歲，同上），《口占》（庚辰六十六歲，同上）。亦可略見先生關於詩歌之作。惟先生以詩文字畫爲乾坤四蠹，故於詩歌之作甚少也。

## （二）恕谷著述考

案：恕谷著述，共凡二十餘種，據恕谷自爲《墓志》謂："前在都，徐少宰秉義，吴都憲涵爲刻《大學辨業》《學規纂》。至是，同人爲刻《論語》《學庸傳注》及《傳注問》，又刻《易經傳注》《學禮》《小學稽業》，門人又刻《恕谷後集》，毛河右開雕《李氏學樂録》。"其《訟過則例》《論學》《評乙古文》《擬太平策》四種，實於恕谷生前亦已刊行。恕谷卒後，《詩經傳注》《春秋傳注》二種亦於道、同間次第刊布。光緒間，定州王氏刊《畿輔叢書》，復刊印《恕谷先生年譜》《閱史郄視》《平書訂》《擬太平策》《評乙古文》《學禮》《學射》《小學稽業》《人學辨業》《聖經學規纂》《論學》《恕谷後集》十二種，並與所刊習齋著述單行爲《顏李遺書》。民國八年，蠡縣齊氏又印行恕谷《論語》《學庸》各傳注，至民國十二年，北京四存學會復就《畿輔叢書》及各單行刊本，印行《顏李叢書》，更據抄本增刊恕谷《中庸講語》《郊社考辨》《禘祫考辨》《宗廟考辨》《田賦考辨》《訟過則例》《瘳忘編》《天道偶測》《恕谷詩集》等書，共收恕谷遺著二十八種（實當云三十種），合之習齋著述共爲四十種（實當四十二種）。兹合恕谷著述已刊未刊者，爲考如次：

《恕谷先生年譜》五卷　舊刻本　畿輔叢書本　顏李叢書本
叢書集成本

案：是書前四卷爲馮辰纂，惲鶴生訂；卷五劉調贊續纂。恕谷孫鍇於全書又重加修訂。據馮辰《凡例》云："自庚申七月以後，皆采之《日譜》，以前，則本之辰所素聞於先生者。"又，此譜之作，實在恕谷生前，辰與調贊，皆承恕谷之命，而爲是譜。則亦可以恕谷遺著視之也。

《周易傳注》七卷附《周易筮考》一卷

案：《序》云，"予癸未注《易》至《觀》。甲申春，李中丞斯義下榻京師，注卦訖。秋，又自訂於鄖城溫令德裕署。丙戌注《繫辭傳》《說卦》《序卦》《雜卦》，迄壬辰重訂一周。"自癸未四十歲至壬辰五十四歲，是書之成，蓋歷十餘年之久。癸巳，"始入京尋剞劂刊之"。但其書於卷一即兩引惲皋聞說：是在甲午與皋聞相晤之後，又加以增訂也。《序》又云共學者有印江、黃世發，世發爲萬寧黃令成憲名，相識在丁酉年，則是書刻成當在丁酉後也。是書《四庫全書總目・經部・易類》有提要。

《詩經傳注》八卷

案：據《序》及《恕谷年譜》，注《詩經》在丙申五十八歲，是時不惟《周易傳注》已成，《四書傳注》亦已成也。是書恕谷卒後，其裔孫桓，醵金開雕，刊成於道光二十四年。

《春秋傳注》四卷

案：《恕谷年譜》乙巳六十七歲，始注《春秋》。次年秋即竣事。同治八年高陽李繼曾爲之刊行。

《論語傳注》二卷　原刊本　蠡縣齊氏刊本　顏李叢書本
《大學傳注》一卷　同上
《中庸傳注》一卷　同上

案：《論語序》作於康熙五十七年戊戌，《凡例》作於次年己亥。然據《恕谷年譜》，康熙五十四年乙未五十七歲"《注孟子》"，似恕谷《論語傳注》《大學傳注》《中庸傳注》，在乙未前當已完成。恕谷《詩經傳注·題辭》亦云："始爲《周易傳注》，續之《四書傳注》成。"《詩經傳注》成於丙申，亦足證其成當在乙未前也。

### 《傳注問》一卷　原刊本　顏李叢書本

案：據是書《題辭》："作於庚子端月"，則是書成於康熙五十九年，恕谷年六十二歲。此恕谷自爲《墓志》謂"至是，同人爲刻《論語》《學庸傳注》及《傳注問》"也。《傳注問》一書因非依經立傳之體，而爲答問之書，故於學術思想方面，頗多發揮，恕谷諸經《傳注》固皆重要，然於此書中尤足見其哲學思想之大略也。以上四種《四庫全書總目》並收入《四書類》存目中。

### 《恕谷中庸講語》一卷　顏李叢書本

案：《恕谷年譜》，辛巳四十三歲，"同學二十餘人，約十日一會，求先生講《中庸》。陳叡庵以先生所講，錄成卷，爲《恕谷中庸講語》"。又，癸巳四十五歲，宗夏看《恕谷中庸講語》，奮然以聖賢爲可爲。曰："吾向以二氏爲根，今拔去矣。"（同上）因《講語》中錄有恕谷《辟佛論》之說而云然也。

### 《小學稽業》五卷　原刊本　畿輔叢書本　顏李叢書本　叢書集成本

案：《恕谷年譜》庚辰四十二歲，以子侄將入學，乃著《小學稽業》，自六歲起，至十四歲止，幼儀、書數、樂舞，皆有儀注譜法。是此書經始於是時。據卷一《小學韻語》作於康熙四十三年甲申，《序》作於康熙四十四年，此書之成，實在習齋先生卒後一年也。習齋先生謂"茲小學，則稽古人成法，盡名《稽業》"（同上）此所以名《稽業》也。是書《四庫全書總目》收入《子部·儒家類·存目四》。

### 《大學辨業》四卷　同上

案：《恕谷年譜》戊寅四十歲"著《大學辨業》。"（同上）辛巳四十三歲，"吳司寇、徐少宰……爲先生刊《大學辨業》《聖經學規纂》《論學》"（同上）。今案，《題辭》後記有"癸未陽月李塨閱明儒學案識"（同上）之語，則是書恕谷於辛巳後二年又加以增補也。是書《四庫全書總目·儒家類·存目四》，有《提要》。

### 《聖經學規纂》二卷　同上

### 《論學》二卷　同上

案：《聖經學規纂·序》云："《大學》辨訖，續纂《聖經學規》二卷。續纂者何也？古大學成規俱在，但恐人不實盡其道，……是以摘聖經言學者，會爲一編"。此命名爲《學規纂》之意也。據《恕谷年譜》乙亥三十七歲，"子堅刊先生所著《聖學成法》及《與西山先生書》。"《聖經學規纂》或即《聖學成法》之改訂本也。《學規纂》卷一爲：《原學規纂》，《論語學規》三十九條，《中庸》三條，《孟子》十一條；卷二爲：《尚書》三條，《易經》一條，《詩》一條，《周禮》八條，《禮記》九條，《論古學正學宜急復》，附《論學》二卷。據此則《論學》又《學規纂》之附錄也。《論學·卷一》前有小序云："學明矣，而尚恐丰蔀之蹣人也，故編摘《學規》後，意有不盡者，復附以朋友往復之言如左"（同上）。此與恕谷所纂之《諸儒論學》實係兩書。據《恕谷年譜》，《聖經學規纂》《論學》皆刊於辛巳四十三歲，《論學》卷二有"辛巳冬，語萬季野、王昆繩"之語，蓋係刊刻時所加入也。《學規纂》《論學》在《四庫全書總目·儒家類》與《大學辨業》並收入《存目四》中。

**《學禮》五卷　同上**

案：是書卷一《冠禮》，卷二《昏禮》，據《恕谷年譜》成於庚辰四十二歲；卷三《喪禮》，據小《序》成於己亥六十一歲秋（此條《恕谷年譜》未載）；卷四《祭禮》，據《恕谷年譜》，纂於乙酉四十七歲；卷五《士相見禮》，亦成於庚辰四十二歲。全書《序》成於庚子六十二歲，其鋟版蓋即在是年也，《序》有"爰先鋟以告學者"之語，足證也。是書《四庫全書總目·經部·禮類·存目三》有《提要》。張潮《昭代叢書》摘錄其卷五《士相見禮》於《昭代叢書》中。

**《學射錄》二卷　同上**

案：據《恕谷年譜》戊子年五十歲，"自勘前著《射法》未善也，毀之，更著《學射》。"惟恕谷於其書卷一自序謂："一日，忽有叟而杖見過，……自稱'異叟'，言曾學道深山，技擊皆精，夜半爲我解衣擊劍，因傳射法，聽而觀之，豁然於心。……無何黎明，飄然而去，不知所之，因錄其射法。"則是書之成，頗涉於神怪也。

**《李氏學樂錄》四卷　毛氏刊本（止首二卷）　顔李叢書本**

案：《恕谷年譜》戊寅四十歲，"錄《學樂》"。次年己卯，又著《官調圖》並《七調全圖》等，皆收入卷一內。次年庚辰，又著《六律正五音圖説》等，皆收入卷二內。《恕谷年譜》云："上河右書，錄《六律正五音圖》求正……河右答書……言已鋟《學樂》二卷入其《西河全集》內。"毛氏所刊只二卷也。卷三、卷四皆成於戊子恕谷五十歲，見《年譜》。是書二卷本《四庫全書總目·經部·樂類》有《提要》。

**《平書訂》十四卷　畿輔叢書本　顔李叢書本　叢書集成本**

案：《恕谷年譜》丁亥四十九歲，"昆繩出所著《平書》……請先生訂。"次年訂《平書》竣。但《平書訂》後引有惲皋聞語，則是書於甲午後又有增補也。

**《閱史郄視》五卷　畿輔叢書本　顏李叢書本**

案：《年譜》丙寅二十八歲，"書《廿一史》經濟可行者於册，曰《閱史郄視》"又，甲戌三十六歲，"思明成祖尚武功，而明強，李東陽引進浮文，而明削，前明成敗之大案也，書於《閱史郄視》。"是書卷四後續一卷，所記皆有關明代之事，是書之成，蓋即在是年也。但於後亦有增補，卷一引有王昆繩語，恕谷與昆繩相晤在庚辰四十二歲，是在庚辰以後，有增訂之處也。

**《擬太平策》七卷　原刊本　畿輔叢書本　顏李叢書本　叢書集成本**

案：《恕谷年譜》己酉七十一歲，"訂《擬太平策》，覺一生總結是此書。"辛亥七十三歲，"刻《擬太平策》"。《擬太平策》本準《周禮》六官而作，當止六卷，第七卷實補述卷一六部以外之官職，所述不多。

**《瘳忘編》一卷　顏李叢書本　國粹叢書本**

案：《恕谷年譜》癸亥二十五歲；"置一册曰《瘳忘編》，《序》曰：'宋、明學者如華子病忘，伏首誦讀而忘民物，一旦大難當前，半策無施，惟拼一死，並忘其身。噫！甚矣。予行年二十餘，頗踔厲欲有爲，而精神短淺，忽忽病忘，每恐其淪胥以溺也，乃攟摭經世大略，書之赫蹄以瘳之。'"此實恕谷少年有志於經世時之作也。《凡例》云："是卷創於癸亥，訖於丁卯，其再得者以次入下卷，數不可以預定也。"今考《恕谷年譜》戊辰三十歲謂："著開東北水利及治河利運之策於《瘳忘編》。"今《瘳忘編》業未收入，而收入《平書訂》卷十二後，則是編實止於丁卯也。書雖少年之作，然頗有可觀者。

**《評乙古文》一卷　原刊本　畿輔叢書本　顏李叢書本　叢書集成本**

案：是書《序》云："塨自幼治古文，規模唐宋八大家。及壯後，王昆繩遇而見曰：'是亦爲斥鷃所誤而控於榆枋者，盍宗秦漢？'問其說，一一皆解，因憮然曰，'與其宗秦漢，何如宗六經？六經乃古文也。'於是教授之餘，偶評乙數篇存案。"（同上）此足見恕谷文辭之學，實深受昆繩之影響也。全卷所選，除《書》《易》《詩》《周禮》《禮記》《論》《孟》《左》《國語》《史記》外，有韓愈《原道》、習齋先生《三字書》，及恕谷父孝慤所爲《與王法乾書》各一篇。初刊於雍正十年壬子。

**《宗廟考辨》一卷　顏李叢書本**

**《郊社考辨》一卷　同上**

**《禘祫考辨》一卷　同上**

《田賦考辨》一卷　同上

案：《恕谷年譜》戊寅四十歲，"考郊社、禘祫、諸禮，乃知《文獻通考》等書皆疏略也。著《田賦考辨》。"翌年，著《宗廟考辨》，著《禘祫考辨》《郊社考辨》。《田賦考辨》於戊子五十歲時又有增訂。據《詩經傳注序》云，"《宗廟》《田賦》諸考，用以論治"。則此《四考辨》不入《學禮》之中，以其本非曰行之禮也。《四庫全書總目・經部・禮類・存目三》於《郊社考辨》有《提要》。

《恕谷後集》十三卷　原刊本　畿輔叢書本　顏李叢書本　叢書集成本

案：是書前有恕谷門人閻鎬《序》云："大興王昆繩曰：'恕谷之注經，超軼漢、宋，連篇片語，皆古文也。'河南李主事汝懋曰：'吾遍閱聞人集，錢牧齋、吳梅村猶是宋明遺習；汪苕文弱；侯朝宗亦涉摩擬；方靈皋練或傷氣；王昆繩主奇變，而乃有唐、陳；若夫淵源聖經，旁羅百氏，雄潔奧化，不名一家，其《恕谷後集》乎？'知言哉！鎬從游久，頗得聞之。乃檢錄、傳、書、序、記、碑版諸著，列爲十卷。'恕谷'者，先生自名其里也；'後集'者，自康熙癸未以前，仿歐、蘇諸大家，先生俱置之，而惟存其後焉者也。"（《李塨集》）《序》作於雍正四年丙午。據此《序》可見（一）當時有稱頌恕谷之文超軼當時名家；（二）其所以名"後集"者，取斷自癸未（四十五歲）以後；恕谷於是時已晤昆繩而改變其作風也。（三）是集初本十卷，其後三卷乃增刊。十卷以前，已各體具備，此由其體例可知者一也；卷十一有《孫生日記序》，作於雍正六年；卷十三有《李子恕谷墓志》，作於雍正十年（恕谷卒前一年），皆其證驗極明顯者。《四庫全書總目・別集類・存目一一》作《恕谷後集》十卷、續刻三卷，是也。

又案：《恕谷年譜》丁酉五十九歲（康熙五十六年）述恕谷如肅寧，以《恕谷後集》贈肅寧黃令，則《後集》之刻，當始於是年前。據《恕谷年譜》乙亥三十七歲，郭子堅刊先生所著《與酉山先生書》，戊子五十歲時，"鄭若洲中舉人，來謝教，刊先生古文數首。"恕谷古文之刊刻，實甚早也。

《天道偶測》一卷　顏李叢書本

案：是書作於雍正六年戊申七十歲時，見《恕谷年譜》及是書卷首。

《訟過則例》一卷　原刊本　顏李叢書本

案：《恕谷年譜》己巳三十一歲，"纂《訟過則例》……本劉念臺《紀過格》而刪訂之。"又乙亥三十七歲，"子堅刊先生《訟過則例》，草堂序之。"

《恕谷詩集》二卷

案：是集所收詩不分體，不編年，蓋未經整理者。恕谷卒前一年有《憶舊詩》《思聖詩》亦並未收入。

以上已收入《顔李叢書者》共三十種。如不計《周易筮考》，又以《大學傳注》《中庸傳注》並爲一種計算，則爲二十八種。

《聖學成法》原刊本

案：《恕谷年譜》乙亥三十七歲，"子堅刊先生所著《聖學成法》及《與酉山先生書》。""仲開一……爲《聖學成法》作《跋》"，馮辰所爲祭恕谷文述及恕谷著作亦有《聖學成法》。（《恕谷年譜》卷五）惟恕谷自作《墓志》記其著述已不將是種列入，蓋以後改爲《大學辨業》或《聖經學規纂》，故再不必以此列入，而記恕谷之著述者，如《戴記》等書，亦遂忽之也。

《學御》有傳鈔本

案：《恕谷年譜》庚寅五十二歲，"著《學御》，騎法、飼法、相法，得之（蔡）瑞生者也。"《學御》一書，有傳抄本，四存學會刊行《顔李叢書》未以印入，非已佚也。（現四存學會有鈔本發售）

《上許酉山先生書》原刊本

《恕谷古文》原刊本

案：此兩種均單篇論文，在《恕谷後集》未刻成以前刊行者（詳上），《上許酉山先生書》《年譜》已存其略；鄭氏所刊古文數首，則不詳其篇目如何也。

以上四種爲《顔李叢書》以外之傳抄本及原有刊本今不流傳者。

《求孝集》　未見

案：《恕谷年譜》己未二十一歲，"纂《求孝集》，輯經書言孝之禮及昔賢與孝慤之行事，以自勉也。"（同上）

《與斯集》　未見

案：《恕谷年譜》癸亥二十五歲，"有所得經濟，書於《與斯集》"。（同上）

《四書言仁解》　未見

案：《恕谷年譜》戊辰三十歲，"思時時以仁存心，乃集《四書》言仁者通解之，曰《四書言仁解》。""許酉山書至，言《言仁解》已得聖道之要，須以宏毅任之。"

《恕谷集》　未見

案：《年譜》己巳三十一歲，"至習齋投門人刺，以《瘳忘編》《恕谷集》爲贄。"此《恕谷前集》也，恕谷又有《龐叢草》《南食草》等稿。兹但舉此種以見之。

《諸儒論學》　未見

案：《恕谷年譜》己巳三十一歲，"思程、朱、陸、王以及今儒各有其言之明者，録之，聖道自在也，不必與之多辨，乃册録曰《諸儒論學》。"此即《習齋先生年譜》壬申五十八歲所謂："子纂《諸儒論學》，名曰《未墜集》"者也。與恕谷以後附入《學規纂》之《論學》實非一書。

《陶淵明集選》　未見

《韓昌黎文選》　未見

案：此二種見《恕谷年譜》丁丑三十九歲，俱有題辭。

《律注》　未見

案：此亦丁丑三十九歲所爲。恕谷二十三歲學六藝，從明太祖易御以律，丁丑佐政桐鄉乃爲之《注》也。

《學易》　未見

案：此見《恕谷年譜》戊寅四十歲。以後改爲《易經傳注》，故其自作《墓志》亦不以列入其所著之中也。

《學政》　未見

案：此種恕谷自作《墓志》述所著作，列之《瘳忘編》下，蓋亦關於政治之著述也。《平書訂》卷首亦述及此稿。

《運心編》　未見

《覽天主書辨》　未見

案：《恕谷後集》卷四《上毛河右先生書》述其近著有此二種。

《孟子傳注》　未見

案：《恕谷年譜》乙未五十七歲云，"注《孟子》"（《李塨集》）。《詩經傳注·題辭》亦言"續之《四書傳注》成。"（同上）惟《論語》《大學》《中庸傳注》俱於生前鋟版，此書獨未刊行，豈以稿未完成，或卷帙較多，未便刊刻歟？

《經説》六卷　未見

案：《戴記》述恕谷之著述有此。姑亦列入。

以上未收入《顏李叢書》之已刊未刊者共十八種。

綜上所述，恕谷著述共有四十八種，其單篇論著未收入文集者，如《辟佛論》（略見《恕谷中庸講語》）之類，尚未計入，恕谷生平之著述不可謂不宏富也。

附：關於研究顏李學之重要參考書

王源《居業堂文集》二十卷　舊刻本　畿輔叢書本　商務印務館叢書集成本

案：是書除傳述顏學諸文外，其他如卷四之《五公山人傳》《李孝慤先生傳》等，極多關係顏、李師友之文字，可以參看。王氏《文章練要》無卷數，在《四庫全書總目提要·春秋類·存目二》著録爲《或庵評春秋三傳》，實爲評文之作，於顏學實無重要關係，北平四存學會有鉛印本，改書名爲《左傳評》。

程廷祚《青溪文集》十二卷　道光丁酉程兆恒刻本　金陵叢書本　北京大學影印程本

同上，《青溪文集續編》八卷　道光戊戌程兆恒刻本　北京大學影印程本

案：是書《續編》八卷《金陵叢書》本未收入，傳世甚少，北京大學爲之影印流通，於民國二十六年出版。後附三卷，爲"程氏集"外之文、碑傳文字、友朋間論學書。附録一卷。

戴望《顏氏學記》十卷　原刊本　光緒甲午李雒才刊本　清代學術叢書本　國粹叢書本　國學基本叢書本

案：戴氏撰是書時，於《習齋先生言行録》《辟異録》《四書正誤》《朱子語類評》《習齋記餘》等書，並未獲見；於恕谷《詩經傳注》《春秋傳注》《小學稽業》《閱史郄視》《平書訂》《四書考辨》等書之言論並未采入。又間有舛誤。以今觀之，雖非完滿，然其播傳顏學之功，未可没也。

徐世昌《顏李學》十三卷　北平四存學會刊本

案：是書内容實析爲三種：一、《習齋語要》二卷；二、《恕谷語要》二卷；三、《顏李師承記》九卷，共十三卷。其《師承記》九卷，述顏、李之師友弟子凡七百十三人。然不注重先後之次第，如同爲習齋先生嚴事師友，王五公、刁蒙吉列之卷二；王五修、張石卿等刊列之卷七。不加以詳細之分別；云顏、李師友"大率彼與此相共"，然於不相共者並未明白指出也。不注明出處，使未熟讀顏、李之書者，不能了然於所依據之材料。所收之人亦間有失之過濫，如卷九述及杜紫峯，紫峯年事較長，且實非顏、李師友也。又，此書所述至七百餘人，僅分九卷，而前無總目録，亦無子目，各傳前且無標題，極不便於檢閱。

梁啓超《顏李學派與現代思潮》《東方雜志》二十卷二號

胡適《顏李學派的程廷祚》《北京大學國學季刊》五卷三號

案：近十餘年，介紹顏、李學之單篇論文甚多，以上二種，爲其中較爲重要者。其餘散見於北平四存學會出版之《四存月刊》及其他之雜志報紙者，以有《國學論文索引》諸書可資檢索，兹不一一列舉。

## 四　師友考

### （一）習齋師友考

案：習齋先生師友，在恕谷所爲《年譜》之中，於交游論定者，多附小傳，以爲"會友輔仁之學，見於是焉。"其後《戴記》撰述先生之學，末亦附以《顔李弟子録》，所收入者，凡二百又七人；惟所述既不完備，且亦不免舛誤。至《徐記》乃更綜述顔李師友弟子及私淑至七百三十一人之多，似稍詳矣。然其書於顔李師友，概不加剖析；於叙次先後，則尤爲紊亂；出處不爲注明，傳述失之過濫，又其次也。兹述先生師友，略依《年譜》所載，以見其先後；次參之他書，補《年譜》所未及，庶於出處，亦可以見。其在弟子之列者，另綜述之；亦依《年譜》諸書略見其先後與出處。惟於不甚重要之師友，則但録其姓氏，以存踪跡而已。

#### Ⅰ．見於《年譜》者

（1）幼年求學時期

先生幼養於蠡縣朱翁盛軒，父昪早出亡。八歲時，就外傅吳洞雲學。洞雲名持明，能騎、射、劍、戟；慨明季國事日靡，潛心百戰神機，參以己意，條類攻戰守事宜二帙。時不能用，以醫隱；又長術數，多奇中。蓋先生之學，自幼受其影響甚深。後又從賈珍（襲什）、賈瑢（金玉）受讀。金玉善醫，先生於後爲輯其方爲《美惠方集》，序以行世。二十歲時，與鄉人朱參兩（湛）、彭恒齋（士奇）、趙太若、彭漢中（之炳）、彭九如（通）父子友；漢中自號散逸隱士，九如一字雪翁，往來孫夏峰、刁文孝間，時作道學語，爲先生語孫、刁行跡，先生之從事陸、王，由雪翁也。以上洞雲等凡八人。

（2）從事陸王程朱時期

先生於二十四歲時，從雪翁得《陸王要語》，從事陸、王之學。翌年己亥，以歲試赴易州，訪王五修（之徵），五修新安人，孫夏峰弟子。踰一年辛丑，至祁川，訪刁蒙吉（包），包治程、朱學，甲申聞變，設烈皇帝位於所居之順積樓，斬衰朝夕哭臨。卒謚文孝。先生拜謁，得其所輯《斯文正統》，歸，立道統龕，正位伏羲至周孔，配位顏、曾、思、孟、周、程、張、朱。從事朱學。翌年壬寅，與蠡郭敬公（靖共）、汪魁楚、李貞吉等結文社，社友共十五人。翌年癸卯，聞王法乾焚帖括，讀經，依朱子《家禮》行禮，往拜。法乾名養粹，蠡人；少狂放有大志，以聖人爲必可爲。與先生交，約十日一會，爲日記考功過，後終守程朱學。先生嘗謂："吾行家禮、學儀，皆始自法乾。其致知少遜我，而力行過之。"（《恕谷年譜》卷三）先生之重行，實頗受其影響也。甲辰三十歲，先生約王法乾訪孫徵君，未果。徵君名奇逢，號鐘元，容城人。講學初宗姚江，繼主調和朱、王，著有《理學宗傳》等書。明末，左光斗、魏大中、周順昌爲魏璫所陷下獄，徵君與鹿善繼父正、張果中藏匿其子弟，釀金謀完"擬贓"，時稱"三烈士"。甲申後，移居輝縣之夏峰，故又以夏峰稱焉。是年先生又訪五公山人王餘祐，餘祐字介祺，保定新城人。以明季多故，乃讀孫吳書，散萬金產結士。清兵入，隱居五公山雙峰，每登峰頂，慷慨悲歌，泣數行下。遂於韜鈐，喜言經濟，先生於後亦嘗與論經濟，受其影響甚深。翌年乙巳三十一歲，訪恕谷父李晦夫（明性），晦夫事父兄孝友。崇禎末，天下大亂，先生方弱冠，與鄉人習射禦賊，挾利刃、大弓、長箭，騎生馬疾馳，同輩無敵者。甲申變後，暗然毀晦，足跡不履市闤。念聖學以敬爲要，顏其堂曰"主一"。慎獨功甚密，謂程朱原屬一家學問。晚年益好射，元旦，設弧矢神位，置弓矢於傍，酹酒禳之，曰："文武缺一，豈道乎？"卒，門人私謚之曰："孝愨先生"。是年，又訪張石卿，論學，石卿名羅喆，保定清苑人，甲申城守，死難吏部主事張羅彥之弟。石卿嘗言"義理即寓於氣質，不可從宋儒分爲二"。後先生著之於《存性編》中。又訪呂文輔（申），文輔言《四書朱注》有支離者。先生於後又從之問天文。先生嘗自言生平所嚴事者一人，曰孫徵君；父事者五人，曰刁文孝、李孝愨、王五公、張石卿、張公儀；兄事者二人，曰王五修、呂文輔；交友者三人，曰郭敬公、王法乾、趙太若。除張公儀外，皆於此乙巳三十一歲前謀相晤也，但孫徵君未果耳。此時知交又有任熙宇、徐藍生二人，連王五修等共十三人。

(3) 昌明周孔正學時期

先生於戊申悟宋學之非，踰一年，劉煥章（崇文）來訪，煥章一字肇南，蠡人。明末，以舉人署棗陽宜城縣，解組後，忘年爵來拜，力滌宦習，主日記，與先生共明正學，以聖賢相規勉。馮辰嘗謂："習齋、煥章、法乾、恕谷四先生，每會學，勸善規過，互無回護。"(《恕谷年譜》卷二）則亦先生共學之良友也。翌年辛亥，從張函白（而素）學琴。張公儀約會於祁州刁宅。公儀，寧晉人，原名來鳳，後易名起鴻。翌年壬子三十八歲，與陸桴亭書論學。桴亭，名世儀，字道威，太倉人，隱居不仕。自治教人以六藝爲主，言性善即在氣質，氣質之外無性。著有《思辨錄》等書，恕谷入浙，得其書歸，先生與恕谷在思想上受其影響並甚巨也。至乙卯四十一歲，先生有《與孫衷淵書》。衷淵，名之萍，高陽人。孫文正公承宗侄孫，隱居力學，以孝母名。文正合家死難，衷淵嬰城被矢不死，自縊至三不死。曾遁於釋、老，故先生貽書諍之。戊午四十四歲，會李天生於清苑。天生名因篤，陝西富平人，與顧亭林、李二曲交並篤，先生之知二曲，當得之於天生也。自戊申三十四歲至癸亥四十九歲，知交之中，又有：田沛然及其子經埏、界埏，彭朝彥（朱我），魏帝臣（弼直），王契九（矵），陳見勇（振瞻），任最六，彭永年（大訓），蕭九苞，田沛然子治埏、馮繪升（夢禎），楊孔軒（思茂），宋廩休（會龍），楊計公，王法乾父廷獻，吳瑾，彭古愚，彭子諒，劉宰宇（起聲），彭濟寰，魏秀升，崔夏章（蔚林），楊湛子（爾淑），喬百一（己百），及同族叔愉如、羽洙，凡三十四人。

(4) 出關尋父及南游中州時期

先生於甲子五十歲出關尋父，過涿州，晤陳國鎮（之鉉），鹿忠節公善繼弟子也。至奉天，住堂兄在旗者希湯家，晤束鹿友人張尚夫之兄張鼎彝（束巖），鼎彝作《毀錦州念佛堂議》，先生爲之作檄作說，入《存人編》。翌年歸。至丁卯許西山來書論學，西山名三禮，河南山陽人。恕谷於乙丑至京，得見其所著《聖學直指》，後從楊湛子往拜之。西山曰："道原於天，終於天""'小心翼翼，昭事上帝'，功力也""'文王陟降，在帝左右'，歸結也。"恕谷返至博野，爲述所聞於先生，並出其所著《河洛源流》《擬太學禊典》《聖學直指》諸書，先生以手加額曰："天生西山，'其有意於斯世斯民也。'"無何，西山書至，先生有答書，後復有書與西山論學（《習齋記餘》卷三）。恕谷《瘳忘編》亦嘗就正於西山（《瘳忘編》凡例）。西山之學，與顏、李之思想多相合，故見重如此，顏、李並喜以"小心翼翼，昭事上帝"爲教條，亦未始非受有西山之影響也。己巳五十五歲時，陸隴其、邵嗣堯並求見，先生以不交時貴辭之。至辛未五十七歲，先生南游中州，抵上蔡，訪張仲誠。仲誠曰："修道即在性上修，故爲學必先操存，方爲有主。"先生曰："是修性，非修道矣。周公以六藝教人，正就人倫日用爲教，故曰'修道謂教'。蓋三物之六德，其發現爲六行，而實事爲六藝，孔門'學而時習之'即此也。所謂'格物'也，格物而後可言操存誠正。先生教法，毋乃於《大學》先後之序有紊乎？"論取士，仲誠曰："如無私，八股可也。"先生曰："不然，不復鄉舉里選，無人才，無治道。"仲誠，名沐，以進士知内黄縣事，有惠政。論學大旨宗陸、王而變其面貌，以一念常在爲主，弟子從游者甚伙。及行，仲誠率門人遠送，先生拜手曰："承教不敢自棄，勉加操存。先生操存有年，願進習行。"仲誠《語録》有"身勿無事作，身勿無理思，習此身使勤，習此心使存。"先生於後亦嘗稱述之。自甲子起至南游歸後癸酉五十九歲，先生知交之見於《年譜》者又有：王若谷（餘厚）、曹梅臣、程玉行、刁過之、刁静之、石藍生、鹿密觀、王曙光、馬開一、閻大來（際泰）、恕谷伯父葆初（成性）、劉潤九（蔭旺）、閻輝光、楊雨蒼、雨蒼弟濟川、賈聿修、陳子彝、耿子達、寧天木、熊伯玉、耿敬仲、孫實則、柴聚魁、丁士杰、寧季和、閻慎行、國之蒲及孫徵君子君協、君孚、君夔、耿保汝（極）、耿爾良父子、孫平子、孫箕岸、楊誠甫、李天佑、孔蓋仲、周礎公、張子朗、劉念庵、郭十同、李瑶之、杜聿修、周炎、趙龍文、張天章（燦然）、田椒柏、鄭吉人、梁以道（廷援）、劉子厚、常貞一、蘇子文、李子楷、侯子賓、傅惕若、王子謙、寇楣、王焉倚、李象乾、李乾行、王五公弟柔之（餘嚴）、朱寧居、劉懿叔，及同族叔怡如、紹洙、還初、同族兄弟文芳、妹夫金定國，凡七十人。

(5) 主教漳南書院及歸隱時期

先生甲戌六十歲時，肥鄉郝公函文燦來問學，並以陳子彝之紹介，來請先生主教漳南書院，至丙子三聘始往。晤舊友程潛伯，訪路驥皇（趨光）論治，論封建、井田，意相合。旋歸博野。至乙卯，恕谷自浙歸，得知毛大可（奇齡）、王草堂（復禮）。大可浙之蕭山人，恕谷初在浙時，即聞蕭山毛氏世傳樂學，大可名能知樂，心竊向之，後大可寄其《駁太極圖》《駁河圖洛書》二種至。及復入浙，又寄書論學，饋以所著《樂録》，恕谷即入杭問樂。大可謂："習齋好言經濟，於存養有缺。"恕谷告以"顏先生省心之功甚密"。（《恕谷年譜》卷二；《李塨集》）至是年恕谷歸至浙，先生得觀其《樂書》，則二人實相知聞也。恕谷於戊寅年投受業刺於大可，數與書往復論樂，又曾自言晤大可後，經學頗進，其後爲《易》《詩》《春秋》《論語》諸經、《傳注》，並引毛氏説，《四考辨》亦多用毛説，與恕谷之關係實較密切也。王草堂，浙之錢塘人，亦恕谷在浙所交友也。所著有《書解正誤》諸書，駁《朱注》訛謬，内入顏先生説，則顏、王二人亦相知聞也。恕谷《詩經傳注題辭》謂其經學頗得草堂之助，其《大學辨業》引草堂《二經彙刻》（卷一）及《太極圖辨》之說，《論語傳注》中亦頗有引用草堂之說，則其學術上關係爲較密切也。先生晚年隱居博野，交游之中，甚鮮知名之士，其可列舉者惟杜益齋、劉滌翁、陳宗文三人，共惟九人而已。

其列名弟子籍者則有：王之袧、彭好古、朱體三、徐之琇、張文升（鵬舉）、石鷟、石鸞、孫秉彝、齊觀光、賀碩德、張澍、李仁美、王恭己、宋希廉、李全美、石繼搏、賈士珩，皆戊申以前來從游者。文升後著有《存治翼編》，恕谷《閱史郄視》中頗用其説。戊申至癸亥間則有：宋瑜、朱肖文、齊泰階、馬遇樂、羽洙子亨、邊之藩，及族昆弟（顏）士俊、士佶、士鈞、士侯、士鎮、士鋭、夏希舜、王久成、趙衛公、趙啓公、可切言（默）、高生、李毅武（偁）、陳天錫、賈子一（易）、國公玉（之桓）、養子爾欀、齋燧侯（爟）、魏純嘏、楊蔭千諸人；恕谷之來從游亦在斯時也。甲子至癸酉間則有：關拉江、齊林玉、王學詩（全四）、李植秀、顏亨、顏利、三從叔子早壯、養孫重光、曹敦化、鄭光裕、鄭克昌、徐仲容（適）、朱越千（超）、王次亭（廷佑）、劉從先、韓旋元、韓智度、李子青及其子李珙、李順、李貞、朱主一（敬）及其少子本良、李介石（柱）、王越千、族侄修己、爾儼、希濂諸人。甲戌以後，郝公函外更有：苗尚儉、鍾金芳（鋑）、郝也魯、苗尚信、白宗伊、李宏業、韓習業、郝也廉、郝也愚、郭子固（金城）、劉㐮甫（菜）、裴子馨（文芳）、詹定侯（遠）、尚威如（重）、李沛公（霖）、李命侯、李益溪（培）、管廷耀、李廷獻、管紹昌、李甥、曹乾齋、杜生、族孫保邦、周昆來（珥）、曹可成、田德豐、郝品、郝夢祥、郝夢麒、崔奐若（璠）、許恭玉、張振旅、張智吾、王巽發、王潛、王澤、王懷萬、王溥、王繩其諸人；昆繩之來從游亦在斯時。連郝公函計凡百十二人。

## Ⅱ. 見於其他著述者

先生師友弟子之散見於其他著述而爲《年譜》所未及載者尚多有之。其見於《四書正誤》者，知交有陳贛庵，弟子有族弟士倧，凡二人。其見於《言行錄》者有：陳印尼、郭生、彭如九、馬生、彭平子、馬載圖、靳氏子、張自天、蕭治臺、陳端伯、高臺臣、陳康如、胡連城、吳仲常、王叙亭、趙麟書、吳玉衡、苗揆文、吳生、杜生、陳叡庵、王景萬、張文典、孫其武、高生、田起鳳、韓子垂，凡二十七人。

其見於《朱子語類評》者有：定州王生楷禮一人。

其見於《習齋記餘》者則有：趙晉候、安清卿、褚澄嵐、谷若衡、王允德、楊計公子静甫、姚伯濤、賈吟庵、族世父慷初、族大父後溪、族曾祖龍泉、族祖邃明、洞明、邃明子心洙、王效乾、冉懷璞、趙錫之、劉啓三、李埈、李壖、曹君佐、王輝臣、李復元、趙用九、錢曉城、王篤周、王順乾、張爾韜、孫克之、何千里、劉宏斯、宏斯子君顯、馮拱北（辰）、齊篤公、王元裔、王學詩子際泰、王廷秀、楊進文、朱異光、羅毅亭、王五修子文甫、獻甫，鍾行一、鍾欽、石（鴇）、石耀亭凡四十六人。

其私淑先生之學者，除上所列郭子固、錢曉城、馮拱北外，有郭子堅（金湯）、温益修（德裕）、謝野臣、陶甄夫（瓻）、惲皋聞（鶴生），皆恕谷之友朋與弟子也。連郭子固計，凡八人。以上總計三三七人。

## （二）恕谷師友考

### Ⅰ.見於《年譜》者

(1) 恕谷幼年求學時期

恕谷幼時，其父孝慤教之讀經，年十五，與內兄王法乾交論學；二十一歲，與李毅武同訪習齋先生於賈子一塾。從劉見田學數。其後與張自天、劉煥章識，從張函白學琴，又從習齋先生拜王五公，問射法於趙錫之（思光）及汪若紀二人，與張文升共習韜鈐，與馬賞伯、國公玉（桓）識。二十四歲以娱親計於穀日設筵，據習齋先生所爲《穀日筵記》，孝慤、錫之諸人外有：冉懷璞、彭子諒、魏秀升、劉啓三、王效乾諸人。又晤王契九、張貞子。翌年如易州考試，會田治埏、馮繪生、管公式及五公子曙光，所識又有張新六、閻公度、王佳璠、劉穎生諸人。又在趙太若家設帳。以上習齋先生不計外凡三十人，惟劉見田、汪若紀、張貞子、管公式、張新六、王佳璠、劉穎生、閻公度八人似不與習齋先生相識而已。

(2) 恕谷初至京至入浙時期

恕谷以二十七歲至京，申佐領聘館其家，晤郭子堅、子固兄弟，於名世、於南溟父子，從姚蘇門學曆。翌年，復至京，過涿州拜陳國鎮，在京，學琴於馮穎明，與楊湛子晤，得見許酉山。踰年，與徐澄源、張豐村相識，得知費此度。豐村言其師費此度謂："宋儒不及漢儒"，表章《十三經》甚力，澄源言此度見人如不識字；羡之。至三十歲時，因寓書此度論學。此度名密，號燕峰，四川成都人。父經虞，寓居揚州，得孫夏峰《歲寒集》，讀而悦之，遂令燕峰往夏峰受學。夏峰喜甚，爲掃雪亭留之。後著有《弘道書》，亦深辟宋、明學術，主復古治統道統。於清初亦一著名思想家也。此度得恕谷書，有覆書至，主復古經旨；後六年，又有書來。其論學主張本與顏、李略相同也。是年恕谷又與魏蓮陸、王子瞻相晤。蓮陸，孫徵君門人；子瞻，張石卿門人也。庚午年三十二歲，赴京鄉試中試，其主考爲太倉王顓庵（掞）、副之者爲悍城魏子相（希徵），同考官爲孫次年（昶）。甲戌三十六歲，有寄李中孚書。此十年中，知交又有：有李六儀（賓）、李啓若、趙泰巖、齊熒侯、齊中岳、何魯蓀、梁罩羽、伊介公、陳朗公、郭鬱甫、張廉泉、陳健夫、周青士、魏帝臣、從兄萃生、張子舒、杜孟南、武彤函、楊靜甫、譚彩耀、鄭天波、田信侯、閻佩五、彭雪翁諸人。以上四十三人，其在習齋先生師友弟子之列者亦有：郭子堅、子固、陳國鎮、楊湛子、許酉山、齊熒侯、魏帝臣、楊靜甫、彭雪翁九人。

(3) 恕谷如浙至往鄘城時期

恕谷以乙亥三十七歲始入浙，中途過揚州，拜蔡瞻岷（治），費此度弟子也。拜此度，以病不能會，晤其次子滋衡。至桐鄉，問人得王草堂，往拜之。丁丑年再如浙，毛奇齡書至論學，至杭拜之，得與新安姚立方（際恒）晤，立方以所著《書經》及《儀禮》相質。立方喜於辨僞，與恕谷論學之旨不合，恕谷未詳讀之也。翌年，投受業刺於毛奇齡，又與嘉善周好生相晤；好生贈以陸道威《思辨錄》，恕谷嘗謂自幼爲學，惟戊寅年功最密，即兆於此。翌年己卯，恕谷四十一歲，北歸。至淮安訪閻百詩，百詩名若璩，所著有《尚書古文疏證》《四書釋地》等書。恕谷不喜辨僞，至淮安相晤時，曾以言規百詩。其後恕谷著《論語傳注》，又曾駁其說，然亦嘗引用百詩之說（《論語傳注·下》引有"閻百詩說"，且謂百詩學窮二酉，有助於其經學。蓋以《尚書》一案論之，恕谷與百詩意見不相合，至於說他經，恕谷固不能不深許之也。百詩亦曾爲恕谷《大學辨業》爲題辭，後百詩病於都中，恕谷且往視之。翌年庚辰，恕谷四十二歲，入京會試，石門吳匪庵涵請館其府，乃晤王昆繩（源），論學甚契。徐果亭（秉義）修《一統志》，問敷淺原，問三江，並答之。又晤萬季野（斯同）、胡胐明（渭）。季野以一布衣在斯時與修《明史》，名滿朝野。聞恕谷名，意不慊。又季野有叔行在史館纂修，爲毛奇齡所折，見恕谷所爲《毛西河集·序》，頗不悅之。故雖屢過從，而退有後言。恕谷將刊《大學辨業》，念季野負重名，必須一質，乃持往求正。踰數日，復晤，季野下拜曰："先生負聖學正傳，某慚與先生識，久爲所包，不知先生。某少受學於黃梨洲先生，講宋、明儒者緒言。後聞一潘先生論學，謂'陸釋朱羽'，憬然於心。既而黃先生大怒，同學競起攻之，某遂置學不講，曰，'予惟窮經而已。'以故忽忽誦讀者五六十年。今得見先生，乃知聖道自有正途也。"乃爲《大學辨業》作序。季野又嘗與恕谷論廟制，辨《古文尚書》及聲韵，季野深服其學，曰："天下惟先生與下走耳！"閻百詩、洪去蕪未爲多也。時季野修《明史》，紀、傳成，表、志未竣，因言於王尚書鴻緒來拜，且請筵，謀延恕谷館其府，恕谷辭未就。恕谷之見重於季野者如此。恕谷所爲諸經《傳注》，亦頗用季野説。《詩經傳注·題辭》謂"後復益之王草堂、閻百詩、萬季野，皆學窮二酉，助我不逮"。(《李塨集》) 季野於壬午卒，恕谷爲作小傳。胡朏明所著有《易圖明辨》等書，恕谷《周易傳注》頗用其説，亦言朏明所助多矣。是年恕谷又拜孔東塘（尚任）論樂，浙江邵允斯寄贈先生《序》至，復以書。東塘，曲阜人，名爲能樂者。著有《桃花扇傳奇》，譜弘光南渡事，借兒女之情，寫興亡之故。恕谷與考文武舞儀，又聽東塘歌大成樂，爲辨黄鐘爲徵之誤。邵允斯名廷采，又字念魯，餘姚人。祖曾可，字子唯，沈求如再傳弟子。允斯九歲，子唯送至姚江書院，從韓孔當學，後又師事毛奇齡。恕谷在杭時，允斯適他往，故今以書來也。恕谷答書言其見毛奇齡而經學乃益進，讀《思辨錄》而存養亦稍進。恕谷入浙，其學術思想頗有遷變，其答允斯書亦自言之也。是年又有毛孝章來訪，述其師潘用微（平格）言，謂朱子誤於老，陸子誤於釋，恕谷於用微之説，初聞之於季野，兹又聞之於孝章，然猶未得讀潘氏書也。又晤王士禎，問格物問詩，答之。翌年辛巳，恕谷四十三歲，至京，晤黄叔琳（昆圃），拜楊仁澍，仁澍出其《擬獻太平十二策》，内有合兵民、復選舉二則，與恕谷早年著述之《瘳忘編》《閱史郄視》意見並相合。翌年壬午，恕谷館於肅寧，有與竇静庵書，静庵名克勤，柘城人。恕谷於館吴匪庵時即與相晤。静庵之學，初宗程朱，主静坐觀心。恕谷《與昆繩書》嘗謂今世如李中孚、竇静庵，皆卓成一孝弟忠信之人。其行誼之高，可與二曲比。恕谷嘗丐其爲孝慤立傳，静庵亦謂"剛主勵志躬行，主敬循禮，守爲學要"。恕谷又嘗與辨心性，恕谷謂："心有動静，功不分動静"。（見《論學》）至是與之書謂"主敬循禮"爲"千聖百王心法。"静庵於後亦深折服恕谷之學也。踰一年甲申，恕谷四十六歲，以温益修聘至鄢城論學議政。後聞習齋卒，旋返。由乙亥至甲申十年中，恕谷知交之中，又有：淮南李繡持（鉞）、李寧一（坤）、朱灝、陳莢、鹿密觀及其子子濂、吴星潭、郝公函、宋豫莘（瑾）、冉永光、王紹武、虞龍章、沈卜子（日掄）、毛姬潢（遠宗）、柴陞升、馮樹臣、朱主一、金素公（德純）、徐壇長（用錫）、王古修、博向亭、劉綽然（有餘）、常九疇

（鋐禹）、李丹崖（天柱）、曹乾濟、陳心簡、吳敬庵、曹正子、邢偉人、劉巖、許時庵、溫睿臨、周昆來、朱直崗、韓文萃、王漢臣、董載臣、劉石渠、陳詵、馮敬南（？）、吳子純（學顥）、梁質人（盼）、索克果（亭）、可切言、王傑期、王陶陽王紹先兄弟、藺行上（佳進）、秦心庵、李景仁、邵時昌、楊賓實（名時）、馮璿、王天佑、馮欽南、李蔭長（毓樾）、李中牢、朱宇綠、許不棄、倪唐際、張百始、宋若愚、陳正心、方靈皋、孫子未（勳）、周伯章、劉石村、李輯五、陳子章（四如）、孔林宗（興泰）、王公垂（紳）、鍾金若（鋟）、顏敬甫、顏畏甫、李果齋、李質君（斯義）、李禮山（來章）、張御仲（魚）、洪秋崖（天柱）、劉楠（百斯）、何龍章（圖）、崔夬若、徐閣臣（相）、劉聚五（漢生）、郭十同（圻）、李鑾云（皋）、徐公潮、樂塊然、王瑄、徐仲容、張子勵、魏梁園、瑰虜功、曹謙、趙九鼎、朱越千、顏重光，以上共一一八人，其在習齋先生知交弟子之列者有：王草堂、毛奇齡、錢曉城、王昆繩、溫益修、鹿密觀、郝公函、朱主、周昆來、曹乾齋、可切言、鍾金若、顏敬甫、顏畏甫、李果齋、崔夬若、劉聚五、郭十同、徐仲容、朱越千、顏重光，凡二十二人。

(3) 恕谷至富平至濟南時期

恕谷於乙酉復至鄚城，旋歸。翌年至京，晤戴名世。翌年丁亥，王昆繩偕楊慎修（勤）來拜，踰一年己丑，楊慎修為富平令，聘恕谷往，乃為富平之游。至陝，朱學使可亭來拜，可亭名軾，高安人。以暗者失辭，未會；後與之書論學。可亭自謂神交恕谷者二十年，後可亭拜大學士，被命查北直水害且開水利，使人問恕谷，恕谷特如京拜之。可亭雖慕恕谷之學，然末受恕谷若何影響也。與王帶存晤，帶存名遠，武昌人。恕谷在與慎修初至長安時與之相晤；後有書來，恕谷答之。次年庚寅，恕谷辭歸，過商州，晤陶甄夫；甄夫名窳，時佐商州之幕。出所著《熊襄愍傳》，言殺襄愍者，道學鄒元標也。恕谷因嘆"道學不能辦事，且惡人辦事"。《答王帶存書》中亦言及甄夫論周正不敢時改月數端。其後恕谷得見甄夫《秦關稿序》，有云："顏李之學，數十年來，海內之士，靡然從風。"甄夫實私淑顏李學者。程縣莊為甄夫之甥，從甄夫處得見《四存編》及《大學辨業》諸書，讀之，奮然興起，卓卓為顏李傳人，循流溯源，甄夫亦誠有功於顏李學也。甄夫又為恕谷訂《周易傳注》，蓋亦深於《易》學者。踰一年壬辰，恕谷五十四歲，有張部郎者，求恕谷佐其濟南府幕，乃往濟南。過德州，有李龍友者來拜，為言臨朐上五井來子儼若，異士也。至武定州，晤李相國之芳之弟五老庵，言來儼若、張石民行蹤，恕谷並修書與之論學。五老庵不著其名，蓋即《周易傳注序》所云之武定李之藻也。

翌年癸巳，恕谷歸。自乙酉至癸巳九年中，恕谷西至富平，東至濟南，又常至京，然皆非久居，除上述數人外，所獲見之友朋又有：暢泰徵、馬懋德、陳極如、謝野逸、鄭見百、鄭良仲、鄭長民、李止庵、金應枚、廷襄、劉旃甫、宋佑咸、彭亭立、陳純一、楊淡園、邵榮業、李興業、李煒、黃彌臣、張西陸、韓同甫、柳生、孫開緒、陸西朋（師旦）、戴梅莊（大源）、柯岐山（鳳）、胡元馭、何萬鍾（百禄）、張赤城、顧之珽、馬呈圖、郭鼎三、秦子受、茹鳳儀、張二胤、周領旗、蘇克憲、王璟文、趙山公、祝兆鵬、馮修五、單侯摺，凡五十一人。惟劉旃甫爲習齋先生弟子，陶甄夫爲習齋先生私淑弟子。

(4) 恕谷至通州及歸老時期

恕谷於甲午年五十六歲，得晤惲皋聞。至戊戌年六十歲，報選通州學正，與張孝先（伯行）晤。伯行，儀封人，篤行程、朱之學。見恕谷時，直言陸、王害道，宜遵程、朱。恕谷以其習痼已深，默不與辨。伯行所著有《正誼堂文集》等書，其文集卷九《論學》有云："今天下學術裂矣！李中孚以禪學起於西，顏習齋以霸學起於北，嗟乎！正學其不復明於斯世乎！……今北地顏習齋出，不程朱、不陸王，其學以事功爲首，謂身心性命非所急，雖子思《中庸》，亦訾訾無所顧。嗚呼！如此人者，不用則爲陳同甫，用則必爲王安石，是大亂天下之道也。……艾東鄉曰：'李卓吾書一字一句皆可殺人'，今習齋之說亦可殺人也。而四方響和者，方靡然不知所止，可慨也夫！"其以顏李之學足以殺人，自屬一偏之見，然云"四方響和者，方靡然不知所止"，則亦足見顏學之傳在當日固藉甚一時也。翌年己亥，恕谷仍在通州，有寧波鄭禹梅之子性，前歲在關中讀《習齋年譜》，是之，數千里來拜問學，饋潘平格《求仁錄》。性字義門，《求仁錄》即其所刻，前有毛孝章（文強）序。恕谷前與孝章晤時，《求仁錄》尚未付鋟，至康熙五十六年丁酉始刻成。故恕谷於是時始得讀之，在《傳注問》中乃得著其說也。翌年庚子，恕谷因欲與方靈皋易宅，又往江南。至金陵，晤身在修、江素庵、周侶樵、劉伊園諸人。晤程啓生、張吁門亦在斯時。至寧國晤黃瑤圃，瑤圃名叔琪，爲昆圃之叔弟。瑤圃出《寧國府志》匄題，恕谷爲書其端。又因舊日門生劉允恭言梅定九欲來拜，而年老不能行，乃往晤之。定九稱格物之解極是。恕谷北返，踰一年壬寅，有人投刺曰："北臺山人李銓拜。"已而與馬乘至，入晤，則李穆庵也。相與論學，看《大學辨業》，深以格物之解爲是。《徐記》以爲"穆庵疑爲臨川李紱，字穆堂，嘗截漕天津，又在永定河效力，其拜恕谷當在河工時合"。則未知其果如是也。自甲午至癸丑，知交之中又有：王之臣、李翼公、朱蒼樹、錢裴庵、趙偉業、劉敬庵、姬鶴亭、張熙甫、張朏明、楊蘭生、劉焞、劉霱輝（熺）、弓御九、王博古、弓遜甫、王濟光、王槐三、顏紹裔、陳子劇、李汝戀、王仲英、李通、張海旭等。凡三十三人，惟惲皋聞爲習齋先生之私淑弟子。

列名恕谷弟子籍者，在恕谷二十七歲前有：劉見田子壯吉、張漢、張澍、王自新、趙昈、趙昕、趙曈、趙士秀、郭藩。乙丑至甲戌三十六歲時有：申佐領子奇章、董漢儒、董漢傑、郭鍈、於鯨、李毅武子肅和、伊維藩、伊維臣、祁鼐臣、郭培、齊熏、從侄振鍈、王楫、王青甸、王宏度、（弟）李培、從孫曾達、趙宏澤、趙宏濟、趙宏深、趙宏澍、（弟）李埈、（弟）李巖、閻公度子閻鍵、閻鍆、閻銓、（侄）閻鈺、（族孫）閻茂宗、閻世昌、彭如龍、彭猶龍、齊春、管廷耀、管紹昌、李廷獻（此二人見《習齋先生年譜》）、王輔臣。

自乙亥三十七歲至甲申四十六歲有：郭宏、錢曉城（煌）、仲開一（宏通）、王咸休（經邦）、吳關傑、吳用楫、吳次張（師栻）、員震生（從雲）、陳叡庵、馮敬南（？）、王陶陽子王業豐、王業彪，黃宗夏（曰瑚）、吳木欣（長榮）、劉百斯（楠）、王煥曾（元亮）、趙澄溪（瓚）、朱和禮。

自乙酉至癸巳有：齊韓石（愉）、王秉公、馮樞天（辰）、閻季伯（鎬）、劉心鏡、劉心衡、劉心蕙、劉洪、劉發璋、發璋子習仁、李敏志、李書思、劉珙、珙姪習智、張采舒（璺）、張曉夫（天球）、鄭若洲（知芳）、張瞻仰（俶璋）、彭琨、李元英、張少文（景蔚）、王符躬（元蘅）、李果、呂易品、劉士宜、沈青山（廷楨）、張潛士（中）、陳尚孚（光陞）、於鯨、禁瑞生（麟）、黎長舉（宋淳）、魯聖居（登闋）、王子丕（孫裔）、田信侯子田斌、沈青山子沈永言、（姪）沈素存，達子旭（宸）。

甲午以後有：古季榮（葵）、惲廉夫（宗恂）、黃成憲（世發）、方靈皋子道章、宋涵可（惟孜）、石生、王紹文（宗洙）、劉挺生（天植）、張熙甫子張鋐、張鐘，李文長（杜）、惲敦夫（宗和）、敦夫子惲習中、劉邦司（廷直）、李師柏（正芳）、程啓生（石開）、張吁門、翁止園（荃）、劉允恭（湘煌）、張可玉（珂）、劉用可（調贊）、林啓心（沃）、從子李習禮、（孫）李維周（敬承）、鍾子能（淑）、劉古衡、李通子李基、劉嶼洲（山）、葉惟一（新）、王順文、趙本中、劉學山、杜謙牧、劉述舜、田夔庵（如龍）、杜謙益（友三），凡一百三十九人。

其與習齋先生相共者，惟：張澍、弟培、陳叡庵、管廷耀、李廷獻、管紹昌、錢曉城、馮樞天八人，弟埈、弟巖，則以與毂日筵亦爲習齋先生所知，尚不及爲弟子請益也。

## Ⅱ. 見於其他著述者

其見於《論語傳注》《傳注問》者尚有：方鐵壺、張肆六（業書）、周煥采（文忠）、張無忌、張南士、鄭渙門、劉其德（廷忠）、吳穎長諸人。其見於恕谷《中庸講語》者有：李魁春、王芝、陳兆興、李廷棟、王志燮、繆爾直、李淑聖、陳琪、宋殷裔、趙元璧、高捷、魏炳諸人。其見於《大學辨業》者尚有彭翔千（超）。其見於《論學》者尚有王業鑪。此二十二人，除翔千外，蓋均在恕谷弟子之列。

其見於《恕谷後集》者尚有：劉來獻（琛）、彭潢、蓋公謨、孫紫淵、趙漸逵、黃時雍、黃龍章、黃升遠、楊三炯、王豐川、徐生、趙德生、温載湄、陳秉之、李吟秋、魏韞石、韓繩其（武）、馮璵、王兆符、馮廷獻、張興家、李樹碩、戴昆生、崔埙、李用晦、崔甲錦、彭蘊秀、劉廷傑、劉濤、劉長馭（鑣）、玉峰太翁、莪山、劉遺惠、張皓千、陳鳴九、弓静莠、李樸公、戴三聘諸人。此三十八人中，除趙漸逵、徐生、韓繩其、王兆符、劉廷杰，當在弟子之列，餘則皆知交也。凡五十七人。

其私淑於恕谷者有：孫子房（應榴）；惲皋聞寄其日記至，云以三十歲遙拜恕谷為師。恕谷有《孫生日記序》紀其事（《恕谷後集》卷十一）。又有丹陽馬巖見《大學辨業》，寄書恕谷，自稱私淑弟子，言格物即窮究禮樂等事，讀《大學》者，須有志親民，方為有用。皆與恕谷說合。凡二人。

其後私淑顏、李之學者，與戴子高（望）同時者，有程履正（貞），子高之鄉人。讀顏、李所著書，曰："周、孔之傳在是矣。仿立日譜，糾察身心。"同治間遭喪亂，"履正居父喪，以毀卒"。又有金正春、張壬林、蔣樹培諸人。正春字裕齋，清苑人。以咸豐十一年舉人納資為縣令，罷歸，授徒深、冀、束鹿之間，專以恕谷所著諸經《傳注》為教。其行篋所攜又有習齋先生《四書正誤》，間嘗舉以示人，曰："此聖人復起不能易者。"壬林字子有，磁州人。生平慕恕谷之學，著有《求保艾室》四種。樹培字芳原，又字敏之，博野人。道光十九年舉於鄉。生平為顏、李之學，務求實用。有同年生為曾國藩策平捻事，已而捻平，果如所議。其實皆敏之為之謀。此在道、咸、同間私淑顏氏學確然可知者也。凡五人。以上總計凡四百二十七人。

以上所列舉顏、李之師友弟子私淑凡七百六十四人。其達官顯宦如李光地、徐蝶園、邑令如李應薦、吳國對之流尚未計入，僧道如無退、敬軒諸人亦未列入，以此等人不與會友輔仁之學有關係也。列此七百餘人亦足以見顏、李之交游與其學術之流傳矣。

一九三七年七月十日完稿

# 尚書引論

# 自　序

　　《尚書》是我們研究中國古史、古代語言文學和學術思想所必需學習的一部古籍。但是《尚書》流傳甚久，關於《尚書》的名義、起源、編定、傳本、篇目、真偽等等，問題頗爲復雜，而又不易判辨。我們現行的《十三經注疏》本《尚書》是依據僞《孔傳》本。這里面的五十八篇，除了漢初伏生所傳今文《尚書》二十八篇分爲三十三篇是真的《尚書》外，其餘二十五篇都是所謂"僞古文"。"僞古文"一案，從唐宋學者懷疑起，到清代的閻若璩、丁晏等人才慢慢地考證出來這是王肅僞造。但是也還有人想推翻這一公案，這是更加需要解決的。漢代又有所謂孔壁古文，在《漢志》中列有《古文尚書經》四十六卷。這個四十六卷本是五十八篇，是將同於伏生今文的古文《尚書》分爲三十四篇，另加《逸書》十六篇，這十六篇又分爲二十四篇才構成的。關於這一種的傳本篇數，也是問題多端。清儒王鳴盛在《尚書後案》中說："尚書卷篇之數，千載夢夢，直至閻（若璩）、惠（棟）方加釐正，十得八九，猶不無小誤，至予論始定。"可見這一問題也是經過許久才獲得解決。但是談《泰誓》的人往往忘了古文《尚書》四十六卷中也有《泰誓》，這也是我們現在應當加以糾正的。伏生今文原是二十八篇，加入後得之《泰誓》一篇，才成爲二十九篇，這問題到熹平石經《書序》殘石出土才獲得實物證明。我們對於在《書序》殘石出土以前的一些不正確的說法是應當重新予以評價，不能不加考慮地就去盲從。今文二十八篇的真僞及其年代也是我們急於需要解決的，這更需要我們繼續加以努力。所有這等等的問題，在我們學習《尚書》的同時，都應當有一個明確的認識。一九三七年我在廣東省立勷勤大學教育學院文史系擔任講授《尚書》一課，爲了只在課堂講授本文，另寫了一部《尚書研究講義》，目的就是想將關於《尚書》的一些問題作一個比較詳細而又扼要的敘述以供初學者參考。現在我將它略加整理，定名爲《尚書引論》出版。爲了讀者方便起見，現更將這部書中每篇的重點略略提出如下：

　　《尚書》的名義是比較容易了解的問題，但是關於"尚書"二字連言，有的主張是孔子，有的主張是伏生，有的主張是伏生的弟子歐陽氏。在抗戰前吳承仕著《經典釋文序錄疏證》却以爲始於《史記》，爲了澄清是吳氏所說，我根據清儒江聲的《尚書集注音疏》及簡朝亮《尚書集注述疏》引用《墨子·

明鬼》篇的"尚書夏書,其次商周之書",以明《尚書》之名應起於《墨子》。"尚"與"上"古通用,"上"可以是"上古"的意思。《呂氏春秋·蕩兵》篇"兵之所自來者上矣"高注以爲"上"即"上古",是其明證;"尚書"二字可以直接解作"古書",這在以前是沒有這樣提法的。

關於《尚書》的起源,《漢書》以爲起於河圖、洛書,更有"左史""右史"之說,這些說法,前人都已駁過。我們從卜辭、金文和《尚書》、《儀禮》等古籍中還可以斷定古代並無"左史""右史"之分,而且並無"左史""右史"之稱。《尚書》的起源應以《尚書·多士》篇的"惟殷先人,有册有典"爲比較可信。但我們還要談到"史"的起源的解釋,一般的都信奉王國維《觀堂集林·釋史》說史之"以手持中","不取諸持算(籌碼)而取諸持策"(簡策)。這是不了解古代社會競技戰爭之事的記載是更要早的。我們根據《儀禮·大射儀》中司射命釋獲者高中(盛算之器),太史釋獲。可見史的職務本是爲獲勝者放下一支籌碼,在晚出的《儀禮》《周禮》中,還保留這痕迹,這是比較可信的事情。

《尚書》中有許多篇是出在孔子以後,《堯典》等篇今人多疑爲是戰國、秦漢間作,這樣看來,以前以爲孔子删書之說自不足信。清末今文經學家有的還主張孔子删書,殊不知崔適《五經釋要》曾力駁康有爲《孔子改制考》之說,今文家是不盡主張孔子删書之說。我是贊成《尚書》在先秦時"既無成書,便無所謂完全或殘缺"這樣的提法。

關於《尚書》的類別,我列舉了《尚書》的傳本從伏生今文到劉炫所上姚書《舜典》本共十種。在問題比較愎雜的傳本如伏生今文《尚書》,西漢所得《泰誓》及孔壁古文《尚書》等,更從它們傳出的時間,傳出的人物、篇數、名稱、寫本的文字以及所發生過的疑問,作了一些詳細的說明。我特別要在這裏提出的是(一)關於《泰誓》傳出的問題,我以爲《泰誓》傳本應當有四個系統:1. 古《泰誓》,2. 今文《泰誓》,3. 古文《泰誓》,4. 僞《泰誓》。古文有《泰誓》,在許多書上都說過,王引之在《經義述聞·伏生尚書二十九篇說》中已說古文有《泰誓》,顧廣圻在梅鷟《尚書考異序》也說"梅氏、閻氏皆不知真《泰誓》伏、孔皆有,即《史記》所載、鄭康成所注之類",我們只看古文《尚書》四十六卷五十八篇中有《泰誓》,古文《尚書》馬、鄭《注》里有《泰誓》,如古文無《泰誓》,則四十六卷五十八篇缺少一篇。據馬、鄭《注》看來,古文《泰誓》與今文《泰誓》有文異之處,如古文《尚書·泰誓》"流爲雕",鄭注說"雕"當爲"鵰"。《史記》本引的《泰誓》作"流爲烏"。這是文異之處,也可證明古文是有《泰誓》的,但是說《尚書》的往往只說《泰誓》有三,如臧琳的《經義雜記》如此,吴承仕的《經典釋文序録疏證》如此,這是錯誤的說法。(二)關於古文《尚書》我未列舉孔安國本、中秘本這兩種傳本。關於前者劉歆《移書讓太常博士》和《漢書·藝文志》都說古文出於孔子壁中，孔安國得其書，孔氏本應即是孔壁古文。中秘本在《漢志》也明說："安國獻之，遭巫蠱事，未列於學官。劉向以中古文校歐陽、大小夏侯三家經文"，可見中秘本是安國所獻。江聲在《尚書集注音疏述》中說孔壁本"又名爲中古文"，所以我未列入這兩種本子。談僞《孔傳》本的往往只注意到了《孔傳》的僞，到了齊姚方興就已完成。我在這篇特別提出"劉炫所上姚書《舜典》本"，引用臧琳《經義雜記》及王鳴盛《尚書後案》兩家之言來作說明，這樣才可以見僞《孔傳》本的作僞是在隋代才完成的。

《尚書》的篇第的計算是一件比較繁雜的事，僞《孔傳》本有現行《十三經注疏》本在，可以一目了然。古文《尚書》篇卷之數，王鳴盛在《尚書後案》已經論定，只有伏生今文《尚書》原本究竟是二十八篇還是二十九篇，雖然石經《書序》殘石可以告訴我們"舊說以爲伏生本二十八篇，加後得之《泰誓》一篇，故爲二十九篇，實在沒有錯"。但有的人還爲龔自珍、皮錫瑞之說所迷誤。《書經通論》主張"當以龔自珍《大誓答問》分《顧命》《康王之誥》爲二，不數《大誓》、《書序》爲是"。但是皮氏却於伏生弟子歐陽、大小夏侯三家以《顧命》與《康王之誥》爲一篇，無法解釋，只得說疑因後得《泰誓》下示博士，"乃以《顧命》《康王之誥》合爲一篇，而摻入《大誓》"。這完全是毫無依據的臆說。《顧命》和《康王之誥》是在根本上就不應當分爲兩篇的。戴東原在《書顧命後》一文中曾說："馬、鄭、王本分'王若曰'已下爲《康王之誥》，東晉晚出之古文分'王出在應門之内'已下爲《康王之誥》，皆非也。"他以爲："《顧命》之篇，其大端有三：群臣受顧命，一也；踰年即位，康王先受册命，二也；適治朝，踐天子之位，三也。"我們從《顧命》篇全文看來，那一篇確是寫的如戴氏所說的三件大事，是不當分割爲二的。如分割爲二，由中段既非《顧命》中所應有之事，也非《康王之誥》所應有之事，是不當分爲兩篇的；而且《盤庚》三篇各有起訖，伏生本尚且未分開，《顧命》所述的三大端是不易分割的，自然不當分爲二。馬鄭本、僞《孔傳》本那種分法，全屬謬誤，所以古文學派的戴東原也以爲"皆非也"。皮錫瑞說："博士乃以《顧命》《康王之誥》合爲一篇"，博士奉令解釋《泰誓》，如若伏生《尚書》原本是二十九篇，他們是可以增加作三十篇，是不必以《顧命》《康王之誥》又合爲一篇的。歐陽經由二十九卷改作三十二卷，將《盤庚》分爲三篇，他們又何必將原來已分開的又合並起來呢？所以皮氏這種說法完全是臆斷。關於鄭《注》非今文本以及關於古文經的篇卷的計算中，有人提出錯誤的主張，本書都一一爲之剖辨。

僞古文《尚書》一案從唐宋學者懷疑起，到了明代梅鷟著《尚書考異》，已將破綻完全看出。閻若璩的《尚書古文疏證》只不過是"推廣爲疏證",但是一般説《尚書》的,只提出閻氏而沒有詳細談到梅氏的《考異》,我在本書中,特別着重提出梅氏"差不多已將僞古文的破綻盡量尋出"。關於想推翻梅、閻之說而要擁護"僞古文"的也舉出要點來評判,這樣對於"僞古文"才更明了。吳承仕著《尚書孔王傳異同考》想推翻丁晏《尚書餘論》所説"僞古文"是王肅所作一案,以爲作於鄭沖。吳氏説"剽竊肅注,沖之徒所爲",我們還不如以爲王肅所作,是王肅將自己著作改編以與鄭學對抗,好來打倒鄭玄的說法。假如是鄭沖之徒,他們是不必有這樣作僞的動機的。吳氏還知道,西晉初年已有僞傳,似乎見過了陳漢章的《西晉有書孔傳説證》。如更以僞古文爲東晉孔安國作,那就無以解於西晉有《書孔傳》,而且也無以解於僞孔安國《傳序》中"會國有巫蠱之事"之一段文字,這個說法是不能成立的。關於今文二十八篇,我在本書中也分作四組,一一爲之考訂其真僞及其年代,但是多半採取近人的説法,而後下以己意。《牧誓》《無逸》《吕刑》《君奭》等篇,我的説法比較多些。今文《尚書》的考證是我們今後更要加強努力的。

這部稿子開始寫於一九三七年秋,到了次年暑假,已將第六篇寫成。原計劃是至少還要寫一篇關於《書序》的問題的。我基本上同意朱子以來的《書序》是僞作的説法,不過《史記》中引有《書序》,這需要考查以下是否《書序》竄入《史記》,如崔適《史記探原》中所説的;所以未繼續寫下去。現在我們從一《史記》不言百篇《書序》,二《荀子》引《仲虺之誥》作《中蘬之言》,三《史記》説:"孝文帝時,欲求治《尚書》者,天下無有。"可以看出,在伏生以前並無《書序》,而且無從覓此作序之人,可以見《書序》並不是秦漢人作的。《史記》有與《書序》"自相乖異"等等地方,似乎《史記》非採《書序》,而是《書序》竄入《史記》,崔適的話不是沒有理由的。我現在想來,不需要在本書中更作《書序》條辨,願知其詳者,可徑參看《書序辨》一書(顧頡剛輯點,在《古籍辨僞叢刊》中)。關於《尚書》逸文,我現在將孫星衍《尚書逸文》一書改編作爲附錄,以供研究古史者參考。

這部稿子寫作時間雖在二十年前,但是一直擱置,未曾極謀出版。去年我稍得暇,始決定加以整理出版。我覺得這稿寫的時間距離現在雖久,但在今日看來,還是可以供有志於《尚書》之學的人們參考。疏漏之處,自亦不免,尚請讀者提出批評。

張西堂 序
1957 年 9 月 13 日

# 一　《尚書》之名義

　　《尚書》的名稱，最初本只稱《書》；通稱爲《尚書》，是比較晚起的。"書"本是記"言"述"事"之稱，在《尚書》中，有《顧命》的"太史秉書，由賓階隮"，有《金縢》之"啓籥見書，乃並是吉"。在金文中，有楚王頵編鐘之"其書其言，自作鈴鐘"（《鎮松堂集古遺文》一）足爲明證。所以後來即以《書》之名稱來稱呼流傳下來的上古以來之書爲《尚書》。例如：

1. 《論語·述而》篇："子所雅言，《詩》《書》執禮。"
2. 《左傳》僖二十七年："《詩》《書》，義之府也。"
3. 《莊子·天下》篇："《書》以道事。"
4. 《荀子·勸學篇》："《書》者，政事之紀也。"
5. 《荀子·儒效篇》："《書》言是其事也。"
6. 《韓非子·喻老》篇："《書》者言也。"
7. 《春秋繁露·玉杯》篇："《詩》《書》序其志。"
8. 《賈子新書·道德説》："著此竹帛謂之《書》。《書》者，此之著者也。"
9. 《史記·滑稽列傳》："《書》以道事。"
10. 《史記·自序》："《書》記先王之事，故長於政"。
11. 《揚子法言·寡見》篇："説事者莫辯乎《書》。"
12. 劉歆《七略》："《書》以決斷，斷者義之證也。"

　　這些説法統是以"書"之名來稱《尚書》，而稱《尚書》爲"尚書"者，則極少見。可見《尚書》的名稱，起初本只稱《書》，不是統稱爲《尚書》的。這些説法，既稱《尚書》爲《書》，而且大多數是就《尚書》的內容來解釋《書》之意義，故以《書》爲"道事""記事"。因事可以見義，故又以爲"政事之紀"，或又以爲"《書》長於政。"在古籍中，另有一些解釋《書》之名義的，如：

1. 《尚書緯·璇璣鈐》："書者，如也。"
2. 《孝經·援神契》："書者如也、舒也、紀也。"
3. 《説文·曰部》："書，著也。從聿，者聲。"

4. 《說文·自序》："著於竹帛謂之書，書者如也。"

5. 《廣雅·釋言》："書，如也。……書，記也。……書，著也。"

6. 《釋名·釋書契》："書，庶也，紀庶物也；亦言著也。"

7. 《尚書序·題疏》："言者意之聲、書者言之記，是故存言以聲意，立書以記言，故《易》曰：'書不盡言，言不盡意。'是言者意之筌蹄，書言相生者也。書者，舒也。《尚書緯·璇璣鈐》云：'書者，如也。'則書寫其言，如其意，情得展舒也。又劉熙《釋名》云：'書者庶也，以記庶物。'又爲著，言事得彰著。"

8. 《尚書序疏》："書者，以筆畫記之辭。"（"以其上古之書謂之《尚書》"）

這些都是從聲義上來講"書"之意義，《尚書序·題疏》所解釋的，是集合各家而下的意見，其說似乎比較完滿。但如以"書"爲"尚書"之名稱，則其解釋仍當從《尚書序疏》的："書者，以筆畫記之辭。"或是《說文·自序》的："著於竹帛謂之書"，因爲"書"本是"言事""記事"的。

至於《尚書》這一名稱，在"書"上加一"尚"字，究爲何人所加？則舊來的說法，亦不相同。例如：

1. 劉歆《七略》："《尚書》，真言也。始歐陽氏先名之。"

2. 《尚書緯·璇璣鈐》：（1）"《尚書》篇題號：尚者，上也。上天垂文象，布節度。書者，如也，如天行也。"（2）"書務以天言之。"（3）"因而謂之書，加'尚'以尊之。"

3. 《春秋說題辭》："《尚書》者二帝之跡、三王之義……尚者上也，上世帝王之遺書也。"

4. 《論衡·正說篇》："《尚書》者，以爲上古帝王之書。"

5. 同上《須頌篇》："或說《尚書》曰：'尚者，上也，上所爲，下所書也。'"

6. 《尚書序疏》引馬融："上古有虞氏之書，故曰《尚書》。"

7. 《尚書序疏》引鄭玄：（1）"《尚書》，上也，尊而重之，若天書然，故曰《尚書》。"（2）"孔子乃尊而命之曰《尚書》。"

8. 《尚書序疏》引王肅："上所言，史所書，故曰《尚書》。"

9. 劉熙《釋名》："《尚書》，尚，上也。以堯爲上始而書其時事也。"

10. 僞孔安國《尚書序》："濟南伏生，年過九十，失其本經，口以傳授，裁二十餘篇，以其上古之書，謂之《尚書》。"

11. 《尚書序題疏》："尚者，上也。言此上代以來之書，故曰《尚書》。"

12.《尚書序疏》:"以其上古之書,謂之《尚書》者,此文繼在伏生之下,則言以其上古之書謂之《尚書》,此伏生意也。"

由上所列的看來,我們可以知道解釋加"尚"字的有三種意見:一是"加上以尊之""尊而重之,若天書然",二是"上所爲,史所書",或説:"上所言,史所書。"而最好的解釋要算是其三,"尚者,上也,上世帝王之遺書也""《尚書》者,以爲古帝王之書""言此上代以來之書,謂之《尚書》"。至於尚字爲何人所加的問題,則 1. 劉歆主張是歐陽氏。2. 鄭玄主張是孔子。3. 僞《孔序疏》主張是伏生。4. 近人更有以"周秦傳記無稱'《尚書》'者。《太史公自序》曰:'余聞之先人曰:"堯舜之盛,《尚書》載之。"'太史談年輩略與張生、歐陽生等,'尚書'連言,蓋以此最朔。"(吳承仕《經典釋文序録疏證》)其實這都是不然的。江聲《尚書集注音疏》已説。

案《墨子·明鬼篇》云:"《尚書》夏書,其次商周之《書》。"則《尚書》之名舊矣,安得云伏生謂之,自是孔子命是也。

簡朝亮《尚書集注述疏》也説:

> 夫書託《秦誓》,未可概之上古也。《墨子》云:"《尚書》夏書,其次商周之書。"蓋《尚書》之名,舊名也,不自伏生始矣。(卷首)

由此二説看來,可見伏生、歐陽氏始名《書》爲《尚書》,其説自不可信,鄭玄主張爲孔子所加,是依緯文而來,也不是有礄據的。"尚書"二字之義,依簡朝亮説:

> 夫天不言,豈有書乎?…………夫史録君臣,豈惟"上"之書乎,亦豈惟"言"之書乎?夫書託《秦誓》,未可概言之《尚書》也。(同上)

簡氏主張:"'尚'古通'上',謂上代之史書也。"依《墨子》的"《尚書》夏書,其次商周之書。"看來,我們實覺孔《疏》的:"言此上代以來之書謂之《尚書》",及簡氏所謂"上代之史書",是比較妥當的解釋。古字"尚"與"上"通用,《儀禮·鄉射禮》"上握焉"今文"上"作"尚",《詩·陟岵》"尚慎旃哉"、漢石經"尚"作"上",是其明證。"上"可以直接解釋作"上古",《吕覽·蕩兵篇》:"兵之所自來者上矣",《注》以爲"上"即"上古";"上"也可當作"古"講,《文選·晉武帝華林園集詩》:"悠悠太上",《注》:"太上,太古也。"《尚書》二字連言即是現代漢語"古書"的意思,《墨子》書是没有錯的。至於近人謂尚書連言,以《史記》爲最朔,這簡直是不知有江、簡二家之説,所以才如此説法的。

在《論語》中,雖以"《書》"代表"《尚書》",但是在當時"書"也是一切書籍的通稱，《左》昭二年《傳》的韓宣子適魯，"觀書於太史氏"，這一節雖未必可信，然而《論語》上有子路說的"何必讀書，然後爲學"這應當是指一切的書籍而言的。以達（公）名代私名，自然有此混淆；漢代爲了清晰起見，漸漸采用"尚書"這個私名，這是必然的。僞《孔序》的意見，以爲《尚書》之名始於伏生，這個固然是錯了；但如說《尚書》之名通行於伏生以後，則似不至於大誤的。

## 二 《尚書》之起源

《尚書》是我們中國的一部上代以來的史籍，這一部史籍究竟起源於何代，在古籍中没有明確的記載。從班固的《漢書·五行志》《藝文志》看來，大約可析爲兩説：

（一）《漢書·五行志》説：

> 《易》曰："天垂象，見吉凶，聖人象之；河出圖，雒出書，聖人則之。"劉歆以爲虙羲氏繼天而王，受《河圖》，則而畫之，八卦是也；禹治洪水，賜《雒書》，法而陳之，《洪範》是也。

在《藝文志·尚書類小序》上也説：

> 《易》曰："河出圖，雒出書，聖人則之。"故《書》之所起遠矣。至孔子纂焉，上斷于堯，下訖于秦，凡百篇，而爲之序，言其作意。

這是以"河出圖，雒出書"爲《尚書》的起源。劉、班的這種説法，大約俱是受了《易傳》的影響，而認定《尚書·洪範》篇的："帝乃震怒，不畀洪範九疇，彝倫攸斁。鯀則殛死，禹乃嗣興。天乃錫禹洪範九疇，彝倫攸叙。"以爲《洪範》出於《雒書》，又以《洪範》"初一曰五行"，至"威用六極""凡此六十五字，皆《雒書》本文。"這種意見是劉歆因《易傳》已有其説而提出，並非完全起於劉歆，而且關於河圖、洛書，在古代更有許多傳説，例如：

1. 《墨子·非攻》篇曰："天命文王，伐殷有國，泰顛來賓，河出綠圖。"

2. 《廣博物志》十四引尸子曰："禹理洪水，觀於河，見白面長人魚身，出曰：'吾河精也。'授禹河圖而還於淵中。"

3. 《禮運疏》引《中候握河紀》云："堯時受河圖，龍銜赤文綠色。"

4. 《太平御覽》八七二引《尚書·中候》云："堯率群臣，東沉於洛，退候至於下稷，赤光起，元龜負書，中背有赤文朱字。"宋均曰："稷，讀曰側。此即禹所受《洛書》。"

5. 李鼎祚《周易集解》引鄭玄注曰："《春秋緯》云：'河以通乾，出天苞。洛以流坤，吐地符。河龍《圖》發，洛龜《書》成。'《河圖》有九篇，

《洛書》有六篇也。"

6.《宋書·符瑞志》："周公旦攝政七年，與成王觀於河，沉璧。禮畢，榮光出河，青龍臨壇，銜元甲之圖，坐之而去。周公援筆寫之。"

7. 班固《典引》："御東序之秘寶，以流其占。"蔡邕注云："《尚書》曰：'顓頊河圖、雒書，在東序。'流，演也。河圖、雒書，皆存亡之事，尚覽之以演禍福之驗也。"

就此七說，連同《易》之"河出圖，雒出書"看來，或以爲在伏羲時；或以爲在顓頊時；或以爲堯所得，或以爲禹所得；或以爲在文王時，或以爲在周公時；其時世無一定。而且無論那一種說法，都是頗涉神怪，以此爲《書》之起源，這自然是不可信的。況且劉歆以爲六十五字，皆雒書文；前乎劉歆之《史記》，則此六十五字爲四十三字；後乎劉歆之馬融，則以爲只三十八字，而桓譚《新論》則云："河圖洛書，但有兆朕，而不可知。"可見漢儒雖有圖書配"卦""疇"之說，而其實也並無定論。他們所謂河圖洛書爲《書》的起源之說，實無可信任之價值。齊召南曾說：

　　案：《易大傳》曰："河出圖，雒出書，聖人則之。"是言圖書二者皆出伏羲之世，故則之以畫八卦。即《尚書》本文，祇云："天乃錫禹《洪範》《九疇》"，不云錫禹以洛書，亦不云禹因洛書而陳《洪範》也。以洛書爲《洪範》，始于劉歆父子，後儒遂信之！

"河出圖，雒出書"，依《易大傳》之說，是並出伏羲之世，而劉歆附會以洛書爲《洪範》之源，根本上就是錯誤的，我們自不應信此說。而《洪範》篇文字，實寫定於戰國之世，其所說"天乃錫禹洪範九疇"本是無根之談，也不足令我們取信。我們只可當作一種神話傳說來看待而已。（閻若璩《尚書古文疏證》已有駁論，可參看）

（二）在《漢書·藝文志·春秋類小序》上，班固又論《尚書》與《春秋》之起源說：

　　古之王者世有史官，君舉必書，所以慎言行，昭法式也。
　　左史記言，右史記事，事爲《春秋》，言爲《尚書》，帝王靡不同之。

班《志》的這一種說法，大概是受了《禮記·玉藻》的影響，《玉藻》篇說：

　　動則左史書之，言則右史書之。

古代本有史官，而班《志》因《玉藻》之說，以爲《尚書》出於古之"左史記言"。不過左史、右史，實與《玉藻》所說不同。左史、右史的解釋，據孔穎達《禮記正義》引熊氏云：

> 按《周禮》太史之職云："大師，抱天時與太師同車。"又襄二十五年《左傳》曰："太史書曰：'崔杼弒其君。'"是太史記動作之事，在君左廂記事，則太史爲左史矣。《周禮》"內史掌王之八枋"，其職云："凡命諸侯及孤卿大夫，則策命之。"僖二十八年《傳》曰："王命內史叔興父策命晉侯爲侯伯。"是皆言誥之事，是內史所掌，在君之右，故爲右史。是以《酒誥》云"矧太史友、內史友"，鄭《注》："太史、內史，掌記言記行。"是內史記言，太史記行也。

熊氏以太史記事爲左史，內史記言爲右史，是從《玉藻》之説。他在古籍找不出左史、右史之分，故不得不牽合太史、內史以爲說，其實左史記言、右史記事之分，根本上是不可信的。章學誠在《文史通義·書教上》篇說：

> 《記》曰："左史記言，右史記動。"其職不見于《周官》，其書不傳于後世，殆禮家之懸文歟？後儒不察，而以《尚書》分屬記言，《春秋》分屬記事，則失之甚也。夫《春秋》不能捨傳而空存其事目，則左氏所記之言，不啻千萬矣。《尚書》典謨之篇，記事而言亦具焉；訓誥之篇，記言而事亦見焉。古人事見于言，言以爲事，未嘗分事言爲二物也。

簡朝亮《尚書集注·述疏》也說：

> 班氏固《漢書·藝文志》云："左史記言，右史記事，事爲《春秋》，言爲《尚書》。"此別乎《春秋》，亦其大略爾，《尚書》豈記言而不記事哉？

從理論上看來，左史右史記言記事之分，已不足信。即依熊氏之説，太史記事爲左史，內史記言爲右史，而從古籍看來，太史內史之分掌言事，也無真憑實據，例如《尚書·顧命》篇說：

> 太史秉書，由賓階隮，御王冊命。

《左》襄三十年《傳》説：

> 鄭使大史命伯石爲卿，辭。大史退，則請命焉。復命之，又辭。如是三，乃受策入拜。

這與《左》僖二十八年《傳》所説"王命內史叔興父策命晉侯爲侯伯"對勘起來，可見內史固掌冊命，太史也掌冊命，並非如熊氏所云太史記事爲左史，內史記言爲右史，太史內史之記言記事有分。此其一。熊氏附會太史內史爲左史右史，也是毫不足信的。在《儀禮·覲禮篇》說：

> 諸公奉篋服，加命書于其上，升自西階，東面，大史是右。

《禮記·祭統》篇云：

  史由君右執策命之。

《大戴禮記·盛德》篇說：

  太史、內史，左右手也……內史、太史，左右手也。

依此數篇所述看來，太史爲左史，內史爲右史，實無明確之分，熊氏所云，實不足憑。此其二。在古籍中，找不出左史右史之分；在卜辭與金文之中，更無所謂有左史右史之名。如：

1. 卿史（《殷虛書契》前編卷二，又卷四）。
2. 御史（同上卷四）。
3. 師艅敦：王呼作册內史册命師艅。
4. 宪盂：王在周，命作册內史錫宪鹵口口。
5. 剌鼎：王乎作命內史册命剌。
6. 師兌敦：王呼內史尹册命師兌。
7. 師晨鼎：王呼作册尹册命師農。
8. 毛公鼎：御事寮太史寮。

以及其他銘彝所載，俱無所謂左史右史，確如章學誠所說："其職不見於《周官》"的，左史右史，蓋真爲"禮家之悠文"。此其三。班《志》所謂"左史記言，右史記事，事爲《春秋》，言爲《尚書》"這一說法也是不足信的。

但是班《志》所說的："古之王者世有史官。"這確近於事實。不過所謂"古之王者"，在班《志》既未明言，我們仍須加以探討。僞《孔傳序》云：

  古者伏羲氏之王天下也，始畫八卦，造書契，以代結繩之政，由是文籍生焉。伏羲、神農、黃帝之書，謂之《三墳》，言大道也；少昊、顓頊、高辛、唐、虞之書，謂之五典，言常道也。至于夏、商、周之書，雖設教不倫，雅誥奧義，其歸一揆。故歷代寶之，以爲大訓。八卦之説，謂之八索，求其義也。九州之志，謂之九丘，丘、聚也；言九州所有，土地所生，風氣所宜，皆聚此書也。《春秋左氏傳》曰："楚左史倚相能讀三墳、五典、八索、九丘"，即謂上世帝王之遺書也。

僞《孔序》這種說法，以伏羲、神農、黃帝之書謂之《三墳》，主張伏羲時即有書，依《尚書》孔《疏》所說，我們即可見其不可依據。孔《疏》云：

  《尚書緯》及《孝經讖》皆云，三皇無文字。又班固、馬融、鄭玄、王肅諸儒皆以爲文籍初自五帝，亦云三皇未有文字，與此說不同，何也？又倉頡造書，出自《世本》，倉頡豈伏羲時乎？且《繫辭》云黄帝、堯、舜爲九事之目，末乃云"上古結繩而治，後世聖人易之以書契"，後世聖人即黄帝、堯、舜，何得爲伏羲哉？孔所據而更與《繫辭》相反，如此不同者，《藝文志》曰："仲尼没而微言絶，七十子喪而大義乖。"况遭秦焚書之後，群言競出，其緯文鄙近，不出聖人，前賢共疑，有所不取，通人考正，僞起哀、平。則孔君之時，未有此緯，何可引以爲難乎？其馬、鄭諸儒，以據文立説，見後世聖人在九事之科，便謂書起五帝，自所見有異，亦不可難孔也。

孔《疏》是明知三皇無文字之説與《易·繫辭傳》相合，伏羲時不能有書，惟因篤守疏不破注之例，且信孔君爲真孔安國，乃曲爲之迴護的。歷來的學者雖有的相信《周禮》"外史掌三皇五帝之書"之説，如《周禮》鄭《注》云："即楚靈王所謂《三墳》《五典》"，劉勰《文心雕龍》云："皇世三墳，帝代五典。"劉知幾《史通》云："《春秋傳》載楚左史能讀《三墳》《五典》，《禮記》曰：'外史掌三皇五帝之書'，由斯而言，則墳、典文義，三、五史策，至於春秋之時猶大行於世。"

王應麟《困學紀聞》云：

> 前賢謂："皋、夔、稷、契有何書可讀？"理實未然。黄帝、顓頊之道在丹書，武王所以端冕東面而受于師尚父也。少皞氏之紀官，夫子所以見郯子而學也。孰謂無書可讀哉！

又云：

> 《吕氏春秋·序意》曰："嘗得學黄帝之所以誨顓頊矣；爰有大圜在上，大矩在下，汝能去之，爲民父母。"不韋《二十紀》。成于秦八年，歲在涒灘，上古之書猶存，前聖傳道之淵源可考也。

這都是相信有所謂三皇五帝之書，但是懷疑所謂"三墳五典""三皇五帝之書"的也大有人在。金履祥在《尚書表注》上説：

> 《周官》外史固有三皇五帝之書，未聞墳典之名也。左史稱三墳五典八索九丘之書，未知何書也。或當時別有異書，倚相讀之以爲博耳。《書序》以堯、舜有二典，遂引三墳五典以配三皇五帝之數，證定書之原，反滋紛紛。

這是懷疑以三墳五典配三皇五帝之書。吴萊説：

> 周官外史掌三皇五帝之書。楚左史倚相，能讀《三墳》《五典》矣。太史公所謂搢紳先生難言之者也。孔安國《尚書序》始以伏羲、神農、黄帝之書謂之《三墳》。墳者，大也，言大道也。苟言大道，

孔子不刪。孔子刪之，此其文誠不雅馴矣。

這是根本的懷疑三墳。黃震《黃氏日鈔》也說：

《周禮》六典，晚出于王莽、劉歆，始有《連山》《歸藏》《周易》三者之名，意謂夏、商之世，各自有《易》，于義無稽。而好異者喜言之，自謂博古，已成空談，況于竊取其名爲三墳之書？然乎？否耶！

這雖是攻擊"僞三墳書"，而於所謂《周禮》六典，也持根本懷疑的態度的。朱彝尊著《經義考》雖於書首列"三皇五帝之書"，然而也說：

按外史所掌三皇五帝之書，若許行爲神農之言，《列子》稱黃帝之書皆是，豈三墳五典哉？以三墳五典實三皇五帝之書，本于僞孔安國《序》也，觀杜氏注《左傳》墳、典、丘、索，第云皆古書名，未嘗定爲三皇五帝之書，定以證其非矣。

這是既不贊成僞孔之說，而且以三皇五帝之書，若許行爲神農之言，《列子》稱黃帝之書，非真可以爲《尚書》之淵源。清儒王鳴盛《尚書後案》引閻若璩之說以辨僞孔安國《序》曰：

閻若璩曰：此云書契起于伏羲，司馬貞《三皇本紀》、劉恕《外紀》、陳桱《外紀》皆本之，非也。《繫辭》曰："上古結繩而治，後世聖人易之以書契。"後世聖人，指黃帝、堯、舜，豈伏羲乎？許慎《說文解字·自序》曰："黃帝史倉頡見鳥獸之跡，初造書契。"《晉書·衛瓘傳》子恒作《書勢》曰："昔在黃帝，有沮誦、倉頡者，始作書契，以代結繩。"則書契之作，始于黃帝，無疑矣。謂包犧氏爲萬世文字之祖者，此自爲畫八卦言之也。六書之學，原本于八卦。而八卦之書，不待于六書。僞《孔序》非是。

這是只承認書契起於黃帝，書之起源，當在黃帝時的。這種說法，直至近人如陳漢章所著《經學通論》，猶持如是之見。陳氏曰：

書自黃帝以來有之。《說文·叙》："倉頡之初作書，蓋依類象形謂之文，形聲相益謂之字，著于竹帛謂之書。是書之名起于竹帛已興之後。"《禮記·玉藻》："動則左史書之，言則右史書之。"注："左史、右史所書，《春秋》《尚書》其存者。"是書之職，起于史官已立之後。古史官之可考者，自黃帝始。《漢書·古今人表》《論衡·骨相篇》《說文叙》並云倉頡爲黃帝史。《呂氏春秋》之《君守》《勿躬》二篇；《淮南子·修務訓》稱之曰史皇。《世本·作篇》又云："倉頡沮誦，並黃帝史官。"黃帝時始有史書矣。而《周官》"外史掌三皇五帝之書",《注》"即楚靈王所謂三墳五典",《疏》引《孝經緯》云:"三皇無文,文字起于黃帝。今此有三皇之書者,三皇雖無文,以有文字之後,仰錄三皇時事也。"案後錄前事,猶修史然,自古有明證。《周易集解》伏曼容《注》引《尚書大傳》曰:"乃命五史,以書五帝之蠱事。"夫當三王時,史書五帝之蠱事,可知五帝時史,自書三皇之蠱事,故三墳與五典並稱也。

陳氏這種說法,還認為"書自黃帝以來有之""五帝時史,自書三皇之蠱事"。依我們現在看來,文字的發明,決不是某一個人的創造,它應該是眾人所畫,約定俗成的。而如舊來所云:"倉頡之初作書",文字由倉頡一人而發明,頂多是由他歸納匯總而已。中國傳統上喜將某一發明繫於某個"聖人"名下,因之傳說中歸之於倉頡。我們由殷商卜辭看來,在商代時,文字不過開始發達,連篇累牘的史的記載,在商代是否已有,頗成問題,更勿論傳說上的黃帝時期。陳氏謂"黃帝始有史書",這也還有待實物證明的。《周禮》所云三皇五帝之書,《左傳》所云三墳五典,在我們看來,至多只能當作一種傳說,未必實有其書。書之起源,我們現在只能承認《尚書·多士》篇所說:

惟殷先人,有册有典。

在殷商之世,已有册有典,這是真正《尚書》的起源。早於殷商的《堯典》《皋陶謨》之類,本用"曰若稽古"開端,那是後世的追記,不足以作為證明《書》之起源是比較殷商還要早些的。

至於史之起源,近人王國維《觀堂集林》卷六《釋史》謂:"吳氏大澂曰:史象手執簡形。然'中'與簡形殊不類。江氏永《周禮疑義舉要》云:凡官府簿書謂之'中',故諸官言'治中''受中',小司寇斷庶民獄訟之'中',皆謂簿書,猶今之案卷也。此'中'字之本義。故掌文書者謂之史,其字從又從中,又者右手,以手持簿書也。史字事字,皆有中字,天有司中星,後世有治中之官,皆取此義。江氏以中為簿書,較吳氏以中為簡者得之。"王氏主張:"古者簡與筴為一物""古筴、策二字往往通用""筴與簡策本是一物,又皆為史之所執,則盛筴之'中',蓋亦用以盛簡,簡之多者,自當編之為篇,若數在十簡左右者,盛之於中,其用較便"。又謂:"史之義不取諸持筴,而取諸持筴""有持筴為史事者,正由持筴為史事故也"。史之職專以藏書、讀書、作書為事,其字所從之中,自當為盛筴之器,此得由其職掌證之者也。依我們現在看來,史之職專以讀書、藏書、作書為事,這恐怕還是後起之事,不必合於古代社會情形。王氏說:"有持筴為史事者,正由持筴為史事故也"。依照古代社會情形看來,依照原始社會看來,那時競技、戰爭之事較多,然則只有持筭爲史事者在先，持筴爲史事者在後。王氏説："史之義不取諸持筭，而取諸持筴。"在我們現在看來，王氏是適得其反的。我們現在由民俗學所述的在落後的民族社會中也常有競技之事，知道史之爲用，或本原始社會之中，古代社會之中，用以記載游戲競技之勝負的。然則我們只可以説：有持筭爲史事較先，而持筴爲史事較後，我們只可以説：有持策爲史事者，正由持算爲史事故也。史之起源，應由先民之記載游戲或競技的結果，故所用爲算。後來文字漸形發達，能以文字記載史事，故即以掌記載游戲或競技的結果的人謂之曰史，故所謂太史，本是很尊嚴的職官，而《儀禮·大射儀》上説：

　　　　司射命釋獲者設中，大史釋獲。

《周禮·大史職》云：

　　　　凡射事，飾中，舍筭。

以尊官而猶掌釋筭，可見其本爲先民遺習。由此可見確見史之起源，是由於記載游戲或競技之結果而轉爲記載國家大事的。"中"固不爲盛簡之器，即從舊説以爲盛筭之器，亦是可以不必拘泥，因爲古代的記載是不必一定用算的。

## 三 《尚書》之刪述

《尚書》之起源,由於古之史官;《尚書》之編次,則後代有以爲孔子刪定之説。《史記·孔子世家》説:

> 孔子之時,周室微而禮樂廢,《詩》《書》缺,追跡三代之禮,序《書傳》,上紀唐虞之際,下至秦繆,編次其事。曰:"夏禮吾能言之,杞不足徵也。殷禮吾能言之,宋不足徵也。足,則吾能徵之矣。"觀殷夏所損益,曰:"後雖百世可知也,以一文一質。周監二代,郁郁乎文哉。吾從周。"故《書傳》《禮記》自孔氏。

這一段所叙述,雖未明言孔子刪書,而已頗令人誤會爲孔子有刪書之事,後來《尚書緯·璇璣鈐》則直云:

> 孔子求《書》,得黄帝玄孫帝魁之書,迄于秦穆公,凡三千二百四十篇。斷遠取近,定可以爲世法者,百二十篇。以百二篇爲《尚書》,十八篇爲《中候》(《尚書序疏》引)。(《史記·伯夷列傳》司馬貞《索隱》引《尚書緯》云:"孔子求得黄帝玄孫帝魁之書,迄秦穆公凡三千三百三十篇,乃刪以一百篇爲《尚書》。十八篇爲《中候》。與此所引篇數稍異。"案:《索隱》所引實不足據,恐是司馬貞隨文爲之,有所增損于其間。據《春秋説題辭》亦云:"凡百二十篇。"則以百二篇爲尚書,十八篇爲《中候》,適合百二十篇之數。當時緯説,蓋本如是)

劉歆《移書讓太常博士》則説:

> 孔子憂道不行,歷國應聘,自衛反魯,然後樂正,《雅》《頌》乃得其所。修《易》序《書》,制作《春秋》,以記帝王之道。

班固《漢書·藝文志·尚書類小序》也説:

> 故《書》之所起遠矣,至孔子纂焉,上斷于堯,下迄于秦,凡百篇,而爲之序,言其作意。

這都是以爲孔子有刪書之事的。《尚書緯·璇璣鈐》所云較詳,而以爲刪的結果是"百二篇",這只有漢成帝時張霸之僞《百兩篇》,其數與之合。班固所云百篇,本依劉歆《七略》,是上與《墨子·貴義》篇"昔周公旦朝讀書百篇"相合，而且有所謂百篇書爲證，所以揚雄《法言》上即説：

> 昔之説《書》序以百……虞夏之書渾渾爾，商書灝灝爾，周書噩噩爾。

在揚雄的時期，孔子刪書爲百篇之説，大概是已經很流行的。後來僞孔安國《尚書序》也説：

> 先君孔子，生于周末，睹史籍之煩文，懼覽者之不一，遂乃定禮樂，明舊章。刪《詩》爲三百篇，約史記而修《春秋》，贊《易》道而黜《八索》，述職方以除《九丘》。討論《墳》《典》，斷自唐、虞以下，訖于周。芟夷煩亂，翦截浮辭，舉其宏綱，撮其機要，足以垂世立教。典、謨、訓、誥、誓、命之文，凡百篇。

孔子刪書之説，因爲流行於世的頗多古帝王之傳説，而且又有所謂《尚書》逸篇，所以至唐代孔穎達等雖懷疑孔子刪《詩》之説，而於刪《書》之説，則仍舊尊信，沒有提出若何疑問。

到了宋代，因宋儒頗受唐人辨僞的影響而其風愈熾，關於古經，頗多懷疑，對於刪《書》之説，才有人提出疑問來。林之奇《尚書集解》説：

> 《書》孔子所定，凡百篇。孔子之前，《書》之多寡不可得而見。《書緯》云：孔子得黄帝玄孫帝魁，凡三千二百四十篇，爲《尚書》；斷遠取近，定其可爲世法者百二十篇，爲《簡書》。此説不然。古書簡質，必不若是之多也。班孟堅《藝文志》于古今書外，又有《周書》七十一篇。劉向云：周時號令，蓋孔子所論百篇之餘。于周時所刪去者才七十一篇，自周以前疑愈少矣，謂有三千餘篇，非也。

這雖然相信"《書》孔子所定，凡百篇"但於《尚書緯》謂有三千餘篇，則以爲"必不若是之多"，已認爲《尚書緯》之説不足信。其後懷疑孔子刪《書》的，還有朱子，據《朱子語類》卷第七十八載：

> 至之問："《書》斷自唐虞以下，須是孔子意？"曰："也不可知。且如三皇之書言大道，有何不可！便刪去。五帝之書言常道，有何不可！便刪去。皆未可曉。"

又説：

> 春秋時《三墳》《五典》《八索》《九丘》之書……若果全備，孔子亦不應悉刪去之，或其編簡脱落不可通曉，或是孔子所見止自唐、虞以下，不可知耳。（《文集》卷六十五《尚書》）

他這樣説，一方面是指出《書》之所以斷自唐虞的緣故，一方面對於"刪書"説："有何不可？便刪去。""孔子亦不應悉刪去之"，就僞《孔序》

所言孔子刪書之事，而提出種種的疑問的。

其後如孫宜説：

《尚書緯》言孔子求書，得黄帝玄孫帝魁之書，迄秦穆公，凡三千二百四十二篇。黄帝至堯、舜不遠，堯、舜至秦穆公不千年，書至三千二百四十二篇，不過多耶？斯漢儒侈大之言，無足信也。

這是同於林之奇的懷疑刪書説之來源——《尚書緯》，而以篇數之多爲可疑的。

沈自選亦説：

《序》稱百篇，商周皆三十九篇，夏止四篇，而虞反十五，此不可信。

這也是就篇數而言，而以虞、夏、商、周四代之書在百篇中多寡之數頗相懸殊爲疑的。

顧炎武《日知録》卷二引孫寶侗之言曰：

益都孫寶侗仲愚謂："《書序》爲後人僞作，逸《書》之名，亦多不典。至于《左氏傳》定四年，祝佗告萇弘，其言魯也；命以伯禽，而封于少皞之虚；其言衞也，曰，命以《康誥》，而封以殷虚；其言晉也；曰，命以《唐誥》，而封以夏虚；是則《伯禽之命》《康誥》《唐誥》，《周書》之三篇，而孔子所必録也。今獨《康誥》存，二書亡，爲《書序》者，不知其篇名，而不列于百篇之内，疏漏顯然。則不但《書序》可疑，並百篇之名，亦未可信矣。"

這是就篇名與《書序》言，孔子刪書爲百篇之事，不必盡信。

萬斯同《群書疑辨》説：

試取今文論之，如……《甘誓》之孥戮，《酒誥》之群飲咸殺，此商鞅、韓非之法，後世庸主之所不忍者，而謂古帝王爲之乎？《盤庚》之三篇，不過數十言可了，而乃演爲數千言。大要迫之以威，動之以鬼神，初無體恤下民之意，此不足爲有無，即不傳亦可。《大誥》專以卜吉爲言，亦假鬼神以脅服之，初無深義。《多士》《多方》，不過言爾先王取夏亦如此，不可違我命，亦無深義。《吕刑》之贖罪及于大辟，此豈可爲後法？《費誓》止飭行陳，反不若《秦誓》之入世有補於君道。愚謂今之《尚書》，必非聖人刪定之書。

（卷一，《古文尚書辨》一）

這是由現存的今文《尚書》看來，以結果言，亦不似孔子曾有刪《書》之事的。

徐與喬《經史辨體》説：

> 百篇之説無考，止據《書序》耳。《書序》非古也，序《周書》《商書》皆三十九篇，而《費誓》《秦誓》又諸侯事，則《商書》反多于周，安在……"宋不足徵"乎？且商多，夏何獨少？夏少，虞何多？夏十七王，四百六十年事，得書四篇；虞一帝，六十年間事，得書十五篇，是可盡信乎？（《書孔序》）

王咏霓《書序考異》曰：

> 孔子曰："《詩》三百，一言以蔽之。"又曰："誦《詩》三百。"《詩》三百十一篇，言三百者，舉其凡也。遍閲書，無孔子言《書》百篇之語。且《儀禮》三百，威儀三千，《中庸》言之。而于《書》無聞也。（《論孔子不言書百篇》）

這又是由《書序》與《論語》來看，《論語》言"杞不足徵"，"宋不足徵"，而未嘗言《書》百篇，可見孔子並無得黄帝玄孫帝魁之書三千餘篇而删爲百篇之事。

崔述也説：

> 僞《孔傳書序》云："伏羲、神農、黄帝之書，謂之《三墳》，言大道也；少昊、顓頊、高辛、唐、虞之書，謂之《五典》，言常道也。孔子睹史籍之繁文，懼覽者之不一，討論墳、典，斷自唐、虞而下。"《書緯》云："孔子得黄帝玄孫帝魁之書迄于秦穆公，凡三千二百四十篇爲《尚書》，斷遠取近，定其可爲世法者百二十篇爲簡書。"後世多以此説爲然。余按，《傳》云："郯子來朝，昭子問焉。曰：'少皞氏鳥名官，何故也？'郯子曰：'吾祖也，我知之。'仲尼聞之，見于郯子而學之。"聖人之好古也如是。果有羲、農、黄帝之書，傳于後世，孔子得之，當如何而愛護之，當如何而表彰之，其肯無故而删之乎？《論語》屢稱堯、舜，《孟子》言必稱堯、舜，其道唐、虞之事尤祥，而皆無一言及于黄、炎者，則高辛氏以前無書也明矣。唯《春秋傳》頗言上古時事，然其文多平而弱，其事多奇而詭，與《堯典》《禹貢》大不類。蓋皆出于傳聞，必非當時之書之所載也。三墳、五典之名，雖見于傳，然不言爲何人所作。故杜氏《注》但云皆古書名。若《書序》果出于安國，杜氏豈容不見而不注也？《虞書》曰："慎徽五典"，又曰："天叙有典，自我五典"，是知堯、舜之世，已有五典，蓋即五倫之義。書之策以教民者，安知傳之所云，非此五典歟？古者以竹木爲書，其作之也難，其傳之也亦不易。孔子

所得止于是，則遂取是而考訂整齊之，以傳于門人耳，非刪之也。《世家》但云序《書》，亦無刪《書》之文。《漢志》雖有《周書》七十餘篇，然皆後人之所僞撰，劉向但云孔所論百篇之餘，亦未嘗言孔子之所刪也。（《洙泗考信錄》卷三）

崔氏此種說法，於《論語》外，更用《左傳》來爲證明，而以"果有羲、農、黃帝之書，傳於後世，孔子得之，當如何而愛護之，當如何而表彰之，其肯無故而刪之乎"？又以《論語》"無一言及黃、炎者，則高辛氏以前無書也明矣"。這種論證，都很有理由。刪書之說，看來是不可信的。而且，就《墨子》看來，《墨子》引書有許多篇名不在所謂《尚書》百篇之內，墨子之時，無所謂孔子刪定本《尚書》。再就《孟子》看，孟子說："盡信《書》則不如無《書》，吾於《武成》取二三策而已矣。"（《盡心》下）如孔子刪有定本之《尚書》，《孟子》亦當有所依憑，而不至於如此說的。據現存的《尚書》看來，《堯典》《禹貢》《洪範》諸篇，經近人之考訂，多出於孔子以後，則不惟《尚書緯》所云孔子刪書之說不可信，即史遷所云，"序《書》傳，上紀唐、虞之際，下至秦繆"亦不足以深信。

錢玄同先生曾說：

《書》似乎是三代時候的"文件類編"或"檔案匯存"。……但我頗疑心它並沒有成書。凡春秋戰國時所引夏志周書等等，和現在所謂《逸周書》者，都是這一類的東西。所以無論今文家說是二十八篇，古文家說是一百篇，都不足信。既無成書，便無所謂完全或殘缺。（《古史辨》第一册）

如《尚書》在孔子時並無成書，則所謂孔子刪《書》之說，更不足信了！總之，尚書中有許多篇出在孔子後，實很難說《尚書》是孔子所刪定的。

孔子刪《書》之說，雖不可信，但在先儒之中，則頗有深信此說者，而且清末的今文經學家，也多力主孔子有刪《書》之事。劉知幾在《史通》之《疑古》《惑經》諸篇是頗能辨僞的，但是他說：

孔子觀書于周室，得虞、夏、商、周四代之典，乃刪其善者，定爲《尚书》百篇。《尚书》者，七经之冠冕，百氏之襟袖，学者必先精此书，次览群籍，譬夫行不由径，非所闻焉。

程子是相信《诗大序》是孔子作的，对于孔子删《书》，也极其相信，他说：

孔子讨论《坟》《典》，断自唐、虞以下。使诚有所谓羲、农之书，乃后世称述当时之事，失其义理，如许行所谓神农之言，及阴阳、医方称黄帝之说尔。此圣人所以去之也。或疑阴符之类是，甚非也。此出战国权变之术，窃机要以为变诈之用，岂上古至淳之道耶？

何异孙的《十一经问对》也极信孔子定《书》百篇，但亦只是相信旧说而已。他以为：

> 《书》者，古之史也。当时事实，有当纪载者，史官书之简策，有君臣相告谕之言，有君命臣者，有臣告君者，有君告民者。孔子定《书》百篇，名之曰：虞、夏、商、周之书。

清儒治《尚书》之学者如阎若璩、惠栋、江声、王鸣盛，皆不怀疑孔子删《书》之说，但如江声云：

> 六藝定于孔子，皆厄而後興。（《尚書集注音疏述》）

他所以信六藝定於孔子，乃只是信《孔子世家》之說而已。他的理由，不過說："孔子編《書》，欲以垂世立教。"而已。我們試看這些信孔子刪《書》的說法，大概都是因襲舊說，別無新見，都不足以解釋攻擊孔子刪《書》說者之疑難。

清末的今文經學者頗好附會《公羊》"通三統"之說的，他們以爲孔子於群經皆有所刪述，刪《詩》、刪《書》，皆有"通三統"之意。例如劉逢祿《書序述聞》說：

> 孔子序三統之書，首《夏書》，而唐、虞者，夏之三統也，故皆以"曰若稽古"首之。

這種說法，在宋翔鳳、龔自珍、魏源、廖平，他們的看法都大約相同，都以爲孔子刪《書》，是具有微言大義的。宋翔鳳《倫書譜》已謂：

> 《論衡·須頌》篇云："問說《書》者：'欽明文思'以下，誰所言也？曰：篇家也。篇家誰也？孔子也。"則漢儒有以《堯典》爲孔子之言矣。

已直信《堯典》爲孔子作。廖平《知聖篇》說：

> 《春秋》因魯史加筆削，《詩》與《書》《禮》《樂》，亦本帝典禮而加筆削。合者留，不合者去，則《詩》《書》乃孔子之《詩》《書》矣。

後來康有爲也是主張"六經筆削於孔子，《禮》《樂》制作於孔子"。他以爲："《尚書》二十八篇，爲孔子刪定大法。"（《新學僞經考》卷十三）他在《孔子改制考》上也深信王充《論衡》之說，他以爲：

> 《堯典》一字皆孔子作，凡有四證：王充《論衡》："《尚書》自'欽明文思'以下何人所作也？曰：篇家也。篇家者誰也？鴻筆之人

也。鴻筆之人何人也？曰：孔子也。"則仲任尚知此説，其證一。《堯典》制度與《王制》全同，巡狩一章文亦全同。《王制》爲素王之制，其證二。文辭若"光被四表，格于上下，克明峻德，以親九族"等，調諧詞整，與《乾卦》彖辭爻辭"雲行雨施，品物流行，大明終始，六位時乘"同，並爲孔子文筆，其證三。夏爲禹年號，堯、舜時禹未改號，安有夏？而不云蠻夷猾唐猾虞而云猾"夏"……證四。

他們這種説法，不惟以孔子有删《書》之事，而且信《堯典》爲孔子所作。據我們現在看來，《堯典》與《王制》文同，正足以證明《堯典》之晚出，王充《論衡》之説，本不可信，不可以妄引以爲證的。六經筆削於孔子，《禮》《樂》制作於孔子，這本是清末今文經學家數人之私言，例如崔適也是主張今文經的，他所作的《五經釋要》即痛駁康有爲孔子改制之説。則可見孔子於六經並非俱有所筆削，孔子删《書》之説，終是不足信的。

王充謂《堯典》爲孔子所作，固不可信，即如《書序》所云書篇之作者，亦多不可信。陳漢章《經學通論》云：

> 《書》本史記，多無作者名氏，惟《五子之歌》，爲太康昆弟五人作，《典寶》爲誼伯、仲伯作，《仲虺之誥》爲仲虺作，《明居》《沃丁》爲咎單作，《伊訓》《肆命》《徂后》及《咸有一德》《太甲》等篇爲伊尹作，《微子》爲微子作，《洪範》爲箕子作，《旅獒》爲召公作，《旅巢命》爲芮伯作，《大誥》《嘉禾》《康誥》《酒誥》《梓材》《多士》《無逸》《君奭》及《將蒲姑》《多方》皆周公作，《賄肅慎之命》爲榮伯作，《費誓》爲魯侯伯禽作，《秦誓》爲秦穆公作，明見《書序》。

《書序》之出較晚，《書序》的本身就不可信。其所云書篇之作者，亦大抵不足信。我們至多只可以《書序》所云，聊備一説而已。

## 四　《尚書》之類別

　　《尚書》在先秦時，是否已有成書，頗成問題。所謂"以百二篇爲《尚書》"，及"凡百篇而爲之序"之說，好像本有百篇，實際上在西漢初年，是早已不見有《尚書》百篇的。依史籍之所載，《尚書》之流傳有：（一）伏生之今文《尚書》；（二）西漢所得之《秦誓》；（三）孔壁之古文《尚書》；（四）河間獻王之古文；（五）張霸之《僞百兩篇》；（六）杜林之漆書古文；（七）劉陶之中文《尚書》；（八）梅賾所上之僞《孔傳》本；（九）姚方興之《舜典孔傳》本；（十）劉玄所上姚書《舜典》本。經過如此之流傳，《尚書》之種類，可說是極複雜的。我們爲要明瞭《尚書》之內容以及對《尚書》之考訂，對於上述各種尚書之傳出，不可不先爲明瞭，然後才能論及其篇目之計算，以及其眞僞之考訂。

### （一）伏生之今文《尚書》

　　伏生的今文《尚書》，是在漢代比較流行最早的，據《史記·儒林列傳》說：

> 伏生者，濟南人也。故爲秦博士。孝文帝時，欲求能治《尚書》者，天下無有，乃聞伏生能治，欲召之。是時伏生年九十餘，老，不能行，于是乃詔太常使掌故晁錯往受之。秦時焚書，伏生壁藏之。其後兵大起，流亡，漢定，伏生求其書，亡數十篇，得二十九篇，即以教于齊魯之間。學者由是頗能言《尚書》，諸山東大師無不涉《尚書》以教矣。伏生教濟南張生及歐陽生……自此之後，魯周霸、孔安國，雒陽賈嘉，頗能言《尚書》事。孔氏有古文《尚書》，而安國以今文讀之，因以起其家。逸《書》得十餘篇，蓋《尚書》滋多于是矣。

《史記》這裏所述伏生今文《尚書》之來源，可以令我們注意的，約有以下幾個問題：

　　1. 伏生今文《尚書》始傳的時間問題。《史記》說孝文時，欲求能治尚書者，這是很易令人誤會爲"伏生傳於既耄之後"。首先疑僞《孔傳》本的吳棫就是如此説的。明梅鷟已爲之辨明。到了清代閻若璩《尚書古文疏證》也説：

> 梅氏鷟亦謂：吳才老云伏生得于既耄之後爲失考……蓋漢定，伏生即求其書，以教于齊、魯之間，不待孝文時始然。生未耄也。今文二十八篇亦從屋壁得之，手授之其人，非待晁錯來，始背誦。……凡此等，皆遠勝先儒者。

這是伏生在漢定時已傳其書，不必要到孝文帝時。

康有爲《新學僞經考》更云：

> 按：伏生當孝文時年九十餘，計當焚書時，年已六七十矣。從始皇三十四年焚書之時上推，魯滅于楚，當莊襄王元年，僅三十七年，正值春申君爲相之時。荀卿自齊歸春申君，伏生當其時已二三十歲矣，上距孟子亦不過數十年。齊、魯諸儒生千百，而治《尚書》者唯伏生爲首，藏書之禁僅數年，藏書之刑僅城旦，不能害也。然則伏生之《書》，爲孔子之正傳確矣。

康氏此説，雖不免有微誤，然而上推伏生之傳之早，則爲確論。由此看來，我們可知伏生今文淵源之古了！

2. 伏生今文《尚書》傳出的人物問題。據《史記》説："於是乃詔太常使掌故晁錯往受之。"而在顏師古《漢書注》更引有衛宏定《古文尚書》序云：

> 伏生老不能言，言不可曉也，使其女傳言教錯。齊人語多與潁川異，錯所不知凡十二三，略以意屬讀而已。

衛宏此説，實不足信。閻若璩《尚書古文疏證》考之云：

> 馮班定遠，常熟錢氏之門人也，謂顏注《伏生傳》晁錯往受《書》事，引衛宏《定古文尚書序》爲妄。《藝文志》："《尚書》經二十九卷，伏生所傳者。"又《志》："秦燔書禁學，伏生獨壁藏之。漢興，求得二十九篇，以教齊、魯之間。"云壁藏而求之得二十九篇，是伏生自有本，不假口傳明矣。《儒林傳》："伏生教濟南張生及歐陽生。歐陽生千乘人，事伏生。夏侯都尉從濟南張生受《尚書》，以傳族子始昌。始昌傳勝，勝傳從兄子建。"則是歐陽、夏侯二家漢人列于學官者，自是伏生親傳，非晁錯所受之本明矣。又："伏生有孫，以治《尚書》徵。"伏生有孫，則應有子，何至令女傳言？若其子幼，不能傳書，則伏生年已九十餘，安得有幼子乎？且其女能傳言，亦應通文字，何至晁錯不能得者且十二三，乃以意屬讀之耶？某曾身至濟南、潁川，其語音絕不相遠。雖古今或異，大略可知，何至言語

不相通耶？衛宏且勿論，顏注《漢書》，號爲班氏忠臣，亦贅列斯語，疑誤至今，殊可怪耳。

戴震《尚書今文古文考》亦云：

> 衛宏定《古文尚書序》云（段玉裁案：當作《詔定古文官書》）："伏生老不能正言，言不可曉，使其女傳言教錯。齊人語多與潁川異，所不知者，凡十二三，略以其意屬讀而已。"此不察之説也。濟南張生及歐陽生和伯實躬事伏生受書，由是《書》有歐陽、大小夏侯之學。《史記》及《漢書》皆曰："秦時燔書，伏生壁藏之，漢興、即以教于齊、魯之間。"其非得之口誦，無女子傳言事甚顯白。

這是衛宏所説之不足信。閻氏又云：

> 按《書大序》云："伏生年過九十，失其本經，口以傳授。"此亦是魏晉間衛宏使女傳言教錯之説盛行，故撰序者采入，而不覺其于史文相背。劉歆有言："晁錯從伏生受《尚書》，《尚書》初出于屋壁，朽折散絶。今其書見在。"曾口授云乎哉？

這是僞孔安國《序》謂伏生"失其本經，口以傳授"之説不足信。

3. 關於伏生今文《尚書》壁藏的疑問。據《史記》説："秦時焚書，伏生壁藏之，其後兵大起，流亡。"其實這也未必是事實。

康有爲《新學僞經考》云：

> 《儒林傳》雖粹然完書，然云"秦時焚書，伏生壁藏之，其後兵大起，流亡。漢定，伏生求其書，亡數十篇，獨得二十九篇，即以教于齊、魯之間"。又云："孔氏有《古文尚書》，而安國以今文讀之，因以起其家，《逸書》得十餘篇，蓋《尚書》滋多于是矣。"又云："《禮》固自孔子時而其《經》不具，及至秦焚書，書散亡益多，于今獨有《士禮》，高堂生能言之。"此三條是劉歆竄亂以惑人者。考《六經》之傳，有書本，有口説。博士所職，孔廟藏書，是傳本也。然吳祐寫書，汗青盈車，其子輒以蕙茝之謗爲諫，則當時寫本甚難，頗賴口説。伏生于《尚書》是其專門，即有百篇，皆所熟誦。當時《春秋》賴口説流傳，《詩》則以其諷誦，皆至公羊壽、申公、轅固生、韓嬰乃著竹帛，以故《公》《穀》二傳，魯、齊、韓《三家詩》，文字互異、良由口説之故。……《詩》不過三百五篇，《書》不過二十八篇，爲文甚簡，人人熟誦，誠不賴書本也。若專賴壁藏之簡而後二十九篇得存，則《詩》《春秋》未聞有壁藏之簡，何以三百五篇之文，二百四十二年之事得全乎？若謂《詩》有韻語，諷誦易存，

《書》文聱牙，非簡不存，則《春秋》及《二傳》，豈有韵語乎？故《隋志》之言曰："至漢，唯濟南伏生口傳二十八篇，又河内女子得《泰誓》一篇，獻之。"曰"口傳"，曰"二十八篇"，曰"河内女子得《泰誓》一篇"，其說出《論衡》，此必今學家之說，足以破壁藏流亡數十篇之謬，並足破伏生得二十九篇之誤矣。且伏生爲秦博士，秦雖焚書而博士所職不焚，則伏生之本無須藏壁而致亡也。知此，則壁藏亡失之說更不待攻，而二十八篇爲孔子未經秦火之《書》，愈明矣。

我們仔細想來，博士所職不焚，則無須乎壁藏的。所以《史記》伏生壁藏之說，實未可信。

4. 關於伏生今文《尚書》篇數的問題。據《史記》說，伏生求其書，亡數十篇，獨得二十九篇。此二十九篇之說，在王充《論衡·正說篇》則謂：

《尚書》本百篇，孔子以授也。遭秦用李斯之議，燔燒五經，濟南伏生抱百篇藏于山中。孝景皇帝時，始存《尚書》。伏生已出山中，景帝遣晁錯往從受《尚書》二十餘篇。伏生老死，《書》殘不竟。晁錯傳于倪寬。至孝宣皇帝之時，河内女子發老屋，得逸《易》《禮》《尚書》各一篇，奏之。宣帝下示博士，然後《易》《禮》《尚書》各益一篇，而《尚書》二十九篇始定矣。

《正說篇》又云：

或說《尚書》二十九篇者，法日斗七宿也。四七二十八篇，其一曰斗矣……

王充是傳今文《尚書》歐陽之說的，據他所說看來，伏生所得本只二十八篇，非二十九篇。後來王肅僞《孔叢子·連叢篇》載孔臧《與其弟書》也說：

臧聞《尚書》二十八篇，取象二十八宿，謂爲信然。不知其有百篇也。

《孔叢子》雖然出於王肅，然如即以此言爲肅之言，則當時惟聞有二十八篇之說，可見在漢代是確有此傳說，不是王充一人的意見。

《漢書·楚元王傳》臣瓚《注》亦云：

當時學者，謂《尚書》唯有二十八篇，不知本有百篇也。

據顏籀《漢書序例》云："有臣瓚者，莫知氏族，考其時代，亦在晉初。"則可見《尚書》二十八篇之說，在晉以前，是通行的。故《隋書·經籍志》亦云：

至漢，唯濟南伏生口傳二十八篇。又河内女子得《泰誓》一篇，獻之。

伏生所傳只有二十八篇，而《史記》所以以爲得二十九篇的，據陸德明《經典釋文·叙録》的解釋説：

《泰誓》本非伏生所傳，武帝世始出而得行，史因以入于伏生所傳之内，故曰二十九篇。

這種説法，在孔穎達《尚書正義》也是主張如此。康有爲《新學僞經考》卷二則云：

云"二十九篇"者，蓋《泰誓》後得，後人忘其本原，輕改《史記》"八"字爲"九"字，必非史遷原文，並非歆竄原文。猶戴聖《禮記》本四十六篇，馬融增三篇爲四十九篇，而《後漢書》曹褒、橋仁傳《禮記》皆四十九篇，蓋亦後人追改之辭也。

康氏此説，則當以史遷是否已知有增入之篇爲準。如史遷已知有此一篇，則或是《史記》原文已如此。要之，《史記》本爲二十八篇之説，是比二十九篇之説，較爲可信。此二十九篇，后來歐陽《尚書》將《盤庚》一篇，分爲上中下，多出兩篇，成爲三十一篇。馬融、鄭玄所注《尚書》，更將《顧命》一篇，分出《康王之誥》，將《泰誓》一篇，也分爲三篇，又多出三篇，爲三十四篇。二十九篇之説，在清代又有主張不加入《泰誓》，而加入《書序》；或以《泰誓》一篇，本在二十九篇之内；或以伏書並無《泰誓》，而《顧命》與《康王之誥》，在原來就是分開的。其詳當於下篇再述之。

5. 關於伏生《今文尚書》之名稱的問題。伏生所傳之書，本只謂之曰《尚書》，其稱爲《今文尚書》，是晚起之事。

孔穎達《虞書正義》曰：

案：伏生所傳三十四篇者，謂之今文，則夏侯勝、夏侯建、歐陽和伯等三家所傳及後漢末蔡邕所勒石經是也。

其《禮記·月令正義》曰：

晁錯所受伏生二十九篇，夏侯、歐陽所傳者，謂之今文《尚書》。

今文二字之解釋，則據熊朋來云：

晁錯所受伏生，以漢隸寫之，故曰今文。

馬端臨《文獻通考》曰：

漢所謂古文，科斗書；今文者，隸書也。唐所謂古文，隸書；今文，世所通用之俗字也。

皮錫瑞《經學通論·書經》説：

漢時所謂今文，今謂之隸書，世所傳《熹平石經》與孔廟等處漢碑是也。漢時所謂古文，今謂之古籀，世所傳鐘鼎、石鼓與《說文》所列古文是也。隸書漢時通行，故謂之今文，猶今人之于楷書，人人盡識者也。古籀漢時已不通行，故謂之古文，猶今人之視篆、隸，不能人人盡識者也。

至於《今文尚書》這一名稱之起源，則江聲《尚書集注音疏》說：

> 今文尚書，其始止稱《尚書》耳。蓋以別有古文，故目此爲今文《尚書》。今文者，即漢時之隸書。（《經解》卷四〇二）

皮錫瑞《尚書通論》也說：

> 孔子寫定六經，皆用古文，見許氏《說文·自叙》。伏生爲秦博士，所藏壁中之書，必與孔壁同爲古文，至漢發藏以教生徒，必易爲通行之隸書，始便學者誦習。江聲《尚書集注音疏》始用篆文，書不通行，後卒改用今體楷書。觀今人不識篆文，不能通行，即知漢人不識古文，不能通行之故。此漢時立學所以皆今文，而古文不立學也。古文《尚書》之名雖出漢初，尚未別標今文之名，但云《歐陽尚書》《夏侯尚書》而已。劉歆建立古文《尚書》之後，始以今《尚書》與古《尚書》別異。許慎《五經異義》列古《尚書》說，今《尚書》夏侯、歐陽說，是其明證。

《今文尚書》之名，其起甚晚，我們只看《漢志》列《尚書古文經》四十六卷，關於伏生所傳之經，但云經二十九卷，亦可見在班固時，所謂《今文尚書》之名尚未通行，更無論《古文尚書》這一名稱了。宋翔鳳《尚書略說》云：

> 漢時但有《古文尚書》，以別于歐陽、夏侯列于學官之書，無《今文尚書》之名，惟《儒林傳》言孔氏有《古文尚書》，孔安國以今文讀之，因以起其家云云，所謂今文字者，指當時所行隸書之字，以讀古文書；非指歐陽、夏侯爲今文《尚書》也。東晉僞古文出，而伏生所傳微滅，其後乃有今文之目，漢人引歐陽、夏侯從無以今文別之者。

據宋氏此說，則可知《今文尚書》之名當出於東晉以後。

6. 關於伏生今文《尚書》原本的文字問題。《今文尚書》的名稱是後加的。更有人以伏生今文在原來並非今文的。龔自珍《泰誓答問總論·漢代今文古文名實》說：

> 請縱言今文古文。答曰：伏生壁中書，實古文也，歐陽、夏侯之

徒以今文讀之，傳諸博士，後世因曰伏生今文家之祖。此失其名也。孔壁固古文也，孔安國以今文讀之，則與博士何以異？而曰孔安國古文家之祖，此又失其名也。今文、古文，同出孔子之手，一爲伏生之徒讀之，一爲孔安國讀之。未讀之先，皆古文矣；既讀之後，皆今文矣。惟讀者人不同，故其説不同。源一流二，漸至源一流百。此如後世翻譯，一語言也，而兩譯之，三譯之，或至七譯之，譯主不同，則有一本至七本之異。未譯之先，皆彼方語矣；既譯之後，皆此方語矣。其所以不得不譯者，不能使此方之人曉殊方語；故經師之不能不讀者，不能使漢博士及弟子員悉通周古文故。然而譯語者未嘗取所譯之本而毀棄之也，殊方語自在也。讀《尚書》者，不曰以今文讀後而毀棄古文也，故其字仍散見于群書及許氏《説文解字》之中，可求索也。又譯字之人，必華夷兩通而後能之；讀古文之人，必古今字盡識而後能之。此班固所謂曉古、今語者，必冠世大師如伏生、歐陽生、夏侯生、孔安國庶幾當之，餘子皆不能也。此今文、古文家之大略也。

龔氏此説，看來似乎甚巧，令人覺着他所説的是不錯的，他以爲"伏生壁中書，實古文也""孔安國以今文讀之，則與博士何以異"？好像今古文沒有多少分別，其實今文本在原來是否古文，實未可臆定。今文、古文之説，多不相同，決非其文字之差別或異同所能盡其能事的。古文本係僞託，其目的固不在文字上與今文爭勝，而有許多是在説解上的。龔氏專在文字上講異同，是未免知其名而不知其實。

綜上所述，我們須知：

1. 伏生今文《尚書》來源之久遠，伏生早年，實在先秦之世，其所傳授，應比較地可信。

2. 伏生今文《尚書》，原有成文，非以口誦相傳，如衛宏《詔定古文官書》所云，或如僞《孔序》所云之"失其本經"。

3. 伏生既有本經，而《史記》謂秦時焚書，伏生壁藏之，其後兵大起，流亡，此説實不可信，因爲伏生本爲秦之博士，無須乎壁藏的。

4. 《史記》謂伏生書二十九篇，實只當云二十八篇。加入《泰誓》才成二九篇。

5. 伏生所傳之書，本只謂之《尚書》，其曰《今文尚書》，實起東晉之世。

6. 伏生之書原本是否古文，不可臆定。龔自珍説伏生壁中書實古文，其説亦不可從。明乎此，然後可以論及伏生今文《尚書》之篇目與真僞。説更詳下。

## (二) 西漢所得之《泰誓》

《論衡·正説篇》説:"至孝宣皇帝之時,河内女子發老屋,得逸《易》《禮》《尚書》各一篇。"此所得之《尚書》一篇,即西漢所得之《泰誓》。

據劉向《别録》云:

> 武帝末,民有得《泰誓》于壁内者,獻之與博士,使讀説之,數月皆起,傳以教人。

劉歆《七略》亦云:

> 孝武皇帝末,有人得《泰誓》書于壁中者,獻之與博士,使讀説之,因傳以教,今《泰誓》篇是也。

劉歆《移書讓太常博士》亦云:

> 《泰誓》後得,博士集而讀之。

在王充以前,本有此種説法,可知後得之篇,實爲《泰誓》。我們對於此西漢所得之《泰誓》,也有幾個當注意的問題。

### 1. 西漢所得《泰誓》的時間問題

王充以爲在宣帝時,劉向以爲在武帝時,這兩説究以何説爲當?是我們要知道的第一件事。

據孔穎達《尚書正義》説:

> 《史記》及《儒林傳》皆云"伏生獨得二十九篇,以教齊、魯",則今之《泰誓》非初伏生所得。按馬融云:"《泰誓》後得。"鄭玄《書論》亦云:"民間得《泰誓》。"《别録》曰:"武帝末,民有得《泰誓》書于壁内者,獻之,與博士使讀説之,數月皆起傳以教人。"則《泰誓》非伏生所傳。而言二十九篇者,以司馬遷在武帝之世,見《泰誓》出而得行,入于伏生所傳内,故爲史總之,並云伏生所出,不復曲别分析。云民間所得,其實得時不與伏生所傳同也。但伏生雖無此一篇,而《書傳》有八百諸侯俱至孟津、白魚入舟之事,與《泰誓》事同。不知爲伏生先爲此説?不知爲是《泰誓》出後,後人加增此語?案:王充《論衡》及《後漢書》獻帝建安十四年黄門侍郎房宏等説云:宣帝本始元年,河内女子有壞老子屋,得古文《泰誓》三篇。《論衡》又云:"以掘地所得者。"今《史》《漢書》皆云伏生傳二十九篇,則司馬遷時已得《泰誓》,以並歸於伏生,不得云宣帝時始出也。則云宣帝時女子所得,亦不可信。或者爾時重得

之，故于後亦據而言之。《史記》云伏生得二十九篇，由此，劉向之作《別錄》、班固爲《儒林傳》，不分明因，同于《史記》。

據孔穎達此處所云，則《泰誓》確是武帝時得，故《史記》得以載之。由此看來，是《泰誓》之出，果在武帝時的。不過孔《疏》此説也非無可議論之餘地。例如《漢書·武帝紀》：

> 有司奏議曰：……夫附下罔上者死，附上罔下者刑，與聞國政而無益于民者斥，在上位而不能進賢者逐，此所以勸善黜惡也。"

《漢書·婁敬傳》：

> 敬曰：……"武王伐紂，不期而會孟津上八百諸侯……"

這些地方，都與《泰誓》文同，而是否出於《泰誓》，則頗成爲問題。《武帝紀》的有司奏議，在元朔元年，時《泰誓》尚未出。婁敬説高祖在漢五年，是時壁中書尚未出，更無論後得之《泰誓》了，則是孔《疏》云："宣帝時女子所得已不可信。"而斷以爲"司馬遷時已得《泰誓》以歸並於伏生"。其説亦不可盡信的。《別錄》《七略》之説，早於《論衡》以及房宏所云，我們此時只有從《別錄》及《七略》之説，《泰誓》後得而已。

## 2. 西漢所得《泰誓》之真僞的問題

西漢所得之《泰誓》，在馬融已頗疑其僞。因馬融之頗疑其僞，而有主張伏書本無《泰誓》的。據《尚書疏》等書引馬融説曰：

> 《泰誓》後得，按其文似若淺露。又云八百諸侯，不召自來，不期同時，不謀同辭，及火復于上，至于王屋，流爲鵰，五至以穀俱來。舉火神怪，得無在子所不語中乎？又《春秋》引《泰誓》曰，"民之所欲，天必從之。"《國語》引《泰誓》曰："朕夢協朕卜，襲于休祥，戎商必克。"《孟子》引《泰誓》曰："我武惟揚，侵于之疆，取彼凶殘，殺伐用張，于湯有光。"孫卿引《泰誓》曰，"獨夫受。"《禮記》引《泰誓》曰："予克受，非予武，惟朕文考無罪；受克予，非朕文考有罪，惟予小子無良。"今文《泰誓》皆無此語。吾見書傳多矣，所引《泰誓》，而不在《泰誓》者甚多，弗復悉記。略舉五事以明之，亦可知矣。

王肅也説：

> 《泰誓》近得，非其本經。

西漢所得之《泰誓》，經馬、王此説之疑難，頗有以馬、王之言爲是者，例如孔穎達於《孔序疏》云："《泰誓》理當是一，而古今文不同者，既馬融所云'吾見書傳多矣',凡諸所引,今之《泰誓》皆無此言。而古文皆有,則古文爲真,亦復何疑?"《孔疏》正是由馬融之疑今文《泰誓》,而以西漢所得之今文《泰誓》爲可疑轉而以僞古文《泰誓》爲可信的。清儒江聲始不以馬融之説爲然。他在《尚書集注音疏》中云:

> 案融之意,以《泰誓》非伏生所傳,故疑之爾。融獨不見伏生之《尚書大傳》乎?《泰誓》"維四月,太子發上祭于畢"云云,《大傳》即引其文矣,其所以不傳者,蓋生年老,容有遺忘,自所得二十八篇之外,不能記憶其全故爾。《大傳》引《九共》曰"予辨下土,使民平平,使民無敎",引《帝告》曰"施章乃服明上下",能録其片語,而不傳其全文,是其不能記憶之明驗也。然則《泰誓》雖不出于伏生,不得謂非秦火已前伏生所藏之舊文矣。……又若火流爲雕,以穀俱來,斯乃符命之應,猶龜《書》馬《圖》之屬也。孔子繫《易》曰:"河出《圖》,洛出《書》,聖人則之。"《論語》記孔子之言曰:"鳳鳥不至,河不出《圖》,吾已矣乎!"然則符瑞之徵,聖人且覬幸遇之,而乃以火流穀至爲神怪,謂爲子所不語,豈通論乎!……融又以《書傳》所引《泰誓》甚多,而疑此《泰誓》皆無有。聲又案,……《大傳》引《般庚》曰:"若德明哉,湯任父言,卑應言。"引《無逸》曰:"厥兆天子爵。"今《般庚》《無逸》俱在,而皆無是言。經與傳俱出于伏生,不應傳録其文,經反遺其語。然則伏生既傳之後,歐陽、夏侯遞有師承,猶不能無闕逸,況《泰誓》經灰燼之餘,百年而出,反怪其有遺逸邪?……傳之者僅守殘篇而不敢補緝,故無諸傳記所引之語,斯何足怪乎!季長之説,吾不謂然,故爲此辨。(《經解》三九四)

江氏此説,雖亦言之成理,但在他前後的人,仍多信馬融所云,而不信江氏此説的。例如龔自珍《泰誓答問》主張"後得者非《泰誓》",正是以《泰誓》之文爲不可信(説更詳下)。

### 3. 西漢所得《泰誓》的篇數問題

因爲馬融説:"吾見書傳多矣,所引《泰誓》而不在《泰誓》者甚多。"所以有的學者,主張《泰誓》有三。臧琳《經義雜記·尚書〈泰誓〉有三》云:

> 《書序正義》引馬融云"……又《孟子·滕文公下》引《泰誓》。"趙注云:"《泰誓》古,《尚書》百二十篇時之《泰誓》也。

今之《尚書·泰誓》篇，後得以充學，故不與古《泰誓》同也。諸傳記引《泰誓》，皆古《泰誓》也。"據趙、馬之說，知記傳《孟》《荀》所引，皆未焚書前之《尚書》，所謂古《泰誓》，此一也。《史記·周本紀》云："武王上祭于畢，東觀兵，至于盟津。爲文王木主，載以車，中軍。武王自稱'太子發'，言奉文王以伐，不敢自專。乃告司馬、司徒、司空、諸節：齊栗，信哉。予無知，以先祖有德臣，小子受先功，畢立賞罰，以定其功，遂興師。師尚父號曰：'總爾衆庶，與爾舟楫，後至者斬！'武王渡河，中流，白魚躍入王舟中，武王俯取以祭。既渡，有火自上復于下，至于王屋，流爲烏，其色赤，其聲魄云。"《集解》引馬、鄭之言。《索隱》曰，皆見《周書》及今文《泰誓》。《齊世家》亦載斯事。《索隱》引馬融說，以爲今文《泰誓》，《漢書·禮樂志》："《書序》殷紂斷棄先祖之樂，乃作淫聲，用變亂正聲，以悅婦人。"《郊祀志》："《泰誓》曰，正稽古立功立事，可以永年，丕天之大律。"《董仲舒傳》："《書》曰：白魚入于王舟，有火覆于王屋，流爲烏，周公曰：覆哉、覆哉。"《平當傳》："《書》云：正稽古建功立事，可以永年，傳于無窮。"《谷永傳》："《書》曰：乃用婦人之言，自絕于天。四方之逋逃多罪，是宗是長，是信是使。"《白虎通·爵篇》："天子之子稱太子，《尚書》曰：太子發升于舟。"《周禮·大祝》："《書》曰：王動色變。"賈《疏》："《泰誓》云，周公曰：'都！懋哉！予聞古先哲王之格言。'太子發再拜手稽首。"又今文《泰誓》，得火烏之瑞："使上附以周公書，報誥于王，王動色變。"《藝文類聚·十六》引《尚書》曰："太子發上祭于畢，下至于盟津之上，乃告司馬、司徒、司空。"又曰："太子發升于舟，中流，白魚入于舟，王跪取出涘，以燎，群公咸曰：'休哉。'"《說文·攴部》："孜，汲汲也。《周書》曰，孜孜無怠。"《水部》："涘，涯也。《周書》曰，王出涘。"手部："搯，捾也。《周書》曰：師乃搯。搯者，拔兵刃以習擊刺。"此俱漢初壁內別出之《泰誓》，即馬氏所稱"其文似若淺露、神怪，在子所不語"者。然兩漢大儒皆見之，馬、鄭、王肅爲古文學者，皆爲之注，此二也。至東晉臧彥始授梅賾《古文尚書》，內又有《泰誓》三篇，自唐以來，立于學官，即今日所誦讀者，此三也。（《經解》卷一九五）

臧氏謂《泰誓》有三，古《泰誓》、漢《泰誓》、僞《泰誓》，其說尚未盡是，似當更有孔壁古文之《泰誓》。關於這一點，我們只需一理會到古文經四十六卷五十八篇中有《泰誓》三篇便可立刻明瞭。王引之在《經義述聞·伏生尚書二十九篇説》云：

> 桓譚《新論》曰："古文《尚書》，舊有四十五卷，五十八篇。"（案：桓譚不將《序》算在内，所以説是四十五卷）五十八篇者，于十六篇中，九分《九共》爲二十四篇；于二十九篇中，三分《盤庚》及《泰誓》，又于《顧命》分出《康王之誥》，爲三十四篇，統計之則爲五十八篇也。其實《九共》九篇同爲一事，合而言之，亦可稱爲一篇，合則二十四篇減其八，仍爲十六篇矣。《盤庚》三篇，《泰誓》三篇，《顧命》《康王之誥》二篇，此八篇合而言之，亦可稱爲三篇，合則三十四減其五，仍爲二十九篇矣。統計十六篇，與二十九篇爲四十五篇，篇各爲卷，則爲四十五卷，是古文二十九篇有《泰誓》矣。

王氏又以《史記》中引用的《泰誓》"流爲烏"，馬融本"烏"作"雕"；鄭《注》説："雕當爲鴉，鴉，烏也。"王氏説："馬、鄭傳《古文尚書》，作'雕'者古文《泰誓》，作'烏'者則今文《泰誓》也。"

這也可見古文有《泰誓》。顧廣圻在《梅鷟尚書考異序》中也説：

> 梅氏、閻氏皆不知真《泰誓》伏、孔皆有，即《史記》所載、鄭康成所注之類，又俟惠徵君棟之《古文尚書考》出而後正之。

清儒考明《泰誓》有古文者不只王引之一人，臧琳以爲《泰誓》有三，吳承仕《經典釋文序録疏證》也只以"《泰誓》有三"。我們應當嚴格地説，《泰誓》有四：（一）古《泰誓》；（二）今文《泰誓》；（三）古文《泰誓》；（四）僞《泰誓》。在這四種本子中，如今文《泰誓》，還可以分別其傳本的不同，如婁敬、董仲舒、終軍、司馬相如都引用《泰誓》，還很難以説只有《大傳》本、《史記》本與河内本的。不過從這裏所説的《泰誓》有四，我們可因此以明西漢後得之《泰誓》，只是《泰誓》本子中之一種，不可與古《泰誓》、孔壁古文《泰誓》、僞《泰誓》並爲一談。清代的學者，不明於《泰誓》之有四，或以西漢所得之《泰誓》爲上篇，古《泰誓》爲中下篇，這是不當的。龔自珍《泰誓答問》第二十《論近儒遁詞》曰：

> 自馬、王而外，尚有趙岐、韋昭、服虔、杜預之言，而趙岐注《孟子·滕文公》篇，則明曰："《泰誓》者，古百二十篇之《泰誓》也"（趙用《書緯》之説，故曰百二十篇）今之《泰誓》，後得以充學，故不與古《尚書》同。偉哉此論，與季長重規疊矩，厥後韋于《國語》，服、杜于《左傳》，皆屢疑之。近儒無可如何，乃曰："凡

《左氏春秋》《國語》《管》《墨》《孟》《荀》所引皆《泰誓》中下篇，其允學者，民間所獻一篇，獨上篇。"則何民間本、孔壁本不約而同適皆獨此上篇也？又曰："雖已完具，而間有脱簡。"何脱簡之多也？且又何以民間本、孔壁本同此簡也？遁詞知其所窮。（《經解續編》卷九三〇）

這是妄以西漢所得之《泰誓》爲上篇，或中篇。而以古《泰誓》當西漢時所得《泰誓》之一篇之不合。龔氏又論充學之《泰誓》是一篇、是三篇處處不合曰：

> 竇鼠臘之徒，欲誣今文家則以爲一篇，欲誣孔壁，則以爲三篇，凡誣今文而一篇之者，則歐陽、夏侯增二十八爲二十九，及二十八宿加北斗之説是也。欲誣古文而三篇之者，則曰五十八，曰去《武成》尚五十七之説也。至僞《孔序》則又以一篇誣古文，如曰增多伏生二十五是也。至唐人則又以三篇誣今文，如曰伏生三十有四篇是也。率惝怳而難憑，終游移而失據。是書之爲一爲三，何足深論？（同上）

龔氏是主張西漢所得《泰誓》根本與伏生家法無涉，所以説"是一篇是三篇處處不合"。但他以爲："意者民間獻書時原止一篇，厥後博士俗師意事之徒，欲塞詔書，起傳教人者，見百篇之序甚明，因析而爲三，使合於孔門之舊。"則他仍不反對由一而析爲三之説。不過今文《尚書》對西漢所得之《泰誓》，則俱以爲一篇，在歐陽、大小夏侯俱如此，古文則以爲三，這是我們當注意的而已（説詳下章）。

### 4. 西漢所得《泰誓》的名稱問題

此西漢所得之《泰誓》，既經博士之起傳以教人，後來即歸並於伏生今文《尚書》中，所以亦謂之曰今文《泰誓》。江聲《尚書集注音疏》説：

> 案：《泰誓》初出屋壁，當是古文，既入于學官，博士遂用隸寫之，以合于伏生之書，故亦爲今文。東晉時又別有僞古文《泰誓》，故顏師古《漢書注》，司馬貞《史記索隱》，皆稱此爲今文《泰誓》也。（《經解》四〇二）

陳喬樅《今文尚書經説考》也説：

> 案，《泰誓》不在伏生書二十八篇之内。劉向《別錄》云："武帝末，民有得《泰誓》書于壁內者，獻之，與博士，使讀説之數月，皆起傳以教人。"劉歆《七略》亦云然。是當時《泰誓》列于學官，博士所課者。故師古《漢書注》，章懷《後漢書注》，小司馬《史記

索隱》，李善《文選注》引《泰誓》文，皆以爲今文《尚書》也。（《續經解》）

這兩説都是不錯的。王引之是主張伏生二十九篇原來即有《泰誓》，他在《經義述聞·伏生尚書二十九篇説》中説：

> 曰：伏書有《泰誓》，則《別録》何以謂武帝末？民間獻《泰誓》，與博士使讀説之，傳以教人乎？曰：此向、歆傳聞之訛也。伏生書本有《泰誓》，民間惟有獻書者，亦與之同。伏生、張生、歐陽生讀而説之也久矣，何待民間獻之，而始傳以教人乎？又安得以爲後得乎？且依後得之説，則前此諸儒，皆應不見《泰誓》。何以董仲舒對策引《泰誓》，而歐陽生、張生之徒論述伏生之《書》，又屢言《泰誓》乎？竊以向、歆之言，失事實矣。曰：魯恭王壞孔子宅，得《古文尚書》，當在景帝時，而歆以爲武帝末；孔安國早卒，未嘗至天漢時亦見《疏證》，而歆以爲天漢之後；安國獻《古文尚書》，皆非事實，學者亦將從而信之乎？大抵考古當論時代，向、歆在宣、元、成、哀之世，去伏生傳經時已遠，故傳聞或訛。若歐陽生、張生親受業于伏生者，其可信遠過于向、歆，學者據《大傳》以正向、歆之失，可也。自向、歆誤言後得，而馬融、王肅諸儒並承其誤，咸謂《泰誓》可疑。其後僞孔乃臆撰《泰誓》以易之。而伏生之《泰誓》竟由此亡矣。考據之不審，其流弊乃至于是。哀哉！（《經解》一一八三）

王氏此説，謂《泰誓》後得，乃向、歆傳聞之訛，《史記》言二十九篇，原本即有《泰誓》，其説之是非，容再爲詳論。其以《泰誓》爲今文，則與歷代諸儒之説同。歷代《尚書》學者，大約都以《泰誓》爲今文，惟龔自珍《泰誓答問》則以"後得者非《泰誓》"而主張"泰誓晚立，與伏生家法無涉"。不以《泰誓》爲今文《尚書》之一，這種説法，則尚覺其不甚允當。我們只有將此種《泰誓》與伏生今文《尚書》合並爲一，以論其篇目次第（説更詳下）。

## （三）孔壁之《古文尚書》

《史記·儒林傳》説："孔氏有《古文尚書》，而孔安國以今文讀之，因以起其家逸《書》，得十餘篇，蓋《尚書》滋多於是矣。"這是關於古文《尚書》之來歷最初見於史籍之記載者，不過此處所記，依康有爲《僞經考》説是劉歆所竄入，古文《尚書》之來歷，最初稱述的，要算是劉歆。據《漢書·楚元王傳》之劉歆《移書讓太常博士》云：

魯恭王壞孔子宅，欲以爲宮，而得古文于壞壁之中，逸《禮》有三十九篇，《書》十六篇。天漢之後，孔安國獻之，遭巫蠱倉卒之難，未及施行。

後來《漢書·藝文志》也説：

《古文尚書》者，出孔子壁中，武帝末，魯恭王壞孔子宅，欲以廣其宮，而得《古文尚書》及《禮記》《論語》《孝經》凡數十篇，皆古字也。恭王往入其宅，聞鼓琴瑟鐘磬之音，于是懼，乃止不壞。孔安國者，孔子後也，悉得其書，以考二十九篇，得多十六篇。安國獻之，遭巫蠱事，未列于學官。

其後《論衡·正説》篇則云：

孝景帝時，魯恭王壞孔子教授堂以爲殿，得百篇《尚書》于墙壁中。武帝使使者取視，莫能讀者，遂秘于中，外不得見。

僞《古文尚書·孔序》亦云：

及秦始皇滅先代典籍，焚書坑儒，天下學士逃難解散，我先人用藏其家，書于屋壁。漢室龍興，開設學校，旁求儒雅，以闡大猷。濟南伏生年過九十，失其本經，口以傳授，裁二十餘篇。以其上古之書，謂之《尚書》。百篇之義，世莫得聞。至魯共王好治宮室，壞孔子舊宅，以廣其居，于壁中得先人所藏古文虞、夏、商、周之書，及《傳》《論語》《孝經》，皆科斗文字。王又升孔子堂，聞金石絲竹之音，乃不壞宅，悉以書還孔氏。

僞孔之説，正是依據劉、班與《論衡》以編成的。但在我們現在看來，劉、班與《論衡》所云，略有不同。他們所述孔壁古文《尚書》之來源，我們須注意的，亦略數事：

### 1. 孔壁《古文尚書》始傳的時間問題

《漢書·藝文志》所云魯共王壞孔子宅的時間作武帝末，"武帝末"三字當依據《論衡》作孝景帝時。這在閻若璩《尚書古文疏證》已爲辨明。閻氏云：

王充《論衡》，或得于傳聞。傳聞之與親見，固難並論也。且云武帝使使者取視，不云安國獻之而云武帝取視，此何據也？惟云孝景帝時魯共王壞孔子宅較武帝末三字則確甚。何也？魯共王以孝景帝前三年丁亥徙王魯，徙二十七年薨，則薨當于武帝元朔元年癸丑，武帝方即位十三年,安得云武帝末乎?且恭王初好治宫室,季年好音,則其壞孔子宅以廣其宫,正初王魯之事,當作孝"景帝時"三字爲是。(《續經解》)

閻氏此種考證,可謂信而有徵,在清代中,說《尚書》者,大約俱從其說。

## 2. 孔壁《古文尚書》傳出的人物問題

劉、班所云,俱以獻書者爲孔安國,其實天漢之後,孔安國早已死去,這說法也是有錯誤的。閻若璩《尚書古文疏證》云:

> 按《孔子世家》,安國爲皇帝博士,至臨淮太守,蚤卒。司馬遷親與安國游,記其蚤卒,應不誤。然考之《漢書》,又煞有可疑者。《兒寬傳》,寬以郡國選詣博士,受業孔安國。補廷尉文學卒史,時張湯爲廷尉。案湯爲廷尉,在武帝元朔三年乙卯。《楚元王傳》,天漢後,孔安國獻古文《書》,遭巫蠱之難,未施行。案巫蠱難在征和元年己丑,二年庚寅,相距凡三十五六年。漢制擇民年十八以上,儀狀端正者,補博士弟子。則爲之師者,年又長于弟子。安國爲博士時,年最少,如賈誼亦應二十餘歲矣。以二十餘歲之博士,越三十五六年始獻《書》,即甫獻《書》而即死,其年已五十七八,且望六矣,安得爲蚤卒乎?況孔氏子孫都無高壽者,不過四十五、十耳。四十、五十俱不謂之蚤卒,何獨于安國而夭之乎?(同上,卷二九)

又云:

> 予嘗疑安國獻《書》,遭巫蠱之難,計其年必高,與馬遷所云蚤卒者不合。信《史記》蚤卒,則《漢書》之獻《書》者,必非安國;信《漢書》獻《書》,則《史記》之安國必非蚤卒。然馬遷親從安國游者也,記其生卒,必不誤者也。竊意天漢後,安國死已久,或其家子孫獻之,非必其身,而苦無明證。越數載,讀荀悅《漢紀·成帝紀》云:"魯恭王壞孔子宅,得古文《尚書》,多十六篇。武帝時,孔安國家獻之。會巫蠱事,未列于學官。"于安國下增一"家"字,足補《漢書》之漏,益自信此心理之同。而《大序》所謂作《傳》畢,會國有巫蠱。出于安國口中,其僞不待辨矣。

閻氏以安國蚤卒,天漢之後,獻書者爲孔安國家,舉荀悅《漢紀》爲證。這在朱彝尊也是如此主張的。朱氏《經義考》云:

> 考之《漢書》,司馬遷嘗從孔安國問故,遷蓋與都尉朝同受

《书》于安国者也。然迁述《孔子世家》称："安国为今皇帝博士，至临淮太守，蚤卒。"《自序》则云："予述黄帝以来，至太初而讫。"是安国之卒，本在太初以前。若巫蛊事发乃征和二年，距安国之殁，当已久矣。班固叙《艺文志》，于《古文尚书》云，遭巫蛊事，未列于学官，乃史氏追述古文所以不列学官之故耳。而伪作安国《序》者，乃云："会国有巫蛊事，经籍道息。"竟出自安国口中，不亦刺谬甚乎？或曰：刘歆《移书让太常博士》，其文载于《汉书》《文选》，称古文《书》十六篇。天汉之后，孔安国献之，此不足信耶？曰：荀悦《汉纪》于孝成帝三年备述刘向典校经传，考集异同，于古文《尚书》《论语》《孝经》云："武帝时孔安国家献之，会巫蛊事，未列于学官。"则知安国已逝，而其家献之。《汉书》《文选》镂本流传，脱去"家"字耳。按其本末，安国《书序》之伪，不待攻而自破矣。

又云：

或曰：《史记》虽讫太初，然《自序》又云："论次其文，七年而遭李陵之祸。"实天汉三年也。故荀悦《汉纪》亦云："司马迁据《左氏春秋》《国语》，采《世家》《战国策》，述《楚汉春秋》，接其后事，迄于天汉。"今于《李广传》附载陵事，《大宛传》载李广利事。又如《卫将军骠骑列传》载公孙贺、公孙敖、韩说、赵破奴，皆直书巫蛊狱，多系征和年事，安见安国不卒天汉后乎？曰：《家语》附录称安国受书于伏生，生故秦博士，至文帝时，年已九十，安国从而问业，最幼年已十五六矣。司马迁谓安国早卒，《家语》后序安国年六十卒于家。今就文帝末年安国年十五计之，则其卒当在元鼎间。若天汉之后，改元太始，安国年已七十二，迨征和二年，巫蛊事发，安国年七十有七矣，尚得谓之早卒乎？当依《汉纪》增"家"字为是。

朱氏此种说法，所举之证，犹不如阎氏所举之坚确，不过所说较易明瞭，故如简朝亮《尚书集注述疏》，直采用朱氏之说。而王鸣盛《尚书后案》则云：

愚谓阎、朱二说俱佳。宋本《文选》刘歆《移书》亦有'家'字。巫蛊出安国口中，其谬可知。但安国之生卒，当依《史记·世家》为定。《世家》载孔氏子孙年皆四十、五十，皆不谓之早卒，而独言安国早卒，则安国之年，只可以四十为断。《家语·附录》云六十者，不可信。《家語》本王肅私定，況《附錄》又何足據？以安國年四十推之，倪寬受業于安國在元朔三年，時安國約年二十餘。則其生當在景帝中年，其卒當在元鼎、元封之間，此爲定論。則謂安國于文帝時已受業于伏生者，更謬。（《經解》四三四上）

由此看來，朱氏之説，實遠不如閻氏之説，近人説《尚書》者，但知采朱氏之言，以爲朱氏之所發明，殊不知其非是也。

### 3. 關於孔壁《古文尚書》壁藏者的問題

劉、班説魯恭王壞孔子宅，得古文《尚書》於孔壁之中，這壁藏者爲誰，亦是有問題的，據《漢書》師古注云：

《家語》云："孔騰，字子襄，畏秦法峻急，藏《尚書》《孝經》《論語》于夫子舊堂壁中。"而《漢紀·尹敏傳》云"孔鮒所藏。"二説不同，未知孰是。

陸德明《經典釋文·叙錄》則説：

古文《尚書》者，孔惠之所藏也。

劉知幾《史通》外篇《古今正史篇》亦本《釋文》與《隋志》云：

屬秦爲不道，坑儒禁學，孔子之末孫曰惠，壁藏其書，……古文《尚書》者，即孔惠之所藏，科斗之文字也。

沈欽韓《漢書補注》又云：

《孔叢子·獨治篇》："陳餘謂子魚曰：'秦將滅先王之籍，而子書籍之主，其危矣乎？'子魚曰：'吾將先藏之。'"《家語序》云："孔騰子襄，子襄即子魚弟，容得同計也。"

這幾種説法或以爲孔騰，或以爲孔鮒，或以爲子魚，或以爲孔惠。即令孔襄、孔惠是以形近而訛，還有三種不同的説法。但《家語》《孔叢》，並王肅僞作，其説既頗難據；《漢紀》所載，亦無所依憑。這些説法，都很難令我們置信，現在我們對于這種種的異説，最好存而不論。

### 4. 關於孔壁《古文尚書》之"古文"解釋的問題

所謂古文《尚書》的古文，其解釋也各不同。依馬端臨的解釋是："漢之所謂古文者科斗書。"而皮錫瑞則又以爲："漢時所謂古文，今謂之古籀。"這兩種説法不同。據《説文解字·自序》云：

倉頡之初作書，蓋依類象形，故謂之文，……及宣王太史籀，著《大篆》十五篇，與古文或異。至孔子書六經，左丘明述《春秋傳》，皆以古文。……及亡新居攝，……甄豐等校文書之部，自以爲應制作，頗改定古文，時有六書一曰古文，孔子壁中書也。……壁中書者，魯恭王壞孔子宅而得……

許慎這種說法，是謂古文與史籀不同。而偽《孔序疏》引鄭玄《書贊》則云：

《書》初出屋壁，皆周時象形，今所謂科斗書。以形言之爲科斗，指體即周之古文。

則是以古文爲科斗書，據王鳴盛《尚書後案》云：

鄭又云皆周時象形文字，今所謂科斗書者。王隱《晉書·束晳傳》云："竹書漆字科斗文。頭粗尾細，似科斗之蟲，故俗名之焉。"孔穎達偽孔安國《序疏》引鄭此文而釋之云："書有六體：一曰指事，二曰象形，三曰形聲，四曰會意，五曰轉注，六曰假借，此造字之本。鄭云：周之象形文字者，總指書像科斗之形，不謂六書之內一曰象形也。鄭又云："以形言之爲科斗，指體即周之古文者。"《水經》二十五泗水注云："魯恭王壞孔子宅，得《尚書》。時人已不復知有古文，謂之科斗書。"王隱《束晳傳》云："科斗文者，周時古文也。"許慎《自叙》云……據此謂史籀、大篆與倉頡古文異。而《漢書·藝文志》亦云。然惟孔書六經用古文，蓋籀文爲周時世俗通行之字，孔子好古，故用古文，即安國得之而遞傳之康成者也。《說文·自序》又云："今叙篆文，合以古籀。其稱書孔氏，皆古文也。"慎子沖上書亦云："臣父慎，從賈逵受古學，學孔氏古文說。"今《說文》所載古文，皆作兩頭銳形，不爲頭粗尾細，則不可知矣！

(《經解》四三三)

科斗書爲頭粗尾細，而今《說文》所載古文皆作兩頭銳形，已是可疑，其實所謂科斗書與古文，從根本上看來，也都是可疑的。王國維《觀堂集林·卷七·科斗文字說》云：

科斗文字之名，先漢無有也。惟漢末盧植上書"有古文科斗近于爲實"之語，而其下所言，乃《毛詩》《左傳》《周官》，不及壁中書。鄭康成《書贊》云："書初出屋壁，皆周時象形文字，今所謂科斗書。"始以古文《尚書》爲科斗書，然盧、鄭以前，未嘗有此名也。衛恆《四體書勢》始云："魯恭王壞孔子宅，得《尚書》《春秋》《論語》《孝經》時人已不復知有古文，謂之科斗書。漢世秘藏，希得見之。"偽孔安國《尚書序》亦云："魯恭王壞孔子宅，于其壁中，得先人所藏古文虞、夏、商、周之書,皆科斗文字。"始以科斗之名爲先漢所有。實則此語盛行于魏晉以後。杜預《春秋經傳集解·後叙》云:"汲郡有發其界内舊冢者,大得古書,皆簡編科斗文字。"王隱《晉書·束皙傳》亦云:"太康元年,汲郡民盜發魏安釐王冢,得竹書漆字科斗之文。科斗文者,周時古文也,其頭粗尾細,似科斗之蟲,故俗名之焉。"今《晉書·束皙傳》亦云:"汲冢書皆科斗書。"是科斗之名起于後漢,而大行于魏晉以後。且不獨古文謂之科斗書,且篆文亦蒙此名。《束皙傳》又云:"有人于嵩高山下,得竹簡一枚,上兩行科斗書,傳認相示,莫有知者。司空張華以問皙,皙曰:'此漢明帝顯節陵中策文也。'檢驗果然。夫漢代册文,皆用篆不用古文,而謂之科斗書,則魏晉間凡異于通行隸書者,皆謂之科斗書,其意義又一變矣。又漢末所以始名古文爲科斗文字者,果自驗古文體勢而名之乎?抑當時博古文者所書或如是乎?是不可知。然魏三體石經中古文,衛恒所謂因科斗之名遂效其形者,今殘石存字,皆豐中銳末,與科斗之頭粗尾細者略近。而恒謂轉失淳法,則邯鄲淳所傳之古文體勢不如是矣。邯鄲淳所傳古文不如是,則淳所祖之孔壁古文體亦必不如是矣。衛恒謂"汲縣人盜發魏襄王冢,得策書十餘萬言。案敬侯所書,猶有仿佛。"敬侯者,恒之祖衛覬,其書法出于邯鄲淳,則汲冢書體,亦當與邯鄲淳所傳古文書法同,必不作科斗形矣。然則魏晉之間所謂科斗文,猶漢人所謂古文,若泥其名以求之,斯失之矣。

王國維這一篇文字的結論以爲魏晉之間所謂科斗文,猶漢人所謂古文,他是要説明科斗文與古文實一而二,二而一的。但科斗文這一名稱之起源,決非無故而來,如只如漢時所謂古文,不是頭粗尾細,則如盧植、鄭玄又何以用此名呢?王氏説"泥其名以求之,則失之矣"。我們實不解何以不當泥其名的。王氏之説,無非欲以科斗文與古文合而爲一,然而並無確據。且即如其説,而所謂古文仍是可疑的。錢玄同先生在《重論經今古文學問題》一文中依據王國維《桐鄉徐氏印譜序》所考明古文經所用古文之來源説:

……王氏這幾段話,明明告訴我們三件重要的事實:(1)壁中古文經的文字,與殷、周、秦的文字都不相合。(2)這種文字與六國的兵器、陶器、璽、印、貨幣四種文字爲一系。(3)這種文字的字體,訛別簡率,不能以六書求之。

根據這三件事實,更可證實孔子用古文寫六經之説之確爲僞造,

足爲康氏考辨僞經加一重要證據。(原文太繁，茲略節錄。敬請參閱《古史辨》第五册轉載錢氏原文)

從這裏所述看來，我們可知所謂古文，無論其爲科斗也好，其非科斗也好，確是很可疑的。

### 5. 關於孔壁《古文尚書》之異名與篇數問題

孔壁古文在當時或稱之曰"中古文"(《漢書·藝文志》師古注曰："中者天子之書也，言中以別於外也。")據《漢書·藝文志》説：

> 安國獻之，遭巫蠱事，未列于學官。劉向以中古文校歐陽、大小夏侯三家經文。《酒誥》脱簡一，《召誥》脱簡二，率簡二十五字者，脱亦二十五字，簡二十二字者，脱亦二十二字。文字異者，七百有餘，脱字數十。書者古之號令。號令于衆，其言不立具，則聽受施行者弗曉。古文讀應《爾雅》，故解古今語而可知也。

這可見安國所獻，後來又名爲"中古文"，而所謂得多十六篇，因無師説，(《尚書正義·堯典》第一《疏》引馬融《書序》"逸十六篇，絕無師説。")故又謂之逸書，江聲《尚書集注音疏》云：

> 《史記》《漢書》之《儒林傳》並云逸書得十餘篇。《正義》言劉歆、賈逵、馬融等並云十六篇逸。鄭于《汩作》《典寶》等，皆云已逸。是當時皆以爲逸書也。

這十六篇，因其中《九共》一篇可分爲九篇，多了八篇，所以有時又稱爲二十四篇。加今文三十四篇爲五十八篇，四十六卷。説更詳下。

### 6. 關於孔壁《古文尚書》之寫本的文字問題

伏生今文《尚書》，在龔自珍以爲"伏生壁中書，實古文也"。近來亦頗有從其説者，例如吳汝綸《寫定尚書後記》説：

> 自漢時言《尚書》有今文古文，其別由伏、孔二家。二家經皆出壁中，皆古文，而皆以今文讀之。歐陽、夏侯受伏氏讀，不見其壁中書，壁中書本古文，以傳晁錯，入中秘，自是今文始盛行。吾疑安國與其徒亦故用今文教授，孔氏所由起其家。用此二家之異，在篇卷多寡耳，不在文古今也。若廢棄逸十六篇不講，而止傳伏氏所有二十八篇，則與晁錯所授書何以異？且又何以大遠乎今文耶？但如王國維《漢時古文諸經有轉寫本説》中説：夫今文學家諸經，當秦漢之際，其著于竹帛者，固無非古文，然至文景之世，已全易爲今文，于是魯

國與河間所得者，遂有古文之名矣。古文家經如《尚書》《毛詩》《逸禮》《周官》《春秋左氏傳》《論語》《孝經》本皆古文，而《毛詩》《周官》，後漢已無原書，惟孔壁之《尚書》《禮經》《春秋》《論語》《孝經》及張蒼所獻之《春秋左氏傳》尚存。于是孔壁之書遂專有古文之名矣。

王氏此種分別，實比"既讀之後，則皆今文"較爲允妥。因爲說他們原來都是古文，則於伏生本無確證，說他們讀後皆爲今文，則於孔壁本無確證，龔氏之說雖巧，然而不一定正確的。

綜上所述我們知道：（1）孔壁古文的始得當在漢景帝時，非武帝末。（2）獻書者非孔安國，當爲孔安國家。（3）孔壁本原來之壁藏者，古無定說。（4）孔壁本所用之古文或稱爲科斗文，然俱可疑。（5）孔壁本或稱中古文，或稱逸書，其十六篇，或析爲三十四篇。（6）孔壁本讀後易爲今文之說不必可從。明乎此，而後乃可以論及篇目之計算與真偽之考證。

## （四）河間獻王之古文

古文《尚書》除魯恭王壞孔子宅所得以外，又有所謂河間獻王之《古文尚書》，《漢書·景十三王傳》載：

> 河間獻王德……修學好古，實事求是。從民得善書，必爲好寫與之，留其真，加金帛賜以招之。由是四方道術之人不遠千里，或有先祖舊書，多奉以奏獻王者，故得書多，與漢朝等……獻王所得書皆古文先秦舊書，《周官》《尚書》《禮》《禮記》《孟子》《老子》之屬，皆經傳說記……

這一種《古文尚書》在《漢書》所述者止此。其他傳記亦並未言其文字之異同，卷數之多寡，似乎與孔壁之古文《尚書》無若何之差別。王國維在《漢時古文諸經有轉寫本說》中說：

> 漢時古文經傳蓋亦有轉寫本，雖無確證，然可得而懸度也，《河間獻王傳》言獻王從民得善書，必爲好寫與之，留其真，此就真本可得者言之。若真本不可得，則必降而求寫本矣。《傳》記獻王所得古文舊書有《尚書》《禮》，此二書者皆出孔壁，或出淹中，未必同時更有別本出。而獻王與魯共王本係兄弟，獻王之薨，僅前于共王二年，則共王得書之時，獻王尚存，不難求其副本，故河間之《尚書》及《禮》，頗疑即孔壁之轉寫本。

河間獻王得古文舊書之事，在《史記》中未有，是有問題的。就王氏所説看來，則縱令《漢書》所記爲信，其文字、篇數及其真僞，當與孔壁之古文同論，因其爲孔壁古文之傳寫本，在内容是不發生若何問題，而且從來亦未有言河間本之異於孔壁古文的。

## （五） 張霸之僞《百兩篇》

《尚書》的流傳，到了西漢，已有作僞書者，張霸之僞《百兩篇》即其一種。《漢書·儒林傳》説：

> 世所傳《百兩篇》者，出東萊張霸，分析合二十九篇以爲數十，又采《左氏傳》《書序》，爲作首尾，凡百二篇，篇或數簡，文意淺陋。成帝時，求其古文者，霸以能爲《百兩》徵，以中書校之非是。霸辭受父，父有弟子尉氏、樊並。時大中大夫平當、侍御史周敞勸上存之。後樊並謀反，乃黜其書。

在《論衡·正説篇》説：

> 至孝成皇帝時，徵爲古文《尚書》學。東海張霸，案百篇之序，空造百兩之篇，獻之成帝。帝出秘百篇以校之，皆不相應，于是下霸于吏。吏白霸罪當至死，成帝高其才而不誅，亦惜其文而不滅。故百兩之篇傳在世間者，傳見之人則謂《尚書》本有《百兩篇》矣。

張霸之《百兩篇》是在當時已發見其作僞。但是據《漢書》及《論衡》看來，也有幾件當注意的事：

（1）存的時間。據《論衡》説傳在世間者，可知此僞《百兩篇》在東漢時猶存。《論衡·感類篇》引《百兩》云：

> 伊尹死，大霧三日。

這是其佚文之僅存者。不過其作僞之跡，彰明較著，其結果則終至於全書佚亡。

（2）真僞之辨明。我們明知這是僞造的《百兩篇》，但是《尚書》孔《疏》云：

> 孔君所傳，值巫蠱不行。以終前漢，諸儒知孔本有五十八篇，不見孔傳。遂有張霸之徒，于《鄭注》外僞造《尚書》凡二十四篇，以足《鄭注》三十四篇爲五十八篇。

此説殊爲錯誤。張霸所僞造的明爲《百兩篇》，且在當時已發覺其爲僞作，不可與《鄭注》二十四篇之古文混爲一談。孔《疏》所説，且幾誤認張霸在鄭玄後，這是所以在後代傳爲笑柄的。

（3）與緯説之關係。張霸之僞《百兩篇》，顯與《尚書緯》所云"以

《百二篇》爲《尚書》"相合，但其篇數與緯說之關係，也是有問題的，據《尚書序》孔《疏》說：

或云《百二篇》者，誤有所由。以前漢之時，有東萊張霸僞造《尚書》百兩篇，而爲緯者附之。

孔《疏》假定緯書是："通人考正，僞起哀、平。"緯書後起，所以說"而爲緯者附之"。但依清儒的考訂，緯說非起於哀、平，在哀、平以前，既已有緯說，則正恐張霸之僞《百兩篇》，是依附緯說而來，緯說以《百二篇》爲《尚書》，十八篇爲《中候》，《中候》後來流行於世，其篇數既實在，而與《百二篇》配合，較有理由。張霸之僞《百兩篇》依附緯說，也是較有理由的。張霸之"僞百兩"，正當時即已發覺，造緯說者，又何必依此僞說呢？孔疏所云，實臆斷不足信。

(4) 與《書序》之關係。張霸采《左傳》及《書序》之說，亦未可信，如果他見《書序》，則只應僞造百篇，不應僞造"百兩"，以自彰其作僞之跡，王咏霓已有此說（詳見下章），這論斷是可信的。要之，這一種在當時已明其僞，在後代亦已不傳，本可置之弗論。不過我們所最要注意的是這一種與孔壁古文另爲書，決不可混爲一談而已。

## （六）杜林之漆書古文

與孔壁之《古文尚書》關係較密切者，除河間獻王之古文外，又有杜林之漆書古文一種，據《後漢書·杜林傳》說：

杜林字伯山，扶風茂陵人也。……博洽多聞，時稱通儒。……光武……乃徵拜侍御史。……東海衛宏……長于古學……見林，闇然而服。濟南徐巡，始師事宏，後更受林學。林前于西州得漆書《古文尚書》一卷，常寶愛之，雖遭艱困，握持不離身。出以示宏等曰："林流離兵亂，常恐斯經將絕。何意東海衛子、濟南徐生復能傳之，是道竟不墜于地也。古文雖不合時務，然願諸生無悔所學。"宏、巡益重之，于是古文遂行。

《後漢書·儒林傳》又說：

魯人孔安國傳《古文尚書》，授都尉朝，朝授膠東庸譚，爲《尚書》古文學，未得立。扶風杜林傳《古文尚書》，林同郡賈逵爲之作訓，馬融作傳，鄭玄注解，由是《古文尚書》遂顯于世。

這是杜林傳漆書古文與《古文尚書》之事見於《後漢書》本傳及《儒林傳》者。不過這一種漆書古文，由其文字與其傳授看來，都可知其爲孔壁古文本。兹分述於下：

(1) 由文字上來看。王鳴盛《尚書後案》説：

> 林嘗客隴西隗囂所，故云西州漆書，即科斗。古無紙，筆以漆書竹簡，故頭粗尾細，狀腹圓，似水蟲之科斗。《束晳傳》，汲郡人不準發魏襄王墓，所得漆書，皆科斗字，是也。《尚書》惟安國壁中本用科斗，則林之所得，即壁中本，明矣。《儒林傳》云：衛宏字敬仲，東海人。從大司空杜林受古文《尚書》，爲作訓旨。濟南徐巡從林學，亦以儒顯，由是古學大興。語與林傳略同。要與梅賾僞本無涉。（《經解》四三四上）

這是由漆書古文即科斗文來證明其爲孔壁本。王國維《漢時古文諸經有轉寫本》説云：

> 杜林于西州得漆書古文一卷，此卷由來，迄無可考。雖後漢之初，秘府古文書，已亡《武成》一篇，然杜林所得，未必即秘府所亡，又西州荒裔，非齊、魯比，則此卷又不能視爲西州所出，疑亦孔壁之寫本。

王氏此説，雖不如王鳴盛直斷其與孔壁本合，然謂"西州荒裔、非齊魯比，又不能視爲西州所出"，則無異由文字上證明其係兩本一源的。

(2) 由傳授上來看。杜林本之傳授爲衛宏、徐巡、賈逵、馬融、鄭玄，據王鳴盛《尚書後案》説：

> 逵之書本于塗惲。自惲溯而上之，以至安國，一脉相承，歷歷可指也。逵之《書》既安國之《書》明矣。《儒林傳》又言，逵與馬、鄭所注，乃杜林本，林之《書》即安國之《書》又明矣。壁中真本傳授統條，明確如此。孔穎達因其與東晉突出者不同，乃悉舉而歸之張霸。何物張霸，徒以供袒護僞《書》之用也，大可笑矣。（《經解》四三四上）

這是由賈逵之書看來，杜林之書即安國之書。他又説：

> 鄭雖受古文于張恭祖，以山東無足問，西入關師馬融。融所注古文，即衛宏、賈逵所傳杜林本，而鄭亦注此本。或疑杜林漆書得自西州，似不出于安國。然書贊稱安國爲先師，其淵源于安國明矣。孔穎達《禮記·緇衣》疏云："伏生所傳，歐陽、夏侯所注者，爲今文《尚書》。衛、賈、馬所注者，原從壁中所出之古文，即鄭注《尚書》是也。"《尚書疏》與《禮記疏》同出穎達，《禮記疏》即知鄭注即壁中《書》矣。《書疏》又强指張霸，何哉？（《堯典》"我其試哉"，

《疏》云：馬、鄭、王本皆無"帝曰"，當時庸生之徒漏之。是馬、鄭、王本即庸生本，亦即孔壁本。穎達口中，又不覺無心透露出來)
(經解四三四上)

這是從衛宏、賈逵、馬融、鄭玄的傳授系統來看的，可見杜林漆書之淵源於孔壁古文。程廷祚《晚書訂疑》也說：

> 愚案：《後(漢)書》：賈逵父徽受《古文尚書》于塗惲，是惲之弟子，不獨桑欽也，二《漢(書)》言《古文尚書》必推本于安國，東漢之初，杜林雖以漆書倡導古學，其本不應與安國有異。至林所授者乃衛宏、徐巡等，而賈逵則自傳其父業，或更以林本參較。值肅宗特好《古文尚書》，逵又數為帝言，遂撰諸家同異，選生徒受業，而古文遠行于世。其後逵自作訓，馬、鄭相繼為之傳注，是逵父子由塗惲以上接安國之傳，而馬、鄭諸儒之古學，不可謂其盡出于杜林，明矣。

程氏此說，實較宏通。兩漢言《古文尚書》必推本於安國，杜林之漆古文，其本不應於安國有異，而且馬、鄭以來，亦未有言其與孔壁本大異者，則此種古文亦猶河間獻王之古文，實孔壁古文之寫本也。

(3) 由杜林所習之卷數來看。

杜林之漆書古文，在《後漢書·杜林傳》只說："林前於西州得漆書《古文尚書》一卷"，其本既與孔壁不異，其所傳授亦疑為孔氏古文而不止於一卷，簡朝亮《尚書集注述疏》云：

> 朱氏云：漆書古文，不本乎孔氏，非也。漆書者，古以漆書竹，即科斗書也，王隱《晉書·束晳傳》言竹書者，託于斯也。蓋《古文尚書》者，四十六卷也，今漆書者，得一卷焉，斯其寶矣，非謂林之所傳，惟一卷已也。《儒林傳》所以言林傳《古文尚書》，不言一卷也。賈逵父徽受《古文尚書》于塗惲，逵傳父業，而"訓"林之古文，明其本乎孔氏也。《說文》稱"書孔氏"，而慎子冲上書云，慎本從逵受古學，考之于逵作《說文》，然則林之古文與孔氏古文同，此馬、鄭所以傳之也。

此所云謂杜林所傳為孔氏古文，由許氏《說文》，亦可以見之，其說甚是。簡氏是以林傳《古文尚書》，非止於一卷的。皮錫瑞《書經通論》云：

> 案：杜林古文，馬、鄭本以之作傳注，所謂古文遂行也。此漆書，或是中秘古文遭亂佚出者，杜林作《倉頡訓篡》《倉頡故》。《漢書》云："世言小學者由杜公。"杜既精于小學，得古文一卷，可以

校刊俗本之訛。故賈逵作訓，馬融作傳，鄭玄注解，皆據以爲善本。許慎師賈逵，《說文》所列古文，當即賈逵所傳杜林漆書一卷，故其字亦無多。或以爲杜林見孔壁全書，固非；或又以漆書爲杜林僞作，亦非也。《說文》"豳"字注引衛宏說。《隋書·經籍志》："《古文官書》一卷，後漢衛敬仲撰。"《史記·儒林傳·正義》《漢書·儒林傳·注》，皆引作衛宏詔定《古文尚書》。衛宏傳杜林之學，《官書》一卷蓋本杜林。

皮氏此說依衛宏之《古文官書》一卷，而斷定杜林所傳者止一卷。皮氏是以簡說爲非的。其以漆書一卷爲杜林僞作者，此乃康有爲之說。康氏《新學僞經考》云：

> 歆既位國師，爲王莽所尊信，爰禮、揚雄、甄豐皆其私黨。杜林事莽，亦其私人。王璜、塗惲受其古文僞《書》，徐敖、陳俠，受其《毛詩》，皆藉歆力擢至貴顯；兩次詔求古文、奇字，集之王庭，天下學者耳目咸爲所塗，幾以爲真壁中古文矣。杜林爲張敞外孫，既夙有師承，易于託附，故西州漆簡爲東漢僞古文書之始祖。（卷三下）

康氏之說，在我們現在看來，似乎太過，其實如孔壁《古文尚書》根本是僞的，則林所傳之一本，其不可信，自不待言。其真僞問題，當與孔壁之《古文尚書》一並解決。

## （七）劉陶之《中文尚書》

劉陶之《中文尚書》是今文《尚書》與《古文尚書》的一種參訂本，《後漢書·劉陶傳》說：

> 劉陶字子奇，一名偉，潁川潁陰人。……游太學……明《尚書》《春秋》，爲之訓詁，推三家《尚書》及古文，是正文字七百餘事，名曰《中文尚書》。

這是《中文尚書》之所由成。王鳴盛《尚書後案》說：

> 唐張懷瓘《書品》……云：靈帝時，劉陶刪定古文、今文《尚書》，號《中文尚書》，以北山本爲正。劉陶事亦見《後漢書》，據此知陶亦本之于林者也。（《經解》四三四上）

王氏以劉陶本之於杜林，但《後漢書》本傳說是推三家《尚書》及古文，則劉陶之中古文《尚書》實有本於今文，不過此種《尚書》非另有所本，只是就今、古文《尚書》參訂而成，只在文字上有校正，其篇目與其僞，都無若何問題。而且此書自陶死後無傳，並不爲人注意，我們也可以不必注意的。

## （八）梅賾所上僞孔傳本

孔壁古文之《尚書》，除與伏生所同者外，其得多十六篇，並無若何傳授。據《禮疏》引馬融《書序》云："逸十六篇，絕無師說。"馬融、鄭康成並未爲之注；永嘉之亂，更就逸亡。到東晉時，又有所謂古文《尚書孔傳》出現。據陸德明《經典釋文·序錄》云：

> 案：今馬、鄭所注並伏生所誦，非古文也。孔氏之本絕，是以馬、鄭、杜預之徒皆謂之《逸書》，王肅亦注今文，而解大與古文相類，或肅私見《孔傳》而秘之乎？江左中興，元帝時豫章内史梅賾，奏上《孔傳》古文《尚書》。亡《舜典》一篇，購不能得。乃取王肅注《堯典》從"慎徽五典"以下分爲《舜典》篇以續之，學徒遂盛。後范甯變爲《今文集注》，俗間或取《舜典》篇以續孔氏。

梅賾所上，據後儒的考證，即是僞《孔傳》本，《隋書·經籍志》亦云："至東晉豫章内史梅賾，始得安國之傳奏之，時又闕《舜典》一篇。"《釋文》與《隋志》都是信東晉梅賾所上之僞《孔傳》本的，釋文所云"非古文也""而解大與古文相類"。

所謂古文，實指孔傳古文《尚書》而言，這一種僞《孔傳》本，也有幾件可注意的問題：

（1）篇數與卷數上之問題。

據僞《孔傳》本所載僞孔安國《序》云：

> ……悉以書還孔氏。科斗書廢已久，時人無能知者。以所聞伏生之書，考論文義，定其可知者，爲隸古定，更以竹簡寫之，增多伏生二十五篇。伏生又以《舜典》合于《堯典》，《益稷》合于《皋陶謨》，《盤庚》三篇合爲一，《康王之誥》合于《顧命》，復出此篇，並序，凡五十九篇，爲四十六卷。其餘錯亂磨滅，弗可復知。悉上送官，藏之書府，以待能者。承詔爲五十九篇作傳。于是遂研精覃思，博考經籍，采摭群言，以立訓傳。約文申義，敷暢厥旨，庶幾有補于將來。《書序》，序所以爲作者之意，昭然義見，宜相附近，故引之各冠篇首，定五十八篇。既畢，會國有巫蠱事，經籍道息，用不復以聞。傳之子孫，以貽後代。

這是僞《孔序·自序》其書之内容。所謂四十六卷，五十八篇，在表面上與孔壁古文合，而其實是多二十五篇，與孔壁古文之二十四篇不合，其卷數之計算與篇數之計算，亦多與孔壁古文不合，所以這個破綻後人是很容易看出的。這一種是將《堯典》分爲二篇，故當其奏上時亡《舜典》一篇，乃取王肅注《堯典》，從"慎徽五典"以下，分爲《舜典》以續之。

（2）始傳的時間與傳授之人物的問題。據《尚書》孔《疏》云：

> 後漢初，衛、賈、馬亦傳孔學，故《書贊》云："自世祖興，後漢衛、賈、馬二三君子之業是也，所得傳者三十三篇古經，亦無其五十八篇及傳説，絶無傳者。至晉王肅注《書》，始似竊見《孔傳》，故注'亂其紀綱'，爲夏太康時"。又《晉書·皇甫謐傳》云："姑子外弟梁柳邊得《古文尚書》，故作《帝王世紀》，往往載《孔傳》五十八篇之書。"《晉書》又云："晉太保鄭沖，以古文授扶風蘇愉字休預，預授天水梁柳字洪年，即謐外弟也。年授城陽臧曹字彦始，始授汝南梅賾字仲真，爲豫章内史，遂于前晉奏上其書而施行焉。時已失《舜典》一篇，晉末范甯爲解時已不得焉。"（《堯典第一》下）

此五十八篇本及《傳》説，本至東晉始出，此處《疏》云"前晉奏上"，蓋是誤文，在《舜典》"乃命以位"句《疏》中是説"昔東晉之初，豫章内史梅賾上《孔氏傳》"的。《疏》説："王肅始似竊見孔傳"，又説皇甫謐作《帝王世紀》往往載《孔傳》，故後儒頗疑此書出自王肅或皇甫謐。《晉書·皇甫謐傳》云："姑子外弟梁柳邊得古文《尚書》"，據簡朝亮《尚書集注述疏》云：

> 《晉書》言梁柳邊者，"邊"猶"所"也，若《禮》之言邊坐也，《史記·晁錯傳》云："受《尚書》伏生所"，《宋史》云："三老坐前"，其例也。齊氏《召南》云："'邊'衍文，上脱'從'字，言從姑子外弟梁柳得之爾，蓋失'邊'之義而易其文也。"

《疏》所云《晉書》，亦非今之《晉書》修於唐者，江聲《尚書集注音疏》云："案：今所傳唐太宗《晉書》無此文，則《正義》所引，其或臧榮緒之書，抑或王隱之書也。"

簡朝亮《尚書集注述疏》亦云：

> 由今考之，所謂《晉書》者，非今《晉書》修之于唐者也。今《晉書》于《謐傳》不言其得《古文尚書》，于《冲傳》亦不言其傳之也。其殆爲王隱、臧榮緒之《晉書》歟。

（3）僞孔傳本原本之文字的問題。

據僞孔安國《序》云："考論文義，定其可知者爲隸古定，更以竹簡寫之。"《隸古定》的解釋，據《釋文》云："謂用隸書寫古文。"

《孔疏》則云：

言隸古者，正謂就古文體而從隸定之。存古爲可慕，以隸爲可識，故曰"隸古"，以雖隸而猶古。由此，故謂孔君所傳爲古文也。

是僞《孔傳》本所用的文字與孔壁古文也不同，據《釋文》說，後范甯變爲今文《集注》，則是改古文爲今文者，當自范甯始。《新唐書·藝文志》云："天寶三載，詔集賢學士衛包改古文從今文。"《崇文總目》云："（宋）開寶中，詔以陸德明所釋《尚書》乃古文，與唐所定今文異，令陳鄂刪定焉。改從今文。"到這時梅賾所上之隸古文本，都改從今文，連《釋文》所存者也改從今文了。説《尚書》者，每每只注意衛包改從今文，而忘了范甯之變爲今文《集注》，殊不知范甯之注，俗間或取《舜典》篇以續孔氏，與《孔傳》之流傳，也頗有關係的。（孔《疏》亦云："多用王、范之注補之。"）

## （九）姚方興所上《舜典》孔傳本

僞《孔傳》本在東晉梅賾奏上時說是亡失《舜典》一篇，購不能得；到蕭齊時，又有姚方興奏上《舜典禮傳》一篇，據《釋文》云："齊明帝建武中，吳興姚方興采馬、王之注，造《孔傳舜典》一篇，云'於大桁市買得'，上之。梁武時爲博士，議曰：《孔序》稱伏生誤合五篇，皆文相承接，所以致誤。《舜典》首有'曰若稽古'，伏生雖昏耄，何容合之？遂不行用。"

《隋書·經籍志》也説：

......時又闕《舜典》一篇。齊建武中，吳（興）姚方興于大桁市得其書，奏上，比馬、鄭所注多二十八字，于是始列國學。

《孔疏》亦云：

至齊蕭鸞建武四年，姚方興于大桁頭得而獻之，議者以爲孔安國之所注也。值方興有罪，事亦隨寢。

《隋志》與《孔序》所云，俱略有誤，我們當從《釋文》之説。而且所要注意的是：《隋志》云多二十八字，其實只多十二字，據《經典釋文·舜典釋文》云：

《舜典》王氏注相承云："梅賾上孔氏傳《古文尚書》，亡《舜典》一篇。時以王肅注頗類孔氏，故取王注，從'慎徽五典'以下爲《舜典》，以續《孔傳》。徐仙民亦音此本，今依舊音之。齊建武中，吳興姚方興造傳《舜典》一篇上之，'曰若稽古，帝舜曰重華，協于帝。'十二字是姚方興所上，孔氏傳本無。阮孝緒《七錄》亦云：然方興本或此下更有'濬哲文明，溫恭允塞，玄德升聞，乃命以位。'凡二十八字異，聊出之于王注，無施也。

陸氏云："'曰若稽古，帝舜曰重華，臨協於帝'，此十二字，是姚方興所上，《孔氏傳》本無。"可確知方興所上《舜典》本，只多此十二字，其下十六字，並非方興本所有，據陸氏所云："阮孝緒《七録》亦云然。"可知《七録》所見，亦只多十二字，在齊梁時尚未有二十八字之説的。

## （十）劉炫所上姚書《舜典》本

《舜典》首有二十八字，是在隋劉炫奏上姚書《舜典》時才完成。《尚書》孔《疏》云："昔東晉之初，豫章内史梅賾上孔氏傳，猶闕《舜典》。自此'乃命以位'以上二十八字，世所不傳。多用王、范之注補之。而皆以'慎徽'以下爲《舜典》之初。至齊蕭鸞建武四年，吴興姚方興於大䑨頭得孔氏傳古文《舜典》，亦類太康中書，乃表上之。事未施行，方興以罪致戮。至隋開皇初，構求遺典，始得之。"

劉知幾《史通·古今正史篇》云：

齊建武中，吴興人姚方興，采馬、王之議，以造孔傳《舜典》，云于大䑨頭得之，詣闕以獻，舉朝集議，咸以爲非。及江陵板蕩，其文入北，中原學者，得而異之。隋學士劉炫，遂取此一篇，列諸本第。故今人所習《尚書·舜典》，原出于姚氏者焉。

據此兩條所載，可知今本僞古文《舜典》是在隋開皇初構求遺書，劉炫乃以姚本孔傳《舜典》列諸本第。今本僞孔傳本到劉炫時才完成。則方興本之多十六字或係劉炫僞爲。在清儒中論及此事者，有臧琳之《經義雜記》，其言曰：

姚方興雖僞造經、傳，齊朝未嘗行用也。至隋初，購求遺典，劉炫復以姚書上之，並姚本'協于帝'下，又撰'濬哲文明，温恭允塞，玄德升聞，乃命以位'一十六字及孔傳，與《堯典》'欽明文思'四句相配。以見首十二字亦本有。陸德明所見最真，故以王肅本爲據，非特不用'濬哲文明'十六字，並不收'曰若稽古帝舜'十二字，故書此二十八字以辨之，云：'于王注無所施設，也。孔氏《正義》則用劉炫本，不便駁難其經，故具有二十八字，逐字爲之訓釋，謂晉闕《舜典》，姚方興表上，未得施行，隋始得之，是以齊、隋僞撰之文爲真孔傳《舜典》矣。然云自此'乃命以位'以上二十八字，世所不傳，此猶其一隙之明之末盡泯者。（《經解》一九九頁二十四《舜典二十八字》）

王鳴盛《尚書後案》亦論之云：

> 夫方興所獻，梁王既黜其謬，舉朝咸以爲非，廢已久矣。妄一劉炫，擅取列之，專輒之罪，已無可逭。乃'浚哲'十六字，並非方興所有，即炫所造耳。開皇中，購古文《孝經》二十二章，當時以爲劉炫僞作。此十六字及'浚深''哲知'等訓，非炫造而何？此則又方興之所不及料也。然歐陽詢《藝文類聚·帝王部》于堯采'曰若稽古'至'于變時雍'，于舜止采'慎徽'云云，于二十八字亦不信用。陸德明《釋文》載其首十二字而辨之，至十六字則並不載于大字中，僅于小字夾注中別而駁之。其'慎徽'以下，傳雖用方興本，而經文則仍用王肅本音之。惟穎達作疏，始于二十八字及'慎徽'以下之經與傳，一概遵方興及劉炫所造而用之，逐爲典據，直傳至今。（《經解》四三四上頁四一）

據此兩說看來，方興本此下更有"浚哲文明"等十六字，或本劉炫所僞。攻僞古文者，多不注意及此，以爲孔傳之僞，止於齊姚方興，不知在隋唐時始定著今本。《舜典》二十八字，尤係僞中之僞。

這兩種《舜典》本，本是足成僞《孔傳》本的，其真僞已略如上述，在篇目上則當與僞《孔傳》本並論。《釋文》用王肅本，《正義》用劉炫本，在唐寫本《尚書舜典釋文》中還可見到，茲不贅述。（可參看《華國月刊》二卷三、四號吳承仕：《唐寫本尚書舜典釋文箋》）

以上所述《尚書》之類別，共凡十種。西漢後得之《泰誓》，已加入伏生之今文《尚書》中；河間獻王之古文，杜林之漆書古文則與孔壁之古文《尚書》相同。姚方興之《舜典孔傳》本，劉炫所上姚書《舜典》本，則已並入梅賾所上之僞《孔傳》本。我們討論《尚書》篇目的計算及其真僞的考訂，當以伏生之今文《尚書》，孔壁之古文《尚書》，東晉之僞《孔傳》本，這三種最爲重要，張霸之僞《百兩篇》，其真僞早經判明，其篇目則已失傳；劉陶之中文《尚書》，則本今古文之參訂本，而無其它之重要差異，這兩種《尚書》篇目之計算與真僞之考訂，無由再爲詳述。劉陶之《中文尚書》，嚴格說來，實不當作爲《尚書》之一類，因爲像這樣的文字上之改訂本，與後來所謂之今字《尚書》相同，沒有發生什麼影響的。

解說《尚書》的人或又以《逸周書》爲《尚書》之逸篇，在《漢書·藝文志·尚書類》著錄有《周書》七十一篇。班固自注曰："周史記。"顏師古《漢書注》引劉向曰："周時誥誓號令也。"到了《隋志》才說："似仲尼刪書之餘。"顏師古《漢書注》也以爲是：

> 蓋孔子所論百篇之餘也，今之存者四十五篇矣。

劉知幾《史通》也説：

　　《周書》與《尚書》相類，即孔氏刊約百篇之外，凡爲七十一章，上自文、武，下至靈、景，其有典雅高義，亦有淺末常説，滓穢相參，殆似後之好事者所增益也。至若《職方》之言，與《周官》無異；《時訓》之説，比《月令》多同。斯百王之正書，五經之別錄。

但是這在宋人即頗有異議，例如洪邁《容齋五筆》《容齋續筆》説：

　　《周書》今七十篇，殊與《尚書》體不相類，所載事物，亦多過實，……無所質信。……唐太宗時，遠方諸國來朝者甚衆，服裝詭異，顔師古請圖以示後，作《王會圖》，蓋取諸此。《漢書》所引："天予不取，反受其咎，毋爲權首，將受其咎。"以爲《逸周書》，此亦無之，然則非全書也。

陳振孫《直齋書錄解題》也説：

　　晉太康中，汲郡發魏安釐王冢，所得竹簡書，此其一也。凡七十篇，叙一篇，在其末。今京口刊本以叙散在諸篇，蓋以仿孔安國《尚書》。相傳以爲孔子刪書所餘者，未必然也。文體與古文不類，似戰國後人仿效爲之者。

王引之《經義述聞》也説：

　　劉向以《逸周書》爲孔子所論百篇之餘。今考其書，有《太子晉》篇，晉爲周靈王太子，靈王二十二年晉嘗諫王，是年魯襄公之二十四年也，而《太子晉》篇有告晉死事，則在晉既殁之後，篇末又有孔子聞之曰"惜夫殺吾君也"之語。見于《風俗通》《潛夫論》，則又在孔子後矣。其書多涉陰謀，故陳振孫以爲戰國時人所爲。

這都是認爲與《尚書》不類，而且不是孔子所論百篇之餘。其他信之者疑之者説各不同。要之，此書在劉、班時即繫之許商《五行傳記》以後，宣帝時"石渠論議奏"以前，不放在歐陽、大小夏侯之前，可見已不與《尚書》相提並論，後人誤會爲孔子刪書之餘，這種説法，實未可以盡信。《逸周書》自爲《逸周書》，不當與《尚書》並爲一談，此其一。

在齊、梁時又有所謂《尚書逸篇》一書流行於世，據《隋志》説：

　　又有《尚書逸篇》，出于齊、梁之間，考其篇目，似孔壁中《書》之殘缺者，故附《尚書》之末。

《隋志》著錄有《尚書逸篇》二卷，《新唐志》更著錄有徐邈《尚書逸篇注》三卷，這一種《尚書逸篇》，據《隋志》説"似孔壁中《書》之殘缺者"，則當與孔壁古文《尚書》爲一，但這實是一種僞書，閻若璩《古文尚書疏證》辯之曰：

> 《新唐書·藝文志》有《尚書逸篇》三卷，爲晉徐邈注，宋初猶存，李昉等修《太平御覽》曾引用之。餘約見其四條，其一條重出，其三條云："堯子不肖，舜使居丹淵爲諸侯，故號曰丹朱"又"嗚呼！七世之廟，可以觀德"。又"太社惟松，東社惟柏，南社惟梓，西社惟栗，北社惟槐。天子社廣五丈，諸侯半之"。余竊謂"堯子不肖，舜使居丹淵"云云，即本《漢書·律曆志》："堯讓天下于虞，使子朱處于丹淵爲諸侯。嗚呼！七世之廟，可以觀德。"即用《呂氏春秋》引《商書》曰："五世之廟，可以觀怪"，而易"五"爲"七"，"怪"爲"德"，亦同《孔傳》。"太社惟松"云云，即用《白虎通論》引《商書》曰"太社惟松"五句，而下連"天子社廣五丈"，乃別出《春秋》文義。以所見如此，則所不見者，諒亦多附會可知矣。余故曰，此齊梁間好事者爲之也，而又假託晉儒者徐邈注以自重。

《尚書逸篇》是孔壁古文的逸文，其可信之程度，可説極微，這一種逸篇，後來亦早失傳。此其二。

清儒治《尚書》之學者，如江聲、孫星衍又根據先秦古書，別有《尚書佚文》之輯，刊於《岱南閣叢書》中，單詞剩句，雖覺可貴，但是引用時須加考慮。此其三。

清同治間，徐時棟（同叔）更有《尚書逸篇·湯誓考》一書，據其卷五《序錄篇》第九云："《逸湯誓》者所以考《商書》禱旱之誓之佚者也。昔者成湯正夏，《湯誓》爰作；於後禱旱，史錄爲書，同厥名篇，是有二《湯誓》焉。"這也是由古籍中輯逸出來的。其可信的程度也是須加考慮的。此其四。

## 五 《尚書》之篇第

《尚書》的類别，固可以細分爲十種，若論《尚書》之篇第，則：（一）西漢所得之《泰誓》當與伏生今文《尚書》合並爲一種來説。（二）河間獻王之古文，杜林之漆書古文當與孔壁古文合並爲一種來説。（三）姚方興之《舜典》孔傳本，劉炫所上姚書《舜典》本當與僞孔傳本合並爲一種來説。而張霸之僞《百兩篇》，其篇目已失傳；劉陶之中文《尚書》，没有篇第上的異同可言，所以《尚書》之類雖爲十種，而討論其篇第則只須討論上述三種。這三種篇第的計算，後儒的主張説亦不同，不先明其孰是孰非，也無以解決《尚書》類别之真象。

### （一）伏生今文《尚書》之篇第

伏生今文二十八篇，其傳於歐陽、大小夏侯者，已亡於東晉之世，現在僅保存於僞《孔傳》本中，其面目雖不與伏生之本盡同，但其篇第尚可考見。僞《孔序》説："增多伏生二十五篇。伏生又以《舜典》合於《堯典》，《益稷》合於《皋陶謨》，《盤庚》三篇合爲一，《康王之誥》合於《顧命》，復出此篇，並序凡五十九篇。"我們就僞《孔傳》本，根據陸德明《經典·釋文》及《孔疏》所説除去其所增多之二十五篇及序，爲三十三篇；更以《舜典》合於《堯典》，《益稷》合於《皋陶謨》，《盤庚》三篇合爲一，《康王之誥》合於《顧命》；三十三篇，更少五篇，恰好是二十八篇。這二十八篇的篇第，現在先録熊朋來之説以見之。熊氏曰：

> 晁錯所受伏生，以漢隸寫之，故曰今文，凡二十八篇。及武帝時，得僞《泰誓》一篇，故《藝文志》稱二十九篇。伏生二十八篇者，《虞書》則：《舜典》合于《堯典》，《益稷》合于《皋陶謨》，凡二篇；《夏書》則：《禹貢》《甘誓》凡二篇；《商書》則《湯誓》《盤庚》《高宗肜日》《西伯戡黎》《微子》凡五篇；《周書》則：《牧誓》《洪範》《康誥》《酒誥》《金縢》《大誥》《君奭》《多方》《多士》《梓材》《召誥》《洛誥》《立政》《無逸》《康王之誥》合于《顧命》《吕刑》《文侯之命》《費誓》《秦誓》凡十九篇，通爲二十

八篇。

伏生的二十八篇是好計算的，但是《史記》《漢書》，都說伏生獨得二十九篇，比二十八篇，多了一篇。於是便異說紛紜，至今猶難解決。二十八篇多的本是《泰誓》，這在陸德明以來，就如此主張的。這是一派的意見。而到了明代的梅鷟則以爲多的是《書序》，不是《泰誓》。朱彝尊《經義考》，亦主是說，陳壽祺更力主今文二十九篇是《序》當其一。這是一派的意見。清儒王鳴盛是信《史》《漢》之說，以爲伏生獨得二十九篇，原本就有《泰誓》的。王引之更力主此說，這又是一派的意見。後來龔自珍著《泰誓答問》，則以《泰誓》與伏生書無涉，但他也主張伏生原本是二十九篇，是《康王之誥》與《顧命》在伏生時已分篇，他這一說，俞正燮、皮錫瑞、王先謙大略俱以爲是。這又是一派的意見。康有爲是主張《泰誓》後得，加入伏生今文之內，但他以爲《史記》原是二十八篇，後人忘其本原，輕改《史記》"八"字爲"九"字，這又是一種說法。所以二十八篇與二十九篇只相差一篇，而有五種不同的主張，我們究竟常以何說爲是呢？究竟哪一種是合於真實的情況呢？我們必先判明，然後纔能知其孰是孰非，而決定其篇目的排列。

**1. 主張二十八篇加入后得之《泰誓》者**

這一種說法，流行最早，《論衡》《釋文》《隋志》《孔疏》，並是主張如此，上文已引其說。宋代林之奇《尚書集解》說：

> 至漢時，伏生口授，得二十八篇，後又得僞《泰誓》一篇，爲二十九篇。

蔡沈《尚書集傳》也是主張如此，該書卷四云：

> 按：伏生二十八篇，本無《泰誓》。武帝時，僞《泰誓》出，與伏生今文《書》合爲二十九篇。孔壁《書》雖出而未傳于世，故漢儒所引皆用僞《泰誓》，……至晉孔壁古文《書》行，而僞《泰誓》始廢。

宋元學者，大約都是從此說的。清儒如閻若璩之《尚書古文疏證》說：

> 僞《泰誓》三篇，或云宣帝時得，或云武帝時得，皆非也。武帝建元元年，董仲舒對策即引僞《泰誓》書曰："白魚入于王舟，有火復于王屋，流爲烏。周公曰：復哉！復哉！"則知此書出于武帝之前，決矣。或武帝時方立于學官，故曰武帝時得，亦未可知。（卷一第七）

他不反對《泰誓》後得之說，而屢云"二十八篇之書"。（《續經解》卷三〇）可見他也是信伏《書》原只有二十八篇，將《泰誓》加入，才成爲二十九篇，不是以《書序》加入的。惠棟《尚書古文考》説：

> 伏生二十八篇，《泰誓》後得，故二十九。劉歆《移書讓太常博士》曰："抑此三學，以《尚書》爲備。"臣瓚曰："當時學者謂《尚書》唯有二十八篇，不知本有百篇也。"（《經解》三五一）

戴震《尚書今文古文考》説：

> 伏生《書》無《泰誓》，而《史記》乃云："伏生求其《書》，亡數十篇，獨得二十九篇"，殆因是時已于伏生所傳內，益以《泰誓》，共爲博士之業，不復別識言耳。劉向《別錄》曰："民有得《泰誓》書于壁內者，獻之，與博士使讀説之，數月，皆起傳以教人。"劉歆《移書讓太常博士》曰："孝文皇帝使掌故晁錯從伏生受《尚書》，《尚書》初出屋壁，朽折散絶，《泰誓》後得，博士集而讀之。"鄭康成《書論》曰："民間得《泰誓》。"劉、鄭所記，可援以補史家之略。

他們對於二十八篇之數，都是主張既不計《泰誓》，也不計《書序》，伏生原本只有二十八篇。戴氏也説：

> 《泰誓》外有百篇之序，《史記》並見采錄。前此太常蓼侯孔臧與安國書曰："臧聞《尚書》二十八篇，取象二十八宿，何圖乃有百篇邪？"（此語見《孔叢子》僞書，不足據）是《泰誓》並序爲伏生書所無明甚。（同上）

程廷祚《晚書訂疑》則云：

> 《史》《漢》《儒林傳》及《漢書·藝文志》並云伏生所得之書爲二十九篇。《志》于古文經四十六卷外別載經二十九卷者是也。以今考之，《虞書》二篇，《堯典》《皋陶謨》（《舜典》《益稷》不分）；夏書二篇，《禹貢》《甘誓》；商書五篇，《湯誓》《盤庚》（合一篇）《高宗肜日》，《西伯戡黎》《微子》；《周書》十九篇，《牧誓》《洪範》《金縢》《大誥》《康誥》《酒誥》《梓材》《召誥》《洛誥》《多士》《無逸》《君奭》《多方》《立政》《顧命》（《康王之誥》）《吕刑》《文侯之命》《費誓》《泰誓》二十八篇而已。將以其一爲《書序》耶？彼五篇後儒所分者，今皆無之，此顯違于《書序》，則伏書之無《序》可知矣。或其一爲後出之《泰誓》耶？《史》《漢》俱謂伏生得書在漢初，晁錯往受亦當孝文之世，民間《泰誓》，武帝後得，其不應在二十九篇之數，抑又明矣。（《晚書訂疑》二）

孫星衍《尚書今古文注疏》也説：

王充既稱宣帝時得《泰誓》三篇，則合二十八篇，不止二十九篇，而云"二十九篇始定"，蓋今文以三篇連屬爲一，每篇空一字，如熹平石經《盤庚》之式也。《藝文志》云："經二十九卷，大小夏侯《章句》各二十九卷，大小夏侯《解故》二十九篇。"明今文家以《泰誓》爲一篇。不獨今文如是，鄭本亦爲一篇。鄭注《曲禮》云："誓之辭，《尚書》見有六篇。"謂《泰誓》及《甘誓》《湯誓》《牧誓》《費誓》《秦誓》也。《史記》以"還師"以上爲與太公作此《泰誓》，"十一年，師畢渡孟津"以下爲武王作《泰誓》，告于衆庶，則似史公所見僅有上下二篇。其中篇告諸侯之詞，《史記》約其文云："殷有重罪"，似其時已不見全文，故《書傳》所引《泰誓》不在《泰誓》中也。史公所載，蓋從孔安國問故得之者，既非伏生所藏，亦非武帝末壁内所得。或後得之《泰誓》文，與之適合耳。

這些説法，都是以伏生本二十八篇，《泰誓》後得，然後爲二十九篇。若以伏生本二十九篇，其一爲《序》；或是《顧命》與《康王之誥》分爲兩篇，雖亦主張《泰誓》後得，其意見與此顯然不同的。惟如康有爲之既不以伏生本有二十九篇，亦本無《序》，亦非以《顧命》與《康王之誥》分篇，才與此種意見相合。這一種説法，雖所起較早，然在今日看來，其主張是不錯的。

**2. 主張本爲二十九篇而以《書序》當一篇者**

這一種説法，是不否認《泰誓》後得，而以《史》《漢》云二十九篇，是將《書》序加入計算，明梅鷟《尚書考異》即主張此説者。其言曰：

孔穎達氏、蔡（沈）氏皆瞽説也。《史記·儒林傳》言秦焚書，伏生壁藏之。其後兵大起，流亡。漢定，伏生求其書，亡數十篇，獨得二十九篇，即以教于齊魯之間，則伏生壁藏之時，初不止二十九篇，其後亡數十篇，獨得此耳。是二十九篇，皆伏生壁藏者，安得謂今加《泰誓》一篇，故爲二十九篇哉？……伏生當漢初定之時，即以二十九篇教于齊魯之間，安得謂太史"遷在武帝之世，見《泰誓》出而得行，入于伏生所傳内，故爲史總之，並云伏生所出，不復曲别分析，云民間所得，其實得時不與伏生所傳同也哉？"《漢書·藝文志》云："凡百篇而爲之序，言其作意。……求得二十九篇，……"今按《藝文志》所言，……見百篇之書，共序爲百一篇，亡失者七十二篇，止求得二十九篇；二十九篇之內，二十八篇爲《尚書》經，而一篇爲《序》，其言甚明。……試以《史記》考之，則百篇之序，散見于夏、殷、周《本紀》中，雖不盡完備，然頭末可考，正可以见伏生二十九篇之经，乃并序言之，而非以伪《泰誓》矣。故曰孔氏、蔡氏，皆瞽说也。

他这种意见，即是以伏书本有二十九篇，乃并序言之，而非加入后得之《泰誓》。朱彝尊《经义考》也正是如此主张，他说：

> 按今文《尚书》，伏生所授止二十八篇，故汉儒以二十八宿。然《史记》《汉书》俱称伏生以二十九篇教于齐鲁之间，司马氏、班氏，古之良史，不应以非生所授之《泰誓》杂之其中也。故王肃云："《泰誓》近得，非其本经。"窃疑生所授二十九篇，其一篇乃百篇之序，故马、郑因之，亦总为一卷。惟缘《艺文志》云："经二十九卷"，后儒遂以《泰誓》入尔。……又按古者《书序》自为一篇列于后，故陆德明称："马、郑之徒，百篇之《序》，总为一卷。"至孔氏《传》出，始引《小序》分冠各篇之首。后人习而不察，遂谓伏生今文无《序》，《序》与孔氏《序》《传》并出，不知《别录》暨马、郑传训，皆有之矣。予故疑二十九篇，其一是《序》也。又按伏生授书在孝文帝时，晁错所授济南张生，千乘欧阳生所传，颁之学官，掌之博士，本无《泰誓》，惟董仲舒对策引《书》曰："白鱼入于王舟，有火复于王屋，流为乌。周公曰：复哉！复哉！"与伪《泰誓》文偶合，因而附会以武帝初即有《泰誓》一篇，不知董生所引，只称"《书》曰"，不言《泰誓》曰，安见非《逸书》之文，而必属《泰誓》之辞乎？且"复哉！复哉！"特赞叹之语，非誓辞也，况刘向《别录》明言"武帝末民有得《泰誓》书于壁内者，献之，与博士使读说之，数月，皆起传以教人"。故赵岐注《孟子》云："今之《泰誓》，得以充学。"合之王充、马融、郑康成、卫宏、王肃诸家之说，虽有不同，而要为后得之书，非伏生之本经矣，林之奇亦云："晁错从伏生受书二十八篇，其时未有《泰誓》，以《泰誓》一篇，足二十九篇之数者，妄也。"又按王充《论衡》云："或说《尚书》二十九篇者，法北斗七宿也，四七二十八篇，其一曰斗矣，故二十九。"是汉人并不以《泰誓》足二十九篇之数。陆德明则云："汉宣帝本始中，河内女子得《泰誓》一篇，献之，与伏生所诵，合三十篇，汉世行之。"则今文《泰誓》，原置伏生二十九篇之外矣。（《经义考》卷七十四）

这两说虽出，但阎若璩、惠栋、戴震等并不信从（阎、惠、戴以为二十八篇加《泰誓》，详上节）。后来主张伏生二十九篇之中，原无《泰誓》而有

《書序》的，要以陳壽祺之説最爲有力。他在《左海經辨·今文尚書泰誓後得説》一文中説：

考向、歆領校秘書，在成帝河平三年，然向生于昭帝始元元年（據本傳年七十二卒，卒後十三歲而王莽代漢推知之）及宣帝甘露三年，詔諸儒五經講五經于石渠，《尚書》則歐陽地餘、林尊、周堪、孔霸、張山拊、假倉，皆歐陽高及兩夏侯弟子，兩夏侯子政所與同朝；地餘諸人，子政所與同議；其上距武帝末，不過數十年間耳，《泰誓》之後出與否，《尚書》家諸儒，安有懵然罔覺者；子政奚至不稽事實，遽以耳食者筆之于書哉？即子駿方移讓博士，豈能以虛誕之詞關其口耶？吾是以信向、歆而決伏生之書之無《泰誓》也。然則《史記》何以言伏生得二十九篇也？孔穎達謂司馬遷見《泰誓》出而得行，入于伏生所傳內，故總云伏生所得，不後曲別分析，非也。遷既見《泰誓》後出矣，追述伏書，何得不還其舊？而以後冒前，以無爲有？是穎達誣遷，又使遷誣伏生也，烏乎可？且夫伏生今文，惟有歐陽、大小夏侯三家，穎達所謂入于伏生所傳內者，歐陽之經也？夏侯之經也。《漢書·藝文志》：《尚書》家經二十九卷，班固自注曰："大小夏侯二家，歐陽經三十二卷。"卷即篇也。歐陽受經前于夏侯，武帝初先立學，遷欲以當時所見行書並歸伏生所得，則宜以歐陽經言三十二篇矣，何以減之爲二十九也？若兩夏侯經自甘露以前，未嘗立學官也，遷傳儒林，考六藝之文，胡于伏生本經，追述既疏；而取後來附益者以淆之，又舍學官肄業之書不據，而反據未立學官之本也，不亦慎乎？近江處士聲又謂，遷據古文家，分《顧命》爲《康王之誥》，實二十九篇，遂云伏生得二十九篇；亦不得其説，而遷就以求合者也。愚以爲惟朱檢討彝尊以百篇之《序》當其一者得之。特其説未詳耳。《藝文志》曰："書之所起遠矣，至孔子纂焉，上斷于堯，下訖于秦，凡百篇，而爲之《序》。秦焚書禁學，伏生獨壁藏之。"是伏生壁中《書》有《序》也。《尚書》引《序》各冠篇首，出梅賾本。古《書序》皆總爲一篇，直卷末，今所存《逸周書》猶可見。桓譚《新論》云："《古文尚書》舊有四十五卷，爲五十八篇。"而《藝文志》載《尚書》古文經四十六卷。《新論》合二十九卷及逸篇十六卷，除序數之；《藝文志》并序數之，諸錄從其實也。古文如是，今文度亦宜然，且《尚書正義》引《史記》云，伏生得二十九篇，下既云，由此劉向作《別錄》，因同于《史記》。是《別錄》亦言伏生得二十九篇也。使伏生得二十九篇已有《泰誓》，而《別錄》又記後得《泰誓》，乃始讀説傳教，何自矛盾若是？故惟以伏生得二十九篇，並序數之，而無《泰誓》，則其詞直矣。

陳氏此説，據劉向與兩夏侯同朝，與歐陽地餘諸人同議於石渠，以見劉向所云《泰誓》後得之言爲可信，這確實是不錯的。他覺得《史記》二十九篇無法解釋，故以爲當並序計算，而云："惟以伏生得二十九篇，並序數之，而無《泰誓》，則其詞直矣。"他説：

《泰誓》之合于伏生，其始于歐陽氏乎？案武帝建元五年置五經博士，《書》惟有歐陽，武帝世，《尚書》博士見于史者，有孔安國、歐陽高。考兒寬諸博士受業孔安國，後授歐陽生子，世世相傳，至曾孫高爲博士。高，伏生六傳弟子。夏侯勝、伏生五傳弟子，勝爲博士，在昭帝世，則向、歆所言武帝末之《尚書》博士，得非歐陽子陽乎？當時既以《泰誓》付博士讀説，立于學官，即合于伏生書矣。況歐陽經獨三十二卷，今文家《顧命》不分，《盤庚》亦不異卷，其三十二卷是于伏生經文及《序》二十九篇外，增以後出之《泰誓》三篇明矣。夏侯勝宣帝時卒，年九十，計得觀見《泰誓》之出，傳稱其又從歐陽問，從子建又師事歐陽高，左右采獲。歐陽既增《泰誓》，立于學官，故兩夏侯亦從而增入其書，特並《泰誓》爲一篇，而除序不數，故仍爲二十九篇，以合伏書篇數之舊，與歐陽小異，所以然者，豈非緣《泰誓》後出，而序非經文，故可各以意增減卷數耶？否則三家之經，同出伏生，安有多寡參差若此者哉！

陳氏以爲："《泰誓》之合於伏生，其始於歐陽氏。""兩夏侯亦從而增入《書》，特並《泰誓》爲一篇，而除序不數，故仍爲二十九篇，以合伏《書》篇數之舊。"從他所説的看來，仍覺稍有不妥。因爲 (1)《書序》確在二十九篇之外 (詳下節所引王引之説)；(2)《序》果爲伏生所傳，夏侯不當除去不數；(3) 如伏書有《序》，則《堯典》《舜典》《皋陶謨》《益稷》當分篇。陳氏所説的在我們現在看來，是不能成立的。他更有《今文尚書有序説》一篇，共立十有七證，以明今文之有《序》，不過這只能證明東漢時今文《尚書》有《序》，而不能證明西漢時今文《尚書》有序，他立的十七證，已爲王咏霓、康有爲所反駁（原文俱詳見下）。故今文《尚書》有序，伏生二十九篇有《序》，這種主張，不能作爲解決伏生今文《尚書》篇數之塗徑。

### 3. 主張本爲二十九篇而以《泰誓》非後得者

伏生二十九篇有《序》之説，發於梅鷟而成於朱彝尊，雖後來陳壽祺力持此説，但在陳氏以前，實無信從之者。王鳴盛爲《尚書後案》，乃更持伏《書》本爲二十九篇原有《泰誓》一篇之説，其言曰：

>《疏》引《別錄》，言武帝末得《泰誓》，《文選注》引《七略》同。但董仲舒于建元元年對策，即引《泰誓》："白魚入于王舟，有火復于王屋，流爲烏。周公曰：復哉！復哉！"司馬相如死，武帝求得其《封禪書》，亦引"白魚入舟"事。是此篇出于武帝之時甚明。不但王充云宣帝得者大謬，即《別錄》云武帝末者亦非，況伏生《大傳》已有之。可見《史記》云伏生亂後求得二十九篇者，此時即有《泰誓》。且不特此也，婁敬説高祖，已用其語，恐《泰誓》之出，尚在伏生之前。蓋此篇人間流傳已久，不由伏、孔而得，反啟後人紛紜之疑。要之，鄭《六藝論》云：民間得《泰誓》者，豈疑也耶？正明別得之書與伏合耳。而孔所得，又與之合。《周本紀》所載，正受之孔者。穎達據晚晉僞本，反誣彼爲張霸作，冤哉！（《經解》四三四上）

又説：

>朱氏彝尊以伏《書》只二十八，云二十九者，其一是《序》，非也。

他這種意見，是正與朱氏相反，朱氏認二十九篇有《序》，此則認二十九篇無《序》，朱氏以《泰誓》爲後得，此則以《泰誓》爲本有。不過王氏此説，其舉證尚不多，后來王引之《經義述聞》更力主此説。其伏生《尚書二十九篇説》云：

>……曰：伏生本《書》有《泰誓》，此説亦有據乎？曰：有。董仲舒對策在武帝即位之七年，是時民間猶未獻《泰誓》也。而《漢書·董仲舒傳》載仲舒對策曰："《書》曰：'白魚入于王舟，有火復于王屋，流爲烏。周公曰：復哉，復哉。'"《顏籀》注曰："今文《泰誓》之辭。"若伏生書無《泰誓》，仲舒安得而引之？其證一也。《漢書·藝文志》尚書家，"經二十九卷，大小夏侯二家。"顏注曰："此二十九卷，伏生傳授者。"案下文曰："大小夏侯章句各二十九卷。"卷數與經相合。……二十九卷之經，有一卷是《大誓》，二十九卷之《章句》，二十九篇之《解故》，亦有一卷一篇釋《大誓》，較然甚明。不然，何以《章句》《解故》傳與經同爲二十九邪？其證二也。……《藝文志》言劉向以中古文校歐陽、大小夏侯三家經文，《酒誥》脱簡一，《召誥》脱簡二，文字異者七百有餘，脱字數十。

而不言闕《大誓》一篇，則三家經文皆有《泰誓》矣。三家經文同出于伏生，豈得謂（伏）生《尚書》無《大誓》乎？其證三也。《藝文志》曰："伏生求得二十九篇。"又曰："孔氏得古文以考二十九篇，得多十六篇（十六篇篇目參看本篇《孔壁古文之篇目》）。是孔氏所考者即伏生之二十九篇也。而云得古文以考二十九篇，得多十六篇，是古文十六篇爲今文所無，其二十九篇則古今文皆有之也。……若謂《大誓》爲伏生今文所無，則伏生今文但有二十八篇，孔氏古文多于今文者，自十六篇外又加《大誓》而爲十七篇。《漢書》何不言以考二十八篇得多十七篇乎？此理之必不可通者也。其證四也。《漢書·儒林傳》曰："伏生求其《書》，獨得二十九篇。"又曰："張霸分析合二十九篇爲數十。"是霸所分析者，即伏生之二十九篇也。而下文曰："又采在《左氏傳》《書序》爲作首尾。"則《序》在二十九篇之外矣。其二十九篇必以《大誓》當其一。若謂伏生《書》無《大誓》，則經文當止二十八篇，何以言分析合二十九篇邪？其證五也。《說苑·臣術篇》引《大誓》曰："附下而罔上者死，附上而罔下者刑，與聞國政而無益于民者退，在上位而不能進賢者逐。"而《漢書·武帝紀》元朔元年有司奏議曰："夫附下罔上者死，附上罔下者刑，與聞國政而無益于民者斥，在上位而不能進賢者退。"元朔元年爲武帝即位之十三年，民間猶未獻《大誓》也。而有司已稱引《大誓》之文，則爲伏生《尚書》所有矣。其證六也。《尚書大傳》者，伏生弟子張生、歐陽生之徒所爲，而《太平御覽》引《尚書大傳》曰："唯四月太子發上祭于畢，下至于盟津之上，乃告于司馬、司徒、司空、諸節，允才，予無知，以先祖父之有德之臣，左右小子，予受先公，畢力賞罰以定厥功，明于先祖之遺，太子發升舟，中流，白魚入于舟，王跪取出涘以燎，群公咸曰休哉。"凡九十字。……皆出《大誓》。然則伏生《書》有《大誓》矣。其證七也。《儀禮經傳通解續》引《大傳》曰："《周書》自《大誓》就《召誥》而盛于《雒誥》。"《大誓》《召誥》《雒誥》皆伏生書所有也。如謂伏生《書》無《大誓》，則《大傳》何以有自《大誓》之文。其證八也。《太平御覽》《書古文訓》《困學紀聞》並引《大傳》曰："六誓可以觀義，五誥可以觀仁。"六誓者，《甘誓》《湯誓》《大誓》《牧誓》《柴誓》《秦誓》也。五誥者，《大誥》《康誥》《酒誥》《召誥》《雒誥》也。皆伏生《書》所有也。如謂伏生《書》無《大誓》，則

《大傳》當稱五誓，不得稱六誓矣。其證九也。董仲舒在景帝時已爲博士，而《春秋繁露·同類相動》篇引《尚書傳》曰："周將興之時，有大赤鳥銜穀而集王屋之上，武王喜，諸大夫皆喜，周公曰：'茂哉！茂哉！'天之見此，以勸之也，恐恃之。"則《尚書大傳》之作又在景帝以前，距武帝末年甚遠，民間猶未獻《大誓》也，而其書已舉《大誓》赤烏之事而釋之矣，則《大誓》一篇爲伏生所本有而非民間所獻甚明。其證十也。《漢書》終軍《白鱗奇木對》奏于武帝即位之十八年，司馬相如《封禪書》奏于二十三年，皆未至武帝末年，民間猶未獻《大誓》也。而《白鱗奇木對》曰："昔武王中流未濟，白魚入王舟，俯取以燎，群公咸曰，休哉！"《封禪書》曰："蓋周躍魚隕杭，休之見燎。"皆與《大傳》所引《大誓》合，則皆本于伏生所傳明矣。其證十一也。《史記·周本紀》曰："武王乃作《大誓》，告于衆庶。"……又曰："武王渡河，中流，白魚躍入王舟中。"……《索隱》曰："見《大誓》"。……子長論述古今，至大初而訖，作史時未至武帝末年，民間猶未獻《大誓》也，而已詳列今文《大誓》，非伏生所有而何？其證十二也。合十二證觀之，伏生《書》之有《大誓》，灼然無可疑者。(《經解》一一八三，頁二四至頁三二)

王氏所舉之十二證，第二證、第三證是依據歐陽、大小夏侯三家經文立論；第四證是依據《漢書·藝文志》、桓譚《新論》立論；第五證是依據張霸僞造《百兩篇》立論；第七證、第八證、第九證都是依據《尚書大傳》立論，這六證就時間看來，是漢武以後的記載，不足以證《泰誓》之必出武帝末以前，故不足據。第一證依董仲舒引書立論，第六證依據《漢書·武帝紀》立論，第十證依據董仲舒《春秋繁露》立論，第十一證依據終軍《白鱗奇木對》、司馬相如《封禪書》立論，第十二證依據《史記·周本紀》立論，似可證明《泰誓》出於武帝末以前，而爲伏生今文所本。但是這種説法，終不足以破陳壽祺"蓋《泰誓》之文往往散見傳記久矣"的論證。因爲漢高祖時，婁敬説高祖，其時伏生書猶未出，而已引有《泰誓》之文，則如董仲舒、終軍、司馬相如、司馬遷引"《泰誓》曰"不必要在武帝末以後，才可以見到《泰誓》的；其引《泰誓》在武帝末以前，我們仍可以信《別錄》之説爲非傳訛。《史記》説的伏生獨得二十九篇乃是二十八篇加後得之《泰誓》。王氏於陳壽祺以劉向與兩夏侯同朝，與歐陽地餘諸人，同議於石渠；劉向所云《泰誓》後得爲可信，則無法反駁。則可見陳氏所云，不是無理由的。由此看來，劉向所言，既不必爲傳聞之誤，而王充本習今文《尚書》，其所云當亦有所本，則是《泰誓》後得之說是不可以抹煞，而以在武帝末以前引《泰誓》的都出於伏生之今文，不是"《泰誓》之文之往往散見於傳記"，相信伏生今文已有《泰誓》，這種意見，實甚牽強（詳見下節）。王氏之說，看來雖極穩妥，然而由其太過於抹煞向、歆之言，故不必爲定論。在他以後的龔自珍就力持《泰誓》與伏生家法毫無干涉，《泰誓》本身就不可信，不是伏生所傳的這一種說法。

### 4. 主張伏生本有二十九篇乃《顧命》分出《康王之誥》的

主張這一說的是以伏生書二十九篇並非以《泰誓》或《書序》計算在二十九篇之内，而是伏生原來就以《顧命》下篇分爲《康王之誥》，所以多出一篇，這樣子成爲二十九篇。最初主張此說的是江聲，他在《尚書集注疏》中已說："（司馬）遷據古文家分《顧命》爲《康王之誥》，實二十九篇，遂云伏生得二十九篇。"後來龔自珍著《泰誓答問》一書，更暢此說，他以爲：

> 百篇之序，孔子之所訂也，七十子之所序也。"自無坏我高祖寡命"以上爲《顧命》，自"王若曰庶邦"以下爲《康王之誥》。孔子所見如此，不必問伏生矣。（第五《論近儒異序同篇之訛非是》）

他以爲在伏生以後，夏侯氏無增篇，歐陽氏無增篇，而皆是原本之二十九篇，其第四《論今文篇數具在》曰：

> 一、《堯典》，二、《皋陶謨》，三、《禹貢》，四、《甘誓》，五、《湯誓》，六、《盤庚》，七，《高宗肜日》，八、《西伯戡黎》，九、《微子》，十、《牧誓》，十一、《洪範》，十二，《金縢》，十三、《大誥》，十四、《康誥》，十五、《酒誥》，十六、《梓材》，十七、《召誥》，十八、《雒誥》，十九、《多士》，二十、《無逸》，二十一，《君奭》，二十二、《多方》，二十三、《立政》，二十四、《顧命》，二十五、《康王之誥》，二十六、《粊誓》，二十七、《呂刑》，二十八、《文侯之命》，二十九、《秦誓》。

他以《顧命》分爲《康王之誥》以足成二十九篇之數。他雖然信《書序》今古文並有，然而不以《書序》當一篇，而以爲二十九篇之中也不當加入《泰誓》，其第十《論後得非太誓》曰：

> 馬季長疑之矣，王子雍又疑之矣。蓋白魚赤烏之文，厠于三十二篇之中，如碱砆之混珠璧然。馬、王皆不定其爲何等書。吾友劉申受嘗目之曰戰國《泰誓》，泰興陳君潮曰：殆《藝文志》所載七十一篇之《周書》，晉世汲家所得其正同類。二說良是。周末之徒往往有此

類言語，馬融疑之而注之，趙岐疑之而引之，要不失爲故書雅記云爾。

又説：

> 觀古書真僞，審其類否。周初史臣之文，氣體類不類，不難知也；文法類不類，不難知也。《周書》二十篇，有此文法，有此助辭乎？而堅不服馬氏，師曠與離朱爭明。

這是從馬融、王肅之説，而以爲後得者乃《逸周書》之類，不當是百篇《尚書》中之《泰誓》。他更進一步以爲此篇與伏生家法無涉。其第十一《論泰誓晚立與伏生家法無涉》曰：

> 劉向《別録》：武帝末，民間獻《泰誓》，使博士贊説之，數月皆起傳以教人。劉歆曰：《泰誓》後得，博士集而讀之。此言功令而外，別增此學；歐陽家法而外，別增此師也。余考《書》博士有歐陽、夏侯之學，歐陽、夏侯皆未嘗自爲《書》博士，今向、歆言如此，與伏生弟子無涉明矣。

他既以爲得者非《泰誓》，又不信孔《疏》二十九篇乃"爲史總之"之説，以爲二十九篇之數，不待《泰誓》出而早定；故分《顧命》爲兩篇，以足二十九篇之數，而以爲增入《泰誓》，乃係歐陽、夏侯以後之事，故可以云《泰誓》晚立與伏生家法無涉。他對於《尚書大傳》引《泰誓》，則以爲歐陽生、張生當漢初群書四出之年，引此《書》之文以説《泰誓》。其第十二《論尚書大傳引此文之故》曰：

> 問曰："聞之《尚書大傳》者，伏生老，不能正言，口授大義。生終後，歐陽生、張生各論所聞，以己意彌縫其闕，《志》稱四十一篇者是也。而見引'魚入舟''火流烏'之文，是歐陽與此《泰誓》爲眷屬之佐證。"答曰："辨哉問，而不知漢儒引書之例也。漢人引《易説》謂之《易》，引《書説》謂之《書》，引《禮》家、《春秋》家説謂之《禮》《春秋》，見于一切書者，不可枚數。以《尚書大傳》論之，于《盤庚》則引《書》曰："若德明哉"，湯任父言卑應言，此古《盤庚》説也。于《康誥》則引《書》曰："王曰封，若圭璧。"此古《康誥》説也。于《毋佚》則引《書》曰："厥兆天子爵"，此古《毋佚》説也。許叔重引"山行乘樏，水行乘舟，泥行乘橇，澤行乘輴"，此古《皋陶謨》説也。歐陽生、張生當漢初群書四出之年，博摭傳記，何説不引？引此書之文，以説《泰誓》爾。夫伏生無《泰誓》，而有説《泰誓》之文，此亦《九共》《帝誥》《説

命》《高宗之訓》《歸禾》等篇例也。假使《大傳》所引是真《尚書》，董仲舒著書，轉引此文，不當不從其本而稱之，乃但稱《尚書傳》，則董生之陋極矣。向不云乎？婁敬、董生、終軍皆先獻書而見此文，不必張、歐陽不之見。此何得謂伏生弟子增二十八爲二十九之佐證。

他在這裏以爲伏生無《泰誓》而有説《泰誓》之文，猶如本傳有説《九共》《帝誥》《説命》《高宗之訓》《歸禾》等篇之文一樣，而不能必其本有《泰誓》。他據漢人引書之例，以解釋《大傳》之引《泰誓》，而董生著書爲轉引，則亦可見《泰誓》不必出在武帝末以前。即如婁敬先獻書而引《泰誓》之文，也不能據此以斷定《尚書大傳》之引《泰誓》爲伏生二十九篇本有《泰誓》的。他的主張雖不信後出者爲《泰誓》，然而實足以證明伏生本有《泰誓》之説爲不可信，王引之所主張的，還不如陳壽祺《左海經辨》之説，但是他以爲二十九篇的計算是分《康王之誥》於《顧命》，在孔子所訂百篇《書序》已如此，這種説法，我們還是不能輕易贊同，因爲：(1) 百篇《書序》不必孔子所作。(2) 伏生今文《尚書》是原本無《序》。(3) 如《顧命》《康王之誥》分爲兩篇計算，則《盤庚》早當分爲三篇計算，而當云得三十一篇。(4)《盤庚》篇文長，而未分爲三篇，則《顧命》《康王之誥》文短而分爲二篇，其説尤不可信。(5)《顧命》《康王之誥》之分篇方法，馬、鄭本不如僞孔本，更不得以説伏生之今文是分篇的。戴東原《書顧命後》一文曾説："馬、鄭、王本分'王若曰'以下以爲《康王之誥》，東晉晚出之古文分'王出在應門之內'以下以爲《康王之誥》，皆非也。考此篇自'狄設黼扆綴衣'至末，踰年即位事也。必日前陳設，故不書日。踰年即位，禮之大常，不必書日而知也。'大保降收'，則受册命畢。而諸侯出廟門俟，王出在應門之內，乃記即位之儀。《顧命》之篇，其大端有三：群臣受顧命，一也；踰年即位，康王先受册命，二也；適治朝，踐天子之位，三也。説者不察受册命及出至路門外，應門內之治朝屬踰年，遂疑西方、東方諸侯爲來問王疾者，則新喪內，天崩地坼之痛，而從容與答，必無是情，又不必論其他事之禮與非禮矣。"(《戴東原集》卷一)《顧命》分爲二篇，依戴氏所説看來實是不合理的。(6) 馬、鄭説伏生、歐陽、夏侯皆以《康王之誥》合《顧命》，故止二十八篇。他們所説，必定是有根據的。伏生今文必以《顧命》《康王之誥》相合，不可輕於不從。就此看來，王引之説，固不可信；龔自珍説，亦無可信之由。舊來以爲二十九篇乃史遷不復曲別分析之辭，還是不能否認的。不過龔氏此説既出，信從之者，亦頗有人。例如俞正燮《癸巳類稿·尚書篇目七篇説·伏生今文二十八篇目第一》曰：

《史記》云伏生得二十九篇者，孔穎達云，兼《泰誓》言之，其説非是。司馬遷見古文，以分出《康王之誥》，追數之。本在伏生書中，故可云伏生得也。（《經解續編》卷八三四）

皮錫瑞《書經通論》"論伏生傳經二十九篇，非二十八篇，當分《顧命》《康王之誥》爲二，不當數《書序》與《泰誓》。"說：

或謂今文二十九篇，當合《顧命》《康王之誥》爲一，而以《大誓》當一篇者，王引之《經義述聞》是也。或以《書序》當一篇者，陳壽祺《左海經辨》是也。案以《書序》當一篇，《經義述聞》已辨之矣。……當從《大誓答問》分《顧命》《康王之誥》爲二，不數《大誓》《書序》爲是。惟龔氏論夏侯、歐陽無增篇，無解于《釋文》所云，歐陽、夏侯既無增篇，又並二篇爲一，則仍止二十八，而無二十九矣。《史記·周本紀》云，"作《顧命》""作《康誥》"，（《康誥》即《康王之誥》），則史公所傳伏生之《書》，明分二篇，其後歐陽、夏侯乃合爲一，疑因後得《大誓》下示博士，使讀説以教人，博士乃以《顧命》《康王之誥》合爲一篇，而摻入《大誓》，此夏侯篇數所以仍二十九，歐陽又分《大誓》爲三，所以篇數增至三十一也。《論衡》所云益一篇而《尚書》二十九篇始定，乃據其後言之，云伏生傳晁錯適得二十九篇，乃據其先言之。如此解則二説皆可通。而伏生所傳篇數，與博士所傳篇數，名同而實不同之故，亦可考而知矣。若《書正義》謂"司馬遷在武帝之世，見《大誓》出而得行，入于伏生所傳內，故爲史總之，並云伏生所出，不復曲別分析，云民間所得也。"史公不應謬誤至此，其説非是。漢所得《大誓》，今殘缺，考其文體與二十九篇不類，"白魚""赤烏"之瑞，頗近緯書，伏生《大傳》雖載之，似亦説經之文，而非引經之文，故董子但稱爲《書傳》，馬融疑之，是也。唐人信僞孔古文，以此《大誓》爲僞，遂致亡佚；近人以爲不僞，復撮拾叢殘而補之，似亦可以不必矣。

皮氏説"疑因後得《大誓》下示博士，使讀説以教人，博士乃以《顧命》《康王之誥》合爲一篇而摻入《大誓》。"這完全是毫無根據的懷疑，是不足憑信的。這與他説的歐陽《泰誓》又分爲三，所以篇數增至三十一篇一樣的錯誤。我們知道漢代博士並不是絕對地守家法，他們不必維持二十九之數。如本爲二十九篇，可以改作三十篇，正如他們對於《盤庚》所爲，改作三篇。我們沒有理由説明他們將已分開的兩篇合併爲一篇；何況加這一篇還是奉了命令的，他們何必又以《顧命》《康王之誥》合一呢？《易》《禮》各增加一篇並未發生將原篇合併之事，這也是一個旁證。所以皮氏這種説法只是他的懷疑，是不可信的。王先謙的《漢書·藝文志補注》雖以爲"伏生二十九篇，非二十八篇，以本志及《史記·儒林傳》爲定。王氏《述聞》謂二十九篇今文有《泰誓》，非宣帝時河內女子所得是也。"但他在《尚書孔傳參正》一書中則從龔氏之説，而以《顧命》《康王之誥》分爲兩篇以足二十九篇之數。不過此説雖巧，而有許多地方可疑，我們還當信《泰誓》後得而後《尚書》二十九篇始定之説。

**5. 主張《史記》原爲二十八篇後人改爲二十九者**

此説爲康有爲《新學僞經考》所主張，其《〈史記〉經説足證僞經考》第二云："史遷所傳孔子六藝之源流，……其書，但有伏生今文二十八篇，其'八'字作'九'字，後人追改。"又云：

二十八篇爲孔子未經秦火之書，……云二十九篇者，蓋《泰誓》後得，後人忘其本原。輕改《史記》"八"字爲"九"字，必非原文，並非歆竄原文。

他主張後人改《史記》"八"字爲"九"字，其説固未必確。但他在同書卷十三《書序辨僞》中力辟今文無《泰誓》，今文無《書序》，其説則頗多可采。他辨伏生今文無《泰誓》曰：

今據伏生傳《書》二十八篇，以爲孔子全經篇數止此，而近人每持伏書有《太誓》之説，請得條其説而辨之。《太誓》後得，漢人劉向、劉歆、王充、馬融、鄭康成、趙岐、房宏等，皆同此説。衆口一辭，未必舉國盡誤，伏《書》之無《太誓》一。《史記·儒林傳》稱伏生獨得二十九篇，語已僞竄，然即二十九篇之説論之，亦不過如孔沖遠武帝世見《太誓》入伏生書内，故並云伏生所出之説耳。不然，《史記》非僻書，諸儒豈未之見。事關經文增減，諸儒縱不能援《史記》以折異説，亦豈敢蔑《史記》而構虛辭？又，《史記》伏生獨得二十九篇之説，《漢書·儒林傳》亦襲之，馬融嘗從曹大家受《漢書》業，豈得不知？而《太誓》後得之説，馬融持之尤力。知獨得二十九篇之説，諸儒固知其非，故不援據。伏《書》之無《太誓》二。《漢書·藝文志》《書家》《經》二十九卷。自注曰："大小夏侯二家，歐陽經三十二卷。"蓋《太誓》，博士讀説傳教之後，即附入歐陽、大小夏侯《書》。既附入歐陽、大小夏侯《書》，則經文卷數，自當並數之。《志》載大小夏侯經二十九卷即由于此。或謂《志》載大小夏侯《經》二十九卷，中有後得《太誓》一卷，何以不別白其說？不知《藝文志》即劉歆《七略》之舊。《七略》又見武帝末民間得《太誓》，則固已別白其說，《志》引《七略》，其辭未盡耳。伏書之無《太誓》三。《尚書大傳》雖有《太誓》，然《大傳》所載，亦不盡伏生之書。《大傳》又有"《六誓》可以觀義"，及"《周書》自《太誓》就《召誥》而盛于《洛誥》"之言，以《太誓》與二十八篇並稱，似爲真孔子《書》。考《大傳》稱《六誓》觀義，乃引孔子告子夏之言，漢儒淳樸，附益古書則有之，斷不敢假託古人之語。然必後人據既增《太誓》改"五"爲"六"。至"《周書》至《太誓》"一語，更後人據既增《太誓》竄入無疑。否則伏《書》二十九篇，有《大傳》爲據；《大傳》之書，人所誦習，鄭康成並爲之注，豈得皆不知，而猶以爲《太誓》後得乎；知《大傳》以《太誓》並稱，當時固知其非矣。伏《書》之無《太誓》四。《史記·周本紀》雖載有《太誓》，然《史記》綱羅放失，非純據伏生之《書》，如《周本紀》下文"斬紂頭"及"武王及于周，自夜不寐"之類，即引《逸尚書》。其引《太誓》烏知其必據伏《書》？伏《書》之無《太誓》五。《漢書·董仲舒傳》：仲舒《對策》引"《書》曰"，即《太誓》之文。仲舒《對策》未及武帝之末，似伏《書》無《太誓》，何由引之？不知《春秋繁露》引《君陳》文亦稱"《書》曰"，若仲舒引"《書》曰"者必伏《書》，豈《君陳》亦伏《書》所有乎。伏《書》之無《太誓》六。《漢書·武帝紀》，元朔元年有司奏議曰："附下罔上者死"云云，文見《說苑·臣術篇》引《太誓》，又終軍《白麟奇木之對》，司馬相如《封禪之奏》，皆未及武帝末年，而皆已引《太誓》，似非據伏書而何？然諸所引不明言《太誓》？即以爲《太誓》，亦不過如董仲舒《對策》所引之例，未必即伏生《書》。伏《書》之無《太誓》七。平當習歐陽《書》，班伯習小夏侯《書》，而《漢書·平當傳》《叙傳》二家書引《太誓》，歐陽、大小夏侯即伏生所傳，似伏書當有《太誓》。然二家皆元、成以後人，爾時《泰誓》入歐陽、大小夏侯《書》已久，二家既習歐陽、大小夏侯《書》，自當肄業及之，其引《太誓》，何足爲異？伏書之無《太誓》八。《毛詩思文正義》引《太誓》曰："有火自上復于下，至加王屋，流之爲雕。"《鄭注》曰："'雕'當爲'雅'。"《史記·

周本紀》作"流爲烏。"王氏《經義述聞》以爲作"雕"古文；作"烏"伏生今文。然考《史記》引書，每多改易其字，見于諸篇者班班可考。其作"烏"者，何以知其今文？伏《書》之無《太誓》九。《漢書·藝文志》云："劉向以中古文校歐陽、大小夏侯三家經文，《酒誥》脱簡一，《召誥》脱簡二，文字異者，七百有餘，脱字數十。"似伏《書》無《太誓》，更當脱《太誓》一篇，何得止曰"脱簡""脱字"而已？不知劉向以古文校三家之説乃劉歆所造。然即如其説，向校書在三家增《太誓》後，三家並有《太誓》，何得復以爲脱？伏《書》之無《太誓》十。或謂古文雖劉歆所僞，然伏生篇數，歆必知之。伏《書》誠止二十八篇，則古文《太誓》並爲伏生所無，歆當以爲孔安國考二十八篇得多十七篇。今日考二十九篇得多十六篇，則伏《書》有《太誓》審矣。曰：其人之言，必當還以其人之言解之，方不鑿枘。歆之説，以爲共王得書，安國考二十九篇，皆在武帝之末。武帝末，《太誓》既入博士《書》，故歆以爲考二十九篇，得多十六篇。不然，考二十九篇，得多十六篇，及《太誓》後得，皆歆《七略》之言，歆雖荒謬，何至矛盾若是乎？伏《書》之無《太誓》十一。以十一説觀之，《書》二十八篇之爲全書益明。《序》百篇之爲僞作愈顯矣。

康氏此説是駁王引之《經義述聞》的。其所舉之一、二、三及五、六、七諸證，皆頗足以補陳壽祺、龔自珍兩家所未及。其第八證以下，亦頗言之成理。《泰誓》之爲後得，由康氏説看來已無可懷疑了。今文《尚書》有《序》之説，自朱彝尊、陳壽祺主張之後，王引之雖以今文《尚書》原本無《序》，但仍承認今文有《序》，不過"今文有《序》，不在篇卷之列"。龔自珍《大誓答問》亦從段玉裁之説而以"《書序》古今文並有"。宋翔鳳也是信陳壽祺證今文無《太誓》而有《序》，確不可移。皮錫瑞《書經通論》亦以《書序》有今古文之異，《史記》所引《書序》皆今文，可據信，其實則當從閻若璩伏生時未有《書序》，王鳴盛"《序》亦從屋壁中得"之説。康有爲乃力辨今文《尚書》無《序》，孔子作《書序》之説始於劉歆，《史記》無此説。《史記》所載篇目乃《書序》襲《史記》，非《史記》采《書序》。他以爲"陳氏壽祺著今文《尚書》有《序》説，欲申其'伏書二十九篇，《序》當其一'之説，立爲十七證，繁稱博引，強辭奪理，上誣先師，下誑學者，則不可以不辨"。又以"近人主今文有《序》者甚多，以陳氏之説最爲強辨"。於是對於陳説，逐條爲之駁辨，其文甚繁。在康氏前，黄巖王咏霓著有《書序答問》一書，已逐條爲之駁辨。康書比較通行，茲姑迻録王氏《答問》之説以見"今文《尚書》有《序》説"之不可信。王氏《答問》曰：

問：陳氏壽祺《左海經辨》謂今文《尚書》有《序》，列十有七證以明之：其一曰《藝文志》歐陽經三十一卷，按伏生經文二十八篇，增《大誓》三篇，止三十一卷，其一卷必百篇之序也。（第一證）

答曰：《藝文志》歐陽章句三十一卷，三十一卷者，分《盤庚》爲三，非《大誓》也。伏生分《顧命》《康王之誥》爲二十九，故大小夏侯經章句並同歐陽分《盤庚》爲三，故云三十一卷，章句如是，則經亦可知，閻氏《尚書古文疏證》、惠氏《古文尚書考》、王氏《尚書後案》並引《漢志》作歐陽經三十一卷，今本作三十二卷，轉寫之誤也。《盤庚》當三，孔門之舊，故今文家仍之，蔡邕石經殘碑《盤庚》中篇之末"建乃家"下空一字，始接下篇經文，知上篇末亦然，是今文家分《盤庚》爲三之證。孫氏星衍作篇目表，以歐陽章句三十一卷分《盤庚》爲三，是也。

班固稱司馬遷書載《堯典》《禹貢》《微子》《洪範》《金縢》多古文説，則五篇之外，蓋多取諸今文家矣。獨于《書序》，臚舉十之八九，説義文字，往往與古文異，則顯然兼取之伏書。（第二證）

答曰：史公所載《書序》，所謂雜采博記者也，若以兼取伏書，則《史記》所載，固有與《大傳》異者，且有異于《大傳》而並異于今本《書序》者，其何説之辭？

《論衡・佚文篇》曰：東萊張霸通《左氏春秋》，案百篇《序》以《左氏》訓詁，作《百兩篇》。《漢書・儒林傳》，張霸分析合二十九篇以爲數十，又采《左傳》《書序》爲作首尾，凡百二篇。是霸但見今文有百篇之《序》，而不見孔書，如所采《書序》出古文，則其中逸書二十四篇，攎拾較易，乃不並取爲百兩篇，故知霸所取《書序》，出今文也。（第三證）

答曰：高郵王氏亦嘗爲是論，然霸書自魏晉以來，未見稱述，其遺文僅見于《論衡》，有云"伊尹死，大霧三日"。其不經實甚。使霸得見百篇之《序》，亦必依託時事爲之。如東晉僞古文之比，何至或分析之，或合之，即二十九篇爲數十乎？霸之作僞，必不如是之愚，然則霸所未析者，固屬今文，而亦未見《書序》者也。安得據是謂今文有《序》乎？如陳氏説，二十九篇之内有《序》，則當其分析二十九篇《序》已在内。而下文又言采《書序》，何其自相矛盾耶？

《書正義》曰：伏生二十九卷而《序》在外。（卷一）其言《序》在外者，必見石經《尚書》有百篇之序，故爲是言耳。（第四證）

答曰：隋唐《志》皆未載一字《尚書》石經六卷，則唐人或未及見之。然石經之有《序》與否，已不可知，即或有之，亦《尚書序》盛行之後爲末師所掺，如後得《泰誓》之附今文，決非伏生本經也。陳氏謂二十九卷而《序》在外者，非伏生原本，至于《序》而獨可以意必之見誣伏生並誣夏侯氏乎？

《書大傳》"遂踐奄"，踐之者，籍之也。籍之謂殺其身，執其家，豬（瀦）其宮，是明出于《成王政》之《序》，而釋其文。（第五證）

答曰：此作《序》者采之《大傳》，非《大傳》爲《序》釋也。"遂踐奄"者，《尚書》佚文，伏生記而爲之訓釋。使今文有《序》，則將蒲姑《序》明言成王踐奄，遷其君于蒲姑矣。奄君猶存，傳何以言"殺其身也"。

《書傳》言周公葬于畢，蓋本于亳姑之《序》。（第六證）

答曰：《大傳》以周公葬畢事與《金縢》合而爲一，若及見百篇《序》次，必不如此立異。

《大傳》言武丁祭成湯，有雉飛升鼎耳而雊，此出《尚書·高宗肜日》之《序》也。（第七證）

答曰：《大傳》以《高宗肜日》與《高宗之訓》爲一篇，與《書序》二篇同《序》者異。則武丁祭成湯云云，非出于《高宗肜日》之《序》可知。《史記·殷本紀》云：祖己嘉武丁，以祥雉爲德，立其廟爲高宗，遂作《高宗肜日》，如謂今古文省有《序》，則史公所載者，何並不相合耶？

《大傳》曰：成王在豐，欲宅洛邑，使召公先相宅，此述《召誥》之序。又曰：夏刑三千條，此本《甫刑》之序；又篇目有《九共》《帝告》《巽命》，《序》又有《嘉禾》《揜誥》，此皆在二十九篇外，若非見《書序》，何以得此篇名？（第八、第九、第十證）

答曰：此《召誥》《甫刑》之《序》取之《書傳》，而非《書傳》取之《序》也。《書傳》自釋經文，夏刑三千條，伏生近古，必有所受也。《九共》《帝告》等篇，是伏生所記逸書之目，若見《書序》，何不全爲錄之？亦何必一二之目而志之，以此知伏生今文無《書序》也。

《白虎通》引《尚書》悉用今文家說，《誅伐》篇引《尚書》曰：武王伐紂，此《周書·大誓序》及《武成序》之文也。則亦出之今文無疑。（第十一證）

答曰：《白虎通》所引無稱《序》者，惟此一條見《太平御覽》卷三百四引有序字。今遍檢諸本俱作"《尚書》曰"，未必《御覽》果是而各本盡非。考《白虎通》義出于班固、賈逵諸儒，則《書傳》盛行久矣，即引之亦何足爲證。

《漢書·孫寶傳》："寶曰：周公上聖，召公大賢，尚猶有不相說，著于經典。"此引《周書·君奭》之《序》也。寶爲大司農，在元始二年，是時古文未立，則其所誦之經，亦今文也。（第十二證）

答曰：《儒林傳》既云，平帝時立古文《尚書》，則寶何得尚未之見？《王莽傳》元始四年益博士員，云益，則前此之既有博士可知，寶之爲司農即在二年，不得云古文未立也。百篇之《序》，史公明載之《史記》，而謂孫寶必不及見，亦目論矣。

《後漢書·楊震傳》曾孫彪遷都曰："盤庚五遷，殷民胥怨。"此引《尚書·盤庚》之《序》也。彪世傳歐陽《尚書》，所據乃其本經。（第十三證）

答曰：當楊彪時，無論杜林漆書古文盛于世，賈、馬、鄭諸君作注；俱在其時，彪即守歐陽《尚書》，豈于今文之外，幷《書序》而未之見者？今欲據東京之季，以定炎漢之初，可謂把其流而忘其源者矣。

《法言》："至書之不備者過半矣，而習者不知，惜乎《書序》之不如《易》也。"子雲引書，昔用今文，"不備""過半"，唯今文爲然。若古文則前漢存者五十八篇，不得云爾。《法言》又曰：'古之說《書》者《序》以百，而《酒誥》之篇俄空焉，今亡矣夫。"按《酒誥》惟今文有脫簡，故其言如此。（第十四、十五證）

答曰：此子雲不信《書序》而篤守今文之學也。子雲與劉歆同时，歆方欲立古文，而子雲不之信，故以爲《書序》之不如《易》。其言《酒誥》俄空者，謂《序》有百篇，《酒誥》獨無之也。如以今文《酒誥》有脫簡，則《召誥》脫簡視《酒誥》爲多。（《酒誥》脫簡一，《召誥》脫簡二）子雲何不之言？

《論衡·正説篇》駁或説《尚書》二十九篇法斗七宿曰，按百篇之《序》，闕遺者七十一篇。此所引或説，乃今文家言，其駁詰亦據今文爲説。若古文則百篇之《序》二十九篇外，尚有逸書二十四篇，不得云闕遺者七十一篇。（第十六證）

答曰：《論衡》所謂七十一篇遺脫者，據古文百《序》以詰今文也。然伏生之書，可分之爲三十有一，合後得之《太誓》，則三十有四矣。以百篇之《序》校之，則亡六十六篇耳。以一《序》爲一篇計之，則百篇之六十三篇，伏生所傳二十九篇，除《康誥》《酒誥》《梓材》三篇同序外，尚得二十七篇，皆輾轉遷就而不得有合者也，且《論衡》所指者，今文家之經，與逸書二十四篇無與也。若以是爲今文家有百篇之《序》，則今文家何以有'法斗七宿'之説，蓋不然矣。（江氏《集注音疏》曰：假使伏生《尚書》有《序》，則百篇之名具見，雖妄人亦不造此"法斗七宿"之説矣，是可知伏生書無《序》也。江氏此論至確）。

杜預《春秋後序》曰："《紀年》稱太甲潛出自桐，殺伊尹，此言大與《尚書序》説太甲事乖異。不知老叟之伏生，或致昏忘；將此古書，亦當時雜記，未足以取審也。'詳預此言，直以《書序》爲出自伏生。（第十七證）

答曰：此杜預之誤也。預注《春秋左傳》多有違誤，近人已辭而辟之，今以《序》出伏生，蓋亦一時記憶之差，亦可爲《書序》非孔子所作之證。（今文家之傳，至後漢之季微矣，魏晉之間，又加甚焉。預不知今文家法，爲此目論，何得據此以羼本師。）

王氏答辨陳氏之説，最令吾人滿意者，則石經之有《序》與否，已不可知，即或有之，亦《尚書序》盛行之後，爲末師所羼，如後得《泰誓》之附經文，決非伏生本經也。這比康氏之駁陳氏，以爲"陳氏此説，最不足據，果如其説，二十九卷外尚有《序》一卷，則《漢書·藝文志》載大小夏侯經文當曰三十卷矣。何以仍曰二十九卷乎？孔既曰《序》在外，則二十九卷斷不能以爲並《序》數之，是二十九卷，乃既增《泰誓》之數，志並《泰誓》亦

惟曰二十九，則大小夏侯之無序斷矣。"（駁第四證）

"《漢志》卷數誤文、脫文最多，顏師古亦言之，其歐陽經三十二卷，章句三十一卷之數，並難引據，若謂二十八篇，增《泰誓》三篇，故三十一。考今文書，凡一篇分爲數篇者，亦止以一篇計之，《盤庚》有三而自來數今文卷數者，亦止爲一篇。然則《泰誓》三篇，增入今文之書，亦當以一篇計之，豈有仍爲三篇，作三十一卷之理？若謂《泰誓》舊本三篇，不能並爲一，以失其舊，然如《盤庚》之例，不過篇數爲一，而篇章仍三，又何嘗失其舊？而必篇數亦析爲三，以是爲乖剌之例乎？必不然矣。又陳氏據西漢經師不爲《序》作訓，以彌縫歐陽經章句卷數不合之故，然《漢志》載大小夏侯經二十九卷，章句解故亦皆二十九卷，豈大小夏侯獨爲《序》作訓耶？大小夏侯不爲《序》作訓，則二十九卷中無《序》可知。"（駁第一證）

由大小夏侯《經》與《章句》《解故》皆二十九卷，由二十九卷而《序》在外，則《漢志》當曰三十卷，俱足以證明大、小夏侯之經文無《序》，則石經縱有序只是末師所屬，不足以證今文之有《序》。由王氏、康氏所云，參之以閻若璩、王鳴盛、江聲諸家之說，我們是可以確信今文無《序》的。

不過陳氏推證石經《尚書》有《序》，這也是不錯的，在近年出土有漢石經《書序》殘石，可見蔡邕所勒石經有《序》，不過這石經中的《書序》，只有二十九篇之序，此外七十一篇一概沒有，適足以證明西漢之今文無《序》，石經之有《書序》，或是歐陽本如是，乃是末師屬入，非今文本有百篇之《序》的。據錢玄同先生《重論今古文學問題》一文考之曰：

> 漢石經中的《書序》，却很別致，僅有今文經所有的二十九篇之《序》，此外七十一篇《序》一概沒有。這是計算它的行數、字數而可以斷定的。這樣別致的《書序》，不但陳氏所未知，且西漢人及劉歆等亦從未道及。西漢今文家絕無言及《書序》者。也絕無稱引《書序》文句者，劉歆、揚雄、王充諸人皆據百篇《書序》以證今文《尚書》爲不全。絕不據百篇《書序》以證二十九篇《書序》爲不全。由此可知一定是東漢的今文家就古文的百篇《書序》，刪去今文所無的七十一篇，以成此二十九篇《書序》。

> ……今漢石經的《書序》中，《洪範序》存"以箕子"三字，《君奭序》存"周公作君"四字，計其字數，知其上下文必與古文《書序》相同，這也是東漢今文家抄古文《序》的一個證據。所以得此二十九篇的《書序》，更可十分堅決的說：西漢《今文尚書》絕對

無《序》。

他又說：

此二十九篇《書序》中，有《泰誓序》（應在《書序》第三行）無《康王之誥序》（《顧命序》在第六行，其下應接《粊誓序》，方與字數相合，故知無《康王之誥序》），則《今文尚書》二十九篇之一，陳壽祺等以《書序》當之，龔自珍等分《康王之誥》以當之，而均不數《太誓》者，皆非也。舊說以爲伏生本二十八篇，加後得之《太誓》一篇，故爲二十九篇，實在沒有錯。《漢志》敘大小夏侯《經》《章句》及《解故》皆二十九卷，必是如此。漢石經分《盤庚》爲三，則三十一；又加《書序》，則三十二。歐陽《經》的卷數適與《漢石經》相同，故疑《漢石經》所用的是歐陽《經》。至于歐陽《章句》三十一卷，則因不爲《書序》作訓之故，陳壽祺之說是也。（其實是西漢經師作訓時尚未有《書序》耳）

附： 歐陽、大小夏侯及漢石經分卷異同表

| 篇　名 | 大小夏侯經章句及《解故》各二十九卷 | 歐陽經三十二卷（漢石經與此同） | 歐陽章句三十一卷 |
|---|---|---|---|
| 堯　典 | 一 | 一 | 一 |
| 皋陶謨 | 二 | 二 | 二 |
| 禹　貢 | 三 | 三 | 三 |
| 湯　誓 | 五 | 五 | 五 |
| 盤　庚 | 六 | （上）六<br>（中）七<br>（下）八 | （上）六<br>（中）七<br>（下）八 |
| 高宗肜日 | 七 | 九 | 九 |
| 西伯戡黎 | 八 | 十 | 十 |
| 微　子 | 九 | 十一 | 十一 |
| 大　誓 | 十 | 十二 | 十二 |
| 牧　誓 | 十一 | 十三 | 十三 |
| 洪　範 | 十二 | 十四 | 十四 |
| 金　縢 | 十三 | 十五 | 十五 |
| 大　誥 | 十四 | 十六 | 十六 |
| 康　誥 | 十五 | 十七 | 十七 |

續表

| 篇　名 | 大小夏侯經章句及《解故》各二十九卷 | 歐陽經三十二卷（漢石經與此同） | 歐陽章句三十一卷 |
|---|---|---|---|
| 甘　誓 | 四 | 四 | 四 |
| 酒　誥 | 十六 | 十八 | 十八 |
| 梓　材 | 十七 | 十九 | 十九 |
| 召　誥 | 十八 | 二十 | 二十 |
| 雒　誥 | 十九 | 二十一 | 二十一 |
| 多　士 | 二十 | 二十二 | 二十二 |
| 無　逸 | 二十一 | 二十三 | 二十三 |
| 君　奭 | 二十二 | 二十四 | 二十四 |
| 多　方 | 二十三 | 二十五 | 二十五 |
| 立　政 | 二十四 | 二十六 | 二十六 |
| 顧　命 | 二十五 | 二十七 | 二十七 |
| 柴　誓 | 二十六 | 二十八 | 二十八 |
| 呂　刑 | 二十七 | 二十九 | 二十九 |
| 文侯之命 | 二十八 | 三十 | 三十 |
| 秦　誓 | 二十九 | 三十一 | 三十一 |
| 書　序 |  | 三十二 |  |

由漢石經《書序》殘石"更可十分堅決的說，西漢《今文尚書》絕對無序""舊說以爲伏生本二十八篇，加後得之《太誓》一篇，故爲二十九篇，實在沒有錯。"我們對於這一問題的解決，有實物作證明，更比之清儒所作的臆斷者不同，這是論《尚書》問題的一件最愉快的事。

關於歐陽經三十二卷的解釋，在陳壽祺以爲："按伏生經文二十八篇者，增《太誓》三篇，止三十一卷，其一卷必百篇之《序》。"王引之以爲："三十二卷當爲三十三卷，三十一卷亦當爲三十三卷。蓋伏生本經二十九篇，篇各爲卷，而爲二十九卷。歐陽氏分《盤庚》爲三篇，《大誓》亦爲三篇，篇各爲卷，故三十三卷也。因而每卷爲之章句，故章句亦三十三卷，寫者脱畫耳。"康有爲亦以爲："歐陽《經》及《章句》卷數訛誤。"又云"歐陽《經》及《章句》卷數難明。"又云："歐陽經卷數難明，無可考據。"現在因《書序》殘石的發現，對於這一個問題也可以水落石出，自然的明瞭了。

## （二）孔壁古文《尚書》之篇第

孔壁古文《尚書》的卷數、篇數，在《漢志》所列者爲《尚書》"古文經四十六卷。"班固自注曰："五十七篇。"但據劉向《別錄》則云："五十八篇。"而《太平御覽》引桓譚《新論》亦云："古文《尚書》舊有四十五卷，爲五十八篇。"班固所以注爲五十七篇者，據《尚書正義·武成》引鄭玄云：

《武成》逸書，建武之際亡。

顏師古《藝文志注》亦引鄭《叙贊》云：

後又亡其一篇，故五十七。

這是五十七與五十八篇數之所以異。

五十八篇的構成，據《尚書·孔疏》云：

鄭玄則于伏生二十九篇之内，分出《盤庚》二篇、《康王之誥》、又《泰誓》三篇，爲三十四篇，更增益僞書二十四篇爲五十八；所增益二十四篇者，則鄭注《書序》：《舜典》一、《汨作》二、《九共》九篇十一、《大禹謨》十二、《益稷》十三、《五子之歌》十四、《允征》十五、《湯誥》十六、《咸有一德》十七、《典寶》十八、《伊訓》十九、《肆命》二十、《原命》二十一、《武成》二十二、《旅獒》二十三、《冏命》二十四。以此二十四爲十六卷，以《九共》九篇共卷，除八篇，故爲十六。故《藝文志》、劉向《別錄》云五十八篇。《藝文志》又云："孔安國者，孔子後也，悉得其《書》。"以古文又多十六篇。篇即卷也，即此僞《書》十六篇也。

孔《疏》是誤認孔壁古文《尚書》爲張霸之僞《百兩篇》的。此所云："鄭玄則於伏生二十九篇之内"及"鄭注《書序》"云云，鄭所注本，實是孔壁古文《尚書》。我們可即依孔《疏》所云，以考孔壁古文之篇卷。不過孔壁古文之篇卷問題，決不是單純的以得多十六篇始爲二十四篇，加伏生之二十九篇折爲三十四，二十四加三十四即可以構成的。這其間有卷數的問題，篇次的問題，篇名的問題，以及所謂"同序同卷""異序異卷"的問題，對於這四個問題不加以了解，則所排列的篇次與卷數必是錯誤的。現在我們先説明這幾個問題而後再來排列孔壁古文尚書之篇次：

**1. 卷數的問題**

《漢志》列《尚書》古文經四十六卷，而桓譚《新論》云："《古文尚書》

舊有四十五卷，爲五十八篇。"兩處所云，篇數都可知爲五十八篇，而卷數相差一卷者，即是《漢志》並《書序》計算，桓譚不並《書序》計算。我們知道今文無《序》，但是古文是有《書序》的。據陸德明《經典釋文》云：

> 馬、鄭之徒，百篇之《序》，總爲一卷，孔以各冠篇首，而亡篇之《序》，即隨其次第，居見存者之間。

這可見馬、鄭所傳的古文本，不惟有《書序》，而且《書序》總爲一卷，至僞孔才引之各冠篇首。《書序》與古文同出，則孔壁之卷數當以有《書序》計算在內者。惠棟《古文尚書考》云：

> 桓譚《新論》云：古文《尚書》舊有四十五卷，爲五十八篇。蓋賈、馬《尚書》三十四篇，益以逸篇二十四篇，爲五十八。內《盤庚》三篇同卷，《大誓》三篇同卷，《顧命》《康王之誥》二篇同卷，實二十九篇。逸書《九共》九篇同卷，實十六篇，合四十五卷之數。（原注：篇即卷也）與桓君山說合。（原注：《藝文志》四十六卷，兼《序》言之）（《經解》三五一）

戴震《尚書今文古文考》云：

> 以此十六卷，合今文所有之二十九卷，百篇之《序》一卷，是爲《藝文志》："《尚書古文經》四十六卷。"
> 《九共》析爲九，則逸書凡二十四，而今文所有者，析爲三十四，《盤庚》《大誓》各分而三，《顧命》分"王若曰"以下爲《康王之誥》也。不數百篇之《序》；故劉向《別錄》云"五十八篇"。桓譚《新論》云："《古文尚書》舊有四十五卷，爲五十八篇。"《藝文志》雖數百篇之《序》，增多一卷，而四十六卷者，一卷篇亡，鄭康成所謂："《武成》逸篇，建武之際亡。"適當其亡篇，故《志》僅稱五十七篇。（《戴東原集》一，《尚書今文古文考》）

他們都是主張桓譚之少一卷與班固之多一卷，都是計《序》不計《序》的分別。王鳴盛《尚書後案》正同此說。如不以班《志》之多一卷爲計序，而是計其他篇目，則桓譚也應同是五十八篇，其計算方法，不應不同的。此其一。

## 2. 篇次的問題

我們計算孔壁古文《尚書》的篇第，決不可以僞孔本引《序》各冠篇首，而以亡篇之《序》，即隨其次第居見存者之間，即用僞孔的次第，來作爲孔壁本的次第。據《尚書》孔《疏》云：

> 其百篇次第，于《序》，孔、鄭不同。孔以《湯誓》在《夏社》前，于百篇爲第二十六；鄭以爲在《臣扈》後第二十九。孔以《咸有一德》，次《太甲》後第四十；鄭以爲在《湯誥》後第三十二。孔以《蔡仲之命》次《君奭》後第八十三；鄭以爲在《費誓》前第九十六。孔以《周官》在《立政》後第八十八；鄭以爲在《立政》前第八十六。孔以《費誓》在《文侯之命》後第九十九；鄭以爲在《呂刑》前第九十七。不同者，孔依壁内篇次及《序》爲文，鄭依賈氏所奏《別録》爲次，孔未入學官，以此不同。

兩家篇次之排列，各不相同，如以僞孔之次，誤爲孔壁古文之次，這也是錯誤的。孫星衍著有《尚書篇目表》，於伏生今文二十八篇本，大小夏侯二十九篇本，歐陽章句三十一篇本，孔壁古文五十八篇本，馬、鄭所注三十四篇本，僞孔安國五十八篇本，並表列其次第，兹迻録於下，一方面來顯示百篇《書序》之篇名，一方面來顯示孔壁古文之次第。

## 孫星衍《尚書篇目表》

| 尚書百篇 | 伏生壁藏得存二十八篇《泰誓》後得，大小夏侯爲二十九篇 | 歐陽篇三十一篇 | 孔壁古文五十八篇《武成》後亡爲五十七篇 | 馬、鄭注伏生書分二十九篇爲三十四篇述古文二十四篇(注) | 僞孔安國《書傳》五十八篇，僞孔《書序》目次與鄭異，見《書序》 |
|---|---|---|---|---|---|
| 堯典一 | 有一 | 有一 | 有一 | 注一 | 有一 |
| 舜典二 | 無 | 無 | 有二 | 述一 | 無 |
| 汩作三 | 無 | 無 | 有三 | 述二 | 無 |
| 九共四 | 無 | 無 | 有四 | 述三 | 無 |
| 九共五 | 無 | 無 | 有五 | 述四 | 無 |
| 九共六 | 無 | 無 | 有六 | 述五 | 無 |
| 九共七 | 無 | 無 | 有七 | 述六 | 無 |
| 九共八 | 無 | 無 | 有八 | 述七 | 無 |
| 九共九 | 無 | 無 | 有九 | 述八 | 無 |
| 九共十 | 無 | 無 | 有十 | 述九 | 無 |
| 九共十一 | 無 | 無 | 有十一 | 述十 | 無 |
| 九共十二 | 無 | 無 | 有十二 | 述十一 | 無 |
| 蒿飫十三 | 無 | 無 | 無 | 無 | 無 |
| 大禹謨十四 | 無 | 無 | 有十三 | 述十二 | 僞三 |
| 皋陶謨十五 | 有二 | 有二 | 有十四 | 注二 | 有四益稷五 |
| 棄稷十六 | 無 | 無 | 有十五 | 述十三 | 無 |
| 禹貢十七 | 有三 | 有三 | 有十六 | 注三 | 有六 |
| 甘誓十八 | 有四 | 有四 | 有十七 | 注四 | 有七 |
| 五子之歌十九 | 無 | 無 | 有十八 | 述十四 | 僞八 |
| 胤征二十 | 無 | 鈕 | 有十九 | 述十五 | 僞九 |
| 帝誥二十一 | 無 | 無 | 無 | 無 | 無 |
| 釐沃二十二 | 無 | 無 | 無 | 無 | 無 |
| 湯征二十三 | 無 | 無 | 無 | 無 | 無 |
| 汝鳩二十四 | 無 | 無 | 無 | 無 | 無 |
| 汝方二十五 | 無 | 無 | 無 | 無 | 無 |
| 夏社二十六 | 無 | 無 | 無 | 無 | 無 |
| 疑至二十七 | 無 | 無 | 無 | 無 | 無 |
| 臣扈二十八 | 無 | 無 | 無 | 無 | 無 |
| 湯誓二十九 | 有五 | 有五 | 有二十 | 注 | 有十 |
| 仲虺之誥三十 | 無 | 無 | 無 | 無 | 僞十一 |

續表

| 尚書百篇 | 伏生壁藏得存二十八篇《泰誓》後得，大小夏侯爲二十九篇 | 歐陽篇三十一篇 | 孔壁古文五十八篇《武成》後亡爲五十七篇 | 馬、鄭注伏生書分二十九篇爲三十四篇述古文二十四篇（注） | 僞孔安國《書傳》五十八篇，僞孔《書序》目次與鄭異，見《書序》 |
|---|---|---|---|---|---|
| 湯誥三十一 | 無 | 無 | 有二十一 | 述十六 | 僞十二 |
| 咸有一德三十二 | 無 | 無 | 有二十二 | 述十七 | 僞十七 |
| 典寶三十三 | 無 | 無 | 有二十三 | 述十八 | 無 |
| 明居三十四 | 無 | 無 | 無 | 無 | 無 |
| 伊訓三十五 | 無 | 無 | 有二十四 | 述十九 | 僞十三 |
| 命肆三十六 | 無 | 無 | 有二十五 | 述二十 | 無 |
| 徂後三十七 | 無 | 無 | 無 | 無 | 無 |
| 太甲三十八 | 無 | 無 | 無 | 無 | 僞十四 |
| 太甲三十九 | 無 | 無 | 無 | 無 | 僞十五 |
| 太甲四十 | 無 | 無 | 無 | 無 | 僞十六 |
| 沃丁四十一 | 無 | 無 | 無 | 無 | 無 |
| 咸乂四十二 | 無 | 無 | 無 | 無 | 無 |
| 咸乂四十三 | 無 | 無 | 無 | 無 | 無 |
| 咸乂四十四 | 無 | 無 | 無 | 無 | 無 |
| 咸乂四十五 | 無 | 無 | 無 | 無 | 無 |
| 伊陟四十六 | 無 | 無 | 無 | 無 | 無 |
| 原命四十七 | 無 | 無 | 無 | 無 | 無 |
| 仲丁四十八 | 無 | 無 | 無 | 無 | 無 |
| 河亶甲四十九 | 無 | 無 | 無 | 無 | 無 |
| 祖乙五十 | 無 | 無 | 無 | 無 | 無 |
| 盤庚五十一 | 有六 | 有六 | 有二十七 | 注六 | 有十八 |
| 盤庚五十二 | 有六 | 有七 | 有二十八 | 注七 | 有十九 |
| 盤庚五十三 | 有六 | 有八 | 有二十九 | 注八 | 有二十 |
| 說命五十四 | 無 | 無 | 無 | 無 | 僞二十一 |
| 說命五十五 | 無 | 無 | 無 | 無 | 僞二十二 |
| 說命五十六 | 無 | 無 | 無 | 無 | 僞二十三 |
| 高宗肜日五十七 | 有七 | 有九 | 有三十 | 注九 | 有二十四 |
| 高宗之訓五十八 | 無 | 無 | 無 | 無 | 無 |
| 西伯戡黎五十九 | 有八 | 有十 | 有三十一 | 注十 | 有二九五 |
| 微子六十 | 有九 | 有十一 | 有三十二 | 注十一 | 有二十六 |

續表

| 尚書百篇 | 伏生壁藏得存二十八篇《泰誓》後得，大小夏侯爲二十九篇 | 歐陽篇三十一篇 | 孔壁古文五十八篇《武成》後亡爲五十七篇 | 馬、鄭注伏生書分二十九篇爲三十四篇述古文二十四篇(注) | 僞孔安國《書傳》五十八篇，僞孔《書序》目次與鄭異，見《書序》 |
|---|---|---|---|---|---|
| 泰誓六十一 | 夏侯二十九 | 有十二 | 有三十三 | 注十二 | 有二十七 |
| 泰誓六十二 | 夏侯二十九 | 有十二 | 有三十四 | 注十三 | 有二十八 |
| 泰誓六十三 | 夏侯二十九 | 有十二 | 有三十五 | 注十四 | 有二十九 |
| 牧誓六十四 | 有十 | 有十三 | 有三十六 | 注十五 | 有二十九 |
| 武成六十五 | 無 | 無 | 有三十七 | 述二十二 | 僞三十一 |
| 洪範六十六 | 有十一 | 有十四 | 有三十八 | 注十六 | 有三十二 |
| 分器六十七 | 無 | 無 | 無 | 無 | 無 |
| 旅獒六十八 | 無 | 無 | 有三十九 | 述二十三 | 僞三十三 |
| 旅巢命六十九 | 無 | 無 | 無 | 無 | 無 |
| 金縢七十 | 有十二 | 有十五 | 有四十 | 注十七 | 有三十四 |
| 大誥七十一 | 有十三 | 有十六 | 有四十一 | 注十八 | 有三十五 |
| 微子之命七十二 | 無 | 無 | 無 | 無 | 僞三十六 |
| 歸禾七十三 | 無 | 無 | 無 | 無 | 無 |
| 嘉禾七十四 | 無 | 無 | 無 | 無 | 無 |
| 康誥七十五 | 有十四 | 有十七 | 有四十二 | 注十九 | 有三十七 |
| 酒誥七十六 | 有十五 | 有十八 | 有四十三 | 注二十 | 有三十八 |
| 梓材七十七 | 有十六 | 有十九 | 有四十四 | 注二十一 | 有三十九 |
| 召誥七十八 | 有十七 | 有二十 | 有四十五 | 注二十二 | 有四十 |
| 洛誥七十九 | 有十八 | 有二十一 | 有四十六 | 注二十三 | 有四十一 |
| 多士八十 | 有十九 | 有二十二 | 有四十七 | 注二十四 | 有四十二 |
| 無逸八十一 | 有二十 | 有二十三 | 有四十八 | 注二十五 | 有四十三 |
| 君奭八十二 | 有二十一 | 有二十四 | 有四十九 | 注二十六 | 有四十四 |
| 成王政八十三 | 無 | 無 | 無 | 無 | 無 |
| 將薄姑八十四 | 無 | 無 | 無 | 無 | 無 |
| 多方八十五 | 有二十二 | 有二十五 | 有五十 | 注二十七 | 有四十六 |
| 周官八十六 | 無 | 無 | 無 | 無 | 有四十八 |
| 立政八十七 | 有二十三 | 有二十六 | 有五十一 | 注二十八 | 有四十七 |
| 賄息慎之命八十八 | 無 | 無 | 無 | 無 | 無 |
| 亳姑八十九 | 無 | 無 | 無 | 無 | 無 |
| 君奭九十 | 無 | 無 | 無 | 無 | 僞四十九 |

續表

| 尚書百篇 | 伏生壁藏得存二十八篇《泰誓》後得，大小夏侯爲二十九篇 | 歐陽篇三十一篇 | 孔壁古文五十八篇《武成》後亡爲五十七篇 | 馬、鄭注伏生書分二十九篇爲三十四篇述古文二十四篇（注） | 僞孔安國《書傳》五十八篇，僞孔《書序》目次與鄭異，見《書序》 |
|---|---|---|---|---|---|
| 顧命九十一 | 有二十四 | 有二十七 | 有五十二 | 注二十九 | 有五十 |
| 康王之誥九十二 | 有二十四 | 有二十七 | 有五十三 | 注三十 | 有五十一 |
| 畢命九十三 | 無 | 無 | 無 | 無 | 僞五十二 |
| 君牙九十四 | 無 | 無 | 無 | 無 | 僞五十三 |
| 囧命九十五 | 無 | 無 | 有五十四 | 述二十四 | 僞五十四 |
| 蔡仲之命九十六 | 無 | 無 | 無 | 無 | 僞四十五 |
| 費誓九十七 | 有二十五 | 有二十八 | 有五十五 | 注三十一 | 有五十七 |
| 呂刑九十八 | 有二十六 | 有二十九 | 有五十六 | 注三十二 | 有五十五 |
| 文侯之命九十九 | 有二十七 | 有三十 | 有五十七 | 注三十三 | 有五十六 |
| 秦誓一百 | 有二十八 | 有三十一 | 有五十八 | 注三十四 | 有五十八 |
| 書　序 |  |  | 書　序 | 注舊序 | 書序各冠於篇 |

【注】：

孫氏此處云注：伏生書分二十九篇爲三十四篇，述二十四篇，是説馬、鄭所注的篇數同於伏生的共三十四篇，另外又述古文二十四篇。並不是以鄭注的是今文本。孫氏在他所撰的《古文尚書馬鄭注序》中説："馬、鄭所注，雖止伏生之書，即從張恭祖受逸十六篇，分爲二十四，又注壁中百篇之《序》，遂題曰《古文尚書》，唐人猶謂此爲今文者，以惑於僞古文也。"又説："漢武帝末孔子壁中所出《古文尚書》，杜林得之西州，鄭氏受之張恭祖皆即其本。"孫氏是知道鄭氏所注即是杜林所傳本，是《古文尚書》，所以説"唐人猶謂此爲今文者，以惑於僞古文也。"孫氏所説的唐人指的是孔穎達。其實孔穎達的《正義》也並沒有直以鄭注爲古文，孔氏《正義》在"篇數並與三家同"之後，更説"鄭承其後所注者同賈逵、馬融之學，題曰《古文尚書》，篇與夏侯等同而經字多異，夏侯等書'宅嵎夷'爲'宅嵎鐵'，'昧谷'曰'柳谷'，'心腹腎腸'曰'憂腎腸'，'劓刵劅剠'云'臏宮劓割頭庶剠'，是鄭注不同也。"孔穎達看到鄭注本題曰《古文尚書》，看到鄭注本篇與夏侯等同而經字多異，他雖然惑於僞古文，還沒有直以鄭注爲今文，只不過説鄭注"篇數並與三家同"而已。在《後漢書·儒林傳》早已説過："扶風杜林傳《古文尚書》，林同郡賈逵爲之作訓，馬融作傳，鄭玄注解，由是《古文尚書》遂顯於世。"鄭注非今文本，這是很顯明的。

### 3. 篇名的問題

上述孔疏所列鄭注《書序》二十四篇之名，其《益稷》十三，《益稷》當爲《棄稷》。閻若璩《尚書古文疏證》雖謂今《皋陶謨》《益稷》本一，別有《棄稷》篇見《揚子》，他所列的孔壁古文《尚書》篇名仍有《益稷》一篇，惠棟《古文尚書考》雖列《棄稷》篇名，而云《棄稷》即《益稷》，亦未說其所以然。江聲《尚書集注音疏·尚書序》才說：

> 據《正義》，馬、鄭所據《書序》此篇名爲《棄稷》，然則《尚書》本無《益稷》篇目，僞孔氏分《咎繇謨》下半篇，妄立名爲《益稷》，亂經之罪大矣。（《經解》卷四〇〇）

據此可知《益稷》篇名爲僞孔所立，不可以亂孔壁古文之篇目。孔《疏》所列《冏命》之篇名，當爲《畢命》，據惠棟《古文尚書》考云：

> 逸《書》有《冏命》，愚謂"冏"當作"畢"字之誤也。劉歆《三統曆》云："《畢命豐刑》曰：'惟十有二年六月庚午朏，王命作策《豐刑》。'"（一云："作策書《豐刑》。"）康成《畢命序》注云："今其逸篇有册命霍侯之事不同。與此《序》相應。"蓋亦據孔氏逸《書》爲說。（《經解》三五一）

惠氏據鄭玄《畢命序》以《冏命》之爲《畢命》，而引劉歆《三統曆》爲證。這說也是確當的。現在論列孔壁古文《尚書》篇名，也不當忽略此點。

### 4. 同序同卷異序異卷問題

同序同卷是孔《疏》彌縫僞《孔傳》的說法。《尚書》孔《疏》解釋僞《孔序》"凡五十九篇，爲四十六卷"說：

> 此云四十六卷者，不見安國明說，蓋以同序者同卷，異序者異卷，故五十八篇爲四十六卷。何者？五十八篇內，有《太甲》《盤庚》《說命》《太誓》，皆三篇共卷，減其八；又《大禹謨》《皋陶謨》《益稷》又三篇同序共卷，其《康誥》《酒誥》《梓材》亦三篇同序共卷，則又減四；通前十二。以五十八減十二，非四十六卷而何？其《康王之誥》乃與《顧命》別卷，以別《序》故也。

這種同序同卷、異序異卷的辦法，拿來解釋伏生本、孔壁本本就不適合，而且並無此例。據王鳴盛《尚書後案》說：

> 且所謂同序同卷異序異卷者，亦非也。伏書《康誥》《酒誥》《梓材》同序而異卷，《顧命》《康王之誥》異序而同卷，孔書《汩作》《九共》《大禹謨》《棄稷》《伊訓》《肆命》皆同序而異卷。作僞者乃創爲此例，何足信哉！（《經解》四三四上）

由伏生今文與孔壁古文兩種看來，全無此例，則知孔壁古文有兩篇共一卷，異序可以同卷，不一定是同序同卷的。必明於此，而後《尚書》之篇第乃可不爲《尚書》孔《疏》之説所迷誤。王氏此種説法，更可由篇數、卷數上來證明。

關於計算孔壁古文之篇次問題，以王鳴盛《尚書後案》之説爲最妥當。王氏云：

> 伏書二十九卷、增多十六卷，共四十五卷，加《序》爲四十六卷。二十九卷者，内《盤庚》三篇同卷，《太誓》三篇同卷，《顧命》《康王之誥》二篇同卷，實三十四篇。十六卷者，《九共》九篇同卷，實二十四篇。爲五十八篇。班固自注云："五十七篇。"而顔師古又引鄭《序贊》以明之云："亡其一篇，故五十七。"所亡之篇，則《武成》疏引鄭云："《武成》逸《書》，建武之際亡。"是也。桓譚《新論》云："《古文尚書》舊有四十五卷，爲五十八篇。"四十五者，除序言之。譚在建武前，《武成》尚存，故曰五十八。其一一印合如此。師古雖知引《叙贊》，其于真僞，實茫然莫辨。故夾入《僞孔》序，直以梅氏之卷數、篇數，爲孔壁之卷數、篇數，豈知其似合而實不合哉！今依元第次之《堯典》卷一（梅本分出《舜典》）（1），《舜典》卷二（别有《舜典》）（2），《汨作》卷三（3），《九共》九篇卷四（4—12），《大禹謨》卷五（13），《皋陶謨》卷六（梅本分出《益稷》）（14），《棄稷》卷七（别有《棄稷》）（15），《禹貢》卷八（16），《甘誓》卷九（17），《五子之歌》卷十（18），《允征》卷十一（19），《湯誓》卷十二（20），《湯誥》卷十三（21），《咸有一德》卷十四（梅本次《太甲》）（22），《典寶》卷十五（梅本次《湯誓》）（23），《伊訓》卷十六（梅本次《湯誥》）（24），《肆命》卷十七（25），《原命》卷十八（26），《盤庚》三篇卷十九（27——29），《高宗肜日》卷二十（30），《西伯戡黎》卷二十一（31），《微子》卷二十二（32），《太誓》三篇卷二十三（33—35），《牧誓》卷二十四（36），《武成》卷二十五（建武之際亡，班氏作《志》已亡，而虛其卷數，仍劉氏《别録》之舊，不敢擅改）（37），《洪範》卷二十六（38），《旅獒》卷二十七（39），《金縢》卷二十八（40），《大誥》卷二十九（41），《康誥》卷三十（42），《酒誥》卷三十一（43），《梓材》卷三十二（44），《召誥》卷三十三（45），《洛誥》卷三十四（46），《多士》卷三十五（47），《無逸》卷三十

六 (48)，《君奭》卷三十七 (49)，《多方》卷三十八 (50)，《立政》卷三十九 (51)，《顧命》《康王之誥》卷四十 (52—53)，《冏命》(《律曆志》載《畢命》文，即劉歆載之《三統曆》者，穎達作《冏命》，"冏" 當爲 "畢"，字之訛也) 卷四十一 (54)，《費誓》卷四十二 (梅本次《蔡仲之命》) (55)，《呂刑》卷四十三 (56)，《文侯之命》卷四十四 (57)，《秦誓》卷四十五 (58)，百篇之《序》合爲一篇卷四十六。(括號中數字是現在加上的，表明篇數的關係，以便一目了然)

這是孔壁古文四十六卷五十八篇計算之法。王氏所舉比閻、惠兩家俱有進步，而與戴氏之說也正相同。據王氏云：

閻氏若璩所次，不知《益稷》當爲《棄稷》，誤一。《咸有一德》等篇仍依梅本之次，誤二。《武成》不入卷數，誤三。《顧命》《康王之誥》異卷，誤四。不知《冏命》當爲《畢命》，誤五。

他說 "《尚書》卷篇之數，千載夢夢，直至閻、惠方加釐正，十得八九，猶不無小誤，至予論始定"。王氏雖誤認歐陽分出《太誓》二篇而非分出《盤庚》二篇，不無小誤，然此處論孔壁古文《尚書》之篇數，則大體是不錯的。在他以後，如龔自珍《太誓答問·論五十八篇之名》，主張：

伏生二十九，析《盤庚》爲三十一，今文之都數畢矣。古文多十六析《九共》爲二十四，合其複重則五十有五，古文之都數又畢矣。孔安國既上古文五十五篇，而秘府取民間《大誓》合並數之 (時析爲三)，兼三事言，因曰五十八矣。

此龔氏一人之見，必須說《泰誓》晚立與伏生家法無涉，而且說孔壁中無《太誓》這樣子才能成立。龔氏謂今文《泰誓》予伏生家法無涉，既不可必，而云孔壁中無《太誓》亦不必可信。則其說自難成立。俞正燮《癸巳類稿·漢志古文經四十六卷目第三》亦不列《泰誓》三篇以《書序》爲一篇，而云就小篇目則爲五十六篇，且云：

桓譚《新論》云："古文《尚書》舊有四十五卷" 者，建武之際，《武成》一卷亡也。《藝文志》本注云："五十七篇" 者，與眾本皆不應。"七" 是誤文也。《書正義》引劉向《別錄》云五十八篇者以五十六篇亡《武成》一，益《泰誓》三，遂爲五十八，此非向所及知，"八" 亦誤文。

俞氏謂 "七" "八" 皆爲誤文，皮錫瑞《書經通論》已駁之，其說尤不可信。我們須知今文二十九篇加得多十六篇，篇即爲卷，故其數正爲四十五。加

《序》一卷而爲四十六卷。班《志》根本劉《略》，其時四十六卷之中，除《序》一卷另計。四十五卷，已包含有五十八篇，這自是《顧命》予《康王之誥》分篇而不分卷。到桓譚時，或因《武成》一篇已亡，或以《書序》不計在内，乃云四十五卷五十八篇，其云"舊有"尤四十五卷中有五十八篇之明證。桓譚之説應後起於四十六卷，近人乃云：

  于今文同有之二十九篇，加得多古文十六篇，此《新論》所以曰四十五卷也。于今文同有之二十九篇中，出《康王之誥》于《顧命》，是爲三十，加得多十六篇，此《班志》所以曰四十六卷。（顧實：《漢書藝文志講疏》）

此乃以班《志》晚於桓譚，謬誤殊甚。如劉歆爲《七略》，已出《康王之誥》於《顧命》，桓譚正是劉歆之徒，決不當又合起來算，少數一卷，而但云四十五卷的。可見四十五卷中有五十八篇，必是《顧命》與《康王之誥》只分篇而不分卷，故能於四十五卷，容納此五十八篇，王鳴盛《尚書後案》之説是不錯的。

## （三）梅賾僞孔傳本之篇第

關於梅賾僞孔傳本之篇第，這在《尚書》孔《疏》中説得明顯：

  以伏生本二十八篇，《盤庚》出二篇，加《舜典》《益稷》《康王之誥》凡五篇，爲三十三篇，加所增二十五篇，爲五十八，加《序》一篇，爲五十九。故云："復出此篇，並《序》，凡五十九篇。"此云"爲四十六卷"者，謂除《序》也。下云"定五十八篇，即畢"，不更云卷數，明四十六卷故爾。

《尚書大傳·虞書疏》云：

  孔爲傳者，凡五十八篇，爲四十六卷。三十三篇與鄭《注》同，二十五篇增多鄭《注》也。其二十五篇者，《大禹謨》一，《五子之歌》二，《胤征》三，《仲虺之誥》四，《湯誥》五，《伊訓》六，《太甲》三篇九，《咸有一德》十，《説命》三篇十三，《泰誓》三篇十六，《武成》十七，《旅獒》十八，《微子之命》十九，《蔡仲之命》二十，《周官》二十一，《君陳》二十二，《畢命》二十三，《君牙》二十四，《冏命》二十五。

據孔《疏》所述看來，二十五篇之篇數與篇目，顯然與馬、鄭所傳孔壁古文二十四篇及所注伏生今文三十四篇本不同。孔《疏》也明知二者之相違異，乃云"但孔君所傳，值巫蠱不行。以終前漢，諸儒知孔本有五十八篇，不見孔傳，遂有張霸之徒，於鄭注之外，僞造《尚書》二十四篇，以足鄭注三十四篇爲五十八篇。其數雖與孔同，其篇有異。孔則於伏生所傳二十九篇內，無古文《泰誓》，除《序》尚二十八篇，分出《舜典》《益稷》《盤庚》三篇，《康王之誥》爲三十三，增二十五篇，爲五十八。鄭玄則於伏生二十九篇內，分出《盤庚》二篇、《康王之誥》，又《泰誓》二篇，爲三十四篇，更增益僞《書》二十四篇爲五十八。"僞孔之與孔壁古文之別，孔《疏》在此已說極明顯。孔壁古文所增爲二十四，非二十五，二者在篇數、篇目迥不相同，不過孔《疏》沿訛承謬，以不僞爲僞，乃以僞爲不僞，遂使僞《孔傳》本流傳至今，無論孔壁古文或即伏生之今文，也不及其流傳之時之長久的。惠棟《古文尚書考》云：

> 漢元以來，《尚書》無所謂三十三篇者。二十八篇者，伏生也。三十一卷者，歐陽也（蓋《盤庚》出二篇，加《大誓》一篇，故三十一。一說二十八篇之外加《大誓》，析爲三篇）。二十九篇者，夏侯也（依伏生篇數，增《大誓》一篇）。三十四篇者，馬、鄭也。（《盤庚》《大誓》皆析爲三篇，分《顧命》"王若曰"以下爲《康王之誥》，故三十四）梅氏去《大誓》三篇（梅既去《大誓》，則止有三十一篇），而分《堯典》《皋陶謨》爲《舜典》《益稷》二篇，于是有三十三篇之文是其謬耳。（《經解》三五一）

我們對於僞孔傳本於其二十五篇與二十四篇不同外，亦須知其三十篇是與歐陽、大小夏侯、馬、鄭皆不同，然後纔可以辨真僞而定是非。

僞孔傳本四十六卷，其分卷方法必須有同序同卷，異序異卷之例乃可，這與伏生今文、孔壁古文分卷也不相同，已如上文所述，兹不復贅。要之，其內容與孔壁古文頗相懸殊，這是極其明顯的。

## 六 《尚書》之考證

在上文中,我們將《尚書》之種類及其篇第已次第敘明,現在可以討論其真僞及其年代了。在上述十種的《尚書》之中,西漢之《泰誓》當歸入伏生之今文《尚書》中計算。而《泰誓》之爲真爲僞,早在馬融已加疑難;今文《尚書》如《金縢》等篇,在從前的學者已多懷疑,其他各篇之真僞與年代,也是研究《尚書》所當知的,此其一。孔壁之古文《尚書》,河間獻王之古文,杜林之漆書古文,這三種常合並一類來計算。這既不是伏生所傳出來的,始得的時間有問題,獻書的人物有問題,壁藏的人物有問題,所用的古文有問題,這一種雖已經逸亡,然尚有人信以爲真,也應當加以討論,此其二。張霸的僞《百兩篇》,在當時已發覺其僞,劉陶之《中文尚書》只在文字上有校正,這兩種也亡逸了,現在可置之勿論。梅賾所上之僞《孔傳》本,姚方興之《舜典》《孔傳》本,劉炫所上姚書《舜典》本,這是已經發覺而且一般地承認其爲僞造的僞《古文尚書》,但是從誰起發現這一問題,到何人才有定案,其爲僞之證據如何?其出現之時間如何?有無有人企圖來翻此案?也是我們所當知的,此其三。僞古文本發覺比較早。定案也較早,其次則是孔壁古文;而今文《尚書》之真僞及其年代,在我們現在還在陸續發現,加以考訂。所以我們現在先從古文《尚書》説起,次及孔壁古文之真僞,次及今文《尚書》之考證,兹分爲三點述之於下:

### (一) 僞孔傳本之僞證

東晉梅賾奏上僞《孔傳》本,在六朝及唐初的學者,對於這一種僞《書》是一般地相信爲真古文的。我們只看孔《疏》上説:"馬融所云:'吾見書傳多矣,凡諸所引,今之《太誓》皆無此言。'而古文皆有,則古文爲真,亦復何疑。"這是他們相信它的理由。僞《孔傳》本是雜采古書編制而成,有許多的佚文在從前是認爲在逸篇中的,而現在僞《孔傳》本都有,所以很容易取得一般人的信任。他們以爲:"孔君所傳,值巫蠱不行。以終前漢,諸儒知孔本有五十八篇,不見孔傳,遂有張霸之徒,於鄭注之外僞造《尚書》凡二十四篇,以足鄭注三十四篇爲五十八篇。"他們不疑僞《孔傳》本爲僞,却將孔壁古文本之二十四篇誤認爲僞，所以毫不加以懷疑。不過僞古文本究竟是後代撰集而成，它與伏生所傳今文之文體不一律，這是很顯而易見的。在唐代自啖、趙大闡疑古之風而後，在以"文起八代"之衰的韓愈的弟子李漢就已說：

《易》繇爻象，《春秋》書事，《詩》詠歌，《書》《禮》别其僞，皆深矣乎！（昌黎先生序）

他們已感覺到《尚書》中有僞篇。據吳汝綸在《寫定尚書後記》中說：

由晉宋以來，士泊於晚出之僞篇，莫復知子雲之所謂，獨韓退之氏稱《虞夏書》亦曰"渾渾"，於商於周，獨取其"詰屈聱牙"者。《詩》曰："惟其有之，是以似之"，信哉！其徒李漢叙論《六藝》，又曰："《書》《禮》别其僞。"《書》之僞，蓋自此發，且必退之與其徒常講說云爾。而漢誦述之不然，漢之智殆不及此。

我們雖不敢像吳氏一樣確定地說李漢的話是專指"晚出之僞篇"而言，但是他們認爲《尚書》有僞篇，自然以僞古文本的成分爲多。吳氏這話，是有一部分理由的。到了宋代林之奇在《尚書集解序》中雖然一方面仍以爲："漢儒聞孔氏之書有五十八篇，遂以張霸之徒造僞書二十四篇爲《古文尚書》。兩漢儒者之所傳，大抵皆霸僞本也，其實尚未見真《古文尚書》也。故杜預注《左氏傳》，韋昭注《國語》，趙岐注《孟子》，凡所舉《書》出於二十五篇之中，皆指爲逸《書》，其實未嘗逸也。"但是他在一方面又說：

蓋有伏生之書，有孔壁續出之《書》，其文易曉，不煩訓詁可通者。如《大禹謨》……此二十五篇皆孔壁續出，其文易曉；餘乃伏生之《書》，多艱深聱牙，不可易通。

這裏他已經將《孔傳》之僞幾乎發覺出來，不過他以爲："伏生之書所以艱深不可通者，伏生齊人也，齊人之語多艱深難曉。"所以對此問題，終於忽視。但是到了南宋，吳棫（才老）作《書稗傳》，終以兩者之文體不一，而懷疑僞《孔傳》爲僞。他的《書稗傳》凡十三卷，首卷《舉要》：曰《總說》，曰《書序》，曰《君辨》，曰《臣辨》，曰《考異》，曰《詁訓》，曰《差牙》，曰《孔傳》，凡八篇。在《差牙》《孔傳》兩篇中想必有許多疑僞古文的議論，但其全書早已失傳，兹由梅鷟《尚書考異》轉引一節來看，他說：

伏生傳于既耄之時，而安國爲隸古，又特定其所可知者，而一篇之中，一簡之内，其不可知者蓋不無矣。乃欲以是盡求作書之本意，與夫本末失後之義，其亦可謂難矣。而安國所增多之《書》，今書目具在，皆文從字順，非若伏生之《書》詰曲聱牙，至有不可讀者。夫四代之書，作者不一，乃至二人之手，而遂定爲二體乎？其亦難言矣。

在蔡沈《書傳·泰誓》篇目下引吳氏曰，大概也是他的意見：

> 湯武皆以兵受命，然湯之辭裕，武王之辭迫。湯之數桀也恭，武之數紂也傲。學者不能無憾，疑其《書》之晚出。或非盡當時之本文也。

這兩段話都是懷疑僞《孔傳》本之不可信。他這種意見在朱子是頗贊成的，他説：

> 按漢儒以伏生之書爲今文，而謂安國之書爲古文，以今考之，即今文多艱澀，而古文反平易。或者以爲今文自伏生口授晁錯時失之，則先秦古書所引之文皆已如此，恐其未必然也。或者以爲記錄之實語難工，而潤色之雅詞易好，故訓、誥、誓、命有難易之不同，此爲近之。然伏生倍文暗誦，乃偏得其所難，而安國考定於科斗古書，錯亂摩滅之餘，反專得其所易，則又有不可曉者。

又説：

> 某嘗疑孔安國《書》是假書……豈有千百年前人説底話，收拾於灰燼屋壁中與口傳之餘，更無一字訛舛！理會不得。兼《小序》亦可疑……疑是晉宋間文章。況孔《書》是東晉方出，前此諸儒皆不曾見，可疑之甚！

又説：

> 孔氏《書》注，疑非安國所注，蓋文字固善，不是西漢人文章。安國漢武時人，文章豈如此？但有太粗處，決不如此固善也。

又説：

> 《書序》恐不是孔安國做，漢文粗枝大葉，今《書序》細膩，只是六朝時文字。

朱子這幾段話，不但從文字上懷疑，而且就來歷上懷疑，不但對於二十五篇之古文懷疑，而且對於《書序》與孔安國也極其懷疑，他斷定其爲魏晉六朝文字，總算是很大膽的假定，對於僞古文提出了一些有力的證據。到了元代，攻擊僞古文者有吳澄的《書纂言》，他在《目錄後序》中説：

> 《書》二十五篇，晉梅賾所奏上者，所謂《古文尚書》也。《書》有今文古文之異，何哉？晁錯所受伏生《書》，以隸寫之，隸者，當世通行之字也，故曰今文。魯恭王壞孔子宅，得壁中所藏，皆科斗書，科斗者，倉頡所制之字也，故曰古文。然孔壁真《古文書》不傳。後有張霸僞作《舜典》《汩作》《九共》九篇，《大禹謨》《益

稷》《五子之歌》《胤征》《湯誥》《咸有一德》《典寶》《伊訓》《肆命》《原命》《武成》《旅獒》《冏命》二十四篇，目爲《古文書》。《漢·藝文志》云，《尚書經》二十九篇。古經十六卷二十九篇者，即伏生《今文書》二十八篇及武帝時增僞《泰誓》一篇也。古經十六卷者，即張霸僞《古文書》二十四篇也。漢儒所治，不過伏生《書》及僞《泰誓》，共二十九篇爾。張霸僞古文雖在，而辭義蕪鄙，不足取重于世以售其欺，及梅賾二十五篇之《書》出，則凡傳記所引《書》語，諸家指爲"逸書"者，收拾無遺，既有證驗，而其言率依于理，比張霸僞《書》遼絕矣。……竊嘗讀之，伏氏書雖難盡通，然辭義古奧，其爲上古之《書》無疑；梅賾所增二十五篇，體制如出一手，采集補綴，雖無一字無所本，而平緩卑弱，殊不類先漢以前之文。夫千年古書，最晚乃出，而字畫略無脫誤，文勢略無齟齬，不亦大可疑乎？吳才老曰："增多之《書》，皆文從字順，非若伏生之《書》，詰曲聱牙。夫四代之《書》，作者不一，乃至二人之手，而定爲二體，其亦難言矣。"朱仲晦曰："《書》，凡易讀者皆古文，豈有數百年壁中之物，不能損一字者？"又曰："伏生所傳皆難讀，如何伏生偏記其所難，而易者全不能記也？"又曰："孔《書》至東晉方出，前此諸儒皆未見，可疑之甚。"又曰："《書序》，伏生時無之，其文甚弱，亦不是前漢人文字，只似後漢末人。"又曰："《小序》決非孔門之舊，安國《序》亦非西漢文章。"又曰："先漢文文字重厚，今《大序》格致極輕。"又曰："《尚書》孔安國《傳》，是魏、晉間人作，託孔安國爲名耳。"又曰："孔《傳》並《序》皆不類西京文字，氣象與《孔叢子》同是一手僞書，蓋其言多相表裏，而訓詁亦多出《小爾雅》也。"夫以吳氏、朱子之所疑者如此，顧澄何敢質斯疑，而斷斷然不敢信此二十五篇之爲古《書》，則是非之心，不可得而昧也。

他才開始地"故今以此二十五篇自爲卷秩，以別於伏氏之《書》，而《小序》各冠篇首者，復合爲一，以置其後；孔氏《序》亦並附焉；而因及其所可疑，非澄之私言也，聞之先儒云耳"。（同上）將梅賾僞《孔傳》本驅逐於真的《尚書》之外，他之所注，亦"止以伏生二十八篇之經爲正"。

與吳澄同時疑僞古文的有趙孟頫，著有《書今古文集注》，在趙氏《松雪齋集》有《書今古文集注序》一篇，可以略見其意。王充耘著《讀書管見》亦疑古文。明代疑僞古文者有梅鷟《尚書譜》《尚書考異》，羅敦仁《尚書是正》，郝敬《尚書辨解》，鄭瑗《井觀瑣言》，以及歸有光諸人。梅氏所説最爲有理，實開清初閻若璩《尚書古文疏證》之先河。我們細看他所説的，實有幾點可以大書特書的。我現在將梅、閻二家之説分別列出如下：

**1. 梅鷟《尚書考異》所提出者**

(1)《史記》無伏生失其本經之事。他説：

今按太史公當漢武帝時，僞説未滋，故其言多可信。如云伏生"書出于壁藏""獨得二十九篇"，又云，即以教于齊魯之間，山東大師無不涉《尚書》以教，歷歷皆可信。然則漢文帝時非無《尚書》也，求能治《尚書》者耳。山東諸大師，非無治《尚書》者，皆伏生弟子，而推隆于宗師云耳。晉人不知，遂創爲失其本經，口以傳授，其誕妄不足信可知矣。今伏生書俱在，古今所引者皆如此，昭然日星之明，失其本經何篇，以意屬讀者何章何句邪？又太史公未嘗言，安國古文出于壁藏，既曰"頗能言"，又曰"蓋《尚書》滋多于此矣"。其言容有抑揚哉！

這一段辨伏生無失其本經之事，以見伏生所傳本爲原本，僞古文要增多《尚書》的篇數，所見才誣賴伏生失其本經，其實據《史記》看來，實誕妄不足信。閻若璩在《尚書古文疏證》所辨，其大意也不過如此。梅氏更言"太史公未嘗言安國古文出於壁藏"，可見不惟僞古文可疑，即真古文也難以憑信。

(2) 僞《古文尚書》傳授之不可信。他説：

今按范蔚宗歷述伏生今文《書》及安國古文《書》傳授顛末，較然可尋，遂盡除去誕妄不經之説，使人得有所考，有以知晉人古文二十五篇，決非安國所傳之本，何其精詳而簡當也哉？……今觀安國傳之數世，至孔僖世傳古文《尚書》則其子孫之傳者也，都尉朝、庸譚、尹敏、蓋豫、周防、丁鴻、楊倫、杜林、賈逵、馬融、鄭玄，則其弟子之相傳者也，雖其不得立之學官，而其家傳及弟子之相傳，正爲先漢之僞古文，而非晉人始出之古文，明矣。

他這裏由《後漢書·儒林傳》證明馬融、鄭玄所治的《尚書》即是先漢之僞古文，其篇數、篇目與東晉古文不合，可見東晉古文之不可信。這一點在閻若璩《尚書古文疏證》卷二第一七《言安國古文學源流真僞》中所説（詳下）只比他稍覺詳細而已。

(3)《史》《漢》無孔氏安國作《書傳》之事。梅氏云：

《史記》言孔有《古文尚書》，而安國以今文讀之，因以起其家，逸《書》得十餘篇，蓋《尚書》滋多于此，而未嘗言二十五篇也。

至《漢書》始言安國獻之，遭巫蠱事，未列于學官，而未嘗承詔作傳也。至東晉偽《序》始云：……承詔爲五十九篇作《傳》，……既云承詔爲五十九篇作《傳》，漢武雖暴，未至有焚書禁學之令頒行天下，安國豈得廢閣詔令，《書傳》成而不復以聞者哉？安國既不見聞矣，其後都尉朝，安國之弟子也；庸生輩，受業于朝之弟子也；亦寂然未嘗言安國之傳，何也？由是觀之，安國承詔作《傳》不復以聞者，又妄説也。

他這一段的意見與後來丁晏在《尚書餘論》所説的意見正相同，不過梅氏所見，尚不如丁氏之徹底，不如丁氏更在積極方面又尋出證據就是了。

(4) 漢儒無引用偽《古文書》之事。梅氏云：

晉人假古文書，東晉方出，不惟前此諸儒皆不曾見，雖前此真孔安國，亦不曾見。蓋安國子孫，孔臧、孔僖，遞遞相承，安國諸弟子兒寬、庸生，表表人望，安國諸友董仲舒、太史遷，名世儒者，曾無一人一言及于二十九篇之内者，則亦不必置疑而的然可知其偽矣。又況搜集補綴，如泥中鬥獸，踪跡形狀，亦焉能廋哉？

他在他的《序》中又説：

若乃孔壁所藏，高祖過魯禩孔子時，不言古文；惠帝除挾書令時，不言古文；文帝求能治《尚書》時，不言古文；雖景帝時亦無一人言孔氏有古文者；至孝武世，延七八十年間，聖孫孔安國者，專治古文，謂以今文讀之，因以起其家。降及東晉，有高士皇甫謐者，見安國書摧棄，人不省惜，造《書》二十五篇，《大序》及《傳》，冒稱安國古文，以授外弟梁柳，柳授臧曹，曹授梅賾，遂獻上而施行焉。人遂信爲真安國《書》。前此諸儒，如王肅、杜預，晉初人；鄭冲、何晏、韋昭，三國人；鄭玄、趙岐、馬融、班固，後漢人；劉向、歆、張霸，前漢人，皆未見。不曰"逸書"則曰"今亡"。《史》《漢》所載，絶無二十五篇影響，其曰鄭冲、蘇愉，皆誣之耳。

這是很詳細地疏證朱子説的"前此諸儒皆不曾見，可疑之甚"的。這個問題到了清代，閻若璩、崔述都有補充的説明。

(5) 偽古文《尚書》篇數之不合

以上的四證不過是就偽《古文尚書》的來源説，所舉的還是旁證；最重要的，還是證明偽古文之異於真古文，這樣才可以見偽孔之實屬假冒。他説：

《漢書》……但云古文《尚書》十六篇，正與《史記》所載逸《書》得十餘篇者合。既未嘗以爲二十五篇，亦未嘗以爲五十九篇也。由是觀之，謂五十九篇，未列于學官。史遷所不載者，此妄説也。且前漢之末，劉歆移書太常，請建《周官》《左傳》《古文尚書》皆立博士，而其言亦云《古文尚書》十六篇，未嘗言二十五篇，可見晉人皆妄説也。

二十五篇顯然與十六篇不同，晚《書》與壁《書》不同，則前者自屬贗造，他所舉的證據也是頗詳細的。

(6) 僞古文《尚書》篇名之不合

僞古文《尚書》篇數雖與所謂孔壁古文不合，但是還必須舉出篇名以爲實在例證，關於這一點，他説：

> 孟子引《堯典》曰："二十有八載，放勳乃徂落。"邾、魯相去地近，孟子相距孔子時未遠，思、曾又適傳，豈孔子所傳《尚書》，顧脱《舜典》二字？必竢秦火之餘，數百年後，土壁所藏之本，然後增此二字耶。且伏生年已九十，當其傳晁錯時，固在文、景世，考其生之辰，猶在秦火未然之前，司馬遷《史記》亦以"慎徽五典"接于《堯典》之下，原未嘗分，則伏生所傳之本，正孟子所讀之本；而安國所傳之本，決非孔壁所藏之本。安國所傳之本既非孔孟所傳之本，則《舜典》二字，決爲贗增可知矣。

這是要以《舜典》篇名之可疑來講晚《書》之僞，其實則《舜典》篇名在所謂孔壁十六篇中也有，不能算作很好的證明。關於其他的篇名，他雖也有懷疑，但始終未完全舉出十六篇之名以與二十五篇對照，這到了閻若璩才完全舉出，所以他對於這一點還不算成功，不過開了一個路徑而已。

(7) 僞古文《尚書》文體上之可疑

關於僞古文的文體與今文不同，從宋吴棫以來，凡疑僞古文者，大都有此意見。梅氏於《大禹謨》更云：

> 變亂聖經之體者，《大禹謨》是也。凡伏生書，典則典，謨則謨，誓則誓；典、謨、誓雜者，未之有也。今此篇自篇首至"萬世永賴"，至"時乃功"，謨之體也。自"帝曰，格汝禹"至"率百官若帝之初"，典之體也。自"帝曰咨禹，惟時有苗弗率"至"七旬有苗格"，誓之體也。混三體而成一篇。吾故曰，變亂聖經之體者，《大禹謨》是也。

又説：

> 若夫古文者，除《大禹謨》一篇之外，餘自《五子之歌》而下，如出一律，間或有異者，不過改易增換，略加潤色，即爲一篇耳，非

若今文之篇出于事實也。……耕野王先生曰：《大禹謨》一篇出，殊與餘篇體制不類。

古文與伏生今文難易懸殊，實可見東晉僞古文之爲贋造。

(8) 僞古文《尚書》文義上之可疑

梅氏對於僞古文《尚書》的餖飣掇拾，差不多盡量尋出它的根源，而有的更於文義上證明其難取傳說，顯露破綻。他說：

> 《尚書》惟今文四十二篇傳自伏生口誦者爲真古文，十六篇出孔壁中者，盡漢儒僞作。大抵依約諸經、《論》《孟》中語，並竊其字句而緣飾之。其補《舜典》二十八字，則竊《易》中"文""明"，《詩》中"溫""恭""允""塞"等字成文；其作《大禹謨》"后克艱厥后，臣克艱厥臣"等句，則竊《論語》"爲君難，爲臣不易"成文；"惟精惟一，允執厥中"等句則竊《論語》"允執其中"等句成文；征苗誓師，贊禹還師等，原無此事，舜分北三苗與竄三苗于三危，已無煩師旅，僞作者徒見《舜典》有此文，遂模仿爲"誓命還兵""有苗格"諸語；《益稷》賡歌，亦竊《孟子》"手足""腹心"等句成文。其外《五子之歌》竊《孟子》"怛怩"之語，《泰誓》三篇取《語》《孟》"百姓有過在予一人""若崩厥角稽首"之文，其外《胤征》《仲虺之誥》《湯誥》《伊訓》《太甲》《咸有一德》《說命》《武成》諸篇，文多淺陋，必非商周之作。（據《經義考》卷七十四）

後來惠棟著《古文尚書考》，實是繼續他這一項工作的。

統觀梅氏所云，他差不多已將僞古文的破綻盡量尋出，只是未將壁《書》篇目拿來對照，又信廿四篇爲張霸僞造，故不及閻若璩所說完善。後人多以爲古文《尚書》一案，至閻氏而大白。但其實則不過閻氏將梅氏之說"推廣爲疏證"，僞古文《尚書》一案，可以說至梅氏已漸明的。在崇禎十六年有國子助教雒鏞疏請分今、古文《尚書》而專以今文取士，會京師戒嚴不及報。可見當時對此問題，雖不免仍有反對梅氏之說者，但是贊成他的意見還是占居多數。我們只看清初對於辨析古文之熱烈就不難想見學者們的基本態度了。

**2. 閻若璩《尚書古文疏證》所提出者**

在清初繼續梅氏而攻辨僞古文的，除閻若璩外，還有姚際恒之《古文尚書通論別僞例》，錢氏煌之《壁書辨疑》，黃宗羲的《書經筆授》等書，黃氏《孟子師說》中頗有攻辨僞古文的地方，朱彝尊之《經義考》也是懷疑僞古文以爲難於過信，但是所提出的證據實以閻書最爲堅確。閻氏除了補證梅氏所提出的諸證而外，對於辨僞古文的關鍵之處可以説是很明瞭的，其對於僞古文《尚書》文義之可疑所做的考證尤詳而立論甚爲堅實，頗足令人信服。現在試再分爲八項述之於下：

(1)《史記》無伏生失其本經之事。關於這一點，閻氏的意見比較梅氏所述，更加詳密，其原文已詳前述本書第四篇《尚書之類別》，兹不復贅。

(2) 僞古文《尚書》來源之不可信。關於這一點，閻氏在《疏證》卷二第一七言《安國古文學源流真僞》中説：

安國古文之學，其傳有四，一傳于都尉朝，朝傳庸譚，譚傳胡常，常傳徐敖，敖傳王璜、涂惲，惲傳桑欽，王莽時立于學官，璜、惲皆貴顯。惲又傳賈徽，徽傳子逵，逵數爲肅宗言古文《尚書》，詔選高才生從逵學，由是古文遂行。一傳于兒寬，一傳于其家，《孔僖傳》所謂"自安國以下，世傳古文《尚書》"是也。一傳于司馬遷，遷書所載多古文説是也。東漢杜林于西州得漆書古文《尚書》一卷，……同郡賈逵爲之作《訓》，馬融作《傳》，康成注解，古文之説大傳。康成雖云受之張恭祖，然其書《贊》曰'我先師棘子下生安國，亦好此學'，則其淵源于安國明矣。東晉元帝時汝南梅賾奏上古文《尚書》，乃安國所傳，其篇章之離合，名目之存亡，絶與兩漢不合。賾自以得之臧曹，曹得之梁柳，皇甫謐亦從柳得之，而載于《帝王世紀》，柳得之蘇愉，愉得之鄭冲，鄭冲以上則無聞焉。嗚呼！其果安國之舊也，抑魏晉之間假託者耶？

這是一方面證明馬、鄭所傳是所謂孔壁古文，一方面由鄭冲以前，則無聞焉。以見其爲魏晉之間所假託者。所舉的論證是不止於側重一方面的。

(3)《史》《漢》無孔安國作《書傳》之事。關於這一點，閻氏從《傳》的體例與《傳》的内容來證明非孔安國所爲，在卷五上第六十九《言安國傳就經下爲之，漢武時無此》條説：

漢初爲《傳》訓者，猶與經别行。三《傳》之文不與經連，故石經書《公羊傳》皆無經文，而《藝文志》所載《毛詩故訓傳》亦與經别。……今安國《傳》出武帝時，詳其文義，明是就經下爲之，與《毛詩》引經附《傳》出後人手者不同。豈得謂武帝時輒有此耶？

在卷六上第八十七《言漢金城郡乃昭帝置，〈安國傳〉突有》；第八十八《言晉省穀城入河南，〈安國傳〉亦然》；卷六下第八十九《言濟瀆枯而復通乃王莽後事，〈安國傳〉亦有》。這都是用地理的沿革來證明僞《孔傳》非安國所爲，這比專從《史》《漢》上着手自然容易令人信服。

(4) 漢儒無引用僞古文之事。閻氏由傳授體例、文義、史實來證明僞《孔傳》之贋造，他自然也相信朱子的"前此諸儒皆不曾見"的意見。在《疏證》卷二第一八《言趙岐不曾見古文》；第二十五《言〈説文〉皆古文，今異》；不過所舉的例證，已爲梅氏指出，他但加以補充而已。

(5) 僞古文《尚書》篇數之不合。這是所以證明僞古文之不同於所謂孔壁古文的。這種證據最爲重要，閻氏開宗明義在卷一第一《兩漢書載古文篇數與今異》就説：

《藝文志》……《楚元王傳》……，夫一則曰"得多十六篇"，再則曰"逸《書》十六篇"，是古文《尚書》篇數之見于西漢者如此也……馬融《書序》則云"逸十六篇"。是古文《尚書》篇數之見于東漢者，又如此也。此《書》不知何時遂亡，東晉元帝時豫章内史梅賾忽上古文《尚書》，增多二十五篇。無論其文辭格制，迥然不類，而只此篇數之不合，僞可知矣。

他這裏雖比梅氏所舉只多馬融《書序》的"逸十六篇"一條，然而他知道這是最爲重要的，是鑑别真僞的關鍵，所以他作爲全書之首，而且即舉十六篇之篇目以與二十五篇對照。

(6) 僞《古文尚書》篇名之不合。二十五篇之《書》，如若拿逸十六篇的篇目與之對照，其真僞尤可以立見。閻氏在《疏證》卷一第三《言鄭康成注古文篇名與今異》中説：

《尚書》百篇，《序》原自爲一篇，不分置各篇之首；其分置各篇之首者，自孔安國《傳》始也。鄭康成注《書》《序》，尚自爲一篇，唐世尚存孔穎達《尚書疏》，備載之。所云《尚書》亡逸篇數，迥與《孔傳》不合，孔則增多于伏生者二十五篇，鄭則增多于伏生者十六篇。二十五篇者，即今世所行之：《大禹謨》一，《五子之歌》二，《胤征》三，《仲虺之誥》四，《湯誥》五，《伊訓》六，《太甲》三篇九，《咸有一德》十，《説命》三篇十三，《泰誓》三篇十六，《武成》十七，《旅獒》十八，《微子之命》十九，《蔡仲之命》二十，《周官》二十一，《君陳》二十二，《畢命》二十三，《君牙》二十四，《囧命》二十五是也。十六篇者，即永嘉時所亡失之：《舜典》一，《汨作》二，《九共》九篇三，《大禹謨》四，《益稷》五，《五子之歌》六，《胤征》七，《典寶》八，《湯誥》九，《咸有一德》十，《伊訓》十一，《肆命》十二，《原命》十三，《武成》十四，《旅獒》十五，《囧命》十六是也。十六篇亦名二十四篇，蓋《九共》

乃九篇，析其篇而數之，故曰二十四篇也。鄭所注古文篇數，上與馬融合，又上與賈逵合，又上與劉歆合，歆嘗校秘《書》，得古文十六篇，傳問民間，則有安國之再傳弟子膠東庸生者，學與此同。逵父徽實爲安國六傳弟子，逵受父業，數爲帝言《古文尚書》與經傳《爾雅》詁訓相應，故古文遂行。此皆載在史册，確然可信者也。孔穎達不信漢儒授受之古文，而信晚晉突出之古文，且以《舜典》《汩作》《九共》二十四篇爲張霸之徒所僞造。不知張霸所僞造乃《百兩篇》，在當時固未嘗售其欺也。

這裏由兩種篇目的對照，十六篇傳授之可信，非張霸所僞造之《百兩篇》，使人一目了然，確知東晉古文之僞。他這一點所説的，實已超邁前人，而可以使案情大白，更加以其他的例證，故我們實可以説他比梅鷟進步得多了。他又曾統計古文四十六卷五十八篇的卷篇的計算，不過所述尚不如王鳴盛之精，我們再看王氏《尚書後案》便更可了然。（王氏《尚書後案》關於篇目之計算前已具引）

（7）僞《古文尚書》文體上之可疑。關於這一點，閻氏在《疏證》卷八第一百十四《言朱子於古文猶爲調停之説》，即是根據文體來判斷真僞，他有一段話説：

> 余謂《尚書》中如《堯典》《皋陶謨》可稱秀才文章，但不可以之擬《微子之命》《蔡仲之命》《冏命》諸篇，何者？諸篇古文，故古文自易曉，如殷三《盤》、周八《誥》，則與獄辭相類，蓋俱今文，試問二十五篇，有一似此否？此亦今古文斷案處。

他曾有一次向他的朋友馬驌宣傳僞古文之可疑，於是馬驌當他面前曾作過一次"射覆"的游戲，猜中孰爲今文古文，結果馬驌因而也疑古文。（卷八第一百十五《言馬公驌信及古文可疑》），可見文體真也是今古文斷案處。不過閻氏曾説：

> 天下事由根柢而之枝節也易，由枝節而反根柢也難。竊以考據之學亦爾。予之辨僞古文，喫緊在孔壁原有真古文爲《舜典》《汩作》《九共》等二十四篇，非張霸僞撰。孔安國以下，馬、鄭以上，傳習盡在于是。《大禹謨》《五子之歌》等二十五篇，則晚出魏晉間，假託安國之名者，此根柢也。根柢在手，然後以攻二十五篇，其文理之疏脱，依傍之分明，節節皆迎刃而解矣。不然，僅以子史諸書仰攻聖經，人豈有信之哉？（卷八第一一三）

這是他所以成功的地方。他對於文體上之可疑，因爲這不是根柢，他所説的，還不如後來崔述在《古文尚書辨僞》中説得好。

（8）僞《古文尚書》文義上之可疑。這是就僞《古文尚書》文理之疏脱，依傍之分明，來考辨僞古文《尚書》的贋僞的。這雖然不是根柢上的問題，然而可以助證僞古文本之出於假託，證據是多多益善的。閻氏在這一方面的成就也極超邁前人，而值得令人信服。現在將他在全書中所説的再細分爲八項述之於下：

a. 不合古籍。梅氏所舉諸證，已足證明僞《古文尚書》之與古籍不合，閻氏對於此點所述尤詳，例如卷一第九《言〈左傳〉德乃降之語，今誤入〈大禹謨〉》云：

> 文有承訛踵謬，歷千載莫覺其非，而一旦道破，令人失笑者。古文《大禹謨》"皋陶邁種德，德乃降"二句是也。……《左氏》莊八年：夏，師及齊師圍郕，郕降于齊師。仲慶父請伐齊師，公曰："不可。我實不德，齊師何罪？罪我之由。《夏書》曰：'皋陶邁種德，德乃降。'姑務修德，以待時乎？"秋，師還。杜預注"皋陶邁種德"一句曰："《夏書》，逸《書》也。"注"德乃降"一句曰："言苟有德，乃爲人所降服也。……""德乃降"之爲莊公釋《書》之語，皆歷歷有證，而僞作古文者一時不察，並竄入《大禹謨》中，分明現露破綻。

又如：閻氏在第十《言〈論語〉孝乎惟孝爲句，今誤點斷》云：

> 《書》有句讀，本宜如是，而一旦爲晚出古文所割裂，遂改以從之者。《論語》"《書》云孝乎惟孝，友于兄弟，施于有政"三句是也。何晏《集解》引漢包咸《注》云："孝乎惟孝，美大孝之辭。"是以"書云"爲一句，"孝乎惟孝"爲一句，"友于兄弟"爲一句。……僞作《君陳》篇者，竟將"孝乎"二字讀屬上，爲孔子之言。歷覽載籍所引《詩》《書》之文，從無此等句法。……然則載籍中亦有"孝乎惟孝"句法耶？余曰："有之。"《仲尼燕居》："子貢曰：'敢問將何以爲此中者也。'子曰：'禮乎禮'，夫禮所以制中也。""禮乎禮"非此等句法耶？僞作古文者不又于句讀間現露一破綻耶？

b. 不合史例。例如卷五第五十四《〈泰誓〉上惟十有三年春繫以時非史例》云：

> 朱子有"古史例不書時"之説，以二十八篇《書》考之：如《康誥》"惟三月哉生魄"，《多方》"惟五月丁亥"，書三月、五月皆不冠以時。《洪範》"惟十有三禩"，《金縢》"既克商二年"，書十三

禩、二年,皆不繼以時。……今晚出《泰誓》上開卷大書曰"惟十有三年春",豈古史例也?(頁一二)

c. 不合事實。例如卷七第一百四《言太康失國時母已不存,五人御母以從乃妄語》云:

　　五子之歌……"厥弟五人,御其母以從",……必無是物也。……也。……啓生,……歷堯之崩,俄而禹崩,即啓即位,……年已八十九矣,所以享國僅七年,壽九十五而終。……又歷太康十九年,……方有失國之禍,使啓若存,壽一百一十四歲。……然則太康失國之時,固已無復母存矣。

d. 不合典禮。例如卷四第六十二《言〈周官〉從漢〈百官公卿表〉來不合〈周禮〉》云:

　　一代有一代之官名,與其職任不得相混,竊以唐虞時四岳自官名,百揆非官名也。……偽作《周官》者不通此義,竟認百揆與四岳俱官名,曰:"内有百揆、四岳。"其殆昔人所謂圖對偶親切者歟?

e. 不合曆法。例如卷六上第八十一《言以曆法推仲康日食〈胤征〉都不合》云:

　　余向謂偽作古文者,略知曆法。當仲康即位初有九月日食之變,遂以瞽奏鼓等禮當之。……今余既通曆法矣……推算,……則仲康始即位之歲,乃五月丁亥朔日食,非"季秋月朔"也。……在位十三年中,惟四年九月壬辰朔,日有食之。却又與經文"肇位四海"不合。

f. 不合地理。例如卷六上第八十五《言武成認商郊牧野爲二地》云:

　　今文《牧誓》篇"王朝至于商郊牧野,乃誓"。牧野在朝歌之南,即商郊地,猶有扈氏之郊名甘云爾,非二地也。故誓師之辭曰"于商郊",不必復言牧野。《詩·大雅》曰"矢于牧野",又曰"牧野洋洋",即不必言商郊。偽作《武成》篇者,昧于此義,敘武王"癸亥,陳于商郊,俟天休命。甲子昧爽,受率其旅若林,會于牧野"。似武王于癸亥僅頓兵商郊,次日甲子昧爽始及牧野誓師,誓已而戰。一地也,分作兩地用之,可乎?

g. 不合訓詁。在卷四第五十六《言〈爾雅〉解鬱陶爲喜,今誤爲憂》是一條很有名的例。他說:

　　又余向謂文有承訛踵謬,千載莫知其非,而一旦道破,真足令人笑者。不獨《大禹謨》之于《左傳》,抑且見《五子之歌》之于《爾雅》矣。《爾雅·釋詁》篇："鬱繇，喜也。"郭璞注引《孟子》曰："鬱陶，思君。"《禮記》曰："人喜則斯陶，陶斯咏，咏斯猶。"猶即繇也。邢昺《疏》："皆謂歡悅也。"鬱陶者，心初悅而未暢之意也。又引《孟子》趙氏注云："象見舜正在床鼓琴，愕然，反辭曰：'我鬱陶思君，故來。爾，辭也。'忸怩而慚，是其情也。"又引下《檀弓》鄭注云："鬱陶，陶也。"據此則象曰"鬱陶思君爾"乃喜而思見之辭，故舜亦從而喜曰："惟茲臣庶，汝其于予治。"《孟子》固已明下注腳曰："象喜亦喜。"蓋統括上二段情事，其先言象憂亦憂，特以引起下文，非真有象憂之事。大凡凶惡之人僞爲憂尚易，僞爲喜實難，故象口雖云然，而色則否，趙氏《注》一段頗爲傳神。僞作古文者一時不察，並竄入《五子之歌》中，曰："鬱陶乎予心，顏厚有忸怩。"不特叙議莫辨，而且憂喜錯認，此尚可謂之識字也乎？

這裏閻氏所云，在後人雖有不深以爲然者（見王先謙《詩三家義集疏·王風·君子陽陽》），但是這叙議莫辨，憂喜錯認，僞作古文者實不能辭其責。

h. 不合義理。關於這一點，閻氏在卷四第六十三《言〈泰誓〉有族誅之刑爲誤本〈荀子〉條》云：

嗚乎！痛哉，作僞《書》者可謂之不仁也乎！古未有夷族之刑也。即苗氏之虐，亦只肉刑止爾，初何嘗舉人之三族而殲絕之？有之，自秦文公二十年始。……僞作古文者，偶見《荀子》有亂世"以族論罪，以世舉賢"之語，遂竄入《泰誓》篇中。無論紂惡不如是甚，而輕加三代以上以慘酷不德之刑，……苟一詳思，未有不痛其言之易者。我故曰：作僞《書》者，可謂之不仁也乎！

這實在是由不仁的觀點來責僞古文者。他在卷七第九十八《言〈泰誓〉聲紂之罪，詬厲已甚，必非聖人語》中，也是就義理而論晚《書》之僞。不過如此類之論證，閻氏所說的也只一二條，不及其他論證揭發之多。

閻氏在《疏證》中尚有指摘作僞古文者對一些材料忘了採用的地方，例如《史記》有"《夏書》曰"，《說文》有《虞書》《商書》《周書》等曰（卷五下第七七、第七八兩證），這不過指出作僞之疏忽，不可以爲僞證。

我們只看以上所舉的許多例證，也可以想見僞古文經閻氏這樣堅強而又細密的考證，已經立足不住。閻氏此書一出，雖然在當時以及後來不免還有反駁的論調，但是這僞古文一案，總算經閻氏而大白，大家公認東晉古文爲僞古文，而江藩述《漢學師承記》直以閻氏列於最前，可見他的《疏證》在當時是如何令人信服的。

在閻氏以後繼續考證僞古文者，有程廷祚的《晚書訂疑》（説詳下）及惠棟的《古文尚書考》。惠氏也是用逸《書》篇目與僞古文《書》篇對照，惠氏又有辨正混逸《書》與張霸僞《百兩篇》爲一之誤等共四條，證孔氏逸《書》九條，辨梅氏增多古文之僞十七條，辨《尚書》分篇之謬一條。

惠氏《古文尚書考》的下一卷是仿梅鷟《尚書考異》而爲僞古文尋出來歷，所考也較梅書爲密。惠氏之後，王鳴盛《尚書後案》一書，對於僞古文也攻擊不遺餘力，王書最有功績的地方是將僞孔傳本模仿《漢志》所載孔壁古文卷數、篇數的異同盡量揭發出來，使我們可以知其貌同而實異。他辨僞《孔序》"增多伏生二十五篇""並《序》凡五十九篇爲四十卷"説：

此段皆作僞者輾轉遷就之詞，其謬不可勝言。何則？伏生之《書》二十九，歐陽則《太誓》分出二篇爲三十一，夏侯仍爲二十九，至杜林、衛宏、賈逵及馬、鄭，則用歐陽本，又分出《盤庚》二、《康王之誥》一，爲三十四。而從無所謂三十三篇者。有之，自僞《書》始。孔壁增多之《書》十六，內《九共》出八爲二十四篇，而從無所謂二十五篇者。有之，亦自僞《書》始。蓋作僞者貪《太誓》文多，易于剽襲，既已別撰三篇，乃于伏《書》去其《太誓》，則三十四者僅存三十一。又于其中妄分《舜典》《益稷》，于是遂爲三十三矣。至增多之《書》雖亡，其篇目、篇數，鄭具述之。作僞者豈不欲照彼撰之？無奈中有《汩作》《九共》等，皆不能憑空構造，故不得已只就其有可據摭依傍者，綴集以成篇，而不顧其與鄭所述不合，于是遂爲二十五矣。夫真《書》五十八篇，僞《書》亦五十八篇，其篇數似合，而不知真《書》乃三十四與二十四爲五十八，僞《書》則三十三與二十五爲五十八，此篇數似合而實不合也。真《書》四十六卷，僞《書》亦四十六卷，其卷數似合，而不知真書三十四篇內，《盤庚》三篇同卷，《太誓》三篇同卷，《顧命》《康王之誥》二篇同卷，實二十九卷，二十四篇，內《九共》九篇同卷，實十六卷，共四十五卷耳。桓譚《新論》云"古文《尚書》舊有四十五卷，爲五十八篇"是也。《漢書·藝文志》云四十六卷者，兼《序》言之，而僞《書》乃除《序》爲四十六，此卷數似合而實不合也。作僞者既欲同于真《書》之篇數、卷數，而無如不能盡合，進退兩無所據。《疏》曲爲附會，乃援伏《書》之《序》在卷數外以爲例，一若以《藝文志》所載《序》即在卷數內爲非者然。然則何以篇數、卷數又必有意曲與之合也。（《經解》卷四三四上，頁六~七）

王氏又談到同序同卷的問題，根據伏書來駁僞孔也是很重要的。他又糾正閻書統計篇數、卷數之訛誤，實可以說是閻書的功臣諍友，其原文前已詳引，兹不贅。

王氏以後，辨僞古文者有崔述及其弟崔邁（有《讀僞古文尚書札記》），崔述著有《古文尚書辨僞》一書，他由《史記》來觀察僞古文而說：

> 按真古文《尚書》二十八篇，《史記》全載其文者十篇，載其半者四篇，略載其大意者八篇，其未載者《周書》六篇而已。蓋此十四篇者，誥體爲多，文辭繁冗，而罕涉于時事，故摘其略而載之，或竟不載，從省之也？《皋陶謨》載矣，《大禹謨》何以反不載？《甘誓》《湯誓》《牧誓》皆載矣。《泰誓》何以獨不載？《呂刑》衰世之法猶載之，《周官》開國之制而反不載？至于《武成》乃紀武王伐商之事，尤不容以不載。然則司馬氏之未嘗見此書也明矣。夫遷既知有古文而從安國問故矣，何以不進取而觀之？安國既出二十八篇以示遷矣，即何吝此二十五篇而秘不以示也？然則此二十五篇不出于安國，顯而易見。

這雖是發揮梅氏"《史》《漢》所載絕無二十五篇影響"之說，而實精悍絕倫，發前人所未發。他又從文體來看，以爲：(a)《大禹謨》與《皋陶謨》不類，《皋陶謨》高古謹嚴，《大禹謨》則平行淺易。(b)《五子之歌》《胤征》與經傳所引同者外，皆淺陋不成文理。(c)《泰誓》三篇與《湯誓》《牧誓》《費誓》皆不類；《湯》《牧》二誓，和平簡切，《泰誓》三篇則繁冗憤激，而章法亦難亂。(d)《仲虺之誥》《湯誥》《武成》《周官》與《盤庚》《大誥》《多士》《多方》皆不類；《盤庚》諸誥，詰屈聱牙之中具有委婉懇摯之意，《仲虺》三誥則皆淺易平直。(e)《伊訓》《太甲》《咸有一德》《旅獒》與《高宗肜日》《西伯戡黎》《無逸》《立政》皆不類，《伊訓》《太甲》諸篇在《肜日》《戡黎》前百餘年，乃反冗乏平弱。《周書》之《旅獒》乃與《伊訓》等篇如出一手。(f)《説命》《微子之命》《蔡仲之命》《君陳》《畢命》《君牙》《冏命》與《顧命》《文侯之命》皆不類，而淺陋尤甚。

說得這樣詳盡，也是前人所不及的。後來孫星衍更搜集證據而爲之說曰：

> 今考梅賾《書》，篇數與古不相應，采會《書傳》又多舛錯。或非經文而以爲經，（"水、火、金、木、土、穀"四句乃郤缺之語；"德乃降"莊公之語；"于父母"長息之語；"兼弱攻昧"，隨武子引武之《善經》，下云兼弱也；隨武子釋《仲虺》之言："推亡固存"，中行獻子及子皮之言。而皆誤作經文）或非《傳》義而以爲《傳》。

（孔安國注《論語》"予小子履"四十五字云，此伐桀告天之文，《墨子》引《湯誓》，其言若此，僞傳以爲《湯誥》。安國又注《論語》，"雖有周親，不如仁人"，以周親爲管、蔡，仁人爲箕子、微子，僞傳則云："周，至也。言紂至親雖多，不如周家之多仁人。"）或以此篇爲彼篇。（"舜往于田，號位于旻天"，《舜典》文，而以爲《大禹謨》；"惟彼陶唐"四句，賈、服解爲夏桀之時，而以爲《五子之歌》；"葛伯仇餉"，《湯征》文，而以爲《仲虺之誥》；"惟尹躬先見于西邑夏"，鄭云《尹告》則《咸有一德》文而以爲《太甲》；"厥篚元黄"，《允征》文；"殪戎殷"即"壹戎衣，"《中庸》篇引《康誥》文，而以爲《武成》）或以此言爲彼言，（《孟子》言舜舍己從人，而以爲舜稱堯，《太平御覽》引《尸子》曰："舜云：'從道必吉，反道必凶，如影如響。'而以爲禹言)或背于典禮，（《九歌》啓樂而爲禹言；古制天子駕四而云"六馬"；夏、商五廟而云"七廟"；日食在夏四月始伐鼓用幣，而云在"季秋月朔"；虞官五十而以爲百，周司徒掌十二教而云敷"五典"；太僕正于群僕，侵太馭之職）或乖于史例，（《尚書》例不書時，至《春秋》乃日月時年皆具，而《泰誓》有十三年春之文；越日皆從本日數，丁未越三日則爲己酉，而《武成》有越三日庚戌之文）或謬于是非，（分北三苗，遏絶苗民，皆見于書，而以爲七旬有苗格；五子即五觀淫佚失家之人，而以爲述戒作歌）或叙事而失詞，（《孟子》："象曰，'鬱陶思君爾'"，下云"忸怩"，叙事之詞；武王曰，"無畏寧爾也，非敵百姓也"，下云"若崩厥角稽首"，亦叙事詞，而以爲五子及武王之言；成王命蔡仲而稱乃祖）或重文爲二字，（斅即學字，而作"斅學半"，古今字並用，《禮記》俱作學也）其他經義，大異史遷所從孔安國問故之文，與顯背鄭説者，益更僕難數。（《古文尚書馬鄭注序》）

我們看孫氏在此處所説很可以見出僞古文的破綻之多，其假象是無論如何再也隱藏不住了！

僞古文一案，從南宋的吴棫、朱熹説起，經過明末清初的梅鷟、閻若璩而案情大白，降而至於惠棟、王鳴盛諸人加以補充證明，其作僞的證驗雖已次第考辨出來了，而對於作僞的人物則尚無定説。梅氏在《尚書考異》中説：

> 東晉之古文乃自皇甫謐而突出，何者？前乎謐而授之，曰鄭冲，曰蘇愉，曰梁柳，而他無所徵也。冲、愉又授之何人哉？冲、愉有片言隻字可考證者哉？此可知其書之杜撰于謐而非異人，一也。後乎謐

而上之者曰梅賾，而乃得之梁柳，柳即謐之外兄，亦可知謐之假手于柳以傳而非異人，二也。至其作《帝王世紀》也，凡《尚書》之言，多創爲一紀以實之，此其用心將以羽翼是書而使之可以傳遠，則其情狀不可掩矣，尚何疑哉？

這是以爲作僞者爲皇甫謐。閻氏《疏證》雖屢云僞《孔傳》本是"魏晉之間假託者"（卷二頁一），"孔傳出於魏晉之間"，他對於梅氏的意見是不大以爲然的。他説：

> 梅氏之論如此，余復考之《正義》引《晉書》晉太保公鄭冲以古文授扶風蘇愉，字休預"，以授《書》在其暮年，與上《論語》時不同。上《論語》爲魏光禄大夫，在正始中，魏尚盛。此《書》出于魏晉之間，安得預見之，而載之《集解》？未可以是爲冲誣。然則《書》實始授之冲云。

這似乎以鄭冲爲有作僞的嫌疑，故云"鄭冲以上，則無聞焉"，但是都還是以爲僞古文出於東晉之世的。程廷祚《晚書訂疑》則説：

> 二十五篇與孔氏五十八篇之《傳》，皆非東晉所得有也，何以言之？東晉有李氏撰《集解尚書》十一卷（見《隋志》），其書所解乃漢之僞《泰誓》，又每引孔安國注，此見穎達《疏》中，若謂渡江之初，孔書已出，則顯爲《集解》時，必無取于僞《泰誓》，安國既爲二十五篇作《傳》矣，何由復有僞《泰誓》之注？此東晉不見晚《書》與《傳》之確證也。

他主張"晚《書》見於宋元嘉以後"，他的論證是以范蔚宗《後漢書》、徐廣《史記音義釋》、裴松之《三國志注》都不引僞古文，"此三君子皆終於元嘉之世者也。"這又是很特别的一種説法。僞古文的作者，在清代初猶無定論可見。這個問題的解決要算是到了丁晏作《尚書餘論》，他才以爲《古文尚書孔傳》見王肅《家語·後序》，又見於《孔叢子》，皆爲一手僞作，其説曰：

> 王肅《家語·後序》云："孔安國，字子國，天漢後，魯恭王壞夫子故宅，得壁中《詩》《書》，悉以歸子國，子國乃考論古今文字，撰衆師之義，爲古文《論語訓》十一篇，《孝經傳》二篇，《尚書傳》五十八篇，皆所得壁中科斗本也。"……《家語》本肅所僞撰，則此古文書傳亦肅所私造而託名安國者也。且《後序》一篇，所言無一可信。魯恭王，漢景帝子，薨于元朔元年，不得至天漢之後。劉子政，經學大儒，如有聖裔著書，豈得不記？《家語》爲王肅私定，巧爲彌縫，其僞可立見也。《漢·藝文志》言古文《尚書》與《論語》

出孔子壁中，孔安國悉得其書獻之，並不言作《傳》。……遍考兩漢之書，無有言安國作《傳》者，獨《家語·後序》言之，此肅之臆造也。

這是一方面由《家語》《孔叢》立論，一方面又由兩漢之書無有言安國作《傳》者，獨《家語》《孔叢》言之，可見偽《孔傳》本乃是王肅所作，王肅善造偽書，《家語》《孔叢》並其所偽，則他偽造《孔傳》，是極可相信的。丁氏更依據王肅注書多同《孔傳》，始見於唐陸氏《釋文》，再見於唐孔氏《正義》，三見於唐劉氏《史通》，四見於宋董逌《廣川書跋》，而論定王肅私造古文以難鄭君，並《論語》孔注皆肅一手偽書，《古文尚書傳》與王肅注多同，唐孔穎達實見之，備載於《疏》，足證《書傳》為肅所造。他所舉的證據是再確實也沒有了，他的說法行世以後，一般的都是贊同其說，所以偽古文一案可說是到丁晏而論已定。

以上我們說的攻辨偽書的人，從吳棫算起已有十餘家，在清代還有莊存與《讀書既見》，姚鼐《書說》，黃冕《尚書記疑》，孫喬年《古文尚書證疑》及其他信奉閻若璩、丁晏之說者，真是難以枚舉。但是擁護偽古文者也仍有人在，梅氏書出，而陳第著《尚書疏衍》，要求推翻梅氏之說，閻氏書出，而毛奇齡著《古文尚書冤詞》，想來推翻閻氏之說，其他如：陸隴其《古文尚書考》，顧昺《書經札記》，郭兆奎《心園書經知新》，徐世沐《尚書惜陰錄》，江昱《尚書私學》，茹敦和《尚書未定稿》，王劼《尚書後案駁正》，張崇蘭《古文尚書私議》，林春溥《開卷偶得》，王谷塍《重論文齋筆錄》，邵懿辰《尚書通義》等，都是擁護偽古文的。至清末光緒時，黃岡洪良品著《古文尚書辨惑》（四種），吳光耀著《古文尚書正辭》，王照著《表章先正正論》，不惟擁護偽古文而且遍攻閻若璩以下諸家之說，為毛氏張目。這些人的意見，本是站在聖經的立場，害怕《古文尚書》之將廢，而故意地強詞奪理來為偽古文辯護，他們的見解是不值識者一駁的。現在我們將其較著者毛、洪、吳諸家之說略引一下來看。

辨偽古文的喫緊處是在晚出《書》二十五篇與所謂孔壁古文十六篇篇數的不同，但是他們以為：二十五篇與十六篇之異乃係"彼此分並各有不同"，例如洪良品說：

劉向在宣帝神雀五鳳間觀校中古文已云古文五十八篇，著之于《別錄》，則二十九篇去偽《泰誓》一篇，計之當云得多三十篇，何以云得多十六篇也？蓋實為同序同卷、異序異卷之故，班《志》略而不言耳。且班亦注為五十七篇，鄭《贊》釋以後亡其一篇，是亦仍用安國五十八篇之數，而《序》云增多二十五篇，此云得多十六篇，要均爲四十六卷，蓋彼此分併各有不同，亦如今文有二十八篇、二十九篇、三十篇、三十一篇、三十三篇、三十四篇之異。此自古書常例，不足怪耳。

他們以爲二十五篇如依同序同卷之例，則可合併爲十六篇，洪良品《古文尚書辨惑》説：

> 諸家特泥于漢《志》之四十六卷，劉向《別録》之五十八篇耳。不知古書爲卷，分併各有不同。一今文也，爲二十八篇，爲二十九篇，爲三十篇，爲三十一篇，爲三十三篇，爲三十四篇，分數無定，豈亦有誤字耶？其云四十五卷者，乃舉總計之數，其云十八篇者，乃舉增多之數。總計之數，今不可考。分篇之數，毛奇齡嘗定之。其言曰："五十八篇既以一序爲一篇，作四十六卷矣。茲又除伏《書》三十三篇，但以孔壁二十五篇就序分之，《太甲》《説命》《泰誓》九篇共三序，應去六篇，伊尹《咸有一德》以無序，語不成序，當附《太甲》篇内，與'咎單作《明居》''周公作《立政》'同，又去一篇，凡二十五篇，共去七篇，爲十八篇。"

又説：

> 增多二十五篇，凡十八序。應十八篇，其言十六，何也？毛奇齡曰：《大禹謨》與《皋》《益》三篇同序，則一序不當兩出，又二十九篇内本有《泰誓》，則此增多之《泰誓》又當以抵伏《書》篇數，去此兩序，實得十六序，則十六篇矣。苟明于二十五篇之即爲十六，自不必别求二十四篇以當真古文，而《正義》所謂僞《書》者，更無容鑿空臆斷，目爲康成所受矣。（卷二頁十）

吳光耀《古文尚書正辭》則説：

> 二十五篇其實數，劉歆、班固作十六篇者，自著録家並各以意併棄，定名爲十六篇可，謂二十五篇亦可。何與經義？

他們以爲彼此分併各有不同，妄以今文爲例，殊不知今文分併之不同，是有痕跡可尋；他們以二十五併爲十六篇，則是毫無根據，即以毛、吳兩説即已各不相同，而且理由並不充分，是不能推翻閻氏之説的。

辨僞古文的喫緊處又在於馬、鄭所見古文爲真古文，而非張霸所僞之《百兩篇》。但是他們以爲馬、鄭所見並非孔壁古文而是杜林所傳之漆書古文。毛奇齡在《古文尚書冤詞》中説：

> 若賈、馬、鄭三人原非孔學，雖賈逵父賈徽曾受《書》塗惲，

是古文正派，而其後逵與馬、鄭則皆受杜林漆《書》之學。雖名爲古文而實與孔壁古文不同，一是漆書，一是壁經也。

殊不知《後漢書》明説"逵悉傳父業"，不得謂與孔壁不同。《後漢書·儒林傳》也説"扶風杜林傳《古文尚書》"，不得説馬、鄭所見非孔壁古文，所以毛氏所説不能成立。吴光耀則説：

馬、鄭傳漆《書》古文三十四篇而已。未嘗增益《汩作》等二十四篇，強合漢《志》五十八篇之數。不以增益，故其本別行。唐時馬、鄭、王漆書古文皆存，獨整整亡此二十四篇，故孔冲遠等僅得其目于鄭注《書序》，其文亦止略見引于鄭注《書序》《毛詩箋》，蓋馬、鄭本百篇之叙合爲一卷，今文所無者注曰逸，已亡者注曰亡，此二十四篇下注曰逸，故知僞逸《書》是此二十四篇。（《古文尚書正辭》卷六）

吴氏以爲這二十四篇"《正義》謂張霸之徒僞造，吾則疑爲霸害之殘缺者，適得二十篇"。而洪良品則直從《正義》之説，以爲二十四爲張霸之徒所僞造，出於康成之後。他説：

漢僞古文有二。其一爲張霸《百兩篇》："分析合二十九篇以爲數十，又采《左氏傳》《書序》爲作首尾，篇或數簡，文義淺陋，劉向以中古文校之，非是，乃黜其書。"此其僞，人無異辭，無待辨者也。乃有書非張霸，襲張霸之故智而爲之者，《孔疏》斥爲張霸之徒僞造古文二十四篇是也。彼其審定《漢志》，知爲十六篇，又依《書序》鼇爲同序同卷，異序異卷，自以爲無瑕可指矣。而豈知其前後歧出之間，往往齟齬而不合？請試言之。《九共》九篇既以同卷計，此依《書序》同序同卷例也。而《書序》《汩作》《九共》同序，《大禹》《皋陶謨》《益稷》同序，《伊訓》《肆命》同序，亦當以同卷計，則篇數不得另算。除此數篇，數即不符，其僞一。漢人初行民間僞《泰誓》，馬融歷引傳記所述，知古文有真《泰誓》，而二十四篇無之。閻若璩知其如此，輒私補入，又與原目不合，其僞二。《周禮·保氏序官疏》引鄭氏曾與趙商論周官師保之文，則古文有《周官》，鄭已知之，二十四篇果爲鄭所注，何以無此一篇，其僞三。二十四篇既云是鄭注，其出于康成之後可知，何以鄭注《書序·武成》云："建武之際亡"，注《緇衣》引尹吉"《書序》以爲《咸有一德》今亡"。而二十四篇有之，則非鄭所述明矣。其僞四。《九共》寥寥三語，見于《尚書大傳》，尚至今存；若煌煌九篇，全文豈有出而復亡之理？

且《九共》數語，鄭尚注之；九篇全文，鄭果有注，何以不傳一字？其僞五。

此處洪氏所提出之五證，其大前提謂"乃有書非張霸而係襲張霸之故智而爲之者"。這在史傳毫無記載，純係臆測之言，是不能成立的。其所謂同序同卷之例，與伏生今文不合，這是僞孔後來造成的例子，不可以繩二十四篇，故其所謂"僞一"不能成立。馬融並非知古文有真《泰誓》，特晚出之《泰誓》與傳記所引之《泰誓》不合，馬融云"吾見傳記"，非引據真《泰誓》可知。其所謂"僞二"亦不能成立。鄭與趙商論師保亦非據《周官》。其所謂"僞三"不成立。鄭注《咸有一德》云亡，與注《書序》言"《武成》建武之際亡"，其意義實相近，二十四篇不惟可有《咸有一德》，抑且本有《武成》，故鄭雖云亡，仍可以見其本見二十四篇以爲說，非二十四篇出於康成後也。其所謂"僞四"實不能成立。鄭注《尚書大傳》，並無注二十四篇事。其所謂"僞五"尤不能成立。總之，他們要翻僞古文一案，在篇數上，他們既是強詞奪理，先變二十五爲十八，再由十八變爲十六，於古毫無證驗，而所說亦無定憑，張霸僞《書》，明在鄭玄以前，而硬說二十四篇爲霸《書》之殘缺，或張霸之徒所僞，都無確據，而且所提出的理由，都是站不住的。

關於僞古文是否爲王肅所作，說亦不一。陳漢章有《西晉有書孔傳說證》謂：

《隋書·經籍志》："東晉豫章内史梅賾，始得安國之傳奏之。"《經典釋文·敘錄》同。《晚書訂疑》更疑二十五篇出宋元嘉初，皆非也。杜預議《禮》，郭璞注《爾雅》，皆引《書傳》。景純卒於明帝太寧甲申，猶在元帝之後；元凱卒於武帝太康甲辰，生於魏文帝黃初壬寅，假令時無《孔傳》，何由引"信默"之文以說"亮陰"，其證一。《孔傳序》云："太康元年，汲郡發冢得古書，皆科斗文字，藏在秘府。"《正義》引王隱《晉書·束晳傳》云："太康元年汲郡民得竹書漆字科斗之文，表藏秘府，詔以隸字寫之。"今本《晉書·束晳傳》稱："太康二年，晳在著作，得觀竹書，隨疑分釋。"然則晳校竹書，正如僞孔之隸古定，能讀古文，故引壁中《書·盤庚序》"將始宅殷"。《隋志》云：永嘉以後，絕無壁中古文，是壁中古文即孔傳，其證二。《尚書正義》稱古文安國注歷及魏晉，方始稍興。引《晉書》云：鄭沖以古文授蘇愉，愉授梁柳，柳爲皇甫謐姑子外弟。謐得《古文尚書》，故作《帝王世紀》，往往載《孔傳》五十八篇之書。考元晏生漢生建安乙未，卒晉太康壬寅。《毛詩·玄鳥·正義》

《水經·汳水注》並云：皇甫謐稱引古文《仲虺之誥》，《後漢書·逸民傳》又引謐稱孔安國《書注》之說，其證三。《周書·立政·正義》云，鄭玄以爲三亳、阪尹者共爲一事，皇甫謐以爲三亳三處之地。蒙爲北亳，穀熟爲南亳，偃師爲西亳。《商頌·玄鳥·正義》詳引謐說，殷有三亳，二在梁國，一在河洛之間。穀熟南亳即湯都。蒙爲北亳，即景亳，是湯所受命。偃師爲西亳，即盤庚所徙者。《太平御覽》卷八十三引《帝王世紀》又云：商盤庚徙都殷，始改商曰殷，今偃師是也。《水經·穀水注》引皇甫說同。蓋謐雖引《書序》"將治亳殷"，實據壁中書"將始宅殷"，與束廣微所見本同。但一以爲河北，一以爲河南耳。其證四。且《晉書·職官志》《宋書·百官志》並云晉初承魏制，置博士十九人，及江左初，減爲九人。又云皆不知掌何經。今據《晉書·荀崧傳》稱：泰興中，置《周易》王氏，《尚書》鄭氏，《古文尚書》孔氏，《毛詩》鄭氏，《周官》《禮記》鄭氏，《春秋左傳》杜氏、服氏，《論語》《孝經》鄭氏，博士各一人，是江左九博士，所掌經，已可考見。《崧傳》又稱武帝時十九博士，有賈、馬、鄭、杜、服、孔、王、何、顏、尹之徒，其餘不詳，數之似止十人。然所謂王者王肅，非王弼（弼《易注》江左始立，見《南齊書·陸澄傳》），《三國·魏志》言，肅爲《尚書》《詩》《論語》《三禮》《左氏解》及撰定父郎所作《易傳》，皆立于學官。則王郎《易》，王肅《書》《詩》《三禮》《論語》《左氏傳》已有六人，加以鄭《易》《書》《詩》《三禮》，孔、賈、馬《書》，賈、服、杜《左氏春秋》，顏安樂《公羊春秋》，尹更始《穀梁春秋》，何晏《論語》，適得十九人，所掌經一一可考，烏得云不知掌何經？由是知武帝時十九博士即有《尚書孔傳》，故當時人士稱引之，其證五。唐著《晉書》，不著梅賾獻《書》事，殆亦以此五證而疑之歟？（《國故》第四期）

這是補充丁晏《尚書餘論》的意見，而以爲西晉有《尚書孔傳》，近人吳承仕或根據孔、王異同，以爲僞書非出王肅，以爲孔《疏》引《晉書》，謂傳自鄭沖較爲可信，其剽竊肅注，沖之徒所爲也。而"以此書之成，實分數期：存篇僞《傳》最早，元凱紹統（《續漢書·祭禊志》注晉武帝初司馬紹統表引孔安國說）所見，郭景純《爾雅》'鳥鼠同穴'注所引是也。僞逸篇次之。士安所見《仲虺之誥》，景純《釋詁》注引《大禹謨》《太甲》二篇，經文是也。然二十五篇亦非同時所成。僞逸篇之《傳》又次之，景純《釋畜注》引孔氏《尚書傳》即《旅獒傳》也。僞《泰誓》、僞《武成》二篇又次之。因《泰誓》爲孔壁所無，河內本又通行於世，《武成》亡於建武之際，明見鄭説，故遷延再四，始行作僞，景純末見僞《武成》，故《釋詁》注引'釗我周王'，但云逸《書》，是其證也。僞目僞序，僞安國《大序》又次之，殆由梅賾奏上時，忽促造成，《堯典》《皋陶謨》之分割，亦在此時"。更謂"王肅僞作《家語·後序》，有安國爲五十八篇作《傳》之文，近人據爲子雝作僞之證，竊意此乃子雝懸擬之文，意謂安國雖作《傳》而已先亡，鄭冲之徒乃僞造以實其言，否則此序東晉以後僞作，二者必居其一"。其實這些説法，都不及丁晏之説，因爲《家語·後序》明言孔安國作《傳》，如果不是王肅所僞爲，則《家語》《孔叢》何以一再叙及《孔傳》？吳承仕以《家語·後序》爲東晉僞作，或説《孔叢》之作，疑其出於王學之徒，其立證並不足憑。我們還當依丁説以爲僞《孔傳》出於王肅。

## （二）孔壁古文《尚書》之僞證

梅賾僞孔傳本乃王肅所僞造，這在清儒已爲考明，而且已成爲定案了。其實孔壁古文也是僞造的，這在近來也可以説成爲定案。梅鷟在《尚書考異》中説：

> 今按《漢書》與《史記》異者數處：古文經四十六卷，《史記》無此句；孔子纂書凡百篇而爲之序，《史記》無此句；魯共王壞宅以書還孔氏事，《史記》不載；孔安國得《古文尚書》多十六篇，安國獻之，遭巫蠱事，未列于學官，《史記》不載；二十九卷，《史記》作二十九篇，蓋一篇爲一卷也，《漢書》與《史記》不同者若此，宜從《史記》爲當。（卷一頁三）

又説：

> 太史公未嘗言孔安國《書》出于壁藏，既曰頗能言，又曰蓋《尚書》滋多于此矣，其言容有抑揚哉！

這是由《史》《漢》的對照而於孔壁得多十六篇之説，從其來源上加以懷疑。程廷祚著《晚書訂疑》亦有一段，懷疑孔壁古文之説爲劉歆所僞造，他説：

> 夫先漢言古文之淵源者三家，謂安國得逸《書》十餘篇而不言獻者，太史公也；謂安國獻之，遭巫蠱未立于學官者，班固也；謂獻之于天漢之後者，劉歆也。案魯恭王以景帝前三年王魯，好治宮室苑囿，時黃老方盛，儒術未興，不知尊孔子，恭王壞孔子宅，得古文經

傳，疑在景帝之末，《藝文志》以爲武帝末者，字之訛也。武帝即位之初，十餘年中，崇儒興學，而安國適爲博士，其獻書疑在此時，奚爲遲至天漢也。且天漢三年，乃李陵敗降匈奴而史遷受禍之歲也。其時遷著《史記》已七年矣，安國至此尚存，而遽云蚤卒何也。此言顯與《史記》不合。以愚度之，漢代學者，本不知有安國書，其必于立之者，劉歆一人而已。歆無以塞天下之口，故造爲此言；若曰向之未立，非以其書爲不美也，會國有此事云爾。不推之于天漢之後，不能借巫蠱爲說，歆于此蓋亦忘安國之蚤卒，《史記》有明文矣，《儒林傳》不知歆之矯誣，而信爲實然。（《經解》續編一五七）

又說：

荀悅《漢紀》又云：古文《尚書》，武帝時孔安國家獻之，會巫蠱事，未列于學官，未知所據。或荀氏有見于安國之蚤卒，而不能察劉歆天漢以後之誣，故特增"家"字以實其說，近日竹垞朱氏主之。然考安國之書，子長具知其得十餘篇。如《湯征》《湯誥》，復見收于《史記》，則安國生前，何難獻之，而侍身後乎？（同上，頁一六）

這是由劉歆"天漢以後"一語而懷疑到漢代學者，本不知有安國之書，其必欲立之者，劉歆一人而已。孔壁古文的作僞者，已頗見其爲劉歆了，到了清代中業，劉逢祿著《書序述聞》一書更說：

劉歆《移讓太常博士書》始云逸《書》有十六篇，而《書正義》載其目……馬融云："逸十六篇，絕無師說。"則亦《逸周書》之類。未必孔壁中本。且劉歆自造逸《嘉禾》篇"假王莅政，咸和天下"之文，以附會居攝，且出逸十六篇之外，則其作僞亦何所不至？烏知非其增竄，以抑今文博士者乎？

王詠霓（旌甫）《書序考異》亦言：

孔壁所出得多十六篇之名，亦有不可信者。

這兩家之說都是由十六篇的篇名及其內容以證明逸《書》得多十六篇爲劉歆所僞，康有爲在《新學僞經考》中也說：

劉氏已能發歆之僞矣，然猶以爲"亦《逸周書》之類，未必出于孔壁"，則仍爲歆所謾也。……若《舜典》者，《書序》乃有之，伏生、《史記》並爲《堯典》一篇，無二篇之說。……至于《湯誥》，竊于《殷本紀》。推以爲例，則十六篇皆歆所偷竊僞造至明也。……要而論之，安國傳業于兒寬，歐陽、大小夏侯出于寬，其門徒星羅雲布于漢世，而未聞古文十六篇之異說，歆《移》文謂庸生學同古文，

《隋志》謂安國私傳其業于都尉朝，何朝、庸生之幸而寬與司馬遷之不幸邪？考其源流，殆不值一噱也。

他除了從十六篇的篇名與內容來證明十六篇皆歆所偷竊偽造，更由十六篇的傳授來說明，真是，何以兒寬與馬遷不得十六篇之傳，而獨無名的都尉朝與庸生偏得其傳？而且既有其傳，何以馬、鄭在東漢是傳古文《尚書》的，何以偏又說：“逸十六篇絕無師說？”這豈不是很奇怪的事麼？這種現象都適足證明其為劉歆之譾言。

其實所謂壁中古文，在根本上講來，實無其事。在根本上講來，只是劉歆及一般擁立古文的人所虛構之辭。康有為在《新學偽經考》中曾立十證以明其偽。其言曰：

> 壁中古文之事，其偽凡十：秦雖焚書，而六經不缺，孔氏遺書藏于廟中，世世不絕，諸儒以時習之，篆與籀文相承，無從有古文；孔襄為孝惠博士，孔忠、孔武並為博士，亦無從突出于共王之手，其偽一。按《史記·魯共王世家》無壞孔子壁得古文經事，史遷講業齊、魯之都，加性好奇，若有之，必詳述之，其偽二。共王以景帝前二年即位，二十八年薨，為武帝元朔元年，乃武帝初年，《志》云“武帝末”，其偽三。自元朔元年至征和二年巫蠱事起，凡三十六年，武帝崇獎經學，搜訪遺書，安國何為遲數十年致遭巫蠱之時？且安國蚤卒，何得至征和時遇巫蠱？閻若璩《古文尚書疏證》據荀悅《漢紀》“安國家獻之”，然既獻之，何以武帝久不立？歐陽氏不一言之？或據《外戚陳皇后傳》“元光五年，女子楚服等坐為皇后巫蠱祠祭祝詛，大逆無道，相連及誅者三百餘人”，其時安國正為博士，然此後都尉朝等仍可請，何不見也？其偽四。河間獻王亦得古文書，天下遺古文事靡不畢集太史公，何以史遷不見？又此本何傳？與共王出孰先後？本孰同異？增多幾何？何以《志》不叙及？豈有亡失之餘，遺書間出，而篇簡文字不謀而合之理？其為偽造即此已明，其偽五。孔安國以今文字讀古文，縱有壁中書，安國亦僅識二十九篇耳，若何而知為多十餘篇？其偽六。兒寬受業于安國，歐陽、大小夏侯學皆出于寬，則皆安國之傳也。司馬遷亦從安國問故，則使確有古文，確多十六篇，歐陽、大小夏侯皆傳之，則今古文實無異本矣。《儒林傳》云：“遷書載《堯典》《禹貢》《洪範》《微子》《金縢》諸篇多古文說。”凡此皆今文篇，無一增多篇者，所異者乃安國古文說耳。然則古文所異在字，安國仍讀以今文，更無說也。即安國確有其說，亦與

兒寬同傳。且今考史遷載《堯典》諸篇說，實皆今文，以爲古文者妄，其僞七。安國爲得古文之人，爲歐陽、大小夏侯之本師，經應全同，何以有脫簡三，脫字數十，文字異者七百有餘？其僞八。歐陽、大小夏侯既傳安國學，則亦傳古文學，何以無此十六篇，而都尉朝、膠東庸生獨有之？其僞九。安國傳書至龔勝者八傳，至孔光者五傳，至趙玄者七傳（詳《漢書儒林傳辨僞》），以今學經八傳而至勝，古學經三傳而至胡常，即當哀、平世矣，何相去之遠乎？其僞十。比附觀之，蓋不待辭之窮而其僞已露矣。（卷三上頁四七）

崔適《史記探源》亦謂其有五不合，其說曰：

劉歆假託古文《經》《傳》之所出，于《尚書》爲獨詳，今依其說折之。……《五宗世家》魯共王用孝景前二年立，二十六年卒，景帝在位十六年，則共王卒于武帝即位之十一年，即元光五年，武帝在位五十四年，則末年安得有共王？不合者一。孔安國以今文讀之，需歲月幾何？乃越四十餘年，至巫蠱禍作之年而始獻之乎？且安國若有得古文《尚書》事，何以《孔子世家》不言，但曰"安國爲今上博士，遷臨淮太守，蚤卒"？……既云"蚤卒"，安得獻于巫蠱禍作之年耶？荀悅《漢紀》云："安國家獻之。"此"家"字亦知安國之年不及巫蠱禍作而增。然安國有子卬，何以不云孔卬獻之，而于安國下增"家"字，彌縫之跡甚彰，其不合者二。《世家》但曰安國爲博士，不自言從之問故也。自序云："太史公受《易》于楊何，習道論于黃子。"于其父所受業，尚言之甚詳，若遷自從安國問故，何得不言？《漢書·遷傳》亦不言，惟于《儒林傳》言之。且太史公生年亦不及武帝之末，《七略》言武帝末魯共王得古文《尚書》而後安國獻之，遷亦何由從問故耶？不合者三。劉歆《移讓太常博士書》曰："或以《尚書》爲備"。則自歆以前經師所傳，固以孔子所定之書，伏生已備，非殘缺之本也。《史》《漢》皆言歐陽生事伏生，授兒寬，寬又受業孔安國，不言安國所受業，其爲家學可知。歐陽、大小夏侯之學皆自寬出，寬自伏氏出，又自孔氏出，則孔氏之書與伏生同矣。不然寬何不以所異者互補，必待孔壁古文出而滋多耶？伏《書》備則孔《書》亦備，安所得滋多之古文而遷從之問故耶？不合者四。古文說與古文《經》本不同物，《七略》曰："壞孔子宅，得古文數十篇，皆古字也。"《儒林傳》曰："孔安國以今文讀之。"皆古文經，非古文說也。《七略》雖云《尚書傳》四十一篇，不注作者姓名，惟東晉梅賾所上僞孔安國《序》有"承詔作傳"之文，亦非漢儒所及料也。《後漢書·儒林傳》曰："杜林傳古文《尚書》，賈逵爲之作訓，馬融作傳，鄭玄注解。"見于《楊倫傳》末。然則賈逵以後乃始有古文說，太史公何從載之？不合者五。

康、崔二氏所說雖然不無尚須補正之處（如康之第六證），然如他們所提出的武帝末安得有共王這一證，正可以見本無其事，故《史記》不載，而劉歆《移》書以及《漢志》纔都說錯了。《漢志》說武帝末，劉歆《移》書序"至孝武皇帝""時漢興已七八十年"，然後再說"及魯恭王壞孔子宅"，他正是以爲魯恭王壞孔子宅在"武帝末"。我們根據《論衡》考定其事，當在景帝時則可，如說武帝末當爲景帝時，"蓋傳寫之誤也"，則不能兩處都恰好傳寫錯誤，所以這一證是駁不了的。其次如安國果獻書，必不當遲之又久，即解釋爲寫書之故，也不當遲至三四十年，從獻的遲早來看，決定其僞託，實不錯誤。閻氏謂"安國獻之"，國下當有"家"字，這也是考定當如此，而不作爲校勘之例，因爲《漢書》文異不能說恰好都有脫誤，加一"家"字正是荀悅想彌補這種錯誤，所以《漢書》不言孔卬獻之，既不是承上文孔安國言之（《劉歆傳》孔安國獻之上未叙孔安國），更不是"取便文也"。所以這一證也是駁不了的。伏生的分篇法是不按百篇之序的，傳今文《尚書》的之以《尚書》爲備，正是因爲他們不見百篇之《序》之故，並非專已守殘，要裝著不知道。伏書與孔書不同，如果孔安國得多十六篇，不使兒寬以所異互補，而必傳於都尉朝等，有所偏倚，豈非怪事？所以這一證也是駁不了的。《史記》多用今文《尚書》之說，陳壽祺著《左海經辨》已爲發明，治《尚書》學者，且久已視爲定論，班固謂遷書載《堯典》《禹貢》《洪範》《微子》《金縢》諸篇多古文說，實不可信。今人於陳、皮諸家書並未寓目，乃欲妄駁康、崔之說，殊屬可哂。崔氏第五證也不是可以輕易駁斥的。

最重要的當然還是康氏所舉的第一證，篆文與籀文相承，根本不會有孔子用古文寫六經之一事。近人或依據王國維"戰國時秦用籀文，六國用古文說"來反證有所謂孔壁古文之事，殊不知王氏之說，實絕對不可從。現在我們試引兩個研究文字學的人的講法來看，一是錢玄同在《論〈說文〉及壁中古文經書》上說：

> 我嘗稍稍涉獵吳、孫、羅、王、容諸家之書，覺得《說文》中的小篆近于鐘鼎，鐘鼎近于甲骨，而《說文》中的古文則與鐘鼎、甲骨均極相遠，而且有些字，顯然是依傍小篆而改變著。

這一點羅、王兩氏亦早致疑，羅振玉說：

刻辭（按：指甲骨文）中文字，同于篆文者十五六，而合于許書所載之古籀乃十無一二。蓋相斯所罷者皆列國詭更正文之文字，所存多倉史之舊文。秦之初雖僻在西戎，然密邇西周之舊都豐岐，文化流風未沫，其文字應勝于列國也。（《殷商貞卜文字考》頁十二）

　　他又說：

　　而由文字（按：亦指甲骨文）之可識者觀之，其與許書篆文合者十三四，且有合于許書之或體者焉，有合于今隸者焉，顧與許書所出之古籀則不合者十八九，其僅合者又與籀文合者多而與古文合者寡。以是知大篆者蓋因商周文字之舊，小篆者又因大篆之舊，非大篆創于史籀，小篆創于相斯也。……至許書所出之古文，僅據壁中書，所出之籀文乃據《史籀篇》，一爲晚周文字，一則亡佚過半之書，其不能悉合于商周間文字之舊，固其宜矣，至于篆文，本出古籀，故與卜辭合者頗多。（《殷虛書契考釋》，頁七十三~七十四）商代的甲骨文能合于秦、漢的小篆跟篆書，反不能合于《說文》所錄出于壁中《書》之古文，則壁中古文之爲後人僞造，非真古字，即此已足證明。

　　又說：王國維也知道壁中古文與殷周古文不合，但他又造出"戰國時秦用籀文，六國用古文"之說。他說：

　　司馬子長曰"秦廢去古文。"揚子雲曰："秦剗滅古文。"許叔重曰："古文由秦絕。"案秦滅古文，史無明文，有之惟有"一文字"與"焚詩書"二事。六藝之書，行于齊、魯，爰及趙、魏，而罕流布于秦（原注：猶《史籀篇》之不行于東方諸國）。其書皆以東方文字書之，漢人以其用以書六藝，謂之"古文"，而秦人所罷之文與所焚之書皆此種文字，是六國文字即古文也。觀秦書八體中有大篆無古文，而孔子壁中《書》與《春秋左氏傳》，凡東土之書，用古文不用大篆，是可識矣。故古文、籀文者，乃戰國時東西二土文字之異名，其源皆出于殷周古文，而秦居宗周故地，其文字猶有豐鎬之遺，故籀文與自籀文出之篆文，其去殷周古文反較東方文字（原注：即漢世所謂古文）爲近。自秦滅六國，席百戰之威，行嚴峻之法，以同一文字，凡六國文字之存，于古籍者已焚燒剗滅，而民間日用文字，又非秦文不得行用，觀傳世秦權量等，始皇二十六年詔後多刻二世元年詔，雖亡國一二年中，而秦法之行如此，則當日同文字之效可知矣。故自秦滅六國，以至楚、漢之際十餘年間，六國文字遂湮而不行。漢人以六藝之書皆用此種文字，又其文字爲當日所已廢，故謂之"古文"，此語承用既久，遂若六國之古文，即殷周古文，而籀、篆皆在其後，如許叔重《說文序》所云者，蓋循名而失其實矣。（《觀堂集林》卷七，頁一~二）

　　王氏自信"此說之不可易"（見所引一段的前面）。據我看來，不但"可易"，而且還着實該"易"，我現在便來"易"它一下。

　　秦之"同一文字"（"書同文"），其事實之性質，正與今之"統一國語"相類，其竭力推行，務期普及，今昔亦正相類，所異者今之"統一國語"，不廢止方言（咱們還很希望它發展呢），秦之同一文字，是用專制的手腕，所以要"罷其不與秦文合者"罷了。秦所要"罷"的係專指形式"不與秦文合者"而言，大不合的固然要罷，小不合的也是要罷，因爲目的在于使文字統一。六國的文字究竟比秦文差了多少，這個我們固然不能臆斷，但就現存的鐘鼎看來（連秦國的），則可以説這樣幾句籠統話，要説異，似乎各國文字彼此都有些小異；要説同，也可以説是彼此大體都相同，一句話，大同小異而已。若區爲"東土""西土"兩種文字，則進退失據之論也。而況今所存齊、魯、邾諸國的鐘鼎文字跟壁中古文距離之遠，正與秦文跟壁中古文距離之遠一樣呢？還有王氏説"秦書八體中有大篆無古文"，這是因爲秦時還沒有所謂"孔子書六經以古文"之説，儒者之傳授六經，其初僅憑口耳，漸乃著于竹帛，著竹帛之時通用什麼樣的文字，他們就寫什麼樣的文字，傳經之儒對于文字的形式是絕不注重的，所以彼此所傳，異文假借，非常之多。講到《史記》中的"秦廢去古文"一語，那是劉歆們竄入的，這個意思，康氏的《僞經考》已啓其端，先師的《史記探源》乃盡發其覆。揚雄之時，古文僞經已出，揚雄便是上當的一個人（他識得許多古文奇字），許慎更是迷信古文經的，因而《説文》中收入的古文是不足信的。

錢氏等人這種駁法還不十分徹底，近來郭沫若在《金文叢考·䣄羌鐘銘考釋》一文中説：

　　曩者王國維倡爲戰國時秦用籀文，六國用古文説，自以爲不可易，學者多已疑之。今此器乃戰國時韓器，下距嬴秦兼并天下僅百六十年，而其字體上與秦石鼓、秦公敦，中與同時代之商鞅量、商鞅戟，下與秦刻石、秦權量相類，並無何等詭異之處，僅此已足易王之臆説而有餘矣。（一九五二年改編本第三册，頁三六二五）

有了䣄氏編鐘的文字來作證，更可以斷定王國維之"臆説"，而可以見

"孔子用古文寫六經之說之確爲僞造，足爲康氏考辨僞經加一重要證據"（錢玄同語，見《古史辨》第五冊），即孔壁《古文尚書》的不足信是極其明顯的。

孔壁《古文尚書》之不足信，我們還可以從《尚書》本身上來提出證明，例如《盤庚》三篇，今文本上篇是本當作下篇的，現在篇次倒置，只好依俞樾說是"中下篇則取《盤庚》未遷與姑遷之時告誡其民之語附益之"。《康誥》的篇首四十八字，蘇軾以爲《雒誥》之錯簡，朱熹、顧炎武並贊同此說，金履祥雖不以爲然，但亦以爲非《康誥》之文。古文本的錯誤和今文本一樣，可見並不是什麼真的古本。再從文字異同上來看，《堯典》"帝曰：'我其試哉。'"《史記》"帝曰"作"堯曰"，馬、鄭本無"帝曰"。這一句話本是堯答四岳的話，如無"帝曰"，那就成爲四岳要試舜爲天子，是不合情理的。又"僉曰益哉"《史記》"僉曰"作"皆曰"，根據上下文都作"僉曰"，而馬、鄭本作"禹曰益哉。"這也是不如今文本的地方。《盤庚》下篇的"今予其敷心腹腎腸，歷告爾百姓於朕志"，今文本"敷心腹腎腸"作"優賢揚"連下文"歷"字爲句。"優賢揚歷"是說舉出優點，總結經驗來告百姓，這是一篇的綱領，如作"敷心腹腎腸"便無提綱挈領之意，而且說'心腹'二字就夠了，又何必說"腎腸"呢？這些文異之處，也可見古文本並不如今文本，僅從以上數例看來，孔壁《古文尚書》之不可信是很明顯的。

## （三）今文《尚書》之考證

伏生所傳今文《尚書》二十八篇，從傳授上看來，似乎是沒有什麼疑問的，但是今文各篇，其著作的年代與著作的人物，大多數在現在還未考明，這是我們現在所急於要求解決的。《四庫全書總目提要》"王柏《書疑》"條說：

> 疑古文者，自吳棫、朱子始，並今文而疑之者，自趙汝談始（見陳振孫《書錄解題》），改定《洪範》自龔鼎臣始（見所作《東原錄》），改定《武成》自劉敞始（見《七經小傳》），其並全經而移易補綴之者，則自柏始。

朱彝尊《經義考》說：

> 按：吳文正詩云："前漢今文古，後晉古文今，若論伏勝功，遺像當鑄金。"……蓋古文出于東晉，宋元諸儒疑之者多，而今文則未有疑焉者。至程正叔疑《金縢》之文不可信，而括蒼王廉熙陽作論，謂《金縢》非聖人之書，則並今文而疑之矣。甚矣，說經者之紛綸也。（卷七四）

《提要》之言，不如朱考允確，但我們由此兩説可見在宋、元、明時，疑今文者已非一人，在《提要》與朱《考》那兩段話所未提及的還有晁以道疑《堯典》《禹貢》《洪範》《吕刑》《甘誓》《盤庚》《酒誥》《費誓》諸篇，改定《洪範》的尚有蘇軾、余濤、黄震、吴澄、金履祥、文本心（及翁）、賀成大、胡一中、黄道周，蘇軾、金履祥更疑《雒誥》有缺文。不過我們試看晁以道説：

予于《堯典》見天文矣，而言四時者不知中星。《禹貢》敷土治水，而言九州者不知經水。《洪範》性命之原，而言九疇者不知數。舜于四凶，以堯庭之舊而流放竄殛之。穆王將善其祥刑，而先醜其耄荒。湯之伐桀，出不意而奪農時。文王受命爲僭王，召公之不説，類乎無上。太甲以不順伊尹而放，群叔才有流言而誅，啓行孥戮之刑以誓不用命，盤庚行劓殄之刑而遷國，周人飲酒而死，魯人不板幹而屋誅。先時不及時而殺無赦。威不可詛，老不足敬，禍不足畏，凶德不足忌之類。惟此經遭秦火煨燼之後，孔壁朽折之餘，孔安國初以隸篆推科斗。既而古今文字錯出東京，乃取正于杜林。傳至唐，彌不能一，明皇帝詔衛包悉以今文易之，其去本幾何其遠矣！今之學者盡信不疑，殆如手授于洙、泗間，不亦惑乎？（見《容齋三筆》卷一，頁一《晁景迂經説》條）

他這裏對《尚書》懷疑只不過是戴着一副衛道的眼鏡，懷疑《尚書》不合聖道，不足以謂真正的考證。即如王柏的《書疑》，在《四庫提要》上説他是"並全經而移易補綴之者"，但如他在《書疑》中説：

以《舜典》記載如此之詳，而《堯典》反簡略若未斷章，向二典之不同若此？

《盤庚》之言，所見者理明詞達，而《盤庚》之書，加以殽亂脱簡，此所以未易傳釋也。

《洛誥》自"周公曰"之下，朱子以爲自此漸不可曉，蓋不知是何時所言。又取葉氏之言以此篇與《召誥》參看。又取王氏曰，此誥有不可知者，當缺文。朱子尚謂有疑，而後學敢謂無疑者，妄人也。愚竊謂諸誥之中，辭語之不可曉者固多矣，而一篇之體統，大概亦可見。惟《召誥》《洛誥》，破碎龐雜，體統不明，此最未爲易校理者也。《大誥》以下諸篇，固多錯簡之可疑，一也；告戒之詞，明白而反聱牙，二也。

他這些説法，只專就文體立論，並非從真僞與年代上考證，遠不如吳棫、朱子之有成績，依我們現在看來，宋元諸儒對於今文廿八篇考證的成績，只在《洪範》與《金縢》兩篇，這兩篇本較可疑，所以後者在清儒王夫之、袁枚也都以爲不足信的僞書。

真的對於今文《尚書》的真僞與年代加以考證，要算是近二三十餘年來的事。在一九二三年六月，顧頡剛有答胡適《論今文〈尚書〉著作時代書》，他才重提《尚書》的公案，指出今文《尚書》不可盡信。他將二十八篇今文《尚書》分爲三組，他說：

第一組（十三篇）：《盤庚》《大誥》《康誥》《酒誥》《梓材》《召誥》《洛誥》《多士》《多方》《吕刑》《文侯之命》《費誓》《秦誓》。這一組在思想上，在文字上，都可信爲真。

第二組（十二篇）：《甘誓》《湯誓》《高宗肜日》《西伯戡黎》《微子》《牧誓》《洪範》《金縢》《無逸》《君奭》《立政》《顧命》。這一組，有的是文體平順，不似古文，有的是人治觀念很重，不似那時的思想。這或者是後世的僞作，或者是史官追記，或者是真古文經過翻譯，均說不定。不過決是東周間的作品。

第三組（三篇）：《堯典》《皋陶謨》《禹貢》。這一組決是戰國至秦漢間的僞作，與那時諸子學說有相連的關係，那時擬書的很多，這三篇是其中最好的，那些陋劣的（如《孟子》所引"舜浚井"一節）都失傳了。

他這種見解本是受了晚清今文學家託古改制說的影響才如此的，在這時之後，對於《禹貢》《洪範》《金縢》《費誓》等篇，也漸漸有重新加以考訂的，我們現在對於今文《尚書》的真僞與年代才比較地考證得有相當的結果，但是成績還不一定好。現在將各家之說及拙見所及分爲四組略考於後：

**第一組《堯典》《皋陶謨》《禹貢》三篇。戰國秦漢間作。**

1.《堯典》。《堯典》一篇開始就用"曰若稽古"，這已告訴我們這一篇不是當時史官的記載，我們從歷史唯物論和社會發展史的觀點看來，《堯典》《皋陶謨》《禹貢》三篇没有顯明反映原始共產社會奴隸制社會的經濟基礎，《禹貢》一篇寫作甚晚而有"鐵"字的出現；這都可證明這三篇不是當時的記載而是後代的叙述。不過究係何時何人所作，我們還需要加以考查。康有爲在《孔子改制考》卷十二《孔子改制法堯舜文王考》上說：

《堯典》一字皆孔子作，凡有四證：王充《論衡》："《尚書》自'欽明文思'以下何人所作也？曰：篇家也。篇家者誰也？鴻筆之人也。鴻筆之人何人也？曰：孔子也。"則仲任尚知此說，其證一。

《堯典》制度與《王制》全同，巡狩一章文亦全同。《王制》爲素王之制，其證二。文辭若"光被四表，格于上下，克明峻德，以觀九族"等，調諧詞整，與《乾卦》象辭爻辭雲行雨施，品物流形，大明終始，六位時乘"同，並爲孔子文筆，其證三。夏爲禹年號，堯舜時，禹未改號，安有夏？而不云"蠻夷""猾唐""猾虞"，而云"猾夏"？……證四。

康氏以爲孔子作，其結論雖屬錯誤，但由文辭典制度來看，可見原來《堯典》著作年代是不能早於孔子的。不過《孟子》書中曾引過《堯典》，則在孟子以前，必已有了《堯典》，但是，其制度與漢文帝時之《王制》相同，而文辭又有些如是之"調諧詞整"，這已明明告訴我們有經過西漢初年改作的痕跡。顧頡剛在《論今文〈尚書〉著作時代書》（《古史辨》第一册）中，曾提出今本《堯典》《皋陶謨》的出現是："取事實於秦制""取思想於儒家（禪讓）與陰陽家（五行）""取文材於《立政》（三宅九德）與《呂刑》（降三后絶苗氏）""以及思想進化程度的違背"，又提出所以考定爲秦漢時書之故。後來他在他的《尚書研究講義》中更有一册是專門考證《堯典》的。他以爲：

（1）從意義上來看。他説："中國一統之局，至秦始立。""當始皇統一之後，即令一法度衡石丈尺，車同軌，書同文字，今《堯典》亦有同律度量衡之語。""始皇二十七年治馳道，遂頻年出巡。東上泰山，登之罘，至琅琊，又之碣石。南渡淮水，之衡山南郡，又浮江下，至錢塘，上會稽。西出雞頭山，過回中。北巡邊，從上郡入。其之罘刻石之辭曰：'時在仲春，陽和方起，皇帝東游，巡登之罘。'以較《堯典》所云'歲二月東巡守'以及'巡守四岳'之文，何其似耶。""夫與秦制相似固不能斷爲秦人所作，然一統之意味至是其重，君主之勢若是其厚，則必不能在秦之前。且秦以不師古自標，偶語《詩》《書》者罪至棄市，假使今之《堯典》竟先秦之統一而存在，則秦且事事師古矣。"

（2）從制度上來看。他説："《堯典》之爲西漢人作，不僅此一點。即'肇十有二州'一語，亦一堅强之證據。自有分州之説，即固定爲九州。齊侯鎛鐘然，《禹貢》然，《呂氏春秋》然，《王制》然，《淮南王書》然。即遷僻之鄒衍，以九州爲不足。推而廣之爲八十一州，亦爲九之自乘數。然《堯典》乃特異爲十二，與《禹貢》同言一時代之歷史而有二制。""遂使後人迷不能辨曰：堯本九州，舜增爲十二，禹又減爲九。以國家治民之大政而舉措不定，乃如兒戲，豈傳授心法之三聖人所宜出者乎？""按《漢書·武帝紀》元封五年，初置刺史，部十三州。""此十三部中，司隷校尉等於秦之内史及明清之直隸，不在州數。""若《堯典》唐虞時作乎，則漢武帝時之版圖正上符於堯舜，又何以言'漢家地廣二帝三王'耶？"

（3）從疆域上來看。他說："《堯典》之襲漢制，《堯典》固自言之矣。羲和四宅之地，羲叔宅於南交，和叔宅於朔方。南交者何？漢之交州也。朔方者何？漢之朔方郡也。""朔方之名，最早見於《詩》，《小雅·出車》云：'王命南仲，往城於方，出車彭彭，旂旐央央。天子命我，城彼朔方。赫赫南仲，玁狁於襄。'又《六月》云：'玁狁匪茹，整居焦穫；侵鎬及方，至於涇陽。織文鳥章，白旆央央。元戎十乘，以先啓行。''戎車既安，如輊如軒。四牡既佶，既佶且閑，薄伐玁狁，至於太原。文武吉甫，萬邦爲憲……'""方在何處，前人無能指言之""王靜安先生作《周荓京考》""謂荓即小雅之方，秦漢之蒲坂。""又謂吉甫伐玁狁所至之太原""當在漢之河東郡境。""又謂涇陽""即今之陝西涇陽縣。""焦穫之地，舊說在陝西。""總上地名，涇陽也，鎬也，方與朔方或荓京也，焦穫也，太原也，皆不出陝西、河南、山西，三省交錯之地，悉在北緯三十四度至三十六度之間。若漢武帝之朔方郡，則在今綏遠之鄂爾多斯，當北緯四十度，相去絕遠矣。"又說："《左傳》昭九年王使詹桓伯辭於晉曰：'武王克商，……肅愼燕亳，吾北土也。'不言及河套，亦不言有朔方。《雅》《頌》所載，絕無開拓北邊至千里以外之事。""秦有涇、洛、渭諸水上游之地，實在戰國中葉之後。然是指地雖廣，尚不能至河套。""按漢族始有河套地者爲趙武靈王，……然其地名曰榆中，曰九原，曰高闕，不聞有朔方也。其後始皇使蒙恬北擊胡，《本紀》云：'略取河南地'，《匈奴列傳》云：'悉收河南地'，亦不云朔方也。自秦得其地，名曰北河""北河之外又有名新秦者，亦不曰朔方也。""《漢書·衛青傳》云：'明年青復出雲中，西至高闕，遂至於隴西，捕首虜數千……遂取河南地，爲朔方郡，……使建築朔方城。上曰……詩不云乎？'薄伐玁狁，至於太原''出車彭彭，城彼朔方。……'武帝取《詩》語以美衛青，亦取《詩》語以名所築之城與所立之郡。"是則河套之地之名朔方，乃古典主義下之產物，而非周人原地明矣。"明乎此則知《小雅》朔方一名最在前，其地在河曲，漢朔方郡之名次之，其地在河套，《堯典》'宅朔方'出最遲。乃在朔方郡既立之後。"

（4）從文辭上看來，他說："又如巡守之章，《王制》本文云：'命典禮，考時月定日，同律、禮、樂、制度、衣服正之。文辭殊不修潔。一入《堯典》，則爲協時月正日，同律度量衡。''修五禮。'其言明且清，修改之跡，不可見乎？又云：'五月南巡守，至於南岳，如東巡守之禮；八月西巡守，至於西岳，如南巡守之禮。十有一月北巡守，至於北岳，如西巡守之禮。'其文辭畫一而無變化。一入堯典，則南巡守曰'如岱禮'，西巡守曰'如初'，朔巡守曰'如西禮'。視《王制》爲簡練，修改之跡不又可見乎？夫《王制》根據《孟子》之言以成書，且謂古者以周尺八尺爲步，今以周尺六尺四寸爲步，其著作時代明已入漢，而善於修辭之《堯典》乃更在其後，此非《王制》爲文帝時作而《堯典》爲武帝時作之確證耶？若曰此非《堯典》襲王制，乃《王制》襲《堯典》，然則《王制》之作者，何乃舍棄此明清與簡練之典文不用而自造此拙劣之語以易之耶？"根據上述從意識、制度、疆域、文辭等等方面來看，可知今本《堯典》實經漢人的修改。他更說"孟子答咸丘蒙問引'二十有八載'之文而冠之'《堯典》曰'，是知孟子時必已有《堯典》存在。然觀'百姓如喪考妣'一語，以父與祖母連稱，尚非春秋時之詞法。"則其書必出在妣義不明之後，不得甚前於《孟子》，或竟與《孟子》並世。孟子爲"言必稱堯舜之人，然其所述堯舜時事甚與今本《堯典》異"。"第一，堯之時代在《孟子》中尚是草萊未辟之景象，而在今本《堯典》中則天下之平固已久。""第二，舜之身份，在《孟子》中完全爲一起於田野之匹夫，而在今本《堯典》中，則固是一貴族。""第三，舜之感化瞽瞍，在《孟子》中時期特長，而在今本《堯典》中則至短。""第四，禹、益、稷、契之服官，《孟子》中皆在堯時，而今本則皆在堯崩後。"可知孟子所引爲戰國之《堯典》，然吾儕所見，則爲漢武之《堯典》。他又以今本《堯典》篇末的"咨汝二十有二人"，司馬遷、馬融、鄭玄、朱子、林之奇、王引之所解釋者不同，而都不甚妥當，他見爲"今之《堯典》之文顯然有受時勢影響而增竄者。……'覲四岳群牧'之原文當爲'覲四岳九牧'；'肇十有二州，封十有二山'之原文當爲'肇九州，封九山'；'咨十有二牧'之原文當爲'咨九牧。……'"知十二牧之爲九牧，則合以四岳九官，正得二十二人。這種假設也很有理由。他在這一冊中所說雖不無枝節的可議之處，然而引據該博，辨析精詳，實不愧爲膽大心細的考證。從文辭上看來，王制的纂輯者不抄《堯典》，而偏要自造拙劣之語，可見實未見過今本《堯典》，已可爲《堯典》爲漢武時改作之確證。再由疆域、制度等等來看，他的意見大概是不錯的。我們可說《孟子》所引爲戰國之《堯典》，即吾儕所見爲漢武之《堯典》。

2.《皋陶謨》。《皋陶謨》之著作年代，現在還沒有人來作專篇的考證。顧頡剛在《今文〈尚書〉著作時代書》中以爲今本《堯典》《皋陶謨》的出現是有取事實於秦制的地方，他對於《堯典》《皋陶謨》的評論及所以考定爲秦漢時書之故也有涉及《皋陶謨》的，例如說秦以六紀，而此之山州師均以六紀。他的意思是以《皋陶謨》寫定的時期也要在秦漢。後來郭沫若在《中國古代社會研究》中說："據最近考古學的成績，特別是殷虛書契的研究，不僅是殷以前的古物已經渺無可考，連殷代末年的文字都還在構成的途中，所以我們可以斷定《虞書》和《夏書》的四篇完全是不可信的。再分別的細説時，《堯典》《皋陶謨》《禹貢》三篇是後世儒家所僞託的，論理該是孔丘，其他一篇的《甘誓》，或許是《商書》摻入的。"他所舉的理由第一點是大頭症的徵候，第二點是《禹貢》的夸張，第三點是人格發展的階段，在《皋陶謨》中説："慎厥身，修思永。惇叙九族，庶明勵翼，邇可遠，在兹。"第四點：天人一致觀的表現，在《皋陶謨》中説："天聰明，自我民聰明。天明畏，自我民明畏。達於上下。"第五點，折衷主義的倫理，在《皋陶謨》有："寬而栗，柔而立，願而恭，亂而敬，擾而毅，直而温，簡而廉，剛而塞，强而義。"依據這些理由，他以爲《堯典》《皋陶謨》《禹貢》三篇，完全是儒家的創造。但是他還不以《皋陶謨》之出現要晚在秦漢之間。依我的拙見，《皋陶謨》篇的最初寫成，似乎在春秋戰國間。《左傳》僖二十七年曾引有《夏書》曰："賦納以言，明試以功，車服以庸。"似乎是《皋陶謨》篇文。但我們現在所見的《皋陶謨》實應當在秦漢間才寫定。因爲：

（1）就五行的觀念來看。這一篇說"撫於五辰，庶績其凝""天叙有典，敕我五典五惇哉！天秩有禮，自我五禮有庸哉……！天命有德，五服五章哉！天討有罪，五刑五用哉。""以五采彰施於五色，作服。""予欲聞六律、五聲、八音，在治忽，以出納五言，汝聽。"這裏所謂"五辰""五典""五服""五采""五色""五言"，都應該是五行觀念比較發達以後才構成的。所以不謂之"四時"，而是"播五行於四時"的説法。"五典"是只可釋爲"五常"，"五言"也只可釋爲"五聲之言"。服的色彩要見"五"來説，也自然含有五行意味，五禮也是較晚的用法，《堯典》還是説"典朕三禮"。這些五行觀念應用較多，自然是晚於樸素的五行觀念，在子思、孟軻"案往舊造説謂之五行"之後，此其一。

（2）就疆域的觀念來看。這一篇說"弼成五服，至於五千"無論依今文《尚書》説"中國方五千里"，還是依古文《尚書》説"五服旁五千里，相距萬里"。其疆域觀念與《禹貢》相同，是要晚於孟子，而與《禹貢》同時寫定。但如從"弼"字的解釋，無論依史遷説或鄭玄説都訓爲"輔"看來，似古文説對於這這一句的解釋更覺妥當，而且說至於"五千"，明有擴充的意思，《禹貢》的"侯""綏""要""荒"的五百，是按一方面計算的，這五千當然也是按一方面計算的。古文説的"五服旁五千里，相距萬里"，自是較妥當的解釋。然則《皋陶謨》的疆域觀念比《禹貢》的還要大，似乎是晚於

《禹貢》了。"州十有二師"是以秦以六紀的辦法,頗有出於秦代的嫌疑。而"外薄四海,咸建五長",比《禹貢》來得還要周密。《禹貢》還只説:"東漸於海,西被於流沙,朔南暨,聲教訖於四海。"没有如此篇之規定。我們從疆域的觀念來判斷,《皋陶謨》只有比《禹貢》還晚的嫌疑。這一篇的寫定,縱不晚在漢初,也要在戰國末年或秦代的。

(3) 從"予乘四載"句來看。這一篇説"予乘四載,隨山刊木","四載"有兩種的解釋,依史遷在《夏本紀》上説爲:"予陸行乘車,水行乘舟,泥行乘橇,山行乘檋。"這是以"四載"爲四種乘用的工具。據《吕氏春秋·慎勢》説:"水用舟,陸用車,途用輴,沙用鳩,山用樏。"《史記集解》引《尸子》説:"山行乘樏,行途以輴,行險以樶,行沙以軌。"以爲在古來本有此傳説,故史遷等以此來解釋"四載"。但是這種傳説,所起甚晚,《尸子》也不是尸佼作的,且無論《吕覽·慎勢》篇上本是説:"天下之民,窮矣苦矣。民之窮苦彌甚,王之者彌易,凡王也者,窮苦之救也。水用舟,陸用車,途用輴,沙用鳩,山用樏,因其盛也。"《吕覽》並不是説《尚書》的,與"予乘四載"毫無關係,拿這種傳説來解"予乘四載",終是無根之談。在夏僎《尚書詳解》中説:"四載之説,解者不同。或以爲'鯀九載績用弗成。'兗州言'十有三載'及同,是九載之後,乘以四載,是爲十三載。其實禹之代鯀乃四載而成,世多喜此説。"這種解釋,恐怕是正合《皋陶謨》的作意,其與《禹貢》合而與《孟子》"禹八年於外"不合,也足見此篇寫定的時期是要晚於《禹貢》的。

(4) 在這一篇篇末説:"帝庸作歌曰:'敕天之命,惟時惟幾。'乃歌曰:'股肱喜哉,元首起哉,百工熙哉!'乃賡載歌曰:'元首明哉!股肱良哉!庶事康哉!'又歌曰:'元首叢脞哉!股肱惰哉!萬事墮哉!'"這既不像三百篇的詩歌,也不像春秋時的徒歌。顯然可見其出於戰國之末。要之,合上所列的四證看來,五行觀念的發達,疆域觀的彼大,晚於《禹貢》的嫌疑,都可以見得這一篇的寫定,直早在戰國末年,而有在秦代或漢初寫定的嫌疑。

3. 禹貢。《禹貢》是戰國時代的作品,在顧頡剛與錢玄同先生《論古史書》中即説:"在《論語》之後,堯、舜的事跡編造得完備了,於是有《堯典》《皋陶謨》《禹貢》等篇出現。"(《古史辨》第一册)後來顧氏又有《論今文〈尚書〉著作時代書》,提出《禹貢》作於戰國時期的觀點,謂:"古代對於禹的神話只有治水而無分州","古代只有種族觀念而無一統觀念","古代的'中國'地域不甚大,戰國七雄的疆域開闢得大了,故有一統觀念;交通便利,種族觀念糅雜得多了,故無種族觀念。因此,九州之説得以成立,而秦始皇亦得統一之功。"其所以考定《禹貢》爲戰國時書而非秦漢時書之故，則："一、禹尚是獨立而非臣於舜；二、每州尚無一定之鎮山；三、不言南交。"（同上）後來丁文江有《答顧頡剛先生論禹治水不可信書》，説："禹治水之説絶不信。江河都是天然水道，没有絲毫人工疏導的痕跡。""《禹貢》係晚出的書，是没有疑問的。據我的朋友章演群的考證（《石雅》末篇），鐵是周末（最早是周的中葉）才發明的，而《禹貢》已講梁州貢鐵。鋼的發明比鐵還遲，而《禹貢·梁州》貢璆鐵銀鏤，許慎訓鏤爲鋼。若許氏説的不錯，則《禹貢》爲戰國之書無疑。"（同上）後來馬衡作《中國銅器時代》一文，亦謂"此問題前人頗有疑之者，而近人梁啓超、顧頡剛君等，疑之尤力，二君所疑，皆有其相當之理由，與相當之證據……當禹之時，水土初平，即使有分置九州之事，而於土田、貢賦等之調查釐定，又豈能若是之詳且盡耶？"（同上，第二册）地質學者翁文灝也説："在紀元前二二〇〇年前，《禹貢》已將土壤分爲九等：黄壤、白壤、黑墳、白墳、赤墳、埴、壚、青黎、塗泥，似尚駕吾人今日而上之。疑古學家以爲《禹貢》出於漢儒之手，良有以也。"（《師大地理月刊》第一册，《翁氏演講録》）郭沫若在《中國古代社會研究》上説："中國古代的疆域只有黄河的中部，就是河南、直隸、山西、陝西一部分的地方。直隸、山西的北部，是所謂北狄，陝西的大部分是所謂西戎，黄河的下游是所謂東夷。一直到周宣王時候，長江流域的中部都還是所謂蠻荆，所謂南蠻，淮河流域是所謂淮夷、徐夷。而在《禹貢》裏面所謂荆州、青州、揚州、徐州等等，居然已經畫土分貢了。這是絶對不可能的事實。"在國外的學者更有疑《禹貢》的撰作年代要在秦以後的，據德國柏林大學曾任東亞史地及文化交通史教授 A. Hermarm 的推測："《禹貢》的由來有三：a. 由機關或團體先調查各地方情形，再將所得材料加以匯纂，始成此篇。b. 依據各地報告所勒成。c. 關於此項材料已有地圖記載，後來有人按圖著成此篇。依此推測，著成此篇非在統一政府成立以後不易進行。那麽，《禹貢》的著作似在漢高統一以後的時代了。"（《禹貢》半月刊，第二卷第五期頁一六）更有的以爲今本《禹貢》多有非漢代則不能得之的材料，故在大體上是以戰國至漢初關於地理學一種産物之傳説，漸次發展，乃有此種種記事甚明。（《先秦經籍考》上，頁一〇三）郭沫若後來又在《金文叢考》中説：

> 分天下爲九州曰冀、兖、青、徐、揚、荆、豫、梁、雍，其地"東漸于海，西被于流沙，朔南暨，聲教訖于四海"。據有東部亞細亞之全部。《爾雅》釋地，《逸周書·職方》篇，《吕氏春秋·有始覽》所舉九州之名均無梁而有幽，《職方》更無徐而有并，《爾雅》

則青作營。所載疆域均各有出入。論者以《禹貢》爲夏制,《爾雅》爲殷制,《職方》爲周制,又因諸書所錯見之州名,恰爲十有二,故又以爲乃《虞書》"十有二州之舊"。案此均莫須有之説也。虞夏之書,均係僞託,九州之分割,蓋春秋時某一大師之私見,傳其學之弟子各敷衍爲文,故小有出入耳。虞可無論,即夏之存在亦尚無古物可徵。縱令存在,其疆域斷無《禹貢》所言者之廣大;其文化程度,至高亦無過新石器時代之末期,絕無《禹貢》所言者之夸誕也。《禹貢》之爲僞,近人已屢能知之,其構成當在春秋戰國之際,作者或本係戲爲寓言,無心作僞,後之未深考者乃録之爲正史也。(頁三三.四.《九州》)

他則仍以爲《禹貢》的作期乃在春秋戰國之際。在《禹貢》半月刊第二卷第五、六、八期,載有馬培棠《梁惠王與禹貢》《大梁學術》《禹貢與禹都》等文,也是考證《禹貢》的著作年代的。他以爲:

(1)"《禹貢》一篇,取材複雜,嘗試就九州、導山、導水、五服,逆爲先後而研究之。……五服者……極規律極整齊之地理劃分,要爲紙上作圖之把戲。……其四隅遼闊,東西南北各數千里。……孟子曰:夏后殷周之盛,地未有過於千里者也。"盛周猶不能過千里,夏后氏當更在千里之内。而九州四至乃在數千里外,則《禹貢》此説蓋出盛周之後。"

(2)"導水之文……有洛水者,特峙於八川之末……但如洛之水,頗不乏有,江之沱,河之澤,胡爲乎而厚愛於洛,蓋天下之中也。以中視洛,實始於周……而果都洛者乃爲平王。……則《禹貢》之説又出東遷之後。"

(3)導山之文,《禹貢》曰:"導岍及岐,至於荆山,踰於河;壺口、雷首至於太岳;砥柱、析城,至於王屋、大行、恒山,至於碣石,入於海。"……山脉本與水道相發揮,奈何去勻稱,輕中心,轉原於山西,特詳於河東一隅。山西河東,於周屬晉,則《禹貢》編制有關於晉。"

(4)"至於九州,冀州居首……冀州爲兖,兖東爲青,青南爲徐,徐南爲揚,揚西爲荆,荆北爲豫,豫北爲冀,復歸於初,恰成圈形。荆、豫之西爲梁,冀、豫之西爲雍,梁南雍北恰成直綫,列於圈右,正如阿拉伯數字之"10",此圈綫之間,抑所謂崤函之固,豈非戰國合從之局乎?"

這是他所以定《禹貢》之時地。他以爲"《禹貢》作者,於此合從暫時維持之下,稍感和平之新機,因再進一步,想象世界統一,政由天子……於是垂大典,開新世,宰制區域,判其輕重,廢國分州,使相牽制"。他認爲此篇之作,實出於魏史(《梁惠王與禹貢》)。他又根據《史記・魏世家》鄒衍、淳于髡、孟軻皆至梁。鄒、孟皆有九州説，於是以爲"禹貢九州"改組之"孟軻九州"；"《禹夏》五服者""改裝之鄒衍九州也"。更謂："鄒、孟二子，於梁惠王後元十五年至梁，十六年又他去。史官編制，至早不過十五年。但禹九州之排列次序，合從氣味太濃，則《禹貢》編制，又在合從未失效用之前。……然則《禹貢》編制，又至晚不出襄王元年。"而且斷定是在"惠王後元十六年"（《大梁學術》）。

這種種説法，依我的拙見看來，《禹貢》中説到鐵，而且有這樣大的疆域觀念，自然不是東周以前的作品，但是説它成於春秋戰國之間，這未免失之過早，因爲孟子説"禹八年於外"，而《禹貢》説"作十有三載乃同"。似乎孟子未見過《禹貢》。荀子在《正論篇》説："封内甸服，封外侯服，侯衛賓服，蠻夷要服，戎狄荒服。"與《禹貢》的"甸""侯""綏""要""荒"五服不同。似乎荀子也未曾見國《禹貢》，所以其著作年代，不當早於春秋戰國之際。但如以其爲漢初所作，則它不説"十二州"與"南交"，則又不似在漢初所作的。馬培棠《大梁學術》據《禹貢》合從氣味太濃，而斷爲惠王後元十六年所作，亦未免於臆測。《禹貢》的作期，蓋實在戰國末年，與荀子著作同時，故荀子未得見。其時《孟子》書成否亦未定。故《禹貢》亦不必得見孟子。因爲它的出世之晚，故有漢初所作的嫌疑。其實是應當比《皋陶謨》還早，或是這一篇與《堯典》《皋陶謨》的作者與作地都不同，故其意見也不同。這一篇在戰國末年實有寫成的可能。不必以爲成於漢初。

關於這三篇寫定的年代，在顧氏提出的論點以後，也有人提出不同的意見（參看《古史辨》及《禹貢》半月刊），但我們從社會發展史的觀點看來，這三篇決不是什麼堯、舜時代的作品。這些同是儒家的經典，而與孟、荀所説不同，孟、荀所見與吾儕異，是不難想見其寫定時間之晚的。

**第二組《甘誓》《湯誓》《牧誓》《洪範》《金縢》五篇，戰國初中葉作。**

1.《甘誓》。這一篇在《墨子·明鬼》下篇引《夏書·禹誓》曰："大戰於甘，王乃命左右六人，下聽誓於中軍，曰：'有扈氏威侮五行，怠棄三正，天用剿絶其命。'又曰：'日中，今予與有扈氏爭一日之命，且爾卿大夫庶人，予非爾田野葆土之欲也，予共行天之罰也。'"……這一篇實當作《禹誓》。據《莊子·人間世》曰："禹攻有扈，國爲虛厲。"《呂氏春秋·召類篇》曰："禹攻曹、魏、屈敖、有扈以行其教"。《説苑·政理篇》曰："禹與有扈氏戰，三陳而不服。禹於是修教一年，有扈氏請服。"也是禹攻有扈傳説在前。在《呂覽·先已篇》曰："夏后伯啓（舊本作夏后相）與有扈戰於甘澤而不勝，六卿請復之，夏后伯啓曰：'不可，吾地不淺，吾民不寡，戰而不勝，是吾德薄而教不善也。'"才有說到啓的嫌疑,可見這篇本當作《禹誓》。但是這一篇中用"五行""三正"等字樣,實當出於戰國初年或稍晚些。五行說不能早於思、孟,"三正"也當是《春秋》修成以後才能有的現象。這一篇雖經《墨子》所引,但《墨子》是三墨傳下來,其著作年代在戰國之末,我們不能說此篇在春秋戰國之際就有,而是當成於戰國初中葉的。今本比《墨子》所引文詞更整潔些,當更要晚。郭沫若說這是上甲征伐有扈的誓辭,以此篇應該歸於《商書》。然說本是關於殷商的故事則可,直認爲商代的誓辭則尚待考訂。

2.《湯誓》。《湯誓》的文辭是很淺顯的,一望而可知爲非殷代的作品。這一篇說:"我后不恤我衆,舍我穡事。"也決不是殷代初年所當有的。據郭沫若在《先秦天道觀之進展》一書(此書現已收入《青銅器時代》中)中引了八條關於殷代至上神的觀念在卜辭上的證明而後說:"幾條是比較上文字完整而意義明白的記錄,大抵都是武丁時的卜辭。這兒的'帝'自然是至上神無疑,凡是《詩》《書》、彝銘中,所稱的'帝'都是指的天帝或上神。卜辭也有一個例稱'上帝'的,……大抵殷代對於至上神的稱號,到晚年來在"帝"上是加了一個'上'字的。……在這兒却有一個值得注意的現象,便是卜辭稱至上神爲'帝'、爲'上帝',但決不會稱之爲天。……那麼至上神稱天的辦法一定是後起的,至少當得在武丁以後。"(該書頁六)由此看來,《湯誓》篇說:"有夏多罪,天命殛之。""爾尚輔予一人致天之罰。"有兩處用天的,也顯見其不是真正商代的作品。這一篇文字的淺顯,也更不像春秋以前的作品,因爲《費誓》《秦誓》等真春秋時的文字也比此篇艱深,可以推知。傅斯年在《周頌說》上以爲"《湯誓》疑是戰國時爲弔民伐罪論做的"。又說:"《牧誓》《洪範》出來應甚晚後,文詞甚不古。《牧誓》已是弔民伐罪之思想和《詩》所記殷周之際事全不同義解,當和《湯誓》同出戰國,其時儒者爲三代造三誓以申其弔民伐罪之論。"就文體與思想上看來,《湯誓》確與《甘誓》相近,恐怕不能早於戰國。不過《孟子·梁惠王》篇曾引過其中的兩句:"時日曷喪,予及汝偕亡!"然則《湯誓》之出世,當在《孟子》之前或比《甘誓》略早些。

3.《牧誓》。《牧誓》中的文字,不如《周誥》之古,這已告訴我們它的時代之晚。我們更有四證,可見其不出於西周而實是在戰國之世寫的。

(1) 這一篇第一句說:"時甲子昧爽。"這種紀月日法在《周誥》中是没有的。在《召誥》中的紀月日是"惟二月既望,越六日乙未……越若來三月,惟丙午朏,越三日戊申……越三日庚戌……越五日甲寅"。在稍晚的《顧命》中的紀月日是"惟四月哉生魄……越翼日乙丑……越七日癸酉"。所記的極其詳細，而此篇則其簡單，足見風格不同。《顧命》已不是西周初年之作，有人疑爲東周所作，則此篇當更要晚了。

（2）在《詩·大雅·大明》篇說："牧野洋洋，檀車煌煌。駟騵彭彭，維師尚父，時維鷹揚。涼彼武王，肆伐大商，會朝清明。"與此篇的記載不同。只是作此篇的忘了加入詩中的敘事，決不是詩人之作此詩時不敘此篇所記的。因爲詩人夸飾"殷商之旅，其會如林"。如若武王真有此篇所敘的那些"庸、蜀、羌、髳、微、盧、彭、濮"人，詩人不當不加以夸飾，而只描寫"維師尚父"的。要之，這一篇不是當日的實錄極爲明顯。

（3）這一篇說："今商王受，惟婦言是用，昏棄厥肆祀弗答，昏棄厥遺王父母弟不迪，乃惟四方之多罪逋逃，是崇是長，是信是使，是以爲大夫卿士。俾暴虐於百姓，以奸宄於商邑。"此處用"百姓"二字與鐘鼎文中所見的不相合，據楊筠茹《尚書覈詁》引王國維之說云"百姓"吉金文止作"百生"，伯吉父盤"其惟諸侯百生"，史頌敦"里君百生"，王師謂"百生即百官"，考《逸周書·商誓》解"昔及百官里居"，又曰"百姓里居"，"居"爲"君"字之訛。是百姓即百官之明證。此處百姓則指人民而言，其非宗周時作亦極明顯。

（4）更可以斷定其非春秋時作的明證是這一篇連用"夫子勗哉""勗哉夫子"，夫子本是大夫之稱，在春秋時才習見的。此則已屢屢稱"友邦冢君、御事、司徒、司馬，司空"，及"庸、蜀、羌、髳、微、盧、彭、濮"人爲夫子，可見其既不是春秋所當有的，也失却春秋時用夫子的意義。崔述《洙泗考信錄》謂夫子一詞起於戰國，這不盡然；但用夫子而失其原義，泛指一般人說，則當在戰國時關於夫子之稱，我曾在《諸子名誼考》一文（載1931年《學文》第二期）中略有論定，可以參看。

4.《洪範》。《洪範》不是箕子所作，在這南宋的趙汝談已懷疑過，清儒陳澧《東塾讀書記》曾說："洪範九疇，天帝不錫鯀而錫禹，此事奇怪，而載在《尚書》。反復讀之，乃解所謂'我聞在昔'者，箕子上距鯀與禹千年矣，天帝之錫不錫，乃'在昔傳聞'之語也。"《洪範》的開始就可懷疑。今人劉節因梁啓超有《陰陽五行說之來歷》一文，推證陰陽五行說起於戰國以後，在梁氏指導之下，曾作《洪範疏證》一文，其論據有：

（1）"《荀子》曰：'案往舊造說謂之五行。'則雖有舊說，尚未稱爲五行。……若以《洪範》爲往舊造說，則先秦以來認爲孔氏所刪定之書，'何以謂之甚僻違而無類？'"

（2）"恭作肅，從作乂，明作哲，聰作謀，容作聖。……肅、乂、哲、謀、聖五義亦有所本，蓋出於《詩·小雅·小旻》。其詩曰：'國雖靡止，或聖或否，民雖靡膴，或哲或謀，或肅或乂，如彼泉流，無淪胥以敗。'……詩有六義，此節其五，其爲襲詩，顯然有據。"

（3）"歲月日時無易，百穀用成，乂用明，俊民用章，家用平康。……"此章、成、明、章、康、寧爲韵……與《詩經》不合。戰國時東、陽、耕、真諸韵多相協。……《詩經》則分別甚嚴……'成'與'明'協，乃戰國時協韵之通例，亦可爲《洪範》作於戰國時之一證。"

（4）"無偏無頗"一節見於先秦諸子者凡四，見於《左傳》者一。《墨子·兼愛》下篇曰："且不惟誓命與湯説爲然，周詩亦猶是也。周詩曰：'王道蕩蕩，不偏不黨。王道平平，不黨不偏。其直若矢，其易若底；君子之所履，小人之所視。'……"假使此數句確在《洪範》，《墨子》決不名爲《詩》。

（5）金文中"王"與"皇"絕無同訓。……在春秋戰國以前，"皇"決無訓"王"訓"君"之説。今《洪範》曰："惟皇作極""皇則受之"皆作王字解，其非古義可知。戰國時"皇"作"王"字用者，如《莊子·天運》篇，"是謂上皇"，《離騷》"詔西皇使涉予"，《九歌·東皇太一》"穆將愉兮上皇"，亦可證《洪範》非春秋以前之作矣。

據上五證，他主張《洪範》一篇，據前諸證，實非周初箕子所傳，其著作年代當在秦統一中國之前，戰國之末。依我看來，劉氏《洪範疏證》依"皇"字的用例，來評判《洪範》非春秋以前之作，這證據在有的人則以爲不能專依金文爲憑，因爲殷周銅器，現在所發現的還是少數，在未發掘的周金之文，安知没有"皇"用作"王"的？這種反駁，還不太好，我以爲今本《洪範》作"皇"的，在《史記》與《尚書大傳》之中都作"王"，可見作"皇"的是古文，不足憑信；而其原本則"皇"作"王"。縱使"皇"在春秋前無用作"王"的，而《洪範》的原本，本是作"王"，這一論證，並不足憑。《洪範》本没有錯，此其一；他説"無偏無頗"一節，《墨子》引之爲詩，假使此數句確在《洪範》，《墨子》決不名之爲詩。這一證也不能成立，因爲古來引《詩》引《書》，常多相混，《墨子》所引下文既確爲詩，不在《洪範》，《墨子》只可謂之"周詩"，不可謂之《洪範》，不可因其上文在《洪範》，而疑《洪範》也。此其二。至於《洪範》襲《詩·小旻》，及"成"與"明"協韵，這些都不能證明其必出戰國之末。因爲《小旻》著作時期既早，"成"與"明"亦未必是用爲協韵，這些都還是有問題。根據這些證據而斷爲出於戰國末，在我們殊不敢苟同。此其三。依據《左傳》看來，《左傳》引《洪範》者實有三處：一是襄三年引《商書》曰"無偏無黨，王道蕩蕩"，一是文五年引

《書》曰"沈漸剛克，高明柔克"，一是成六年傳引《書》曰"三人占則從二人之言"。則《洪範》的原本在《左傳》著作以前當已出世。"《左傳》是否先秦舊籍，固然尚成問題。"但是《左傳》的原本出世當在戰國中、晚期，《左傳》文五年引《書》曰，決非後人加入，故由《左傳》看來，《洪範》原本出世至遲當在戰國中葉，決不好說在戰國末。至於今本《洪範》，實經後人竄亂，故與《呂覽·貴公》篇所引不同。"一五行""二五事"之"一""二"等字，今文本皆無，顯係古文所增，今本《洪範》經過漢儒一度修改，也不成為問題。《洪範疏證》的結論實根本不能成立。郭沫若在《金文叢考》中以為《洪範》即子思作，這話尚待研究，不過他將時代提前是比劉節《洪範疏證》稍好。關於這一問題，童書業在《五行說起源的討論》一文中也推定《洪範》非戰國末期以後之作品，也說《洪範疏證》的結論不能成立，不過他推定"《洪範》當是戰國初期的作品"，這與我所見者還略有不同（其文已收入《古史辨》第五冊中，可以參看）。我覺著《洪範》出於戰國中世是要比說出於戰國初期更為妥當。

5.《金縢》。《金縢》這一篇在程頤已懷疑其非聖人之言，金履祥《尚書表注》說："此篇敘事，意多淺晦，程子疑其間不可盡信。"（卷下頁九）後王廉的《金縢辯》、王夫之的《尚書稗疏》，都疑《金縢》。袁枚在他的《金縢辨》上也說：

"《金縢》雖今文亦偽書也。孔子曰：'不知命，無以為君子。'又曰：'丘之禱久矣。'三代聖人，天壽不貳，武王不豫命也。豈大王、王季之鬼神需其服事哉？以身代死，古無此法，後世村巫里媼之見則有之矣。廣陵王胥曰：'死不得取代，庸身自逝。'周公豈廣陵之不若乎？……周人以諱事神，'名終將諱之'，故禮卒哭乃諱。其時武王雖病，並未終也。而稱元孫某以諱，是先以死人待武王也。某某者，後世之俗諱，三代所無也。……治民事神一也，故曰：'未能事人，焉能事鬼？'元孫既無才無藝不能鬼神矣。又安能君天下，子萬民乎？贊周公之材之美始于《論語》，造偽《書》者，竊孔子之言，作公自稱語，悖矣。……武王已瘳，已身無恙，公之心已安，公之事已畢，此私禱之冊文，焚之可也，藏之私室可也，乃納之于太廟之金縢，預為日後邀功免罪之計，其居心尚可問乎？……爾汝者，古人挾長之稱，而圭璧者，所以將敬之物也。公呼先王為'爾'，不敬，自夸材藝，不謙，終以圭璧要之，不順；若曰許我則以璧與圭，不許我則屏璧與圭，如握果餌以劫嬰兒，既驕且吝，慢神蔑祖。"

其《金縢辨》下云：

"案經文云：公乃自以爲功。"云云，是並二公不告，且不知也。二公尚不知，百辟卿士，何以知之？曰："嘻！公命，我勿敢言。"百辟卿士既知之，則二公必知之久矣。……乃耳聞流言，目擊去國，相與坐視，寂若吞炭，何其忍也？……況兄終弟及，商法皆然，即使周公代成王而踐其位，在武庚視之，亦不過如盤庚、陽甲，外丙、仲壬之相承而已矣。何不利孺子之有？何流言之有？若夫鴟鴞，惡鳥也，周公憂盛危明，借綢繆未雨之意，君臣交儆可也，若爲王信流言而作，是以惡鳥比君父矣。擬人不倫，指斥已甚，周公其不聖矣乎？康成解，"既取我子，毋毀我室，"以爲捕我黨羽矣，宜還我土地爵位，何蚩妄乃爾？總之，漢求亡經過甚，致僞書雜出。梅福曰："昔成王以諸侯禮葬周公，而皇天動威，雷雨著災。"《魯世家》曰："周公薨，大風拔木，成王乃啓金縢。"《尚書大傳》曰："成王葬周公，遇風雷，追念前事，序而記之。"蒙恬曰："成王有疾，周公揃爪沉河，書而藏之，二叔作亂，周公奔楚，成王讀記府之文，乃迎周公。"四說者言人人殊，皆與《金縢》不合。善乎譙周之言曰："《尚書》遭秦火，多缺失，學者談《金縢》都難憑信。"斯得之矣。

袁氏在這兩篇中所列舉的不下十證，他懷疑：

(1)《金縢》的諱武王名爲某；

(2) 襲《論語》贊周公之才之美；

(3) 許我則以璧與圭爲如握果餌以劫嬰兒；

(4) 兄終弟及，何流言之有？

(5) 鴟鴞以惡鳥此君父，擬人不倫。

這些證據都極明顯。這一篇說"既克商二年"，它的紀年法與今文不合，篇中說"秋大熟，未穫。天大雷以風，禾盡偃，大木斯拔"。而結果是"王出郊，天乃雨，反風，禾則盡起，……歲則大熟"。不合物理，不合事實，決不是當日的信史。《鴟鴞》詩不像周公送成王的，《孟子·公孫丑》引孔子曰："作此詩者，其知道乎？"孔孟俱不以爲周公所作，則《金縢》謂："公乃作詩以貽王，名之曰《鴟鴞》。"顯見《金縢》也出於《孟子》之後，至早當在戰國之中世。這一篇實是說武王有疾，周公爲之祈禱，後來管、蔡流言，周公出而東征；其後天大雷電，成王發現《金縢》，乃悔悟而迎公。篇首明言"既克商二年，王有疾"，自是指武王言，下文有代武王之說可證。蒙恬所言代成王說，或係他篇之事，不必以疑此篇。《史記》兩載其文，或亦當有其事。居東自是指伐管、蔡而言，"惟朕小子其迎"是迎周公。至於關於葬周公之事，《史記》《大傳》説葬於畢，後來變爲以王禮葬周公。這種葬儀之説，其起較晚，實不可信。孫星衍乃因《書序》斷"秋大熟"以下爲《亳姑》，殊不可信。皮錫瑞《今文尚書考證》從之，非是。這一篇以著作年代言，當從《大傳》次《大誥》後。在《墨子·耕柱篇》有："周公旦非關叔，辭三公，東處於商蓋。"在《大傳》《史記》中又有關於《金縢》之記載，所以也不可因後來傳説之紛紜而疑《金縢》之晚出於漢。

第三組《高宗肜日》《西伯戡黎》《微子》《無逸》《君奭》《顧命》《費誓》《吕刑》《文侯之命》《秦誓》十篇。疑爲西周春秋間所作。

1.《高宗肜日》。這一篇雖列在《商書》之中，史遷説爲祖庚時祖己作，但是這篇的文體淺近，與周誥殷盤迥不相同，可斷其不出於西周初年。這篇顧氏列爲東周間的作品，是不錯的。但顧氏未舉出證據來。近年郭沫若著《先秦天道觀之進展》，根據"天"與"帝"的用法，也斷定此篇爲不可信。他説："《高宗肜日》據《史記》是作於祖庚時代，在武丁之後，稱'帝'爲'天'庸或有之。但那種以民爲本的觀念，特別是'王司敬民，罔非天胤'的説法，在古代是不能有的。民在周人本是和奴隷相等的名詞，卜辭中没有見到民字以及從民的字。《高宗肜日》的那一句也是不能相信的。"這一篇既不可信爲殷代之作，而它的詞句，有模仿周誥的地方，其文字又非常淺近，只可信其寫定於東周。

2.《西伯戡黎》。《史記》以此篇《西伯戡黎》指文王而言，以爲在文王受命之四年。宋林之奇、吳棫則以西伯指武王言："蓋以祖伊辭氣爲甚迫。"（《尚書表注》上，頁三〇）顧氏以此篇爲東周間作品，但也未舉出證明。這一篇的文字也很淺近，與盤、誥大不同，這一篇説："不虞天性，不迪率典。"這裏所用的"天"字多少都有一點以天爲自然之天的意義，不似當時就有的現象。這一篇説："天子，天既訖我殷命。"用"天子"字樣，已可疑其晚出；而云"天既訖我殷命"，預知殷代之亡，也是出於追記，此篇既非當時之作，而其疑點亦多，實當寫成於東周間。

3.《微子》。《微子》這一篇用有"太師""少師"字樣，"太師""少師"這種官職，在周金中無有（參看郭沫若《金文叢考·周官質疑》），在《酒誥》《立政》中列舉許多官名，也無所謂"太師""少師"，即有也不是重要的官名，所以古文説要將它改爲"父師少師"。這一篇説："今殷其淪喪，若涉大水，其無津涯。殷遂喪，越至於今。"説到"殷遂喪，越至於今"，似説殷已亡了。馬融解"越至於今"爲"於是至矣"。其實對於"遂"字仍"解不通"。"遂"字只好作"於是就"解,"越至於今"是"於是到了今日",可見其時代之晚了。這一篇用"王子"字樣,在他篇也是不見的,這也可疑爲出於東周。這一篇疑與《高宗肜日》《西伯戡黎》同出於春秋末,其風格頗相近,皆後世據傳説所追録。

4.《無逸》。《無逸》這一篇文字也很淺近,一見而可疑其非周初所作。篇首云:"君子所其無逸,先知稼穡之艱難。"説君子當先知稼穡之艱難,這不是西周初年所當有的事,那時耕種是小民的事情,貴族不必要知稼穡之艱難。篇中又説:"文王卑服,即康功田功……自朝至於日中昃,不遑暇食。"這不是文王的故事,而加在文王身上,顯係後來傳聞失實。在《詩經》中所描寫的文王没有稱贊他即田功的跡象,這是很好的證明。胡宏《皇王大紀》説:"《無逸》爲周公絶筆,考於《君奭》《洛誥》諸篇,皆有'衝''孺'之稱,此篇不然,故知其最後。"其實這一篇文字尚不如《費誓》《秦誓》之難懂,應出於《秦誓》後,换言之,即當在春秋末年,這種假定應無大誤。

5.《君奭》。這一篇可知其爲東周間作者,其證有二:

(1)這一篇説:"若卜筮罔不是孚。"卜筮連用,在《大誥》《洛誥》等篇是無有的。《易》的卦爻辭結集於東周,筮法之興,當由南方民族傳來。我們只看《洛誥》屢云卜而不云筮,可見筮不是周民族本來所有的占卜法,這是後起的。這裏説"若卜筮罔不是孚",顯見非西周初的產物。

(2)這一篇説:"我則鳴鳥不聞,矧曰其能有格?"鳴鳥,馬、鄭釋爲鳳凰,這是不錯的。《國語・周語》云:"周之興也,鸑鷟鳴於岐山。"鸑鷟是鸑鳳的别名,這是在後來有鳳鳥來至爲周興之祥瑞的傳説,所以云然,不過這在真的周誥與周詩都没有。《君奭》既説"我則鳴鳥不聞",下文又云"矧曰其能有格",可見不是指普通的鳴鳥而言,這必是受了"周之典也,鸑鷟鳴於岐山"這種傳説的影響而後才有此種詞句。從這兩點看來,這一篇的定寫在東周間,極爲顯然。不過這篇比《費誓》《秦誓》文字艱深,至少當是東周初葉寫定的作品。

6.《顧命》。《顧命》可知爲東周間作者,其證驗亦有二:

(1)篇中叙康王即位時敷陳極爲華麗,又有大訓、河圖等物。這一段説:"越七日癸酉……狄設黼扆綴衣,牖間南向,敷重篾席,黼純,華玉仍几。西序東向,敷重底席,綴純,文貝仍几。東序西向,敷重豐席,畫純,雕玉仍几。西夾南向。敷重筍席,元紛純,漆仍几。越玉五重,陳寶,赤刀、大訓、弘璧、琬、琰,在西序。大玉、夷玉、天球、河圖,在東序。胤之舞衣、大貝、鼖鼓,在西房。兑之戈、和之弓、垂之竹矢,在東房。……"種種的陳設，種種的寶玉，在西周的初年，是否能有，已成疑問；成王在位的年數，舊說不到三四十年，這一篇提到太保奭，則召公奭還在，其時距周之興當亦不過久。在《康誥》中還叙述"紹聞衣德言，往敷求於殷先哲王""師兹殷罰有倫""罰蔽殷彝"，在許多地方都接受殷的文化，不到許久時間，忽然"陳寶"有"大訓"，這豈是當日的實錄？更有所謂"河圖"者，成爲傳國之寶，這實屬不可信。孔子說："鳳鳥不至，河不出圖。"春秋時才有此傳說，此篇既疑爲非實錄，而又用有"河圖"字樣，恐怕其產生亦當在春秋之世。

（2）篇中又說："大保率西方諸侯入應門左，畢公率東方諸侯入應門右。"這是有了周、召分封的傳說而後才有的。周、召分封本無其事，《召誥》等篇，既無此事跡象，《史記》等書所謂"文王受命，作邑於豐，乃分岐邦周、召之地，爲周公旦、召公奭之采地"。此時何能有所謂東方諸侯，西方諸侯之說。到後來又變爲"分陝而治"的說法，分陝既無理由，分配又不平均，實起東周傳說，而此種傳說，也未可信以爲實錄。此處所叙東方諸侯、西方諸侯之來，在成王死後七日内，更是夸飾，也是可疑之點，但這一篇近人定其爲東周間所作則可，然決非戰國時作品，因其文字大體上與《文侯之命》《費誓》等篇相去不遠，定爲戰國時作，則未免太晚了！

7.《費誓》。《費誓》在《史記》以爲伯禽即位之後，有管、蔡等反，淮夷、徐方亦並興反，於是伯禽率師伐之於肸。孫星衍云："伯禽封魯，據《洛誥》經文'命公後'及'惟告周公其後'，則在七年歸政之時，此云即位之後有管、蔡、淮夷等反，殊不可解。……《後漢書·東夷傳》云：'康王之時，肅慎復至。後徐戎僭號，乃率九夷以伐宗周，西至河上。穆王畏其方熾，乃分東方諸侯，命徐偃王征之。'此疑今文說。則魯公征徐戎在穆王時，故編篇於《顧命》後、《吕刑》前也。"孫氏此說，不以爲伯禽伐徐戎，雖似較妥，但《後漢書》所云，伐徐戎者乃徐偃王，亦非今文家說，以之說此篇，實不甚佳。近人余永梁有《粊誓的時代考》一文，說："《粊誓》說'徂兹淮夷，徐戎並興'。詩'匪且有且'，傳'此也'。'徂'是'今'字的意思。就是說現在淮夷、徐戎都來了。看看徐夷在周初有没有稱戎的？這一國對别國的名稱，最早是'方'在甲骨文、金文及古書中可以證實。……徐在最早是應當稱'方'後而爲'土''國''夷''戎'……公伐郤鐘，公伐郤鼎爲周初伯禽作器，而銘中正是稱'郤方……可知《粊誓》不是伯禽時作的。"他由此斷定"《粊誓》是春秋時僖公作"。這種說法，從《魯頌·閟宫》以及此篇文體上看來，似較可信，我們可以說這一篇實爲春秋時作。

8.《吕刑》。《吕刑》舊說以爲周穆王時所作，近人亦頗有疑之者。郭沫若在《金文叢考》中説："金文中天若皇天等字樣多見，均視爲至上神，與天爲配之地若后土等字樣，則絶未有見。……金文既無地字，亦無后土之稱，所見土字，義均質實，如南宮中鼎'王令大史兄（貺）褱土，大保殷王保大保錫林余土'，大盂鼎'受民受疆土'，宗周鐘'王肇遹省文武堇疆士，南國（報右邊）摯敢陷虐我土'等，又如司徒，徒馭等亦有叚土字爲之者，然用爲神祇之例絶未有見。是則地字當是後起之字，地與天爲配，視爲萬匯之父與母然者，當是後起之事。《尚書》之《金縢》與《吕刑》二篇有地字。《金縢》云：'乃命於帝庭，敷佑四方，用能定爾子孫於下地。'《吕刑》云：'乃命重黎，絶地天通，罔有降格。'案此二篇同屬可疑，即有地字之出現，已足知其非實録矣。"郭氏此説，因天地對立的觀念在金文中無有而懷疑《吕刑》，證據尚不充足。這一篇中，叙述的古史有："皇帝清問下民，鰥寡有辭於苗……乃命三后，恤功於民：伯夷降典，折民惟刑；禹平水土，主名山川；稷降播種，農殖嘉穀。三后成功，惟殷於民。"據童書業説，皋陶、伯夷是比較早出的古史傳説（參看《禹貢》半月刊第二卷第三期《四嶽考》）。但是這一篇説："若古有訓，蚩尤惟始作亂，延及於平民，罔不寇賊，鴟義姦宄，奪攘矯虔。苗民弗用靈，制以刑，惟作五虐之刑曰法……皇帝哀矜庶戮之不辜，報虐以威，遏絶苗民，無世在下。乃命重黎，絶地天通……"蚩尤與重黎的傳説，其起甚晚，因爲據《吕刑》所説的看來，蚩尤與重黎的故事是在禹以前的；這與發生堯、舜、顓頊、黄帝等傳説的時期應很接近，不能遠在西周的穆王時代。此其一。《吕刑》今文本作《甫刑》，甫之有國，不能早於宣王，據《詩·崧高》説："崧高維嶽，駿極於天。維嶽降神，生甫及申。維申及甫，維周之翰。四國於蕃（藩），四方於宣。'又説"亹亹申伯，王纘之事。於邑於謝，南國是式。王命召伯，定申伯之宅。登是南邦，世執其功。"這詩是周宣王時所作，由詩所叙看來，申與甫都是始封的邦國君，在"周穆王時未有甫名"（孫星衍語）。可見吕侯是在宣王以後才有的。《詩·王風·揚之水》咏"不與我戍申""不與我戍甫"，與周王朝在東周還接近。申、甫的地方都在今河南南陽一帶，與當日南方的蠻族接近，故能傳來蚩尤等故事，宣王時已距東周很近，這一篇之作必在宣王以後，故當爲東周間所作。此其二。這一篇説"其罰六百鍰""其罰千鍰"，應是金屬貨幣比較多而比較通行時所有的現象，不像西周所當有。"大辟疑赦，其罰千鍰。"亦非好的法制，也不像宗周盛世所當有。此其三。這一篇據"王曰：'吁！來，有邦有土！告爾祥刑'"，這是周天子的口吻。但是又説"王曰：'嗚呼！念之哉！伯父、伯兄、仲叔、季弟、幼子、童孫，皆聽朕言。……"又像號令不出於都門的口吻，這尤不像宗周盛時所當有的，此其四。故我以此篇爲東周間的作品。

9.《文侯之命》。《文侯之命》是關於晉文公的。《史記·晉世家》說："（晉文公五年）五月丁未，獻楚俘於周，……天子使王子虎命晉侯爲伯，賜大輅，彤弓矢百，旅弓矢千，秬鬯一卣，珪瓚，虎賁三百人。晉侯三辭，然後稽首受之。周作晉文侯命……"這種說法是不錯的。馬融釋此經曰："王順曰：父能以義和我諸侯。"他還是以文侯爲晉文公。鄭玄說："義讀爲儀，儀、仇皆匹也，故名仇字儀。"則是以爲周平王時的晉文侯。"但文侯名仇，見《春秋左氏桓二年傳》及《晉世家》，其字儀，則未見所出也。"（孫星衍語）可見鄭玄說之無稽；且於"和"字不能解釋，亦更見其不妥。則《史記》所用今文說，實在是不可易。這一篇爲東周間作，在舊說已是無異議的。

10.《秦誓》。這一篇爲秦穆公之誓辭，不過《史記》說在敗晉人，報怨之後，《書序》說在還歸之後，《白虎通·號篇》，以"邦之榮懷"知秦穆公之霸。則《史記》所用今文說，實較妥當。以上這十篇都是春秋時作的，這一篇更有明據。

**第四組《盤庚》《大誥》《康誥》《酒誥》《梓材》《召誥》《雒誥》《多士》《多方》《立政》十篇。西周時作。**

1.《盤庚》。《盤庚》舊來列於《尚書》，但這一篇寫定之時應當是在周初。據郭沫若《先秦天道觀之進展》所云"天"字用例來看，《盤庚上》說："先王有服，恪謹天命。……罔知天之斷命。……天其永我命於茲新邑。"《盤庚中》說："予迓續乃命於天。"《盤庚下》說："肆上帝將復我高祖之德。"這幾處用"天"作爲上帝的稱呼，都可見其本非實錄。此其一。這一篇說："乃不畏戎毒於遠邇，惰農自安，不昏作勞，不服田畝，越其罔有黍稷。"《盤庚上》"無總於貨寶，生生自庸"。（盤庚下）有了對於農業怠工的現象，有了重貨寶的現象，這不當是殷代社會農業剛有萌芽時代的狀況。此其二。這一篇有用偶句的地方，如云"式敷民德，永肩一心"（下篇），"汝無侮老成人，無弱孤有幼"（上篇），寫作技巧很高，這也不像是殷代的文章。《盤庚》大約本是殷史而經過西周初年改定的作品，有人以爲《盤庚》爲春秋末年人作，這又未免太晚了。這一篇今本《盤庚》分爲上中下三篇，但是次序頗疑倒置。據俞樾《群經平議》四云："《史記·殷本紀》：'……帝盤庚崩，弟小辛立，……殷復衰，百姓思盤庚，乃作《盤庚》三篇。'是《盤庚》之作，在小辛時。……《呂氏春秋·慎大覽》曰：'武王乃恐懼，太息流涕，命周公旦進殷之遺老，而問殷之亡故，又問眾之所說、民之所欲。殷之遺老對曰："欲復盤庚之政。"武王於是復盤庚之政。"然則《史記》謂百姓思盤庚，信有徵矣。

《盤庚》之作，因百姓思盤庚而作，則所重者，盤庚之政也。此作書之本指也。其中下篇則取盤庚未遷與始遷之時告誡其民之語附益之，故雖三篇，而伏生止作一篇也。"楊筠如《尚書覈詁》則說："按此篇首云：'盤庚遷於殷，民不適有居。'則當在遷後未定居之時。中篇首言：'盤庚作，惟涉河以民遷。'則明在未遷之前。故又曰'今予將試以汝遷'。下篇首言'盤庚既遷，奠厥攸居'。則明在遷後，民已定居之時，更在上篇之後。惟中下二篇，何以倒置，殊不可解。……俞說近似，而以下篇係在始遷之時，其時似在此篇之前，則與經文不協也。"這兩說依我個人看來，《盤庚》上篇末句有"其惟致告"一語，是最後一次誥令之意。上篇當是盤庚定居之後，人民不安於所居住的地方，出來"矢言"，而盤庚又加以一番誥誡的記錄。俞樾所說，比較合理。

2.《大誥》。《大誥》依《史記》說爲管、蔡畔周，周公討之，三年而畢定，故初作《大誥》。此所說似無何疑義。或疑此篇爲周宣王時東征徐淮作，則殊非是。此篇明說"殷小腆"，又云"於伐殷逋播臣"，可見非伐徐淮時作。

3.《康誥》。《康誥》據《史記》說爲周公旦以成王命興師伐殷，殺武庚、禄父，以武庚殷餘民封康叔爲君，謂之《康誥》以命之。所說似亦可無疑義。此篇篇首四十八字，蘇軾以爲《雒誥》之錯簡，朱子從之。清儒顧亭林亦深取此說。金履祥則云："此叙《雒誥》亦未協，當是《梓材》之叙，詳辨於《梓材》《召誥》之首。"實不及蘇說之允。

4.《酒誥》。《史記》謂周公懼康叔齒少，告以紂之所以亡者，以淫於酒，故謂之《酒誥》以命之。從此篇的内容看來，可無疑義。

5.《梓材》。《史記》謂周公旦懼康叔齒少爲《梓材》，示康叔可法，則此篇爲周初作，亦無疑義。金履祥《尚書表注》云："此篇周公營雒，道王德意，以諭諸侯之書。其叙誤冠《康誥》，所謂'洪大誥治'者。以前有《大誥》，故此名《梓材》。"又云："《梓材》，伏生今文作周公教伯禽之書，孔安國古文作成王誥康叔之書。王介甫、吳才老、朱子、蔡氏皆疑之。吳才老斷自'王啓監'以下似《雒誥》文，蔡氏斷自'今王惟曰'以下，人臣告君之辭。今案此書即《康誥》之叙所謂惟三月云云，乃'洪大誥治'者。即《召誥》之叙所謂周公用書命侯甸男邦伯者也。本與《多士》篇同列，今躐於《召誥》之前，又亞於《康誥》《酒誥》之後，故其叙誤冠《康誥》之首；而首句又誤衍《酒誥》之尾而曰封也。且蘇氏既以《康誥》之叙爲《雒誥》之叙，而吳氏又以《梓材》之文似《雒誥》之文，朱子皆嘗是之。則是前儒之意，皆以此爲營雒之書矣。今以《康誥》之叙冠《梓材》之書，則前半篇即周公咸勤之事，後半篇即'洪大誥治'之文，'集庶邦'一節則營東都，爲四方朝貢道里先後之均，'先後迷民'一節乃毖殷遷雒，密邇王室之化，似復古書之舊云。"金氏此説，雖是兼取蘇、吳兩家之説及朱子之意見而成，但就《梓材》本文看來，其與營東都之關係，實不明顯，我們還不如從舊説爲是。

6.《召誥》。《召誥》在《史記》是以爲："周公行政七年，成王長，周公反政成王，北面就羣臣之位。成王在豐，使召公復營雒邑，如武王之意。周公復卜申視，卒營築，居九鼎焉。曰：'此天下之中，四方入貢道里均。'作《召誥》《雒誥》。"今人于省吾《尚書新證》則云："昔人以《召誥》爲召公之詞，今審其語義，察其文理，亦周公誥庶殷戒成王之詞，史官綴述其事以成篇也。"他的理由是：

(1)"乃復入錫周公曰"，按"周公"二字，應有重文，後人誤挩。

(2)自"周公曰"以下至末，均係周公誥戒庶殷禦事及成王之詞，舊説謂以下召公之言，朱子乃強爲之言曰："此蓋因周公以告於王耳。"夫召公代王錫周公，而反因周公以告王，自有文字以來，無此例也。

(3)若謂命庶殷者爲周公，誥告庶殷者爲召公，究周公所命者爲何事而"庶殷丕作"也。《尚書》文雖簡質，無此歉缺也。

(4)如謂"旅王若公"之"公"爲周公，下之"旦曰，其作大邑"，何以又稱周公之名耶？周書《金滕》《雒誥》《君奭》《立政》及此篇"旦"字凡七見，皆周公自謂，凡成王稱周公多曰"公"，無直稱其名者，安有召公代王致錫而反稱周公之名者乎？且稱周公之名爲旦，則應作"旦其作大邑"，綴以曰字，謂非周公之所言，可乎？（卷三頁三）于氏此説尚待詳證。篇首言"周公乃朝用書命庶殷""厥既命庶殷"，可見周公自有誥告庶殷之詞，此篇乃召公誥告庶殷，舊説似尚未誤。

7.《雒誥》。《史記》説作《召誥》《雒誥》，在周公七年反政之後，《雒誥》爲周公之詞，似無若何疑問。金履祥《尚書表注》云："《召誥》《雒誥》相爲首尾，惟《洛誥》所紀，若無倫次，有周公至洛使告圖卜往復之辭；有周公歸周，迎往往洛對答之辭；有成王在洛，留周公於後，而歸之辭；有周公留洛相勉叙之辭。辭從其辭，事從其事，各以類附。然無往來先後之叙，蓋其日月必已具在繫年之史，故此篇辭事各以類附不嫌於亂雜。但其間亦必有缺文錯簡，皆伏生口授之訛，而孔氏又以所聞伏生之書爲定，以此致誤。"案金氏所説，亦疑其所不當疑者。

8.《多士》。《史記·周本紀》云："成王既遷殷遺民，周公以王命告，作《多士》。"此篇或即《召誥》篇所云"周公乃朝，用書命庶殷侯、甸、男邦伯"之辭。

9.《多方》。這一篇寫作的時期，當更在《多士》之前，《尚書大傳》說："周公攝政，一年救亂，二年克殷，三年踐奄，四年建侯衛，五年營成周，六年制禮作樂，七年致政成王。"《書序疏》引鄭注云："此伐淮夷與踐奄，是攝政三年伐管、蔡時事。其編篇於此，未聞。"這一篇的次第應當與《多士》列在《召誥》《雒誥》之前。這兩篇都敘有踐奄之事，而《多方》尤疑在《多士》之前。王柏《書疑》云："《多方》當在前，《多士》當在後。"金履祥《尚書表注》用其意云："《多方》叙云'王來自奄'，《書》云'我惟大降爾四國民命'。則《多方》在《多士》諸篇之前也。故《皇王大紀》繫《多方》於前，《多士》於後。又疑其間章有差互，以其俱有洛邑之云也。履祥案：周公初年秉政，既而群叔流言，周公居東二年，成王悟而迎公歸，歸而三叔竟挾武庚以叛，於是東征，三年踐奄；則東征之最後也。踐奄而歸降四國殷民之命，遷之洛邑，歸於宗周，作《多方》之誥，於是制禮作樂，明年遂營洛邑爲東都，作《多士》篇。是則《多方》作於東征之歸，《多士》作於宅洛之始。"金氏此說，頗覺明晰，閻若璩《尚書古文疏證》亦從之。我們不可以爲宋儒之創說而忽視之，今人或以此篇用四國多方，"方""國"並稱，爲春秋時現象，殊不知在《大誥》《康誥》《酒誥》《梓材》中間都有用國的，此說實不可從。

10.《立政》。《史記》以立政爲周公作，從篇首"周公若曰……告嗣天子王矣"看來，似乎可信。今人或據篇中有"其克詰爾戎兵，以陟禹之跡，方行天下，至於海表，罔有不服"。以中國爲禹跡，又在四海之内，是春秋戰國時現象。不過禹的傳說，在《詩》的二《雅》中很有幾處，在《多士》中也述及夏代事，則禹的傳說不一定到春秋時才有，所以根據這一點來判斷，似不甚允。或又以篇中有"迪知忱恂於九德之行"，似乎九德分析如此之細，不是周初所當有的，其實這也不必可信。我們現在固不能逆揣周初不能說到九德，所以這不能算作確據。依我看來，這一篇所述官制有"準、夫、牧作三事，虎賁、綴衣、趣馬、小尹、左右攜僕、百司庶府、大都小伯藝人、表臣百司、大史、尹伯、庶常吉士、司徒、司馬、司空、亞旅"等等，與《康誥》《酒誥》等篇所述頗有不同，寫作時代，或比較要晚些。但如以爲出於東周，則無確證。

這一組中，《大誥》《康誥》《酒誥》《梓材》《多方》《多士》《召誥》《洛誥》，都可信爲當時作，《盤庚》或經過周初的潤色，此篇或亦出於追記，這十篇都至少應當信爲真的西周之作。

## （四）關於《書序》的問題

以上，我們對於《尚書》的僞古文、孔壁古文，以及今文《尚書》二十八篇的考證都已提到了，只有關於《書序》的真僞及其年代還得提出。但是，今文《尚書》沒有百篇《書序》，我們從《書序》殘石已經獲得證明。百篇《書序》是屬於古文經的，是在劉、班以後才有的說法。孔子未曾刪書，孔子未作《書序》，我們在《尚書之刪述》這一篇已略引諸家來說明，《書序》當與古文經一般看待，不當信爲自古所傳，也不當信爲秦漢間經師所作的。這問題在朱子早已說過："《書序》不可信，伏生時無之。其文甚弱，亦不是前漢人文字，只是後漢末人。"又說："《尚書小序》不知何人作。《大序》亦不是孔安國作，怕只是撰《孔叢子》底人作。文字軟善，西漢文字則粗大。"在蔡沈的《書集傳》中也說："漢劉歆曰'孔子修《易》序《書》。'班固曰：'孔子纂《書》，凡百篇而爲之《序》，言其作意。'今考《序》文，於見存之篇，雖頗依文立義，而識見淺陋，無所發明；其間至有與經相戾者；於已亡之篇，則依阿簡略，尤無所補。"在朱子、蔡沈後，談到《書序》的人，大多數是信奉朱、蔡之說的。到了清代，魏源著《書古微》，更以爲"古文《書序》，出於衛宏"。康有爲著《新學僞經考》，則以《書序》是劉歆僞作。但是他還以百篇《書序》與《史記》相同的是《書序》抄《史記》，不是《史記》采《書序》。崔適著《史記探源》，更以爲《史記》中的《書序》是劉歆之徒所竄入。康、崔的說法，雖然有的人相信，但也有人不以爲然的。這需要我們從《史記》本文與《書序》本身來做一番檢查，然後才能斷定其孰是孰非。《史記》有與《書序》"自相乖異"的地方，據康氏所舉，共有七證。他的前四證說："序以爲'盤庚五遷，將治亳，殷民咨胥怨，作《盤庚》三篇'。《殷本紀》則以爲'帝盤庚崩，百姓思盤庚，乃作《盤庚》三篇'。若謂《史記》所載本於《書序》，何與《書序》自相乖異？《史記》非采《書序》，證一。序以爲'秦穆公伐晉，襄公帥師敗諸殽，還歸，作《秦誓》'。《秦本紀》則以爲'繆公敗於殽，復益厚孟明等，使將兵伐晉以報殽之役，晉人皆城守不敢出；於是繆公乃自茅津渡河，封殽中尸，爲發喪，哭之三日，乃誓於軍，以申思不用蹇叔、百里奚之謀，故作此誓'。亦與《書序》不合。《史記》非采《書序》，證二。《序》以爲'祖己訓諸王，作《高宗肜日》《高宗之訓》'，《殷本紀》則以爲'武丁崩，祖己嘉武丁之以祥雉爲德，立其廟以爲高宗，遂作《高宗肜日》及《訓》'，亦與《書序》不合。《史記》非采《書序》，證三。《序》以爲'平王錫晉文侯秬鬯、圭瓚，作《文侯之命》'。《晉世家》

則以爲'晉文公重耳獻楚俘於王，王命晉侯爲伯，賜大輅、彤弓矢百、旅弓矢千、秬鬯一卣、珪瓚、虎賁三百人，作晉侯命'"。亦與《書序》不合。《史記》非采《書序》，證四。他又說："《序》與《史記》異者，《盤庚》《高宗肜日》《高宗之訓》《文侯之命》《秦誓》五篇……若《史記》采撫古書，力求徵信，聲音訓詁之通借，先後詳略之同異，則或有之，何嫌何疑，使之剌謬至此乎？《史記》之非采《書序》斷矣。"我們從康氏這裏所說的看來，《史記》有與《書序》不合之處，可見《史記》不是采的《書序》，是《書序》采的《史記》；我們還可以說，司馬遷並沒有見到《書序》。我們有以下幾點理由可以說明：

（1）《史記》在《孔子世家》和《儒林傳》中固然沒有提到孔子作百篇《書序》，而且並不知有百篇《尚書》之說。史遷在《儒林傳》說伏生求《尚書》，是"亡數十篇，得二十九篇"，並不明言亡七十一篇。如若《尚書》真有百篇，則亡其七十一篇，《史記》是不難敘明的。

（2）《尚書》在秦以前，沒有固定的成書，不惟墨子所引《尚書》有在今古文《尚書》以外的，即如《仲虺之誥》在《荀子·堯問》中尚引作"其在《中蘬之言》也"，篇名並未固定，可見百篇《書序》不會是先秦經師所作，證據甚明。

（3）《史記》說："孝文帝時，欲求治《尚書》者，天下無有，乃聞伏生能治。"又說："伏生即以教於齊、魯之間，齊學者由是頗能言《尚書》。"這可見《書序》也決非如朱子及其他的人所說的，是"周秦間低手人作"。秦以前《尚書》沒有固定的篇數；在伏生的同時，"治《尚書》者天下無有"。又何處覓此作百篇《書序》的人？這又可見《書序》決不是秦漢間人作。

（4）孝文以後傳《尚書》學的人多是伏生弟子，伏生弟子更不是造此百篇之《序》的人。百篇《序》中無《尚書大傳》中所有的《大誥》《多政》等篇，可作明證。今文《尚書》無序，從石經《書序》殘石也可看出，可作旁證。這也可見百篇《書序》不是司馬遷以前的秦漢之際解經的人所作。

（5）從《史記》本身來看，盤庚五遷，在《盤庚》上篇及《序》中說得很好，《史記》不引用，而說是百姓思盤庚作，反與本文不合。《秦誓》在《書序》說得也好，而《史記》偏說又去伐晉，晉人皆城守不敢出，比較不合情理。《史記》如采於其他的書，則這合理的《序》，何爲反轉不采？這豈不是《史記》並不曾采《書序》的明證？這更可令我們想到史遷並未曾見過《書序》。

（6）我們再從《書序》的體裁來看，《呂覽》的"序意"，《淮南子》的

"要略"，都不是這樣的序，只有《史記·自序》是這樣的。但《史記》並未提到百篇《書序》，然則不是《史記》模仿《書序》，而是作《書序》的模仿《史記》，這也令我們看出《書序》是晚於《史記》。

　　從這六點看來：（1）《書序》不是孔子作的；（2）不是先秦經師作的；（3）不是漢初經師作的；（4）不是伏生弟子作的。由這四點來說，司馬遷作《史記》時並無《書序》可采。（5）《史記》與《書序》不相合，也並没有采用《書序》；（6）《書序》體裁要晚出於《史記》，司馬遷能否得見《書序》，已成疑問。我們不能不説現在《史記》中的一些"作某篇"如"作《盤庚》三篇"，如"作《康王之誥》"，原非《史記》所應有，而是有人竄入《史記》，這是極可能的（《史記》一書在史遷以後爲後人竄改者甚多，說詳趙翼《廿二史札記》）。崔適的話，乍看雖令人難信，但是是有理由的。宋儒如朱子和蔡沈都已説到《書序》的"依文立義""識見淺陋""與經相戾""無所發明"，並舉其中《堯典》《舜典》《汩作》《大禹謨》《顧命》等篇作爲實例説明，説是"低手人作"。《書序》之不可信已了如指掌。至於現存的《書序》，恐怕更經過作偽《孔傳》者的竄改。這不等於《尚書》，如若當作史料看待，那是需要審慎處理的。《書序》的可疑，已如上述，我想在本編中不必要再作一番"《書序》條辨"，如欲知其詳，可參考《書序辨》一書。

附録：

# 《尚書》逸文

(依孫星衍補訂本增訂)

## (一) 有篇名及可審知其篇名者

《尚書大傳·九共》書曰：予辯下土，使民平平，使民無敖。(今本無《九共》，孔壁古文有)

曰予乘四載，水行乘舟，陸行乘車，山行乘樏，澤行乘輴。(今本《皋陶謨》但有"予乘四載"句，以下四句並無。孫云，疑偽孔删之)(注一)

《墨子·兼愛下》雖禹誓即亦猶是也。禹曰："濟濟有衆，咸聽朕言，非惟小子敢行稱亂，蠢兹有苗，用天之罰，若予既率爾群對諸群，以征有苗。"

《墨子·非命下》禹之總德有之。曰："允不著惟天，民不而葆。既防凶心，天加之咎。又慎厥德，天命焉葆？"(注二)

《墨子·非樂上》武觀曰："啓乃淫溢康樂，野於飲食，將將銘莧，磬以力，湛濁於酒，渝食於野，萬舞翼翼，音聞於天，天用弗式。"(惠棟云："啓乃當作啓子。"江聲云："啓子五觀也。"孫詒讓《墨子閒詁》云："此當作將將鍠鍠，管磬以方。天今本《墨子》作大。"孫云："善本《墨子》正作天。")

《堯典正義》鄭注《禹貢》引《胤征》："篚厥玄黃，昭我周王。"(江云："周當爲君"。孫云："忠信爲周")(注三)

《尚書大傳·帝告》《書》曰："施章乃服，明上下。"

《史記·殷本紀》湯征諸侯。葛伯不祀，湯始伐之。湯曰："予有言：人視水見形，視民知治不。"伊尹曰："明哉！言能聽，道乃進。君國子民，爲善者皆在王官。勉哉，勉哉！"湯曰："汝不能敬命，予大罰殛之，無有攸赦。"

《孟子·梁惠王下》《書》曰："湯一征，自葛始。"天下信之，東面而征西夷怨，南面而征北狄怨，曰："奚爲後我？"民望之，若大旱之望雲霓也。歸市者不止，耕者不變，誅其君而弔其民，若時雨降，民大悅。書曰："徯我后，后來其蘇。"

《孟子·滕文公下》"湯始征，自葛載"，十一征而無敵於天下。東面而征，西夷怨；南面而征，北狄怨。曰："奚爲後我？"民之望之，若大旱之望雨也。歸市者弗止，芸者不變，誅其君，弔其民，如時雨降，民大悅。書曰："徯我后，后來其無罰！""有攸不惟臣，東征，綏厥士女，篚其玄黃，紹我周王見休，惟臣附於大邑周。"其君子實玄黃於篚以迎其君子，其小人簞食壺漿以迎其小人。救民於水火之中，取其殘而已矣。

《孟子·滕文公下》孟子曰："湯居亳，與葛爲鄰。葛伯放而不祀，湯使人問之曰：'何爲不祀？'曰：'無以供犧牲也。'湯使遺之牛羊，葛伯食之，又不以祀。湯又使人問之曰：'何爲不祀？'曰：'無以供粢盛也。'湯使亳衆往爲之耕，老弱饋食。葛伯率其民，要其有酒食黍稻者奪之，不授者殺之。有童子以黍肉餉，殺而奪之。《書》曰'葛伯仇餉'，此之謂也。"

《墨子·尚賢中》《湯誓》曰："聿求元聖，與之戮力同心，以治天下。"

《論語·堯曰》曰："予小子履，敢用玄牡，敢昭告於皇皇后帝：'有罪不敢赦。帝臣不蔽，簡在帝心。朕躬有罪，無以萬方；萬方有罪，罪在朕躬。'周有大賚，善人是富。雖有周親，不如仁人。百姓有過，在予一人。"

《墨子·兼愛下》雖湯説即亦猶是也。湯曰："惟予小子履，敢用玄牡，告於上天后曰：今天大旱，即當朕身履，未知得罪於上下。有善不敢蔽，有罪不敢赦，簡在帝心。萬方有罪，即當朕身，朕身有罪，無及萬方。"

《國語·周語上》內史過曰："在湯誓曰：'余一人有罪，無以萬夫；萬夫有罪，在余一人。'"

《呂氏春秋·順民》昔者湯克夏而正天下，天下旱，五年不收，湯乃以身禱於桑林曰：余一人有罪，無及萬夫；萬夫有罪，在余一人。無以一人之不敏，使上帝鬼神傷民之命。

《説苑·君道》《書》曰：百姓有罪，在予一人。

《墨子·非命上》於《仲虺之告》曰："我聞於夏人，矯天命，布命於下，帝伐之惡，龔喪厥師。"（伐之依中篇作"式是"，江云：式，用也。"龔"中篇作"用"）

《墨子·非命中》先王之書《仲虺之告》曰："我聞有夏，人矯天命，帝式是惡，用闕師。"（《間詁》：畢云，闕當是喪厥二字）

《墨子·非命下》仲虺告之曰："我聞有夏，人矯天命於下，帝式是憎，用爽厥師。"（孫云：布命於下，下篇脱二字）

《荀子·堯問》其在《中蘬之言》也，曰：諸侯自爲得師者王，得友者霸，得疑者存，自爲謀而莫己若者亡。

《吕氏春秋·骄恣》李悝曰："楚莊王曰：'仲虺有言，不穀說之，曰：諸侯之德，能自爲取師者王，能自取友者存，其所擇而莫如己者亡。'"

《左傳》襄十四年晉中行獻子曰："仲虺有言曰：'亡者侮之，亂者取之。'"

《左傳》襄三十年鄭子皮曰："仲虺之志云：'亂者取之，亡者侮之。'"

《左傳》宣十二年傳隨武子曰："仲虺有言曰：'取亂侮亡。'"

《史記·殷本紀》既絀夏命，還亳，作《湯誥》："維三月，王至自於東郊。告諸侯群后：'毋不有功於民，勤力乃事。予乃大罰殛汝，毋予怨。'曰：'古禹、皋陶久勞於外，其有功乎民，民乃有安。東爲江，北爲濟，西爲河，南爲淮，四瀆已修，萬民乃有居。后稷降播，農殖百穀。三公咸有功於民，故後有立。昔蚩尤與其大夫作亂百姓，帝乃弗予，有狀。先王言不可不勉。'曰：'不道，毋之在國，女毋我怨。'"

《禮記·緇衣》尹吉曰："惟尹躬及湯，咸有壹德。"（鄭注：吉當爲告。尹告，伊尹誥也。《書序》以爲咸有壹德）

《禮記·緇衣》尹吉曰："惟尹躬天見於西邑夏，自周有終，相亦惟終。"（注：尹吉亦尹誥也。天當爲先）

《孟子·萬章上》伊訓曰："天誅造攻自牧宫，朕載自亳。"（趙注：牧宫，桀宫，朕謂湯也，載始也）

《漢書·律曆志》引《伊訓》曰："維太甲元年十有二月乙丑朔，伊尹祀於先王，誕資有牧方明。"（孟康曰：方明者，神明之象也）

《堯典正義》鄭注《典寶》引伊訓曰："載孚在亳，征自三朡。"

《禮記·表記》太甲曰："民非后無能胥以寧，后非民無以辟四方。"（注四）

《禮記·緇衣》太甲曰：毋越厥命，以自覆也，若虞機張，往省括於厥度，則釋。

《孟子·公孫丑上》太甲曰："天作孽，猶可違；自作孽，不可活。"

《禮記·緇衣》太甲曰："天作孽，可違也；自作孽，不可以逭。"

《禮記·大學》太甲曰："顧諟天之明命。"

《左傳》隱六年君子曰，《商書》曰：惡之易也，如火之燎於原，不可鄉邇，其猶可撲滅。（孫云：今脫上句疑僞孔刪之）

《左傳》莊十四年君子曰："《商書》所謂'惡之易也，如火之燎於原，不可鄉邇，其猶可撲滅'者。"

《尚書大傳·盤庚》《書》曰："若德明哉！湯任父言，卑應言。"

《尚書大傳·說命》《書》曰："高宗諒闇，三年不言。"（鄭曰：闇讀如鵝，鵝謂廬也）

《國語·楚語上》白公曰："昔殷武丁能聳其聽，至於神明，以入於河，自河徂亳，於是乎三年默以思道。卿士患之，曰：'王言以出令也，若不言，是無所禀令也。'武丁於是作書曰：'以余正四方，余恐德之不類，茲故不言'如是而又使夢以象旁求四方之賢，得傅說以來，升以爲公，而使朝夕規諫，（孫云：如是以下二十九字是白公子張語）曰：'若金，用女作礪；若津水，用女作舟；若天旱，用女作霖雨。啟乃心，沃朕心。若藥不瞑眩，厥疾不瘳。若跣不視地，厥足用傷。"

《禮記·文王世子》兌命曰："念終始典於學。"（注：兌當爲說，說命，《書》篇名）

《禮記·學記》兌命曰："念終始典於學。"

《禮記·學記》兌命曰："學學半。"

《禮記·學記》兌命曰："敬孫務時敏，厥修乃來。"

《禮記·緇衣》兌命曰："惟口起羞，惟甲胄起兵，惟衣裳在笥，惟干戈省厥躬。"

《禮記·緇衣》兌命曰："爵無及惡德，民立而正。（鄭注：民將立以爲正，言放效之疾）事純而祭禩，是爲不敬。事煩則亂，事神則難。"

《禮記·坊記》高宗云："三年其惟不言，言乃歡。"（鄭注：名篇在《尚書》。《正義》謂是《高宗之訓》）（注五）

《墨子·非命上》於《大誓》曰：紂夷處，不肯事上帝，鬼神禍厥先神祇不禩，乃曰：吾民有命，毋僇排漏。（《閒詁》：當依中篇作毋僇其務）天亦縱棄之而弗葆。（吳鈔本作保）

《墨子·非命中》先王之書《太誓》之言然，曰："紂夷之居而不肯事上帝，棄厥其先神而不禩也。曰：'我民有命，毋僇（侮辱）其務。'天不亦棄縱而不葆。"

《墨子·天志中》大明之道之曰：紂越厥夷居，不肯事上帝，棄厥先神祇不禩，乃曰吾有命，無僇僃務天下。天亦縱棄紂而不葆。"

《墨子·尚同下》於先王之書也《太誓》之言然，曰："小人見奸巧，乃聞不言也，發罪鈞。"

《左傳》昭二十四年周萇弘曰，《太誓》曰："紂有億兆夷人，亦有離德。余有亂臣十人，同心同德。"

《左傳》成二年君子曰，《太誓》所謂："商兆民離，周十人同者。"

《孟子·萬章上》《太誓》曰："天視自我民視，天聽自我民聽。"

《左傳》襄三十一年魯穆叔曰："《太誓》云：'民之所欲，天必從之。'"

《左傳》昭元年鄭子羽曰："《太誓》曰：'民之所欲，天必從之。'"

《國語·周語中》單襄公曰："《太誓》曰：'民之所欲，天必從之。'"

《國語·鄭語》史伯曰："《太誓》曰：'民之所欲，天必從之。'"

《國語·周語下》單襄公曰："吾聞之《太誓》故曰：'朕夢協朕卜，襲於休祥，戎商必克。'"

《墨子·兼愛下》《泰誓》曰："文王若日若月，乍照光於四方於西土。"（《兼愛中》與此同）

《禮記·坊記》《泰誓》曰："予克紂，非予武，惟朕文考無罪。紂克予，非朕文考有罪，惟予小子無良。"（注六）

《墨子·非命下》引《太誓》之言，於去發曰："惡呼君子，天有顯德，其行甚章。爲鑒不遠，在彼殷王。謂人有命，謂敬不可行，謂祭無益，謂暴無傷。上帝不常，九有以亡。上帝不順，祝降其喪。惟有我周，受之大帝。"

《荀子·議兵》《泰誓》曰："獨夫紂。"

《管子·法禁》《泰誓》曰："紂有臣億萬人，亦有億萬之心；武王有臣三千，而一心。"

《孟子·滕文公下》《泰誓》曰："我武惟揚，侵於之疆，則取於殘，殺伐用張，於湯有光。"（趙注：侵紂之疆界則取於殘賊者，以張殺伐之功也）

《漢書·律曆志》《武成》曰："惟一月壬辰，旁死霸，若翌日癸巳，武王乃朝步自周，於征伐紂。粵若來三月，既死霸，粵五日甲子，咸劉商王紂。惟四月既旁生霸，粵六日庚戌，武王燎於周廟。翌日辛亥，禷於天位。粵五日乙卯，乃以庶國禷馘於周廟。"（注：禷馘，獻於廟而告禷也）

《漢書·王莽傳》群臣上奏引《書》逸《嘉禾》曰："周公奉鬯立於阼階，延登，贊曰：'假王莅政，勤和天下。'"

《左傳》僖三十三年晉臼季曰：康誥曰："父不慈，子不孝，兄不友，弟不恭，不相及也。"

《左傳》昭二十年齊苑何忌曰，在《康誥》曰："父子兄弟，罪不相及。"

《尚書大傳》《酒誥》："王曰封，唯曰若圭璧。"

《尚書大傳·無逸》《書》曰："厥兆天子爵。"（《白虎通·爵篇》引同）

《周禮·保氏序官疏》《鄭志》趙商問，案成王《周官》云："立太師、太傅、太保，茲惟三公。"

《禮記·坊記》君陳曰："爾有嘉謀嘉猷，入告爾君於內，爾乃順之於外，

曰：此謀此猷，惟我君之德。嗚呼，臣人咸若時，惟良顧哉。"（注：君陳蓋周公之子伯禽弟也）

《禮記‧緇衣》君陳曰："未見聖，若己弗克見。既見聖，亦不克由聖。"

《禮記‧緇衣》君陳曰："出入自爾師虞，庶言同。"

《禮記‧緇衣》君雅曰："夏日暑雨，小民惟曰怨。資冬祁寒，小民亦惟曰怨。"

《左傳》定四年"管、蔡啓商，惎間王室，王於是殺管叔而蔡蔡叔。以車七乘，徒七十人，其子蔡仲，改行帥德，周公舉之，以爲己卿士，見諸王，而命之以蔡，共命《書》云：'王曰胡，無若爾考之違王命也。'"（注七）

《墨子‧非樂上》曰："先王之《書》湯之官刑有之。曰：'共桓（恒）舞於宮，是謂巫風。其刑，君子出絲二衛（緯），小人否（倍）似二伯（百）黃徑（經）。'乃言曰：嗚呼，舞佯佯（洋洋），黃言（簧音）孔章，上帝弗常，九有以亡，上帝不順，降之日（百）殃殎，其家必壞喪。'"

《墨子‧尚賢中》"先王之《書》，距年之言也。《傳》曰：求聖君哲人，以裨輔而身。"

《墨子‧尚賢下》"先王之《書》，豎年之言然，曰：'睎夫聖武知人，以屏輔而身。'"

《墨子‧尚同中》"先王之《書》術令之道曰：'唯口出好興戎。'"

《墨子‧尚同中》"先王之《書》相年之道曰：'夫建國設都，乃作后王君公，否用泰也，輕（卿）大夫師長，否用佚也，維辯使治天鈞。'"

《墨子‧天志中》"先王之《書》馴天明不解之道也知之。曰：'明哲維天，臨君下出（王引之曰，下出二字義不可通，出當爲土）。'"

《墨子‧非命中》"於召公之執令於然，且：敬哉！無天命，惟予二人而無造言，不自降天之哉得之。"

《墨子‧公孟》"先王之《書》子亦有之曰：'其傲也，出於子不祥。'"

《墨子‧明鬼下》"禽艾之道之曰：'得璣無小，滅宗無大。'則此言鬼神之所賞，無小必賞之；鬼神之所罰，無大必罰之。"

## （二）引有《虞書》《夏書》《商書》《周書》者

《宋書‧禮志》高堂隆引"《書》曰：'若稽古帝舜曰重華，建皇授政改朔。'"（此可知爲《虞書》）

《孟子‧萬章上》《書》曰："只載見瞽瞍，夔夔齊栗，瞽瞍亦允若。是爲父而不得子也。"（同上）

《太平御覽·地部》"《尚書》逸篇曰:'堯子丹朱不肖,舜使居丹淵爲諸侯。'"

《孟子·滕文公下》"當堯之時,水逆行,氾濫於中國,蛇龍居之,民無所定,下者爲巢,上者爲營窟。《書》曰:洚水警余,洚水者洪水也。"

《説文·辵部》《虞書》曰:"旁逑孱功。"(怨匹曰逑)。

《説文·目部》眊:目少精也,《虞書》耄字從此。

《墨子·七患》故雖上世之聖王,豈能使五穀常收,而旱水不至哉?然而無凍餓之民者,何也?其力時急,而自養儉也。故《夏書》曰"禹七年水",《殷書》曰"湯五年旱",此其離凶餓甚矣,然而民不凍餓者,何也?其生則密,其用之節也。

《史記·河渠書》《夏書》曰:"禹抑洪水十三年,過家不入門。陸行乘車,水行載舟,泥行蹈毳,山行即橋。"

《左傳》莊八年魯莊公曰,《夏書》曰:"皋陶邁種德。"

《左傳》昭十四年晉叔向曰,《夏書》曰:"昏墨賊殺。"

《吕氏春秋·諭大》《夏書》曰:"天子之德,廣運乃神,乃武乃文。"

《左傳》僖二十四年君子曰:《夏書》曰:"地平天成。"

《左傳》襄五年召子謂,《夏書》曰:"成允成功。"

《左傳》襄二十一年魯臧孫紇曰:《夏書》曰:"念茲在茲,釋茲在茲。名言茲在茲,允出茲在茲,惟帝念功。"

《左傳》襄二十三年魯臧孫紇曰:《夏書》曰:"念茲在茲。"

《左傳》哀六年魯孔子曰:《夏書》曰:"惟彼陶唐,帥彼天常,有此冀方。今失其行,亂其紀綱,乃滅而亡。又曰:允出茲在茲。"

《左傳》襄二十六年蔡聲子對曰:"善爲國者,賞不僭而刑不濫。賞僭則懼及淫人,刑濫則懼及善人。若不幸而過,寧僭無濫,與其失善,寧其利淫,無善人,則國從之。《詩》曰:人之云亡,邦國殄瘁。'無善人之謂也。故《夏書》曰:'與其殺不辜,寧失不經。'懼失善也。"

《左傳》文七年晉郤缺曰:《夏書》曰:"戒之用休,董之用威,勸之以九歌,俾勿壞。"

《左傳》哀十八年君子曰:《夏書》曰:"官占,唯能蔽志,昆命於元龜。"

《國語·周語上》內史過曰:《夏書》有之曰:"眾非元后何戴,后非眾無與守邦。"

《國語·周語下》單穆公曰:《夏書》有之曰:"關石和鈞,王府則有。"

《國語·晉語九》知伯國曰:《夏書》有之曰:"一人三失,怨豈在明?不見是圖。"

《左傳》襄十四年晉師曠曰："自王以下，各有父兄子弟，以補察其政，史爲《書》，瞽爲《詩》，工誦箴諫，大夫規誨，士傳言，庶人謗，商旅於市，百工獻藝。故《夏書》曰：'遒人以木鐸徇於路。'官師相規，工執藝事以諫。"

《左傳》昭十七年魯太史曰：故《夏書》曰："辰不集於房，瞽奏鼓，嗇夫馳，庶人走。"

《荀子·君道》《書》曰："從命而不拂，微諫而不倦，爲上則明，爲下則遜。"（孫本列入《商書》）

《墨子·明鬼下》《商書》曰："嗚呼！古者有夏，方未有禍之時，百獸貞蟲，允及飛鳥，莫不比方。矧在人面，胡敢異心？山川鬼神，亦莫敢不寧。若能共允，住天下之合，下土之葆。"（江云，住字蓋佳惟之誤）

《吕氏春秋·孝行》《商書》曰："刑三百，罪莫重於不孝。"

《吕氏春秋·諭大》《商書》曰："五世之廟，可以觀怪。萬夫之長，可以生謀。"

《説文·心部》《商書》曰："以相陵慢。"

《孟子·梁惠王下》《書》曰："天降下民，作之君，作之師。惟曰其助上帝，寵之四方。有罪無罪，惟我在，天下曷敢有越厥志？"（注九）

《左傳》襄三十一年衛北宮文子曰，《周書》數文王之德曰："大國畏其力，小國懷其德。"

《左傳》僖五年虞宮之奇曰，故《周書》曰："皇天無親，惟德是輔。"又曰："黍稷非馨，明德惟馨。"又曰："民不易物，惟德繄物。"

《説文·手部》《周書》曰："粵三日丁亥。"

《吕氏春秋·貴信》《周書》曰："允哉允哉。"

《説文·於部》《周書》曰："遽以記之。"（許曰：撻，鄉飲酒罰不敬撻其背。古文作撻）

《説文·宀部》《周書》曰："宮中之宂食。"

《説文·蟲部》《周書》曰："我有蠢於西。"（許曰：蠢，蟲動也，從蚰春聲。）

《説文·心部》《周書》曰："來就惎惎。"

《墨子·七患》故《周書》曰："國無三年之食者，國非其國也；家無三年之食者，子非其子也。"

《韓非子·説林上》《周書》曰："將欲敗之，必姑輔之；將欲取之，必姑

與之。"(《戰國策》二十二卷引《周書》曰同)

《呂氏春秋·聽言》《周書》曰："往者不可及，來者不可待，能明其世者謂之天子。"

《呂氏春秋·適威》《周書》曰："民善之則畜之，不善則離也。"

《呂氏春秋·慎大》《周書》曰："若臨深淵，若履薄冰。"

《淮南子·覽冥訓》《周書》曰："掩雉不得，更順其風。"

《淮南子·氾論訓》《周書》有言曰："上言者，下用也；下言者，上用者。"(《韓非子·說林下》)：此《周書》所謂下言而上用者)

《史記·蒙恬列傳》："及王能治國，有賊臣言：'周公旦欲爲亂久矣，王若不備，必有大事。'王乃大怒，周公旦走而奔於楚。成王觀於記府，得周公旦沈書，乃流涕曰：'孰謂周公旦欲爲亂乎？'殺言之者，而反周公旦。故《周書》曰：'必參而伍之。'(《索隱》：參謂三卿，伍即五大夫，欲參伍更議)

《史記·貨殖列傳》《周書》曰："農不出則乏其食，工不出則乏其事，商不出則三寶絕，虞不出則財匱少。"

《史記·楚世家》周武公引《周書》曰："欲起無先。"

《說苑·善說》《周書》曰："前車覆，後車戒。"

《漢書·王商傳》《周書》曰："以左道事君者誅。"

《漢書·陳湯傳》《周書》曰："記人之功，忘人之過，宜爲君者也。"

《後漢書·楊震傳》《周書》曰："天子見怪則修德，諸侯見怪則修政，大夫見怪則修職，士庶人見怪則修身。"

## （三）引有《書》曰，《尚書》曰者

《左傳》襄十一年晉魏絳曰，《書》曰："居安思危。"

《左傳》襄二十一年晉祁奚曰，《書》曰："聖有謨勛，明征定保。"

《左傳》襄二十五年衛大叔文子曰，《書》曰："慎始而敬終，終以不困。"

《左傳》昭六年晉叔向曰，《書》曰："聖作則。"

《左傳》昭十年鄭子皮曰，《書》曰："欲敗度，縱敗禮。"

《禮記·坊記》《書》曰："厥辟不辟，忝厥祖。"

《春秋繁露·王桮》《書》曰："厥辟不辟，去厥祇。"

《孟子·滕文公下》"周公相武王，誅紂伐奄，三年討其君，驅飛廉於海隅而戮之，滅國者五十，驅虎豹犀象而遠之，天下大悅。書曰：'丕顯哉！文王謨。丕承哉！武王烈。佑啓我後人，咸以正無缺。'"

《孟子·滕文公上》《書》曰："若樂不瞑眩，厥疾不瘳。"

《孟子·滕文公下》《書》曰："有攸不爲臣，東征，綏厥士女，篚厥玄黄，紹我周王見休，惟臣附於大邑周。"

《國語·周語中》富辰曰，《書》有之曰："必有忍也，若能有濟也。"

《國語·周語中》畢襄公曰：《書》曰："民可近也，而不可上也。"

《荀子·君道》《書》曰："先時者殺無赦，不及時者殺無赦。"

《吕氏春秋·報更》此《書》之所謂："德幾無小者也。"

《韓非子·外儲説左上》《書》曰："紳之束之。"

《韓非子·外儲説左上》《書》曰："既雕既琢，還歸其樸。"

《戰國策》卷五《書》曰："樹德莫如滋，除害莫如盡。"

《戰國策》卷十九《書》曰："去邪無疑，任賢勿貳。"

《史記·蔡澤列傳》《書》曰："成功之下，不可久處。"

《史記·商君列傳》趙良引《書》曰："恃德者昌，恃力者亡。"

《白虎通·號篇》《尚書》曰："裕汝衆。"

《白虎通·社稷篇》《尚書》曰："太社唯松，東社唯柏，南社唯梓，西社唯栗，北社唯槐。"

《白虎通·考黜篇》《尚書》曰："三年一考，少黜以地。"

《白虎通·王者不臣篇》《尚書》曰："咨爾伯。"

《白虎通·紼冕篇》《書》曰："黼黻衣、黄朱紼。"

## （四）疑爲《尚書》逸文者

《孟子·萬章上》"舜往於田，號泣於旻天。"

《孟子·萬章上》"帝使其子九男二女，百官牛羊倉庫備，以事舜於畎畝之中。"

《孟子·萬章上》"父母使舜完廩，捐階，瞽瞍焚廩。使浚井，出，從而揜之。象曰：'謨蓋都君咸我績，牛羊父母，倉廩父母，干戈朕，琴朕，弤朕，二嫂使治朕棲。'象往入舜宫，舜在牀琴。象曰：'鬱陶思君爾！'忸怩。舜曰：'唯兹臣庶，汝其於予治。'"

《孟子·萬章上》"欲常常而見之，故源源而來。'不及貢，以政接於有庳'。"

《論語·堯曰》堯曰：咨！爾舜！天之曆數在爾躬，允執其中。四海困窮，天禄永終。

《孟子·滕文公上》放勛曰：勞之來之，匡之直之，輔之翼之，使自得之，又從而振德之。

《孟子·公孫丑》伊尹曰：予不狎於不順。

《孟子·盡心下》王曰：無畏；寧爾也，非敵百姓也，若崩厥角稽首。

**注釋**

（注一）孫本以百篇《尚書》爲次，以上二條列爲《虞夏書》《虞書》。

（注二）此二條孫本列爲百篇外逸《書》，今改隸於此。

（注三）以上二條孫本列爲《虞夏書》《夏書》。

（注四）孫本説作《緇衣》。

（注五）以上孫本列爲《商書》。

（注六）孫本説作《緇衣》。

（注七）以上孫本列爲《周書》。

（注八）以上《墨子》引《書》孫本均列爲百篇外逸《書》，兹改隸於此；後三條，孫書漏列，兹爲增補。

（注九）孫本列爲《周書》。

## 參考書目

| | | |
|---|---|---|
| 孔穎達 | 《尚書正義》 | (《十三經注疏》本) |
| 林之奇 | 《尚書全解》 | (通志堂經解本) |
| 夏僎 | 《尚書詳解》 | (聚珍版叢書本) |
| 蔡沈 | 《尚書集傳》 | (通行本) |
| 王柏 | 《書疑》 | (通志堂本) |
| 金履祥 | 《尚書表注》 | (通志堂本) |
| 吳澄 | 《書纂言》 | (通志堂本) |
| 趙孟頫 | 《書今古文集注》 | |
| 王充耘 | 《讀書管見》 | (通志堂本) |
| 梅鷟 | 《尚書譜》 | |
| | 《尚書考異》 | (浙江局本) |
| 陳第 | 《尚書疏衍》 | |
| 羅敦仁 | 《尚書是正》 | |
| 鄭瑗 | 《井觀瑣言》 | |
| 郝敬 | 《尚書辯解》 | (湖北叢書本) |
| 閻若璩 | 《尚書古文疏證》 | (《皇清經解續編》本) |
| 黃宗羲 | 《書經筆授》 | |
| 王夫之 | 《尚書稗疏》 | (《船山遺書》本) |
| 姚際恒 | 《古文尚書通論別僞例》 | |
| 錢煌 | 《壁書辨疑》 | |
| 萬斯同 | 《群書疑辨》 | (通行本) |
| 宋鑒 | 《尚書考辨》 | (嘉慶刊本) |
| 朱彝尊 | 《經義考》 | (通行本) |
| | 《尚書古文辨》 | (學海類編本) |
| 徐與喬 | 《經史辨體》 | (敦化堂本) |
| 程廷祚 | 《晚書訂疑》 | (續經解本) |
| 惠棟 | 《古文尚書考》 | (《皇清經解》本) |
| 江聲 | 《尚書集注音疏》 | (《皇清經解》本) |

| | | |
|---|---|---|
| 王鳴盛 | 《尚書後案》（《皇清經解》本） |
| 戴　震 | 《尚書今文古文考》（《戴東原集》） |
| 孫星衍 | 《尚書今古文注疏》（《皇清經解》本） |
| | 《古文尚書馬鄭注》（岱南閣叢書本） |
| | 《尚書逸文》（同上） |
| | 《尚書篇目表》（同上） |
| 段玉裁 | 《古文尚書撰異》（《皇清經解》本） |
| 陳壽祺 | 《左海經辨》（《皇清經解》本） |
| 王引之 | 《經義述聞》（《皇清經解》本） |
| 臧　琳 | 《經義雜記》（《皇清經解》本） |
| 劉逢禄 | 《書序述聞》（《續經解》本） |
| | 《尚書古文集解》（《續經解》本） |
| 龔自珍 | 《大誓答問》（《續經解》本） |
| 魏　源 | 《書古微》（《續經解》本） |
| 宋翔鳳 | 《尚書譜》（《續經解》本） |
| | 《尚書略説》（《續經解》本） |
| 丁　晏 | 《尚書餘論》（《續經解》本） |
| 崔　述 | 《古文尚書辨僞》（《崔東壁遺書》本） |
| 崔　邁 | 《讀古文尚書黏簽標記》 |
| 章學誠 | 《文史通義》（通行本） |
| 陳喬樅 | 《今文尚書經説考》（《續經解》本） |
| 簡朝亮 | 《尚書集注述疏》（原刊本） |
| 皮錫瑞 | 《書經通論》（師伏堂叢書本） |
| 王先謙 | 《尚書孔傳參正》（虛受堂本） |
| 王咏霓 | 《書序考異》（原刊本） |
| | 《書序答問》（原刊本） |
| 俞　樾 | 《群經平議》（《續經解》本） |
| 吴汝綸 | 《寫定尚書》（石印本） |
| 袁　枚 | 《金縢辨》（小倉山房文集本） |
| 王　廉 | 《金縢辨》 |
| 毛奇齡 | 《古文尚書冤詞》 |
| 陸隴其 | 《古文尚書考》 |
| 莊存與 | 《讀書既見》 |
| 姚　鼐 | 《書説》 |
| 黄　冕 | 《尚書記疑》 |

| | |
|---|---|
| 孫喬年 | 《古文尚書證疑》 |
| 顧昺 | 《書經札記》 |
| 郭兆奎 | 《心園書經知新》 |
| 徐世沐 | 《尚書惜陰錄》 |
| 江昱 | 《尚書私學》 |
| 茹敦和 | 《尚書未定稿》 |
| 王劼 | 《尚書後案駁正》 |
| 張崇蘭 | 《古文尚書私議》 |
| 林春溥 | 《開卷偶得》 |
| 王谷塍 | 《重論文齋筆錄》 |
| 邵懿辰 | 《尚書通議》 |
| 洪良品 | 《古文尚書辨惑》（《古文尚書四種》本） |
| 吳光耀 | 《古文尚書正辭》（原刊本） |
| 王照 | 《表章先正正論》 |
| 陳漢章 | 《經學通論》（北大油印本） |
| 王國維 | 《觀堂集林》（《王忠慤公遺書》本） |
| 康有為 | 《新學偽經考》（通行本） |
| 崔適 | 《史記探源》（北大排印本） |
| 吳承仕 | 《經典釋文序錄疏證》（排印本） |
| | 《尚書孔氏傳異同考》（《華國》月刊） |
| | 《唐寫本尚書舜典釋文箋》（國學匯編本） |
| 錢玄同 | 《重論經今古文學問題》（北大《國學》季刊） |
| 楊筠如 | 《尚書覈詁》（排印本） |
| 于省吾 | 《尚書新證》（石印本） |
| 顧頡剛 | 《尚書研究講義》（石印本） |
| | 《古史辨》一、二、五冊（排印本） |
| | 《書序辨》（排印本） |
| 郭沫若 | 《中國古代社會研究》（初印本） |
| | 《金文叢考》（重印本） |
| | 《先秦天道觀之進展》（青銅時代） |

（注）上列諸書未注明版本者，多屬考訂辯護偽古文之作，讀者欲知其略，可更參看《經義考》《四庫全書總目提要》、洪良品《古文尚書辨惑》等書。關於注解《尚書》之書如姚永概《尚書誼略》、孫詒讓《尚書駢枝》、黄式三《尚書啓蒙》等未列入。

# 詩經六論

# 自　序

　　這裏搜集的六篇論文，有的是我 1931 年到 1933 年在武漢大學講授《詩經》時寫的，有的是我 1953 年到 1956 年在西北大學講授《詩經》時寫的，現在把它們收集成册，命名爲《詩經六論》，以供讀者們參考指正。

　　現在我把每篇的重點提出如下：

　　第一篇，《詩經是中國古代的樂歌總集》。是 1955 年就我在 1934 年發表於《北平師大月刊》第十四期的《詩三百篇之詩的意義及其與樂之關係》一文删去前半改寫而成。目的是從一般的詩歌的起源、詩三百篇的采删、《風》詩之決非徒歌、古代歌舞的關係、古代"詩""樂"的關係來證明《詩經》所錄當全爲樂歌。這一問題有許多人已經説過，也有一些人認爲這是對的，但是現在還有人以爲《雅》《頌》的詩不全是樂歌。我們從《墨子・公孟》篇"誦詩三百，弦詩三百，歌詩三百，舞詩三百"的話看來，先秦的人，是認爲詩三百篇全都可以弦誦歌舞，全爲樂歌，墨家是非儒的，可見"（《詩》）三百五篇，夫子皆弦歌之"，決非儒家所造的謡言。

　　第二篇，《詩經的思想内容》。我着重在分析《風》詩。關於勞動生產的十首、關於戀愛婚姻的七十二首、關於政治諷刺的四十首、愛國主義詩篇五首，其他的雜詩十六首，剩餘的應當是統治階級的作品。這樣分類不過是我個人初步研究的結果，在現在也很難取得一致的看法，但不能不這樣地嘗試探討。《風》詩絶大部分來自民歌，我們應當着重分析。關於《雅》《頌》我也着重就其中一些篇來進行了分析，其餘的只好從略。近來談《詩經》人民性的人很多，但是忘了提出《鶉之奔奔》這首具有極强烈的人民性的詩，在古代是起了教育人民的作用的。我引用王先謙《詩三家義集疏》所引諸家之説來特爲闡明。關於《鴟鴞》也多爲舊説所迷誤，我提出從宋儒以及王夫之、袁枚等都已認《金縢》爲僞篇，足見舊説不可信，《鴟鴞》是一首富有强烈的人民性的詩是很明顯的了。在這一篇中，我没有多少創見，多半倚傍舊説，稍爲變動，如舊説實係謬誤，我才改立新説，但我自信我没有立異以爲高。

　　第三篇，《詩經的藝術表現》。主要是要從藝術的角度上來評價《詩經》這部現實主義作品高度的藝術成就。過去研究《詩經》的學者，多從賦比興或雙聲疊韵的角度來談《詩經》的藝術，現在我改從新的文藝理論及民歌表現方法的角度來談這一方面的問題,分爲八項:(一)概括的抒寫;(二)層疊的鋪叙;(三)比擬的摹繪;(四)形象的刻畫;(五)想象的虛擬;(六)生動的描寫;(七)完整的結構;(八)藝術的語言。對於一些思想性强的詩,如《七月》諸詩也從藝術的角度予以分析,並引用了湯姆生的《論詩歌源流》,從音樂角度上來考察《詩經》的層疊鋪叙。在《形象的刻畫》與《想象的虛擬》兩節中,引用了姚際恒、方玉潤諸人的説法以及與唐宋詩詞作了説明與對比。關於《詩經》的篇章結構和修辭格等也都作了詳細的介紹。不過這也只是初步研究的結果,而且在這短短的篇幅中,不能對《詩經》的重要篇章作專門分析。希望我們從事《詩經》研究的人,能作更進一步的探討。

第四篇,原名《采詩删詩辨》,是在武大時寫的,主要談采詩删詩的問題。關於采詩,我提出古代的種種説法,采詩之人不同,采詩之時不同,其方式也不同,足見古無定制,采詩之説並不可信。關於删詩,朱彝尊駁斥了《史記》"取可施於禮義"之説,我更證明《史記》"去其重"之説亦不可信,並利用了王崧《説緯》以及康有爲、崔適之説來作證明,足見删詩不可信。詩的起源,本與音樂有關,詩的采集,本是樂師的事,孔子弦歌之本,應即當時樂師傳出之本。我們從這一點也可以看出孔子本無删詩之事。《墨子》引書,多與儒家不同,而説"誦詩三百,弦詩三百"與儒家同,也可以證明《詩》的流傳在孔子時,只有三百五篇,孔子並無删詩之事。

第五篇,原名《説南、風、雅、頌》,是1953年寫的。重要論點是從《詩經》來證明南、雅、頌都是樂器,風是聲調的意思,《詩三百篇》全是樂歌,風的伴奏也是應當有樂器的,不過不一定是特殊的樂器(可能是類似於笙、竽、簫、塤等等一類吹奏樂器),難以舉出是哪一種。從音樂是詩的形式考慮,我不贊成打破《南》《風》《雅》《頌》原來的區分。至於二《南》與《國風》的不同,在《吕氏春秋·音初》篇所説的"周公、召公取風焉,以爲《周南》《召南》"尚不以南爲地名,我們知道,《吕氏春秋》是集體的創作,儒家色彩很重,如"南"也是國風的一種,他們就當以"南"爲地名了。《周南》《召南》既不是國名,地域也難劃分,我們不應當隨便地與《國風》混爲一談。

第六篇,原名《毛詩序略説》,是在武大時寫的。主要的是在説明《毛序》的名稱、作者以及毛序之種種謬妄。

我雖然這多少年來每年都講《詩經》,但對這方面的知識還是感覺很不夠的;我的理論水平很低,在各篇中不免有錯誤,希望讀者不客氣地批評指正。

張西堂
1957年4月14日

## 一　《詩經》是中國古代的樂歌總集

現在我們大家都說，《詩經》是中國古代的一部詩歌總集，這一句話是不能表現出《詩經》的本來面目的。《詩經》是中國古代的一部樂歌總集，用一句話說得更明顯些，《詩經》是中國秦漢以前的《樂府》；正如《樂府》一樣，《詩經》中的詩歌，絕大部分是來自各地方的民歌。這些民歌，是來自廣大勞動群衆的最底層；是勞動人民大衆的作品，或是接近勞動人民而爲勞動人民所喜愛的作品。這些詩歌，歌唱着他們的勞動生活、他們的思想、他們的情感、他們對於統治階級的憤怒與斗爭，是具有極豐富的思想内容的。這些詩歌，因爲從他們日常生活中産生，從他們口頭上流傳，多半是一些比較優秀的作品。在這裡面，他們對於生産真實的描寫，人物形象的刻畫，情節表現的生動，語言運用的巧妙，是具有極優越的藝術形式的，這是《詩經》之所以是在基本上具有現實主義精神與熟練藝術技巧的一部中國古代詩歌總集，是我們中國古代的最有價值的一部文學遺産。

《詩經》的流傳，從周初到現在，具有三千多年的歷史；在這樣悠久時間里，又因爲遭受封建社會一些腐儒的講授，不免發生一些曲解。我們現在研究《詩經》，應當將這些曲解與誤傳，一一地加以廓清。要解決這些問題，我們第一要知道《詩經》所録全是樂歌，《詩經》是中國古代的一部樂歌總集。這是一個基本問題。明瞭了《詩經》全是樂歌，我們對於《詩經》的起源、《詩經》的編訂、《詩經》的體制等等問題，都可以有個深刻的明瞭；就是關於《詩經》的篇數上的問題，《詩經》的年代上的問題，這在現在看來，本無多大爭論，也可以獲得一個比較清楚的了解。

關於《詩經》的篇數，在先秦傳下的只有三百零五篇。到了漢代，傳《毛詩》學的人，他們在《小雅》中又增加了只有名目，沒有正文的六首"笙詩"：《南陔》《白華》《華黍》《由庚》《崇丘》《由儀》，以爲是"有其義而亡其辭"。在篇目上比魯、齊、韓三家詩多了六首，成爲三百十一首。這是傳《毛詩》的誤將《儀禮·燕禮》的"笙入立於縣（懸）中，奏《南陔》《白華》《華黍》。……乃間（原注：間，代也，言一歌則一吹）歌《魚麗》，笙《由庚》；歌《南有嘉魚》，笙《崇丘》；歌《南山有台》，笙《由儀》"六個笙樂的篇目，當作了樂歌，來混淆詩篇的數目，表示《毛詩》的篇數比三家詩多。其實這六首笙樂本來就是無詞的，朱熹在《詩集傳》中已說："曰笙、曰樂、曰奏，而不言歌，則有聲而無辭明矣。"清儒姚際恒的《儀禮通論》，牟庭的《詩切序》，皮錫瑞的《詩經通論》也都推論很詳細。在《儀禮》中凡言笙、管，奏的都是無辭，這是"器樂"，不是樂歌，不應當與《詩三百篇》混爲一談。《詩經》中《南》《風》《雅》《頌》各有伴奏的樂器（説詳第五篇），《雅》的伴奏是"集"，即編鐘、編磬或狀如漆筩的樂器，並不是笙。所以，從《詩三百篇》全是樂歌來看，這個疑問是很容易剖辨的。

  關於《詩經》的年代，過去有種種不同的説法。《商頌》不是殷代的詩，經魏源《詩古微》、皮錫瑞《商頌美宋襄公證》、王國維《説商頌》等等的考訂，我們現在都認爲他們的結論是可信的。現存的詩，大家都認爲是周詩。至於什麼詩是最後的一首詩，有的奉《毛詩》的傳統説法，以爲是《陳風》的《株林》（前599年）。有的依《齊詩》所傳的説法，以爲是《曹風》的《下泉》（前510年）。王夫之在《詩經稗疏》中主張《秦風》的《無衣》是秦哀公爲申包胥乞師而作，那又比起《下泉》更晚4年（前506年）。這些年代上的差異，只能是一個大體的説法。我們從《詩經》全是樂歌這一點來看，在古代社會里，生產勞動是集體進行的，詩歌"不是某一個人的創作，而是一群人的創作，因此許多流傳廣泛的詩歌是沒有作者的姓名的"。《詩經》中的詩歌，據段玉裁《經韵樓集·奚斯所作解》中説："作詩之自舉其名者：《小雅·節南山》曰'家父作誦，以究王訩'。《巷伯》曰'寺人孟子，作爲此詩'。《大雅·嵩高》曰'吉甫作誦，其詩孔碩'。《烝民》曰'吉甫作誦，穆如清風'……並此篇（《魯頌·閟宮》）爲五。"有姓名的不過五篇；還有很少的詩，只能推證出他們的作者；絕大部分是不知道作者姓名的。他們的時代就很難以肯定。況且這些作品，"因爲比較的優秀，大家口口相傳的"（魯迅《門外文談》），"從上一代傳給下一代，已經不免轉換着它的色彩"（湯姆生《論詩歌源流》），又經樂師配以管弦，加以修飾，更難免失去本來面目，我們很難説其中沒有周以前的詩歌，也難以説沒有比《秦風·無衣》更晚的詩歌。我們也不好説詩的配以管弦，是在某一固定時期。我們如明白《詩經》所錄全是樂歌，它們的采集不一定是某一人，也不一定是某一時，我們對於詩的年代可以不固定地看問題。

  聯繫着《詩經》產生的社會基礎來説，現在關於中國社會史分期的説法尚無一定之論，但我們可以大體説從周初到春秋中葉是一個由奴隸制社會過渡到初期封建社會的時期。從生產力與生產關係來看，殷代已經是奴隸制社會，那時"人們所擁有的已經不是石器，而是金屬工具"，已經"出現了畜牧業以及這些部門彼此間的分工"。這在殷墟發現的實物以及流傳下來的文獻都可以證明。到了周初，從周公對殷頑民的公告說："今予惟不爾殺，予惟時命有申。"他一再聲明他們不殺俘虜來的殷民，而且他允許他們"宅爾宅，畋爾田"，分配土地和住屋給他們。周滅商後，是解放了一些奴隸，改善了當時的生產關係，初步踏進了封建社會。不過我們從《周頌·噫嘻》的"率時農夫，播厥百穀""亦服爾耕，十千維耦。"《豳風·七月》的"七月流火，九月授衣""采荼薪樗，食我農夫"看來，耕種有人督率，寒衣需要發給，還有些奴隸制社會的跡象。不惟如此，周初的建國，因爲地區擴張，所以由以氏族爲單位的封建統治一變而爲以地區來分封的封建統治，天子以地分給諸侯，諸侯以地分給大夫；天子有權向諸侯索取賦貢，因之諸侯大夫也有權向人民索取賦貢；他們更訂立了一些"禮""刑"，來枷鎖人民，剝削人民；在奴隸與奴隸主，農奴與封建領主之間的矛盾是不可能不日益加深的。到了宗周中葉，由於周王朝的政治腐敗，由於種族間的戰爭發生，人民生活愈加困苦，統治階級內部也發生矛盾，大領主欺壓小領主，充滿了貧富不均、勞逸不均的現象。到了春秋時代，一些諸侯互相兼並，戰爭時常發生，有的更加緊剝削，聚斂財富，荒淫無道，人民的憤怒尤其不可遏止。這是在二《雅》與《國風》中，由西周時期到春秋中葉一些諷刺詩所以產生的根源。不過《風》詩的絕大部分是民歌，比起二《雅》的多一半是士大夫之作，從他們的階級性看來，《風》詩是更具有強烈的人民性的。但是一方面，周初的農民（農奴或奴隸）有了一部分土地即所謂私田，可以自己經營，更有一些時間經營其他工作，因而工商業逐漸興起，社會經濟文化也都有了提高。周初建國，分封諸侯，產生了一些小的國家，交通往來，經濟更好發展，這些小國多一半在黃河流域，平原千里，土地肥沃，這正是勞動人民從事生產的好場所，也正是勞動人民過着他們的勞動生活、歌唱他們的勞動生活的好場所，這即是《風》詩產生的根源。這是《風》詩在思想內容上比起《雅》《頌》更爲豐富、更爲突出的原因。從《詩經》是中國古代的一部樂歌總集來看，我們如若了解風詩的絕大部分是民歌，是能更深刻地了解它們與它們所產生的社會基礎。

現在我們再來談談《詩經》所錄全是樂歌，《詩經》是中國古代的樂歌總集這一基本問題。我們先從一般的理論說起，先從詩歌的起源說起。勞動創造文藝，詩歌的發生是勞動的動作所促成。關於這一點，普列漢諾夫在他的《藝術論》中曾說：

> 在原始種族中，各種各樣的勞動，有他各種各樣的歌。那調子常常是極精確地適應那一種特有的生產動作的韻律。……歌謠的韻律，

常常是被生産過程的韵律所規定的。……勞動和音樂以及詩歌之相互關係的研究，使畢海爾得出如下的結論："在其發達的最初階段上，勞動音樂和詩歌是最緊密的相結合着的。然而這個三位一體之基礎的要素是勞動。"（據《馬克思主義與文藝》引）

勞動的動作，促進了詩歌的發生，詩歌與音樂在最初是緊密相結合的。關於這一點，湯姆生在《論詩歌源流》中更有闡明，他説：

> ……總之，舞蹈、音樂、詩歌三種藝術開頭是合一的。它們的起源，是人體在集體勞動中的有節奏的運動。這運動有兩個構成部分——身體的和嘴巴的。前者發展爲舞蹈，後者發展爲語言。開始是標誌節奏的無意識的呼喊，後來發展爲詩的語言和普通語言。抛棄了口唱，運用工具來表演，於是無意義的呼喊就轉而爲器樂的起源，達到正式所謂詩。第一步是舞的取消，這樣就變成了歌。在歌中，詩是音樂的内容，音樂是詩的形式。

詩歌的起源是人體在集體勞動中的有節奏的運動，這在我們中國古代是有證明的。舞蹈、音樂、詩歌三種藝術的源頭是合一的，在《詩經》中最早的《頌》詩，就是確切的例證。關於《詩三百篇》全是樂歌，在中國舊日的學者，差不多也都采取這樣的説法。他們有的從詩歌的原理來看，有的從《詩經》的編纂來看，都認爲《詩經》所録全是樂歌。在《史記·孔子世家》中説：

> 孔子語魯太師："樂，其可知也。始作翕如，縱之純如，皦如，繹如也，以成。""吾自衛返魯，然後樂正，《雅》《頌》各得其所。"……三百五篇，孔子皆弦歌之以求合《韶》《武》《雅》《頌》之音。禮樂自此可得而述。

鄭樵在《通志·樂略·正聲序論》上也説：

> 樂以詩爲本，詩以聲爲用，……仲尼編詩，爲燕享祀之時用以歌，而非用以説義也。…得詩而得聲者三百篇。則繫於《風》《雅》《頌》，得詩而不得聲者則置之。

這都是就詩的編訂而言，認爲詩、樂本來是不分的。范家相在《詩瀋》卷一《聲樂》上説：

> 生於心而節於音謂之詩，故一言詩而樂自寓焉。委巷小兒，聯歌拍臂，皆可以配管弦；優伶俗樂，吹竹彈絲，亦能别翻新調，一言樂而章曲自生焉。

這裏他以爲"委巷小兒，聯歌拍臂，皆可以配管弦"，足見無論什麽詩詞，沒有不可以入樂的。"一言詩而樂自寓焉，"足見詩與聲樂本不可分，《詩》三百篇在原則上本來都是樂歌。現在《詩經》所錄全都是樂歌，依下列的十說來看，也是很顯明的。

(1)《墨子·公孟篇》："誦詩三百，弦詩三百，歌詩三百，舞詩三百。"

(2)《荀子·勸學篇》："詩者，中聲之所止也。"

(3)《儀禮·鄉飲酒禮》："正歌備，……鄉樂惟欲。"（鄭《注》："鄉樂者風也"）

(4)《左傳·襄公二十九年》："吳公子札來聘，……請觀於周樂，使工爲之歌《周南》《召南》，……爲之歌《邶》《鄘》《衛》，……爲之歌《王》，……爲之歌《鄭》，……爲之歌《齊》，……爲之歌《豳》，……爲之歌《秦》，……爲之歌《魏》，……爲之歌《唐》，……爲之歌《陳》，……自《檜》以下無譏焉。"

(5)《史記·孔子世家》："三百五篇，孔子皆弦歌之，以求合《韶》《武》《雅》《頌》之音。"

(6)《鄭風·子衿》詩《毛傳》云："古者教以詩樂，誦之歌之，弦之舞之。"

(7)《漢書·食貨志》："行人振木鐸徇於路以采詩，獻之太師，比其音律。"

(8)《公羊傳·宣十五年·注》："男女有所怨恨，相從而歌，饑者歌其食，勞者歌其事。男年六十、女五十無子者，官衣食之，使之民間求詩。"

(9)《鄭志·答張逸》云："國史采眾詩時，明其好惡，令瞽矇歌之，其無所主，皆國史主之，令可歌。"

(10)《困學記聞·卷三》："《杜夔傳》舊雅樂四曲，一曰《鹿鳴》，二曰《騶虞》，三曰《伐檀》，四曰《文王》，皆古聲辭。《琴操》曰：古琴有詩歌五曲：曰《鹿鳴》《伐檀》《騶虞》《鵲巢》《白駒》。"（《晉書·樂志上》）

在這十說之中，由《墨子》《荀子》《儀禮》《史記》等書看來，足見詩三百五篇，無論《南》《風》《雅》《頌》，在古代都是入樂的。《漢書·食貨志》與《公羊傳》注所述采詩的傳說雖不足盡信，然而從詩的搜集看來，也當全是入樂的。而《伐檀》在變風中亦可歌，更足以證明《風》詩之全入樂；所以直至唐代，還以"詩爲樂章"，以爲《詩經》所錄全是樂歌的。

到了宋程大昌作《詩論》十七篇，他說："詩有《南》《雅》《頌》，無國風。其曰國風者，非古也。"因而他只以《南》《雅》《頌》爲樂名，至於邶、鄘、衛、王、鄭、齊、魏、唐、秦、陳、檜、曹、豳這十三國的詩雖然都可

采,而聲不入樂,不過只算得徒詩而已。他在《詩論二》上說:

> 春秋戰國以來,諸侯、卿、大夫、士,賦詩道志者,凡詩雜取無擇;至考其入樂,則自《邶》至《豳》,無一詩在數也。享之用《鹿鳴》,鄉飲酒之笙《由庚》《鵲巢》,射之奏《騶虞》《采蘋》,諸如此類,未有或出《南》《雅》之外者,然後知《南》《雅》《頌》之爲樂詩,而諸國之爲徒詩也。

他根據《左傳》以爲自《邶》至《豳》十三國的詩,"直以徒詩繫之本土",季札所見,周工所歌的,"單舉國名,更無附語,知本無國風"。他却忘了《左傳》還有"是其《衛風》乎"這一句。他根據《儀禮》的《鄉飲酒》《鄉射》以爲詩之入樂未有出《南》《雅》之外者。他却忘了《鄉飲》《鄉射》在"明日息司正"之下還有"鄉樂唯欲"這一句。他的證據本不十二分可靠,但是後來朱熹、焦竑、顧炎武都是贊同他的說法,而且更進一步地附會《毛詩》正變之說,以爲變風、變雅都不入樂。朱子說:

> 二《南》正風,房中之樂也,鄉樂也。二《雅》之正《雅》,朝廷之樂也。商、周之《頌》,宗廟之樂也。至變《雅》則衰周卿士之作,以言時政之得失,而《邶》《鄘》以下,則太師所陳以觀民風者耳,非宗廟燕享之所用也。(顧炎武《日知錄》卷三引)

朱子這一說,顯然是受了程大昌的影響,馬端臨在《文獻通考》上曾駁他說:

> 夫《左傳》言季札來聘,請觀周樂,而所歌者,《邶》《鄘》《衛》《鄭》皆在焉,則諸詩固雅樂矣。使其爲里巷狹邪所用,則周樂安得有之?

馬端臨的意見是很好的,只是所舉證據太少。所以焦竑的《國史·經籍志》仍用程大昌之說,直用程氏原文"至考其入樂,自《邶》訖《豳》,無一在數",不承認《風》詩爲樂歌。所以顧炎武在《日知錄·卷三》也主張《詩》有入樂不入樂之分。他說:

> 《鼓鐘》之詩曰,"以《雅》以《南》",子曰:"《雅》《頌》各得其所"。夫二《南》也,《豳》之《七月》也,《小雅》正十六篇,《大雅》正十八篇,《頌》也,詩之入樂者也。《邶》以下十二國之附於二《南》之後而謂之變風,《鴟鴞》以下六篇之附於《豳》而亦謂之《豳》,《六月》以下五十八篇之附於《小雅》,《民勞》以下十三篇之附於《大雅》,而謂之變雅,詩之不入樂也。

清儒治經是好抨擊宋人的,而且《毛詩序傳》也沒有"詩不入樂"之說,

所以大多數人都是反對程大昌之説的。陳啓源雖然主張"詩與樂實分二教",但他在《毛詩稽古篇舉要》上説:

> 三百十一篇,皆古樂章也。……魯人歌周樂,則十三國繼二《南》之後,《周禮》籥章迎寒暑則龡《豳》詩,祈年則龡《豳》《雅》,祭蠟則龡《豳》《雅》。《大戴·投壺之禮》稱可歌者八篇,則《魏風》《文王》並列,十三國變風之入樂,又歷歷可據也。

他在這裏也以爲詩皆古樂章,不過他用《周禮》和《大戴記》來反對變風不入樂,證據自然還不十分充足。在他之後的如胡承珙的《毛詩後箋》,陳奐的《毛詩傳疏》都没有更進一步的駁論,馬瑞辰的《毛詩傳箋通釋》却對於程大昌之説辨訂極其明晰。他在卷一《詩入樂》上説:

> 詩三百篇,未有不入樂者,《虞書》曰:"詩言志,歌永言,聲依永,律和聲。"歌、聲、律皆承詩遞言之。《毛詩序》曰:"在心爲志,發言爲詩。"又曰:"言之不足,故嗟嘆之;嗟嘆之不足,故永歌之。"此言詩所由作,即《虞書》所謂"詩言志,歌永言"也。又曰:"情發於聲,聲成文,謂之音。"此言詩播爲樂,即《虞書》所謂"聲依咏,律和聲"也。若非詩皆入樂,何以被之聲歌,且協諸音律乎?《周官》大師教六詩,而云"以六德爲之本,以六律爲之音",是六詩皆可調以六律已。《墨子·公孟》篇曰:"誦詩三百,弦詩三百,歌詩三百,舞詩三百。"《鄭風·子衿》詩《毛傳》云:"古者教以詩樂,誦之歌之,弦之舞之。"其説正本《墨子》,是三百篇皆可誦歌弦舞已。若非詩皆入樂,則何以六詩皆以六律爲音?又何以同是三百篇,而可誦者即可歌可弦可舞乎?《左傳》吴季札請觀周樂,使工爲之歌《周南》《召南》,並及於十二國;若非入樂,則十四國之詩不得統之以"周樂"也。《史記》言"《詩》三百五篇,孔子皆弦歌之,以求合於《韶》《武》《雅》《頌》"。若非入樂,則《詩》三百五篇,不得皆求合於《韶》《武》《雅》《頌》也。《六藝論》云:"詩,弦歌諷喻之聲也"。《鄭志·答張逸》云:"國史采衆詩,時明其好惡,令瞽矇歌之,其無所主,皆國史主之,令可歌。"據此,則鄭君亦謂詩皆可入樂矣。程大昌謂《南》《雅》《頌》爲樂詩,自《邶》至《豳》皆不入樂,爲徒詩,其説非也。

在這一篇之中,他更提出《尚書》《墨子》《左傳》《史記》《毛詩》《鄭志》爲驗,比陳啓源之專據《周禮》《大戴記》立説,證據就可靠得多了!俞正燮《癸巳存稿·詩入樂》也提出不少的證明。他説:

《史記》云"三百篇皆可弦誦"，謂弦歌皆詩。三代時，寧戚歌《碩鼠》，衛太師歌《巧言》之卒章，魯爲吳公子札歌《風》《雅》《頌》，師乙言歌《商》、歌《齊》。漢時《雅》樂可歌者八篇，有《白駒》《伐檀》，不必如笙詩正《小雅》也。東漢曹氏時，樂工肆歌《鹿鳴》《騶虞》《伐檀》《文王》，魏太和中，惟傳《鹿鳴》一篇，後並亡之，則其調不傳。……賦詩誦詩，本對歌詩言之，詩不可歌，則不采矣。

　　後來魏源雖主張"詩有爲樂作不爲樂作"之分，但他在《詩古微·夫子正樂論》上也以爲"周時無不入樂之詩"。康有爲《新學僞經考·漢書藝文志辨僞》上關於詩樂是多半采取魏氏之說，亦謂"晉魏時大雩祈旱皆歌《雲漢》之章，漢時雅樂可歌者八篇，變風之《伐檀》，變雅之《白駒》在焉，尤可見詩皆入樂之證。"皮錫瑞《詩經通論》的"論《詩》無不入樂，《史》、《漢》與《左氏傳》可證"篇更以爲：

　　　《詩》之入樂，有一定者，有無定者。如《鄉飲酒禮》："閒歌《魚麗》，笙《由庚》；歌《南有嘉魚》，笙《崇丘》；歌《南山有臺》，笙《由儀》。合樂《周南·關雎》《葛覃》《卷耳》，《召南·鵲巢》《采蘩》《采蘋》。"《鄉射禮》合樂同。《燕禮》閒歌歌鄉樂，與《鄉飲酒禮》同。《大射》歌《鹿鳴》三終。《左氏傳》云："《湛露》，王所以宴樂諸侯也；《彤弓》，王所以燕獻功諸侯也；《文王》，兩君相見之樂也；《鹿鳴》《四牡》《皇華》，嘉鄰國君、勞使臣也。"此《詩》之入樂有一定者也。《鄉飲酒禮》正歌備後有"無算樂"，注引《春秋》襄二十九年"吳公子札來聘，請觀於周樂，此國君之無算"。然則《左氏傳》載列國君卿賦《詩》言志，變《風》、變《雅》皆當在"無算樂"之中，此《詩》之入樂無一定者也。若惟正《風》、正《雅》入樂，而變《風》、變《雅》不入樂，吳札焉得而觀之？列國君卿焉得而歌之乎？至宋儒，乃有《詩》不入樂之說，……錫瑞案：謂《詩》不入樂，與《史》《漢》皆不合，亦無解於《左氏》之文。古者《詩》教通行，必無徒詩不入樂者。唐人重詩，伶人所歌皆當時絕句；宋人重詞，伶人所歌皆當時之詞；元人重曲，伶人所歌亦皆當時之曲；有朝脫稿而夕被管弦者。宋歌詞不歌詩，於是宋之詩爲徒詩；元歌曲不歌詞，於是元之詞爲徒詞；明以後歌《南曲》不歌《北曲》，於是《北曲》亦爲徒曲。……周時《詩》方通行，必不如是。宋人與顧氏之說，竊未敢謂然也。

他根據《史記・孔子世家》"孔子皆弦歌之"，以爲孔子時詩無不入樂；根據《漢書・食貨志》"獻之大師，比其音律"，以爲孔子前詩無不入樂；又以周時詩方通行，必無徒詩不入樂者。由各方面推翻了程、顧之説了！詩與樂的關係，由三百篇全爲樂章之説到宋儒"諸國爲徒詩之説"算是兩個對立的意見。皮氏的"詩之入樂有一定者有無定者"，與陳啓源"詩樂實分二教"，魏源的"詩有爲樂作，不爲樂作之分"，都是來辨訂這兩個對立的意見的。

　　但是以上我們所舉的陳啓源、馬瑞辰、俞正燮、皮錫瑞諸家之説，他們主張詩全入樂，不過就《墨子》《荀子》《左傳》《史記》這些傳説來證明《詩》三百篇無不入樂，對於《詩》三百篇本文是否爲樂的形式，尚未説到。直到顧頡剛撰《論〈詩經〉所錄全爲樂歌》一文，就春秋時的徒歌與《詩》三百篇本文來作比較的研究，從《詩經》的本身上證明《詩經》是樂歌。而漢代《樂府》的分地著錄，好像是承接着國風一樣，古代留傳下來的無名氏的詩歌也都是樂歌，這都足以證明《詩經》所錄全爲樂歌的。在那一篇長文之中，他所作的簡短的結論説：

　　　　春秋時的徒歌是不分章段，詞句的復沓也是不整齊的，《詩經》不然，所以《詩經》是樂歌。凡是樂歌，因爲樂調的復奏，容易把歌詞鋪張到多方面；《詩經》亦然，所以《詩經》是樂歌。兩漢六朝的樂歌很多從徒歌變來，那時的樂歌集又是分地著錄，承接着國風，所以《詩經》是樂歌。徒歌是向來不受人注意的，流傳下來的無名氏詩歌亦皆爲樂歌；春秋時的徒歌不會特使人注意而結集入《詩經》，所以《詩經》是樂歌。（《古史辨》第三册）

　　他從《詩經》章段的劃分，詞句復沓的不整齊，以及因樂調而復奏，而歌詞多方面鋪張，來證明《詩經》所錄全爲樂歌，這是極確切可信的。他所舉的《桑中》《揚之水》，更是極好的例證。《桑中》一詩，説在一地期會三個女子，除非認爲樂歌，當然是不可解的。假如我們曲解爲"男子發抒渴想女子的熱情，説孟姜、孟弋、孟庸泛代一切美貌的女子，名雖三稱，實際上詩人所期待的只是他理想中一個美好女子"，這是無由證明其爲汎代與理想的。而且這位詩人不從美好上來鋪張，而只在名稱上變更，而都總結在桑中上宫同一地點的幽會，情緒沒有深淺，進行沒有程序，假如不認爲是樂歌，那這一首詩未免太無技術與内容，而且太令人難解了！至於《揚之水》雖不是同時戍申、戍甫又戍許，而從"曷月予還歸哉"這一句看來，決不是"征夫一年之中遷戍幾個地方的口氣"。如若不認爲樂章的重沓，而認爲叙述一人之事的，那也不可理解。所以由這兩個例證看來，我是贊成顧先生之説的。我以爲現存的

《詩》三百篇中，有的是詩人所作而後被之管弦，有的是由徒歌以後變成樂歌的。關於前者，可以借用范家相的"委巷小兒，聯歌拍臂，皆可以配管弦"來作理論的說明；關於後者，則顧先生在《論詩經所錄全爲樂歌》一文中已詳細的說明徒歌如何變爲樂歌；這裏都無需詳述了。我之認爲《詩經》所錄全爲樂歌的還有四個理由：

第一，由《詩》三百篇的搜集看來，《詩經》所錄當全爲樂歌。

第二，由《風》詩之決非徒歌看來，《詩經》所錄當全爲樂歌。

第三，由古代歌舞的關係看來，《詩經》所錄當全爲樂歌。

第四，由古代"詩""樂"的關係看來，《詩經》所錄當全爲樂歌。

現在依次的說明如下：

第一，由《詩》三百篇的搜集看來，《詩經》所錄當全爲樂歌。現在的《詩》三百篇本是誰采集的，我們已無由知其詳。在唐以前，關於采詩的傳說，有七八說之多；有以爲是國史的，有以爲是遒人的，有以爲是軒車使者、遒人使者，有以爲古有采詩之官；但是比較早的說法則以爲是太師陳風。這些說法，在現在看來固都不可靠，但也決不是如崔述《讀風偶識》上所說："美斯愛，愛斯傳，……偶遇文學之士，錄而傳之。"這是後世的事，不能以推證古代的。我們知道孔子"反魯正樂之時，年已六十有九，而前此言詩，皆曰三百"，足見《詩》並不是孔子刪的。孔子說："吾自衛反魯，然後樂正，《雅》《頌》各得其所"。又說："師摯之始，《關雎》之亂，洋洋乎盈耳哉！"即就這兩句話看來，足見《雅》《頌》《南》之爲樂歌，且是與當日的樂師發生關係。由孔子說的"鄭聲淫"足知《風》詩亦爲樂歌，也當與當日的樂師發生關係的。詩與聲樂既有關係，在孔子時，猶爲樂師所掌，則是詩的采集，本是樂師因爲職業的關係而去采詩，或配管弦而變徒詩爲樂歌，所以最早而最多的傳說以爲太師采詩，這傳說由《論語》的證明是比較可信，不過不必是歲有定時"徇於路以采"而已。故從詩的職掌及其采集看來，《詩》三百篇應當是經過最有關係的樂師的搜集或配以管弦或變爲樂歌。然則現在《詩經》所錄當全爲樂歌了！（本節所引諸說之出處並詳下第四篇《詩經的編訂》一文）

第二，由《風》詩之決非徒歌看來，《詩經》所錄當全爲樂歌。關於《風》詩之決非徒歌這一點，我們更可分爲四層來說：

（Ⅰ）在前面所列的自《墨子》至《困學紀聞》十說中，由《墨子》《荀子》看來，三百篇全入樂的。在後漢雅樂郎杜夔所傳舊曲之中有變《風》的《伐檀》，而蔡邕的《琴操》中也有《伐檀》《白駒》兩歌曲，這都是所謂變《風》變《雅》入樂的鐵證，所以在漢魏時猶有舊曲的流傳。

（Ⅱ）"風"詩的"文體"最近於二《南》也有與大小《雅》相似的。《南》《雅》《頌》既全爲樂歌，"風"詩就其"文體"看來，異於《左傳》中之徒歌，而同於二《南》、大小《雅》，也應當是全爲樂歌的。

（Ⅲ）"風"詩的"風"只可釋爲聲調；《大雅·崧高》説"吉甫作頌，其詩孔碩，其風肆好"。《左傳·成公九年》："鍾儀操南音"，范文子説是"樂操土風"。這都是極好的證明。（此外還有其他的例證，詳下第五篇《詩經的體制》）"風"既是聲調的意思，"風"詩也當是全爲樂歌的。

（Ⅳ）《論語·衛靈公》篇："放鄭聲，……鄭聲淫。"《陽貨》篇："惡鄭聲之亂雅樂也。"鄭聲的意思，後來雖有用爲代表土樂的，但在漢儒釋經，仍以爲鄭國的風。《五經異義》："《魯論》説：'鄭國之俗，有溱、洧之水，男女聚會、謳歌相感，故云鄭聲淫。'《左傳》説：'煩手淫聲，謂之鄭聲者，言煩手躑躅之聲，使淫過矣。'謹案：《鄭》詩二十一篇；説婦人十九矣，故鄭聲淫也。"許氏是治古學的，也從《魯論》之説。然則亂《雅》的"鄭聲"，實是入樂的《鄭風》，"風"詩之當全爲樂歌，在《論語》上也可以得到證明。

故從舊曲的流傳，"風"詩的體制，"風"是聲調的意思，與所謂鄭聲之亂《雅》，都是見"風"詩並非徒歌，然則《詩經》所録當全爲樂歌了。

第三，由古代歌舞的情形看來，《詩經》所録當全爲樂歌。我們知道，古代社會歌與舞是離不開的，現在更試從古代的樂舞、歌舞、歌詩、樂器這四點來看，也足見《詩》三百篇之當全爲樂歌。

（Ⅰ）先從樂與舞來説，我們從（1）《簡兮》的"公庭萬舞，……左手執籥"。（2）《君子陽陽》的"左執翿，右招我由敖"。（3）《猗嗟》的"舞則選兮，射則貫兮"。（4）《宛丘》的"坎其擊鼓，宛丘之下。無冬無夏，值其鷺羽"。（5）《伐木》的"坎坎鼓我，蹲蹲舞我"。（6）《賓之初》的"籥舞笙鼓，樂既和奏"。（7）《有駜》的"鼓咽咽，醉言舞"。（8）《那》的"庸鼓有斁，萬舞有奕"。這些地方看來，知道古代跳舞的風氣是極盛的。同時也可以看出跳舞時所奏的樂器有"籥""鼓""笙""鏞"之類，鼓最多，籥次之。其樂調則有"敖""房"（《君子陽陽》）等，在西周時，歌舞之際，已不僅是夾雜着簡陋的音樂了！

（Ⅱ）我們再從歌舞看來，在《詩》三百篇中，有《車舝》"式歌且舞"連叙歌舞。在傳世的彝器中，是不見有用"詩"的（據《金文編》），而在楚餘義鐘却有："樂我父兄，御飲訶舞（歌舞），孫孫用之，後民是語"。（《集古録》三之二，《周金文存》一）"訶舞"二字連叙。在較晚的《楚辭》上，《九歌》有"展詩兮會舞"。《招魂》中有"起鄭舞些……發激楚些"。這都足以證明在古代歌、舞同時，是且歌且舞的。這是不容否認的事實：在跳舞的時候，一面步伐應着樂節，一面還唱着樂歌的。

（Ⅲ）我們更從歌詩的關係來看，在《大雅》《小雅》中，如：（1）《四牡》"式用作歌，將毋來諗"。（2）《何人斯》的"作此好歌，以極反側"。（3）《巷伯》的"寺人孟子，作爲此詩。凡百君子，敬而聽之"。（4）《四月》的"君子作歌，維以告哀"。（5）（6）《卷阿》的"來游來歌，以矢其音"和"矢詩不多，維以遂歌"。（7）《桑柔》的"雖曰匪予，既作爾歌"。（8）《崧高》的"吉甫作誦，其詩孔碩"。所用歌詩二字，直若毫無判別。二《雅》本是樂歌，而説"作爲此詩""其詩孔碩""矢詩不多，維以遂歌"，足見當時所謂之"詩"，都是可以被之管弦的樂歌。

（Ⅳ）我們從當時的樂器來看，如（1）《靈臺》的"虡業維樅，賁鼓維鏞……鼉鼓逢逢，矇瞍奏公"。（2）《有瞽》的"設業設虡，崇牙樹羽，應田縣鼓，鞉磬柷圉，既備乃奏，簫管備舉"。都足證明當時樂器是很發達的。這些詩既然不是假的，而叙述當代的事實，也非後世推測前代。就上所列兩詩中的篇、笙、簫、管以及他篇琴、瑟、塤、篪之類，發聲都不是單純的音調，而又有專門的樂工，歌樂當然也很發達的，孔子在齊聞《韶》，"三月不知肉味"，幾乎弄得這位老先生要成了"音樂迷"，也足見古代音樂之决不簡陋，徒歌之變爲樂歌，在當時是可能的。

總之，在殷代已有文字的發明，而且農業又如是之發達，詩歌在殷代應已經產生，在甲骨文中已有"樂"字出現，那是象形，像絲附在木上。甲骨文中也有"舞"字，像人執犛牛尾而舞之形。可見當時是有了樂器，有了舞蹈。到了周代，文化進步，這時有了更精細的樂器，有了專門職業的樂師，則徒歌之變爲樂歌，在當時實是可能的（這當然不是説所有的樂歌都是由徒歌變的）。而由樂舞、歌舞、樂詩看來，所謂詩即是樂歌，與舞與樂都有很密切的不容否認的關係；現在《詩》三百篇，又是由樂師流傳，其本來面目只是一些樂歌，在孔子以後才成爲儒家的經典的。然則《詩經》所録本當全爲樂歌了！

第四，由古代"詩""樂"的關係看來，《詩經》所録當全爲樂歌。古來"樂"本無經的，所以樂歌就是詩。邵懿辰在《禮經通論》上説："樂本無經也。'詩言志，歌永言，聲依永，律和聲'。故曰：'詩爲樂心，聲爲樂體。'……樂之原在《詩》三百篇之中，樂之用在《禮》十七篇之中，故曰'興於詩，立於禮，成於樂'。'子所雅言，《詩》《書》執禮'，不言樂也。"他這話雖没有什麼發明，然而却是極其有道理的。在《四庫全書總目提要·樂類叙錄》上也説過:"沈約稱《樂經》亡於秦,考諸古籍,惟《禮記·經解》有'樂教'之文,伏生《尚書大傳》引'辟雍舟張'四語,亦謂之《樂》,然他書均不云有《樂經》。大抵《樂》之綱目具於《禮》,其歌詞具於《詩》,其鏗鏘鼓舞則傳在伶官,漢初制氏所記,蓋其遺譜,非別有一經爲聖人手定也。"在《提要》中已顯白地闡明"樂之原在《詩》三百篇之中",樂本無經,並非清末經今文學者的私説。這些雖是清儒的推證,而實際上是合於古的(別詳余《樂本無經補證》,見 1936 年 10 月 30 日《北平晨報·思辨》)。要之,在先秦所謂的樂歌,實在就是《詩》三百篇,而在《詩》三百篇以外,也不多見別的樂歌:此尤爲《詩》三百篇本爲樂歌的明證。故從古代"詩""樂"的關係來看,《詩經》所錄也當然全爲樂歌的。

以上所舉的四個理由,第一是就《詩》三百篇的采集來看,第二是就《詩》三百篇的體制來看,第三是就《詩》與歌舞的關係來看,第四是就《詩》與樂經的關係來看。我覺得只要有一個理由能成立,便足以見《詩》三百篇之當全爲樂歌。我們明白了詩歌起源的情況,可以明白這四個理由是都可以相信的。

《詩》的采集,在孔子以前;配以管弦,是樂師的事,這樣看來,可見孔子不曾删《詩》。我們還有許多證明可以看出《史記》孔子删詩之説不足信。《詩》的曲調,是《南》《風》《雅》《頌》,這個體制,不可隨便推翻,這是有歷史根源、階級基礎的,如若我們按詩篇的内容分或按它們的性質分,那也不屬於體制或形式上的問題。關於這兩點留待我們另外再談。

## 二 《詩經》的思想內容

　　《詩經》的詩,以篇數論,雖只三百零五篇,以時代論,就從西周開始,下至春秋中葉,有五六百年間的距離。《詩經》的詩,是在這樣長的時間所產生下的詩歌,無疑地是反映了當時人民生活的真實,政治社會的面貌,範圍是頗爲廣闊的。《詩經》是中國古代的一部樂歌集,從"音樂是它的形式"這一點來看,《詩經》的體制是本來就分爲《南》《風》《雅》《頌》;但如若依思想的內容來看,《南》《風》《雅》《頌》是有着不同的思想內容的。《周頌》大半是周初的詩,《魯頌》《商頌》是春秋時代的作品。三《頌》的內容,是一些祈禱歌頌的詩篇,是對天神與祖先的頌禱,內容多一半是炫耀他們祖先的建國的功勳,戰爭的勝利;炫耀他們自己的畜牧的發達,農業的豐收,而其實這些都是騎在人民頭上、勞役人民的結果。二《雅》的詩篇,有的是叙述周民族初步的發展,有的是叙述種族間戰爭的獲勝,有的也是涉及農業畜牧的詩篇,有的不過是統治階級宴飲酬答的歌辭。在一百零五首二《雅》的詩篇中,只有三十餘首是當時某些士大夫不滿意於當時的統治集團,他們描寫統治階級內部的矛盾,統治階級日趨沒落的詩歌。這裏面的思想有的是符合人民的思想感情與願望的。三《頌》二《雅》里面沒有什麽戀歌,關於勞動人民的生活也沒有很多叙述,範圍比較狹窄,因而它們的內容也是比較貧弱的。從思想內容來看,只有二《南》與《風》詩的絕大部分是民間詩歌,是人民歌唱他們的生活、思想感情與企望的作品,內容比較起來異常豐富。我們可以說《詩經》的四詩,從思想內容的角度來看,《南》《風》的絕大部分是民間詩歌,《雅》《頌》則主要是廟堂詩歌,而這裏面還各有不同的內容。我們現在分析《詩經》的思想內容,是應當依據這一經典名言:"藝術是屬於人民的,它的最深的根源,應該出自廣大群衆的最底層。"側重地來分析《風》詩,但二《雅》中也有不少的涉及社會生活情況,反映人民思想感情的詩篇,我們在談《風》詩內容時,可以附帶地來談一下《雅》《頌》。這樣我們也可以有個比較的看法,可以幫助我們更爲了解它們的內容。

　　現在我們分爲四項來說明如下:

## （一）關於勞動生産的詩歌

在古代社會里，畋獵、畜牧是早就有了的勞動生産，以後才漸進至於農業生産。在二《南》與國《風》中，歌唱他們的畋獵生活的，二《南》中有《兔罝》《騶虞》，《鄭風》中有《叔於田》《大叔於田》，《齊風》中有《還》《盧令》等六篇。顯是描寫一個獵手可以作爲"公侯"的"干城"，"公侯"的"腹心"；在歌頌中，有諷刺這位獵士將來成爲統治階級的爪牙的意思。《騶虞》是贊美一個爲統治階級看守苑囿的虞人的詩，"壹發五豝"，是説他一次射箭，就能射中五豝，他射獵的技術特別精巧，與衆不同，所以詩人作了這首詩來贊美他。（《漢書·匈奴傳》注："服虔曰：'發，十二矢也。'……師古曰：'發，猶今言箭一放兩放也。今則以一矢爲一放也。'""《周禮·保氏》賈疏釋"參連"云："前放一矢，後三矢連續而去。"此"一發五豝"，蓋連續五矢而去，故可中五豝）賈誼《新書》説是"虞人翼（驅）五豝以待一發"，好像射獵的不是這位虞人，但我據詩句"吁嗟乎騶虞"看來，是贊嘆這位虞人的。《鄭風》《叔於田》和《大叔於田》也都是贊美獵士的詩。但《叔於田》只説到他"於田""於狩"，没有詳細説出他射獵的技術，而用了一些夸大的描寫，如："叔於田，巷無居人，豈無居人？不如叔也，洵美且仁。"來襯託出這位獵士的才能。《大叔於田》第一章説："叔於田，乘乘馬；執轡如組，兩驂如舞。叔在藪，火烈具舉；襢裼暴虎，獻於公所。將叔無狃，戒其傷女！"第二章説："叔於田，乘乘黄；兩服上襄，兩驂雁行。叔在藪，火烈具揚；叔善射忌，又良御忌；抑磬控忌，抑縱送忌。"第三章説："叔於田，乘乘鴇。兩服齊首，兩驂如手。叔在藪，火烈具阜。叔馬慢忌，叔發罕忌，抑釋掤（音冰）忌，抑鬯弓忌。"是一首描寫極生動的詩。這詩舊説以爲是歌咏鄭莊公弟太叔段的，説是"得衆"，"國人從而歸之"並無一定的證據。不過這詩所描寫的一定是一位人民所喜愛的人物。詩中説是"襢裼暴虎，獻於公所"，可見他能除去虎害，實際上客觀上可以爲人民有好處，所以人民有了歌頌他的詩篇。朱注《叔於田》詩説："或疑此亦民間男女相悦之辭"，《大叔於田》可能也與《叔於田》一樣是民間男女相悦之詞。而且是比"叔於田"稍"大"一些，稍長一些的詩。這詩也是用夸張的描寫手法，所以令人看得詩中的主人翁是一位貴族。其實我們可以説這"叔"不一定是貴族，更不必是什麽太叔段了。《齊風》中的《還》也是一首很好的獵歌，歌辭説"子之還兮，遭我乎峱之間兮。並驅從兩肩兮，揖我謂我儇兮"。描寫兩個獵手相遇，由詩句的流利，可以看出他們是很輕鬆愉快地工作着的。《盧令》詩上句寫獵犬，下句寫獵人，也是一首簡短的獵歌。

關於畜牧的詩，在二《南》與《國風》中沒有整篇叙述的。在《小雅》中有《無羊》，在《魯頌》中有《駉》。《駉》是叙魯僖公"牧馬之盛"，鋪陳各種各色的馬，在技巧上了無生氣。《無羊》詩也是説當時統治階級的畜牧之盛，不過寫的比較情節逼真。這詩第一章説："誰謂爾無羊，三百維群。誰謂爾無牛，九十其犉。爾羊來思，其角濈濈。爾牛來思，其耳濕濕。"第二章説："或降於阿，或飲於池，或寢或訛。爾牧來思，何蓑何笠，或負其餱。三十維物，爾牲則具。"第三章説："爾牧來思，以薪以蒸，以雌以雄。爾羊來思，矜矜兢兢，不騫不崩。麾之以肱，畢來既升。"第四章説："牧人乃夢，衆維魚矣，旐維旟矣。大人占之，衆維魚矣，實維豐年。旐維旟矣，室家溱溱。"整個詩篇的主題思想是表現着擁有這些牛羊的主人翁，他如何如何地剝削勞動的牧人，他如何做着追求農産豐收、家庭繁榮的幻夢。但這裏面描寫牧人的形象却異常動人，牧人無論刮風下雨，披蓑戴笠，背着乾糧出去畜牧，歸來的時候，還要打些柴火，劈些麻秆（《説文》：蒸，秆麻中秆也），有的時候或者打些野獸帶回家去，他所牧的羊群是很矜持，很畏懼，不會有了走失。羊群到了，他用手一招揮，便全進入羊圈。這個牧人的工作是格外的勞累，顯出這個領主的剝削也是異常繁重的。詩篇描寫羊牛的形色動態也刻畫入微，只"或降於阿，或飲於池，或寢或訛"這幾句就抵一幅畫圖。這是真實的反映，這當是襲取自古的牧歌編寫而成，在《詩經》中算是一首好詩，不過我們讀這首詩，不要忽略了"爾牧"並不是這群牛羊的主人，那個夢却是這主人所理想的幻夢。

關於農業的詩，在《周頌》中就有五篇：《臣工》《噫嘻》《豐年》《載芟》《良耜》。在《小雅》中有四篇：《楚茨》《信南山》《甫田》《大田》。在《風》詩中只有一篇《七月》。這十篇農業詩，就其思想内容來看，也是《頌》不如《雅》，《雅》不如《風》，十篇之中，以《七月》最真實生動地反映出當時的社會生活的各個方面，似一幅極其寫實而又充滿美感的社會風情畫，具有極强的人民性，我們只一比較就可以看出來。

《載芟》《良耜》是周頌中的兩首最好的農業詩，《良耜》篇説：

"畟畟（嚴利）良耜，俶（始）載（事）南畝。播厥百穀，實函（深）斯活（闊）。"接着説，"或來瞻女，載筐及筥，其饟（餉）伊黍。""其笠伊糾（高），其鎛斯趙，以薅荼蓼。荼蓼朽止，黍稷茂止。"又説，"獲之挃挃（獲聲），積之栗栗。其崇如墉，其比如櫛。以開百室，百室盈止，婦子寧止。"最後説，"殺時犉（黄牛黑唇）

牡，有捄（曲）其角，以似以續，續古之人。"

這一首詩描寫當時的農民從播種耕耘到收穫貯存，一直到最後的祭神的一些瑣事，盡管它描寫得如此的生動，插入一些送飯的人的瑣屑情況，農夫的服裝如何別緻，和他們的工具如何快當，但是在這裏面説："雜草肥了田，莊稼茂盛了。割起來戚戚察察的響，堆起來密密栗栗的高。高得像城牆，排起像梳子的齒，百打百間的倉庫都打開了。百打百間的倉庫都堆滿了，大大小小的眷屬都沒有耽心的了。"（用郭沫若譯文）這是描寫封建大領主在收穫時的模樣，我們在這裏面實在看不出有絲毫農民大衆的思想實質和具體生活內容。相反的我們只能想象到這百打百間的農民勞動的果實是被旁人掠奪，他們的家小並不能真正的快樂。《良耜》這首詩，在技巧上比起其他《周頌》的詩固有進步，但如就思想實質來說，是站在封建領主的角度來描寫的。《周頌》中其餘的四首農業詩也大約如此，我們就不必詳述了。

在《小雅》中的四首農業詩：《楚茨》是描寫貴族們在秋收完畢祭神求福大家歡宴的情景。他們用新出的穀物來作酒食。牽着牛羊去趕祭禩，準備的祭品很豐盛，祭神的儀式也很隆重。在祭畢之後，他們在一起歡宴，希望他們的福澤緜延，子孫萬代不絕。《信南山》大意也是如此。《甫田》開始也是說他們莊稼的茂盛，接着敘述他們祭神祈雨，再敘到田畯的督率農民耕種，最後叙述到這些貴族收穫的豐富。這詩在開篇就說到"倬彼甫田，歲取十千，我取其陳，食我農人"。他們是毫不知恥地敘述他們壓榨農民，剝削農民。這些雖是農業詩，實際對於農民生活是絲毫沒有觸及的。這四首中以《大田》一詩較好，《大田》說道：

　　大田多稼，既種既戒，既備乃事；以我覃耜，俶載南畝，播厥百穀。既庭且碩，曾孫是若。既方既皁，既堅既好，不稂不莠，去其螟螣。及其蟊賊，無害我田穉。田祖有神，秉畀炎火。有渰萋萋，興雨祁祁。雨我公田，遂及我私。彼有不獲穉，此有不斂穧，彼有遺秉，此有滯穗，伊寡婦之利。

這詩前儒推斷是站在農夫一方面的敘述。先刻畫他們準備好了種子與農具，拿着耒耜去播種，再說在將結實的時候去掉各種害蟲。再說雨水的降下，收穫的成功。在收割的時候，有了遺留下來的禾穗，這裏一些，那裏一些，都留給那些寡婦來拾去。作者是同情那個失去生產能力，"已經做了乞丐的老寡婦"。比起《雅》《頌》中其他農業詩，歌頌統治階級掠奪人民大衆勞動的果實，所反映的人民生活的真實是大相懸殊的。

真正能達到全面反映農民生活、思想、情感的是《風》詩中的《豳風·

七月》。這首詩將農奴在全年十二個月中他們從事勞動所過的悲慘生活,用夾帶着有思想情感的情調歌唱出來,同時用對比的手法將當時統治階級壓榨勞動人民的情況也作了充分的暴露。在他們整年之中,除了農業生產之外,還要爲統治階級作養蠶、績麻、打野獸,蓋房屋,造酒,鑿冰,祭神、祝福種種事情,無論冬夏,不分晝夜,要替他們辛勤勞動。他們"爲公子裳""爲公子裘",而他們自己是"無衣無褐,何以卒歲?"需要等待統治階級來"九月授衣"。他們將整年辛勤勞動所得的果實收割完畢,就要送給人家,而他們自己的生活則是吃的苦荼,燒的臭柴。他們爲統治階級"晝爾於茅,宵爾索綯",趕忙地蓋住屋;而他們自己住的是破爛房屋,要堵地洞,熏老鼠,塞住北窗,糊起門户,來度過寒冬。在衣、食、住各方面都用對比的叙述,暴露了當時統治階級對他們如何地壓榨剥削,刻畫出他們是如何地終年勞動過着悲慘的生活。從這些詞句:"女心傷悲,殆及公子同歸""嗟我婦子,曰爲改歲,入此室處""采荼薪樗,食我農夫""嗟我農夫,我稼既同,上入執宮功"。是可以看出他們的思想感情,有着對敵對階級極大的憤恨,雖然在表面上没有表示對敵對階級作反抗斗争的情緒。這首詩不惟比起《周頌·良耜》《載芟》等篇的歌頌統治階級豐收大異其趣,即比之《小雅·大田》僅僅描寫些"彼有遺秉,此有滯穗,伊寡婦之利"的情況,是更具有高度的思想性與强烈的人民性的。這也可以看出《風》詩與《雅》《頌》詩不惟在樂調上不同,形式上不同,即在思想内容上也是有着顯著的差别的。

在《風》詩中,《芣苢》是一首很好的婦女勞動的詩歌。它的内容,雖不是描寫農業生產,但是刻畫了一群婦女在那里愉快地勞動,采了又采,由"采"而"有",更進一步地,"捋之""掇之",最後更用衣襟兜起它們來,全篇以復沓的詞句,和諧的曲調,表示出她們有節奏的勞動,歌詞雖簡短樸素,然而正刻畫出一群婦女在集體勞動過程中勞動和歌唱的形象。方玉潤在《詩經原始》中解釋這首詩説:"讀者試平心静氣,涵咏其詩,恍聽田家婦女,三三五五,於平原綉野、風和日麗中,群歌互答,餘音裊裊,若遠若近,忽斷忽續,不知其情之何以移,而神之何以曠,則此詩不必細繹而自得其妙焉。"這一段話,確實體會到《芣苢》這詩在當時歌唱的情景。"芣苢"舊來解釋爲車前,説是婦人吃了"宜子",但是前人根據醫藥上的看法,車前並不是宜子的藥物,她們何以要去采,已無從考其原因。清儒牟庭在《詩切》一書中曾説"芣苢"是以"不""以"得聲,是大家不要的東西。她們那樣高興地采去吃,也可以看出她們的困苦。這一類的詩歌,如方玉潤所説的是像後世所謂"竹枝詞",是人民口頭創作,這是《雅》《頌》中所絶對没有的。《風》詩是真實地反映人民的生活，具有現實主義精神的作品，這又是一個極好的證明。

蠶桑是古代婦女從事生產的工作，葛麻也是一樣。《魏風》的《十畝之間》說"十畝之間兮，桑者閑閑兮，行與子還兮""十畝之外兮，桑者泄泄兮，行與子逝兮！"可見采桑的人很多而且工作得很快樂。但這詩的主題思想是描寫男女戀愛的，還不是敘述勞動生產的，我們只可借來說蠶桑在古代的情況。《邶風》中有一首《綠衣》，全詩四章，第一章是"綠兮衣兮，綠衣黃裏。心之憂矣，曷維其已。"二章是"綠兮衣兮，綠衣黃裳，心之憂矣，曷維其亡。"三章說："綠兮絲兮，女所治兮。我思古人，俾無訧兮！"四章是"絺兮綌兮，淒其以風。我思古人，實獲我心！"

這明明是女子在絲織縫紉的勞動中所唱出的歌聲。她一方面敘述她的勞動，一方面憤恨當時社會上種種的不正常，正當的黃色不能表現出來，說明當時的社會是那樣的黑暗，好人不能居在上位。她又怨到綠顏色的絲，她更不免有團扇秋風之感，她只有拿古人的事情來安慰自己。這是女子在勞動中的抒情詩，是具有強烈的人民性的。但這詩被《毛詩》學者歪曲了許久，以為是衛莊姜傷己的詩。朱熹的《詩集傳》說："莊姜事見《春秋傳》。此詩無所考，姑從序說。"朱熹不了解古代有勞動歌，雖然懷疑《毛詩》的話"無所考"，但是不敢斷然的不從《毛序》說。我們現在應確認這一首詩是女子在絲織縫紉的勞動中所唱出的抒情詩歌。

關於采葛織麻勞動的，如《周南》中的《葛覃》刻畫了婦女在采葛織布時的情景。這詩第一章"葛之覃兮，施於中谷，維葉萋萋。黃鳥於飛，集於灌木，其鳴喈喈"。是敘述在葛草蔓延之時，她所工作的地方，是一個風景美麗的場所。第二章"葛之覃兮，施於中谷，維葉莫莫。是刈是濩，為絺為綌，服之無斁"。這是敘說采回葛之後，她采葛煮葛，織成精的"絺"葛布，織成粗的"綌"葛布，做成衣服，穿起來十分可愛，將她采葛織布做衣的勞動過程描畫無遺。第三章"言告師氏，言告言歸。薄污我私，薄浣我衣。害浣害否，歸寧父母"。用複疊的字句，急促的音調，表現出她在工作完畢之後，告訴指導她的老師回她母家的愉快的心情，這愉快是她勞動得來的。這個女子生在封建社會的時代，過着被奴役不自由的生活，由這末一章所表現的思想感情可以看出，她對於勞動卻是十分愉快。

另外還有一些與戀愛相結合的勞動詩歌，留待下節分解。

## （二）關於戀愛婚姻的詩歌

在《雅》《頌》中沒有什麼戀歌，關於婚姻的詩歌，也不過只一兩首，這是《雅》《頌》多爲統治階級所作的詩的一個證明。在《風》詩中，即便我們嚴格一點計算，關於戀愛婚姻的詩也要占三分之一以上。從這些抒情詩中，又可以看出當時勞動人民的生活思想情感，是值得我們仔細地分析的。

這幾十首戀愛婚姻的詩歌，我更可細分爲十類：第一種描寫的是各式各樣的單方相思，如《漢廣》《簡兮》《干旄》《有狐》《丘中有麻》《有女同車》《東門之墠》《風雨》《蒹葭》《汾沮洳》《東門之池》《月出》《澤陂》等詩。第二種描寫的是各式各樣的兩情相好，如《野有死麇》《桑中》《静女》《野有蔓草》《溱洧》《東方之日》《十畝之間》《宛丘》《東門之枌》《東門之楊》《隰有萇楚》等詩。第三種是描寫暫別的想念。如《采葛》《大車》《子衿》《甫田》等詩。第四種是描寫失戀後的心情：如《江有汜》《終風》《遵大路》《山有扶蘇》《狡童》《褰裳》等詩，也都是各式各樣的。第五種是描寫女子對於封建社會戀愛不自由的控訴。如《鄘風》中《柏舟》《將仲子》等詩。第六種是描寫婚後感情的篤厚，如《君子陽陽》《女曰雞鳴》《出其東門》《鄭揚之水》《防有鵲巢》等詩。第七種是描寫婚後久別的想念，如《卷耳》《汝墳》《草蟲》《殷其雷》《擊鼓》《伯兮》《君子於役》《王風·揚之水》《小戎》《晨風》等詩。第八種是描寫婚後夫妻反目，女子遭受遺棄。如《柏舟》《日月》《谷風》《氓》《中谷有蓷》《墓門》等詩。這些類的詩，寫的也各有不同。第九種是描寫結婚、催妝、送嫁、親迎等儀式的詩。如《關雎》《桃夭》《鵲巢》《豐》《著》《綢繆》《伐柯》。第十種是其他關於戀愛婚姻的詩。如《行露》《摽有梅》《新臺》《蟋蟀》《木瓜》《籜兮》《葛生》《素冠》等詩。以上所舉已是七十二首之多，還有其他意義不甚顯著的未列入。這些詩歌，將當時廣大人民群衆關於戀愛結婚各式各樣的情況，一一歌唱出來，思想都極淳樸，感情十分健康，都是很好的詩歌，現在我們選擇其中比較典型的略作一分析。

在寫單方思念的戀歌中，以《漢廣》篇最能曲折地表達出單相思的思想實際。這是描寫男子見到一個可愛慕的女子，但是距離很遠，不易追求，而内心却是很願意同她接近。不過這首詩實際上是一支斲柴的歌，是與勞動相結合的詩歌，是唱來解除疲勞的，並不一定實有其事。方玉潤在《詩經原始》中批評此詩説："此詩即爲刈楚刈蔞而作，所謂樵唱是也。近世楚、粤、滇、黔間，樵子入山，多唱山謳，響應谷林。蓋勞者善歌，所以事忘勞耳。其詞大抵男女相贈答私心愛慕之情……當其佳處，往往入神。有學士大夫所不能及者。"他以爲這詩"首章先言喬木起興，爲采樵地。次即言刈楚，爲題正面。三兼言刈蔞，乃采薪餘事。中間帶言游女，則不過藉以抒懷，聊寫幽思，自適其意云爾。終篇忽叠咏江漢，覺烟水茫茫，浩渺無際，廣不可泳，長更無方，唯有徘徊瞻望，長歌浩嘆而已"。《漢廣》的寫單相思是以内心的描寫，但不是那樣地苦戀，所以思想感情上都是極健康的。《汾沮洳》《東門之池》也都是與《漢廣》類似的詩歌，《汾沮洳》是婦女拾菜的歌謡，她們想念的人物應是比較貴族好得多的勞動人民。《東門之池》是男子漚麻的歌。朱熹說："此亦男女會遇之辭。蓋因會遇之地，所見之物，以起興也。"一章漚麻，二章漚苧，三章漚菅，所寫的都是一件事，看起來一定是漚麻時唱的歌，但這些詩比起《漢廣》來在思想内容以及在藝術技巧上都相差很遠。《干旄》的"彼姝者子"應是一個女子。旄，據《周禮·旄人注》，也可以是"舞者所持以指揮"的對象，這詩應是一個男子懷念一位善於舞蹈的女子而無從表達自己心情的詩。《有狐》《丘中有麻》，朱注已認爲是戀愛詩。其他詩意都是很顯明，可以不必一一叙述。

第二類的詩歌如《野有死麕》《桑中》《静女》《溱洧》，都是一些很好的戀歌。《野有死麕》寫的是一位男子拿他獵得的死麕贈給一位女子，因而他們達到愛情的成熟；在詩句中，説"吉士"，説"白茅純束，有女如玉"，這表明他們的相愛，雖没有當時封建貴族那些繁文縟節，但他們的對象是潔白如玉的，他們的愛情是純潔健康的。《桑中》一詩應當也是與勞動相結合的詩歌，這是由一章演成三章，詩中的人不必真有，詩中的事也未必真有，只是一群勞動的人即興唱出。後來不了解這詩本是樂歌，認爲是一首"淫詩"，那是不恰當的。《静女》《溱洧》就藝術手法來説，固然是通過了形象突出地刻畫的好詩，即就思想而論，他們的活潑天真，戀愛自由，也是真實地反映了古代勞動人民戀愛生活的好詩。關於這兩首詩的藝術手法，留待下篇再來詳談。《宛丘》的"洵有情兮，而無望兮"，林義光《詩經通解》説："望"讀若"忘"。有情而無忘，應是兩人情感已合。可屬於這一類。其他的詩，意思都很顯明，無庸贅述。

關於描寫暫別後的思念的戀歌，《采葛》所思念的是一位勞動女子，她的工作或是采葛，或是采蕭、采艾。"一日三秋"，表達出他的渴念，在近代社會還有人拿來表達思慕的心情。《大車》思念的應當是一個趕車的小伙子，表示女的戀着男的，只怕男的不敢，不能逃奔，所以指日爲誓。《甫田》開始説"無田甫田，維莠驕驕"，是從事農業的勞動婦女所唱出的；拿耕種的耗費勞力比喻思遠人的耗費心力，這不是根據親身經歷，不能這樣的寫出。這些詩是通過了他們勞動及生活的真實，所以唱出來特別的有感染力。

《江有汜》《終風》《遵大路》《狡童》寫失戀的悲哀，詩意都極明顯。有的詩如《江有汜》，還希望重溫舊夢，但是終於決裂；《山有扶蘇》詩是失戀以後自責所遇的人並不甚好；《狡童》像是在進行戀愛時自己安慰自己的戲弄之詞。

　　對於封建社會戀愛不自由，婚姻不自由所引起的反抗，這是必然有的事情。《鄘風·柏舟》就是一個女子堅決地反抗她母親的命令，決心要嫁給她自己認爲最好的對象所作的詩。她說"髧彼兩髦，實維我儀。之死矢靡它。母也天只！不諒人只"！那個額前兩邊披着頭髮的，實在是她理想的標準人物，從形象上說，從思想情感說，她寧死是決不嫁給別人。她責備她的母親，她對於包辦式的婚姻的反抗，意志堅強表現得極其明顯。《將仲子》詩表現了在封建社會中一個女子對於戀愛不自由的矛盾心理和不滿情緒，詩中的女子請她心愛的仲子不要攀牆踰園而來，因爲經常這樣地做，可能折斷樹木，痕跡敗露，不免引起父母和諸兄的責難、其他人的批評，她歡迎仲子採取比攀牆踰園更妥善的辦法，來達到他們兩相結合的目的。她承認了"仲可懷也"，堅決地表明她的愛他，她重複地說不是愛惜那些樹木，是怕人們的紛紛議論，她對於她心愛的人，和她對於當時封建社會禮教束縛的不滿在詩篇中是完全描畫了出來。她的言詞在表面上看來雖是十分委婉，但這正說明她對於仲子不是有所拒絕，相反地，只是她對於當時的社會有着一種曲折反抗的心情的流露。

　　《女曰雞鳴》是描寫已婚夫婦的家庭生活的一首好詩，這詩中的男女雙方應當都是熱愛勞動的人，他們在天還未大明時就起床，就一同去打野鴨和雁鵝，這是勞動，也是娛樂。歸來的時候將勞動果實做成佳肴，同飲爲歡。在最後一章用"知子之來之，雜佩以贈之"，概括地描寫出他們是互愛互敬的一對夫婦。《出其東門》也是刻畫夫妻情感篤厚的詩，通過男子在外面見了許多女子，但是他絕不動心："出其東門，有女如雲。雖則如雲，匪我思存，縞衣綦巾，聊樂我員。"他家中穿着那白色的衣服，繫着深綠色的佩巾的那一個，是足以安慰他的心情的人。他的愛情是專一的。從"縞衣綦巾"看來，他的室家是貧而且陋，但是他們比那些貴族的荒淫無恥，在思想上是高出一等。這兩首詩都是足以教育人民的好詩。《鄭風·揚之水》說"終鮮兄弟，惟予與女"。《防有鵲巢》說"誰侜予美？心焉忉忉"。都是婦人惦念她的丈夫，寫出婦人愛護男子的心情。

　　描寫婚後久別思念之情的，如《卷耳》《伯兮》《君子於役》《小戎》，都是刻畫得極生動的好詩，《卷耳》寫一個婦人在採取卷耳之時，采了又采，但是還不滿一個歪歪的籮筐，她的心並不在采卷耳，而是想念她那位顛簸在路上的行人。她想到他的丈夫在外如何上山，他的馬如何疲勞，他的丈夫如何置酒解除勞累，完全通過形象的描寫顯示出她思念的心情。《伯兮》說"自伯之東，首如飛蓬。豈無膏沐，誰適爲容""其雨其雨！杲杲出日。願言思伯，甘心首疾"。寫出婦人在她丈夫出征以後她頭疼，心疼，不願梳頭，不施脂粉。用一些突出的事具體說明她的思念的心情，在藝術上都是很有成就的。但如《汝墳》詩說："魴魚赬尾，王室如燬。雖然如燬，父母孔邇。"《殷其雷》說："何斯違斯，莫敢或遑。振振君子，歸哉！歸哉！"用幾句簡單的話說出當時政治上的紛亂，影響到每個人的不安寧，我們在今日讀來還可以看出他們是如何對當日統治階級奴役他們感到不滿的。《擊鼓》和《王風·揚之水》是戍卒思家所作，更是充滿反戰思想的詩篇。《擊鼓》末章"於嗟闊（遠）兮，不我活（會）兮！於嗟洵（遠）兮，不我信（伸）兮"！《王風·揚之水》的每章都用"懷哉懷哉，曷月予還歸哉"結束，都表達出他們久戍在外，思歸不得的心情。《擊鼓》篇痛罵那個不帶他回家的"孫子仲"；《揚之水》詛咒那個派遣他出來的"彼其之子"，方玉潤解《擊鼓》篇說，"夫國家大役，無過'土工城漕'，然尚爲境內事。即征伐敵國，亦尚有凱還時。惟此邊防戍遠，永斷歸期，言念室家，能不愴懷？"我們由這一類的抒情詩也可以看出當時的社會形勢，這一類詩是具有很堅强的思想性與人民性的。

　　《谷風》和《氓》是描寫女方在結婚後遭到遺棄的詩歌。《谷風》的主題是刻畫一個婦人在結婚後因男子另娶遭受遺棄，因而控訴她故夫的惡行，這一首詩通篇是用順序的對照的手法，"今""昔"對照，"新""舊"對照，寫出她在被棄以後內心的憤怒。開始她責難男子應當共同生活，不該另有外心；接着叙述她在決絶的時候，她是如何懷着滿心的憤恨慢慢地走着，而她的故夫却很快地將她送出大門；不顧她的苦難，只圖新婚之樂。接着拿涇渭之分來對照出她丈夫的快樂和她自己的苦悶，她也不顧一切，不讓他們邁過她的魚梁，撥動她的魚笱。在這三章中已經是拿她丈夫對待新舊的情況，對照出今昔的不同。她又回想起她如何善於勞動生產、樂於幫助人們，她回想起她與他曾經共同患難，而他們一旦生活好轉，她就遭受她丈夫無情地遺棄，她回想起她丈夫行動的野蠻、性情的暴躁，他絲毫不想起從前，就狠心地將她拋棄。這些更是用回憶的手法寫出今昔之别。憤慨的情緒，充滿在字裏行間，這首詩刻畫出男子的薄情，也反映出在封建社會中婚姻制度的罪惡。《氓》詩的主題思想只是叙述男女在婚前的熱戀，而在婚後女子因色衰愛弛遭受遺棄。這詩是從他們戀愛到結婚而終於感情破裂的發展過程刻畫出他們的"今""昔"的不同。前三章叙寫他們的戀愛結合的經過，馬上利用他們生活環境中的形象"桑之落矣，其黄而隕""淇水湯湯，漸車帷裳"來形容女子的色衰，男子的愛弛；女的是三歲爲婦，便勞其室家，夙興夜寐，絲毫沒有怠惰，但是男子是忘了從前的歡愛，而終於背叛了她。最後一章是用回憶的對照的手法，唱出男子原來的"言笑晏晏，信誓旦旦"，更加深刻地顯現出男子的三心二意，辜負了她，終於遺棄了她。這也是女子對封建社會婚姻制度的哭訴。《邶風·柏舟》是描寫女子在婚後受到家庭各方面的壓迫，她不能忍受，但是不得不忍受。通過"我心匪鑒，不可以茹""我心匪石，不可轉也；我心匪席，不可卷也""心之憂矣，如匪浣衣""靜言思之，不能奮飛"這些形象的描寫，顯示着她內心的苦痛。她說"威儀棣棣，不可選也"（選有去掉的意思，《說文》："選，遺也"），表明是她不滿意於當時的吃人的禮教。這些抒情的詩歌都是具有強烈的人民性與強大的感染力的。

　　《關雎》雖是一首像是"後世催椿花燭""咏新婚"的詩，但內面叙述男子苦戀不得，輾轉反側的情景，絲毫沒有觸及到什麼父母之命，媒妁之言，沒有封建氣息。《綢繆》的寫新婚更像一首男女幽會的詩。《桃夭》《鵲巢》《豐》《著》是送嫁和親迎的婚姻儀式詩，有的寫得很精細，如《豐》《著》就是如此，有的用夸張的手法，如《鵲巢》用"百兩（輛）"車來形容迎親場面的盛大；有的用形象作比擬，如《桃夭》借桃花形容少女的顔色，都極有感染力。《摽有梅》是和現在民歌拾棉花一樣的詩，是一群少女在打梅子的勞動中盼着早得對象的歌唱。《籜兮》應是青年婦女在揚場時的勞動中向男子挑戰的歌唱。《新臺》是咏新婚的詩。《木瓜》"疑亦男女相贈答之辭"。《行露》寫的是一個男子因家境貧困不能付彩禮，而被女方訴於官。《蝃蝀》寫的是女子不顧一切禮法、媒妁之言、父母之命，就與人結了婚。這兩首雖是關於婚姻的詩篇，但也反映出在封建社會中人民因生活的貧困，或是因禮教的束縛，婚姻不能自由的苦痛。《葛生》《素冠》是兩首婦人對男子的悼亡的詩。

　　從上述的這些詩篇看來，在主題思想上雖是屬於戀愛婚姻的內容，但我們可以看出許多的戀歌是他們在集體勞動中唱出；他們熱愛着他們的勞動。許多的詩篇是在不滿情緒中唱出，他們痛恨着當時的封建社會禮教的束縛和當日政治經濟上的一切壓迫和勞役。這些詩篇的思想感情都是極純潔，真摯，而且十分健康的。

## （三）關於政治諷刺的詩歌

　　關於政治上的詩，一般的是以爲在二《雅》中比《風》詩中多，其實在《風》詩中涉及的也並不少，不惟不少，而且是更具有強烈的人民性。我們現在仍主要地分析《風》詩，因爲這些詩歌是來自勞動人民的最底層的，比之二《雅》的詩，在作者的階級性本身上是不同的。

在二《南》中，政治諷刺詩比較的少。詩中主題思想比較明顯的只《小星》一首，詩中提到"肅肅宵征，夙夜在公""抱衾與裯，寔命不猶"。可以看出他是抱怨他"夙夜在公"的苦楚。他自己抱衾與裯，沒有僕人，這主角應是一個勞動人民，不是士大夫階級。詩人是悲嘆他的命運，也是咒罵當日統治階級對於他的奴役。

咒罵統治階級最為突出的是《鄘風》的《鶉之奔奔》。詩篇只"鶉之奔奔，鵲之強強。人之無良，我以為兄""鵲之強強，鶉之奔奔。人之無良，我以為君"這寥寥的兩行詩，但這兩行詩却痛罵了當時的人君，痛惜了人民把不善良的人當作了人君。自來這詩是受了《毛詩傳序》歪曲的解釋的影響，把"君"當作"小君"。真相埋没了許久。但是古義並不如此，王先謙在《詩三家義集疏》上説：

> 《左·襄二十七年傳》：鄭七卿享趙孟，伯有賦《鶉之奔奔》，趙孟曰："牀笫之言不踰閾，況在野乎？非使人之所得聞也。"杜注："衛人刺其君淫亂，鶉鵲之不若，義取'人之無良，我以為兄''我以為君'也。"又《傳》云："文子告叔向曰：'伯有將為戮矣。詩以言志，志誣其上而公怨之，以為賓榮，其能久乎？'"杜注："言誣則鄭伯未有其實。"《正義》："伯有賦此詩，有嫌君之意。"是伯有之賦、趙孟之言，皆不以詩之"君"為"小君"，此最古義。司馬遷、劉向用《魯詩》，而《史記》《列女傳》無公子頑通宣姜事，是《魯》義必與《毛》異，不以"兄"為頑也。《禮表記》：子曰："唯天子受命於天，士受命於君，故君命順則臣有順命，君命逆則臣有逆命。《詩》云：'鵲之姜姜，鶉之賁賁。人之無良，我以為君。'"鄭注："姜姜、賁賁，爭鬥惡貌也。良，善也。言我以惡人為君，亦使我惡，如大鳥姜姜於上，小鳥賁賁於下。"《記》義與鄭注皆不以"君"為"小君"，知《齊》義必與《毛》異，不以君為宣姜也……

根據王先謙這一段的考證，在《左傳》魯襄公二十七年鄭國伯有的賦詩，趙孟的議論，以及《注疏》的解釋，都是以"君"為當時的人君。鄭伯有就是利用了詩句來詛咒當時的鄭君，表明這詩在當時人民群衆中已起了很大的作用。《禮記·表記》説："君命順則臣有順命，君命逆則臣有逆命。"這是這首詩在後來更引起了教育人民的作用。但是經過《毛傳》的歪曲，這首詩的真相，直到最近還是沒有被人發現。詩意是很明顯地說，（這個人）像鶉那樣的惡毒，像鵲那樣的強狠，如此的不好，我們竟把他當作了君。這是明明啓示人民要起來"逆命",起來革命。這是如何活生生地表現出人民的希冀與願望的詩,這真是在《詩經》中一首極具有高度的思想性與堅強的人民性的詩。

《鄘風》的《墻有茨》《相鼠》兩詩也是對統治階級咒罵的詩歌,《墻有茨》的開始第一章説:"墻有茨,不可掃也。中冓之言,不可道也。所可道也,言之醜也。"《相鼠》第一章説:"相鼠有皮,人而無儀。人而無儀,不死何爲!"這兩首詩的二、三章都是由第一章擴大而成。也是從頭咒罵到底,毫不容情的咒歌。《相鼠》這詩,班固的《白虎通》歪曲成爲妻諫夫之辭,這也歪曲了詩意。這兩詩要依《毛詩》"刺其上"的解釋才是。《衛風》還有一首刺虐的《北風》,最後一章説"莫赤匪狐!莫黑匪烏!惠而好我,携手同車。其虛其邪,既亟只且"!"莫赤匪狐,莫黑匪烏"是指着陰險毒辣的統治階級。後漢的人還有用"豺狼當道,安問狐狸"的話比喻小人當道的這一種説法。他們要想着逃避,準備實在急了就要離開他們。這雖然有些悲觀成分,但實際上是反抗當時統治階級的呼聲。這三首都是有極堅強的人民性的。

《衛風》的《北門》説:"出自北門,憂心殷殷。終窶且貧,莫知我艱。已焉哉!天實爲之,謂之何哉!""王事適我,政事一埤益我。我入自外,室人交徧讁我。已焉哉!天實爲之,謂之何哉!"控訴他的貧困,痛駡那是"天"所給予的。也表現出他的貧富的不均,正是由於當時政治的腐敗所造成。這一首與《小星》一樣,還不好肯定地就説是士大夫階級的作品而不是極貧困的勞動人民所作。

《邶風》的《式微》第一章説:"式微式微,胡不歸?微君之故,胡爲乎中露!"痛恨因爲"君"的緣故而讓他們奔波在道塗之中。("露",《魯詩》作"路")第二章説:"式微式微,胡不歸?微君之躬(依馬瑞辰説,"躬"與"窮"通),胡爲乎泥中!"痛恨因爲"君"的没有辦法,而讓他們陷在"泥中"。這明明是人民怨恨統治階級陷他們於塗炭之中的詩。《旄丘》詩説:"叔兮伯兮,何多日也?""狐裘蒙戎,匪(彼)車不東。叔兮伯兮,靡所與同。""瑣兮尾兮,流離之子。叔兮伯兮,褎如充耳。"細玩全詩之意,也應是人民當衛國爲狄侵犯,人民痛恨那些大夫不早到東方去求救,而陷衛國於危難的政治諷刺詩。這兩詩,《毛詩》認爲黎臣勸君歸,黎人責衛伯,依崔述《讀風偶識》的考證是不確的。既非黎人之詩,那就是衛國人民所作的政治諷刺詩,這是很明顯的。

《王風》的《黍離》舊説是"周室東遷,大夫行役至於宗周,過故宗廟宫室,盡爲禾黍,閔周室之顛覆,彷徨不忍去而作是詩"。但我們從詩篇本身看來,"行邁靡靡,中心搖搖",還只是苦於行役的詩,"悠悠蒼天,此何人哉!"

是指天痛罵派他出去行役的人。詩中的思想情感，比較《小星》要激烈些，在全詩中並無"至於宗周，過故宗廟"之意。《王風》的《兔爰》，從詩篇的起興看來，"有兔爰爰，雉離於羅"，是指斥着當日的虐政，到處都是網羅，所以説"我生之初尚無爲，我生之後，逢此百罹，尚寐無吡"！還不祇是表示時代一天一天變壞了而有没落之感。這都是對當時的政治懷極端不滿的情緒的詩歌。《王風》的《葛藟》説："終遠兄弟，謂他人父。謂他人父，亦莫我顧！"這才是確實的表現了亡國的悲哀。

《鄭風》的《清人》舊説是"鄭棄其師"的諷刺，從詩句"二矛重英，河上乎翱翔"，這確是人民諷刺鄭君久役人民，翱翔在河上，不愛惜民衆的詩。《齊風》的《東方未明》説"折柳樊圃，狂夫瞿瞿"，罵的是那監工的人。説"顛之倒之，自公召之"指斥齊國的政治上的昏亂，都很明顯。從這些詩篇看來，當時的人是毫無畏懼的可以公開指責當時的"人君"，這些詩都具有強烈的人民性的。

《魏風》的《伐檀》是一首刺貪的詩，刻畫出當時統治階級剥削人民勞動果實的罪行。詩篇從一群勞動人民或勞工在河邊上集體的勞動寫起，"坎坎伐檀兮，置之河之干兮，河水清且漣猗"。用這些歌句突出地刻畫出他們勞動的節奏，勞動的場所。他們終日工作，而所得却如他們的環境是那樣清白；襯托出那些既貪而污的人，是如何卑鄙齷齪有害於人民。然後用質問的語氣繼續着説："不稼不穡，胡取禾三百廛兮？不狩不獵，胡瞻爾庭有縣貆兮？"這是質問，也是咒罵。最後用"彼君子兮，不素餐兮"作結。我們讀到這詩，可以想象出這是一群匠人或工奴在他們工作中所發出的英勇鬥爭的呼聲。這首詩的樂調一直流傳到三國時還歌唱在廣大人民群衆之間，是極具有教育人民的作用與很大的感染力的。《魏風》的《碩鼠》也是刺貪的詩。詩篇用碩鼠刻畫出當時統治階級貪而畏人的醜惡狀態，"碩鼠碩鼠，無食我黍。三歲貫女，莫我肯顧"。從食黍、食麥，一直到食苗。勞動人民再也禁不起他們的剥削，只有逃到樂土、樂國、樂郊中去。鄭玄解釋這篇的碩鼠是指的人君。確實這詩是很直截了當地咒罵當時的人君，對統治階級發出反抗的鬥爭的呼聲。"逝將去女，適彼樂郊。樂郊樂郊，誰之永號"？他們將用逃亡的方式來反抗，"樂郊"是他們理想的境地。他們是想獲得了解放，消滅了剥削階級，但是可惜他們還不能做到。

《魏風》的《葛屨》應是一首縫紉女工的作品，主題思想是詛咒當時的人君慳吝刻薄，拿着夏天的葛屨去踐踏秋冬的寒霜，奴役女子，叫她縫裳。這是"儉之過而至於吝嗇迫隘，計較分毫之間，而謀利之心急"。由這裏所刻畫的也可見出他們欺壓人民，剝削人民。篇中的"好人"就是指的"人君"，詩篇明明指出："維是褊心，是以爲刺。"是很大膽地發出反抗的呼聲。《園有桃》表面上看來是一位士大夫想要逃避現實的詩，但就內容來說，也是痛罵當時的人君的。詩中的"彼人是哉"是指的魏君，鄭玄的《詩箋》早已如此提出。"彼人是哉，子曰何其？"即"那個人對嗎？你說如何？"作者分明是咒罵那個貪婪的君主。他說："心之憂矣，其誰知之。其誰知之，蓋（盍）亦勿思？"是明明指點人們去想想那個貪婪剝削的人，要大家起來打倒他。《魏風》的《陟岵》是一首戍卒思家的詩，想象他登高瞻望見家鄉的父母，父母都希望他不要死，這是他想着能生還的厭戰詩。

《唐風》的《羔裘》應是一首諷刺當時大夫的詩，詩篇說："羔裘豹袪，自我人居居（倨）。豈無他人？維子之（是）故（固）。""羔裘豹褎，自我人究究。豈無他人？維子之好。"居居究究，是惡的意思。林義光解釋這幾句詩說："固猶擁護也。豈無他人，維子是固，謂我輩豈無他人可以擁護而必擁護汝乎？"這是詛咒當日的大夫那一階層的詩。《唐風》的《鴇羽》也是一首厭戰的詩，詩中借"鴇鳥連蹄，性不樹止，樹止則爲苦"起興，描寫連年征戰所帶給人民的的痛苦。詩篇用沉痛的語句提出"王事靡盬，不能蓺黍稷，父母何食？悠悠蒼天，曷其有極？"這明是一個農奴因爲出征而耽誤了他的農事，使父母都沒有吃的。他咒罵天，也就是咒罵當日的領主。

《秦風》中的《黃鳥》是詛咒當時殘忍的人殉制度的詩。詩篇用黃鳥的止於"棘""桑""楚"，借音雙關顯示出那是疾恨悲傷痛楚的事件，用"臨其穴，惴惴其栗"的具體事實寫出那殉葬的人悲慘恐懼在墓穴邊的情況；然後用"彼蒼者天，殲我良人"表示出人民對這件事的無比憤怒。他們表面上咒罵的是天，實際上咒罵的就是那萬惡的制度和秦君。這首抗議的詩歌，是引起了廣大人民的同情的。《秦風》的《權輿》是刻畫一個貴族走上沒落道路的詩歌，他從前居的"夏屋渠渠"，到現在只有飯吃，沒有其他了；從前吃的是很好的飯菜，現在每頓飯都吃不飽了。這是在弱肉強食的激流中社會逐漸轉變所必有的現象。

《曹風》的《候人》是和《唐風·羔裘》一樣，諷刺當時的君大夫"彼其之子，三百赤芾"的"不稱其服"。詩人是很大膽地指出當時政治上的黑暗，不用賢能，指責那些統治階級的無能，不配占居上位。

《豳風》的《鴟鴞》，也是具有極強烈的人民性的詩，這詩假託一個小鳥咒罵鴟鴞的奪取了他的愛子，還要毀滅他的家室，來咒罵統治階級使他感到人亡家破的苦痛。將統治階級比喻成爲鴟鴞那樣的惡毒殘忍，全篇中憤怒之意是完全表達出來了的。第一章叫喊着鴟鴞，"既取我子，無毀我室"，説他殷殷勤勤地養着這個愛子，是耗費了心力的，而結果被這惡毒的人奪去了，這是如何地可憐。第二章就上章"無毀我室"的意思説他要未雨綢繆，保護他的家庭。假託着鳥在樹上，説你們這些卑下的人們有誰能來欺侮我。欺侮他的下民正是上章所説的"既取我子，無毀我室"的鴟鴞，也是比喻着統治階級的。第三章説他對他的家室的締造艱難，煞費苦心。第四章終於嘆息他的微弱的家庭終不免被統治階級的暴風雨所飄搖。他只有發出很尖鋭的哀鳴了。這詩因爲《尚書·金縢》篇有"（周）公乃作詩以詒王，名之曰《鴟鴞》"，而被認爲周公所作的詩。而實是不合情理的，周公不應將他的兄弟管、蔡比作"子"。那時的周是新興之國，也決不會怕紂子武庚動搖了周室。他可以用武力來征服，也不應當將周室説成"予室翹翹，風雨所漂搖"。假如認爲周公所作，是與全詩情節不合的。《孟子》上引孔子的話説："爲此詩者，其知道乎！"也並未以爲周公作。可見以爲此詩是周公作的是後世的僞託。《尚書·金縢》是一篇不可信的書篇，從宋代的程頤已懷疑其非聖人之書。金履詳《尚書表注》説："此篇（金縢）叙事，意多淺晦，程子疑其間不可盡信。"（卷四）後來王廉、王夫之、袁枚也都疑《金縢》。袁枚的《金縢辨》上下兩篇列舉了不下十證，來證明《金縢》是僞書。我們解釋此詩，是不當依據《金縢》這篇來看問題的。

《豳風》的《東山》是寫戍卒歸家的詩，但從詩句的"我徂東山，慆慆不歸""伊威在室，蠨蛸在戶。町畽鹿場，熠燿宵行""自我不見，於今三年"寫出戰士"往來之勞，離家之久"，歸來的時候見到他的家中一切荒廢凄凉的情況，是有反戰情緒的。《破斧》詩説："既破我斧，又缺我斨。……哀我人斯，亦孔之將。"也是一首厭戰的詩。

綜合上面所述的詩歌看來，它們有的是咒罵當時統治階級的惡毒強狠，欺壓人民，如《鶉之奔奔》《北風》《黃鳥》《鴟鴞》；有的是刻畫他們的剝削貪婪，如《葛屨》《伐檀》《碩鼠》；有的是暴露他們的荒淫無恥，不守禮法，如《墻有茨》《東方未明》《相鼠》；有的是怨恨他們的勞役戰亂，如《小星》《式微》《旄丘》《黍離》《清人》《陟岵》《鴇羽》《東山》《破斧》；有的是諷刺一些貴族傲慢無能，如《羔裘》《候人》；有的是表現出人民被欺壓得無路可走想着逃亡，發出怨言，如《北門》《兔爰》《園有桃》；有的是寫貴族階級的没落，如《權輿》；有的表現出他們亡國的悲哀，如《葛藟》。只這二十幾首小詩中是將當時統治階級醜惡的面貌，人民對於他們憎恨的心情都有聲有色地、如怨如訴地刻畫出來，表達出來。像《鶉之奔奔》《伐檀》等詩，尤其是教育了人民，提高了人們在政治上的覺悟，是不可多得的詩篇。

在二《雅》中，士大夫階層所作的政治諷刺詩大約有二三十首，最令人樂道的是：《小雅》的《節南山》《正月》《十月之交》《雨無正》《小旻》《大東》《四月》《北山》，《大雅》的《民勞》《桑柔》《瞻卬》《召旻》。《節南山》是東遷以後的作品，它的主題思想雖然是諷刺當時的"桓王"，但主要的是諷刺"尹氏太師"，只是當時統治階級內部的矛盾，詩中值得我們注意的是："不弔昊天，不宜空我師""昊天不傭，降此鞠訩。昊天不惠，降此大戾""不弔昊天，亂靡有定。"對於"天"也譴責起來了。在周代最敬奉的就是"天"，這表示統治階級所利用的宗教思想進一步的動搖，人民對於天道的觀念慢慢的認為是自然的，慢慢地可以提高到征服自然的思想。不過我們不要忽略，這些怨天之詞，在《風》詩中是也有的，並不是士大夫階級的獨創。《節南山》末章："家父作誦，以究王訩。式訛爾心，以畜萬邦。"作者雖然公開的攻擊"王"，但還希望他能改變，不如《鶉之奔奔》直接了當地說："人之無良，我以為君。"《正月》也是東遷以後之作，詩中說是："今茲之正，胡然厲矣？"即"現在的政治，何以這樣暴虐啊？"也是很能大膽說話。《十月之交》是諷刺幽王的詩，但主要的是諷刺《皇父》，第五章說："抑此皇父，豈曰不時？胡為我作，不即我謀，徹我牆屋，田卒污萊？曰予不戕，禮則然矣。"他們侵犯人家的房屋，損害人家的田畝，還以為是合禮！這詩雖然沒有正面的攻擊禮法，而實際是對禮法的憤恨。這與《邶風·柏舟》說："威儀棣棣，不可選（去）也"一樣，是對禮法不滿的詩，憤怒的情緒都表現在字裏行間。統治階級枷鎖人民的工具，是很容易被人民看透的，人民的眼睛是雪亮的，他們會戳穿這些假面具。《雨無正》是攻擊一些官吏不負責任，"戎成不退，饑成不遂"；《小旻》是攻擊統治階級，誤聽邪言，"謀之其臧，則具是違。謀之不臧，則具是依"。《大東》的"東人之子，職勞不來。西人之子，粲粲衣服。舟人之子，熊羆是裘。私人之子，百僚是試"。是用對照的手法寫出當時的賦役不均，群小得志的黑暗政治。《四月》用"匪鶉匪鳶，翰飛戾天。匪鱣匪鮪，潛逃於淵"形容出人民遭受痛苦，無處投奔的悲傷情況。《北山》寫的是"大夫不均，我從事獨賢"。《小旻》《大東》《四月》《北山》等，表現的思想情感雖不如《節南山》等四篇那樣的明確，但也夠激昂慷慨的。

《大雅·民勞》提到"民亦勞止，汔可小康""式遏寇虐，無俾民憂"，還是用諷勸口吻的諷刺詩。這一首是《大雅》中較早的諷刺詩。《桑柔》說"大風有隧，貪人敗類""自有肺腸，俾民卒狂"。是毫不容情地詛咒這些敗類。《瞻卬》說"人有土田，女反有之。人有民人，女復奪之。此宜無罪，汝反收之。彼宜有罪,女復説之"。《召旻》的"旻天疾威,天篤降喪。瘨我饑饉,民卒流亡。我居圉卒荒""蟊賊內訌。昏椓靡共,潰潰回遹,實靖夷我邦"憤怒悲傷的情緒,是眼看見他們的危難就要到來發出的悲慘的呼聲。

在上述二《雅》中比較著名的十二首詩之外,在《小雅》中還有《祈父》《鴻雁》《蓼莪》《漸漸之石》《苕之華》《何草不黃》六首,《大雅》中還有《板》《蕩》兩首,主題思想和詩中詞句都很明顯地可以看出是士大夫所作的諷刺詩。《祈父》是攻擊"祈父,予王之爪牙。胡轉予於恤"的厭戰詩,這詩和《漸漸之石》説,"武人東征,不皇朝矣""武人東征,不皇他矣"。《何草不黃》説"哀我征夫,獨爲匪民""哀我征夫,朝夕不暇"大意相同,都是苦於戍役的詩。《蓼莪》詩是"人民生活勞苦,孝子不得終養"所作的詩,詩中説:"鮮民之生,不如死之久矣!""民莫不穀,我獨何害?"寫出他那沒有吃喝,痛不欲生的悲傷情況。《苕之華》更説道"知我如此,不如無生""人可以食,鮮可以飽"。這比起《鴻雁》的"鴻雁於飛,哀鳴嗷嗷",寫流民的悲哀是表現得更要深刻,更引起人的同情。這些詩沒有從正面上攻擊當時的統治階級,但在內心里蘊藏着忿怒的火焰,是不言而喻的。《大雅·板》説,"上帝板板,下民卒癉。出話不然,爲猶不遠""猶之未遠,是用大諫"。《蕩》篇假"託於文王所嗟嘆殷紂者",來諷刺當時的"暴虐衆斂之臣"。這兩篇的詞意都比較軟弱,但確也刻畫出那些統治階級"炰烋於中國,斂怨以爲德"那種無惡不作的政治面貌。

以上所列舉的二十首詩都是二《雅》中比較好的一些政治諷刺詩。我們由這些詩可以看出在西周末年至東周初年那些統治階級如何不顧及人民的利益,貪污剝削、欺壓人民、勞役人民,連統治階級內部一些士大夫階級也感到他們互相欺凌、互相傾軋,一直弄到民不聊生,"日蹙國百里"的情況,這些詩歌,就是他們作出來"維以告哀"的一些顯著的悲歌。《小雅》中還有一些詩如《巧言》《何人斯》《巷伯》《谷風》等等也是這一類的作品,在這裏都未及詳叙。在《風》詩中,如《衛風·芄蘭》的諷刺衛君臣,《齊風·雞鳴》《南山》《敝笱》《載驅》《猗嗟》的諷刺齊君荒淫以及《唐風》的《蟋蟀》《山有樞》《杕杜》《有杕之杜》《采苓》,《陳風》的《株林》,《檜風》的《匪風》,《曹風》的《下泉》等,都是一些可以看出當時的政治社會面貌的詩,這里也一概從略,不能全部的叙述。

## (四) 史詩及其他雜詩

在《風》詩中,值得我們注意的還有幾首愛國主義詩篇,而且有些是女詩人的作品，就是《鄘風·載馳》《衛風·竹竿》和《邶風·泉水》三首詩。《載馳》是衛宣姜的女兒許穆公夫人所作，她聽見衛國被狄人所滅，急忙要回去弔唁衛侯，但是結果不能回去，她作了這詩。第一章説："載馳載驅，歸唁衛侯。驅馬悠悠，言至於漕。大夫跋涉，我心則憂。"這是她聽到衛國大夫報告的消息，就很憂慮，想着回到衛國。不過"婦人既嫁不踰境"，封建禮教的束縛，在當時她是不應當回去的。她只有責備"許人尤之，衆（既）稚且狂"。她還要想象地説："我行其野，芃芃其麥。控於大邦，誰因誰極？"她自己去控訴到大邦，來挽救衛國。她的愛國主義思想是不能被舊禮教和許國人束縛的。《竹竿》篇據魏源的考訂，也是許穆公夫人作，她也是想象的"籊籊竹竿，以釣於淇。豈不爾思，遠莫致之"。而其實並没有真回去，只有"駕言出游，以寫我憂"。《邶風·泉水》應當也是她的作品，第一章説"孌彼諸姬，聊與之謀" 謀是要謀救衛。第四章説"思須（沫）與漕，我心悠悠。駕言出游，以寫我憂"。這與《竹竿》如出一口，也應是一人之作。方玉潤認爲是衛女和《載驅》，還未必合乎實際情形。這幾首詩，雖是出於許穆公夫人之手，但是因爲符合於衛國人民的思想情感，所以流傳在衛國，爲衛國人民所歌唱。這幾首詩雖是出於封建貴族之手，但裡面貫穿的愛國主義精神，是符合於衛國人民的愛國主義精神，是具有人民性的愛國主義詩篇。

《衛風》中的《定之方中》是贊美衛文公在遭受狄人侵略之後復興衛國的詩。《魏風》中的《陟岵》雖本是一首感到父母兄弟離散厭戰的詩，但由"猶來無止""夙夜必偕"，這幾句看來，他們不願打敗仗，也是有愛國主義精神的詩。

《秦風》的《無衣》，如不依王夫之的解釋，而認爲秦人的作品，從"與子同仇"這一句看來，也顯明是一首反侵略的詩篇，也應列入具有愛國主義精神的作品中。

在《大雅》中，有一些是歌頌周民族發展的歷史、周初建國的經過的史詩，如《生民》《公劉》《緜》《皇矣》《大明》。《生民》共八章，是寫周民族始祖后稷如何的誕生、如何的發明種植的故事。這詩前三章是神話式的叙述，説后稷的母親，因爲踏上了上帝腳跡而受了感應，就生下了后稷。這"知有母而不知有父"的傳説，顯見得那時還是母系氏族社會時代的流傳下來的故事。第三章説"誕寘之隘巷，牛羊腓字之。誕寘之平林，會伐平林。誕寘之寒冰，鳥覆翼之"。用神話式的誇飾的手法寫出這個發明種植的人物的神異，來引起人們對於這個人物的崇敬。第四章説他所發明的能種的穀物很多："荏菽旆旆，禾役穟穟，麻麥幪幪，瓜瓞唪唪。"是用複叠的列叙的手法，寫出那些農産生長的茂盛。第五章更連用十個"實"字："實方實苞，實種實褎，實發實秀，實堅實好，實穎實栗……"來形容他的莊稼如何長大結實。這些誇大的寫法都是爲了加強感染力來引起人們對於他們祖先的崇拜。《公劉》篇共六章，是叙述后稷曾孫公劉遷居到豳的故事。第一章叙述公劉不敢安居，他經營好了田地，貯存了許多積蓄，於是帶着乾糧，背着武器，去擴張他們的領土，遷居到另一地方。第二章叙説他找到了一塊適合於生長繁榮、適合於大家居住而不發愁的地方；他爬到高山，下到平原，來回地考察。第三章叙述他又在那曠野平原中找到一個南山，一個高丘，他們可以在那裏挖好窰洞安居起來。第四章叙述他們在那里建設完成之後，他們飲酒宴樂，他受到大家的崇敬。第五章還是叙述的他在那里"相其陰陽，觀其流泉""度其隰原，徹田爲糧。度其夕陽，豳居允荒"。好好考察地勢，水利，土壤，開闢爲田地，這纔提出那個地名是豳。最後一章更叙述他們定居之後，疆理田地，人衆財多，更擴張他們的居處到皇澗過澗兩條水的涯岸。我們讀到這詩，可以想象到他們是如何辛勤地勘探、而後開闢他們的新居。詩篇也是用了許多疊字來加強感染力。

《綿》篇共有九章，是叙述文王祖父古公亶父從豳遷居到岐的故事。這詩第一章説他們的祖先直到古公亶父的時候還是"陶復陶穴，未有家室"，掏些窰洞居住。第二章"率西水滸，至於岐下。爰及姜女，聿來胥宇"，是叙述他們牽着馬匹，循着水濱，到達岐下。他同他的妻子來尋覓他們居住的地方。據《孟子》書説，這是因爲"狄人侵之，事之以皮幣、珠玉、犬馬而不得免"，他才離開豳地的。第三章説他們找到周原那塊肥沃的地方，他們計劃在那裏居住。第四章説："乃慰乃止，乃左乃右，乃疆乃理，乃宣乃畝。自西徂東，周爰執事。"這是他們安居在那裏，開墾土地。第五章説："乃召司空，乃召司徒，俾立室家。其繩則直……"這是建築房屋。第六章説："捄之陾陾，度之薨薨。築之登登，削屢（僂）馮馮。"這是建築的情況。第七章説，"乃立皋門，皋門有伉。乃立應門，應門將將"。這是説建築城門。這幾章也用各樣複疊的詞句，來表示他在建設時歡欣鼓舞的精神。第八章説他們建設完成之後，"混夷駾矣，維其喙矣"。他們也克服了被異族侵略的禍難。詩人在最後一章用贊嘆的詞句説："予曰有疏附，予曰有先後，予曰有奔奏，予曰有禦侮。"更疊用"予曰"四次，詩人是要利用他自己贊嘆的情感來引發人們對於他們祖先的崇敬。這三首詩都是追述周民族發展的經過的事跡的。《皇矣》篇是叙述周的開國從太王王季開始，但是天帝最是贊成文王，所以他能阻止密人的侵略，又能伐崇，所以周室日益强大起來。《大明》篇是叙述武王的事跡，篇中叙説到武王的父母與祖父母，最後一章提到他伐商。"牧野洋洋，檀車煌煌，駟騵彭彭。維師尚父（太公望），時維鷹揚，涼彼武王。肆伐大商，會朝清明"。這是周民族在開國時的一次大勝利。合起這五首詩來看，我們可以想象到從后稷到公劉到文王的祖父古公亶父一代一代的逐漸發展的情形，而從文王才開始強大起來，詩人在詩篇中能將他們的事跡重點地加以刻畫，使人讀到這些詩仿佛看到當日情景。這些史詩，不過分的夸大，不過分的鋪張，是很忠實的描寫當時的情景的。讀到這些詩，可以增強民族自豪心，也可以增長愛國主義思想，如《緜》篇的"予曰有禦侮"，是極其明顯的可以鼓舞人的詞句。

在二《雅》中還有《出車》《采芑》《江漢》《六月》《常武》五首詩也可以當作史詩來看。《出車》叙到南仲，"獫狁於襄"（攘），以及"薄伐西戎"的事跡，《采芑》叙述方叔"征伐獫狁，蠻荊來威"的事跡。《六月》叙述獫狁"整居焦穫，侵鎬及方，至於涇陽"。尹吉甫"薄伐獫狁，至於太原"的事跡。《江漢》叙到周宣王命召虎征淮夷的事跡，《常武》叙到周宣王命皇父征伐徐方的事跡。但這五首詩不能與《生民》等篇一樣看待，這些詩的內容，贊美他們的戰功多於叙述他們戰事的經過。由於這些詩，我們可以看到在西周末年統治階級是如何挣扎地來反抗侵略，是值得我們注意的。這五首詩夾帶着一些叙事，比起《周頌》的《昊天有成命》《武》《酌》《桓》《賚》《般》所謂大武六章（此依王國維《觀堂集林·周大武樂章考》說），只是歌頌他們的武功也不同，所以還可以當作史詩看待。

相當於二《雅》中這些史詩還有《魯頌》的《泮水》《閟宮》，《商頌》的《玄鳥》《長發》《殷武》。《閟宮》篇是頌美魯僖公伐楚征淮夷的事跡，開始從"赫赫姜嫄""是生后稷"叙起，叙到"后稷之孫，實維大王，居岐之陽，實始翦商"，在"敦商之旅"以後，他們的祖先封侯於魯。這是他們開國的歷史。以後提到他們"戎狄是膺，荊舒是懲"，宣揚他們"攘夷"的功勛。《泮水》篇叙述征服淮夷之後"在泮獻馘"的事跡。後一首頌禱之辭比較多些。《商頌》的《玄鳥》說到"天命玄鳥，降而生商，宅殷土芒芒。古帝命武湯，正域彼四方"。《長發》篇說到"有娀方將，帝立子生商"。說到商湯的伐韋、顧、昆吾與夏桀。這兩首詩歌是在祭禩宗廟時追述商人祖先的事跡。《殷武》也是叙述伐楚的武功的，據《史記》說，是頌美宋襄公伐楚的詩。《商頌》比起《盤庚》文字淺顯，不會是殷代的作品，《史記》說是可信的。但這些詩究竟是頌詩，頌禱的氣氛比起《生民》《公劉》等篇還要濃厚，不能完全的當作史詩。這些詩與《生民》《公劉》《緜》篇等，還有不同，絕對的是統治階級的作品，應當區別看待。

以上我們將詩三百篇的思想內容大致的分析一下，《風》詩在上述的四類中共有一百二十多篇，其餘的三十多篇，如《凱風》《二子乘舟》，是抒寫母子之情的；《雄雉》《匏有苦葉》《考槃》《衡門》，是沒落貴族對於政治不滿具有逃避現實思想的詩。像二《南》中的《樛木》《螽斯》《采蘩》《采蘋》等篇是當時的一些禮俗詩，此外便是封建貴族或士大夫所作，或是描寫他們的詩歌。但是這些詩中如《召南》的《甘棠》，《衛風》的《淇奧》，《鄭風》的《緇衣》，《召南》的《羔羊》，這些詩所歌頌的人物必是能够"爲人民服務"的人物，所以盡管他們是封建領主或是士大夫階級，歌頌他們的詩得以流傳到今日。從這一點來看這些詩也是與人民思想感情相符合的。

再如《衛風》中有兩首詩《碩人》《君子偕老》，是描寫衛莊姜的人物美麗的，我們由《君子偕老》的末二句來看："展如之人兮，邦之媛（援）也。"仍是由於她是"齊侯之子"，嫁到衛國，對於衛國有了幫助，所以人們對於她的美麗加以贊揚。《風》詩中完全是統治階級所作、或爲統治階級而作的應不過於二十首，我們說《風》詩的絕大部分出於民歌，是人民歌唱他們的生活思想情感與企望的作品，在上述的四項分類中可以很明白的看出。

**附注：**

1. 本篇及下篇中關於詩篇訓詁與諸家不同之處，另詳拙著《詩經選注》。
2. 《周頌》《大武》樂章六篇應爲《時邁》《武》《賚》《般》《酌》《桓》，說詳余《〈周頌·時邁〉爲大武樂章首篇考》。

## 三　《詩經》的藝術表現

　　《詩經》是中國古代的一部樂歌集，是中國秦漢以前的樂府，《詩經》中的詩歌，絕大部分是來自各地方的民歌，是勞動人民歌唱他們的勞動生活、他們的思想、他們的情感、他們對於統治階級的憤怒與斗爭，是具有堅強的人民性的現實主義精神的作品。我們從藝術的角度來看，這些詩歌也是具有高度的藝術成就的詩歌。這些詩歌的表現方法，尤其是他們的藝術語言，在現在看來，有許多地方是值得我們來研究、來學習的。高爾基在談到民歌及一股民間文藝曾説：“你在這裏可以看到豐富的形象，比擬的確切，有迷人力量的樸素和形容的動人的美。”我們讀到《詩經》正可以看出這裏面一些樸素簡短的歌詞，概括了生活斗爭的真實，刻繪了豐富多彩的形象，表達出生動活潑的情節，尤其在比興方面，一些比擬，多是維妙維肖，成爲我們中國文學的優良傳統，所以流傳到了現在，還是我們廣大人民所愛好的光輝日新的作品。

　　但是在過去，盡管在《詩經》中有着迷人力量和形容動人的美，研究《詩經》的學者受了《毛詩傳序》的迷誤，很少的人對《詩經》的寫作方法與藝術技巧做過詳盡的發揮。他們首先，有的在字句聲韻方面上過分繞圈子。其實《詩經》雖以四言爲主，但也有的句子並不限於四言，有時雜以二、三、五、六、七、八言，這在摯虞《文章流別》、成伯璵《毛詩指説》等書已説過。近人黃侃《文心雕龍劄記》更推闡到有二十八字一句的例證（《大雅·韓奕》“王錫韓侯”至“鞗革金厄”七句）。這些字句的長短，只是語言聲調的關係，這不是重要的表現手法與寫作技巧。即就聲韵來説，在《詩經》中固多用一些雙聲叠韵的詞句及一些其他重言叠字用韻的地方，固然是有助於歌調的美感，但也决不是像丁以此《毛詩正韵》所説：“詩之於韻，亦有成式，若詞曲字皆中律，不可假貸。”關於這些瑣屑的形式方面的問題，我們現在是應當不必多加理會的。其次，沒有多少人對賦、比、興的問題十分注意。賦、比、興是詩的作法，對《風》《雅》《頌》説來，一是三經，一是三緯，這在孔穎達、朱熹都説過，是不應當將賦、比、興也當作詩體。關於賦的解釋，鄭玄在《周禮注》説：“賦之言鋪，直鋪陳今之政教善惡。”摯虞《文章流別論》説：“賦者，敷陳之稱。”《文心雕龍·詮賦》篇説：“鋪采摛文，體物寫志也。"鍾嶸《詩品》説:"直書其事,盡言寫物,賦也。"孔穎達《詩疏》説:"詩文直陳其事,不譬喻者,皆賦也。"朱熹《詩集傳》説:"賦者,直陳其事而直言之者也。"賦就是直接陳述事物的寫作方法,除了鄭玄的説法不妥以外,其餘的解釋,是没有多大問題。關於此,《周禮》鄭注説:"比,見今之失,不敢斥言,取比類以言之。"摰虞《文章流别論》説:"比者,喻類之言也。"《文心雕龍·比興》篇説:"比者,附也……附理者,切類以指事。"鍾嶸《詩品》説:"因物喻志,比也。"孔疏引鄭司農説:"比者,比方於物。諸言如者,皆比辭也。"朱熹《詩集傳》説:"比者,以彼物比此物也。"比是用另外的一些事物作比擬譬喻的寫作方法。鄭玄的説法將比限制在"見今之失,不敢斥言",這是錯了的。其他説法,合起來看,可以説也没有多大問題。至於興,鄭玄《周禮注》説:"興見今之美,嫌於媚諛,取善事以喻勸之。"這個解釋固是錯誤。但如鍾嶸《詩品》是"文已盡而意有餘",當作"餘興"講,也是錯誤的。摰虞《文章流别論》説:"興者,有感之辭也。"《文心雕龍·比興》篇説:"興者,起也。……起情者,依微以擬議。"孔疏引鄭司農説:"興者,託事於物。則興者起也。取譬引類,起發己心。"這些解釋也都不十分妥當。到了宋代,蘇轍在《欒城應詔集詩論》中説:"夫興之體,猶云其意云爾,意有所觸乎當時,時已去而意不可知,故其類可以意推,而不可以言解也。《殷其雷》曰'殷其雷,在南山之陽',此非有取於雷也,蓋必其當時之所見,而有動乎其意,故後之人,不可以求得其説,此其所以爲興也。"鄭樵在《六經奧論》中也説:"《詩》三百篇第一句曰'關關雎鳩,后妃之德也',是作詩者一時之興,所見在是,不謀而感於心也。凡興者,所見在此,所得在彼,不可以事類推,不可理義求也。"朱子也説:"興是借彼一物以引起此事,而其事常在下句。"又説:"詩之興多是假他物舉起,全不取其義。"《困學紀聞》引李仲蒙説:"叙物以言情謂之賦,情物盡也。索物以託情謂之比,情附物也。觸物以起情謂之興,情物動也。"姚際恒《詩經通論》説:"興者但借物以起興,不必與正意相關也。"由這些家的説法看來,我們可以了解興與賦、比不同,興不過是一個"起頭"。"山歌好唱起頭難",有的詩歌的開始一二句不直接地説出那件事情,也不用個比喻引起,只是即興地唱出而與下文無關,既不是賦,又不是比,而只是一個"起頭"。這就是興。所謂興的意義,只當如此解釋。後人因爲不能嚴格地這樣解釋興,於是説《詩經》的又用一些:"興而比也。"(朱注:《漢廣》《椒聊》)"比而興也""賦而興也"(朱注:《氓》《黍離》《溱洧》《東山》)來説詩,姚際恒的《詩經通論》更加上一個"比而賦也"。以爲這樣才"興比之意了然"。其實如若嚴格地按"起頭"的意義來看，這種"興而比""興而賦"，實在是不需要這樣說的，興而比已成了"比"，興而賦那就是"賦"，不必另外立一些名詞。而且姚際恒已說過："古今說《詩》者多不同，人各一義，則各爲其興比賦。"賦、比、興在說《詩》的人各有不同的看法，在《毛詩》與三家詩的解釋，即有許多不同（例如：《邶·柏舟》《鄭·風雨》）。所以我們如專從賦、比、興來談《詩經》，那我們對於《詩經》的藝術表現，既不免於糾紛，而且要分析出哪一句是比、哪一句是賦，忘了賦、比、興不過只是一些籠統的說法，忘了詩歌是一個藝術完整體，我們現在是不應當過分地注意這些問題的。

《詩經》的藝術表現，在現在看來，是可以從下列的幾點來看。

（一）概括的抒寫。"通過語言，用生動的形象，再現現實和反映生活，這是文藝的特點"。而"反映生活的重要特點，首先是在反映中提出人所共知的生活現象的概括，其次是把這些現象具體地描寫出來"。（畢達可夫《文藝學引論》）我們看《詩經》中的詩，因爲它的絕大部分是古代的民歌，是'饑者歌其食，勞者歌其事"，這些詩歌多一半是通過勞動人民日常生活產生的，他們所唱出的，有的是他們生活中一般的情況，有的是他們生活中的突出的一面，這些作品，有的是很能概括地表現出他們生活的真實的。這些詩，有的可以是比較長篇的叙述，有的只是用很簡短的語言，但是在簡短的詩歌中，也不失爲概括抒寫的好詩。《豳風·七月》是一首長篇的詩歌，在這一首詩中概括地寫出農民受盡領主的剝削的一般情況，他們自己終年勞動，但是因爲受到領主剝削，他們"無衣無褐""采荼薪樗"，過着極艱苦的生活。這詩前半寫的是他們關於衣一方面的事，後半寫的是他們關於食一方面的事，從藝術的角度來看，這詩也是被後人稱譽爲"千古的奇文"。姚際恒在《詩經通論》批評這詩說："鳥語蟲鳴，草榮木實，似《月令》。婦子入室，茅綯升屋，似風俗書。……其中又有似《采桑圖》《田家樂圖》《食譜》《穀譜》《酒經》。一詩之中，無不具備，洵天下之至文也。"這詩的第二章寫"女執懿筐，遵彼微行，爰求柔桑"。三章又說："蠶月條桑，取彼斧斨，以伐遠揚，猗彼女桑。"合起來看，真仿佛是一幅采桑畫圖，恍然在我們眼簾之下。而那"春日遲遲，采蘩祁祁，女心傷悲，殆及公子同歸"，對她們心中怨恨的描寫，還是圖畫不能描畫出的。這詩的第六章對一些食物，"凡菜豆瓜果，以及釀酒取薪，靡不瑣細詳述，機趣橫生"。確實是綜合了他們的複雜多樣的生活的真實，而無一絲一毫有意爲文的模樣。不過所抒寫的不是農民的樂，而只是農民悲慘的生活。姚際恒說是"田家樂圖"，那是錯了的。

《邶風》的《谷風》也是一首較長的詩篇，是描寫一個女子在婚後因男子另娶遭到遺棄而控訴他故夫罪行的詩。這詩雖是用的順序的對照的手法,今昔對照,新舊對照,寫出她在被遺棄後憤怒的心情,所描寫的好像是她個人突出的一面,但是這突出的一面正概括出來在封建社會婚姻制度的罪惡。這詩第二章說:"行道遲遲,中心有違(幃),不遠伊邇,薄送我畿。"描寫她在與她丈夫決絕之時,是如何滿心懷着憤恨出來慢慢走着,她的丈夫却很快地把她送出大門。這與後來《白頭吟》所寫的"躞蹀御溝上,溝水東西流",正是一般的情況。這詩的第五章說:"昔育恐育鞠,及爾顛覆,既生既育,比予於毒!"第六章說:"我有旨蓄,亦以禦冬,宴爾新昏,以我禦窮。有洸有潰,既詒我肄,不念昔者,伊余來墍(憇)!"與後來古詩"上山采蘼蕪"所寫的"新人不如故"的情況也大致相同。但是《谷風》控訴出他們生活一旦好轉,她就遭到遺棄。她更控訴出她丈夫行動的野蠻,性情的暴躁。所發掘出那種社會罪惡的本質,是比"上山采蘼蕪"那詩更具有力量的。"一般只存在個別中",這詩所描寫的突出的一面是概括出了封建婚姻的罪惡的。《衛風·氓》篇等,也是用的這樣手法,當時詩人是善於運用這樣的表現手法的。

　　至於短篇,我們知道《芣苢》這詩不過從"采采芣苢,薄言采之"這一句擴大成爲三章六句的詩。在三章中,只換用了六個字,但是這詩讀起來便令人想出這是一些"田家婦女,三三五五,於平原綉野、風和日麗中群歌互答"的勞動詩歌。這雖是一首極簡短樸素的詩,但也概括出她們在勞動中的形象。從《芣苢》由不以得聲(牟庭《詩切》說)想來,她們的生活是很艱苦的,但是這詩在藝術上的成就也正如樂府中"江南可采蓮"一樣,令人百讀不厭。

　　《召南》的《騶虞》是一首很簡短的關於田獵的詩,但是描寫出這射手比較旁的射獵的人一次射箭只能用上四矢,而這騶虞却具有一次射中五獸的本領,所以得到詩人的表揚。在全詩中只用"一發五豝"概括的敘述這一件突出的事情。《齊風》的《還》,概括地敘述兩個獵人相遇,彼此贊揚,互相合作。我們一讀這詩,使我們感覺得他們兩人很有才幹,很有技能。章潢《圖書篇》批評這詩說:"'子之還兮',己譽人也;'謂我儇兮',人譽己也。'並驅',則人己皆與有能也。寥寥數語,自具分合之妙。獵固便捷,詩亦輕利,神乎技矣。"《盧令》這詩,雖是每章兩句的短詩,但一句表達出一個形象,我們合起來讀也可見得這是一位獵人帶着他的獵犬出去打獵,他是有仁、有勇、有知。這首短詩是能這樣簡單明了地寫出他的才能來的。這種概括的樸素的寫法,在許多戀愛婚姻的詩歌中表現的也是這樣。例如《王風·采葛》說"那個人采葛去了啊!一天不見,就像三個月啊!"這直是很樸素地說出他對於情人的想念,絲毫沒有繞彎子。《鄭風》的一些情歌尤其如此,例如《狡童》的"彼狡童兮，不與我言兮，維子之故，使我不能餐兮"。《褰裳》的"子惠思我，褰裳涉溱。子不我思，豈無他人？狂童之狂也且！"《東門之墠》的"東門之墠，茹藘在阪。其室則邇，其人甚遠""東門之栗，有踐家室。豈不爾思？子不我即"。這些都是將他們心中的話毫不隱諱地和盤託出，但是在這裏面，有戲弄，有嘲笑，有深情，有思念，也都表現在字裏行間。一些政治諷刺的短詩，如：《鶉之奔奔》《碩鼠》《墻有茨》《相鼠》等，咒罵當日領主的凶惡、殘酷、荒淫，也都是很痛快淋漓毫無忌諱地將當日領主的醜惡形象概括地表現出來。這是《詩經》的表現手法之一，在藝術的表現上好像太簡單樸素了，但是我們如想到"文體的單純及明瞭，並不是由文學的質的降低所能達到，反之，只有由真正技術熟練的結果才能達到的"（《高爾基文學論文集·兒童文學主題論》）。我們可以看到這些概括的抒寫，也並不是真的那樣簡單，而是真的通過了他們生活的真實，有剪裁，有布置，有分合，有精神，才能寫出的。

（二）層疊的鋪叙。《詩經》的詩全是樂歌，我們研究《詩經》的藝術表現，是應當特別地提出在《詩經》中的許多詩，是以重沓疊奏的方法一層一層地表達他們的思想感情的。湯姆生在《論詩歌源流》中說："勞動歌是擴大即興部分的變化而發展成功的。"又說："在謠曲中，一節是一樂段，一聯是一個樂句，一行是一個樂詞。兩個樂詞成爲一個樂句，兩個樂句成爲一個樂段。每一對中的組成分子是互相補充的，類似的，而又不是相同的，這就是音樂學者所指二段體AB，……我們多數的民歌是二段體的，可是有些便更加精細。……在音樂術語中，第一樂旨之後，跟着第二樂旨再是重複第一樂旨，這就是三段體ABA。更技巧的歌手，把第二個A唱得不僅是第一個A的重複，這是受B的影響之後新的第一個A。"湯姆生這種說法，是按音樂的學科來說的，是很正確的說法。《詩經》中許多的詩，也正如湯姆生所說，是擴大即興部分的變化而發展。有的詩歌，在第二章第三章是重複了第一章的詞句，有的則字句上加以改變，但是在意義上是沒有大的分別。上面我們所舉的詩，如《騶虞》《狡童》《褰裳》《東門之墠》，是後章重複前章，後章字句對於前章是互相補充的類似的而又不是相同的。《還》與《盧令》等篇是三章重疊的，但是也只是換了幾個類似的字眼。我們更看一些勞動歌，如《漢廣》是一個樵采的歌，由於三章叠咏"漢之廣矣，不可泳思！江之永矣，不可方思"，所以令人覺得是一片"烟水茫茫，浩渺無際，廣不可泳，長更無方"的景象。《鄘風·桑中》也是農民的勞動歌。這詩第一章一、二兩句寫出他們工作的地點，三、四兩句寫出他們所想念的人物，但是由於三章叠咏"期我乎桑中，要我乎上宫,送我乎淇之上矣",我們可以看出這所唱出的並非真有其人,真有其事,而是一經道出,仿佛若有其人若有其事,在他們的"神靈恍惚、夢想依稀之際"。這樣子疊詠的,如《邶風·北門》三章都說"已矣哉,天實爲之,謂之何哉",《王風·黍離》三章都疊詠"知我者,謂我心憂,不知我者,謂我何求。悠悠蒼天!此何人哉",都是利用音樂的旋律,重疊的字句,來表達詩中的情感。所謂"一彈再三嘆,慷慨有餘哀",來引起讀者的同情的。這也是民歌表現手法之一,這樣的表現方法,能將一些簡短的詩,變成更有趣味的詩,更富有感染力的詩。

其次,我們讀到《詩經》,可以很容易察覺出來,詩人的歌唱有一些是用漸層的方法來描摹他們所要說出的情景的。在前面所說的詩《芣苢》是這樣:先只說"采",漸漸說到"掇""捋",最後說到"袺""襭"。《采葛》是這樣:先說"三月",由"三月"說到"三秋""三歲",不須詳叙,就很可動人。《將仲子》詩是這樣:由"畏我父母""畏我諸兄"說到"畏人之多言",令人格外想起"人言可畏"。《碩鼠》也是這樣:由"無食我黍""無食我麥",說到"無食我苗",連苗都吃光,更可看出當時領主的殘酷。這不需要詳細描寫,就能將客觀事物發展的情況毫不費力地描畫出來。此外,還有一些以戀愛婚姻爲主題的詩,也是用漸層的方法,配合着比興的運用,來歌唱他們的戀愛是成功還是失戀,還是離婚。例如《關雎》是詠新婚的詩,詩人在第一章肯定地說了"窈窕淑女,君子好逑"以後,第二章用"參差荇菜,左右流之"。流,依牟庭的解釋是"撈"的意思,來比喻下文的"求"。撈不一定撈着,求也可以"求之不得"。第四章說"參差荇菜,左右采之",表示已經采得,所以可以比喻下文的"琴瑟友之"。第五章的"參差荇菜,左右芼之,"這芼字是當依韓詩作"覍"講,"覍"是仔細端詳的意思(如今山西話說"覍一覍去",湖北話說去瞄一瞄)。這是已經采得了更仔細地去看的意思,所以比喻的下文是"鐘鼓樂之"。這是戀愛成功,所以結婚,所以編個歌來賀新婚。《摽有梅》是少女打下落梅時想象尋求對象的歌。第一章說"打梅子,打落了的是那果實的十分之七",比喻着尋她們的對象還可以等待一個吉日子。第二章說的是打落了的是那果實的十分之三,那麼,尋她們的女婿只有更快些,只好就在現在這個時間。第三章說打落了所有的梅子,可以拿一個破筐子拾起它來。時間更急了,那麼,尋她們的對象,就只有趕上那個說說就行的。這在比興和正文上也與《關雎》一意,都是用漸層法來寫出客觀事物的發展的。失戀的詩,《江有汜》《終風》都是這樣,"汜"是"水決復入",比喻着女方可能後悔,回心轉意,"渚"是水有歧流,比喻着女方真有變心,居然安處。"沱"是水成支流，比喻着女方再不來往，只好悲歌。《終風》在二、三章的比喻還只是陰霾的天氣，還有天氣明朗的希望，最後說到"曀曀其陰，虺虺其雷"。不僅天陰而且有雷，這是絕無希望了。所以只有想起來就傷心。漸層的寫法也只是由於重沓疊奏換上一些互相補充的類似而又不是相同的字樣而來，不過漸層的方法更能描寫客觀事物的發展，這是不同於簡單重疊的地方。

（三）比擬的摹繪。《詩經》的詩，從表現方法來看，是最善於利用形象來表現詩中思想感情的。比擬的運用，正是利用形象來表現的主要方法之一，劉勰在《文心雕龍·比興》篇說："夫比之爲義，取類不常，或喻於聲，或方於貌，或擬於心，或譬於事。"比擬是沒有一定的，可以從聲音相貌來刻繪，也可以從一般事物上來描寫，但是主要的是要比擬得確切、生動。《詩經》中比擬的確切是多不勝舉的，例如拿碩鼠來比喻剝削階級的貪而畏人，拿鴟鴞來比喻統治階級的凶狠惡毒，拿狐和烏（《邶風·北風》）來表示"豺狼當道，安問狐狸？"拿虺蜴（《小雅·正月》）來比喻一般官吏行凶作惡。這樣的比喻，既是非常恰當，又把這些爲惡的人們，深刻地形象化，使讀者更加深對他們的憎惡。至於《汝墳》篇說："未見君子，惄如調饑。"拿早起的饑餓來比喻渴盼。《柏舟》篇說"我心匪席，不可卷也。"拿心不可如席卷來表示意志堅決。又如形容內心的難受，說："心之憂矣，如匪澣衣。"形容播弄是非的人說"巧言如簧，顏之厚矣"（《小雅·巧言》）。拿"鵲巢鳩居"形容女子出嫁；拿"草蟲""阜螽"形容夫唱婦隨。這些比擬，都是十分妥貼、十分恰當。刻畫美人形象的如《桃夭》說"桃之夭夭，灼灼其華"。拿桃花的鮮艷，比少女的顏色，尤其可以說是善於比喻，尤其用上"灼灼"兩字，仿佛照眼方明。姚際恒說：這詩"開千古詞賦咏美人之祖"。這不是過當的稱譽。《齊風·東方之日》也是用日月來比喻女子的顏色的。馬瑞辰在《毛詩傳箋通釋》上說："古者喻人顏色之美，多取譬於日月，詩'月出皎兮'，箋：'喻婦人有美色之白皙也。'宋玉《神女賦》：'其始出也，耀乎若白日初出照屋梁。其少進也，皎若明月舒其光。'義本此詩。"《詩經》所用的比擬的確切，確是多到不勝枚舉的。

我們從修辭學的修辭格的角度來看《詩經》所用的比擬的方法，在譬喻方面，有（1）明喻，例如許多用"如"的比擬。有（2）隱喻，一些不用"如"的比擬，例如朱熹《詩集傳》在《漢廣》篇說的："喬木起興，江漢爲比。"有（3）類喻，例如"我心匪石，不可轉也。我心匪席，不可卷也"。有（4）博喻，例如《小雅·天保》的"如山如阜，如岡如陵，如川之方至，以莫不增""如月之恆，如日之升。如南山之壽，不騫不崩。如松柏之茂，無不爾或承。"有（5）對喻，依陳騤《文則取喻之法》所說的原則，是"先比後證，上下相符"。《詩經》所用以比擬興起的多屬於這一類。有（6）詳喻，依陳騤所說的原則是用許多句來作比喻，這在《詩經》，以一章或一篇作比的，屬於這一類。這些，我們可見當時的詩人，人民的歌手善於用比擬的方法來形象化一些事物。還有，值得我們注意的是：在擬託方面有的是擬人法，例如《鴟鴞》一詩，是用小鳥比作人，將人民的困苦一一敘述出來；用鴟鴞比作統治階級，將他們爲惡的情況描畫出來。這是很明顯的："鴟鴞鴟鴞，既取我子，無毀我室"，是統治階級的罪行；"予羽譙譙，予尾修修，予室翹翹，風雨所漂搖，予維音嘵嘵"，這是用小鳥的痛苦來比況人民所感受的苦痛。有的是擬物法，如《螽斯》的"螽斯羽，詵詵兮。宜爾子孫，振振兮"是將人比作物（《周南》的《麟之趾》："麟之趾，振振公子，於嗟麟兮！"直接贊嘆麟也是如此）。但我們看《碩鼠》一篇，通篇是好像是對碩鼠的控訴，這尤其是顯明的擬物的一證。至於《相鼠》的"相鼠有皮，人而無儀"，那是在比擬中更作一番的比較，可以說是"較物"。

《詩經》的比擬，不僅是在每一章的開始，也有用在中間作起興或作承上啓下的轉折句子的。《氓》篇的"桑之落矣，其黃而隕，自我徂爾，三歲食貧。淇水湯湯，漸車帷裳，女也不爽。士貳其行"，淇水二句是一個轉折點。《詩經》的比擬，有的也用在一篇的首章，例如《行露》的"厭浥行露，豈不夙夜，謂行多露"，比喻着不敢冒犯危難。有的用在篇中的全章，如《谷風》的第四章"就其深矣，方之舟之。就其淺矣，泳之游之"，此喻着女方的有才德；承上文，啓下文。有的是篇末全章用比作結，例如《大東》的末章"維南有箕，不可以簸揚。維北有斗，不可以挹酒漿"，用來比喻西人的實在無用。

比擬是將所要鋪陳的事物形象化的重要手法之一，《詩經》的作者，早在兩三千年的詩人，善於各式各樣地運用這個手法，這是《詩經》之所以成爲我們寶貴的文學遺產，尤其值得我們學習的地方。

（四）形象的刻畫。形象的刻畫有的借助於比擬的運用表現出來，有的只須概括的抒寫就可以表達出來，這在上面我們所舉《七月》等詩已可看出來。在《詩經》中，還有一些是特別的從人物的形象、環境、動態、心理的突出的一面來刻畫的。《衛風》的《碩人》和《鄘風》的《君子偕老》都是刻畫衛莊姜的美麗的形象的詩。《碩人》是寫的衛莊姜作爲一個新嫁娘初到衛國來時的形象的詩，她的服裝，她的美麗，是在這個時間、這個環境最值得描寫的，可以說詩人寫的形象，是有代表性的，是有所謂"典型環境中的典型性格"的。這首詩在第一章說明她身穿着新婚服裝之後，即點清她是"齊侯之子，衛侯之妻。東宮之妹，邢侯之姨"，詳細地指出她的門第、身份。接着就從她身體的各部分的美麗，一一加以形象化的描寫，"手如柔荑，膚如凝脂，領如蝤蠐，齒如瓠犀，螓首蛾眉。巧笑倩兮，美目盼兮"。柔荑、凝脂、蝤蠐、瓠犀分別的刻繪出那是潔白的顏色，柔嫩的實質，肥胖的形狀，齊整的模樣等的美麗，再概括地說是"螓首蛾眉"，好的頭面，最後寫出她那最傳神的明眸皓齒，嫣然一笑的模樣，可以說是作者是在極力摹繪她的美麗了。第三章說她初到衛國時的車服之盛，最末一章又寫到她初到衛時那些郊外的自然情景，和一些陪從的人物。方玉潤說這詩"從旁摹寫，極意鋪陳，無非為此碩人生色，畫龍既就，然後點睛，滃雲已成，而月自現"；"從旁摹寫，極意鋪陳"確是這詩刻畫形象的手法。《鄘風》的《君子偕老》是以服裝之盛來描寫她的美麗，寫作的時間應在稍後。第一章"委委佗佗，如山如河"兩句，拿山河的壯麗來形容她整個人的美麗。第二章又用"胡然而天也？"將她誇成天仙一般。但是主要的是從"玼兮玼兮，其之翟也""瑳兮瑳兮，其之展也"這兩句提出她怎樣穿翟衣、穿白衣，怎樣是她遮暑的襃衣，怎樣是她的玉瑱和象揥，怎樣是她顏色的晢白，來形容她的美麗。方玉潤評此詩說："至其藻采之工，音節之妙，則姚氏際恒謂為'神女感甄之濫觴'。山河天帝，廣攬遐觀，驚心動魂，傳神寫意，有非言辭所能釋者。"我們還可以說《君子偕老》對於形象的刻畫也和《碩人》一樣是"從旁摹寫極意鋪陳"的。

《碩人》和《君子偕老》形容衛莊姜的美麗是用了許多比擬的詞句，通過她裝飾的物品，來刻畫出她的形象。還有一些詩只是從自然景物、從環境上的描寫來烘託出那人物的美麗。《陳風》的《月出》只寥寥"月出皎兮，佼人僚兮，舒窈糾兮，勞心悄兮"幾句詩，沒有對人物如何刻畫，但我們一讀此詩，便可以想象出在月色之下"活現出一美人"，"舒窈糾兮"是説她是一切都很美好（"舒讀"為"舍"，是一切的意思），所以使人想起她來心里惦念、動蕩、焦急。《秦風》的《蒹葭》也這樣，只"蒹葭蒼蒼，白露為霜，所謂伊人，在水一方。溯洄從之，道阻且長。溯游從之，宛在水中央"幾句從自然景物和環境上來看，便覺得那在水中央的是一位顏色潔白、氣質高超的女子，她不是隨便可以令人追求的，讀起這首詩，比較唐人的"荷葉羅裙一色裁，芙蓉向臉兩邊開，亂入池中看不見，聞歌始覺有人來"，是有異曲同工之妙，而更別饒風致。

在一些戀歌中，有的也是從人物的動態上加以刻畫，使得詩中人物活生生的表現出來，如《野有死麕》第一、二章寫出一個青年男子，携帶着白茅扎好了的死麕去誘一位情竇初開的少女，那女子却是天真爛漫、潔白如玉的；末章用女方的口吻刻畫那最緊張最突出的一幕說："慢慢地，小心點呵！不要動我的佩巾啊，不要惹得狗驚叫啊！"至於究竟怎樣，那是沒有再刻畫的必要的。《靜女》一詩刻畫出一位癡情男子在城角邊等待他的情人，當他還看不見她的到來的時候，他急得獨自搔首走來走去，刻畫出一般男子等待情人時所共有的神情，二、三兩章敘述那女子從郊外歸來，送給他一根紅色的草管、一些柔嫩的白茅，紅管是光輝燦爛的，柔荑更是美而可愛的，又刻繪出這癡情男兒珍愛這些物品。正是由於這美人的饋贈，也襯托出他對情人愛慕的心情，這是在一般戀愛中所常見不鮮的。《關雎》寫一個男子在戀愛的過程中，"求之不得，寤寐思服，悠哉悠哉，輾轉反側"。《澤陂》寫一位女子彷彿失戀似的 "寤寐無爲，涕泗滂沱""寤寐無爲，輾轉伏枕"，這已經是後人描寫相思的 "忘餐廢寢舒心害" "一萬聲長吁短嘆，五千遍倒枕搥床" 的情況。我們古代的詩人，是早已 "歷歷如繪" 地將他們刻畫了出來。

　　在婦人想念她的丈夫的詩中，如《伯兮》的 "自伯之東，首如飛蓬；豈無膏沐，誰適爲容"。刻畫這女子不理梳妝不施脂粉的懶散心情。"其雨其雨，杲杲出日，願言思伯，甘心首疾"，比擬出她的渴盼，正如大旱之望云霓；"焉得諼草，言樹之背，願言思伯，使我心痗"，寫出她想消愁而愁更愁以至於要求 "忘憂" 的心情。這詩比李清照 "香冷金猊，被翻紅浪，起來慵自梳頭⋯⋯休休，這回去也，千萬遍陽關，也則難留" 的詞句所描繪的更深刻。《君子於役》刻畫了一個農村婦女在將近黃昏時所見到的一切，襯托出來她睹物思人的心情。"鷄棲於塒，日之夕矣，羊牛下來。君子於役，如之何勿思。" 到了黃昏時候了，鷄臥窩了，羊牛也都下山了，但是她的丈夫却不見歸來。她的 "尋尋覓覓冷冷清清" 的心情，也正如圖畫一般的呈現出來。《秦風·小戎》一詩更用婦人回憶她丈夫臨行時情況來加以刻畫，第一章主要描寫戎車的構造與配備；第二章主要描寫馬匹的毛色與類別；第三章主要描寫兵器的精良等情況，形色並繪，瑣細畢陳。姚際恒、方玉潤都認爲這詩 "刻畫典奧，瑰麗已極，爲漢賦所不能及"。但是忘了這詩 "方爲何期？胡然我念之"，正是描寫那婦人在怎樣渴盼她的丈夫。

　　在二《雅》中的《小雅·無羊》，是刻畫動物形象極好的詩，只 "或降於阿，或飲於池，或寢或訛"，就抵一幅圖畫。《斯干》詩描寫新屋落成。第四章說 "如跂斯翼，如矢斯棘，（急）如鳥斯革，如翬斯飛"，叠用四個比擬的詞句，來形容他們房屋的高聳、直立、寬敞、華麗；尤其 "如翬斯飛"，這句形容他們的雕檐畫棟，正如五采的野雉正在天空中飛舞，這是如何形容得生動確切，維妙維肖。第五章 "殖殖其庭，有覺其楹，噲噲其正，噦噦其冥"，說到他們的庭堂，説到他們的楹柱，他們正房和裏面的光綫，這樣各面的刻繪，又給予讀者一些深刻的印象。如若《無羊》這詩以牧歌爲底本，《斯干》這樣描寫建築情形的詩應是從史詩脱胎而來。《大雅·緜》篇，"乃召司空，乃召司徒，俾立室家。其繩則直，縮版以載，作廟翼翼。捄之陾陾，度之薨薨，築之登登，削屢馮馮。百堵皆興，鼛鼓弗勝"，以及建立皋門冢社等，形容勞動人民在那兒建築熱鬧的情形，對於建築刻繪得是極其細膩的，《斯干》應是受到這些史詩的影響的。《小雅》的《楚茨》和《賓之初筵》是一些宴飲詩如《楚茨》的"執爨踖踖，爲俎孔碩，或燔或炙。君婦莫莫"，《賓之初筵》的"賓既醉止，載號載呶。亂我籩豆……側弁之俄"，也刻繪了烹飪時的景象，以及一些醉漢的模樣，這些也是很動人的描寫。

（五）想象的虛擬。詩人的歌唱，有的是運用他的想象和推測來寫出他所想念的事情的。這種想象和推測是本無其事，但是寫出來時却像煞有介事，這也是刻畫形象的一種手法。如《卷耳》是婦人思行役的詩，在她想起所想念的人，奔波在通到周室的大路上以後，她想象出她丈夫是在路上如何辛苦奔忙；她想到丈夫爬上一些土山，一些高岡，他的人也困了，他的馬也乏了，她更想到他會喝上一大杯酒，用的是黄金爲飾的大酒杯，或是一個犀牛角樣子的大酒杯，爲的是不要長久因疲勞而受傷。最後更説到他上了一個石山，他的馬累病了，爲他趕馬的人也累病了，她説："這是如何可嘆呀！"其實她丈夫在路上經歷的一切只是她在想象中創造出來的。《魏風》的《陟岵》也是一首用想象寫成的詩，這是一個出征的軍人因爲想念父母所作的詩。他説："登上一個高山，遥望他的父親，他的父親正在説他的兒子在外當兵，不得休息，希望他小心一點，不要打了敗仗，被敵人俘虜。"他母親也正在惦念這樣地説，他的哥哥也正在這樣地説，希望他"早晚身體都要强壯"。其實這些都是想象所創造出來的。這樣的寫作方法是虛構的，是藝術創造上極重要的手法，但是我們兩三千年以前的人民詩人，就會運用着來創造人物形象、表現他的思想。這個優良的傳統被杜甫承襲着寫出《月夜》一詩，他在長安想念他的妻子，却説："今夜鄜州月，閨中只獨看，遥憐小兒女，未解憶長安。香霧雲鬟濕，清輝玉臂寒。……"他想象出他妻子在月下獨自賞月的形象。王維也運用着寫出《九月九日憶山中兄弟》的詩："獨在異鄉爲異客，每逢佳節倍思親。遥知兄弟登高處，遍插茱萸少一人。"他在異鄉想到他的兄弟登高，計算着少了他。方玉潤評《卷耳》詩説："下三章皆從對面着筆，思想其勞苦之狀，末乃極意摹寫，有急管繁弦之意，後世杜甫'今夜鄜州月'一首，脱胎於此。"我想王維的詩更應是脱胎於《陟岵》，《陟岵》雖是一首小詩，其實有寫得比《卷耳》

爲好的地方，《卷耳》只是表現的一方面的想念，《陟岵》表現的是雙方面的想念，而且思想健康，爲《卷耳》所不及。這一點我們不當輕易忽略的。

《豳風》的《東山》是一個出征軍人在還家時所作的詩，他在歸途中想到他家中的荒涼景象，他想到他妻子是正準備來歡迎他，他更惦念到他在婚後久別的妻子，想到他這次還家與他妻子再相見的情況。但是最難得的是這詩每章都對他想象的事物刻畫得極其細致，極其動人。第二章說"果臝之實，亦施於宇。伊威在室，蠨蛸在户。町畽鹿場，熠耀宵行"，他想象到了他那室內外荒涼情況的一些細節。第三章說"鸛鳴於垤，婦嘆於室。灑掃穹窒，我征聿至。有敦瓜苦，烝在栗薪。自我不見，于今三年"。他想象到他的家人在嘆念、在灑掃，盼望着他歸來，他又想到他曾經收穫的一堆苦瓜，長久放在栗薪上，沒有見到也已經三年，這一些瑣碎的情節。末章說"之子於歸，皇駁其馬。親結其縭，九十其儀"，他回憶到他在新婚的時候，他的新婦是如何由他母親繫上蔽膝（圍裙），那樣隆重繁多的儀式。這詩是真是善於對他所想象的情景加以精細的刻畫，這樣的詩，在《詩經》中是不可多得的詩篇，也是文學史中歷來所不可多得的詩篇。

《邶風》的《泉水》和《衛風》的《竹竿》是許穆公夫人的作品，她不能還家而想到還家，在《泉水》篇一則說"出宿於泲，飲餞於禰"，再則說"出宿於干，飲餞於言"。說到"載脂載牽，還車言邁"，仿佛她是真的出發了，但從篇末的"駕言出游，以寫我憂"看來，她並沒有真的回去。她想象得像煞有介事。《竹竿》篇也如此，一則說"藋藋竹竿，以釣於淇"，再則說"淇水悠悠，檜楫松舟"，三則說"巧笑之瑳，佩玉之儺"，她想到她在淇水中蕩舟釣游，她聽見了她的姑姊妹的笑語聲、行路聲、佩玉聲，但是這些都是她的想象，這樣的寫作手法在後來詩詞中還是很少見的。由她的作品我們更可以看出當時封建貴族女子所受的束縛，她們的行動不能自由，所以只有託之想象。

（六）生動的描寫。《詩經》中有許多描寫人物形象動態的詩，在前面我們所舉的如《還》《野有死麕》《静女》等篇都可以看出所寫的人物情景十分生動活潑。我們還可以從以下一些詩來看詩人借助對話的手法，心情的描繪，很生動地描寫出詩中的人物動態。

《衛風》的《北風》，在每章最後都用"其虛其邪，既亟只且"。這實在彷彿是這一對男女，他們要逃出那黑暗的環境，所以一個說"慢慢地慢慢地"，而另一個說"已經急了我們只有一走"（既亟只且）。這不像一個人口吻，由上面所說的"惠而好我，携手同車"可以看出。所以這一定是一對青年男女的對話。

《鄭風》的《溱洧》是描寫鄭國人民的習俗在三月上巳之日要到溱洧的水邊去游春踏青的詩。這詩寫出"溱與洧，方渙渙兮。士與女，方秉蕑兮。女曰觀乎，士曰既且（右字'既'與'即'通）。且往觀乎，洧之外，洵訏且樂。維士與女，伊其相謔，贈之以芍藥。"女的說"看嗎"，男的說"就走"。他們走到溱洧兩水的岸邊，那兒真的熱鬧快樂，那些男男女女，他們彼此互相笑謔，彼此互送一些芍藥。我們讀到這詩，可以看出在他們的節日裏，他們是如何的走動，如何的狂歡度過。這詩將他們的愉快的心情很生動地描繪出來。

《鄭風》的《女曰雞鳴》描寫一對夫婦情感篤好，早晨起來射獵野鴨野雁來當作下酒物的詩，這詩開始也是用對話的筆調寫出："女曰雞鳴，士曰昧旦。子興視夜，明星有爛。將翱將翔，弋鳧與雁。"二章說："弋言加之，與子宜之。宜言飲酒，與子偕老。琴瑟在御，莫不靜好。"一個說"雞打鳴了"，一個說"天亮了"。他們起來看看天色，還有很燦爛的明星，他們要出去游玩，想射來一些鳧雁。他們射中了一些回來，又做成嘉肴來吃，吃着嘉肴還喝着酒，表現他們夫婦感情之篤，是如"琴瑟在御"，沒有不和調的。在末後一章，更用"知子之來之，雜佩以贈之。知子之順之，雜佩以問之。知子之好之，雜佩以報之"概括地作結。我們一讀此詩，可以感到這比《浮生六記》的閒情記趣，只有過之而無不及。這樣生動的描寫，是能將詩中的神情格外的呈現出來。

《齊風》的《雞鳴》是諷刺統治階級荒淫無恥、不肯早起上朝的詩。全篇是用對話的方式寫出：女的說"雞既鳴矣，朝既盈矣"，催促男的起來，但男的還貪眠不起，說是："匪雞則鳴，蒼蠅之聲。"第二章又用女方的口吻說："東方明矣，朝既昌矣"，但是男的仍舊推託着說："匪東方則明，月出之光。"第三章的開始，換用男方的口吻說："蟲飛薨薨，甘與子同夢。"但是女的說："會且歸矣，無庶予子憎。"這詩寫的活像一首男女幽會的詩，他們纏緜流連，貪眠不起，不肯分手。但是這朝字很難以增字解經的講為"朝氣"，朝氣也不能說出"盈""昌"，"朝"只可以解為"朝會"。這詩正是描寫這一個荒淫無恥的齊君，如齊襄公之流，與人私通。所以詩人用一首像是幽會的詩，寫出他的放縱。這詩是敢於將他們的醜態很生動地活畫出來。

在《詩經》中，還有一些喜情的詩往往也是寫得極生動流利的。這如《王風》的《君子陽陽》："君子陽陽，左執簧，右招我由房。其樂只且。"《鄭風》的《野有蔓草》："野有蔓草，零露漙兮。有美一人，清揚婉兮。邂逅相遇，適我願兮。"《齊風》的《東方之日》："東方之日兮，彼姝者子，在我室兮。在我室兮，履我即兮。"《魏風》的《十畝之間》："十畝之間兮，桑者閑閑兮。行與子還兮。"都是以很愉快的心情寫出的，所以表現的人物都極生動。我們讀《檜風》的《隰有萇楚》，也是這樣。這詩和《桃夭》一樣，用鮮花來比喻女子顏色之美的。"隰有萇楚，猗儺其枝，夭之沃沃，樂子之無知"。表現出這是一個男子與一個女子初見的時候，男的很高興的知道她還沒有知心的朋友，沒有許配給人家，所以不覺冲口而出狂歡道"樂子之無知"。如若是如朱熹的解釋"不如草木之無知"，那就不會說成"樂"，是應當直接了當地說成"不如子之無知"。

（七）完整的結構。《詩經》的藝術表現，除上述的一些形象的描寫手法之外，我們還可以從一些詩的篇章結構來看。《詩經》中的小詩，只有兩章或三章的，一般的是用重疊、漸層或是順序這樣的手法將所要叙述的內容鋪叙出來。但具有三章的詩篇，有一些是在末章變調。我們試看：二《南》《國風》的三章詩末章變調的有《葛覃》《野有死麕》《采蘩》《何彼襛矣》《北風》《靜女》《新臺》《蝃蝀》《大車》《女曰雞鳴》《子衿》《鴟鴞》《東方未明》《甫田》《匪風》這些篇。這是在第二章叙述已經達到了頂點，不能再用重叠漸層的方法作結，所以在末章將未盡之意，或最後的一幕特別的用變調寫出，如《葛覃》《野有死麕》《子衿》《匪風》，這是一類。有的是將原因點出，如《新臺》《蝃蝀》《東方未明》等詩，這是一類。有的則是加強篇中的叙述，如《北風》《大車》《甫田》等詩，這是一類。有的只是概括地叙述，如《女曰雞鳴》等詩這又是一類。我們分析詩篇這樣的寫法，可以看到這末章的變調更加強了詩篇的感染力。這是新的一個類，但也是由於內容決定。"絕筆斷章，如乘舟之振楫"，結局是更需要有力量的。相反的有的三章詩是在第一章寫法不同，例如《漢廣》《草蟲》《行露》《晨風》《宛丘》《東門之枌》《衡門》，這些都在第一章將全篇之意概括的說出。例如《漢廣》，主要的意思是"漢有游女，不可求思"。《草蟲》，主要的意思是用草蟲、阜螽來比喻夫婦應當形影不離。這都是將主要的先說出，然後再擴大這些主旨。這好像是一些引言的作法。詩人對於篇章的布置，我們可以看出是煞費經營的。

四章詩在二《南》《國風》中有：《卷耳》《綠衣》《日月》《終風》《凱風》《雄雉》《匏有苦葉》，《簡兮》《泉水》《碩人》《竹竿》《伯兮》《豐》《南山》《載馳》《侯人》《鳲鳩》《下泉》《東山》等篇。有的詩如《鳲鳩》《東山》《日月》《終風》是以漸層或順序的方法來進行的。有的在前兩章與後兩章句法稍有不同，但也是依着漸層或順序的方法來進行的。如《凱風》《雄雉》。其餘的也多是在末章變調，達到頂點。最顯明的例證是《綠衣》《簡兮》

《終風》《下泉》等篇。更有的一些詩如《匏有苦葉》《旄丘》《泉水》《竹竿》《南山》《載馳》《候人》，我們更覺着這是有起有結，是達到所謂"引論從結論中出""啓行之辭，逆萌中篇之意，絕筆之言，追勝前句之旨"的做法。首尾照應，次第分明的布置。試以《匏有苦葉》爲例，第一章説"深則厲，淺則揭"（河水）。深了要利用那個匏瓜，淺了只須牽起衣裳。表示要看時間、地點、條件説話。所以末章以"招招舟子，人涉卬否。人涉卬否，卬須我友"作結，如若將這詩解成女子在河邊盼望情人，那就第一章與下文不相關，與全詩之意不相連，既不合乎"引論從結論出"，也不合乎"（開始）第一句，如同在音樂上，全曲的音調都是它給與的"（高爾基《我的創作經驗》）這些原則，在民歌中也是没有此例。又如《候人》這詩，如末一章的季女指的第三章"不遂其媾"所遺棄的女子而言，則第三章"不遂其媾"照上文的比興看來，與第二章"不稱其服"是一樣的意思。是"無以對答其所得之優遇"的意思，不是婚媾的意思。可見是不可以解釋成爲季女被遺棄。如若勉强這樣解釋，就與上文不相聯繫，更與第一章所説的距離太遠，我們不當以這樣的解釋來破壞《詩經》的藝術的完整。這"季女斯饑"，如若解爲比喻人民受困，纔與第一章相應，加强了"三百赤芾"小人當道的意思。

《詩經》中以五章以上組成的詩，我們分析起來也都是合乎詩學"起""中""結"的原則的，例如《關雎》第一章説"窈窕淑女，君子好逑，"肯定了他們是好配偶，所以用"窈窕淑女，鐘鼓樂之"作結，結局是結婚了，不只是見而悦之。《邶風·柏舟》第一章説："微我無酒，以敖以游。"表示她不能毫無忌諱地舉杯消愁，所以末章以"静言思之，不能奮飛"作結。《擊鼓》第一章説到"土國城漕，我獨南行"，表示他被特別派遣遠行，所以這詩以"於嗟洵兮，不我信兮""啊呀，地點好遠呀！不能隨我的心呀"作結。《葛生》也是這樣，"予美亡此，誰與獨處"，是男子已死了，所以説末章"百歲之後，歸於其室"。更長的兩首六章詩：《谷風》是這樣，用"習習谷風，以陰以雨"引起來比擬她的厄運，所以篇末"不念昔者，伊余來塈"説不想想從前，就對"我"生氣（依王引之説）。《氓》篇也是這樣，第一句"氓之蚩蚩"是形容那小伙子嬉笑的樣子，在末章説的"言笑晏晏，信誓旦旦"正是回憶到這嬉笑的情形。引論由結論中出，《詩經》的篇章的構造確是一個完整體。《七月》是八章的詩，朱子已分析説："一章前段言衣之始，後段言食之始，二章至五章終前段之意，六章至八章終後段之意。"在篇章結構上也是"首尾圓合，條貫統序"的。這是叙述衣食的叙事詩，是順序的，"起""中""結"不必那樣的顯明。

我們還要指出的就是在五章組成的詩中，有中間的一章——第三章，往往是一篇主要的環節。如《關雎》的第三章"求之不得，寤寐思服，悠哉悠哉，輾轉反側"。這是主要環節，是戀愛常經的過程。《邶風·柏舟》的"我心匪石，不可轉也。我心匪席，不可卷也。威儀棣棣，不可選也"是主要的環節，是表明她的意志堅定，但是她不能冲破禮教的網羅。《擊鼓》的"爰居爰處，爰喪其馬"，寫出他的久戍無聊的模樣，《葛生》的"角枕粲兮，錦衾爛兮"寫出她的睹物思人的心情，這都是主要的環節，然後轉到下文。《谷風》第三、四兩章寫出女方的才德，更説明男子的忘恩負義。《氓》篇的三、四兩章寫出一般的色衰愛弛，説明男子的"二三其德"，也是主要環節，所以引起結論。詩篇的構造確是很美妙的。

（八）藝術的語言。我們再從詩經所用的語言來看，《詩經》雖然是我們兩三千年以前的民間詩人的作品，但是在語言的運用上是極其豐富多彩、極其巧妙的。早在《文心雕龍·物色》已説："詩人感物，聯類不窮。流連萬象之際，沉吟視聽之區；寫氣圖貌，既隨物以宛轉；屬采附聲，亦與心而徘徊。故'灼灼'狀桃花之鮮，'依依'盡楊柳之貌，'杲杲'爲出日之容；'濛濛'擬雨雪之狀，'喈喈'逐黃鳥之聲，'喓喓'學草蟲之韻，'皎日嘒星'，一言窮理；'參差沃若'，兩字窮形：並以少總多，情貌無遺矣。"我們從修辭學的修辭格的角度來看，詩經的修辭有：

（1）引用。有的引言，如：《大雅·板》："先民有言：'詢於芻蕘。'"有的用事，如《大雅·蕩》："殷鑒不遠，在夏后之世。"

（2）比喻。有明喻，有隱喻，有類喻，有博喻，有詳喻〔例子見前（三）比擬的摹繪〕。

（3）擬記。有擬人，有擬物〔例子見前（三）比擬的摹繪〕。

（4）摹繪。有摹形，如："肅肅兔罝"（《兔罝》）；"棲棲竹竿"（《竹竿》）。有摹狀，如："容兮遂兮，垂帶悸兮"（《芄蘭》）。有繪聲，如："喓喓草蟲"（《草蟲》）；"交交黃鳥"（《黃鳥》）；"間關車之舝兮"（《小雅·車舝》）。

（5）詳密。有辨言，如："豈敢愛之，畏我父母"（《將仲子》）；"匪我愆期，子無良媒"（《氓》）。有撥言，如："匪報也，永以爲好也"（《木瓜》）。有助語，如："日居月諸"（《邶風·柏舟》）。有增字，如："玉之瑱也，象之揥也，揚且之皙也"（《君子偕老》）。

（6）借代。如："乘彼垝垣，以望復關；不見復關，泣涕漣漣"（《氓》）；"縞衣茹藘，聊可與娛"（《出其東門》）。

（7）省略。如："碩人其頎，衣錦褧衣"（《碩人》）。"良馬五之""良馬六之"（《干旄》）。"一之日觱發，二之日栗烈"（《七月》）。

（8）曲折。有反言，如："好人提提，宛然左辟"（《葛屨》）。有私語，如："舒而脫脫兮，無感我帨兮，無使尨也吠"（《《野有死麕》）。

（9）雙關。有借音雙關，如："瑣兮尾兮，流離之子"（《旄丘》）"交交黃鳥止於桑（傷）"（《黃鳥》）。有借義雙關，如："豈其食魚，必河之鯉"（《衡門》）。

（10）層遞。有漸層，如《苤苢》等篇。有連環，如："介爾昭明，昭明有融……攝以威儀……威儀孔時"（《大雅·既醉》）。

（11）對偶。如："覯閔既多，受侮不少"（《邶風·柏舟》）。"出自幽谷，遷於喬木"（《小雅·伐木》）。

（12）對照。如："彼候人兮，荷戈與祋，彼其之子，三百赤芾"（《候人》）。"東人之子，職勞不來；西人之子，粲粲衣服"（《大東》）。

（13）列叙。如："齊侯之子，衛侯之妻，東宮之妹，邢侯之姨"（《碩人》）；"爾羊來思，其角濈濈。爾牛來思，其耳濕濕"（《無羊》）。

（14）複疊。有重言，如："喓喓草蟲"（《草蟲》）；"楊柳依依"（《小雅·出車》）。有叠句，如："終遠兄弟，謂他人父。謂他人父，亦莫我顧"（《葛藟》）。有類字，如《北山》叠用十二"或"字，《生民》叠用十"實"字。

（15）問對。有問答，如："女曰觀乎？士曰既且"（《溱洧》），有設疑，如："方何爲期？胡然我念之"（《小戎》）。

（16）夸飾，如："叔於田，巷居無人"（《叔於田》）；"維此奄息，百夫之特……如可贖兮，人百其身"（《黃鳥》）。

（17）奇警。有警句，如："魚網之設，鴻則離之"（《新臺》）；"睆彼牽牛，不可以服箱"（《大東》）；"牂羊墳首，三星在罶"（《小雅·苕之華》）。有憤激，如："人之無良，我以爲君"（《鶉之奔奔》）；"彼人是哉，子曰何其"（《園有桃》）；"不狩不獵，胡瞻爾庭有懸貆兮"（《伐檀》）。

（18）咏嘆。有頓呼，如："母也天只！不諒人只"（《鄘風·柏舟》）；"吁嗟鳩兮，無食桑葚"（《氓》）；"於！我乎！夏屋渠渠"（《權輿》）。有咏嘆，如："已焉哉，天實爲之，謂之何哉"（《北門》）；"哿矣富人，哀此煢獨"（《正月》）。

（19）墊拽。有抑揚，如："仲可懷也，父母之言也，亦可畏也"（《將仲子》）；"巷居無人。豈無居人，不如叔也，洵美且仁"（《叔於田》）。有錯綜，如："維南有箕，不可以簸揚。維北有斗，不可以挹酒漿。維南有箕，載翕其舌。維北有斗，西柄之揭"（《大東》）。有進退，如："子惠思我，褰裳涉溱。子不我思，豈無他人"（《褰裳》）。

（20）變換。有倒裝，如："無庶予子憎"（《雞鳴》）；"叔兮伯兮，倡予和女"（《籜兮》）。有轉品，如："螓首蛾眉"《碩人》。有斷續，如："及爾諧老，老使我怨。淇則有岸，隰則有泮。總角之宴，言笑晏晏，信誓旦旦"（《氓》）。

以上所舉，在表面上看來，大綱目雖只二十個格，實可以細分爲三十多個格，這還只僅僅舉了一些顯著的、比較易於舉出的。可以列舉的還有，甚至可以用一篇專文來研究。但我們僅就這三十多個格來看已可以明白古代的詩人、民間的詩人是如何善於藝術地運用語言，使得我們現在所讀到如雙關、連環諸例感到真是十分巧妙，而在一些奇警的句子，如"魚網之設，鴻則離之"，"牂羊墳首，三星在罶。人可以食，鮮可以飽"，是如何善於利用想象聯想。另外，一些比興，如以"鸛鳴於垤"，引起"婦嘆於室"；以"維鵜在梁，不濡其咮"，比喻小人只居高位而不工作，不能對答他的優遇。他們又是如何善於觀察事物，所以能創造出來一些具有鮮明的具體性和表現力的美妙的詞句，描摹出來各種各樣的人物，有着迷人的美和動人的力量。高爾基說："接近民間語言吧，尋求樸素簡潔健康的力量，這力量用兩三個字就造成一個形象"。《詩經》在藝術方面的表現有很多的地方是值得我們好好學習的。

我們從上面概括的抒寫、層疊的鋪叙、比擬的摹繪等來看《詩經》的藝術表現，我們是很可以看出《詩經》的表現手法已經達到極高度的藝術成就。當然，這裏面的詩歌，在一首詩中所用的手法，並不局限在某一方面而是多種多樣的。正如舊說，一篇之中，可以有賦、有比、有興。也正如"在每個真正的藝術形象里，在每部著名文學裏都有着概括和個性化"一樣，《詩經》的詩篇在藝術表現上是不應當孤立從某一點來看的。還有，《詩經》的一些被人詠誦的名句，如《小雅·采薇》的"昔我往矣，楊柳依依。今我來思，雨雪霏霏"（謝玄說，見《世說新語》卷二）；《鄭風·雞鳴》的"風雨如晦，雞鳴不已。既見君子，云胡不喜"（王國維說，見其所著《人間詞話》）。這還需要結合着詩篇的思想感情來看，不能專從手法上來說。又如魏伯子曾推重的《邶風·谷風》"涇以渭濁"，說是"四字精簡極矣，却不費解"。這些地方，我們還待提出一些詩篇來詳細研究，還不是本文所能詳說的。在本篇中，僅僅提出一個大致的輪廓，《詩經》是我們中國的一部優秀文學遺產，在藝術表現上有高度的成就，却是顯而易見和不容置疑的。

## 四 《詩經》的編訂

我們研究《詩經》，明白了《詩經》的本來面目本是中國古代的一部樂歌總集，明白了《詩經》的思想内容和藝術表現，我們可以更進一步來考察它的編訂問題了。弄清楚這個問題，一方面可以使我們明瞭它在搜集與流傳上的一些情況，同時也可以使我們更深刻地了解《詩經》本是樂歌這一問題。

關於《詩經》的編訂，歷來有所謂采詩和删詩的一些説法，但這些説法都是有問題的。現在我們先談采詩之説。

關於采詩之説，古籍所記載的，一共約有八見，但是這些記載所講的都有一些不完全相同的地方：

1. 《禮記·王制》："天子五年一巡狩。歲二月，東巡狩，……命太師陳詩以觀民風。"

2. 劉歆《答揚雄書》："三代、周秦軒車使者，逌人使者，以歲八月巡路，求代語僮謡歌戲。"（《方言》附）

3. 《漢書·藝文志》："故古有采詩之官，王者所以觀風俗，知得失，自考正也。"

4. 《漢書·食貨志》："孟春之月，群居者將散，行人振木鐸徇於路，以采詩，獻之大師，比其音律，以聞於天子。故曰王者不窺牖户而知天下。"

5. 《説文·丌部》："𠨧，古之遒人以木鐸記詩言。"

6. 宣十五年《公羊傳》注："從十月盡正月止。……男年六十、女年五十無子者，官衣食之，使之民間采詩，鄉移於邑，邑移於國，國以聞於天子，故王者不出牖户，盡知天下所苦。"

7. 鄭志《答張逸》："國史采衆詩時，明其好惡，令瞽矇歌之。"

8. 《文選·三都賦序》："故孔子采萬國之風，正《雅》《頌》之名，集而謂之《詩》。"

以上八説，雖都説有采詩之事，然而采詩之人不同，如軒車使者、逌人使者、采詩之官、老而無子者、國史、孔子等；采詩之時不同，如二月、孟春、八月、從十月盡正月止等等；采詩的方式也各異，有的説天子巡守時命太師陳詩、有的説徇於路以采詩，有的説太師正其音律以聞於天子等。這雖可能是傳聞有所不同，然而一方面也正好說明古代並無定制，且無明據，因此纔衆說不一。甚至同是一個人的說法，前後並不一致，如劉歆在《答揚雄書》與《七略》中所說的不同；或同是今文家言，《王制》與《公羊傳注》也彼此不同。由此可見，陳風采詩之說是不足深信的，我們就現存的十五國風來看，也可以證明這一點。《毛詩正義》說：

> 列國政衰，變風皆作，南國諸侯，其數多矣，不得全不作詩，……巡守陳詩者，觀其國之風俗，故采取詩，以爲黜陟之漸。亦既僭號稱王，不承天子威令，則不可黜陟，故不錄其詩。……又且小國政教狹隘，故夷其詩，輕蔑之而不得列於國風也。滕、邾、紀、莒，春秋時之小國，亦不錄之，非獨南方之小國也。其魏與曹、檜，當時猶大於邾、莒，故得錄之。春秋時燕、蔡之屬，國大而無詩者，薛綜答韋昭云：或時不作詩，或有而不足錄。

《正義》是認爲有采詩之事的。但是，東遷之初，諸侯的國家還沒有滅亡的很多，如譚、遂、宿、邢、虞、虢等都是，而現在只有檜、魏有詩，虞、虢等都沒有，如說因爲它是小國，所以不得列於國風，像《正義》所解釋的那樣，那便失去陳詩觀風的意義。如說雖是大國，但因沒有作詩，或者有作而不足錄，那也更說不過去，我們試想一想，一國之中，豈能在數百年間竟無詩歌，或者有而不足錄？《正義》的說法是進退無所依據，不能成立，因而也可見采詩之說是不足深信的。

近世學者論詩，又有認爲《詩》三百篇不盡是大師所采，還有采風之使所搜集的說法，這是沿襲了漢代以來《詩經》學者的揣測而來。范家相《詩瀋》卷一引黃楚望曰：

> 今之三百篇，有出於太師之所采者，如《周南》《召南》是也。有出於史官之所錄者，《豳風》及周大夫所作是也。其餘國風，多是東遷以後，諸國史官所自記錄者。

他覺得太師采詩之說不盡可靠，所以纔又說還有各國史官所記錄的。他這種說法是依據《毛序》"國史明乎得失之跡"一語而來，但是這一句話朱熹已予明辨，並不足信；（《朱子語類》卷八十曰："《詩大序》亦是後人作，其間有病句。又曰：國史明乎得失之跡，這一句也有病，《周禮》《禮記》中，史並不掌詩。《左傳》說自分曉，以此見得《大序》亦不是聖人做，《小序》更不須說。"）所以崔述在《讀風偶識》中也說：

> 舊說，周太史掌采列國之風，今自《邶》《鄘》以下十二國風，皆周太史巡行之所采也。余按，克商以後，下逮陳靈，近五百年，何

以前三百年所采殊少，後二百年所采甚多？周之諸侯千八百國，何獨此九國有風可采，而其餘皆無之，曰孔子之所刪也？成康之世，教化大行，刑措不用。諸侯賢者必多，其民豈無稱功頌德之詞，何爲盡刪其盛而獨存其衰？伯禽之治，郇伯之功，亦卓卓者，豈尚不如鄭、衛，而反刪此存彼，意何居乎？且十二國風中，東遷以後之詩居其大半，而春秋之策，王人至魯，雖微賤無不書，何不見有采風之使？乃至《左傳》之廣搜博采，而亦無之？則此言出於後人臆度無疑也。蓋文章一道，美斯愛，愛斯傳，乃天下之常理，故有作者，即有傳者。但世近則人多誦習，世遠則漸就湮沒；其國崇尚文學而鮮忌諱則傳者多，反是則傳者少；小邦弱國，偶遇文學之士錄而傳之，亦有行於世者，否則遂失傳耳。不然，兩漢、六朝、唐、宋以來，並無采風太史，何以其詩亦傳於世也！大抵漢以降言《詩》者，多揣度而爲之說，其初本無的據，而遞相沿襲，遞相祖述，遂成牢不可破之解，無復有人肯考其首尾而正其失者。

　　崔氏從時代的關係立論，說克商以後，五百年中，前三百年中所采的詩很少，而後二百年采的却很多，來批評采詩之說，但是這還不是無采風之使者的明證；因爲《詩》之始作，未必就在克商以後，近代出土的宗周彝器，不下數千（見王國維《金文著錄表》），但在這些銘文中，並無一個"詩"字（參看容庚《金文編》）。而且《大雅》《周頌》都是西周時詩，但是文詞佶屈，不及《周誥》，顯見得《詩》並不一定都作於克商以後，因而說前三百年采詩甚少，還不是至當不易之論。但是他說《邶》《鄘》諸國風，既認爲周太師巡行所采，那麼爲什麼唯獨這九國有風，而其餘的國家沒有，從這點來證明采詩之說，是漢代以後《詩經》學者揣度之詞，我們就古籍所載采詩之事來看，知道采詩並無定制，也可見崔氏這種說法是不錯的。

　　但是我認爲所謂采詩之官，徇於路以采詩，當時雖不必有其事，但是《詩》三百篇，也決不是偶而碰上了一個文學之士錄而傳之的。做這些詩歌的搜集工作的，也必一定另有人在，這應當就是當時的樂師。《詩》三百篇的流傳決不會像後世的詩歌文詞一樣，"美斯愛，愛斯傳"，沒有一定的人來采集（其實傳世的詩歌文詞也都有搜集的人在）。我們從孔子的言論中來看，《論語》中一則曰"詩三百"，再則曰"誦詩三百"，這些話並不是刪詩以後的話（詳見朱彝尊《詩論》，方玉潤《詩經原始》），可見在孔子之時，詩的搜集已有成數，那當然一定有搜集的人在，這是其一；《論語》載："太師摯適齊，亞飯干適楚，三飯繚適蔡，四飯缺適秦，鼓方叔入於河，播鼗武入於漢，少師陽、擊磬襄入於海。"(《微子》）此外像師乙、師曠等（見《禮記·樂記》及諸子書），足見古代的樂師很多，在什麼地方有了新的歌謠，他們就可從而采之，配以管弦，好像漢代樂府的采詩夜誦一樣，這是其二；《史記》說孔子"就太師而正《雅》《頌》，因魯史以修《春秋》"；孔子自己也說"吾自衛反魯，然後樂正，《雅》《頌》各得其所"。可見詩的搜集有了成數，其職掌在太師，這是其三。太師雖有采詩之事，但不必需要徇於路以采，所以《王制》上只說"命太師陳風"，此後傳聞異辭，於是產生了"軒車使者""歲八月巡路"等采詩的臆說。

《漢書·郊禩志》說："乃立樂府，采詩夜誦，有趙、代、秦、楚之謳。以李延年爲協律都尉，多舉司馬相如等數十人造爲詩賦，略論律呂，以合八音之調，作十九章之歌。"樂府有采詩之事，但不必徇於路以采，有趙、代、秦、楚之謳，但也不必各郡國都有。由此可知，往古太師采風，不必一定要徇於路；《詩》三百篇中，也不必各國都有風。西漢去古未遠，拿它來證明古代情況，是完全可以相信的。就拿我們現在來說，我們的地域遼闊，可以多少倍於古代了，然而童謠歌戲，也並不是每地都有；各地如有新聲，樂師也要采集，但却不必要每年巡行全國以爲之，以今證古，也可以想見當時的情況的。所以我認爲：采詩之官，古時固然没有，然而搜集當時詩歌的却一定另有人在。這應當就是當時的太師，其後以訛傳訛，才發生了巡行采詩等臆說。

根據以上所說的種種，我們可以看出流傳至今的《詩經》，本來是當時樂師采集民歌等等入樂的，到孔子時，已有成數，所以孔子早在返魯以前一再說："詩三百，誦詩三百。"弄清楚這一點，我們就可以更進一步來談刪詩的問題。

關於孔子刪詩之說，最初見於《史記·孔子世家》，《孔子世家》說：

> 古者詩三千餘篇，及至孔子，去其重，取可施於禮義，上采契、后稷，中述殷、周之盛，至幽、厲之缺，始於衽席。

自有此說以後，許多學者都認爲除現存的《詩》三百五篇之外，其餘的詩都是孔子刪去的。贊成這個說法的有歐陽修、朱子發、鄭樵、周子醇、王應麟、馬端臨、趙坦、王菘等人，但是懷疑這說法也有，例如孔穎達、朱熹、朱彝尊、崔述、李惇、方玉潤、魏源等人。清儒皮錫瑞在其《詩經通論》中，采取了趙坦、王菘的說法，以爲刪詩只是"去其重"而已，且以"魏說主不刪詩，而可證《史記》去其重之義"，而謂"刪詩之說，逸詩之名學者宜姑置之"。皮氏這一說法，乍看起來好像是在作調人之論，實際上還是主張刪詩之說。但是皮氏這種論調，實在是不徹底的。我覺得孔子不曾刪詩，除前人已論述的以外，我們還可以有一些明證，以下我們就來對前人的説法加以抉擇、剖辨與論證。

《史記》所載孔子删詩的説法，在唐代的孔穎達已開始懷疑它了。《詩經正義·詩譜序·疏》上説：

> 如《史記》之言，則孔子之前詩篇多矣。案：書傳所引之詩，見在者多，亡逸者少，則孔子所録，不容十分去九。馬遷言古詩三千餘篇，未可信也。

但是因爲他論證的還不夠，所以到了歐陽修等仍然主張删詩之説，他説：

> 以鄭康成《譜圖》推之，有更十君而取其一篇者，有二十餘君而取其一篇者，由此觀之，何啻三千？删詩云者，非止全篇删去，或篇删其章，或章删其句，或句删其字。如"唐棣之華，偏其反而，豈不爾思，室是遠而。"此《小雅·唐棣》之詩也。夫子謂其以室爲遠，害於兄弟之義，故篇删其章也。"衣錦尚絅，文之著也"此《鄘風·君子偕老》之詩也。夫子謂其盡飾之過，流而不反，故章删其句也。"誰能秉國成？不自爲政，卒勞百姓。"此《小雅·節南山》之詩也。夫子以"能"爲意之害，故句删其字也。（據《吕氏家塾讀詩記》引）

王應麟《困學紀聞·卷三》曰：

> 逸詩篇名，若《貍首》（原注：《射義》）《驪駒》（原注：《大戴禮》，《漢書》注）、《祈招》（原注：《左傳》昭公十二年）《轡之柔矣》（《左傳》襄公二十六年，《逸周書》太子晉解），皆有其辭惟《采薺》（原注：《周禮·春宫》樂師注）、《河水》《新宫》《茅鴟》（《河水》，僖二十三年，《新宫》，昭二十五年，《茅鴟》，襄二十八年）、《鳩飛》（原注：《晉語》）無辭。或謂《河水》，《沔水》也（原注：韋昭）；《新宫》，《斯干》也（原注：朱子）；《鳩飛》，《小宛》也（原注：韋昭）。周子醇《樂府拾遺》曰：孔子删《詩》，有全篇删者，"驪駒"是也；有删兩句者，"月離於畢，俾滂沱矣。月離於箕，風揚沙矣"是也；有删一句者，"素以爲絢兮"是也。愚考之《周禮疏》引《春秋緯》云：（集證：《周禮·大宗伯"覡師、雨師"疏》，又引見《洪範正義》）"月離於畢，風揚沙"非詩也。"素以爲絢兮"，朱文公謂《碩人》詩四章，皆七句，不應此章獨多一句，蓋不可知爲何詩，然則非删一句也。若全篇之删，亦不止"驪駒"。

《困學紀聞·卷三》又引朱子發曰：

> 《詩》全篇削去者二千六百九十四篇，如《貍首》《曾孫》之類是也。篇中刪章者，如"唐棣之華，偏其反而，豈不爾思，室是遠而"之類是也。章中刪句者，如"巧笑倩兮，美目盼兮，素以爲絢兮"是也。句中刪字者，如"誰能秉國成，不自爲政，卒勞百姓"是也。（翁注：全云：深寧開卷不取"月離於畢"，"素以爲絢"爲孔子所刪之說，則朱子發之論亦非其所取。此條必尚有辨正之說，而今失之。又云：李淇水亦常有此說，見《象山集》）

朱彝尊《經義考》引盧格曰：

> 《史記》：古詩三千餘篇，孔子取三百五篇，孔穎達以爲未可信。按：《王制》天子五年一巡守，命太師陳詩以觀民風。西周盛時，環海內而封者，千八百國，使各陳一詩，亦千八百篇矣。載於經者，惟邶、鄘、衛、鄭、齊、魏、唐、秦、檜、曹十一國，皆春秋時詩，其他亦無所錄，孟子詩亡之論，其有慨於此乎？

這些都是以刪詩之說爲可信的（鄭樵、馬端臨、趙坦、王崧四家說詳下）。但是他們這些議論是不能使後人完全信服的，所以朱子一則說：

> 人言夫子刪詩，看來只采得許多詩，夫子不曾刪詩，只是刊定而已（據《經義考》引，下同）。

又說：

> 當時史官收詩時，已有各編次，但到孔子時已經散失，故孔子重新整理一番，未見得刪與不刪。

葉水心也說：

> 《史記》：古詩三千餘篇，聖王取三百五篇。孔安國亦言刪詩爲三百篇。按：周詩及諸侯用爲樂章，今載於《左氏傳》者，皆史官先所采定，就有逸詩，殊少矣，疑不待孔子而後刪十取一也。又《論語》稱詩三百，本謂古人已具之詩，不應指其自刪者言之，然則詩不因孔子而後刪矣。

蘇天爵也說：

> 今考之孔子之言曰："吾自衛反魯，然後樂正，《雅》《頌》各得其所。"又曰："詩三百，一言以蔽之曰，思無邪。"未嘗言刪詩也。……其謂夫子刪詩，果可信乎？

黃淳耀也說：

> 孔子有正樂之功，而無刪詩之說，蓋刪詩者，漢儒之說。（以上

俱據《經義考》引)

但是，他們這些議論，也還不能深破《史記》孔子刪詩之說，直至清代朱彝尊纔寫了《詩論》二篇，力辨刪詩之非，他說：

《詩》者，掌之王朝，班之諸侯，小學、大學之所諷誦，冬夏之所教，莫之有異；故盟會、聘問、燕享，列國之大夫賦《詩》見志，不盡操其土風。使孔子以一人之見，取而刪之，王朝列國之臣，其孰信而從之者？且如行以《肆夏》，趨以《采薺》，樂師所教之樂儀也，何不可施於禮義，而孔子必刪之，俾堂上有儀，而門外無儀，何也？凡射，王以《騶虞》爲節，諸侯以《貍首》爲節，大夫以《采蘋》爲節，士以《采蘋》爲節，今大、小《戴記》有《貍首》之辭，未常與禮義悖，而孔子於《騶虞》《采蘩》《采蘋》則存之，於《貍首》獨去之，俾王與大夫、士有節，而諸侯無節，又何也？……穆王欲肆其心，周行天下，祭公謀父作《祈招》之詩，以止其心，《詩》之合乎禮義者莫此若矣，孔子既善其義，而又刪之，又何也？且詩至於三千篇，則輶軒之所采，定不止於十三國矣，而季札觀樂於魯，所歌《風》詩，無出十三國之外者。又子所雅言，一則曰《詩》三百，再則曰誦《詩》三百，未必定屬刪後之言，況多至三千，樂師蒙瞍安能遍爲諷誦？竊疑當日掌之王朝，班之侯服者，亦止於三百餘篇而已。至歐陽子謂"刪《詩》云者，非止全篇刪去，或篇刪其章，或章刪其句，或句刪其字"，此又不然。《詩》云："唐棣之華，偏其反而。豈不爾思，室是遠而。"惟其《詩》孔子未嘗刪，故爲弟子雅言之也。《詩》云："衣錦尚絅，文之著也。"惟其《詩》孔子亦未嘗刪，故子思子舉而述之也。《詩》云"誰能秉國成"，今本無"能"字，猶夫"殷鑒不遠，在於夏后之世"，今本無"於"字，非孔子去之也，流傳既久，偶脫去爾。昔者，子夏親受《詩》於孔子矣，其稱《詩》曰："巧笑倩兮，美目盼兮，素以爲絢兮。"惟其句孔子亦未嘗刪，故子夏所受之《詩》存其辭以相質，而孔子亟許其可與言《詩》，初未以素絢之語有害於義而斥之也。由是觀之，詩之逸也，非孔子刪之，可信已。

然則詩何以逸也？曰：一則秦火之後，竹帛無存，而口誦者偶遺忘之。一則作者章句長短不齊，而爲章句之學者，必比而齊之，於句之重出者去之故也。一則樂師蒙瞍止記其音節而亡其辭，實公之於樂，惟記《周官大司樂》一篇，而其餘不知，制氏則僅記其鏗鏘鼓舞，而不能言其義，此樂章之所闕獨多也。……《王制》變禮易樂爲不從，不從者君流，今以太師之所陳，大司樂之所教，瞽蒙之所諷誦，輒取篇章字句而刪去之，是變禮易樂也。若移《秦》於《魏》《唐》之後，《檜》後於《陳》，《豳》後於《檜》，其亦何所取義，而孔子必更之。……以自取不從之罪哉！（《詩論一》）

他在這裏對史記取其可施禮義之說和歐陽修刪章句刪字之說，也同時予以論駁，刪詩之說，已不足信。後來趙翼又更統計了一下逸詩的數目，來證實朱氏的說法，他說：

孔穎達、朱彝尊皆疑古詩三千本無三千，今以《國語》《左傳》二書所引之詩校之，《國語》引詩三十一條，惟衛彪傒引武王《飫歌》，（原注：其詩曰："天之所支，不可壞也。"謂武王克殷而作，謂之《飫歌》，名之曰《支》，使後人監戒）及公子重耳，賦《河水》二條是逸詩。而《河水》一詩，章昭注以爲"河"當作"沔"，即"沔彼流水"，取朝宗於海之義也。然則《國語》所引逸《詩》僅一條，而三十條皆刪存之《詩》，是逸《詩》僅刪存詩三十之一也。《左傳》引《詩》共二百十七條，其間有丘明自引以證其議論者。猶曰丘明在孔子後，或據刪定之《詩》爲本也。然丘明所述，仍有逸《詩》，則非專守刪後之本也。至如諸國公卿所引，及宴享所賦，則皆在孔子未刪以前也。乃今考左丘明自引，及述孔子之言所引者，共四十八條，而逸詩不過三條。（原注：成九年引《詩》曰："雖有絲麻，無棄菅蒯；雖有姬姜，無棄蕉萃；凡百君子，無不代匱。"襄五年引《詩》曰："周道挺挺，我心扃扃；講事不令，集人來定。"襄三十年引《詩》曰："淑慎爾止，毋載爾僞。"）其餘列國公卿自引《詩》共一百一條，而逸詩不過五條。（原注：莊二十二年引《詩》曰："翹翹車乘，招我以弓，豈不欲往，畏我友朋。"襄八年引《詩》曰："俟河之清，人壽幾何！兆云詢多，職競作羅。"昭四年引《詩》曰："禮義不愆，何恤乎人言？"昭十二年引《祈招之詩》曰："祈招之愔愔，式昭應音，思我王度，式如玉，式如金。形民之力，而無醉飽之心。"昭二十六年引《詩》曰："我無所監，夏后及商，用亂之故，民卒流亡。"）又列國宴享歌《詩》贈答七十條，而逸詩不過五條。（原注：僖二十三年晉公子賦《河水》，襄二十六年齊國子賦《轡之柔矣》。二十八年工誦《茅鴟》。昭十年宋以《桑林》享晉侯。二十五年宋公賦《新宮》）是逸詩僅刪存詩二十之一也。若使古詩有三千餘，則所引逸《詩》，宜多於刪存詩之十倍，豈有古《詩》則十倍於刪存《詩》，而所引逸《詩》反不及刪存《詩》二三十分之一？以此而推，古《詩》三千之説不足憑也。況史遷謂古《詩》自后稷以及"殷、周之盛，幽、厲之衰"，則其爲家弦户誦久矣，豈有反刪之，而轉取《株林》《車轔》之近事以充數耶？……推此益可見刪外之詩甚少，而古詩三千餘篇之説，愈不可信矣。（《陔餘叢考》）

趙翼的這一段話，是根據葉水心的説法而來，很有道理。既然逸詩的數字還没有刪存詩的二三十分之一，那麽所謂三千之數，十倍於今者，顯然是不可信的。趙氏之後，主張不刪詩之説的還有很多人，如崔述在《讀風偶識·卷一》中説：

孔子刪詩，孰言之？孔子未嘗自言之也。《史記》言之耳，孔子曰："鄭聲淫"。是鄭多淫詩也。孔子曰："誦詩三百"，是詩止有三百，孔子未嘗刪也。學者不信孔子所自言，而信他人之言，甚可怪也。

李惇在《群經識小》卷三中説：

《史記》謂古詩三千，孔子刪爲三百，誤矣，即刪詩之説亦非：孔子考詩篇，使之得所則有之，刪則未也，觀經傳所引詩，逸者不及十之一，且其辭多雅正，亦不在可刪之列，其所以逸者，或亡於夫子之前，非夫子刪之也？衛、鄭、齊、陳，皆有"淫詩"，夫子不刪，所刪者何等詩耶？……《論語》一則曰"詩三百"，再則曰"誦詩三百"，詩不止於三百，而三百是其大數，夫子豈取既刪之後以爲言，而曰人誦我所刪三百乎？必不然矣！

但他們都不過是就葉水心、蘇天爵、黄淳耀、朱彝尊四人的説法，觸類而引伸之，並没有什麽新的發明。而且在葉、蘇、黄、朱四人的言論中，黄淳耀猶以爲孔子雖然没有刪詩之事，却還有正樂之功；朱彝尊雖然力辨《史記》"取其可施於禮義"的説法的不足信，但仍認爲《詩經》原本很多，後經失逸，才成爲今存的三百五篇；仍認爲原作"章句長短不齊""而後之爲章句之學者，必比而齊之，於句之重出者去之"，所以主不刪詩的人盡管很多，而主刪詩説的人仍然可以説，孔子正樂時曾有所刪除，可以説孔子曾經刪詩，不過是去其重複罷了。清儒王崧《説緯》中説：

《史記》之書謬誤固多，皆有因而然，從無鑿空妄説者。……世所傳之逸《詩》，有太師比音律時所棄者，有孔子正樂時所削者，所采既多，其原作流傳誦習，後人得以引之。是則古《詩》三千餘篇，去其重，取其可施於禮義，乃太師所爲；司馬遷聞孔子正樂時，於《詩》嘗有刪除，而遂以歸之孔子，此其屬辭之未密，或文字有脱誤耳。然謂孔子皆弦歌之，以求合《韶》《武》《雅》《頌》之音，可知非獨取其辭意已。《通志·樂略》第一："樂以《詩》爲本，《詩》以聲爲用，八音六律爲之羽翼耳。仲尼編《詩》，爲燕享祭祼之時用以歌，而非用以説義也。……得《詩》而得聲者三百篇，則繫於《風》《雅》《頌》；得《詩》而不得聲者則置之，謂之逸《詩》。……"《文獻通考》卷一百八十七《經籍考》："作詩之人可考，其意可尋，則夫子録之，殆述而不作之意也，其人不可考，其意不可尋，則夫子刪之，殆多聞闕疑之意也。"……《史記》謂"取其可施於禮義""皆弦歌之以求合《韶》《武》《雅》《頌》之音"，参以鄭氏、馬氏之言，則於事理尤協。（《孔子刪詩》）

王崧因看到後世流傳有逸詩，於是便和鄭樵一樣，認爲"正樂"即"刪詩"。趙坦在《寶甓齋文集》中也説：

> 刪詩之旨可述乎？曰：去其重複焉爾。今試舉群經諸子所引《詩》不見於三百篇者一證之，如《大戴禮·用兵篇》引詩云："魚在在藻，厥志在餌，鮮民之生矣，不如死之久矣！校德不塞，嗣武丁孫子。"今《小雅》之《魚藻》《蓼莪》，《商頌》之《玄鳥》等篇，辭句有相似者。《左傳》襄八年引詩云："兆云詢多，職競作羅。"今《小雅》之《小旻》篇，句有相似者。（中略趙氏不指爲相似者兩條）《荀子·臣道篇》引詩云："國有大命，不可以告人，妨其躬身。"與今《唐風·揚之水》篇亦相似。凡若此類，復見疊出，疑皆爲孔子所刪也。至若字句不異，則引詩者之誤。惟《大戴禮·投壺篇》《大射》詩不見於經爲可疑。

這都是因爲朱彝尊的《詩論》討論孔子未刪詩，對於去重之説，剖析未盡精密穩妥，所以王氏、趙氏仍然以爲刪詩是"正樂"，是"去其重"。不過王崧認爲孔子刪詩即正樂的説法，我們一看方玉潤在《詩經原始》對於這個問題的論述，可以恍然知其謬誤。方氏説：

> 夫子反魯，在周敬王三十六年，魯哀公十一年，丁巳，時年已六十有九。若云刪詩，當在此時。乃何以前此言《詩》。皆曰"三百"，不聞有"三千"説耶？此蓋史遷誤讀正樂爲刪《詩》云耳。夫曰正樂，必《雅》《頌》諸樂，固各有其所在，不幸歲久年湮，殘闕失次。夫子從而正之，俾復舊觀，故曰"各得其所"，非有增刪於其際

也。奈何後人不察，相沿以至於今，莫不以正樂爲刪《詩》，何不即《論語》諸文而一細讀之也？

孔子正樂以前，已經在説"詩三百""誦詩三百'，可知正樂絶不是刪詩。這是十分明顯的。趙坦認爲刪詩乃去其重者的説法，則雖以魏源《詩古微》立説之明辨，仍舊因襲這種謬見。魏氏説：

> 且夫刪詩之説，不過據逸詩爲詞，而吾之謂不刪詩者，則直以夫子之後無逸詩爲斷。何則？……今所奉爲正經章句者，《毛詩》耳。而《孔疏》謂《毛詩》經文，與三家異者，動以百數，故崔靈恩載《殷》《頌》末三家有"於繹思"一語，而《毛》無之。後漢陳忠疏引詩云："以雅以南，韎任朱離。"《注》謂出齊魯詩，而《毛詩》無之。《韓詩》北宋尚存，見於《御覽》，乃劉安世述《雨無正》篇，首有"雨其無極，傷我稼穡"二語，而《毛》無之。至《選》注引《韓詩》經文，有"萬人顒顒，仰天告愬"二語，鄭司農《周禮注》述三家詩云："敕爾瞽，率爾衆工，奏爾悲誦"，則今並不得其何篇。（王氏詩考以萬人顒顒二句繫之《節南山》下）使不知爲三家經文，必謂夫子筆削之遺無疑矣。……是皆但據《毛詩》之蔽也。夫《毛》以三家所有爲逸，猶《韓》以《毛》所有爲逸，果孰爲夫子所刪之本也？是逸詩之不盡爲逸有如斯者。推之《韓詩》，《常棣》作《夫移》，齊詩《還》作《營》，韋昭謂《鳲飛》即《小宛》，《河水》即《沔水》，是逸篇之不盡爲逸有如斯者。……善乎《魯詩》班固之言曰：孔子純取周詩，上取殷，下取魯，凡三百五篇，曰純取者，明無所去取其間也。因是以通《史記》之言曰，孔子去其重，取可施於禮義者，凡三百五篇。曰去其重者，謂重複倒亂之篇，而非謂樂章可刪，列國可黜也。吾故曰：夫子有正樂之功，無刪詩之事，三家之文有同異，則三百之外不盡爲逸詩也。

魏源根據魯、齊、韓三家的經文，來證明逸詩篇之不盡爲逸，既没有逸詩，自然刪詩的説法是不足信的了，然而魏氏却又説："曰去其重者，謂重複倒亂之篇。"因而皮錫瑞《詩經通論》説："孔子刪詩，乃去其重。"而且以"魏説主不刪詩，而可證《史記》去重之義。"這直是以詩本三千之説爲可信的了。既然如此，難道認爲孔子不曾刪詩的人都錯了嗎？這還有必要來作進一步的討論。

我覺得《史記·孔子世家》所載孔子刪詩之説，朱彝尊已指出"取其可施於禮義"之説的錯誤，這是毫無可疑的。我們就現存的詩三百篇來看，《桑中》等詩，亦未必可施於禮義，爲什麼不删去呢？這已可見《史記》的説法的不可信。方玉潤指出孔子正樂以前已在説"誦詩三百"，魏源又根據三家異文來證明逸詩之不盡爲逸，因而認爲正樂即删詩者，或因逸詩而主删詩者，他們的意見是不能成立的。只是《史記》去重一語，還没有予以剖辨，致使學者們多少年來，糾纏不清。我們知道，《史記》一書，後人增竄的地方很多（詳見趙翼《廿二史札記》《諸少孫補史記十篇》條、《史記有後人竄入》條），因而對《孔子世家》的話，必須慎重考慮，我認爲這一段話也是不可信的，我們有以下幾點理由：

1. 《史記·宋世家》説："襄公之時，修行仁義，欲爲盟主。其大夫正考父美之，故追道契、湯、高宗，殷所以興，作《商頌》。"史遷用《魯詩》説，以《商頌》爲宋詩，詞意是很顯明的（説更詳見魏源《詩古微·商頌魯韓發微》，皮錫瑞《經訓書院自課文商頌美宋襄公證》）。不應當在《孔子世家》中却説："古者詩三千餘篇，及至孔子，去其重。……上采契、后稷，……"又把《商頌》當作商代的詩，不是正考父所作。這顯然與《宋世家》不合，而且也與三家義相違背！由此可見這一段古詩三千之説，也必是經過後人的竄亂。孔子固未嘗説過删詩，史遷也未必説過。《史記》這一段不可信是很明白的。此其一。

2. 《史記》去其重這一句話，與下文也不相合。其不可信，約有三點。(1) 説删詩是取其可施於禮義，那也就是説是去其不可施於禮義。但是去其重，並不是去其不可施於禮義的意思，去其不可施於禮義者，也並不是去其重的意思。這兩句話意義不相合，可見删詩的意思，並非去其重，就意義來説可見這是不足信的。這是一。(2) 根據群經諸子所引逸詩來看，趙坦《孔子删詩辨》所舉，和現存《詩經》辭句相似的，不過《大戴禮·用兵》《左襄八年傳》《荀子·臣道篇》所引三條，與今《魚藻》《蓼莪》《玄鳥》《小旻》《唐風·揚之水》五篇似爲重複，其他字句小異的，或是三家異文（此魏源説），或是引詩者之誤（此趙坦説），並非復見疊出。再據今逸詩之數來看，《左傳》《國語》所引逸詩不過十五條，其他經籍所引者也不過三四十條，共爲五十餘條（別詳余《逸詩篇句表》一文），和現在三百篇似爲重複者不過五條，《史記》以爲十重其九，實際不過十重其一，可知去重的説法是真不可信的。不是去其重，不是取其可施於禮義（趙氏以爲"《大射》詩不見於經爲可疑"）也不是去其重，兼去不可施於禮義（衛、鄭、齊、陳都有所謂"淫詩"）。可見《史記》的話，進退無所依據，一定是後人的竄入。這是就逸詩來説也可見其不足信，這是第二點。(3) 我們試想：古詩三千餘篇，今詩三百五篇，如果十重其九，樂師蒙瞍必然不能徧爲諷誦，豈能等到孔子才去其重，任何樂師，都可以將重複的詩篇去掉，這是勢所必然的。孔子反魯正樂以前，已在説"詩三百"，不等待孔子就去其重，證據是再明白没有了。王崧《説緯》説："史記所謂三千餘篇者，蓋太師所采之數，迨比其音律，聞於天子，不過三百餘篇。"就情勢論，也可見《史記》這話是不足信的，這是第三點。王崧既説"《史記》謬誤固多"，又謂"有孔子正樂時所削者"，既説是"太師所爲"，又以歸之孔子，但是他説到"《史記》屬辭未密，或文字有脱誤"。魏源不細加以考察，硬説"去其重者，謂重複倒亂之篇"，致使皮錫瑞趁着機會妄從趙坦之説，説删詩就是去重，他們是没有注意到《史記》文字有竄亂，漏洞很多，常見謬誤，不僅像王崧所説"或文字有脱誤"而已。就是《史記》並無竄亂，但就其意義、事實、情勢三點來看，我們也無從相信孔子去重之説，此其二。

3. 再就《史記·孔子世家》全文來看，亦有可見其爲後人所竄亂者。《世家》談到《易》的地方，説："序彖、繫、象、説卦、文言"八字，康有爲《新學僞經考》卷三，謂爲劉歆之所竄入。崔適《史記探源》卷六更謂其"《序》《卦》先於彖辭，《説卦》先於《文言》，語無倫次。"《世家》談到《尚書》和《禮》的地方，"序《書傳》"至"編次其事"十七字，崔氏説是"誤在'曰夏禮'句上，致與上文言三代之禮，語意間隔"（同上）。由此可見，《孔子世家》文中被竄亂的很多，其前後既有竄亂，則其中之説詩的地方，當也不免竄亂，因此才與《宋世家》不合，與三家之義也相違背，何況"去其重"這一句，進退都無理據，《世家》這一説之可疑，不待詳辨，已是顯然易見的了，此其三。

4.《史記》去其重一語的謬誤，又可以從本無逸詩來證明。相信《史記》説法的人，總以爲有許多逸詩，其實所謂逸詩，或逸於孔子之前，或逸於三百篇之後，並不是因孔子删削而後逸的。詩三百篇終於《下泉》（據三家義，詳王先謙《詩三家義集疏》），那是正當魯昭公之世，下至六國之亡，幾百年間，豈能無詩，怎能把各個書所引詩，一概都説成逸詩呢? 《戰國策》甘茂引詩曰："行百里者，半於九十"，又見賈誼《疏》，但不以爲是詩。范睢引詩曰："木實繁者披其枝，披其枝者傷其心。"又見《周祝》解，也不是詩。《荀子·正名篇》引詩曰："長夜漫兮! 永思騫兮! 太古之不漫兮! 禮義之不愆兮! 何恤人之言兮。"《吕氏春秋·愛士篇》引詩曰："君君子則正以行其德，君賤人則寬以盡其力"。這些詩都和三百篇不相同。《逸周書·太子晉解》，詩曰："國誠寧矣，遠人來觀；修義經矣，好樂無荒。"《大戴記·驪駒》之詩曰："驪駒在門，僕夫具存；驪駒在路，僕夫整駕。"用韻也多與三百篇不同。

都像是晚於三百篇，而爲後人所創作的。以周金銘文比較來看，銘文中所用的詞彙和三百篇相類似的多，和逸詩相類似的很少（別詳余《逸詩篇句表》），可見逸詩非三百篇之逸，《史記》去重的話，是不可信的。此其四。

5.《史記》去其重一語的謬誤，又可以本無采詩之說來作證明。相信去其重之說的人，是由於他們誤認爲古詩本有三千餘篇。其所以如此的，又必定是以爲古有采詩之事的緣故。如前所述，采詩之說是不可信的，則古詩三千之說，當然也是不可信的了。時間相距較近則人多誦習，時間較遠就可能失傳，在孔子時，魯太師所傳，應當就是現存的三百五篇；再換一句話說，現在的《詩》三百篇就是魯太師所傳。所以孔子才一則曰"詩三百"，再則曰"誦詩三百"才既以鄭聲爲"淫"，但也存之而未嘗刪。反本溯源來立論，《孔子世家》去重之說的不可信，更是顯然易明了，此其五。

總之，采詩之說，概不足信。孔子正樂以前，也只說"詩三百"，可知孔子並不曾"去其重"。更就逸詩來看，逸詩尚不及十分之一，而且其文詞又多與三百篇不類，可見逸詩並非三百篇之逸，由此也可以證明孔子並不曾去其重。《史記·孔子世家》之說，詞意自相矛盾，必是後人有所竄亂，一考其意義，情勢，應是沒有疑問的。那麼，根據《史記》之說，以爲孔子刪詩乃"去其重"，顯然是不可信的了。《史記》去重之說既不可信，孔子刪詩之說之不可信更是顯然易見的了。

由以上所述，現在流傳的《詩經》，本是當時樂師采集入樂的樂歌，在孔子時，它在合樂演奏的過程中就已經編訂流傳，不是孔子編訂的。我們更不當主觀地、毫無依據地以爲另有一人編訂的。

## 五 《詩經》的體制

我們現在流傳下來的《詩經》，本來是一部古代的樂歌總集，古代的樂歌，依普列哈諾夫所引畢海爾的説法，是與韵律分不開的。所以，因爲伴奏的樂器與歌唱的聲調的不同，在《詩》三百篇中分列着有《南》《風》《雅》《頌》四樣的詩歌。《南》《風》《雅》《頌》之所以分，是由於音樂的關係，不是由於它們在體制上的不同。湯姆生説過："詩是音樂的内容，音樂是詩的形式。"《詩經》的四詩應當從音樂的角度來考察，而不當從意義上分類，或從其他方面來考察的。因爲樂調失傳，後世的人不知道這四樣的詩歌有顯著的分别，有的將《南》《風》混爲一談，甚至有的想打破原來的分類，這都是一些不正確的説法。自從《史記·孔子世家》説："故曰，《關雎》之亂，以爲《風》始；《鹿鳴》爲《小雅》始；《文王》爲《大雅》始；《清廟》爲《頌》始。三百五篇，孔子皆弦歌之。"將《周南》的《關雎》屬於《風》，才正式地以爲《詩》只有《風》《雅》《頌》，僞《毛詩傳序》也以《南》屬於《風》説："是以一國之事繫一人之本謂之《風》，言天下之事，形四方之風謂之《雅》。雅者正也，言王政之所由廢興也；政有大小，故有《大雅》焉，有《小雅》焉。《頌》者，美盛德之形容，以其成功告於神明者也。是謂'四始'，詩之至也。"又説："故詩有六義焉：一曰風，二曰賦，三曰比，四曰興，五曰雅，六曰頌。"在《周禮》也説："大師教六詩：曰風、曰賦、曰比、曰興、曰雅、曰頌。"有了這些説法，漢唐以來的學者，大多數只知道"四詩風雅頌"，不知道"南"在古代是指的一種樂器，《周南》《召南》是應當獨立的，不應當與《國風》相提並論。

二《南》的獨立是到了宋代程大昌著《詩論》十七篇才將這個疑問道破。程氏在《詩論》一上説：

> 詩有《南》《雅》《頌》，無國風。其曰"國風"者，非古也。夫子嘗曰："《雅》《頌》各得其所。"又曰："《大雅》云。"又曰："人而不爲《周南》《召南》。"未嘗有言"國風"者。予於是疑此時無"國風"一名。然猶恐夫子偶不及之，未敢遽自主執也。《左氏》記季札觀樂，歷叙《周南》《召南》《小雅》《大雅》《頌》，凡其名

稱與今無異。至列叙諸國，自邶至豳。其類凡十有三，率皆單紀國土，無今《國風》品目也。當季札觀樂時，未有夫子，而《詩》名有無，與今《論語》所舉悉同。吾是以是知古固如此，非夫子偶於《國風》有遺也。蓋《南》《雅》《頌》，樂名也，若今樂曲之在某宫者也。《南》有"周""召"，《頌》有"周""魯""商"，本其所從得而還以繫其國土也。二《雅》獨無所繫，以其純當周世，無用標别也。均之爲《雅》。音類既同，又自别爲大小，則聲度必有豐殺廉肉，亦如十二律然，既有大吕，又有小吕。若夫邶、鄘、衛、王、鄭、齊、魏、唐、秦、陳、檜、曹、豳，此十三國者，《詩》皆可采而聲不入樂，則直以徒詩著之本土，故季札所見與夫周工所歌，單舉國名，更無附語，知本無《國風》也。（案：程氏以《風》不入樂，這是錯誤的，詳見前第一篇）

程氏在《詩論·二》上又説：

《鼓鐘》之詩曰："以雅以南，以籥不僭。"季札觀樂，有舞《象箭》《南籥》者，……其在當時親見古樂者，凡舉《雅》《頌》，率參以《南》。其後《文王世子》又有所謂"胥鼓《南》"者，則《南》之爲樂古矣。《詩》更秦火，簡編殘闕，學者不能自求之古，但從世傳訓故，遞相授受。於是創命古來所無者，以爲"國風"，參匹《雅》《頌》，而文王《南》樂，遂包統於"國風"部匯之内。雖有卓見，亦莫敢出衆疑議也。

到了清代，顧亭林也説：

《周南》《召南》，《南》也；非《風》也。……自《周南》至《豳》，統謂之《國風》，此先儒之誤。（《日知録》卷三）

崔述在《讀風偶識》中也説：

《南》者詩之一體，蓋其體本起於南方，而北人效之，故名曰《南》。

從他們的意見看來，的確，在《詩經》上，"以雅以南"，"雅""南"對舉；在《論語》上，"《雅》《頌》各得其所"，"人而不爲《周南》《召南》"，"南"只是"南"，不是"風"；自《周南》至《豳》統謂之《國風》，這確實是一種錯誤的看法。

我們試想：《周南》《召南》如和《國風》一樣，那"南"當有一定的地域，一定的國家，這樣才可以與《邶》《鄘》《衛》這些《國風》並列，《周南》《召南》的地域，如依周、召分陝的解釋來説，分陝之説，本不可信，即如可信，那末召南應是在陝以西的地方的詩，但是召南説及"江有汜"，這證明召南不是陝以西的地方的詩。如依《三家詩》説周南是在洛陽，召南在南陽、南郡之間，而且周南却又有漢廣等詩，這證明以"古之周南，今之洛陽"，和"南陽、南郡之間"來分周、召二南也是不恰當的。這樣看來，《周南》《召南》是不當與《邶》《鄘》《衛》諸《國風》並列，既不可名之曰"南風"，也不可名之曰"周南風""召南風"。我們現在實是應當承認二《南》的獨立，將《南》劃出《國風》之外，而説四詩是:《南》《風》《雅》《頌》。嚴格地要認識《南》《風》《雅》《頌》這四詩的區分是從樂器或聲調來區分，我們以《詩》三百篇證《詩》三百篇，可以看出這種意見是科學的，完全符合事實的，因而是正確的；同時我們還可以看出這二千多年以來關於《南》《風》《雅》《頌》的解釋，哪些是正確的，哪些不是正確的。現在依次爲説如下：

## （一）説"南"

關於"南"的解釋，過去共有五六種説法。1."南"爲南化説。2."南"爲南樂説。3."南"爲南土説。4."南"爲南面説。5."南"爲詩體説。6."南"爲樂器説。這六種解釋以最後一説最爲正確。

1."南"爲南化説。這一説創始於僞《毛詩·關雎序》。《毛序》解釋《周南》説：

……然則《關雎》《麟趾》之化，王者之風。故繫之周公。"南"，言化自北而南也。

信奉《毛詩》的人大概都采此説。到了清代，崔述著《讀風偶識》説：

《序》以爲"化自北而南"亦非是。江、沱、汝、漢，皆在岐周之東，當云自西而東，豈得自北而南乎？

我們只看崔述的評論，可以斷定僞《毛序》説之不合客觀實際，是完全不正確的。

2."南"爲南樂説。在先秦古書中有許多關於南人、南音的記載，因而漢、宋的學者也多以"南"爲南方之樂。例如：

(1)《詩·小雅·鼓鐘》篇："以雅以南，以籥不僭。"《毛傳》："南夷之樂曰南。"

(2)《左傳》成九年："晉侯觀於軍府，見鍾儀，問之曰：'南冠而縶者，誰也？'有司對曰：'鄭人所獻楚囚也。'……使與之琴，操南音。……文子曰：'……樂操土風，不忘舊也'。"

(3)《左傳》襄十八年:"師曠曰:'不害,吾驟歌北風,又歌南風。南風不競,多死聲,楚必無功。'"

(4)《左傳》襄十九年:"季札觀樂,有舞《象箾》《南籥》者。"杜《注》:"南籥,文王之樂。"

(5)《吕氏春秋·音初》篇:"禹行功,見塗山之女,禹未之遇而巡省南土。塗山氏之女乃令其妾候禹於塗山之陽,女乃作歌,歌曰:'候人兮猗。'實始作南音。周公及召公取風焉,以爲《周南》《召南》。"

(6)《禮記·文王世子》:"胥鼓南。"鄭注:"南,南夷之樂也。"

(7)《禮記·樂記》:"昔舜作五弦之琴以歌南風。"

(8)《白虎通·禮樂篇》:"南夷之樂曰南。"

(9)《韓詩》薛君《章句》:"南夷之樂曰南。"

(10)王質《詩總聞》:"南,樂歌名也。見《詩》'以雅以南'。見《禮》'胥鼓南',鄭氏以爲西南之樂,又以爲南夷之樂。見《春秋》傳'舞《象箾》《南籥》',杜氏以爲'文王之樂',其説不倫。大要樂歌名也。"又説:"南、大夏也,正午也,故字作午,亦作丙,亦作丁。南之取名以此。禮《王夏》《肆夏》《昭夏》《納夏》《章夏》《齊夏》《族夏》《祴夏》《驁夏》,凡九。……諸夏皆南聲也。"

這些説法,由(1)説看來,"南"不是樂調之名,就是樂器,但《毛傳》只解釋爲南方之樂,不知二"南"也本是由南方之樂而來,而説什麽"南,言化自北而南"。由(2)(3)(4)(5)等説看來,南是南音、南風,《吕氏春秋·音初》篇説"周公及召公取風焉,以爲《周南》《召南》",顯明地是以"南"指南音而言。由(6)(7)(8)(9)等説看來,可見過去也多以"南"是樂調之名,只有(10)宋王質以爲樂歌名,但牽涉到九夏,這解釋也是不正確的。梁啓超在《釋四詩名義》上也説:"《禮記·文王世子》'胥鼓南',《左傳》説'《象箾》《南籥》',都是一種音樂的名。都是指這一種詩歌"。他也是主張以"南"爲音樂之名的。

3. 南爲南國説。《詩·小雅·四月》篇説:"滔滔江漢,南國之紀","南"明明的是指地域而言。《毛傳》解"南有樛木"説,"南,南土也。"鄭玄《詩譜·周南召南譜》也説:"至紂又命文王典治南國江、漢、汝旁之諸侯……故雍、梁、荆、豫、徐、揚之人,咸被其德。"鄭氏在《樛木箋》上説,"南土,謂荆、揚之域。"《魯詩》《韓詩》的解釋,也是這樣。《史記集解》引張晏説:"古之周南,今之洛陽。"這是《魯詩》説。《水經注》引《韓詩序》:"二南在南陽、南郡之間。"這是《韓詩》説。司馬貞《史記·燕世家索隱》説："詩有周、召二南，言皆在岐山之陽，故言南也。"漢唐以來的學者多如此説，所以朱熹在《詩集傳》也説："周，國名。南，南方諸侯之國也。……武王崩，子成王誦立。周公相之，制禮作樂，乃采文王之世風化所及民俗之詩，被之管弦。……其得之國中者，雜以南國之詩，而謂之《周南》。"這些都是以"南"爲"南國""南土"的説法。作這樣解釋的人很多，我們不必一一列舉。這一説，在我們現在看來，"南"本是南方的樂器，因而以這樂器指南方，所以"南"爲南國、南土説好像有部分的理由，但是這是似是而非之見，不是正確的説法。

4. 南爲南面説。創立這一説的是宋劉克，他在劉氏《詩説》中説：

南之爲言無他義也。《易》曰：聖人南面而聽天下，鄉明而治，義止於此。文王之化，自閨門以達之天下，道化之行，格於人心，及於動植，聖人之盛德也。

他這話是受了南化的影響而創立的，但是這種説法，毫無根據，我們可以不必詳論。

5. 南爲詩體説。自《毛序》創立南化説以來，經過漢宋學者的接受承認，如上述的"南國""南面"諸説，誰都沒有道破《毛序》的謬妄，到了清代，崔述著《讀風偶識》，他説：

且"南"者，詩之一體，《序》以爲"化自北而南"亦非是。江、沱、汝、漢，皆在岐周之東，當云自西而東，豈得云"自北而南"乎？蓋其體本起於南方，北人效之，故名以"南"。若漢人效《楚辭》之體，亦名之爲《楚辭》者然。故《小雅》云："以雅以南"，自武王之世，下逮東周，其詩而雅也，則列之於《雅》；風也，則列之於《風》；南也，則列之於《南》，如是而已。

崔氏這種論斷，駁倒《毛序》"南言化自北而南"的説法，比較近理。梁啟超的《釋四詩名義》也主張此説。他更以爲：

《詩·鼓鐘》篇"以雅以南"，"南"與"雅"對舉，"雅"既爲詩之一體，則"南"亦必爲詩之一體。

但他又説：

這種詩歌，何以名爲南，頗難臆斷。據《鼓鐘》篇《毛傳》："南方之樂曰南"，或因此得名，亦未可知。但此説縱令不錯，也不能當南北的南字解。因爲這個南字本是譯音。《周禮·旄人》鄭《注》《公羊》昭二十五年何《注》，皆作"南方之樂曰任"。與北方之昧，西方之侏離並舉，南任同音，恐是一字兩譯。因此我又連帶想到兩個字：漢魏樂府有所謂"豔"者，如《昔昔豔》《黄帝豔》《烏鵲豔》《突厥豔》之類；六朝唐樂府有所謂"豔"者，如《三婦豔羅敷豔鞍子豔》之類。皆詩詞中一體之專名。

他以爲"南"是一種音樂，但又說"音樂之何以得名，本來許多是無從考據的"。他又根據《論語》上說的"《關雎》之亂，洋洋乎盈耳哉"，凡曲終歌名曰亂，說："把這些資料綜合起來，'南'或者是一種合唱的音樂"。總之，自崔氏說出，"南化""南國""南面"諸說可不攻自破。至於認"南"爲詩之一體，二"南"的詩多與"風"同，《漢廣》等篇，正是明證；但如專從文體的角度來看，那就無法區別"南"與"風"，忘了《詩經》的四詩是當從音樂的角度來考察的。

6. "南"爲樂器說。來看《小雅·鼓鐘》篇的"以雅以南，以籥不僭"，和《禮記·文王世子》的"胥鼓南"很顯明的都是指樂器而言。但是年久失傳，後人不知真義，只能說爲南方之樂。究竟這個樂器何以得名，到了近來是可以考出來了！郭沫若《甲骨文字研究》（一九二一年大東書局印本）《釋南》一文，列舉許多甲文南字，斷定甲文南字："本鐘鎛之象形，更變而爲鈴"。

他說：

……知此，可知卜辭之"八南九南"或"一羊一南"，實即八鈴九鈴或一羊一鈴。《小雅》之"以雅以南"，《文王世子》之"胥鼓南"，實即"以雅以鈴"，"胥鼓鈴"也。

南字本像鐘鎛之形，更變而爲鈴；那是南方民族的樂器，所以即以"南"作爲南方之南。他在結論中更說：

《詩》之《周南》《召南》《大雅》《小雅》，揆其初當亦以樂器之名，孳乳爲曲調之名，猶今人言大鼓、花鼓、魚琴、簡板、梆子、灘簧之類耳。《詩序》謂"南言化自北而南"，乃望文生訓之臆說。

他從文字上證明了南是樂器，是鐘鈴樣的樂器，《周南》《召南》是以樂器得名，正如大鼓、花鼓、梆子、墜子之類。郭氏這個論斷，大致上是不錯的，不過這還更需要利用《詩經》來加強證明。我以爲《小雅·鼓鐘》篇說："以雅以南，以籥不僭。"這裏三個"以"字並列疊叙，在下面的名詞應屬於一類的東西，所以下文更說"不僭"。籥是樂器（《邶·簡兮》《毛傳》："籥，六孔。"《周禮·笙師》鄭注："籥，如笛，三孔，舞者所吹也。"《説文》："籥，樂之所管、三孔，以和衆聲也。"）不是詩歌之名，不是舞容之名，自來無異說。以"以籥"證明"以雅以南"，雅、南當然也屬於樂器無疑。以本經證本經再明白沒有了！我舉出這一說，可以作一個有力的證明。現在我們可以恍然大悟，"南"是一種曲調，是由於歌唱之時，伴奏的是一種形狀像"南"而現在讀如鈴的那樣的樂器而得名，"南"是南方之樂，是一種唱的詩，其主要的得名的原因只是由於"南"是一種樂器。

## （二）説《風》

"風"的解釋在《毛序》上就很多，後人的解説也比較多，它最本質的決定義也還是要用《詩》三百篇來證明。

1. 風風説。僞《毛序》："風，風也。"下一字應讀如風動之風，不當如諷刺之諷。

2. 風教説。僞《毛序》："風，風也，教也，風以動之，教以化之。"

3. 風動説。僞《毛序》："風以動之。"朱熹在《詩集傳》中也説："謂之風者，以其被上之化以有言，而其言又足以感人，如物因風之動以有聲，而其聲又足以動物也。"

4. 風化説。僞《毛序》："風以動之，教以化之。"

5. 風刺説。僞《毛序》："上以風化下，下以風刺上。主文而譎諫，言之者無罪，而聞之者足戒。故曰風。"

6. 風俗説。僞《毛序》："是以一國之事繫一人之本謂之風。"《漢書·五行志下》之上"天子省風以作樂"注引應劭曰："風，土地風俗也。"

這以上六説，都是僞《毛序》望文生義解釋出來的。作序者不得正解，因爲風可以動人及物，因而聯想起風動教化之説，又一變而爲諷刺，而爲風俗，所以在《毛序》中就一連串有幾個解釋。

7. 風土説。鄭樵《六經奧論》卷三説："風土之音曰風'。又説："風者出於風土，大概小夫賤隸婦人女子之言，其意雖遠，其言訓淺近重複，故謂之風。"

8. 風者風雨之風。説見鄭樵《詩辨妄》。

9. 風者民俗歌謡之辭。見朱熹《詩集傳》。

10. 風諷説。梁啓超《釋四詩名義》："風即諷字，但要訓諷誦之諷，不是訓諷刺之諷。《周禮·大司樂》注，'背文曰諷'，然則背誦之詞，實'風'之本義'"。

11. 風氣説。章炳麟説："風爲空氣之激蕩，氣自口出故曰風。當時之所謂風者只是口中所謳唱罷了！"

12. 風爲聲調説。顧頡剛《論詩經所録全爲樂歌》説：

《大雅·崧高》篇説，"吉甫作誦，其詩孔碩，其風肆好。"又《左傳》成九年説："鍾儀操南音"，范文子説他"樂操土風"，則風字的意義似乎就是聲調。聲調不僅是諸國之風所具，《雅》《頌》也是有的。所以風的一名，是把通名用成專名的。所謂國風，猶之乎説"土樂"。

這十二説外，還有以風爲詩之一體的説法，例如崔述説："《風》《雅》之分，分於詩體，不以天子與諸侯也。"梁啓超也説："《南》《風》《雅》《頌》是四種詩體。"更有一些略同《毛詩》之説的，我們現在不必一一列舉。在這十二説中，比較解釋得圓滿的要算最後一説："風"爲聲調説。《左傳》"鍾儀操南音"，范文子説他作的是本地調子（土風）；《吕覽》"實始作南音，周公、召公取風焉"，取風也只可解釋爲采取其聲調。我們最重要的證據莫如《詩經》，《大雅·烝民》篇説："吉甫作誦，穆如清風"，清風決不可如《毛傳》朱注之釋爲"清微之風化"，當時文學批評還未發展，也決不是指的"風骨""風格"，這只可解釋爲很清的聲調。《大雅·崧高》篇的"其風肆好"，此風尤其不是天上的清風，也不是風格的風，只是指的聲調而言。以《詩》三百篇證《詩》三百篇，就當時客觀發展的情形而言，風是聲調的意思，可以無疑。

"風"指聲調而言，《鄭風》就是鄭國調，《衛風》就是衛國調，這正如現在所用的秦腔、昆腔、漢調、徽調、京調之類，在腔調上加以地名一樣，説明各地方的腔調，古之所謂諸國風。風雖然不指樂器言，但伴奏的也有樂器，不是徒歌。梁啓超、章炳麟不了解這道理，以爲是徒歌，那是錯了的。

"風"，正如腔調一樣，本來是一個通稱，專指《國風》而言，是比較後起的。顧頡剛在《論詩經所録全爲樂歌》討論程大昌《詩論》的論斷説：

《國風》確是後起之名，但似不是秦以後人題的。《荀子·儒效》篇中有"風之所以爲不逐者，取是以節之也"的話，是和《小雅》的"取是而文之"，《大雅》的"取是而光之"，《頌》的"取是而通之"，並列的。《樂記》記師乙的話，有"正直而静，廉而謙者宜歌《風》"是和"寬而静，柔而正者宜歌《頌》，廣大而静，疏達而信者宜歌《大雅》，恭儉而好禮者宜歌《小雅》"連着説的。如果《儒效》篇與《樂記》不出於漢人的手筆，則《風》的一名想來是在戰國時就成立的。……較前於《荀子》和《樂記》的有《左傳》，裏面没有把《風》字概稱諸國詩的（隱公三年《傳》的"風有《采蘩》《采蘋》"的君子的話是漢人加上去的）。又較前的有《論語》，裏面说及《周南》《召南》，又说及《雅》《颂》，但也没有说及诸国诗……

他说《国风》之名起于战国，大概是不错的。这是程大昌所以说"非古也"。至于以《风》为诗体这种种说法，那末《风》诗有许多与《南》《雅》同，不能证明《风》的特点，《风》的真义，而且是不能作为区别它们的标准。

## （三）说《雅》

关于《雅》的解释，过去共有七说：

1. 雅者正也。《毛诗序》说："雅者，正也，言王政所由废兴也。"郑玄《诗笺》也说："雅者正也，言今之正者，以为后世法。"

2. 雅为万舞。郑玄《诗鼓钟笺》云："雅，万舞也。"

3. 雅为乐歌。王质《诗总闻》："雅，乐歌名也。"

4. 雅者乌鸦之鸦。郑樵《诗辨妄》说。

5. 雅是一种乐器。章炳麟《大疋小疋说》上："凡乐言疋者有二焉，一曰'《大小疋》'（雅）；再曰'春牍应雅'，雅亦疋也。"《周礼·春官·笙师》："笙师掌教，……应、雅，以教祴乐。"郑司农说《笙师》曰：'雅状如漆筩而弇口，大二围，长五尺六寸，以羊韦鞔之，有两组疏画'。"

6. 雅者秦声乌乌。章炳麟《大疋小疋说》下："甲曰、《诗谱》云'逦及商王，不风不雅'，然则称雅者放自周。周秦同地。李斯曰：'击瓮叩缶，弹筝搏髀，而呼乌乌快耳者，真秦声也'。杨恽曰：'家本秦也，能为秦声。酒后耳热，仰天击缶，而呼乌乌。'说文：'雅，楚乌也'。雅乌古同声，若雁与鴈，鳬与鹜矣。大、小《雅》者，其初秦声乌乌。"

7. 雅者中原正声。梁启超《释四诗名义》说："依我看，大、小《雅》所合的音乐当时谓之正声，故名曰《雅》。《仪礼·乡饮酒礼》：'工歌《鹿鸣》《四牡》《皇皇者华》、笙《南陔》《白华》《华黍》、乃间歌《鱼丽》，笙《由庚》，歌《南有嘉鱼》，笙《崇丘》，歌《南山有台》，笙《由仪》。……工告于乐正曰：'正乐备。'……""《左传》说：'歌《彤弓》之三，歌《鹿鸣》之三。'凡此所歌，皆大、小《雅》之篇。说'正乐备'可见公认这是正声了。然则正声为什么叫做'雅'呢？'雅'与'夏'古字相通。《荀子·荣辱篇》：'越人安越，楚人安楚，君子安雅。'《儒效篇》则云：'居楚而楚，居越而越，居夏而夏。'可见'安雅'之'雅'即'夏'字。荀氏《申鉴》、左氏《三都赋》皆云：'音有楚夏。'说的是音有楚音夏音之别，然则《风》《雅》之'雅'，其本字当作'夏'无疑。《说文》：'夏，中国之人也。'雅音即夏音,猶言'中原正聲'云爾。"

這以上七説,在我們現在看來,也只有以雅爲樂器之説爲比較正確。我們還是以本經證本經來看,《鼓鐘》篇説:"以雅以南,以籥不僭"三個"以"字並列叠叙,"南""籥"都是樂器,"雅"應當也是指樂器而言,這是絶好的證明。這一句説的雅不是二《雅》,也並非如《鄭箋》之突然拉上一個"萬舞"可作解釋的。其他"秦聲烏烏""中原正聲"都不能在《詩經》上獲得證明。由《詩》三百篇證《詩》三百篇,《雅》是決然的指樂器而言。

至於大、小《雅》之分,僞《毛詩序》説,"政有大小,故有《小雅》焉,有《大雅》焉"。這是説《大小雅》以政治分。《孔疏》説,"詩體既異,樂音亦殊"。這是説大、小《雅》以音樂分。程大昌説,"均之爲《雅》,音類既同,又自别爲大小,則聲度必有豐殺廉肉,亦如十二律然,既有大吕,又有小吕也。"鄭樵在《六經奥論》中也説:"《小雅》《大雅》者,特隨其音而寫之律耳。律有小吕大吕,則歌《大雅》《小雅》,宜有别也。"這都是説大、小《雅》當以音樂分。姚際恒在《詩經通論》上説:"大、小《雅》之分,或主政事,或主道德。或主聲音,唯嚴氏主辭體者近之。"主道德的是蘇轍,其主張見於他所著的《詩傳》;主辭體的是嚴粲,其主張見於他所著的《詩緝》。其實大、小二《雅》仍當以音樂别之;因爲《雅》是以樂器得名,主政事、道德、辭體的説法都是不妥當的。清儒惠周惕在其所著《詩説》中説:

> 《風》《雅》《頌》以音别也。《雅》有大小,義不存乎大小也。
> 《自序》之言曰:"《雅》者,王政所由廢興,政有大小,故《詩》有《小雅》,有《大雅》。"小大正變之名立,而難辨之端起矣。……
> 其後朱晦翁則謂:"《小雅》燕享之樂,《大雅》朝會之樂,受釐陳戒之辭。"嚴華谷則謂:"明白正大,直言其事者,雅之體,純乎《雅》之體者爲《雅》之大,雜乎風之體者爲《雅》之小。"章俊卿則謂:"風體語皆重複淺近,婦人女子能道之。雅則士君子爲之也。《小雅》非復風之體,然亦間有重複,未至渾厚大醇。《大雅》則渾厚大醇矣。"三家之説,朱子於理爲長。……大小二雅,當以音樂别之,不以政之大小論也。如律有大小吕,詩有大小明,義不存乎大小也。

大小《雅》當以音别,我們從古代歌辭與曲調不分,從《南》《風》《雅》《頌》是以樂器或聲調得名,當然《雅》之大小,不當以政治分。至於以辭體分之説也是不對的。例如何楷在《詩經世本古義》上説:"《棫樸》《旱麓》《靈臺》《鳧鷖》,非雜乎《風》者耶?何以載於大?《天保》《六月》《車攻》《吉日》,非純乎《雅》者耶?何以載於小?"這就是不贊成以辭體分之一例。

在《毛序》中關於大小《雅》更有正變之説,鄭樵在《六經奥論》中説:"正變之首,不出於夫子而出於序,未可信也。"汪琬在《詩問》中也説:"《風》《雅》之分正變也,其孰昉乎?曰,此《大序》之言也。吾疑之,何疑乎爾?曰,一國之詩,有正有變焉,一時之詩,有正有變焉,吾疑其不可以國次世次拘也。"這都可見《毛詩》正變之説的不合實際情形。兹不贅述。

## (四) 説《頌》

關於《頌》的解釋,在過去約有四説:

1. 頌者,頌容誦也。《毛詩序》説:"頌者美盛德之形容,以其成功告於神明者也。"鄭玄在《詩譜》中也説:"頌之言容,天子之德,光被四表,格於上下,……此之謂容。"鄭玄在《周禮注》上又説:"頌之言誦也,容也,誦今之德廣以美之。"

2. 頌本頌容之容。鄭樵《詩辨妄》説:"《風》《雅》《頌》皆聲,無形與象,故無其文,皆取他文而借用。如風本風雨之風,雅本烏鴉之鴉,頌本頌容之容。"

3. 頌字即容字也。阮元《研經室集·釋頌》:"《詩》分《風》《雅》《頌》,《頌》之訓爲美盛德者餘義也。《頌》之訓爲形容者,本義也。且頌字即容字也。故《説文》:'頌,皃也。'……容、養、羕一聲之轉;……今世俗傳之'樣'字,始於《唐韵》,即容字轉聲所借之'羕'字。……所謂《商頌》《周頌》《魯頌》者,若曰商之樣子,周之樣子,魯之樣子而已。何以三頌有樣,而《風》《雅》無樣也?《風》《雅》但弦歌笙、間,賓主及歌者皆不必因此而爲舞容;惟三《頌》各章皆是舞容,故稱爲《頌》。若元以後戲曲,歌者舞者與樂器全動作也。"

4. 頌聲較風雅緩。王國維《説周頌》説:

《毛詩序》云,"《頌》者美盛德之形容,以其成功告於神明者也"。盛德之形容,以貌表之可也;以聲表之,亦可也。竊謂《風》《雅》《頌》之别,當於聲求之。《頌》之所以異於《風》《雅》者,雖不可得而知。今就其著者言之,則《頌》之聲較《風》《雅》爲緩也。何以證之?曰,《風》《雅》有韻,而《頌》多無韻也。凡樂詩之所以用韻者,以同部之音,間時而作,足以娱人耳也。故其聲促者,韻之感人也深;其聲緩者,韻之感人也淺。韻之娱耳,其相去不能越十言或十五言,若越十五言以上,則有韻與無韻同。即令二句在十言以内，若以歌二十言之時歌此十言，則有韻亦與無韻同。然則《風》《雅》所以有韻者，其聲促也。《頌》之所以多無韻者，其聲緩，而失韻之用，故不用韻，此一證也。其所以不分章者亦然。《風》《雅》皆分章，且後章句法多疊前章，其所以相疊者，亦以相同之音間時而作，足以娛人耳也。若聲過緩，則雖前後相疊，聽之亦與不疊同。《頌》之所以不分章，不疊句者，當以此。此二證也。《頌》如清廟之篇，不過八句，不獨視《鹿鳴》《文王》，長短迥殊，即比《關雎》《鵲巢》，亦復簡短。此亦當由聲緩之故。三證也。……《肆夏》一詩，不過八句，而自始奏以至樂闋，所容禮文之繁如此，則聲緩可知。此四證也，然則《頌》之所以異於《風》《雅》者，在聲而不容。則其美盛德之形容者，亦在聲而不在容可知。以名《頌》，而皆視爲舞詩，未免執一之見矣。

以上四説，《毛序》《鄭箋》所謂"美盛德之形容，以其成功告於神明""誦之言容""誦德以美之"，都不免望文生義的臆説。所以，阮元認爲餘義。即就《毛序》來説，《周頌·敬之》《序》云，"群臣進戒嗣王"，這就不是美盛德之形容。何況《頌》中還有一些祈求詩，這也説不上是以其成功告於神明。所以毛、鄭之説是不正確的。阮元説《頌》是舞容，但不合乎"《風》《雅》《頌》之別，當於聲求之"的原則，而且《周頌》各篇舞容的樣子，説是周的樣子，這特徵是表現不出來的。所以阮元之説也並不圓滿。王國維的説法比較合理，他説"《頌》之所以異於《風》《雅》者雖不可得知，今就其著者言之，則《頌》之聲較《風》《雅》爲緩"。他只片面地從韻句一方面來看問題，而忽略了從樂器一方面來看問題，所以只知聲緩，而其所以緩者，仍不可得而知。所以他也只解答了問題的一半。依我看來，《頌》的得名，應當也如《南》《雅》一樣，是由於樂器。這個樂器應當是'鏞"，就是所謂大鐘，宗教儀式是用鐘的，在古代的跳舞也有用鐘的。這在文字通假上有證明，在《頌》詩本身上有證明。這個假定有助於王國維、阮元、《鄭箋》、僞《毛序》之説而不與它們相違背。現在讓我依次説來：

（1）從文字通假上來看，古字"頌""鏞"通用，《儀禮·大射儀》"頌磬東面"，注："西方鐘磬謂之頌，古文頌爲庸。"《周禮·視瞭》"擊頌磬笙磬"，注："頌或作庸"。《書》"笙鏞以間"正作"鏞"。朱駿聲在《説文通訓定聲》上説："按凡大鐘曰鏞，次曰鎛，小曰編鐘，西階本有鏞不須縣設，故編磬之與鏞同在西階者曰頌磬，與笙同在東階者曰笙磬，編鐘亦然，或説與笙相應者曰笙磬、笙鐘，與歌相應者曰頌磬、頌鐘，謂借爲誦，非也。"這是"頌""鏞"二字通假的證明。

（2）從《頌》詩本身上來看，在《周頌·有瞽》篇說，"有瞽有瞽，在周之庭；設業設虡，崇牙樹羽；應田懸鼓，鞉磬柷圉。既備乃奏，簫管備舉。喤喤厥聲，肅雝和鳴。先祖是聽，我客戾止，永觀厥成。"這明明是祭祖的情形，所以有"先祖是聽"的詩句。所用樂器，是有鏞的。據《大雅·靈臺》篇說，"虡業維樅，賁鼓維鏞；於論鼓鐘，於樂辟雍"。虡是植木以懸鐘磬的器具。其橫者曰栒。業就是栒上的大板。業上懸鐘磬處，以彩色為崇牙。所以《有瞽》篇說"設業設虡，崇牙樹羽"。這表明《有瞽》在奏樂時一定是有鏞的，《靈臺》篇說"虡業維樅，賁鼓維鏞"，也是明證。這可見所謂告於神明者所奏的樂是有鏞這一個樂器，在《周頌》本身有明證。

（3）古代歌舞也用鐘為樂器。《商頌·那》篇是所謂祼成湯的，《那》篇說："庸鼓有斁，萬舞有奕。""庸"就是"鏞"。《毛傳》說："大鐘曰庸"。張衡《東京賦》："鏞鼓設衡"，用《魯詩》作"鏞"。可見萬舞時伴奏的有鏞鐘一類的樂器。馬瑞辰《毛詩傳箋通釋》說，"《賓之初筵》'籥舞笙鼓'。傳，'秉籥而舞，與笙鼓相應。此詩'庸鼓有斁，萬舞有奕'，則萬舞與庸鼓相應，故特盛之。"舞時用鏞，所以即以庸（鏞）表歌舞祭神之曲。庸（鏞）、頌古字通用，《頌》就是'庸（鏞)。"後人不知道頌之所以得名，才解釋為美盛德之形容。又：《左傳》襄公十一年："鄭人賂晉侯以歌鐘二肆"。這足見歌時也用鐘。阮元《釋頌》說："《周禮·鐘師》於二《南》之詩亦稱奏者，彼以弓矢為舞容，故有金奏，非舞不稱奏也。鐘磬分笙鐘、笙磬、頌鐘、頌磬者，笙在東方，專應《風》《雅》之歌，頌在西方，專應《夏頌》之舞也。"這都足見舞時一定是有鐘（頌）的。

（4）宗教儀式多用鐘為樂器，佛教、道教、天主教、伊斯蘭教禮拜時都用鐘。頌是祭神的舞曲，鐘也應當是主要的樂器。一般民俗可以借作證明。

所以從古字通假來看，從《頌》詩本身來看，從歌舞用鐘來看，從祭神用鐘來看，鏞鐘是《頌》的主要樂器。然則《頌》之異於《風》《雅》，《頌》之所以得名，是由於庸鼓之"庸"無疑。《頌》是舞蹈的詩，但阮元的"樣子說"沒有追溯它命名的根由；《頌》的聲調是緩的，但王國維的說法也忘了從樂器方面着想。我們一從樂器着想，更可以證成阮、王兩家之說。

以上我們證明，《南》《雅》《頌》都是以樂器得名，我們的證明，是從《詩經》本身上看出來的，這應當是很可靠的論證。

《詩經》的《南》《風》《雅》《頌》，是以音樂為詩的形式，我們不主張從文體或意義上或其他觀點來討論《詩經》的體制問題，更不應當打破《南》《風》《雅》《頌》原來的區分。如若想用勞動歌、戀歌、政治諷刺詩、禮俗詩等來分類，那是思想內容分析上的問題，不當與體制混為一談，這是我們今日談《詩經》的體制所不可忽略的地方。

## 六　關於《毛詩序》的一些問題

　　《詩經》是中國古代流傳下來的一部樂歌總集，這裏面絕大部分是來自各地方的民歌，具有堅强的人民性與高度的藝術技巧。但是到了漢代，傳《詩經》的學者，爲了"利禄之路"，不惜對這部極可珍貴的文學作品加以種種曲解，來爲當時的統治階級服務。傳《魯詩》的學者如王式，可以"以三百篇當諫書"；傳《齊詩》的學者如翼奉，更牽涉陰陽五行來説《詩》義，這樣子使《詩經》蒙受了許多烏烟瘴氣，使後人産生了許多曲説誤解。晚出的《毛詩》，傳其學者，"自謂子夏所傳"，其實這是説《詩》最迷誤人的一家。後人曾痛恨地説到"(毛)詩序之壞詩而詩亡"。我們現在研究《詩經》，對於《毛序》的謬妄及其有關問題，是不能不加以剖析的。現在略説如下：

　　《毛詩序》本來不是一人所作，所以有所謂《小序》與《大序》之分，然而除此而外，還有稱之爲《古序》《續序》的，有稱之爲《前序》《後序》的，有稱之爲《首序》《下序》的，甚而又有以《小序》爲《大序》，《大序》爲《小序》者，總計起來，大約共有六種説法，八個名稱：

　　1.《經典・釋文・關雎》序下云："舊説云：起此（'關雎，后妃之德也'）至'用之邦國焉'，名《關雎序》，謂之《小序》。自'風，風也'訖末，名爲《大序》。沈重云：'案鄭《詩譜》意，《大序》是子夏作，《小序》是子夏、毛公合作，卜商意有不盡，毛更足成之。或云《小序》是東海衛敬仲所作'。今謂此序止是《關雎》之序，總諭詩之綱領，無大小之異。"

　　2. 成伯璵《毛詩指説》："學者以《詩》大小序皆子夏所作，未能無惑。如《關雎》之序，首尾相結，冠束二《南》，故昭明太子亦云《大序》是子夏全制，編入文什。其餘衆篇之《小序》，子夏惟裁初句耳，至'也'字而止，《葛覃》，后妃之本也。《鴻雁》，美宣王也。如此之類是也。其下皆是大毛公自以詩中之意而繫其辭也。（案：此與《鄭譜》意實相同，鄭説已見前，故列此以備一説）

　　3. 程大昌《詩論》曰："古序之與（衛）宏序，今混並無别，然尤可考者，凡《詩》發序兩語，如'《關雎》，后妃之德也'，世人謂之《小序》者，古序也；兩語而外，續而申之，世謂《大序》者，宏語也。"（案：龔橙《詩

本誼》多用"續序"之名）

4.《二程全書·程氏遺書》："《詩》'前序'必是當時人所傳，國史明乎得失之跡者是也。不得此，則何緣知得此篇是甚意思？《大序》則是仲尼所作，其餘則未必然。要之，皆得大意，只是後之觀《詩》者亦添入。"（《遺書》卷二上，元豐己未呂與叔見二先生語。范家相《詩瀋》多用"後序"之名。見卷三《關雎序》下）

5. 郝敬《毛詩原解》曰："《詩序》相傳子夏與毛公合作，今案各序首一句爲各詩根柢，下文皆命首句之意，故先儒謂《首序》，作於子夏，餘皆毛公增補，今觀《首序》簡當精約。蓋古人有詩即有題，或國史標注，或掌故記識，曾經聖人刪正，決非苟作。"

6. 鄭樵《六經奧論》曰："詩之《下序》，序所作爲之意，其辭顯者其序簡，其辭隱者其序備。其善惡之微者，序必明著其跡，而不可以言殫者。其亦闕其目而已。"

以上六種說法，對於《毛序》共立小、大、前、後、古、續、首、下八個名稱，關於這一點，姚際恒曾論述道：

> 世以發端一二語謂之《小序》，以其少也；以下續申者謂之《大序》，以其多也。又有以《小序》爲古序、前序，《大序》爲後序，今皆從之。《鄭譜》所謂《大序》，今所謂《小序》也；所謂《小序》，今所謂《大序》也。今不用其說。（《古今僞書考》）

姚氏在這裡解釋了其所以叫做《大序》《小序》的原因，但是他還不知道有續序、首序、下序等名稱。古、續、前、後、首、下等等，都是根據其時間的先後而定的。而且，《鄭譜》以《關雎》爲《大序》，《葛覃》以爲《小序》，並不是以《小序》爲《大序》，《大序》爲《小序》；其所以如此，這是根據字數的多少而定的，這雖然與衆說相反，但是唐宋諸儒，從之的還很多（如成伯璵、程伊川、李樗、黄櫄、范處義等皆是），只是後來很少采用罷了。以上這些說法，多認爲《毛序》有大小之別，即是程頤、郝敬諸人意思也是如此，只有《釋文》說："今謂此序……總論詩之綱領，無小大之異"，這一說法最有見地。

我覺得：

第一，其所以叫做《大序》《小序》，主要是根據字數的多寡而定，當然，《關雎》之序，長達三百五十七字，較之於《葛覃》等序，字數固然較多，叫做《大序》，似無不可。可是如《六月》之《序》，也有二百一十九字，文字也很多，把這也叫做《小序》，那就不很妥當了。

第二，既然認爲《關雎》爲大序，《葛覃》以下爲小序，可是《關雎》《葛覃》序中又各有《大序》《小序》，真所謂樊然淆亂，愈區分愈糊涂了。

第三，有很多詩篇的序中，只有《小序》而無《大序》，如"《斯干》，宣王考室也""《無羊》，宣王考牧也"等；也有些大小之分很不明顯的，如《關雎》之類（説詳後），可見要強分大小是很困難的，所以我認爲應當從《釋文》的説法，取消大、小序之分。

我們現在再從大、小序的起訖來説明這一點。關於這個問題，以往的學者大約共有五種説法，而對《關雎》一序中大、小序的起訖則有四種。

## （一）《小序》

1. 《釋文》引舊説云："起此（《關雎》，后妃之德也）至'用之邦國焉'……謂之《小序》。"

2. 《葛覃》以下爲《小序》。（《毛詩》《李黄集解》李樗曰："詩皆有序，獨《關雎》爲最詳，先儒以謂《關雎》爲大序，《葛覃》以下爲小序"。案：此《鄭譜》説：詳前）

3. 范處義《詩補傳·明序》篇："《小序》一言國史，記作詩者之本義也。"（古序、首序、前序略同此）。

4. 朱子《詩序辨》説："《小序》，自'《關雎》，后妃之德也'至'教以化之'，又自'然則《關雎》《麟趾》之化'至'是《關雎》之義也'。"（案：朱子《詩序辨》説惟《關雎》有大序、小序，《關雎》以下各篇皆只小序）

5. 游儆所記朱子之一説："詩序起'《關雎》后妃之德也'至'教以化之'。"（見《朱子語類》卷八十及朱鑒《詩傳遺説》二，《序辨》）

## （二）《大序》

1. 《釋文》引舊説云："自'風，風也'訖末，名爲《大序》。"

2. 《十一經問對》："《大序》者，《關雎》之序也。《小序》者，各篇之序也。"（參考李樗説）

3. 范處義《詩補傳》："《小序》一言……之下，皆《大序》也，亦國史之所述。"（續序、下序、後序略同此）

4. 朱子《詩序辨》説："《大序》，起'《詩》者志之所之也'至'詩之至也'。"

5. 范家相《詩瀋》卷三："'風，風也'至'王化之基'爲《大序》。"

(又云："篇末《關雎》樂得淑女……云云，乃《小序》中之後序"。與朱子異）

以上五種說法，劃分大、小序的起訖既各不相同，而朱子一人的意思亦前後各異，由此可見強立大、小序名稱的弊端了。《關雎》一序，《釋文》舊說所劃分的，朱子二說皆不從，而范處義《詩補傳》又說："《關雎》后妃之德也，謂之《小序》，自'風之始也'以後，謂之《大序》。"又立一說。《關雎》一序中大、小序之起訖，即有四種說法，聚訟紛紜，莫衷一是，可見要強立名目加以區別，那是很困難的。崔述說："余案《詩序》自'《關雎》后妃之德也'以下，句相承，字相接，……章法井然，首尾完密，此固不容別分爲一篇也。……由是言之，序不但非孔子、子夏所作，而亦原無大小之分，皆人自以意推度之耳。"又說："余按序之首句，與下所言，相爲首尾，斷無止作一句之理。至所云'刺時''刺亂'者，語意未畢，尤不可無下文，則其出於一人之手無疑也。由是言之，序本無大小之分也。"確是如此，例如《大雅·行葦序》首句云："忠厚也"。《既醉序》首句云，"太平也"。語意都沒有完畢，一定要有下文，決不會故意只作一句等待後人去續。而且如果真有續序的人，那麼在《斯干》《無羊》等序之下，爲什麼又沒有人去續呢？朱子《漢廣詩序辨說》曰："先儒嘗謂《序》非出於一人之手，此其一驗。但首句未必是，下文未必非耳。蘇氏乃例取首句而去其下文，則於此類兩失之矣。""首句未必是，下文未必非"，可見強立大、小、古、續、前、後、首、下等名稱是不必要的。所以我認爲應當采取《釋文》的說法，取消大、小序的區分。

至於毛序的作者是誰，說法尤其紛歧，一直到現在還沒有定論。尊序的以爲是孔子、子夏所作，詆序的以爲"村野妄人所爲"，綜合前人的論述，大約有十六種說法。

1. 孔子所作。鄭玄《毛詩·南陔白華華黍序箋》："孔子論《風》《雅》《頌》，……其義則與衆篇之義合編，故存。至毛公爲詁訓傳，乃分衆篇之義，各置於篇端云。"（案：成伯璵《毛詩指說》云："序者緒也，如繭絲之有緒，申其述作之意也。"亦與此義同。姚氏《古今僞書考》云："鄭玄且以《小序》爲孔子作"，本此。前人主張此說最力者，是范處義，說見《詩補傳明序篇》）

2. 子夏所作。王肅《家語七十二弟子解注》："子夏所序詩意，今之《毛詩序》是也。"（據貴池劉氏景宋蜀本《孔子家語》）《釋文·叙錄》："孔子最先刪詩，以授於子夏。子夏遂作序焉。"

3. 衛宏所作。《後漢書·儒林傳》："衛宏字敬仲，東海人也。……初，九江謝曼卿善《毛詩》，乃爲其訓。宏從曼卿受學，因作《毛詩序》，善得風雅之旨，於今傳於世。"

4. 子夏、毛公合作。《釋文》引沈重云："案《詩譜》意，《大序》是子夏作，《小序》是子夏、毛公合作。"（案：成伯璵云："子夏惟裁初句耳……其下皆是大毛公自以詩中之意而繫其辭也。後人見《序》下有注，又曰東海衛宏所作，事雖兩存，未爲允當。當是鄭玄於毛公《傳》下，即得稱《箋》，於毛公《序》末，略而爲注耳。毛公作傳之時，漢興已亡其六篇，但據亡篇之《小序》，惟有一句，毛既不見詩體，無由得措其辭也。又，高子是戰國時人，在子夏之後，當子夏之世，祭皆有'尸'，靈星之'尸'，子夏無爲取引。一句之下，多是毛公，非子夏明矣。"）

5. 子夏、毛公、衛宏合作。《隋書·經籍志》："先儒相承，謂《毛詩序》子夏所創，毛公及衛敬仲又加潤益。"

6. 漢之學者所作。韓愈《詩之序議》曰："子夏不序詩有三焉：知不及，一也；暴揚中冓之私，《春秋》所不道，二也；諸侯猶世，不敢以云，三也（案：此據楊慎《昇庵經說》引）。察夫《詩序》，其漢之學者欲自顯立其傳，因借之子夏，故其序大國詳，小國略，斯可矣。"（案，此據《毛詩李黃集解》李樗所錄引。又案，《昇庵經說》駁韓氏曰："韓公可謂失言矣！孔子親許子夏以可與言《詩》'。子夏猶云不及，豈誰宜爲哉？且子頑、宣姜中冓之私，生子五人，二爲諸侯，昭昭在人耳目，豈是《春秋》所不道？孔子既取之於《國風》，至子夏反爲之諱乎？至謂諸侯猶世。不敢以云，是爲史官懼人禍天刑之說也。豈齊南、晉董之筆乎？"（案，此對韓氏所說"其序大國詳、小國略"，並未駁辨。范處義、范家相也都駁韓氏說，但都不及楊氏。玆不具引）

7. 詩人之所。自作范家相《詩瀋》引王安石曰："《詩序》者，詩人所自制。"（案：《經義考》引無'者'字）《呂氏家塾讀詩記》引王氏曰："世傳以爲言其義者子夏也。《詩》上及於文王、高宗、成湯，如《江有汜》之美媵，《那》之爲禘成湯，《殷武》之爲禘高宗，方其作時，無義以示後世，則雖孔子亦不可得而知，況子夏乎哉？"

8. 國史、孔子所作。《二程遺書》卷十八："問《詩》如何學？曰：'只在《大序》中求。《詩》之《大序》，分明是聖人作'。……問詩《小序》何人作……曰：'序中分明言國史明乎得失之跡，蓋國史得詩於采詩之官，故知其得失之跡。如非國史，則何以知其所美所刺之人。使當時無《小序》，雖聖人亦辨不得'。"（《伊川先生語》四）"《詩小序》便是當時國史作。如當時不作，雖孔子亦不能知，況子夏乎？如《大序》，則非聖人不能作。"（第十九，

《伊川先生語》五）又曰："《詩大序》國史所爲，其文似繫辭，其義非子夏所能言也。《小序》國史所爲，非後世所能知也"。（第廿四：《伊川先生語》十）《吕氏讀詩記》引程氏曰："國史得詩必載其事，然後其義可知；今《小序》之首者也。其下則説詩者之詞也。"（案，《毛詩李黄集解》黄櫄曰："程氏謂《大序》仲尼所作，則未敢信也。《大序》之言，深得《風》《雅》之旨而其所以滋後世之異論者，以其言辭重複，前後失倫耳。若吾夫子爲之，必不若是也。……程氏之説無以加矣！予請推而廣之曰：《小序》國史之舊題，《大序》記夫子之言而非夫子所作。其餘《小序》，則漢儒之言或雜其間，如衛人以宣姜鶉鵲之不若，如貪而畏人若大鼠也之類，決非吾聖人之言"。（此與程氏説相同）

9. 孔子弟子、毛公、衛宏所作。蘇轍《詩集傳》曰："今毛詩之序，何其詳之甚也。世傳以爲出於子夏，予竊疑之。……豈必子夏爲之，其亦出於孔子，或弟子之知詩者與？然使誠出於孔氏也，則不若是之詳也，……其言時有反復煩重，類非一人之辭者，凡此皆毛氏之學，而衛宏之所集録也。……故予存其一言而已，……以爲此孔子之舊也。"（案：《毛詩李黄集解》李樗曰："《毛詩》所傳亦非成於一人之手。……《詩》之《序》多有重複者，惟《關雎》爲尤甚。"黄櫄曰："李迂仲以蘇氏之説爲當，李氏亦以《隋志》説爲深得之。"

10. 孔子、毛公所作。王得臣《麈史》曰："《詩序》……蓋出於孔子，非門弟子所能與也。若'《關雎》，后妃之德也'；'《葛覃》，后妃之本也'；此一句孔子所題，其下乃毛公發明之。"

11. 村野妄人所作。鄭樵《詩辨妄》："《詩序》……皆是村野妄人所作。"（《朱子·全書詩綱領》引。）

12. 山東學究所作。朱子："《小序》，漢儒所作，有可信處絕少。《大序》好處多，然亦有不滿人意處"。又："看來《詩序》只是個山東學究等做，不是老師宿儒之言"。又："《詩小序》或是後漢衛宏所作，《大序》亦不是子夏作。"（案，朱鑒《詩傳遺説》二《序辨》引。《語類》卷八十云，"某又看得亦不是衛宏一手作"）

13. 毛公門人記師説者。曹粹中《放齋詩説》："《毛傳》初行之時，猶未有序也。意毛公既託之子夏，其後門人互相傳授，各記其師説，至宏而遂著之，後人又復增加，殆非成於一人之手，則或以爲子夏，或以爲毛公，或以爲衛宏，其勢然也。"（《宋史·藝文志》曹粹中《放齋詩説》三十卷）

14. 秦漢經師所作。范家相《詩瀋》："鄭氏謂《大序》子夏所作，今詳其文義，牽合聯綴，實雜出於秦漢經師之手，非一人所作也。"（卷三《關雎序》下。）

15. 經師所傳、弟子所附者。《四庫總目提要》："今參考諸說、定序首二語爲毛萇以前經師所傳。以下續申之詞爲毛萇以下弟子所附。"（案，范家相謂序作在毛公前，曹粹中謂序作在毛公後，此合上兩說者）

16. 劉歆、衛宏所作。康有爲《新學僞經考》："考《毛詩·大序》，以《風》《大雅》《小雅》《頌》爲四始，與三家《詩》不合，……又三《頌》不知據魯、新周、故宋之義；至於《小序》……於《史》有《世家》者，皆傅之惡諡，至魏、檜之無《世家》者，則但以爲刺其君、其大夫，而無一諡號世次之可附會。又'《漢廣》，德廣所及''《白華》，孝子之潔白''《崇丘》，萬物得極其高大，《雨無正》，'衆多如雨而非所以爲正'之類，皆望文生義，一味空衍，……則《大序》及《小序》初句爲劉歆所僞，其餘則衛宏所潤飾，不特非子夏作，亦非劉歆作矣？"（卷十《經典釋文糾謬》）

鄭玄認爲毛序是孔子所作，但他卻沒有更多的道理與論據使人信服，所以後來又有些人以爲是子夏所作。至唐成伯璵、韓愈又一變此說，認爲並非子夏所作。到了宋代，王安石更認爲雖孔子亦不得而知，於是主張序是詩人自制，國史所傳，後經孔子寫定。但是《毛序》多重複疊見、雜取傳記、附會書史、隨文生義、不合情理、妄作美刺、強立分別、自相矛盾的地方，所以又多以爲經師弟子所傳，（如蘇轍、王得臣、曹粹中、范家相等以爲毛公，衛宏兩人所作的都是如此主張）更有以爲是"村野妄人"所爲的。直到清代以後，雖然間或仍有以爲子夏所作者（如朱彝尊、錢大昕等人，說詳後），然而究竟因爲《毛序》的毛病彰彰在人耳目，所以崔述、魏源等詆之於前（說詳下），至康有爲乃更以爲劉歆所僞託。前人論述《毛序》作者的過程大致是這樣的。究竟誰是誰非，下面我們更來作進一步地探討。

關於以《毛序》爲詩人自製的這一種說法，前人批評的約有三說：

1. 晁公武說："《詩序》……至王介甫獨謂詩人所自製。案，《韓詩序·芣苢》曰'傷夫也'，《漢廣》曰'悅人也'；序若詩人所自製。《毛詩》猶《韓詩》也，不應不同若是。況文意繁雜，其不出於一人之手甚明。不知介甫何以言之？"（晁公武《郡齋讀書志》）

2. 范家相說："王安石曰：'《詩序》者詩人所自製。'此妄談也。古人之詩，豈必如今人先命題而作乎？"（《詩瀋·詩序》四）

3. 姚際恒說："王安石且以《小序》爲詩人自製，益可笑矣。"（《古今僞書考·詩序》）

詩人無先作序之事，也無篇篇作序之理；而且序意繁雜，其詞又不類三代之文，加之四家傳授，迥不相同。因此，我們可以肯定地說，《毛序》絕不是詩人自製，王安石的説法是錯誤的。

關於認爲《毛序》是國史所傳、孔子所作的這一説，前人評論的約有四家：

1. 朱子説："國史明乎得失之跡，這一句也有病。《周禮》《禮記》中，史並不掌詩，《左傳》説自分曉。以此見得《大序》亦未必是聖人作，《小序》更不須説。"（《語類》卷八十）

2. 范家相説："程子曰：'《大序》文似《繫辭》，分明是聖人作。'范處義曰，'觀《賚》序合於《論語》，《都人士序》合於《緇衣》《柏舟》《淇澳》諸篇，合於《孔叢》者二十，以是知爲孔子之言。'不知此皆經師之守而不失其傳者耳。子夏尚不序詩，何得舉而屬之孔子！"（《詩瀋·詩序四》）

3. 黃以周説："《詩》有四家：《毛詩》有序，《齊詩》《魯詩》不聞有序，《韓詩》之序，又不與《毛》同，如《詩序》出自國史、孔聖，則齊、魯二家，當與正經並傳，不應刪削序説，《韓序》亦當與《毛》合一，不應別生異議，何以《關雎》一篇，《毛詩序》以爲美，而三家皆以爲刺乎？《芣苢》《汝墳》諸篇，《韓》《毛》兩序説不歸一乎？謂《詩序》出於國史、孔聖者，可以知其非矣！"（《經説略》一）

4. 崔述説："夫《論語》所載孔子論《詩》之言多矣！若《關雎》章，《思無邪》章，'誦詩三百'，以及'興觀群怨'《周南》《召南》等章，莫不言簡意賅，義深詞潔，而《詩序》獨平衍淺弱，雖有精粹之言，亦多支蔓之語，絕與《論語》之言不類，豈得強屬之孔子？至於各篇之序，失詩意者甚多，其文亦殊不類三代之文。"（《讀風偶識》卷一）

國史不掌《詩》，朱熹指出這一點是非常重要而且正確的。其次，《小序》不像三代的文字，意思又很空洞，有經可據者則直指其人，否則只略言其意（參看鄭樵《詩辨妄》説），這也是國史不作《詩序》的明證。再次，所謂《關雎大序》，重複最甚，又多襲用《樂記》之言，而且用之不得其當，（熊氏《經説》："《詩大序》多引《樂記》，其中異處，亦《樂記》爲得其當，作《詩序》之人，必出於《禮記》已傳之後。"）根據《樂記》與《論語》來看，已可斷定《毛序》非孔子所造，再證之以四家之傳授各異，更可信而無疑。

對於認爲毛序是子夏所傳這一説法，前人駁倒這一説也有三人：

1. 鄭樵説："設如子夏所傳之序，因何齊魯間先出，學者却不傳，反出於

趙也？《序》既晚出於趙，於何傳此學？"（據顧輯本《詩辨妄》）

2. 范家相説："《漢志》但云《毛序》自謂出於子夏所傳，未嘗謂是子夏所作也。即毛公亦不言子夏所序，其曰傳者，不過經師之遞相傳授云爾也。其間聞見異詞，記錄舛錯，故得失時見，豈子夏筆之於書以授學者哉！如毛公謂是子夏所作，何不明標子夏之名，如標孟仲子、高行子之文乎？是《詩小序》非子夏所作，即《大序》亦非出自西河之手無疑。"（《詩瀋·詩序一》）

3. 崔述也説："子夏之門人在魯者不乏矣！齊魯既傳其詩，亦必並傳其序，何以齊魯之詩，均不知有此序，而獨趙人乃得之乎？（《讀風偶識》一）

子夏不曾序詩，成伯璵、韓愈已有論述，序中説大國詳，説小國略，記錄舛錯，得失互見，襲用諸書之言，而且多支蔓之詞，這些都是很明顯的證明。鄭樵、范家相、崔述他們又從傳授的角度上加以論證，更可以見此説之不能成立。但是在清儒也還有深信是子夏所作的，如：

1. 朱彝尊説："惟《毛詩》之序，本乎子夏。子夏習《詩》而明其義，又能推原國史，明乎得失之故。試稽之《尚書》《儀禮》《左氏》内外傳、《孟子》，其説無不合。……惟其《序》作於子夏，子夏受《詩》於高行子，此《絲衣序》有高子之言，又子夏授曾申，申授李克，克授孟仲子，此《維天之命》注有孟仲子之言。皆以補師説之未及，毛公因而存之不廢。"（《詩論》二）

2. 錢大昕説："《孟子》説《北山》之詩云，'勞於王事而不得養父母'，即《小序》説也。唯《小序》在《孟子》之前，故《孟子》得引之。漢儒謂子夏作，殆非誣矣。"（《十駕養新録·詩序》）

大約傳授《毛詩》之學的，莫不以《詩序》乃子夏所作，以上二説不過是其中較重要的論調，魏源曾批評他們説："據孟子'勞於王事不得養父母'爲《孟子》之用《小序》，《緇衣》篇'長民者衣服不貳，從容有常'爲公孫尼子之用《小序》，則不如據《論語》'《關雎》樂而不淫，哀而不傷'爲夫子用《小序》之爲愈也。"（《詩古微·齊魯韓毛異同論》）我們一看魏源的説法，就可以知道錢氏之説是錯了的。康有爲《新學僞經考》中曾根據許多證明立十五論據以論斷《毛詩》傳授之僞，高行子、孟仲子都是僞託的人。朱氏之説法也是不足信的。《鄭箋》以序爲孔子作，而沈重按《詩譜》却又以爲子夏、毛公合作，因知鄭玄對於《毛序》的作者，已不能有定論。以爲孔子作固不可信，以爲子夏作也無明據，傳《毛詩》的鄭玄尚且如此，《序》不是子夏作是可想見的。

對於認爲毛序是毛公所作的這一説法，前人論之者約有二：

1. 邱光庭説："先儒言《詩序》並《小序》子夏所作，或曰毛萇所作，明曰，非毛萇所作也。何以知之？按《鄭風‧出其東門序》云：'民人思保其室家'。經曰：'縞衣綦巾，聊樂我員'。《毛傳》曰：'願其室家，得相樂也'。據此《傳》意與《序》不同。自是又一取義也。……"（《兼明書》）

2. 曹粹中説："'羔羊之皮，素絲五紽'。《毛傳》謂'古者素絲以英裘，不失其制；大夫羔裘以居'。其説如此而已。而《序》云：'在位皆節儉正直，德如《羔羊》。'且以退食爲節儉，其説於康成，毛無此意也。'維鵲有巢，維鳩居之'。《毛傳》謂'鳩不自爲巢，居鵲之成巢'，其説如此而已。而《序》云：'德如《鳲鳩》，乃可以配焉'。'君子偕老，副笄六珈'。《毛詩》云：'能與君子偕老，乃宜居尊位，服盛服'。而《序》云：'故陳人君之德，服飾之盛，宜與君子偕老，'則與《傳》意先後顛倒矣。《序》若出於毛，亦安得自相違戾如此。要知《毛傳》初行之時，猶未有《序》也。"（據《經義考》引）

毛公爲詩作傳，但未曾解釋《詩序》，尤其是《毛傳》與《序》時時自相違戾，這便是《序》非毛公所作的鐵證。邱、曹二人曾列舉《出其東門》《羔羊》《鵲巢》《君子偕老》四詩爲證，其實，像這樣的地方還很多，我們姑且再舉十條來進一步的證明：

甲、《關雎序》云，"憂在進賢，……思賢才"。《傳》云，"后妃有關雎之德，乃能共荇菜，備庶物，以事宗廟也。"《傳》無進賢、思賢之意，與《序》不合。此其一。

乙、《葛覃序》云："后妃在父母家，則志在於女功之事。"《傳》云："大夫命婦……庶士以上各衣其夫。……父母在則有時歸寧耳。"（陳奐謂爲箋語竄入，非是）《傳》無在父母家之意。此其二。

丙、《芣苢序》云："和平則婦人樂有子矣"。傳云："芣苢，……車前也，宜懷妊焉"。車前不是宜懷妊的，《毛傳》説是錯的。但是《毛傳》並沒有"樂有子之義'，《序》承襲了《傳》的錯誤，而又不合。此其三。

丁、《采蘋序》云："大夫妻能循法度也"。《傳》云："古之將嫁女者，必先禮之於大宗室。"《傳》之所言，"大夫女學祭事也。"（參《詩本誼》）無大夫妻之義，與《序》不合。此其四。

戊、《小星序》云："夫人無妒忌之行，惠及賤妾。"《傳》云："命不得同於列位也。"如《傳》以爲"夫人賤妾"，不得説"同於列位"，是《傳》還知道《小星》是奉使言勞的詩，而《序》所云却全錯了。此其五。

己、《静女序》云："刺時也。衛君無道，夫人無德。"《傳》説："既有静德，又有美色，可以配人君也。"《傳》無刺時之義，而且與《序》意"無道無德"意義相反。此其六。

庚、《竹竿序》云："衛女思歸也。適異國而不見答。"《傳》云："舟楫相配，得水而行；男女相配，得禮而備。"無'不見答'之義，與《序》不合。此其七。

辛、《東方之日序》云："君臣失道，男女淫奔，不能以禮化也。"《傳》云："日出東方，人君明盛"，顯然不是失道之謂。又云："姝者初昏之貌"。也不是"淫奔"之謂。《傳》與《序》之意顯然相反。此其八。

壬、《綢繆序》云："國亂則昏姻不得其時焉"。《傳》云，"男女待禮而成……三星在天，可以嫁娶。"《傳》意謂得其時，與《序》所云正相反。此其九。

癸、《無衣序》云："刺用兵也。秦人刺其君，……不與民同欲。"《傳》云："上與百姓同欲，則百姓樂致其死。"《傳》釋詩無刺義，與《序》不合。此其十。

此外還有：《摽有梅序》言"男女及時也"，《傳》云"今急辭也，不待備禮"。《葛屨序》言"其君儉嗇褊急"，《傳》云"婦人三日廟見，至門，夫揖而入"。都是《序》《傳》不相合的例子。《序》如真出於毛公，絕不至與《傳》互相矛盾如此。然而又有人以此為陳古刺今（如《東方之日》等），其實這都是說不通的，難道《傳》皆"陳古"而《序》獨"刺今"嗎？總之，《序》非毛公所作，而且也不是毛公以前秦漢經師所作，我們從《毛詩傳序》不相應這一點也可以看出來的。崔述說："如謂為子夏、毛公所作，則《史》《漢》傳說從無一言及之。"這也是一個有力的證據。

對於認為《毛序》是衛宏所作這一說法，前人評論它的約有四：

1. 范處義說："子夏尚未必為《詩序》，則謂毛、衛潤色者，何足信也？"（《詩補傳·明序篇》）

2. 朱彝尊說："論者多謂序作於衛宏。夫《毛詩》雖後出，亦在漢武帝時，《詩》必有《序》而後可授受，韓、魯皆有序，《毛詩》獨無序，直至東漢之世，俟宏之序以為序乎？"（《詩論》二）

3. 范家相說："《毛序》行於新莽之世，去敬仲已百數十年，立之學官，流傳天下久矣？敬仲以一人之私見，起而更益之，其誰肯信？且漢時最重師傳，……宏烏能明目張膽以作為偽哉？況毛公本古序以作傳，使宏偽序，寧不與傳相左？……康成與宏略相先後，豈有不知？而以宏之言為子夏之言者？其理甚明，予謂宏與賈徽同受業於曼卿之門，使宏作偽，徽等豈肯聽之？"（《詩瀋》卷三《衛宏》）。

4. 黃以周說:"《鄭箋·十月之交序》云:'刺幽王當言刺厲王,作詁訓《傳》時,移其篇第,因改之耳。……'鄭君與衛宏時代不甚遠,豈衛宏作《序》,鄭君有及知,而忘爲斯説乎!且范書言宏作《序》,别爲之《序》耳,非今之《詩傳》也。是猶鄭君序《易》,非《十翼》之《序卦》。馬融《書序》,非古百篇序也。則謂《詩序》作自衛宏者,尤不可信矣。(《經説略》二)

范處義認爲《毛序》乃孔子所作,因而斷定衛宏不曾作《詩序》,他是誤認《序》爲孔子作。朱彝尊、范家相、黄以周三人,論述《毛序》不是衛宏作的,是有道理的,但是論證還不夠。《毛序》不是衛宏所作,也不是子夏、毛公所制,專以鄭玄的話爲據,還不能完全説明問題。其可疑處,我覺得還有三點:

第一,王引之《經義述聞》説:"《詩》《書》之有序,或别爲一卷,或分冠篇首。《志》云,'《詩經》二十八卷,魯、齊、韓三家'。……此蓋以十五《國風》爲十五卷,《小雅》七十四篇爲七卷,《大雅》三十一篇爲三卷,三《頌》爲三卷,合爲二十八卷,而以《序》分冠篇首者也。"(案:《三家詩》實合《邶》《鄘》《衛》爲一卷,分《周頌》爲三卷,《魯頌》《商頌》各爲一卷。參看《詩三家義集疏》)《志》又曰:"《毛詩》二十九卷,此蓋以《序》别爲一卷,次於二十八卷之後者也"。(伏生《尚書二十九篇説》)陳奐《毛詩傳疏序》也説:"《序》别爲一卷,故二十九卷。"(王先謙《漢書補注》説同此)《詩》《書》之《序》,既或别爲一卷,《毛詩》二十九卷,當本連《序》而言,由此可知當劉歆《七略》時,《毛詩》已有序了。這可見《毛序》不是出於衛宏之手,此其一。

第二,《後漢書·儒林傳》曰:"宏從曼卿受學,因作《毛詩序》,……後從大司空杜林更受《古文尚書》,作《訓旨》。"《儒林傳》説宏曾治《詩》《書》,没有説他曾治《左傳》。可是《詩序》却多同《左氏》,其謬誤之處,如《墻有茨》之以公子頑通乎君母,《新臺》之刺衛宣公納伋之妻,與《左傳》正同。(詳見《詩瀋》卷五、卷六,《讀風偶識》卷二)《關雎序》言國史明乎得失之跡,每篇之序也多以美刺爲説。衛宏不曾治《左傳》,然而作序者却明於《左傳》,衛宏不曾治《春秋》,然而作序者却喜言褒貶美刺。如《毛序》果是出於衛宏之手,一定不會這樣的。此其二。

第三,《後漢書·儒林傳》又説,"宏從大司空杜林更受《古文尚書》,作《訓旨》。"《毛序》如果是宏所作,則其雜取傳記,應多本於《尚書》。然而事實並不是這樣,其所取除《左傳》而外,以《禮記》爲最多(詳下),《關雎序》襲《樂記》,《都人士序》襲《緇衣》;而"詩有六義",出於《周官》。

(此三者葉夢得説，詳見下）《蒹葭序》言，"未能用《周禮》"，只有《鴟鴞》一序，略本於《金縢》耳。（此亦葉氏説，詳見下）《序》取材《尚書》的很少，而取《禮記》《周禮》者却很多，這也可見《詩序》並非出於衛宏之手。此其三。

根據以上所述，加之，鄭玄去衛宏的時代不遠，賈徽與宏一同受業，他們都没有提及此事，可知毛序絶非衛宏所作。

至於認爲《毛序》乃毛公門人各記師説，或爲經師所傳而弟子所附者，因《序》與《傳》常不一致，也不足信。康有爲《後漢書儒林傳糾繆》曰："《毛詩》僞作於歆，付囑於徐敖、陳俠，傳授於謝曼卿、衛宏；《序》作於宏，此傳最爲實録。然首句實爲歆作，以其與《左傳》相合也（《僞經考》卷九）。他以爲《序》乃衛宏所作不足信，却還近於事實。不過劉歆以一人之力，未必能僞造群書，我想作序的人應當是當時的一些古學之徒，依據僞《毛傳》而制作《毛序》的。西漢時博士分立，一家增置，餘家怨望，如孟喜明改師法，竟立學官；張霸僞造《百兩》，也不治其罪過；可見當時作僞的人很多，當不止劉歆一人，康氏説《毛序》首句乃劉歆作，不如説是劉歆之黨徒所作。總之，韓愈説"其漢之學者，欲顯立其傳，因借之子夏"，這一説法最近事實。

鄭樵説："《詩序》皆是村野妄人所作"，這話好像太過，但是實在有些地方足以證明鄭氏並非漫罵。現總結前人所論爲十點，並加以申述，以證明《毛序》之謬妄：

其一，雜取傳記。葉夢得説："《序》有專取諸書之文而爲之者。……'詩有六義，一曰風，二曰賦，三曰比，四曰興，五曰雅，六曰頌'。其文全出於周官。'情動於中而形於言，言之不足，故嗟嘆之'。其文全出於《禮記》。'成王未知周公之志，公乃爲詩以遺王'。其文全出《金縢》。'高克好利而不顧其君，……高克奔陳'。其文全出於《左傳》。'微子至於戴公，其間禮樂廢壞'。其文全出於《國語》。古者'長民衣服不貳，從容有常，以齊其民'。其文全出於《公孫尼子》，則《詩序》之作，實在數書既傳之後明矣。"我們現在看來，《毛序》用《左傳》的地方，如《卷耳序》言"求賢審官"，及莊姜、宣姜、許穆夫人、鄭莊、鄭忽、齊文姜諸詩，比較最多。其次是《禮記》，《采蘩》"夫人不失職也"。《采蘋》"大夫妻能循法度"，皆本《射義》爲言。《潛》詩則全襲《月令》，最爲"顯露弊竇"。（姚際恒《詩經通論·論旨》："詩序庸謬者多，而其謬之大及顯露弊竇者，無過《大雅·抑》詩，《周頌·潛》詩，……《潛》詩則全襲《月令》，故知其爲漢人。"）其餘同於《論語》《孟子》的也不少。(范處義曰:"論語曰:'周有大賚,善人是富'。此夫子記周家之政也。而與《賚》之序同。《關雎序》亦有采自《論語》,《北山序》同《孟子》。"說見前)此皆《毛序》之雜取傳記者,若《卷耳》《采蘋》諸序(詳下),其錯誤更顯而易見。

其二,疊見重複。葉夢得曰:"'《載馳》之詩,許穆夫人作也。憫其宗國顛覆矣,又曰衛懿公爲狄人所滅'。《絲衣》之詩,既曰'釋賓尸矣'。又曰,'靈星之尸',此蓋衆説並傳,衛氏得善辭美意,並錄而不忍棄之。此吾所謂雜取諸書之説而重複互見也。"我們更看《關雎》的序,語多重複。《江有汜序》,語意三截,至疑非一人之詞。(王先謙曰:"推究序文,語意三截,且如《毛詩》,末章嘯歌,義不可通,知《序》之不出於一人。")其錯誤也可以想見。(參看《毛詩李黃集解》李樗説)

其三,隨文生義。朱子説:"《小序》大無義理,皆是後人杜撰,多就《詩》中詩采摭言語,更不能發明《詩》之大旨。才見有'漢之廣矣'之句,便以爲'德廣所及';才見有'命彼後車'之言,便以爲不能'飲''食''教''載';《行葦》之序,但見'牛羊勿踐',便謂'仁及草木';但見'戚戚兄弟',便爲'親睦九族';見'黄耇台背',便謂'養老';見'以祈黄耇',便謂'乞言';見'介爾景福',便謂'成其福禄'。隨文生義,無復理論。"其實,《序》的隨文生義,《漢廣》而外,以《雨無正》爲最(此鄭樵説)。康有爲也説:"《白華》孝子之潔白,《崇丘》萬物得極其高大,《雨無正》衆多如雨而非所以爲正之類,皆望文生義,一味空衍。"(朱子《白華詩序辨説》:"此序尤無理。")此類甚多,不可枚舉(如以《將仲子》爲祭仲,"維暴之云"爲刺暴公皆是)。

其四,附經爲説。葉夢得説:"《騶虞》之詩,先言"人倫既正,朝廷既治,天下純被文王之化",而復繼之以"蒐田以時,仁如騶虞,則王道成"。《行葦》之詩,先言周家忠厚,仁及草木,然後繼之以"内睦九族,外尊事黄耇,養老乞言",此又吾所謂委曲婉轉,附經而成其義也。"我們再看:《螽斯》的序,説"若螽斯不妒忌,則子孫衆多也"。《褰裳》的序,説"狂童恣行,思大國之正己也"。《蕩》序,説"天下蕩蕩,無綱紀文章"。皆附會詩句作解釋。此類亦多,不必具舉。

其五,曲解詩意。《毛序》之不合詩意的地方,觸目皆是,《小星》一詩,本是奉使言勞之詩。而《序》以爲"夫人惠及賤妾"。洪邁《容齋三筆》説"《詩序》不知何人所作,或是或非,前人論之多矣。惟《小星》一篇,顯爲可議。……諸侯有一國,其宮人嬪妾,雖云至下,固非閭閻賤微之比,何至抱衾而行。……其説可謂陋矣!"《毛詩·終風》的《序》説:"莊姜傷己也,遭州吁之暴"。朱子説是:"詳玩詩詞,有夫婦之情,未見母子之意。"《雄雉》的《序》説:"刺衛宣公也,淫亂不恤國事。"姚際恒説:"篇中無刺譏淫亂之意"。這都是《序》與詩意不合的地方,其他妄生美刺,附會書史的,大多數是如此。

其六,不合情理。朱子説:"《卷耳》之《序》,以求賢審官,知臣下之勤勞,為后妃之志事,固不倫矣。況《詩》中所謂'嗟我懷人',其言親昵太甚,寧后妃所得施於使臣者哉!《桃夭》之詩,謂婚姻以時,國無鰥民,為后妃之所致。而不知其為文王刑家及國,其化固如此,豈專后妃所能致耶!"這都是《序》的不合情理的地方。《序》中措詞也多如此,如謂"若螽斯之不妒忌"。(歐陽修《詩本義》説,"詩人安知其心不妒忌。")"德如鳲鳩乃可以配""節儉正直德如羔羊"。(方玉潤曰:"羔羊亦何節儉正直之有。")皆極不近情理,難怪鄭樵謂"為村野妄人所作"。

其七,妄生美刺。朱子説:"變《風》諸詩,未必是刺者,皆以為刺;未必是言此人,必附會以為此人。《桑中》之詩,放蕩留連,止是'淫'者相戲之辭,豈有刺人之惡,而反自陷於流蕩之中。《子衿》詞意輕儇。亦豈刺學校之辭?《有女同車》等,皆以刺忽而作。鄭忽不娶齊女,其初亦是好的意思,但見後來失國,便將許多詩盡為刺忽而作。考之於忽,所謂淫昏暴虐之類,皆無其實。至遂目為"狡童",豈詩人愛君之意?況其所以失國,正坐柔懦闊疏,亦何狡之有?幽、厲之刺,亦有不然。《甫田》諸篇,凡詩中有詆譏之意者,皆以為傷今思古而作。其他謬誤,不可勝説。"更何況《雄雉》《匏有苦葉》諸詩的非刺衛宣,《伯兮》《有狐》的並非刺時,直見《序》之妄生美刺。朱子説是:"未必是刺者,亦皆以為刺",這話是十分正確的。

其八,自相矛盾。《毛詩李黃集解》李樗説:"《魚麗》之詩,既以為'文武以《天保》以上治內。《采薇》以下治外,始於憂勤,終於逸樂'。《常棣》之詩又曰:'閔管、蔡之失道,故作《常棣》焉'。此又成王之詩也。"朱子《常棣詩序辨説》曰:"序得之,但與《魚麗》之序相矛盾。"我們更看:《北門序》説:"刺仕不得志也。"又説:"言衛之忠臣,不得其志爾",那就不是刺一般的仕。《靜女序》説:"刺時也,衛君無道,夫人無德。"也不是刺一般的時。他如《抑》詩《序》説:"衛武公刺厲王亦以自儆也。武公不與厲王同時,二義不能並存。(説詳朱子《辨説》)《野有死麕序》説:"天下之亂,強暴相陵,遂成淫風"。又説:"被文王之化,雖當亂世,猶惡無禮也"。成淫風則非惡無禮。二義也不能兼有。以上都是自相矛盾的例子。歐陽修《詩本義》

也説："'《詩序》失於二《南》者多矣！⋯於《芣苢序》則曰：天下和平，婦人樂有子。於《麟趾序》則曰：《關雎》化行天下，無犯非禮者。於《騶虞序》則曰：'天下純被文王之化'。既曰如此矣。於《行露序》則反有'強暴之男侵陵貞女而争訟'。⋯⋯據《野有死麕序》則又云：'天下大亂，強暴相陵，遂成淫風，惟被文王之化者，猶能惡其無禮也。'其前後自相牴牾，無所適從。"

其九，附會書史。朱子《柏舟詩序辨説》："詩之文意事類，可以思而得，其時世名氏，則不可以強而推。⋯⋯若爲《小序》者，⋯⋯不知其時者，必強以爲某王某公之時；不知其人者，必強以爲某甲某乙之事。於是附會書史，依託名諡，鑿空妄語，以誑後人。⋯⋯且如《柏舟》，⋯⋯今乃斷然以爲衛頃公之時，⋯⋯蓋其偶見此詩冠於三衛變《風》之首，是以求之春秋之前，而《史記》所書。⋯⋯獨頃公有賂王請命之事，其諡又爲甄心動懼之名，如漢諸侯王必其嘗以罪謫，然後加以此諡，以是意其必有棄賢用佞之失，而遂以此詩與之。⋯⋯凡《小序》之失，以此推之，什得八九矣。"朱子對於《雞鳴序》之附會哀公、《蟋蟀序》之刺僖公、《宛丘序》之刺幽公、《衡門序》之誘僖公，都以爲惡諡得之。（略，本鄭樵）這都是《毛序》附會書史之明驗。除此而外如：《式微序》説："黎侯寓於衛，其臣勸以歸也。"《旄丘序》説："責衛伯也，狄人迫逐黎侯，黎侯寓於衛。"崔述考訂這兩詩説："黎之失國，在魯文宣之世，鄧舒爲政之時，上距衛之渡河，已數十年，黎侯何由得寓於衛？衛亦安能復黎之國乎？其時不符，一也。黎在山西，衛在山東，而詩乃云'狐裘蒙茸，匪車不東'。方欲西歸，而反以不東爲解，豈非所謂北轅將適楚乎？其地不合。二也。且黎既失國，則其故土爲狄所據，黎侯安能歸國，而其臣乃勸之"。這也是《序》之附會書史而失實者。又如《擊鼓》一詩，《序》以爲衛州吁用兵暴亂，從公孫文仲將而平陳與宋，附會魯隱四年伐鄭之事。《揚之水》一詩，《序》以爲刺平王不撫其民而遠屯戍於母家，附會《史記》申侯與弑幽王之説，都不合於史實（詳見姚際恒《詩經通論》、崔述《讀風偶識》）。

其十，誤解傳記。崔述又説："《緑衣》以下四篇，《序》皆以爲莊姜之詩。《緑衣序》云：'衛莊姜傷己也。妾上僭，夫人失位，而作是詩也。'《日月序》云：'莊姜遭州吁之難，傷己不見答於先君，以至困窮也。'余按《春秋》傳文，絶無莊姜失位而不見答之事。桓公，戴嬀子也，而莊姜以爲己子，立以爲太子；非夫婦一體，安能得之於莊公。⋯⋯原序所以爲是説者，無他，皆由誤解《春秋》傳文，謂莊姜無子，由於莊公之不答。是以《碩人序》云：'莊姜賢而不答，終以無子'，豈盡在答與不答哉？"還有《將仲子序》説：

"刺莊公也，………祭仲諫而公弗聽，小不忍以至大亂焉。"鄭莊之於叔段，實在並無親愛之意，"避賢遠讒，任其自斃"。（此用馬其昶《毛詩學》語）並無小不忍之義。《載驅序》説："刺魯莊公也。……人以爲齊侯之子焉。"齊侯之子，是文姜的讒言，並不是真的"齊侯之子"也。這些都是誤解傳記的地方。雜取衆説，而又誤解，我們可以看出《毛序》的病痛實在是太多了。

《毛序》中的錯誤本來不勝枚舉，以上所説的不過是一些顯著的地方。鄭樵説"《詩序》村野妄人所作"，並不是故意驚世駭俗，事實原是如此。所以朱子雖屢説"序出於漢儒"，"斷然知《小序》之出於漢儒所作"（見《語類》卷八十），但終於説"當時只是個山東學究等人做，不是個老師宿儒之言"。因此我們可以認爲《毛詩》不必出於劉歆之手，只是當時的古學之徒所作的。

《毛序》之謬妄，從以上所述十點已可想見，茲更引章如愚的一段話再加説明，他説：

"《詩序》之壞詩，無異三傳之壞《春秋》。然三傳之壞《春秋》而《春秋》存，《詩序》之壞《詩》而《詩》亡。……且如二《南》之詩，……彼序《詩》者，乃以《關雎》《麟趾》之化，王者之風，繫之周公，《鵲巢》《騶虞》之德，諸侯之風，故繫之召公，謬妄之甚也。即以二《南》繫之二公，則遂以其詩皆爲文王之詩，見《關雎》《葛覃》婦人之詩，則遂以他詩亦皆出之婦人。文王一人，在《周南》則以爲王者，在《召南》則以爲諸侯；太姒一人，在《周南》則以爲后妃，在《召南》則以爲夫人，豈夫子正名之意乎？……其間大可怪者，如《小星》之詩，………此無疑其爲使臣勤勞之詩也。今其《序》乃曰：'夫人無妒忌之行，惠及賤妾，進御於君。'……不知進御於君，何用'肅肅宵征。夙夜在公'爲哉？又何用'抱衾與裯'而往乎？……《汝墳》……《殷其雷》……皆其'室家思見君子之辭，而'勉之以義''勸之以義'，吾未見其可也。既曰《召南》之國被文王之化，《兔罝》之武夫皆好德，又安得強暴之男侵陵貞女而致《行露》之訟，又安得'有女懷春，吉士誘之'，如《野有死麕》之辭？謂文王、太姒之化只及婦人不及男子，亦非也。況婦人果皆貞潔。則亦如漢上之女不可犯，安有'無感我帨，無使尨吠'之語？《序》於此，……委曲譚護，亦以勞矣！予謂不然，二《南》之詩，雖大概美詩，而亦有刺詩，……何以辨之？據《何彼襛矣》一詩可知矣。其曰……'何不肅雍？王姬之車！'詩人若曰：言其容色固如棠棣矣，汝王姬之車，何不肅雍乎？是譏之也。……觀此一篇之義，則二《南》之詩與夫三百篇，壞於《詩序》，闇昧磨滅，禮義殆盡矣！……嗚呼！齊女文姜嫁於魯，鳥獸之行，終以弒夫滅國，《春秋》屢書，爲戒萬世；彼則刺鄭忽云：'齊女賢而不娶'。齊桓之霸，正譏其無救衛之功，惟書'城楚丘'以譏之。彼則云：'齊桓公攘夷狄而封之，國人思厚報之。'若此之類，背理亂教爲甚，世人乃酷信之，《詩》烏得而不亡乎？然此無他，學者不深於《春秋》，故詩義無自而見，《詩序》無由知謬也。"（《山堂考索》）

朱子也説：

"今欲觀《詩》，不若且置《小序》及舊説，只將原詩虛心熟讀，徐徐玩味。候仿佛見個詩人本意，却從推尋將去，方有感發。如人拾得一個無題目詩，再三熟看，亦須辨得出來。若被舊説一句局定，便看不出。"又説："看詩不當只管去《序》中討，止當於詩辭中吟咏着，教活絡貫通方得。"（據《詩傳遺説》）

他主張廢《序》言詩，的確是有道理的。

馬端臨説：

"《詩》《書》之《序》，自史傳不能明其爲何人所作，而先儒多疑之。至朱子之解經，則依古今文析而二之，而備論其得失，而於《詩·國風》諸篇之《序》，詆斥尤多。以愚觀之，《書序》可廢而《詩序》不可廢。就詩而論之，《雅》《頌》之序可廢，而十五《國風》之《序》不可廢。……愚之所謂不可廢者，謂《詩》之所不言而賴《序》以明者耳。至詩之所已言，則《序》語雖工，不讀可也，況其鄙淺附會者乎？"（《文獻通考》）

馬端臨是力尊《毛序》的人，但他究竟也認爲《序》中有"鄙淺附會"之處，那麽今日學習《詩經》的人是應當怎樣去看待《毛詩序》，那就不言而喻了。

# 詩經選注

# (《國風·周南》)

## 一、關雎

關關①雎鳩②，在河③之洲④。窈窕⑤淑女，君子好逑⑥。
參差⑦荇菜⑧，左右流⑨之。窈窕淑女，寤寐⑩求之。
求之不得，寤寐思服⑪。悠⑫哉悠哉，輾轉反側⑬。
參差荇菜，左右采⑭之。窈窕淑女，琴瑟友⑮之。
參差荇菜，左右芼⑯之。窈窕淑女，鐘鼓樂之。

【注釋】

①關關：雎鳩鳴聲。《爾雅》云："音聲和也。"此處指雎鳩鳴聲，不必如《毛傳》解釋為"和聲也"。

②雎（音居）鳩：水鳥，《説文》作"鵙"，王先謙《三家詩義集疏》（下簡稱《三家》）引《禽經》："鵙鳩，魚鷹。"鵙鳩是大小如鷗的一種鷙鳥，《左傳·昭公十七年》："雎鳩氏，司馬也。"司馬是主兵的，可為證明。陳奐《毛詩傳疏》以為白鷺，近人或以為是鳩類，非是。

③河：朱熹《詩集傳》（下簡稱《朱注》）："北方流水之通名。"不一定是指黃河。

④洲：河中泥沙形成的小塊陸地。《説文》作"州"，《三家》："水中可居曰州。"

⑤窈窕：《廣雅·釋詁》："窈窕：美貌。"《方言》："美狀曰窈，美心曰窕。"窈窕是聰明美麗的樣子。

⑥逑：《毛傳》："匹也。"配偶。《三家》作"仇"；徐灝《通介堂經説》云："其正字當為'雔'。"《説文》："雔，雙鳥也。讀若疇。"

⑦參差：《王疏》："不齊一也。"長短不齊的樣子。孔穎達《毛詩正義》：婦人謂夫為君子，上下之通名。

⑧荇（音杏）菜：多年生水草，葉圓，夏天開黃色花，莖及嫩葉可食，俗名"金蓮子"。

⑨流：順水之流而取之，此處是"求""擇"的意思。馬瑞辰《〈毛詩傳箋〉通解》（下簡稱《通解》）："流適作'摎'，摎，求也。"牟庭

《詩切》以爲即今之"撈"字。

⑩寤（音務）：睡醒、醒着，指白天；寐（音妹）：睡着，指黑夜。可作日夜解。

⑪思服：《爾雅·釋詁》："服，事也。"一說"思""服"都是思念的意思。《尚書·康誥》："服念五六日。"服、念二字連用，服亦念也。

⑫悠：《毛傳》："悠，思也。"

⑬輾轉反側：輾轉：翻來覆去的樣子。輾：半轉；反側：反身，側身。皆臥不安席之意。

⑭采：抒取。《朱注》："取而擇之也。"

⑮琴：五弦或七弦樂器。瑟：二十五弦樂器。友：《廣雅·釋詁》："友，親也。"親密的意思。

⑯芼（音帽）：擇取之意。《韓詩》作"覒"。《王疏》引《廣雅》云："覒，視也。"覒是看的意思。此一說較好。現在山西話還說"覒一覒去"，北話說"瞄一瞄"。二章"撈"，三章"采"，四章"覒"，這還是表示采來仔細端詳欣賞，引起下文"樂之"。

**解**：這是一首詠新婚的詩，在婚禮時用的樂歌。這首詩雖然產生在古代社會，但它描寫的是一個男子傾慕女子的戀愛過程，結果他們終於結婚。在這裏沒有絲毫父母之命，媒妁之言的封建氣息，所以一直流傳至今。這首詩用雎鳩翱翔水上捕魚，引發窈窕淑女君子好逑，是第三者的敘述，不是詩中人物的自白；以下各章也不應機械地理解作：一個撈，一個就求；一個采，一個就友；一個擇，一個就鐘鼓樂之；而是比興引起下文。這詩當依毛、鄭本作五章，不應依朱子作三章。

## 二、葛覃

葛之覃兮①，施于中谷②，維葉萋萋③。
黃鳥于飛④，集于灌木，其鳴喈喈⑤。
葛之覃兮，施于中谷，維葉莫莫⑥。
是刈是濩⑦，爲絺爲綌⑧，服之無斁⑨。
言告師氏⑩，言告言歸。
薄污我私⑪，薄澣我衣⑫。
害澣害否⑬？歸寧父母⑭。

【注釋】

①葛：草名，多年生草本植物，蔓生，花紫紅色，莖可做繩，纖維可織葛

② 施（音易）：《毛傳》："施，移也。"蔓延。中谷：《毛傳》："谷中也。"
③ 維：《爾雅》："伊，維也。"伊、維一聲之轉。此處之"維"，可以轉釋爲"伊"，即口語"那個""它的"之意。萋萋：《毛傳》："茂盛貌。"
④ 黃鳥：王先謙云黃鳥當是黃鶯。郝懿行云："其聲調和而圓亮。"於飛：於：曰；聿，作語助。正在飛的意思。
⑤ 灌木：《毛傳》："灌木，叢木也。"喈喈（音接）：與"關關"都只是鳥鳴聲，不必解釋爲"和聲之遠聞"。
⑥ 莫莫：《廣雅·釋訓》："莫莫，茂也。"茂盛貌。
⑦ 是刈是濩：《朱注》："刈：斬也；濩（音獲）：煮也。"割下來並煮開。
⑧ 爲絺爲綌：爲：王先謙云："爲者，煮葛以爲衣。"《說文》："絺（音吃），細葛也；綌（音戲），粗葛也。"細的和粗的葛纖維織的布。
⑨ 斁（音義）：厭，厭棄，厭煩。
⑩ 言告師氏：裴學海《古書虛字集釋》："言：於也。"《詩經》中之"言"，用作虛字的，大體可以照"於"字解。"言"與"爰""焉"聲近義通。"言告師氏"就是"於是告訴師氏"，"師氏"《毛傳》："女師也。"類似奴隸管家。
⑪ 薄：《釋名·釋言語》："薄，迫也。"《詩經》中的薄字是"趕快的"或"急忙的"的意思。詩三百篇中的"薄"，差不多全可以這樣的解釋。污（音務）：洗去污垢。《朱注》："去其污，猶治亂而曰亂也。"私：內衣。王先謙曰："近身衣。"
⑫ 澣（音緩）：浣，洗。《說文》："澣，濯衣垢也。"衣：上曰衣，下曰裳。
⑬ 害（音何）：《鄭箋》："何也。"通曷、盍，何，疑問詞。
⑭ 寧：看望、問候的意思。金文中如《孟爵銘文》："王令孟寧鄧伯。"寧、安義近。如金文晨卣："王姜令作冊晨安夷伯。"孟爵："王令孟寧鄧伯。"

**解**：這一首詩寫的是一個婦女在采葛織布完後，恭恭敬敬告訴她的師傅，將回她母家去看望父母的詩。末章以變調表出她愉快的心情。

## 三、卷耳

采采①卷耳②，不盈頃筐③。
嗟我懷人④，寘⑤彼周行⑥。
陟⑦彼崔嵬⑧，我馬虺隤⑨。

我姑酌彼金罍⑩，維⑪以不永懷⑫。
陟彼高岡，我馬玄黃⑬。
我姑酌彼兕觥⑭，維以不永傷。
陟彼砠⑮矣，我馬瘏⑯矣。
我僕痡⑰矣，云何吁⑱矣！

【注釋】

①采采：反復采摘。依《毛詩·芣苢》説，"非一（采）詞也"。是采了又采。

②卷耳：又名苓耳，即蒼耳。菊科一年生草本植物，開白花，細莖，果實呈棗核形，上有鈎刺，名"蒼耳子"，可做藥用。嫩苗可食。

③頃筐：《説文》："傾，頭不正"，在此處是歪着的意思。頃筐，後高前低，傾低不正，前淺故易盈。一説斜口筐。

④懷：思也，思念。

⑤寘（音置）：林義光《詩經通解》（下簡稱《通解》）："寘，久也。"《大雅·瞻卬》"孔填不寧"。《毛傳》云：'填，久也。'寘與填古同音相通。"案："寘"當通作"躓"（音滇），《説文》："躓，跋也。"長久跋涉之意。

⑥周行（音杭）：大道。行，道。

⑦陟：《説文》："登也。"升上、登上的意思。

⑧崔嵬：土山之戴石者。崔嵬又有高大不平之意。

⑨虺隤（音灰頹）：馬疲極而病。《朱注》："馬罷（疲）不能升高之病。"

⑩金罍（音雷）：雲雷紋青銅酒器。《朱注》："酒器，刻爲雲雷之象，以黃金飾之。"

⑪維：是"只""只是"之意，不能説無意義。

⑫懷：《通解》："'懷'與'傷'同義，《終風》傳：'懷，傷也。'"

⑬玄黃：《爾雅》："病也。"馬因病過勞而變了色的樣子。

⑭兕觥（音四公）：《朱注》："兕，野牛，一角，青色。觥，酒器。"爲野牛角制的酒杯，一説繫牛形青銅酒器。

⑮砠（音居）：有土的石山。

⑯瘏（音途）：《爾雅》："瘏，病也。"馬因過勞不能前進。

⑰痡（音撲）：《爾雅》："痡，病也。"因過勞致病。

⑱吁（音虛）：《毛傳》："吁，憂也。"《爾雅·釋詁》："盱，憂也。"相通。

解：這是一首婦人思念丈夫行役的詩。方玉潤《詩經原始》說："下三章皆從對面着筆，思想其勞苦之狀，末乃極意摹寫，有急管繁弦之意。"崔述《讀風偶識》說："'寘彼周行'，即指所懷之人；猶《大東》'佻佻公子，行彼周行'也。"又說："六我字仍當指行人言。"

## 四、桃夭

桃之夭夭①，灼灼②其華。
之子③于歸④，宜其室家。
桃之夭夭，有蕡⑤其實。
之子于歸，宜其家室。
桃之夭夭，其葉蓁蓁⑥。
之子于歸，宜其家人。

【注釋】

①夭夭：桃含苞貌。《說文》作"枖枖"，木少盛貌。《毛傳》："夭夭，其少壯也。"是少壯、少好的意思。

②灼灼（音茁）：《廣雅·釋訓》："灼灼，明也。"是鮮明、鮮艷的意思。

③之子：《朱注》："之子，是子。"

④於歸：古代謂女子出嫁曰歸。《通解》說："'於''曰''聿'皆詞，舊皆訓'於'爲'往'，並失之。"此說足證自來注家之誤。

⑤蕡：《通解》"蕡讀爲'肥'。蕡、肥雙聲對轉。"形容草木果實繁盛碩大的樣子。

⑥蓁蓁（音真）：枝葉很美、很茂盛狀。

解：這也是一首詠新人的詩，如後世"催妝坐筵"等詞。特《關雎》從男求女一面說，此從女歸男一面說。桃之夭夭，借桃花初開，喻德色雙美。再以漸層寫出綠葉成陰子滿枝的繁榮景象。

## 五、兔罝

肅肅兔罝①，椓之丁丁②。
赳赳武夫③，公侯干城④。
肅肅兔罝，施于中逵⑤。
赳赳武夫，公侯好仇⑥。
肅肅兔罝，施于中林⑦。

赳赳武夫，公侯腹心⑧。

【注釋】

① 罝（音居）：捕獸的網。俞樾《群經平議》："此經云肅肅兔罝，不云肅肅罝兔，則以器言，非以人言。《文選·西京賦》：'飛罕瀟箭'，薛綜注：'瀟箭，罕（網）形也。'肅肅説罝形，猶以瀟箭説罕形也。"案，"肅肅"據我看來是直長的樣子，"肅"與"縮"古通用。孟子説："自反而縮，雖千萬人吾往矣。"（自己反省理直氣壯，就是千萬人我也去）縮是直義，不是小的意思。

② 椓：椓（音濁）：敲擊。《説文》："椓，擊也。"《集疏》："設置於地，椓擊其橜也。"丁丁（音爭）：伐木聲。《毛傳》："椓，杙聲也"。陳奐云："椓，杙聲，謂杙（打）橜。"

③ 赳赳：《毛傳》："赳赳，武貌。"

④ 干：《毛傳》："干，扞也。"保衛的意思。

⑤ 逵：四通八達的大道。《毛傳》："逵，九達之道。"其正字當依《韓詩》作"馗"。《説文》："馗，九達道也。"王念孫云："馗，九，首聲；故與好仇韵。逵從坴得聲，讀如逐，讀《韓詩》自知其誤。"

⑥ 好仇：仇（音求）：通逑。參看《關雎》"好逑"注。

⑦ 林：郊外謂之野，野外謂之林。中林：《毛傳》：林中。

⑧ 腹心：心腹。《左傳》成十二年："朝而不夕，此公侯之所以扞城其民也。""天下有道，則公侯能爲民干城，而制其腹心。亂則反之。"《鹽鐵論·備胡》篇："賢良曰：匈奴……如中國之麋鹿耳。好事之臣，求其義，責之禮，使中國干戈至今未息，萬里設備。此《兔罝》之所刺，故小人非公侯腹心干城也。"

解：這首詩對這位獵士雖然是歌頌他可以爲"民之干城"，但一方面也想到他可以被統治階級利用，美中有刺，古説已如此。

## 六、芣苢

采采芣苢①，薄②言采之。
采采芣苢，薄言有③之。
采采芣苢，薄言掇④之。
采采芣苢，薄言捋⑤之。
采采芣苢，薄言袺⑥之。
采采芣苢，薄言襭⑦之。

## 【注釋】

①芣苢（音浮以）：植物名，即車前子，大葉，長穗，種子和全草入藥，據說婦人吃了"宜子"。
②薄言："薄"是急迫的、趕快的意思；"言"是"於"的意思。"薄言"即"趕快在這兒"。
③有：取也。
④掇（音多）：拾取，起拾也。
⑤捋（音羅）：以手掌握物而脫取，係捋下來的意思。
⑥袺（音潔）：手拿起衣襟兜東西。
⑦襭（音協）：翻轉衣襟把衣襟兩角插於腰帶以兜東西。

**解**：這是一首婦人拾菜的勞動歌，工作緊張而愉快。

## 七、漢廣

南有喬木①，不可休思②；漢有游女，不可求思。
漢之廣矣，不可泳思；江之永③矣，不可方④思。
翹翹⑤錯薪⑥，言⑦刈⑧其楚⑨；之子于歸，言秣⑩其馬。
漢之廣矣，不可泳思；江之永矣，不可方思。
翹翹錯薪，言刈其蔞⑪；之子于歸，言秣其駒⑫。
漢之廣矣，不可泳思；江之永矣，不可方思。

## 【注釋】

①《淮南子·原道訓》高注："喬木，上竦少陰之木。""喬"與"高"古字通用，"喬木"即現代語言中"高樹"。
②休思：休，息也。朱注："思，語詞也。"《毛詩》"思"本作"息"，今依《韓詩外傳》改。
③永：水流長也。《毛傳》："永，長。"
④方：桴，木筏。《毛傳》："方，泭也。"《方言》："泭謂之箄，箄謂之筏。"
⑤翹翹：密集而高舉貌謂之翹，本指鳥尾上的長羽，此處爲重音詞。《集疏》："凡衆盛而高舉者皆謂之'翹'，重言之爲'翹翹'也。"
⑥錯薪：《毛傳》："錯，雜也。"薪：柴草。
⑦言，於。說見前。
⑧刈：割也。
⑨《說文》："楚，叢木，一名荆也。"

⑩秣（音莫）：《毛傳》："秣，（喂）養也。"
⑪蔞（音樓）：蔞蒿。《楚辭》王注，"蔞，香草也。"朱注："蔞，蔞蒿，葉似艾，青白色。《傳疏》：嫩時可食，老則爲薪。"
⑫駒：《毛傳》：馬五尺以上曰駒。《通解》說："金文伯晨鼎、兮甲盤皆云'錫駒車'，此謂駕車之駒。"

**解**：這是一首戀歌，游女是在路上偶然遇見的，不知是哪一户人家的。舊說附會爲漢神女，爲鄭交甫遇二女事，這是神話用來解這詩的，也不可信。方玉潤說這詩是江干樵唱之詞，較爲有理。

## 八、汝墳

遵彼汝墳①，伐其條枚②；
未見君子，惄③如調饑④。
遵彼汝墳，伐其條肄⑤；
既見君子，不我遐⑥棄。
魴魚⑦赬⑧尾，王室如燬⑨；
雖然如燬，父母孔邇⑩。

【注釋】

①遵：沿。《毛傳》："遵，循也。汝，水名也（汝河，源出河南省）。墳，大防（大堤）也。"
②條：樹干。《毛傳》："枝曰條，榦曰枚。"
③惄（音逆）：憂。《毛傳》："惄，饑意也。"《釋文》引《韓詩》作"愵"。《説文》："愵，憂貌。"
④調（音周）：《魯詩》作朝，早晨。調饑猶言早晨饑餓。
⑤肄（音異）：《毛傳》：餘也。斬而復生曰肄。即樹砍後再生的小枝。
⑥遐（音狹）：遠。《毛傳》："遐，遠也。"
⑦魴魚：鯿魚。馬瑞辰云：《爾雅》：魴，鯿。郭注：江東呼魴魚爲鯿。
⑧赬（音稱）：赤也。紅色。
⑨燬：火。《毛傳》：燬，火也。火焚。
⑩孔邇：《毛傳》：孔，甚；邇，近也。

**解**：這是一首婦人思行役之詞，她痛惜王室如燬，她只好以父母也是很親近的來勸他的丈夫。

# (《國風·召南》)

## 九、鵲巢

維①鵲②有巢，維鳩③居之；
之子于歸，百兩御（迓)④之。
維鵲有巢，維鳩方⑤之；
之子于歸，百兩將⑥之。
維鵲有巢，維鳩盈之；
之子于歸，百兩成⑦之。

【注釋】

① 維：發語詞，讀如"維葉萋萋"之"維"。如口語中常用的"那個"。
② 鵲：喜鵲。《集疏》："今俗稱喜鵲。"有巢：比興男子已造家室。
③ 鳩：一說鳲鳩，《集疏》：嚴粲、李時珍、毛奇齡、陳啓源皆謂即今之八哥，喜居鵲之現成巢是也。……吾鄉諺云"何鵲蓋大屋，八哥居現窩。"謂此。
④ 兩：同輛。《毛傳》：百兩，百乘也（兩，一車兩輪）。鄭箋："御（音亞）：迎也。《釋文》本一作迓，迎迓。"
⑤ 方：占居。俞樾云："方之，猶附之也。"
⑥ 將：送。《毛傳》："將，送也。"
⑦ 成：迎送成禮，婚禮已成。

解：這一首婚姻的祝詞，似乎是在女家時唱的。方玉潤說：《關雎》是後世催妝花燭的詩，則此詩近祝詞，祝福女子住進新的家。

## 十、草蟲

喓喓①草蟲②，趯趯③阜螽④；未見君子，憂心忡忡⑤。
亦既見止⑥，亦既覯⑦止，我心則降⑧。
陟彼南山，言采其蕨⑨；未見君子，憂心惙惙⑩。
亦既見止，亦既覯止，我心則說⑪。

陟彼南山，言采其薇⑫；未見君子，我心傷悲。
亦既見止，亦既覯止，我心則夷⑬。

【注釋】

① 喓喓（音腰）：蟲鳴聲。《毛傳》："喓喓，聲也。"
② 草蟲：即蟈蟈。體青綠色，較蝗蟲粗短，振羽而鳴。郝懿行《爾雅義疏》："順天人亦謂之聒聒。音如哥，體青綠色，比蝗粗短，狀類蟋蟀，振翼而鳴，其聲清滑，及至晚秋，鳴聲猶壯。"
③ 趯趯（音替）：昆蟲跳躍之狀。《毛傳》："趯，跳也。"
④ 阜螽：傳草蟲鳴阜，螽躍而從之。螽是一種同類的昆蟲，蚱蜢或蝗蟲。《集疏》："草蟲、阜螽同類，故草蟲鳴而阜螽跳從之，以喻聲應氣求之義。"
⑤ 忡忡（音冲）：心跳。《毛傳》："忡忡，猶冲冲也。"
⑥ 止：語助詞。朱注："止，語詞。"
⑦ 覯（音够）：遇見。《毛傳》："覯，遇。"
⑧ 降：放下。《毛傳》："降，下也。"
⑨ 蕨：蕨菜。郝懿行曰："初生如小兒拳，故名拳菜；其莖紫色，故名紫蕨。"今北京名曰吉祥菜。
⑩ 惙惙（音綽）：愁苦的樣子。《毛傳》："惙惙，憂也。"
⑪ 説：音、義同悦。
⑫ 薇：草本植物。又名巢菜或野豌豆，嫩莖、葉可食。《集疏》："薇，山菜也。"項安世云："今之野豌豆也。"
⑬ 夷：《爾雅·釋言》："夷，悦也。"

解：這也是婦人思念行役之詩。

# 十一、甘棠①

蔽芾②甘棠③，勿翦④勿伐，召伯所茇⑤。
蔽芾甘棠，勿翦勿敗⑥，召伯所憩。
蔽芾甘棠，勿翦勿拜⑦，召伯所説⑧。

【注釋】

① 題解：《韓詩外傳》："邵（召）伯出而就黎庶於阡陌隴畝之間，而聽斷焉。暴處遠野，廬於樹下，百姓大説。於是詩人見召伯之所休息樹下，美而歌之。"

②蔽芾（音費）：《毛傳》："小貌。"案，當如馬瑞辰說讀如"我行其野，蔽芾其樗"之"蔽芾"。樗爲大樹，足見"蔽芾"非小貌。而應爲盛貌。

③甘棠：《朱注》："甘棠，杜梨也。"落葉喬木，果實圓而小，味澀可食。

④翦：《韓詩》《魯詩》並作"剗"。是去掉的意思。

⑤茇（音拔）：草舍。《鄭箋》："草舍也。"

⑥敗：伐也。通扒。《廣韵》："十六怪，扒，拔也。詩曰：勿翦勿拔。

⑦憩：休息。

⑧拜：拔也。拜，與敗、扒通。

⑨說（音稅）：休憩，止息。《毛傳》："說，舍也。"

**解**：召伯是召穆公虎，他做了對人民有好處的事，所以後人思念他，作了這一首詩。

## 十二、行露

厭浥行露①，豈不夙夜②？謂行多露③。
誰謂雀無角④？何以穿我屋？
誰謂女無家？何以速我獄⑤？
雖速我獄，室家不足！
誰謂鼠無牙⑥？何以穿我墉⑦？
誰謂女無家？何以速我訟？
雖速我訟，亦不女從！

**【注釋】**

①厭浥（音夜易）：沾濕。《集疏》："厭無濕義"，《韓詩》作湆，與厭通；《魯詩》厭作浥，《廣雅》："浥浥濕也。行，道也。"

②《鄭箋》："夙，早也。"馬瑞辰云："詩言夙夜不一，有兼朝暮言者，《陟岵》"行役夙夜無已"之類是；有專指夙興言者，此詩（采繁）夙夜在公，及他詩"豈不夙夜"夙夜敬止，庶幾夙夜是。

③馬瑞辰說謂讀爲畏。

④王夫之說："角本音錄，借音爲覺。角味也。故曰與之角者去其齒，傅之翼者兩其足。"

⑤《毛傳》：速，召也。招致。

⑥《說文》：牙，壯齒也。

⑦《毛傳》：墉，牆也。

解：據詩意是女子不爲强暴所迫，作詩言志，以絕其人。

## 十三、殷其雷

殷其雷①，在南山之陽②。
何斯違斯，莫敢或遑③？
振振君子④，歸哉歸哉！
殷其雷，在南山之側。
何斯違斯，莫敢遑息？⑤
振振君子，歸哉歸哉！
殷其雷，在南山之下。
何斯違斯，莫或遑處？
振振君子，歸哉歸哉！

【注釋】

①殷：《韓詩》作"䧔"。"云：隱也。"馬瑞辰說："此以雷聲之遠而可聞，與君子之遠而難見。"
②山南曰陽。
③《毛傳》：斯，此。違，去。遑，暇也，閒暇。
④戴震《詩經補注》："振，容儀之盛也。"
⑤《說文》："息，喘也。"何斯，斯，此人也；違斯：斯，此地也。違：遠也。莫敢遑息：言不暇喘息也。

解：婦人盼望遠役的丈夫早早歸來。

## 十四、摽有梅

摽①有梅②，其實七③兮！
求我庶士④，迨⑤其吉兮！
摽有梅，其實三⑥兮！
求我庶士，迨其今⑦兮！
摽有梅，頃筐墍⑧之！
求我庶士，迨其謂⑨之！

【注釋】

①摽（音鰾）：《爾雅》云："摽，落也。"《說文》引作"受（無蓋）"：

"物落上下相付也。"摽,擊也。是打落的意思。

②梅:《説文》:"某,酸果也;梅,柟也。"此處之梅,指酸梅言;其正字古寫作"某"。

③其實七兮:舊説指"梅實尚餘七未落。"以語法言,其指落下之梅,則"七"應指落下來了可以獲取的梅子,不應指樹上"尚有七個留下未落"。七是七成,十分之七。

④庶士:庶:眾;士:本指貴族中最低一階層,此處當寬泛指男士、眾士。

⑤迨(音代):及,及時。《經典釋文》引《韓詩》注:"迨,願也。"。

⑥其實三兮,"三"是十分之三,表示掉落得更多,可以獲取的只剩三成,已經較少了。

⑦今指"現在"而言。《毛傳》:"急辭也"。

⑧塈(音既):《毛傳》:取也。《玉篇》引詩作"摡",是盡取之義。表示可獲取的已没多少了,十分之七再加十分之三,已打完了。這一章是説把它全取走。

⑨《朱注》:謂,但相告語而約可定。

**解**:這應是一群少女在打酸梅子時所唱的歌,她們説要趕緊找她們的對象,一個比一個説得還要性急、著急。這和現在民歌中的"拾棉花"未出門的閨女將自己的女婿夸一樣的説法。

## 十五、小星

嘒彼小星①,三五在東②。
肅肅宵征③,夙夜在公。寔命不同④!
嘒彼小星,維參與昴⑤。
肅肅宵征,抱衾與裯⑥。寔命不猶!

【注釋】

①嘒(音慧):微光閃爍。嘒,當依馬瑞辰説作明亮的講。
②三五,猶言三顆五顆。一説參三星,昴五星,指參昴。
③肅肅:《毛傳》:"疾也。"疾行貌。
④寔:《毛傳》:"是也。"
⑤《朱注》:參、昴,西方二星宿之名。
⑥裯(音綢):被單。王先謙説:《三家》"裯"作"幬",《魯詩》説曰幬謂之帳,韓説曰幬軍帳也。鄭志:今人名帳爲裯,雖古無名被爲裯。

解：這是一個小臣慨嘆日夜奔忙的命運言勞之詩。過去以小星爲妾媵之詩，殊不知那不全是天天抱衾與裯的。裯依古義是帳幕之類的東西，也不是被，更不會天天抱衾與裯。這一小臣自己抱衾與裯，他的地位是很低級的，不要誤會爲他是貴族。

## 十六、江有汜

江有汜①，之子歸，不我以②！
不我以；其後也悔。
江有渚③，之子歸，不我與！
不我與；其後也處④。
江有沱⑤，之子歸，不我過⑥！
不我過；其嘯⑦也歌。

【注釋】

①汜（音似），水之歧流復還本水者曰汜。
②以：《鄭箋》"以，猶與也。"
③渚（音煮）：《毛傳》："渚，小洲也。水岐成渚。"王先謙說："水中小洲曰渚，洲旁之小水亦稱渚。《鶴鳴》：'魚在於渚或潛在淵。'渚與淵對文，是水深者爲淵，淺者爲渚。《楚辭·湘君》注：'渚，水涯也。'足證渚非無水之地。"（陳喬樅說："今俗所云，水濱之洲。東坍而西漲者也。"）
④處：《通解》："安樂也。古人多以譽、處連言，譽爲豫之借字。"《爾雅》：'豫，樂也。' 一說爲憂愁。
⑤沱：《說文》："江別流也。"
⑥過：至也。
⑦嘯：《說文》："吹聲也。籀文從'欠'作'歗'。"王先謙說："與《白樺》'嘯歌傷懷'同義。凡言'嘯'者感傷之詞。《中谷有蓷》之'條其嘯矣'亦一證也。"

解：這是男子失戀的詩歌。開始還希望他的情人後悔，殊不知竟安然無事，而且她竟不與他來往了，他更長嘯悲歌。

## 十七、野有死麕

野①有死麕②，白茅包之；

有女懷春,吉士誘之。
林有樸樕③,野有死鹿;
白茅純束④,有女如玉!
舒而⑤脫脫⑥兮,
無感⑦我帨⑧兮,
無使尨⑨也吠。

【注釋】

①野:《說文》"野,郊外也。"
②麕(音軍):獐子。鹿屬,比鹿小,無角。
③樸樕(音速):《毛傳》:"小木。"灌木。
④純束:純,同纏,捆扎。《毛傳》:"猶包之也。"《史記·蘇秦列傳》:"錦繡千純"《索引》引《戰國策》高注:"音屯,束也。"
⑤舒而:《毛傳》:"舒,徐也。"而,王先謙注:"'而'讀爲'如','而'字通用。舒而猶舒然。"
⑥脫脫(音兌):《毛傳》:"舒遲也。"陳魚說:《集韵十四》:"'娧娧,舒遲貌。一曰喜也。'此《三家詩》義。《玉篇》:'娧,好貌。'娧娧爲本字,脫脫爲假借字。"即是"慢慢的、好好的"之義。
⑦無感(音撼):無通毋;感通撼,《毛傳》"動也。"亦即"別動"。
⑧帨(音稅):《說文》"帥佩巾也。或從兌作帨。"《禮記·內則》:"女子生,設帨於門右。"注:"帨,事人之佩巾也。"亦即圍腰。
⑨尨(音忙):《說文》:"犬之多毛者"。

**解**:這首詩描寫的一位青年攜帶獵取來的麋鹿作爲禮物向一位女子求愛的經過,結果他們是兩心相悅的。詩人以"吉士""如玉"來說明男女雙方本是很善良、很純潔的,沒有迂腐的氣味。

## 十八、騶虞

彼茁者葭①,壹發②五豝③,于嗟乎騶虞④!
彼茁者蓬⑤,壹發五豵⑥,于嗟乎騶虞!

【注釋】

①茁(音濁):草初生出之貌。《毛傳》:"茁,出也;葭,蘆也。"葭(音家):初生的蘆葦。

②壹：發語詞。發：發矢。《漢書·匈奴傳》"矢四發"注：服虔曰：發，十二也。韋昭注：禮射三而止，每射四矢故以十二矢爲一發也。師古曰：發猶今一放兩放也。今則以一矢爲一放也。

③豝（音巴）：母猪。《毛傳》："豕牝曰豝。"

④騶虞（音鄒於）：古畋獵官。《毛傳》：虞，翼五豝以待發（《尚書·多士》注：翼猶驅也）。據賈誼《新書·禮篇》："騶者，天子之囿也；虞者，囿之司獸者也。"騶虞是司獸之官。

⑤蓬（音朋）：草名。《説文》："蓬，蒿也。"

⑥豵（音宗）：小猪。《毛傳》："一歲曰豵。"

**解：**這首詩描寫的是一位善於射箭的射手，一般的人只能"每射四矢"，他却一次發射能中五豝。稱贊獵人的射擊本領。

(《國風·邶風》)

## 十九、柏舟①

汎②彼柏舟，亦汎其流。耿耿③不寐，如有隱憂。
微④我無酒，以敖⑤以游。
我心匪⑥鑒⑦，不可以茹⑧。亦有兄弟，不可以據⑨。
薄言⑩往愬⑪，逢⑫彼之怒。
我心匪石，不可轉也。我心匪席，不可卷也⑬。
威儀棣棣⑭，不可選⑮也。
憂心悄悄⑯，慍⑰于群小。覯⑱閔⑲既多，受侮不少。
静言思之，寤辟⑳有摽㉑。
日居月諸㉒，胡迭㉓而微？心之憂矣，如匪澣衣㉔。
静言思之，不能奮飛。

【注釋】

①此詩爲《邶風》第一首《柏舟》，另有《鄘風·柏舟》。邶、鄘、衛其實都是衛詩，《三家詩》同列爲一卷。(《漢書·藝文志》云：《詩經》二十八卷魯、齊、韓三家。又云，《毛詩故訓傳》十三卷。)《左傳》載吴季札觀樂，爲之歌邶、鄘、衛。吴季札曰："是其《衛風》乎。"可見邶、鄘、衛原都是《衛風》。王國維以爲邶是北國，鄘是魯國(《觀堂集林·北伯鼎跋》)。尚待證明。

②汎：《説文》："汎，浮貌。"此"汎"字爲形容詞，下"汎"字爲動詞。即浮行，隨水冲走。

③耿耿：當依《魯詩》作"炯炯"。如同《楚辭·遠游》王注："憂以愁戚，目不眠也。"形容心中深憂和不安。

④微：《毛詩》釋爲非，不是。《集疏》：微，非也。

⑤敖：今字作遨。出游也。

⑥匪：同非。匪鑒，匪石，匪席，匪與非同。

⑦《朱注》：鑒：鏡。

⑧茹：容納之意。廣雅：茹，食也。《集疏》：影入鑒中，若食之入口，無不容者。

⑨《毛傳》：據，依也。

⑩薄言：趕快的、急忙的在這時候之意。

⑪《朱注》：愬，告也。告訴。

⑫逢：遭遇。《爾雅·釋詁》：適，遇也。

⑬卷：卷。

⑭棣棣：賈子《新書·容經》："棣棣，當也。"《通解》："棣棣，相次之貌。""棣"與"逮"古同音，逮，及也。相及即相次之意。本句指威儀有序。

⑮選：《說文》："選，遣也，一曰擇也。"《三家》作"算"，古"選""算"字通。《通解》："一曰擇也。"

⑯悄：《說文》："悄，憂也。"

⑰慍（音運）：《說文》："慍，怒也。"

⑱覯（音够）：覯，《三家》作"遘"，遇也。遭逢之意。《楚辭》王注：遘，遇也。

⑲閔（音敏）：《三家》作"愍"。《說文》："愍，痛也。"

⑳辟：其正字當爲"擗"，《玉篇·手部》："擗，拊心也。"撫摸之意。

㉑摽：擊也。"摽"才是捶胸之貌。

㉒居、諸：孔穎達《毛詩正義》（疏）云："居、諸，語助也。"。

㉓迭：陳喬樅《三家詩遺說考》云："《廣雅》：迭，代也。《毛詩》'迭''微'，訓爲更迭而食。《經典釋文》：'迭，《韓詩》作載，音同。云：載，常也。'王先謙云：'《韓》義較《毛》爲優。'"

㉔如匪澣衣，《毛傳》："如衣之不澣矣"。說文："澣，濯衣垢也。"同浣。

**解**：這是描寫一個婦人在既嫁之後，遭到了男子的變心抛棄，娘家兄弟也不能依靠，只能獨自徘徊排解憂愁。以"薄言往愬"句看來，她的兄弟的居處是很近的，詩中的主角，不是既嫁不能踰境的國君夫人，不要誤會爲國君夫人的詩。她是被大家庭舊禮數所束縛，在詩中很顯明地透露出來。全詩多形象地描寫。

## 二十、綠衣

綠兮衣兮，綠衣黃裏①。心之憂矣，曷維其已②！
綠兮衣兮，綠衣黃裳。心之憂矣，曷維其亡③！
綠兮絲④兮，女所治兮。我思古人，俾無訧兮⑤！

絺兮綌兮，淒⑥其以風。我思古人，實獲我心⑦！

**【注釋】**

①《毛傳》："綠，間色；黃，正色。"《朱注》："間色賤而以爲衣，正色貴而以爲裏，言皆失其所也。"
②《朱注》：已，止也。"心之憂矣，曷維其已"，是不滿意於那種"失所"的情況。
③亡，王引之云："亡猶已也。"
④《鄭箋》：先染絲，後製衣，皆女之所治爲也，而女以亂之。
⑤《毛傳》：俾，使。訧兮，是讓（我）沒有錯過的意思。
⑥《毛傳》：淒，寒風也。箋：絺綌所以當暑，今以待寒，喻其失所也。
⑦《通解》：猶言自得於心也，亦自責解之語。

**解**：這是一首縫紉女恭恭敬敬所作的勞動歌，《毛詩》以爲莊姜傷己，不可信，《朱注》已有說。如說是男子思念亡妻的，那就需要改"古"字爲"故"字。而且從"心裏發愁啊！什麽時候是個完"這兩句看來，思亡妻也無所謂發愁的。後二章尤不像睹物思人的樣子，所以我覺著不如以爲是縫紉女恭恭敬敬所作的勞動歌。

## 二十一、日月

日居月諸①，照臨下土。
乃如之人兮②，逝不古處③？
胡能有定？寧不我顧④。
日居月諸，下土是冒⑤。
乃如之人兮，逝不相好。
胡能有定？寧不我報⑥。
日居月諸，出自東方⑦。
乃如之人兮，德音無良⑧。
胡能有定？俾也可忘⑨。
日居月諸，東方自出。
父兮母兮，畜我不卒。
胡能有定？報我不述⑩。

## 【注釋】

①居、諸：作語助詞。《毛傳》：猶"日乎月乎!"
②《鄭箋》："之人，是人也。"
③逝：發語詞。古處：一說舊處，原來相處。一說姑處。《毛傳》："古，故也。"《集疏》：《碩鼠》'逝將去女'訓爲行將去女，此詩'逝不古處'猶言漸不如前也。"
④《鄭箋》："寧猶曾也。"《說文》："顧，還視也。"（回念之意）。
⑤《毛傳》："冒，覆也。"覆蓋。
⑥《通解》："猶相交也。"不我報：如問而不答，往而不來之類。
⑦《鄭箋》：自，從也。
⑧德音無良，陳啓源《毛詩稽古編》："無良德音。"
⑨《鄭箋》："俾，使也。"今案：俾，當依《說文》："俾，益也"之義解釋此句。"俾也可忘"與《邶風·泉水》"茲之永嘆"、《小雅·棠棣》"況也永嘆"句法相同，"俾""況""茲"並訓爲益。爲口語"更是"的意思。
⑩不述：不循義理。《毛傳》："述，循也。"報我不述是"報答我不循執道"的意思。

解：這是一首女子在結婚後失了愛情的詩，控訴丈夫對她的遺棄。

## 二十二、終風

終風且暴①，顧我則笑，謔浪笑敖②，中心是悼③。
終風且霾④，惠然肯來⑤，莫往莫來，悠悠我思。
終風且曀⑥，不日有曀⑦，寤言不寐，願言則嚏⑧。
曀曀其陰⑨，虺虺其雷，寤言不寐，願言則懷⑩。

## 【注釋】

①終：一說終日，一說既。王念孫云："終，猶既也。言既風且暴也。《燕燕》：'終溫且惠'；《北門》：'終窶且貧'；《伐木》：'終且和平'；《甫田》：'終善且有'；終字皆訓爲既。"《通解》："暴讀爲瀑。《說文》：瀑，疾雨也。"
②謔浪笑敖：《爾雅·釋詁》：謔浪笑敖，戲謔也。敖即傲字。案：關於浪字，舊釋均不妥，朱駿聲說是"傷"（蕩）的假借，依我看來這"浪"字可能是責讓的"讓"字古別字。從良從襄得聲之字是往往通用的。如蠰一作蜋，孃今作娘是其證。故應爲"謔讓笑敖"。

③中心：心中。悼：害怕。《說文》："悼，懼也。"
④霾：陰霾。《爾雅·釋天》："風而雨土曰霾。"
⑤《爾雅·釋言》：惠，順也。
⑥曀（音意）：天氣陰沉。《爾雅·釋天》："陰而風曰曀。"《釋名》："曀，翳也。"曀，《韓詩》作壹，云，天陰塵也。
⑦《鄭箋》："有，又也。"
⑧《鄭箋》："願，思也。"嚏，《韓詩》作疌。《通解》："嚏誤如《大學》'心有所忿懥'，懥是言懫，礙也，謂心不能平也。"
⑨虺（音灰）：形容雷聲。虺虺，《集疏》："震雷聲。"
⑩案：這個"懷"亦當作"傷"解，"願言則懥"是盼着（盼不來）心裏好像有個疙瘩，"願言則懷"是盼着（盼不來）心裏只有傷感。

**解**：這是一首女子失戀的詩。

## 二十三、擊鼓

擊鼓其鏜①，踊躍用兵②。土國城漕③，我獨南行。
從孫子仲④，平⑤陳與宋。不我以⑥歸，憂心有忡⑦。
爰居⑧爰處？爰喪其馬？于以⑨求之？于林之下。
死生契闊⑩，與子成說⑪。執子之手，與子偕老。
于嗟闊⑫兮，不我活兮。于嗟洵⑬兮，不我信⑭兮。

【注釋】

①鏜：《毛傳》："鏜然，擊鼓聲也。"
②踊躍用兵：練習兵械，踊跳之狀。《說文》："踊，跳也"。"躍，迅也"。"兵，械也"。
③土國城漕：《鄭箋》"或役土功於國，或修理漕城。"，《毛傳》："漕：衛邑也。"在今河南滑縣東。案：古字土與堵音近相通，土與城均係動詞，"土"之意常為"堵"。"城""堵"在此均為修理之意。
④孫子仲，時衛國主將。《毛傳》謂即公孫文仲，不可信。
⑤平：和也。姚際恒云："此乃衛穆公背清丘之盟救陳，為宋所伐，平陳、宋之難，數興軍旅，其下怨之而作此詩也。……《春秋》宣十二年：宋師伐陳，衛人救陳，……因陳、宋之爭而平之，故曰'平陳與宋'。陳、宋在衛之南，故曰'我獨南行'。"
⑥以：《鄭箋》："以，猶與也。此處'與'有'許'義，'不與'即'不許'也。"

⑦忡：《説文》："忡，憂也。"
⑧爰（音元）：《鄭箋》："爰，於也。"
⑨於以：《通解》："於以，於讀作烏。烏者，何處之詞也。《經傳》或以'惡'爲之，而《詩》中多以'於'爲之。《説文》：'烏，古文作於'，是於即烏也。此詩'於以'疑當作'於以'，傳寫誤改爲'於'耳。"（見《詩經通解·采蘩》）
⑩死生契闊：《通解》：契闊叠韵，契有合義，闊會古同音。死生契會，言生則同居，死則同穴，永不相離也。
⑪《集疏》：成説，猶成言，謂與之定約也。
⑫《説文》："闊，疏也。"《爾雅·釋詁》："闊，遠也。"遠離别之意。
⑬活與佸通用，會也。《通解》：活讀爲《君子於役》"曷其有佸"。《毛傳》：佸，會也。
⑭洵：《毛傳》云："遠也。"《釋文》引《韓詩》作"敻"，敻本字，洵借字。

解：這是戍卒思婦的怨歌。

## 二十四、凱風

凱風①自南，吹彼棘心②。棘心夭夭③，母氏劬勞④。
凱風自南，吹彼棘薪⑤。母氏聖善，我無令人。
爰有寒泉？在浚之下⑦。有子七人，母氏勞苦。
睍睆黄鳥⑧，載好其音⑨。有子七人，莫慰母心。

【注釋】

①凱風：和風。凱，即是愷字。《説文》："愷，樂也。"
②棘：落葉灌木，即酸棗。枝上多刺，開黄緑色小花，實小，味酸。《集疏》：棘，"小棗叢生者。"心，王引之云："心與鐵聲義相近。《釋名》：心，鐵也。"棘心是棘之小者。
③《毛傳》：夭夭，盛貌。
④劬（音渠）：辛苦。劬勞：操勞。《毛傳》："劬，勞；病，苦也。"
⑤《鄭箋》：棘長大可爲薪。
⑥《説文》："聖，通也。"《集疏》："言通於事理有美德也。"
⑦《毛傳》：浚"衛邑"也。（在今濮陽附近）
⑧睍睆（音現换）：《毛傳》：好貌。據《集疏》，睍睆大概是燕婉之假借。黄鳥：黄鶯也。

⑨《鄭箋》：載，之言則也。

**解**：這是孝子對母親撫育勞苦的詠嘆，並自傷不能安慰他們的母親所作的詩。

## 二十五、匏有苦葉

匏①有苦葉，濟②有深涉。深則厲③，淺則揭。
有瀰④濟盈，有鷕⑤雉鳴。
濟盈不濡軌⑥，雉鳴求其牡。
雝雝⑦鳴雁，旭日⑧始旦。士如歸妻⑨，迨冰未泮⑩。
招招⑪舟子，人涉卬⑫否。人涉卬否，卬須⑬我友。

【注釋】

①匏（音袍）：《說文》："匏，瓠也。" 葫蘆之類。苦葉當讀爲枯葉。《集疏》："苦當讀爲枯。"

②《毛傳》："濟，渡（渡口）也。" 一說濟即濟水。《廣雅·釋詁》："涉，渡（過渡）也。"

③厲：《說文》作"砅"，是"厲"的本字，謂"履石渡水也。"從水石。戴震云："詩意以淺水可褰裳而過，若水深則必依橋梁乃可過。《衛》詩'淇梁''淇厲'並稱，'厲'固梁之屬。"案，"厲"與下文"揭"俱屬動詞，此句"砅"承上文"匏有苦葉"而來，當是利用匏瓜過河。古家厲、賴、利通用，此厲字當解爲賴或利。全句之意是水深了就利用它。連衣涉水，是由利用匏瓜，不解衣渡水而來。揭（音契），《說文》："高舉也。"是提起衣服下擺渡水。

④瀰：《說文》："瀰，滿也。"是一片大水茫茫。

⑤鷕（音咬）：《說文》："鷕，雌雉鳴也。"

⑥不濡軌：不，《通解》："古語不字或爲發聲而無義"，語助詞。濡，沾濕。軌：王念孫云："軸之兩端。"

⑦雝雝（音擁）：大雁叫聲。雁，《說文》云："鵝也。"雁鳴聲。不必解爲"聲和也。"

⑧《說文》："旭日，日旦出貌。一曰，明也。"

⑨歸妻：娶妻。《鄭箋》："歸妻：使之來歸於己。"

⑩迨冰未泮：迨（音帶）：及，乘時。泮（音盼）：《毛傳》："泮，散也。"冰消。

⑪招：《說文》："手呼也。"

⑫卬（音昂）：《爾雅·釋詁》："卬，我也。"
⑬《釋詁》："須，待也。"（《說文》："須，面毛也。"《魯詩》正字，《毛詩》借字）

解：這一首詩要依王先謙《詩三家義集疏》所說，是賢者不遇時而作的詩，《論語·憲問》篇，子擊磬於衞，荷蕢者諷之曰莫已知也，斯已而已矣。深則厲，淺則揭。衞人引衞詩來說處理事務應當因時而定，不能冒進。這是全詩主旨，所以放在第一章；末章的"卬須我友"，也正是不冒進的意思。第二、三章借婚姻作比喻，但不可誤會作女方盼望男方的詩，如解女子盼望則第一章與全詩之意不相關，不合開始第一句，如同"在音樂上全曲的音調都是她給予的"這個原則。民歌多是開門見山的說出，不繞彎子，第一章沒有婚姻的事，可以決定這是不是女方盼望男方的詩。冰泮古詞彙里也不可解冰封，冰封了也可以過河的。從冰泮一詞看來濟盈冰泮是由夏秋到冬春，不是一時間的事，也可見不是天天在河邊等候的情形。

## 二十六、谷風

習習谷風①，以陰以雨。黽勉②同心，不宜有怒。
采葑采菲③，無以④下體⑤。德音莫違，及爾同死。
行道遲遲，中心有違⑥。不遠伊⑦邇，薄⑧送我畿⑨。
誰謂荼⑩苦？其甘如薺⑪。宴⑫爾新昏，如兄如弟。
涇以渭濁⑬，湜湜⑭其沚⑮。宴爾新昏，不我屑以⑯。
毋逝我梁⑰，毋發我笱⑱。我躬不閱⑲，遑⑳恤我後！
就其深矣，方之舟之；就其淺矣，泳之游之。
何有何亡，黽勉求之。凡民有喪，匍匐㉑救之。
能不我慉㉒，反以我爲讎，
既阻㉓我德，賈用不售㉔。
昔育恐育鞫㉕，及爾顛覆。
既生既育，比㉖予于毒。
我有旨蓄㉗，亦以禦冬。宴爾新昏，以我禦窮。
有洸有潰㉘，既詒㉙我肄㉚。不念昔者，伊余來塈㉛。

【注釋】
①習習（音xí）：象聲詞。《毛傳》："和舒貌。東風謂之谷風。"王先謙云："習與襲通。……習之言襲，亦謂和風徐來，若襲人然也。"

②黽（音敏）勉：勉力也。
③葑菲：葑，葑即蕪菁，一名蔓菁也。葉、根可食。菲：菲即，蘿卜之類植物。《集疏》："葑即蕪菁，一名蔓菁。""菲即蘆菔，今作蘿卜。"
④無：俞樾云："讀如《文王》篇'無念爾祖'之無。"《毛傳》曰："無念，念也；然則無以，以也。"
⑤下體：《毛傳》云："下體：根莖也。"意指要葉不要根，比喻戀新人而棄舊人。
⑥遲遲：遲緩，徐行貌。違：《釋文》引《韓詩》云："違，很（恨）也。"馬瑞辰云："《廣雅·釋詁》：怨、悼，很（恨）也。'中心有違'猶云心中有怨（恨）。"
⑦伊：維。
⑧薄，很快地，急忙地。
⑨畿：《毛詩》："門內。"《集疏》：段玉裁曰："門限也。"即門檻。
⑩荼：《爾雅·釋草》："苦菜也。"
⑪薺：地菜，薺菜。集疏："薺菜亦訛呼地菜"
⑫宴：《朱注》："宴，樂也。"
⑬涇以渭濁：全句之意為"涇水因與渭水合流而濁。"案：涇水清，渭水濁，在涇水流域的人是全知道的。地質學家實地考察和地質研究，涇水的河床與上游都是石層，所以清；渭水河床是泥土，所以濁。應當涇清渭濁，舊說為清渭濁涇，不合實際。且如舊說，對於涇渭命名之意，也不相合。故以當解釋為"涇水流入渭水後也變渾濁了"。
⑭湜（音時）：《說文》："湜，水清底見也。"
⑮沚（音止）：《說文》引詩作止。馬瑞辰："水流則易濁，止則常清。沚作止為是。"
⑯不我屑以：此句為"不屑以我"之倒裝句式，屑：《毛傳》："屑絜（潔）也。"以：猶與也。本句之意為"不願意和我好"。
⑰毋逝我梁：《說文》："毋：止之也。"禁止。逝：往。梁：用石塊堆砌起來，橫攔着流水，中間留些空洞，認便魚的通過，好來捕魚的魚梁。
⑱毋發我笱：發：撥動之意。笱：竹篾編成的魚簍，放在魚梁空洞處用來捕魚。
⑲閱：《左傳·襄公二十五年》引詩作"說（悅）"，不閱，即不喜悅也。
⑳遑：《鄭箋》："何暇"。
㉑《朱注》："方，桴；舟，船也。潛行曰泳，浮水曰游。匍匐：手足並行，急遽之甚也。"

㉒能不我慉：《毛詩》："不我能慉。慉，養也。"《說文》引作"能不我慉"。陳奐《毛詩傳疏》云："能不我慉"與"寧不我顧""既不我嘉""則不我遺"同。"能""寧""既""則"皆語詞之轉。

㉓阻：《朱注》：但，卻。

㉔賈用不售：《鄭箋》："如賣物之不售。"

㉕鞠：《毛傳》：窮也。

㉖比：致。王先謙說："比，猶致也。"

㉗旨蓄：《毛傳》："旨，美。"蓄：乾菜。旨蓄即美菜。

㉘有洸（音光）有潰：《毛傳》："洸：武也。潰：怒也。"

㉙詒：《鄭箋》："遺也。"《毛傳》："肄，勞也。"

㉚肄（音義）：《毛傳》："勞也。"

㉛伊余來墍：王引之云："伊，維也，來猶是也。皆語詞也。墍讀為既。愾，怒也。言不念昔日之情而惟我是怒也。"

**解**：男子有了新歡，女方憤而與之決絕的控訴。

## 二十七、式微

式微，式微①！胡不歸？
微君之故②，胡爲乎中露③！
式微，式微！胡不歸？
微君之躬④，胡爲乎泥中⑤！

【注釋】

①式：《毛傳》："式，用也。"作語助詞。微：昧，天晚，天黑。郝懿行《爾雅義疏·釋詁》："微有幽隱薆昧之意。"

②微：非。呂賢《離俗篇》高注："微亦非也。"

③露：《魯詩》作路，《集疏》：中路，路中倒文以協韻。言非吾君之故，我何爲在山路。

④躬：《通解》：躬讀爲"窮"。窮凶極虐。

⑤《集疏》：泥中，猶中路也。方玉潤《詩經原始》："猶言泥途也。"

**解**：這首詩說不是因爲君的窮凶極虐，爲什麼我們天黑了還不能回家？還要滾在泥塗中？這首詩是人民對統治階級強迫他們服勞役的抗議。

## 二十八、旄丘

旄丘之葛兮①，何誕之節兮②！

叔兮伯兮③，何多日也？

何其處也？必有與④也！何其久也？必有以也！

狐裘蒙戎⑤，匪車不東⑥。叔兮伯兮，靡所與同⑦。

瑣兮尾兮⑧，流離之子⑨。叔兮伯兮，褎如充耳⑩。

【注釋】

①旄（音毛）丘：前高後低的土山。《集疏》："《釋名》作髦，云，前高曰髦丘，如馬舉頭垂髦也。"
②誕：延，長。馬瑞辰云："誕者，延之借字。之，猶其也。"節：葛節。
③叔兮伯兮：譯爲口語是兄弟們的意思。
④"與"通作"以"（詳《江有汜》），"必有以"是説必定有個原因。第一章説盼望的時間很長，這一章還想着是必定有了原因。
⑤蒙戎：篷松，亂貌。《毛傳》："以言亂也。"《左傳》僖五年引作"尨茸"，是雜亂之意。
⑥《廣雅》：匪，彼也。詩中匪字、彼字多通用。東是名詞作動詞用。彼車不東，是説那些車子不東來的意思。這是人民失望之辭。
⑦《釋言》：靡，無也。靡所與同：《朱注》："不與我同心。"没有和他們同想法的。
⑧《集疏》："尾""微"字訓互通，尾即微瑣，若今言猥瑣矣。
⑨流離：《毛傳》：鳥也。其正字依《爾雅》當作"鶹鷅"。這是借音雙關。
⑩褎（音又）：《毛傳》："褎，盛服也。"《集疏》："然""如"同訓，褎如即褎然也。是傲慢之態。《鄭箋》：充耳，塞耳也。全句之意是袖手旁觀裝着不知道的樣子。

解：全詩之意是當衛爲狄侵，人民痛恨那些大夫不早到東方諸侯的國家去求救，當人民流離失所又無人理睬的意思。

## 二十九、簡兮

簡兮簡兮①！方將②萬舞③。日之方中，在前上處。

碩人俣俣④，公庭萬舞。有力如虎，執轡如組⑤。

左手執籥⑥，右手秉翟⑦。赫如渥赭⑧，公言錫爵⑨。

山有榛⑩，隰有苓⑪。云誰之⑫思？西方美人。

彼美人兮，西方之人兮。

【注釋】

①簡：俞樾云應讀爲"僩"（音現），釋爲"武"。'案：當如《衛風·淇奧》釋文引《韓詩》云："僩，美貌"；解爲"美呀！好啊！"

②方將：正要。

③《朱注》：萬者，舞之總名，武用干戚，文用羽籥也。

④碩人俁俁（音奧）：《釋詁》，碩，大也。俁俁，《韓詩》作扈，訓爲美貌。即大而美之意。

⑤執轡如組：轡（音配）：馬繮。組：絲織的寬帶子。《通解》云："謂其動而成文。"

⑥籥：樂器，《毛傳》："六孔"。

⑦翟（音敵）：《毛傳》："翟，翟羽也。"即野鷄的尾羽。

⑧赫：《說文》："赫，火赤貌"，即紅色；渥（音握）：《說文》："沾也"；赭：赤褐色，赭石，赤土。詩意爲舞畢而體熱面赤，好像擦上紅土粉一樣。

⑨錫爵：錫：賜予。爵：青銅製酒器，用以盛酒。王國維《觀堂集林·釋斝》以爲應是斝字之誤。

⑩榛：落葉灌木或小喬木。花黃褐色，果實叫榛子，果皮堅硬，果肉可食。《說文》："榛，木也。……果實如小栗。"

⑪隰（音席）：低下的濕地。苓：《毛傳》："大苦"。《孔疏》：今甘草是也。

⑫之：是也。

解：詩中寫的是善於舞蹈的男子，他的技巧，他的雄壯，爲一個女子所愛慕。

# 三十、泉水

毖①彼泉水②，亦流于淇③。有懷于衛，靡日不思。
孌④彼諸姬，聊⑤與之謀。
出宿⑥于泲，飲餞⑦于禰⑧，女子有行，遠父母兄弟。
問我諸姑，遂及伯姊。
出宿于干，飲餞于言。載脂載舝⑨，還車言邁⑩。
遄臻于衛⑪，不瑕有害⑫？
我思肥泉⑬，茲之永嘆⑭。思須與漕⑮，我心悠悠。
駕言出游，以寫⑯我憂。

## 【注釋】

① 毖：《通解》："毖讀爲泌"。《說文》："泌，水駛（快）流也。"
② 泉，淇，皆衛地水名。泉水上源即今輝縣蘇門山百泉。
③ 淇水源出今淇縣。
④ 孌：《集疏》："孌當訓思慕。"《說文》："孌，慕也。"
⑤ 聊：一說願，《毛傳》："聊，願也。"一說姑且。
⑥ 《廣雅·釋詁》：宿，舍也。泲（音子），《毛傳》："泲，地名。"禰（音米）、干、言：均爲地名。
⑦ 送行飲酒曰餞。
⑧ 《毛傳》：禰，地名，《韓詩》作坭。《鄭箋》：干，言猶泲，禰，未聞遠近同異。
⑨ 《朱注》："脂：以脂膏涂其轄使滑澤也。"轄：車轄。《說文》："車軸端鏈也。"
⑩ 《爾雅·釋言》云："邁，行也。"
⑪ 《釋詁》："遄，疾也。臻，至也。"
⑫ 《通解》：瑕、遐古通用。遐之言胡"胡""無"一聲之轉。凡詩言"遐不"猶云"胡不"；信之之詞也。易其詞則曰不遐。凡詩言"不遐"，猶云"不無"；疑之之詞也。
⑬ 《集疏》，此肥泉是異出同流之泉。
⑭ 《集疏》："茲，益也。茲之永嘆者，益之長嘆也。"
⑮ 思須與漕：須、漕均爲地名。《集疏》："鹽城陳蔚林《詩說》：《說文》：'須'下云：古文沫從頁，是須即沫也。《桑中》'沫之鄉矣'，是也。"
⑯ 寫：同泄，宣泄，去除。《毛傳》："寫，除也。"《集疏》："言惟駕言出游，置我之憂於度外耳。"

**解**：這是衛女思歸的詩，當亦許穆公夫人作。

# 三十一、北門

出自北門，憂心殷殷。
終窶①且貧，莫知我艱。
已焉哉！天實爲之，謂之何哉！
王事適②我，政事一③埤益我。
我入自外，室人交徧謫④我。
已焉哉！天實爲之，謂之何哉！
王事敦⑤我，政事一埤遺⑥我。

我入自外，室人交徧摧⑦我。
已焉哉！天實爲之，謂之何哉！

【注釋】

①窶（音巨）：貧寒，艱窘。《經典釋文》："窶，謂貧無以爲禮。"
②《通解》：適讀爲責，案："適我"與下"謫我"，亦義同字變之一例。
③王引之云："一猶皆也。"《説文》："埤，增也。"《集疏》："一埤益我，皆以增益於我也。"
④《毛傳》："謫，責也。"
⑤敦："敦"與"督"一聲之轉，《廣雅》："督，促也。"
⑥埤遺：即"埤益"。《毛傳》："遺，加也。"
⑦摧：《韓詩》作（左言右崔），《玉篇》："摧，適也。"今案：摧當讀如堆，言王事都堆集到我身上。

解：這是一首政治諷刺詩，作者身受貧困，忙迫，但是得不到溫飽，回到家來家人都責罵他，他只有罵天，實際上就是當時的君王。

## 三十二、北風

北風其涼，雨雪其雱①。惠而好我②，携手同行。
其虛其邪③？既亟④只且⑤！
北風其喈⑥，雨雪其霏。惠而好我，携手同歸。
其虛其邪？既亟只且！
莫赤匪狐⑦，莫黑匪烏⑧。惠而好我，携手同車。
其虛其邪？既亟只且！

【注釋】

①雱（音兵）：雪盛貌。《説文》："雱，旁之籀文，溥，大也。"
②惠：愛也。《集疏》："猶言惠然好我。"
③《通解》：虛者，舒之同音假借。《野有死麕》傳："舒，徐也。"《鄭箋》："邪讀如徐。"
④亟：急。《毛傳》："亟，急也。"
⑤只且（音居）：一般注釋以爲是語助。今案："只"與"旨"通，此處作"是"字解；"且"與"徂"通，是"行"的意思。全句意思是已經急了就是一走。

⑥喈（音皆）：《集疏》："喈即湝之假借，《說文》，"湝"下云：一曰寒也。
⑦《集疏》："莫，無；匪，非也。"
⑧《集疏》："狐、烏皆妖異不祥之物。"

**解**：由詩中的莫赤匪狐，莫黑匪烏看來，詩中的人物感到了當時的虐政，他們要逃出那個黑暗統治，準備急了只有相攜一走。

## 三十三、靜女

靜女①其姝②，俟我于城隅③。
愛而④不見，搔首踟躕⑤。
靜女其孌⑥，貽我彤管⑦。
彤管有煒⑧，說懌女⑨美。
自牧歸⑩荑⑪，洵⑫美且異⑬。
匪女⑭之爲美，美人之貽。

【注釋】

① 靜：靜與靖通，善也。靜女猶如淑女，猶言佳人之意，嫻雅安詳。《通解》："凡經傳靜字皆竫之假借。竫又與靖通。此詩靜女亦當讀爲靖；謂善女，猶云淑女，碩女也。"
② 姝（音書）：美好。《朱注》：姝，美色也。
③ 城隅：城角樓臺隱蔽處。《通解》："城偶，即城角也。"
④ 愛而：戴震云："愛而猶隱然"，隱藏。《魯詩》"愛"作"薆"，《韓詩》"而"作"如"。
⑤ 踟躕（音池除）：徘徊不定貌，猶豫也。
⑥ 孌：年輕美麗。《朱注》："孌，好貌。"
⑦ 彤管：彤，赤也；一說紅色的管；一說"管"應作"菅"，菅是和荑相類的草，較茅草爲柔滑。
⑧ 煒：色紅而有光澤。
⑨ 說懌（音月義）：即悅怡，喜悅。女：此處及後文的"女"，皆同"汝"，爲代詞。"女"指彤管而言。
⑩ 牧歸：牧：野外。《爾雅·釋地》："郊外謂之牧。"歸：古字通"饋"，《廣雅·釋詁》："歸，饋也。"
⑪ 荑（音提）：白茅，《毛傳》："茅之始生者。"象徵婚媾。
⑫ 洵：《鄭箋》："洵，信也。"實在、誠然之意。

⑬異：《文選·神女賦》李注引《韓詩》，"異"作"瘱"，云："瘱，悅也。"此句即"真漂亮且可愛啊"之意。

⑭匪女之"女"，指荑言。

解：詩中描寫的是青年男女兩情相好，女方的饋贈雖只是一些柔荑，他也贊不絕口，襯託出他對對方愛情之深。

## 三十四、新臺

新臺有泚①，河水瀰瀰②。
燕婉③之求，籧篨不鮮④。
新臺有灑⑤，河水浼浼⑥。
燕婉之求，籧篨不殄⑦。
魚網之設，鴻則離⑧之。
燕婉之求，得此戚施⑨。

【注釋】

①泚：《說文》引作"玼"，"新玉色鮮也。"是鮮明貌。

②瀰瀰：大水茫茫。《玉篇》："瀰，深也，盛也。"

③燕婉：《毛傳》："燕，安；婉，順也。"指夫婦和好。

④籧篨（音渠除）：《說文》："籧篨，粗竹席也。"《集疏》："籧篨之訓，當從本義以爲粗惡之物。"鮮：《鄭箋》："善也。"

⑤灑（音催）：《通解》：灑、洗雙聲古通用。《白虎通》："洗者，鮮也。"

⑥浼浼（音美）：水盛貌。《釋文》：《韓詩》作浘浘，盛貌。

⑦殄（音舔）：善。《鄭箋》："殄當作腆，腆，善也。"《通解》："殄借作珍。"

⑧《集疏》：《易序卦傳》，"離者，麗也。"附着之義。這個離字應當解釋爲罹。

⑨戚施：《說文》引作詹諸（蟾蜍）也。詩曰："得此戚施。"《通解》："粗竹席，卷而豎之，不可使俯。蟾蜍，匍匐而行，不可使仰。"《爾雅》釋訓："籧篨，口柔也。戚施，面柔也。則以口柔者常仰，面柔者常俯，以此二疾。詩言：籧篨，戚施。但取丑惡口柔爲義"。得此戚施，根據《說文》及王、林諸家說，應當直接翻譯作"得到這個癩蛤蟆"。上文"鴻則離之"的"鴻"，實是指的飛鴻，這是一種強烈對比的描寫，表示出于意外。如以鴻爲蟾蜍，反而喪失文學意味，且與下文重複。

**解**：《新臺》不是如《毛序》所説的刺衛宣公納妻，前人如洪邁、范家相、崔述俱有説。這應當是嘲罵一個醜惡的男子，騙取一位女子結婚所作的詩。在這詩中表現女子在當時社會中所受的欺騙壓迫，不得自由的悲哀。末章以夸大的描寫襯託出這意想不到的事。

## 三十五、二子乘舟

二子乘舟，泛泛其景①。
願②言思子，中心養養③！
二子乘舟，泛泛其逝。
願言思子，不瑕④有害？

【注釋】

①景：《集疏》：王引之云："景讀如憬，遠行貌。"與下章"泛泛其逝"同義。
②願：思念。《鄭箋》："願，念也。"這個願字也應讀如"適我願兮"之願。
③養養：思念擔憂貌。《集疏》：《魯詩》"養養"作"洋洋"《爾雅·釋訓》："悠悠，洋洋，思也。"
④不瑕有害。《集疏》："即不無有害"，疑慮之詞。

**解**：這是母親思念他遠行的兒子所作的詩。

(《國風·鄘風》)

## 三十六、柏舟

泛彼柏舟，在彼中河①。髧②彼兩髦③，實維我儀④。
之死矢靡它⑤。母也天只⑥！不諒⑦人只！
泛彼柏舟，在彼河側。髧彼兩髦，實維我特⑧。
之死矢靡慝⑨。母也天只！不諒人只！

【注釋】

①中河：《毛傳》："中河，河中"。
②髧（音旦）：頭髮下垂狀。《朱注》："髧，髮垂貌。"
③髦（音毛）：《說文》："髮至眉也。"男子未成年時將額前的頭髮剪至齊眉。"髧彼兩髦"指額上披着頭髮的人。
④儀：讀如俄。《毛傳》："匹也。"即配偶。此處指符合心目中標準的人。
⑤之死矢靡它：《毛傳》：之，至；矢，誓；靡，無。靡它：無他心。詩意爲至死也不會改變。
⑥《朱注》：只，語助詞。"母也天只"可譯作"媽呀！天哪！"
⑦《毛傳》："諒，信也。"
⑧特：《釋文》引《韓詩》："特"作"直"，繫相當、相配之意。此處應指正當的對象而言。
⑨慝：馬瑞辰云："讀爲忒。"忒，差也。"靡慝"即不會變主張。《通解》：慝當作爲忒之假借。靡忒猶靡他也。也是至死發誓沒有別個人的意思。

解：這是女子以反抗包辦婚姻所作的詩。她心目中已有她理想的標準人物，至死也不願改變她的意願。

## 三十七、墻有茨

墻有茨①，不可掃也。中冓之言②，不可道③也。
所可道也，言之醜也。

墙有茨，不可襄④也。中冓之言，不可詳也⑤。
所可詳也，言之長也。
墙有茨，不可束也。中冓之言，不可讀也。
所可讀⑥也，言之辱也。

【注釋】

①茨（音詞）：植物名，蒺藜。一年生草本植物，果實有刺。《爾雅》："茨，蒺藜也。"郭注："布地蔓生，細葉，籽有三角刺人。"《説文》引作"薺"《鄭箋》："今其宫内，有淫昏之行，猶墙之生蒺藜。"

②中冓（音垢）：内室，宫中齷齪之事。《説文》："垢，濁也。"中垢謂事涉闇昧，言之而中多垢濁。《通解》：凡后聲、冓聲之字，古多相通。

③《廣雅·釋詁》：道，説也。

④襄：《毛傳》：除也。

⑤詳：《釋文》引《韓詩》作揚。云：猶道也。

⑥讀：《廣雅·釋詁》："讀，説也。"

解：這是痛罵統治階級穢行的詩。

# 三十八、君子偕老

君子偕老，副①笄六珈。
委委佗佗②，如山如河，象服③是宜。
子之不淑，云如之何？
玼④兮玼兮，其之⑤翟⑥也。鬒⑦髮如雲，不屑髢⑧也；
玉之瑱也⑨，象之揥⑩也，揚且之晳也⑪！
胡然⑫而天也？胡然而帝也？
瑳兮⑬瑳兮，其之展⑭也，蒙彼縐絺⑮，是紲袢也⑯。
子之清揚，揚且之顔也。
展如之人兮，邦之媛也！⑰

【注釋】

①副：《毛傳》："后夫人之首飾。編髮爲之。"笄，《朱注》："衡笄也，垂於副之兩當耳。"珈，《朱注》：珈之言加也。以玉加於笄而爲飾也。六珈：笄飾，用玉做成，垂珠有六顆。"副"，據《周禮》注：是好像當

時的步摇一樣的裝飾。
②《爾雅》釋訓：委委佗佗，美也。
③象服：刻畫着有圖象的華麗的禮服。
④玼：《毛傳》：鮮盛貌。
⑤集疏："之"之爲言變也。"之翟""之辰"，猶言變服。
⑥《朱注》：翟衣，刻繒爲翟雉之形，而彩畫以爲飾也。
⑦鬒（音診）：黑而濃密的頭髮。説文：作"㐱"。云：稠髮也。
⑧髢（音敵）：假髮。《鄭箋》："髢，髲也。"《釋文》："髲，被也。髮少者得以被助其髮也。"
⑨瑱（音鈿）：冠冕上垂在兩耳旁的玉。《説文》，"瑱，以玉光耳也。"
⑩揥：《孔疏》："以象骨搔首，因以爲飾，名之揥。"
⑪揚：《通解》："《猗嗟》：美目清兮，美目揚兮"。清揚猶清明也。晳，《毛傳》：白晳。《通解》：揚且之晳也。與玉之瑱也，象之揥也句法相類。且，句中語助之詞也。
⑫《鄭箋》：胡，何也。"胡然"譯爲口語是"何以這樣的"意思。《集疏》：箋讀而爲如，"如""而"古通。
⑬瑳：《説文》：瑳，玉色鮮白。
⑭《集疏》：（《周禮》）内司服注：鄭司農云：辰衣，白衣也。
⑮《毛傳》：蒙，覆也。縐絺，《集疏》：縐謂文之縮蹙也。
⑯絏袢：夏天穿的薄衫。絏，《説文》引作褻，云：私服也（《集疏》：褻謂親身之衣也）。《説文》：袢，無色。
⑰《毛傳》：展，誠也。媛，釋文："《韓詩》作援。"《鄭箋》："邦人所依倚以爲援助也。"

解：這首詩方玉潤説是贊美衛莊姜的詩。《左傳》説莊姜無子而以州吁爲己子，詩中的"子之不淑"是指州吁言，上句説象服是宜，肯定她可以作君夫人，不是指莊姜言。

# 三十九、桑中①

爰②采唐③矣？沫④之鄉矣。云誰之思？美孟姜矣。
期⑤我乎桑中，要⑥我乎上宫⑦，送我乎淇之上矣。
爰采麥矣？沫之北矣。云誰之思？美孟弋矣。
期我乎桑中，要我乎上宫，送我乎淇之上矣。
爰采葑矣？沫之東矣。云誰之思？美孟庸⑧矣。
期我乎桑中，要我乎上宫，送我乎淇之上矣。

## 【注釋】

①桑中：即桑間，衛地名。據《禮記·樂記》鄭注："在（今河南）濮陽南。"
②爰：《毛詩》："爰：於也。"此處與"於以"之於同，爲"在何處"之意。
③唐：《毛傳》："唐蒙，菜名。一名菟絲。"《爾雅·釋草》：唐蒙，女蘿、菟絲。寄生蔓草，秋初開小花，子、實入藥。
④沫（音妹）：衛地名，原爲商郊牧野。
⑤期：《說文》：期，會也。
⑥要：《集疏》：要，約也。
⑦上宮：地名。一說建築名。
⑧孟姜、孟弋、孟庸：孟，排行老大。姜、弋、庸，皆貴族姓。

**解**：這是一首與勞動相結合的戀歌，實際上還只是一首勞動歌。采唐采麥采葑是歌者勞作中的事，但是孟姜等等只是他們在勞動中所想象的情人，但從三章都是期我桑中，要我上宮，送我淇上，不會有三個情人同約在一個地點相見的事，所以這只是他們所想象的情人在他們的神靈仿佛依稀之，表面看來是戀歌，實際上是勞動歌。

## 四十、鶉之奔奔

鶉①之奔奔，鵲②之彊彊③。
人之無良，我以爲兄？
鵲之彊彊，鶉之奔奔。
人之無良，我以爲君④？

## 【注釋】

①鶉，《說文》作鷻，云（鵰）屬。郝懿行云：黃黑雜文，大小如秋雞，無尾。鶉竄伏草間，無常居而有常匹，而雄相值則鬥而不釋。《集疏》："今人多畜令搏鬥。燕地尤多。"鵲：喜鵲，常被其他不築巢的鳥類侵占其巢。王先謙云："鵲值他鳥爭巢，列隊相距，亦善鬥之鳥。"
②奔奔，彊彊：《魯詩》《齊詩》作賁賁，姜姜。鄭玄《禮記表記》注云："賁賁姜姜，爭鬥惡貌。"《集疏》：賁有憤義。故訓爭鬥惡貌。《廣雅·釋詁》：姜，強也。"強""彊"字通。
③《說文》：兄，長也。案兄與皇古字通。《尚書無逸》無皇曰，今文《尚書》作無兄。是其證。

④人之無良，我以爲君：《毛傳》以君爲國小君，指宣姜（衛宣公夫人）。王先謙云："刺宣公也。"《左傳·襄公二十七年》傳："鄭七卿享趙孟，伯有賦《鶉之奔奔》。趙孟曰：'床笫之言不踰閾，況在野乎？非使人人之所得聞也。'"杜注："衛人刺其君淫亂，鶉鵲之不若，意取'人之無良，我以爲君'也。"又傳云："文子告叔向曰：'伯有將爲戮矣！詩以言志，志誣其上，而公怨之，以爲賓榮，其能久乎？'"杜注："言誣則鄭伯未有其實。"《正義》："伯有賦此詩，有讁君之意。"是伯有之賦，趙孟之言，皆不以詩之君爲小君。司馬遷、劉向用《魯詩》，而《史記》《列女傳》無公子頑通宣姜事，是《魯》義必與《毛》異，不以"兄"爲頑也。《禮記·表記》子曰："唯天子受命於天，士受命於君。故君命，則臣有順命；君命逆，則臣有逆命。《詩云》：鵲之姜姜，鶉之賁賁，人之無良，我以爲君。"鄭注："姜姜、賁賁，爭鬥惡貌也。良，善也。言我以惡人爲君，亦使我惡。如大鳥姜姜於上，小鳥賁賁於下。"記義與鄭注皆不以君爲小者，知《齊》義必與《毛》異，不以君爲宣姜也。然則詩刺宣公甚明。

## 四十一、定之方中

定之方中①，作于楚宮②。揆之以日③，作于楚室。
樹之榛栗④，椅桐梓漆⑤，爰伐琴瑟⑥。
升彼虛矣⑦，以望楚矣。望楚與堂⑧，景山⑨與京。
降觀于桑，卜云其吉，終焉允臧⑩。
靈雨⑪既零，命彼倌⑫人，星言夙駕⑬，說⑭于桑田。
匪直也人⑮，秉心塞淵⑯，騋牝三千⑰。

【注釋】

①定，《朱注》：北方之宿，營室星也。此星昏而正中，夏十月也。十月之交，定星昏中而正，宜定方位，造宮室。

②於：《集疏》：三家"於"作"爲"；爲、於古通。《朱注》：楚宮，楚丘之宮也。

③揆，《毛傳》：（一）度也。揆之以日，是度之以日之影，以定東西。

④榛，其正字當爲亲。宋注：榛小栗大，皆可爲籩（豆之）實。榛、栗、椅、桐、梓、漆：皆木名。

⑤《陸疏》：實桐皮曰椅。《朱注》："桐，梧桐也。梓，楸之疏理白色而生子者。漆，木有液黏黑可飾器物。"

⑥《朱注》：愛於也。
⑦虛，釋文，本作墟。《孔疏》：蓋地有故墟。高可登之以望。
⑧《朱注》：楚，楚丘也。堂，楚邱之旁邑也。
⑨《朱注》：景山名見商頌，京，高丘也。
⑩《毛傳》：信臧，善也。
⑪靈雨：《說文》：零餘，雨也。霝，雨落（落）也。
⑫《說文》：倌，小臣也。駕車小臣。
⑬星言：星讀爲晴，《說文》：星雨而夜除星見也。星即今之晴。"星言"即晴焉。《鄭箋》：夙：早也。
⑭說，通作稅，舍也。
⑮《通解》：俞樾云，匪直也人，猶云彼直者人，與"彼姝者子"句法相似。
⑯塞淵：《集疏》：塞當爲塞不。《說文》塞，實也。《廣雅·釋詁》：淵，深也。
⑰《說文》：騋，馬七尺爲騋。據《左傳》衛文公"元年革車三十乘，季年乃三百乘。"騋牝三千是期望頌美之詞。

解：這是衛國人民在衛被狄滅後歌唱他們國家又復興起來的愛國詩篇。

## 四十二、蝃蝀

蝃蝀①在東，莫之敢指。
女子有行，遠父母兄弟。
朝隮②于西，崇③朝其雨。
女子有行，遠父母兄弟。
乃如之人也④，懷婚姻也⑤。
大無信也，不知命也！

【注釋】

①蝃蝀（音帝東）：《毛傳》：虹也。
②隮（音記）：《毛傳》：升。一說虹。
③崇，《毛傳》：終也。從旦至食時爲終朝。崇終同聲通用。
④如：往。《集疏》：《魯詩》《韓詩》"也"作"兮"。
⑤《集疏》：蘇輿云："懷"蓋"壞"之借字。

解：這是描寫一個女子不顧父母之命，媒妁之言，反抗不合理的婚姻而又逃婚的詩。詩中主人是勇於反抗當時的壓迫的年輕女子。

## 四十三、相鼠

相鼠有皮①，人而無儀②！
人而無儀，不死何爲？
相鼠有齒，人而無止③！
人而無止，不死何俟④？
相鼠有體⑤，人而無禮！
人而無禮，胡不遄⑥死？

**【注釋】**

①相：《毛傳》："相，視也。"
②《禮記·檀弓》注："而，猶乃也。"《孟子》"九一而助"；注：而，如也。儀：與人的身份地位相應的行爲舉止。
③《鄭箋》：止，容止（儀容）。指守禮法的行爲。
④《毛傳》：俟，待也。
⑤《毛傳》：體，支（肢）體也。
⑥遄（音船）：《爾雅·釋詁》："遄，速也。"

**解**：這是咒駡統治階級的詩，文義甚明。

## 四十四、干旄

孑孑干旄①，在浚之郊②。素絲紕之③，良馬四④之。
彼姝者子⑤，何以畀⑥之？
孑孑干旟⑦，在浚之都。素絲組⑧之，良馬五⑨之。
彼姝者子，何以予之？
孑孑干旌⑩，在浚之城。素絲祝⑪之，良馬六⑫之。
彼姝者子，何以告⑬之？

**【注釋】**

①孑孑：特出之貌。《集疏》：《漢書·（高、惠、高后、文、功臣表）》顏注：孑，孑然，獨立貌。干旄（音毛）：以犛牛尾飾旗杆，樹於車後，以狀威儀。干通竿、杆。《三家》干作竿。竿，正字；干，借字。《爾雅》邢疏：旄，牛尾著（置）竿首。《周禮·旄人》注：旄，犛牛尾，

舞者所持以指麾。全句的意思是"持出的那些竿頭上作裝飾用的氂牛尾。"這是作者對於他們見到持上面有氂牛尾的旗竿作指揮的人的印象。

②《朱注》："浚，衛邑名。"邑外謂之郊。

③紕（音皮）：連綴。在衣冠或旗幟上鑲邊。《集疏》："紕之謂以絲縫織。"《釋言》："紕，緣邊。"

④《朱注》："四之，兩服兩驂，凡四馬以載之也。"

⑤《說文》："姝，好也。"

⑥畀（音必）：給，予。《毛傳》："畀，予（與）也。"

⑦旟（音於）：畫有鳥隼的旗。《說文》："旟，錯（置）革，畫鳥其上。"《爾雅》郭注說，是剝鳥皮毛置之竿頭。

⑧組：《鄭箋》："以素絲縷縫組於旌旗上，以為之飾。"

⑨五之：《朱注》："五馬。"

⑩旌（音京）：彩旗的一種。挂牦牛尾於竿頭，下有五彩鳥羽。《爾雅》邢疏："析五采羽注（置）旌上。"

⑪《鄭箋》："祝當作屬。屬，著也。"

⑫六之：《朱注》：六馬。

⑬告（音谷）：告之與畀之、予之義近，均有搭話、聯繫、交往之意。

**解**：這一首詩，按文義看來，是塗中遇見"彼姝"心內有所愛慕，而無由表達自己的表情，因而作的私情詩。《易林》說是："干旄旌旗，執幟在郊；雖有寶珠，無路致之。"大致是這意思。那位拿着旗杆的或更是一位舞者也未可知。

## 四十五、載馳

載馳載驅①，歸唁②衛侯。驅馬悠悠③，言④至于漕。
大夫跋涉⑤，我心則憂。
既不我嘉，不能旋反。視爾不臧⑥，我思不遠⑦。
既不我嘉，不能旋濟⑧。視而不臧，我思不閟⑨。
陟彼阿丘⑩，言采其蝱⑪。女子善懷，亦各有行。
許人尤⑫之，眾穉且狂⑬。
我行其野，芃芃⑭其麥。控⑮于大邦，誰因誰極⑯？
大夫君子，無我有尤。
百爾所思，不如我所之⑰。

【注釋】

①載：《鄭箋》："載，則也。"

②唁：《衆經音義》十三引《韓詩》："弔生曰唁，弔失國亦曰唁。"

③《毛傳》：悠悠，遠貌。

④言：於是。

⑤跋涉：《釋文》引《韓詩》："不由蹊遂（路徑）而涉曰跋涉。"《鄭箋》：跋涉者，衛大夫來告難於許時。案：許穆公夫人非真歸國，非許大夫跋涉也。

⑥爾：《韓詩外傳》引作我。臧：《朱注》："嘉、臧皆善也。"

⑦不遠：《毛傳》："不能遠衛也。"

⑧濟：《毛傳》："止也。"《通解》："雨止謂之霽，霽與濟亦同音相通。"

⑨閟（音必）：《毛傳》："閉也。"王先謙說："閟與秘同，密也。"

⑩阿丘：《毛傳》："偏高曰阿丘。"

⑪蝱（音萌）：《毛傳》："蝱，貝母也。"

⑫尤：責難。《毛傳》："尤，過也。"

⑬衆：既是。王引之云："衆讀爲終。終猶既也，衆穉且狂，既穉且狂也。穉，驕也。"穉：幼稚。

⑭芃（音彭）：《說文》："草盛也。"

⑮控：控告。猶言投告。胡承珙《毛詩後箋》："控，告；猶言投告也。"

⑯誰因誰極：《通解》："極讀爲亟，亟，急也。誰因誰極，言誰有恩我急我者。"

⑰之：馬瑞辰說："猶思也。"

解：這是許穆公夫人聽說衛爲狄滅，她要回到衛國去，謀救衛國，但爲"婦人既嫁不踰境"的禮教所束縛，終於不能還衛，她作了這首詩。篇中愛國主義思想溢於字裏行間。（《左傳》閔二年：狄滅衛，衛之遺民立戴公於曹，許穆夫人作《載馳》）

# (《國風·衛風》)

## 四十六、碩人

碩人其頎①，衣錦褧衣②。齊侯之子，衛侯之妻。
東宮之妹，邢侯之姨，譚公維私③。
手如柔荑④，膚如凝脂⑤，領如蝤蠐⑥，齒如瓠犀⑦。
螓⑧首蛾眉⑨，巧笑倩⑩兮，美目盼⑪兮。
碩人敖敖⑫，說于農郊⑬。
四牡有驕，朱幩鑣鑣⑭，翟茀⑮以朝。
大夫夙退，無使君勞。
河水洋洋⑯，北流活活⑰。
施罛濊濊⑱，鱣鮪發發⑲，葭菼揭揭⑳。
庶姜孽孽㉑，庶士有朅㉒。

**【注釋】**

①碩：《鄭箋》："大也"。頎（音其）：《毛傳》："長貌"，修長。

②衣錦褧衣：錦：錦衣，《毛傳》："文衣"。褧（音窘）：《説文》："褧，枲也。"又云："枲，大麻。"以苧麻一類麻織品做的披風外衣，錦衣上再加上褧衣，是因爲錦衣文采鮮明，更要穿上一件能當塵土的外衣。

③東宮：《朱注》："齊太子所居之宮。"此處指太子。私："姊妹之夫曰私。""齊侯之子"以下五句，都是形容莊姜的。

④柔荑（音題）：《朱注》："茅之始生曰荑。言柔而白也。"

⑤凝脂：《朱注》："脂寒而凝者，亦言白也。"

⑥蝤蠐（音求其）：天牛的幼蟲，色白身長。

⑦瓠犀（音戶西）：《毛傳》："瓠瓣"即瓠瓜子兒。犀：《魯詩》："《爾雅》作栖。"

⑧螓（音秦）：似蟬而小，額寬方正。《三家注》作䗞，《説文》："䗞，好貌。"

⑨蛾眉：蠶蛾觸角，細長而曲。段玉裁云："蛾者娥之假借字。"娥，美好輕揚之意。

⑩倩：笑靨美好貌。陳奐説："嗎，笑貌。嗎、倩一聲之轉。"

⑪盼：眼兒黑白分明。《毛詩》："盼，黑白分。"

⑫敖敖：《毛傳》："（身）長貌。"

⑬説（音税）：《釋文》："説本或作税，舍也。"農郊：《毛傳》："近郊。"

⑭四牡有驕，朱幩鑣鑣：驕：《毛傳》："驕，壯貌。幩（音墳）：飾也。鑣鑣（音標）：盛貌。"

⑮翟茀（音敵扶）：以雉羽爲飾的車圍子。《毛詩》："翟，翟車；夫人以翟羽飾車。茀，蔽也。"

⑯洋洋：《毛傳》："盛大也。"

⑰活活（音郭）：《毛傳》："流也。"水流聲。

⑱施罛濊濊：罛（音古），《説文》："魚罟（網）也。"濊濊（音或）：《説文》："濊，礙流也。"此處作撒網入水聲解。

⑲發發（音潑）：《毛傳》："盛貌。"

⑳揭揭：高而長貌。

㉑孼孼：《毛詩》："盛飾。"《釋文》引《韓詩》作長貌。

㉒朅（音怯）：《毛傳》："武壯貌。"武勇矯健。

**解**：據《左傳》隱三年"衛莊公娶於齊東宮得臣之妹，曰莊姜，美而無子，衛人所賦《碩人》也。"詩義甚明。

## 四十七、氓

氓之蚩蚩①，抱布貿絲。匪來貿絲，來即②我謀。
送子涉淇，至于頓丘③。匪我愆④期，子無良媒。
將⑤子無怒，秋以爲期。
乘彼垝垣⑥，以望復關⑦。不見復關，泣涕漣漣⑧。
既見復關，載笑載言。爾卜爾筮⑨，體无咎言。
以爾車來，以我賄遷。
桑之未落，其葉沃若⑩。于嗟鳩兮，無食桑葚⑪；
于嗟女兮，無與士耽⑫。士之耽兮，猶可説⑬也；
女之耽兮，不可説也。
桑之落矣，其黃而隕⑭。自我徂⑮爾，三歲食貧。
淇水湯湯⑯，漸車帷裳⑰。女也不爽⑱，士貳⑲其行。

士也罔極⑳，二三其德。
三歲爲婦，靡室勞矣㉑；夙興夜寐，靡有朝矣㉒。
言既遂矣，至于暴矣。兄弟不知，咥㉓其笑矣。
静言思之，躬自悼矣。
及爾偕老，老使我怨。淇則有岸，隰則有泮㉔。
總角之宴㉕，言笑晏晏㉖。信誓旦旦㉗，不思其反㉘。
反是不思，亦已焉哉！

【注釋】

① 氓：《説文》："民也。"男子。蚩蚩：癡笑的樣子（王先謙説），老實、無知貌。
② 即：《鄭箋》："就也。"靠近。
③ 頓丘：地名。
④ 愆（音千）：《説文》："過也。"
⑤ 將：《鄭箋》："請也。"
⑥ 垝垣（音鬼員）：《説文》："毁垣也。"破頽的墙。
⑦ 復關：《朱注》："（詩中）男子之所居。"
⑧ 漣漣：《玉篇》："泪下貌。"
⑨ "爾卜爾筮"下四句：《毛傳》："龜曰卜，蓍曰筮。體：卦兆之體；賄，財；遷，徙也。"
⑩ 沃若：《國語·魯語》注："肥美也。"
⑪ 葚：《説文》："桑實。"桑葚。
⑫ 耽：沉湎，《毛傳》："樂也。"
⑬ 説：同脱。《毛傳》："解也。"
⑭ 隕：墜落。《説文》："自高下（落）也。"
⑮ 徂：《鄭箋》："往也。"徂爾：嫁給你。
⑯ 湯湯：《毛傳》："水盛貌。"
⑰ 漸車帷裳：漸（音尖），《鄭箋》："浸也。"沾濕。帷裳，《孔疏》："以帷障車之旁如裳。"
⑱ 爽：《爾雅》："差也。"差錯。
⑲ 貳（音特）：王引之云："當爲貣之譌，貣即忒之借字也。爽與忒同訓爲'差'。"即差錯。
⑳ 罔極：極，《毛傳》："中也"；《朱注》："至也"。這個'極'有'一'的意思，'罔極'是不一心一意，没有準則之意。

㉑靡室勞矣：《鄭箋》："靡，無也。言不以婦事見困苦。"
㉒靡有朝矣：王先謙說："言不可以朝計。"
㉓咥（音繫）：《說文》："大笑貌。"
㉔泮（音判）：《毛傳》："陂也。"陳奐云："泮乃陂之假借字。《說文》'隰，阪下濕也。'阪與隰對文，隰者下濕，其邊高之處，謂之陂，亦謂之阪。"通畔，岸，水邊。
㉕總角：《毛傳》："結髮也。"《釋文》宴本或作"丱"，古時兒童兩邊梳辮，如雙角。指童年。
㉖晏晏：和柔也。
㉗旦旦：《朱注》："明也。"
㉘不思其反：《朱注》："曾不思其反復，以至於此也。"

解：這首詩是描寫女子因色衰愛弛，在婚後遭到男子的遺棄詩。篇中敘述他們在婚前的熱戀，婚後漸漸遭到她丈夫的冷眼相待，終於情感破裂，用今昔對照的手法來控訴男方的無情。讀這詩可見女子在當時社會所遭受的苦痛是令人難以想像的。詩人多形象的具體的描定，比起《谷風》，尤為動人。

## 四十八、竹竿

籊籊①竹竿，以釣于淇。豈不爾思？遠莫致②之。
泉源在左，淇水在右③。女子有行，遠兄弟父母。
淇水在右，泉源在左。巧笑之瑳④，佩玉之儺。⑤
淇水滺滺，⑥檜楫松舟⑦。駕言出遊，以寫我憂。

【注釋】

①籊籊（音替）：長而尖削貌。《毛傳》："長而殺也（細長而漸尖）。"
②致：這個"致"字讀如《小雅·楚茨》"工祝致告"之"致"，口語"致送""傳達"之意。
③《朱注》：泉源即百泉，在衛之西北而東南流於淇水，故曰在左。淇在衛之西南，即東流與泉源合，故曰在右。
④瑳（音搓）：玉色潔白。《通解》："瑳當為齹之假借。《說文》'齹'字注：一曰口開見齒之貌。讀若佳。"
⑤儺（音挪）：《說文》："儺，行有節也。詩曰，佩玉之儺。"通娜，婀娜。
⑥滺（音悠）：河水流淌蕩漾之狀。《通解》："滺古止作攸，《說文》：攸，水行也。"

⑦檜、松：木名。《毛傳》："檜，柏葉松身，楫所以櫂（掉）舟也。"

**解**：這一首詩也是許穆公夫人所作，從末二句所述，可以看出。

## 四十九、芄蘭

芄蘭之支①，童子佩觿②。
雖則佩觿，能不我知③？
容兮遂兮④，垂帶悸兮⑤。
芄蘭之葉，童子佩韘⑥。
雖則佩韘，能不我甲⑦？
容兮遂兮，垂帶悸兮。

【注釋】

①芄（音丸）蘭：植物名。草本，蔓生。《通解》："芄蘭，蔓生，結美之草，其藤繚曲紛亂，故名芄蘭"。芄蘭疊韻字，本縱橫之貌。支即枝。
②觿（音西）：象骨製的解結用具，形同錐，也可爲佩飾的裝飾品。《毛傳》："觿所以解結，成人之佩也。"（宋）沈括《夢溪筆談》："芄蘭生莢，支出於葉間，垂之，正如解結錐。"
③《集疏》："能乃語詞之轉，當讀爲而。"知：智。
④容：《通解》："容，猶雍容也。遂，《說文》云夊，行遲曳夊夊也。遂、夊，古文同音通借。"《毛傳》"佩玉遂遂然。"《朱注》："容，遂，舒緩放肆之貌。"
⑤悸：帶下垂貌。《釋文》引《韓詩》"悸"作"萃"，垂貌。《說文》："萃，草聚貌。"
⑥韘（音社）：骨制用具，着於右手拇指，射箭時用於鉤弦。《毛傳》："韘，玦也。能射御則佩韘。"《集疏》：胡承珙以爲即今之扳指，而制微不同。今之扳指如環無端，（頭）古之玦則如環而缺。
⑦甲：《釋文》引《韓詩》作"狎"。

**解**：這首詩據《左傳》閔公二年："初，惠公即位也少。"詩中的童子應是指的惠公，說他的服裝雖是一位成人，但是他的能力不配作"衛君"，諷刺他是裝腔作勢，虛有其表。如說是一首戀愛詩，這位童子就不一定"佩觿""佩韘"那樣裝酸。

## 五十、伯兮

伯兮朅兮①，邦之桀兮。伯也執殳②，爲王前驅。

自伯之東，首如飛蓬③。豈無膏沐④？誰適⑤爲容！
其雨其雨，杲杲出日⑥。願⑦言思伯，甘心首疾⑧。
焉得諼草⑨？言樹之背⑩。願言思伯，使我心痗⑪。

【注釋】

①伯兮朅兮：伯，《朱注》："婦人目其夫之字也。"這"伯"字現在可爲"哥"。朅（音切），《毛傳》："朅，武貌"，英武高大。《通解》："朅，桀（杰）之借字。《碩人》篇同。下用桀，上變用朅，此爲義同字變之例。"

②殳（音書）：《毛傳》："殳，古兵器，長丈二而無刃。"

③蓬：《朱注》："草名。其花如柳絮，聚而飛，如亂髮也。"

④膏沐：《朱注》："膏，所以澤髮者；沐，滌首去垢也。"

⑤適：馬瑞辰云："《衆經音義》六引《三蒼》：'適，悅也。'"此"適"字應讀如《野有蔓草》之"適我願兮"的"適"。適是適合的意思。

⑥杲（音稿）：《說文》："明也"。

⑦願：《鄭箋》："念也。""願"也應讀如《野有蔓草》之"適我願兮"的"願"，意爲盼望着在此想着你（"思伯"）。

⑧甘：馬瑞辰云："甘與苦，古以相反爲義。故甘草《爾雅》名爲'大苦'。《方言》：'苦，快也。'《左傳》成十三年：'諸侯每聞此言，斯用痛心疾首。'《杜注》：'疾猶痛也。''甘心疾首'與'痛心疾首'文正相類。"

⑨諼草：萱草，忘憂草。《說文》引作"藼"，云："令人忘憂。"

⑩背：同北。《毛傳》："北堂也。"

⑪痗（音妹）：《毛傳》："病也。"

解：這是婦人思行役之辭。第一章寫其夫爲邦之桀，是值得她特別思念的人物；第二章轉寫其別後不施指粉，懶於梳妝的慵散心情；第三章寫其盼念之情如大旱之望雲霓，而頭痛心痛，相思成疾；第四章直叙其相思之苦，至於希望能不相思，從反面說起，更深刻說出其相思之苦。

# 五十一、有狐

有狐綏綏①，在彼淇梁。
心之憂矣，之子無裳。
有狐綏綏，在彼淇厲②。
心之憂矣，之子無帶。

有狐綏綏，在彼淇側。
心之憂矣，之子無服。

**【注釋】**

①綏綏：從容獨行的樣子。《集疏》：《齊詩》綏作夊夊，行遲貌。
②胡承珙云："厲當爲瀨之借字。"（《史記·南越傳》：爲戈船下厲將軍，《漢書》作下瀨）《説文》："瀨，水流沙上也。"據《齊風·南山》："雄狐綏綏。"

解：此詩有以雄狐喻指男而言，這是女慕男之詩。《鄭箋》説是婦人喪其配偶，却不一定。

## 五十二、木瓜

投我以木瓜①，報之以瓊琚②。
匪報也，永以爲好也！
投我以木桃，報之以瓊瑤③。
匪報也，永以爲好也！
投我以木李，報之以瓊玖④。
匪報也，永以爲好也！

**【注釋】**

①《爾雅》：木瓜，楙木。
②瓊：《毛傳》：玉之美者。琚，佩玉。
③瓊瑤，《毛傳》：美玉。
④玖（音久）：《説文》：石之次玉者。一説淺黑色玉石。
　《朱注》：疑亦男女相贈答之詞，如《靜女》之類。

# (《國風·王風》)

## 五十三、黍離

彼黍離離①，彼稷之苗。行邁靡靡②，中心搖搖③。
知我者，謂我心憂；不知我者，謂我何求。
悠悠蒼天④！此何人哉！
彼黍離離，彼稷之穗⑤。行邁靡靡，中心如醉。
知我者，謂我心憂；不知我者，謂我何求。
悠悠蒼天！此何人哉！
彼黍離離，彼稷之實。行邁靡靡，中心如噎⑥。
知我者，謂我心憂；不知我者，謂我何求。
悠悠蒼天！此何人哉！

【注釋】

①彼黍離離：程瑤田《九穀考》云："黍，今之黄米；稷，今之高粱。"離離：王先謙云："離離者，狀其有行列也。"《廣韻》："穲穲，麥、稷行列也。"

②行邁靡靡：馬瑞辰云："《通解》：'《説文》："邁，行遠也。"説"文邁"、"行邁"連言，猶古詩云"行行重行行"也。'靡靡：《毛傳》：'猶遲遲也。'行步遲緩貌。"

③搖搖：《毛傳》："憂無所訴。"形容心神不安。

④悠悠：《毛傳》："悠悠，遠意。"

⑤穗：《毛傳》："穗，秀也。"

⑥噎：《毛傳》："憂不能息也。"案：噎有食塞咽喉閉塞。憂深氣逆、食塞咽喉，不能呼吸。

**解**：《毛傳》以爲周大夫行役至於宗周，過故宗廟，宫室盡爲禾黍，閔周室之顛覆，傍徨不忍去，而作是詩。細玩詩中詞句並無憫宗周之意。這詩應與《小星》爲一類，是奉使言勞之詩，不過詩中怨天尤人之意顯然，詩人是痛恨派遣他出去的統治階級，對當時的政治是怨恨的。

## 五十四、君子于役

君子于役①，不知其期②，曷至哉③？
雞棲于塒④，日之夕矣，羊牛下來。
君子于役，如之何勿思！
君子于役，不日不月⑤，曷其有佸⑥？
雞棲于桀⑦，日之夕矣，羊牛下括⑧。
君子于役，苟無饑渴⑨！

【注釋】

①君子於役：《朱注》：君子，婦人目其夫之詞。於役：當差、服勞役。
②期。期限。《毛傳》：不知其反期。
③曷：《通解》："詩中'曷'字皆訓'何時'。"至：歸家。
④塒（音時）：雞舍，《毛傳》："鑿墻而棲曰塒。"墻壁上挖洞做成。
⑤不日不月：不止一天一月。《集疏》："不能以日月計。"
⑥有佸（音活）：《毛傳》："會也。"相會。《釋文》引《韓詩》："佸，至也。"王先謙云："佸、括、會，古聲、義並同。"
⑦桀：《毛傳》："雞棲於杙（音義）爲桀。"王先謙云："蓋鄉里貧家編竹禾爲雞棲之具，四無根據，繫之於橛（木樁）。"
⑧《朱注》："括，至。"下括是下來的意思。
⑨苟無饑渴，《鄭箋》："且得無饑渴。"《朱注》："苟，且也。庶幾免於饑渴。"

解：這也是一首婦人思在外行役丈夫的詩，從環境的描寫，襯託出她渴盼的情思，所以說君子於役，如之何勿思。

## 五十五、君子陽陽

君子陽陽①，左執簧②，
右招我由房③，其樂只且④！
君子陶陶⑤，左執翿⑥，
右招我由敖⑦，其樂只且！

【注釋】

①陽陽：陽通作揚。《荀子·儒效篇》楊注："揚，得意之貌。"洋洋，得

意狀。

②《通解》："簧亦樂器之一，簧爲笙之大者。"

③由房："由"與"猶"，"謠"，古字通用。《禮記·檀弓》"咏斯猶。""猶"亦即歌謠之謠。房，《毛傳》：房中之樂。

④只：《玉篇·旨部》引《韓詩》作旨云："旨亦樂也。""只""旨"本通假之字。"且"應當是"此"的意思。《周頌·載芟》傳："且，此也。""只"通作"旨"，是"是"的意思。"其樂只且"即現代漢語"那個樂是這樣子的。"

⑤陶陶：和樂貌。《鄭箋》："陶陶，猶陽陽也。"

⑥翿：《毛傳》："纛也。"《説文》："纛，翳也。所以舞也。"《鄭箋》："纛，舞者所持以指麾（詳《陳風·宛丘》）。"

⑦由敖：王夫之、俞樾並讀"敖"爲"驁"。《儀禮》鄭注："《驁夏》亦樂章也。"

《朱注》："此詩蓋亦前篇《君子於役》婦人所作。"

解：這應是描寫已婚夫婦閨房之樂的詩，與《鄭風》的《女曰鷄鳴》一類。

## 五十六、揚之水

揚之水①，不流束薪②。彼其之子③，不與我戍申④。
懷哉懷哉，曷月予還歸哉？
揚之水，不流束楚。彼其之子，不與我戍甫⑤。
懷哉懷哉，曷月予還歸哉？
揚之水⑥，不流束蒲⑦。彼其之子，不與我戍許。
懷哉懷哉，曷月予還歸哉？

【注釋】

①揚之水：揚，激揚也。

②"不流束薪"等同爲疑問句。"不流束薪"是"連一束薪也不能流嗎？""流"與"留"同音。

③彼其之子，現代漢語是"就是那個小子"。

④"與"與"以"通。"不與我戍申"是"不是他把我派來戍申嗎？"戍，《毛傳》："守也。"申：《朱注》："姜姓之國，平王之母家。"

⑤懷，傷也。

⑥《朱注》："甫即吕（國）也。亦姜姓。"

⑦蒲，《鄭箋》："蒲柳。"
⑧《朱注》："許，國名，亦姜姓。"

**解**：這是戍卒思歸的詩。他痛罵派遣他的人，他傷心不知哪天纔能還歸。這雖然是樂章，然一彈再三嘆，令人覺着他戍申戍甫又戍許，更加引起人的同情。

## 五十七、中谷有蓷

中谷有蓷①，暵其乾矣②。有女仳離③，嘅其嘆矣④。
嘅其嘆矣，遇人之艱難矣。
中谷有蓷，暵其脩矣⑤。有女仳離，條其歗矣⑥。
條其歗矣，遇人之不淑矣。
中谷有蓷，暵其濕矣⑦。有女仳離，啜其泣矣⑧。
啜其泣矣，何嗟及矣⑨。

**【注釋】**

①中谷有蓷：中谷，即谷中。蓷（音推）：藥草名，陸璣《詩疏》引《韓詩》注："益母草也。"
②暵（音漢）：《說文》引作"熯"，"言水濡而乾也。"
③仳（音痞）：《毛詩》："仳，別也。"別離。
④嘅（音慨）：《朱注》："嘆聲。"嘆息。遇人之艱難矣：即嫁個好男人不容易。
⑤脩：《毛傳》："且乾也。"陳奐云：《說文》："脩，脯也；脯，乾肉也。因之凡乾皆曰脩矣。"
⑥條：王先謙云："長也。"
⑦濕：王引之說："濕，當作㬣，欲乾也。不如王先謙云，蓷本惡濕，今生谷中，水頻浸之，首章雖濡旋乾，次章且濕且乾，三章雖乾終濕。"
⑧啜：《韓詩》作"惙"，短氣也。
⑨何嗟及矣：胡承珙《毛詩後箋》說："當作嗟何及矣，傳寫者誤倒之。"即嗟嘆後悔莫及。

**解**：這是描寫婚後女方遭受離棄的痛苦的詩，是第三者的口吻。僅從形象上刻畫的嘆息。

## 五十八、兔爰

有兔爰爰①，雉離于羅②。我生之初，尚無爲；

我生之後，逢此百罹③。尚寐無吪④！

有兔爰爰，雉離于罦⑤。我生之初，尚無造⑥；

我生之後，逢此百憂。尚寐無覺！

有兔爰爰，雉離于罿⑦。我生之初，尚無庸⑧；

我生之後，逢此百凶。尚寐無聰！

【注釋】

①爰爰（音緩）：逍遙自在。《毛傳》："緩意。"此爰字讀如《書·盤庚》"既爰宅於茲"之爰，是遷居之意。表示狡兔三窟，不安於其居，引起下文，不是兔緩緩地。

②離：同罹，陷，遭難。羅：《毛傳》："鳥網爲羅。"羅網。

③罹：《毛傳》："憂。"

④吪：《說文》："動也。"同訛，《爾雅》："訛，動也。"吪、訛皆後出字，古字當作"爲"，《說文》："爲，母（獼）猴也。其爲禽好爪。"

⑤罦（音浮）：覆車網。《爾雅·釋器》："罦，覆車也。"郭璞注："今之翻車也。"

⑥造：《通解》："造讀爲遭，古同音通假。"

⑦罿（音冲）：覆車網。《韓詩》："張車上謂之罿。"罿、罦是同類的東西。

⑧庸：勞役。《爾雅·釋詁》："庸，勞也。"

解：這是在平王東遷以後，人民目睹當時政治日趨混亂，統治者更加緊壓迫人民，勞役人民，人民不堪其苦所作的政治諷刺詩。據《孟子》"雉兔者往焉"這一句所說的看來，雉、兔同是打獵的對象，所以詩人以雉起興，不當以兔與雉分別看待。

## 五十九、葛藟

緜緜①葛藟②，在河之滸③。

終遠兄弟，謂他人父。

謂他人父，亦莫我顧！

緜緜葛藟，在河之涘④。

終遠兄弟，謂他人母。

謂他人母，亦莫我有⑤！

緜緜葛藟，在河之漘⑥。

終遠兄弟，謂他人昆。
謂他人昆，亦莫我聞⑦！

【注釋】

①緜緜：《毛傳》："長不絕之貌。"
②葛、藟（音壘）：藤類蔓生植物。《釋文》："藟，似葛之草。"《陸疏》："一名巨荒，似燕薁，亦延蔓生；葉似艾，白色；其子赤，可食。"
③滸：《毛傳》："水涯曰滸。"
④涘（音四）：水邊。《說文》："涘，水涯也。"
⑤有：《廣雅疏證》："古者謂相親曰有。"亦莫我有，謂莫相親有也。
⑥漘（音純）：河岸，水邊。
⑦《通解》："聞"古通"問"，聞讀如愠問之問。亦莫我問，是莫有人問我。

解：這是東遷以後人民流離失所，無所依附，所作政治諷刺詩。

## 六十、采葛

彼采葛①兮，一日不見，如三月兮！
彼采蕭②兮，一日不見，如三秋③兮！
彼采艾④兮，一日不見，如三歲兮！

【注釋】

①葛：草名，蔓生，可以作葛布之用。"彼采葛兮"，即：那個采葛的啊！
②蕭：草名，蒿也。有香氣。
③三秋：通常一秋為一年，後又有專指秋三月的用法。這裏三秋長於三月，短於三年，義同三季。
④艾：植物名，蒿屬，可供針灸之用。

解：這是暫別相思的戀歌。詩中文義自明。

## 六十一、大車

大車檻檻①，毳②衣如菼③。
豈不爾思？畏子不敢。
大車啍啍④，毳衣如璊⑤。
豈不爾思？畏子不奔⑥。

穀則異室⑦，死則同穴。
⑧謂予不信，有如⑨皦日⑩。

【注釋】

①大車：古代用牛拉貨的車。檻檻（音砍）：《毛傳》："檻檻，車行聲也。"《集疏》："服虔《通俗文》：車聲曰檻。"
②毳（音粹）衣：《毛傳》："以毳衣爲大夫之服。"案，《通解》："《說文》：毳，獸細毛也。氀，西胡毳布也。氀通作褐，毳衣，蓋褐衣之類取其可以禦雨。"毳衣是趕這大車的人所穿的衣服。
③菼（音坦）：初生的荻葦，形容嫩綠色。《朱注》："菼，蘆之始生。毳衣之服，其青者如菼。"
④啍啍（音吞）：重滯徐緩的樣子。《毛傳》："啍啍，重遲之貌。"
⑤璊（音門）：紅色美玉，喻紅色。《說文》："璊，玉，赬色也。"《韓詩》作"虋"，云："異色之衣也。"
⑥奔，私奔。
⑦《毛傳》：穀，生。活着。
⑧穴，墓穴。
⑨如讀爲若，苦，此也。有如皦日指日爲證。
⑩皦（音繳）：同皎，光亮。《毛傳》：皦，白也。

解：毳衣是褐衣之類，據《七月》"無衣無褐"的句子來看，是勞動人民常穿的衣服，可以確定這詩一二章首二句是描寫的一位趕車的人。詩中語氣是一位女子愛上了這位趕車的人，但他們同是奴隸或農奴，婚姻不得自由，所以女方在暫別後想起他，希望他能逃奔，她指天爲誓絕無二心。舊說均非是。

## 六十二、丘中有麻

丘中有麻，彼留子嗟①。
彼留子嗟，將其來施②。
丘中有麥，彼留子國。
彼留子國③，將其來食。
丘中有李，彼留之子④。
彼留之子，貽我佩玖⑤。

**【注釋】**

①留：《通解》："留、劉古通。"根據《毛傳》，劉是姓，子嗟是字。

②將：請，願，希望。《朱注》："願也。"施施：俞樾云："《顏氏家訓·書證篇》：江南舊本悉單爲施，正以江南舊本爲正。"施，舊說均不妥。當讀如《葛覃》："施於中谷"之施。《毛傳》："施，移也。"是這施字的正解。移麻與下章食麥，語意都是含有以實物來相好之意。

③子國：子國也是字。

④彼留之子：即，他是劉家的人。

⑤玖：《說文》："石之次玉黑色者。"《朱注》說："此詩是婦人望其所與私者而不來，故疑丘中有麻之處，後有與之私而留之。"

**解**：這只應是一個女子希望她所愛的人來和她相好的詩。

(《國風·鄭風》)

## 六十三、緇衣

緇衣之宜兮①,敝,予又改爲兮。
適子之館兮,還,予授子之粲②兮。
緇衣之好兮,敝,予又改造兮。
適子之館兮,還,予授子之粲兮。
緇衣之蓆③兮,敝,予又改作兮。
適子之館兮,還,予授子之粲兮。

【注釋】

①緇(音資)衣:《朱注》:"緇,黑色。緇衣,卿大夫居私朝之服也。宜,稱,合適。"
②《毛傳》:"粲,餐也。"
③蓆(音席):寬大舒適。《毛傳》:"大也。"《朱注》引程子曰:"蓆有安舒之意。"

解:舊說以緇衣爲好賢之詩,比較允妥,因緇衣爲大夫居私朝之服,非一般人之服,下文"適館"可作證明,爲人愛戴,故詩人云敝予又改爲兮。如以爲妻對夫言則不應,始改爲而且可很快就作一件新的,所以細按詩意,舊說是可從的。

## 六十四、將仲子

將①仲子②兮,無踰我里③,無折我樹杞④。
豈敢愛之?畏我父母。
仲可懷也,父母之言亦可畏也。
將仲子兮,無踰我牆,無折我樹桑。
豈敢愛之?畏我諸兄。
仲可懷也,諸兄之言亦可畏也。
將仲子兮,無踰我園,無折我樹檀。

豈敢愛之？畏人之多言。
仲可懷也，人之多言亦可畏也。

**【注釋】**

①將（音槍）：《毛傳》：將，請也。一說發語詞。
②《朱注》：仲子，男子之字也。同於稱二兄。
③踰：越。里：《毛傳》：里，居也。
④杞（音起）：木名，即杞柳。又名櫸。落葉喬木，樹如柳葉，木質堅實。
《陸疏》："杞，柳屬也。"樹桑、樹檀：即桑樹、檀樹。倒文以協韵。
⑤《朱注》，墻，垣也。古者樹下以桑。

**解**：此詩明言仲可懷也，詩中及主角並無拒絶之意甚明。踰里踰墻，應係已有之事，否則從何說起？所以據詩意看來，女方只是怕日子久了閒話多，勸仲子另想更妥善的辦法來達到他們的目的。他們的戀愛婚姻不自由，可以想見。

## 六十五、叔于田

叔于田①，巷無居人②。
豈無居人？不如叔也。洵③美且仁。
叔于狩④，巷無飲酒。
豈無飲酒？不如叔也。洵美且好。
叔適野，巷無服⑤馬。
豈無服馬？不如叔也。洵美且武。

**【注釋】**

①於田：《毛傳》："田，取禽也。"於田是去打獵。
②《毛傳》："巷，里塗也。"《鄭箋》："叔往田，國人注心於叔，似如無人處。"
③洵（音詢）：真正的，的確。《鄭箋》："洵，言也。"
④《通解》："狩又爲田獵之通稱。於狩猶於田也。"
⑤服馬：《鄭箋》："服馬猶乘馬也。"

**解**：《朱注》：疑此詩亦民間男女相悅之辭。詩中的叔或即下首《大叔於田》詩中的叔。

## 六十六、大叔于田

叔于田，乘乘馬。執轡①如組，兩驂②如舞。
叔在藪③，火烈④具舉。襢裼暴虎⑤，獻于公所。
將叔勿狃⑥，戒其傷女。
叔于田，乘乘黃。兩服⑦上襄⑧，兩驂雁行⑨。
叔在藪，火烈具揚。叔善射忌⑩，又良御忌。
抑⑪磬控忌⑫，抑縱送忌。
叔于田，乘乘鴇⑬。兩服齊首，兩驂如手。
叔在藪，火烈具阜⑭。叔馬慢忌，叔發罕忌，
抑釋掤⑮忌，抑鬯⑯弓忌。

## 【注釋】

① 執轡如組，見《邶風·簡兮》注。

② 驂（音參）：車轅外側兩馬。《鄭箋》："在旁曰驂。"

③ 藪（音擻）：沼澤地。《毛傳》："藪，澤。"《釋文》引《韓詩》："禽獸居之曰藪。"

④ 火烈：《朱注》："火焚而射也。烈，熾盛貌。"

⑤ 襢裼（音檀西）：赤膊。《毛傳》："襢裼，肉袒也。""暴虎，空手以搏之。"

⑥ 狃（音紐）：反復做某事。狃據《毛傳》和《鄭箋》是習慣的意思。無狃是不要習慣這樣。

⑦ 服：中央駕轅的馬。《集疏》："《呂覽》高注，四馬車，兩馬在中為服。"

⑧ 上襄：王引之云："上者，前也。"襄：陳喬樅云："襄蓋驤之借。"上襄猶言並駕於前，即下章之"兩服齊首"也。

⑨ 雁行：王引之云："雁行謂在旁而差後"，即下章之"兩驂如手"。

⑩ 《朱注》："忌，抑。皆語助辭。"

⑪ 《通解》"抑讀為噫，嘆辭也。"古"噫""抑""懿"三字通用。

⑫ 俞樾云："磬、控雙聲，縱、送叠韵。磬即控也。言止馬也。送即從也。言騁馬也。"

⑬ 《毛傳》："驪白雜毛曰鴇。其正字當作駂。"

⑭ 阜：旺盛。《毛傳》："阜，盛也。"

⑮ 掤：《朱注》："《說文》'掤，矢筒蓋。'《春秋傳》作'冰'。"（見

《左傳》昭十二年傳杜注）

⑯韔（音唱）：《朱注》："弓囊也。"韔弓是裝到藏弓的口袋中去。這是名詞用作動詞。

**解**：詩中的叔，應即《叔於田》中之叔，這位青年騎士，他既勇武有力，可以為人民除害，又能射善御。其打獵時的描寫既具體，又夸張，富於文學色彩。

## 六十七、清人

清人在彭①，駟介旁旁②。
二矛重英③，河上乎翺翔。
清人在消，駟介麃麃④。
二矛重喬⑤，河上乎逍遙。
清人在軸，駟介陶陶⑥。
左旋右抽⑦，中軍作好⑧。

【注釋】

①《朱注》："清，鄭邑名。彭、消、軸，河上地名。"
②《朱注》："駟介，四馬而被甲也。旁，《說文》作𩥍，馬盛也。"
③《說文》："矛，首矛也，長二丈。英，刻畫也。"
④麃麃：《毛傳》："武貌。"
⑤《集疏》："喬，《韓詩》作'鷮'"（一名長尾雉）。《通解》："謂以鷮羽為重飾。"
⑥《通解》："陶陶，《說文》：'駒，馬行貌。'"陶、駒同。
⑦旋：《通解》："旌旗之指揮亦曰旋。"抽：《說文》引作搯，云："拔兵刃以習擊刺也。"
⑧《毛傳》："居軍中為容好。"

**解**：這一首詩據《春秋》閔公二年及《左傳》，是鄭人諷刺"鄭棄其師"的詩。《左傳》閔公二年云："鄭人惡高克，使帥師次於河上，久而弗招，師潰而歸。高克奔陳。鄭人為之賦《清人》。"

## 六十八、遵大路

遵大路兮，摻①執子之袪兮，
無我惡兮，不寁②故也③！
遵大路④兮，摻執子之手兮，

無我魗⑤兮，不寁好⑥也！

【注釋】

①摻（音閃）：執。《通解》："摻即操字，隸（體）變爲摻。漢議郎竇碑，即有殊摻；以摻爲操。"

②寁（音趲或捷）：迅速。俞樾云："寁之言接也。寁以妻聲，接從妾聲，兩聲相近，詩言無以惡我醜我之故，而不接續故舊之情好也。"

③也：《釋文》："一本作兮。"

④王引之云："二章路字當作道，與手，魗，好，爲韵，凡詩次章全變首章之韵，則第一句先變韵。"

⑤《孔疏》："魗與醜古今字。"

⑥好：舊好。

解：這是一首女子失戀而欲續舊好的詩。

## 六十九、女曰雞鳴

女曰雞鳴，士曰昧旦①。子興視夜②，明星有爛③。
將翱將翔④，弋鳧與雁⑤。
弋言加之⑥，與子宜之⑦。宜言飲酒，與子偕老。
琴瑟在御，莫不靜好⑧。
知子之來之⑨，雜佩以贈之⑩。
知子之順之⑪，雜佩以問之⑫。
知子之好之，雜佩以報之。

【注釋】

①昧旦：天色將明未明之際。《說文》："昧，旦闇也。""旦，明也。"昧旦爲未大明貌，直譯爲黑亮或"麻亮"，昧旦的時間比雞鳴晚。

②興：起。

③明星：啓明星。《朱注》："明星，啓明之星。"光日而出也。有爛：粲爛。

④案：將，相也。

⑤弋（音貽）：射箭，以生絲繫矢。《朱注》："弋繳，射，謂以生絲繫矢而射也。鳧，水鳥如鴨，青色，背上有紋。

⑥《朱注》："加，中也。"

⑦《毛傳》："宜，肴也。"案：宜字古寫作𖠋，宜即俎字，中爲俎實，故"宜"可以解釋爲"肴"。

⑧案：静與静女之静同，當作"善"解。

⑨來，王引之云："來，讀爲勞來之來"。慰勞之意。

⑩《朱注》："雜佩，左右佩玉也。"《毛傳》："雜佩者，珩、璜、琚、瑀、冲牙之類。（珩，平；璜，半璧；琚，赤色；瑀，白色；冲在中，牙其旁）"《鄭箋》：贈，送也。（贈讀如載）

⑪《朱注》："順，愛也。"

⑫問：贈送。《集疏》："《左傳》哀二十六年'衛侯以弓問子貢'，皆遺人物謂之問。"

**解**：這詩描寫一對感情篤好的獵人夫婦，在他們日常生活中的一瞥，首二章以個別的事爲例，第三章是概括的描寫。

## 七十、有女同車

有女同車，顏如舜①華，
將翱將翔，佩玉瓊琚②。
彼美孟姜，洵美且都③。
有女同行，顏如舜英④，
將翱將翔，佩玉將將⑤。
彼美孟姜，德音不忘⑥。

【注釋】

①舜：植物名，即芙蓉花，又名木槿。《吕覽·仲夏紀》高注："木槿樹，高五六尺，其葉與安石榴相似，花可用作蒸，雜家謂之朝生，一名蕣。"

②琚，見《木瓜》篇注。

③都：閒雅。《毛傳》："都，閒也。"

④英：《毛傳》："英猶華也。"

⑤將將（音槍）：即鏘鏘。《集疏》："《魯詩》'將'作'鏘'。王逸《楚辭·九歌》注：鏘，佩玉聲也。"

⑥忘：王引之云：亡猶已也，作忘者假借字。

**解**：這是一首男子所作的懷念女方的戀歌。

## 七十一、山有扶蘇

山有扶蘇①，隰有荷華。

不見子都②，乃見狂且③。
山有喬松④，隰有游龍⑤。
不見子充⑥，乃見狡童。

【注釋】

①扶蘇：以第二章喬松例之，是指的大樹。扶蘇古書多作扶疏，是大樹枝葉分布的意思。這裏是以形容性區別詞作名詞用。（《集疏》依《毛傳》段玉裁、胡承珙諸家說亦定爲大木）

②子都：《毛傳》："世之美好者也。"

③且：《通解》："且讀爲怚。《說文》：'怚，驕也。'狂且謂狂而驕者。"案：且當讀如駔，《後漢書·郭泰傳》注引《說文》，一曰駔儈也。《呂覽·尊師》："段干木，晉國之大駔也。"可見市儈之稱古已有之。

④喬松：喬即高，古字通。

⑤游龍：植物名。即葒草。《毛傳》："龍，葒草也。"《陸疏》："葉大而赤色，生水澤中，高丈餘。"

⑥子充：同"子都"意。《孟子》："充實之謂美。"詩句是說山上的，水下的，人間的，都有可愛好的事物，但是沒有看見，偏偏遇着了這個市儈，狡童。

解：這詩應是女方戲弄男子之詞，她罵他是市儈，也有誚罵的成分。

# 七十二、蘀兮

蘀兮蘀兮①，風其吹女②。
叔兮伯兮③，倡予和女④。
蘀兮蘀兮，風其漂女⑤。
叔兮伯兮，倡予要女⑥。

【注釋】

①蘀（音拓）：脫落的木葉。《毛傳》："蘀，槁。"《鄭箋》："槁謂木葉落也。"

②《朱注》："女，指蘀而言也。"

③《朱注》："叔，伯，男子之字。"

④《朱注》："予，女子自予也。女，叔伯也。"倡予和女是予唱女和。

⑤《朱注》："漂，飄同。"

⑥《毛傳》："要，成也。"這是以要爲完成的意思。要女，你們來完成吧。

《通解》："要，會也。"《禮記·樂記》："要，其節奏。"《鄭注》："會也。"這是會合之意；要女，你們來合唱吧。這樣解釋較好。

**解**：這應是一首在揚場時女方對男方所作挑戰的歌。女方先唱起來，要求男方合唱。

## 七十三、狡童

彼狡童兮，不與我言兮。
維子之故，使我不能餐兮？
彼狡童兮，不與我食兮。
維子之故，使我不能息兮①？

【注釋】

①《朱注》："息，安也。"

**解**：這一首詩在表面上看來是失戀的詩，但與《日月》《終風》等詩不同。沒有傷感的情調。

## 七十四、褰裳

子惠思我①，褰裳涉溱②。
子不我思，豈無他人？
狂童之狂也且③！
子惠思我，褰裳涉洧④。
子不我思，豈無他士⑤？
狂童之狂也且！

【注釋】

①《毛傳》："惠，愛也。"
②褰（qiān）：揭起。褰，《說文》作"攐"，云摳衣（提衣使起）也。
　溱：鄭國水名，源出河南密縣。本名潧。
③《通解》："且"讀爲"怚"，驕也。言其狂而且驕。
④洧：亦水名。溱水東北流至新鄭與洧水合。洧水出河南登封縣。
⑤《鄭箋》："他士，猶他人也。"

**解**：這一首也應是女子對她的情人所作的戲謔之詞。

## 七十五、丰

子之丰兮①,俟我乎巷兮②。悔予不送兮③!
子之昌兮④,俟我乎堂兮⑤。悔予不將兮⑥!
衣錦褧衣⑦,裳錦褧裳。叔兮伯兮⑧,駕予與行!
裳錦褧裳,衣錦褧衣。叔兮伯兮,駕予與歸。

【注釋】

①丰:《毛傳》:"丰,丰滿也。"
②巷:《毛傳》:"門外也。"
③不送:《通解》:"不送,不相隨也。"致女曰送,親迎曰逆。
④昌:《毛傳》:"盛妝貌。"
⑤堂:《集疏》:"一里之巷,巷外有門,門側有堂。"
⑥將:《鄭箋》:"將,亦送也。"
⑦褧(音窘):婦女出嫁時禦風塵用的麻布罩衣,即披風。見《衛風·碩人》篇注。
⑧叔兮伯兮:《傳疏》:"從者也。"

解:《毛詩序》説這首詩是"刺亂",是"陽倡而陰不和,男行而女不隨"。據詩意來看,表面好像是親迎不行,既而悔之。但實際並不如此。戴震以爲"婚姻而卒有變志,非男女之情",詩言迎者之美"固所願嫁也",可見並不是真的親迎不行,既而悔之。只是最初羞澀不自立,而終於打破了這一關。

## 七十六、東門之墠

東門之墠①,茹藘在阪②。
其室則邇,其人甚遠。
東門之栗③,有踐家室④。
豈不爾思?子不我即⑤。

【注釋】

①墠(音善):土坪。《集疏》:"《韓(詩)》説曰:'墠,猶坦也。'《説文》:墠下云:'野土也。'坦下云:'安也。'言其地平安無險阻也。"
②茹藘(音如慮):草名。即茜草,可作紅色染料。《集疏》:"茹藘,茅

搜也。一名苦，可以染絳。"阪（bǎn）：坡。《說文》："陂者曰阪。"

③栗：栗樹。《毛傳》："行（道）上栗也。"

④踐：《集疏》："《韓（詩）》踐作靖，云：栗，木名。靖，善也。"有踐家室是有個好的家。

⑤即：《鄭箋》："即，就也。"

**解**：這是女子思慕男子所作的詩。

## 七十七、風雨

風雨淒淒①，雞鳴喈喈。
既見君子，云胡不夷②！
風雨瀟瀟③，雞鳴膠膠④。
既見君子，云胡不瘳⑤！
風雨如晦⑥，雞鳴不已⑦。
既見君子，云胡不喜！

【注釋】

①淒淒：《孔疏》："淒淒，寒涼之意。"

②《毛傳》："胡，何。夷，說也。"案，云當訓為有，"云胡不夷"是"有什麼不喜歡呢？"

③瀟瀟：《毛傳》："瀟瀟，暴疾也。"

④膠膠：雞叫的聲音。膠，三家作"嘐"。

⑤瘳：病好，病痊愈。俞樾云："瘳當爲憀，憀與聊字義同，聊，樂也。"

⑥《傳疏》："如，猶而已。"《毛傳》："晦，昏也。"

⑦《鄭箋》："已，止也。"

**解**：在風雨如晦、雞鳴不已的環境中，婦人思念她的丈夫，忽然得見了她所想念的人。

## 七十八、子衿

青青子衿①，悠悠我心。
縱我不往，子寧不嗣音②！
青青子佩③，悠悠我思。
縱我不往，子寧不來！
挑兮達兮④，在城闕兮⑤。

一日不見，如三月兮！

**【注釋】**

①衿：衣領。《釋文》："衿，本亦作襟。"

②嗣音：傳音訊。嗣，《釋文》引《韓詩》作詒，云："寄也，曾不寄問也。"

③《毛傳》："佩，佩玉也。"《孔疏》："青青謂組綬也。"（綬者，所以貫佩玉相承受也）

④《通解》："挑達雙聲字。謂行不相遇也。"《集疏》："挑達又作叟達。"《說文》：叟，滑也。達，行不相遇也。"今案，滑有滑脫之意，"挑兮達兮"可解作"滑脫了啊！碰不着啊。"

⑤城闕：正門兩旁之樓。《爾雅·釋宮》："觀謂之闕。"在諸侯南城之兩邊，有樓臺可以觀望，故謂之觀。

**解**：這一首詩寫的是暫別的相思，詩中主角想着她的情人能來，或者帶個消息來，她自己更在城闕眺望。終於不見他來，她只有長嘆一聲"一日不見，如三月兮"。一二章所寫的也只是一日之間的心理。

## 七十九、揚之水

揚之水，不流束楚①。
終鮮兄弟，維予與女②。
無信人之言，人實迋女③！
揚之水，不流束薪。
終鮮兄弟，維予二人。
無信人之言，人實不信！

**【注釋】**

①激揚之水，不流束楚？是表示有疑問的意思。不流束楚是疑問句，"不"非發聲字。

②維：同惟。

③《朱注》："迋，與誑同。"

**解**：這是妻勸夫之詞，從詩的起興看來，他們的處境是在艱苦的時間，她勸他勿信讒言，不要受了別人的欺騙。

## 八十、出其東門

出其東門，有女如雲。
雖則如雲，匪我思存。
縞衣綦巾①，聊樂我員②。
出其闉闍③，有女如荼④。
雖則如荼，匪我思且⑤。
縞衣茹藘⑥，聊可與娛。

【注釋】

①縞（音稿）：白色；素白絹。《毛傳》："縞衣，白色。"綦（qí）：暗緑色。《毛傳》："綦巾，《鄭箋》："蒼艾色。"《鄭箋》："作者之妻服也。"
②《通解》："《廣雅》：員，有也。"
③闉闍（音因都）：城外曲城的重門。《毛傳》："闉，曲城也。闍，城臺也。"
④《漢書·禮樂志·郊禖歌》："顏如荼"，應劭注："荼，野菅，白華也。"
⑤且：《釋文》音徂，通作徂。徂，往也。《鄭箋》："猶非我思存也。"
⑥茹藘：茜草。《鄭箋》：茹藘，"茅蒐，染巾也。"《集疏》："不言巾者省文。"

解：這是男子對於他愛有所專的女子的歌唱，縞衣綦巾刻畫出一個節儉樸素美麗姑娘的形象。

## 八十一、野有蔓草

野有蔓草①，零露漙兮②。
有美一人，清揚婉兮③。
邂逅相遇④，適我願兮。
野有蔓草，零露瀼瀼⑤。
有美一人，婉如清揚⑥。
邂逅相遇，與子偕臧⑦。

【注釋】

①蔓（音萬）：茂盛。《毛傳》："蔓，延也。"
②零：《鄭箋》："零，落也。"漙：《釋文》"'漙'，本亦作'團'。"《後

箋》："《説文》無溥:字，古止作團。"
③清揚：《集疏》："清揚猶清明也。"婉：《毛傳》："婉，婉然美也。"
④邂逅（音謝后）：不期而遇，喜悦也。王先謙疏："思見其人，求而忽得，則志意開豁，歡然相迎，即所謂邂逅矣。"
⑤瀼（ráng）：形容露水多。《毛傳》："瀼瀼，盛貌。"
⑥如：《集疏》讀"如"爲"然"。
⑦臧：《毛傳》："臧，善也。"

解：這是一首描寫情人不期而遇，喜悦而兩情相好的戀歌。

## 八十二、溱洧

溱與洧①，方渙渙兮②。士與女，方秉蕑兮③。
女曰觀乎？士曰既且④，且往觀乎？
洧之外，洵訏且樂⑤！
維士與女，伊其相謔，贈之以勺藥。
溱與洧，瀏其清矣⑥。士與女，殷其盈兮⑦。
女曰觀乎？士曰既且。且往觀乎？
洧之外，洵訏且樂！
維士與女，伊其將謔⑧，贈之以勺藥。

【注釋】

①溱（音針）、洧（音偉）：鄭兩水名，見前《褰裳》注。
②渙渙《毛傳》："渙渙，春水盛也。"
③《集疏》："《韓》説曰：'溱與洧，説（悦）人也。鄭國之俗，三月上巳之日，於兩水之上，招魂續魄，拂除不祥，故詩人願與所説者俱往也。'又《韓》云：秉，執也。蕑，蘭也。當此盛流之時，衆士與衆女，執蘭而祓（拂）除邪惡。"
④既且：《鄭箋》："既，已也。"《通解》："'既且'是'暨'字之僞"，説"既"是"再"的意思。既且是再去。今案此三説皆不甚確。"既"與"即"古字通。且與徂通，二字連言，意即"就去"。女的問道："去看看嗎？"男的如答應已去過了，或是"再去"，是士與女原不相識，勉强人去不大合理。如説"就去"，是他們感情本來很融洽，一方提議，一方面即痛快的説就去，毫無原不相識勉强人去之意。既、即通用，古有其例。

⑤訏：《爾雅》："訏，大也。"
⑥瀰：《毛傳》："瀰，深貌。"
⑦殷《毛傳》："殷，衆也。"
⑧將謔：《通解》："將謔，猶相謔也。"

**解**：這首詩三家詩說已認爲男女相悅之詞。有情，有景，有動態，有語言，形象顯見。

(《國風·齊風》)

## 八十三、鷄鳴

鷄既鳴矣，朝既盈矣。
匪鷄則鳴，蒼蠅之聲。
東方明矣，朝既昌矣①。
匪東方則明，月出之光。
蟲飛薨薨②，甘與子同夢。
會且歸矣，無庶予子憎③。

【注釋】

①《朱注》："昌，盛也。"
②《集疏》："此代君謂其夫人之詞。"薨薨，衆多貌。
③庶：《通解》："庶，幸也。"《大雅·抑》詩"庶無大悔"，"無庶"即"庶無"之倒文。《通解》："《正義》引定本作'無庶與子憎'。按與猶貽也。"

解：這一首詩是詛咒齊君荒淫無恥的詩。他和另一女子幽會，早眠不起。女的用鷄鳴了，天亮了，朝上的人滿了，勸他早起上朝，但他推託是"蒼蠅之聲""月出之光"。還說，"蟲飛薨薨，甘與子同夢"。詩中最後用女方的口吻，說是朝會的人將散了，希望他不要給人討厭。全詩是用對話的方式活畫出那荒淫無恥君王不上早朝的情況。

## 八十四、還

子之還兮①，遭我乎峱之間兮②。
並驅從兩肩兮③，揖我謂我儇兮④。
子之茂兮⑤，遭我乎峱之道兮。
並驅從兩牡兮，揖我謂我好兮。
子之昌兮⑥，遭我乎峱之陽兮。

並驅從兩狼兮，揖我謂我臧兮。

【注釋】

①還（音玄）：輕捷貌。《毛傳》："還，便捷之貌。"《韓》詩作璇，云"好貌"。王念孫云："《韓》說是也。二章子之茂兮，三章子之昌兮，昌、茂皆好則還亦好也。"

②遭：《韓詩傳》："遭，遇也。"峱（náo）：《毛傳》："峱：山名（在臨淄縣南）。"

③從：《毛傳》："從，逐也。"肩：《毛傳》："獸三歲曰肩。"

④儇：《毛傳》："儇，利也。"《釋文》引《韓詩》作"嬛"，云"嬛，好貌"。王念孫云："《韓詩》說是也。二章言好，三章言臧，臧與好同義，則嬛同也。"

⑤茂：《毛傳》："茂，美也。"

⑥昌：《毛傳》："昌，盛也。"

**解**：獵人互相贊美。章潢評此詩，子之還兮已譽人也，謂我儇兮人譽己也。並驅則人已皆有能也，寥寥數語自具分合之妙：獵固便捷，詩亦輕利，神乎。

## 八十五、著

俟我於著乎而①，充耳以素乎而②，
尚之以瓊華乎而③。
俟我于庭乎而④，充耳以青乎而，
尚之以瓊瑩乎而⑤。
俟我於堂乎而，充耳以黃乎而，
尚之以瓊英乎而⑥。

【注釋】

①著：《集疏》："著與宁通。"《爾雅·釋宮》："門屏之間謂之宁"，是佇立等待的地方。這詩是描寫親迎的詩，是女子初見女婿等待在門屏之間的情況。乎而：語助詞。全句可釋爲等待我在着那兒呢！

②充耳：是古代的男女帽旁的一種裝飾。戴帽的時候，用一根長簪橫插在髮髻上露出帽外，在簪的兩頭，略垂一條白青色或黃色的繩到兩耳旁（名紞），在繩的末端各繫上一塊玉石，名瑱。因瑱當耳，所以名充耳。

③尚：《朱注》："加也。"瓊華：美石似玉者。

④庭：大門之內，寢門之外。

⑤瓊瑩：《毛傳》："石似玉。"

⑥瓊英：《朱注》："美石似玉者。"

解：這是記女子初見夫婿的詩，詩三章只是變文押韻，不是在三處等待，充耳由素變爲青黃，也只是變文押韻。不可能由一人在一時一地由素變爲青黃，此詩爲樂章之證明。

## 八十六、東方之日

東方之日兮①，彼姝者子②，在我室兮。

在我室兮，履我即兮③。

東方之月兮④，彼姝者子，在我闥兮⑤。

在我闥兮，履我發兮⑥。

【注釋】

①《文選注》引《韓詩》薛君章句："詩人言所說者顔色盛美，如東方之日。"《通解》："《神女賦》云：'其始出也，耀乎若白日，初出照屋梁。'即本此詩意。"

②《說文》："姝，美也。"

③《朱注》："履，躡。即，就也。言此女躡我之跡而相就也。"《通解》："即，就也，謂就所止之處，即，行也。即爲就亦爲行。"案：躡更有追意，《文選·籍田賦》注引《說文》，"躡，追也。"

④馬瑞辰云："古者喻人顔色之美，多取譬於日月，詩'日出皎兮'傳'婦人有美白皙也。'《神女賦》：'其少進也，皎若明月舒其光。'皆其義。"

⑤闥（音榻）：《毛傳》："闥，門內也。"

⑥發：《毛傳》："發，行也。"《通解》謂"即"讀爲"節"，以禮我之節制，"發"讀爲"法"，以禮爲我檢束。或說："即"爲"次"，"發"爲"茇"，皆舍也。履，躡也。躡我之跡而求舍於我也。皆非是。

解：這詩是兩情相好的戀歌。

## 八十七、東方未明

東方未明，顛倒衣裳。

顛之倒之，自公召之①。
東方未晞②，顛倒裳衣。
倒之顛之，自公令之③。
折柳樊圃④，狂夫瞿瞿⑤。
不能辰夜⑥，不夙則莫⑦。

【注釋】

①自，從也。
②晞：《毛傳》："明之始升。"晞者昕之假借，《說文》：'昕，旦明，日將出也，讀若希。'昕與晞一聲之轉。
③令：當是使令之令。
④柳：《朱注》："楊之下垂者。"《毛傳》："柔脆之木。"樊，藩也。圃，菜園也。全句是折柳來作菜園的藩籬。
⑤瞿瞿：《詩集傳》："驚顧之貌。"《集疏》："瞿瞿者，眲眲之借字，《說文》眲下云：'左右視之也。'"這是說叫他們早起就來折柳做圃的籬笆，還有狂夫在那里看守着。狂夫是罵那個監工的人。
⑥辰：《毛傳》："辰，時。"時與"司""伺"同，是看守着的意思。
⑦是說不是早了，就是晚了。

解：這是人民怨恨齊君起居無節，號令不時，致使他們忙得早晚不寧的政治諷刺詩。

## 八十八、南山

南山崔崔①，雄狐綏綏②。
魯道有蕩③，齊子由歸④。
既曰歸止，曷又懷止？
葛屨五兩⑤，冠緌雙止⑥。
魯道有蕩，齊子庸止⑦。
既曰庸止，曷又從止⑧？
蓺麻如之何⑨？衡從其畝⑩。
取妻如之何？必告父母。
既曰告止，曷又鞠止⑪？
析薪如之何？匪斧不克。
取妻如之何？匪媒不得。

既曰得止,曷又極止⑫?

【注釋】

①南山:齊南山也。崔崔:山勢高峻。崔,據《易林》即崔嵬。
②綏綏:行遲貌,見《有狐》篇注。
③蕩:平坦。《毛傳》:"蕩,平易也。"
④齊子:《毛傳》:"文姜也。"是齊襄公之妹,魯桓公夫人。
⑤五兩:《傳疏》:"五疑讀爲午(縱橫相交),'五兩'猶'午絞'(《說文》:緉,履兩枚也),謂屨綦也。《魏風·葛屨》之'糾糾'也。"全句可譯爲"葛屨用雙繩縱橫相絞"。這是說貧窮的人結婚成雙對。
⑥《集疏》:"《禮內則》注,綏者纓之飾。"全句是"繫在脖子上的帽纓子是成雙的",這是說有錢的人結婚也應當夫婦和睦。
⑦庸:《毛傳》:"庸,用也。"《鄭箋》:用此道文姜嫁於魯。
⑧從:相從。是隨從魯桓入齊。
⑨蓺(yì):種植。蓺即藝,《毛傳》:"樹(種)也。"
⑩衡從:即"橫從"。賈思勰《齊民要術》:"凡種麻不厭熟,縱橫七遍以上,則麻葉盛也。"
⑪鞠:《毛傳》:"窮也。"《傳疏》:"言夫道窮。"
⑫極:《毛傳》"極,至也。"

解:這詩是諷刺文姜和齊襄公的詩。他們兄妹淫通,嫁後又常來齊,並謀殺了魯桓公。所以遭到兩國人民的憤怒,在齊風有這樣的諷刺其最高統治者的詩。

## 八十九、甫田

無田甫田①,維莠驕驕②。
無思遠人,勞心忉忉③。
無田甫田,維莠桀桀④。
無思遠人,勞心怛怛⑤。
婉兮孌兮,總角丱兮⑥。
未幾見兮,突而弁兮⑦。

【注釋】

①田:《朱注》:"謂耕治之也。"這是名詞作動詞用。甫:《毛傳》:"甫,

大也。"這句詩是説不要耕種大田。
②驕：《集疏》："魯作喬。諸經'喬''驕'多通假。"《釋詁》："喬，高也。"
③忉忉（音刀）：憂勞貌。《毛傳》："忉忉，憂勞也。"
④桀：《通解》："桀讀如《碩人》'葭菼揭揭'之揭，高舉也。"
⑤怛怛（dá）：悲傷。《毛傳》："怛怛，猶忉忉也。"
⑥丱：《集疏》："丱兮像兩角之貌。"參見《衛風·氓》"總角"注。
⑦突而：《集疏》："突而與突如同，正義作突若，猶突然也。"弁（biàn）：《毛傳》："弁，冠也。"

解：這是女子想念遠別的一個男子的詩，想到很久未見面，他該長得更高大了。

## 九十、盧令

盧令令①，其人美且仁。
盧重環②，其人美且鬈③。
盧重鋂④，其人美且偲⑤。

【注釋】

①盧：《毛傳》："盧，田犬。"獵犬，黑犬。《孔疏》引《戰國策》："韓國盧，天下之駿犬也。"令令：鈴聲。《説文》："令，引作𤧚，健也。"
②重環：《毛傳》："重環，子母環也。"
③鬈（音全）：《毛傳》："鬈，好貌。"《鄭箋》："當讀爲權，勇壯也。"
④重鋂（音梅）：一個大環套兩個小環。《毛傳》："鋂，一環貫二也。"
⑤偲（音猜）：《毛傳》："偲，才也。"

解：這是贊美獵人的詩。這詩上一句寫獵犬，犬行在前；下一句寫獵人，人行在後，寥寥二語，章法不亂，傳神在後一句。

## 九十一、敝笱

敝笱在梁①，其魚魴鰥②。
齊子歸止，其從如雲。
敝笱在梁，其魚魴鱮③。
齊子歸止，其從如雨。
敝笱在梁，其魚唯唯④。

齊子歸止，其從如水。

**【注釋】**

①敝笱：破舊魚網，喻文姜。
②鰥：《毛傳》："鰥，大魚。"王引之云"即《爾雅》之鯤，一作鯤。"
③鱮：《孔疏》引《義疏》："鱮似魴厚而頭大，魚之不美者。"今謂之鰱。
④唯唯：《毛傳》："出入不制水。"《通解》："讀如恣睢之睢。"

解：這一首詩與下一首詩應都是刺魯莊公夫人齊哀姜穢行的詩。

## 九十二、載驅

載驅薄薄①，簟茀朱鞹②。魯道有蕩，齊子發夕③。
四驪濟濟④，垂轡濔濔⑤。魯道有蕩，齊子豈弟⑥。
汶水湯湯⑦，行人彭彭⑧。魯道有蕩，齊子翱翔⑨。
汶水滔滔⑩，行人儦儦⑪，魯道有蕩，齊子游敖。

**【注釋】**

①薄薄：《毛傳》："疾驅聲也。"《集疏》："薄薄，薄之言迫也。"
②簟（音電）：《毛傳》："簟，方文席也。車之蔽曰茀。"茀（fú）：車簾。《朱注》："茀，車後戶也。朱漆也。"鞹：獸皮之去毛者。《通解》："朱鞹，以朱革覆軾也。"
③發夕：《通解》："夕讀爲釋，'發釋'謂出行也。"
④驪：《說文》："驪，馬深黑色。"濟濟：《傳疏》："濟濟，猶齊齊也。"
⑤濔濔（音你）：柔和。《傳疏》："《玉篇》：(靶)，乃米切。轡垂貌。濔即(靶)之借。"
⑥豈弟（音凱替）：出發。《爾雅·釋言》："豈弟，發也。"《鄭箋》："豈弟猶言發夕。"
⑦汶水：《朱注》："在齊南魯北二國之境。"湯湯：《氓》篇《毛傳》："大貌。"
⑧彭彭：《毛傳》："多貌。"
⑨翱翔：此處爲游逛之意，與下文游敖義近。
⑩滔滔：水流浩蕩。《毛傳》："(水)流貌。"
⑪儦儦（音標）：《毛傳》："儦儦，眾貌。"

解：這詩是說齊襄公女兒嫁到魯國，但途中故意遲遲不入魯境，逼迫魯莊公答應她的條件。

## 九十三、猗嗟

猗嗟昌兮①，頎而長兮②。抑若揚兮③，
美目揚兮，巧趨蹌兮④，射則臧兮。
猗嗟名兮⑤，美目清兮。儀既成兮，
終日射侯⑥，不出正兮⑦。展我甥兮⑧。
猗嗟孌兮，清揚婉兮。舞則選兮⑨，
射則貫兮，四矢反兮⑩，以禦亂兮。

### 【注釋】

① 猗嗟：《毛傳》："嘆辭。"是"我們現在說啊呀！"之意。《鄭箋》："昌，佼好貌。"
② 頎而：頎然也。長貌。
③ 抑：《毛傳》："抑，美色。"《述聞》："抑與懿古字通。"揚：額角豐滿。
④ 巧趨：輕巧地疾走。蹌：趨步搖曳生姿。《毛傳》："蹌，巧趨貌。"《說文》："蹌，動也。"
⑤ 名：俞樾云："名猶明也。"昌盛之意。
⑥ 侯：侯是練習射箭掛起的一塊方布，當靶用。《朱注》："侯，張布而射之者也。"
⑦ 正（音徵）：正是射靶上的更小的目標。靶中心。《朱注》："正，設的於侯中而射之也。"
⑧ 展：《鄭箋》："誠也。"
⑨ 選：《毛傳》："齊。"《述聞》："謂舞者之齊於樂節也。"
⑩ 反：《鄭箋》："反，復也。禮，射三而止。每射四矢，皆得其故處。"《集疏》："如《箋》所云，是（《周禮》）保氏五射所謂參連者也（《周禮》）賈疏釋'參連'云：'前放一矢，後三矢連續而去。'"

**解**：這一首詩刻畫的是魯文姜子，齊國之外甥魯莊公射箭技術的詩。《朱注》引呂氏祖謙說，"此詩三章，諷刺之意皆在言外。"

(《國風·魏風》)

## 九十四、葛屨

糾糾葛屨①,可以履霜。
摻摻女手②,可以縫裳。
要之襋之③,好人服之。
好人提提④,宛然左辟⑤,
佩其象揥⑥。維是褊心⑦,
是以爲刺。

【注釋】

①糾糾:《説文》:"糾"下云:"繩三合也。"糾糾,複叠詞,纏繞之意。
②摻摻(音仙):《韓詩》作纖纖。《朱注》:"摻摻,猶纖纖也。"
③要:《朱注》:"要,裳腰。"襋(jí):《説文》:"襋,衣領也。"
④提提(音時):《朱注》:"提提,安舒之意。"
⑤宛然:《朱注》:"宛然,讓之貌也。"左辟:《通解》:"左辟,行路與人相值,避於左側也。"
⑥象揥(tì):以象牙作成之搔首。
⑦是:此也。《三國志·向夔傳》注引作"唯此"。褊:《集疏》:《説文》"急"下云:"褊也。""褊"下云:"衣小也。"《廣韵》:"褊,衣急。"賈誼書:"反裕爲褊。"褊小、褊陋,皆自衣旁推之。是心地狹窄之意。

解:這是一首政治諷刺詩,在末句説得很明顯。作者似爲縫衣女恭恭敬敬。"好人"是反言,是不好的人。

## 九十五、汾沮洳

彼汾沮洳①,言采其莫②。彼其之子,美無度③;
美無度,殊異乎公路④。
彼汾一方,言采其桑。彼其之子,美如英;

美如英⑤，殊異乎公行。

彼汾一曲，言采其藚⑥。彼其之子，美如玉；

美如玉，殊異乎公族。

【注釋】

①汾：《朱注》："汾，水名也。出太原府晉陽山，西南入河。"沮洳，《集疏》："沮洳，即漸洳，沮、漸雙聲字。"《廣雅》："漸洳，濕也。"猶言汾旁之濕地矣。

②莫：草名。即酸模，又名羊蹄菜。多年生草本，有酸味。《陸疏》：莫，似柳，葉厚而長，有毛刺，始生可以爲羹，《五方通》謂之酸迷。《通解》："《本草》'羊蹄'，陶隱居注：'又一種極相似而味酸，呼爲酸摸。'即'酸迷'之聲轉。"

③度：衡量，尺度。

④公路：官名。掌諸侯的路車。公行（音杭）：官名。掌諸侯的兵車。《通解》："公路、公行、公族，皆在公之行列也。"

⑤英：《通解》："如玉同。英亦玉也。"

⑥藚（xù）：即澤瀉草。多年生草本，地下球莖可入藥。《陸疏》："藚，今澤泄也。"

解：這首詩是女子想念男子之詩，她讚愛人的品質才能超過貴族將軍。

## 九十六、園有桃

園有桃，其實之殽①。心之憂矣，我歌且謠②。

不知我者，謂我士也驕。

彼人是哉③，子曰何其④？

心之憂矣，其誰知之？其誰知之，蓋亦勿思⑤。

園有棘⑥，其實之食。心之憂矣，聊以行國⑦。

不我知者，謂我士也罔極。

彼人是哉，子曰何其？

心之憂矣，有誰知之？有誰知之，蓋亦勿思。

【注釋】

①殽：《朱注》："殽，食也。"

②歌、謠：《毛傳》："曲合樂曰歌，徒歌曰謠。"

③彼人：《鄭箋》："彼人，謂君也。"

④其：《朱注》："其，語辭。"

⑤蓋（音何）：通盍，何。《集疏》："蓋與盍同。皆訓'何不'。"王引之云："凡言盍亦者，以亦爲語助。"案："蓋亦勿思"可譯作"何不也就不想他"，這是"强自解説之詞"。

⑥棘：指酸棗。《毛傳》："棘，棗也。"《集疏》："聊，願也。行國，去國。罔極，失其中正之心。"案：罔極應該也是不一心一德的意思。

**解**：詩中的我歌且謠，聊以行國，彷彿如屈原的行吟澤畔，遠游他方。"彼人是哉，子曰何其"是對於統治者表示疑問。

## 九十七、陟岵

陟彼岵兮①，瞻望父兮。
父曰嗟，予子行役，夙夜無已。
上慎旃哉②，猶來無止③！
陟彼屺兮，瞻望母兮。
母曰嗟，予季行役，夙夜無寐。
上慎旃哉，猶來無棄④！
陟彼岡兮，瞻望兄兮。
兄曰嗟，予弟行役，夙夜無偕⑤。
上慎旃哉。猶來無死！

**【注釋】**

①岵：《爾雅》："多草木岵；無草木峐。（峐屺同）"《說文》："岵，山有草木也。屺，山無草木也。"《釋名》："山有草木曰岵。岵，怙也，人所怙取以爲事用也。"山無草木曰屺，屺，圮也，無所出生也。《毛傳》説："山無草木曰岵，山有草木曰屺。"誤。

②上：《朱注》："上，猶尚也。"旃：《毛傳》："旃，之。"

③《通解》："《左傳》隱七年：'公之爲公子也，與鄭人戰於狐壤止焉。'桓七年傳：'驂絓而止。'止皆退敗不能前進之稱。"

④無棄：《通解》："無棄與無死同義。"《説文》："（殯），棄也。俗語謂死曰大（殯）。'大（殯），猶大棄也。"

⑤偕：《通解》："偕，《説文》云：'强壯也。'則此偕字亦當訓强。"義光案："勉强之强與强壯之强，古者無別，實爲一字。此偕字訓爲

勉强。"

解：這是戰士思念家鄉的詩，他想象着父母盼他生還，他的哥哥尤其盼望他健壯。雖是厭戰，但有愛國主義精神。

## 九十八、十畝之間

十畝之間兮，
桑者閑閑兮①，
行與子還兮②。
十畝之外兮，
桑者泄泄兮③，
行與子逝兮④。

【注釋】

①閑閑：《集疏》："閑閑，猶言是也。"
②還：《説文》："還，復也。"王引之云："《漢書·揚雄傳》注：'行，且也。'"
③泄泄：《通解》："泄泄，舒散貌。"
④逝：《朱注》："往也。"案，行也。

解：這一首詩《毛序》以爲刺魏國肖小，人民羨慕他國。《朱注》說是政亂國危，賢者要隱居在農圃。都以爲詩意是羨慕這十畝桑間。這詩實是男女相悅而想到那十畝内外的桑間，同享受那寬閑間舒散之樂的抒情詩。

## 九十九、伐檀

坎坎伐檀兮①，寘之河之干兮②。河水清且漣猗③。
不稼不穡，胡取禾三百廛兮④？
不狩不獵，胡瞻爾庭有縣貆兮⑤？
彼君子兮，不素餐兮⑥！
坎坎伐輻兮⑦，置寘之河之側兮⑧。河水清且直猗⑨。
不稼不穡，胡取禾三百億兮⑩？
不狩不獵，胡瞻爾庭有縣特兮⑪？
彼君子兮，不素食兮！
坎坎伐輪兮，寘之河之漘兮⑫。河水清且淪猗⑬。
不稼不穡，胡取禾三百囷兮⑭？

不狩不獵,胡瞻爾庭有縣鶉兮?
彼君子兮,不素飧兮⑮!

【注釋】

① 坎坎:《玉篇》:"'坎坎伐檀。'斲木聲也。"
② 寘:《毛傳》:"寘,置也。干,崖也。"
③ 漣猗:《毛傳》:"風行水成文曰漣。"《爾雅·釋水》引作瀾。《集疏》:"石經《魯詩》殘碑'猗'作'兮'。猗、兮古通用。"
④ 廛(音蟬):《毛傳》:"一夫之居曰廛。"三百廛是三百家。俞樾《毛詩評議》以"廛"通"纏",二章"億"通"繶",三章"囷"通"梱",皆爲"束"義。
⑤ 縣貆:縣:古懸字。貆(huān):貛。一說幼小的貉。《鄭箋》:"貉子曰貆。"
⑥ 素:《毛傳》:"素,空也。"餐:吃,食。素餐意爲不勞而獲,白吃。
⑦ 輻:《朱注》:"輻,車輻也。"
⑧ 側:《毛傳》:"側,猶崖也。"
⑨ 直:《毛傳》:"直,直波也。"
⑩ 三百億:《鄭箋》:"三百億,禾秉之數。"
⑪ 特:《毛傳》:"獸三歲曰特。"
⑫ 漘(音純):河壩。《說文》崖"漘,水涯也。"
⑬ 淪:《釋文》引《韓詩》"順流而風曰淪。淪,文貌。"《集疏》:"《釋名》:'淪,倫也,水文相次有倫理也。'"
⑭ 囷(音逡):束。一說圓形的穀倉。《說文》:"廩之圓者。從禾,在口中。"
⑮ 飧(音孫):晚餐。《鹽鐵論》引作"飡"。飧下云:《說文》飧下云:"飧,餔也。從夕、食。"餔,餔下云:申時食也。"飡下云:"餐或從水。"《玉篇》:"飧,水和飲也。"

解:這應是一首制車的工匠——輪人、輿人對統治者不勞而獲所作的諷刺詩,詩意是用他們的辛勤勞動來顯現統治階級的貪污剝削,巧取豪奪,憤恨之情,充滿字裏行間。河水清且漣猗,語意雙關。說勞動的人民是清廉的,顯示剝削的人的污穢醜惡。

## 一〇〇、碩鼠

碩鼠碩鼠①,無食我黍②!三歲貫女③,莫我肯顧。

逝將去女④，適彼樂土。樂土樂土，爰得我所。
碩鼠碩鼠，無食我麥！三歲貫女，莫我肯德。
逝將去女，適彼樂國。樂國樂國，爰得我直⑤。
碩鼠碩鼠，無食我苗！三歲貫女，莫我肯勞。
逝將去女，適彼樂郊。樂郊樂郊，誰之永號⑥。

【注釋】

①碩鼠：《鄭箋》："碩，大也。大鼠大鼠者，斥其君也。"

②無：石經《魯詩》殘碑"無"作"毋"。《鄭箋》："女無復食我黍，疾其稅斂之多也。"

③貫：事也。《毛傳》："貫，事（奉）也。"

④逝：《鄭箋》云："逝，往也。"王引之云："逝，發聲也。"案：這個"逝"字應當與"行"同義。女：《韓詩外傳》引作"汝"。"逝將去女"即是行將去汝，馬上就要離開你們之意。

⑤直：王引之云："直，當讀爲職，職亦所也。"

⑥永號：長聲呼號。《毛傳》："號，呼也。"《鄭箋》："郭外曰郊。之，往也。永，歌也。樂郊之地，誰獨當往而歌號者。言皆喜說無憂苦。"案：這個"之"字應當解釋爲"是"或訓爲"實"，全句是"有誰會在那裡長聲地呼號？"

**解**：這一首詩以大鼠食黍刺其君，前人已有說明。碩鼠雖大，貪而畏人，比喻確切。尤其第三章說到苗，表示這可憎恨的鼠連苗都要吃，表示對人民的剝削壓榨已到了敲骨吸髓的程度，只能拋棄這可惡的東西，遠遠地離開他到沒有剝削的樂土去。

(《國風·唐風》)

## 一〇一、椒聊

椒聊之實①，蕃衍盈升②。
彼其之子，碩大無朋③。椒聊且，遠條且④！
椒聊之實，蕃衍盈匊⑤。
彼其之子，碩大且篤⑥。椒聊且，遠條且⑦！

【注釋】

①椒：《朱注》："椒，樹似茱萸，有針刺，其實味辛而香烈。"聊：聊之正字當爲莍。《爾雅·釋木》郭注："椒之房裏名爲莍也。"莍亦通作'梂''朻''聊'"。《集疏》："莍、梂通用字，朻、聊亦以聲近通借。"
②蕃衍：《文選》李注引作蔓延。蕃衍、蔓延聲同字變。
③朋：《毛傳》："朋，比也。"
④條：《毛傳》："條，長也。"
⑤匊：《毛傳》："兩手曰匊。"兩手合捧也。
⑥篤：《毛傳》："篤，厚也。"
⑦遠條且：香氣遠聞。

解：古以椒房爲婦人所居之房，這一首詩說成是男慕女之詞，較爲有理。

## 一〇二、綢繆

綢繆束薪①，三星在天②。今夕何夕？見此良人③。
子兮子兮，如此良人何！
綢繆束芻，三星在隅。今夕何夕？見此邂逅④。
子兮子兮，如此邂逅何！
綢繆束楚，三星在戶。今夕何夕？見此粲者⑤。
子兮子兮，如此粲者何！

【注釋】

①綢繆（音仇謀）：纏繞，捆束。《毛傳》："綢繆，猶纏綿也。"
②三星：即參宿三星。《毛傳》："在天，謂始見東方也。"在天：《朱注》："昏始見於東方，建辰之月也。"
③良人：《朱注》："良人，夫稱也。"案：孟子良人者所仰望而終身也。周代實以良人爲夫稱。《毛傳》云美，指婦人言，誤以漢時稱呼爲周時稱呼。
④邂逅：《毛傳》："邂逅，解說之貌。"《後箋》："邂逅，會合之意。"《淮南子·俶真訓》："孰肯解構人間之事"，高注："解構，猶會合也。"傳云解說之貌，即因會合而心解意悅耳。
⑤粲：《朱注》："粲，美也。"

解：束薪、束芻、束楚是婚禮時用作喂馬作飯的東西；三星在戶，可見婚禮是在住所舉行的，不是幽會的詩。舊說像是幽會的詩，其實還是詠新婚的詩。

# 一〇三、杕杜

有杕之杜①，其葉湑湑②。獨行踽踽③。
豈無他人？不如我同父。
嗟行之人，胡不比焉④？人無兄弟，胡不佽焉⑤？
有杕之杜，其葉菁菁。獨行睘睘⑥。
豈無他人？不如我同姓⑦。
嗟行之人，胡不比焉？人無兄弟，胡不佽焉？

【注釋】

①杕（dì）、杜：杕，獨特。《毛傳》："杕，特貌。杜，赤棠也。"
②湑湑：《集疏》："湑湑與菁菁同爲茂盛貌。"
③踽踽（jǔ）：獨行。《說文》："踽踽，疏行貌。"
④比：《鄭箋》："比，輔也。"
⑤佽（音次）：同情，幫助。《孔疏》："佽，古次字。欲使相推以次弟助之耳。"
⑥睘睘（qióng）：同煢煢。《毛傳》："睘睘，無所依也。"《通解》："《說文》：'煢，獨行也。'"
⑦同姓：《通解》："姓讀爲生，同生謂兄弟也。"

解：這是一首行乞的人所唱的蓮花落一類的作品。

## 一〇四、羔裘

羔裘豹袪①,自我人居居②。
豈無他人?維子之故③。
羔裘豹褎④,自我人究究⑤。
豈無他人?維子之好⑥。

【注釋】

①豹袪:豹,飾也。《毛傳》:"袪,袂(袖口)也。"
②自我人:我的人。自,當讀如"東方自出"之自,從也。《通解》:"居,古倨字。"
③《通解》:"故讀爲固,固猶擁護也。謂豈無他人擁護而必擁護汝乎?"
④褎:通袖。《毛傳》:"褎,猶袪也。"
⑤究究:惡也;傲慢。《通解》:"'究究'與《正月》篇'仇仇'同;仇仇,緩也;仇通作執。言其對吾人甚倨慢也。"
⑥好:《通解》:"好,愛也,豈無他人而必愛汝乎?"

解:這詩是咒駡當時的大夫的詩,詩意很顯明。

## 一〇五、鴇羽

肅肅鴇羽①,集于苞栩②。
王事靡盬③,不能蓺稷黍。
父母何怙?悠悠蒼天,曷其有所④!
肅肅鴇翼,集于苞棘。
王事靡盬,不能蓺黍稷。
父母何食?悠悠蒼天,曷其有極⑤!
肅肅鴇行⑥,集于苞桑。
王事靡盬,不能蓺稻粱。
父母何嘗?悠悠蒼天,曷其有常!

【注釋】

①肅肅:鳥翅扇動之聲。《毛傳》:"肅肅,鴇羽聲。"陳奐說:"'風雨瀟瀟'句云'瀟瀟'猶'肅肅'也。《小星》傳,'肅肅疾也。'"肅肅不惟是形容聲音,也應當說飛得很快的意思。鴇:鳥名,似雁而有斑

文，足無後趾（故不能在樹上穩固站立）。《陸疏》：鴇鳥"性不止樹。（樹止則爲苦也）"

②集：《毛傳》："集，止。苞栩：《朱注》："苞，叢生也。"栩即柞絲蠶所食柞櫟樹葉之柞。栩今柞櫟也，《陸疏》："徐州人謂櫟爲杼，或謂之栩。"

③盬（gǔ）：閒暇。王引之云："《爾雅》：盬，苦，息也。苦讀與靡盬之盬，同王事靡盬者，王事靡盬有止息也。

④《通解》："《三蒼》：所，處也。《廣雅》：處，止也。'曷其有所'，猶言'曷其有止'。"

⑤極：《鄭箋》："極，已也。"

⑥鴇行：馬瑞辰云："鴇行，猶雁行也。"《說文》："㐌，相次也。"蓋鴇之飛，比次有行列。

**解**：這是勞動人民不堪統治階級勞役之苦所作的怨歌，每章首句以鴇鳥連號，樹止則爲苦，引起行役在外不得片刻的休息，第二章苞棘、苞桑是借音雙關（參看下《秦風・黃鳥》篇）。"父母何嘗"，偶有所食都不能得，寫出他的內心的苦楚。

## 一〇六、有杕之杜

有杕之杜，生於道左①。
彼君子兮，噬肯適我②？
中心好之，曷飲食之？
有杕之杜，生於道周③。
彼君子兮，噬肯來游？
中心好之，曷飲食之？

**【注釋】**

①道左：《鄭箋》："道左，道東也。"

②噬：通逝。《毛傳》："噬，逮也。"王引之云："逝與噬同。"這個"噬"字也當解釋爲"行"。是"就"之意。

③道周：《釋文》引《韓詩》作右。道右當是道西。

**解**：詩意與《杕杜》同。

## 一〇七、葛生

葛生蒙楚，蘞蔓于野①。予美亡此②，誰與獨處③。

葛生蒙棘，蘞蔓于域④。予美亡此，誰與獨息。
角枕粲兮，錦衾爛兮⑤。予美亡此，誰與獨旦。
夏之日，冬之夜。百歲之後，歸于其居。
冬之夜，夏之日。百歲之後，歸于其室⑥。

【注釋】

①蘞（音斂）：白蘞。多年生攀緣性蔓草，開黃花，根可入藥。《陸疏》："蘞似栝樓，葉盛而細，子正黑如燕薁，不可食。"

②予美：猶言"我的愛"。亡：這個亡字應當是不存在的意思。《穀梁傳》說："乃者亡乎人之辭也。"亡乎人是不存乎的人。

③與：《後箋》："與當音余，自問也。"

④域：墳地。《朱注》："域，塋域也。"

⑤粲、爛：《朱注》："粲、爛，華美鮮明之貌。"

⑥室：《朱注》："室，壙也（墳墓）。"

解：這明是一首悼亡的詩，這是婦女的作品。從"百歲之後，歸於其居"等句看來，不具久別可以生還情調。

## 一〇八、采苓

采苓采苓①，首陽之巔②。人之爲言③，苟亦無信！
舍旃舍旃④，苟亦無然！人之爲言，胡得焉！
采苦采苦⑤，首陽之下！人之爲言，苟亦無與⑥！
舍旃舍旃，苟亦無然！人之爲言，胡得焉！
采葑采葑，首陽之東！人之爲言，苟亦無從！
舍旃舍旃，苟亦無然！人之爲言，胡得焉！

【注釋】

①苓：甘草。《毛傳》："苓，大苦也。"《通解》："詩言隰有苓，是苓宜隰不宜山之證。《埤雅》言葑生於圃，何氏楷言苦生於田，是三者皆非首陽山所宜有，而詩言采於首陽者，蓋設，爲不可信之言。"

②首陽：《毛傳》："山名也。"據《集疏》，在今山西翼縣。

③爲言：僞言。《傳疏》："古爲、僞、譌（訛）三字同。《毛傳》本作'爲'讀爲'僞'也。"

④旃：之也。

⑤苦：苦菜。陸璣云："苦菜生山田及澤中，得霜甜脆而美。"
⑥無與：勿用也。指不要理會。《朱注》："與，許也。"

**解**：這一首詩舊說是刺晉獻公子聽讒言，在我們現在看來，這是人民互相勸告不要聽統治階級欺騙人民的話，所唱出一支歌。

(《國風·秦風》)

## 一〇九、小戎

　　小戎俴收①，五楘梁輈②。游環脅驅③
　　陰靷鋈續④，文茵暢轂⑤，駕我騏馵⑥。
　　言念君子，溫其如玉。在其板屋⑦，亂我心曲。
　　四牡孔阜，六轡在手。騏駵是中⑧，騧驪是驂⑨。
　　龍盾之合⑩，鋈以觼軜⑪。言念君子，溫其在邑。
　　方何爲期⑫？胡然我念之。
　　俴駟孔群⑬，厹矛鋈錞⑭，蒙伐有苑⑮。虎韔鏤膺⑯，
　　交韔二弓⑰，竹閉緄縢⑱。言念君子，載寢載興，
　　厭厭良人⑲，秩秩德音⑳。

**【注釋】**

　　①小戎：兵車。因車廂較小，故稱小戎。《毛傳》："小戎，兵車也。俴，淺。收，軫也。"軫是輿下四面木匡，用來收束輿的；所以詩說是收。後軫無遮掩的版，所以說是俴收。

　　②五楘（音木）：用皮革纏在車轅成X形。五，古文作乂。《孔疏》："五楘是轅上之飾，故以五爲"五束"，言以皮革五處束之。"楘的形式，據王夫之說是如同紡車之左右交縈，爲的纏牢車的梁輈的。

　　輈：輈是車轅從車廂的底面前出，漸漸彎曲如橋梁形式，所以叫作梁輈。

　　③游環：活動的環。設於轅馬背上。游環是以皮爲環游移在兩服馬的胸背之間，無一定處，將驂馬的外轡，穿到環中，來制止驂馬的外出。

　　脅驅：一皮條，上繫於衡，後繫於軫，限制驂馬內入。脅驅也是以一條枝上繫於衡，後繫於軫，在服馬協之外，來制止驂馬的內入。

　　④陰：《毛傳》："陰，掩軌也。"據《孔疏》，陰是用木板橫側車前，用來陰映軌的，所以叫作陰。阮元云："軌之爲物蓋在輿之前軫下正中，爲

半規形，以圍靷身。"

靷：《說文》："靷，引軸。"靷是用皮兩條前面繫在驂馬的頸上，後面繫在軸上，所以說是引軸。

鋈續：鋈是白青銅，續是用白青銅作成的續靷的環。因距離長，所以必須續。

⑤ 文茵：虎皮坐墊。《朱注》："文茵，車中所坐虎皮褥也。"

暢轂（gǔ）：長轂。轂，車輪中心的圓木，中有圓孔，用以插軸。《毛傳》："暢轂，長轂也。"

⑥ 騏馵（音住）：騏：青黑色如棋盤格子紋的馬。《說文》："騏，馬青驪文如博棋也。"馵：左後蹄白或四蹄皆白的馬。《毛傳》："馵，左足白曰馵。"

⑦ 在其板屋：其，指君子言；板屋，用木板蓋的房屋，係戎俗。

⑧ 駠（音留）：赤身黑鬣的馬。《鄭箋》："赤身黑鬣曰駠（駵）。"中：《朱注》："兩服馬也。"

⑨ 騧（音瓜）：《毛傳》："黃馬黑喙曰騧。"《朱注》："驪，黑色也。"

⑩ 龍盾：畫龍紋的盾牌。《朱注》："盾，干也。"《通解》："龍，尨，蒙三字，古聲近通用。"此詩龍盾，蓋即下章蒙伐，作龍者假借字。（參看下注）合是合而載之。

⑪ 觼軜（音決納）：有舌的環，以舌穿過皮帶，使驂馬內彎繩固定。《說文》："觼，環之有舌者。"《毛傳》："軜，驂內轡也。"《鄭箋》："鋈以觼軜軜之，觼以白金爲飾也，軜繫於軾前。"

⑫ 方：將在，將於。《通解》："方之言將也。"

⑬ 俴駟：披薄金甲的四馬。《鄭箋》："謂以薄金爲介之札。"孔群：群馬很協和的意思。

⑭ 厹（音求）：三角矛。《毛傳》："厹，三偶（角）矛也。錞，鐏也（矛的下端平底）。"

⑮ 蒙伐：《朱注》："蒙，雜也。伐，中干也，盾之別名。苑，文貌。畫雜羽之文於盾上也。"

⑯ 虎韔（音唱）：虎皮弓囊。《朱注》："虎韔，以虎皮爲弓室（袋）也。"鏤膺：在弓囊前刻金。《集疏》："嚴粲云：鏤飾弓室之膺。弓以後爲背，則以前爲膺（膺是當胸處）。"

⑰ 交韔：《朱注》："交韔，交二弓於韔中，謂顛倒置之。"

⑱ 閉：弓檠。竹制，弓卸弦後縛在弓里防損傷的用具。閉，弓檠也。（《說文》："檠，榜也。""榜所以輔弓弩也。"）繩：繩。縢：約也。

以竹爲閉，而以繩約之於弛弓之裏，檠弓體使正也。
⑲厭厭：《毛傳》："安静也。"正字當作懕，安也。
⑳秩秩：進退有禮節。《毛傳》："秩秩，有知也。"

**解**：這是婦人思念她的從軍去了的丈夫的詩，她回憶到他臨行的情況，從回憶車馬、武器到思念他的美德。幻想到他在外面的情況，她焦急地盼着他歸來。

## 一一〇、蒹葭

蒹葭蒼蒼①，白露爲霜。所謂伊人②，在水一方。
溯洄從之③，道阻且長④。溯游從之⑤，宛在水中央⑥。
蒹葭淒淒⑦，白露未晞⑧。所謂伊人，在水之湄⑨。
溯洄從之，道阻且躋⑩。溯游從之，宛在水中坻⑪。
蒹葭采采⑫，白露未已。所謂伊人，在水之涘⑬。
溯洄從之，道阻且右⑭。溯游從之，宛在水中沚⑮。

【注釋】

①蒹葭（音兼佳）：蒹，没長穗的蘆葦。葭，初生的蘆葦。《爾雅·釋草》郭注："蒹似萑而細，高數尺。蘆葦也。"《毛傳》："蒼蒼，盛也。"
②伊人：這人，此人。《毛傳》："伊，維也。"《鄭箋》："伊，當爲繄，繄猶是也。"
③溯洄：逆流而上。《毛傳》："逆流而上曰溯洄。"
④阻：《説文》："阻，險也。"
⑤溯游：順流而下。《毛傳》："順流而涉曰溯游。"
⑥宛：仿佛。《鄭箋》："宛，坐見貌。"
⑦淒淒：《毛傳》："淒淒，猶蒼蒼也。"
⑧晞：《朱注》："晞，乾也。"
⑨湄：岸邊。《毛傳》："湄，水隒（崖）也。"
⑩躋：《毛傳》："躋，升也。"
⑪坻：《毛傳》："坻，小堵也。"
⑫采采：《毛傳》："采采，猶淒淒也。"
⑬涘（音四）：水邊。《毛傳》："涘，崖也。"
⑭右：繞彎。馬瑞辰云，"周人尚左，故以右爲迂回"。
⑮沚（音止）：水中的小沙灘。《毛傳》："小渚曰沚。"

**解**：這是一首戀愛的詩歌。蒹葭白露，都是潔白的，彷彿對方是一個凛若冰霜的人物，可望而不可即，在追求時，飽含無限情意，是不能輕易冒犯的。

## 一一一、黃鳥

　　交交黃鳥①，止于棘②。誰從穆公？子車奄息③。
　　維此奄息，百夫之特④。臨其穴，惴惴其慄！
　　彼蒼者天，殲我良人！如可贖兮，人百其身。
　　交交黃鳥，止于桑。誰從穆公？子車仲行⑤。
　　維此仲行，百夫之防⑥。臨其穴，惴惴其慄。
　　彼蒼者天，殲我良人！如可贖兮，人百其身。
　　交交黃鳥，止于楚。誰從穆公？子車鍼虎。
　　維此鍼虎，百夫之禦⑦。臨其穴，惴惴其慄。
　　彼蒼者天，殲我良人！如可贖兮，人百其身。

**【注釋】**

①交交：《通解》："交交通作咬。謂鳥聲也。"
②止於棘：《通解》："詩以黃鳥之止棘，止桑，止楚，爲不得其所。興三良之從死爲不得其死也。棘之言急，桑之言喪也，楚之言楚楚也。"
③子車奄息：《毛傳》："子車氏；奄息名。"
④特：傑出之稱。一說匹敵。《通解》："《柏舟》'實維我特'，《傳》：'特，匹也。'此亦訓特爲匹，匹之言敵也，當也。"
⑤仲行：《鄭箋》："仲行，字也。"
⑥防：比也。《通解》："防讀爲並。"防、並古同音，並即比也。
⑦禦：《毛傳》："當也。"《通解》："禦讀爲相參伍之伍。禦從午得聲，午、五字相通。"

　　**解**：這是詛咒殉葬制度的詩。秦穆公死後，殺三良以殉葬。詩人無比憤怒地痛斥秦君將善良的人奪去活埋，"彼蒼者天"不是怨天，只是指責秦君。"百夫之特""人百其身"，只是極意描寫，我們可以理解超過百人。

## 一一二、晨風

　　鴥彼晨風①，鬱彼北林②。未見君子，憂心欽欽③。
　　如何如何！忘我實多。
　　山有苞櫟，隰有六駁④。未見君子，憂心靡樂。
　　如何如何！忘我實多。

山有苞棣⑤，隰有樹檖⑥。未見君子，憂心如醉。
如何如何！忘我實多。

【注釋】

①鴥（音玉）：疾飛貌。《說文》："鴥，鸇飛貌。"《注文》："鸇，鷐，風也。"

②鬱：《朱注》："鬱，茂盛貌。"《毛傳》："北林，林名也。"

③欽欽：《爾雅》："欽欽，憂也。"

④駁：《朱注》："駁梓榆也，其皮青白如駁。"崔豹《古今注》："六駁，山中有木，葉似豫章，皮多癬駁，名六駁木。"

⑤棣（dì）：木名。即唐棣。《毛傳》："棣，唐棣也。"

⑥檖（suì）：木名。即赤羅，山梨。《正義》引《陸疏》云："檖，一名山梨。""一名廣梨，一名鼠梨。"

解：這是一首女子懷念愛人的詩。

# 一一三、無衣①

豈曰無衣！與子同袍。
王于興師，修我戈矛②，與子同仇！
豈曰無衣！與子同澤③。
王于興師，修我矛戟④，與子偕作⑤！
豈曰無衣！與子同裳。
王于興師，修我甲兵，與子偕行！

【注釋】

①題解：《左傳》定四年：吳伐楚，入郢，申包胥如秦乞師，秦哀公為之賦《無衣》。王夫之云："此詩哀公為申胥作也。若所賦為古詩，如子展賦《草蟲》之類，但言賦，不言為賦也。"子指申胥。於，曰也。

②戈：《毛傳》："戈長六尺六寸。"

③澤：裏衣。《鄭箋》："澤，褻衣近污垢。《齊詩》澤作襗。"

④戟：《鄭箋》："戟，車戟常也。"《孔疏》："《考工記》：常長丈六。"

⑤作：《毛傳》："作，起也。"

解：詩中王字亦可理解秦人自稱其君為王。敵愾同仇，是具有愛國主義精神的作品。

## 一一四、權輿

於，我乎？夏屋渠渠①。今也每食無餘。
于嗟乎，不承權輿②！
於，我乎？每食四簋③，今也每食不飽。
于嗟乎！不承權輿。

【注釋】

①夏屋：《爾雅》云："夏，大也。""夏屋，大屋也。"（《淮南子·本經訓》高注）。
　渠渠：《廣雅·釋詁》："渠渠，盛也。"
②權輿：《爾雅·釋詁》："權輿，始也。"
③簋：古代食器，青銅或陶質。《毛傳》："四簋，黍稷稻粱。"《朱注》："簋，瓦器，容斗二勝。方曰簠，圓曰簋。"

解：這是一首是沒落貴族所作，或是嘲笑沒落貴族而作的詩。

(《國風·陳風》)

## 一一五、宛丘

子之湯兮①，宛丘之上兮②。
洵有情兮，而無望兮③。
坎其擊鼓④，宛丘之下。
無冬無夏，值其鷺羽⑤。
坎其擊缶⑥，宛丘之道。
無冬無夏，值其鷺翿⑦。

【注釋】

①子，《毛傳》："子，大夫也。湯，《魯詩》作"蕩"。蕩是舞時動蕩、回蕩的姿態。此處作游蕩、放蕩解。
②宛丘，四方高，中央低曰宛丘。據《爾雅》：宛丘又讀為"韞丘"，是陳人游觀之地，在陳城南道東。
③望：望與妄通，無妄，是沒有虛偽做作之意。
④《毛傳》："坎坎，擊鼓聲。"
⑤《毛傳》："值，持也。"鷺鳥之羽，可以為翳。（《鄭箋》："翳，舞者所持以指麾。"）
⑥《朱注》："缶，瓦器（盆），可以節樂。"（奏出音樂節奏）
⑦《毛傳》："翿，翳也。"《爾雅·釋言》："翿，纛也。"郭注："舞者所以自蔽翳。"翿的形式應當如纛（音道，大旗）。

解：這詩與下一章《東門之枌》都是描寫陳國人民好舞的習俗。這是贊美那個善於跳舞的人。

## 一一六、東門之枌

東門之枌①，宛丘之栩②。
子仲之子③，婆娑其下④。

穀旦于差⑤,南方之原⑥。
不績其麻,市也婆娑。
穀旦于逝⑦,越以鬷邁⑧。
視爾如荍⑨,貽我握椒⑩。

**【注釋】**

①枌:《毛傳》:"枌,白榆也。"
②栩:見《唐風·鴇羽》注。
③子仲之子:子仲,陳國的姓氏。之子指女子言。
④《毛傳》:"婆娑,舞也。"是舞時盤旋的姿態。
⑤穀(音古):良辰,好日子。《爾雅》:"穀,善也。差,擇也。"《通解》:"穀旦於差,謂擇此善曰也。"句法與"猶犹於裏""四國於蕃"同。
⑥南方之原:指宛丘言。宛丘在陳城南道東,接近東門,實在城南。
⑦逝,往也。
⑧越以:作語助。"越"與"粵""於"古通,越以即於以。《毛傳》:"鬷(音宗),數;邁,行也。"《集疏》:"數有急聚之義。""數行"(鬷邁)即趕緊去。
⑨荍:《廣雅》:"荍,荊葵也。荊葵一名錦葵,莖高二三尺,夏日開花,大可徑寸,色淡紫,瓣有深色綫紋。"視爾如荍,是"看你像荊葵花那樣小而可愛"。
⑩握椒:一握之椒。椒:花椒。

**解**:從末二句看來是描寫與舞者兩情相好的詩。

## 一一七、衡門

衡門之下①,可以棲遲②。
泌之洋洋③,可以樂饑④。
豈其食魚,必河之魴⑤?
豈其取妻,必齊之姜?
豈其食魚,必河之鯉?
豈其取妻,必宋之子⑥?

【注釋】

①衡門："衡"讀作"横"。《毛傳》：衡門，"横木爲門。言淺陋也。"指陳國東西向的城門。
②《毛傳》："棲遲，游息也。"
③《毛傳》："泌，泉水也。洋洋，廣大也。"
④樂饑：樂的正字作"（癳）"，説文："（癳），治也。"《列女傳》《韓詩外傳》"樂"均引作"療"。這四句是説地方雖然簡陋也可以居住；流出的泉水也可以療饑。表示不必在生活上如何苛求的意思。
⑤魴：見《汝墳》篇注。
⑥子：宋國微子後代的姓。

解：這應是没落貴族所作。他只有自我滿足於現狀。這詩二三兩章只是完成前一章之意。

## 一一八、東門之池

東門之池，可以漚麻①。
彼美淑姬②，可與晤歌③。
東門之池，可以漚貫紵④。
彼美淑姬，可與晤語。
東門之池，可以漚菅⑤。
彼美淑姬，可與晤言。

【注釋】

①《朱注》："漚，漬也。治麻者必先以水漬之。"
②淑，據《釋文》及《鄭箋》本應作"叔"，是排行。"彼美叔姬"，猶言"彼美孟姜"。
③晤歌：對歌，用歌聲互相唱和。《毛傳》："晤，遇也。"
④紵：苧麻。多年生草本植物，莖皮含纖維質，可做繩，織麻布。《陸疏》："紵亦麻也。"
⑤菅（音間）：菅草。茅屬，多年生草本植物，葉子細長，可做索。《陸疏》："菅似茅而滑澤無毛，根下五寸中有白粉者，柔韌宜爲索。"

解：這是漚麻的勞動歌，與《漢廣》《桑中》詩意略同。

## 一一九、東門之楊

東門之楊①，其葉牂牂②，

昏以爲期，明星煌煌③。
東門之楊，其葉肺肺④，
昏以爲期，明星晢晢⑤。

【注釋】

①《朱注》："東門，相期之地。"
②牂牂（音臧）：風吹樹葉的響聲。一說茂盛貌。《毛傳》："牂牂然，盛貌。"《齊詩》作"將"，將，大也。
③明星：金星，長庚星。《朱注》："煌煌，大明也。"
④肺肺（音配）：通芾。芾芾，盛貌。
⑤"晢"同"晰"。《廣雅》："晰晰，明也。"

解：這是男女相約會的詩。正如後世所說的"月上柳梢頭，人約黃昏後"。

# 一二〇、墓門

墓門①有棘，斧以斯②之。
夫③也不良，國人知之。
知而不已④，誰昔⑤然矣。
墓門有梅⑥，有鴞萃止⑦。
夫也不良，歌以訊之⑧。
訊予不顧⑨，顛倒思予。

【注釋】

①墓門：王引之說："疑是陳國城門之名。"鄭有城門曰墓門（《左傳》襄三十年）。《楚辭·天問》："何繁鳥萃棘，負子肆情。"王注云："言解居父聘吳，過陳之墓門，見婦人負其子，欲與淫佚，肆其情欲。"足見墓門當是陳之城門。
②斯：砍，斫。《說文》："斯，斫也。"
③夫：這一首是婦人痛恨她的丈夫的詩，夫應是作者之夫。
④已：《鄭箋》："已，猶去也。"已，有改去之意。
⑤誰昔：往昔，由來已久。《爾雅·釋訓》："誰昔，昔也。"郭注："猶言疇昔。"
⑥梅字誤，《楚辭》王注引作"棘"。
⑦鴞：今日貓頭鷹。《毛傳》："惡聲之鳥也。"萃，集也。鴞不是鵰梟

的梟。

⑧《魯詩》《韓詩》"訊"作"誶","之"作"止"。《爾雅》:"誶,告也。"

⑨訊:諫,勸。《集疏》:"訊予,猶言予訊。"

**解**:這一首是婦人痛恨她的丈夫不良所作的歌,罵他他不理睬,最終反而顛倒地想他。《毛序》之說,《朱注》已不以爲然。觀《朱注》之所謂的"良人亦不知如何指也",可知。

## 一二一、防有鵲巢

防①有鵲巢,邛②有旨苕③。
誰侜④予美⑤?心焉忉忉⑥。
中唐⑦有甓⑧,邛有旨鷊⑨。
誰侜予美?心焉惕惕⑩。

【注釋】

①《說文》:"防,堤也。"

②邛(音窮):山丘。《毛傳》:"邛,丘也。"

③苕(音條):草名。《朱注》:"苕,苕饒也,莖如勞豆而細,葉似蒺藜而青,莖緑色,可生食,如小豆藿。"

④侜(音舟):謊言欺騙。《毛傳》:"侜,張誑也。"

⑤予美:指作者之愛人。參見《葛生》注。

⑥忉忉(音刀):憂念貌。《說文》:"忉,憂也。"

⑦唐:中庭道也。

⑧甓(音辟):古代的磚瓦。《集疏》:"甓爲磚,亦得爲瓦稱。"

⑨鷊(音義):綬草,十樣錦。《玉篇》:"小草有雜色似綬。"

⑩惕惕:憂懼。疾也;瞿也。

**解**:這一首詩的情調與《鄭風·揚之水》一樣是婦人害怕她的丈夫受旁人的挑撥欺騙所作的歌。

## 一二二、月出

月出皎兮,佼人僚兮①。
舒窈糾兮②,勞心悄兮。
月出皓兮,佼人懰兮③。
舒憂受兮,勞心慅兮④。

月出照兮，佼人燎兮⑤。
舒夭紹兮⑥，勞心慘兮⑦。

【注釋】

①佼（音嚼）：姣之借，美好貌。《說文》："佼，好也。"僚：好。《說文》："僚，好也。"
②窈糾（音咬角）：謂女子行步輕盈。《通解》："窈糾猶窈窕，皆叠韵，與下'憂受''夭紹'同爲形容美好之詞，非舒遲之義。舒者，……又作舍……發聲字。"案：舒通作舍。《小雅·雨無正》："舍彼有罪"，《孟子·滕文公》"舍皆取諸宫中而用之"，舍是今語一切之意。此句應解作"一切都是美好的啊"。舍非，聲字。
③懰（音柳）：嫵媚。《釋文》："懰，好貌。"
④慅（音草）：憂愁貌。《說文》："慅，動也。"
⑤燎：姣美。《通解》："燎讀爲憭。《說文》：憭，慧也。"
⑥夭紹：體態柔美。《通解》："《文選·西京賦》'要紹修態'，注：'要紹，謂嬋娟作姿容也。'"
⑦慘（音草）：《釋文》："慘，憂也。"

解：這一首詩是作者思念他的情人所作的詩歌。詩中每章的前三句是寫他們相見的一個場合給他們所留的深刻印象。末一句是說"累得我的心只愁念啊"，是别後相思之情。從詩中的環境及描寫人物刻畫，可看出是月下活現一美人而非其他。

## 一二三、株林

胡爲乎株林①？從夏南②？
匪適株林③，從夏南④。
駕我⑤乘馬，說于株野。
乘我乘駒，朝食于株⑥。

【注釋】

①株林是陳國大夫夏徵舒所居之地名。陳靈公與夏徵舒之母夏姬私通，常到株林去，國人痛恨此醜行，作了這一首詩諷刺他。本句說："幹什麽到株林去？"
②夏南是徵舒的字，不便明説是找徵舒的母親夏姬，所以説是從夏南去。

③匪適株林：是說不是爲要到那個地方。
④再說"從夏南"是指出陳靈公的目的。
⑤我：指陳靈公。
⑥朝食：早飯。趕到株林朝食。這四句是說陳靈公到株林的頻繁。這詩很大膽地揭露陳靈公的醜惡行爲。

解：全篇大意已詳注文中。

## 一二四、澤陂

彼澤之陂①，有蒲與荷。有美一人，傷如之何②。
寤寐無爲，涕泗滂沱③。
彼澤之陂，有蒲與蕳④。有美一人，碩大且卷⑤。
寤寐無爲，中心悁悁⑥。
彼澤之陂，有蒲菡萏⑦。有美一人，碩大且儼⑧。
寤寐無爲，輾轉伏枕。

【注釋】

①陂（音杯）：堤防、堤岸。一說水池的邊沿，湖濱。《毛傳》："陂，澤障也。"《孔疏》："澤障，謂澤畔障水之岸。"
②傷：此處作女性第一人稱代名詞。傷，《魯詩》《韓詩》並作"陽"。《爾雅·釋詁》："陽，予也。"《集疏》："言此有美一人，我奈之何也。"
③涕泗：涕，眼淚。泗，鼻涕。《毛傳》："自目曰涕，自鼻曰泗。"
④蕳（音肩）：蘭草。《鄭箋》："蕳當作蓮。蓮，芙藻實也。"
⑤卷（音全）：通"婘"，品德好貌。《毛傳》："卷，好貌。"
⑥悁悁（音冤）：鬱鬱不樂。《集疏》："悁悁，蓋悲哀不舒之意。"
⑦菡萏：《毛傳》："菡萏，荷華也。"《爾雅·釋草》："荷，芙藻，其華菡萏。"《集疏》："華未發爲菡萏，已發爲夫容。"
⑧儼：雙下巴。《韓詩》作"妗"，云："重頤也"。《集疏》："'儼'訓矜莊，非狀婦人之美。重頤，豐下，斯爲男子之貌。"

解：彼澤之陂是二人相遇之地，不是起興。從"涕泗滂沱"、輾轉伏枕看來，詩中主角是女子，她喜歡遇到的男子，但無由交往。她哭泣，而至於涕泗滂沱，究屬失態的女子狀態。

(《國風·檜風》)

## 一二五、素冠

庶見素冠①兮？棘②人欒欒③兮，勞心慱慱④兮。
庶見素衣兮？我心傷悲兮，聊與子同歸兮⑤。
庶見素韠兮⑥？我心蘊結⑦兮，聊與子如一兮。

【注釋】

①素冠不一定是喪服，古代男子生時亦可冠素。(見《孟子·許行》)。
②棘是疲弱之意。《通解》："《吕氏春秋·任他篇》高注："棘，羸瘠也。""
③欒欒：瘦瘠貌，憔悴。《通解》："欒欒亦羸瘠之貌。"
④慱慱：《爾雅》："慱慱，憂也。"《通解》："勞心慱慱，見之爲之憂勞也。"
⑤聊：願也。同歸：如一。
⑥韠（音畢）：朝服的蔽膝。《朱注》："韠，蔽膝，以韋爲之。"《孔疏》："喪服始終無韠。"這也可見素衣素冠都不是朝服。
⑦蘊結：《朱注》："思之不能解也。"

解：這一首詩應是守靈或悼亡的詩，看見死者白色的衣冠，瘦弱的面容，心中不覺著就悲傷而痛不欲生，要與之"同歸""如一"。舊解以素冠爲喪服，誤。

## 一二六、隰有萇楚

隰有萇楚①，猗儺②其枝，
夭③之沃沃④，樂子之無知⑤。
隰有萇楚，猗儺其華，
夭之沃沃，樂子之無家。
隰有萇楚，猗儺其實，
夭之沃沃，樂子之無室。

【注釋】

①萇（音常）楚：植物名，又名羊桃、獼猴桃。《爾雅·釋草》："萇楚，

銚弋。"郭注:"今羊桃。"《陸疏》:"葉長而狹,華紫赤色,其枝莖弱,過一尺,引蔓於草上。"

②猗儺(音婀娜):同婀娜,輕盈柔美貌。王引之云:"猗儺,美盛之貌,字又作旖旎。"

③夭:少。

④沃沃:光澤。

⑤子:指萇楚。無知:一說無妻。《爾雅·釋詁》:"知,匹也。""樂子之無知"是很高興你還沒有配偶,與下文無家無室同。

**解**:這一首詩參照着《桃夭》詩來看,顯然是男慕女之詞。男子很高興地知道女方沒有配偶,沒有許配人家。

## 一二七、匪風

匪風發①兮,匪車偈②兮。
顧瞻周道③,中心怛④兮。
匪風飄兮,匪車嘌⑤兮。
顧瞻周道,中心弔⑥兮。
誰能烹魚?溉⑦之釜鬵⑧。
誰將西歸⑨?懷⑩之好音。

**【注釋】**

①匪:彼之借。王念孫説:"匪讀爲彼。"(詳《旄丘》篇注⑥)匪風即是彼風。發:風聲。《毛傳》:"發發飄風,非有道之風。"

②偈(音傑):疾馳貌。《毛傳》:"偈偈疾驅,非有道之車。"

③周道:大路。周道與周行同,通往周王室之道路也。

④怛(音達):悲傷。《毛傳》:"怛,傷也。"

⑤嘌(音飄):輕捷、疾速貌。《説文》:"嘌,疾也。"

⑥弔:《毛傳》:"弔,傷也。"

⑦溉(音蓋):洗。
溉又作概。説文:"溉,滌也。"引詩"溉之低於釜鬵"。

⑧鬵(音心,上聲):大釜。《毛傳》:"鬵,釜屬。"《集疏》:"即今所謂鍋。"

⑨歸:《通解》:"歸者遺也。"懷,歸,琮古並同音。

⑩懷:歸。指帶個好信。

**解**:這一首詩應是檜國人民看見自己的國家衰弱,期望同室來幫助他們的詩。

# （《國風·曹風》）

## 一二八、候人

彼候①人兮，何戈與祋②。彼其之子，三百赤芾③。
維鵜④在梁⑤，不濡其翼？彼其之子，不稱其服。
維鵜在梁，不濡其咮⑥？彼其之子，不遂其媾⑦。
薈兮蔚兮⑧，南山朝隮⑨。婉兮孌兮⑩，季女斯飢⑪。

**【注釋】**

①候人：《毛傳》："道路迎送賓客者。"（如《左傳》宣十二年："豈敢辱候人。"）

②何：荷之省，扛。《說文》："儋（擔）也。"即今負荷之荷。祋：《毛傳》："祋，殳也。"這是譏刺曹君的詩。《毛傳》解此句說："言賢者之官，不過候人。"

③三百赤芾（音服）：言穿赤芾的人很多。赤芾，冕服之稱。大夫以上高官朝服的一部分。《朱注》："赤芾，冕服之韠。"據《禮記·玉藻》"三命赤韍葱衡"，赤芾是卿大夫之服。《左傳》僖公二十八年："（晉文公）侯入曹，數（責）之以不用僖負羈，而乘軒者三百人。"這首詩所諷刺的應是此事。

④鵜（音提）：鳥名，鵜鶘。《陸疏》："鵜，水鳥，形如鶚而極大。喙長尺餘，直而廣，口中正赤，頜下胡（嗉）大如數斗囊。若小澤中有魚，便群共抒水，滿其胡而棄之，令水竭盡，魚在陸地，乃共食之。"

⑤歐陽修云："鵜當居泥中以自求魚而食，今乃高處魚梁之上，竊人之魚以食，而終不濡其翼；如彼小人竊祿於高位而不稱其服也。"

⑥不濡其咮：鳥喙未濡，指不曾吃到魚。咮（音宙）：鳥喙。《毛傳》："咮，喙也。"

⑦《通解》："《爾雅·釋言》，'對，遂也。遂亦可訓對。媾讀爲遘，遘，遇也。不遂其媾，謂無以對答其所得之優遇也。'"即不配其厚祿之意。

⑧薈、蔚（音會爲）：《說文》："薈，草多貌。"《文選·西都賦》注："蔚，草大盛茂貌。"

⑨隮（音基）：《毛傳》："隮，升雲也。"這兩句是說小人如林木之成群，

早早地爬上高位。
⑩《毛傳》："婉，少貌。孌，好貌。"
⑪季女斯飢：《通解》："季讀爲稺。'季女斯飢'喻君子貧困。"

解：這一首詩是諷刺曹君不用賢，以至被晉文公拘執。候人應是作詩者所熟悉的一位有才能的人。

## 一二九、下泉①

冽彼下泉②，浸彼苞稂③。愾④我寤嘆，念彼周京⑤。
冽彼下泉，浸彼苞蕭⑥。愾我寤嘆，念彼京周⑦。
冽彼下泉，浸彼苞蓍⑧。愾我寤嘆，念彼京師。
芃芃⑨黍苗，陰雨膏⑩之。四國有王，郇伯勞之⑪。

【注釋】

①題解：明何楷《詩經世本·古義》說此詩是曹人美晉荀躒納（周）敬王於成周，而作此詩。據《春秋》，從魯昭公二十二年，（周）王子朝作亂，至昭公三十二年"城成周"止，周天子皆出居於狄泉。十年之中，周室無王。昭三十二年，晉荀躒才糾合諸侯，納敬王於成周。曹國人民曾參與此事，所以作此詩。

②冽（音列）：寒冷。《說文》："冽，寒貌。"下泉：何楷云："昭二十三年'天王居於狄泉'，即此詩下泉。"

③苞稂（音郎）：《朱注》："苞，草叢生也"稂：《毛傳》"童粱（莠屬）。""冽彼下泉，浸彼苞稂"是寒冷的下泉，浸到了那不成才的童粱，比喻天王出居。

④愾：《朱注》："嘆息之聲。"

⑤周京：指周室京師。此句是因這十年內周室既亂，侵我頻繁，供應困苦，所以想念到了周京之意。

⑥蕭：植物名。蒿的一種，即青蒿。

⑦《朱注》："京周，猶周京也。"

⑧蓍：《朱注》："筮草也。"

⑨芃芃（音朋）：茂盛。《毛傳》："芃芃，美貌。"

⑩膏：潤澤之意。

⑪是說四方諸侯之所以又有王，是荀躒的勞跡。這是高興他們從此免於侵伐供應之苦。王先謙說："自是以後，不復勤王，故列國風詩，亦終於此。"《三家》說以"風詩"終於《下泉》。

解：篇義已詳注文中。

(《國風·豳風》)

## 一三〇、七月

七月流火①，九月授衣。
一之日觱發②，二之日栗烈③。
無衣無褐④，何以卒歲？
三之日于耜⑤，四之日舉趾⑥。
同我婦子，饁彼南畝⑦，田畯至喜⑧。
七月流火，九月授衣。
春日載陽，有鳴倉庚⑨。
女執懿筐⑩，遵彼微行，爰求柔桑。
春日遲遲，采蘩祁祁⑪。
女心傷悲，殆及公子同歸⑫。
七月流火，八月萑葦⑬。
蠶月條桑⑭，取彼斧斨⑮，
以伐遠揚，猗彼女桑⑯。
七月鳴鵙⑰，八月載績。
載玄載黃，我朱孔陽，爲公子裳。
四月秀葽⑱，五月鳴蜩⑲。
八月其穫⑳，十月隕蘀㉑。
一之日于貉㉒，取彼狐狸，爲公子裘。
二之日其同，載纘武功㉓。
言私其豵，獻豜于公㉔。
五月斯螽動股，六月莎雞振羽㉕。
七月在野，八月在宇，
九月在户，十月蟋蟀入我床下。
穹窒熏鼠㉖，塞向墐户㉗。
嗟我婦子，曰爲改歲，入此室處。

六月食鬱及薁㉘，七月烹葵及菽㉙。
八月剝棗㉚，十月穫稻。
爲此春酒，以介眉壽㉛。
七月食瓜，八月斷壺，九月叔苴㉜，
采荼薪樗㉝，食我農夫。
九月築場圃，十月納禾稼，
黍稷重穋㉞，禾麻菽麥。
嗟我農夫，我稼既同，上入執宮功。
晝爾于茅，宵爾索綯㉟。
亟其乘屋㊱，其始播百穀。
二之日鑿冰冲冲㊲，三之日納于凌陰㊳。
四之日其蚤㊴，獻羔祭韭。
九月肅霜，十月滌場㊵。
朋酒斯饗㊶，曰殺羔羊㊷。
躋彼公堂㊸，稱彼兕觥㊹，萬壽無疆。

## 【注釋】

①流火：火，星名，大火星，即心宿二。《毛傳》："火，大火（星）也。流，下也。大火，即心宿也。以三四月皆見東方，六月昏見南方正中，（月令，季夏之月昏心中）至秋時向西而下，謂之西流（《左傳》哀十二年云："今火猶西流"）。"

②《毛傳》："一之日，周正月也。觱發，風寒也。（《說文》作畢發）" 畢發（音伯）：風寒盛。

③《毛傳》："二之日，殷正月也。栗烈，寒氣也。"《釋文》引《說文》"栗烈"作"颲颲，風烈"。"欠部"溧冽二字，當是正字。栗烈：凓冽。

④褐：粗麻或粗毛制短衣，窮人所穿。《鄭箋》："褐，毛布也。"

⑤於耜（音四）：整修農具。《毛傳》："於耜，始修耒耜也。"

⑥舉趾：《通解》："趾，足也。舉趾，謂行往耕也。"

⑦饁（音夜）：送飯食到田間。《毛傳》："饁，饋也。"

⑧畯（音郡）：管農事的管家。《毛傳》："田畯，田大夫也。"

⑨載陽：《鄭箋》："載之言則也。陽，溫也。" 倉庚：黃鶯。

⑩懿筐：《毛傳》："懿筐深筐也。"

⑪《毛傳》："蘩，白蒿也。所以生蠶。"《毛傳》："祁祁，眾多也。"

⑫殆：恐，怕。《毛傳》："殆，始。及，與也。"
⑬萑（音環）葦：《朱注》："萑葦，即蒹葭也。"《毛傳》："豫畜萑葦，可以爲曲也。"（曲，養蠶器）
⑭條桑：修剪桑枝。"條"，《韓詩》作"挑"。《玉篇·手部》："挑，撥也。"
⑮斨（音槍）：斧，受柄之孔方形。《朱注》："斧，隋銎。斨，方銎。"
⑯集疏：《說文》："掎，偏引也。"《諸家益讀》"猗"爲"掎"。女桑：《鄭箋》："少枝。"
⑰鵙（音局）：鳥名。又名伯勞，體態華麗，嘴大銳利，鳴聲洪亮。《毛傳》："鵙，伯勞也。"
⑱《毛傳》："不榮而實曰秀。"葽：草名，即遠志。《爾雅注》："葽，今之遠志也。"
⑲《朱注》："蜩，蟬也。"
⑳《毛傳》："穫，禾可穫也。"
㉑隕蘀（音唾）：《毛傳》："隕，墜。蘀，落也。"
㉒於貉：《鄭箋》："往搏貉，以自爲裘也。""貉"當作"貃"，《集疏》："《說文》：'貃，貃似狐善睡。'《論語》：'狐貉之厚以居。'今之通假作貉。貃與裘韵，若作貉則詩失韵矣。"
㉓纘：繼續。《毛傳》："纘，繼。功，事也。"武功：武事。一說田獵。
㉔《毛傳》："豕一歲曰豵，三歲曰豜。"
㉕《朱注》："斯螽、莎雞、蟋蟀，一物，隨時變化而異其名。"
㉖《通解》："穹讀爲空，窒讀爲室，謂將熏鼠而空其室。"
㉗《朱注》："向，北出牖也。墐，涂也。"
㉘鬱薁：鬱，木名。鬱李。一說櫻桃。一說山楂。薁（音玉）：木名，野葡萄。《朱注》："鬱，棣屬。薁，蘡薁也。"
㉙《朱注》："葵，菜名。菽，豆也。"
㉚《朱注》："剝，擊也。"
㉛以介眉壽：人老眉長，表示長壽。《通解》："介讀爲匃（音蓋），乞也。金文多言祈匃眉壽。"
㉜叔：拾取。苴（音居）：麻子。《說文》云："叔，拾也。"《毛傳》："苴，麻子也。"
㉝《朱注》："茶，苦菜也。"《集疏》："樗即臭椿。"
㉞重：晚熟作物。穋（音路）：晚種早熟的穀類。《說文》："種，先種後熟也。穋，疾熟也。（後種先熟）""重""種""穋""稑"同。

㉟索綯：王引之云："索者糾繩之名，綯即繩也。"
㊱《說文》："乘，覆（蓋）也。"
㊲冲冲：鑿冰聲。
㊳《毛傳》："凌陰，冰室也。"陰作窨。
㊴《通解》："蚤讀爲叉，取也。"一說通"早"。
㊵王國維云："肅霜滌場，皆互爲雙聲，乃古之聯緜字，不容分別釋之。肅霜猶言肅爽，滌場猶言滌蕩也。……九月肅霜，謂九月之氣清高顥白而已。至十月則萬物搖落無餘矣。"（《觀堂集林·肅霜滌場》）
㊶朋酒：兩樽酒。《毛傳》："兩樽博曰朋。"
㊷曰：語助詞。
㊸《朱注》："躋，陞也。公堂，君之堂也。"
㊹《朱注》："稱，舉也。"

**解**：此詩描繪了一幅全景瑰麗的豳地農事圖。農奴雖勤苦終歲，仍不免飢寒交迫。

## 一三一、鴟鴞

鴟鴞鴟鴞①，既取我子，無毀我室。
恩斯勤斯②，鬻子之閔斯③！
迨天之未陰雨，徹彼桑土④，綢繆牖戶⑤。
今女下民⑥，或敢侮予？
予手拮据⑦，予所捋荼⑧，予所蓄租⑨，
予口卒瘏⑩，曰予未有室家！
予羽譙譙⑪，予尾翛翛⑫，予室翹翹，
風雨所漂搖，予維音嘵嘵⑬！

【注釋】

①鴟鴞：《朱注》："鴟鴞，鵂鶹，惡鳥，攫鳥子而食者也。"胡承珙云："《楚詞·九歌》：'鴟鴞集於木蘭'，王逸注云：鴟鴞，鸋鳩，貪鳥也。"
②《朱注》："恩，情愛也。勤，篤厚也。"《三家詩》"恩"作"殷"。全句可譯作殷殷勤勤地。
③鬻（音玉）：養育。《朱注》："鬻，養。閔，憂也。"案，閔當解爲憐憫之憫。
④徹：撤；剝。徹：《廣雅》《通解》《釋詁》皆云取也。徹者撤之借字。《毛傳》："桑土，桑根也。"意爲剝桑根。

⑤綢繆：見前。
⑥上文毋毁我室乃對鴟鴞而言，此章在説綢繆牖户之後而承以今女下民或敢侮予，下民在實質是指鴟鴞而言。全句應譯作"現在你們這般卑下的人們"。
⑦拮据：辛勞。《釋文》引《韓詩》："口足爲事曰拮据。"《朱注》："拮据，手口共作之貌。"
⑧荼：苦菜。《毛傳》："荼，萑苕也。"
⑨租：聚。《釋文》引《韓詩》："租，積也。"
⑩卒瘏：卒，盡。瘏（音涂）：病苦。《通解》："卒瘏與拮据相時成文，卒當讀爲頳。《爾雅》：'頳，病也。'"
⑪譙譙（音瞧）：（羽毛）殘敝。《集疏》："'譙譙'當爲'燋燋'，悴也。'燋燋'正形容苦悴之狀。"
⑫翛翛：羽毛枯焦。《集疏》："翛，縮也，干燥而縮也。"
⑬嘵嘵（音消）：因恐懼發出的凄苦叫聲。《朱注》："嘵嘵，急也。"

# 一三二、東山

我徂東山，慆慆不歸①。我來自東，零雨其濛②。
我東曰歸，我心西悲。制彼裳衣③，勿士行枚④。
蜎蜎者蠋⑤，烝在桑野⑥。敦彼獨宿⑦，亦在車下。
我徂東山，慆慆不歸。我來自東，零雨其濛。
果臝之實⑧，亦施于宇⑨。伊威在室⑩，蠨蛸在户⑪。
町畽鹿場⑫，熠燿宵行⑬。不可畏也，伊可懷也⑭。
我徂東山，慆慆不歸。我來自東，零雨其濛。
鸛鳴于垤⑮，婦嘆于室。洒掃穹窒，我征聿至。
有敦瓜苦⑯，烝在栗薪。自我不見，于今三年⑰。
我徂東山，慆慆不歸。我來自東，零雨其濛。
倉庚于飛，熠燿其羽。之子于歸，皇駁其馬⑱。
親結其縭⑲，九十其儀。其新孔嘉，其舊如之何⑳？

【注釋】

①徂（音粗，上聲）：往。慆慆（音滔）：久。《毛傳》："慆慆，言久也。"《三家》"慆"亦作"悠"，慆、悠古同聲通用。悠亦久也。
②濛：細雨貌。濛，《魯詩》作蒙，蒙蒙，盛貌。

③《通解》："制，古製字。"
④士：《毛傳》："士，事。"行枚：士兵行軍口中銜枚（似筷），以防喧嘩。一説枚，微也。朱駿聲云："微者，獼之誤字。行軍，將帥以下衣皆有題識，今無事，制此行間衣（軍衣）也。"
⑤蜎（音冤）：蠕動貌。《朱注》："蜎蜎，動貌。蠋，桑蟲如蠶者也。"
⑥烝：久也。《毛傳》："烝，寘也。"《鄭箋》："古者聲寘，填，塵同也。"
⑦敦：卷成一團。《通解》："敦爲宛轉之貌。敦之言蠹也。"今案：敦當讀如"王亭敦我"之敦，敦，堆也。獨宿者蜷，宿車下蜷縮如一堆也。
⑧果蓏（音裸）：栝樓，又名瓜蔞。蔓生葫蘆科植物。《毛傳》："果蓏，栝樓也。"
⑨施：蔓延。《通解》："施讀爲延。"
⑩伊威：一名鼠婦，潮蟲。《孔疏》引《陸疏》云："伊威在壁根下、甕底土中，生似白魚者也。(今名土鱉)。
⑪蠨蛸（音消燒）：長脚蜘蛛。《爾雅》郭注："小蜘蛛。"俗呼爲喜子。
⑫町畽（音廳湍）：田舍旁空地。《毛傳》："町畽，鹿跡也。"《通解》："町畽猶言打撞。"
⑬熠（音義）耀：螢光。《毛傳》："熠耀，燐也。燐，熒火也。"
⑭懷：案，懷亦與傷同意。
⑮《鄭箋》："鸛，水鳥也。"《毛傳》："垤，蟻冢也。"《文選》李德引《韓詩》薛君《章句》："天將雨蟻出壅土，鸛鳥見之，長鳴而喜。"
⑯敦（音堆）：圓的。瓜苦：苦瓜；一説瓠。《鄭箋》："烝，塵；栗，析也。……古者聲栗、裂同也。"
⑰《通解》："此惟家居乃得見之，故曰於今三年也。"
⑱《毛傳》："黄白曰皇駁。"《鄭箋》："之子於歸始嫁時也。"
⑲縭（音離）：古時女子的佩巾。《毛傳》："縭，婦人之褘也。母戒女，施衿結帨。"《說文》："褘，蔽膝也。"
⑳《鄭箋》："其新來時甚善，至今則久矣，不知其如何也。"

解：這是戰士久戍還家在歸途中所作，一章喜其遠離戰爭，二章想象家中情景，三章想象妻在渴盼，四章想象與其妻久別重逢之情，引起他們在新婚時的回憶。

## 一三三、破斧

既破我斧，又缺我斨①。周公東征，四國是皇②。

哀我人斯，亦孔之將③。
既破我斧，又缺我錡④。周公東征，四國是吪⑤。
哀我人斯，亦孔之嘉。
既破我斧，又缺我銶⑥。周公東征，四國是遒⑦。
哀我人斯，亦孔之休。

【注釋】

①斧、斨：見《七月》篇注。
②皇：通匡，匡正。《爾雅·釋言》："皇，正也。"
③將：《廣雅》："將，美也。"王念孫云："首章言將，二章言嘉，三章言休，將、嘉、休皆美也。"
④錡（音奇）：鋤類工具。《毛傳》："鑿屬曰錡。"
⑤吪（音俄）：化，教化。《毛傳》："吪，化也。"
⑥銶（音求）：《後箋》："珙云：'銶亦鋤類，蓋起土之物。'"
⑦遒（音優）：穩固，安全。《毛傳》："遒，固也。"

解：這也是東征戍卒還歸之詩。"破斧""缺斨"，說戰爭不休帶來的各種損失，"是皇""是遒"說平定了四方，穩固了天下。哀我人斯，亦孔之將，說可憐我們這些人死裏逃生還是很好的，是說他幸得生還。

## 一三四、伐柯

伐柯①如何？匪斧不克。
取妻如何？匪媒不得。
伐柯伐柯，其則②不遠。
我覯之子，籩豆有踐③。

【注釋】

①柯：《說文》："柯，斧柄也。"
②《鄭箋》："則，法也。伐柯者必用柯，其大小長短，盡取法於柯。"
③籩（音邊）：古代祭祀、宴饗時盛果品的竹篾禮器。豆：古代盛肉或其它食品的木制器皿。踐：成行成列之狀。《毛傳》："踐，行列貌。"俞樾云："踐當讀為翦，翦訓齊，故為行列之貌。"這一句應是說我見的那個人是很有禮貌的。這一句與《東門之墠》"有踐家室"的意味很相近，但這一首詩應屬於婚姻儀式詩。

# （《小雅》）

## 一三五、采薇

采薇采薇①，薇亦作②止。曰③歸曰歸，歲亦莫止④。
靡⑤室靡家，玁狁⑥之故。不遑⑦啓居⑧，玁狁之故。
采薇采薇，薇亦柔⑨止。曰歸曰歸，心亦憂止。
憂心烈烈⑩，載飢載渴。我戍未定⑪，靡使歸聘⑫。
采薇采薇，薇亦剛⑬止。曰歸曰歸，歲亦陽⑭止。
王事靡盬，不遑啓處⑮。憂心孔疚⑯，我行不來⑰。
彼爾⑱維何？維常⑲之華。彼路⑳斯何㉑？君子之車。
戎車㉒既駕，四牡業業㉓。豈敢定居？一月三捷㉔。
駕彼四牡，四牡騤騤㉕。君子所依，小人所腓㉖。
四牡翼翼㉗，象弭㉘魚服㉙。豈不日戒㉚？玁狁孔棘㉛。
昔我往矣，楊柳依依㉜。今我來思，雨雪霏霏。
行道遲遲，載渴載飢。我心傷悲，莫知我哀。

【注釋】

①薇：菜名，即野豌豆（見《草蟲》篇注）。
②作：《朱注》："作，生出地也。"即初生。
③曰：此"曰"與《七月》篇"曰爲改歲"之"曰"同。
④莫止：《鄭箋》："莫，晚也。"止：語助詞。
⑤靡：《鄭箋》："靡，無。"
⑥玁狁：《毛傳》："玁狁，北狄也。"
⑦遑：《鄭箋》："遑，暇。"
⑧啓：啓是危坐。《鄭箋》："啓，跪也。"跪是在坐下之前或坐後起來之時的形狀。古人是席地而坐，坐時屈膝着地與跪相似。不過跪時臀部不坐下，坐時臀部才坐在脚跟上。居：依《說文》是依几而坐。所以可說跪是危坐，居是安坐。

⑨柔：嫩。《毛傳》："柔，始生也。"
⑩烈烈：《鄭箋》："烈烈，憂貌。"
⑪定：《鄭箋》："定，止也。"下同。
⑫聘：問，問候。《毛傳》："聘，問也。"這一句是說沒有法子派人回去慰問。
⑬剛：堅硬。《朱注》："剛，既成而剛。"
⑭陽：是夏曆十月。
⑮啓處：猶啓居也。
⑯疚：《毛傳》："疚，病。"
⑰來：《鄭箋》："來猶反也，據家曰來（《集疏》引黃山說略同）。"這一句是說我出行一直到現在還不能回去。
⑱爾：《說文》作薾，《毛傳》："華（花）盛貌。"
⑲常：《毛傳》："常，常棣也。"
⑳路：同輅，大車。《復箋》："路當爲大車之貌。"《釋詁》："路，大車也。"
㉑斯何：《通釋》："斯何，猶爲何。"
㉒戎車：兵車。
㉓業業：《毛傳》："業業然，壯也。"
㉔捷：勝。
㉕騤騤（音葵）：馬強壯貌。《毛傳》："騤騤，強也。"
㉖腓（音肥）：掩護。腓當依魯詩作"芘"。"芘"是庇蔭。這是說步卒以戎車爲掩護。《說文》："匪，隱也。"腓、匪同。
㉗翼翼：《朱注》："翼翼，行列整治之狀。"
㉘弭（音迷）：弓末的彎曲處，以骨爲之。《通釋》："古者弓末通名弭，弘無緣者亦名爲弭。"
㉙魚服：鮫魚皮制的箭袋。服，同箙。《說文》："箙，弩矢服也。"《朱注》："魚，獸名，似猪，東海有之。"
㉚戒：相警戒。
㉛棘：《鄭箋》："棘急也"。
㉜依依：盛貌（見《文選注》引《韓詩》薛君章句）。

**解**：這是一首駐守邊防的士兵久役歸來時所寫的詩。第一章總說他們被派遣的時間和原因；二、三兩章敘述他們在外思家的種種憂念；四、五兩章敘述在外戍邊的一些瑣節；末章敘述他們在歸途中的感想。全詩極道其勞傷之情。

## 一三六、斯干

秩秩斯干①，幽幽②南山。如竹苞矣③，如松茂矣。
兄及弟矣，式相好矣，無相猶④矣。
似續⑤妣祖，築室百堵⑥。
西南其戶，爰居爰處，爰笑爰語。
約之閣閣⑦，椓之橐橐⑧。
風雨攸除，鳥鼠攸去，君子攸芋⑨。
如跂斯翼⑩，如矢斯棘⑪，
如鳥斯革⑫，如翬斯飛⑬，君子攸躋⑭。
殖殖其庭⑮，有覺其楹⑯。
噲噲其正⑰，噦噦其冥⑱，君子攸寧。
下莞上簟⑲，乃安斯寢⑳，乃寢乃興㉑，乃占我夢。
吉夢維何，維熊維羆㉒，維虺維蛇㉓。
大人占之，維熊維羆，男子之祥；
維虺維蛇，女子之祥。
乃生男子，載寢之床，載衣之裳，載弄之璋㉔。
其泣喤喤㉕，朱芾斯皇㉖，室家君王㉗。
乃生女子。載寢之地，載衣之裼㉘，載弄之瓦㉙。
無非無儀㉚，唯酒食是議，無父母詒罹㉛！

【注釋】

①秩秩：《爾雅·釋訓》："秩秩，清也。"干：《毛傳》："干，澗也。"
②幽幽：《毛傳》："幽幽，深遠也。"
③苞：草盛貌。《朱注》："苞，叢生而固也。"
④猶：尤，過失。《通釋》："猶、尤古通用，《方言》，猶，詐也；《廣雅》，猶，欺也。"
⑤似：《毛傳》："嗣也"。似續：同嗣續、繼承。
⑥堵：《毛傳》。"五板爲堵。"這裏的百應是虛數，極言其大。不可說是連高與長計算。
⑦約：《毛傳》："約，束也。"閣閣：《魯詩》作格格。約之格：應是一格一格將板約束起來。
⑧椓：擊。見《兔罝》。橐橐（音拓）：《廣雅》："橐橐，聲也。"板築時

用杵擊實土的聲音。

⑨ 芋：王引之讀爲宇，宇，居也。

⑩ 跂：同企，是踮起脚用足尖立地。翼：端正也。這是房屋高大如人用足尖立地更顯得高。

⑪ 棘：《朱注》："急也。"矢行直則直。這是房屋正直。

⑫ 革，翼也。《韓詩》作（翱），云"翅也"。這是說棟宇宏壯，如鳥展翼。

⑬ 翬（音輝）：野鷄。《朱注》："其檐阿華采而軒翔，如翬之飛而矯其翼也。"

⑭ 躋：《毛傳》："陞也。"這個"躋"也應如《載馳》"不能旋濟"之"濟"，是止、居之意。

⑮ 殖殖：《毛傳》："平正也。"

⑯ 有覺：《毛傳》："有覺，言高大也。"

⑰ 噲噲（音快）：寬明之貌。《鄭箋》："快快也。"正：是正中明亮的地方。

⑱ 噦噦（音會）：光明貌。《鄭箋》："猶煟煟也。"《廣雅》："煟煟，光也。"冥：是奥突、幽暗的地方。

⑲ 莞：《朱注》："蒲席。"簟：方文席，見《齊風·載驅》注。

⑳ 寢：卧房。

㉑ 寢興：卧起。

㉒ 羆：熊的一種，是比熊大的獸。

㉓ 虺（音毀）：爬蟲類，脆脚蜥。

㉔ 弄：使之玩弄。璋：玉器。《毛傳》："半珪曰璋。"

㉕ 喤：大聲也。

㉖ 芾：即蔽膝，參《素冠》《候人》注。朱芾是紅色的蔽膝，皇是輝煌。《鄭箋》："皇猶煌煌也。"

㉗ 室家君王：這是說可以爲周室的君王。

㉘ 裼：方形的小兒被。寬八寸，長二尺，可以用來背小兒於背上。

㉙ 瓦：古代紡綫的紡錘。《毛傳》："紡塼。"

㉚ 儀：讀爲俄。《廣雅·釋詁》："俄，邪也。"

㉛ 詒罹：詒同遺。罹：憂也。

**解**：這一首詩是周王室建築房屋落成時的頌詩，篇中明説朱芾斯皇，室家君王，可以證明。篇中有幾句刻繪房屋的形勢高大壯闊是這詩可取的地方。

## 一三七、無羊

誰謂爾無羊，三百維群。誰謂爾無牛，九十其犉①。
爾羊來思，其角濈濈②。爾牛來思，其耳濕濕③。
或降于阿，或飲于池，或寢或訛④。
爾牧來思，何⑤蓑何笠⑥，或負其餱⑦。
三十維物⑧，爾牲則具⑨。
爾牧來思，以薪以蒸⑩，以雌以雄⑪。
爾羊來思，矜矜兢兢⑫，不騫不崩⑬。
麾之以肱⑭，畢來既升⑮。
牧人乃夢，衆維魚矣⑯，旐維旟矣⑰。
大人占之，衆維魚矣，實維豐年。
旐維旟矣，室家溱溱。

【注釋】

①犉：《爾雅·釋畜》："牛七尺爲犉。"
②濈濈（音及）：聚集貌。《通釋》："濈，《釋文》亦作'戢'。"《爾雅》："戢，聚也。"
③濕濕：牛反芻時耳動的狀態。
③阿：山丘，高崗。
④訛：動。《集疏》："《玉篇》引詩作吪，吪，動也。"是正字。
⑤何（音賀）：何猶荷，是戴着。
⑥蓑：《說文》："衰者，草雨衣也。"《毛傳》："蓑所以備雨，笠所以禦暑。"
⑦餱：干糧。《說文》："餱，乾食也。"
⑧三十維物：《通解》："物，毛色也。"《毛傳》："異毛色三十也。"
⑨具：備也。
⑩以薪以蒸：《鄭箋》："此言牧人有餘力，則取薪蒸搏禽獸以歸來也。粗曰薪，細曰蒸。"
⑪以雌以雄：《朱注》："雌雄禽獸也。"
⑫矜矜兢兢：《朱注》："堅強也。"《通解》："矜矜兢兢，爲堅持恐失之貌。"
⑬騫、崩：《通解》："小失曰騫，全失曰崩。不騫不崩，言群羊馴謹相

⑭肱：《毛傳》："肱，臂也。"

⑮既升：《朱注》："既，盡也。升，入牢也。"

⑯衆：蝗蟲。《通釋》："衆又爲'螽'之省借。螽，蝗也。"

⑰旐、旟：旗名。《毛傳》："所以聚衆也。"在旗上正幅畫有龜蛇的是旐；在旗正幅畫有鳥隼的是旟。

⑱溱溱（音真）：《毛傳》："溱溱，衆也。"

**解**：這一首詩是寫牧人如何畜牧牛羊。牛羊成群，最後一章牧人的夢，是被解釋爲符合於主人的願望的夢。

## 一三八、節南山

節彼南山①，維石巖巖②。赫赫③師尹④，民具爾瞻。
憂心如惔⑥，不敢戲談。國既卒斬⑦，何用不監⑧？
節彼南山，有實其猗⑨。赫赫師尹，不平謂何？
天方薦瘥⑩，喪亂弘多⑪。民言無嘉，憯莫懲嗟⑫。
尹氏大師，維周之氐⑬。秉國之均⑭，四方是維。
天子是毗⑮，俾民不迷。不弔⑯昊天，不宜空我師⑰。
弗躬弗親，庶民弗信。弗問弗仕⑱，勿罔君子⑲。
式夷式已⑳，無小人殆㉑。瑣瑣姻亞㉒，則無膴仕㉓。
昊天不傭㉔，降此鞠訩㉕。昊天不惠，降此大戾㉖。
君子如屆㉗，俾民心闋㉘。君子如夷，惡怒是違㉙。
不弔昊天，亂靡有定。式月斯生㉚，俾民不寧。
憂心如酲㉛，誰秉國成？不自爲政㉜，卒勞百姓㉝。
駕彼四牡，四牡項領㉞。我瞻四方，蹙蹙靡所騁㉟。
方茂爾惡㊱，相爾矛矣㊲。既夷既懌㊳，如相醻矣㊴。
昊天不平，我王不寧。不懲其心，覆怨其正㊵。
家父作誦㊶，以究王訩㊷。式訛爾心㊸，以畜萬邦㊹。

【注釋】

①節：《毛傳》："節，高峻貌。"《釋文》引《韓詩》："節，視也。"

②巖巖：積石貌。

③赫赫：顯盛貌。

④師：太師。《毛傳》："尹氏爲大師。"

⑤具、瞻：《毛傳》："具，俱。瞻，視。"
⑥惔（音談）：《釋文》引《韓詩》作炎。如炎，如同火燒。
⑦卒：盡。斬：斷。言國祚已盡滅斬絶。
⑧用：以也。監：視也。言何以不起而臨治之。
⑨有實其猗：山坡壯闊。實：廣大貌。猗：爲何。（據《經義述聞》）阿是山阿，有實其阿。是那樣偏大的山阿，引起下文的"不平謂何"。
⑩薦瘥：《毛傳》："薦，重。瘥，病。"
⑪弘：《毛傳》："弘，大也。"
⑫憯莫懲嗟：《傳疏》："憯，當作替，曾也。"這是說就没有懲戒嗟嘆的意思。
⑬氐：《通解》："《說文》：柢，木根也。氐、柢同。"
⑭均：均當依《齊詩》作鈞。鈞是陶人制圓器所用的可以使陶器圓勻的車盤，是古來製造上最巧的工具，秉國之鈞，可譯作"掌握着轉動國家的把柄"。
⑮《鄭箋》："毗，輔也。"
⑯吊：善。昊天：老天。
⑰《毛傳》："空，窮也。"馬瑞辰云："謂此不善之昊天，不宜使此人居尊位，空窮我之衆民。"
⑱《鄭箋》："仕，察也。"
⑲《朱注》："罔，欺也；君子，王也。"這兩句是說不聞問考察豈不是欺騙了周王？
⑳式：語助辭。《朱注》："夷，平也；已，止。"
㉑《朱注》："殆，危。"《通解》："無小人殆，不危及小民。"
㉒瑣瑣姻亞：婿之父曰姻，兩婿相謂曰婭。瑣瑣：小貌。
㉓膴（音舞）：《毛傳》："膴，厚也。"仕：任用。膴仕：高位厚禄。
㉔傭：《釋文》引《韓詩》作庸，"云（平）易也"。
㉕《朱注》："鞠，窮。"訩：凶，禍亂。
㉖《鄭箋》："戾，乖也。"
㉗《毛傳》："届，極。"《通釋》："極與殛通用。"
㉘《毛傳》："閲，息。"這兩句是說君子無殛。君子如小心執政，去掉不公，則人民心中平息。
㉙《毛傳》："違，去也。"這是說君子如若平定他，惡怒必不可以免去。
㉚月：俞樾云："刖之省。"《說文》，"刖，折也。"式月斯生：言用折其生也。

㉛《毛傳》:"病酒曰醒。"
㉜《毛傳》:"成,平也。"《禮記》引作"誰能秉國成,不自爲正"。秉國平與秉國之均意同。
㉝《鄭箋》:"卒,終也。"
㉞《毛傳》:"項,大也。"
㉟慼慼:《鄭箋》:"慼慼,縮小之貌。"
㊱方茂爾惡:《朱注》:"茂,盛"。
㊲相:《鄭箋》:"相,視也。"這兩句是説,在你們正盛行爲惡之時,你們就互相傾軋。
㊳懌:悦也。
㊴醻:同酬。這兩句是説平服了喜悦了,就可以如相酬酢。這四句總説是看他們也可轉變。
㊵覆怨其正:《朱注》:"覆怨其正,反怨人之正己也。"
㊶家父:周大夫。
㊷究:追究。
㊸《鄭箋》:"訛,化。"
㊹《鄭箋》:"畜,養也。"

**解**:這一首詩實是周平王東遷以後的詩,"尹氏""家父"都見於春秋。這是家父控訴尹氏太師的,希望周王能改變他信任尹氏的態度。一至四章是責尹氏,五至六章望王懲治尹氏,七章言無所逃避,八章言假定他們可以轉變,九章又恐王不能懲治其心,十章述作詩之意。

## 一三九、正月

正月繁霜①,我心憂傷。民之訛言②,亦孔之將③。
念我獨兮,憂心京京④。哀我小心,癙憂以痒⑤。
父母生我,胡俾我瘉⑥?不自我先,不自我後?
好言自口,莠言自口⑦。憂心愈愈⑧,是以有侮⑨。
憂心惸惸⑩,念我無祿⑪。民之無辜⑫,並其臣僕⑬。
哀我人斯,于何從祿?瞻烏爰止,于誰之屋⑭?
瞻彼中林,侯薪侯蒸⑮。民今方殆,視天夢夢。
既克有定,靡人弗勝⑯。有皇上帝⑰,伊誰云憎⑱?
謂山蓋卑⑲,爲岡爲陵⑳。民之訛言,寧莫之懲㉑。
召彼故老,訊之占夢。具曰予聖,誰知烏之雌雄㉒。

謂天蓋高？不敢不局㉓。謂地蓋厚，不敢不蹐㉔。

維號斯言，有倫有脊㉕。哀今之人，胡爲虺蜴㉖。

瞻彼阪田㉗，有菀其特㉘。天之扤我㉙，如不我克。

彼求我則，如不我得。執我仇仇㉚，亦不我力。

心之憂矣，如或結之。今兹之正㉛，胡然厲矣㉜？

燎之方揚，寧㉝或滅之？赫赫宗周，褒姒滅之㉞。

終㉟其永懷，又窘陰雨。其車既載，乃棄爾輔㊱。

載輸爾載㊲，將伯㊳助予。無棄爾輔，員于爾輻㊴。

屢顧㊵爾僕，不輸爾載。終踰絶險，曾是不意㊷？

魚在于沼㊸，亦匪克樂。潜雖伏矣，亦孔之炤㊹。

憂心慘慘㊺，念國之爲虐。

彼有旨酒，又有嘉殽。洽㊻比其鄰，昏姻孔云㊼。

念我獨兮，憂心慇慇㊽。

佌佌㊾彼有屋，蔌蔌㊿方有穀。

民今之無禄，夭夭是椓(51)。

哿(52)矣富人，哀此惸獨(53)。

**【注釋】**

①正月繁霜：《通釋》："正月，周之六月，古亦謂之正月。"《毛傳》："繁，多也。"這兩句，六月多霜，比喻政令失常，引起下文。

②訛：動也。訛言：即流言。

③將：大也。

④京京：《爾雅·釋訓》："京京，憂也。"《朱注》："京亦大也。"

⑤癙憂以痒：癙（音鼠）、痒（音養），皆病也。以上是因流言而興憂。

⑥《爾雅》："瘉，病也。"

⑦《毛傳》："莠，醜也。"

⑧愈愈：《魯詩》作"瘐瘐"，病也（《爾雅·釋訓》）。

⑨有侮：《朱注》："我之憂心益甚，而反見侵侮也。"

⑩惸惸（音瓊）：《爾雅·釋詁》："惸惸，憂也。"憂念貌。

⑪《朱注》："無禄，猶言不幸爾。"

⑫《朱注》："辜，罪。"

⑬並其臣僕：奴隸主相互並吞，是搶奪了他的奴隸。

⑭瞻烏爰止，於誰之屋：這是比喻人民無處投奔。

⑮侯薪侯蒸：是惟有粗的薪細的蒸。《鄭箋》："侯，維也。"
⑯既克有定，靡人弗勝：這兩句指天帝言，是說無人能勝得了天。
⑰《朱注》："皇，大也。"
⑱伊誰云憎：是說究竟憎惡的人是誰呢？這是對於天也有疑問。
⑲蓋卑：《傳疏》："蓋讀如盍。"《廣雅》："盍，何也。"謂山盍卑，言山何卑也。
⑳爲崗爲陵：岡是山脊，陵是丘陵，是高大的地方。
㉑《朱注》："懲，止也。寧，乃也。"這四句是說小人自以爲是，對人民的流言就沒有悔改的意思。説山何嘗卑，全是高岡高陵。
㉒這四句說這些人也自以爲是而實在不知事。
㉓《毛傳》："局，曲也。"局有曲脊之意。
㉔蹐：《說文》："蹐，小步也。"謂地蓋厚，不敢不蹐：這四句是說天何嘗高？我們不敢不彎着腰，怕碰着什麽；地何嘗厚，我們不敢不小步走，怕地有了淪陷。
㉕《毛傳》："倫，道。脊，理也。"這兩句是說但是那些呼號的話是有道理的。
㉖虺蜴：皆毒螫之蟲。
㉗阪田：高處之田。
㉘有菀其特：《朱注》："菀，貌盛之貌。特，特生之留也。"這兩句是比喻在顯位之人得天獨厚。
㉙扤（音誤）：扤讀爲抈。《說文》："抈，折也。"天之扤我，如不我克：這兩句是說但是天扤殺我無所不至。
㉚執我仇仇：《通釋》："《廣雅》云：執執，緩也。仇仇同。"執我仇仇，亦不我力這四句是說求我則如不得我，但是用起我來却甚緩慢。
㉛正：《通釋》："正，官之長。"
㉜厲：《毛傳》："厲，惡也。"
㉝寧：乃。
㉞威即滅字。這是義同字變之一例。赫赫宗周，褒姒滅之：這四句說火正盛時，還可以被人撲滅；赫赫的宗周，褒姒也能使之滅亡。
㉟終其永懷：終：《通釋》："終，結果。"懷：讀爲壞。
㊱輔：《傳疏》："掩輿之版也。"是大車載物之後，加在兩旁的板，"輔"各家說法不同，依我看來其正字當爲棐，非即輔的形。
㊲終輸爾載：《鄭箋》："輸，墮也。"《廣雅·釋言》："輸，寫（瀉）也。"
㊳將伯：《毛傳》："將，請。伯，長也。"這幾句是拿車來作比喻，說結

果車是壞了，又受到陰雨的困窘；車子已經裝載了，並扔掉了車廂板，那樣裝的東西會掉下來，而要請那位仁兄來幫忙了。比喻國家要亡了，才求救於賢者，那又未免太晚。

㊴員於爾輻：《通釋》："員讀爲圓。"這是加大的意思。意爲幫助的辦法不惟不扔掉車輔，還加固車的輻條。

㊵顧：照顧。

㊶終：終於。

㊷意：意想。

㊸沼：《毛傳》："沼，池也。"

㊹炤：《禮記》引作"昭"。

㊺慘：《通釋》："慘當作懆。"說見《月出》篇。

㊻洽：《朱注》："洽，比皆合也。"

㊼云：《通釋》："云讀爲圓。"圓滿之意。

㊽殷殷：《毛傳》："殷殷然，痛也。"

㊾佌佌（音此）：小也，地位低微。《毛傳》："佌佌，小也。"

㊿蔌蔌：《毛傳》："蔌蔌，陋也。"

�天天是椓：《朱注》："天，禍。椓，害也。"這四句是說小民剛有了吃的住的但是不幸要遭到天災。

㊾哿（音可）：表稱許之詞。《毛傳》："哿，可。"

㊾惸獨：惸，《楚辭》王德引作煢，煢，獨。煢，孤也。

**解：** 由"赫赫宗周，褎姒滅之"兩句看來，這首詩應是作於西周亡了以後，這詩作者應是一位憂國憂民、感時憤世的人。一章說他因訛言興憂。二章說他生不逢時，他的憂念反招侮辱。三章說他們的不幸將不知止於何時。四章說這時人民對天帝也不能信任。五章說壞人們仍自以爲是。六章說人民所呼號的是有理的。七章說周天子不用他。八章說西周終於滅亡。九章說以大車終將壞來作此喻。十章說挽救並非沒有辦法。十一章說禍已潛伏，看他們還作惡。十二章說壞人們一樣快樂，他却特別憂念。十三章說人民連受災害，可憐那些窮困的人。

## 一四零、十月之交

十月之交①，朔月辛卯。日有食之，亦孔之醜②。
彼月而微，此日而微③。今此下民，亦孔之哀。
日月告凶，不用其行④。四國無政，不用其良。
彼月而食，則維其常。此日而食，于何不臧⑤？

爗爗震電⁶，不寧不令⁷。百川沸騰⁸，山冢崒崩⁹。
高岸爲谷，深谷爲陵⑩。哀今之人，胡憯莫懲⑪。
皇父卿士⑫，番維司徒，家伯維宰，仲允膳夫。
棸子內史，蹶維趣馬，楀維師氏⑬，艷⑭妻煽方處⑮。
抑此皇父⑯，豈曰不時⑰？胡爲我作⑱，不即我謀？
徹我牆屋⑲，田卒汙⑳萊㉑。曰予不戕，禮則然矣。㉒
皇父孔聖，作都于向㉓。擇三有事㉔，亶侯多藏㉕。
不憖遺一老㉖，俾守我王。擇有車馬，以居徂向㉗。
黽勉從事，不敢告勞。無罪無辜，讒口嚻嚻㉘。
下民之孽㉙，匪降自天。噂沓背憎㉚，職競由人㉛。
悠悠我里㉜，亦孔之痗㉝。四方有羨㉞，我獨居憂。
民莫不逸，我獨不敢休。
天命不徹㉟，我不敢效我友㊱自逸。

## 【注釋】

① 十月：周曆十月。《新唐書·天文志》載：一行測算，此次日食發生於周幽王六年周曆十月初一日（紀元前776年9月6日）。交：交替，晦朔後月將轉明時。

②《毛傳》："醜，惡也。"（《毛傳》：古來以日食象徵君道衰弱被臣子欺凌，所以說是甚醜惡。

③《鄭箋》："微，謂不明也。"彼月而微，此日而微：那是月亮不明，這是太陽不明。微：無光，指日月之食。

④ 行：道，度。

⑤ 於何：《集疏》："於猶如也。"

⑥ 爗爗（音葉）：聲光之盛也。《朱注》："爗爗，電光貌。"震電：現在說打雷閃電，一說地震時出現的地光和聲響。

⑦ 寧：安徐也。令：善。

⑧《玉篇》："沸騰，水上涌也。"

⑨ 冢：《毛傳》："山頂曰冢。"《紅義述聞》："崒，當作卒，讀爲猝。猝，急也，暴也。"

⑩《朱注》："高岸崩陷，故爲谷。深谷填塞，故爲陵。"這是比喻社會發生的巨大變化，是非顛倒不明。

⑪ 憯：曾也。

⑫《鄭箋》："皇父、家伯、仲允，皆（爲大臣的）字。番、棸（音鄒）、

蹶（音貴）、楀（音舉），皆（爲大臣的）氏。"

⑬卿士、司徒、宰、膳夫、内史、趣馬、師氏並爲職名。

⑭艷妻：當依《魯詩》作"閻妻"。據《漢書·谷永傳》《外戚傳·班婕妤傳》，褒姒、閻妻確爲二人。據前數年出土之皇父鼎，皇父亦姓閻，尤足證當依魯詩作閻。

⑮煽：熾。《毛傳》："煽，熾也。"方處：應依《鄭箋》作並處位解。《孔疏》說皇父、家伯、仲允蓋與后同姓。這七個人實是因閻妻的關係被任用。這一章列舉這七人說明當時小人成群，居在上位。

⑯《通釋》："抑讀同噫。"

⑰《毛傳》："時，是也。"

⑱我作：役使我。作：役使。

⑲徹：摧毀。

⑳汙：《通解》："汙（淤），積水也。"

㉑萊：《周禮》鄭注："田休不耕曰萊。"

㉒戕：殘害。《鄭箋》："戕，殘也。"

㉒禮則然矣："禮則然矣"這是皇父掩飾的話，可見詩人不滿意這個藉口。

㉓向：地名，在河南尉氏縣西南。

㉔擇三有事：選擇人來擔任三卿。《通解》："三有事，即《雨無正》篇所謂三事大夫，在内卿大夫之統稱。"

㉕《朱注》："亶，信。侯，維。藏，蓄也。"

㉖憖（音印）：願也，強也。《通釋》："憖，猶言姑且。"

㉗徂向：《通釋》："徂向以居也。"

㉘《鄭箋》："囂囂，衆多貌。"

㉙孽：災難。

㉚噂（音尊）沓背憎：《集疏》："噂，《説文》：'聚語也'"。沓：《説文》："沓，語多沓沓也。"噂沓是聚則相語，背憎是背則相憎也。"

㉛職：當讀爲直，職是即直之意。《通解》："競讀爲諒。《説文》：諒，信也。"職競由人，即直是真的由於人。

㉜悠悠我里：悠：憂思。《毛傳》："悠悠，憂也。"里：是病。《玉篇》引"里"作"瘽。"

㉝痗（音妹）：病。

㉞羨：寬裕。《朱注》："羨，餘。"

㉟徹：《毛傳》："徹，道也。"天命不徹：上天不遵循常道。

㊱友:《通釋》:"友,同僚也。"

**解**:這是一首憂國憂民、感時憤世的詩,主要是詛咒和揭露當時的外戚皇父干政,眾多小人群居高位,以至於無惡不作,所以作者特別揭露他們的罪惡。一章因日食引起說君道衰微,下民哀憐;二章說政治混亂,不用賢良;三章說上天用災異來警告他們也不知悔改;四章說皇父等人盤踞要津;五章說皇父等人借口禮法荼毒人民;六章說皇父將人民的財產搜刮一空並作都於向;七章說賢者反遭到讒害;八章說下民的災難由皇父這些人引起,他們還過着安逸的生活。

## 一四一、雨無正

浩浩①昊天,不駿其德②。降喪饑饉③,斬伐四國。
旻天疾威④,弗慮弗圖⑤。舍彼有罪⑥,既伏其辜。
若此無罪,淪胥以鋪⑦。
周宗⑧既滅,靡所止戾⑨。正⑩大夫離居,莫知我勩⑪。
三事大夫,莫肯夙夜⑫。邦君諸侯,莫肯朝夕。
庶曰式臧,覆出為惡⑬。
如何昊天,辟言不信⑭。如彼行邁,則靡所臻⑮。
凡百君子⑯,各敬爾身。胡不相畏?不畏于天。
戎成不退,饑成不遂⑰。曾我暬御⑱,憯憯⑲日瘁。
凡百君子,莫肯用訊⑳。聽言則答㉑,譖言則退㉒。
哀哉不能言,匪㉓舌是出,維躬是瘁㉔。
哿㉕矣能言,巧言如流,俾躬處休。
維曰于仕,孔棘且殆㉖。云不可使㉗,得罪于天子。
亦云可使,怨及朋友。
謂爾遷于王都㉘,曰予未有室家。
鼠思㉙泣血,無言不疾㉚。昔爾出居,誰從作爾室㉛?

【注釋】

①《朱注》:"浩浩,廣大貌。"
②不駿其德:《朱注》:"駿,大;德,惠。"
③饑饉:《毛傳》:"穀不熟曰饑,蔬不熟曰饉。"
④疾威:《朱注》:"疾威,猶暴虐也。"
⑤弗慮弗圖:《鄭箋》:"慮、圖,皆謀也。"

⑥舍彼有罪，既伏其辜：《通釋》："言凡有罪者，皆伏其辜也。欲舍有罪之人，而匿其罪狀。"

⑦淪胥以鋪：淪胥是相牽連，使無罪者見牽，率相引而遍得罪。《毛傳》："淪，率也。"鋪當依《韓詩》作痡。《集疏》："痡，病也。"

⑧《集疏》："周宗當爲宗周，《左》昭十六年引詩正作宗周。"

⑨戾：《毛傳》："戾，定也。"

⑩正大夫：大正，六卿之長。《鄭箋》："正，長也。正大夫，長官之大夫。"

⑪勤（音覲）：勞。《爾雅》："勤，勞。"

⑫三事：官名。指太師、太傅、太保。夙夜：此處應兼指早晚而言，與下句朝夕同。

⑬覆出爲惡：《毛傳》："覆，反也。"《通釋》："出者咄之省。是相訶責之意。"這是說長官大夫已經離居，無人知我之勞。百官諸侯也都不早晚效勞，庶幾說我是好，而反責備我爲惡。

⑭辟言不信：《毛傳》："辟，法也。"辟言即合法度之言。這一句是說合乎法度的言論你也不信。

⑮臻：《朱注》："臻，至。"這兩句是說正如行極遠的路，你也不能到達。

⑯凡百君子：指群臣言。

⑰戎成不退，饑成不遂：戎成不退，指用兵不息。《朱注》："戎，兵；遂，安也。"這兩句是說外患來了，不能打退；饑荒成了，不能安撫。

⑱曁（音泄）御：《毛傳》："御，侍御（左右親近之臣）。"

⑲慘（音慘）：《朱注》："慘慘，憂貌；瘁，病。"這兩句是說只是我們近御之臣憂勞而病。

⑳訊：告，諫。《鄭箋》："訊，告也。"《魯詩》作誶。

㉑聽言則答：《鄭箋》："答猶拒也。"這是指拒絕善言。

㉒譖言則退：這是指有譖言及已則大家排擠他。

㉓匪：《通釋》："匪讀爲彼。"

㉔瘁：病。《朱注》："瘁，病。"這三句說可憐不會說話的，那個舌頭把話說出，他的身體却要遭殃。下三句是說那些會說話的，巧言如流，結果很美。

㉕哿（音閣或可）：表稱許之詞。

㉖維曰於仕，孔棘且殆：《毛傳》："於，往也。"《朱注》："棘，急；殆，危也。"

㉗《集疏》："可使不可使，即今諺云使得使不得。"

㉘《朱注》："爾謂離居者。"

㉙鼠思：即癙憂。

㉚疾：是彼人急惡。

㉛昔爾出居，誰從作爾室：這是說從前你出外居時，誰跟着你蓋房子？是以反問語氣作結。

解：這一首詩寫的是西周亡後，遷都未定時一些政治不穩定的情況。這是近臣諷刺當時一般長官大夫的詩。以政令如雨之多作比，然皆苛虐，非所以為政之道，故曰雨無正。

## 一四二、大東

有饛簋飧①，有捄棘匕②。周道如砥③，其直如矢。
君子所履，小人所視④。睠言顧之，潸焉出涕。
小東大東⑤，杼柚其空⑥。糾糾葛屨，可以履霜。
佻佻公子⑦，行彼周行。既往既來，使我心疚⑧。
有冽氿泉⑨，無浸穫薪⑩。契契寤嘆⑪，哀我憚人⑫。
薪是穫薪，尚可載也⑬。哀我憚人，亦可息也。
東人之子，職勞不來⑭。西人之子，粲粲衣服。
舟人之子⑮，熊羆是裘。私人之子，百僚是試⑯。
或以其酒，不以其漿⑰。鞙鞙佩璲⑱，不以其長。
維天有漢，監亦有光⑳。跂彼織女㉑，終日七襄㉒。
雖則七襄，不成報章㉓，睆彼牽牛㉔，不以服箱㉕。
東有啓明，西有長庚。有捄天畢㉖，載施之行㉗。
維南有箕㉘，不可以簸揚㉙。維北有斗，不可以挹酒漿㉚。
維南有箕，載翕其舌㉛。維北有斗，西柄之揭㉜。

【注釋】

①饛（音蒙）：《說文》："饛，盛器滿貌。"簋（音鬼）：食器。青銅或陶制。圓口，圈足，有耳或無耳。

②捄（音求）：捄是彎曲貌。《通釋》："捄亦曲也。"匕是杓子，棘匕是以棘為匕。

③砥（音底）：磨刀石。《朱注》："砥，礪石，言平也。"

④視：這個視字應作看解。下文云睠（音倦）言顧之。顧其亦是視。

⑤小東大東：東方大小以及遠近之國。

⑥杼（音住）：梭，盛緯器。杼，織布機所用的梭，柚（音軸），織機受經者也。柚即軸，織布機所用軸。空：盡也。這是說他們國家被剝削完了。

⑦佻佻（音挑）：佻當從韓詩作"嬥"，《廣雅》："嬥嬥，好也。"

⑧這一章是說遠近的東方各國將財貨都送給周，以致衣屨不完，冬日葛屨，就是一般公子也被當差赴周，來來往往看着使我傷心。

⑨有冽氿泉：《毛傳》："冽，寒意也。"氿（音鬼）泉：側出曰氿泉。

⑩穫：穫薪是斬伐了的木柴。

⑪契契：憂苦貌。《毛傳》："契契，憂苦。"

⑫憚（音但）：勞。憚當依《魯詩》作"癉"。《釋詁》："癉，勞也。"

⑬載：裝載。已浸濕之薪，尚可以裝載起來備用，引起下文那些可憐的勞人實當休息。

⑭職：直。（說見《碩人》）來是安慰。"職勞不來"是一直是勞而沒有安慰。

⑮舟人：《鄭箋》："舟，當作周。"舟與周古同音而通用。

⑯私人之子，百僚是試：私人之子：家庭奴隸。百僚：百僕。一說百官。《朱注》："僚，官；試，用也。"這是說周人的私家奴僕，也試用於百官。這一章說賦役財富不均，用人唯親，群小得志。

⑰以：用也。"或以其酒，不以其漿"是只飲酒，不飲水，拿酒來當水喝。

⑱鞙鞙（音捐）：《毛傳》云："玉貌。"字當從《爾雅》作"琄"。琄當謂玉形之圓。璲（音遂）：瑞玉名，可以為佩。瑞是寶玉。《毛傳》云："瑞也。"按，璲猶墜也，所佩玉下垂如墜。以玉為之，故字作璲。全句之意可譯為"圓圓的那些玉墜子"。

⑲不以其長：不用那些長的。以上四句，是說西人（周人）的奢侈。

⑳維天有漢：漢是天上的銀河。《毛傳》："漢，天河也。"監亦有光：監，《集疏》："視也。"光謂細碎的淡光，而無水光。

㉑跂（音起）：通歧。分歧。跂是織女三星，分歧的形象。《通釋》："跂即歧字。"

㉒襄：驤的假借。《鄭箋》："襄，駕也。"七襄是從早到晚的七個時辰，每個時辰移一次，所以說是七襄。《通釋》："織女在天，往經七次（周天十二次），謂之七襄。"以上四句，是說西人徒有其表，實際無用。

㉓報章：報：反復，梭子引綫往復織作。章：經緯紋理、色彩。不成報章是說織不了布。

㉔睆：是一串的意思。《通釋》："睆讀為貫，牽牛三星一貫，故言貫以肖

其形。"

㉕服箱：服：負。箱：大車之箱。《朱注》："服，駕也。箱是車箱也。"不以服箱是說駕不了車，車廂是空的。

㉖畢：原是捕鳥或獸所用的網，"有捄天畢"是彎彎曲曲的那個天上的畢宿。《説文》："畢，田網也。"《通釋》："天畢八星，像田網形，除竿柄外，其七星斛然似角（宿）。"

㉗載施之行：施讀爲杝（拖）。《通解》："載杝之行，杝啟明長庚而行也。"這都是說西人實際無用。

㉘箕是箕宿，共四星。

㉙簸：《説文》："簸，揚米去糠也。"

㉚斗：《孔疏》以爲是南斗，在箕星北，故説維北有斗。南斗六星。斗柄常向西而高舉。勺向下，所以説不可以挹酒漿。挹（音義）：舀。

㉛載翕其舌：翕是短縮，舌是箕的底。箕的底短縮所以不可簸揚。《通解》："翕，歙。歙，縮也。"

㉜揭：高舉。西柄之揭，是那個斗柄高舉着，向着西邊。好像這是天也幫助西人。這更補足前兩章的意思，比喻西人向東方各國的搜刮和榨取，以見種種不合理的現象。

**解**：寫周室對東方諸侯國的嚴重壓榨，反映王室與諸侯的矛盾。

## 一四三、北山

陟彼北山，言采其杞。偕偕①士子，朝夕從事。
王事靡盬，憂我父母②。
溥天之下③，莫非王土。率土之濱④，莫非王臣。
大夫不均，我從事獨賢⑤。
四牡彭彭，王事傍傍⑥。嘉我未老，鮮我方將⑦？
旅力方剛⑧，經營四方。
或燕燕居息⑨，或盡瘁事國⑩。
或息偃在床⑪，或不已于行。
或不知叫號⑫，或慘慘劬勞⑬。
或棲遲偃仰⑭，或王事鞅掌⑮。
或湛樂飲酒⑯，或慘慘畏咎⑰。
或出入風議⑱，或靡事不爲。

【注釋】

①偕偕：《毛傳》："強壯貌。"
②憂我父母：只是憂我父母，不當如《箋》說"父母思己而憂"。
③溥（音普）：三家詩均作普，普遍、全部也。
④率：《爾雅》："自也。"濱：《毛傳》："涯也。"這是說從地邊到天涯，即四海之內之意。
⑤賢：苦，艱苦。《小爾雅》："賢，多也。"
⑥彭彭：不得息。傍傍：無窮盡。《通釋》："《廣雅》：彭彭，旁旁，盛也。"
⑦嘉我未老，鮮我方將：《鄭箋》："嘉、鮮皆善也。"《毛傳》："將，壯也。"
⑧旅力：猶言氣力。《通解》："旅讀為膂。"《說文》："呂，脊骨也，篆文作膂。"
⑨燕燕：《毛傳》："安息貌。"
⑩瘁：病。見《雨無正》注。
⑪偃：也是休息。參看下注⑭。
⑫不知叫號：《朱注》："深居安逸，不聞人聲。"
⑬慘慘劬勞：慘當為懆，憂也；劬勞：辛勞。
⑭棲遲偃仰：棲遲：游息也，說見《衡門》注。偃仰，《通釋》："偃仰猶息偃娛樂之類，皆二字同義。偃亦仰也。"
⑮鞅掌：叠韻連縣字，猶言擾攘。《通釋》："人事之多曰鞅掌。"
⑯湛（音單）：喜樂；逸樂無度。一說湛與酖同，《說文》："酖，藥酒也。"
⑰咎，猶罪也。
⑱風議：即吹牛，說大話。《集疏》："風議猶放言也。"

解：這一首詩是作者借用一個青年官吏的口氣，描寫出周時大夫勞逸不均的現象，他們經營四方，靡事不為，但有的人卻棲遲偃仰，湛樂飲酒，毫不知憂勞國事。

## 一四四、大田

大田多稼①，既種既戒。既備乃事②，以我覃耜③。
俶載南畝④，播厥百穀⑤。既庭且碩⑥，曾孫是若⑦。
既方既皂⑧，既堅既好⑨。不稂不莠⑩，去其螟螣。
及其蟊賊⑪，無害我田稚⑫。田祖有神⑬，秉畀炎火⑭。

有渰萋萋⑮，興雨祁祁⑯。雨我公田，遂及我私。
彼有不穫稺⑰，此有不斂穧⑱，
彼有遺秉⑲，此有滯穗⑳，伊寡婦之利㉑。
曾孫來止，以其婦子，饁彼南畝，田畯至喜。
來方禋祀㉒，以其騂黑㉓，與其黍稷。
以享以祀，以介㉔景福。

## 【注釋】

①多稼：多稼是可以多種莊稼。
②種、戒：準備。《朱注》："種，擇其種。戒，飭（治）其具。"
③覃（音眼）：鋒利。《魯詩》作剡，《爾雅》："剡，利也。"
④俶載：是開始種植。《朱注》："俶，始；載，事。"
⑤播：種也。
⑥既庭且碩：既生出而長大。庭，俞樾讀爲挺，生出也。
⑦曾孫：指周王。是若：是以爲好。《爾雅》："若，順也。"
⑧既方既皁：是長了穀粒，灌了漿。《鄭箋》："方，房也。謂孚甲始生而未合時也。"《毛傳》："實未堅者曰皁。"
⑨既堅既好：既堅既好是全都結實了，長好了。
⑩不稂不莠：《朱注》："稂，童梁；莠似苗，皆害苗之草。"稂即稗子，莠即狗尾草。
⑪螟（音冥）、螣（音特）、蟊、賊：螟蛾的幼蟲。《毛傳》："食（稻）心曰螟，食葉曰螣，食根曰蟊，食節曰賊。"
⑫稺（音至）：晚植的穀類。引申爲幼苗、幼禾。
⑬田祖：田祖是稷神。
⑭秉畀：是持與，《韓詩》秉作卜，段玉裁云："卜畀猶俗言付與也。"
⑮有渰萋萋：渰（音眼）：雲興起貌。萋萋：雨雲起。即滿天的烏雲起了。《通釋》："渰讀爲晻。《說文》：晻，不明也。萋讀爲淒，《說文》：雨雲起也。"
⑯興雨：漢以前本均作興雲。祁祁：《毛傳》："徐也。"
⑰不穫稺：是未長成因而不割的幼禾。
⑱穧（音即）：是已割而未收斂的禾。《說文》："穧，穫刈也。一曰撮也。"
⑲遺秉：遺漏下成把的禾。
⑳滯穗：遺漏下的穀穗。

㉑伊：那是。

㉒來方禋祀：方，且。來方禋祀是來而且禋祀，《朱注》："精意以享謂之禋。"

㉓騂黑：指牛豕。騂，赤色牛，黑，羊豕。

㉔以介景福：介，乞求。說見七月"以介眉壽"注。景，大也。

**解**：這詩《朱注》說是"爲農夫之辭以頌美其上，若以答前篇（《甫田》）之意"。詩中沒有像《甫田》"我取其陳，食我農夫""乃求千斯倉，乃求萬斯箱"那樣詞句，確是用農夫的語氣寫出的農事詩。一章說他們準備開始耕作。二章說莊稼長好了，薅去雜草，除去害蟲。三章說收穫的情形，四章說田主來祭禋。

## 一四五、苕之華

苕之華，芸其黄矣①。心之憂矣，維其傷矣。
苕之華，其葉青青。知我如此，不如無生②！
牂羊墳首③，三星在罶④。人可以食，鮮可以飽！

【注釋】

①苕（音條）：陵苕，一名凌霄花，藤本，蔓生在喬木上，花黃紅色。

②芸，很多的意思。《裳裳者華》（《小雅》）《毛傳》："芸，黃盛也。"馬瑞辰云："芸者，韗之借字，謂多則盛矣。"

②這四句是詩人感物之盛而嘆人之衰。

③牂（音臟）羊墳首：牂羊，母的緜羊。墳首，大頭。《朱注》："羊瘠則首大。"母綿羊大頭，指瘦瘠。比喻人的窮困。

④三星在罶：罶，魚簍。三星：參宿（獵戶座）三星。在罶，《朱注》："罶中無魚而水静，但見三星之光。"

**解**：饑民描述荒年饑饉，人民困頓的情況。這詩可以看出當時人民饑餓難捱的困苦境況，以至發出"知我如此，不如無生"的呼號，也表現了周室將亡的狀況。

## 一四六、何草不黃

何草不黃①？何日不行？何人不將②，經營四方？
何草不玄③？何人不矜④？哀我征夫，獨爲匪⑤民。
匪兕匪虎，率彼曠野⑥。哀我征夫，朝夕不暇！

有芃者狐⑦，率彼幽草。有棧之車⑧，行彼周道。

**【注釋】**

①黃：姜黃，是有病的顏色。是象徵征役之苦，使人面色黃萎，引起下文。

②將：《朱注》："亦行也。"

③玄：《毛傳》："赤黑色。"也是有病的顏色。徐灝《通介堂經説》："凡物之病非云則黃。"

④矜（音官）：王引之説："矜與瘝通，《爾雅》：瘝，病也。"。一説通鰥，老而無妻者。

⑤匪：非也，詩意是説非兕非虎本不當在曠野，而現在被帶到曠野。《通釋》："匪彼古通用，此説不確。"（詳見《集疏》）

⑥率：循也；曠：空也。

⑦芃（音蓬）：獸毛蓬松貌。《通釋》："芃，草盛貌。芃本衆草叢蔟之貌，狐毛之叢雜似之，故曰有芃者狐。"

⑧棧：棚。《通釋》："古者編木爲棚板謂之棧。編竹木爲車有似於棚，因謂之棧車。

**解**：統治者征役不息，征夫疲憊不堪，如同野獸。第二、三章明説"哀我征夫，獨爲匪民，朝夕不暇"，這明是征夫詛咒統治階級所作的詩。

# （《大雅》）

## 一四七、緜

緜緜瓜瓞①，民之初生。自土沮漆②，古公亶父③。
陶覆陶穴④，未有家室。
古公亶父，來朝⑤走馬。率西水滸⑥，至于岐下。
爰及姜女，聿來胥宇⑦。
周原膴膴⑧，菫荼如飴⑨。爰始爰謀，爰契⑩我龜。
曰止曰時⑪，築室于茲。
迺慰迺止⑫，迺左迺右⑬。迺疆迺理⑭，迺宣迺畝⑮。
自西徂東，周爰執事⑯。
迺召司空，迺召司徒。俾立室家，其繩則直。
縮版以載⑰，作廟翼翼⑱。
捄之陾陾⑲，度之薨薨⑳。築之登登，削屢馮馮㉑。
百堵皆興，鼛鼓弗勝㉒。
迺立皋門㉓，皋門有伉㉔。迺立應門㉕，應門將將㉖。
迺立冢土㉗，戎醜攸行㉘。
肆不殄厥慍㉙，亦不隕厥問㉚。柞棫拔矣㉛，行道兌矣㉜。
混夷駾矣㉝，維其喙矣㉞。
虞芮質厥成㉟，文王蹶厥生㊱。
予曰有疏附㊲，予曰有先後㊳。
予曰有奔奏㊴，予曰有禦侮㊵。

【注釋】

①緜緜：《朱注》：“緜緜：不絕貌。”瓜瓞（音蝶）：大曰瓜，小曰瓞。
②土：應依《齊詩》作“杜”，水名。屬今陝西麟游、武功二縣。王引之云：“武功縣西南有故邰城，杜即是邰地。”沮當爲徂。徂，往也，漆也是水名，在今彬縣西，王引之云：“今邠州東北有故豳（豳）城，是

漆即郊也。"這一句大意說由杜水流域去到漆水流域，也就是說由有邰到岐。

③古公亶父：古公是號，亶父是名字，是文王的祖父，因被狄人侵迫，他率族人遷居到此。

④陶：挖掘。覆：《說文》："地室也。"穴：《說文》："土室也。"陶即今天之掏字。全句是說，挖一些地下的覆室和一些窰洞。

⑤來：《通解》："來當爲黎。黎朝即黎明也。"

⑥率：《爾雅》："率，自也。"

⑦胥宇：《毛傳》："胥，相；宇，居也。"

⑧周原：《毛傳》："周原，沮、漆之間也。"膴膴（音午）：美。膴膴當依《韓詩》作腜腜。《通釋》："腜，腜當作每，草盛上出也。"

⑨堇荼如飴：堇荼，野菜、苦菜。《毛傳》："堇，菜也。荼，苦菜也。"飴：錫（糖）也。

⑩契：刻。《通解》："讀爲挈。《說文》挈，刻也。"

⑪曰止曰時：王引之云："時亦止也。"這兩句說的是龜卜所得的結果，是當停止在這裏。

⑫迺慰迺止：《毛傳》："慰，安。"《通釋》："迺慰迺止，猶言爰居爰處。"

⑬迺左迺右：左右，《朱注》："東西列之也。"

⑭迺疆迺理：《朱注》："疆，謂劃其大界；理，謂別其條理。"

⑮迺宣迺畝：宣是普遍的經營，畝是一畝一畝的經營。

⑯周：《朱注》："周，遍也。"這兩句是說從西方來到東方的都完全做到他們所執行的任務。

⑰縮版以載：《通釋》："載當讀爲栽，謂樹立其築牆長版也。"縮字當依《孟子》"自以而縮"之"縮"作"直"解。

⑱翼翼：《朱注》："翼，嚴正也。"

⑲捄（音糾）之陾（音仍）陾：《說文》："捄，盛土於梩（土車）也。"

⑳《通解》："陾陾、薨薨、登登、馮馮，皆眾也。"這些疊詞應是形容他們的聲音的詞。度：《釋文》引《韓詩》注："填也。"

㉑削屢：《通釋》："屢當讀同句僂之僂，削屢即削去牆土之隆高者，使之平且堅也。"

㉒鼛鼓弗勝：《毛傳》："鼛鼓，大鼓也。"弗勝：俞樾云："眾聲並作，鼛鼓之聲，轉不足以勝。故曰弗勝。"

㉓皋門：《毛傳》："王之郭門曰皋門。"《韓詩》皋作高。

㉔仡：《毛傳》："仡，高貌。"

㉕應門：《毛傳》："王之正門曰應門。"

㉖將將：《毛傳》："將將，嚴正貌。"這個"將將"當讀如"鮮我方將"的"將"，是雄壯的意思。

㉗冢土：《毛傳》："大社也。"《通解》："土即社之借字。"

㉘戎醜：《毛傳》："戎，大；醜，衆也。"

㉙肆不殄厥愠：《集疏》："肆爲承接之詞，猶言自昔至今。"殄：絕。愠：怒。全句是從來沒有盡絕他們被迫來岐下的愠怒。

㉚不隕厥問：《毛傳》："隕，墜也。"問是聲問，是名譽。這是說也沒有更受昆夷的侵略，喪失了他們的名譽。

㉛柞棫：《朱注》："柞，櫟也。枝長葉盛，叢生有刺；棫，白桵也。小木，亦生有刺。"

㉜兌：《朱注》："通也。"

㉝駾（音退）：受驚奔竄。《毛傳》："駾，突也。"這是說混夷驚覺奔走。混夷即昆夷，是古代西方的另一少數民族。

㉞喙：《毛傳》："困也。"

㉟虞，芮：虞國、芮國是今陝、晉、豫三省交界處的兩個小國。成：是訂和約。這兩個小國，爭田興訟，要求周文王質證他們所訂的和約。

㊱蹶（音貴）厥生：蹶：動。生：性。"蹶厥生"是感動他們的天性之意。《爾雅》："蹶，動也。"《通釋》："生、性古通用。"傳說虞、芮之君被感動而互讓他們所爭之田。

㊲予曰有疏附：《朱注》："詩人自予也。"這以下四句都是詩人的歌頌之詞。疏附的附，應依《齊詩》作胥，胥附是彼此相依附。

㊳先後：是知道何先何後。

㊴奔奏：奔奏的"奏"，應依《魯詩》作"走"，奔走是説辛苦奔忙。

㊵禦侮：禦侮是説如何抵禦外侮。

**解**：這是周初的史詩，敘述文王的祖父被狄人侵擾，由豳（邠）遷居到岐山之下周原的故事。一章説他們原來還居窰洞，二章説古公和他的妃子來到岐山看好居住的地方。三章四章説他們看好了周原那個地方，可以安居立業，耕種田畝。五、六、七章説他們開始建築房屋。八章説狄人在他們開闢經營好了之後，終於退走，九章又敘及文王平虞、芮的爭執的故事，詩人更以歌頌的詞語作結。

# 一四八、皇矣

皇矣上帝①，臨下有赫②。監觀四方，求民之莫③。

維此二國④，其政不獲。維必四國⑤，爰究爰度⑥。
上帝耆之⑦，憎其式廓⑧。乃眷西顧，此維與宅⑨。
作之屏之⑩，其菑其翳⑪。脩之平之，其灌其栵⑫。
啟之辟之⑬，其檉其椐⑭。攘之剔之，其檿其柘⑮。
帝遷明德，串夷載路⑯。天立厥配，受命既固。
帝省其山⑰，柞棫斯拔⑱。松柏斯兌⑲，帝作邦作對⑳。
自大伯王季，維此王季。因心則友㉑，則友其兄。
則篤其慶㉒，載錫之光。受祿無喪㉓，奄有四方㉔。
維此王季，帝度其心㉕。貊其德音㉖，其德克明。
克明克類㉗，克長克君。王此大邦，克順克比㉘。
比于文王㉙，其德靡悔。既受帝祉㉚，施于孫子。
帝謂文王，無然畔援㉛。無然歆羨㉜，誕先登于岸㉝。
密人不恭，敢距大邦㉞。侵阮徂共㉟，王赫斯怒㊱。
爰整其旅，以按徂旅㊲。
以篤于周祜㊳，以對㊴于天下。
依其在京㊵，侵自阮疆㊶。陟我高岡，無矢我陵。
我陵我阿，無飲我泉。我泉我池，度其鮮原㊷。
居岐之陽，在渭之將㊸。萬邦之方，下民之王。
帝謂文王，予懷㊹明德。
不大聲以色㊺，不長夏以革㊻。
不識不知，順帝之則。帝謂文王，詢爾仇方㊼。
同爾兄弟㊽，以爾鈎㊾援，與爾臨衝㊿，以伐崇墉㊱。
臨衝閑閑㊲，崇墉言言㊳。執訊連連㊴，攸馘安安㊵。
是類是禡㊶，是致是附㊷。四方以無侮，臨沖茀茀。
崇墉仡仡㊸，是伐是肆㊹。是絕是忽㊺，四方以無拂㊻。

【注釋】

①皇：《毛傳》："皇，大。"
②赫：《朱注》："赫，威明也。"
③莫：《說文通訓定聲》："莫，假爲瘼。瘼，病也。"
④二國：殷紂及崇侯也。本詩最後一章説到伐崇。
⑤四國：《毛傳》："四方也。"
⑥爰究爰度：究、度，研究，度量。《毛傳》："究，謀。"《鄭箋》："度亦

謀也。"這是就四方之國來研究度量。

⑦耆（音其）：《毛傳》："耆，惡也。"

⑧廓：《爾雅》："大也。"

⑨此維於宅：宅與度同，也是謀劃的意思。王充《論衡·初禀》篇引作度，"乃眷西顧，此維於宅"二句，"乃"表示一轉折，表示最後才眷顧到西方，覺着這個周是可以同他謀劃的。足見上文的"耆"是憎惡的意思，不當解釋爲"向"。

⑩作：依王念孫讀爲柞。《載芟》篇："載芟載柞……"《毛傳》："除木曰柞。"屏：《朱注》："去之也。"

⑪其菑其翳：《毛傳》："木立死曰菑，自斃爲翳。"

⑫其灌其栵（音立）：灌：《毛傳》："叢生也。"栵，依王引之讀爲烈，斬而復生者也。《爾雅》："烈：栯，餘也。"

⑬啓辟：現在説開闢。

⑭其檉（音稱）其椐（音居）：檉：木名，又名三春柳；椐：木名。靈壽木。《毛傳》："檉，河柳也；椐，樻也。"

⑮檿（音掩）：《毛傳》："檿，山桑也。"柘（音折）：樹名，《朱注》："可爲弓干，又可蠶也。"

⑯串夷載路：《鄭箋》："串夷，西戎國名。路，瘠也。"串夷載路是説昆夷很疲勞的退去了。和《緜》篇"混夷駾矣"意同。

⑰省：《説文》："省，視也。"

⑱柞棫：見《緜》篇注。

⑲兑：與《緜》篇"行道兑矣"之"兑"意同。

⑳作邦作對：邦與封通，封是邊疆。對與遂通，遂是道路。

㉑因：依也。

㉒篤：厚也。

㉓無喪：《通解》："喪讀爲爽，無爽，無差忒也。"

㉔奄：《毛傳》："奄，大也。"

㉕度：度量。

㉖貊（音陌）：静。貊，《左傳》《樂記》《韓詩》並作莫。《釋詁》："貊：莫，定也。"《集疏》《玉篇》："嗼，静也。"莫蓋嗼之省借字。

㉗克明、克類：《朱注》："克明，能察是非；克類，能分善惡也。"

㉘克順克比：《朱注》："順，慈和遍服也；比，上下相親也。"

㉙比於：《朱注》："至於也。"

㉚祉：《鄭箋》："祉，福也。"

㉛畔援：《鄭箋》："猶跋扈也。"
㉜歆羨：《朱注》："歆，欲動之也；羨，愛慕也。"
㉝岸：《毛傳》："高位也。"這四句是說帝謂文王，既不要那樣跋扈，任意出兵，也不要那樣貪圖他人土地，才能達到很高的地位。
㉞密人不恭，敢距大邦：《毛傳》："國有密須氏，侵阮遂往侵共。"距是對抗的意思。
㉟侵阮徂共：阮，國名；共，阮國之地名。
㊱赫：《鄭箋》："怒意。"
㊲以按徂旅：《毛傳》："按，止也。"《孟子·梁惠王》篇引作"以遏徂旅"。徂旅，《朱注》："密師之往共者也。"
㊳祜：《朱注》："福。"
㊴對：答也。
㊵依其在京：王引之云："依，兵盛貌。依其是言殷也，殷盛也。"京：《毛傳》："大阜也。"
㊶侵：戴震云："當作寢兵之寢。寢，息也。"全句是說從阮國邊境那兒就息了兵。
㊷度其鮮原：鮮（音顯）：巘的假借。山地。《爾雅》："鮮，小山別（不相連）大山。"鮮，即《盤庚》"后胥慼鮮"之"鮮"，《公劉》篇作巘。
㊸將：《毛傳》："側也。"
㊹懷：《毛傳》："歸也。"
㊺聲以色：《通釋》："以、與古通用，聲以色猶云聲與色。""不大聲以色"是指不聲色俱厲地發號施令。
㊻長夏以革：《平議》："長之言常也。《集疏》引汪德鉞言夏謂夏楚，革謂鞭革。"夏革是指的鞭扑之類刑罰。"不長夏以革"即不常施之以扑刑與鞭刑。
㊼仇：《毛傳》："匹也。"
㊽兄弟：《齊詩》作"弟兄"，詩以"王""方""兄"為韻，當從《齊詩》作"弟兄"。
㊾鈎援：古時攻城工具。雲梯之類。《毛傳》："鈎，梯也。所以鈎引上城者。"
㊿臨衝：《毛傳》："臨，臨車也；衝，衝車也。"
�崇鏞：崇，國名。《鄭箋》："當此之時，崇侯虎倡紂為無道。"
㊾臨衝閑閑：《廣雅》："閑閑，盛也。下文'臨衝茀茀'亦強盛之貌，茀

○与勃同。"

㊹言言：《毛传》："高大也。"

㊺连连：《毛传》："徐也。"

㊻攸馘（音国）安安：《毛传》："攸，所也；馘，获也。不服者杀而献其左耳曰馘。"

㊼是类是禡：类：古代以军队祭天与天神叫类。禡（音骂）：古代军中之祭名。《尔雅》云："是类是禡，师，祭也。"

㊽是致是附：《通释》："附读为傅。是致是傅则师行已达。"

㊾仡：《说文》作屹，墙高也。

㊿肆：袭击。《郑笺》："肆，突犯也。《春秋传》曰：使勇而无刚者肆之。"

⓳忽：《毛传》："灭也。"《尔雅·释诂》："忽，尽也。"

⓴拂：违抗。

解：这一首诗后四章是叙文王抵抗密人的侵略，攻伐迫害他的崇国，前四章叙文王兴起以前周得天命，开辟土地，以及太王王季的一些事迹。

## 一四九、生民

厥初生民①，时维姜嫄②。生民如何？克禋克祀③。
以弗无子④，履帝武敏歆⑤。攸介攸止⑥，载震载夙⑦。
载生载育，时维后稷。
诞弥厥月⑧，先生如达⑨。不坼不副⑩，无菑无害⑪。
以赫厥灵⑫，上帝不宁⑬，不康禋祀，居然生子⑭。
诞寘之隘巷，牛羊腓字之⑮。
诞寘之平林，会伐平林⑯。
诞寘之寒冰，鸟覆翼之⑰。
鸟乃去矣，后稷呱矣。实覃实訏⑱，厥声载路⑲。
诞实匍匐⑳，克岐克嶷㉑。以就口食㉒，蓺之荏菽㉓。
荏菽旆旆㉔，禾役穟穟㉕。麻麦幪幪㉖，瓜瓞唪唪㉗。
诞后稷之穑，有相之道㉘。茀厥丰草㉙，种之黄茂㉚。
实方实苞㉛，实种实褎㉜。实发实秀㉝，实坚实好。
实颖实栗㉞，即有邰家室㉟。
诞降嘉种，维秬维秠㊱。维穈维芑㊲，恒之秬秠㊳。
是穫是畝㊴。恒之穈芑。是任是负㊵，以归肇祀。

誕我祀如何？或舂或揄㊶。或簸或蹂㊷，釋之叟叟㊸。
烝之浮浮㊹，載謀載惟㊺。取蕭祭脂㊻，取羝以軷㊼。
載燔載烈㊽，以興嗣歲㊾。
卬盛于豆㊿，于豆于登㉛。其香始升，上帝居歆㉜。
胡臭亶時㉝，后稷肇祀。庶無罪悔，以迄于今。

**【注釋】**

①厥初生民：《鄭箋》："厥，其；初，始也。"《朱注》："民，人也；謂周人也。"

②時維姜嫄：《鄭箋》："時，是也。"《朱注》："姜嫄：姜姓，有邰氏女，名嫄。為高辛氏（帝嚳）之世妃。"以上二句說生出最初的周人（后稷）的是那個姜嫄。

③禋（音因）：升煙以祭天。《說文》："禋，潔祀也。"一曰精意以享曰禋，禋祭無已也。

④弗：《毛傳》："弗，去也。去無子，求有子。"《鄭箋》，"弗之言祓也。"祓是禱告拂去不祥的意思，是弗的正字。

⑤履帝武敏歆：履：《毛傳》："履，踐也。"帝：《鄭箋》："上帝也。"武：《爾雅》："跡也。"敏：《爾雅》，"拇也。"《朱注》："歆，動也。"全句是說姜嫄在祭禋時踐踏上了上帝的足跡，還只能踏滿那足跡的大拇指；而心體受了感動。

⑥攸介攸止：《通解》："介讀為愒。《說文》：'愒，息也。'"

⑦載震載夙：《朱注》："震，娠；夙，肅也。"這是說因受孕而有了戒備。

⑧誕彌厥月：誕，爰也，於是的意思。（魯語爰居，《廣雅·釋鳥》作延居）《毛傳》："彌，終。"《鄭箋》："終人道，十月而生。"

⑨先生：《朱注》："先生，首生也。達：小羊也。羊子易生無留難也。"

⑩坼（音徹）：分裂；副（音辟）：分離。《朱注》："坼、副，皆裂也。姜嫄首生后稷，如羊子之易，無坼、副災難之苦。"

⑪菑：災字之借字。

⑫赫：《毛傳》："赫，顯也。"

⑬不寧：《毛傳》："不寧，寧也；不康，康也。"《鄭箋》："寧、康，皆安也。"此可以證明不非發聲字。不寧不康實為疑問句。

⑭居然：《傳疏》："居，猶其也；然，猶是也。""居然生子"，現在說"是這樣地生了一個孩子"。

⑮腓：讀為庇。此處是庇護的意思。字：《毛傳》："愛也。"此處是喂養

的意思。
⑯會:《朱注》:"會,值也。值人伐木而收之。"
⑰覆:《朱注》:"覆,蓋。"
⑱實覃實訏:《毛傳》:"覃,長;訏,大。"
⑲路:《毛傳》:"路,大也。"
⑳匍匐:手足並行。
㉑克岐克嶷(音尼):《毛傳》:"岐,知意也。"嶷,識也。《說文》作㠜,云,"小兒有知也"。
㉒就:《通釋》:"就之言求也。"
㉓蓺之荏菽:蓺:同藝。種植。荏,《韓詩》作戎,《鄭箋》,"戎菽,大豆也"。
㉔斾斾(音配):《通解》:"斾斾,猶勃勃也。"
㉕役:《說文》引作穎。是禾穗的尖。穟穟(音遂):《毛傳》:"苗美好也。"
㉖幪幪(音猛):茂盛貌。《毛傳》:"幪幪然,茂盛也。"
㉗唪唪(音繃):多實貌。《通釋》:"唪唪即奉奉之假借。唪唪猶斾斾、幪幪,皆盛貌也。"
㉘《毛傳》:"相,助也。"
㉙茀(音伏):《爾雅》《毛傳》云:"治也。"這個茀字正字應是拂,《廣雅·釋詁》:"拂,除也,拔也。"解爲拔。
㉚黄茂:《朱注》:"黄茂,嘉穀也。"
㉛實方實苞:《朱注》:"方,房也;苞,《爾雅》:豐也。"
㉜實種實褎:種,是腫大。《毛傳》:"種,雍(臃)腫也。"褎(音又):長。《通解》:"褎、秀古同音。《毛傳》:褎,長也。"
㉝實發實秀:發:禾苗長大。秀:揚花。《毛傳》:"發,盡發也。不榮而實曰秀。"
㉞實穎實栗:《毛傳》:"穎,垂穎也(垂穗向根);栗,《爾雅》:栗栗,衆也。"
㉟有邰家室:《毛傳》:"姜嫄之國也。"邰在今陝西省武功縣内。
㊱維秬(音巨)維秠(音丕):《毛傳》:"秬,黑黍。秠,一稃二米。"
㊲維穈維芑:《毛傳》:"穈,赤苗也。芑,白苗也。"
㊳恒:《毛傳》:"恒,遍。"《朱注》:"謂遍種之。"
㊴是穫是畝:《鄭箋》:"成熟則穫而畝計之。"
㊵是任是負:《朱注》:"任,肩任也。負,背負也。"

㊶或舂或揄：揄，《說文》引作"舀"，云："抒臼也。"
㊷或簸或蹂：《毛傳》："或簸糠者，或蹂米者。"
㊸釋之叟叟：《魯詩》"釋"作"淅"，《毛傳》："釋，淅米也。"叟叟：聲也。
㊹浮浮：《毛傳》："氣也。"
㊺載謀載惟：謀、惟均爲計劃、思維之意。
㊻取蕭祭脂：蕭，蒿。脂，祭牲的腸間脂。在蕭上塗脂合黍稷焚燒之，使香氣上升。
㊼取羝以軷：羝：公羊。《鄭箋》："羝，牡羊也。"軷（音拔）：道（路）祭也。
㊽燔烈：《通釋》："猶燔燎也。"
㊾以興嗣歲：將求新歲之豐年也。嗣歲，繼續的年月，即是來年。
㊿卬（音昂）：《毛傳》："卬，我也。"
㉛於豆於登：《毛傳》："木曰豆，瓦曰登。"豆內裝醬菜一類的食品，登內裝羹湯一類的食物。
㉜居：這個居也當作"其"解（參看注⑭）。歆：鄉也。"上帝居歆"是上帝其來饗食。
㉝胡臭亶時：胡，哪兒。胡臭即"哪兒臭？"之意。亶時：是誠然好。《集疏》："亶時，猶云誠善也。"這是以一問一答組成一句。

**解**：這一首詩是叙周民族始祖后稷降生的故事詩。一、二、三章叙他降生的神話；四、五、六章叙他會種穀的故事；七、八章說他將穀物種熟以後祭禩的故事。

## 一五零、公劉

篤公劉①，匪居匪康②，迺場迺疆③。
迺積迺倉，迺裹餱糧④，于橐于囊⑤。思輯用光⑥。
弓矢斯張，干戈戚揚⑦，爰方啓行⑧。
篤公劉，于胥斯原⑨，既庶既繁⑩。
既順迺宣⑪，而無永嘆⑫。陟則在巘⑬，復降在原。
何以舟之⑭？維玉及瑤，鞞琫容刀⑮。
篤公劉，逝彼百泉，瞻彼溥原⑯。
迺陟南岡，乃覯于京⑰，京師之野。
于時處處⑱，于時廬旅⑲。于時言言，于時語語。

篤公劉，于京斯依⑳，蹌蹌濟濟㉑。
俾筵俾几，既登乃依㉒，乃造其曹㉓。
執豕于牢，酌之用匏。食之飲之，君之宗之㉔。
篤公劉，既溥且長㉕，既景迺岡㉖。
相其陰陽，觀其流泉㉗。其軍三單㉘。
度其隰原，徹田爲糧㉙。度其夕陽㉚，豳居允荒㉛。
篤公劉，于豳斯館，涉渭爲亂㉜。
取厲取鍛㉝。止基迺理㉞，爰衆爰有。
夾其皇澗㉟，溯其過澗㊱，止旅迺密㊲，芮鞫之即㊳。

## 【注釋】

①篤：《毛傳》："厚也。"公劉是后稷的遠孫，他在夏代末年遭受了迫逐，由有邰（武功）遷居到豳（邠縣）。這詩是叙述他遷豳的故事。

②匪居匪康：非安非寧。《鄭箋》："不以所居爲居，不以所安爲安。"

③迺場迺疆：場、疆：《朱注》："田畔也。"此處場、疆是名詞作爲動詞用。即開墾疆域之意。

④餱糧：乾食。見《無羊》篇注⑦。

⑤於橐於囊：《鄭箋》："小曰橐，大曰囊。"

⑥思輯用光：《朱注》："輯，和。""光"與"廣"通用。"思輯用光"是想用和平的方式來擴大他們的疆域。

⑦干戈戚揚：《毛傳》："戚，斧也。揚，鉞也。"

⑧方：《廣雅》："方，始也。"

⑨胥：《朱注》："胥，相也。"

⑩既庶既繁：《朱注》："庶、繁，謂居之者衆。"

⑪既順迺宣：《通釋》："宣之言通也。暢也。言民心既順，其情乃宣暢也。"

⑫永嘆：《朱注》："得其所，不思舊也。"

⑬巘（音眼）：《毛傳》："巘，小山。別於大山也。"

⑭何以舟之：《集疏》："舟、周古通，喻公劉周行上下，惟一身任其勞。"

⑮鞞琫（音丙崩）容刀：鞞琫：刀鞘上的裝飾物。《通釋》："鞞琫：刀室（鞘）之飾也。"容刀：佩刀。《釋名》："佩刀或曰容刀。"這三句是說怎樣的周圍上下看呢？是那個佩帶着玉瑤和有佩刀的人，那就是公劉。

⑯瞻彼溥原：《鄭箋》："瞻，視。"《毛傳》："溥，大。"溥原：大的廣闊之原。

⑰乃覯於京：《毛傳》："覯，見也。"《朱注》："京，高丘也。"
⑱于時：于是時也。
⑲廬旅：《通釋》："廬旅讀爲旅旅。廬與旅古時同聲通用。"廬旅是造做廬室來安居。廬旅實當作廬廬。
⑳依：《鄭箋》："依而築宮室也。"
㉑蹌（音槍）蹌濟濟：蹌蹌：步趨有節貌。濟濟：莊嚴恭敬貌。《通釋》："謂公劉羣臣。"
㉒既登乃依：《朱注》："登，使登廷也；依，依幾也。"
㉓乃造其曹：《三家》："造，作告。"《毛傳》："曹，羣也。"
㉔君之宗之：《鄭箋》："宗，尊也。公劉雖去邰國來豳，君臣從而君之尊之猶在邰也。"
㉕既溥且長：《朱注》："溥，廣也。言其芟夷墾辟土地既廣而長也。"
㉖既景迺岡：景：同影，日影。《毛傳》："景，考於日景。"
㉗流泉：《朱注》："流泉，水泉灌溉之利。"
㉘三單：單讀爲襌。俞樾《達齋詩說》："襌者襌代之義。爲三軍而用其一軍，使之更番相代，故曰三單。"
㉙徹：治；開發。《毛傳》："徹，治也。"
㉚夕陽：《爾雅》："山西曰夕陽。"
㉛荒：《毛傳》："荒，大也。"
㉜亂：《朱注》："亂，舟之載流橫渡者也。"
㉝取厲取鍛：厲：礪的本字。磨刀石。《通釋》："厲爲礪石，鍛爲椎物之石。"
㉞止基迺理：宮室之功既止，而後疆理其田野。《通釋》："止猶既也。止基迺理，猶言既基迺理也。"
㉟皇澗：《毛傳》："皇澗，名也。"
㊱溯其過澗：《毛傳》："溯，向也；過，澗名也。"夾其皇澗，溯其過澗，是說他們的居住之處，有的夾着皇澗，有的向着過澗。
㊲止旅迺密：既居而人口益密。
㊳芮鞫之即：《通釋》："芮讀爲汭，汭，澳也。水厓深入之處爲澳，其對岸凸出則爲鞫。即，就也。就水涯而居也。"

**解**：這一首是周人叙公劉遷豳的史詩。一章說他準備起程遷居。二章說他考察到一個平原。三章說他找到了豳地安居，四章說他得到了群衆的尊敬。五章說他們安居在豳地發展農業治田糧。六章說他們在那裏一天一天繁盛起來。

# 一五一、瞻卬

瞻卬昊天①,則不我惠②?孔填不寧③,降此大厲。
邦靡有定,士民其瘵④。蟊賊蟊疾⑤,靡有夷屆⑥。
罪罟不收⑦,靡有夷瘳⑧!
人有土田,女反有之!人有民人,女覆奪之!
此宜無罪,女反收之;彼宜有罪,女覆説之⑨。
哲夫成城,哲婦傾城。懿⑩厥哲婦,爲梟爲鴟。
婦有長舌,維厲之階⑪。亂匪降自天,生自婦人。
匪教匪誨⑫,時維婦寺⑬。
鞫人忮忒⑭,譖始竟背⑮。豈曰不極⑯,伊胡爲慝⑰?
如賈三倍,君子是識⑱。婦無公事⑲,休其蠶織。
天何以刺⑳?何神不富㉑?舍爾介狄㉒,維予胥忌㉓。
不弔不祥㉔,威儀不類㉕。人之云亡,邦國殄瘁㉖!
天之降罔㉗,維其優矣㉘。人之云亡,心之憂矣。
天之降罔,維其幾矣㉙。人之云亡,心之悲矣!
觱沸檻泉㉚,維其深矣。心之憂矣,寧自今矣!
不自我先,不自我後。藐藐昊天㉛,無不克鞏㉜。
無忝㉝皇祖,式救爾後㉞。

【注釋】

①瞻卬:卬讀爲仰。瞻仰,仰望也。
②惠:《鄭箋》:"惠,愛也。"
③填:《毛傳》:"填,久。"參看《東山》篇注。
④瘵:《毛傳》:"瘵,病。"
⑤蟊賊:《朱注》:"蟊賊,害民之蟲也。"參見《大田》篇注。
⑥夷屆:夷,語助。"屆"讀如《節南山》"君子如屆"之"屆"。《鄭箋》:"屆,極也。"
⑦罪罟不收:《通解》:"罟讀爲辜。"收:逮捕。
⑧夷瘳(音抽):病愈,平愈。
⑨覆説:《潛夫論·述赦》篇引覆作"反脱"。説:《通釋》:"説,赦。"
⑩懿:懿是感嘆詞。《鄭箋》:"懿,有所痛傷之聲也。"《通解》:"懿讀爲噫。古以懿、抑、噫三字通用。"

⑪階：《朱注》："階，梯也。"
⑫匪教匪誨：是沒有受到教育。
⑬婦寺：《毛傳》："寺，近也。"近女色。
⑭鞫人忮忒：《通解》："《鄭箋》：鞫讀爲告，忮讀爲歧。告人忮忒者，告人之言兩歧而有差忒也。"
⑮譖始竟背：《通解》："譖讀爲僭。僭始竟背者，虛妄於始而背之於終也。"
⑯豈曰不極：是"誰說到達轉折的極點了？"
⑰伊胡爲慝：這一句大意是"她爲什麼這樣爲惡？還在爲害國家？"《鄭箋》："慝，惡也。"
⑱如賈三倍，君子是識：這兩句大意是說"像物價漲了三倍，大家要看清楚，他們只知道像商賈那樣牟利。"
⑲公事：《通釋》，"公讀爲功。王引之云：公事即功事。"
⑳刺：《毛傳》："刺，責。"
㉑何神不富：《毛傳》："富，福。"這兩句說天將要以什麼來責罰？而且神將何以不降福？
㉒舍爾介狄：《朱注》："介，大。"《毛傳》："狄，遠。"
㉓忌：《毛傳》："忌，怨也。"
㉔不弔：弔：善。不弔，不善、不淑。
㉕類：《毛傳》："類，善"。
㉖殄瘁：《毛傳》："殄，盡；瘁，病也。"
㉗降罔：《通解》："罔讀爲荒，降荒猶降灾也。"
㉘優：《通解》："優，讀爲憂。亦義同字變之例。"
㉙幾：《毛傳》："幾，危也。"
㉚觱沸檻泉：《朱注》："觱沸，泉涌貌；檻泉，泉正出者。"
㉛藐藐：《朱注》："高遠貌。"
㉜鞏：《通釋》："鞏讀爲邛，《小旻》篇《毛傳》云：邛，病也。言天之降罰，將無所不至。"
㉝忝：辱也。
㉞式救爾後：《鄭箋》："式，用也，後，謂子孫也。"

**解**：這一首詩是諷刺周王因"婦寺"以致國家衰亡的詩。詩的作者從"維予胥忌"看來，是一個被害者，他說是"此亦無罪，汝反收之"的人物，他是一個憂國憂民的賢者。舊說以這首詩爲凡伯刺幽王（寵褒姒），這詩當是東遷以前的作品。

## 一五二、召旻

旻天疾威①，天篤降喪②。
瘨我饑饉③，民卒流亡，我居圉卒荒④。
天降罪罟，蟊賊內訌⑤。
昏椓靡共⑥，潰潰回遹⑦，實靖夷我邦⑧！
皋皋訿訿⑨，曾不知其玷⑩。
兢兢業業⑪，孔填不寧，我位孔貶⑫！
如彼歲旱，草不潰茂⑬。
如彼棲苴⑭，我相此邦，無不潰止⑮！
維昔之富，不如時⑯！維今之疚，不如茲⑰！
彼疏斯粺⑱，胡不自替⑲，職兄斯引⑳！
池之竭矣，不云自頻㉑。泉之竭矣，不云自中。
溥斯害矣，職兄斯弘㉒，不災我躬㉓？
昔先王受命，有如召公。
日辟國百里㉔，今也日蹙國百里。
於乎哀哉！維今之人，不尚有舊㉕。

【注釋】

①旻天疾威：旻，《朱注》："幽遠之意（見《小旻》篇注）。疾，《鄭箋》：猶急也。"
②篤：厚也。說見《公劉》篇注①。
③瘨（音顛）：病。一說降灾。《鄭箋》："瘨，病也。"
④居圉卒荒：《朱注》："圉，邊陲也。"荒：《鄭箋》："虛也。"全句是說我居住的邊境以內都空虛了。
⑤訌：《鄭箋》："爭訟。"
⑥昏椓（音濁）靡共：《朱注》："昏椓，昏亂椓喪之人也。"椓係官刑，引申爲太監，宦官。共與恭同。
⑦潰潰回遹：《朱注》："潰潰，亂也。回遹，邪僻也。言此蟊賊錯椓者，皆潰亂邪僻之人。"
⑧實靖夷我邦：《通解》："靖讀爲靜。"即今之净字。夷讀爲芟夷之夷，即"薙"之通假字。全句是"完全薙净了我們國家。"就是上文所說"我們邊境以內全都空虛"的意思。

⑨皋皋訿訿:《朱注》:"皋皋,頑慢之意;訿訿,務爲毁謗也。"皋皋訿訿,應是説的小人叫喊毁謗,他們不知道他們自己的缺點。古皋字可借爲呼號之號。(《周禮·樂師》"詔來瞽皋舞"注當爲"告",又如《大祝》"來瞽,令皋舞")《毛傳》解爲:"頑不知道",不確。

⑩玷:《鄭箋》:"缺也。"

⑪兢兢業業:《鄭箋》:"兢兢,戒也;業業,危也。"

⑫我位孔貶:《毛傳》:"貶,墜也。以上三句是説"我很兢兢業業,很久都不安寧,但是我的職位還是遭到了貶退"。

⑬潰茂:李黼平《毛詩紬義》:"《説文》,債,一曰長貌。潰當讀債。"潰茂即繁茂,《朱注》:潰,"《集注》作遂"。

⑭苴(音叉):《毛傳》:"水中浮草也。"

⑮潰:《鄭箋》:"潰,亂也。無不亂者言皆亂也。"

⑯時:《鄭箋》:"時,今時也。"這是説從前的富人不如今時剥削得更多。

⑰疚:《朱注》:"疚,病也。"兹:《鄭箋》:"此也。《集疏》:不如此時之尤甚。"

⑱彼疏斯粺(音敗):糙米。《鄭箋》:"疏,粗也。"粺讀爲稗,精米。"彼疏斯粺"是説那些小人過去吃糙米,如今吃精米。

⑲替:廢,告退。《毛傳》:"替,發(去)。"

⑳職兄斯引:職讀爲祇。兄,古况字。况斯引,是更是長。《毛傳》:"况,兹(滋)也;引,長也。"這三句是説"那些粗惡的敗類爲什麽不自行廢去?只是更加長久地爲惡"!

㉑頻:《毛傳》:"頻,厓。《鄭箋》:厓,猶外也。"

㉒溥斯害矣,職兄斯弘:這是説普遍的這災害,只是更擴大。

㉓不災我躬:這一句是疑問語氣。

㉔辟:擴大,開辟。

㉕蹙(音促):縮小;緊迫。

㉖不尚有舊:這一句是説不能保持原來狀態。

**解**:這也是諷刺周王任用小人以致遭到饑饉侵削的詩。從"日蹙國百里"看來,這也當是東遷以前的作品。

# （《周頌》）

## 一五三、載芟

載芟載柞①，其耕澤澤②。千耦其耘③，徂隰徂畛④。
侯主侯伯⑤，侯亞侯旅⑥。侯強侯以⑦，有嗿其饁⑧。
思媚其婦⑨，有依其士⑩。有略其耜⑪，俶載南畝。
播厥百穀，實函斯活⑫。驛驛其達⑬，有厭其傑⑭。
厭厭其苗⑮，緜緜其麃⑯。載穫濟濟，有實其積⑰。
萬億及秭⑱，爲酒爲醴。烝畀祖妣⑲，以洽百禮⑳。
有飶其香㉑，邦家之光。有椒其馨㉒，胡考之寧㉓。
匪且有且，匪今斯今㉔，振古如茲㉕！

## 【注釋】

①載芟載柞：芟（音山）：除草。柞（音擇）：砍伐雜木。《毛傳》："除草曰芟，除木曰柞。柞如槎、磋、斲，聲義並近。"

②澤澤：澤讀爲釋。《爾雅》："釋釋，耕也。"《鄭箋》："耕之則澤澤然解散。"

③耦：《噫嘻》篇《朱注》："二（人）並耕也。"

④徂隰徂畛：鄭箋："隰，新發田也；畛，謂舊田有徑路者。"

⑤侯主侯伯：侯，維也。《毛傳》："主，家長也，伯長子也。"

⑥侯亞侯旅：《毛傳》："亞，仲叔也；旅，（衆）子弟也。"

⑦侯強侯以：《毛傳》："強，強力也。"以，《朱注》："能左右之曰以。"這一句說的一般的壯年和被強迫使用的人（奴隸）。

⑧有嗿其饁：《毛傳》："嗿，衆貌。《說文》：嗿，聲也。"嗿應是這一群送飯的婦女和男子相見時所發出的笑語聲。

⑨媚：《朱注》："媚，順。"

⑩有依其士：依，《鄭箋》："依之言愛也。"士，《朱注》："夫也。"這是說送飯的婦人和耕田的男子他們相親愛。

⑪略：《爾雅·釋詁》作畧，云，"利也"。
⑫實函斯活：《鄭箋》："函，含也；活，生也。"皆成好含生氣，這函應是指的灌了漿。
⑬驛驛其達：驛，《爾稚·釋訓》作繹，是絡繹不絕之意。《鄭箋》："達，出地也。"皆穀出生之貌。
⑭有厭其傑：厭，《通釋》："厭當即饜之省，《說文》《廣雅》並云，饜，好也。"傑，是特殊的。
⑮厭厭：這一句厭厭是整齊的意思，《通釋》："《集韻》䆁䆁，苗齊等也。厭厭，即䆁䆁之假借。"
⑯緜緜其麃：緜，《說文》引《韓詩》作民民，衆貌。引《說文》云："麃，耨鋤田也。"
⑰載獲濟濟：收穫得很多；有實其積：堆積得很廣大。實讀如"有實其猗"之實。
⑱萬億及秭：萬萬爲億，億億爲秭。
⑲烝畀祖妣：《鄭箋》："烝，進；畀，與。"烝畀祖妣，謂祭先祖先妣。
⑳洽：《鄭箋》："洽，合。"以洽百禮，謂饗燕之屬。
㉑馥：《毛傳》："馥，芬香也。"馥芬指的是上文的酒香。
㉒椒：《三家》椒作馥，云香氣盛也。
㉓胡考：《毛傳》："胡，壽也。"《通解》："考當爲老。"
㉔匪且有且，匪今斯今：《通解》："且讀爲祖，《爾雅》：祖，始也。始猶昔也。匪祖有祖，言昔時之事非獨昔時有之。匪今斯今，言今時之事非獨今如是，蓋比等事爲今昔所同然也。"
㉕振古如兹：自古如此。《毛傳》："振，自也。"

## 一五四、良耜

畟畟良耜①，俶載南畝。播厥百穀，實函斯活②。
或來瞻女③，載筐及筥④。其饟伊黍⑤，其笠伊糾⑥。
其鎛斯趙⑦，以薅荼蓼⑧。荼蓼朽止，黍稷茂止。
穫之挃挃⑨，積之栗栗⑩。其崇如墉⑪，其比如櫛⑫。
以開百室，百室盈止。婦子寧止，殺時犉牡⑬。
有捄其角⑭，以似以續⑮，續古之人⑯。

【注釋】

①畟（音冊）畟：是人執耜在田地中前進貌。《說文》："畟，治稼。畟

畟，進也。"
②函與含同，說見上篇注⑫。
③瞻：視。《鄭箋》："有來視女，謂婦子來饁者也。"
④筐、筥：《鄭箋》："筐、筥，所以盛黍也（方曰筐，圓曰筥）。"
⑤饟（音響）：用食物款待。饟，《齊詩》作餉，餉是送來的飯食。
⑥其笠伊糾：糾讀如"糾糾葛屨"之糾。糾是形容戴的笠帽，帽尖很高。
⑦其鎛斯趙：鎛是鋤類的農具，趙是尖銳的意思。《毛傳》："趙，刺也。"趙，《三家詩》作揱，《集韻》引作肖，又說（肖或作削）肖即是削也；以聲求之，應是削尖的意思。
⑧以薅荼蓼：《說文》："薅，拔去田草也。"《朱注》："荼，陸草；蓼，水草；一物而有水陸之異也。"今南方人猶稱蓼爲辣荼，或用以毒溪取魚，即所謂荼毒也。
⑨挃挃（音至）：收割作物的聲音。《毛傳》："挃挃，穫聲也。"
⑩栗栗：衆多貌。《毛傳》："栗，衆多也。"
⑪其崇如墉：崇，高也。墉，《說文》："墉，城垣也。"是說高得像城墻一樣。
⑫櫛：櫛是梳頭用的篦子，這是比喻排比得很整齊很密。
⑬犉：黃牛黑唇曰犉，說見《無羊》篇注。
⑭捄：彎彎曲曲的，說詳《大東》"有捄棘匕"注。
⑮似：似也是續。《毛傳》："似，嗣也。"
⑯續古之人：《朱注》："續先祖以奉祭祀。"
解：敘一年農事，豐收，祭祖，祈福。

## 一五五、時邁

時邁其邦①，昊天其子之②，實右序③有周。
薄言震之④，莫不震疊⑤。
懷柔百神⑥，及河喬嶽⑦，允王維后⑧。
明昭有周⑨，式序在位⑩。
載戢干戈⑪，載櫜弓矢⑫。
我求懿德，肆于時夏⑬，允王保之。

【注釋】

①時邁：《通釋》："《爾雅》：時，時時是也。"《通解》："邁讀爲萬，諸彝器'萬年'多作'邁年'，遂與'萬'古通用。"
②昊天其子：《鄭箋》："天其子愛之。"《通解》："子讀爲慈。慈字古或作

子。"這兩句是說這成百上千的邦國,都是上天所慈愛的。

③序:《通解》:"序讀爲付予之予。"(《桑柔》"誨爾序爵",《墨子》引"序"作"予")這是說天實左右將他們付予我有周。

④震:《毛傳》:"震,動。"

⑤疊:《毛傳》:"疊,懼也。"《通解》:"疊讀爲慴。"《說文》:"慴,懼也。讀若疊。"這是說很快地就驚動了他們而且沒有不驚懼慴伏的。

⑥懷柔:《毛傳》:"懷,來;柔,安。"

⑦及:急也。《釋名》:"急,及也。"二字聲同義近。喬:高也。這兩句說的是來安百神還有那急流的河與高大的山。

⑧《鄭箋》:"允,信也。""允王維后"是真的是王是后。

⑨明昭有周:是光明照見到有周。

⑩序:《通解》:"序猶維也。式序在位,言繼世在位也。"

⑪戢:《毛傳》:"戢,聚。"

⑫櫜:《毛傳》:"櫜,韜。"盛放弓矢的皮囊。

⑬肆於:《通解》:"肆於是大也。"

⑭允:《通解》:"允讀爲駿。駿,長也。"駿訓爲長者,金文作吮(吮即畯字),故又訛省爲允。允王保之:即周王長久保有也。

**解**:這一首詩據《左傳》宣十二年:"楚莊王云:昔武王克商,作頌曰:'載戢干戈,載櫜弓矢,我求懿德,肆於時夏。'"看來,這可能就是所謂《大武》詩的第一章。詩中開始二句,與《大武》第六章《桓》篇("綏萬年,屢豐年")意相同,目的本是在奄有萬邦。證一。詩中有"薄言震之,莫不震疊"二句,這是《大武》的主題思想。證二。詩中說"懷柔百神,及河喬嶽",與《般》篇"墮山喬嶽,允猶翕河"詞義相同。證三。詩中說"載戢干戈,載櫜弓矢",舊說以爲收斂干戈似乎是不用弓矢了,是收兵的情況;而恐怕實是說的收斂干戈,用以出征。證四。從這種種方面看來,這一首詩實是《大武》詩的第一章。我們與其相信其他說法,不如即據《左傳》爲確實可靠之證。以這一首爲《大武》的第一章比王國維推斷以《昊天有成命》等要妥當得多。

## 一五六、武

於皇武王①,無競維烈②。
允文文王③,克開厥後。
嗣武受之④,勝殷遏劉⑤,耆定爾功⑥。

## 【注釋】

①於皇武王：《朱注》："於，嘆辭。皇，大也。"於音烏，皇可作光明講。
②競：競讀爲疆。《毛傳》："烈，業也。"《鄭箋》："無疆乎其克商之功業也。"
③允文文王：《鄭箋》："信有文德哉文王也。"
④嗣武受之：《鄭箋》："嗣子武王受文王之業。"
⑤遏劉：《鄭箋》："遏，止也。"《毛傳》："劉，殺。"
⑥耆定爾功：《通解》："耆讀爲厎。"耆定爾功，是終於奠定了你的功勞。《左傳》宣十二年引此詩説："又作《武》，其卒（終）章曰'耆定爾功'。"

## 一五七、賚

文王既勤止①，我應受之②。
敷時繹思③，我徂維求定④。
時周之命⑤，於繹思⑥。

## 【注釋】

①勤：《毛傳》："勤，勞也。"
②應：《通解》："應讀爲膺。"《説文》："膺，胸也。"服膺。
③敷時繹思：《鄭箋》："敷，猶遍也。"《通解》："敷讀爲溥。溥，普也。繹，悦懌也。"敷時繹思，是普遍地很快樂呀。時字不必做時代讀。
④求定：《通解》："求定功也。"
⑤時：《爾雅》："時，是也。"參看《時邁》注①。"時周之命"是"那是周的使命"。如將時作"承"講，與上文不相連。
⑥於繹思：是"啊！快樂呀！"之意。《左傳》宣十二年以此爲《大武》之三章。

## 一五八、般

於皇時周①，陟其高山②。
墮山喬嶽③，允猶翕河④。
敷天之下⑤，裒時之對⑥，
時周之命。〔於！繹思！〕⑦

【注釋】

①皇：光明的。時，是。

②高山：《朱注》："泛言山耳。"

③墮山：《爾稚·釋山》郭注："謂山形長狹者。"墮山是蜿蜒的山。《朱注》："喬，高也。"喬嶽是高大的山嶽。

④允猶翕河：允讀爲駿，長也；猶通作游，游是流水。駿游是奔駿的流水，翕當爲潝，（《小旻》"潝潝訿訿"。《爾雅》潝作翕。）《説文》："潝，水疾聲。"潝河是湍疾的河流。

⑤敷：普。説見上篇注③。

⑥裒（音掊）時之對：《鄭箋》："裒，衆也；對，配也。""裒時之對"是聚集那些能對得起周的，那是周的使命。裒時之對，句法與《殷武》"裒荆之旅"相同。也可以解爲俘虜那些與周敵對的人。時是時周的時，不當作時代講。比較這兩個句法：①《六月》"共武之服"；②《采芑》"師干之試"。

⑦據《釋文》《三家詩》有此句。《般》篇《三家》有"於繹思"句與《賚》篇同。又"與《賚》《酌》《桓》次於《頌》末，皆取詩之義以名篇"。（王國維説）這一篇應是《大武》的第四篇。

# 一五九、酌

於鑠王師①，遵養時晦②。
時純熙矣③，是用大介④。
我龍受之⑤，蹻蹻王之造⑥。
載用有嗣⑦，實維爾公允師⑧！

【注釋】

①《朱注》："於，嘆辭。"《毛傳》："鑠，美。"是有光輝的意思。

②遵養時晦：《毛傳》："遵，率；養，取；晦，昧。"《通釋》："遵養時晦，言用王師以取是晦昧也。"這兩句是"啊，有光輝的王師，率領着去攻取那些昏庸的國家"。

③純熙：《通釋》："純熙，謂那是大光明呀。"

④介：《爾雅·釋詁》："介，善也。"大介是很好。

⑤龍：《鄭箋》："龍，寵也。"寵是光榮的之意。

⑥蹻蹻：《毛傳》："蹻蹻，武貌。造，爲也。"高亨説："造讀爲曹。曹，群也。"

⑦載用有嗣：《通解》："言既，始之，則必有嗣之。"
⑧公讀爲功，説詳《瞻卬》"婦無公事"注。允亦駿也。"實維爾功允師"是説那是你們的功勞，偉大的王師。這師字與首句的師同義。舊説即以此詩爲《大武》詩，《毛序》："《酌》告成大武也。"

## 一六〇、桓

綏萬邦①，婁②豐年。
天命匪解③，桓桓④武王。
保有厥士⑤，于以四方⑥。
克定厥家，於昭于天⑦，皇以間之⑧。

【注釋】

① 《毛傳》："綏，安也。"
② 婁（音旅）：《齊詩》作屢。
③ 解：懈。
④ 桓桓：《朱注》："武貌。"
⑤ 士：惠棟、馬瑞辰並云當爲土之誤字。此詩當作"保有厥土"與"克定厥家"爲韵。
⑥ 於以四方：於是就去保有四方。
⑦ 於昭於天：《通解》："嘆美天之光明昭昭乎也。"
⑧ 皇以間之：皇，光明。間，高亨説，間是監視的意思，此説是。本句爲"這就是光明的來臨"。《左傳》宣十二年以此爲《大武》詩之六章，《大武》詩六章今是爲 a.《時邁》、b.《武》、c.《賚》、d.《般》、e.《酌》、f.《桓》。王國維根據晚出《禮記》："祭統曰舞，莫重於武宿夜"，明測爲《昊天有成命》不可從。試以《時邁》比較《我將》，《我將》詞義軟弱，也不像《大武》詩的開唱。